서정시학신서

067

심경호

김삿갓 한시

金笠 漢詩

서정시학

심경호沈慶昊

1955년 충북 출생으로 서울대학교 인문대학 국어국문학과 및 동대학원을 졸업하고, 1989년 1월에 교토대학에서 문학박사 학위를 취득했다. 현 고려대학교 문과대학 한문학과교수. 고려대학교 한자한문연구소 소장.

저서로『강화학파의 문학과 사상』(단독 및 공저 1-4책),『다산과 춘천』,『조선시대 한문학과 시경론』,『한국한시의 이해』,『국문학연구와 문헌학』,『한시의 세계』,『한시의 서정과 시인의 마음』,『한시기행』,『내면기행』,『산문기행』,『나는 어떤 사람인가―선인들의 자서전』,『김시습 평전』,『국왕의 선물』,『간찰』,『참요』,『한문산문미학』,『한국한문기초학사』(3책),『한시의 성좌』,『안평』등이 있다.

역서로는『한자학』,『문자강화』,『주역철학사』,『불교와 유교』,『일본한문학사』,『금오신화』,『서포만필』,『원중랑전집』(공역),『증보역주 지천선생문집』(공역),『삼봉집』,『심경호 교수의 동양고전 강의―논어』,『동아시아 한문학 연구의 방법과 실천』등이 있다.

서정시학 신서 67
김삿갓 한시 金笠 漢詩

2018년 1월 30일 초판 1쇄 발행

지 은 이 · 심경호
펴 낸 이 · 최단아
펴 낸 곳 · 서정시학
인 쇄 소 · 민언프린텍
주소 · 서울시 서초구 서초중앙로 18, 504호 (서초쌍용플래티넘)
전화 · 02-928-7016
팩스 · 02-922-7017
이 메 일 · lyricpoetics@gmail.com
출판등록 · 209-91-66271

ISBN 979-11-86667-99-6   93810
계좌번호 : 국민 070101-04-072847 최단아(서정시학)

값 38,000원
* 잘못된 책은 바꾸어 드립니다.

김삿갓 한시
金笠 漢詩

이 도서의 국립중앙도서관 출판시도서목록(CIP)은 서지정보유통지원시스템 홈페이지 (http://seoji.nl.go.kr)와 국가자료공동목록시스템(http://www.nl.go.kr/kolisnet)에서 이용하실 수 있습니다.(CIP제어번호: CIP2017029705)

머리말

김삿갓 시를 되읽으며

1.

 김삿갓은 반항아다. 문학내용이 혁명적인 것은 아니다. 그러나 문학내용을 담아내는 실천이 반항적이다. 문학형식도 혁신적인 것은 아니다. 그러나 문학형식을 사용하는 방식이 반항적이다.
 근대 이전의 한국은 7세기 이후 국가가 운어(韻語) 형식을 최상급의 표현형식으로 지정하여 지식층에게 그 연마를 요구했다. 운어는 압운, 평측, 구법, 대우(대장), 염법(簾法)[현점(懸粘)] 등의 외재율을 지향한다. 지식인들은 국가의 각종 의식과 외교적 문서에 운어를 사용해야 하고, 공적 연회나 사적 모임에서 화운(차운)이나 분운(分韻)을 할 수 있어야 했다. 뿐만 아니라 공적 의례나 향촌 행사에서는 운문의 제문을 짓고 운문·변려문 착종의 상량문 등, 갖가지 운문 형식을 제작해야 했다. 운문은 지식층의 전유물로, 문화권력의 상징이었다.
 압운과 평측을 익히려면 상당한 시간이 필요했다. 특히 수많은 한자들을 평수운의 106운으로 분류해서 파악하는 일은 결코 쉬운 일이 아니다. 조선 조정은 그 연마를 촉진하기 위하여 과시(科詩) 형식까지 창안해서 예비-관료층에게 부과해 놓고, 출사한 이후의 관료-지식층에게는 정격 시형의 통용만을 유도했다. 이 중층의 규제에 대한 저항, 그것이 김삿갓 시의 본질이다.
 김삿갓의 저항은 단순했다. 입사(入仕) 수단으로 폄하되어 있는 과시를 중하층의 모임에서 피로하는 일, 압운하지 않는 고풍을 방랑하면서 구점(口占, 즉석에서 입으로 읊음)하는 일, 이것이 전부였다. 기존의 질서를 분쇄할 만한 파괴력을 지니지는 못했다. 하지만 기존의 질서를 반성하게 만드는 역동성을 잠재하고 있었다. 그것은 '文'을 지배층에 독점시키고 표현 형식을 위계화해서 결국 소수자를 배제해 왔던 종래의 인문정책을 심각하게 회의하게 만드는 행위였다. 그렇기에 1920년대 후반부터 일본 제국주의의 식민지배와 심전 개발에 맞서, 좌우 민족주의 지식인들이 김삿갓 시 제작의 의미에 대개 주목했던 것이리라.

나는 1970년대 중반부터 한문 자료를 분석대상으로 삼기 시작하면서 김삿갓이라는 문제적 존재와 격투해야 했다. 주변의 많은 이들이 김삿갓 시가 지닌 민중성과 풍자성을 들려주었고, 어떤 이는 그것이 한국문학의 근대성을 대표한다고 역설했다. 김윤식·김현(김광남) 선생님들께서 공저하신 『한국한문학사』(민음사, 1973)는 근대의 기점에 김삿갓 시를 위치시키되 김삿갓은 특정한 개인이 아니라 다수라고 보았다. 이는 우리 근대문학이 개인-작가의 탄생과는 다른 길을 걷게 된 점을 생각하게 만들었다.

그러나 김삿갓 시는 어떤 미학적 특징을 지니는지, 김삿갓 혹은 김삿갓들은 누구인지, 찬찬히 검토할 만한 여유를 갖지 못한 채 오랜 시간을 흘려보냈다. 2013년 최동호 선생님의 요청으로 『서정시학』에 4회에 걸쳐 김삿갓 시를 논평하는 글을 실었던 것은 나의 목마름을 해소하려는 시도였다. 하지만 그 글들은 이응수의 『김립시집』을 정전으로 인정하고 김삿갓 시의 미학적 특징이나 현실 반영의 측면을 사색한 것에 불과했다.

글을 연재하면서 김삿갓 시의 정본을 확정할 수 없다는 사실에 당황했다. 김삿갓의 시를 읽으려면 이응수(李應洙, 리응수, 大空應洙로 창씨개명, 1909-1964)의 편집본을 우선 활용해야 한다. 이응수는 1939년 『김립시집』을 초간하고 1941년 대증보판을 출판했으며, 1956년 평양 국립출판사에서 정선본이라고 할 『풍자시인 김삿갓』을 간행했다. 하지만 김삿갓 시의 자료로는 수록 작품이 많은 대중보판을 활용하는 것이 보통이다. 그런데 이 책에는 오자가 많다. 오식도 있고 교정 잘못도 있다. 게다가 이응수 자신이 고백하듯이, 편집자이자 주해자인 그가 한시의 여러 형식들을 잘 분별하지 못했던 것 같다.

김삿갓의 실제 인물로 간주되는 김병연(金炳淵)은 향시에서 과시(科詩)로 장원했다는 이야기가 전한다. 이응수는 그것을 김병연의 작이 아니라 하면서도 대중보판에 '과시'로 실어두었다. 하지만 이 18연 시는 과시가 아니다. 천태산인(天台山人) 김태준(金台俊, 1905-1950)은 그것을 '고풍'이라고 분명히 말했다. 즉, 정약용이 『아언각비』에서 말한 대고풍(大古風)이다. 김삿갓 작이라고 필사되어 전하는 '동시(東詩)' 가운데는 과시가 아니라 대고풍도 섞여 있다. '동시'란 조선의 과거에서 사용되는 과시(과체시, 공령시, 행시)와 조선의 민간에서 유행한 대고풍을 합한 개념이다. 그 양식을 우리 문학사에서 일정한 의미를 지닐 수 있도록 만든 장본인이 바로 김삿갓이다. 이 사실은 종래 간과되어 왔다.

이후 나는 김삿갓 시를 되읽으면서, 시 양식의 문제에서부터, 이응수의 『김립시집』 편찬 과정, 일제강점기 김삿갓 형상의 조형에 이르기까지, 많은 의문들에 맞닥뜨렸다.

어째서 김삿갓은 단율을 많이 남기고 장편 고시를 거의 남기지 않았을까? 단율 가운데서도 칠언시가 압도적으로 많고 오언시가 드문 이유는 무엇일까? 김삿갓=김병연은 어떤 인물인가? 김병연 이외에도 김삿갓이라 일컬어진 인물이 많았던 문화현상을 어떻게 설명할 것인가?

스스로 질문을 던지고 그 질문에 답하는 과정에서, 이응수 이전에 김삿갓 시를 대대적으로 수집한 인물로, 『개벽』의 창간 동인이자 우리나라 최초의 언론인이라 일컬어지는 차상찬(車相瓚, 1887-1946)에 주목하게 되었다. 차상찬은 고려대학교 전신인 보성전문학교 법학과를 나오고 또 법학과 간사를 지냈다. 1930년대에는 수많은 야담소설을 창작하여 민족문화를 발굴하는데 앞장서서, 제국주의 실증주의 도그마에 저항하는 한 가지 유력한 지적 방법론을 모색했다. 내가 고려대학교 연구실에서 김삿갓 시를 되읽다가 이 인물의 놀랄 만한 업적에 접하게 된 것은 어쩌면 운명일지 모른다는 생각이 들었다.

김삿갓은 근세에 들어와 "지식계급으로부터 무지한 아동에 이르기까지 그를 모르는 사람이 없고 그를 사랑하지 않은 이가 없었다." 우리 문학사의 근대적 모습을 설명하려면 김삿갓 시의 미학적 특성과 그것이 소비된 역사적 맥락을 구명할 필요가 있다. 또한 1920년대 후반부터 1940년대 초까지 좌우 지식층에 의해 이루어진 '김삿갓 만들기' 프로젝트 자체도 추적해 보아야 한다.

19세기를 방랑하던 김삿갓은 한 사람이 아니었다. 심지어, 1930년대 말까지 어떤 김삿갓은 생존해 있었다고도 할 수 있다. 김삿갓은 김병연이라는 한 인물을 중핵으로 하면서 과객(科客)과 방랑시인들을 망라하는 특수한 지칭이다. 그 지칭은 근세의 출판과 우편이 발달하면서 '조선의 대시호'요 '무산자의 일인'으로서 생명력을 부여받았다. 1920년대 중반 지식인들은 반만년 조선 역사에 가치 있는 '유서(遺書, 끼친 책)'가 없다고 개탄했다. 그리고 '사회제도에 복종치 않고,' '일생을 여로에서 비참과 불평과 울분으로써 마쳐 버린' 김삿갓 시에서, 민족예술의 역사적 기원을 증명하고 '민족의 사상발전의 과정'을 예증할 수 있으리라 기대했다.

1920년대 후반 차상찬 등은 우편 제도를 이용하여 김삿갓의 시문을 모집하고 행적과 일화를 수집하기 시작했다. 하지만 김삿갓의 행적을 재구성하기는 어려웠다. 김삿갓은 단일한 인물이 아니었기 때문이다. 어떤 김삿갓은 경기도 양주에서 나고 자란 김병연(金炳淵)으로서 시에 뛰어난데도 궁폐(窮廢)하여 19세기 중반에 방랑을 하며 살았다. 어떤 김삿갓은 과시 「작북유록탄불견백두산(作北遊錄歎不見白頭山)」에서, "문장을 하나 적어 봉선의 예식이 있기를 기다리나니, 부디 우리 황제께서 새로 봉선의 조칙을 반포하시길 바란다"라고 했다. 이 사람은 대한제국 시기의 인물이 분명하다.

김삿갓의 생몰을 고증하고 한시의 진위를 판별하는 것은 1920, 30년대에도 어려웠고 현재도 지난하다. 고증과 판별이 무의미하리라. 김삿갓은 실루엣이 전해오다가, 근대공간에서 형상이 부조된 존재이기 때문이다.

한시에 대한 상식을 일반인들이 공유하던 시대에는, 김삿갓으로 대표되는 방랑시인, 민중시인, 익명의 시인들이 외재율의 규범에 저항해서 시작(試作)했던 시들이 빛을 뿜어낼 수 있었다. 하지만 시대는 변했다. 오늘날 교양 있는 독서층이라 해도 한시의 외재율과 그것을 비튼 파격미를 잘 이해하기는 어렵다.

게다가 근대의 여러 역사적 사실들을 각자의 '토포스'에서 비평할 수 있게 된 이 시점에서는, 김삿갓을 '조선의 대시호'요 '무산자의 일인'으로 추앙하는 일이 '지나간 문화를 우상화하는 일'로 전락하지 않도록 주의해야 할 것이다. 김삿갓 시가 지닌 역사미학적 특징을 분석하고 김삿갓 형상의 발전 과정을 추적하여 그로써 확보된 사실만을, 시민들의 문화적 감각 배양에 참고할 수 있도록 제공해야 하지 않겠는가?

천태산인 김태준은 식견 없는 김삿갓 연구자를 비난했다. 나의 식견이 김삿갓 시를 해설할 만큼 충분한지 모르겠다. 다만, 김삿갓에 관한 여러 의문점들을 해결하려고 고통스럽게 탐구한 과정을 소개하기로 마음먹었다.

2.

김삿갓은 삿갓으로 해를 가리고 떠돌고 있다. 고개를 젖히고 껄껄 웃으면 얼굴이 드러난다. 하지만 삿갓을 고쳐 쓰면 우리는 그의 표정을 살필 수가 없다.

김문응의 「방랑시인 김삿갓」은 다음과 같이 묘사했다. 전오승 작곡, 명국환 노래로 유행했다.

    죽장에 삿갓 쓰고 방랑 삼천리
    흰 구름 뜬 고개 넘어가는 객이 누구냐
    열두 대문 문간방에 걸식을 하며
    술 한 잔에 시 한 수로

떠나가는 김삿갓

세상이 싫든가요 벼슬도 버리고
기다리는 사람 없는
이 거리 저 마을로
손을 젓는 집집마다 소문을 놓고
푸대접에 껄껄대며
떠나가는 김삿갓

삿갓이나 패랭이를 쓰고 방랑하는 시인 김삿갓에 관한 오래된 기록은 이우준(李遇駿, 1801-1867)이 1852년경 엮은 『몽유야담(夢遊野談)』(고려대본 3권 3책)에 나온다. 이우준은 삿갓 시인이 스스로 '김병연'이라고 성명을 밝혔다고 하면서도, 그가 '어떤 사람인지 알 수 없다'라고 했다. 출생과 가계를 일부러 기록하지 않은 듯하다.

삿갓을 쓰고 방랑하는 시인 김삿갓에 관한 활자 기록은 1918년 2월 신문관에서 간행한 『대동시선』에 처음 나온다. 고구려 때부터 조선 말까지 우리나라 한시들을 망라한 이 책 제9권에 '김병연'의 「촉석루(矗石樓)」와 「영립(詠笠)」이 실려 있다. 이 책은 김병연에 관해서, 자(字, 관례 이후의 이름)는 성심(性深), 호는 난고(蘭皐), 본관은 안동이며, 순조 정묘년(순조 7년, 1897년)에 태어났다고 밝혔다. 그리고 "평소 댓가지로 만든 약립(蒻笠, 삿갓)을 쓰고 다녔으므로 세상 사람들이 김립(金笠, 김삿갓)이라고 불렀다"라고 적었다. 『대동시선』은 위암 장지연이 주 편집자이되, 각 권마다 편집자와 교열자가 조금씩 다르다. 제9권은 조선시대 정원용으로부터 김병익까지의 시를 실었는데, 장지연이 권순구와 함께 편집하고 홍필주·정만조·윤희구가 교열을 했다. 김삿갓이 김병연이란 인식이 당대 학자들 사이에 공유되어 있었다.

이후 이규용이 편집해서 1919년 10월 15일 회동서관에서 발행된 『증보해동시선』에 김병연의 시 3수가 수록되었다. 초판『해동시선』은 앞서 1917년 3월에 발행되었는데, 정조 때 작가들까지만 수록했다.『증보해동시선』에 들어 있는 김병연의 시는 오언율시 「촉석루」, 칠언절구 「입금강산(入金剛山)」, 칠언율시 「산사희작(山寺戱作)」 등이다.『증보해동시선』 권수에 수록 시인 명단이 있는데, 헌종 때 인물 김병연의 이름 아래 '호 난고'라는 주가 있다.

김병연=김삿갓의 행적은 1926년 강효석이 간행한『대동기문』에 실린 '김병연이 관서(평안도)에 발길을 끊은 이야기'라는 글에서 더 구체화되었다. 김병연이 과체시를 잘 지어 관서지방에 이름이 나자, 그를 싫어하는 자가 김익순(김병연의 조부) 비난시를 지어 유포시켰고, 이에 김병연은 관서 땅을 밟지 않게 되었다고 한다.

이 1926년에 천도교 잡지『개벽』의 문예부는 김삿갓의 시문과 전기 자료를 대대적으로 수집하기 시작했다. 우선 1926년 3월 발행『개벽』통권 제67호의 표지 뒷면에 '김삿갓선생 시문 대모집, 6월 15일까지'의 광고를 실었다. 1926년 7월 1일 발행『개벽』제71호에는 사고를 실어, 문예부에서 모집하여 오던 김립 시문과 기타 전기의 원고가 산같이 쌓인 데다가 아직도 투고가 끊이지 않아 부득이 편집 종료 기일을 1개월 간 연기한다고 공고했다. 이후『개벽』은 일제에 의해 일단 폐간된다.

『개벽』문예부가 김삿갓 시와 전기를 모집한 것은『개벽』의 창간 동인이자 실질적인 편집자였던 차상찬의 발의에 의한 듯하다.

1928년 2월 발행『별건곤』제11호는 '세외세(世外世) 인외인(人外人) 기인기사록(奇人奇事錄)'이란 제목으로 여러 사람의 글을 묶어 게재했는데, 그 속에 풍악낭인(楓岳浪人)의 '회해풍자(詼諧諷刺)로 일생 방랑 불우시인 김삿갓'이란 글이 있다. 이 글은 차상찬이『조선 4천년 비사』(大成書林, 1930, 하버드옌칭도서관 소장)를 간행하면서 수록한 「불우시인 김삿갓」의 내용과 완전히 일치한다. 차상찬은 1936년 2월『중외일보』에 「불우시인 열전」과 「불우시인 김삿갓」을 발표했으며, 같은 1936년 2월,『조선 4천년 비사』를 재발행했다.

『중외일보』에 발표한 글의 '부기'에서 차상찬은 "이 분의 시는 내가 모은 것도 약 300수 가량 되나 여기에 다 발표할 수 없고, 또 그의 평생 행적과 모든 일을 지금에 수집중인 즉 불원한 장래에 기회를 타서 자세한 발표를 하기로 약한다"라고 했다. 차상찬은 『개벽』의 우편 모집으로 김삿갓의 시 300수 가량을 확보하고 있었고, 그것이 함남 출신의 문인 이응수에게 계승되었을 것이다.

이응수는 '이상주의와 의분에 불타는 시절 22세 때' 김삿갓의 단시(短詩)를 즐겨 읊었다. 1930년 2월 8일자 『중외일보』에는 「세계시단 3대혁명가(世界詩壇三大革命家) ; 휫트맨·이시카와 다쿠보쿠(石川啄木)·김삿갓(金笠)」을 발표했고, 『동아일보』 1930년 3월 27일자부터 30일자까지 4회에 걸쳐 「시인 김립의 면영(面影)」을 게재했다. 그리고 1936년까지 『동아일보』, 『조선일보』, 『삼천리』, 『동광』, 『신동아』 등에 김삿갓 시 해설문을 지속적으로 발표했다.

1930년대 김삿갓은 지식인들 사이에서 큰 화제가 되었다. 1930년 9월 발행 『삼천리』에 김동인은 「김삿갓의 설음」을 실었다. 1930년 12월 10일자 『동아일보』에는 경성제대 법문학부 조선어학과 본과에 재학 중이던 김재철(金在喆, 1907-1933)이 '방랑시인 김삿갓(1)'을 발표했다. 1935년 6월 1일 발행 『삼천리』 제7권 제5호에 김치원은 「시객과 풍류」라는 글을 실어, 김립 시의 풍류를 한국 한시사의 흐름 속에서 고찰했다. 경기도 개성의 동인지 『고려시보(高麗時報)』의 주필이던 박재청(朴在淸)은 1936년 1월 발행 『신동아』에 「시인 김립의 방랑 일면과 시 기수(幾數)」를 발표해서, 김립=김병연을 '걸객시인(乞客詩人)'으로 규정했다.[1] 박재청의 글에 따르면, 김병연은 경기도 양주에서 나고 자랐으며, 23세 되던 해 양주 백일장에서 장원이 되었다가 역신의 손자라는 억울한 죄명 아래 쫓겨나자, 갈대로 만든 삿갓을 들쓰고 표랑의 첫발을 내디디게 되었다고 했다. 김병연을 양주 사람이라 한 것은 이우준의 『몽유야담』과 통한다. 현재 김병연의 출생지가 경기도 양주시 회암동이라고 알려져 있다.

---

1) 朴在淸, 「시인 김립의 방랑 일면과 詩 幾首」, 『신동아』 1936.1.

1939년 이응수는 『상해(詳解) 김립시집』을 학예사에서 간행하면서, 권두에 「김립 약보」를 실어, 김병연이 장동 김씨 김익순의 손자, 김안근의 둘째 아들이며 1807년 태어났다고 밝혔다. 김익순이 1811년 홍경래 난 때 선천방어사로 있으면서 적에게 투항한 죄로 사형을 당하자, 김안근은 병하(炳河)와 병연 형제를 황해도 곡산의 노비 김성수(金聖秀) 집에서 살게 했다. '주죄(誅罪)는 김익순 씨에게 한한다'는 것이 알려지자 김병연은 부친에게로 돌아갔다. 하지만 20세 무렵, 장자 호균(鎬均)이 태어나던 해, '폐족의 자손으로서 세상의 학대와 멸시가 막대함을 참지 못하여' 집을 나왔다. 24세 때 집으로 돌아가 차남 익균(翼均)을 낳았으나, 일생 방랑을 하다가 57세 때 전라도 동복(同福)에서 생을 마쳤다. 이후 차남 김익균이 시신을 강원도 영월군 의풍면 태백산록에 모셨다. 현재 강원도 영월군 김삿갓면 와석리 노루목에 묘역이 있다. 김병연의 직계증손 김영진(金榮鎭)은 고종의 특사로 금고에서 풀려나 군수와 부사를 지냈으며, 이응수 당시 72세(무진생)로 여주군 금사면 이포리에 생존해 있었다. 김영진은 이응수에게 일부 시고를 제공하고 집안에 전하는 몇몇 일화를 구술했다.

  뒷날, 김병연 일가가 강원도 영월에 정착했고, 김병연이 영월의 향시에서 장원을 했으나 어머니로부터 집안 내력을 듣고 조부를 비난하는 답안을 써 낸 것을 부끄럽게 여겨 전국을 방랑하게 되었다는 이야기가 덧붙여졌다.

  김삿갓의 존재는 몇몇 문헌을 통해 확인할 수 있다. 『몽유야담』(1852년경)에 나오는 김병연, 『대동시선』(1917)에 수록된 「영립」의 작가, 『대동기문』(1926)에 일화를 남긴 김립, 황오(黃五)의 『녹차집(綠此集)』(1932)에 수록된 「김사립전(金莎笠傳)」의 김사립, 버클리대학교 아사미문고본 『청구야담』에 소개된 김립은 같은 사람인 듯하다. 천태산인 김태준은 「김삿갓의 시」(『사해공론』 1936년 8월)에서 황오가 「김사립전」에서 말한 헌종 시절의 기남자가 바로 김병연이라고 지목했다.

  하지만 김삿갓 이전에도 삿갓을 쓰고 다니던 기인들이 있었고, 김병연과 같은 시대에는 함경도에 '한(韓)삿갓'이 있었으며, 김병연이 죽은 뒤에는 김병현(金秉玄)·김병현(金秉鉉) 등 유사-김삿갓이 있었다.2) 조선 고종, 일제 강점기 초기의 여규형(呂圭亨, 1848-1922)의 시에는 과시 잘하는 김초모(金草帽)3)가 언급되어 있다.

19세기에 '김삿갓'이라는 별명으로 널리 알려진 또 다른 주요한 인물이 김난(金鸞)이다. 신석우(申錫愚, 1805-1865)의 「기김대립사(記金簦笠事)」에 따르면 김대립=김난은 '광주(廣州)의 향품'으로, 자가 이명(而鳴), 호는 지상(芷裳)이다. 소론계 문장가 안응수(安膺壽)의 식객으로 지냈는데, 향품이란 것이 알려져 안응수의 배척을 받았으며, "장옥(과장)에 드나들며 혹은 시를 수십 편을 짓기도 하고 혹은 한 편도 짓지 않고 나오기도 하여, 그 미친 짓이 이와 같았다."

천태산인 김태준은 김난과 김병연을 별개의 인물로 보았다. 『몽유야담』에 따르면 삿갓을 쓰고 방랑하던 시인 김병연은 자신의 성명을 반드시 그대로 밝혔다고 했다. 그러니 김병연이 일부러 김난이라고 성명을 바꾸었을 리가 없다. 김난은 신석우에게 '유씨'의 『문통(文通)』을 보여주었다고 한다. 유씨는 곧 『언문지』를 편찬하고 어머니 사주당의 『태교신기』를 번역한 재야학자 유희(柳僖, 1773-1837)를 말한다. 김대립=김난은 광주 향품의 집에서 태어났으며, 유희의 『문통』을 사숙할 만큼 경학에도 관심을 두면서, 과장에 드나들며 기행을 일삼았던 인물이었던 것 같다.

김삿갓 시에는 묘한 매력이 있다. 김삿갓을 자처하는 단수이자 복수인 그 사람의 매력이 시에 넘쳐나기 때문일 것이다.

어떤 김삿갓은 경기도 양주 명문가 출신으로 조부의 참화 이후 일가족과 함께 영월로 숨어들어가 살다가 방랑을 떠났고, 어떤 김삿갓은 서울의 명문

---

2) 金台俊,「방랑시인 一群」,『조선』제254호, 1936.8.1 ; 정대구,「김삿갓 詩 硏究」, 숭실대학교 박사학위 논문, 1989 ; 정대구,『김삿갓 연구』, 문학아카데미, 1990 ; 정대구,「김삿갓론」,『한국문학작가론』, 현대문학사, 1991.
3) 呂圭亨,「論詩十首」제6,『荷亭集』권1 ; 정웅수,「金삿갓 시 연구」, 명지대학교 석사학위 논문, 1982 ; 정대구,「김삿갓 詩 硏究」, 숭실대학교 박사학위 논문, 1989.

거족이었으나 중간에 몰락하여 방랑을 떠났다. 어떤 김삿갓은 향시 혹은 백일장에서 자기 조부를 규탄하는 답안지를 내어 장원을 했으나 천륜을 어긴 죄를 깨닫고 일생 과거장에 들어가지 않았다. 어떤 김삿갓은 과거장에 들어가 어떤 때는 수십 편을 짓고 나오고 어떤 때는 한편도 안 짓고 나왔다. 어떤 김삿갓은 아내를 일찍 잃고 장모에게 부인의 재주와 덕에 대해 들으면서 아내를 추억하며 눈물지었다(「喪配自輓」). 어떤 김삿갓은 집이 가난하다고 집사람에게 핀잔 받고 폭음한다고 시중 여인들에게 놀림을 받는다(「自顧(卿今)」).

3.

이응수는 1939년 학예사에서 『상해(詳解) 김립시집(金笠詩集) 전(全)』(이하 『김립시집』 초판본, 혹은 학예사본으로 표기)을 처음 펴내고, 1941년 한성도서에서 『대증보판 김립시집』(이하 대증보판 『김립시집』 혹은 대증보판 등으로 표기)을 출판했으며, 1956년 평양 국립출판사에서 『풍자시인 김삿갓』(이하 평양 국립출판사본 혹은 평양본으로 표기)을 정리해 내었다.

이응수는 누구인가?

1909년 함경남도 고원군에서 태어나 함흥고등보통학교를 다녔다. 1927년에는 양숙아(梁熟兒)와 무정부주의 농민문학론에 관해 논쟁을 벌였다. 1928-1929년 일본 구제 사가(佐賀)고등학교(제15고등학교) 문과 갑류(영어 전공)에 재학했으나, 중퇴했다. 1930년대 초에는 '흥남읍 하덕리(荷德里) 53번지'에 살면서, 자작시를 여러 곳에 발표했다. 또한 김삿갓의 시를 모으고 지면에 발표하기 시작했다. 이응수는 우편으로 김삿갓 시를 부쳐 받았다. 1933년 1월 23일 발행 『동광』 제40호에 수집시 10여 편을 소개한 후, "전번 『삼천리』 소재(所載)의 시초(詩抄)를 보고 직접 필자에 립(笠)의 시고를 보내주신 분들에게 지상을 통하여 사의를 올리고 더 나아가 계속적 후원이 있기를" 요청했다. 그러자 '김립 선생의 직계종손' 김홍한(金洪漢)이 도움을 주겠다고 서신을 보내왔다. 김홍한 스스로도 『매일신보』에 1933년 12월 2일부터 12월 8일까지 7회에 걸쳐 「김립선생소고 - 그의 사상과 예술경」을 발표했다.

이응수는 『조선일보』(1934.4.8-4.25, 부록 2면)에 「김립 시 연구」를 15회에 걸쳐 연재했다. 이때 시를 중심으로 '김립(金笠)'을 걸인시인으로서의 김립, 인생시인으로서의 김립, 유모어 풍자 시인으로서의 김립, 역사시인으로서의 김립으로 나누어 보았다. 이것은 훗날 『김립시집』을 초간할 때의 기본 체계를 이루었다. 『조선일보』의 연재로 이응수는 김삿갓 전문가로서 대중적 명망을 얻었을 것이다. 제3회 분(1934.4.11)에서 이응수는 '역사시인으로서의 김립'을 논하여 대략 18수의 시를 소개하는 한편, 장편시는 모두 해석하기 어려우므로 주석도 대의도 생략한다고 밝혔다. 장편시란 곧 과시(동시)를 말한다. 단행본으로 상자(上梓)할 때 부록으로 싣겠다고 밝혔다. 그리고 "다수의 시료(詩料)를 주신 경성 오한근(吳漢根) 씨, 부산 장민언(張玟彦) 씨, 여주 김홍한(金洪漢) 씨에게 사의를 표하여 마지 않는 바이다"라고 덧붙였다. 연재가 시작되면서 여러 사람들이 자료를 보내왔음을 알 수 있다.

이응수는 1938년 경성제대 선과생(교양과정생)으로 있으면서 조선총독부 도서관에서 2개월간 작업을 하고, 정신여학교 교사이자 한학자인 김원근(金瑗根), 조선총독부의 『순종실록』 편찬에 가담하고 성대(城大) 강사로 있던 권순구(權純九)에게서 가르침을 받았다. 이응수는 김삿갓 시집의 임시 편집본을 들고 천태산인을 찾아가 '서변(序辯)'을 부탁했다. 천태산인이 여러 시가 위조임을 지적하자, 이응수는 천태산인의 글을 받지 않고, 1939년 2월 『상해(詳解) 김립시집』을 학예사에서 펴냈다.

이응수는 1940년에는 경성제대 법문학부 철학과에 입학해서 본과생으로 수학하고 1942년 9월 졸업했다. 졸업 전 大空應洙로 창씨개명했다. 경성제대 시절 1941년 『김립시집』의 두 번째 판본인 『대증보판 김립시집 : 일화편 부』를 한성도서주식회사에서 간행했다. 1943년 2월 같은 출판사에서 재간했다.

이응수는 초판본 『김립시집』과 대증보판에서, 과시를 '시'라 규정하고 다른 한시는 '단률 혹은 율이거나 구'라고 명명했다. 그리고 김삿갓의 율과 구는 김삿갓 작품의 초입문일 뿐이며 김삿갓 시의 본령은 과시에 있다고 주장했다. 곧, "항간에 유전(流轉)된 기경(奇警) 기지(機智) 등을 충분히 보이는 단률에는 그의 창졸지간 조차지간의 무심사(無深思) 무수련(無修練)으로 방출한 만가(漫歌)들이 많으나," 시 즉 과시는 "그렇게 쉽사리 'ナグリガキ(나구리가키)'할 것은 못됨으로 그가 노심치사(勞心致思)한 흔적이 역연히 보인다"(초판본 p.119 ; 대증보판 p.230)라고 단정했다. 'ナグリガキ'(殴り書き)'란 '난폭하게 혹은 아무 구상 없이 쓰는 일'을 말한다.

이응수는 모처의 학교와 조선총독부 등에서 근무하다가 해방 후 북한으로 갔으며, 김일성종합대학 교수와 과학원 언어문학연구소 교수를 지냈다.4) 1956년 평양 국립출판사에서 『풍자시인 김삿갓』을 간행하면서 김삿갓 시의 '인민성'을 더욱 부각시키고자, 종래 '초입문, 만가, ナグリガキ'에 불과하다고 비판했던 단율을 오히려 김삿갓 시의 본령으로 삼고 과시는 역사시로 규정했다. 단율을 과시와 같은 높이로 격상시킨 것이다. 또 이응수는 김삿갓이 인민을 위해 대신 작성해 주었다고 전하는 소장 등을, 산문의 파형이지 시가 아니거늘, 시의 분야에 배속시켰다. 노총각이 혼사금을 마련하려고 관아에 진정하는 상황을 설정하여 배체(俳體)로 지은 「노총각진정표(老總角陳情表)」(노총각구절표)도 시에 넣었다. 이때에 이르러 이응수는 김삿갓의 시를 '한갓 무의미한, 단순한 장신구'로 보는 견해를 배격하고 그 저항성과 풍자성을 강조했다. 그래서 『대동기문』이 "병연이 스스로 천지간 죄인이라 하늘을 쳐다볼 수 없다 하여 세상 사람들이 그를 김삿갓이라 불렀다"라고 해석한 것을 비판했다. 천지간 죄인의 설은 천태산인도 공조했던 것이므로 이 비판은 천태산인을 비판하는 의도를 숨기고 있는 듯하다.

『김립시집』은 이후 여러 출판사에서 여러 형태로 재편집되고 여러 편자들에

---

4) 崔碩義 역편, 『金笠詩選』, 東洋文庫, 平凡社, 2003.3.

의해 선별되어 간행되었다. 2000년대 들어와 평양 국립출판사본이 소개되기 이전까지 연구자들은 대개 이응수의 처음 편찬본을 저본으로 하거나 대중보판을 저본으로 삼았다.

그런데 이응수의 초간본과 대중보판 『김립시집』을 보면, 과거 공부를 한 독서인의 시와 그렇지 못한 민간의 시가 섞여 있다. 논을 매던 한 여인이 김삿갓의 시에 화답했다는 화답시는 당시 과거 공부를 하지 않아 시 형식을 완전히 숙지하기 어려웠던 여성으로서는 화운(和韻)하여 지을 수 없는 시이다.

그 이야기에 따르면, 김삿갓이 어느 마을을 지나다가 논을 매는 한 여인이 『시경』을 줄줄 외우는 것을 보고 그를 유혹하기 위해 시를 지었다고 한다. 「가상초견(街上初見)」이란 제목으로, '길가에서 처음 보고'라는 뜻이다. 남자가 지은 시에 여인이 화운한 것으로 되어 있다. 두 시는 동일한 운자를 사용했을 뿐 아니라 4구의 첫째 구에도 압운을 했다. 원운(原韻)을 제시하기 보다 화운하기가 더 어렵거늘, '논을 매는' 여성이 즉석에서 화운한 것으로 설정했다. 이것은 무리한 이야기이다.

천태산인 김태준은 「김삿갓의 시」(『사해공론』 1936년 8월)에서, 김삿갓 시의 진실 여부를 척결하기가 어려움을 지적했다.

세상에 유행하는 '김삿갓 시'라는 것을 전부 그의 작이라고 하기까지는 퍽 주저하지 않으면 안 된다. 거지 이야기는 모다 주원장(朱元璋) 고사라 하고 불우시인 이야기는 모다 서문장(徐文長, 徐渭) 고사라고 하는 것은 중국 이야기거니와 조선에서도 물정에 우활하고 흐리멍텅한 이야기는 보다 백곡(柏谷) 김득신(金得臣), 향은(鄕隱) 이장찬(李章贊)의 고사라 하고 암행어사 이야기는 모다 박문수라 하고 재담은 모다 윤행임(尹行恁), 봉이(鳳伊) 김선달(金先達)에 끌어다 붙인 것처럼 허름한 파격시 나부랭이는 모다 김삿갓의 작이라고 끌어다 붙였다. 우리는 우선 그것의 진위여부를 파라척결(爬羅剔抉)하기가 매우 곤란한 것이다.

1939년 학예사판 『김립시집』에 대한 '뿍·레뷰-'에서, 민촌생(民村生) 이기영(李箕永, 1896-1984)은 김삿갓 시의 창작 맥락을 밝히지 않아서 아쉽다고 했다.

> 이 시집에 대해서 좀 부족만을 말한다면, 그의 이런 시구를 다만 해석만 함에 그칠 게 아니라, 어느 때 어디서 어떤 경우로 그런 시를 짓게 되었다는 그의 생활과 밀접한 관계를 일일이 소개해 주었으면 더욱 좋았을 줄 안다.

과거의 시만 아니라 현대의 시들도 그것이 어느 맥락에서 창작된 것인지 알 수 없는 경우가 많다. 거꾸로 시 자체의 형식과 주제를 논하여 시의 미적 특성을 분석하는 것으로 만족할 수도 있다. 그러나 이기영의 지적은 시의 미적 특성을 확인하는 문제와 관련된 것이 아닌 듯하다. 이기영도 김삿갓의 육담풍월(언문풍월)을 외고 있었다고 할 만큼, 이기영의 시대에는 김삿갓 시들이 편재해 있었다. 하지만 김삿갓 시를 과연 어느 김삿갓이 쓴 것일까? 작가 김삿갓의 창작과정을 추체험할 수 있을까? 이것이 문제였다.

김삿갓 시의 진위 문제를 따질 때는 이응수의 고백에 유념할 필요가 있다.

> 나는 한문을 좋아하나 결코 한학자가 못 된다. 사사오경 제자백가 사기 통사, 시율(詩律) 부(賦) 문장을 무불통지(無不通知)하여 그 중에서 재(材)를 취하고 구(句)를 차(借)한 김립의 난시(難詩)를 나 같은 무식자가 손을 대었다는 것은 일(一)의 무모(無謀)요 일(一)의 망동(妄動)일 것이다.

김삿갓 시라고 현재 전하는 한시는 모두 김병연의 창작물이 아니다. '무상(無償)의 시 쓰기'를 행한 인물들이 배후에 있기 때문에 고유명사로서의 김삿갓을 특정하기 어렵다. 『김립시집』의 초간본과 대증보판에 수록된 김삿갓의 시에는 방랑문인들의 시구가 혼재되어 있었다. 1956년판 『풍자시인 김삿갓』에서조차 이응수는 가짜 김삿갓을 변별해내는 일이 과제라고 실토했다.

이응수는 세 번의 김삿갓 시집 편찬을 통해 '풍자시인 김삿갓'의 형상을 굳혀갔다. 특히 김삿갓 시의 인민성을 부각시키기 위해 그러한 기준에 부합하는 시들을 추려냈다. 하지만 다른 작자의 시를 김삿갓의 시로 오인하는 일을 완전히 피할 수는 없었다.

「곱댕이(傴僂/佝僂)」 시는 이응수의 『김립시집』 세 판본에 모두 수록된, 말하자면 김삿갓의 대표작 가운데서도 최고작이다. 하지만 이미 1939년에 천태산인은 『시가총화(詩家叢話)』에 근거하여 그 시가 송나라 양호(梁灝)의 타배시(駝背詩)와 아주 유사하다고 지적했다. 이 시는 오늘날에는 청나라 황제(건륭제 혹은 가경제)가 관료 유용(劉墉, 1719-1805)을 희학하여 지어준 시라고 보고 있다. 『시가총화』는 매화산인 최영년(崔永年, 1859-1935)이 『매일신보』(1921.3-1922.7)에 204회에 걸쳐 연재한 한시론을 가리키는 듯한데, 일일이 조사해보았으나 아직 확인할 수 없었다.

또 칠언절구 「환갑연(還甲宴)」은 억양의 수사법을 이용해서 김삿갓이 좌중을 성나게 했다가 웃겼다가 한 작품으로, 김삿갓 작시의 본령에 속한다고 운위되어 왔다. 그렇기에 이응수는 이 시를 초판 『김립시집』과 대중보판은 물론 평양 국립출판사본에도 실어두었다. 하지만 이미 1939년에 천태산인은 이 시가 명나라 해진(解縉)의 작이거나 다른 중국인의 작인 듯하다고 언급했다. 오늘날 보기에는 청나라 기윤(紀昀)의 일화에서 나온 듯하다.

한편 대중보판 『김립시집』에 새로 수록된 「안변등표연정(安邊登瓢然亭)」은 율곡 이이의 「화석정」과 같고, 「화전(花煎)」은 홍만종의 『순오지』에 백호 임제의 작으로 되어 있으므로 김삿갓의 시가 아니다.5) 1956년 『풍자시인 김삿갓』의 첫머리에 처음 들어간 「가난한 살림[貧吟]」은 조선 초 무인 정종(鄭種, 1417-1476)이 지은 「퇴휴오로재(退休吾老齋)」와 같다.6) 필자가 보기에, 칠언율시 「고목」도 김삿갓의 영물시가 아니라 황오의 작이다.

---

5) 이건호, 『김병연시 연구』, 조선대학교 박사논문, 2004, p.10.
6) 양동식, 「『김립시집』 원전 연구」, 순천대학교 석사논문, 2005.

또 이응수는 이관하란 인물이 부쳐온 원고를 토대로 칠언율시 「백상루(百祥樓)」를 대중보판에 실었고 1956년판에도 소중하게 실어 두었다. 하지만 이 시는 고려 충숙왕의 어제(御製)로, 『신증동국여지승람』에 실려 있다. 이응수는 그 사실을 몰랐다. 그뿐 아니라 대중보판 『김립시집』에 이 시를 실을 때 함련과 경련을 뒤바꾸어 실었고, 『풍자시인 김삿갓』에서도 그대로 수록했다. 우리나라 한시는 안짝과 바깥짝을 좌우로 적고 다음 연의 두 짝을 그 아래 나란히 적는 원앙쌍대격으로 서사(書寫)하는 일이 많다. 서사방식을 잘 모르면 시의 일부에서 점범(粘法)을 어기게 되므로, 평측을 살펴야 한다. 이응수는 이 방법을 몰랐던 것 같다.

「불이 석 달 동안 꺼지지 않았다[火三月不滅]」는 평양 국립출판사본에 처음 수록되었고, 또 풍자시로서 부각되었으나, 그 제목은 『사기』 「항우본기」에서 취재한 시제임에 분명하다. 연민 이가원 선생은 『옥류산장시화』에서 동일 시제의 과시를 가지고 김병연과 황오를 비교하여, 각각 2구씩 취해 소개한 바 있는데, 평양 국립출판사본은 그것을 김병연 한 사람의 칠언 4구 시로 소개했다. 압운이 맞지 않을 뿐더러, 전반과 후반은 시상이 달라 하나의 온전한 고풍시로 볼 수도 없다.

거꾸로, 김삿갓 혹은 김삿갓을 표방하는 누군가가 지은 시가 다른 작가의 시로 추단된 예도 있다. 혹자는 김삿갓의 대표작은 「시시비비(是是非非)」라고 본다. 하지만 이것은 홍만종이 『소화시평』에서 소세양(蘇世讓)의 시구를 김시습 시라고 잘못 기록한 것에 기인한다. 더구나 홍만종이 언급한 것은 두 구만 같다. 김삿갓의 「시시비비」는 4구로 완결되어 있는 독립 시편으로, 「시비음(是非吟)」의 전통에서 나온 파격시이다.

4.

김삿갓의 일시(逸詩)를 확보하고 정리하는 사업은 1980년대에도 일어났다. KBS 제1라디오에서는 1964년부터 2001년까지 37년간 11,500회(1964.4-2001.4)에 걸쳐『김삿갓 방랑기』를 방송했다. 이것은 이른바 '반공 프로그램' 이었지만, 일반 시민들에게 김삿갓 붐을 일으키는데 상당한 기여를 했다.

『문학사상』 자료조사연구실은 12편을 수집하여 동 잡지 1983년 2월호에 「강산에 떠도는 삿갓을」이란 제목 아래 소개했다. 수옹(睡翁) 이일수(李一叟)와의 공음(共吟)이 1수, 이일수에게 준 시가 1수, 영광 수령 김회명(金會明, 1804-?)에게 준 시 1수가 있어서, 김삿갓의 어떤 한 존재를 확인하는데 단서가 될 수 있다. 김회명은 『실록』에 의하면 철종 8년(1857) 12월 21일(무진) 전라우도 암행어사의 서계로 탄핵을 받았는데, 기록에 '전 영광군수'로 나온다.

한편 영월 거주 박영국(朴泳國) 선생은 '시선 김삿갓유적지 보존위원회'를 구성하고, 1987년 음력 3월 13일 김삿갓의 삼 회갑을 기념하여 삼갑 추모 한시를 전국에 공모하고 김삿갓의 유시(遺詩) 690수를 얻었다. 상당수가 이미 발간된 『김립시집』에 들어 있는 것과 겹치지만, 그렇지 않은 것도 있다. 박영국 선생은 대중보판 『김립시집』 이후에 여러 김립 관련 서적이나 『문학사상』 수집 시, 기타 다른 문헌에 있는 시, 각 인사들로부터 제공받은 유작, 삼갑 추모 행사 때 수집한 유시 가운데 새로운 시 등을 모아, 강원도 영월군편, 『(천재시인) 김삿갓의 (문학적) 유산』(1992)에 소개했다.[7]

필자는 이러한 시들 가운데 김삿갓의 유시가 상당수 있으리라고 본다. 그러나 그 시들을 적극적으로 검토할 여유를 갖지 못했다. 다만 영월군 유도회장을 지내신 송순철 님이 소장하고 있었던 필사본 시집에 실려 있었고 영월군편 『김삿갓의 유산』에 김석진(金碩鎭) 옹의 역주와 함께 전재된 과시들은 적어도 유작일 가능성이 높다고 판단한다. 박영국 선생의 기록에 의하면, 송

---

7) 강원도 영월군 편, 『(천재시인) 김삿갓의 (문학적) 유산』, 1992.

순철 구장본 3책 가운데 제1책은 하동면 정양리에 거주했던 그 분의 조부 송재린(宋在麟, 호 錦樵)이 김삿갓을 직접 만나보고 기록한 것이라고 한다. 송순철 구장본에는 과시 30편(종래 26편으로 추산)과 율시 1제 3수가 들어 있었던 것으로 확인된다.

사실, 김삿갓의 시 가운데서도 과시는 여러 공사 기관 소장의 동시(東詩) 선집에서 산견된다. 이를테면 국립도서관 소장의 필사본 자료인 『동선(東選)』에서 과시 52편(종래 55편으로 추산)을 추가로 확인할 수 있다.8)

2005년에 이르러 구사회 선생은 평택 임씨 필사본에서 김삿갓의 시 12편을 새로 발굴했다고 공표했다.9) 과시 「선일대전(選一大錢)」은 대중보판에 실려 있는 것과 시제는 같으나 시의 내용은 다르다. 「호남시」는 장편 고시이고, 「진시황」·「한고조」·「초패왕」·「소진」·「장량」·「제갈무후」는 칠언 고풍(대고풍)이다. 신 발굴은 고시 1편, 과시 5편, 고풍 6편 등 합 12편으로 정정해야 한다.

같은 2005년에 양동식 선생은 신사석(申思奭)이 병신(1896년) 8월에 필사한 『시상(時尙)』에서 '김립' 작으로 표기되어 있는 과시 18수 가운데 미공개작 12수를 찾아냈다고 했다.10) '시상'은 '신식, 최신'이란 뜻이므로 이 책은 과체시 가운데 최신작의 모범작들을 모은 것임을 알 수 있다. 단, 「작시결주(作

---

8) 정대구의 『김삿갓 연구』(문학아카데미, 1990)는 김삿갓 시를 일반 한시 248편, 과체시 208편 등 모두 456편이라고 추산한 바 있다. 이것은 『동선』에서의 신 발굴 작품을 55편으로 계산하고, 영월 송순철 소장 필사본에서의 신 발굴 작품을 26편으로 추정했기 때문이다. 게다가 김삿갓의 시라고 알려진 작품 가운데 표 1편과 대작 소지와 희작 대김 여러 편이 함께 들어 있는 것을 고려하지 않았다.
9) 구사회, 「새로 발굴한 김삿갓의 한시 작품에 대한 문예적 검토」, 『국제어문』 25집, 2005.12, pp.133-161 ; 구사회, 『한국 고전문학의 자료 발굴과 탐색』, 보고사, 2013. 김삿갓 과시는 『東詩』에 14수가 실려 있었는데, 그 중 11수가 신 발굴이라고 했다. 이 책은 본래 나주에 살았던 평택 임씨의 누군가에 의해 편집되었으며, 18세기 중엽에 활동했던 신광수에서부터 19세기 중반까지 활동했던 김삿갓에 이르기까지 8명의 과체시 작품 45편이 한 면에 한 편씩 수록하고 있다. 호남 56고을 이름을 넣어 지은 「호남가」는 김삿갓 작으로 추정되었다.
10) 柳年錫·梁東植, 「새로 발굴한 김병연(金炳淵)의 과체시(科體詩) 검토」, 『한국시가문화연구』(구 한국고시가문화연구) 18, 2006, pp.101-125.

詩乞酒)」는 국립중앙도서관 『선명(善鳴)』과 영월 송순철 소장 필사본 고시집에 들어 있고, 「내청형가왈진병조모도역수(乃請荊軻曰秦兵朝暮渡易水)」는 국립중앙도서관 『동선』에 들어 있다.

한편 국립중앙도서관 소장 고종 30년(1893) 필사본 『선명(善鳴)』(우촌古3644-122)에는 김삿갓 작으로 알려져 있는 「이이석양(而已夕陽)」과 「구양자방야독서(歐陽子方夜讀書)」가 실려 있다.11) 총 81편 가운데 '金笠'이라 기명한 것이 1편, 무기명이 23편인데, 이 가운데 『김립시집』이나 다른 과시 선집에 김병연 혹은 김립 작으로 알려진 것이 15편이다. 미상 8편도 잠정적으로 김삿갓 과시로 계정할 수 있을 것이다.

이제까지 김삿갓 시문은 한시 250여 수(일반 한시, 고풍, 단구 및 연구, 언문풍월 등), 과시 231수(『김립시집』 3종에 126편 수록), 대작 소지 5편, 데김 서너 편, 만사 두세 편, 표 1편 등 총 480여 편이 알려져 있다. 문헌을 더 조사하면 김삿갓의 작이라고 표방하는 시들을 더욱 많이 발견할 수 있을 것이다. 미국 버클리대학 아사미 문고에 『청구야담』의 한 이본인 한문 필사본 1책(총 26장)에는 김삿갓 시가 두 편 실려 있다. 20세기 초까지 김삿갓 시가 여러 경로로 회자되고 전사되어 온 사실을 확인할 수 있다.

우리가 볼 수 있는 김삿갓 시는 여섯 가지 부류이다. 첫째 평측과 압운 등 외재율을 엄격하게 지킨 한시, 둘째 한시의 온전한 한 편을 이루지 못한 단구(斷句)나 연구(聯句), 셋째 한시의 형식에서 파생되어 나온 희작이나 파격의 시, 넷째 조선 민간에서 유행한 고풍(소고풍과 대고풍), 다섯째 우리말과 한자를 직조한 육담풍월(언문풍월), 여섯째 과거 시험에서 부과되는 형식의 과시(科詩) 등.

김삿갓의 일반 한시는 오언시와 칠언시로 나눌 수 있다. 단, 앞서 언급했듯이 김삿갓은 장편을 남기지 않았다. 단율(短律)을 주로 남겼고, 온전한 한

---

11) 이상욱 씨의 조사에 따르면 총 81편 가운데 작자 명이 표시되지 않은 '22수'가 모두 김삿갓 작일 가능성이 있다고 한다. 이상욱 해제, 국립중앙도서관.

편을 이루지 못하는 단구와 연구가 많다.

한편 김삿갓 시에서 가장 주목을 받아온 것은 육담풍월이다. 이 육담풍월은 조선 민간에서 유행한 고풍 한시에서 파생되어 나왔다. 종래 김삿갓 연구에는 이 점이 누락되어 있었다.

근세의 연구자나 비평가들은 김삿갓 시의 본령을 과시(동시·과체시·공령시·행시)에서 찾았다. 과시는 30-38구로 이루어진 칠언 장시로, 압운과 평측이 일반 한시와 다르다. 천태산인은 「김삿갓의 시」에서, '김립의 가장 장처(長處)는 공령시 즉 과시일 것'이라고 했다. 이응수도 대증보판에서는 김삿갓 시의 본령이 과시에 있다고 인정했다.12)

근세에는 과시와 장편 무운의 고풍(대고풍)을 합하여 동시(東詩)라고 부르는 경향이 있었다. 평택 임씨 필사본 자료를 신뢰한다면, 김삿갓은 장편 무운의 고풍, 즉 대고풍도 남겼다. 그렇다면 김삿갓은 동시의 영역에서 독보적인 위치를 확립했다고 말할 수 있을 듯하다.

정격의 한시와 과시를 지을 수 있는 인물은 같은 부류로, 그들은 운어(韻語)를 구사할 수 있었다. 이에 비해 조선식 고풍과 파격시를 지은 사람들은 한시를 짓지 못한 부류에 속한다. 단, 운어를 구사할 줄 아는 인물이 조선식 고풍과 파격시를 희작(戲作)하기도 했을 것이다. 김삿갓은 바로 그러한 인물이었다.

근세 최고학자 홍기문(洪起文, 1903-1992)은 『조선일보』(1938.1.11-3.19)에 50회에 걸쳐 연재하던 「소문고(小文庫)」의 제46회 분으로 '김립의 선구'를 작성하여, 김삿갓의 시가 '비천한 재담이지 시가 아니다'라고 잘라 말했다. 홍기문은 홍명희의 아들로, 북한의 최고 한학자였기에, 그의 발언은 북한의 문학사 서술에서 김삿갓을 평가할 때에 중대한 영향을 끼쳤을 것이다. 홍기문은, '이(俚)하고 속한 그 중에서도 시는 시 되는 소이연만은 따로 있어야 한다'고 전제하고, 김삿갓의 '재담을 곧 위대한 시처럼 평가하려는 것은 우스운 일'이라고 일축했다.13) 남한의 시조 시인 고두동(1903-1994)은 「김삿갓과

---

12) 이응수 편, 대증보판『김립시집』, 한성도서주식회사발행, 1941년, p.29.

그의 시」에서, 김삿갓은 정격의 시경(詩境)과 시풍을 연마하여 높은 수준으로 끌어올린 정통의 시객이 아니라고 하고 그가 과대평가 되고 있다고 비판했다.14)

김삿갓 작이라고 알려진 시나 과시 가운데는 원전의 모습을 확정하기 어려운 것도 많다. 김삿갓의 시나 과시를 통해서는 '작가' 김삿갓의 실존과 생애를 고증하기 어려우므로 '위대한 인간성'을 시속에서 발견하기 어렵다. 그렇기에 김삿갓은 없고 김삿갓 유의 한시만 있다는 주장도 있다. 하지만, 실제 작가가 누구이든 『김립시집』에 수록되고 '김삿갓'의 시로 언급되어 온 한시들은 주제 사상과 정서면에서 어떤 공통성을 지니고 있다.

이명선은 1938년 『매일신보』에 투고한 글에서 김삿갓 시에 나타나는 웃음을 네 가지 유형으로 나눈 바 있다. 첫째, 상대에 대한 우월감. 둘째, 비속화. 셋째, 부조화. 넷째, 사회적 부적응이 그것이다.15)

1939년에 이기영이 말했듯이, 김삿갓의 시는 1930년대 대중의 사랑을 받을 이유가 있었다. "조선의 한학자는 통폐라 할 만큼 남이 알기 어렵게 쓰는 것을 능사로 알고 부질없이 고투만 도습했다. …… 그런데 김삿갓의 출현으로 인하여 한시가 통속하고 보니 …… 일반 대중이 그의 신 사상과 시형을 흥미 있게 음미할 것도 또한 당연하다 할 것이다." 지금 보기에 김삿갓의 한시는 일반 대중이 음미할 정도로 쉬운 것이 결코 아니다. 하지만 그 무렵 일반대중은 한시문에 대한 관심이 높았고 한문 소양을 어느 정도 지니고 있었으므로 김삿갓의 한시를 그 자체로서 감상할 수 있었을 것이다. 더구나 김삿갓은 미국의 월트 휘트먼(Walt Whitman, 1819-1892)과 일본의 이시카와 다쿠

---

13) 홍기문, 「金笠의 先驅」, 洪起文 저, 金榮福·丁海廉 편역, 『洪起文 朝鮮文化論選集』, 현대실학사, 1997. pp.125-6.
14) 高斗東, 「金삿갓의 그의 詩」, 『現代文學』, 3권 1호, 1957.1. "金삿갓詩는 金삿갓詩대로 그의 戱作의 才를 가진데 불과한 것이요, 정격의 詩境, 詩風을 硏磨하여 高位의 수준 위로 지향한 정통의 시객이라 할 수 없는 것이다. 그러기에 그는 시의 혁명도 아닌 것이며 위대한 인간성도 그의 시속에서는 발견하기 힘드는 일이다."
15) 이명선, 「김립 시의 유-모아」, 『이명선전집』 2, 보고사, 2007. pp.19-27.

보쿠(石川啄木, 1886-1912)에 견줄 수 있는 무소유의 민중 시인이라는 이미지가 정착되었다. 휘트먼은 목수로 일하며 민중을 대변했던 시인이고, 다쿠보쿠는 중퇴 학력으로 사회주의 계몽운동을 하다가 26세로 요절한 인물이다. 이응수는 김삿갓의 「영영(咏影/詠影)」이 이시카와 다쿠보쿠의 「二の影」이란 시를 연상케 한다고도 했다.

많은 문학사가들은 김삿갓 시의 파격성에 주목했다. 한시에서 그가 이룬 형식과 내용의 파격은 국민문학의 새로운 시대를 열어주었다.16) 일제강점기에 김동인과 천태산인 등이 김삿갓에 깊은 관심을 보인 것은 이유가 없지 않다.

영국인 신부 리차드 럿트(Richard Rutt, 盧大榮) 씨는 김삿갓 시의 해학적인 특성을 분석한 후 김삿갓의 사고방식이 선(禪)에 가깝다고 했다. 또 그는 "일본이 전쟁에 신경을 집중하고 있던 시대에 조선 사회에서는 이처럼 순수하게 한국적 주제를 다룬 책이 출판된 것은 경이할 만한 일"이라고 호평했다.17) 1979년 윤은근 님은 김병연이 반례적인 시작법을 통해 독창성과 탁월함을 드러내었고, 한시를 대중문학화 시킨 최초의 작가라고 논평했다.18) 임형택 님은 김삿갓 시를 조선후기 한시의 희작화 경향 가운데 중요한 예로 적극 평가했다.19)

1981-2년 정응수 님은 김병연의 파격시들이 한시 시대의 종언을 선고하고 한글문화에 끼친 영향을 살폈다.20) 1983-4년 박혜숙 님은 대중보판 『김립시집』을 중심으로 희작시의 양상 및 창작 동인을 고찰했다.21)

2000년에 실천문학사는 1956년판 『풍자시인 김삿갓』을 『정본 김삿갓 풍

---

16) 김태준, 「김삿갓 金炳淵論」, 이종찬 편, 『조선후기 한시 작가론 2』, 이회문화사, 1998.
17) Richard Rutt(盧大榮), 「Kim Sakkat, the Popular Humorist」, 『Humour in Korean Literature』, 국제문화재단, 1970.
18) 윤은근, 「金笠硏究」, 고려대학교 석사논문, 1979.
19) 임형택, 「이조말 지식인의 분화와 문학의 희작화 경향」, 『전환기의 동아시아 문학』, 창작과 비평사, 1985.
20) 정응수, 「김삿갓 시 연구」, 명지대대학원 석사논문, 1982.
21) 박혜숙, 「金笠 詩 硏究」, 서울대학교 석사논문, 1984.

자시 전집』으로 재간했다. 편집자는 김삿갓의 반항과 불평은 당시 억압받던 대중의 목소리를 대변했으며 중년과 말년으로 가면서 점점 더 양반제도와 봉건 정치 자체를 부정함으로써 그의 세계관은 훨씬 사회적으로 확대되어 갔다고 해설했다.

2004년 이건호 님은 김병연의 시세계를 자학적 애민, 자연에의 도취, 훈계와 각성의 우화, 관념의 일탈, 가식을 고발한 농염 등으로 나누어 고찰했다.[22] 2007년 양동식 님은 초간본『김립시집』에서 22건의 오류를 찾아내고 대증보판에서 26개의 오자를 바로잡았으며(필자가 보기에 오류와 오자는 이에 그치지 않지만), 김병연의 시 90여 편을 인생, 풍자, 영물, 풍경, 연정 등의 주제로 나눠 역주하여『길 위의 시』를 출간했다.

이상의 연구들은 김삿갓 시 가운데 단율과 근체시, 파격시들을 대상으로 한 것이었다. 2009년 고연군 씨는 대증보판 부록의 과시만을 대상으로 시제의 출전을 처음으로 밝혔다.[23] 필자는 김삿갓 과시로서 목록에 올릴 수 있는 전체를 대상으로 시제의 출전을 가능한 한 밝혀보고, 기존 연구의 미비점을 보완하기로 한다.[24]

---

22) 이건호,『김병연시 연구』, 조선대학교 박사논문, 2004.
23) 高延君,『『金笠詩集』所載 東詩에 대한 고찰』, 전남대 대학원 국어국문학과 석사논문, 2009.8.
24) 김삿갓의 일반 한시나 고풍, 언문풍월의 시도 필사본에 전사되어 유전하는 것이 있을 듯하다. 김선일 화실 소장 필사본『취명(吹明)』에는 '김병연'의「독등한벽당(獨登寒碧堂)」,「과함벽정(過涵碧亭)」,「차광한루운(次廣寒樓韻)」이 실려 있다.「독등한벽당」은『매일신보』(1933.12.6)에 김홍한이 소개한 시이지만, 이응수의『김립시집』은 세 판본 모두에 수록하지 않았다. 5회분 글에서는 다음 김삿갓 시들을 소개했다.「과함벽정」 시는 김삿갓을 다룬 문헌이나『김립시집』에서 언급되지 않았다.「차광한루운」은 1939년『김립시집』과 1941년 대증보판에「등광한루(登廣寒樓)」로 실려 있다.『취명』에 대해서는 블로그 '김선일의 그림 공간'(http://m.blog.daum.net/kimsun7355/16906363) 참조.

5.

　'김삿갓들'은 예교의 그물과 허상으로부터 가장 멀리 떨어져 있는 자유의 지점을 확인하고, 쓴웃음을 시에 담았다. 그들의 시어는 속되고 미적 감각은 우아함과 상스러움을 구별하지 않았다. 익명의 글쓰기 작가들은 입신양명의 목적을 버리고 도덕적 자기 검열을 뿌리쳤다. 사회의 통념을 분쇄하고 생활 세계의 실상을 전하기 위해 정통의 한시와 파격의 한시를 이용했다. 또 희작과 언문풍월(육담풍월)은 서민대중의 문학적 열망을 채워주었다. 현실의 반영과 풍자라는 미학적 과제를 유희의 방식을 통해 서민대중이 공유하게 만들었다. '김삿갓들'은 일탈된 형식, 독특한 해학, 인간적 고뇌, 사회 실상의 반영 등을 통해 한국문학의 지평을 넓혀 주었다.

　'김삿갓들'은 현실 공간에 남아 어정거리고 기웃거렸다. 세상을 향해 쓴웃음을 지었고, 자신을 비웃었다. 개혁 의지를 드러내지는 않았으나 사회의 부조리를 꼬집었다. 국가권력과 지식층이 저급하다고 버린 형식을 자기 것으로 사용하여 문자권력에 저항했다. 시어는 정제되지 않았고 때때로 속되었지만, 그것은 우리가 결함 세계에서 느끼는 자조와 부조리한 현실에 대해 날리는 조소를 앞서 대변했다. 거대 담론을 펴려는 의식도, 현실의 작은 부분조차 뒤바꿀 힘도 없었으나, 맨주먹의 독서인이 구축할 수 있는 최상의 비판철학을 미학으로 구현해 내었다.

　끝으로 편집과 교정을 보아주시고 표지에 삿갓 '笠(립)' 자를 휘호해 주신 최진자 편집자님과 마지막 교정을 해주고 색인을 정리해 준 노요한 군에게 감사드린다.

2017년 8월 15일, 폭우가 내리는 낮
회기동 작은 마당 집에서

차 례

머리말 / 김삿갓 시를 되읽으며 5

제1부. 김삿갓 시의 본질

　제1화. 김삿갓 시는 김삿갓 시인가 ………… 35
　제2화. 김삿갓의 탄생과 성장 ………… 54
　제3화. 252자 자서전인가 타서전인가 ………… 113
　제4화. 천태산인의 의심 너머 ………… 137
　제5화. 정격, 고풍, 그리고 파격시 ………… 152
　제6화. 고소장 대작(代作), 데김 희작(戱作) ………… 186

제2부. 문자권력에 대한 김삿갓의 저항

　제7화. 육담풍월 ………… 201
　제8화. 시시비비 ………… 237
　제9화. 단구(斷句)와 연구(聯句) ………… 272
　제10화. 욕설과 허언 ………… 293
　제11화. 대고풍 ………… 315
　제12화. 과시(科詩)의 쭈어(做) ………… 337
　제13화. 배체(俳體) ………… 390

제3부. 김삿갓 시의 미학

제14화. 삿갓은 빈 배 ·········· 417
제15화. 쓸쓸한 내 그림자 ·········· 457
제16화. 빈곤의 굴레 ·········· 479
제17화. 이중의 시선 ·········· 504
제18화. 요강에 걸터앉아 ·········· 523
제19화. 상실로부터의 회광 ·········· 549

제4부. 문화사 속의 김삿갓 시

제20화. 이 사람의 풍류 ·········· 573
제21화. 역사 교양과 동시 ·········· 596
제22화. 스토리텔링 속의 김삿갓 ·········· 672
제23화. 이응수와 『김립시집』 ·········· 689

참고문헌 1 : 김삿갓론 초기 자료 ·········· 730
참고문헌 2 : 자료와 논저 ·········· 733
찾아보기 ·········· 843

부 록

<표 28> 1939년 학예사『김립시집』수록 시편 ········ 744
<표 29> 1941년 대중보관『김립시집』수록물 ········ 767
<표 30> 1956년『풍자 시인 김삿갓』[『정본 김삿갓 풍자시 전집』, 실천문학사, 2000] 수록 목록 ········ 802
<표 31> 영월 송순철(1983년 1월 영월읍 영흥 14호 거주, 당시 78세) 소장 필사본 수록 김삿갓 동시, 영월군, 『김삿갓의 유산』(1992)에 기초하여 재정리. ········ 814
<표 32> 국립중앙도서관 필사본『東詩』제2본(53장본) 과시 5편 ········ 818
<표 33> 국립중앙도서관 鄭景朝印『東選』수록 '金炳淵' 동시 98편(일편 52편) ········ 818
<표 34> 평택 임씨 필사『동시』수록 김삿갓 과시(구사회 논문) ········ 827
<표 35> 신사석(申思奭) 병신(1896년) 필사본『시상』수록 김삿갓 과시(유년석·양동식 논문) ········ 832
<표 36>『선명(善鳴)』수록 金笠 과시 ········ 840

제1부 김삿갓 시의 본질

제1화. 김삿갓 시는 김삿갓 시인가
제2화. 김삿갓의 탄생과 성장
제3화. 252자 자서전인가 타서전인가
제4화. 천태산인의 의심 너머
제5화. 정격, 고풍, 그리고 파격시
제6화. 고소장 대작(代作), 데김 희작(戱作)

제1화. 김삿갓 시는 김삿갓 시인가

1.

이응수는 1956년 평양 국립출판사에서 간행한 『풍자시인 김삿갓』(실천문학사 2000 『正本 김삿갓 풍자시 전집』)의 제4부 '자연 풍경시와 향토시'에 「백상루(百祥樓)」 시를 수록했다. 백상루는 조선시대 평안도 안주목(安州牧)의 북쪽 성안에 있던 누정이다. 이응수가 번역하고 원문을 실은 김삿갓의 시는 이러하다.

청천강 위
백상루에 오르니
삼라한 경개를
이루 다 볼 수 없다.

비단 병풍 절벽 위로
따오기는 외롭게 날고
거울 같은 강물 위에

조각배가 이곳 저곳.

풀 누운 방죽은
한 장 푸른 포단인데
일천 뫼 뿌리는
하늘 아래 나직이 이어졌다.

내 이제까지 인간 세상에
선경 있는 곳 몰랐더니
오늘 이곳에서
실로 영주산을 보았노라.

01 淸川江上百祥樓(청천강상백상루)
02 萬景森羅未易收(만경삼라미이수)
03 錦屛影裏飛孤鷺(금병영리비고로)
04 玉鏡光中點小舟(옥경광중점소주)
05 草偃長堤靑一面(초언장제청일면)
06 天低列岫碧千頭(천저열수벽천두)
07 不信人間仙境在(불신인간선경재)
08 密城今日見瀛洲(밀성금일견영주)

나의 번역은 이러하다.

청천강 백상루에 오르니
경치가 벌려 있어 다 거둘 수 없을 정도.
비단 병풍 절벽 위로 따오기 홀로 날고

옥거울 강물에는 조각배 여기저기.
풀이 누워 방죽은 파란 포단 한 장이고
하늘 낮아 첩첩 산은 일천 머리를 맞대었다.
인간 세상에 선경 있다곤 안 믿었거늘
밀성에서 오늘 영주산을 보다니.

밀성은 곧 안주이다. 시인은 안주 백상루에 올라 비류강을 바라보면서 산수자연의 모습을 묘사하고, 이곳이 삼신산의 하나인 영주산에 해당하는 것이 아니냐고 예찬했다. 극히 정돈된 시상을 아름다운 시어로 묘사했으며, 광활한 풍광의 원경과 근경 모두에 시선을 주면서 동태와 정태, 다양한 색조를 포진시켰다.

이응수는 이 시를 이미 대증보판에 수록하고, 시의 뒤에 '李寬河氏寄'라고 밝혔다. 이관하 씨가 부쳐 준 원고라는 말이다. 이관하는 1940년 조선총독부 직원록에 평안북도 초산군 산업기수, 10등 관등으로 저록되어 있다.

이응수가 소개한 「백상루」 시는 樓(루)·收(수)·舟(주)·頭(두)·洲(주)를 운자로 사용했다. 이 글자들은 한시 지을 때 참조하는 106운 평수운(平水韻)의 체계에서 보면, 하평성(下平聲) 제11 尤(우)운에 속한다. 수련(두련) 출구(안짝=01구)에도 樓(루)자를 놓아 압운을 했다.

이 시는 율시이므로 함련과 경련이 각각 대우(對偶)의 형식을 지켰다. 함련(03-04)과 경련(05-06)을 보면, 03-04, 05-06은 각각 대(對)를 이루고 있다.

01-08까지 여덟 구를 각각 평측의 규칙 면에서 보면 제2자-제4자-제6자의 평측이 규칙적으로 교차하고 있다. 즉 각각의 구는, 제2자가 평성이면 제4자는 측성, 제6자는 평성이어야 하고, 제2자가 측성이면 제4자는 평성, 제6자는 측성이어야 한다. 이른바 '2-4-6부동(不同)'이다. 또 홀수 번째 구와 짝수 번째 구는 그 제2자-제4자-제6자의 평측이 서로 반대여야 한다. 위에서 보면 01-02, 03-04, 05-06, 07-08은 각각 제2자-제4자-제6자의 평측이 서로

반대이다. 절구나 율시 등 근체시(금체시)의 가장 중요한 규칙을 잘 지키고 있는 것이다.

그런데 앞 연의 짝수 번째 구와 다음 연의 홀수 번째 구의 평측을 보면 중대한 결함이 있다.

근체시에서는 앞 연의 짝수 번째 구와 다음 연의 홀수 번째 구가 제2자·제4자·제6자의 평측이 서로 같아야 한다. 이것을 점법(粘法)이라고 한다. 점법을 지키는 것을 우리나라에서는 현점(懸粘, 점 달다)이라고도 했다. 제2자·제4자·제6자의 소릿값만 보면 02-03은 그 평측의 소릿값이 같아야 하거늘, 『풍자시인 김삿갓』에 수록된 「백상루」 시는 그 소릿값이 서로 반대가 되고 말았다. 즉, 02-03은 점법을 지켜야 하는데, 지키지 않은 것이다. 실점(失粘)이다. 04-05는 점법을 지켰다. 하지만 다시 06-07은 실점이다.

*02 萬景森羅未易收 : 景[측성]=羅[평성]=易[측성]
*03 錦屛影裏飛孤鶩 : 屛[평성]=裏[측성]=孤[평성]

04 玉鏡光中點小舟 : 鏡[측성]=中[평성]=小[측성]
05 草偃長堤靑一面 : 偃[측성]=堤[평성]=一[측성]

*06 天低列岫碧千頭 : 低[평성]=岫[측성]=千[평성]
*07 不信人間仙境在 : 信[측성]=間[평성]=境[측성]

이 시는 여덟 구 모두 '2-4-6부동' 규칙을 지키고 수련 마지막 글자에 압운을 하며 짝수 번째 구(02, 04, 06, 08)마다 압운하는 등 근체시의 규칙을 완벽하게 지키면서도, 02-03, 06-07의 각각에서 점법을 지키지 않았다. 이 사실을 어떻게 설명해야 하는가?

2.

이응수가 김삿갓 시를 수집하는 방식은 그보다 앞서 1926년 천도교 잡지 『개벽』 문예부에서 김삿갓 시와 전기를 대대적으로 모집한 방식을 계승한 것이다.

아마도 이응수는 『개벽』 문예부에서 수집한 자료를 모태로 삼고, 다시 『개벽』 문예부와 마찬가지로 우편을 통해 김립의 시문과 기타 전기를 더 모으려고 했을 것이다. 일일이 지방을 돌아다니며 서당과 한학자들에게서 자료를 구했다는 것은 아무래도 사실이 아닌 것 같다.

그런데 현재 우리가 김삿갓 시를 읽으려면 이응수가 편집한 『김립시집』의 세 텍스트에 우선 의존하지 않을 수 없다. 즉, 1939년 학예사에서 간행한 『상해 김립시집』, 1941년 한성도서주식회사에서 발행한 『대증보판 김립시집』, 1956년 평양 국립출판사에서 간행한 『풍자시인 김삿갓』(실천문학사 2000 『正本 김삿갓 풍자시 전집』)을 주 텍스트로 삼아야 한다. 이응수가 『김립시집』을 엮을 때는 김삿갓 시가 단행(單行)된 예가 없었다. 또한 1926년 『개벽』 문예부는 김삿갓 시와 전기를 대대적으로 모집하여 7월까지 상당한 분량의 원고를 모았지만, 그 해 『개벽』이 폐간되면서(뒷날 복간된다) 원고들은 일단 비장(秘藏)되고 말았다. 이응수는 『김립시집』을 엮을 때 그 비장 원고를 손에 넣은 듯한데, 거기다가 구전 자료와 문헌 산견 자료를 주변에서 모으고 또 우편 방식으로 일시(佚詩)들을 모집했다. 이응수는 그로서는 최후의 정본 김삿갓 시집이었던 1956년 평양 국립출판사판 『풍자시인 김삿갓』을 간행하면서 「김립에 관한 문헌」을 언급했다. 즉 "김립의 연구는 결코 문헌이나 저서에 의해서 기대할 것이 아니라 도리어 항간에 널리 분포된 시를 수집하는 방법에 의해서 진행하는 것이 그의 인민성을 밝히는 데 있어서 더욱 유효할 것이다"라고 밝혔다.

하지만 이응수는 자신이 수집하고 모집한 시가 진정한 김삿갓 시인지 확신할 수 없었다. 1956년 『풍자시인 김삿갓』에서조차 이응수는 김삿갓을 김삿갓의 모방자들로부터 진짜 김삿갓을 구별하고 김삿갓 설화를 봉이 김선달 식의 설화와 구분해야 한다고 경계했다.

또 이응수는 김삿갓 자료를 망라했다고는 자신할 수도 없었다. 이응수 편집본에 들어 있지 않은 시들도 김삿갓 시로 전하는 경우가 지금도 있다.

   오간세시옷(吾看世시옷) 시옷=人
   시비재미음(是非在미음) 미음=口
   귀가수리을(歸家修리을) 리을=己
   부연점디귿(不然點디귿) 點디귿=디귿 위에 점=亡

"내가 세상 '사람'을 보니, 시비가 '입'에 있더라, 집에 돌아가 '몸'을 닦아야지, 그렇지 않으면 '망'하리라"라고 풀이되는 절묘한 시이다. 그런데 이응수는 대중보판 『김립시집』에서, 이것이 이서구(李書九)의 시를 모방한 듯하다고 밝혔다. 사실 이 시는 효창(曉蒼) 한징(韓澄, 1886-1944)이 「양문대신의 언문 시」에서 소개한 이서구의 언문 시와 흡사하다.[1] 물론 한징이 소개한 언문 시가 이서구 작이라는 확증은 없다. 이서구 작이라고 운위되는 언문 시를 뒷날의 누군가가 모작하여 그것이 김삿갓 시라고 알려지게 되었을 가능성도 있다. 아니면 김삿갓 언문 시를 개작한 것을 이서구 작이라고 운위하게 되었는지도 모른다.

다만 이런 예에서 볼 수 있듯이, 항간에 김삿갓 시라고 전하는 것 가운데는 김삿갓의 창작시라고 확인하기 어려운 것이 많다.

1956년 이응수는 『풍자시인 김삿갓』을 간행하면서, '인민성' 기준에 부합하지 않는 시의 원고는 버렸을 것이다. 하지만 김삿갓 시에서 '인민성'을 추출하는 문제는 간단치 않다. 더구나 '자연 풍경시와 향토시'에서 어떻게 '인

---

[1] 한징(韓澄), 「양문대신(梁門大臣)의 언문 시」, 『한글』 48, 1937.9.

민성'을 확인할 수 있을까?

 근세 이전에는 풍경시와 향토시가 그 지역의 누정이나 주요 건물 벽에 걸린 판(현판)에 적혀 있고, 그것이 여러 사람들에게 회자되는 일이 많았다. 따라서 누정이나 옛 건물이 남아 있다면, 풍경시와 향토시를 현판에서 손쉽게 수집할 수 있었을 것이다. 누정이나 옛 건물이 남아 있지 않더라도, 종래 현판에 적혀 있던 시문이 지역 주민들 사이에서 입에서 입으로 전해져 공동의 문화유산으로 기억되었을 것이다.

 이응수가 이관하에게서 원고로 부쳐 받은 백상루 시는 본래 백상루 현판에 쓰여 있거나 각자(刻字)되어 있었을 가능성이 있다.

 각 지역의 명승과 현판 시들을 알려면 지리지나 지방지의 자료를 먼저 살피는 것이 유효하다. 과거의 지리지나 지방지는 인문지리의 사항을 충실하게 집적해 두었기 때문이다.

 필자는 혹시나 해서 조선후기 지방지를 살펴보고, 조선전기 중종 때 간행된 『신증동국여지승람』으로 소급해서 백상루 관련 시문을 찾아보았다. 『신증동국여지승람』은 1530년(중종 25) 이행(李荇)·윤은보(尹殷輔)·신공제(申公濟)·홍언필(洪彦弼)·이사균(李思鈞) 등이 『동국여지승람』을 증수한 책이다.

 그런데 『신증동국여지승람』 제52권 평안도 안주목(安州牧) '누정'조에서, 그 항목의 맨 처음에 수록되어 있는 고려 충숙왕의 어제(御製)가 바로 저 김삿갓의 백상루 시와 같다는 사실을 발견했다. 다만 함련과 경련이 뒤바뀌어 있을 뿐이었다.

> 청천강 백상루에 오르니
> 경치가 벌려 있어 다 거둘 수 없을 정도.
> 풀이 누워 방죽은 파란 포단 한 장이고
> 비단 병풍 절벽 위로 따오기 홀로 날고,
> 옥거울 강물에는 조각배 여기 저기

하늘 낮아 첩첩 산은 일천 머리를 맞대었다.
인간 세상에 선경 있다곤 안 믿었거늘
밀성에서 오늘 영주산을 보다니.

01 淸川江上百祥樓(청천강상백상루)
02 萬景森羅未易收(만경삼라미이수)
05 草偃長堤靑一面(초언장제청일면)
06 天低列岫碧千頭(천저열수벽천두)
03 錦屛影裏飛孤鷺(금병영리비고로)
04 玉鏡光中點小舟(옥경광중점소주)
07 不信人間仙境在(불신인간선경재)
08 密城今日見瀛洲(밀성금일견영주)

　　운자는 頭(두)와 舟(주)의 순서가 다를 뿐, 하평성 제11 尤(우)운에 속하는 5개 글자가 그대로 사용되었다. 앞서와 마찬가지로 수련(두련) 바깥짝(01구)에도 압운을 했다.
　　함련(05-06)과 경련(03-04)을 보면, 05-06과 03-04가 각각 대(對)를 이루고 있어, 함련과 경련이 각각 대우(對偶)의 형식을 잘 지켰다.
　　또 앞서 이응수의 수록에서는 02-03과 06-07이 실점이었지만, 『신증동국여지승람』 수록의 충숙왕 어제는 02-05, 06-03, 04-07이 모두 점법을 잘 지켰다.

02 萬景森羅未易收 : 景[측성]⇌羅[평성]⇌易[측성]
05 草偃長堤靑一面 : 偃[측성]⇌堤[평성]⇌一[측성]

06 天低列岫碧千頭 : 低[평성]⇌岫[측성]⇌千[평성]

03 錦屛影裏飛孤鶯 : 屛[평성]=裏[측성]=孤[평성]

04 玉鏡光中點小舟 : 鏡[측성]=中[평성]=小[측성]
07 不信人間仙境在 : 信[측성]=間[평성]=境[측성]

이 사실은 무엇을 말하는가? 『신증동국여지승람』은 충숙왕 어제를 바르게 수록했으나, 이응수는 우편 모집의 원고를 기준으로 원시의 함련과 경련을 뒤바꾸어 수록한 것이 분명하다.

우편 모집원고는 왜 함련과 경련이 뒤바뀌었을까?

기억의 잘못이었을 수도 있다.

또 본래 그 시가 원앙쌍대격(鴛鴦雙對格)으로 적혀 있었으나 그 서기방식을 잘못 파악한 때문일 수 있다. 원앙쌍대격은 시의 안짝과 바깥짝을 좌우로 나란히 적고 한 연의 다음 연을 그 아래 적는 방식이다. 이 서기방식은 조선의 독특한 것이다.

『신증동국여지승람』은 충숙왕의 생존 시기에서 그리 멀리 떨어지지 않은 조선 전기에 왕명으로 편찬된 책이므로, 저 「백상루」 시의 작자 문제와 관한한 신뢰도가 높다. 이응수가 제삼의 인물을 통해 부쳐 받은 원고와는 신뢰도 면에서 큰 차이가 있다.

이응수가 김삿갓의 시라고 확신한 「백상루」 시는 결코 김삿갓의 시일 수가 없다. 백상루 현판에 쓰여 있거나 안주 지방에 구전되던 시를 이관하가 김삿갓 시로 간주하여 이응수에게 제공했을 것이다. 이응수는 그 진위를 판별할 수단을 가지고 있지 않았다.

비슷한 사례로는 1941년 대증보판 『김립시집』에 '통천(通川) 이성두(李聖斗)'가 부쳐온 「안변등표연정(安邊登飄然亭)」(증106山16)을 수록한 것을 들 수 있다. 이응수는 그것이 율곡 이이의 「화석정(花石亭)」 시를 옮겨 적은 것이란 사실을 알지 못했다. 「안변등표연정」이 「화석정」과 같다는 사실은 이건호가

『김병연시 연구』(2004)에서 밝힌 바 있다.

그런데 중요한 것은 이 역시 화석정의 현판에 적혀 있을 시가 회자되고 있었고, 일부 사람들이 그것을 김삿갓 시라고 잘못 알았을 수 있다는 점이다. 이관하나 이성두는 모두 한시의 소양이 있기는 하지만 김삿갓 시를 변별할 만큼 조예가 깊었던 것은 아닌 듯하다.

3.

이응수는 남에게서 부쳐 받은 시들의 진위를 확인하기 어려웠다. 이러저러한 경로로 수집한 김삿갓 시들도 대부분 참인지 확신할 수 없었을 것이다.

이응수 자신은 김삿갓 시가 다른 사람들의 시와 뒤섞여 있어 구분하기 어렵다고 실토했다.

『매일신보』(1933.12.4)에, 김병연의 직계 증손 김홍한(金洪漢)이 '霖風長安時孟秋(임풍장안시맹추) 嶠南歸客獨登樓(교남귀객독등루)' 운운하는 「聽曉鍾(청효종)」 시를 김삿갓의 시라고 소개했다. 시인의 쓸쓸한 마음을 절묘하게 드러낸 칠언율시이다. 이응수는 『김립시집』 초판과 대중보판에 이 시를 실었으나, "이 시는 일설에 황오(黃五) 진사의 작이라 하나 김홍한씨가 부인함으로 일단 김립 시로 취급함"이라고 부기했다.

霖風長安時孟秋(임풍장안시맹추)　嶠南歸客獨登樓(교남귀객독등루)
吼來地上雷霆動(후래지상뇌정동)　擊送人間歲月流(격송인간세월류)
鳴吠俱淸千戶裡(명폐구청천호리)　乾坤忽肅九街頭(건곤홀숙구가두)
無窮四十年間事(무궁사십년간사)　回首今宵又一悲(회수금소우일비)

마지막 연(미련) 대구(바깥짝) 마지막 글자에 운자를 써야 하는데, 悲(비)를 썼으므로 운이 맞지 않는다. 秋(추)·樓(루)·流(류)·頭(두)는 모두 하평성 제11 尤운에 속하거늘, 悲는 상평성 제4 支운에 속한다. 낙운이다. 김흥한이 처음 소개할 때는 우연한 오자라고 해도 좋으나, 이응수가 1939년 『김립시선』을 엮었을 때, 1941년 대증보판을 펴냈을 때도 이 점을 몰랐다고 한다면, 정말 기이한 일이다.

과연 이 시는 1918년 『대동시선』 권9에 황오의 시로 실려 있고, 제목은 「청종(聽鍾)」으로 되어 있다. 이후 1932년 간행된 황오의 문집에는 「청가종(聽街鍾)」이란 제목으로 실려 있다.2) 『대동시선』은 제2연 바깥짝의 '擊送'이 『녹차집』에는 '擊去'로 되어 있고 제3연 안짝의 '俱淸'이 '俱凉'으로 되어 있다.

聽街鍾(청가종)

霖雨長安秋孟秋(임우장안추맹추)　　山南歸客獨登樓(산남귀객독등루)
吼來地上雷霆動(후래지상뇌정동)　　擊送人間歲月流(격송인간세월류)
鳴吠俱凉千戶裡(명폐구량천호리)　　乾坤忽肅九街頭(건곤홀숙구가두)
無窮四十年間事(무궁사십년간사)　　回首今宵又一愁(회수금소우일수)

거리의 종소리를 듣고

장맛비 내리는 장안은 맹추(7월)의 계절
영남의 귀객이 홀로 누에 오르자,
지상의 번개 우레 울부짖듯 하고
인간의 세월을 때려서 보내누나.
닭 울고 개 짖는 소리는 일천 집에 서늘하고
건곤천지는 사통팔달 거리에 홀연 엄숙하다.
아득한 사십 년의 일들

---

2) 황오(黃五),「김사립전(金莎笠傳)」,『황녹차집(黃綠此集)』권2, 1932. 국립중앙도서관본.

돌이켜 보는 이 밤 또한 한바탕 수심.

몇몇 글자가 다르다. 그런데 마지막 연(미련) 대구(바깥짝) 마지막 글자에 愁자를 운자로 썼다. 이응수는 이 시를 1956년본에는 싣지 않았다.

황오(黃五)3)는 본관이 장수(長水), 자는 사언(四彦), 호는 녹차거사(綠此居士)·한안(漢案)·동해초이(東海樵夷)·녹일(綠一) 등이다. 경남 함양군 방장산(지리산) 공배리에서 태어나, 경북 상주의 중모현으로 옮겨 살다가, 경기도 양주에서 31년간 거처한 후, 49세 되던 1864년 고향으로 돌아갔다. 김정희(金正喜)·조두순(趙斗淳)·김병학(金炳學)·신석우(申錫雨)·박규수(朴珪壽)·조재응(趙在應) 등과 시를 주고받았다. 김삿갓과 친하여「김사립전(金莎笠傳)」을 남겼다.

한편 이응수는 고목을 노래한 다음 시를 1956년본에 수록해 두었다.

천 년 오랜 나무, 두서너 가지
저절로 슬픔 머금고 동남으로 뻗어 있네.
늙어감에 속은 대나무처럼 통하고
봄이 오면 반쪽 얼굴이 쪽빛처럼 푸르다.
혼백은 참새를 따라 길이 골짝에 머물러도
그림자는 교룡이 되어 반나마 못에 있네.
평생 비바람을 많이 거쳐도
한 번도 머리 돌려 쓰다달다 말하지 않노라.

古木(고목)

01 古木千年枝二三(고목천년지이삼)

02 天然悽愴向東南(천연처창향동남)

---

3) 이성혜,「黃五 문학에 나타난 유랑지식인적 자화상」, 동방한문학회, 2005.

03 老去中心通似竹(노거중심통사죽)

04 春來一面碧如藍(춘래일면벽여람)

05 魂依鳥雀長留壑(혼의조작장류학)

06 影作蛟龍半在潭(영작교룡반재담)

07 平生風雨多經過(평생풍우다경과)

08 一不回首說苦甘(일불회수설고감)

『함양군지(咸陽郡誌)』4)와 황오의『녹차집』권1에 따르면 이 시는 황오 작이 분명하다. 두련 바깥짝의 悽愴(처창)이『녹차집』에는 '怊悵(추창)'으로 되어 있다. 미련 바깥짝의 '一不回首'가『녹차집』에는 '猶不回頭'로 되어 있다. 둘은 표기가 달라도 의미는 같다. 중간의 '魂依鳥雀常留壑(혼의조작상유학)'이『녹차집』에는 '魂依鳥雀長留巷(혼의조작장유항)'으로 되어 있다.『녹차집』이 '오의항'이란 표현을 의식한 것이어서 더 낫다. 오의항은 오늘날 중국 남경 진회하(秦淮河)의 남쪽으로, 동진 때 왕씨(王氏)와 사씨(謝氏) 등 명문거족이 살았던 곳이다. 여기서는 작가 자신이 어려서 누렸던 화려한 삶을 그리워하는 뜻을 가탁했다.

이응수가 채록한 시와『녹차집』이 수록한 시는 함련(03-04)과 경련(05-06)이 뒤바뀌어 있다. 따라서 운자의 종류는 본래와 같으나 중간에 운자의 순서가 다르다.『녹차집』수록의 시는 실점을 하지 않았다.

01 古木千年枝二三

02 天然怊悵望東南 : 然[평성]=悵[측성]=東[평성]

05 魂依鳥雀長留巷 : 依[평성]=雀[측성]=留[평성]

---

4) 黃五, 號綠此, 長水人, 老村喜之后. 詩文雄健宏博, 志氣卓犖不羈. 其自傳云 : 母夫人鄭氏夢, 紅鸞坐掌上, 文殊菩薩, 率數十僧尼, 乞飯來曰 : '當生奇男.' 生而右手掌文, 有赤點文 又有五字, 十歲誦誌書. 二十, 遊京師, 觀風俗人物, 三十以塞聽錦囊, 周覽名山大川, 其古木詩曰 : ……○純祖朝居郡北功倍.

06 影作蛟龍半在潭 : 作[측성]═龍[평성]═在[측성]

03 老去全身通似竹 : 去[측성]═身[평성]═似[측성]

04 春來一面活如藍 : 來[평성]═面[측성]═如[평성]

07 平生風雨多經過 : 生[평성]═雨[측성]═經[평성]

08 猶不回頭說苦甘

이에 비해 이응수 수록의 것은 실점이다.

4.

이응수 당시에는 김삿갓 시가 상당수 전했을 것이다. 하지만 우리는 김삿갓의 시를 읽을 때 늘 되물어야만 한다. 김삿갓 시로 알려진 이 시는 어떤 면에서 '김삿갓 시'임을 확인할 수 있는가?

이응수는 한시의 압운에 대해서는 알고 있었으나, 구중의 평측과 연 사이의 점법에 대해서는 알지 못했다. 또 시구의 의문문-평서문 호용에 대해서도 밝지 못했다. 그렇기 때문에 김삿갓 시의 해설에는 미심쩍은 부분이 많다. 텍스트 자체의 분석과 독해를 통해 오류를 잡아내는 자교(自校)의 방법을 구사하지도 못했다.

이응수가 자교의 방법을 구사하지 못한 예를 하나만 든다.

1939년 『김립시집』의 「유산음(遊山吟)」(초101山22) 시는 칠언율시로, 1941년 대증보판에서는 잡편(증124雜03)에 실었다. 그런데 두련(수련) 바깥짝(제2구)의 마지막 글자가 초판에는 客으로 되어 있고 대증보판에서는 容으로 되어 있다. 초판본의 본문과 이응수의 해설은 아래와 같다(한시의 구에 맞춰 해설문의 행을 같아둔다).

一笠茅亭傍小松, 衣冠相對完前客.
橫籬蟬淺凉風動, 藥圃虫聲夕露濃.
秋雨纔晴添晩暑, 暮雲爭出幻奇峰.
悠悠萬事休提說, 未老須謀選日逢.

모정(茅亭)에 일립(一笠)을 쓰고 소송(小松) 곁에 안젓스니 의관(衣冠)이 상대(相對)하야 앞에 앉은 객(客)과 일대(一對)가 되엇도다. 두셋이 유산(遊山)함이다.
근목(槿木) 울타리에 선(禪)의 우전(羽賤)이 퍼득이며 노래하는대 양풍(凉風)은 일고
약(藥) 심은 정포(庭圃)에 버레는 울어 저녁이슬이 수복이 내린다
때마침 추우(秋雨)조차 개어 만하초추(晩夏初秋)의 딱은 볏이 더하고
모운(暮雲)이 다투어 일어나니 마치 환기(幻奇)의 산봉(山峯)이 이는 것 같다
여보게 만사(萬事)는 유유(悠悠)하게 그저 지나가면 다시 못 온다
젋은 놈이라 후일(後日)에 다시 맞날 날을 도모(圖謀)하야 정(定)함이 울타.

그런데 경련(제3연) 안짝의 탈서(脫暑)는 만서(晩暑)의 잘못인 듯하다. 그런데 대증보판에서 이응수는 두련(수련) 바같짝(제2구)의 마지막 글자를 容으로 바꾸고도 해설은 초판과 같게 했다.

一笠茅亭傍小松, 衣冠相對完前容.
(이하 생략)

모정(茅亭)에 일립(一笠)을 쓰고 소송(小松) 곁에 안젓스니 의관(衣冠)이 상대(相對)하야 앞에 앉은 객(客)과 일대(一對)가 되엇도다. 두셋이 유산(遊山)함이다. (이하 생략)

客을 容으로 바꾼 이유는 무엇인가? 客이면 운(韻)이 맞지 않기 때문이다. 즉 이 시는 원칙적으로 칠언율시의 평측과 압운을 따르고 있다. 칠언율시는 만당 이후 맨 처음 구에도 압운을 하므로 松(송)·容(용)·濃(농)·峰(봉)·逢(봉) 다섯 자가 운자이다. 이 다섯 자 가운데 앞의 네 글자는 한시를 지을 때 참고하는 평수운의 운목을 따르면 상평성 제2 冬(동)운에 속한다. 마지막 逢은 상평성 제1 東(동)운에 속하므로, 칠언율시를 포함한 근체시의 압운 규칙을 완전히 지키지는 못했다. 그래도 우리 발음으로 음이 가까운 한자이자, 바로 곁의 부류에 속하는 운자를 썼다. 한시를 능숙하게 짓지 못했거나 우연히 낙운(落韻)을 하고 말았을 것이다.

현재 김삿갓 시로 전하는 한시들을 일별하면, 저 '스무나모' 같은 파격시보다는 근체시의 율시와 절구, 그 중에서 칠언율시가 상당히 많다. 그 사실은 한시 습작을 칠언율시로부터 시작하던 관습과 관련이 있을 듯하다.

어떻든 이 「유산음」의 두련 바깥짝 구는 압운 규칙상 容이어야 옳다. 그렇기에 이응수는 초간본과 달리 客자를 容자로 고쳤을 것이다. 그렇다면 마땅히 해설도 달라져야 하지만 이응수는 초판본의 해설을 고치지 못했다. 함련, 경련, 미련에 대한 이응수의 해설은 우아하여 취할 만하다. 하지만 두련의 해설은 잘못되었다. 더구나 '完前客'이어도 '完前容'이어도, 어느 경우라도 이 구절은 해석이 되지 않는다. 아마도 '完前(완전)'은 '宛轉(완전)'의 잘못일 것이다. 宛轉은 '곱고 아리땁다'는 뜻이다. 이 두련의 뜻은 대개 다음과 같다.

[필자의 해설] 삿갓 하나 엎어놓은 듯한 모정(茅亭) 곁에 작고 어린 소나무가 있어, 의관(衣冠)을 갖춰 마주하니 완연하게 고운 모습이로다.

이 두련의 처음에 나오는 '一笠(일립)'은 시인이 삿갓을 쓰고 있다는 것이 아니라 모정의 모양이 삿갓을 엎어놓은 것 같다는 형용이다. 또 두련은 '두셋이 유산(遊山)함이란 뜻이 아니다. 어린 솔의 우아한 자태를 사랑하여 노래한 것이다. 시의 전체 제목도 '유산음'이라기보다는 '산거음(山居吟)' 정도가 옳을 듯하다.

다만, '宛轉容'은 뜻은 통하지만 평측은 맞지 않는다. '측평평'이어야 하는데 '평측평'이기 때문이다. 이것은 마지막 운자를 잘못 놓은 것과 함께 이 시를 지을 때 작자가 음을 잘 고르지 못한 결과라고 보아야 할 것이다.

5.

다른 예를 하나만 더 들기로 한다.

이응수는 『동광』 제40호(1933.1.23)에 실은 「김립의 시」에서 「추야우음(秋夜偶吟)」을 소개했다. 이 시는 이후 1939년 『김립시집』과 1941년 대중보판에 수록되고, 1956년 『풍자시인 김삿갓』에는 수록되지 않는다. 그런데 본래 이 시는 다음과 같이 소개되었다.

두련 : 白雲來宿碧山亭, 夜氣秋懷兩杳冥.
함련 : 野水精神通室白, 市嵐消息入簾靑.
경련 : 生來杜甫詩爲癖, 死且劉伶酒不醒.
미련 : 欲識吾濟交契意, 勿論淸濁謂分頸.

미련의 바깥짝 '勿論淸濁謂分頸(물론청탁위분경)'은 뜻이 명확하지 않다. 이응수는 대의(大意)를 풀이해서 "淸濁(청탁)이니 分頸之交(분경지교)니 하는 古事(고사)를 論(논)하지 말라"라고 했다. 그리고 1939년 『김립시집』과 1941년 대중보판에서는 '分頸(분경)'을 아예 '勿頸(문경)'으로 바꾸었다. 시의 표현이 '문경지교(勿頸之交)'에서 왔다고 본 것이다. 전국시대 조(趙)나라의 장군 염파(廉頗)가 인상여(藺相如)의 재상 임명에 승복하지 않다가 인상여가 국사를 우선하고 개인감정은 뒤로 돌린다고 한 말을 전해 듣고 가시나무 매를 등에 지고 찾아가 정중히 사과하며 문경지교를 맺었다.

그런데 이 구절을 分頸(분경)으로 하든 勿頸(문경)으로 하든, 마지막 자를 목 頸(경)으로 두면 시의 압운 규칙에서 벗어난다. 이 시는 두련·함련·경련에 모두 하평성 제9 靑운에 속하는 冥(명)·靑(청)·醒(성)을 사용했을 뿐 아니라, 두련의 안짝에도 靑운에 속하는 亭(정)자를 사용했으므로, 미련에도 靑운에 속하는 글자를 놓아야 한다. 頸(경)은 상성23 梗(경)운에 속하므로 낙운이다.

실은 이 구절은 勿頸(문경)의 뜻을 지닌 어휘가 와서는 안 되고, 淸濁과 뜻이 상관되는 어휘가 와야 한다. 그것이 곧 分涇(분경)으로, 分涇渭(분경위)라는 표현을 압운 때문에 줄여 말한 것이다. '경위'는 중국 섬서성(陝西省)에 있는 경수(涇水)와 위수(渭水)를 아울러 부르는 말로, 경수는 물이 탁하고 위수는 맑기 때문에 시비와 청탁을 분명하게 구별하는 것을 '분경위'라고 한다. 또한 경수 涇자는 하평성 靑운에 속하는 글자이기도 하다.

결국, 김삿갓의 「추야우음」은 다음과 같이 풀이할 수 있게 된다.

    흰 구름 따라 푸른 산 정자에 와서 묵으니
    밤기운과 가을 상념 모두 어둑어둑하다.
    들판 강물의 정신은 허실(虛室)로 통해 흰 빛을 낳고
    산시청람(山市靑嵐)의 기색은 발[簾] 안으로 푸르게 들어온다.
    본래 두보처럼 시에 고질병이 있었고
    죽어도 유령(劉伶)처럼 술에서 깨지 않으리.
    우리들의 교제하는 뜻을 알고자 한다면
    청탁을 따져 경위를 나누라고는 말하지 마라.

허실은 『장자』에 나오는 말이다. 방 안으로 뚫고 들어오는 빛살 속에 부유하는 먼지와 같은 것이 아지랑이처럼 하얗게 빛나며 움직이는 광경을 두고 『장자』「인간세(人間世)」에서는 "저 빈 공간을 잘 볼지어다. 텅 빈 방 안에서 흰빛이 생겨나나니[瞻彼闋者, 虛室生白]"라고 묘사했다. 산시청람은 본래 소상팔경(瀟湘八景)의 한 풍경인데, 산중의 맑은 날에 아지랑이가 잔뜩 피어오르는 풍경을 말한다.

이 시의 작자는 자신이 두보처럼 시벽(詩癖)이 있어서 이 좋은 경치를 대하여 음영(吟詠)을 그만둘 수 없으며, 또 유령처럼 주벽(酒癖)이 있어서 죽어도 술을 그만둘 수 없다고 말한다. 그리고 이 좋은 경치를 마주하여 시를 함께 읊고 술잔을 나누는 우리 사이는 시비를 따지고 청탁을 가려 서로 경계를 두는 그런 사이가 아니라고 했다.

고전은 합리적 의문에 견디지 못하면 고전으로서의 가치가 반감된다.

감상자나 연구자가 구시구진(求是求眞)의 자세를 취하지 않는다면 고전의 참 의미를 파악하기 어렵다.

사변술 대신에 실제 자료를 먼저 중시해야 한다. 그래야 의식 속에서 무언가 완전히 다른 것이 생겨나게 될 것이다.

제2화. 김삿갓의 탄생과 성장

1.

장지연(張志淵) 등이 편집하여 1918년 2월 신문관(新文館)에서 신연활자본으로 간행한 『대동시선』은 김병연의 「촉석루(矗石樓)」와 「영립(詠笠)」을 소개하면서 김병연에 관해 짧은 소개 글을 적어 붙여두었다.1) 한문 단문인데, 아래에 번역을 같이 첨부한다.

　　　자(字) 성심(性深), 호 난고(蘭皐), 안동인, 순조 정묘생(丁卯生). 평생대약립
　　(平生戴篛笠), 고(故) 세호김립(世號金笠).

　　　자(성인이 되어 부르는 이름)는 성심, 호는 난고이다. 본관은 안동이며, 순조

---

1) 『대동시선(大東詩選)』 12권 보유(補遺) 합5책, 경성(京城) : 광학서포(廣學書舖), 1918. 권두에 정만조(鄭萬朝)의 서(序)와 장지연이 '유조집서(柔兆執徐)' 즉 병진년(1916년)에 작성한 서가 있다. 권말에는 홍필주(洪弼周)와 권순구(權純九)의 발(跋)이 있다. 권말 판권지에는 장지연이 편집 겸 발행인으로, 신문관(新文館)과 광학서포가 발행소로 되어 있다. 인쇄일은 1918년 2월 6일, 발행일은 2월 9일로, 책값은 3원 20전, 우세(郵稅)는 18전이다. 판권지에는 장지연의 이름만 올라 있으나 실제 편집은 복수로 이루어졌고, 교열자들이 별도로 있었다.

정묘년(순조 7년, 1897년)에 태어났다. 평소 댓가지로 만든 삿갓을 쓰고 다녔으므로 세상 사람들이 김립(김삿갓)이라고 호칭했다.

이것은 김병연이란 인물이 김립 즉 김삿갓이라는 사실을 밝힌 최초의 활자 문헌이다. 오늘날 김삿갓이라고 하면 가장 먼저 떠올리는 김병연이란 인물의 시가 처음 활자화된 것이기도 하다.

『대동시선』은 장지연이 주 편집자로 엮은 것이다. 단독으로 책을 엮지는 않았고, 여러 사람이 검토를 했다. 각 권마다 편집자와 교열자가 조금씩 다르다. 김병연의 시가 수록되어 있는 권9의 경우, 조선시대 정원용(鄭元容)부터 김병익(金炳翼)까지의 시를 실었다. 장지연이 권순구(權純九)와 함께 편집했고, 홍필주(洪弼周), 정만조(鄭萬朝), 윤희구(尹喜求)가 교열을 했다.2) 김병연이 김삿갓이란 사실은 당시의 지식인들 사이에 공인되어 있었다. 『대동시선』은 1919년에 동광사에서 다시 간행되었다.

1919년 10월 15일 발행 『증보해동시선(增補海東詩選)』[회동서관(滙東書館) 장판(藏板)] 연활자본에 김병연 시 3수가 수록되어 있다. 이 책은 기당(幾堂) 한만용(韓晩容)이 교열하고 소운(紹雲) 이규용(李圭瑢)이 편집했다. 초판은 1917년 3월 같은 한만용 교열, 이규용 편집으로, 『해동시선』[회동서관 장판]이다. 이 초판에는 김병연의 시가 들어 있지 않다. 정조 무렵 작가들까지만 수록했기 때문이다.3)

『증보해동시선』에 들어 있는 김병연의 작은 오언율시 「촉석루」, 칠언절구

---

2) 황재문(黃載文), 「『대동시선』의 편찬경위와 문학사적 위상」, 『진단학보』 103, 2007, pp.219-249.
3) 고려대학교 중앙도서관 대학원 소장본을 보면, 불분권이되, 오언절구 309수(釋詩 8수, 名媛詩 29수) 오언율시 323수(석시 12수, 명원시 5수), 육언절구 22수, 칠언절구 467수(석시 16수, 명원시 71수), 칠언율시 312수(석시 9수, 명원시 15수)를 나누어 실었다. 우당(于堂) 윤희구(尹喜求)의 서와 편집자 이규용의 서가 권수에 있고 수록 작가 명단이 있다. 권말에 계림(鷄林) 최영년(崔永年)의 발이 있다. 윤희구 서, 이규용 서, 최영년 발은 1919년 증보판의 권말에도 그대로 수록되었다.

「입금강산(入金剛山)」, 칠언율시 「산사희작(山寺戱作)」이다. 『증보해동시선』의 권수에 시인들의 명단이 있는데, 김병연은 '헌종시인(憲宗時人)'으로 분류되어 있고, 이름 아래 작은 글씨로 '호 난고'라는 주가 있다.4) '난고'는 난초가 무더기로 피어 있는 물가 언덕을 말한다. 『초사(楚辭)』「이소(離騷)」에 "난고로 걸음 옮기는 나의 말이여, 산초 언덕 치달려 휴식을 취하도다[步余馬於蘭皐兮, 馳椒丘且焉止息]"라고 한 것에서 따왔을 것이다.

기이하게도 오언율시 「촉석루」는 훗날의 『김립시집』에 수록되지 않았다. 그런데 이 시의 첫 두 구는 당나라 전기(錢起)의 「봉협자(逢俠者)」의 첫 두 구 "연·조 땅의 슬픈 노래 부르는 인사를, 극맹의 집에서 우연히 만났네[燕趙悲歌士, 相逢劇孟家]"를 연상시킨다.

> 연·조 땅의 슬픈 노래 부르는 인사를
> 촉석루에서 우연히 만났네. *
> 차가운 연기는 짧은 성가퀴에 뭉치고
> 지는 잎은 긴 모래톱에 떨어진다.
> 황권(도가서)을 읽으려던 평소 뜻은 어그러지고
> 마음은 이미 흰머리가 되었도다.
> 내일 아침 남해로 내려가면
> 강에 뜬 달이 가을밤 오경을 알리리라.

燕趙悲歌士(연조비가사) 相逢矗石樓(상봉촉석루)
寒烟凝短堞(한연응단첩) 落葉下長洲(낙엽하장주)
素志違黃卷(소지위황권) 同心已白頭(동심이백두)

---

4) 국립중앙도서관 소장본은 표지는 있으나 그 뒤로 권수가 상당부분 없어지고 곧바로 을지문덕의 시가 수록된 본문으로 시작한다. 고려대학교 중앙도서관 대학원 소장본은 권수와 본문은 온전하나, 최영년의 발(跋) 뒤 간기(刊記) 표시면이 찢겨져 나갔다. 두 본을 종합하여 이 책의 모습을 상정한다.

明朝南海去(명조남해거)　江月五更秋(강월오경추)
[고려대 소장본에는 同자 위에 누군가 먹으로 丹으로 고쳐 두었다.]

이 시에 대해서는 민재남(閔在南, 1802-1873)5)의 『회정집(晦亭集)』에 다음 기록이 있다.

달밤에 촉석루에 오르니 객이 어떤 인물의 시를 외고 있었는데, "강개하게 비가(悲歌) 부르는 선비를, 촉석루에서 우연히 만났다. 뜬구름은 짧은 성가퀴를 뒤덮고, 지는 잎은 긴 물가에 떨어진다. 황권(도가서) 읽으려던 평소 뜻은 어그러지고, 어릴 적 마음은 이미 흰머리가 되었도다. 내일 아침 남해로 내려가면, 강에 뜬 달이 가을밤 오경을 알리리라!"라고 했다. 시의 뜻이 감상할 만하므로 장난스레 그 시와 화운해 본다.6)

민재남의 『회정집』에는 이 시를 '어떤 사람의 시'라고 했으나, 『회정집』을 읽은 누군가가 연필로 '김립 시'라고 적어두었다.7) 민재남이 '어떤 사람'의

---

5) 민재남(閔在南)의 자는 겸오(謙吾), 호는 청천(聽天)·자소옹(自笑翁)·회정(晦亭), 본관은 여흥(驪興). 함양 출신으로 경상도 산청 생초의 대포에 거주했다. 민이환(閔以驩)의 아들. 외삼촌 노광리(盧光履)에게 수학했다. 과거에 세 번 낙방하고 벼슬을 단념, 학당을 세워 후진을 가르쳤다. 기정진(奇正鎭)·배진방(裵鎭邦) 등과 교유했다. 1867년(고종 4) 헌릉참봉(獻陵參奉)에 임명되었으나 취임하지 않았다. 『회정집』 7권 5책이 목활자로 1909년에 발행되었다.
6) 閔在南, 『晦亭集』 권2, 남명학고문헌시스템 제공. "月夜登矗石樓有客誦或人詩曰:'慷慨悲歌士, 相逢矗石樓. 浮雲迷短堞, 落葉下長洲. 素志違黃卷, 童心已白頭. 明朝南海去, 江月五更秋.' 詩意可賞, 故戲次其韻. (金笠詩 - 후대인이 연필로 부기) 민재남의 차운 시는 다음과 같다. "十載窮山客, 南登壯士樓. 擊壺風動葉, 撫劍月沈洲. 勝地羞狂跡, 明時笑禿頭. 浩歌還自答, 天意更高秋." 이 시는 「聖上卽咋之十年冬十月己未元良載誕吾東邦萬世之慶也明府　金友根　以世卿之家適屈鄒邑置酒登亭要余同慶山民亦化中耳敢獻蕪詞以效謳歌」의 뒤에, 「臘月初六日母氏生朝有懷自責二首」 앞에 배열되어 있다. 뒤의 제1수에 "四十年前失怙兒, 祇憑慈育保庸姿. 莫道此身今已老, 古人斑舞七旬時"라 하고, 제2수 시에 "臘六生朝八耋高, 愧余無計報劬勞. 況復貽憂離側日, 放懷山水自稱豪"라 했다. 민재남은 1822년(순조 22, 임오) 4월에 부친상을 당하고, 1867년(고종 4, 정묘) 겨울에 모친상을 당했다. 따라서 민재남이 '어떤 사람'의 '촉석루' 운운 시에 화운한 것은 부친상을 당한 40년 뒤 1862년 무렵인 듯하다.

'촉석루' 시에 화운한 것은 1862년 무렵인 듯하다. 따라서 이 시는 그 이전에 지어졌음을 짐작할 수 있다.

이 「촉석루」 시는 1918년의 『대동시선』과 1919년의 『증보해동시선』에는 수록되었지만, 1939년 이응수가 간행한 『김립시집』에는 빠졌다. 더구나 1941년의 대증보판, 1956년의 『풍자시인 김삿갓』에도 실리지 않았다. 이응수가 『김립시집』을 편집할 시기에는 이 시가 다른 사람의 시로 알려져 있었는지도 모른다.

한편 1918년 『대동시선』에 실린 「영립(詠笠)」은 그 후로 김삿갓의 대표작으로 널리 알려졌다. 제목은 '咏笠'으로도 표기했다. 이응수가 『삼천리』 제13호(1931.3.1) 「김립시초」에 소개한 후 김병연의 '직계종손' 김홍한이 1933년 12월 8일자 「김립선생소고 - 그의 시상과 예술경」 제7회에 소개했다. 이후 이응수는 1939년 『김립시집』과 1941년 대증보판, 그리고 1956년 『풍자시인 김삿갓』에 모두 수록했다.

김삿갓=김병연의 등식이 진작 고정되었음을 알 수 있다. 이것은 19세기 중반 이우준이 엮은 『몽유야담』의 기록과 조응하는 것이기도 하다.

1919년의 『증보해동시선』에 실린 칠언절구 「입금강산(入金剛山)」은 김삿갓과 금강산의 관계를 잘 반영한다.

    글은 백발 되고 칼은 석양 되고 말았으니
    천지는 다함없거늘 한 가지 한만 길었도다.
    서울 술 열 말을 한껏 마시고서
    가을바람 속에 도롱이 삿갓으로 금강산을 들어간다.

    書爲白髮劒斜陽(서위백발검사양)   天地無窮一恨長(천지무궁일한장)

---

7) 민재남의 표기에는 '燕趙悲歌士'가 '慷慨悲歌士'로, 寒烟凝短堞이 '浮雲迷短堞'으로, '同心已白頭'가 '童心已白頭'로 되어 있다.

痛飮長安紅十斗(통음장안홍십두)　　秋風簑笠入金剛(추풍사립입금강)

　　김병연은 가을이면 사람들이 과거를 보러 장안으로 몰려들 때 영리(營利)의 장(場)을 외면하고, 거나하게 취하여 도롱이 삿갓으로 금강산으로 들어갔다. 이 모습은 이후 김삿갓의 대표적인 형상으로 정착된다.
　　같은 1919년의 『증보해동시선』에 실린 「산사희작」은 칠언시의 4-3구법을 어기고 3-4구법이나 1-4-2구법 등 여러 다른 구법을 활용했으므로 '희작'이다. 1939년 『김립시집』과 1956년 『풍자시인 김삿갓』에서는 「입금강」의 제목으로 수록되고, 1941년 대중보판에서는 「김립과 금강산」(2)에 소개되었다. 다른 시집에서는 '縁蒼壁'을 '縁(혹은 綠)靑壁'으로, '岩樹靑(암수청)'을 '澗樹蒼(간수창)'으로, '打月邊鍾(타월변종)'으로 표기했다.

>　　푸른 벽의 산길이 구름 속으로 들어가
>　　다락이 시객의 지팡이를 머물게 한다.
>　　용의 조화는 흰 눈 날리는 갯가를 삼키고
>　　칼의 정신은 하늘에 꽂힌 봉우리를 세웠다.
>　　신선의 새는 하얗구나, 몇 천 년 살고 있는 학인지
>　　바위의 나무는 푸르러라, 삼백 장 높이의 소나무.
>　　중은 내가 봄날 졸음에 노곤한 것을 모르고
>　　홀연 무심하게 달빛 아래 쇠북을 치는구나.

綠蒼壁路入雲中(녹창벽로입운중)　　樓使能詩客住筇(누사능시객주공)
龍造化呑飛雪浦(용조화탄비설포)　　劍精神立挿天峯(검정신립삽천봉)
仙禽白幾千年鶴(선금백기천년학)　　岩樹靑三百丈松(암수청삼백장송)
僧不知吾春睡惱(승부지오춘수뇌)　　忽無心打月邊鍾(홀무심타월변종)

이 시는 김재철이『동아일보』(1930.12.10)의 '방랑시인 김삿갓'에서 "平生
所欲者何求, 每擬妙香山一遊. 山疊疊千峰萬仞, 路層層十步九伏"를 더하여
묘향산 시라 했다. 그러나 이응수는『동광』(1933.1.23) 제40호「김립의 詩」에
서, 求·遊·休란 운자와 中·節·峰·松·鍾이란 운자가 용납되지 못한다
고 지적하고 이 시는 필경 금강산 시라고 했다.8) 이응수는 대증보판에서 이
시의 파격에 대해 긴요한 설명을 해두었다. 단, 첫구는 '綠靑碧路入雲中'으로
적고, 파격이 아니라고 했다.

이 율(律)은 재래의 형(形)에서 조금 파격된 율이다. 보통 4, 3조가 합하여 1
구가 되는데 이것은 1연의 전편은 '綠靑碧路入雲中'은 그대로 되고 외편은 樓使
에서 떨어지고 能詩客에서 떨어지고 住節이 따로 떨어졌다.
그 아래도 龍造化, 舍飛, 雪瀑, 劍精削揷(필자주: '劍精神立揷'의 잘못인 듯),
天峰, 仙禽白, 幾千年鶴, 澗樹靑, 三百丈松, 僧不知, 吾春睡腦, 忽無心, 打日邊鐘,
以上과 같이 떨어졌다.

강효석 편『대동기문』(한양서원, 1926년 5월 발행)은 김병연=김삿갓의 행적
에 대해 구체적으로 전하는 최초의 문헌이다. 이 책은 조선시대의 인물들에
얽힌 일화를 4권 1책으로 편집했으며, 1928년 한양서원에서 다시 발행하고,
1931년 동아인쇄소(東亞印刷所)에서 또 발행했다. 그『대동기문』제4권에 '김
병연절관서행(金炳淵絶關西行)'의 설화가 실려 있다. 제목은 '김병연이 관서
땅에 발길을 끊음'이란 뜻이다. 원 자료는 한문 현토문이다.9)

---

8) 김재철과 이응수는 '綠蒼'을 '綠靑'으로 '飛雪浦'를 '飛雪瀑'으로, '立揷天峯'을 '削揷天峰'
으로, '岩樹'를 '澗樹'로, '拓'을 '打'로 적었다.
9) 金炳淵은 安東人이니 其祖益淳이 以宣川府使로 純祖壬申에 降於西賊共景來하야 遂伏誅
하고 其家因爲廢族하니 炳淵이 自以謂天地間罪人이라 하야 嘗戴笠不敢仰見天日이라
故로 世以金笠으로 稱焉이라 善功令詩하야 鳴於世하니 嘗遊於關西할새 關西에 有魯禛
者하야 亦善功令詩호대 不及於金笠이라 意欲逐之하야 作朝金益淳詩하야 名於世하니
其尤著者若曰 曰汝世臣金益淳아 鄭公不過鄕大夫로다 家聲壯洞甲族金이오 名字長安行

김병연은 안동인[본관이 안동]이다. 할아버지 김익순이 평안도 선천 부사로서 순조 임신년(1812) 서적(西賊) 홍경래에게 항복하여 마침내 죄를 판결받아 처형되었고, 집안도 그로 인하여 폐족이 되니, 김병연이 천지간의 죄인이라 자처하며, 늘 삿갓을 쓰고 다녀, 감히 하늘의 해를 우러르지 않았다. 그 때문에 세상에서 김삿갓(金笠)이라 불렀다. 그는 과체시를 잘 지어 세상에 이름이 떨쳤다. 일찍이 관서지방을 유람할 때 그 관서 지방에 노진(魯禛)이라는 자가 있어 역시 과체시를 잘 짓되 김삿갓에게는 미치지 못했다. 그는 마음속으로 김삿갓을 축출하고자 하여 김익순을 조롱하는 시를 지어 세상에 이름이 있었다. 그 중 아주 두드러진 것은 다음과 같다. "이보게 너 대대로 조정에서 녹을 먹던 집안의 김익순아, 정 공[정시(鄭蓍, 1768-1811)¹⁰⁾ 정구(鄭球)의 손자, 자(字) 덕원(德圓), 호 백우(伯友). 가산(嘉山) 군수로 있다가 홍경래 난 때 잡혀 살해됨. 이후 병조판서에 추증]은 시골 땅 대부에 불과하지 않았느냐(그런데도 순절했다). 가문은 명성 높은 장동 김씨요, 이름은 장안에서도 알만한 순(淳)자 항렬이건만, 이릉(李陵)은 도리(桃李) 장군이라 일컬어졌거늘 도리꽃은 농서 땅에서 떨어졌어도[흉노에서 항복한 사실을 말하여 김익순의 항복 사실을 가만히 빗대어 비판], 열사 정공(鄭公)은 그 공명이 [한나라 소무(蘇武)나 송나라 악비(岳飛)같이] 기린각(麒麟閣) 영정(影幀) 끝머리에 높게 빛나도다." 김삿갓이 이 시를 보고 한 대접 술을 들이켜고 낭랑하게 읊고는 "참으로 멋진 시로다."라고 했다. 그러고는 피를 토하고 다시는 관서 땅을 밟지 아니했다. 늘 황해도 땅을 왕래했는데, 그의 「구월산(九月山)」 시에 "지난 구월에 구월산을 지났는데, 금년 구월에도 구월산을 지나는구나. 해마다 구월이면 구월산을 지나노니, 구월산 빛깔은 길이 구월 그대로구나."라고 했다. 낙척불기(落拓不羈, 호방하여 사물에 얽매이지 않음)하고 비분강개

列淳이라 將軍桃李隴西落이요. 烈士功名圖末高리라 金笠이 見此詩하고 引一大白朗今日 眞善作也라하고 因嘔血不復踏關西地하다 常往來於黃海道하니 其九月山詩에 曰 去年九月過九月이요. 今年九月過九月이라 年年九月過九月하나 九月山色長九月이라 落拓慷慨하야 客死於旅店하다

10) 정시의 아버지 정로(鄭魯, 1751-1811)도 함께 죽었다. 정시가 후손이 없어 재종질 정주석(鄭胄錫)을 후사로 들였다.

(悲憤慷慨, 슬프고 분하며, 불의에 의기가 북받치어 원통해하는 마음)하여, 객지의 주막에서 객사했다.

『대동기문』의 이 기사는 김병연을 김삿갓으로 볼 수 있게 하는 신뢰할 만한 어조를 띠고 있다.

첫째. 김병연은 본관이 안동으로, 할아버지 김익순이 평안도 선천부사로서 순조 임신년(1812) 홍경래에게 항복하여 마침내 복주되고 집안도 그로 인하여 폐족이 되었다. 김병연은 천지간의 죄인이라 자처하여, 늘 삿갓을 쓰고 다녔으므로, 세상 사람들이 그를 김삿갓이라 불렀다.

이 기록을 보면, 김병연이 죄인을 자처한 것은 향시에서 조부를 비판하는 내용의 시제로 장원을 한 후 모친으로부터 집안의 비밀을 알았기 때문이 아니다. 김병연은 폐족의 사람이므로 천지간의 죄인이라 여겨 삿갓을 쓰고 다닌 것이다.

둘째. 김병연은 과체시(공령시)를 잘 지어 세상에 이름이 떨쳤다.

이 기록을 보면, 김병연은 조부의 일을 알고 자신이 장원을 한 것을 부끄럽게 여겨 과거장에 나아가지 않고 방랑을 한 것이 아니다. 이 부분에서 훗날 이응수는 김병연의 사실을 부풀렸다.

셋째. 김병연이 관서지방을 유람할 때 역시 관서지방에 기거하던 노진(魯禛)이 김삿갓을 축출하고자 하여 김익순을 조롱하는 '시'를 지어 세상에 이름이 있었다.

이 기록은 노진이 지은 '시'가 과체시인지는 명시하지 않았다. 다만 이 기록이 제시한 것을 보면, 김병연이 향시에서 지었다고 널리 알려진 시는 바로 노진이 지었으리라 추정된다. 하지만 『대동기문』이 그 시를 인용한 것을 보면 중간중간 끊어다 제시했다. 당초 하나의 동일한 운으로 압운하지 않은 시이다. 김병연의 작이든 노진의 작이든 이 시는 전혀 과체시의 형식을 지키지 않았다. 김삿갓이 노진의 시를 보고 큰 사발로 술을 마시고 낭랑히 읊고는

"정말 잘 지었다"라 했다는 것으로 보아, 노진의 시는 김삿갓도 익히 알고 있던 고시풍이었을 가능성이 있다.

넷째. 김병연은 노진의 시를 본 이후로 관서지방을 다시 밟지 않았고, 황해도를 늘 다녔으며 「구월산」 시를 남겼다.

이 기록을 보면 김병연의 일화는 관서지방과 황해도 지방에 널리 퍼져 있었을 가능성이 높다.

다섯째. 김병연은 낙척불기하고 비분강개하여 객지 주막에서 객사했다.

이 기록에서는 김병연이 전라도 동복에서 죽었다는 이야기는 확인되지 않는다. 오히려 위의 넷째 항과 연결시켜 보더라도 김병연의 족적은 관서와 황해도 지방에 편재했으리라 추측된다.

2.

1926년 천도교 잡지『개벽』의 문예부는 김삿갓의 시문과 전기 자료가 대대적으로 수집했다.『개벽』제7년 제3호/통권 제67호(1926.3.1)의 표지 뒷면(1면에 가까운 면)의 권수에는 '김삿갓선생시문대모집, 6월 15일까지'의 광고가 실려 있다.

〈표 1〉『개벽』1926년 3월편(제7년 제3호/통권 제67호) 표지 뒷면

근대조선(近代朝鮮)의 대표적(代表的) 시인(詩人)인 김 선생(金先生) 시화(詩華)의 성집(成集) 인생(人生)에게는 정서(情緖)와 생활(生活)이 잇스니 정서(情緖)는 생활(生活)의 환경(環境)을 짤하서 희로애락(喜怒哀樂)의 표현(表現)의 본질(本質)을 다르게 하며 또한 그 표현방식(表現方式)의 구체적(具體的) 결화(結華)는 인생(人生)의 시대적(時代的) 정

서(情緖)를 창설(創設)하는 것이며 인생(人生)에게는 이지(理智)와 사색(思索)이 잇서서 그 생활(生活)을 향상(向上)케 하며 그 생활(生活)을 진화(進化)케 하니 전자(前者)는 예술적(藝術的) 표현(表現)이며 후자(後者)는 사상적(思想的) 기능(機能)이 그것이다. 그럼으로 생활(生活)의 적극적(積極的) 향상(向上)의 정서적(情緖的) 표현(表現)은 예술(藝術)이오 그 사색적(思索的) 표현(表現)은 사상행동(思想行動)이 그것이다.

이럼으로써 인류(人類)가 잇스매 반드시 그들의 문학(文學)과 그들의 사상(思想)의 흔적(痕迹)이 잇서 그 미래(未來)의 발전(發展)을 도(圖)하엿스니 이제 우리는 그 예증(例證)으로 각국(各國)의 문학사(文學史)가 그것을 교시(敎示)하는 것이다. 딸하서 영국민족(英國民族)은 영국(英國)의 문학사(文學史)를 가지고 잇고, 러시아의 민족(民族)은 러시아의 문학사(文學史)가 잇고 대화족(大和族)은 일본문학사(日本文學史)를 가지고 잇서 그들의 사회환경(社會環境)과 민중(民衆)의 사상(思想)을 역사적(歷史的)으로 남기여 논 것이 안인가? 이제 조선(朝鮮)은 반만년(半萬年)의 역사(歷史)가 잇다고 하면서 오히려 일책(一冊)의 가치(價値) 잇는 유서(遺書)가 업다 하면 이제 우리 이천만(二千萬) 민족(民族)의 예술(藝術)의 역사적(歷史的) 기원(起源)은 그 무엇으로써 증명(證明)하며 우리 민족(民族)의 사상발전(思想發展)의 과정(過程)은 무엇으로서 예증(例證)하려는가? 엇지 붓그럽지 안어하고 엇지 울분(鬱憤)의 정(情)을 금(禁)할 수 잇스랴! 그러나 조선(朝鮮)의 예술(藝術)은 근본(根本)으로 근절(根絶)된 것이 안이라 다만 운무(雲霧)와 가티 산재(散在)하여서 거둘 자(者)가 업섯스며 그들의 예술(藝術)은 잡초(雜草)와 가티 무이해(無理解)의 사회적(社會的) 환경(環境)에서 소실(消失)되고 말앗다. 이제 우리는 역사적(歷史的) 사실(事實)을 존중(尊重)하려는 것이 안이라 또한 지나간 문화(文化)를 우상화(偶像化)하려는 것이 안이라 다만 가치(價値) 잇는 역사적(歷史的) 사실(事實) 뿐만이 현(現) 민중(民衆)에게 던지여 준 참고(參考)와 현(現) 민중(民衆)의 퇴폐적(頹廢的) 정서(情緖)에게 교시(敎示)할 수 잇는 문화(文化)를 살피여 볼 필요(必要)는 절실(切實)이 잇는 것이 안인가? 이러한 의미(意味)에서 일생(一生)을 여로(旅路)에서 비참(悲慘)과 불평(不平)과 울분(鬱憤)으로써 맛처 버린 우리의 자랑할 만한

김 선생(金先生)은 근대(近代)에 잇서서 우리 조선(朝鮮)의 대시호(大詩豪)이엇스니 지식계급(知識階級)으로부터 무지(無智)한 아동(兒童)에 이르기까지 몰으는 사람이 업

고 그를 경모(敬慕)치 안는 이가 업스니 이는 무산자(無産者)의 일인(一人)으로써 당시(當時)의 사회제도(社會制度)에 복종(服從)치 안코 불평(不平)으로써 표연(飄然)히 고향(故鄕)을 써나 동서(東西)로 방랑(放浪)하엿으니 그는 낭인(浪人)이오 불평객(不平客)이오 시인(詩人)이엇섯다.

이제 우리가 선생(先生)의 시문(詩文)을 모집(募集)함이 그 엇지 무가치(無價値)한 일이리 할 것이랴!

규정(規定)

(종류種類) 시문(詩文)·서(書)·일화(逸話)·기타(其他). 시문(詩文) 십수(十首) 이상(以上)을 응모(應募)하시는 분에게는 상당한 사례(謝禮)가 유(有)함.

(주의注意) 동일(同一)한 시문(詩文)이 응모(應募)될 쌔에는 원고(原稿) 도착순(到着順)으로써 정(定)함.

(발표發表) 칠월중(七月中). 응모자(應募者)는 씨명(氏名) 주소(住所)를 명기(明記)할 것이며 피봉(皮封)에는 「개벽사문예부(開闢社文藝部)」라고 명기(明記)하시오.

개벽사(開闢社)

1926년 5월 1일 발행 『개벽』 제69호 33문면에도 '김삿갓 선생 시문 대모집 6월 15일까지'라는 개벽사의 공고가 있다.11) 또 같은 해 7월 1일 발행 『개벽』 제71호 8면에는 '김삿갓 시문 원고 막대함, 모집기한 한 달 연장'의 사고(社告)가 실려 있다.

수월 전부터 본사 문예부에서 모집하여 오던 김립 선생의 시문과 기타 전기(傳記)는 금일까지 독자 제씨의 열렬한 후원 아래서 그 원고가 산과 같이 쌓이게 된 것은 실로 즐거운 일이다. 아직까지도 속속(續續)히 투고가 끊어지지 않으므로 부득이 편집 종료 기일을 1개월 간 연기하오니 투고하실 분은 속히 원고를 보내 주시면 하는 바이다.

---

11) 최수일, 『<개벽> 연구』, 소명출판, 2008, '『개벽』 쪽기사, 사·공고, 주요 광고 목록,' pp. 717–737.

『개벽』은 천도교단의 개벽사가 1920년 6월 25일 창간호를 발간했다. 창간 당시 사장은 최종정(崔宗禎), 편집인은 이돈화(李敦化), 발행인은 이두성(李斗星), 인쇄인은 민영순(閔泳純) 등이었다. 민족의식을 고취한다는 이유에서 정간·발행금지·벌금, 그리고 발행정지 등의 부당한 처벌을 받았다. 1926년 8월 1일 통권 제72호(8월호)를 끝으로 일제에 의하여 폐간되었다.12)

『개벽』의 문예부는 "조선은 반만년의 역사가 있다고 하면서 오히려 일 책(一冊)의 가치 있는 유서(遺書, 끼친 책 : 필자 주)가 없다"라고 개탄하고, "가치 있는 역사적 사실뿐만이 현 민중에게 던져 준 참고와 현 민중의 퇴폐적 정서에게 교시할 수 있는 문화를 살피여 볼 필요"에서 김삿갓의 시와 관련 자료를 모집했다.

위에서 보았듯이 1926년 7월 1일 발행『개벽』제71호는 수개월 전부터 문예부에서 모집하여 오던 김립 시문과 기타 전기의 원고가 산과 같이 쌓인 데다가 아직도 속속 투고가 끊이지 않아 부득이 편집 종료 기일을 1개월 간 더 연기한다고 공고했다.

『개벽』문예부가 김삿갓 시를 모집한 배경에는『개벽』의 창간 동인인 차상찬(車相瓚)의 의지가 작용한 면이 있을 듯하다.『개벽』의 창간 동인은 이돈화(李敦化)·이두성(李斗星)·박달성(朴達成)·민영순(閔泳純)·차상찬(車相瓚)·김기전(金起田) 등이었고, 최종정(崔宗禎)과 변군항(邊君恒)이 거액을 기부하여 창업기반을 마련했다고 한다.

차상찬은 1913년에 보성전문학교(고려대학교 전신) 법과를 졸업하고 1913년 3월부터 1918년 9월까지 5년 개월간 모교의 간사(幹事)로 있었다. 가형 차상학(車相鶴)이 천도교 기관지『천도교회월보』의 발행 겸 편집인으로 활동하다가 1918년 8월 지병으로 작고한 이후, 그 뜻을 계승해서 1920년『개벽』이

---

12) 1934년 11월 차상찬이 속간하여 제1호부터 제4호까지 내었으나, 1935년 3월 1일 폐간되었다. 1946년 1월 김기전(金起田)이 발행인 겸 편집인으로『개벽』을 복간하여, 1926년 폐간된『개벽』의 호수를 이어 제73호부터 시작하여 1949년 3월 25일(통권 제81호)까지 모두 9호를 발행하고 자진 휴간했다. 최수일,『개벽 연구』, 소명출판, 2008.

창간될 때 동인으로 참가했다.

1921년 11월 우리나라 최초의 기자단체 무명회(無名會)에 가입하여, 1924년 6월 언론계를 비롯한 31개 사회단체 대표 1백여 명이 결성한 언론집회압박탄핵회에 실행위원으로 참가했다. 1925년 3월 무명회에서 주관하여 결성된 전조선기자대회준비위원회에서는 서무위원으로 활동했다. 1927년에는 필화사건으로 3개월 간 옥고를 치렀다. 『별곤건(別乾坤)』에 실린 보성전문학교 영어교수 백상규(白象圭)의 인물평이 문제가 되었다고 전한다. 1929년 3월 조선소년총연맹 상무위원, 1929년 11월 조선어사전 편찬위원 발기인, 1931년 조선잡지협회의 창립위원을 지냈다. 1934년부터 이돈화·김기전(金起田)·방정환(方定煥)의 뒤를 이어 『개벽』의 편집인 겸 발행인으로서, 1935년 폐간 때까지 4회를 속간했다. 1936년 조선어학회 조선어표준어사정위원회 위원으로 활동했고, 경성방송국(JODK)의 방송위원으로 야사와 민담을 방송했다. 1937년 이후에는 저술에 전념했다.

차상찬은 『임꺽정』의 작가 홍명희, 신문 제작의 '귀재' 이상협과 함께 보성고보의 동기였으며, 신익희와는 같은 때에 보성전문의 간사를 지냈다. 청오(靑吾)라는 호를 주로 사용했지만 취운생(翠雲生)·월명산인(月明山人)·수춘학인(壽春學人)·강촌생(江村生)·차천자(車賤子)·주천자(酒賤子)·차돌이·관상자(觀相者) 등 여러 필명을 사용했다. 광복 후 1946년에는 전조선문필가협회 추천위원으로 활동했다. 2010년 11월 1일 제45회 잡지의 날에 은관문화훈장이 추서되었다.[13]

1928년 2월 발행의 『별건곤』 제11호에는 '세외세(世外世) 인외인(人外人) 기인기사록(奇人奇事錄)'이란 제목으로 여러 사람의 글이 묶여 게재되었는데, 풍악낭인(楓岳浪人)은 '회해풍자(詼諧諷刺)로 일생 방랑 불우시인 김삿갓'이란

---

13) 일제 말 총독부의 강압으로 결성되어 여운형을 비롯해 우익 좌익 인사들이 다수 포함된 조선임전보국단(1941.10.22~1942.10.29)에 이름이 올라 있다. 하지만 친일파로 분류되지는 않는다.

제목의 글을 13면부터 15면까지 실었다.「기인기사록」은 본래 1922년과 1923년에『매일신보』에 2회에 걸쳐 소개된 바 있다. 즉,『매일신보』1922년 6월 14일자에 처음 실리고 하편이『매일신보』1923년 5월 18일자에 실렸다.

풍악낭인이 누구인지를 밝혀주는 방증 자료는 없다. 하지만 풍악낭인의 '회해풍자로 일생 방랑 불우시인 김삿갓'은 바로 차상찬이『조선 4천년 비사』 (경성 : 大成書林, 1930)14)를 간행할 때 수록한「불우시인 김삿갓」의 내용과 완전히 일치한다. 한자 병기가 약간 다를 뿐, 어휘의 면에서는 '못거지에'를 '축에'로 고친 정도가 있을 뿐이다.

〈표 2〉「詼諧諷刺로 一生放浪 不遇詩人 金삿갓」(1928)

> 사람의 골상을 똑똑하게 쓰고 의관을 분명히 가지는 이 사회에 나서서 綾羅綿繡의 화려한 의복을 떨치며 峩冠博帶의 장엄한 의식을 꾸미어 일평생을 豪氣스럽게 지낸다 해도 남의 못거지에 빠질서라 하는 마음이 더욱 더욱 늘어가면서 압보고 뒤보고 하거늘 그 만흔 衣冠叢中에서 남이 가지는 의관을 가지지 못하고 그 신세를 그럭저럭 방랑 비젓 하게 보내고 만다면 누구이나 徹天의 恨이 업섯을 것 안인가 한다.
> 지난 憲哲 兩朝時代에 경기 충청 양도를 비롯하야 조선 八域에 발잣취 가지 안흔 곳 이 업슬만치 돌아다니기를 잘하는 金삿갓(笠)선생이 잇서 항상 동저고리바람에 갈삿갓 만 쓰기 때문에 세상사람들이 그의 姓인 金字를 머리에 노코 金삿갓 혹 金笠이라고 부르 니 기괴라면 기괴하고 이상하면 이상하든 것이다. 그러면 그는 쓴 갓과 입은 옷이 모다 업슴으로 삿갓만 쓰고 다닌 것이며 姓만 타고 나고 일음은 업슴으로 남들이 姓만 알게 되어서 그러한 것이라 할가. 그런 것이 아니라. 金이란 姓을 가저도 그 당시에 薰天의 부 귀가 전국에 웃뜸가든 北壯洞 金氏의 金이며 일음을 지어도 그 당시에 金炳國金炳鶴金 炳冀 갓튼 達官貴戚이 경성듭웃하든 炳字 行列에 炳字를 부처 번듯한 金炳淵이란 三字 를 가젓거든 거긔 따러 行世자리에 떨치고 나설 의관이 그러케 업서서 그러케 된 것이 라. 다만 잘못 태어난 것을 한탄할 뿐이다.
> 金炳淵이 처음에 呱呱一聲을 질으고 뚝 떨어지든 그 門地는 그 당시에 두말 할 것 업 시 조핫지마는「하라비」잘못 맛난 것이 큰 缺節이다. 그「하라비」가 누구인가 하면「家

---

14) 하버드대학 하버드-엔칭도서관 소장자료를 1995년에 영인한 자료. 원자료는 京城 : 大成書林, 1930.

聲壯洞甲族金 明字朝端行列淳」이라하든 金益淳이니 남이 하라비 노릇하기에 무엇이 부족하얏슬가마는 그도 팔자가 불행하야 外任이라고 나아간 것이 순조 12년경 平安道 龜城府使로 잇다가 純平民的勢力을 거두어 平西大元帥의 旗幟를 날리고 嘉山에 비롯하야 平北일대를 席捲하든 洪景來亂을 맛나서 그와 가티 굉장한 聲勢에 공포심이 낫든지 또 그 가운대에 비밀한 黙契가 서로 잇섯든지 그것은 알 수 업스나 어쩨든지 龜城府使의 당당한 印綬를 찬 몸이 반정부 首魁 洪景來에게 귀순하야 그 動亂의 협조자가 되엿다가 그 動亂이 평정된 뒤에 국법의 容貸할 수 업는 反逆律이란 죄목하에서 誅戮의 慘刑을 밧고 말게 되니 洪景來의 起兵한 主義와 目的이 엇떠하거나 그 기병에 참가한 이유와 사정이 엇떠 하거나 그것은 이 자리에서 말할 것 업고 다만 그로 말미암아 그러한 극형을 바든 바에는 그 자신의 악명을 씨슬 곳이 업슬 뿐아니라 그것이 連坐로 그 자손까지 소위 廢族이란 것이 되어 관대한 처분을 물어야 겨우 鄕谷에 추방되여 실낫갓튼 잔명을 보존할 뿐이오 아들 자손 증손 내지 멧대가 되어도 伸寃이란 特赦를 뭇기 전에는 天羅地網가튼 無形的 禁錮에 싸이어 비틀비틀하는 가련한 혈맥을 이어갈 뿐이니 그 裡間에 역적의 자손 폐족의 가문이란 모욕과 능멸이 압뒤에 일으러 血性남아로는 참지 못할 境界들을 얼마나 만엇슬가. 이것은 한갓 金炳淵이란 一人뿐이 아니라 幾千百年을 두고 그와 가튼 嚴刑峻法이 시힝되든 과거시대에 잇서서는 그러한 情景의 사람이 千人인지 萬人인지 알 수 업는 것을 거두어 불상하게 하는 바이다.

 그리하야 그 金笠선생이 永世禁錮된 불운에 싸인 가문에 태어나서 갈데 업는 폐족의 신세가 되고 보니 聰明穎悟한 천성의 才分을 어느 곳에서 써 볼 것이냐. 삼척동자도 장래의 驥達을 自期하것마는 그 自期가 혼자 업스며 온 세인이 과거보러 간다고 떠들 것마는 그 과거를 혼자 볼 수 업게 되니 그 가슴에 서린 불만과 불평은 짤은 한숨 긴 탄식으로 彼蒼은 마압시사하는 소리의 부르지짐이 나올 뿐이다. 그리다가 치미는 불댕이를 눌을 수 업서서 왈칵 냅뜨는 마음으로 정처업시 나서면 名山麗水의 探勝客도 되고 遠鄕近村의 訪友者도 되고 또 가다가 술자리나 맛나서 마음것 거운것 마시고나면 모진 木枕을 둥글게 비어 이리 굴고 저리 굴며 여덜 팔자로 벌린 활개의 손등으로는 엽헷 사람을 탁들入자로 모은 두 발로는 방바닥을 쾅— 벌떡 일어나서 비틀비틀 거러가면 오른손에 든 삿갓으로 길가의 먼지를 부치면서 좌우 갈지자 거름으로 前路의 斜陽을 바라보고 울며 우스며 또 노래하고 춤추기를 함부로 하는 그 행동이 엇지 단정한 것을 숭상하는 사군자의 行世操를 몰나서 그리 하얏스랴. 그래서 비상한 그 天才도 秀才의 書堂 속으로 돌아단이면서 尋章摘句하는 功令詩의 糟粕이나 흉내내고 吟風咏月하는 唐末의 餘唾나 그려내니 그 재능을 재능답게 발휘할 터전이 어대 잇스랴. 그럼으로 金笠의 명성은 詩에 만히 나타낫고 金笠의 詩는 滑稽가 만어서 혹자는 詩家의 체격에 맞지 안는다는 鼻笑를 내기도 하지마는 그러한 心懷의 不平聲을 울리는 글이 詩格에 맞고 안 맞는 것을 당초에 생각할 까닭이 잇섯을가.

　그 시의 예를 들면

　　어느 집에 가서 薄待를 밧고

　　二十樹下三十人(스무나무알에 설은 된 사람이)

　　四十者家五十飯(마흔놈에 집에 쉬인 밥이라)

하는 것과

　　開城 어느 집에 가서 자기를 요구하다가 거절되고서

　　邑號開城何閉門(골 일음이 개성인데 문을 왜 닷노)

　　山名松嶽豈無薪(산 일음이 송악인데 섭이 업슬가)

　　黃昏逐客非人事(황혼에 손 쪼는 것이 인사가 아니다)

　　禮義東方子獨秦(예의동방에 자네 혼자 진나라인가)

하는 것과

「鴻門宴見樊噲」라는 行詩題 初句에

　　將軍將軍樊將軍(장군 장군 번장군아)

　　事已急矣樊將軍(일이 급햇다! 번장군아)

하는 것들은 생각업시 들고나아가는 희영수의 소리라 할 것이며

山寺에 가서

　　綠蒼壁路入雲中(푸른 석벽길이 구름속으로 들어가서)

　　樓使能詩客住筇(다락이 능시객으로 집행을 머물게 햇다)

　　龍造化呑飛雪浦(용의 조화는 비설포를 생키고)

　　劍精神立揷天峯(칼의 정신은 삽천봉 섯다)

　　仙禽白幾千年鶴(선금은 기천년학이 하얏코)

　　岩樹靑三百丈松(암수는 삼백장송이 푸르다)

　　僧不知吾春睡惱(중은 내의 봄조름이 노곤한 것을 몰르고)

　　忽無心拓日邊鍾(무심이 햇가 북을 치노나)

하는 것은 雄偉한 胸襟을 들어낸 玩美한 酬酢이오.

　　金剛山에 들어가면서

　　書爲白髮劍斜陽(글은 백발이 되고 칼은 사양이 되엿다)

　　天地無窮一恨長(천지는 다함이 업는대 한 가지 한만 길엿다)

> 痛飮長安紅十斗(서울 술 열 말을 거것 마시고서)
> 秋風簑笠入金剛(가을바람의 도롱이 삿갓이 금강산으로 들어가노나)
> 하는 것은 多恨多感한 그 평생의 心懷를 純繫淸雅하게 나타내인 것인가 한다
> 이 밧게도 이와 유사한 시편으로 인구에 膾炙하여 나려오는 것이 만치마는 낫낫이 적을 수 업서 그만두고 그 뒤 30년을 지나서 甲午更張 당시에 國朝이래 모든 죄명을 蕩滌하는 바람에 그 조부의 罪案이 爻周됨으로 말미암아 그 손자 榮鎭氏가 비롯오 官邊에 出身하야 군수도 몃 지내고 城津監理로 引退된 뒤에 若干의 治産으로 門戶를 겨우 成樣 하얏스니 그러한 불평의 넉으로 알음이 잇다하면 다소 위로됨이 잇슬가 한다.

풍악낭인 곧 차상찬은, 김삿갓이 헌종·철종 시대에 경기도와 충청도를 비롯하여 조선 팔도에 발자취를 남긴 인물이며, 동저고리 바람에 갈삿갓만 쓰기 때문에 세상 사람들이 그를 김삿갓 혹 김립이라 부른다고 했다. 그리고 김병연은 북장동(장동) 김씨로, 김병국·김병학·김병익 등 달관과 같은 항렬이되, 잘못 태어난 때문에 행세하지 못하고 삿갓을 쓰고 방랑을 했다고 적었다. 이어서 김병연은 하라비(할아버지)를 잘못 만난 것이 큰 결절(缺節)로, 그 하라비란 "家聲壯洞甲族金(가성장동갑족김), 明[名의 잘못]字朝端行列淳(명자조단항렬순)"이라 하던 김익순이라 했다.

차상찬은 김병연의 손자 김영진이 "군수도 몇 지내고 성진감리(城津監理)로 인퇴"한 뒤 약간의 재산으로 문호를 이룬 사실도 알고 있었다.

차상찬은 1936년 2월에 이르러 『중외일보』에 「불우시인 열전」과 「불우시인 김삿갓」을 발표했으며, 같은 1936년 2월에는 『조선 4천년 비사』를 다시 발행했다. 이 무렵에는 여러 사람들이 김삿갓의 시에 주목하여 신문이나 잡지에 글을 발표하고 있었으므로, 차상찬은 자신의 수집과 연구의 결과를 공개할 뜻은 있었던 것 같다.

1936년 2월 『중앙일보』에 발표한 글의 '부기'에서 차상찬은 "이 분의 시는 내가 모은 것도 약 300수 가량 되나 여기에 다 발표할 수 없고 또 그의 평생 행적과 모든 일을 지금에 수집중인 즉 불원한 장래에 기회를 타서 자세

한 발표를 하기로 약한다"라고 했다. 차상찬이 당시 지니고 있던 김삿갓의 300수 가량 시는 『개벽』의 우편 모집으로 구한 것일 듯하다. 하지만, 차상찬은 이후 김삿갓 시를 자세히 발표하는 일을 하지 않았다. 차상찬이 수집했다는 '300수'라는 수는 이응수의 1939년 간행 『김립시집』의 약 '283편' 수와 상당히 가깝다.15) 이응수는 『개벽』에 기고를 했으므로, 편집자였던 차상찬과 어떤 특별한 관련을 맺었고, 어떤 경로로든 차상찬 소유의 김삿갓 시고들을 이어받았을 듯하다.

3.

1930년 2월 8일 『중외일보』에 함남 출신 문인 이응수는 「세계시단 3대혁명가(휫트맨·이시카와 다쿠보쿠(石川啄木)·김삿갓(金笠))」이란 글을 발표했다. 이 글에서 이응수는 김삿갓을 미국의 월트 휘트먼(Walt Whitman, 1819-1892)이나 일본의 이시카와 다쿠보쿠(石川啄木, 1886-1912)에 견줄 수 있는 무소유의 민중 시인으로서 떠받들었다.

> 나는 19세기란 우연한 동일 시간상에 나타난 세계시단의 변혁가들을 본다. 그들은 시가(詩歌)가 생긴 이래 최초의 대개조를 단행한 용자(勇者)들이다. 미국의 휫트맨과 조선의 김립과 일본의 石川啄本의 3인 …… 나는 조금도 주저치 않고 긍지와 확신을 가지고 김립을 세계시인의 열에 추대한다. 피아간에 표이(標異)할 점이 있다면 그것은 우리가 정치적 환경으로 또는 쇄국적 정신으로 우리의 명화(名花)를 세계에 이식(移植)할 기회를 못 얻어 복욱(馥郁)한 향기를 규중의 것 규중의 것대로 묻어두었다는 것뿐이다.

---

15) 정대구, 『김삿갓 연구』, 문학아카데미, 1990, p.63. 정대구는 차상찬과 『개벽』의 관계, 『개벽』의 김삿갓 시 모집에 대해서는 언급하지 않았다.

월트 휘트먼은 민중의 대변인이라는 평가를 받은 시인이다. 미국 롱아일랜드 헌팅턴타운 근교의 웨스트힐스에서 농부이자 목수였던 아버지와 퀘이커 교도였던 어머니 사이에서 아홉 명의 자녀 중 둘째로 태어났다. 11세에 학교를 그만두고, 잡일을 하면서 영국 낭만주의 소설과 시, 고전문학, 성경 등에 심취했다. 17세가 되던 1836년 교사가 되어 5년간 일하다가 그만두고, 저널리즘에 몸을 담아 뉴욕과 뉴올리언스에서 활약했다. 36세 되던 1855년 7월 4일 첫 시집『풀잎』을 자비로 출간했다. 1862년에 남북전쟁 때 부상당한 동생 조지를 병문안하기 위해 워싱턴에 갔다가, 간호사로 근무하기도 했다. 1882년에 인생 초기의 생활, 남북전쟁 당시 간호사로서의 경험, 노년기의 일상생활, 문학관 등을 담은 산문집인『표본적인 나날들』을 출간했다. 20세기 중엽에 접어들면서 미국 최대의 시인으로 각광을 받게 되었다.

일본의 이시카와 다쿠보쿠는 모리오카(盛岡) 중학교를 중퇴하고 사회주의 계몽운동을 펴다가 요절한 시인이다. 1905년 출신 초등학교의 교원이 되었으나 교장 배척의 스트라이크를 일으키고 실직했다. 1910년 대역(大逆) 사건의 진상을 알게 되면서 사회주의 사상으로 기울어졌으며, 도키 젠마로(土岐善)와 함께 신잡지『나무와 열매』를 기획했다. 1910년 처녀가집『한 웅큼의 모래』를 간행하여 가단의 주목을 끌었고, 사후 간행된 가집『슬픈 완구』(1912)는 평명 솔직한 '생활의 노래'로 이후의 가단에 많은 영향을 주었다. 무용가 최승희도 "선생의 시와 노래는 피가 끓을 만큼 나에게 실감을 주었었다"라고 고백할 만큼, 이시카와 다쿠보쿠의 시와 노래는 1930년대 조선 문단에 깊은 영향을 끼쳤다.

이응수는 다시『동아일보』(1930.3.27-30) 4회에 걸쳐「시인 김립의 면영(面影)」을 게재했다. '面影'은 '모습'이란 뜻의 일본어 '오모카게(おもかげ)'에서 가져 온 말인 듯하다.

이후 이응수는「김립과 금강산」을『동아일보』(1930.4.11)에 싣고,「김립 시 연구」를『조선일보』(1930.4.8-24)에 연재했다. 그리고「김립 시 초역」을

1932년 1월 발행 『삼천리』에 싣고, 「김립 시」를 1933년 1월 2일 발행 『동광』 (합병호)에 발표했다. 1936년 1월 발행 『신동아』에는 「시인 김립의 방랑 일면과 시 기수(幾首)」를 발표했다.

1930년대 김삿갓은 지식인들 사이에서 큰 화제가 되었다. 김동인은 『삼천리』(1930.9.)에 「김삿갓의 설음」을 발표했다. 1930년 경성제대 법문학부 조선어학과 본과에 재학 중이던 김재철(金在喆, 1907-1933)은 『동아일보』(12.10)에 「방랑시인 김삿갓(1)」이란 글을 실었다. 그 후 『삼천리』(1935.6.1) 제7권 제5호에 김치원(金治元)은 「시객과 풍류」라는 글을 실어, 김립 시에 나타난 풍류의 측면을 한국 한시사의 흐름 속에서 고찰했다. 성일(誠一)은 『야담』(1936.11)에 「시인 김립」을 발표했다.

1939년 이응수는 『상해 김립시집』을 엮어 학예사에서 간행하면서 권두에 「김립 약보」를 실었다. 그 연보에 따르면 김병연은 장동 김씨의 가계에 속하며, 김익순의 손자, 김안근의 둘째 아들로, 1807년 태어났다. 1811년 홍경래 난 때 조부 김익순이 선천방어사로 있으면서 적에게 투항한 죄로 사형을 당하자, 김안근은 병하(炳河)와 병연 형제를 황해도 곡산으로 보내 노비 김성수(金聖秀) 집에 살게 했다. 그 뒤 "주죄(誅罪)는 김익순 씨에게 한하고 그 자손에게는 미치지 않기로 한 것이 알려지매" 김병연은 부친 김안근에게로 돌아갔다. 하지만 김병연은 "폐족의 자손으로서 세상의 학대와 멸시가 막대함을 참지 못하여" 20세 무렵에 집을 나왔다. 장자 호균(鎬均)이 태어나던 해였다. 김병연은 삼 년 간 방랑하다가 24세에 다시 들어와 차남 익균(翼均)을 낳고, 전라도 동복(同福)에서 57세로 생을 마감했다. 김익균이 한번은 안동에서, 한번은 평강(平康)으로 부친을 찾아간 적이 있었으나, 김병연은 도망을 했다. 그가 동복에서 죽은 후 김익균은 시신을 강원도 영월군 의풍면(儀豊面) 태백산록에 모셨다. 자손들은 이천, 가평, 영월, 평창, 경성, 여주, 이포(利蒲)를 전전했다.

이응수의 당시 여주군 금사면 이포리에 72세의 직손 김영진(金榮鎭)이 살았다. 김영진은 두 고을 군수와 경흥부윤의 벼슬을 지냈다. 혹은, 김영진은 고종의 특사로 금고에서 풀려나 직산군수, 경원부사 등의 벼슬을 살았다고도 한다. 이응수가 보기에 그는 '상당한 학자로 더욱 불도에 정진하는 바가 많아서' 사재 만여 원을 들여 석문사(釋文寺)를 건립하고 머지않아 출가하려 했다. 조선총독부 관보에 석문사는 여주군 임제종 묘심사파의 사찰이라고 나온다. 김병연에게는 수십 권에 달하는 산문과 시작이 있었으나 당시 이미 흩어진 상태였다고 한다. 이응수가 김병연 연보를 재구성한 것은 당시 72세였던 김영진의 구술에 기댄 점이 많을 것이다.

이우준의 『몽유야담』에 따르면 김병연의 고향은 경기도 양주이다. 그리고 『대동시선』 이하의 여러 문헌에 따르면 김병연은 조선후기 명문이었던 장동 김씨의 후손이라고 한다. 박재청은 『신동아』(1936.1)에 발표한 「시인 김립의 방랑 일면과 시 기수(幾數)」에서, 김립=김병연을 '걸객시인(乞客詩人)'으로 규정했다. 박재청의 글에 따르면, 김병연은 경기도 양주에서 나고 자랐다.16)

김병연은 삼형제의 중간으로, 형은 김병하(金炳河), 아우는 김병호(金炳浩)이다. 배우자는 장수 황씨이다. 그런데 장남 김학균(金學均)은 형 김병하에게 양자로 나가고, 2남은 김익균(金翼均), 3남은 김영규(金英奎)라고도 한다.

<표 3> 김병연 가계도

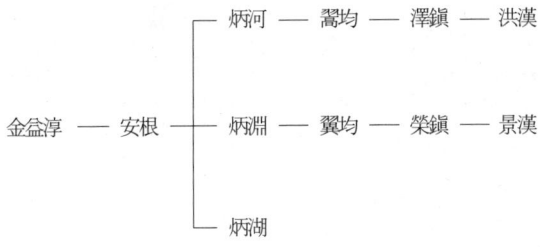

---

16) 朴在淸, 「시인 김립의 방랑 일면과 詩 幾首」, 『신동아』 1936.1.

이응수의 조사에 의하면, 김병연의 아우 김병호는 25세로 일찍 죽고, 그 아들 김호균(金鎬均)이 김병하의 양자로 나갔다. 김호균의 아들이 김택진(金澤鎭), 김택진의 아들이 김홍한(金洪漢)이라고 했다. 김병연의 아들은 김익균(金翼均), 그 아들은 김영진, 손자는 김경한(金景漢)이다. 이응수가 1941년 대중보판『김립시집』을 간행할 때 김홍한, 김영진, 그리고 김경한이 생존해 있었다. 김홍한은 안동 소산리 거주의 김홍한(金洪漢, 1884-1963)과는 별도 인물이다.17)

김택진은 1908년(융희 2년) 10월 1일, '고조 부사 김익순의 복관작칙지(復官爵勅旨)를 출급해달라는 청원서를 정부에 내었다. 또 같은 해 10월 14일, 가계의 세파(世派) 내력을 열거하며 선조 김익순의 복권 칙지를 내려주도록 청하는 청원서를 올렸다. 이때 기록한 세파는 이응수의 조사와는 달리, 김병연의 아들은 김익규(金翼圭), 김익규의 아들이 김택진으로 되어 있다.18) 김택진의 주소는 '京畿道廣州郡退村面篠峒'였다.

    請願書

    天恩이 罔涯ᄒ와 本人의 高祖府使諱益淳復官爵勅旨를 行當頒給이시깃기로 世派를 別紙에 添付ᄒ옵고 玆에 請願ᄒ오니 査照ᄒ신후 卽爲出給ᄒ시믈 伏望

    世派

      履煥[府使]

        子益淳[府使]

          子安根

            子炳淵

              子翼圭

                子澤鎭

---

17) 『안동의 독립운동사』에 따르면 이 김홍한의 본관은 안동. 자는 우범(禹範). 호는 근원(槿園). 출신지는 풍서면(豊西面) 소산리(素山里 : 현 풍산읍 소산리)이다. 1913년 소산리 청원루(淸遠樓) 내에 설립된 소산서숙(素山書塾)에서 교사로 활동했다.
18) 국사편찬위원회 한국사데이터베이스 각사등록 (http://db.history.go.kr/item)

請願人 京畿道廣州郡退村面籏洞住 金澤鎭

保証人 中部瑞麟坊許屛八統二戶

宮內府內藏院事務囑托 安必中

內閣總理大臣 李完用 閣下

隆熙二年十月十四日

　　김병연의 가계와 관련한 여러 기록들이 이처럼 조금씩 다르다. 후대에 이루어진 족보도 그대로 따를 수 있을지 모르겠다. 다른 여러 기록들을 종합하면 김병연에게는 형 하나와 두 아우가 있었으며, 김학균은 김병연의 장남인데 김병하에게 양자로 나갔다.

　　조부 : 김익순(金益淳) - 선천부사
　　　부 : 김안근(金安根)
　　　모 : 함평 이씨(咸平李氏) - 이유수(李儒秀)의 장녀[경상좌병사 이각의 형 이관의 후손]
　　　형 : 김병하(金炳河)
　　동생 : 김병호(金炳浩)
　　동생 : 김병두(金炳豆)

　　부인 : 장수 황씨(長水 黃氏)
　　장남 : 김학균(金學均) - 형 김병하(金炳河)에게 양자로 출계
　　차남 : 김익균(金翼均)
　　삼남 : 김영규(金英奎, 전라우후, 시종원 시어)

　　김병연의 9대 조부는 청음 김상헌의 사촌형인 형조참판 김상준(金尙寯, 1561-1635), 5대조부는 황해도병마절도사 김시태(金時泰), 고조부는 전의현감

김관행(金觀行), 증조부는 경원부사 김이환(金履煥), 조부는 김익순(金益淳)이다. 김상준은 문과 출신으로 광해군 때 가의대부에 올라 형조참판이 되어 동지춘추관·의금부사를 겸했다. 하지만 1613년 계축옥사 때 무고로 체포된 뒤 광해군의 친국을 받으면서 고문에 못 이겨, 김제남과 함께 영창대군을 옹립하려 했다고 허위 진술해 삭출당했다. 1623년 인조반정 후에는 계축옥사 때 김제남을 모함한 죄로 길주(吉州)에 유배되고, 1627년 아산에 이배되었다가 1635년에 풀려나왔다.

김병연의 조부 김익순은 정조의 『일성록』에 '김시태의 손자인 김이환의 아들'로 나온다. 안동김씨(김선평 파, 신 안동) 휴암공파(休菴公派)에 속한다. 김시태(1682-?)는 선전관으로 있다가 1714년(숙종 40, 갑오) 증광시 무과에서 병과 19위로 합격하고, 경종 때 신임사화에 순절하여 충의(忠毅)의 시호를 받았다. 그 손자 김익순은 어영청 권무무관에 임명되었다가 선전관, 도총부 경력을 지내고, 1792년(정조 16, 임자) 12월 19일 함종 부사(咸從府使)가 되었다. 1796년(정조 20, 병진) 7월 19일(임술) 훈련원 정에 임명되고, 9월 6일(무신) 웅천 현감이 되었다. 1798년(정조 22, 무오) 11월 4일(계해) 경상 감사 이의강(李義綱)이, 웅천 현감 김익순이 위중하다는 이유로 누차 사장(辭狀)을 올리기에 파출했다고 장계했다. 1799년(정조 23, 기미) 6월 19일(병오) 함경 중군(咸鏡中軍)에 임명되었다. 선천 부사가 되기까지의 경력은 자세하지 않다.

김병연이 네 살 때인 1811년 홍경래 난이 일어났는데, 그때 조부가 반군에 항복했다. 김익순이 홍경래 측에 항복한 사실은 현인복(玄仁福)의 『진중일기(陣中日記)』(서울대 규장각 소장 필사본)에 자세하다. 평안도 주민들은 중국을 오가는 사신들을 위해 물자를 대고 길을 닦아야 했고, 병자호란 때는 후금의 말발굽 아래 희생되었으므로, 불만을 지니고 있었다. '평한(平漢, 평안도놈)'의 울분을 씻기 위해 홍경래가 난을 일으켰는데, 당시 김병연의 할아버지 김익순이 선천부사로 있었다. 1811년(순조 11) 12월 24일 홍경래 휘하의 부대가 선천을 공격하자 김익순은 성을 버리고 검산산성으로 도망했고, 산성이 위태하자 투항하고 말았다. 홍경래 측은 그의 항복 사실을 격문에서 선전했으며, 열흘 만에 가산과 박천 등 여덟 고을을 점령했다. 그러다가 1812년 4월 홍경래가 관군에게 패하자, 김익순은 반란군의 이제초(李濟初) 부대에서 낙오한 농민 조문형(趙文亨)에게 1000냥을 주기로 약속하고 그에게 반군 장수 김창시(金昌始)의 목을 베어 오게 했다. 조문형이 김창시의 목을 베어 바쳤으나, 김익순은 돈을 지불하지 않았다. 어음을 지불했다고도 한다. 뒤에 양서순무사(兩西巡撫使) 중군(中軍) 유효원(柳孝源)이 추궁하자 조문형이 사실을 자백했으므로 김익순과 조문형은 대역부도죄로 참수당했다.19)

홍경래 난이 진압된 직후 정주(定州) 현감 이신경(李身敬) 밑에서 공문서 작성을 맡아 하던 조수삼(趙秀三, 1762-1849)은 1812년 7월에 5언 186운 1,860자의 「서구도올(西寇檮杌)」을 지어 반난의 시작과 진압과정을 상세히 다루었다. 그 시에서 조수삼은 가산군수로 있다가 홍경래에게 죽은 정시(鄭蓍)와 적에게 투항한 김익순을 함께 다룸으로써, 충(忠)과 간(奸)을 대비시켰다.

김병연에 대해서는, 강효석의 『대동기문』(1926)이나 이응수의 『김립시집』(1939)이나 모두 그를 장동 김씨의 후예라고 했다.

장동 김씨는 한성부 북부 명통방(明通坊) 장동(壯洞)에 세거하던 신안동 김씨의 서울 지파이다. 장동은 창의동(彰義洞)이라 하다가 변해서 장의동(壯義洞)이 되고 그것이 줄어서 된 이름으로, 북악산(백악산) 아래 위치하므로 북동이라고도 했다. 본래 안동 김씨는 고려 개국 공신 김선평(金宣平) 계열의 신 안동김씨, 김방경(金方慶) 계열의 구 안동김씨가 있다. 신 안동김씨의 후손 가운데 1506년(중종 원년) 문과에 합격하고 평양서윤을 지낸 김반(金璠)이 장동 김씨의 시조이다. 그의 형 김영(金瑛)도 문과에 합격하고 서울 청풍계에 터전을 마련했다. 김영의 집은 종증손 선원 김상용의 소유가 되어, 청풍계와

---

19) 정약용은 『목민심서』에 "선천 부사 김익순은 적에게 투항했다. 적이 투항한 김익순을 군관에 임명하니, 김익순은 곧 갑주(甲胄)를 갖추고 적에게 명함을 드려 항복했다. 뒤에 잡혀서 참형을 당했다"라고 적었다.

장의동 일대를 모두 김번 후손들이 차지했다. 김번은 승려 학조(學祖)의 양자가 되어 그의 재산을 물려받았다고도 한다. 장동 김씨는 김번 이후 김생해(金生海)를 거쳐 김대효(金大孝)로, 그리고 그 양아들 김상헌(金尙憲, 1570-1652)으로 이어졌다. 김상헌의 아들 김광찬(金光燦)은 연흥부원군 김제남의 손녀사위가 되고, 김광찬의 아들 수증(壽增)·수흥(壽興)·수항(壽恒) 삼형제가 현달했다. 그 후 김창협(金昌協)과 김창흡(金昌翕)의 학통이 김창협의 손자 김원행(金元行)에게 전수되어 낙론의 실세가 되었다.

김병연의 9대 조부는 장동 김씨 김상헌의 사촌형 김상준이었다. 하지만 장동 김씨라고 하면 대개 김상헌의 후손들을 가리켜 말한다. 더구나 김익순은 집안이 무계로, 그는 증조부 김시태가 경종 때 신임사화에 순절한 공 때문에 음보로 나갔다. 김익순이 작위를 회복한 것은 1908년 내각 총리대신 이완용(李完用, 1856-1926)의 주청에 의해서였다.20) 그 전까지 김병연 일가의 삶은 상민의 그것과 별반 다르지 않았을 것이다.

북한에서는 『금강산 한자시선』에 김병연의 금강산 시를 상당수 선록해 두었다. 그 책에 김병연을 다음과 같이 소개했다. '이명'을 호로 한 것은 오류이다. 김병연과 영월과의 관계를 아예 언급하지 않았다.

> 김병연은 19세기 전반기에 활동한 풍자시인. 김삿갓, 김립(金笠) 등으로 불리웠음. 자는 성심(性深), 호는 란고(蘭皐), 이명(而鳴). 량반가정에서 태여났으나 할아버지가 홍경래 농민폭동군에 항복했다는 리유로 량반신분을 박탈당한 후로 평민삿갓을 쓰고 전국 각지를 방랑하면서 량반사회의 모순과 불합리, 량반관료들의 위선과 저속한 생활리면을 야유폭로한 풍자해학적인 시를 많이 썼다. 이로써 봉건말기를 대표하는 풍자시인으로 널리 알려지게 되었다.

이응수는 김병연이 강원도 영월에 묻혔다고 했으나, 그 가족이 영월에 정

---

20) 『순종실록』 순종 원년(1908) 1월 30일, 4월 30일.

착했다는 말은 하지 않았다. 하지만 언제부터인가 그러한 전설이 정착되었다. 김익순 이후 그 집안은 가세가 완전히 기울었다. 김익순이 사형 당한 것은 1812년 3월 9일인데, 그때 김병연은 여섯 살, 형 김병하는 여덟 살, 아우 김병호는 젖먹이였다고 한다. 마침 김익순의 종복 김성수(金聖秀)가 황해도 곡산에 있는 자기 집으로 김병연 삼형제를 피신시키고 글공부도 시켜 주었다. 김병연의 가족은 여주, 가평으로 전전하다가 김안근은 화병으로 세상을 떠나고 부인 함평 이씨가 삼형제를 데리고 강원도 영월군 영월읍 삼옥리로 이주했다고 전한다. 하지만 『삼천리』(1941.6.1) 제13권 제6호와 『삼천리』(1941.7.1) 제13권 제7호에 실린 송영(宋影)의 희곡 「방랑시인(放浪詩人) 김(金)삿갓」에서 알 수 있듯이, 김안근은 김병연이 방랑하기 시작할 때 여전히 살아 있었다고 보는 설도 있었다.

전설에 의하면 김병연은 나이 스물 되던 해(1826년) 향시에 합격을 했으나, 그때의 과제가 자신의 조부를 비난하는 문제였다는 사실을 알고 모든 것을 버리고 방랑길에 오르게 되었다고 한다.

즉, 영월에 정착한 이후 김병연은 글공부에 힘써 스물의 나이에 향시를 보았으며, 거기서 '장원급제(壯元及第)'를 했다는 전설이 있다.

향시에 합격한 것으로는 장원급제라고 하지 않는다. 아직 회시(會試)를 치러 수석을 한 것이 아니므로 '급제'라고는 말할 수 없다. 장원급제란 소과 즉 생원시와 진사과의 회시에서 수석을 하거나 대과 즉 문과 전시(殿試)에서 수석으로 합격하는 일을 가리킨다. 한편 백일장은 고을에서 유생의 학업을 권장하기 위하여 시·문 짓기를 시험하던 것으로, 우수한 사람에게는 '장원'을 주어 표창했다. 과거 형식을 본떠 시관이 임석해서 시제(試題)를 내걸고 즉석에서 시문을 짓도록 했으며, 낮에 치러 그날로 합격자를 발표한다는 뜻에서 백일장이라고 했다.

그런데 김병연이 장원한 과시의 시제는

가산 군수 정시(鄭蓍)가 충절을 지켜 죽은 것을 논하고,
김익순의 죄가 하늘에 통함을 한탄한다.

論鄭嘉山忠節死
嘆金益淳罪通于天

이었다는 전설이 있다. 어쩐 일인지 종래 嘆자를 '한탄하다'로 풀이하지 않고 '규탄하다'로 풀이해 왔다. 이응수의 수집 당시에 탄핵할 彈(탄)이라 적지 않고 한탄할 嘆(탄)이라 적은 것이 오늘날까지 답습되는 듯하다. 두 구 모두 4자+4자이면 좋을 텐데 애초부터 첫 구는 4+3자로 되어 있다. 뒷부분에 한 자가 부족한 느낌이다. '忠節死'는 '忠節死義'의 잘못인 듯도 하다.

이응수는 1939년 초판 『김립시집』의 '후편'과 1941년 대중보판 『김립시집』의 '후편'에 김삿갓의 과시를 열거하면서 이 시를 제일 앞에 싣고 다음과 같이 말했다. "초두에 김립의 조부 김익순에 관한 공령시 1편을 참고 삼아 이에 소개한다. 이것은 김립의 작이 아니오 '조모'의 작이라고도 하고 김립 자신이 익명으로 쓴 것이라고도 한다"(학예사 초판 p.121, 대중보판 p.232). 이 시가 김립 작이 아니라는 설이 당시 유력했지만, 이응수는 심정적으로는 김립의 작일 수 있다는 설을 지지했던 것이다.

김병연이 지었다는 과시의 끝은 다음과 같았다고 전한다.

군주를 잊은 이날 또한 육친을 잊은 것이니
한 번 죽음은 가볍고 만 번 죽어야 마땅하리.
춘추필법을 너는 아느냐?
너의 일은 역사에 기록하여 천추만대에 전하리라.

忘君是日又忘親(망군시일우망친) 一死猶輕萬死宜(일사유경만사의)

春秋筆法爾知否(춘추필법이지부)　　　　此事流傳東國史(차사유전동국사)

　이 시의 작가 문제는 차치하고, 이 시는 공령시(과시)가 아니다. 김병연이 설사 영월의 과장에 들어가 시를 지었다고 해도 이런 시는 지었을 리 없다.
　천태산인 김태준은 「김(金)삿갓의 시」(『사해공론』 1936.8)에서 황오(黃五)의 「김사립전(金莎笠傳)」에 나오는 기남자가 바로 김병연이라고 했다. 그리고 위의 시는 누가 김삿갓을 조롱하기 위하여 지은 '고풍'이며, 그 제목은 「논정가산사(論鄭嘉山事) 탄김익순죄통우천(歎金益淳罪通于天)」이라고 했다.

〈표 4〉

『대동기문』에 인용된 노신의 김익순 조롱 시	이응수『김립시집』수록 김병연 장원의 시
曰汝世臣金益淳, 鄭公不過鄕大夫.(*01) 家聲壯洞甲族金, 名字長安行列淳.(*13) 將軍桃李隴西落, 烈士功名圖末高.(*02)	01 曰爾世臣金益淳 鄭公不過卿大夫(평성 虞) 02 將軍桃李隴西落 烈士功名圖末高(평성 豪) 03 詩人到此亦慷慨 撫劍悲歌秋水涘(상성 紙) 04 宣川自古大將邑 比諸嘉山先守義(거성 寘) 05 淸朝共作一王臣 死地寧爲二心子(상성 紙) 06 升平日月歲辛未 風雨西關何變有(상성 有) 07 尊周孰非魯仲連 輔漢人多諸葛亮(거성 漾) 08 同朝舊臣鄭忠臣 抵掌風塵立節死(상성 紙) 09 嘉陵老吏揚名旌 生色秋天白日下(상성 馬) 10 魂飛南嶽伴岳飛 骨埋西山傍伯夷(평성 支) 11 西來消息慨然多 問是誰家食祿臣(평성 眞) 12 家聲壯洞甲族金 名字長安行列淳(평성 眞) 13 家門如許聖恩重 百萬兵前義不下(상성 馬) 14 靑川江水洗兵波 鐵甕山守掛弓枝(평성 支) 15 吾王庭下進退膝 背向西域凶賊跪(상성 紙)

	16 魂飛莫向九泉去 地下猶存先大王(평성 陽)
	17 忘君是日又忘親 一死猶輕萬事宜(평성 支)
	18 春秋筆法爾知否 此事流傳東國史(상성 紙)

4.

김병연이나 김삿갓으로 언급되는 인물들은 교유 관계가 명확하지 않다.

다만, 김영진은 조부 김병연이 중년 이후 '제자이자 친구였던' 정현덕(鄭顯德, 1810-1883)의 주선으로 벼슬할 기회도 있었지만 마다했다고 했다고 이응수에게 알려주었다고 한다. 천태산인에 따르면 황오는 영남지방의 근세 시호(詩豪)로, 차산(次山) 배(裵)○와 함께 제일로 손꼽혔는데, 김병연은 바로 그 황오와 교류했다고 한다. 정현덕은 황오가 작성하여 『녹차집』에 전하는 「김사립전」에 언급되어 있다.

정현덕은 본관은 초계(草溪), 자는 백순(伯純)이며 호가 우전(雨田)이다. 김병연의 43세 때, 그 자신 40세 때인 1850년(철종 1) 증광문과에 병과로 합격했고, 김병연이 58세로 객사한 한 해 전 고종(재위 1863-1907) 초 1863년에는 정사 서형순(徐衡淳)의 서장관으로서 청나라에 다녀와 대원군의 심복으로 동래부사가 되었다. 이조참의가 되었다가 대원군이 실각하자 민씨 정권에 의해 파면, 유배되었다. 1882년(고종 19) 임오군란 후 형조참판에 기용되었으나 대원군이 물러나면서 다시 파면되어 먼 섬으로 유배된 뒤 사사되었다.

이응수는 김병연이 한때 광주 향품 김난(金鑾)으로 '변성명'하여 권문자제와 교유했다고 했다. 뒤에 보듯, 이는 매우 의심스럽다. 김병연은 24살, 혹은 25살 때 삿갓을 눌러 쓰고 금강산을 찾았다.21) 이후 강원도 안변·함흥·홍

---

21) 뒤에 보듯, 김삿갓은 '삿갓'을 노래한 시에서, "한 번 쓰게 된 것이 어느덧 사십 평생이 되었다(一着平生四十秋)"라고 했다.

원, 평안도 묘향산과 황해도 구월산을 거쳐 충청·전라·강원도로 제주도까지 둘러보았다.22) 이응수에 따르면 표박 중의 김병연은 경상도 안동, 강원도 평강, 전라도 여산(礪山)에서 세 차례나 둘째 아들 김익균을 만났으나 따뜻하게 대하지 않았다.23) 그리고 1863년 56세로 전라도 동복 땅에서 객사했다는 것이다.

김병연의 또 다른 친구로는 조운경(趙雲卿) 혹은 조운식(趙雲植)이 거론되어 왔다. 조운경 혹은 조운식의 손자는 조태원(趙泰源)이며, 김병연의 손자 김영진과는 동년배 쯤 되고, 1941년 경 서울 재동(齋洞)에 거주하고 있었다고 한다.

이응수는 『삼천리』(1932.3.1) 제4권 제3호에 수록한 「김립 시」에서 「안변학성풍경 이십운(安邊鶴城風景二十韻)」의 뒤에 「상루(上樓) 쉬(倅) 조운경(趙雲卿)」 시를 부기했다. '학서루에 오르다. 안변 수령은 조운경이다'라는 뜻이다. 이응수는 대증보판 『김립시집』의 「김립약보」에서 '趙雲卿'이라 하지 않고 '趙雲植'이라 했다. 조운식이라면 천태산인 김태준이 『조선한문학사』에서 행시(과시)의 명인으로 꼽은 인물일 것이다. 김병연은 안변군수와 학서루에 올라 다음 시를 지었다고 한다.

> 마땅히 알리라, 운명이 날 도와주지 않음을.
> 사락교 가에 몇 십 년을 서성대었나.
> 문장은 한수 이북에서 지금의 태수가 으뜸이고
> 명망은 옛날 호서에서의 형주(荊州) 목사 같구려.
> 술은 정말 미치게 만드는 약이라 늘 병이 된다만
> 시는 역시 풍류이기에 함께 수작할 만하구려.
> 농부의 삿갓은 정각(조정)에 오르길 오로지 꺼려하여

---

22) 이응수, 『김립시집』, pp.21-22 ; 정대구, 『김삿갓 연구』, 문학아카데미, 2003, pp.47-49.
23) 이응수, 『김립시집』, p.8.

거문고 끼고 홀로 누에 기대매 해산(海山)에 가을이 깊구려.

也知窮達不相謀(야지궁달불상모)　思樂橋邊歲幾周(사락교변세기주)
漢北文章今太守(한북문장금태수)　湖西物望舊荊州(호서물망구형주)
酒誠狂藥常爲病(주성광약상위병)　詩亦風流可與酬(시역풍류가여수)
野笠偏嫌登政閣(야립편혐등정각)　抱琴獨倚海山秋(포금독의해산추)

제2연(함련)의 뜻은 모호하다. 이응수는 '대의'를 다음처럼 적었다.

보시요. 漢北(한북)의 명문장이 太守(태수)의 賤聰(천총)에도 내려가고 또 湖西(호서) 땅에 명망을 날리는 사람도 녯날에는 荊州(형주)에 좌선[좌천 : 필자 주]되엿든 사람이 안이오. 이갓치 궁달이란 有爲轉變(유위전변)한 것이구려.

그러나 함련(제2연)은 안변 군수를 칭송한 말이다. 경련(제3연)이 시인 자신의 처지를 말한 것과 구별된다. 남에게 주는 율시에서는 흔히 이러한 방식을 사용한다. 따라서 호서의 명망 운운은 당나라 요숭(姚崇)이 호북성 양주 목사로서 선정을 베풀어 명망이 높았던 것을 끌어다가 안변 군수를 예찬한 말인 듯하다.

이응수가 처음 이 시를 소개할 때 조운경(혹은 조운식)의 화답시는 소개하지 않았다. 그런데 1939년판『김립시집』과 1941년 대중보판에는 화답시를 함께 실었다. 다시 1956년판에서는 화답시를 삭제했다. 이른바 조운경(혹은 조운식)의 화답시는 다음과 같다.

　　탄식하노라, 나 광생도 스스로 도모하여
　　십년을 쓸쓸하게[24] 길모퉁이만 어정거리다니.

---
24) 우우(踽踽)는 뜻은 크지만 이끌어 주는 사람이 없는 상태, 혹은 쓸쓸한 상태를 말한

지난겨울 골짝에 백설이 양각풍에 엉긴 듯했더니

오늘은 문학의 무지개가 봉주를 꿰뚫었구나.

술 마시지 않아 다만 나는 늘 병을 지니고 있소만

시를 얻었거늘 그대와 더불어 응수가 없을손가.

삼 미투리로도 용도각에 오를 수 있거늘

가을 정각에서 삿갓을 무어 혐의하랴.

嘆息狂生亦自謀(탄식광생역자모)　十年踽踽道踽周(십년우우도우주)

前冬壑雪凝羊角(전동학설응양각)　今日文虹貫鳳州(금일문홍관봉주)

不飮惟吾常有病(불음유오상유병)　得詩與爾可無酬(득시여이가무수)

麻鞋尙上龍圖閣(마혜상상용도각)　政閣何嫌野笠秋(정각하혐야립추)

'麻鞋尙上龍圖閣(마혜상상용도각)'은 두보「술회(述懷)」시의 '짚신 발로 천자를 알현할 때, 옷소매가 해져 두 팔꿈치가 드러났었지[麻鞋見天子, 衣袖露兩肘]'를 의식한 표현이다. 두보의 경우도 실제 사실은 아니고 수사적으로 그렇게 표현한 것이다.

학성루에서 김삿갓이 시를 준 안변 군수는 대체 조운경인가 조운식인가? 확언할 수가 없다. 여러 역사 기록을 중심으로 두 사람의 관력을 살펴보면 아래와 같은데, 둘다 안변 군수를 했다는 사실이 나타나지 않는다.

(a) 조운경은 본관이 풍양으로, 자는 우서(禹瑞)이다. 과천에서 생장하여 헌종 13년(1847) 2월 26일(병자) 정시 문과에 갑과로 급제하고, 헌종 14년(1848) 장령

다.『맹자』「진심 하(盡心下)」에, 공자에게 '덕(德)의 적(賊)'이라는 평가를 받은, 겉으로만 점잖은 체하는 향원(鄕原)이 뜻은 크나 실행이 부족한 광자(狂者)를 두고 "어찌하여 이처럼 말과 뜻이 큰가? 말은 행실을 돌아보지 못하고 행실은 말을 돌아보지 못하면서 입만 열면 '옛사람이여, 옛사람이여!' 하면서 행실을 어찌하여 이처럼 외롭고 쓸쓸하게 하는고[何以是嘐嘐也? 言不顧行, 行不顧言, 則曰 : 古之人, 古之人. 行何爲踽踽涼涼?]"라고 했다.

으로 있다가 김흥근(金興根)의 일로 8월 2일(계묘) 정주목(定州牧)에 귀양 갔다. 철종 즉위년(1849) 12월 21일 방환되어, 철종 원년(1850) 부교리, 응교를 거쳐, 철종 2년(1851) 4월 12일 전라우도 암행어사가 되었다가 4월 29일(을유) 삭직되었다. 철종 3년(1852) 헌납, 사간, 부응교, 교리, 응교 등을 지냈고, 철종 4년(1853, 계축) 4월 진하 겸 사은사 서장관이 되었다. 돌아와 10월에 부응교가 되고, 이듬해부터 철종 10년(1859) 6월까지 주로 승지의 직에 있었다. 철종 11년(1860, 경신) 4월 28일 동래부사에 제수되었다가 6월 28일(경인) 이조참의가 되었다. 철종 12년(1861, 신유) 8월 25일(신사) 부호군으로서 아경(亞卿 : 종2품)에 승탁(陞擢)되었다. 부총관, 병조참판를 지내고, 이듬해 정언, 좌윤을 지냈다.

(b) 조운식은 헌종 3년(1837) 정유(丁酉) 식년시에 생원 3등 68위로 합격하고, 음관으로 희릉(禧陵) 참봉이 되었다. 철종 4년(계축, 1853)에 공조좌랑, 공릉참봉을 지내고 철종 6년(을묘, 1855) 직산(稷山) 현감을 지냈으며, 고종 6년(1869) 작고했다.

한편 안변군 위익면(衛益面) 구 고산리(高山里)에 거처하던 강형범(姜泂範) [丁巳生, 1856년생]은 김병연과 면식이 있었다. 강형범의 손자 강길호(姜吉鎬)가 이응수의 벗이었다. 강형범이 약관에 집 뒤 밭에서 수확할 때 1876년 무렵 김병연이 「안변노고봉과차음(安邊老姑峰過次吟)」을 읊었다. 강길호의 5대조 강휘성(姜徽性)은 현씨와 함께 홍경래 난 때 도망하여 안변에 정주했으므로 김병연과 인연이 깊었다고 한다.

안변 노고봉을 지나가다 읊음

온 산이 낙엽 져 파리한데 흰눈마저 산머리를 덮었고
산세는 하늘을 찌를 듯 높이 솟았는데,
다른 봉우리들은 노고봉에 비해 아이들 같도다

그 가운데 어느 봉인가에는 신선과 학이 산다나.

安邊老姑峰過次吟(안변노고봉과차음)
葉落瘦容雪滿頭(엽락수용설만두)   勢如天撑屹然浮(세여천탱흘연부)
餘峰羅立兒孩似(여봉라립아해사)   或者中間仙鶴遊(혹자중간선학유)

송순철 소장본에는 「근차낙초김공유거운(謹次樂樵金公幽居韻)」이 있다. 이 시는 종래 과시로 분류되어 있었으나 3수의 칠언율시이다. 김삿갓과의 관련 인물 정보를 알려주는 듯도 하지만, 시의 내용은 낙초 김 공이 세간 일에 대해 귀를 막고 생활하는 즐거움을 예찬했을 뿐, 그가 누구인지를 알려주지는 않는다.

5.

김병연은 김삿갓이다. 『몽유야담』(1852년경), 『증보해동시선』(1919), 『대동기문』(1926), 『녹차집』(1932) 등이 증언을 해 준다.

김병연=김삿갓을 입증해 주는 가장 이르고 가장 중요한 자료는 김병연과 같은 시대를 살면서 그에 관한 전문(傳聞)을 정리한 이우준(李遇駿, 1801-1867)의 기록이다. 이우준은 호가 몽유자(夢遊子)로, 영창대군의 자손으로서, 아버지는 이한종(李漢宗)이다. 가난한 가운데서도 시·표·논·책·부 등 1만여 수의 글을 지었으나 1843년(헌종 9) 43세 때 생원시에 합격한 후 대과는 응시하지 않았다.[25] 1848년(헌종 14) 연행사의 일원으로 중국에 다녀 온 이후 1849년부터 1852년 사이에 『봉사(蓬史)』(금강산 유람기), 『몽유연행록(夢遊燕行錄)』, 『몽유시집(夢遊詩集)』, 『몽유야담(夢遊野談)』을 집필했다고 한다.[26] 그 『몽유야

---

25) 金貞淑, 「夢遊野談 연구」, 고려대학교 석사논문, 1997 ; 홍성남, 「李遇駿文學 硏究」, 檀國大學校 大學院 國語國文學科 古典文學專攻 석사논문, 2004.8.

담』의 「고금시화(古今詩話)」 항에 김병연=김삿갓에 관한 기록이 실려 있다. 『몽유야담』은 여러 이본이 있는데, 고려대본(3권 3책)이 원본의 모습에 가장 가까운 선본이라고 한다.27)

이우준은 한성 미천(尾泉)[현 서울시 서대문구 미근동(渼近洞) 부근]에서 태어났으나 주로 경기도 양주(楊州)에서 성장했으며, 묘소도 양주군 장흥면 교현리 이목동에 있었다. 김병연도 양주에서 낳고 자란 것으로 알려져 있으므로 동향의 인물이라고 할 수 있다. 김병연에 관한 그의 기록은 매우 신빙성이 높을 뿐 아니라, 김병연=김삿갓 시의 본령을 알 수 짐작하게 한다. 단, 김병연에 대해서는 본관과 가계를 기록하지 않고, '어떤 사람인지 알 수 없다'라고 했다. 이하, 그 글을 단락을 나누어 살펴보기로 한다.

(a) 김병연이란 자는 어떤 사람인지 알 수 없다. 혹은 대로 만든 삿갓을 쓰거나 혹은 패랭이를 썼다. 혹은 옷을 잘 차려 입고 신발을 깨끗하게 잘 신기도 하지만, 혹은 때가 덕지덕지 묻은 신발에 누덕누덕 기운 옷을 걸쳤다. 술을 좋아하여 한껏 마셔대어, 취하지 않은 날이 없었으며, 가고 오는 것이 일정하지 않아서 동에 번쩍 서에 번쩍 하여 종잡을 수가 없다. 다만 그의 성(姓)과 이름을 속이지 않았을 따름이다. 이르는 곳마다 문장으로 일컬어져서, 사람들이 운(韻)을 부르고 부시(賦詩, 시를 지음)하게 하면, 응구첩대(應口輒對, 운자 부르는 것이 끝나자마자 즉각 응답하여 곧바로 시를 지음)했으며, 또한 신묘한 말이 많았다. 과체(科體, 과장용 시체)의 행시(行詩, 과시・공령시)의 경우에는 정밀함과 신속함을 아울러 갖추었다. 어떤 사람이 그의 시의 흠과 병을 평론하면 즉시 눈을 크게 뜨고 꾸짖기를, "어른의 글을 어찌 감히 망령되게 논하는가?"라고 하였다. 사람들은 그의 이름을 들어보고는 그와 다투지 않고 웃으면서 받아들였다. 늘 머물고

---

26) 홍성남, 「김병연 소고 - 『몽계필담』 소재 기문(記文)을 중심으로-」, 『한국어문학연구』 39, 한국어문학연구회, 2002, pp.249-263.
27) 홍성남, 「夢遊野談 異本 硏究」, 『한국어문학연구』 45, 한국어문학연구회, 2005.8, pp.199-216.

싶은 곳에 머물렀는데, 혹은 열흘을 묵기도 하고 혹은 한 달을 머물기도 했다. 그러다가 홀연히 또 그곳을 뒤도 돌아보지 않고 떠나서는 정하여 주거하는 곳이 없었다.28)

(b) 동협(東峽)의 어떤 사람이 내게 이런 말을 해주었다. 향촌에 한 학구(學究)가 있어, 십여 명 학동을 데리고 과정(課程)에 따라 글을 읽히고는 앉아 있었는데, 어떤 과객이 남루한 옷의 자락을 치켜들고 들어와, 아침밥을 달라고 했다. 처음에는 난처해하여, 집이 비어 주인이 없다고 하면서 다른 곳으로 가보라고 했으나, 객은 한사코 눌러 앉아 일어나려고 하지 않았다. 어쩔 수가 없어서 풀과 나물로 반찬을 삼아 함께 밥을 먹었다. 그 김에 묻기를, "객은 어디에 사오?"라고 하자, "양주(楊州)에 사오."라고 했다. "며칠 전 에 양주 과객이 이곳을 지나갔는데, 오늘 또 보니, 어찌 양주 객이 이다지도 많은지요?"라고 했다. 다시 묻기를, "객은 글을 잘 하오?"라고 묻자, "얼추 구(句)를 지을 줄은 압니다."라고 했다. "그렇다면 내가 운(韻)을 부를 것이니 능히 시를 지을 수 있겠소?"라고 하자, "그러지요."라고 했다. 그 학구는 몽학선생(蒙學先生, 아이들에게 자구나 가르치는 선생)으로서 겨우 '통사(通史)'[『십구사략』을 가리키는 듯함]의 초권과 2권 정도를 해득할 수 있을 뿐인 자였다. 게다가 '운고(韻考)'[운서]도 없었으므로, 산운(散韻)[동일 운에 속하지 않는 다른 운목의 글자를 사용하는 일]으로 호운(呼韻)하여 말하길, "위(威) 자."라고 하자 즉시 응하길, "山村訓長太多威(산촌훈장태다위)"라고 했다. 또 도(挑) 자를 부르자, 다시 응하길, "猛着塵冠錦唾挑(맹착진관삽타도)"라고 했다. 또 주(儔) 자를 부르자, 다시 응하길, "大讀天皇高弟子(대독천황고제자)"[원문은 '弟高子'로 되어 있으나 '高弟子'가 옳음], 尊稱風憲好朋儔

---

28) 金炳淵者, 不知何許人也. 或戴篛笠, 或着蔽陽子. 或鮮明衣履, 而或弊垢懸鶉. 嗜酒放飮, 靡日不醉, 去就無常, 閃忽莫測, 但不欺其姓名而已. 所到, 以文章見稱, 呼韻使賦, 應口輒對, 亦多神語. 至於科體行詩, 精速兼備. 或有人評論其疵病, 則便張目叱之曰 : "長者之文, 安敢妄論?" 聞其名者, 不與之較, 笑而受之. 常止於此處, 或浹旬, 或彌朔, 忽又捨去, 無定住焉.

(존칭풍헌호봉주)."라고 했다. 또 수(鬚) 자를 부르자, 다시 응하길 "每逢凡字憑昏眼(매봉범자빙혼안)[원문은 '憑眼昏'으로 되어 있으나 '憑昏眼'이 옳음], 輒到巡盃籍白鬚(첩도순배적백수)"라고 했다. 또 주(州) 자를 부르자, 다시 응하길 "一飯空堂生色語(일반공당생색어), 今年過客盡楊州(금년과객진양주)"라고 했다. 다섯 운을 내자마자 네 구를 즉시 완성하자, 비로소 그가 문장에 능하다는 사실을 알았으나, 시골 수재의 무리는 그것이 기발함을 도무지 몰랐다. 이윽고 이별하고 떠나가자, 길에서 만나는 자들이 '김병연이다!'라고 했다.29)

(c) 어떤 사람이 일찍이 그와 동행하다가 주점에 들렀는데, 주머니가 비어 거의 한 푼의 돈도 없었는데, 즉시 주머니를 다 비워 한 잔의 술을 마실 따름이었다. 한 절구를 구호(口號)[구점(口占). 즉석에서 입으로 시를 읊음]하여 이렇게 말했다. "行李蕭條絶可呵(행리소조절가가) 餘錢數葉亦云多(여전수엽역운다) 囊中戒女深深在(낭중계녀심심재) 野店斜陽見酒何(야점사양견주하)?" 그가 읊은 시 가운데 사람들의 입에 전파된 것이 아주 많다.30)

(d) 아아! 재능을 지닌 것이 이와 같은 사람이니, 능히 몸가짐을 아정(雅正)하게 지닐 수 있어서 행동거지[원문은 '行正'으로 되어 있으나 '行止'가 옳다]가 일정함이 있다면, 내력을 따지지 않고 내가 장차 책 상자를 짊어지고 그를 따를 것이거늘, 어찌하여 아무 거리낌 없이 방종하여 명교(名敎, 유교의 가르침)를 벗어

---

29) 有東峽人, 爲余言曰: "鄕村有一學究, 率十餘學童, 課讀而坐. 有過客, 撮敝衣而入, 請饋朝飯. 始難之, 托以空舍無主, 敎以之他. 客牢坐不起, 不得已, 以草蔬同飯. 因問: '客何居?' 曰: '居楊州.' 曰: '日前有楊州過客過此. 今日又見. 是何獨楊客之多也?' 復問: '客能文乎?' 曰: '粗解作句.' 曰: '然則我當呼韻, 未知能作否?' 曰: '諾.' 其學究, 乃蒙學先生, 僅解通史初二卷者也. 又乏韻考, 以散聲呼之曰: '威字.' 卽應曰: '山村訓長太多威.' 又呼挑字, 復應曰: '猛着塵冠錦垂挑.' 又呼倩字, 復應曰: '大讀天皇弟高[高弟의 잘못]子, 尊稱風憲好朋儕.' 又好鬚字, 復應曰: '每逢凡字憑眼昏[昏眼의 잘못]. 輒到巡盃籍白鬚.' 又呼州字, 復應曰: '一飯空堂生色語, 今年過客盡楊州.' 五韻纔出, 四句卽成. 始知其能文, 而村秀才之徒, 便不知其奇也. 旣而辭去, 逢於路者, 以爲金炳淵云."

30) 有人, 嘗同行, 過酒店, 囊乏一錢, 卽傾囊一盃而止. 口號一絶曰: "行李蕭條絶可呵, 餘錢數葉亦云多. 囊中戒女深深在, 野店斜陽見酒何?" 其吟詠播於人口者甚多.

내던지고 달게 낭만(浪漫, 허랑하게 행동함)의 무리가 되었던 말건가? 이는 혹 척이지사(斥弛之士, 불우한 인사)[원문은 '斥跎之士'로 되어 있으나 바로 잡음]가 궁폐(窮廢, 곤궁하고 폐기됨)를 당하여 재주를 믿고 시대를 오만하게 깔보며, 자포자기(自暴自棄)에 편안히 처하는 자가 아니겠는가?31)

(a)에 따르면 김병연은 어떤 사람인지는 잘 알 수 없지만 '성과 이름은 속이지 않았다.' 그리고 대 삿갓이나 패랭이를 쓰고 다니고, 옷차림에 신경을 쓰지 않으며, 매일 술에 취하고, 거처가 일정치 않았다. 시에 뛰어나 사람들이 호운(呼韻)하여 부시(賦詩, 시를 지음)하게 하면, 응구첩대(應口輒對, 운자 부르는 것이 끝나자마자 즉각 응답하여 곧바로 시를 지음)했으며, 그 가운데는 신묘한 말이 많았다. 그리고 과체(科體, 과장용 시체)의 행시(行詩, 과시·공령시)는 정밀함과 신속함을 아울러 갖추었다. 김병연은 시에 자부심이 강해서 남이 자신의 시의 하자를 논평하면 크게 꾸짖었다고 한다.

(b)의 부분은 이응수가 엮은 『김립시집』에 「조산촌학장(嘲山村學長)」이란 제목으로 실려 있다. 이우준은 이 이야기를 '동협인(東峽人)'으로부터 전해 들었다고 했다. 동협은 가평의 석파령, 남이섬 동쪽의 춘천 지역이나 강원도 지역을 가리킨다.

〈표 5〉「조산촌훈장(嘲山村學長)」의 텍스트별 차이

『몽유야담』	대증보판『김립시집』「嘲山村學長」	평양판『풍자시인 김삿갓』「嘲山村訓長」
山村訓長太多威	山村學長太多威	山村學長太多威
猛着塵冠鋪唾挑	高着野冠揷唾挑	高着野冠鋪唾挑
大讀天皇高弟子	大讀天皇高弟子	大讀天皇高弟子
尊稱風憲好朋儕	尊稱風憲好朋儕	尊稱風憲好朋儕

---

31) 噫! 人之抱負如是, 而苟能持身雅正, 行正[止의 잘못]有常, 則不問來歷, 吾將負笈而從之矣, 奈何放縱不拘, 擺脫名敎, 甘作浪漫之徒耶? 是或斥跎[弛의 잘못]之士, 遭其窮廢, 負才傲時, 自安於暴棄者歟?

每逢凡字憑昏眼	每逢凡字憑衰眼	每逢凡字憑衰眼
輒到巡盃籍白鬚	輒到巡盃藉白鬚	輒到巡盃籍白鬚
一飯空堂生色語	一般空堂生色語	一般空堂生色語
今年過客盡楊州	今年過客盡楊州	今年過客盡楊州

산골 학장(훈장)이 너무 위엄이 많아
먼지 낀 낡은 갓 높이 쓰고 가래침을 내뱉네.
천황씨 읽는 놈이 가장 높은 제자이고
풍헌을 존칭하여 나의 좋은 벗이라 하네.
평범한 글자 만날 때마다 눈 어둡다 핑계 대고
술잔 돌린 땐 흰 수염 빙자하여 잔 먼저 받네.
한 끼 구걸에 주인 없다 하다가 생색내는 말이
올해 나그네는 모두가 양주 사람이라 하네.

가래침을 삽타(鍤唾)라고 했다. 鍤(삽)의 훈이 '가래'이므로 마치 이두식으로 사용한 것이다.

이 시는 압운의 규칙을 전혀 지키지 않았다. 훈장이 호운한 첫 번째 글자 威(위)는 평성 微(미)운, 두 번째 글자 挑(도)는 평성 豪(호)운, 鬚(수)는 평성 虞운, 州(주)는 평성 尤(우)운이다. 훈장은 몽학선생(蒙學先生)으로서 겨우 『고금역대표제주석십구사략통고(古今歷代標題主釋十九史略通攷)』의 초권과 2권 정도를 해득할 수 있을 뿐인 자였다. 게다가 『화동정음통석운고』・『삼운성휘』・『삼운통고』・『규장전운』 등의 운서도 없었으므로 산운(散韻)을 부를 수밖에 없었다. 산운은 칠언고시에서 여러 운을 다소 불규칙하게 산압(散押)하는 일을 보통 가리키지만, 여기서는 동일 운에 속하지 않는 다른 운목의 글자를 함부로 사용하는 일을 뜻한다. 그런데 주목할 점은 산압을 하면서도 첫 구에도 압운을 지정했다는 점이다. 이것은 칠언절구나 칠언율시에서 만당 이후 첫 구에도 압운하는 규칙을 조선후기의 '몽학선생'도 정격으로 인식했다는 사실을 말해준다. 그렇기에 훈장은 다섯 개의 운자를 지정했고, 이에 대해 김병연은 첫 구에도 압운하여 모두 5개 운을 사용하는 4연의 시를 작성했다. 한국에서는 출구(안짝)-대구(바깥짝)의 1연을 1구라고 부르는 관습이 있었으므로, 이 일화에서는 김병연이 5운 4구를 지었다고 말한 것이다. 비록 첫 구에도 압운하여 5개 운을 사용했지만 율시가 아니라 낙운의 시로서 조선후기에 유행한 고풍 형식이다.

이우준이 김병연에 대해 『몽유야담』에 기록한 글의 (c)에 나오는 이응수의 『김립시집』에 「간음야점(艱飮野店)」의 제목으로 실려 있다. 하평성 제5歌(가)의 운을 수구(기구)에도 압운한 칠언절구이다.

〈표 6〉 「간음야점(艱飮野店)」의 텍스트별 차이

『몽유야담』	대증보판 『김립시집』 「艱飮野店」 평양본 『풍자시인 김삿갓』 「艱飮野店」
行李蕭條絶可呵, 餘錢數葉亦云多 囊中戒女深深在, 野店斜陽見酒呵 *제3구의 '戒女'는 '戒汝'와 같다.	千里行裝付一柯, 餘錢七葉尙云多 囊中戒爾深深在, 野店斜陽見酒何

『남계야담(南溪野談)』에는 '戒女(계여)'가 '戒爾(계이)'로 되어 있다. 그리고 "이 시는 매문해 얻은 일천 냥을 받아 죄다 흩어버린 후 탁의해서 지었다[右詩, 賣文千兩盡散後, 托意作]"이라는 해설을 덧붙였다고 한다.[32]

『몽유야담』 수록의 시를 현대어로 번역하면 다음과 같다.

행리(行資)이 쓸쓸하니 너무나도 껄껄 웃을 노릇
남은 엽전이라곤 서너 닢이지만 그래도 많다고 하네.
주머니 속에 깊이깊이 있으라고 네게 경계했다만
주막에 석양 비낄 때 술을 보니 어이 하랴.

---

32) 임형택, 「이조말 지식인의 분화와 문학의 희작화 경향 – 김립 연구 서설」, 임형택·최원식 편, 『전환기의 동아시아 문학』, 창작과비평사, 1985, pp.40-41.

(d)에서 이우준은 김병연=김삿갓을 자포자기에 안주한 인물로 비평했다. 그런데 김병연이 그렇게 자포자기한 이유로 '궁폐(窮廢)'를 들었다. 이우준은 만일 김병연이 '몸가짐을 아정하게 지닐 수 있어서 행동거지가 일정함이 있다면' 그의 '내력'을 따지지 않고 그를 따라 배울 터인데 그렇지 못해 아쉽다는 뜻을 내비쳤다. '궁폐'란 말은 단순히 곤궁한데다가 시절에 폐기되었다는 뜻이 아니라, 폐족이 된 사실을 가리키는 듯하다. 곧, 이우준은 김병연의 '내력'을 알고 있었으며, 그 사실을 이 기록에서는 피혐하여 '김병연이란 자는 어떤 사람인지 알 수 없다'라고 잘라 말한 듯하다.

6.

김병연은 김삿갓이다.

단, 김병연만이 김삿갓이었던 것은 아니다.

김삿갓 이전에도 삿갓을 쓰고 다니던 사립옹(簑笠翁), 약립이생원(蒻笠李生員), 이평량(李平凉) 같은 기인들이 있었고, 같은 시대에는 그 말고도 김사립(金莎笠)이나 김대립(金䈎笠)이 있어, 김삿갓과 비슷한 행적을 남겼다.33) 함경도에는 '함삼택'이 있었고, 김삿갓이 죽은 뒤 김병현(金秉玄, 金秉鉉) 등 가짜 김삿갓도 있었다.34) 이 가운데 김병현(金秉鉉)에 대해서는 홍직필(洪直弼)의 문인 소휘면(蘇輝冕, 1814~1889)이 『인산집(仁山集)』에 「김립 옹의 冠자 운에 차운한다[次金笠翁(炳鉉)冠韻]」라는 시를 남겼다.

김삿갓이라는 별명으로 19세기에 널리 알려진 인물로 김난(金鸞)이 있다.

---

33) 임형택, 「이조말 지식인의 분화와 문학의 희작화 경향」, 『전환기의 동아시아문학』, 창작과비평사, 1985.
34) 金台俊, 「방랑시인 一群」, 『조선』 제254호, 1936.8.1 ; 정대구, 「김삿갓 詩 硏究」, 숭실대학교 박사학위 논문, 1989 ; 정대구, 『김삿갓 연구』, 문학아카데미, 1990 ; 정대구, 「김삿갓론」, 『한국문학작가론』, 현대문학사, 1991.

해장(海藏) 신석우(申錫愚, 1805-1865)가 철종 3년(1852년, 임자) 초춘에 작성한 「기김대립사(記金簦笠事)」에 따르면, 그가 아는 김대립은 자가 이명(而鳴), 호는 지상(芷裳)이다.

이명은 한유의 「송맹동야서(送孟東野序)」에 나오는 '불평즉명(不平則鳴)'에서 따온 것이라고 보는 설이 있으나, 자를 불평의 뜻으로 짓는 예는 없다. '이명(而鳴)'은 이름과 합하여 '난이명(鑾而鳴)'이니, 곧 '명란(鳴鑾)'의 뜻을 취한 듯하다. 반고(班固)의 「서도부(西都賦)」5에 "큰 길에서 수레 가룟대의 방울을 울리며, 느긋하게 서성이도다[大路鳴鑾, 容與徘徊]"라 했다. 천자나 귀족의 수레에 매단 방울이 울리는 것을 명란이라고 한다. 태평세월의 군주를 보필하여 수레에 매단 방울이 울리듯이 시문으로 태평세월을 울려내라고 축원한 뜻을 담고 있다.

호의 '지상(芷裳)'은 고결함을 상징하는 '지(芷)'란 말을 중시한 것이리라. 굴원(屈原)의 「이소(離騷)」에 "강리와 벽지를 몸에 걸치고, 가을 난초를 꿰어 허리에 찬다. …… 아침에는 목란의 떨어진 이슬을 마심이여, 저녁에는 가을 국화의 떨어진 꽃잎을 먹는도다[扈江離與辟芷, 紉秋蘭以爲佩 …… 朝飮木蘭之墜露兮, 夕餐秋菊之落英.]"라고 한 말에서 인용했다. 또 「이소」에 "기하(芰荷)를 마름질하여 저고리를 짓고, 부용을 모아서 치마를 짓네[製芰荷以爲衣兮, 集芙蓉以爲裳.]"라는 구절이 있다. 여기서부터 기상(芰裳)이라고 하면 은둔자의 복식을 뜻하게 되었다.

김대립 즉 김난은 '광주(廣州)의 향품(鄕品)'으로, 학산(鶴山) 안응수(安膺壽)의 식객으로 지내면서, 신석우의 아우 위사(韋史) 신석희(申錫禧, 1808-1873)와도 교분을 맺었다. 『김립시집』을 엮은 이응수는 김난이 곧 김병연의 변성명이라 보고 고증을 시도했다. 하지만 김병연이 안동 김씨 대성의 후예인 것과 달리 김난은 광주 향품이어서 출자가 다르다. 향품은 향청의 임원, 즉 좌수·좌별감·우별감을 말한다. 향청은 조선 시대에 수령을 보좌하던 자문기관으로 군현의 유향품관(留鄕品官)이나 선비들로 구성되었고 이들이 임원을 선출하여 수령의 자문에 응하고 풍속을 단속하며 향리를 규찰하게 했다.

더구나 방랑시인 김병연에 관한 초기 기록인 이우준의 『몽유야담』에 따르면 김병연은 결코 성명을 속인 일이 없다고 한다. 그렇거늘 안응수나 신석우 등과 오랫동안 교제하면서 변성명을 하고 지냈다고는 상상하기 어렵다. 물론 김병연이 안응수의 문객으로 있던 초기에는 김난을 자칭하고, 이후 방랑길에 올랐을 때는 절대로 성명을 속이지 않았을 수도 있다. 그러나 여기서는 일단 김병연과 김난을 별개 인물로 추정해둔다.

김난은 과체시에 능하여 곳곳의 '동시(東詩)' 선집에 김삿갓 작이 수록되게 만든 장본인이거나 그 주요한 작자임에 틀림없다. 신석우의 글에 따르면 김난은 '촌 서당에서 관례를 한 사람이든 동자인 사람이든 그의 일을 진지하게 말하고 그의 시를 외고 하기를 마치 한 세대 이전의 옛 사람의 일을 말하고 시를 외듯이 하며, 혹은 그의 시를 직접 열람하면서 잣대와 표준으로 삼고 있다." 또한 소문에 그 사람은 "늘 장옥(과장)에 드나들며 혹은 시를 수십 편을 짓기도 하고 혹은 한 편도 짓지 않고 나오기도 하여, 그 미친 짓이 이와 같다고 한다"고 밝혔다.

신석우의 본관은 평산으로, 자는 성여(聖如), 호는 해장(海藏)이다. 신소(申韶)의 증손으로, 할아버지는 신광손(申光遜), 아버지는 교리 신재업(申在業)이다. 1828년(순조 28) 진사가 되고 1834년 식년문과에 병과로 급제했다. 1838년(헌종 4) 용강현령(龍岡縣令)을 지냈으며 그 뒤 부교리·병조참판·우승지·양주목사·대사성·이조참의·승지·이조참판 등을 거쳐 1855년(철종 6년) 경상도관찰사를 지냈다. 1857년 대사헌, 이듬해 한성부판윤, 1859년 형조판서에 이어 예조판서가 되었다. 1860년 동지정사로 청나라를 다녀왔다. 1863년에는 「해주기적비(海州紀蹟碑)」의 서사관으로서 특별히 가자(加資)되었다. 시호는 문정(文貞)이다.

신석우의 글에 따르면 김난은 안응수의 문객이었다. 안응수의 본관은 죽산(竹山), 자는 복경(福卿), 호는 학산(學山/鶴山)이다.35) 계포(桂圃) 안광직(安

光直, 1775-?)36)의 아들이며, 고조는 안종걸(安宗傑)이다.37) 문예가 일찌감치 성취되었으나 과거에 급제하지 못하고 고을의 수령을 맡았으며, 음보로 정(正)에 이르고 유대(游岱)38)했다.

당시의 평론이 백하(白下) 윤순(尹淳, 1680-1741) 이후의 문장가로는 오로지 해장 신석우, 그 아우 신석희, 학산 안응수와 서로 갑을을 다툰다고 했다. 이들은 소론 문장가의 계보를 이었다고 짐작된다.

신석우의 「기김대립사」는 김삿갓의 실체를 이해하는 데 매우 중요한 글이므로 원문을 몇 개의 단락으로 나누어 전문 번역해서 소개한다.39)

  (a) 근래 한 시인이 있어, 치기어린 듯 하고 미친 듯도 하여, 갈옷을 걸치고 미투리를 신고 다니면서 얼굴의 때를 씻지도 않고서, 기호와 관동 사이를 왕래하면

---

35) 조면호(趙冕鎬)가 신석우를 추억하는 시를 남겼는데, 학산(學山) 안응수를 함께 언급했다. 조면호(趙冕鎬), 「用香茶屋韻 有懷海藏」, 『옥수집(玉垂集)』 권8. 또한 조면호는 「감시절구」의 한 수에서 학산(鶴山) 안응수를 언급했다. 조면호, 「감시절구 병서(感詩絶句幷序)」, 『옥수집(玉垂集)』 권16.
36) 안광직(安光直, 1775-?)의 본관은 죽산(竹山), 자는 주백(周伯·胄伯)이다. 참판 안진(安鎭)의 5대손이며, 안윤겸(安允謙)의 증손이다. 할아버지는 안종걸(安宗傑)이다. 서울에서 안구(安榘)의 아들로 태어났다. 1804년(순조 4) 사마시에서 생원 2등으로 합격했고, 이듬해 춘당대 별시문과에서 병과로 급제했다. 1825년 장령으로 있으면서 무신이 교자(轎子)를 타는 폐단을 금할 것을 상소했고, 이듬해 도당록에서 4점을 얻었다. 1826년 교리, 1827년 사간원 대사간을 거쳐 1829년 성균관대사성에 제수되었다. 1830년 다시 대사간에 임명되고, 1832년 이조참의를 거쳐 다시 대사간·대사성을 지냈다. 헌종이 즉위한 후 1835년(헌종 1) 진하 겸 사은부사가 되어 정사 권돈인(權敦仁), 서장관 송응룡(宋應龍)과 함께 청나라에 다녀왔다. 1838년 다시 대사간에 임명되고, 1844년(헌종 10) 형조판서, 1845년 의정부우참찬을 지냈다. 1854년(철종 5) 판의금부사를 거쳐 예조판서에 올랐다.
37) 이호연(李好淵)의 사위가 참봉 안응수로 되어 있다. 洪直弼, 「瞻巖李公行狀」, 『梅山集』 권47 行狀.
38) 사람의 죽음이 뜻밖에 닥쳐옴을 뜻한다. 중국 삼국시대 건안칠자(建安七子)의 한 사람 유정(劉楨)은 병이 위독할 때 쓴 「증오관중랑장(贈五官中郞將)」에서 "대종에 노닐어 다시는 친구를 만나지 못할까 늘 걱정한다[常恐遊岱宗, 不復見故人]"라고 했다. 대종은 태산(太山)으로, 인간의 넋을 부르는 일을 주관한다고 하며, 대종에 노닌다는 것은 태산의 부름을 받아서 가는 것 즉 죽음을 뜻한다.
39) 申錫愚, 「記金笠立事」(壬子), 『海藏集』 권17 雜著, 한국문집총간 속 127권, 한국고전번역원, 2011.

서 시 지은 것이 상당히 경발한 것이 많고 과체시 제작은 더욱 정묘하여, 사람들이 그가 오는 것을 염증내지 않고서 그가 오면 곧 밥과 음식으로 숙박을 하며 강운(强韻, 속한 글자가 적어 압운하기 어려운 운)과 경제(硬題, 과제하여 주제를 발전시키기 어려운 시제)로 힘든 과제를 내면, 압운을 하는 것이 평온하고 타당하며 편장(篇章)이 원만하고 민활하여, 부르는 대로 즉시 응하여, 조금도 숙려를 하지 않았으므로, 이로써 이름이 크게 떠들썩했다. 그 성씨만을 말했고, 또 즐겨 삿갓을 쓰고 다녔으므로 김대립(金簦笠)이라 불렀다. 내가 동쪽으로 부임하여 가서 그가 지었다는 시를 본 적이 있는데, 촌 서당에서 관례를 한 사람이든 동자인 사람이든 그의 일을 진진하게 말하고 그의 시를 외고 하기를 마치 한 세대 이전의 옛 사람의 일을 말하고 시를 외듯이 하며, 혹은 그의 시를 직접 열람하면서 잣대와 표준으로 삼고 있다. 또한 소문에 그 사람은 늘 장옥(과장)에 드나들며 혹은 시를 수십 편을 짓기도 하고 혹은 한 편도 짓지 않고 나오기도 하여, 그 미친 짓이 이와 같다고 한다. 또 쓸 재물이 없기 때문에 사람들이 감히 비렁뱅이라는 이유로 백전(白戰, 대개 중인들이 시의 재주를 겨루던 모임-필자 주)에 끌어들이지는 못한다고 한다. 과장(장옥)에 임해서는 더욱 통음하여 술이 깨지를 않는 상태라는데, 모두 기호와 관동의 인사들이 갹출해서 준 것이라고 한다. 과장 밖의 술집에서도 그의 이름을 사랑하되, 그가 술로 미치광이 짓하는 것을 두려워하여, 곧 술을 덥혀 내어오되, 감히 돈을 요구하지 않는다고 한다. 춥거나 덥거나 항상 흰 색 겹의(袷衣, 솜을 넣지 않은 겹옷-필자 주)를 걸치고 지내는데. 어떤 사람이 새 솜으로 옷을 지어 주자, 역시 사양하지 않고서, 입고 있던 겹의는 둘둘 말아서 어깨에 메고 다녔다. 그러다가 길에서 추위에 얼어 죽을 지경인 사람을 만나자 몸에 걸친 솜옷을 벗어 주고, 메고 다니던 겹의를 다시 입고서, 바람과 눈이 매섭게 차가와도 괘념하지 않고 빈대와 이가 뚝뚝 떨어져도 거리낌이 없었다. 그래서 내가 그를 휘황하고 괴이하게 여긴 지 오래되었다. 그렇거늘 그의 이름과 자를 듣지도 못했고, 거처도 상세히 알지를 못했다. 대개, 그가 전해지는(명성이 난) 것은 성명이나 거처에 있지 않기 때문이다.40)

(b) 금년(임자년, 1852년) 봄에 병이 들고 우울해서 청량사(현 서울 동대문구 제기로 소재)에 왔는데, 낙봉(樂峯) 이상우(李尙祐)[동한(東閈)]가 마침 교외 거처에서 와서 모이게 되자, 운자를 명하여 시를 지었다. 약봉이 내게 '그대는 김삿갓을 아오?'라고 묻기에, '이름을 들은 지 오래되었습니다.'라고 했다. 낙봉이 말했다. "용인(龍仁) 시골집에서 마침 그가 와 묵는 것을 만나, 그가 주발을 두드리면서 시를 짓는 것을 보고는 한번 그와 이야기를 나누어 보았소. 그 스스로 말하더군요. '젊어서 날마다 시문 짓는데 힘을 쏟아, 경사(서울)에 노닐면서 진취(進取)의 계책으로 삼았다고, 일하(日下, 서울)의 시인과 명사들이 사랑하여 너니 그대니 친하게 부르며 사랑하지 않는 사람이 없었지만, 안복경(安福卿)[응수(膺壽)]과 신사수(申士綏)[석희(錫禧)]가 동사(同社)에서 이름이 으뜸이었는데, 나와 사귀기를 더욱 두터이 해서 아주 무겁게 장려해 주었고, 나도 이것을 믿고 기쁨으로 여겼다오. 뒤에 나의 족성이 광주(廣州) 향품(鄕品)이란 말을 듣고 대우가 점점 박해집디다. 나는 이 두 사람에 용납되지 못하리라 스스로 헤아려, 소 꼬리에 붙어 이름을 날릴 길이 없음을 알고는, 우울하여 즐겁지를 않다가 마침내 발광하기에 이르렀소. 그리고 이에 따라 낙척하여 불우하게 되었으므로 방자하게 행동하게 되었으니, 나의 병은 복경과 사수가 빌미였던 셈이오.' 이어서 탄식하기를, '공주의 반자(半刺, 고을 수령 밑에 속한 통판 : 필자 주)와 집현전 교리로서 지금 모두 귀인들이거늘 알현할 수가 없소'라고 했습니다. 거처는 광주(廣州)이고, 이름은 김난(金鑾)이라고 합니다." 나는 그때 베개에 몸을 기대고 있었

---

40) 近有一詩人, 如癡如狂, 擁袒[短의 잘못인 듯]褐躡芒屩, 面垢不洗, 掲來畿湖關東間, 爲詩多警拔, 爲科體詩益精工. 人不厭其來, 來輒以飯食供. 止其宿, 以强韻硬題難之, 步押平妥. 篇章圓活, 隨呼隨應, 略不經意, 以是聲名太噪. 只言其姓, 又以其喜戴簟笠, 故呼爲金簟笠. 余於東遊, 亦嘗見所爲詩, 村塾間冠童津津說其事, 誦其詩, 如隔歲古人, 又或手繙其詩, 奉爲繩尺. 又有言其人常游場屋, 或作詩數十篇, 或不作一篇而出, 其狂如此. 又無所用財, 故人不敢以丐援於白戰. 臨科場, 益痛飮無醒, 皆畿湖關東人士之所釀也. 場外酒肆, 亦愛其名, 而怕其狂乎酒, 輒瀉來, 亦不敢恭錢. 寒暑常挂白袷衣, 或以新綿製衣以贈, 則亦不辭, 摺卷其着袷衣, 擔肩行, 遇路上寒凍者, 脫身上綿衣而給之, 復着所擔之袷衣. 風雪栗列而不顧, 蟣蝨磊落而不憚也. 余之光怪其人久矣. 無以聞其名字, 里居不欲詳扣. 蓋以所傳, 不在於字名里居也.

는데, 나도 모르는 사이에 벌떡 일어나, '이는 바로 이명(而鳴)이었다. 아까워라 그 재주여. 과연 두렵구나!' 이명은 김난의 자이다. 우리 형제는 과연 젊어서 그와 노닐었는데, 이명이 당시 과체시에 힘을 기울여, 범위가 광활하고 원대하여, 사슴과 개 같은 무리를 발로 차고 주먹으로 쳤으니, 모두들 큰 작가가 되리라고 기대했다. 어찌 과시에서만 그러는데 그쳤겠는가? 작가의 모범에 염두를 두어 날마다 글을 읽어 옹알옹알 소리를 그치지 않았으며, 백가의 책을 베껴 써서, 손을 멈추지 않았다. 필법도 또한 우아하고 고결하여 즐길 만하다.41)

(c) 언젠가 광주 유씨[유희(柳僖)]가 저술한 『문통(文通)』을 내게 보여주었는데, 그 책은 경과 사의 책을 고증한 것이었다. 그 공력을 들인 것이 해박함이 또한 이와 같았다. 그런데 어느 해인가 상원의 날에 내가 복경을 방문하자 이명이 자리에 있었던 일이 기억난다. 시문에 대해 이러저러 이야기를 하는 중에 이명은 내 말을 상당히 옳다고 긍정했다. 내가 그래서 그의 말을 기억하여 지상(芷裳)에게 촉구를 했다. 지상은 그의 자호이다. 그 후로는 다시 복경의 집에 와서 머물지를 않았다. 내가 이유를 묻자, "병이 났소"라고 했다. "무슨 병입니까?" 묻자, "마음에 병을 앓고 있소"라고 했다. "어째서 탈이 났습니까?" 하고 묻자 모르겠다며 대답을 회피했다. 나는 탄식하고 애석해하여 마지않았다. 지금까지 수십 년 동안 마음속에 오가는 것은, 이명의 재주로 성취한 것이 없고, 이명의 훌륭한 심성으로 이런 질병이 있다는 사실이다. 지금 그의 행동거지가 거칠고 홀연하여 일

---

41) 今春病鬱, 來游淸凉寺, 李樂峯尙祜, 適自郊居來會, 命韻賦詩, 問余曰:'君知金蕢笠乎?' 曰:'聞其名久矣.' 樂峯曰:'龍仁村家, 適値其來宿, 見其擊鉢爲詩, 試與之語. 自言:少日力爲詩文, 遊宗師, 爲進取計. 日下詩人名士, 莫不相愛而爾汝之, 安福卿舊壽·申士綏錫禧, 名冠同社, 與我交益厚, 奬詡甚重. 余亦忕此爲喜. 後知余氏族爲廣州鄕品, 見待浸薄. 余自忖不容於此兩人, 無以附尾而揚名, 憂鬱不樂, 遂至發狂, 仍落魄不遇, 放倒自态. 余之病, 福卿·士綏, 爲之祟也. 仍歎曰:公州半刺, 集賢校理, 今俱貴人也, 不可見矣. 其居曰廣州, 其名曰金蕢云." 余時倚枕, 不覺蹶然起曰:"此是而鳴也. 惜乎其才, 果可畏也." 而鳴, 金蕢之字也. 福卿之客也. 余兄弟, 果少與之游, 而鳴時力於科體詩, 範圍闊遠, 拳踢鹿犬, 皆以大手期之, 又豈止科詩爲然也? 留意作家典則, 日讀書呷唔不輟, 抄寫百家, 不停手. 筆法亦雅潔可喜.

정함이 없다는 소식을 듣고, 그 시도 또한 풍부하면서 단정하고 장엄한 맛이 없어서 기발하지만 전아함이 부족하니, 그의 병이 완전히 낫지 못하고 재주가 제대로 펴나가지 못하고 있으니, 더욱 탄식하고 애석해 할 만하다.42)

(d) 아아! 이명이 비록 두 사람에게 박대를 받았지만 참고 견디고 그렇저렁 지내면서 그 사이에서 문필 활동을 했더라면 시문에서의 성취가 어느 정도일지 헤아릴 수 있었겠는가? 두 사람은 재주를 사랑하고 선비들을 공손하게 대하는 분들이거늘, 그가 씨족이 고단하고 허망하다 해서 야박하게 대했겠는가! 이명의 병은 소박을 받은 데 있지 않고 소박을 받았다고 억측한 데 있다. 그렇기는 하지만 만일 이명이 처음부터 끝까지 복경의 곳에 빈객이 되고 사수와 교제를 해서 시사(詩社)에서 이름을 드날렸다면 그 이룬 바가 얼마나 되었겠는가? 필시 기전(경기)과 관동의 사람들이 그의 시를 외고 애모하기를 마지않아 혹시라도 대면하지 못할까 염려하고, 혹 그 사람을 만나보아 놀라 기뻐하고 너무도 좋아서 술과 음식을 갖추어 머물게 하면서 혹 떠나지나 않을까 염려하기를, 오늘날 그렇게 하듯 하지는 않을 것이다. 선비가 세상에 이름을 날리는 것은 정말로 한 가지 길이 아니다. 이명의 이름이 이렇게 전파되었으니, 복경과 사수가 야박하게 대한 것을 무어 한스럽게 여기겠는가? 나는 김대립의 일을 기록하고는, 장차 기호와 관동의 이명이 왕래하던 곳에 두루 보내어서, 이명으로 하여금 이 글을 한 번 읽고, 자신의 마음을 평온하게 가지고 자신의 기분을 바꾸어서, 놀라우리만치 은인자중해서 「칠발(七發)」의 광릉도(廣陵濤)43)를 지어내기를 바란다. 임자(1852년, 철

---

42) 嘗以廣州柳氏所著『文通』示余, 其書則攷證經史者也. 其用工之博, 又如此. 猶憶某歲上元 余訪福卿, 而鳴在座, 縱談詩文, 而鳴頗可余言. 余仍記其語, 以屬芷裳. 芷裳, 其自號也. 其後不來留福卿, 余問之, 曰:'病矣.' 問:'何病?' 曰:'病心.' 問:'何祟?' 則以不知辭. 余嘆惜不置. 于今數十年往來心中者, 以而鳴之才而無所成, 以而鳴之好心地而有是疾也. 今聞其行止荒忽無定, 其詩亦彌贍給而欠端莊, 奇警而少典雅, 可知其病不瘳而不不克. 尤可嘆惜也.
43) 한(漢)나라 매숙(枚叔)이 칠발(七發)을 지어 초나라 태자의 병을 치유했는데, 그 제5발에 "客曰, 將以八月之望, 與諸侯遠方交遊兄弟, 並往觀濤于廣陵之典江."이라 했다.

종 3) 초춘에 신(申)이 기록한다.44)

신석희는 신석우의 아우이되, 신재정(申在正)에게 입양되었다. 자는 사수(士綏), 호는 위사(韋史)이다. 1848년(헌종 14년) 5월 증광문과에 병과로 급제했고, 1849년(철종 즉위년) 11월 오정수(吳正秀)·박규수(朴珪壽) 등과 함께 홍문록에 올랐으며, 이후 황해도 암행어사·규장각직각·도청응교(都廳應敎) 등을 역임했다. 1854년 순천부사가 되고, 이듬해 6월 성균관대사성으로 전보된 후 여러 관직을 거쳐 1863년 형조판서에 이르렀다. 1864년(고종 1년)에는 김병학(金炳學)·강시영(姜時永) 등과 함께 실록교정청의 당상이 되었다. 1873년 2월에는 예문관제학을 역임했다. 시호는 효문(孝文)이다.

안응수는 왕족의 후예 이인소(李寅沼)[자 희빈(義賓)]와 교계가 있었다고 한다. 이인소는 1865년(고종 2, 을축년) 식년시 진사 3등 110위로 입격했다.『사마방목』에 따르면 본관은 전주, 거주지는 청풍(淸風)이며, 관직은 '학생'이었다. 안응수와 신석희 등은 김난이 '향품'인 것을 알고 거리를 두었다고 하므로, 이인소는 김난과는 교제하지 않았을 것이다.

『충청감영계록(忠淸監營啓錄)』에 따르면 1852년(철종, 3년 11월 17일), 공주판관 안응수가 16일(임술) 기망(旣望)의 월식을 충청감사와 함께 살펴보고 구식(救食)을 행한 후 월식의 모양을 기록했다고 한다. 1856년 7월 21일부터 1860년 12월 20일까지 53개월 동안 행부천도호부사를 지내, 현재 부평도호부청사 안에 영세불망비가 있다.『승정원일기』의 기록을 보면, 1864년(고종 1, 갑자년) 2월부터 3월까지 빈전도감의 낭청으로 있었다. 7월 13일(신해) 순

---

44) 嗟乎! 而鳴雖爲兩人所隱薄, 隱忍含糊從事其間, 其成就詩文, 豈可量哉? 兩人愛才下士者也, 何嘗以氏族之單空而薄也! 此而鳴之病, 不在見薄, 而在於億其見薄也. 然而使而鳴終始客福卿交士綏, 名揚社社, 所就能幾何也? 未必使畿甸關東誦其詩而愛慕不已, 若恐不得見面, 及見其人而驚喜悃悅, 具酒食而留之, 惟恐或去, 如今日之爲也. 士之播名於世, 固非一道, 而鳴之名, 於是播矣, 又何恨乎福卿士綏之待之薄乎? 余旣(記)金簦笠事, 將以遍遺畿湖關東而鳴所嘗往來之處, 欲使而鳴一讀而平其心易其氣, 霍然訖[*訂]然作七發之廣陵濤. 壬子初春, 申記.

흥부사 안응수를 남원부사로, 남원부사 이승겸(李承謙)을 순흥부사로 맞바꾸게 하라는 전교가 있었다. 12월 15일(임오) 발군의 치적을 이룬 지방관에게 새서(璽書)와 표리(表裏)를 상으로 내리라는 대왕대비의 전교가 있었는데, 남원부사 안응수가 시상 명단에 들어 있다. 1866년(고종 3, 병인년) 5월 9일(정묘년) 2차 정사에서 안응수는 광주목사에 제수되었다. 1867년(고종 4, 정묘년) 10월 18일(정유년) 2차 정사에서 군자감정이 되었으나, 12월 11일(경인년) 신병 때문에 체차되었다.

조면호(趙冕鎬, 1803-1887)는 신석우를 추억하는 시에서 안응수를 함께 언급했다.45)

서리 맞은 누런 단풍 늙은 잎이 겨울 산에 지니	霜黃老葉抵山寒
백발 성글고 술기운 쇠잔함을 문득 깨닫네.	倂覺刁騷酒力殘
일만 집 다듬이질 맑은 소리는 귀향의 꿈 재촉하고	萬戶淸砧催雁夢
오경 깊은 밤 쇠한 백발은 별처럼 희구나.	五更衰髮與星看
몸도 명예도 오욕에서 벗어나 어디로 간 것인가	身名去辱知何往
세간사는 무정하여 입에 올리기 어려워라.	世事無情說亦難
들자니 상서께서는 여전히 건강하시다 하니	聞道尙書猶健態
동안에서 하루 묵고 서안을 방문하련다.	東安一宿訪西安

[동안은 계전 신응조46)를 가리키고 서안은 학산(學山) 안응수를 가리킨다.(東安指桂田申應朝, 西安學山安膺壽.)]

---

45) 趙冕鎬,「用香茶屋韻 有懷海藏」,『玉垂集』권8. 안응수의 호를 '學山'으로 적었다.
46) 조면호가 시에서 언급한 신응조(申應朝, 1804-1899)는 본관이 평산으로, 자는 유안(幼安), 호는 계전(桂田)·구암(苟菴)이다. 동지돈녕부사 신상현(申常顯)의 아들이다. 홍직필(洪直弼)의 문인으로, 1852년(철종 3년) 정시문과에 병과로 급제하여 벼슬길에 올랐다. 1882년 7월 판중추부사로 있으면서, 인천개항에 반대했다. 임오군란 이후 대원군에 의하여 우의정에 임명되었으나 나가지 않다가 뒤에 좌의정에 올랐으며, 퇴임 후 기로소에 들어갔다.

조면호는 70세 되던 1872년(고종 9, 임신년) 소중양(중양절 9월 9일 다음날)에 「감시절구(感時絶句)」 59수를 지었는데, 그 한 수에서 안응수를 언급했다.47) 이 연작 절구는 죽은 지인들을 추억하는 회인시(懷人詩)이다.

학산이 과연 옥루 상량문을 지어	鶴山果作玉樓文
이 일로 당시 사람들이 그대를 추대했지.	此事時人常推君
이희빈[이인소]과 함께 적막하게 되었으니	並與義賓同寂寞
강동의 일모에 구름만 돌아갈 뿐.	江東日暮但歸雲

이 시에 조면호는 다음 주를 덧붙였다.

학산 안응수는 계포(桂圃) 상서[안광직(安光直)]의 아들이다. 어려서 학업에 매진하기를 대단히 독실하게 해서, 문예가 일찌감치 성취되었다. 당시의 평론이 백하(白下)[윤순] 이후의 문장가로는 오로지 해장 신석우, 그 아우 위사 신석희, 그리고 학산 안응수가 갑을을 다툰다고 했다. 학산은 과거에 급제하지 못하고 고을의 수령을 맡았으며, 음보로 정(正)에 이르렀다가 갑자기 작고했다. 이희빈(李義賓) 인소(寅沼)는 선파(璿派, 전주이씨 왕족)의 사람인데, 재주가 구비되어 작가의 전형을 이루었으나, 운명이 기박하여 사마시에 합격하지를 못하다가 갑자기 그의 죽음을 호곡하게 되었으므로, 그를 아는 사람들이 이를 슬퍼한다. 학산과 지극히 깊은 교계를 맺었다.48)

신석우의 「기김대립사」에 따르면, 언젠가 김난이 '광주 유씨'의 『문통(文通)』을 자신에게 보여주었는데, 그 책은 경(經)과 사(史)의 책들을 고증한 것

---

47) 조면호, 「感詩絶句幷序」, 『玉垂集』 권16. 안응수의 호를 '鶴山'이라 적었다.
48) 鶴山安膺壽, 桂圃尙書(安光直)子也. 少劬業克篤, 文藝夙就. 當時論白下後來文家, 惟申海藏及弟韋史錫禧, 安膺山爲甲乙. 鶴山未第, 典州牧, 至蔭正而旋歿. 李義賓寅沼, 璿派人, 才具得作家典型, 命畸不獲一司馬而遽哭其死, 知識尙以是悲之. 鶴山至契.

이었다고 했다. '광주 유씨'란 곧 유희(柳僖, 1773-1837)를 말한다. 본관은 진주인데, 일시 경기도 광주에 거주하여서 '광주 유씨'로 알려진 듯하다. 유희는 일생 벼슬에 나아가지 못했으나, 경학과 천문학에 뛰어나 방대한 양의 저술인『문통』을 남겼다. 문중 소장본이 현재 한국학중앙연구원 장서각에 위탁되어 있다.49)

조종진(趙琮鎭, 1767-1845)은 「남악유진사묘지명(南岳柳進士墓誌銘)」에서 "공의 저술한 초고가 집에 보관되어 있는데 거의 100권이다. …… 이용후생으로 급무를 삼고 정주학으로 근본을 삼아, 마음으로 연구하여 깊이 체득했다"50) 라고 했다. 정주학을 근본으로 삼았다는 주장은 숨은 뜻이 있다. 유희는 17세기 말 정통 교학이 현실 구원의 기능을 하지 못하고 편협적 당론으로 굳어져 갈 때 그러한 경향을 비판하는 새로운 인간학을 일으켰던 강화학파의 학자들과 깊이 교유했다.

7.

유랑 지식인 황오(黃五)는 김삿갓의 삶에 크게 공감했다. 황오는 49세 되던 1864년에 「자전(自傳)」을, 1866년(고종 3, 병인년)에 장편 자술시 「갈등행(葛藤行)」을 남겼다. 「자전」에서 황오는 자신의 삶을 개괄하길, "10대에 『시경』·『서경』을 외우고, 20대에 한양에서 풍속을 둘러보고, 30대에 마른 나귀

---

49) 『문통』에 대해서는 위당[담원] 정인보 선생이 『동아일보』(1931.1.19-5.11, 7.6)에 「조선고서해제」를 18회 연재하면서 그 여덟 번째(1931.2.23)에서 소개한 바 있다. 유희의 자는 戒仲, 호는 南岳·西陂·方便子·觀靑農夫 등이다. 처음 이름은 儆이었다. 증조는 안협현감 應運, 조부는 성균생원 紀, 부친은 목천현감 漢奎다. 세거지 龍仁 馬山(즉 南岳) 慕賢村에서 태어났다. 정양완, 「유희의 학문과 생애」, 『10월의 문화인물』, 국립국어연구원, 2000 ; 심경호, 「유희의 시문 문집과 그 정신세계」, 『진주유씨 서파유희 전서』Ⅱ, 한국학중앙연구원, 2008 영인, pp.2-46.
50) 公所著述草藏于家, 近百卷. …… 以利用厚生爲務, 以程朱之學爲本, 心究而服膺.

에 비단 자루를 차고 명산대천을 두루 유람했고, 40대에 집에 돌아와 보니 초가집이 소연했다"라고 했다. 또 「갈등행」의 마지막에서는 "홀연히 남산의 허연 돌 위를 바라보니, 천 길은 됨직한 칡덩굴이 있다[忽見南山白石上, 直生千尺葛藤]"라고 하여, 무용지용(無用之用)의 삶을 갈등에 비유했다. 삶에서도 사상에서도 방황을 해야 했기에, 김사립에게 특별한 관심을 갖고 「김사립전」을 지었다. 후반부가 없어진 듯한데, 현존하는 석판본에 실린 글은 다음과 같다.51)

김사립이란 자는 동해 가의 사람이다. 김은 그의 성씨이고, 사립은 머리 위에 쓰는 것을 두고 말하는 것이다. 을사년 겨울, 내가 장안의 여관에서 기식하고 있었는데, 하루는 정현덕이 내게 서찰을 보내와서 말하기를, '천하의 기남자(奇男子)가 여기 있는데, 한번 오지 않겠는가?' 했다. 과연 김삿갓이었다. 사람됨이 술을 좋아하고 광태를 지어 해학하기를 좋아했으며, 시를 잘 지었다. 술이 거나하면, 왕왕 크게 통곡하려고 했다. 평생 거자업(과거공부)을 짓지 않았으니, 기인(畸人)이라 할 것이다. 밤이 깊자 나를 발로 차며, "당신은 금강이란 걸 보았는가?"라고 했다. 내가 "금강은 승경이다. 나는 몽매간 늘 금강을 보고 싶어 하지만 아직 못 보았소."라고 했다. 사립은 눈을 부릅뜨고 쳐다보더니 말했다. "나는 매년 반드시 금강을 본다. 봄에 보고 가을에도 또 보기도 한다."52)

이 사람은 신석우가 말한 김대립(김난)과 비슷한 시기의 인물이지만, '평생 거자업(과거공부)을 짓지 않았다'는 점은 김대립과 부합하지 않는다. 황오와 교유했던 신석우는, 앞서 보았듯이, 김삿갓이 "과거장에 들어가되 어떤

---

51) 黃五, 「金莎笠傳」, 『黃緔比集』, 권2. 1932. 국립중앙도서관본.
52) 金莎笠者, 東海上人也. 金, 其氏. 莎笠, 以頭上所着者言也. 乙巳冬, 余食于長安旅次. 一日雨田鄭顯德送余書曰:'天下奇男子有此, 盍往見之?' 果莎笠也. 人也, 嗜飮酒, 喜狂謔善爲詩. 酒酣, 往往欲大哭之. 平生不作擧子業, 蓋畸人也. 夜深蹴余曰:'爾見金剛者乎?' 余曰:'金剛, 勝景也. 余夢寐中常有金剛, 姑不見也.' 笠嗔目而視曰:'吾每歲必見金剛, 或春見之, 秋亦見.'

때는 수십 편을 짓고 나오고 어떤 때는 한편도 안 짓고 나오니 그 광태가 이와 같았다"라고 했다. 단, '거자업을 짓지 않았다'라는 표현은 '거자업에 전념하거나 연연하지 않았다'라는 뜻을 나타낼 수도 있다.

김사립은 을사년(1845), 서울의 어느 여관에서 황오를 만났다고 한다. 김사립은 방랑시인이란 점에서는 김병연이나 김난과 유사하다. 김사립을 '동해 가'의 인물이라고 한 것은 당시 김사립이 관동지방을 유랑하고 있었기 때문인지 모른다. 그렇기에 천태산인 김태준은 김사립이 곧 김병연이라고 보았던 듯하다. 단, 김난과는 행각의 세부가 다르다.

한편 근세의 지식인 여규형(呂圭亨, 1848-1921)은 김삿갓을 '김초모(金草帽)'로 표기하고, 김초모의 과시가 기괴한 풍격을 지녀 일시에 풍미했으나 격이 높지 않다고 혹평했다. 여규형의 본관은 함양이다. 1882년(고종 19년) 문과에 급제했으나 고종과 명성황후가 무당 진령군의 말을 믿어 여씨를 멀리했으므로, 하위의 관직을 벗어나지 못했다. 1894년(고종 31년) 동부승지로 있다가 초도(椒島)에 유배되었으며, 일제 통감부가 설치되면서 풀려났다. 사립학교인 대동학교(大東學校)의 교사를 거쳐, 관립 한성고등학교의 주임교유(主任教諭)로서 한문과를 담당했다. 그의 문집 『하정집』에 이런 말이 있다.53)

> 김초모라 칭하는 자가 있어,
> 기괴함이 작은 곳간 큰 곳간을 기울인 듯 콸콸 나와서,
> 그 등급을 일반 등급으로 만들어
> 풍아의 격조를 거친 잡목 숲에 버려지게 하여,
> 마침내 우리나라의 예문지를
> 이웃 나라에 알려질 수 없게 만들었으니,
> 망망하여 구명할 수도 없고,

---

53) 呂圭亨, 「論詩十首」 제6수, 『荷亭集』, 京城 : 鄭寅書家, 1923. "……有稱金草帽, 詭愧傾廩困, 遏苗等其等, 風雅墜荒榛. 遂使藝文志, 不可聞於隣. 茫然不得究, 閱堂笑且嗔……"

온 집안 시끄럽게 웃고 떠들고 있다.

아무래도 김대립(김난)은 김병연과는 다른 인물인 듯하다. 김초모는 김사립(김난)일지 김병연일지, 혹은 제3의 인물일지 알 수가 없다. 하지만 그들은 모두 김삿갓이라는 캐릭터를 구성한다. 활동 시기도 비슷하다. 김사립은 특히 금강산을 사랑했다고 하는데, 이것은 김병연이나 김난과 같을 수 있다.

시인 김삿갓은 유행가 가사의 "죽장에 삿갓 쓰고 방랑 삼천리 / 흰 구름 뜬 고개 넘어가는 객"으로 묘사된다. 그런데 죽장에 삿갓 쓰고 삼천리를 방랑한 저 인물이 과연 김병연이라는 그 사람일까? 김병연은 가문이 몰락하여 숨어 살다가, 조부를 팔아먹은 것에 죄책감을 느껴 시대를 원망하며 방랑을 떠났다고 알려져 있다. 이 단수의 김삿갓은 추적할 만한 가치가 있는 인물이다. 하지만 김삿갓이라고 불린 복수의 방랑시인들 또한 역사적으로도, 문학사적으로도 의미를 지닌다.

<표 7> 김병연, 김난, 김사립 연보

김병연(金炳淵)	김난(金鑾) [김대립]	김사립(金莎笠)
○ 1807년(순조7년) 경기도 양주 출생, 본관은 안동. 자 난고(蘭皐), ○ 1811년 조부 선천부사 김익순이 홍경래 측에 투항한 죄로 멸족 위기. 노복 김성수의 구원으로 형 병하와 함께 황해도 곡산으로 피신. ○ 1815년 폐족으로 사면, 병연 형제가 어머니 품으로 돌아감. 아버지 김안근은 화병으로 사망. ○ 1816년 어머니를 따라 영월로 이주.	○ 자 이명(而鳴), 호 지상(芷裳). 광주(廣州)의 향품(鄕品). ○ 학산(鶴山) 안응수(安膺壽)의 식객. 안응수 1852년(철종) 3년 11월 공주 판관, 1856년 7월 21일부터 1860년 12월 20일까지 53개월 동안 행부천도호부사. 1864년 (고종 1, 갑자) 7월 13일 (신해) 남원부사, 1866년 (고종 3, 병인) 5월 9일	○ 동해 가의 인물. ○ 술을 좋아하고 해학하기를 좋아했으며, 시를 잘 지었다. 술이 거나하면, 왕왕 크게 통곡하려고 했다. 평생 거자업(과거공부)을 짓지 않았다. ○ 1845년(을사) 겨울 서울에서 황오(黃五, 1816-1863?)가 김사립을 만나보고 이후 「김

20세 무렵 과거 응시. 「논정가산충절사(論鄭嘉山忠節死) 탄김익순죄통우천(嘆益淳罪通于天)」 시제로 급제했으나, 가력을 어머니에게서 듣고 자책과 자괴로 방랑길에 올랐다는 전설이 훗날 만들어짐. ○ 1831년 금강산 유람을 시작으로 각지 서당을 순방. 4년 뒤 귀향해 1년 남짓 묵으면서 둘째 아들 김익균을 낳음. ○ 1853년 다시 고향을 떠나 서울·충청도·경상도 등을 방랑. 안동 도산서원 아랫마을 서당에서 훈장을 수년 함. 충청도와 평안도를 거쳐 곡산의 김성수 아들 집에서 1년간 훈장으로 일함. 충청도 계룡산 밑에서 아들 김익균을 만났으나 도망. 아들과 세 번 만났지만 모두 도피. ○ 1863년(철종 14년) 57세. 전라도 동복에 우거. 지리산을 유람하고 3년 후 그 집으로 돌아와 사망. 수년 뒤 김익균이 유해를 영월군 의풍면 태백산 기슭에 묻음.	(정묘), 광주목사에 제수, 1867년(고종 4, 정묘) 10월 18일(정유) 군자감정(軍資監正). 1872년 이전 졸. ○ 신석우(申錫愚, 1805–1865)의 아우 위사(韋史) 신석희(申錫禧, 1808–1873)와도 교분. ○ 장옥(과장)에 드나들며 혹은 시를 수십 편을 짓기도 하고 혹은 한 편도 짓지 않고 나오기도 함. ○ 유희(柳僖, 1773–1837)의 『문통(文通)』을 학습 ○ 1852년(철종 3, 임자) 초춘 해장(海藏) 신석우(申錫愚)가 서울에서 만나보고 「기김대립사(記金簦笠事)」 작성.	사립전」을 지었다. ○ 김사립은 "나는 매년 반드시 금강을 본다. 혹은 봄에 보고도 가을에도 또 본다"라고 했다. 아마 이후 금강산으로 떠난 듯하다.

양동식(2004)의 김병연 연보 추정	
1807년(순조 7) 3월 13일	출생. 경기도 양주로 추정
1811년 (5세)	홍경래 난 발발. 황해도 곡산으로 피신
1812년 (6세)	조부 김익순 사형
1815년	부친 김안근, 남해도에서 사망

1816년 (10세)	모친과 영월로 이주
1826년 (20세)	장수 황씨와 결혼
1828년 (22세)	장남 김호균 출생. 출가. 신석우와 만남(추정)
1829년	모친 사망
1830년	형 김병하 사망
1831년 (25세)	금강산 방랑 걸식
1832년 (26세)	함경도 일대 방랑 걸식
1835년(헌종 원년)(29세)	기생 가련과 동거설
1836년 (30세)	황해도 일대 방랑 걸식
1838년 (32세)	부인 장수 황씨 사망
1841년 (35세)	경기도 경상도 방랑 걸식
1845년 (39세)	황오 만남
1853년(철종 4년)(47세)	안동에서 훈장을 지냄
1854년 (48세)	전남 화순 동복에서 정씨 집안에 기식(추정)
1855년 (50세)	경주 최씨와 재혼
1856년 (51세)	3남 영규(英圭) 출생
1858년 (53세)	충청도, 전라도, 제주도 방랑 걸식
1863(철종 14년) 3월 29일 (57세)	전남 화순 동복에서 사망
수년 후	강원도 영월 와석리(臥石里)에서 사망

제3화. 252자 자서전인가 타서전인가

1.

"김립 선생에 대한 소위 문헌이란 것을 알려진 대로 들어보면, 『대동기문』과 『대동시선』과 황오의 『녹차집』 속에 있는 「김사립전」의 셋뿐이다. 그를 문헌적으로 알려는 것은 전혀 망상이고 불가능에 가까운 일이다." 이응수는 1939년 『김립시집』을 초간하면서 「자서」에서 이렇게 말했다. 이후 이응수는 1941년 대중보판에서 신석우의 「김대립전」에 나오는 김난이 김병연의 변성 명이라고 주장하면서 그 문헌을 추가했다. 하지만 김병연과 김난을 동일 인물로 보는 것에는 선뜻 동의하기 어렵다. 앞으로도 김삿갓에 관한 문헌을 어떻든 추가할 수 있을지 모르지만, 여전히 김삿갓을 문헌적으로 알려는 것은 '망상'이요 '불가능'에 가까울 것이다. 그것은 김병연이나 김난 등 김삿갓에 대한 문헌자료가 부족하기 때문만이 아니다. 김삿갓은 김병연이나 김난 등의 한 두 인물로 수렴되는 것이 아니라 구비문학의 세계에 여기저기 존재했기 때문이다.

그런데 김삿갓으로서의 김병연이 자신의 일생을 서술한 시를 남겼다고 전한다. 이름 하여 「난고평생시(蘭皋平生詩)」이다. 여기서 김삿갓=김병연의 호가 난고라는 설이 정착되었다. 이 시의 다른 제목은 「회향자탄시(懷鄕自嘆詩)」
이다. 이응수가 1941년 대증보판 『김립시집』에서 17연(34구)을 소개함으로써
널리 알려지게 되었다.

하지만 「난고평생시」는 다른 두 가지가 있다. 『매일신보』(1933.12.8)에서,
김홍한은 증조부 김병연의 「난고평생시」가 있어 그 별도의 제목이 「회향자
탄시」라 밝히고, 모두 18연(36구)의 공령시를 소개했다. 그런데 이응수의
1939년 초간 『김립시집』에서는 8구만을 후편의 맨 마지막에 실어두고, 그것
이 전부가 아니라 일부일 뿐이라고 환기시켰다. 그리고서 대증보판(1941)에
서는 17연(34구)을 실었던 것이다.

이미 1933년에 김홍한이 「난고평생시」를 김병연의 작이라고 소개했다. 그
사실을 모를 리 없었을 이응수가 1939년의 『김립시집』에서 그 시를 일부만
소개했을 뿐 김병연의 삶을 재구성할 적극적 자료로 사용하지 않은 이유가
무엇일까? 1941년 대증보판 『김립시집』에서는 이 「난고평생시」를 서설의 부
분에서 크게 부각시켰다. 그런데 김홍한이 소개한 것과는 글자의 차이가 있
고 어떤 시구는 상당히 다르다. 무엇보다도, 김홍한의 것이 18연(36구)이었던
데 비하여 이응수의 것은 17연(34구)이다. 이후 이응수는 1956년 평양 국립출
판사본 『풍자시인 김삿갓』에도 17연(34구)의 형태로 「난고평생시」를 수록했
다.

국립중앙도서관 소장 『동선(東選)』에서는 「회향자탄(懷鄕自嘆)」의 제목이
며 14연(28구)이다. 또 제목 가운데 鄕자를 선택해 그 글자가 속한 陽운을 일
운도저했음을 밝혀두었다. 鄕자는 제4연 바깥쪽에 사용되어 있다. 『동선』 수
록의 다른 '김병연' 시들은 대개 18연(36구)이고 간혹 16, 17연도 있다. 그런데
『회향자탄』만은 일반 예보다 훨씬 짧은 편이서 14연에 불과하다. 그 외, 「지
금릉작봉황대시이의지(至金陵作鳳凰臺詩以擬之)」는 13연이지만 일부 구가 망
실된 탓인 듯하다.

2.

「난고평생시」는 네 가지 버전으로 전한다. 그 형식을 살펴보면 다음과 같다.

ⓐ『매일신보』(1933.12.8)에 김홍한이 소개한「난고평생시」즉「회향자탄시」: 18연(36구)의 공령시. 09-18은 대증보판『김립시집』의 17연 시와 상당히 다르다. 이 시의 다른 제목이 「회향자탄시(懷鄕自嘆詩)」이니, 시제의 鄕자가 전체 시의 압운을 결정한 글자로, 제2연 바깥짝 즉 04구의 마지막에 그 글자를 운자로 사용했다. 전체 운자는 鄕자가 속한 평수운의 상평성 제7 陽(양)운에 속하는 글자들이되, 제17연의 마지막 글자 白자는 낙운이다. 즉, 傷(상)·方(방)·腸(장)·鄕(향)·場(장)·張(장)·桑(상)·凉(량)·霜(상)·量(량)·囊(낭)·茫(망)·傷(상)·羊(양)·嘗(상)·長(장)·忘(망) 등이 운자이다. 제17연 바깥짝 마지막 글자는 白이 아니라 蒼이어야 옳다. 오식인 듯하다.

```
01 鳥棲獸血[穴의 오자-필자]皆有居, 顧我平生我自傷.
02 芒鞋竹杖路千里 雲性水情家四方
03 尤人不可怨天難 歲暮悠悠餘寸腸

04 初年自謂得樂地 漢北吾知生長鄕
05 簪纓光世富貴門 花柳長安名勝場
06 隣人也賀弄璋慶 早晚前期玩蓋張

07 髮毛漸長命亦奇 小忱殘門飜海桑
08 依無親戚世情薄 哭盡爺孃家事凉
*09 南州從古過客多 轉蓬浮蹤經幾霜
```

*10 城南晩鍾一納履 睠彼吾東心細量

*11 文章乞號貫千門 風月行裝空一囊

*12 光陰漸長此中衰 三角靑山何杳茫

*13 歸之亦難住亦難 一節徘徊中路傷

*14 心猶異域首邱派[狐의 잘못] 勢似窮居觸藩羊

*15 千金之子萬石家 厚薄人情坂[均의 잘못]是嘗

*16 搖頭轉目豈本心 緊口圖生吾所長

*17 身窮每遭俗眼白 歲去還憐鬢髮白[蒼의 오자]

*18 詩人亦是故鄕友 濁酒三盃憂自忘

01 새도 둥지 있고 짐승도 굴이 있어 모두 거처 있건만
　　내 평생을 돌아보자니 나 스스로 서글프다.

02 짚신에 대지팡이로 천 리 길
　　구름 물의 성정으로 사방을 내 집으로 삼았지.

03 남을 탓할 수도 없고 하늘을 원망하기도 어려워라
　　섣달 제석의 회포는 내장이 촌촌이 끊어진 듯.

04 초년엔 즐거운 세상을 만났다 스스로 여겨
　　한양이 내가 낳고 자란 고향인 줄 알았다.

05 고관의 직분이 대대로 빛을 내는 부귀의 가문으로
　　꽃 피고 버드나무 늘어진 장안의 명승지에 집이 있었으며,

06 이웃 사람들도 아들 낳은 경사를 축하하며
　　조만간 관모 쓰고 수레 일산 드리우는 관운이 펼쳐지길 기대했다.

07 머리터럭 차츰 자라며 운명도 기박해졌으니
　　잠깐 시간에 가문이 쇠잔하여 뽕나무밭이 바다로 된 격.

08 의지할 친척도 없이 세상 정분 각박하여

　　부모상 마치자 집안 살림이 황량하게 되었다.

*09 남쪽지방에는 예로부터 과객이 많다기에

　　마른 쑥 구르듯 실속 없는 자취로 몇 번 서리 철을 보냈던가.

*10 성남의 저녁 종소리 들으며 신발 고쳐 신으매1)

　　내가 동으로 향하는 길을 바라보자니 마음이 가늘어졌다.

*11 문장으로 애걸하고 호소하며 일천 집 문을 들어갔으나

　　풍월을 읊는 행장에는 낭탁이 텅 비었다.

*12 광음 세월이 차츰 길어지는 속에 노쇠해 가니

　　삼각산과 청산은 어이 그리 아득했는지.

*13 돌아갈려도 어렵고 머물려도 어려워

　　지팡이 짚고 배회하며 도중에서 슬퍼한다.

*14 마음은 이역에서 고향 언덕 향해 머리 돌리고

　　형세가 곤궁하여 울타리에 뿔이 걸린 양2)과 같아라.

*15 천금 값나가는 자제와 만석의 집에서

　　후대하거나 박대하는 인정을 모두 맛보았다.

*16 머리 굽실거리고 눈동자 굴리는 행태가 어이 본심이랴

　　입 삐죽거리며 생을 도모하는 것이 나의 장기로 되다니.

*17 몸이 궁하여 번번이 속안의 흰 자위를 만나고

---

1) 납리(納履)는 짚신을 신는다는 말로, 구속에서 벗어나 가난하지만 자유로운 삶을 산다는 뜻이다. 『장자』「양왕(讓王)」에 "증자(曾子)가 위(衛)나라에 살 때 입은 옷은 겉이 없을 정도로 해지고 얼굴은 부어 종기투성이고 손발에 굳은살이 박여 있었다. 사흘 동안 밥을 짓지 못하고 10년 동안 새 옷을 만들어 입지 못했으며 갓을 바로잡으면 갓끈이 끊어지고 옷깃을 잡으면 팔꿈치가 드러나고 짚신을 신으면 발뒤꿈치가 터졌다. 그런데도 발을 끌면서 상송을 부르면 그 소리가 천지에 가득 차 마치 금석에서 나오는 것 같았다[曾子居衛, 縕袍無表, 顔色腫噲, 手足胼胝. 三日不擧火, 十年不製衣, 正冠而纓絶, 捉矜而肘見, 納履而腫決, 曳縱而歌商頌, 聲滿天地, 若出金石]"라고 했다.
2) 번촉양(藩觸羊)은 무모하게 전진하다가 진퇴양난의 곤경에 빠졌음을 뜻한다. 『주역』「대장괘(大壯卦)」 상육(上六)에 "수양이 울타리를 들이받아 물러나지도 나아가지도 못하여 이로운 바가 없다"라고 했다.

세월 흐르매 도리어 살쩍과 모발이 흰 것이 가련하다.
*18 시인도 역시 고향의 벗이니
　　　탁주 석잔으로 근심일랑 스스로 잊어버리자.

　평측을 보면 근체시와 달리 2·4·6부동을 어긴 곳이 상당히 있고, 안짝-바깥짝 부동을 어긴 곳도 다섯 군데(04, 05, 07, 09, 13)나 있다. 그것은 이 시가 근체시의 외재율을 지키지 않은 과시 형식이기 때문이다.

　　01 鳥棲獸穴皆有居 顧我平生我自傷　측평측측평측평 측측평평측측평
　　02 芒鞋竹杖路千里 雲性水情家四方　평평측측측평측 평측평평평측평
　　03 尤人不可怨天難 歲暮除懷餘寸腸　평평측측측평평 측측평평평측평

　　04 初年自謂得樂地 漢北吾知生長鄕　평평측측측측측 측측평평평평평
　　05 簪纓光世富貴門 花柳長安名勝場　평평평측측측평 평측평평평측평
　　06 隣人也賀弄璋慶 早晚前期冠蓋張　평평측측측평측 측측평평측측평

　　07 髮毛漸長命亦奇 小劫殘門飜海桑　측평측측측평평 측측평평평측평
　　08 依無親戚世情薄 哭盡爺孃家事凉　평평평측측평측 측측평평평측평
*09 南州從古過客多 轉蓬浮蹤經幾霜　평평평측측측평 측측평평평측평

*10 城南晩鍾一納履 睠彼吾東心細量　평측평측측측측 측측평측평측평
*11 文章乞號貫千門 風月行裝空一囊　평평측측측평평 평측평평평측평
*12 光陰漸長此中衰 三角靑山何杳茫　평평측평측평평 평측평평평측평

*13 歸之亦難住亦難 一筇徘徊十路傷　평평측평측측평 측평평평평측평
*14 心猶異域首邱派 勢似窮居藩觸羊　평평측측측평측 측측평평평측평

*15 千金之子萬石家 厚薄人情均是嘗 평평평측측측평 측측평평평측평

*16 搖頭轉目豈本心 絮口圖生吾所長 평평측측측측평 측측평평평측평
*17 身窮每遭俗眼白 歲去還增鬢髮蒼 평평측평측측측 측측평평측측평
*18 詩人亦是故鄕友 濁酒三盃憂自忘 평평측측측평측 측측평평평측평

ⓑ 이응수가 1936년 초간 『김립시집』에 수록한 「난고평생시」는 전체의 일부 8구이다. 칠언율시가 아니다. 그 사실은 01연 안짝의 마지막 자에 압운을 하지 않은 점에서부터 유추할 수 있다. 일반적으로 칠언율시는 수련 안짝에도 압운을 한다. 이응수도 이에 대해 "난고평생시의 일부인 것임을 말해둔다"라고 단서를 달아두었다. 그런데 '獨自傷'을 '獨月傷'으로 표기하는 등 활자조판에 오식이 있다.

01 鳥巢獸穴皆有居(조소수혈개유거) 顧我平生獨自傷(고아평생독자상)
02 芒鞋竹杖路千里(망혜죽장노천리) 水性雲心家四方(수성운심가사방)
03 書爲白髮劍失陽(서위박발검사양) 天地無窮一恨長(천지무궁일한장)
04 痛飮長安紅十斗(통음장안홍십두) 秋風簔笠入金剛(추풍사립입금강)

01 새는 둥지, 짐승은 굴, 모두 거처가 있거늘
　　내 평생을 돌아보자니 홀로 스스로 서글프다.
02 짚신과 대 지팡이로 길은 천 리
　　구름 물 같은 심성으로 사방을 집으로 여긴다.
03 글 읽다 백발 되고 자루 속 검도 석양을 맞았으니
　　하늘 땅 사이에 무궁하게 한이 길어라.
04 장안에서 통음하길 홍주 열 말을 마시고는
　　가을바람에 도롱이 삿갓 쓰고 금강산으로 들어간다.

이 가운데 03-04연은 1919년의 『증보해동시선』에 「입금강산(入金剛山)」의 제목으로 실린 칠언절구이다. 따라서 1936년 초간 『김립시집』에 수록된 「난고평생시」의 8구는 잘못 전승된 것임을 알 수 있다. 아마도 천태산인이 1936년 12월 간행의 『조선한문학사』에서 두 시를 별개로 소개하되 나란히 거론했으므로, 그것을 하나로 하나의 시로 보고 합쳐서 수록한 것인지 모른다.

ⓒ 이홍수가 1941년 대증보판 『김립시집』에서 제시한 「난고평생시」는 17연(34구). 평수운 상평성 제7 陽(양)운에 속하는 다음 17자를 운자로 사용했다. 傷(상)·方(방)·腸(장)·鄕(향)·庄(장)·場(장)·桑(상)·荒(황)·量(량)·羊(양)·霜(상)·長(장)·茫(망)·囊(낭)·嘗(상)·蒼(창)·傍(방) 등. 낙운이 없다. 하나의 운에 속하는 글자들을 처음부터 끝까지 일관되게 사용했다. 이것을 압운의 방식에서 일운도저(一韻到底)했다고 말한다.

01 새도 둥지가 있고 짐승도 굴이 있건만
　　내 평생을 돌아보니 너무나 가슴 아파라.
02 짚신에 대지팡이로 천 리 길 다니며
　　물처럼 구름처럼 사방을 내 집으로 여겼지.
03 남을 탓할 수도 없고 하늘을 원망할 수도 없어
　　섣달그믐 맞아 서글픈 생각이 가슴에 넘쳐난다.
04 초년엔 즐거운 세상 만났다 생각하고
　　한양이 내가 낳고 자란 고향인 줄 알았지.
05 집안은 대대로 부귀영화를 누렸고
　　꽃 피는 장안 명승지에 집이 있었으며,
06 이웃 사람들이 아들 낳았다 축하하고
　　조만간 출세하기를 기대했었지.
07 머리가 차츰 자라며 팔자가 기박해져
　　뽕나무밭이 변해 바다가 되더니,

08 의지할 친척도 없이 세상인심 야박해지고
　 부모상까지 마치자 집안이 쓸쓸해졌다.
09 남산 새벽 종소리 들으며 신 끈을 맨 뒤로
　 방방곡곡 돌아다니며 시름으로 가득 찼네.
10 마음은 아직 타향에서 고향 그리는 여우 같고
　 울타리에 뿔 박은 양처럼 형세가 궁박해졌도다.
11 남녘 지방은 예로부터 지나는 나그네 많았다지만
　 부평초처럼 떠도는 이 신세, 몇 년의 일이런가.
12 머리 굽실거리는 행세가 어찌 본래 습성이랴만
　 입 삐죽거리며 살 길 찾는 솜씨만 가득 늘었네.
13 이 가운데 세월을 차츰 잊어버려
　 삼각산 푸른 모습이 아득하기만 해라.
14 강산 떠돌며 구걸한 집이 천만이나 되었건만
　 풍월 아래 행장은 빈 자루 하나뿐.
15 천금 자제와 만석꾼 부자
　 후하고 박한 가풍을 고루 맛보았지.
16 신세가 궁박해 늘 백안시당하고
　 세월 갈수록 머리 희어져 가슴 아프네.
17 돌아가려 해도 어렵지만 그만두려 해도 어려워
　 중도에 서서 며칠을 방황했던가.

01 鳥巢獸穴皆有居(조소수혈개유거)　顧我平生獨自傷(고아평생독자상)
02 芒鞋竹杖路千里(망혜죽장로천리)　水性雲心家四方(수성운심가사방)
03 尤人不可怨天難(우인불가원천난)　歲暮悲懷餘寸腸(세모비회여촌장)

04 初年自謂得樂地(초년자위득낙지)　漢北知吾生長鄕(한북지오생장향)

05 簪纓先世富貴人(잠영선세부귀인) 花柳長安名勝庄(화류장안명승장)
06 隣人也賀弄璋慶(인인야하농장경) 早晚前期冠蓋塲(조만전기관개장)

07 髮毛稍長命漸奇(발모초장명점기) 灰劫殘門翻海桑(회겁잔문번해상)
08 依無親戚世情薄(의무친척세정박) 哭盡爺孃家事荒(곡진야양가사황)
09 終南曉鍾一納履(종남효종일납리) 風土東邦心細量(풍토동방심세량)

10 心猶異域首丘狐(심유이역수구호) 勢亦窮途觸藩羊(세역궁도촉번양)
11 南州從古過客多(남주종고과객다) 轉蓬浮萍經幾霜(전봉부평경기상)
12 搖頭行勢豈本習(요두행세기본습) 揳口圖生惟所長(설구도생유소장)

13 光陰漸向此中失(광음점향차중실) 三角靑山何渺茫(삼각청산하묘망)
14 江山乞號貫千門(강산걸호관천문) 風月行裝空一囊(풍월행장공일낭)
15 千金之子萬石君(천금지자만석군) 厚薄家風均試嘗(후박가풍균시상)

16 身窮每遇俗眼白(신궁매우속안백) 歲去偏傷鬢髮蒼(세거편상빈발창)
17 歸兮亦難行亦難(귀혜역난저역난) 幾日彷徨中路傍(기일방황중로방)

ⓓ『동선』수록「회향자탄」: 14연(28구)

제목 가운데 鄕자를 선택해 그 글자가 속한 陽운을 일운도저했다. 이 사실은 전사자가 난외에 밝혀두었다. 제목에서 선택한 鄕자는 제4연 바깥짝에 사용했다. 조선후기 과시인 공령시로서의 정격을 따랐다. (*의 부분은 다른 본과 차이가 나는 곳이다.)

01 鳥*栖獸穴皆有居(조서수혈개유거) 顧我平生獨自傷(고아평생독자상)
02 芒鞋竹杖路千里(망혜죽장로천리) *火性雲心家四方(화성운심가사방)

03 尤人不可怨天難(우인불가원천난) *暮歲*心懷*如№斷腸(모세심회여단장)

04 初年自*得謂樂地(초년자득위낙지) 漢北知吾生長鄕(한북지오생장향)
05 簪纓先世富貴*門(잠영선세부귀문) 花柳長安名勝*場(화류장안명승장)
06 隣人也賀弄璋慶(인인야하농장경)　早晩*心期冠蓋*張(조만심기관개장)

07 髮毛*漸長命*又奇(발모점장명우기)*小劫殘門飜海桑(소겁잔문번해상)
08 依無親戚世情薄(의무친척세정박)　哭盡*阿孃家事荒(곡진야양가사황)
09 *城南曉鍾一納履(성남효종일납리)*睠彼吾東心*自量(권피오동심자량)

10 南州從古過多客(남주종고과객다)　轉蓬浮*踪經幾霜(전봉부종경기상)
11 身窮每遇俗眼白(신궁매우속안백)　歲*暮還憐鬢髮蒼(세모환련빈발창)
12 詩人亦是故鄕人(시인역시고향인)　濁醪三盃憂暫忘(탁료삼배우점망)

13 *文章乞瓢貫千門(문장걸표관천문)　風月行裝空一囊(풍월행장공일낭)
14 徘徊中道進退難(배회중도진퇴난)　三角靑山何渺茫(삼각청산하묘망)

3.

　이응수의 1941년 대증보판 『김립시집』은 총 325수의 김립 시를 수록하되, 기존의 체제와 달리 맨 처음에 '서시(序詩)'의 부분을 두어, 다음 다섯 수를 그 부분에 두었다. 김삿갓의 삶을 가장 잘 알려주는 시와 그의 시 세계를 대표할 만한 시를 선별해 둔 것으로 보인다. 이응수는 그 다섯 편 가운데서도 이 「난고평생시」를 가장 앞에 실어서, 전기적 자료와 대조할 수 있게 했다.

序詩 (5편) : 蘭皐平生詩, 自嘆, 八竹詩, 是是非非詩, 咏笠

　동양에서는 자신의 삶을 되돌아보는 문학이 발달했다.3) 스스로 자기 묘비를 작성하거나 서적의 서문에서 자기의 일생을 돌아보기도 했다. 가공인물을 설정하여 자신의 삶을 가탁하거나 스스로 묘비명을 지어 죽은 자의 눈으로 나를 바라보기도 했다. 시의 형식을 빌려 자기 이야기를 하거나 본격적으로 산문 형태로 자서전을 짓기도 했다. 어느 경우든 자신의 삶을 자기 스스로 평가하고 이상을 가탁하는 일이 적지 않았다. 심지어 생전에 자신이 훗날 들어갈 무덤인 수장(壽藏)을 만들고 그 무덤에 묻을 묘지명인 생지(生誌)를 작성하면서 일생을 돌아보기도 했다. 우리나라의 경우도 이러한 자술(自述) 문학이 발달했다.4)

　한시로 일생을 개괄하는 경우에는 술회(述懷)라든가 자술(自述)이라든가 하는 제목을 사용하고, 제언(齊言, 매 구의 글자 수가 가지런함)의 장편고시를 사용하는 일이 많다. 그런데「난고평생시」즉「회향자탄시」는 과시(공령시) 형식을 취했다. 즉 과시를 이용하여 개인의 심회를 쏟아낸 배체(俳體)이다.

　　　새도 둥지가 있고 짐승도 굴이 있건만
　　　내 평생을 돌아보니 너무나 가슴 아파라.

　물처럼 구름처럼 사방을 내 집으로 여기며 짚신 신고 대지팡이로 천 리 길 다닌 일생을 이 두 줄로 요약했다. 둥지와 굴을 갖지 못한 일생을 돌아보면서 가슴이 아프다고 했다. 방랑도 멋이라고 스스로 위안하지 않았다.

---

3) 가와이 고조[川合康三], 『중국의 자전(自傳)문학』, 심경호 역, 소명출판, 2002.7 ; 심경호, 『내면기행』, 이가서, 2012 ; 심경호, 『내면기행 1』, 민음사, 2018 ; 심경호, 『나는 어떤 사람인가 : 선인들의 자서전』, 이가서, 2013.
4) 심경호, 『내면기행』, 이가서, 2012 ; 심경호, 『내면기행 1』, 민음사, 2018.

남을 탓할 수도 없고 하늘을 원망할 수도 없어
섣달그믐 맞아 서글픈 생각이 가슴에 넘쳐난다.

남을 탓하지 않고 하늘을 원망하지 않는다면, 『논어』에서 말한 '불원천(不怨天) 불우인(不尤人)'의 태도를 지닌 것이기에 스스로 군자인 척할 수가 있을지 모른다. 하지만 '섣달그믐 맞아 서글픈 생각이 가슴에 넘쳐난다'라고 했다. 연말이면 왕래할 사람이 없는 고독감이 더욱 자신을 비참하게 만드는 법이리라. 또 섣달그믐은 선불교에서 말하는 인생의 마지막을 비유한다. 인생의 종말이 가까워질수록 나를 알아주는 사람이 없다는 사실이 자신을 더욱 초라하게 만들지 않겠는가.

집안은 대대로 부귀영화를 누렸고
꽃 피는 장안 명승지에 집이 있었지.

「난고평생시」의 김삿갓은 애당초 곤궁했던 사람이 아니다. 삼각산 푸른 모습을 늘 그리워한 인물이며, 집안 대대로 부귀영화를 누렸던 가문의 사람이다.

의지할 친척도 없이 세상인심 야박해지고
부모상까지 마치자 집안이 쓸쓸해졌네.
남산 새벽 종소리 들으며 신 끈을 맨 뒤로
방방곡곡 돌아다니며 시름으로 가득 찼다.

「난고평생시」의 김삿갓은 일찍 부모를 여의었고, 그것이 방방곡곡으로 떠돌아다니게 된 계기가 되었다. 조부가 홍경래난 때 반란군에게 투항한 사실을 알고 세상을 등진 것이 아니다.

강산 떠돌며 구걸한 집이 천만이나 되었건만
풍월시인 행장은 빈 자루 하나뿐일세.

김삿갓은 시낭(詩囊)을 하나 메고 강산을 천만 집에 구걸을 했다.

신세가 궁박해 늘 백안시당하고
세월 갈수록 머리 희어져 가슴 아프네.

시를 잘 짓는다고 천금 자제와 만석군 부자가 모두 환영한 것은 아니었다. '후하고 박한 가풍을 고루' 맛보았으며, 신세가 처량하니 번번이 사람들의 멸시를 받았다. 이제 돌아가려 해도 어렵고 그만두려 해도 어렵다. 중도에 서서 며칠 동안 방황하는 괴로운 신세이다.

김병연이 어머니로부터 조부의 일을 듣고서 부끄러움을 느껴 세상을 떠돌게 되었다는 이야기는 전설일 따름이다. 하지만 이런 전설이 유포되었다는 사실 그 자체는 중요한 의미를 지닌다. 소문의 유포는 소외되고 학대받는 사람들의 울분을 분출하는 하나의 통로였기 때문이다. 다만, 「난고평생시」는 이응수가 말한 김병연의 자작도, 신석우가 말한 김난의 자작도, 황오가 말한 김사립의 자작도 아닐 것이다. 김삿갓이라는 캐릭터의 자서전인 것이다.

4.

국립중앙도서관 소장본 『선명』에, '김립'이라고 기명되어 있는 34구 17연의 과시 「오십년전이십삼(五十年前二十三)」이 있다. 시제를 보면 작가가 자기 삶을 말하고 있는 것 같다. 김삿갓이 73, 4세까지 살아 있던 것일까? 김병연의 경우 1807년에 나서 1862년에 56세로 죽었으므로 나이가 맞지 않는다. 그러나 이 시제는 작가의 삶을 말하는 것이 아니다.

과시는 대개 고전에서 어구를 따다가 제목으로 삼는다. 이 시제는 『학림옥로』에서 따온 것으로, 남송 소흥(紹興) 연간(1131-1162)에 치러진 과거의 황공도(黃公度) 방[황공도가 장원급제한 시험 합격자 명단]에 제3인으로 뽑힌 진수(陳脩)의 일을 소재로 한 것이다.

소흥 연간에 황공도 방의 제3인 진수는 복주(福州) 사람이다. 해시(解試, 향시)에서 제시된 「사해에서 중흥의 아름다움을 상상한다[四海想中興之美]」 제목의 부(賦)를 지었는데 제5운[즉 다섯 번째 련]에 격대(隔對, 구를 건너 짝을 맞추는 형식)를 사용하여, "총령(설산)의 금제는 광륜의 토지를 불일간에 회복하리니, 태산의 옥첩은 어느 때 봉선의 먼지를 맑게 하랴.[葱嶺金提, 不日復廣輪之土. 泰山玉牒, 何時淸封禪之塵.]"라고 했다. 당시 여러 고을의 시권(試卷)은 대부분 황제가 친람했다. 고종은 이 연을 한 폭 종이에 써서 궁전의 벽에 붙여 두었다. 창명(唱名, 합격자 이름을 차례로 외쳐 부름)을 하는 날 옥음으로 이르시길, "그대가 바로 진수인가? 이 연을 읊어 외니 처연하게 눈물이 난다."라고 했다. 그리고 물으시길, "그대는 나이가 어떻게 되나?" 하시자, 진수가 대답하길, "신의 나이는 일흔 셋입니다."라고 했다. 물으시길, "그대는 자식을 몇이나 두었나?" 하시자, 대답하길, "신은 아직 아내를 취하지 못했습니다."라고 했다. 그러자 조칙을 내려 내인 시씨(施氏)를 궁에서 나가게 해서 그에게 시집을 가게 했는데, 나이는 서른이었고, 재물과 화장 물품 등 혼수가 아주 풍후했다. 당시 사람들이 장난으로 이를 두고 말하길, "신인(신부)이 만약 낭군의 나이를 묻는다면, 오십 년 전 스물셋이라네.[新人若問郞年幾, 五十年前二十三.]"라고 했다. 고종은 처음에 금나라에게 빼앗긴 중원을 탈환하려는 뜻을 지녀 감동하고 분격하기를 이같이 했거늘, 끝내 미수에 그치고 말았으니, 주화파인 진회(秦檜)의 죄를 주살한다고 해서 다 처벌했다고 하겠는가?5)

---

5) 紹興間黃公度榜第三人陳脩, 福州人, 解試「四海想中興之美」賦, 第五韻隔對云: "葱嶺金提, 不日復廣輪之土. 泰山玉牒, 何時淸封禪之塵." 時諸郡試卷多經御覽. 高宗親書此聯於幅紙,

'김립'의 「오십년전이십삼」 과시는 제4연에 시제의 年자를 골라 쓰고, 그 글자가 속한 평성 先운에 들어 있는 17개 글자를 운자로 사용했다.

01 육십년 이전은 나이 열넷
   서른 살 낭자도 처지 바꾸면 그러했으니.
02 길일 가려 성혼하매 청운의 용모였고
   아직 쇠하지 않아 홍안의 신선이다.
03 창 앞 매화 열매는 일곱, 셋, 웃으며 가리키고
   약관의 신랑은 비단 옷 입고 앞으로 다가오네.
04 나는 급제하여 정말로 영광이도다
   이른 하고 셋이 정말로 내 나이로다.
05 인생의 큰 복으로 성인 공자께선 연치를 꼽았고
   하늘의 방(榜)에 높은 이름은 희이자(希夷子) 아닌가.
06 연구(聯句)를 지폭에 적었나니 영혼이 늦게야 달했구나
   세월은 속이기 어려운 법 천도는 공변되도다.
07 사람들이 나를 조롱하여, 늙은 신랑이
   칠석날 궁궐 다리에서 홍엽과 인연을 맺었다고 하며,
08 육손(陸遜)6)처럼 한 번 옷을 갈아입었더니
   유랑(劉郎)7)을 축하한다며 일만 전을 전해주네.

黏之殿壁. 及唱名玉音云："卿便是陳脩耶? 吟誦比聯, 凄然出涕." 問："卿年幾何?" 對曰 ："臣年七十三." 問："卿有幾子?" 對曰："臣尙未娶." 乃詔出內人施氏嫁之 年三十, 賚 賚甚厚. 時人戲爲之語曰："新人若問郎年幾, 五十年前二十三." 高宗恢復初志, 感憤如此, 而卒於不逢. 秦檜之罪, 可勝誅乎?

6) 육손(183-245)은 본명이 육의(陸議), 자가 백언(伯言)으로 삼국시대 오(吳)나라 오현(吳縣) 사람이다. 대대로 강동(江東)의 대족(大族)이었고, 오나라 왕 손권(孫權)의 형 손책(孫策)의 사위이다. 장무(章武) 2년(222)에 유비(劉備)와 결전을 벌였던 이릉(夷陵)의 전투를 승리로 이끌어 이름을 날렸으며, 황룡(黃龍) 원년(229) 47세로 상대장군 우도호(上大將軍右都護)에 제수되었다. 『삼국지』 「오서(吳書) 육손전(陸遜傳)」에 나온다.
7) 후한의 유신(劉晨). 완조(阮肇)와 함께 천태산(天台山) 도원동(桃源洞)에 들어가 신선을 만나고 돌아갔다가 뒤에 다시 천태산에 들어갔다. 당나라 유우석(劉禹錫)이 낭주

09 난초 향 방 등촉 아래 갑자(나이)를 묻는다면

　　백발홍안은 자리에서 대하기 부끄러워라.

10 수를 나누어 적어 봐도 대부분 나이 적어

　　피리춘추(皮裏春秋)8)를 주먹 속에 농락한다만,

11 팽조(彭祖)는 그래도 팔백 나이보다 적다고 말하고

　　동방삭은 삼천갑자보다 적은 나를 아이라 칭하겠지.

12 오십 년 전 스물 셋이었으나

　　그 해의 미색을 아아, 나는 연장하지 못했다.

13 뜻과 기운만은 항우가 강동을 떠날 때 같거늘

　　홀연 광음이 흘러, 오자서(伍子胥)가 전광(田光)을 흠모한 것 같아라.

14 삼생의 가약은 침상에 금슬(錦瑟)9)을 두고 말하고

　　칠현금10) 앞에는 오현금11)이 무색하다.

15 종군(終軍)12)은 기개는 어찌 나란히 하랴

　사마(朗州司馬)로 좌천되었다가 10년 만에 장안으로 돌아와 현도관(玄都觀)에 핀 복사꽃을 보고는 「재유현도관(再遊玄都觀)」을 지어, "복숭아나무 심은 도사는 어디 메로 갔느냐, 지난번에 왔던 유랑이 지금 다시 왔노라[種桃道士歸何處, 前度劉郞今又來]"라고 했다.

8) 피리춘추는 마음속으로만 시비를 가려 포폄하는 것을 말한다. 진(晉)나라 때 저부(褚裒)는 정토대도독(征討大都督)으로서 소준(蘇峻)을 평정했는데, 환이(桓彝)가 그를 논평하기를 "계야는 가죽 속의 『춘추』가 있다[季野有皮裏春秋]"라고 했다. 계야(季野)는 저부의 자(字)이다. 여기서는 가죽(몸뚱이) 속의 나이라는 말로 쓴 것이다.

9) 금슬(錦瑟)은 옻칠에 비단 문양을 새긴 좋은 거문고이다. 두보의 「곡강치우(曲江値雨)」에 "어느 때나 어명으로 이 금전회를 내려 가인의 금슬 곁에서 잠시 취할거나[何時詔此金錢會, 暫醉佳人錦瑟傍]"라고 했다.

10) 「광릉산(廣陵散)」은 칠현금의 곡조 이름이다. 혜강(嵇康)이 「광릉산」을 잘 연주했으나 이 곡을 남에게는 전수하지 않았다. 뒤에 종회(鍾會)의 참소를 입고 죽음을 당할 때 칠현금으로 이 곡을 연주하면서 "「광릉산」이 이제 끊어지는구나"라고 했다. 『진서(晉書)』 「혜강열전(嵇康列傳)」에 나온다.

11) 『예기(禮記)』 「악기(樂記)」에 순(舜) 임금이 오현금(五絃琴)을 만들어 「남풍가(南風歌)」를 지어 부르면서 "훈훈한 남쪽 바람이여, 우리 백성의 수심을 풀어 주기를. 제때에 부는 남풍이여, 우리 백성의 재산을 늘려 주기를[南風之薰兮, 可以解吾民之慍兮. 南風之時兮, 可以阜吾民之財兮]"이라고 했다는 고사가 있다.

12) 종군(終軍)은 한나라 무제 때 사람인데, 스무 살 젊은 나이에 남월(南越)에 사신으로 가겠다고 자청하면서 "긴 밧줄 하나만 주시면 남월왕을 꽁꽁 묶어 대궐 아래에 바치

거백옥(蘧伯玉)13)이 지난 잘못 깨우친 일을 우선해야 하리.

16 청춘의 화촉동방은 앉아서 지나가는 수레 세는 것처럼 빠르고

일탄지(一彈指)의 흐르는 시간은 망아지가 틈새 지나는 격.

17 삼천 년에 열리는 서왕모의 벽도14)도 피었다가 지고

이팔청춘 항아도 달 바퀴가 둥글다가 이지러지듯 하리라.

01 六十以前年十四 三十娘年易地然
02 迫其吉兮靑雲容 未始衰也紅顔仙
03 窓梅笑指七三實 弱冠佳郎衣帛前

04 吾曾登第以實榮 七十惟三誠本年
05 人生遇福聖尼齒 天榜高名希子扇
06 金提一幅魂免達 歲月難欺公道天

07 時人嘲我老新郎 七夕宮橋紅葉緣
08 同形狂弟幻一衣 給賀劉郎傳萬錢
09 蘭房華獨若問甲 白髮紅顔羞對筵
10 分書厥數寡亦寡 皮裏春秋籠絡拳
11 彭猶云少八陰百 朔必稱兒三減千
12 前於五十卽卄三 歲色嗟乎吾不延

13 但來志氣項渡江 忽已光陰吳慕田

겠다[願受長纓 必羈南越王而致之闕下]"라고 장담하고 결국 남월 왕을 잘 설득하여 사명을 완수했다. 『한서(漢書)』「종군전(終軍傳)」에 나온다.
13) 거백옥은 춘추시대 위(衛)나라 대부로, 이름은 원(瑗)이다. 『회남자(淮南子)』「원도훈(原道訓)」에 "거백옥은 나이 50에 49세 때의 잘못을 알았다"라고 했다.
14) 『한무고사(漢武故事)』에 의하면, 서왕모가 삼천년에 한번 복숭아가 열리는 복숭아나무를 심었는데, 동방삭이 세 번이나 훔쳐 먹고 인간 세상으로 쫓겨났다고 한다.

14 三生佳約語床瑟 七絃之前无五絃
15 終軍云妙叵相倂 蘧伯知非時最先

16 靑春洞房坐算車 一指流光駒隙遷
17 三千王母樹開落 二八姮娥輪缺圓

  여러 김삿갓에 대해서는 각자의 구체적 행적을 알려주는 신뢰할 만한 정보를 사실상 수집할 수가 없다. 김삿갓의 중핵이라고 할 김병연의 경우는 신안동 김씨의 족보에서 가족사항을 더 보완할 수 있다. 그렇더라도 행적의 세부까지 알 수는 없다. 김난의 경우는 김병연과 동일인인지 여부도 확정 짓지 못한다.
  김삿갓이 남긴 한시들을 찬찬히 들여다보아도 그의 행적을 추적하기는 쉽지 않다. 본래, 김삿갓 시의 본령은 구체적 시간과 맥락을 적시하지 않는 데 있기 때문이다.

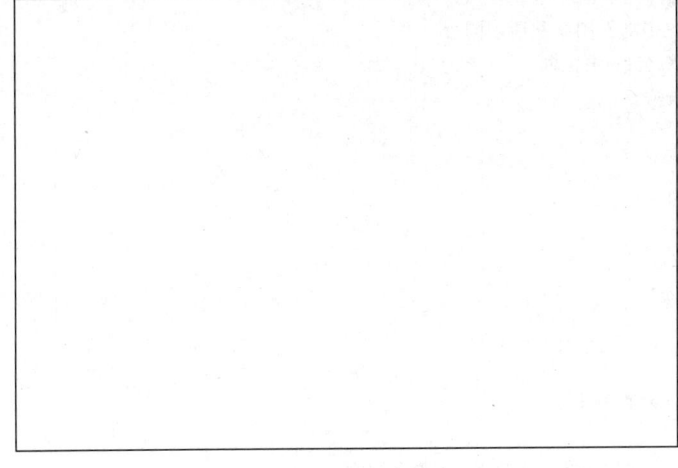

정대구(1990) p.62 간찰 자료

〈표 8〉

於焉歲新, 居然仲春, 音信
相阻, 瞻詠之懷, 何日忘也? 卽此
春寒,
旅中動止, 連護萬相, 鄕山安信,
有果承聞耶? 種種慕仰, 區區之至. 弟
病餘年添, 事隨日生, 汩汩少無生
世之樂, 悶憐情私, 何可盡言? 新到
本守, 卽湖左納粟富民也, 酷於三稅
之收刷, 至於士夫家則尤甚, 無難發
牌, 推捉巨戶, 非一非再. 弟亦火色迫
頭, 難免此辱. 故出於不得已, 委仟
於任承告急. 然其拙風道, 豈可救急
之望耶? 稅納將近十餘零, 一分備納, 故
正月望後, 兒子起送於鉢村矣. 允妙
言曰, 今則變通無路, 二月望日帶來之
意相約, 故兒子去還. 今日爲望日也, 允妙
若持來卽爲先先納, 姑爲寬限爲計,
然其餘將何爲之? 思之又思, 見辱必矣.
此何兒羕, 溘然無知也. 兄科行今番, 則
有着實觀光之道耶? 弟欲共情親同行
者, 將爲省楸之計, 至盤纏
無, 奈何? 憤歎
ᄼ. 兄若停
科, 弟亦不得
省楸之行, 四
月八欲爲下
往計, 相示
如何? 餘心擾
不備, 謝.

戊戌二月七日弟炳淵拜.

允玉親事, 有一處通婚矣. 姑無消息, 養之相面
后, 可以得知矣.

任承送人伻付書, 此回伻賜答也.

> 以望日此限, 起送矣, 以路費難辦, 不得送之. 今十八日發
> 行, 而以今望日□物持來之意, 與我丁寧相約, 故苦待
> 竟無消息. 弟之事勢如此, 故不得已如此事狀, 使此漢怀告
> 急耳.

정대구의 『김삿갓연구』(문학아카데미, 1990), 62쪽에, 김병연의 친필이라는 간찰이 복사되어 실려 있다. 해설에 "1986년 1월 20일 인천 백낙종(白樂宗)씨가 영월 박영국 옹에게 제공한 것을 박옹이 다시 필자(정대구 본인)에게 우송한 것임"이라고 했다. 간찰의 내용이 무엇인지는 밝히지 않았다. 필자는 이 간찰을 탈초하여 읽고 해독해 보았는데, 아무래도 김병연의 행적과는 맞지 않는 것 같다. 간찰에는 '戊戌二月七日弟炳淵拜'라고 되어 있다. 무술년이 1838년인지 1898년인지 혹은 그보다 앞선 다른 해인지, '炳淵'이 과연 방랑 시인 '김병연'인지 특정할 수가 없었다. 설사 이 간찰의 '炳淵'이 '金炳淵'이라 해도, 철종 9년(무오, 1858년) 함흥판관으로 있었고 철종 12년(신유, 1861년) 이조참의에 중비(中批)되었다가 성균관 대사성에 임명된 별도의 인물일 수 있다. 언젠가 확실한 사실이 밝혀지길 고대하면서 탈초문, 해독문, 번역문을 여기에 소개한다. 탈초의 때에는 고려대학교 한자한문연구소 연구원 최병준(崔秉準) 씨에게 일부 자문을 구했다. 감사의 뜻을 표하는 바이다.

어언간에 해가 바뀌고, 어느새 중춘이 되도록, 음신(소식)이 막혔으니, 우러러보면서 영탄하는 마음을 어느 날인들 잊겠습니까? 지금 이 봄추위에도 객지에서의 생활이 여러 가지 면에서 줄곧 잘 이루어지고 있겠지요. 고향으로부터의 안부 서신은 과연 들으셨는지요? 이러저러 흠모하고 우러르는 마음이 구구하기 짝이 없습니다. 이 아우는 오랜 병 끝에 나이도 더한데다가, 궂은 일이 날마다 생겨나서, 골골하여 세상에 살아갈 즐거움이라고는 조금도 없으니, 괴롭고 애처로운 제 개인의 정황을 어이 다 말할 수 있겠습니까? 새로 도임한 본 고을 수령은 호좌(전라도)에서 곡식을 바치고 벼슬을 얻은 부민으로, 삼세(전세·대동미·군포)를 거둬들이는 일에 가혹하여, 심지어 사부(士夫) 집에 대해 더욱 심하여, 아무 거리낌 없이 패문(牌文)을 발하여 거호(巨戶)에 대해서도 추쇄하고 포착하는 일이 비일비재 합니다. 이 아우도 역시 화색(火色)이 박두하여 이 욕을 면하기 어렵습니다. 그래서 부득이한데서 생각을 내어, 심부름꾼을 임승(任承)에게 보내어 급한 상황을 고하였습니다. 하지만 그 졸렬한 풍도(風道)에 어찌 급난을 구제해주리라 기대하겠습니까? 세납(稅納)이 거의 십여 냥 쯤 되는데, 일푼이라도 갖춰서 납부하려고, 정월 보름 후에 집 아이를 발촌(鉢村)으로 보냈습니다만, 윤묘(允妙)가 말하길, "지금은 변통할 길이 없으니, 2월 보름에 가져 오겠다."라는 뜻으로 약속을 했으므로 집 아이가 갔다가 돌아왔습니다. 지금이 보름인데, 윤묘가 만약 가져 온다면 우선 먼저 납부하고, 잠시 기한을 늦출 계획입니다만, 그 나머지는 장차 어찌 해야 합니까? 생각하고 또 생각해도 욕을 볼 것이 필연적입니다. 이게 무슨 모양인지, 도대체 모르겠습니다. 형이 과거 시험에 응하러 행차하시는 일은 금번에는 착실하게 관광(觀光)할 길[급제할 길]이 있겠지요? 이 아우도 정이 남다르고 친척인 관계로 동행하고자 하는 것은 장차 성추(省楸, 성묘)할 계획인데, 반전(盤纏, 노자, 여비)이 없음에야 어찌 하겠습니까? 분하고 한탄스럽습니다. 분하고 한탄스럽습니다. 형이 만일 과거 시험 보시는 것을 일시 정지하신다면, 이 아우도 성추(성묘) 길에 나설 수가 없기에, 4월 8일 내려갈 계획이오니, 의견이 어떠신지 보여주시겠습니까? 이하 나머지는 마음이 뒤숭숭하여 자세히 갖춰 적어 올리지 못합니다. 감사합니다.

무술년 2월 7일 아우 병연 절하고 올림.

윤옥(允玉, 아드님)의 친사(親事, 결혼의 일)는 한 곳에 통혼(通婚)에 두었으나, 잠시 아무 소식이 없습니다. 몸을 추스르고 상면한 이후에 알려드릴 수 있을 것입니다.

임승(任承)이 인편에 글을 부쳤으므로, 그 인편이 돌아오는 길에 회답을 내려주십시오.

보름날 이 기한에 집 아이를 보내려 했으나 노자를 마련하기 어려워 보낼 수가 없었습니다. 금번 18일에 발행하겠습니다만, 금번 보름날 가져 오겠다는 뜻으로 나에게 간절히 약속해 놓았으므로 고대했으나 끝내 소식이 없습니다. 이 아우의 사세가 이와 같으므로, 부득이 하여 일을 사정을 적을 이 글월을 이 심부름꾼을 시켜서 급하게 알리는 바입니다.

무술년 2월 7일자 서찰의 내용은 발신자 '병연'이 타지에 나가 있으면서 과거 준비를 하고 있는 수신자에게, 자신이 환곡(환자)의 빚을 갚을 돈이 없어서 낭패를 겪고 있다는 사실을 알리고 수신자가 과거 시험을 보러 간다면 동행하여 가다가 성묘를 하려고 하는데 노자가 없어서 걱정이라는 사실을 말했다. 발신자는 환자를 값을 돈을 마련하려고 '임승(任承)'에게 급한 사정을 알렸으나, 기대하기 어렵다고 했다. 또 정월 보름 후에 아들을 발촌(鉢村)으로 보냈는데, 윤묘(允妙)도 당장 변통하기 어려워 2월 보름에 물품을 가져 오겠다고 했으나, 그가 가져오는 물품만으로는 부족하므로 나머지는 어찌해야 할지 모르겠다고 괴로워했다. 발신자는 수신자에게 금번 과거 시험에 응하러 갈 것인지, 이번에는 승산이 있는지 묻고, 자신도 동행하여 지나는 길에 성묘할 계획이지만 노자가 없어 망설인다고 했다. 그러면서 만일 수신자가 과거 시험을 보러 가지 않는다면 자신도 성묘 길에 나설 수가 없어서, 4월 8일에 내려갈 계획이라고 했다. 그리고 발신자의 아들의 혼사에 대해서는 자신이 혼처를 통해 두었으며, 곧 상면한 뒤에 알리겠다고 했다. 그리고 이 서찰에 대한 답장은 임승이 보낸 인편이 그리로 갈 것이므로 그 편에 부쳐달라고 청했다.

　발신자는 2월 7일자 서찰을 2월 15일 아들 편에 보낼 예정이었다. 하지만 여비가 없어서 출발을 시키지 못했다. 그런데 보름날 윤묘가 물품을 가져오겠다고 해놓고 오지 않았으므로 낭패라고 하면서, 18일에 아들을 보내겠다고 했다. 세납에 필요한 돈을 마련하기 위해 물품을 청하려고 아들을 보내려 한 듯하다. 발신자는 임승이 보낸 인편에 급히 서찰을 보낸다고 추기했다.

　발신자 '병연'이 사는 고을은 호좌(전라도)에서 납속하여 벼슬을 얻은 부민이 수령으로 부임하여 삼세(전세·대동미·군포)의 독촉이 성화같았다. 발신자는 사족으로, 수신자의 경우처럼 과거에는 아직 합격하지 못한 인물인 듯하다. 삼세의 독촉에 시달려 아들을 여기저기 보내어 돈이나 물품을 구하고, 또 성묘를 제 때 하기 어려울 만큼 돈이 없었다. 한 고을에 아들과 함께 살면서 삼세를 내고 성묘를 걱정하는 이 발신자 '병연'은 확실히 방랑시인 김병연이 아니다.

제4화. 천태산인의 의심 너머

1.

천태산인(天台山人) 김태준(金台俊, 1905-1950)은 『신세기』(1939.9) 1권 7호에 「위조된 김삿갓의 시고(詩考)」란 글을 발표하여, 그 글 끝에 '어느 학생'이 김삿갓 집을 편(編)해서 서변(序辯)을 구하러 가져왔기에 위조된 김삿갓의 시들을 지적해준 일이 있었으나 그 후 어찌 되었는지 모른다고 했다. '어느 학생'이란 1938년 경성제대 선과생으로 있었던 이응수를 가리킨다. 이응수는 1939년 초 『김립시집』을 간행하고도 김태준에게 보여주지 않았다. 김태준은 『김립시집』 간행에 대해 비판적이었고, 그 불평의 심경을 이 글에서 토로한 것이다.

천태산인은 이응수가 김삿갓 시집을 가편집해서 자신을 찾아왔을 때 김삿갓 시가 아니라고 생각되는 시편을 여럿 지적해주었는데, 이응수는 그에 대해 불만을 가졌을 것이다. 그렇기에 천태산인의 '서변'을 받는 것을 포기하고 그대로 간행했다.

천태산인의 「위조된 김삿갓의 시고」는 전문을 소개하기로 한다(한자는 노출시키지 않고, 표현이나 맞춤법은 현대 방식을 따른다).

김립의 시에 관하여 선년(先年) 망우(亡友) 김재철(金在喆) 군이 「김립 연구」란 일문을 『동아일보』엔가 발표했다.[「방랑시인 김삿갓」, 『동아일보』 1930.12.10-12.11 : 인용자 주]. 필자도 그 전기(傳記) 비슷한 이야기를 황오의 『녹차집』에 있는 「김사립전(金莎笠傳)」을 인용하여 『사해공론(四海公論)』(1936년 8월 : 필자 주)이란 잡지엔가 발표했었다고 기억된다.

김립 원래의 성명은 김병연 호는 난고, 안동인 그의 조부 김익순이가 평안도 선천부사로 있다가 순조 신미 가산(嘉山)서 일어난 홍경래의 난에 굴복하여 그 후 그 난리가 평정된 후 일가가 폐족이 되어 김립은 요행 죽기는 면했으나 일껏 읽은 포부도 소용이 없고 일생 동안 다정다한(多情多恨)한 몸으로 하늘 보기 부끄럽다고 삿갓 쓰고 팔도강산을 모조리 편답(遍踏)하는 사나이다.

그의 발자취는 평안도 전라도 할 것 없이 안 간 곳이 없으며 간 곳마다 동리 아이들을 웃기며 개를 짖게 하며 산촌 훈장을 놀라게 하여 시구를 읊었다.

그의 시구는 그러기 때문에 도처에 남아 있는데 그렇다고 확실히 그의 작이라고 할 것은 「삿갓」시, 「촉석루」시 외 몇몇 수밖에 없다. 단 공령시(功令詩)만은 그렇지도 않으나─

생각나는 대로 유행하는 김립 시 속에서 확실히 김립의 작이 아닌 것 몇 가지를 변증하려 한다.

방간(坊間)에 돌아다니는 김립의 화전(花煎) 노래 시
　鼎冠撑立小溪辺, 白粉淸油煮杜鵑.
　双箸往來香滿口, 一年春色腹中傳.

이것이 김립의 나기도 전에 된 책 『약파만록(藥坡漫錄)』 등 서(書)에 실린 백호 임제의 작이 분명하다.

『시가총화(詩家叢話)』에 의하면 양호(梁灝)의 타배시(駝背詩)가 실려 있는데
　人生殘疾是前緣, 嘴在胸中耳在肩.
　仰面豈能看白日, 側身方可見靑天.
　眼如心字無三點, 坐似彎弓少一絃.

最苦百年身死後, 棺材只好用團圓.

이것과 가위 유사한 시구가 김립의 「곱댕이(倡僂)」 시로 유행하는 것을 본다.

『시가총화』에 의하면 누가 해진(解縉)이란 분에게 자기의 모친의 칠십수연시(七十壽宴詩)를 지어달라고 하니 해진이가

　　　這個婆娘不是人

이라고 쓰니 그 사람이 대노한대 해진이가 다음 구를 쓰되

　　　九天降下一仙眞

이라 하였다. 그 사람이 크게 기뻐하였다. 그래서 제3구에

　　　養下兒來都像賊

이라 하니 그 사람이 대노한 것을 말구에

　　　偸得蟠桃獻母親

이라고 지어 즐겁게 하였다. 이도 김립의 작이라고 하여 다소 몇 자씩 변해서

　　　彼坐老人不似人, 儼然天上降來仙.
　　　雖然五子皆爲賊, 能竊蟠桃善養親.

이라고 유행하나 사실은 김립의 작도 아니요 아마 해진이 작도 아니요 중국인의 작품임엔 틀림없을 것이다.

『청구시회(靑邱詩話)』에 의하면 임백호[임제]의 글이라 하여 다음과 같은 이야기가 실려 있다.

　　　世傳林白湖, 輓人, 患其無可據可稱之實, 乃題曰:
　　　千古英雄浪用兵, 秦皇漢武覓何成.
　　　當時若伐閻羅國, 不使男兒有此行.
　　　輓人者, 無可道之辭, 則皆可用此, 而相髣髴也.

이것도 와전(訛傳)이요 작풍으로 보아 임백호의 작일 리도 없으나 방간에는 김립의 작이라고 하여

　　　秦皇漢武浪用戈, 當時未敢伐閻羅.
　　　一生一死爾何避, 千古英雄去者多.

이런 형태로 전한다.

또『제호시화(霽湖詩話)』에 의하면 유도(柳塗)라는 이가 시재가 있어 일찍이 청루에 가서 기생집 벽상에 글을 쓰되

半世靑樓食, 熏天樂謗喧.

狂心猶未悔, 白馬又黃昏.

식감(識鑒) 없는 친구들이 이것까지 김립의 작이라고 하고 있다. 일전 언젠가 어느 학생이 김삿갓집을 편해서 서변(序辯)을 구(求)코져 가져왔기로 이 글을 지적해 준 일이 있었는데 그후 어찌 됐는지 (了)

천태산인의 글은 이응수의『김립시집』이 편찬된 과정과 수록 시의 진위 문제에 대해 심각한 의문을 제기했다. 이때 이희령(李希齡)의『약파만록』, 서미(徐湄)의『청구시화』, 양경우(梁慶遇)의『제호시화』와 함께 '『시가총화』'를 인용했는데, 이『시가총화』는 매화산인(梅花山人) 최영년(崔永年)이『매일신보』에 연재한 시화를 말하는 듯하다. 단, 아직까지 그 몇 회 분에서 언급했는지 확인하지 못했다.

천태산인은 김재철이 김병연을 김삿갓으로서 규정하여 그 사적을 부각시킨 것에 공감했다. 김재철은 1930년 경성제대 법문학부 조선어학과 본과에 재학 중일 때『동아일보』(12.10.11)에 '방랑시인 김삿갓(1)·(2)'를 실었다. 천태산인은 그 글을「김립연구」라고 언급했다. 그리고 자신도『사해공론』에 김립의 전기물을 게재했다고 밝혔다. 그런데 천태산인은 김재철보다 앞서『개벽』이 김삿갓 시를 대모집한 사실을 말하지 않았다. 천태산인은 그 사실을 몰랐을 가능성도 있으나, 고의로 언급하지 않았을 가능성도 있다.

1931년에 천태산인은『조선한문학사』를 간행하면서 '이조편'의 8절「근세의 한문학-후기」에 '방랑시인 김삿갓' 절을 두고 김재철의 설을 인용해서 김삿갓의 시를 논평했다.

이응수가『김립시집』을 초간한 1939년에 와서는『개벽』의 김삿갓 시 대

모집 사실이 망각되었다. 차상찬 자신도 그 사실을 적극적으로 밝히려 하지 않았다. 천태산인 등에게 '식견' 없는 행위로 비판받는 것을 염려한 때문이 아닐까 추측해본다.

2.

천태산인이 「위조된 김삿갓의 시고」에서 언급한, 항간에 김립 시로 전하는 잘못된 사례는 다음과 같다.

① 화전(花煎) 노래 : 『악파만록』에 근거하여 백호 임제의 작이라고 판정.
② 곱댕이(僂傴) 시 : 『시가총화』에 근거하여 양호(梁灝)의 타배시(駝背詩)와 유사하다고 언급.
③ 수연시(壽宴詩) : 『시가총화』에 소개된 해진(解縉)의 작에서 몇 글자가 바뀐 것이라고 보되, 원래의 수연시는 해진의 작도 아니고 다른 중국인 누군가의 작이라고 추정.
④ '秦皇漢武浪用戈(진황한무낭용과)' 시 : 『청구시화』에서 임제의 시라고 했는데, 작풍으로 보아 임제가 아닌 다른 사람의 시이며, 김립의 시일 리가 없다고 논평.
⑤ 청루(靑樓) 시 : 『제호시화』에 유도(柳塗)의 시라고 밝혔다고 환기.

①의 「화전」 시와 관련하여, 이응수는 1939년 『김립시집』에 "묵은 술이 봄에 녹빛으로 맑고도 강하니, 그대는 오늘 난간에 기대어 희희낙락하는군 [宿釀綠春淡且酸, 見君今日喜凭欄]" 운운의 칠언율시를 실었다. 이 시는 수구입운, 상평성 寒운을 사용했는데, 구법이 기이하고 제5구 말자가 평성이어서 평측에 문제가 있기는 하다. 하지만 임제 작으로 운위되는 시와는 별개의 것이다. 그런데 이응수는 1941년 대증보판 『김립시집』에, 임제 작이라고 운위

되는 이 「화전」 시를 실었다. 천태산인은 이 시가 임제 작이라는 근거로 이희령(李希齡, 1697-1776)의 『약파만록』을 들었으나, 후대의 연구자는 「화전」이 홍만종의 『순오지』에 임제의 작으로 되어 있다고 지적했다.1) 이응수는 천태산인이 글을 쓴 이후에 오히려 '여러 사람들의 의견을 따라' 이 시를 김삿갓 시로 판정하고 대중보판에 넣었다. 오늘날 이 시는 양응정(梁應鼎)의 「자화(煮花)」로도 알려져 있다.2) 몇몇 표기가 다를 뿐이다.

○ 1941년 대중보판『김립시집』수록 김삿갓「화전(花煎)」(2)

鼎冠撑石小溪邊(정관탱석소계변) 白粉淸油煮杜鵑(백분청유자두견)
雙箸挾來香滿口(쌍저협래향만구) 一年春色腹中傳(일년춘색복중전)
작은 냇가 솥뚜껑을 돌로 괴어
밀가루와 맑은 기름으로 진달래 전을 부쳐
쌍젓가락에 끼워 들자 향내가 입에 가득
한 해의 봄 빛이 뱃속에 전하네

○ 임제(林悌, 1549-1587), 「전화(煎花)」. 위와 같음.

○ 양응정(梁應鼎, 1519-1581)『송천선생유집(松川先生遺集)』권1 칠언절구
「자화(煮花)」

鼎冠撑石小溪邊　　작은 냇가 솥뚜껑을 돌로 괴어
白粉淸油煮杜鵑　　밀가루와 맑은 기름으로 진달래 전을 부쳐
雙竹引來香滿口　　대젓가락으로 당겨 먹으니 향기가 입에 가득
一年春意腹中傳　　한 해의 봄 뜻이 뱃속에 전하네

[둘째 구의 煮는 味로도 되어 있다. '진달래 전을 맛보느라'로 풀이될 듯하다]

---

1) 이건호,『김병연시 연구』, 조선대학교 박사논문, 2004, p.10.
2) 동양대 강구율 교수가 언급한 바 있고, 광주광역시 광산구에 위치한 광주 어등산 (338m)에 양응정 시비가 있다.

양응정의 『송천선생유집』은 1842년 나주에서 목활자로 초간되었다.3) 이 때 김삿갓의 시가 양응정의 작으로 편입되었을 가능성은 희박하다. 임제의 시가 양응정의 작으로 편입되었을 수도 있으나, 임제의 『백호집』에 이 시가 들어 있지 않고 다른 시화에도 언급되지 않아, 문헌상으로는 확인할 수 없다. 현재로서는 양응수의 작으로 간주하지 않을 수 없을 것 같다.

1980년대 강원도 영월 지방에서는 이 「화전」 시가 영월군 하동면 옥동리에 살던 김동관(金東觀)의 작이라고도 전승되었다[영월읍 설화 183]. 「글 지어 주고 대접 받은 김삿갓」(1983.5.24)에 따르면, 구연자 엄기복이 「화전」이 김삿갓 시라면서 "정관탱석소계변(鼎冠撑石小溪邊)은 백분청유자두견(白粉淸油煮杜鵑)이라. ○○○○향만구(香滿口)로구나. 일년춘색이 복중근(一年春色 腹中傳)이라"라고 구연했다.4) 그런데 구전설화의 기록자들은 이 이야기 뒤에 다음과 같은 주석을 달았다.

> 송순철(78) 옹은 이것이 김삿갓의 시가 아니라, 영월군 하동면 옥동리에 살던 김동관의 시라면서 그 원문을 다음과 같이 일러 주었다. 정관탱석 소계변(鼎冠撑石 小溪邊) 운운.

이 송순철 옹은 바로 김삿갓의 과시 선집을 소장하고 있던 인물이다.

②의 곱댕이[傴僂] 시는 이응수가 『동광』(1933.1.23) 제40호에 게재한 「김립의 시」에서 「구루음」으로 처음 소개했다. 이후 김홍한은 『매일신보』

---

3) 양응정의 시문은 25편이 가장(家藏)되어 오다가 정유재란 때 유실되었으며, 손자 양만용(梁曼容)이 유고 100여 수를 모아 1650년 청풍군수(淸風郡守)로 나갔을 때 신천익(愼天翊)의 서문을 받고, 또 정두경(鄭斗卿)의 서문을 받아 간행하려 했다. 양만용의 아들 양세남(梁世南)이 1655년 정두경에게 서문을 받아 간행하려 했으나 뜻을 이루지 못했다. 그 뒤 9대손 양찬영(梁纘永)이 앞의 정고본(定稿本)을 바탕으로 1842년 저자의 유허(遺墟)인 금성(錦城) 조양리(朝陽里)에서 목활자로 처음 간행했다. 한국고전번역원 오세옥 해제.
4) 강원도 영월군 영월읍 덕포 10리. 채록 김선풍·유기태. 구연자 엄기복. 『한국구비문학대계』 2집 8책 pp.681~684.

(1933.12.5)에 게재한「김립선생소고 - 그의 시상과 예술경」(4)에서 이 시를「영구루인(詠傴僂人)」이란 제목으로 소개했다. 여러 글자와 구가 다르다[괄호 속에 이응수의 표기를 소개한다].

    人皆平直爾胡[何]然, 口[項]在胸中膝在肩.
    搖[回]首難[不]能看白日 側身方可仰靑天[側身惟纔見靑天]
    臥如心字無三點 立似弓形絶一絃[立似弓形小一絃]
    流水靑山君去後[若使泉臺將歸魂] 也應棺槨用團圓

  이응수는『동광』(1933.1.23) 제40호「김립의 시」에서 처음 이 시를 소개한 이후 1939년 초판『김립시집』과 1941년 대증보판『김립시집』에 수록했을 뿐 아니라, 1956년 평양 국립출판사『풍자시인 김삿갓』에도 이 시를 수록했다. 처음에는「구루음」이라고 제목을 붙였으나,『김립시집』에서는 모두「구루(佝僂)」라고 했다. 이 시는 하평성 先운을 제1연 안짝에도 놓았다. 즉 운자는 然(연)·肩(견)·天(천)·絃(현)·圓(원)의 다섯 글자이다. 평측법도 근체시의 규칙을 잘 지켰고, 곱사등이를 묘사한 것이 절묘하여, 김삿갓 시의 대표작 가운데 하나로 손꼽힌다.

    남들은 모두 꼿꼿한데 너는 어찌 그런가?
    목은 가슴에 있고 무릎이 어깨에 있구나.
    머리를 돌려도 해를 우러르지 못하고
    몸 기울여 간신히 푸른 하늘 보도다.
    누우면 心자에 세 점이 없는 것 같고
    서면 활(弓) 모양에 시위가 없는 것 비슷하다.
    천추에 통곡할 일은 돌아가는 길에도
    관을 둥글게 만들어야 하는 것일세.

人皆平直爾何然(인개평직이하연)　項在胸中膝在肩(항재흉중슬재견)
回首不能看白日(회수불능간백일)　側身僅可見靑天(측신근가견청천)
臥如心字無三點(와여심자무삼점)　立似弓形小一絃(입사궁형소일현)
慟哭千秋歸去路(통곡천추귀거로)　也應棺槨用團圓(야응관곽용단원)

〈표 9〉「구루(佝僂)」시의 평측과 압운

두련(頭聯)	출구(出句)[안짝]	人	皆 평	平	直 측	爾	何 평	然 압운
	대구(對句)[바깥짝]	項	在 측	胸	中 평	膝	在 측	肩 압운
함련(頷聯)	출구[안짝]	回	首 측	不	能 평	看	白 측	日
	대구[바깥짝]	側	身 평	僅	可 측	見	靑 평	天 압운
경련(頸聯)	출구[안짝]	臥	如 평	心	字 측	無	三 평	鮎
	대구[바깥짝]	立	似 측	弓	形 평	小	一 측	絃 압운
미련(尾聯)	출구[안짝]	慟	哭 측	天	秋 평	歸	去 측	路
	대구[바깥짝]	也	應 평	棺	槨 측	用	團 평	圓 압운

천태산인은 이「구루(곱사등이)」시가 양호의「타배시」라고 했다.

양호(梁灝, 963-1005)는 중국의 아동용 한자교과서『삼자경(三字經)』에 "若梁灝(약양호) 八十二(팔십이) 對大廷(대대정) 魁多士(괴다사)"란 숙어로 나오는 인물이다. "양호로 말하면, 여든두 살에, 조정의 전시에서 대답하여, 제제다사 가운데 장원을 했다"라는 뜻이다.『송사』에 따르면 양호의 자는 태소(太

제1부 김삿갓 시의 본질　145

素)로, 오늘날 동평주성(東平州城)에 해당하는 운주(鄆州) 수성(須城) 사람이다. 태종(太宗) 옹희(雍熙) 2년인 서기 985년의 진사시에서 23세로 장원을 차지했다. 이후 한림원 학사, 삼부사(三部使)에 이르렀으며, 수도 개봉의 행정장관으로 있던 1004년 병으로 사망했다. 그런데『둔재문람(遁齋問覽)』등에서 그의 급제 나이를 잘못 기재하여, 오대부터 송나라 때까지 47년간이나 과거에 응시해 82세에 비로소 급제한 것으로 와전되었다.『시가총화』에서「타배시」를 양호의 작이라고 본 것은 그런 전설에서 파생된 듯하다.

이「구루」즉「타배」시는 청나라 건륭제 혹은 가경제가 유용(劉墉, 1719-1805)을 조롱하여 지어준 것이라는 중국 설화가 있다. 유용은 산동 제성현(諸城縣) 사람으로, 건륭 16년(1751, 신미) 진사출신으로, 건륭·가경 연간에 청렴함으로 유명했던 정치가이다. 첩학(帖學)의 대가여서 사람들이 농묵재상(濃墨宰相)이라 불렀다. 별명이 나과(羅鍋)이니, 구루와 같은 뜻이다. 단, 가경제는 그를 '유타자(劉駝子)'라 불렀다고 한다. 시호는 문청(文淸)이다. 황제가 지은 시는 다음과 같았다.

人生殘疾是前緣	사람이 잔질로 태어남도 숙세의 인연
口在胸膛耳垂肩	입은 가슴팍에 있고 귀는 어깨까지 늘어졌네.
仰面難得觀日月	머리를 쳐들어도 해와 달을 보기 어렵고
側身才可見靑天	몸을 기울여야 푸른 하늘을 볼 수 있다.
臥似心字缺三點	누우면 心자에 세 점이 없는 듯하고
立如灣弓少一弦	서면 굽은 활에 시위 없는 모양이다.
死後葬殮省棺材	죽은 후 염습하여 장례할 때 관 재목을 덜어
籠屉之內卽長眠	겅그레 안에서 길이 잠들리라.

청나라 때는 황제가 이름이나 호를 하사하면 이부(吏部)에서 매년 2만 냥의 은을 지급했다고 한다. 그래서 유용은 즉각 시로 답했다고 전한다. 갱운

(廣韻)한 것도 아니고 평측도 맞지 않는다. 호사가가 지었을 것이다.5)

③의 수연시는 이응수의 초판『김립시집』과 대중보판은 물론 평양 국립 출판사본에 모두「환갑연(還甲宴)」이란 제목으로 실렸다. 김삿갓은 남의 환갑잔치에 불청객으로 참여해, 시의 첫 구를 "저기 앉은 노인은 사람 같지 않구나[피좌노인불사인(彼坐老人不似人)]"라고 했다. 어르신을 욕했다고 여겨 잔치에 모인 사람들이 화를 내자, 김삿갓은 시치미 떼고 다음 구를 "아마 하늘에서 내려온 신선이리라[의시천상강진선(疑是天上降眞仙)]"라고 해서, 어르신을 사람이 아니라 신선이라고 추켜올렸다. 셋째 구에서는 어르신의 자제들을 억눌러서, "여기 일곱 아들은 모두 도둑이다[기중칠자개위도(其中七子皆爲盜)]"라고 했다. 사람들이 울근불근하자 김삿갓은 "서왕모의 선도를 훔쳐다 잔치에 바쳤구나[투득벽도헌수연(偸得碧桃獻壽筵)]"라고 매듭지었다고 했다.

이렇게 재미있는 시를 천태산인은 명나라 해진의 작이거나 해진의 작이 아니라 해도 중국 시일 것이라고 잘라 말했다. 실은 청나라 왕씨 성의 한림이 모친의 수연을 맞아 기효람(紀曉嵐) 즉 기윤(紀昀)에게 축수의 시를 지어달라고 하자, 기윤은 시의 각 구절을 순차적으로 읊어서 좌중을 들었다 놓았다 했다고 한다. 이야기 속에서 구어체가 뒤섞인 형태로 변형되어 전한다.6)

④의 '秦皇漢武浪用戈(진황한무랑용과)' 시와 ⑤의「청루(靑樓)」시는 이응수의『김립시집』은 모두 수록하지 않았다.

④의 만시가 임제의 원작인지는 알 수가 없다. 당나라 호증(胡曾)의「영사시(咏史詩/詠史詩)」가운데 '장성(長城)'의 "요임금과 순임금을 조종으로 삼으면 절로 태평했을 것이건만, 진나라 황제는 어이하여 창생을 괴롭혔던가. 앙화가 소장(궁내)에서 일어날 줄을 모르고, 헛되이 되를 방어하려고 만리장성을 쌓았다니[祖舜宗堯自太平, 秦皇何用苦蒼生. 不知禍起蕭墻內, 虛築防胡萬里城]"

---

5) "駞生脊峰可存粮, 人長駞背智謀廣. 文韜伴君定國策, 武略戌邊保家邦. 臣雖不才知恩遇, 誠蒙萬歲賜封賞. 別看羅鍋字不多, 每年得銀兩萬兩."
6) 이를테면 "這個婆娘不是人, 九天仙女下凡塵. 生個兒子去做賊, 偸得仙桃獻母親"의 각 구절을 순차적으로 읊었다고 한다.

의 시상을 차용하여 더욱 해학적으로 만든 것인 듯하다.

「청루」시는 당나라 두목(杜牧)의 「견회(遣懷)」시에 "십 년 만에 양주의 꿈에서 깨어나니, 청루에서 박정한 남정네란 명성만 얻었네[十年一覺揚州夢, 贏得靑樓薄倖名]"라고 한 시상을 이었다. 이 시에 대해서는 양경우의 『제호시화』에 유도(柳塗)의 작으로 명시되어 있다. 유도는 젊었을 때 청루에서 놀다가 위의 절구를 기생집 벽에 썼다고 하며, 술을 좋아하고 독서를 폐하여 마침내 그 재주를 다하지 못했으니 애석하다고 했다. 이산해(李山海)가 우연히 그 기생집 벽에 쓰인 시를 보고 크게 놀라 만나는 사람마다 언급해서 일시에 전해졌으며, 특히 이산해는 '청루식(靑樓食)'의 '식(食)' 자를 칭송했다고 한다. 양경우는 소식의 「적벽부(赤壁賦)」 주에 『주자어록(朱子語錄)』을 인용하여, "'오여자지소공식(吾與子之所共食)'의 '식(食)' 자를 잘못 '낙(樂)' 자로 써놓은 것이다. 이는 '식색(食色)'의 '식(食)' 자일 것이다"라고 한 것에 주목해서, 이산해가 '청루식(靑樓食)'의 '식(食)' 자를 인정한 것은 '여소공식(與所共食)'의 '식(食)'과 같은 뜻으로 여겼기 때문이라고 했다.7)

3.

천태산인은 황오의 「김사립전」에 나오는 헌종 시절 삿갓을 쓰고 팔도강산을 편력하는 기남자가 바로 김병연이라고 하면서, 『대동기문』의 설을 따라 누군가가 김삿갓을 조롱하기 위하여 '고풍' 한 수를 지었다고 했다. 그 고풍이 곧 「논정가산충절사(論鄭嘉山忠節死) 탄김익순죄통우천(嘆金益淳罪通于天)」이다. 후대인들은 과시라고 잘못 아는 그 양식을 천태산인은 고풍이라

---

7) 『霽湖詩話』 '柳塗有詩才.' "……鵝相曰 : '靑樓食之食字, 最難下'云云. 余嘗思惟則蘇長公 赤壁賦註, 引朱子語錄云 : '吾與子之所共食食字, 誤作樂字. 見東坡手本, 皆作食字, 卽食色之食.' 蓋鵝相之許靑樓食之食者, 以與所共食同義也. 抑未必用意至此, 竟出於鵝相之高見. 柳嗜酒廢讀, 竟不能究其才. 惜哉"

명시했으니, 그는 고풍과 과시의 차이를 분명히 인식하고 있었다.

천태산인은 또「김삿갓의 시」에서 김립의 장처는 공령시 즉 과시일 것이라고 했다. 그러면서 김삿갓은 '천진(天眞)이 웅탕(雄宕)하고 호매(豪邁)한 편은 아니요 차라리 성질은 괴벽(怪癖)'스럽던 것 같으며, 그 때문에 과시에도 '밸맥이'가 많다고 했다.

밸맥이가 무엇을 뜻하는지는 명료하지 않다. 하지만 천태산인은 김삿갓의 과시를 예로 들어 그 특징을 설명했다.

(ㄱ)「한고조가 항우를 곡성산 하에 장(葬)하고 한번 곡했다[葬項羽於穀城山下 爲臨一哭](『김립시집』 1939년 초간본, 1941년 대중보판, 『東選』 등에 수록).

○ 출처 : 『통감절요』,「한기」(漢記).. "처음에 회왕은 항우를 노공으로 봉했기에 노를 호로 삼았으므로 항우를 곡성산 아래 장사지냈다. 한왕은 그를 위해 발애했다"[初懷王封羽爲魯公, 故以魯爲號, 葬羽於穀城山下, 漢王爲之發哀].

글머리 : "對局相爭推[破]局笑, 一碁翻覆英雄地."

(ㄴ)「책색두(責索頭)」

○ 시제는 '번오기가 머리를 돌려 달라 함을 책망하다'라는 뜻이다.

○ 『김립시집』 1939년판, 1941년판, 1956년판, 『東選』과 『東詩』 이본, 평택임씨본 등에 모두 수록했다.

글머리 : "我股雖斷無索處, 劍事燕南水東流."

(ㄷ)「한신사일희일비(韓信死一喜一悲)」

○ 『김립시집』 1939년판과 1941년판은 수록하지 않았다. 『東選』과 송순철본에 수록되어 있다.

글머리 : "呂姬來賀蕭相弔, 長樂鍾聲帝臥紀"

포두(鋪頭) : "劉皇度內一韓信, 愛欲其生惡欲死"

(ㄹ) 「왈장사(曰壯士)」

○ 『김립시집』 1939년판과 1941년은 싣지 않았다.

○ 항우가 번쾌(樊噲)에게 한 말.

글머리 : "西渡以後初見汝, 壯哉鍾氣何山水"

포두 : "西秦天地大踏來, 眼下曾無可觀士"

(ㅁ) 「지즉관문폐(至則關門閉)」

○ 『김립시집』 1939년판과 1941년판은 싣지 않았다. 『동선』은 실었다.

○ 「맹상군열전」에 나오는 대목이다.

글머리 : "此開關雖乾坤, 函谷今無虎視帝."

포두 : "關門視我掌內地, 開則吾開閉吾閉."

이 가운데 「왈장사(曰壯士)」는 1939년 『김립시집』과 1941년 대증보판에 수록하지 않았을 뿐 아니라, 현재까지 어느 과시 선집에서도 발견되지 않는다. 「한신사일희일비(韓信死一喜一悲)」와 「지즉관문폐(至則關門閉)」는 1939년 『김립시집』과 1941년 대증보판은 수록하지 않았으나 『동선』에 수록되어 있다.

천태산인이 소개한 김삿갓 과시는 일찍부터 김삿갓=김병연 작으로 알려져 있었다. 천태산인은 그 과시들을 높이 평하여 다음과 같이 말했다.

> 이 과시는 당시의 장안 명류에게도 커다란 경이의 눈으로써 보게 되었던 모양이다. 아마 당시의 사원(詞苑)에 있어서 과시로서 장원까지는 바라지 않더라도 둘째는 뺏기지 않을 정도였다고 한다. 석북(石北) 신광수(申光洙), 한원(漢原) 노긍(盧兢) 이하 신좌모(申佐模)·채명식(蔡明植)·조운식(趙雲植)·이현□(李玄□) 제씨가 있었기 때문이다.

천태산인은 이응수 수집의 김립 시에 위조가 많다는 점을 꿰뚫고 있었다.

하지만 전체를 부정한 것이 아니다. 진가 여부를 들춰내기가 매우 어렵다고 했다. 현대의 문학사가로서는 천태산인의 의심을 극복하고 근대의 권위 해체 공간에서 김삿갓 시가 지닌 의의를 파악해야 한다.

더구나 19세기 중엽 김병연=김삿갓과 같은 시기에 활동하던 이우준은 『몽유야담』에 김병연의 「조산촌훈장(嘲山村訓長)」과 「간음야점(艱飮野店)」을 일화와 함께 실어두었다. 그 무렵 방랑시인 김병연=김삿갓의 시가 중하층 지식인들 사이에 널리 회자되고 있었다는 것은 분명하다. 그 시들 가운데 상당수가 1926년 『개벽』지의 '김삿갓 시 모집' 때 채집되고, 1939년 이응수의 『김립시집』 간행 때 수록되었을 것이다.

제5화. 정격, 고풍, 그리고 파격시

1.

김삿갓의 한시에는 여섯 종류가 있다. 첫째는 평측·압운 등 외재율을 엄격하게 지킨 한시, 둘째는 완전한 편을 이루지 못하는 단구(斷句)와 남과 시 짓기에서 상대의 구에 대응하는 구를 구점(口占, 즉흥으로 시구를 뱉어내듯 지음)하는 대구(對句)[그럼으로써 2인 1연을 이루는 연구(聯句)], 셋째는 한시의 전통 형식을 파괴한 희작이나 파격의 시, 넷째는 조선후기 민간에서 압운과 평측을 맞추지 않고 글자 수만 맞추어 4구나 그 이상의 편을 이루었던 고풍, 다섯째는 고풍에서 더 나아가 우리말과 한자를 다양한 방식으로 직조한 육담풍월, 여섯째는 동시(과시·과체시·공령시·행시)이다.

    ⓐ 정격 한시 : 근체시(절구·율시·배율), 고시, 장편고시
    ⓑ 단구(斷句)와 대구(對句) 및 연구(聯句)
    ⓒ 희작, 파격의 한시
    ⓓ 조선식 고풍 : 소고풍·대고풍
    ⓔ 육담풍월

ⓕ 과시(과체시·동시·공령시·행시)

　김삿갓 시에는 조선식 고풍이나 육담풍월 같은 파격시보다도 정격 한시가 많다. 정대구 씨의 『김삿갓 연구』는 과체시를 뺀 김삿갓 시를 248편으로 보고, 이 가운데 파격시가 59편이라고 분석했다. 또 구성 자체의 파격이 26편, 파격적으로 해석되는 시 21편, 한글 도입 5편, 기타 7편 등이라고 분류했다.1) 상당히 타당하지만, 여기서 언급된 파격시는 정통 한시의 희작이나 육담풍월을 포괄하는 것인데다가, 조선식 고풍에 대해서는 주목하지 않았다. 그것들을 모두 동일한 형식이나 기원으로 볼 수는 없다.

　김삿갓 혹은 김삿갓의 무리는 정식 한시를 지을 줄 아는 부류와 그렇지 않은 부류가 있었다. 양반 계층이나 서얼, 평민 가운데 과거를 보려는 사람들은 과장(科場)에서 기예를 겨루기 위해 과시를 항시 연마해야 했다. 뒤에 다시 언급하겠지만 그 연마를 조선후기에는 쭈어(做)라고 불렀다. 과시는 대개 18연의 장편이다. 우리나라에서는 2구 1연을 1구라고도 불렀으므로, 과시는 흔히 18구라고 말했다. 각 구의 평측과 구법은 정통 한시와 다르지만, 평측을 맞추고 압운을 하며 구법을 지킬 줄 알아야 지을 수 있다. 따라서 과시를 지을 줄 아는 사람들은 정격 한시를 지을 줄도 알았다.

　그런데 김삿갓의 정격 한시 가운데는 고시가 거의 없고, 장편고시는 전혀 없다. 근체시 중 배율은 하나도 없으며, 절구와 율시가 대부분이다. 또 완전한 한 편을 이룬 것이 아니라 습작으로 구점(口占)하거나 남과 한 구씩 주고받은 연구가 많다. 그렇기에 『김립시집』을 엮은 이응수는 김삿갓의 시를 '단율(短律)과 구(句)'라고 부르기도 했다. 단율은 외재율을 지킨 시로서 길이가 짧은 절구와 율시를 가리키고, 구는 대개 두 구절이 모여 하나의 단위를 이루는 연을 가리킨다.

　김삿갓은 과시의 능수였으므로, 당연히 정격의 한시를 지을 수 있었다. 정격의 시를 지을 줄 아는 사람들은 유희를 하듯 조선식 고풍과 언문풍월을 지

---

1) 정대구, 『김삿갓 연구』, p.100.

을 수도 있었을 것이다. 하지만 조선식 고풍과 언문풍월을 남긴 사람들이 반드시 정격의 한시를 지을 수 있었다고는 할 수 없다.

김삿갓 시는 대부분 106개 운목의 시운(詩韻) 즉 평수운(平水韻) 체계를 따라 운자(韻字, 라임)를 놓고 평측을 맞추었다. 운자를 잘못 적은 예도 적지 않지만, 그 가운데는 베껴 쓸 때 잘못인 예가 있다. 그렇지 않은 경우는 압운(押韻, 운자를 놓음)을 의식했으나 운자를 잘못 고른 낙운(落韻)의 결과이다.

106개 운목은 남송 때 평수(平水)의 관원 유연(劉淵)이 귀납적으로 정리했다고 해서 평수운이라고 한다. 유연은 본래 한자들을 107개 운목으로 나누었는데 뒤에 다른 사람이 106개 운목으로 조정했으나, 관습상 그것을 평수운이라고 부른다. 이것이 당나라 때부터 청나라 말기까지의 중국, 삼국시대부터 현대에 이르기까지의 우리나라, 나라 시대부터 현대에 이르기까지의 일본에서 한시를 지을 때 사용되어 오고 있다. 파격의 한시를 지은 김삿갓도 이 운목만은 대개 지켰다. 근체시를 지향하되 압운 규칙에서 벗어난 낙운의 시는 김병연 자신의 원래 시가 아닐 것이다. 익명의 김삿갓이 지었거나 전사 과정에서 오류가 발생했을 것이다.

2.

멀건 죽을 보고 '청산이 거꾸로 비친다[靑山倒水來]'라는 읊은 「무제(無題)」 시는 김삿갓의 대표작으로 손꼽힌다. 가난한 산골 집에서 죽 한 그릇을 대접받고는 그 시린 가난에 눈물을 훔치면서 능청스럽게 지었다고 한다.

제목 없음

네 다리 소나무 소반 죽 한 그릇

하늘빛과 구름 그림자가 한 가지로 배회한다.
주인이여 면목 없다고 말하지 마오
나는 청산이 거꾸로 비치는 것을 사랑한다오.

無題(무제)

四脚松盤粥一器(사각송반죽일기)　天光雲影共徘徊(천광운영공배회)
主人莫道無顔色(주인막도무안색)　吾愛靑山倒水來(오애청산도수래)

'죽물에 청산이 거꾸로 비친다'는 표현은 소동파 즉 소식(蘇軾)이 '강물에 하늘이 거꾸로 비친다'라고 했던 '도경(倒景)'의 뜻을 취한 것이되, 원래의 호방함은 간데없다. 차고 시린 해학이 들어앉아 있다.

이 시는 평수운의 평성 灰(회)운의 글자들을 정확히 사용했다. 본래 칠언율시와 칠언절구는 첫 구에도 압운하는 것이 정격이다. 이 시는 첫 구에는 운자를 넣지 않았다. 칠언절구는 두 구가 한 연을 이루며, 한 연의 바같쪽에 반드시 압운을 해야 한다. 이 시는 바로 평성 회(灰)운에 속하는 徊(회)와 來(래) 두 글자를 바르게 사용했다.

〈표 10〉「무제(無題)」의 평측과 압운

기구(起句)	四	脚	松	盤	粥	一	器
	측(입)		평		측(입)		×
승구(承句)	天	光	雲	影	共	徘	徊
		평		측		평	운자
전구(轉句)	主	人	莫	道	無	顔	色
		평		측		평	
결구(結句)	吾	愛	靑	山	倒	水	來
		측		평		측	운자

압운만이 문제가 아니다. 칠언절구는 각 구마다 평성과 측성이 교체시키는 평측법을 지켜야 한다. 특히 각 구마다 두 번째-네 번째-여섯 번째의 글자가 소리 성질에서 서로 상대가 되어야 한다. 즉, '측성-평성-측성'이거나 '평성-측성-측성'이어야 한다. 김삿갓의 시는 그 규칙을 충실하게 지켰다.

또한 기구와 승구, 전구와 결구는 두 번째-네 번째-여섯 번째 글자가 소리 성질이 각각 서로 상대가 되어야 한다. 그리고 승구와 전구는 두 번째-네 번째-여섯 번째 글자가 소리 성질이 같아야 한다. 이것을 점(粘, 붙음)이라 하고, 이것을 어기면 실점(失粘)이다.

다음의 「직금(織錦)」 시는 고사를 정교하게 점철했다. 상평성 제7 虞운을 제1연 안짝에도 놓았으니, 鳧(부)·烏(오)·蛛(주)·狐(호)·駒(구)가 운자이다.

비단 짜기

북이 드나드는 모양은 물오리처럼 날렵하고
소리는 진나라 밤하늘에 우는 까마귀 소기 같도다.
달빛 비친 창 밖에서 우는 귀뚜라미 소리 같기도 하고
베 짜는 재주는 처마 끝의 그물 짜는 거미와도 같구나.
다만 이로써 홍금패를 짤 수 있다면
어찌 백구호 얻기를 원하리오.
햇볕에 바래어 널면 학과 같이 희니
오나라를 지나던 안자도 흰 망아진 줄 속았네.

織錦(직금)
煙梭出沒輕似鳧(연사출몰경사부)   響入秦天野半烏(향입진천야반오)
聲催月戶鳴機蟀(성최월호명기솔)   巧學風簷繹絡蛛(교학풍첨역락주)
但使織成紅錦貝(단사직성홍금패)   何須願得白裘狐(하수원득백구호)

曝晒於陽光鶴學(폭쇄어양광학학)　　嗚呼誰識絹如駒(오문수식견여구)

이응수의 해석은 다음과 같다.

> 북이 나왔다 들어갔다 하는 것이 흡사 경쾌하게 몸에 드나드는 오리 같고 그 짤가닥짤가닥하는 소리는 진나라 밤하늘을 울고 가는 밤 까마귀 소리 같다.
> 또 베틀 우는 소리는 달빛 비낀 문설주에서 우는 실솔의 울음처럼 들리고 씨와 올을 짜는 재주는 바람 부는 처마 끝에 그물 줄을 드리우는 거미 재간이다.
> 이렇게 홍금패란 비단을 짜낸다면 구태여 백호구 갖옷을 구할 필요가 있겠는가.
> 그 비단을 다시 햇볕에 바랜다면 빛이 더욱 희어질 것이니 그러면 오나라로 공자를 따라간 안자가 망아지와 분간 못한 비단처럼 그렇게 흴 것이다.

이응수는 "이 율은 鳧(부)·烏(오)·蟀(솔)·蛛(주)·貝(패)·狐(호)·鶴(학)·駒(구) 모다 동물에 관한 문자만 아래에 놓고 才技(재기)를 보인 作(작)이다"라고 논평했다. 과연 동물명을 각 구마다 점철시켜 교묘하다.

「희증처첩(戱贈妻妾)」은 이응수의 『김립시집』 초판에는 들어 있었으나, 증보판에서는 빠졌다. 『고금소총(古今笑叢)』[2]의 '처첩동방(妻妾同房)'에 의하면, 이 시는 기자헌(奇自獻)이 임진왜란 피난 시 여염집에 살았는데 오성 이항복(李恒福)이 그를 찾아오자 기자헌이 "사는 집이 매우 좁아 아내와 첩이 같은 방에 사니 매우 구차하다"라고 했다. 이에 오성이 이 시를 지어 그에게 준 것이라고 전한다.

---

[2] 조선 초기에서 조선 후기까지 편찬된 소화집 11편을 총집으로 엮은 설화집이다. 1959년 민속자료간행회에서 유인본(油印本)『고금소총(古今笑叢)』 제1집이 편찬자 미상으로 간행되었다. 이보다 앞서 1947년 송신용(宋申用)이『조선고금소총(朝鮮古今笑叢)』 제1회 배본『어수록(禦睡錄)』, 제2회『촌담해이(村談解頤)』, 『어면순(禦眠楯)』을 묶어 정음사(正音社)에서 출판했다. 민속자료간행회 편『고금소총』에는 11편 설화집에서 총 822편의 설화를 초록했다.

장난스레 처와 첩에게 주는 시

덥지도 춥지도 않은 2월 날씨에
아내 하나 첩 하나 정녕 어여뻐라.
원앙 베개 위에 세 머리가 나란하고
비취 이불 속에는 여섯 개 팔이 이어 있다.
입 열어 웃을 때는 서로 섞여 품(品) 자 형상
몸 기울여 누운 곳은 흡사 천(川) 자 모양.
동쪽(처) 일을 끝내지도 못하고 서쪽(첩) 일을 하고
다시 동변(처)에서 옥 주먹을 때린다.

戱贈妻妾(희증처첩)

不熱不寒二月天(불열불한이월천)   一妻一妾正堪憐(일처일첩정감련)
鴛鴦枕上三頭幷(원앙침상삼두병)   翡翠衾中六臂連(비취금중육비련)
開口笑時渾似品(개구소시혼사품)   翻身臥處變成川(번신와처변성천)
東邊未了西邊事(동변미료서변사)   更向東邊打玉拳(갱향동변타옥권)

['翻身臥處變成川'은 '側身臥處恰如川'으로도 되어 있다. '東邊未了西邊事,
更向東邊打玉拳'는 '然忽破東邊事, 又被西邊打一擊'으로 전사되기도 했다.]

늙은 기녀에게 준 다음 시는 외재율의 형식이 교묘하다. 우선은 압운의 규칙을 잘 지켰다. 즉, 하평성 제12 侵(침)운의 陰(음)·深(심)·心(심)·音(음)·吟(음)의 다섯 글자를 운자로 삼았으니, 수련 출구에도 운자를 넣은 것이다. 그런데 수련 대구(제2구) '聊將殘愁意惟深(요장잔수의유심)'은 '意'자만 측성이고 나머지는 모두 평성이다. 중국의 두보나 우리나라 정지상이 잘 지었던 요체(拗體)이다.

늙은 기생에게 준다

일만 나무에 봄볕이거늘 홀로 그늘을 끼고
짐짓 남은 수심 품고서 생각이 깊구나.
백운 드리운 옛 절에는 늙은 선사의 꿈
명월 아래 외론 배에는 병든 나그네 마음.
찡그림도 혼이 쇠해 욕먹는 일 많고
노래는 되려 주절주절, 지음이 없구나.
문장도 이즈음엔 이와 같아서
청루에서 박자 두드리며 강개하여 읊을 뿐.

贈老妓(증노기)

萬木春陽獨抱陰(만목춘양독포음)　聊將殘愁意惟深(료장잔수의유심)
白雲古寺枯禪夢(백운고사고선몽)　明月孤舟病客心(명월고주병객심)
顰亦魂衰多見罵(빈역혼쇠다견매)　唱還啁哳少知音(창환조찰소지음)
文章到此猶如此(문장도차유여차)　擊節靑樓慷慨吟(격절청루강개음)

기녀는 젊어서 마치 서시(西施)가 찡그리면 그것도 아름다워 이웃 추녀가 본받을 정도였지만, 이제 늙고 보니 찡그리면 사람들의 욕을 얻어먹는다. 나도 문장이 이즈음엔 지음이 적어 고작 청루에서나 박자 맞춰 강개하여 읊을 뿐이라고 했다.

구의 연결이 억지이고 시상 전개가 부자연스러운 시도 있다. 질화로의 공덕을 노래한 「노(爐)」가 이에 해당한다. 『김립시집』 초간본에는 있으나 대중보판에는 싣지 않았다. 靑銅은 靑洞으로 오식되어 있다.

青銅珍視我何尋(청동진시아하심)　陶出楊然貯炭深(도출효연저탄심)

熏炙於人稱火德(훈자어인칭화덕)　炎涼斯世歎灰心(염량사세탄회심)
挑來最妙携杯煖(도래최묘휴배난)　擁坐尤奇閉戶陰(옹좌우기폐호음)
塞土凍窓多軒此(새토동창다헌차)　莫論其價十文金(막론기가십문금)

굳이 풀이하자면 이러하다.

청동을 보물시하지만 나는 무어 찾으랴
흙으로 구어내 휑하여 숯을 깊이 저장하네.
사람을 따스하게 덥혀주어 화덕(불의 덕)을 일컫고
더웠다 식었다 세간은 회심(재 마음)이 한탄스럽다.
걸어두면 술잔 가져와 데우기에 아주 좋고
끼고 앉으면 어둡게 닫아둔 방안에 기묘하다.
북방 싸늘한 창가에는 대부분 이것을 내거니
그 값이 십 문이나 한다는 것은 따지지 말게.

3.

 김삿갓이 지은 시 가운데는 평측이나 압운만 보면 형식을 잘 갖춘 칠언절구와 칠언율시가 많다. 이를테면 봄의 금강산을 호방하게 노래하여 '만이천봉력력유(萬二千峰歷歷遊)'로 시작하는 「금강산(2)」 시는 칠언율시로서 평측과 압운의 규칙을 잘 지켰고, 함련(제2연)과 경련(제3연)을 각각 대(對)로 하여 대장법(대장법)을 따랐다. 가을의 금강산을 노래하여 '강호낭적우봉추(江湖浪跡又逢秋)'로 시작하는 또 다른 「금강산」 시도 역시 그러하다. 한송정 주막에서의 유유자적한 심경을 노래한 「자영(自詠)」은 오언율시로, 평측과 압운의 규칙, 대우(대장)의 원리를 잘 지켰다.

「자탄(自嘆)」은 이백의 "천장구만리(天長九萬里) 지활삼천리(地闊三千里)"를 뒤집어 사용하면서 방랑의 고독함과 가난의 고통을 노래했다.

스스로 탄식하다

구만리 장천이건만 고개 쳐들어 보기 어렵고
삼천리 땅이 넓어도 답답한 마음을 풀지 못한다.
오경에 누에 오른 것은 달 구경하자는 것이 아니요
사흘이나 곡기를 끊은 것은 신선이 되고자 해서가 아니라네.

自嘆(자탄)

九萬長天擧頭難(구만장천거두난)　　三千地闊未足宣(삼천지활미족선)
五更登樓非翫月(오경등루비완월)　　三朝辟穀不求仙(삼조벽곡불구선)

어떤 시는 베껴 적을 때 잘못한 것인지, 평측과 압운의 규칙을 잘 지켰으면서 낙운이 된 예가 있다. 「표연정(飄然亭)」은 이응수가 『삼천리』 제4권 제1호(1932.1.1.)에 「김립 시 초역(金笠詩 抄譯)」에서 처음 소개한 후, 1939년의 선집에 「안변표연정(安邊飄然亭)(一)」이란 제목으로 싣고, 1956년의 선집에도 실었다. 하평성 제11 尤운에 속하는 樓(루)·流(류)·悠(유)·洲(주) 자를 사용하면서, 두 번째 연(함련)만은 상평성 제5 微(미)운에 속하는 飛(비)자를 사용했으므로, 낙운이다.

안변표연정

온 성을 다 돌아보니 높은 누대 있어
술 찾고 시 지으며 얼마나 강이 흘렀는지 묻는다.

고목은 다정하여 꾀꼬리가 이르러 오고

큰 강은 아무 탈 없어 흰 물새가 나누나.

영웅은 가고 풍광도 다 했으니

길손이 올라 바라보니 세월이 유유하기만 하다.

관동에 묵은 빚을 다 청산하지 못했으니

날아가는 기러기를 따라가 긴 모래톱을 내려가고 싶어라.

安邊飄然亭(안변표연정)

一城踏罷有高樓(일성답파유고루)   覓酒題詩問幾流(멱주제시문기류)

古木多情黃鳥至(고목다정황조지)   大江無恙白鷗飛(대강무양백구비)

英雄過去風煙盡(영웅과거풍연진)   客子登臨歲月悠(객자등림세월유)

宿債關東猶未了(숙채관동유미료)   欲隨征雁下長洲(욕수정안하장주)

  1956년 평양본 『김립시집』에 처음 수록한 「강가의 집(江家)」은 두보의 「강촌(江村)」을 연상케 한다.

강가의 집

뱃머리에 물고기 뛰어오르니 은이 석 자

문 앞에 산봉우리 높아서 옥이 만 층.

강물이 창 앞까지 바짝 흘러 아이는 깨끗하고

꽃잎이 져서 방으로 드니 늙은 아내가 향기롭다.

江家(강가)

船頭魚躍銀三尺(선두어약은삼척)   門前峰高玉萬層(문전봉고옥만층)

流水當窓稚子潔(유수당창치자결)   落花入室老妻香(낙화입실노처향)

기구와 승구는 선두(船頭)-문전(門前), 어약(魚躍)-봉고(峰高), 은삼척(銀三尺)-옥만층(玉萬層)으로 대를 이루고, 전구와 결구는 유수당창(流水當窓)-낙화입실(落花入室), 치자결(稚子潔)-노처향(老妻香)로 대를 이룬다. 앞부분은 바깥 경치를 묘사하고 뒷부분은 인간사를 노래했다.

그런데 層(층)은 하평성 제10 蒸(증)운에 속하고, 香(향)은 하평성 제7 陽(양)운에 속하여 운자가 맞지 않는다. 평측의 규칙도 전혀 지키지 않았다. 이 시는 조선후기에 우리나라에서만 유행한 고풍이다.

「부벽루」시는 칠언절구로, 기구와 승구를 아예 이백의 「봉황루」시에서 가져왔다. 이응수는 『김립시집』 대중보판에 이 시를 처음 수록하면서, '금산(錦山) 최병채(崔炳彩) 및 여러 사람이 부쳐온 시'라고 밝혔다. 평양 국립출판사판에도 재수록했다.

부벽루

세 산은 반나마 청천 바깥에 떨어지고
두 강은 가운데서 백로주를 사이에 두고 갈라진다.
고대의 문장이 내 시구를 먼저 빼앗아 갔으니
석양에 붓 던지고 양주를 내려간다.

浮碧樓(부벽루)

三山半落靑天外(삼산반락청천외)　二水中分白鷺洲(이수중분백로주)
古代文章奪吾句(고대문장탈오구)　夕陽投筆下楊州(석양투필하양주)

이응수는 "고대 문장의 명시를 빌려서 그가 자기 쓸 구를 먼저 빼앗아 썼다고 불평을 표시한 일방 김립의 호방한 기개를 보여주는 동시에 도리어 복잡한 문구를 나열한 과거의 천편일률식 한시들보다 부벽루의 절승에 대한 인상을 더 강하게 준다"라고 했다. 과연 그렇게 평가할 수 있을지 모르겠다. 시조에도 한시 어구에 토만 달아 열거하는 방법이 있는데, 그와 유사하다.

  진주 원당리에서 문전박대를 당하고 지었다는 「원당리」 시는 우리나라 사람들로서는 변별하기 쉬운 입성자의 글자들을 늘어놓았다. 乞, 曰, 一, 不의 네 글자에서 乞과 不은 입성 物(물)운, 曰은 입성 月운, 一은 입성 質(질)운에 속하여, 정통 한시의 작법에서는 압운의 효과가 없다. 또 이 시의 각 구절은 한문어법에 충실하지 않고 우리말 어순을 활용했다.

원당리

진주 원당리에
과객이 저녁 밥 빌러갔더니,
종놈이 나와서 사람 없다 이르고
아이는 와서 연고가 있다고 말한다네.
조선나라에 이런 일은 처음이요
경상도 안에서도 유일하다.
예의 바른 우리 동방에
이런 일은 세상인심 아니로다.

元堂里(원당리)

晉州元堂里(진주원당리)　過客夕飯乞(과객석반걸)
奴出無人云(노출무인운)　兒來有故曰(아래유고왈)
朝鮮國中初(조선국중초)　慶尙道內一(경상도내일)
禮儀我東方(예의아동방)　世上人心不(세상인심불)

4.

김삿갓 한시 가운데는 근체시의 외재율을 전혀 지키지 않았고 압운도 한시의 정격과 다른 것들이 있다.

김삿갓의 파격 한시는 '김병연'의 시라기보다는 '김삿갓'의 작품이라고 보아야 할 것이다. 대개 한자로 고풍을 읊어 만들 수 있는 사람들이 이러한 시들을 남겼으리라 생각된다.

파격시는 해학, 풍자, 조롱, 때로는 야비한 웃음을 동반하고 있다.

김삿갓(들)은 특히 훈장을 멸시하는 파격시나 연구를 많이 지었다.

天脫冠而得一點(천탈관이득일점)
乃失杖而橫一帶(내실장이횡일대)

풀어보면 하늘 天(천)자가 갓을 벗고 한 점을 얻으니 개 犬(견)이고, 乃(내)가 지팡이를 잃고 한 일자로 띠를 쳤으니 아들 子(아들)가 된다는 것이다. 곧, 서당 훈장에게 "너는 개아들"이라고 욕한 것이다.

김삿갓은 산촌 훈장을 조롱하여, "선생은 내불알[先生來不謁]"이라 했고,3) 박대하는 제삿집을 향해 "제사에 올린 음식에 용두질을 친다[祭尊登物用刀疾]"4)고도 했다.

김삿갓의 시 가운데 파격은 조선식 고풍, 언문풍월(육담풍월)이 있다. 그 둘은 서로 상관을 맺으면서 여러 양태를 낳았다.

대증보판에 수록된 「두견화의 대 소식을 묻노라」는 왕유의 「잡시」에서

---

3) 원시와 새김은 이러하다. "서당은 '내조지'며, 방안은 '개존물'이라. 생도는 '제미십'이요, 훈장은 '내불알'이라"(書堂乃早知, 房中皆尊物, 生徒諸未十, 先生來不謁).
4) 원시와 새김은 이러하다. "해마다 섣달이면 십오야 밤에, 네 집의 제사에는 '내조지'라. 제사에 올린 음식에는 '용두질'을 치노니, 헌관과 집사는 모두 '개공알' 같도다"(年年臘月十五夜, 君家祭祀乃早知, 祭尊登物用刀疾, 獻官執事皆告謁).

발상을 빌려온 시이다. 來자는 상평성 제10 灰운에 속하고, 耶는 하평성 제6 麻운에 속하므로, 운이 맞지 않는다.

두견화의 대 소식을 묻노라

창 앞의 새야 너에게 묻노니
어느 산에서 자고 일찍 왔느냐.
산속의 일을 너는 응당 알고 있겠지
진달래꽃이 피었더냐 아니더냐.

聞杜鵑花大消息(문두견화대소식)
問爾窓前鳥(문이창전조)　何山宿早來(하산숙조래)
應識山中事(응식산중사)　杜鵑花發耶(두견화발야)

왕유의 시는 『오언당음』에 들어 있어 근세에 널리 알려져 있었다.

잡시(雜詩)

君自故鄕來　그대는 고향에서 왔으니
應知故鄕事　응당 고향 일을 알리라.
來日綺窓前　오던 날 깁창 앞에
寒梅著花未　겨울 매화나무 꽃이 피었던가 아니던가?

왕유는 산수 자체의 신성한 미를 추구하는 반면에 인간을 다소 혐오했다고 평가받는데, 이 「잡시(雜詩)」에서는 그나마 동향인에게 매화 소식을 물었다. 김삿갓은 지인도 없이 새에게 산 진달래가 피었는지 묻는다. 더 고독하다.

김삿갓의 「승려와 선비를 조롱하다」 시는 압운을 하지 않은 '파운시'인데, '한마량'이니 '좌구신' 같은 속어를 사용했다. 유·불을 싸잡아 욕하면서.

승려와 선비를 조롱하다

중 머리는 둥글둥글, 땀난 말 불알 같고
선비 머리는 뾰족뾰족, 앉은 개 좆같다.
목소리는 구리방울을 빈 구리 솥에 굴린 듯하고
눈은 검은 후추가 흰 죽 속에 빠진 듯하다.

嘲僧儒(조승유)
僧頭團團汗馬闐(승두단단한마량)   儒頭尖尖坐狗腎(유두첨첨좌구신)
聲令銅鈴零銅鼎(성령동령영동정)   目若黑椒落白粥(목약흑초낙백죽)

제3-4구는 김삿갓이 금강산 시승과 주고받은 대련인데, 여기에 이어두었다. 김삿갓 시는 구와 연이 해체되어 엉뚱한 곳에서 합성되고는 한다.

속어를 사용하는 방식은 김삿갓 시의 중요한 특징이다.5) 「허언시(虛言詩)」는 어떤가. 사슴이 알을 품고 개가 꼬리를 치며, 중이 상투를 틀고 계집에게 불알이 있을 수 있으랴. 허망하고 거짓된 인간의 모습을 헛된 말장난으로 그림으로써 당시 사회의 모순을 해학적으로 표현했다. 시 형식의 면에서는 운자가 없이 글자 수만 각 구마다 네 글자씩 맞추면서 전달하려는 뜻을 간명하게 제시했다.

조선후기 민간에서는 무운(無韻)의 '고풍' 시를 지었다. 평측과 압운의 외

---

5) 심경호, 「김삿갓의 웃음과 욕설, 그리고 사-가난에 대하여」, 『서정시학』 2013년 봄호(통권 57호), 서정시학, 2013.2, pp.277–289 ; 심경호, 「김삿갓의 웃음과 욕설, 그리고 시 – 그림자의 배반」, 『서정시학』 2013년 여름호(통권 58호), 서정시학, 2013.5, pp.343–359 ; 심경호, 「김삿갓과 기생 가련-김삿갓의 삶과 문학」, 『서정시학』 2013년 가을호(통권 59호), 서정시학, 2013.8, pp.297–313 등등.

재율을 가능한 한 떨어버리고 속어를 끼워 넣기까지 했다. 정약용(丁若鏞)이
『아언각비(雅言覺非)』에서 '고풍(古風)'이라고 부르는 작시 방식이다. 정약용
에 따르면 당시 학동들이 갓 시를 배워 압운하지 않고 글자 수만 맞추면서,
오언단편을 소고풍, 칠언장편을 대고풍이라 부른다고 했다. 곧, 기·승·결
이나 혹은 승·결구의 마지막에 같은 운을 놓지 않고, 한 행의 자수만 맞추
는 시가 고풍이라는 것이다.

이에 따라 조선시대에 유행한 '고풍'의 시로, 다음 네 가지가 존재했다.

    (a) 근체시 이후에 그 이전의 시풍을 따라 지은 시

    (b) 근체시 성립 이전의 고시

    (c) 압운을 하지 않고 글자수만 5언이나 7언으로 맞춘 시. 파운시(破韻詩)

    (d) 과시에서 측자기두(側字起頭)를 사용하고 '之·於·而·也' 등과 같은 글
자를 많이 쓰는 '고시'6)

  (a)와 (b)는 중국문학에서 말하는 고풍 혹은 고시이다. (c)와 (d)는 조선의
독특한 한시 형식이다. 조선후기 한시에서 주목할 만한 것은 (c)의 광범한 사
용이다. 소고풍과 대고풍 등 고풍 시는 대개 운각(韻脚)을 맞추지 않았다.

  고풍을 짓는 사람들은 한자 공부를 했으나 한문 공부를 제대로 하지 못한
계층에 속했다. 대중보판 『김립시집』에는 스무 살 무렵 서당에서 공부를 하
면서 옆집 이씨 집 셋째 딸과 연애를 한 시라면서 다음 문답을 실어 두었다.
「여이씨지삼녀음(與李氏之三女吟)」이라 제목을 붙였는데, 두 사람이 주고받은
어구는 도무지 시라 할 수가 없으며, 한문 어법에도 맞지 않는다.

---

6) 정약용은 1797년에 丁範祖에게 부친 서한에서, 과시를 지으면서 側字起頭를 사용하고
'之·於·而·也' 등과 같은 글자를 많이 쓰는 것을 당시 사람들이 '고시'라 칭한다고
했다(『與猶堂全書』 제1집 제18권 「上海左書」).

折枝李枝[*之]三枝(절지이지삼지) : 李女

知李家之三女(지이가지삼녀) : 笠

鏡半開而反復(경반개이반복) : 李女

十五夜之逢期(십오야지봉기) : 笠

이응수는 이 대화를 이렇게 풀이해 두었다.

 李女 "나무 가지를 당신이 꺾었으니 외야지 나무 가지요 그 외야지의 셋째 가지구려." 김립이가 자기 정조를 빼앗은 것을 말함이다.
 김립 "네 당신 말 알아듣겠소. 아씨네 집 삼녀 당신을 내가 꺾었단 말이지요."
 이녀 "그러니 거울이 절반 쪼개졌다 다시 그 본 얼굴에 돌아가는(깨어지기 전의 거울) 때를 기약합시다."
 김립 "옳소. 이 달 십오야 밝은 달밤에 만나자는 말이지여. 잘 알았소." 달을 거울에 비했음이다.

고풍시가 생성되는 기원은 김삿갓의 「파운시(破韻詩)」(증207逸55)를 통해서 살필 수 있다. 김삿갓이 어느 곳에 이르러 시를 지어주고 숙소를 얻기로 했는데, 주인은 얼치기 시객이라 호운법도 모르고 春·頭·太 등의 얼토당토 않은 운자를 불렀다. 그러자 김삿갓은 다음과 같은 시를 지었다고 한다.

파운시(破韻詩)

머리 頭자 운부에는 본시 봄 春자가 없거늘
운자 부르는 선생이 좆대가리 같구나.
굶는 날이 항상 많고 배부른 날 어쩌다 있으니
나그네는 문 앞에서 지팡이를 '콩'하고 세우네.

破韻詩(파운시)

頭字韻中本無春(두자운중본무춘)　　呼韻先生似腎頭(호운선생사신두)
飢日常多飽日或(기일상다포일혹)　　客到門前立筇太(객도문전입공태)

이 시는 '좆대가리=신두(腎頭)'라는 비속어를 사용했으며, '콩[太]'라는 한국한자훈을 의성어로 전용했다. 얼치기 시객의 호운을 따라 지은 것이라고 설정했지만 어떻든 한시의 외재율로서 가장 중요한 압운을 전혀 의식하지 않았다. 첫 구에서 頭(두)자는 하평성 제11 尤운에 속하므로 頭자가 운목일 수가 없다. 그러니 頭자 운에 본디 春자가 없다는 말은 애당초 무의미하다. 아마도 얼치기 시객이 호운할 때 '운목은 頭운, 운자는 春, 太'라고 제시했는지 모른다. 그 시객은 운목과 운자의 부류를 몰랐을 것이다.

이응수는 1941년 대증보판 『김립시집』에 김삿갓의 「욕설모서당(辱說某書堂)」과 「조승유(嘲僧儒)」의 두 시를 '파운시'로 소개했다. 앞서 보았던 「조승유」를 원문만 다시 보면 다음과 같다.

僧頭圓圓汗馬閒(승두원원한마랑)　　儒頭尖尖坐狗腎(유두첨첨좌구신)
聲令銅鈴零銅鼎(성령동령영동정)　　目若黑椒落白粥(목약흑초낙백죽)

제3-4구는 금강산에서 김삿갓이 시승과 주고받은 대련의 하나이다. 제1-2구도 다른 시기에 제작한 대련일 가능성이 있다. 곧, 이 시는 하나의 완결된 시라기보다는 각각 다른 시기에 제작된, 의미상 다소 관련이 있는 대련을 한데 모아둔 것인 듯하다.

고풍을 이용한 작시 훈련은 조선후기에는 매우 광범하게 이루어졌다. 이를테면 국문소설『조웅전』은 작가 미상의 군담소설로, 완판본·경판본·안성판본의 목판본이 있고, 필사본도 상당히 많다. 한글본이 주종이되, 국한문혼용의 필사본도 국립도서관에 소장되어 전한다. 한자어와 고사를 많이 사용했고 5,

7, 6언의 한시도 들어 있기 때문에, 식자층의 작가가 지은 것으로 추정된다. 그런데 삽입 한시 다섯 수를 보면 모두 근체시가 아닌 데다가 압운에 그다지 주의하지 않았으며 수사법도 고려하지 않았다. 그 시 형식은 바로 정약용이 말한 조선식 '고풍'이다.7) 또 오미동 문화유씨 가문의 유영업(柳瑩業, 1886-1944)이 남긴 생활일기 『기어(紀語)』를 보면, 시 학습의 초기에는 칠언 2구 연구를 주로 짓다가 운자를 내어 시를 서너 달 시를 지은 뒤 비로소 평측에 맞추어 시를 지은 것으로 되어 있다. 즉 본격적인 과시를 14세 되던 1899년 4월 19일경에 시작했는데, 그 해 12월 1일 밤에 산(山)자 운의 시를 짓고는, "이날 이 수 이후로 비로소 '평평직직직평평'을 보게 되었다"라고 밝혔다(측을 直이라 표기했다). 그때까지 그가 지은 절구는 운자는 사용했지만 평측은 맞추지 못한 고풍이었음을 짐작할 수 있다. 유영업은 12월 1일부터 12월 30일까지 30수의 칠언절구를 짓는 수업을 하여 시 짓는 법을 완전히 익혔다.8)

김삿갓의 「설경」도 압운법을 어기고 평측법(염법)을 어겼다.

눈 오는 날 경치

늘 눈이 내리더니 어쩌다 개어
앞산이 희어지고 뒷산도 희구나.
창문을 밀쳐 보니 사면이 유리벽이라
아이에게 시켜서 쓸지 말라고 하네.

雪景(설경) / 대중보관 雪日(설일)

雪[대중보관은 雲]日常多晴日或(설일상다청일혹) 前山旣白後山亦(전산기백후산역)

---

7) 심경호, 「조웅전의 글짜기 방식」, 『국문학연구와 문헌학』, 태학사, 2002.
8) 심경호, 「근대 이전의 한시 학습 방식에 대하여 : 聯句·古風 제작과 抄集·選集의 이용」, 『語文研究』 115. 한국어문교육연구회. 2002.9. pp.235-257.

推窓四面琉璃壁(추창사면유리벽) 分咐寺童故掃莫(분부사동고소막)

5.

김삿갓은 조선식 고풍의 시를 여럿 남겼다. 기·승·결이나 혹은 승·결 구의 마지막에 같은 운을 놓지 않고, 한 행의 자 수만 맞추어 고풍으로 지었다. 산골훈장이 부른 '覓'자 운으로 지은 「실제」는 기·승·전·결에 모두 '멱'자를 썼고, 「파자시」는 넉 줄에 모두 '離' 자를 썼으며, 「양반시」는 여덟 줄에 모두 '班' 자를 썼다. 「하운다기봉」은 네 구에 모두 '峯' 자를 놓았다. 또 어떤 시는 율시 8귀에 모두 동물 운을 달기도 했다.

김삿갓이 평안도 철산 지방을 지날 때 서당 훈장에게 잠자리를 부탁하자, 산골 훈장은 김삿갓을 괴롭히려고 연이어 멱(覓)자 운을 불렀다. 김삿갓은 즉석으로 한 구씩 답해 기·승·전·결에 모두 '멱'자를 썼다. '~에 달려 있다'를 그대로 한자로 '懸於~(현어~)'라는 어구로 번역해서 표현한 것도 재미있다.

제목을 잃어버린 시

수많은 운자 가운데 하필이면 '멱'자를 부르나
그 '멱'자도 어려웠는데 또 '멱'자를 부르다니.
하룻밤 잠자리가 '멱'자에 달려 있는데
산골 훈장은 오직 '멱'자만 아네.

失題(실제)

許多韻字何呼覓(허다운자하호멱) 彼覓有難況此覓(피멱유난황차멱)
一夜宿寢懸於覓(일야숙침현어멱) 山村訓長但知覓(산촌훈장단지멱)

이 고풍은 운각을 둘 자리에 동일한 글자를 사용하는 방식이다. 『북관지(北關誌)』에서 이성계 시라고 실어둔 「용(龍)자」 시도 이러한 형식이다.

이응수의 1941년 대중보판 『김립시집』에는 김삿갓의 대표시로 「팔죽시(八竹詩)」를 들었다. 1956년판에는 싣지 않았다. 이 시는 覓(멱)자 시처럼 8구의 마지막 글자로 모두 竹자를 사용했다. 단, 竹자의 훈을 사용한 것이 覓자 시의 경우와는 달리 어조사 '~대로'의 뜻을 가차했다.

이응수는 대중보판 일화편에 '同知' 두 글자를 각 구마다 쓴 「만시(輓詩)」(증201逸49)를 하나 소개했다. 제보자 이성두(李聖斗)의 설에 의하면 이는 김삿갓이 모 촌락의 이 동지 댁에 유숙할 때 뒷집 김 동지가 사망하자 이 동지 대신 지은 것이라고 했다. 이 동지와 김 동지는 동갑이면서 옥통(屋桶)을 연접하며 평생지기로 지냈으며, 이 동지는 무식하여 김삿갓에게 죽은 이를 애도하고 상여 나갈 때 부르는 노래를 대작해 줄 것을 요청했다는 것이다. 同知가 동지중추부사의 뜻과 평생지기의 뜻 두 의미를 지니는 것을 이용한 파격시이다. 동지중추부사는 종2품에 해당하는 관직이되, 실권 없는 명예직이니, 이 동지와 김 동지가 국가가 주는 명예를 누리되, 살벌한 권력투쟁과는 거리를 두고 향촌에서 평온하게 살았으리라는 것을 짐작할 수 있다.

만시

동지와는 생전에 두 동지중추부사였더니
동지가 죽은 뒤로는 한 동지중추부사만 남았구려.
동지가 이 동지중추부사를 잡아가버려
지하에서 두 동지중추부사가 되고 싶구려.

輓詩(만시)
同知生前雙同知(동지생전쌍동지)   同知死後獨同知(동지사후독동지)

同知捉去此同知(동지착거차동지)   地下願作雙同知(지하원작쌍동지)

1941년 대증보판의 일화편에는 기고된 원고를 바탕으로 한 「하운다기봉」이 수록되어 있다. 이응수는 이 시가 김삿갓의 「팔죽(八竹)」이나 「사멱(四覓)」과 동류의 것으로, 구 끝 자를 모두 동일하게 한 작이라고 설명했다. 그리고 이 시는 일설에 모 서당 열 살 아이의 작이라고도 하지만 작풍으로는 김삿갓의 작이 틀림없으며, 만약 다른 사람 작이라면 김삿갓 풍으로 모방한 것이리라 추측했다. 글 제목은 「고시」[도연명 시라고 알려져 있으나 다른 사람의 시이다]의 "춘추만사택(春秋滿四澤) 하운다기봉(夏雲多奇峯)"의 외구(外句, 바깥쪽)를 썼다고 했다.

하운다기봉

한 봉우리 두 봉우리, 세 네 봉우리
대여섯 봉우리, 일여덟 봉우리들.
잠깐 동안에 다시 천만 봉우리가 되어
구만리 높은 하늘이 온통 산봉우리로다.

夏雲多奇峯(하운다기봉)
一峯二峯三四峯(일봉이봉삼사봉)   五峯六峯七八峯(오봉육봉칠팔봉)
須臾更作千萬峯(수유경작천만봉)   九萬長天都是峯(구만장천도시봉)

이 시는 峯자를 네 구 끝에 쓴 것도 절묘하지만, 一, 二, 三, 四, 五, 六, 七, 八, 九의 숫자를 나열하여 사용한 점도 절묘하다. 숫자를 나열적으로 사용한 방식은 북송 때 학자 소옹(邵雍)이 지었다고 전하는 「산촌영회(山村咏懷)」 시에 비견할 만하다. 소옹의 이 시는 중국 인민교육출판사 초등 1년급 어문(語

父)에 「일기이삼리(一去二三里)」라는 제목으로 수록되어 널리 알려져 있다.

  一去二三里 한번 가면 이삼 리
  烟村四五家 안개 낀 마을 너댓 집.
  亭台六七座 정자는 예닐곱 채
  八九十枝花 여덟아홉 열 줄기 꽃.

 소옹의 이 시는 압운을 했고, 각 구마다 2-4부동의 원칙을 따랐으며, 연과 연 사이의 염법을 지켰다. 곧 완전히 오언절구 형식을 갖추었다. 이에 비해 김삿갓의 「하운다기봉」은 파격으로 나갔다.
 1941년 대증보판의 「파자시」는 1956년판 『김립시집』에 「대동난」이란 제목으로 수록되었다. 농민의 고통을 대변한 시로, 형식은 고풍이다.

대동난

곤란하다 곤란하다 대동난
세상에 제일 곤란한 대동난.
내 나이 일곱 살의 실부난
우리 어미 청춘의 과부난.

大同難(대동난)

難之難之大同難(난지난지대동난) 世上難之大同難(세상난지대동난)
我年七世失父難(아년칠세실부난) 吾母青春寡婦難(오모청춘과부난)

 조선시대에는 대동, 전세, 호포를 삼세라고 했다. 이 가운데 대동은 공납제를 폐지하고, 농민이 호역(으로 부담했던 중앙의 공물 진상과 지방의 관수

(官需)· 쇄마(刷馬 지방에 공무를 위해 마련된 말) 등 여러 세납을 전세로 통합해서 선혜청에서 거두어, 필요한 물품을 구매하거나 용역의 대가를 지불하도록 한 것이다. 대동이란 말은 세금 부과가 고르지 못한 것을 고르게 하고 부역이 공평하지 못한 것을 공평하게 하며, 균등하지 않은 것을 균등히 하여 대동으로 돌아가게 한다는 뜻이다. 1608년(광해군 즉위년) 경기도에 처음 실시되고 1894년(고종31) 세제 개혁 때 지세로 통합될 때까지, 효율적인 면도 있었으나 폐단도 많았다. 우선 번질[反作]의 농간이 있었다. 환곡(환자)을 상환 받을 때 연말까지 상환 받지 못한 분량을 모두 상환 받은 것처럼 장부를 꾸며 감사(관찰사)에게 보고하고 그 다음 해 봄에 다시 그 수량만큼을 환곡으로 나누어 준 것처럼 꾸며 감사에게 보고하는 것을 말한다. 또 곡상(斛上)의 불법도 있었다. 환곡을 나누어 주고 상환 받을 때 곡(斛) 위를 높여 위조해서 더 거두는 것을 말한다. 언문풍월 「대동난」은 작폐를 말하지는 않았다. 대동세에 짓눌려 있는 농민들의 고통을 매우 단순한 어조로 대변했다.

「파자시」라고 이름 붙은 시는 4행에 모두 '이(離)' 자를 썼다. 양반 벼슬아치를 풍자한 다음의 「양반시비(兩班是非)」는 여덟 줄에 모두 '반(班)' 자를 썼다.

이 양반 저 양반

이 양반 저 양반

반을 모르니 반이 무슨 반이오.

조선의 세 성이 기 중 양반이요

가락 김씨가 윗길 양반이지.

천 리 길 찾아오니 딸깍발이 양반

좋은 팔자가 지금 부자 양반이지.

보자니 이 양반이 진 양반 누르고

손님 양반 보니 주인 양반 알 만하구나.

兩班是非(양반시비)

彼兩班, 此兩班(피양반차양반)　　班不知, 班何班(반부지반하반)
朝鮮三姓其中班(조선삼성기중반)　　駕洛一邦在上班(가락일방재상반)
來千里此月角班(내천리차월각반)　　好八字今時富班(호팔자금시부반)
觀其爾班厭眞班(관기이반압진반)　　客班可知主人班(객반가지주인반)

첫 구절은 "이런 양반 저런 양반" 하여 양반타령으로 지새는 세태풍속을 비판했다. 그리고 지천으로 널린 양반들을 늘어놓았다.9)

　　피양반 = 저 양반
　　차양반 = 이 양반
　　기중반 = 기중(그 중) 양반
　　재상반 = 윗길 양반
　　월각반 = 딸깍발이 양반
　　부　반 = 부자 양반
　　이　반 = 이 양반
　　진　반 = 진 양반
　　객　반 = 손님 양반
　　주인반 = 주인 양반

김삿갓이 멱 자 운의 시를 지은 것도 한시 형식을 이용하되, 각 구의 마지막에 같은 글자들을 반복해서 놓은 예이다.
　다음 시는 구멍 공(孔)자를 공공(개 짖는 소리), 공가(성), 구멍이라는 세 가지 뜻으로 썼다.

---

9) 김태준,「김삿갓 金炳淵論」, 이종찬 편,『조선후기 한시 작가론 2』, 이회문화사, 1998.

공씨네 집을 욕하다

문에 임해 늙은 삽살개가 콩콩
주인의 성이 공가인 줄 알겠네.
황혼에 나그네를 쫓으니 무슨 까닭인가
아마 부인의 아랫구멍을 잃을까 두려운 게지.

辱孔氏家(욕공씨가)
臨門老尨吠孔孔(임문노방폐공공)   知是主人姓曰孔(지시주인성왈공)
黃昏逐客緣何事(황혼축객연하사)   恐失夫人脚下孔(공실부인각하공)

이 시가 앞서의 파격시들과 다른 점은 운자가 놓일 제1구, 제2구, 제4구에만 孔자를 사용한 점이다. 이러한 파격은 한시의 형식에 여전히 충실하다.
같은 예로「화로(火爐)」가 있다. 모양새가 호랑이 머리 같기도 하고 고래가 입을 벌리고 있는 것 같기도 한 화로를 보고 김삿갓은 즉흥시를 하나 지었다.

화로

머리는 호랑이요 입 모양은 고래이되
자세히 바라보니 이도저도 아니지만,
만일 고용인이 불을 활활 피운다면
호랑이도 삶고 고래도 삶겠구나.

火爐(화로)
頭似虎豹口似鯨(두사호표구사경)   詳看非虎亦非鯨(상간비호역비경)
若使雇人能盛火(약사고인능성화)   可煮虎頭可煮鯨(가자호두가자경)

같은 운자를 거듭 놓는 형식은 한시의 오래된 전통에서 파생되어 나왔다. 서거정(徐居正, 1420-1488)은 1472년(성종 3년) 12월 다시 대사성이 되고서 이듬해 54세 때 세 옹자 운을 사용한 연작시를 두 번 지었다. 「홍 겸사성(洪兼司成)의 옹 자 시운을 받들어 차하다 5수」와 「세 옹 자 운을 사용하여 기록해서 홍 겸사성에게 올리다 9수」이다.10) 9수 연작의 제3수는 이러하다.

어사대 자리 채운 나는 어떤 늙은이던고	烏臺承乏何物翁
입 다물고 말이 없어 흡사 애옹 같아라.	緘口無言如艾翁
기기하던 주 어사에게 아주 부끄럽거늘	頗愧期期周御史
무슨 맘으로 다시 밀옹옹을 배운단 말인가.	何心更學蜜翁翁

애옹은 단오절에 사악한 기운을 물리치려고 문에 걸었던 쑥 인형이다. '기기(期期)하던 주 어사'란 한나라 고조가 만년에 태자를 척희(戚姬)의 소생 여의(如意)로 바꾸려고 할 때 본디 말을 잘 더듬던 어사대부 주창(周昌)이 간쟁하여, "신이 입으로 말은 잘 못하지만, 신은 기필코기필코(期期) 그것이 불가한 일인 줄은 압니다. 폐하께서 아무리 태자를 폐하려 하시더라도 신은 기필코기필코 조서를 받들지 않을 것입니다"라고 한 데서 온 말이다. 밀옹옹은 송나라 장사웅(張師雄)의 별호이다. 그가 달콤한 말을 잘 했으므로 낙양 사람들이 그렇게 불렀다고 한다. 이 시는 이렇게 고사를 많이 사용했지만, 압운의 자리에 동일한 글자를 사용해서 파격이다. 단, 서거정의 시에서는 翁 자에 중의(重意)를 부과하거나 달리 한자의 훈차나 음차를 교대로 사용하지 않았다. 따라서 김삿갓의 「욕공씨가(辱孔氏家)」가 훈차와 음차를 교대로 사용하여 孔자의 중의를 활용하면서 지독한 욕설을 늘어놓은 것과는 다르다.

송익필(宋翼弼, 1534-1599)은 도학자인데, 천리를 논하면서 다음과 같은 파

---

10) 徐居正, 「奉次洪兼司成翁字詩韻 五首」, 「用三翁字韻 錄奉洪兼司成 九首」, 『四佳集』 詩集 제20권 詩類.

격시를 지었다.11) 「하늘[天]」12)이란 제목이다.

君子與小人　군자와 소인이
所戴惟此天　머리에 인 것은 바로 이 하늘이다만,
君子又君子　군자는 또 군자로서
萬古同一天　만고에 같은 하늘이고,
小人千萬天　소인은 천만 가지 하늘이어서
一私其天　각자 하늘을 사사로이 여긴다.
欲私竟不得　사사로이 하려다가 필경 뜻을 얻지 못하면
反欲欺其天　도리어 하늘을 속이려 한다만,
欺天天不欺　하늘을 속이려 해도 하늘은 속지 않으니
仰天還怨天　하늘을 우러르다 도리어 하늘을 원망한다.
無心君子天　무심한 군자의 하늘
至公君子天　지극히 공정한 군자의 하늘.
窮不失其天　곤궁해도 하늘을 잃지 않고
達不違其天　영달해도 하늘을 어기지 않아,
斯須不離天　잠시라도 하늘에서 떠나지 않으니
所以能事天　그 때문에 하늘을 잘 섬긴다네.
聽之又敬之　하늘을 따르고 또 공경해서
生死惟其天　생사를 오직 하늘에 맡길 뿐,
旣能樂我天　이미 나의 하늘을 즐기기에
與人同樂天　남들과 함께 하늘을 즐기리라.

---

11) 梁勳植, 「牛溪와 龜峯의 道學詩에 나타난 文藝美」, 『韓語文教育研究會 제211회 全國 學術大會-古典文學・漢文學』, 고려대학교 서관, 2017.5.20(土).
12) 『龜峯集』 卷之一 五言古詩. 이상미는 『학이 되어 다시 오리』(p.42)에서 8구의 欺天天 不欺를 欺天天不期로 보아 "속여도 하늘이 기약 안 해주면"이라고 번역했는데 이는 원문과 다르다.

天자를 운자로 사용하면서, 압운의 자리가 아닌 곳에도 天자를 마구 중복해서 사용했다. 천은 하늘, 천리, 천명을 뜻한다. 변치 않는 마음으로 자득의 경지를 추구하며 하늘을 본받는 이가 바로 군자라고 했다.

조선후기 전사청(典祀廳) 벽에는 관리들의 입조심 몸조심을 권면하기 위해 송시열 작이라고 전하는 「오신오구(吾身吾口)」 시가 붙어 있었다. 이 시도 운자를 놓을 자리에 모두 吾자를 놓았다.

    身是吾身口是吾 몸뚱이도 내 것이요 입도 내 것이라
    行身開口總由吾 행동하고 말하는 것이 모두 나로 말미암나니,
    如何將此吾身口 무엇 때문에 내 몸과 내 입을 가지고
    輕動妄言反害吾 경망한 행동과 망녕된 말로 되려 나를 해치랴.

송시열 시인지는 알 수 없지만, 이 시는 18세기 말 19세기 초에 널리 알려져 있었던 것 같다. 즉, 윤기(尹愭)가 손자 윤선응(尹善應)에게 답한 서찰에 보면 "월초에 제례에 차정되어 전사청 벽에서 시가 있는 것을 보았는데, …… 누구의 작인지는 모르겠으나 나도 이전에 들은 것이다. 스스로 경계가 됨을 심히 깨달았기에 지금 적어서 너에게 보이니, 너도 깊이 명심하여 잊지 않음이 좋겠다"라고 했다.13)

기생 계월(桂月)이 황해도 관찰사 이광덕(李光德)의 사랑을 받다가 그와 이별하게 되었을 때 지었다는 「別人(별인)」도 운자를 놓아야 할 자리에 모두 人자를 놓았다. 칠언절구의 외재율에 따라 첫 구에도 人자를 두었다.

    大同江上送情人 대동강 가에서 정든 임을 보내나니
    楊柳千絲不係人 실버들 천 가닥도 임을 잡아매지 못하누나.
    含淚眼看含淚眼 눈물어린 눈으로 눈물어린 눈을 바라보고

---

13) 尹愭, 「答膺孫書」, 『無名子集』 文稿 冊11.

斷腸人送斷腸人　애끊는 사람이 애끊는 임을 보내노라.

일본인 아이바 기요시(相馬 淸)가 『조선학보』 제48집에 「김삿갓의 시풍」을 게재하면서 대중보판에 들어 있지 않은 시로, 「낙민루(樂民樓)」와 함께 소개한 다음 시도 파격이다.14) 아이바 기요시는 김삿갓의 작품을 에도 말기의 광가인(狂歌人) 오다 쇼쿠산진(太田蜀山人, 1749-1823) 즉 오다 남보(大田南畝, 1749-1823)와 비교할 만하다고 생각한 듯하다.

오랑캐 땅의 화초

오랑캐 땅에 화초가 없다지만
오랑캐 땅이라고 화초가 없으랴.
오랑캐 땅에는 화초가 없더라도
어찌 땅에 화초가 없으랴.

胡地花草(호지화초)

胡地無花草(호지무화초)　胡地無花草(호지무화초)
胡地無花草(호지무화초)　胡地無花草(호지무화초)

호(胡) 자에 '오랑캐'라는 뜻과 '어찌'라는 뜻이 있다. '胡'를 어떤 뜻으로 읽느냐에 따라, 또 문장을 평서문으로 보느냐 의문문(반어문) 표현으로 보느냐에 따라, '胡地無花草' 구의 뜻이 완전히 달라진다. 김삿갓 시로 전하기도 하는 이 시는 각 구절마다 풀 草자를 마지막 글자로 사용했다. 한시 가운데

---

14) 相馬 淸, 「金笠詩風」, 『朝鮮學報』 48집, 1968. 다른 한 수는 「胡地花草」 즉 「胡地無花草」이다. 아이바 기요시는 대중보판 『김립시집』을 근거로 김삿갓의 광시(狂詩)다운 시들을 선별해서 소개했는데, 「낙민루」와 「호지화초」는 대중보판에 들어 있지 않다. 이 두 시의 출전은 무엇인지 밝히지 않았다.

율격을 중시하는 근체시(여기서는 절구)의 규칙에서 보면 시 형식을 전혀 고려하지 않은 것이 된다.

'胡地無花草'는 본래 당나라 동방규(東方虯)가 왕소군(王昭君)의 일을 두고 지은 「소군원(昭君怨)」 5수 가운데 제5수의 첫 구이다. 한나라 원제(元帝)는 건소(建昭) 원년(B.C. 38) 남흉노의 호한야(呼韓邪) 선우를 다독이기 위해 왕소군을 그에게 시집보냈다. 훗날 동방규는 왕소군의 심정을 헤아려 장편시를 지었는데, 그 시에 "오랑캐 땅에는 화초가 없어서, 봄이 와도 봄 같지 않네. 자연히 허리띠가 느슨해지는 것은, 날씬해지려 해서가 아니라네[胡地無花草, 春來不似春. 自然衣帶緩, 非是爲腰身]"라고 했다. 김삿갓의 시는 '胡地無花草'구만 네 번 반복함으로써 왕소군의 심경을 더욱 부각시켰다.

다음의 「평양」 시는 압운을 전혀 지키지 않은 고풍이되, 제1·2·4구에 의도적으로 개사 於, 也, 乎를 각각 놓았다. 압운법을 지키지 않는 대신, 개사나 허사를 압운의 곳에 놓아 형태적·의미적 통합을 꾀한 것이다. 『신동아』 (1936.1)에 실린 박재청의 글에는 앞의 두 구만 있으며, 이 시는 김삿갓이 평양에 거의 다 와서 지었다는 해설이 덧붙여 있다. 김삿갓이 어느 행인과 함께 길을 가다가 큰 뱀이 길을 막고 선 것을 보고 행인이 놀라 '이끼'라고 외치는 것을 보고 이 시를 지었다고 한다. '於'는 '늘어짐'을 뜻하고 '也'는 뱀을 보고 '이끼'라고 놀라 외치는 소리를 형용했다고 한다.15)

평양

천리 평양이 십리 쯤 늘어져 있는데
큰 뱀이 길을 막아 사람들이 모두 '이끼'라 하네.
해 지는 연광정 아래는 강물이 흐르니

---

15) 박재청의 글에서는 첫구의 '十里'가 '此去'로 되어 있는데, 그것이 더 옳을 듯하다. 단, 여기서는 대중보관 『김립시집』의 일화편에 수록된 것을 따른다.

백구야 오가는데 탈 없느냐

平壤(평양)
千里平壤十里於(천리평양십리어)　大蛇當道人皆也(대사당도인개야)
落日鍊光亭下水(낙일연광정하수)　白鷗無恙去來乎(백구무양거래호)

김삿갓 작으로 언급된 고풍 가운데는 구법이나 시어 면에서 도무지 해석이 어려운 예가 있다.

1941년 대증보판 『김립시집』에만 수록된 「각희(脚戱)」는 대표적 예이다. 각희는 택견을 말하는 듯하여, 소재면에서는 민간의 스포츠를 반영한다. 이 시는 우편에 의해 기고된 것으로, 잡편에 분류되어 있다.

說打敵衫雙揷捲　項羽虎漢入又入
膁擊○盲張淡沙　腹負春越朴書方
渠雖項羽竪年出　鷄擊吾前糞卵裏
馬陵斯正無畏漢　眞談吾子假說非
(孫午炫氏寄)

다음 「세유자(說遊子)」는 하평성 先운의 글자를 초구를 포함하여 각 연마다 정확하게 놓았을 뿐 아니라 각 구의 평측, 연과 연 사이의 점법도 지켰다. 하지만 시어는 도무지 뜻을 이루지 못한다. 대증보판 잡편에 들어 있으며, 이것도 다른 사람이 투고한 시를 그대로 옮겨 적은 것이다.

閨妻送子讀書筵　急戴衣盆往野川
初登背上能成笑　更抱懷中强責眠
空撞皿蓋傳雙耳　故折籬花揷一拳

遙說萬端從不聽 欺來渠母仰叶天

(任元鎭氏寄)

  김삿갓의 파격시들은 '詩有四不'의 기상을 어겼다. '시유사불'이란 당나라 승려이자 시인이었던 교연(皎然)이 지은 『시식(詩式)』에 나오는 말이다. 즉, 시에서는 기상이 높되 노기를 띠어서는 안 되며, 힘이 있되 드러내서는 안 되며, 정이 많되 어두워서는 안 되며, 재주가 넉넉하되 성겨서는 안 된다는 등 작시 태도의 엄숙주의를 강조한 말이다. 김삿갓은 놀리거나 노기를 띤 어조, 정중하지 못한 시어를 즐겨 사용했다. 이 경향은 다음에 볼 언문풍월의 시에서 더욱 극대화된다.

제6화. 고소장 대작(代作), 데김 희작(戱作)

1.

송아지 값 고소장

넉 냥 일곱 푼짜리 송아지를
푸른 산 푸른 물에 풀어놓아
푸른 산 푸른 물에서 길렀는데,
콩에 배부른 이웃집 소가
이 송아지를 뿔로 받았으니
어쩌하면 좋으리까.

犢價訴題(독가소제)
四兩七錢之犢(사양칠전지독)을
放於靑山綠水(방어청산녹수)하야
養於靑山綠水(양어청산녹수)러니
隣家飽太之牛(인가포태지우)가

用其角於此犢(용기각어차독)하니

如之何卽可乎(여지하즉가호)리요.

가난한 과부네 송아지가 부잣집 황소의 뿔에 받혀 죽자 이 이야기를 들은 김삿갓이 이 글을 써서 관가에 바쳐 송아지 값을 받아 주었다고 전한다. 이응수는 이것을 '시'라고 했지만 이것은 소장이다. 다만, 이것을 제(題)라고 적은 이유는 알 수 없다.

본래 제(題)는 수령이 주민의 소장에 대해 판결한 글로, 데김[題辭, 題音]이라 부른다. 독립된 문서가 아니라, 민원서의 왼편 아래 여백에 써서 민원서를 제출한 사람에게 돌려주었다. 토지·노비·가옥 등을 매매 또는 증여할 때 입안(立案)을 신청하는 소지(所志)에 쓰는 데김은 '의례사급향사(依例斜給向事)'라고 간단히 쓴다. 하지만 산송(山訟)을 비롯한 각종 소송의 소지에 대한 데김은 여백만으로는 모자라 소지의 뒷면에 계속해서 쓰기도 하고 별지를 첨부하여 썼다. 데김은 실은 명백한 판결을 적기보다는 모호하게 둘러말하고 고소자나 피고자에게 모두 확답을 주지 않는 방식을 적는 것이 골자였다. 책상물림의 수령 가운데는 데김을 잘 작성하지 못해서 아전들의 비웃음을 산 예도 적지 않았다.

김삿갓의 「독가소제」는 처결 사항을 평서문으로 적지 않고 의문문으로 적었으니, 수령이 판결하는 데김은 아니다. '본색(本色)'으로 물어주어야 하지 않겠느냐는 뜻을 넌지시 내포한 글이다. '본색'이란 같은 물건을 말하므로, 여기서는 송아지에 상해를 입혔으므로 '소'로 물어내야 하지 않겠느냐고 청원한 것이다.

이응수는 1956년 평양 국립출판사 간행 『풍자시인 김삿갓』의 한시 부문에 한시가 아닌 여러 소장과 데김 등 산문을 실어 두었다. 이 글들이 김삿갓이 '인민성'을 특징적으로 드러낸다고 여겨 주목했겠지만, 시의 부문에 실은 것은 잘못이다.

<표 11> 『풍자시인 김삿갓』(『정본 김삿갓 풍자시 전집』: 평양 국립출판사, 1956) 수록의 소장과 데김

평양1-07	의흥 사람이 그 아내를 본군 책방에게 빼앗기고 소장을 본군에 올린다[義興人失其妻於本郡冊房爲呈訴於本郡]	처음 출현
평양1-09	송아지 값을 찾기 위한 소제[犢價訴題]	증198逸46
평양1-10	묘지에 관한 소송장[山所訴狀]	처음 출현
평양1-11	묘지에 관한 싸움[墓爭]	증201逸49
평양1-12	야장인의 소제[冶匠之訴題]	처음 출현

2.

「의흥 사람이 그 아내를 본군 책방에게 빼앗기고 소장을 본군에 올린다[義興人失其妻於本郡冊房爲呈訴於本郡]」[1]는 세 번째 『김립시집』인 이른바 정본에 처음 실렸다.

아마도 경상도 의흥현감의 책방이 군포(軍布, 軍丁稅) 대신에 의흥 사람의 아내를 빼앗겠다는 통보를 하자, 김삿갓이 억울한 사연을 듣고 글을 써 주었던 것으로 상정한 듯하다. 군포는 군인 장정을 돕기 위해서 베 또는 미곡으로 낸 세금을 말한다. 군역은 천인을 제외한 양인 모두가 부담하는 것이 원칙이었지만 16세기 이후부터 양반들이 군역 부담에서 벗어났다. 또 17세기부터는 훈련도감·어영청·수어청·금위영·총융청 등 여러 군영을 창설하고 이들 군영이 각자 군사를 모집하면서, 군역은 평민만 부담하게 되었다. 조정에서는 균역법을 실시하여 군역 부담액을 1명당 1년 1필로 통일시키고, 부족해진 재정을 보충하기 위해 어염세·선세·선무군관포를 징수하고 토

---

[1] 『김립시집』에는 呈訴가 定訴로 되어 있다. 오자이다.

지대장에서 빠진 은루결에 세금을 부과했다. 하지만 조선시대 내내 양역은 개선되지 못하고 백성들의 짐으로 남았다.

의홍 사람이 그 아내를 본군 책방에게 빼앗기고 소장을 본군에 올린다

불선을 쌓는구나
불선 쌓는 것은 남의 아내 빼앗는 것보다 더한 것이 없다오.
그리운 마음이 괴롭구나
그리운 마음 괴로운 것은 부부간 생이별보다 절절한 게 없도다.
안개 자욱한 강둑에서, 말은 망아지를 찾아 히힝 거리고
해 지는 물가 풀밭에선, 암소가 송아지를 불러 음매 하네.
푸른 하늘에선 기러기가 짝을 잃고 끼룩 울며
녹빛 숲 속에선 원숭이가 무리를 잃고 멀리서 부르짖누나.
미미한 짐승도 그럴진대, 하물며 인정의 부부, 천륜의 모자 사이는 어떨까요?
이 몸은 본래 의홍 사람으로,
이 몸 하나, 아내 하나, 자식 하나, 세 식구가 서로 기대어, 목숨을 의지하여 지금에 이르렀거늘
지금 아내를 잃고 자식과 이별했으니
이 몸은 문을 나서도 이 몸 하나요, 이 몸은 들어가도 이 몸 하나이며,
이 몸은 태어나서 이 몸 하나요, 이 몸은 죽어도 이 몸 하나입니다.
다시 미색을 가지고 논해 봅시다.
양가 자녀에게는, 이팔청춘의 여인이 있고
명주 옷 걸치고 주렴 걷는 화류계에는, 창기와 소부(첩)도 있고
청산 백수에는, 과부의 부류도 있거늘,
하필 지아비 있는 여인을 빼앗다니요?

義興人 失其妻於本郡冊方 爲呈訴於本郡(의홍인 실기처어본군책방 위정소어본군)

積不善(적불선) 積不善(적불선) 莫甚於奪人之妻子(막심어탈인지처자)

相思苦(상사고) 相思苦(상사고) 莫切於夫婦之離別(막절어부부지이별)

煙濃江堤(연농강제) 馬嘶其駒(마시기구)

日暮草汀(일모초정) 牛鳴其犢(우명기독)

靑天孤雁(청천고안) 失其侶而遠叫(실기려이원규)

綠樹孤猿(녹수고원) 失其倣而哀鳴(실기반이애명) *倣는 儔의 잘못인 듯.

其於微物亦然(기어미물역연) 況人情之夫婦天倫之母子乎(황인정지부부 천륜지모자호)

矣身(의신) 本義興之人(본의홍지인)

矣身一妻一子一(의신일처일자일) 三口相托(삼구상탁) 依命而今到矣(의명이금도의)

今失其妻而別其子(금실기처이별기자)

矣身出而矣身一(의신출이의신일) 矣身入而矣身一(의신입이의신일)

矣身生而矣身一(의신생이의신일) 矣身死而矣身一(의신사이의신일)

且以色論之(차이색론지)

良家子女(양가자녀) 二八靑春有之(이팔청춘유지)

綢繆卷簾之間(주루권렴지간) 娼妓少婦有之(창기소부유지)

靑山白水(청산백수) 寡婦之類有之(과부지류유지)

何必奪有夫之女乎(하필탈유부지녀호)

백성이 관청에 올리는 소장(訴狀)을 소지(所志)라고 했다. 자신이 '뜻한 바'를 관청에 요청한다는 의미라고 한다. 민장(民狀)이라고도 부른다. 소송, 청원, 진정 등 억울함을 풀어줄 수 있는 공권력의 도움을 청하는 문서이다. 또 하나의 집단이 하나의 사건에 대해 제출하기도 했다. 민장을 통한 소송은 형

사고발, 민사 소송, 행정 청원, 행정 소송, 행정 보고 등 매우 다양했다. 재판 자체가 수령에 대한 청원 형태이었다.

소장 중 가장 많은 것이 부세 문제와 민간 갈등이다. 부세의 문제는 생활 기반인 토지와 관련된 전정, 안정적인 노동력과 관련된 군정, 그리고 19세기의 환정(환곡, 환자), 각 고을에서 부과했던 잡세 등이 주된 것이었다. 민간의 갈등으로는 노비, 토지, 재산 등을 둘러싼 소유권 문제와 산소(묘터)를 둘러싼 산송, 채무와 관련된 소송, 소작권, 초지, 수리 이용권 등을 둘러싼 다툼이 여기에 포함된다. 관의 행정적 조치에 대한 불만도 담았다.

한편, 어떤 소송사건에서 패소한 당사자가 관정에서 내려진 처결 사항을 충실하게 이행할 것을 서약하는 문서를 '다짐'이라고 한다. 이두어로, 한자로는 '侤音'이라고 적는다. 이를테면 한국학중앙연구원에 '신유년 정월 27일 박창대(朴昌大)가 광산김씨 선영에 투장(偸葬)한 사실과 관련된 다짐[侤音]'이 있다.2) 박창대가 광산김씨 선영에 투장을 하자, 광산김씨 측에서는 박창대가 자진해서 굴거(掘去)해 갈 것이라는 약속을 받았으나, 박창대는 시일을 계속 미루고 이장해 가지 않았다. 이에 광산김씨 측은 관아에 소장(訴狀)을 올려 박창대를 패소시키고, 이장하도록 관의 처결을 받았다. 박창대는 6월 이전까지 산소를 이장하겠다고 서약하고, 그 약속을 지키지 않을 시에는 관의 형벌을 받겠다는 내용으로 이 문서를 작성했다.

이응수는 세 번째 『김립시집』 정본에 「묘지에 관한 소송장[山所訴狀]」과 「묘지에 관한 싸움[墓爭]」을 수록했다. 후자는 대증보판에도 수록되었으나, 전자는 평양 국립출판사본에 처음 수록되었다.

묘지에 관한 소송장

파 간다 파 간다, 저쪽이 늘 하는 말

---
2) [G002+AKS-BB55_B01300296E] 박준호, 「해제」, 2003.08.13.

잡아오라 잡아오라, 본 고을 사또가 항례로 하는 데김.
금일명일 차탈피탈
천지 건곤은 늙지 않아 달이 늘 있고
적막강산만 지금 백년이 흘렀구나.

山所訴狀[산소 소장]

掘去掘去(굴거굴거)	彼隻之恒言(피척지항언)
捉來捉來(착래착래)	本守之例題(본수지예제)
今日明日(금일명일)	차탈피탈(此頉彼頉)
乾坤不老月長在(건곤불로월장재)	
寂寞江山今百年(적막강산금백년)	

묘지에 관한 싸움

사대부 딸로서, 우리 할아버지와 우리 아버지 사이에 누웠으니
할아버지에게 붙일 것인가, 아버지에게 붙일 것인가.

墓爭(묘쟁)

以士大夫之女(이사대부지녀)	臥於祖父之間(와어조부지간)
付之於祖乎(부지어조호)	付之於父乎(부지어부호)

    어떤 도적이 사람을 죽여서 대장간 속에 던져버렸는데, 관가에서는 그 죄인으로 야장간 주인을 잡아왔다. 김삿갓은 그 가족이 슬퍼하고 근심하는 것을 보고 「야장인의 소제」라는 글을 지어 관가에 바치게 했다고 한다. 이 글에서 제목의 제(題)는 원래는 '데김'의 준말이지만, 이 글은 데김은 아니다. 야장간 주인의 가족들이 내려는 탄원서를 김삿갓이 대신 작성한 것이라고

보아 무방할 듯하다.

야장인의 소제

항우가 의제를 시해하여, 강에 던졌으되
죄는 항우에게 있지, 죄는 강에 있지 않다네.
밤도적이 사람을 죽여, 대장간에 던졌으되
죄는 밤도적에게 있지, 죄는 대장간에 있지 않거늘
하물며 대장간 주인에게 미치겠는가.

冶匠之所題(야장지소제)

項羽弑義帝(항우시의제) 投之江中(투지강중)
罪在項羽(죄재항우)   罪不在江中(죄부재강중)
夜盜殺人(야도살인)   投之冶幕(투지야막)
罪在夜盜(죄재야도)   罪不在冶幕(죄부재야막)
況及於冶幕之主乎(황급어야막지주호)

이 이야기는 구비문학의 세계에 비교적 널리 전파되어 있다. 즉, '살인 누명 벗긴 김삿갓[영월읍 설화 301]'가 전한다.3)

대장간에 살인이 나서 대장간 대장장이 관아에 붙들려 갔다. 마침 김삿갓이 오자, 주인은 대책을 마련해 달라고 했다. 김삿갓은 소지를 지었다. "초한지시(楚漢之時)에 항우가살의제어강변(項羽弑義帝於江邊)하니 강변무죄(江邊無罪)거든 야막지주인호(野幕之主人呼[乎])야?"

---

3) 강원도 영월읍 영흥 3리 1983.8.21. 채록 김선풍·전광호·신용현. 구연 김진환.『한국 구비문학대계』2집 9책, pp.172-173.

영월읍 설화에서는 김삿갓이 지은 소지가 운어의 형식을 고려하지 않고 있다. 하지만 「야장인의 소제」라는 글에서는 '中-中, 幕-幕'과 같은 식으로 격구마다 끝에 같은 글자를 놓고 다시 두 연마다 끝 글자를 변환하는 식으로 운어 형식을 차용한 글자 운용을 시도했다.

구비문학의 세계에서도 김삿갓은 문자생활에 익숙하지 않은 인민들을 대신하여 고소장을 잘 써 준 인물로 추억되고 있다. '채무관계 해결해 준 김삿갓[영월읍 설화 300]'은 그 한 예이다.4)

김삿갓은 솟장을 잘 썼다. 경상도 곽화사에서 예문 받는 종이를 떴는데, 버선 강씨가 몇 해 동안 족보 종이로 쓴다면서 종이를 가져가고 돈을 주지 않았다. 김삿갓은 버선 강씨에게 글을 보냈다. "곽화사 제승부조지(郭華寺 諸僧賻助紙), 하위 보선 강씨집 보지 호와[주 : 盡入於姜氏譜紙中, 譜紙何其大也.]" 욕을 해 주자, 보선 강씨들이 종이 값을 물어주었다. [송순철(宋淳哲) 할아버지는 끝말이 있다면서 다음 글귀를 일러 주셨다. 오요강생(吾要姜生)을 죄죄삭삭(罪罪削削)하리라.]

저 유명한 보지(譜紙)·자지(呑紙) 이야기에 해결사 김삿갓 이야기가 덧붙은 내용이다.

3.

한편, 대중보판『김립시집』에는 들어 있었으나 평양본에서 삭제된 두 데김이 있다.

---

4) 강원도 영월읍 영흥 3리 1983.8.21. 채록 김선풍·전광호·신용현. 구연 김진환.『한국구비문학대계』2집 9책, pp.170-172.

(a) 매를 찾아오라는 판결 데김

청산에서 얻어서 청산에서 잃었으니
청산에서 물어 보고 청산이 대답 없거든
청산을 즉시 잡아 오렸다

求鷹判題(구응판제)
得於靑山(득어청산)   失於靑山(실어청산)
問於靑山(문어청산)   靑山不答(청산부답)
靑山卽刻捉來(청산즉각착래)

(b) 보습 파손 소송에 대한 데김

깊은 가을 나뭇잎 하나
모진 서리에 병들어 누웠다가
미풍에 떨어지도다.
모진 서리의 탓인가
미풍의 탓인가.

破耒訴題(파뢰소제)
深秋一葉(심추일엽)   病於嚴霜(병어엄상)   落於微風(낙어미풍)
嚴霜之故耶(엄상지고야)   微風之故耶(미풍지고야)

(a)의 「구응판제(求鷹判題)」는 모 지방관이 사냥매를 잃고 아전들을 들들 볶아 매를 잡아오라고 하는 광경을 보고 비아냥거려 지은 것이라고 한다. (b)의 「파뢰소제(破耒訴題)」는 농부 셋이 보습의 파손 손해배상을 둘러싸고

제1부 김삿갓 시의 본질 195

분쟁하는 것을 보고 적어 준 것이다. 갑의 소유물인 뇌거(耒鉅, 보습)를 을이 빌려 쓰다가 거의 망가졌는데, 병이 다시 그것을 빌려 쓰다가 보습 끝이 떨어지자, 갑은 병에게 손해배상을 청구했다. 병은 자기 책임이 없다고 우겼다. 김삿갓은 병의 책임을 물었다.

4.

조선후기에는 중간 지식층들이 한문을 이용하여 한국식 한문에 이두를 섞어 쓰는 문서의 서식(書式)에 수사법을 도입하는 일이 많았다.

본래 정통의 한문은 전고(典故)와 배비구(排比句)의 사용, 산행(散行)과 제행(齊行)의 의식적 착종, 같은 글자를 같은 행문 안에서 사용하지 않고 다른 글자로 대체하는 변문피복(變文避複)의 원리를 중시한다. 그런데 고려 원나라 간섭기에 원나라 법령이 계수(繼受)되면서 그 문체가 수용되었다. 쿠빌라이 정권은 지원(至元) 5년(1339년) 중서성(中書省)과 어사대(御史臺) 등 관청 사이의 문서서식 체례를 정돈했다. 그것이 『한묵전서(翰墨全書)』 등 유서(類書)에 매뉴얼로 게재되어 있다. 고려 말 조선 초에는 승문원에 이문습독관(吏文習讀官)을 두어 이문을 습독하게 했으며, 『이문등록(吏文謄錄)』·『지정조격(至正條格)』·『대원통제(大元通制)』 등을 교재로 사용하게 했다. 그런데 이후 조선에서는 '4언구 중심, 종결사 미사용'의 이문 문체가 공문서에 활용되었다.

본래 이두식 한문은 문장의 어순을 구어에 맞출 수 있다는 장점이 있다. 즉 S-V-O 체계가 아니라 S-O-V 체계를 그대로 유지하고 '호흡이 긴 목적어'를 중간에 둘 수 있다. 이것을 고문이 형식에 맞추려는 것은 실용성의 면에 의문이 있다. 그럼에도 18세기 후반 이후 탄원서는 그러한 변형을 시도하기도 했다.

한문 수사법은 『천자문』, 『추구』, 『동몽선습』 등을 통해 학습할 수 있었다. 이에 비해 공문서 형식의 습득을 위해서는 『유서필지(儒胥必知)』 등 투식집이 별도로 필요했을 것이다.5)

문서 교재는 실용을 위주로 하지만, 동시에 학습자의 흥미를 유발할 필요가 있다. 조선시대에는 『전등신화』가 실무 한문의 습득에 활용되었다. 조선 중기에 『전등신화구해』가 나온 것도 그 때문이다. 정조 때 이옥(李鈺, 1760-1815)은 『전등신화』를 공부하는 시골 동자들에게 보여주려고 「필영장사(必英狀辭)」를 짓고 성주(星州)의 양녀 애금이 관청에 올린 소장을 다듬어 「애금공장(愛琴供狀)」도 지었다.6) 그리고 19세기 필사본 『요람(要覽)』에 수록된 「비묘금소지(婢苗今所志)」, 「노구동원정(奴狗同原情)」, 「지두작간치등장(枝頭鵲諫治等狀)」, 「가마괴년일백육십오(加魔怪年一百六十五)」, 「율목리접어산소지(栗木里接䰉山所志)」, 「서대도공사(鼠大盜供辭)」, 「포도감고묘동년일만(捕盜監考苗同年一萬)」, 「농우등장(農牛等狀)」, 「임자강산송상언(任自剛山訟上言)」, 「해이순필순정형제지송(解李順砲頑貞兄弟之訟)」, 「경문부기전망상언(慶文父豈戰亡上言)」 등은 이두문을 익히기 위한 예문이면서 문예미를 지니고 있다.7)

김삿갓이 대작의 고소장과 희작의 데김을 여럿 남긴 것은, 방랑시인으로서 그가 민중의 억울한 송사를 자주 목격하고, 무능한 지방관을 대신하여 나름대로 판결을 하여 억울한 이의 마음을 위로하고자 해서였을 것이다. 올바른 판결이 실제 법정에서 가능한 것일까? 백성들의 고통을 보면서 김삿갓은 불평의 심경을 억누를 수 없었으리라. 단, 김삿갓이 남긴 고소장이나 데김 등은 원래의 서식을 완전히 무시하여 희학적인 면이 있다.

---

5) 전경목, 「조선후기 탄원서 작성과 수사법 활용 : 고문서학과 한문학의 연구 접점 시론」. 『대동한문학』 48, 대동한문학회, 2017.9.
6) 심경호 역해, 『선생, 세상의 그물을 조심하시오』(이옥 원저), 태학사. 2001.6.
7) 이대형·이미라·박상석·유춘동 역, 『요람』, 보고사, 2012 ; 심경호, 『한국한문기초학사』, 태학사, 2012 ; 2013(개정).

제2부 문자권력에 대한 김삿갓의 저항

제7화. 육담풍월
제8화. 시시비비
제9화. 단구(斷句)와 연구(聯句)
제10화. 욕설과 허언
제11화. 대고풍
제12화. 과시(科詩)의 쭈어(做)
제13화. 배체(俳體)

제7화. 육담풍월

1.

 김삿갓은 육담풍월을 많이 남겼다. 육담은 '세속에서 항상 하는 말[恒常言語]'이다. 『숙종실록』의 숙종 15년 4월 25일(신묘) 기사에, "오두인(吳斗寅)이 문자로 공대(供對)하자 임금이 '어째서 거친 문자로 했는가? 곧바로 육담으로 하라'라고 했다"라는 기록이 있고, 그 주에 "세속에서, 항상 하는 말들을 육담이라고 하니, 대개 껍데기를 제거했음을 뜻한다[俗以恒常言語爲肉談, 蓋去皮毛之謂也]"라고 설명했다.
 육담풍월은 언문풍월과 같은 개념이다. 이에 비해 한시 형식을 지키고 있는 희작시나 한시의 특수한 형식인 잡체시, 그리고 형식을 파괴하되 여전히 한시의 외재율을 의식한 파격시 등은 언문풍월이 아니다. 형식을 파괴하되 한시의 외재율을 의식한 파격시는 진서풍월(眞書風月)로 간주된 듯하다. 이에 대해서는 진서풍월과 언문풍월이 신문과 잡지 등 문예란에서 대대적으로 모집된 1910년, 20년의 상황을 조사해보아야 결론을 내릴 수 있을 것이다.
 필자가 보기에 한자의 음차와 훈차를 얽어서 우리말과 연계시키지 않고 한자의 음을 그대로 사용하는 파격시는 진서풍월로 분류해야 할 것이라고 본다. 같은 글자 거푸 쓰기 시나 파자의 원리를 도입한 시는 여기에 속한다.

즉, 김삿갓은 한시에서 「시시비비시(是是非非詩)」는 是와 非자만으로 시를 구성해서 같은 글자 거푸 쓰기를 과감하게 시도했다.

시시비비

옳은 것 옳다 하고 그른 것 그르다 함이 꼭 옳음을 옳다 함이 아니고
그른 것 옳다 하고 옳은 것 그르다 함이 옳지 않음도 아니다.
그른 것 옳다 하고 옳은 것 그르다 함은 시비가 옳은 것 아니니
옳은 것을 옳다 하고 그른 것을 그르다 함이 이것이 시비거리다.

是是非非詩(시시비비시)
是是非非非是是(시시비비비시시)   是非非是非非是(시비비시비비시)
是非非是非非(시비비시비비)   是是非非是是非(시시비비시시비)

말장난을 통해 세간의 시비를 무화시키는 뜻을 지닌 묘품이다. 하지만 한자를 음차와 훈차의 방식으로 얽은 것은 아니다. 이것은 진서풍월에 속한다고 보아야 할 것이다.

또 김삿갓은 한자를 부수 부분과 몸통으로 나누어 파자하는 방식을 사용해서 시를 지었다. 제목을 아예 「파자시(破字詩)」라고 한 것은 다음과 같다.

파자시

신선은 산 사람, 부처는 사람 아닐세.
기러기는 강의 새이되 닭이 어찌 새리오.
얼음 녹아 한 점이 되면 다시 물이 되고

두 나무가 마주보면 숲을 이루네.

破字詩(파자시)
仙是山人佛不人(선시산인불불인)   鴻惟江鳥鷄奚鳥(홍유강조계해조)
氷消一點還爲水(빙소일점환위수)   兩木相對便成林(양목상대변성림)

이 시는 仙(선)·佛(불)·鴻(홍)·鷄(계)·氷(빙)·林(림) 자를 각각 파자했다. 글자의 자획을 나누되 시의 내용이 일관성을 가지도록 했다. 특히 둘째 구에서 닭 鷄(계)자를 파자해서 '奚鳥(해조)'로 만들어, '어찌 새리오?'라는 의문을 만든 것이 절묘하다. 격구마다 마지막 글자에 압운을 맞추려고 의식하지 않았으니, 조선후기에 널리 통용된 조선식 고풍의 방식으로 구들을 짠 것이다. 그런데 이 시도 한자의 음차와 훈차를 섞어서 우리말과 관련시킨 것은 아니다. 진서풍월로 보아야 할 것 같다.

육담풍월 즉 언문풍월은 형식이나 기원이 하나가 아니다. 종래 연구자들이 언급했듯이, 육담풍월은 상황에 맞는 한글 어휘를 고르고 그 의미에 맞는 한자를 골라 자수를 맞추는데, 운자(韻字)와 염법(廉法)을 안배할 수도 있고 그렇지 않을 수도 있다.1) 염법은 곧 점법(粘法)이다. 또 언문풍월 가운데는 한문 어휘가 상대적으로 많은 것과 우리말이 상대적으로 많은 것이 있다. 이러한 요소들을 고려하여 육담풍월을 대별하면 다음과 같다.

　(ㄱ) 외관상 한시의 형식을 취하면서 오언이나 칠언의 일부 글자를 우리말의 음차(音借)로 사용한 시.

---

1) 朴惠淑, 『金삿갓詩 硏究』, 國文學硏究 제67집, 서울대학교 대학원 국문학연구회, 1984 ; 이규호, 『開化期變體漢詩硏究』, 형설출판사, 1986 ; 정대구, 『김삿갓詩 硏究』, 숭실대 박사논문, 1989 ; 김영철, 「언문풍월의 장르적 특성과 창작양상」, 『한중인문학연구』 제13집, 2004.12, pp.53-78 ; 조동일, 『한국문학통사』(4판 3권) 「조선에서 근대로의 이행기문학 제1기」, 2005 ; 박종우, 「朝鮮 後期 漢詩의 變異 類型에 대한 一考察」, 『한국시가연구』 제27집, 2009.11, pp.351-377.

ㄴ) 외관상 한시의 형식을 취하면서 오언이나 칠언의 일부 글자를 우리말의 훈차(訓借)로 사용한 시.

   ㄷ) 한자어와 우리말(한글)을 섞어 쓰는 형태로 되어 있는 시. 이 때 운자는 혹 고려하여도 염법은 따지지 않는다.

   ㄹ) 오언이나 칠언의 형태를 갖추되 시어의 대부분이 우리말(한글)인 시

 ㄱ)과 ㄴ)의 경우, 구중의 시어를 우리말(한글)로 풀이해야 하는 시도 있고, 주로 하삼자(下三字)나 마지막 한 글자를 우리말(한글)로도 풀이해야 하는 시도 있다. 일정한 규칙은 없으나, 후자가 우세하다.

2.

 김삿갓의 육담풍월은 전체적으로는 운자와 염법을 안배하거나 의식하기도 하고 그렇지 않기도 한다. 오히려 한자를 우리말의 음차(音借)로 이용하는가 훈차(訓借)로 이용하는가, 한자와 우리말을 어떻게 결합하는가 하는 점에 주목할 필요가 있다.

 1) 한자를 우리말의 음차(音借)로 사용한 시

 김삿갓 시 가운데는 한자를 우리말의 음차로 사용하여 구중에 편성한 예들이 있다. 수수께끼 제시를 의도한 경우, 그것을 미어시(謎語詩)로 보아도 좋을 것이다.
 김삿갓의 「파격시」는 음차의 어휘를 시 전체에 배열하여 한자를 음으로 읽어 그것을 다시 우리말로 풀이하도록 했다.

파격시

하늘은 멀어서 가도 잡을 수 없고
꽃은 시들어 나비가 오지 않네.
국화는 찬 모래밭에 피어나고
나뭇가지 그림자가 반이나 연못에 드리웠네.
강가 정자에 가난한 선비가 지나가다가
크게 취해 소나무 아래 엎드렸네.
달이 기우니 산 그림자 바뀌고
시장을 통해 이익을 얻어 오네.

破格詩(파격시)
天長去無執(천장거무집) 花老蝶不來(화로접불래)
菊樹寒沙發(국수한사발) 枝影半從池(지영반종지)
江亭貧士過(강정빈사과) 大醉伏松下(대취복송하)
月利山影改(월이산영개) 通市求利來(통시구이래)

이 시는 모든 글자를 우리말 음으로 읽어야 한다.

天長去無執 '천장'에는 '거무집'
花老蝶不來 '화로'에선 '겻불내'
菊樹寒沙發 '국수'는 '한사발'
枝影半從池 '지영(간장)'은 '반종지'
江亭貧士過 '강정'과 '빈사과'
大醜伏松下 '대추'며 '복숭아'
月移山影改 '워리' '사냥개'

通市求利來 '통시'에 '구란내'

한자의 음과 뜻을 본음과 본의대로 사용한다면, 이 시는 "하늘은 길고 길어서 가도 잡을 수 없고, 꽃은 늙어서 나비도 찾아오지 않는다"라고 풀이할 수 있다. 하지만 한글 말로 읽으면 희작시가 된다. 이 시는 시골 결혼잔치 집을 묘사하는 것으로 시작하여 제3-6구에서 피로연의 음식 풍속을 소개한 다음, '통시' 주제의 해학이 이어진다.2)

다음 예에서는 한문으로 그대로 해석할 수도 있지만 각 구절 끝 3자가 모두 인물을 가리키는 것으로 풀이할 수 있다.

농짓거리

유월 더운 날에 새는 앉아서 졸고
구월 찬바람에 파리는 다 죽었다.
달이 동쪽 고개에 뜨자 모기가 처마 끝에 이르고
해가 서산에 떨어지니 까마귀는 둥지를 찾는다.

弄詩(농시)

六月炎天鳥坐睡(유월염천조좌수)　　九月涼風蠅盡死(구월량풍승진사)
月出東嶺蚊簷至(월출동령문첨지)　　日落西山烏向巢(일락서산오향소)

鳥坐睡(조좌수) = 趙坐首
蠅盡死(승진사) = 成進士(성진사)
蚊簷至(문첨지) = 文僉知
烏向巢(오향소) = 吳鄕首

---

2) 김태준, 「김삿갓 金炳淵論」, 이종찬 편, 『조선후기 한시 작가론 2』, 이회문화사, 1998.

바꾸어 읽으면 위의 시는 아래와 같이 해석된다.

유월 더운 날에 새가 앉아 졸 듯 조 좌수는 졸고
구월 찬바람에 파리가 죄다 죽듯이 성진사는 다 죽었네.
달이 동쪽 고개에 뜨자 모기가 처마에 이르러 오듯 문 첨지가 오고
서산에 해떨어지자 까마귀가 둥지를 향하듯 오 향수가 둥지를 찾는다.

김삿갓은 어떤 서당에 들렀다가 욕을 얻어먹고 다음과 같은 시를 남겼다고 하는데, 한자의 음을 가지고 시를 읽을 경우 지독한 욕설이 된다.

모서당에 대한 욕설

서당은 일찍부터 알아봤으니
방 안에 모두 귀한 분들이군.
생도는 모두 열 명도 못 되고
선생은 와서 뵙지도 않고.

辱說某書堂(욕설모서당)
書堂乃早知(서당내조지) 房中皆尊物(방중개존물)
學生諸未十(학생제미십) 先生來不謁(선생내불알)

物(물)자와 謁(알)자는 입성자로, 격구에 [-ㄹ]의 음을 지닌 글자를 놓아 압운의 효과를 내었다. 物(물)은 입성 제5 物운 본자, 謁(알)은 입성 제6 月운에 속하여, 두 글자는 통압(通押)의 관계에 있다. 통압이란 바로 옆의 운목에 속한 글자, 즉 인운(隣韻)의 글자를 가지고 압운을 하는 것을 말한다. 근체시의 경우, 칠언절구나 칠언율시의 첫 구에 통압할 수가 있으나 한 구를 걸러

짝수 번째 구(각 연의 바깥짝)에 압운할 때는 인운으로 통합하는 것을 피한다.

2) 한자를 우리말의 훈차(訓借)로 사용한 시

김삿갓은 어느 늙은이의 부고장에 '柳柳花花'라고 썼는데, 그 뜻은 '버들버들(柳柳) 떨다가 꼿꼿(花花)이 죽었다'라는 의미였다고 한다. 이렇게 김삿갓은 한자나 한자어구를 사용할 때 음만을 중시하지 않고 훈차(訓借)의 방식을 즐겨 사용했다.

따라서 김삿갓 시 가운데는 시어나 운자의 한자를 한글로 새겨 별도의 의미로 파악하게 만든 예들이 있다. 이 경우, 외관상 한시의 형식을 취하면서 오언이나 칠언의 일부 글자나 마지막 글자만을 우리말(한글)로도 풀이할 수 있게 만들었는데, 운자와 염법을 안배하거나 의식한 것도 있고, 그렇지 않은 것도 있다. 수수께끼 제시를 의도할 경우, 그것을 미어시(謎語詩)로 보아도 좋을 것이다.

「탁주내기(濁酒來期)」는 막걸리 동이를 두고 벌인 시 짓기 내기에서 운자가 '銅동), 곰, 지네'로 정해지자, 김삿갓이 지은 시다. 한시의 규칙을 지키면서 운자는 한글로도 새겨 읽도록 했다.

탁주내기

주인이 운을 부르는데 너무 '고리'고 '구리'니
나는 음으로 하지 않고 '새곰'으로 하리니 * 새곰=새김(訓)
막걸리 한 동이를 빨리빨리 가져 오라
이번 '내기'에는 '자네'가 '지네'

濁酒來期(탁주내기)
主人呼韻太環銅(주인호운태환동) 我不以音以鳥熊(아불이음이조웅)

濁酒一盆速速來(탁주일분속속래) 今番來期尺四蚣(금번내기척사공)

「팔죽시(八竹詩)」는 전체 56자 가운데 竹(죽)자를 13번이나 쓰고 그것을 토나 조사로 새겨 해석하도록 했다.

팔죽시

이'대'로 저'대'로 되어가는 '대'로
바람 부는 '대'로 물결치는 '대'로,
밥이면 밥, 죽이면 '죽,' 이'대'로
옳으면 옳고 그르면 그르고 저 '대'로
손님 접대는 집안 형세'대'로
시장에서 사고팔기는 세월'대'로,
만사를 내 마음'대'로 하는 것만 못하니
그렇고 그런 세상 그런'대'로.

八竹詩(팔죽시)

此竹彼竹化去竹(차죽피죽화거죽)   風打之竹浪打竹(풍타지죽낭타죽)
飯飯粥粥生此竹(반반죽죽생차죽)   是是非非付彼竹(시시비비부피죽)
賓客接待家勢竹(빈객접대가세죽)   市井賣買歲月竹(시정매매세월죽)
萬事不如吾心竹(만사불여오심죽)   然然然世過然竹(연연연세과연죽)

또한 김삿갓의 대표작 「이십수하(二十樹下)」는 食자를 운자로 써서 한 구 걸러 놓으면서, 전체 4구의 각 구마다 한자 숫자의 음을 한글 어휘의 뜻과 연관시켜 두었다.

이십수하

스무 나무 아래 서른[→서러운] 나그네
마흔[→망할] 집에서 쉰[→쉰] 밥을 먹네.
세상에 어찌 일흔[→이러한] 일이 있을까
집에 돌아가 서른[→설은] 밥 먹음만 못하리.

二十樹下(이십수하)
二十樹下三十客(이십수하삼십객)　　四十家中五十食(사십가중오십식)
人間豈有七十事(인간기유칠십사)　　不如歸家三十食(불여귀가삼십식)

이 시는 근체시의 압운 방식, 평측의 규칙, 염법을 완전히 무시했다. 마지막 구절은 처음에는 '三十食'이 아니라 '七日食'으로 알려져 있었다. 즉, 『매일신보』(1933.12.2)에 김병연의 직계종손 김홍한이 「김립선생소고 - 그의 시상과 예술경」(1)을 발표하면서, 훗날 『김립시집』에 수록되는 시와는 달리 마지막 구절을 '七日食'으로 소개했다.3)

스무 나무 아래 서른[→서러운] 나그네
마흔[→망할] 집에서 쉰[→쉰] 밥을 먹네.
세상에 어찌 일흔[→이러한] 일이 있을까
집에 돌아가 일곱 해[→일해] 밥 먹음만 못하리.

二十樹下三十客 四十家中五十飯

---

3) 金洪漢, 「金笠先生小考 - 그의 詩想과 藝術境」, 『매일신보』(1933.12.2) ; 김준형, 「김삿갓의 자아 찾기, 웃음과 울음」, 『東方文學比較研究』 6, 동방문학비교연구회, 2016.12.31, pp.27-54.

人間豈有七十事 不如歸家七日食

김갓갓은 동음이의어를 이용하여 중의법을 다용했다. 「개성축객시」에서는 개성이란 지명을 '열린 성'이라 새기고, 「가련기시」에서는 기생 가련의 이름을 신세가 가련하다는 뜻과 겹쳐 사용했다.

3) 한자 한글 섞어 쓰기 시

이응수가 1941년 펴낸 『김립시집』 대증보판에는 「진서언문썩어作」이 전한다. 칠언시의 자수를 맞추면서 각 구마다 첫 2자와 끝 1자만 한자로 쓰고 가운데 4자는 한글로 썼다. 이 시는 1939년 『김립시집』에는 실려 있지 않았다.

언문풍월

푸른 소나무가 듬성듬성 섰고
인간은 여기저기 있네.
엇득빗득 다니는 나그네가
평생 쓰나 다나 술만 마시네.

諺文風月(언문풍월)

靑松 듬성담성 立이요	=	'청송듬성담성립'이요
人間 여기저기 有라.	=	'인간여기저기유'라.
所謂 어뜩비뜩 客이	=	'소위더뜩비뜩객'이
平生 쓰나다나 酒라.	=	'평생쓰나다나주'라.

『동아일보』(1939.4.13)에 민촌생(民村生) 이기영(李箕永, 1896-1984)이 '뻑

레뷰-'를 실으면서,4) 바로 이 시를 자신이 외고 있는 김삿갓의 '육두문자'라고 했다. 단, 김삿갓의 시인지 사실 여부는 모른다고 했다.

　　김립이 역시 어느 글방을 찾어갓는데 그때 마침 사숙(私塾) 선생이 '有' '酒' 양자(兩字)의 운(韻)을 내걸고 글을 짓는 자리에 참석했더라고. 김립 선생은 그들의 짓는 글을 보고나서부터 숭봄(?)을 피우기를 나는 무식해서 글 질 줄은 모르나 언문풍월이나마 한 수 지여 보겟다고 자위(自謂)하고 즉시 아래아 같은 절구(絶句)를 지어서 그들을 놀내주엇다 한다.
　　　　靑松은 듬성 담성 立이요, 人間은 여기 저기 有라.
　　　　所謂 엇똑 삐똑 客이, 平生 쓰나 다나 酒라.

　다음 예는 4개의 구 전부를 각각 '한글+한자어'로 짜내었다. 김삿갓이 산에서 열린 시회에 끼려 했는데 시를 지어야 술을 준다고 하자 이 시를 지었다고 한다.

　　　봄을 시작하는 시회

　　　데걱데걱 높은 산에 오르니
　　　씨근벌떡 숨결이 흩어지네.
　　　몽롱하게 취한 눈으로 굶주리며 보니
　　　울긋불긋 꽃이 만발했네.

　　　開春詩會作(개춘시회작)
　　　데각데각 登高山하니 : '데각데각 등고산'하니
　　　시근뻘뜩 息氣散이라 : '시근뻘뜩 식기산'이라.

---
4) 民村, 「李應洙 編註 金笠詩集」, 『동아일보』 1939년 4월 13일 석간 면수03, [뿍·레뷰-].

醉眼朦朧 굶어觀하니 : '취안몽롱 굶어관'하니

욹읏붉읏 花爛熳이라 : '욹읏붉읏 화난만'이라.

사람들이 언문풍월도 시냐고 따지자 김삿갓은 다시 한 수를 읊었다.

    諺文眞書석거作하니   언문진서섞어작하니
    是耶非耶皆吾子라.   시야비야개오자라.

    언문과 진서를 섞어 지었으니
    이게 풍월이냐 아니냐 하는 놈들은 모두 내 자식이다.

아래의 두 구는 실은 정조 때 해학가 이문원(李文源)이 지은 시의 일부와 상당히 비슷하다.

4) 우리말 구어 4행시

    김삿갓 시 가운데는 한자시 형식을 참조하면서 우리말 구어의 음절로 7음절씩 4행을 늘어놓은 것이 있다.
    한 끼 밥을 빌어 찾아간 절간에서 중이 '타'자 운을 부르자, 김삿갓은 구어를 이용하여 칠언절구처럼 각 구마다 일곱 음절, 전체 4구를 짜내어 이렇게 읊었다고 한다.

    사면 기둥 붉었타
    석양행객 시장타
    네절 인심 고약타
    (넷째 줄 낙구)

이「언문시」는 한글 음을 칠언절구에 맞게 일곱 음절로 제한하고, 동일한 한글 음을 마치 운자처럼 4개의 구에 모두 사용했다.

3.

　언문풍월에서 한자의 음차와 훈차를 이용하는 방식은 정통 한시의 희작시 (戱作詩)에서 변형되어 나왔다고도 볼 수 있다. 그러한 희작시는 이미 당나라 시에서 발견된다. 특히 한자음을 적으면서 의미를 부여하는 방식은 금언시 (禽言詩) 양식에 이미 활용되어 왔다. 금언시는 당나라 한유에서 발단하여 북송 때 매요신(梅堯臣, 1002-1060, 자 聖兪)에 의해 양식으로 확립되었다. 조선의 금언시에서는 한자의 음을 우리말로 읽어서, 새의 울음소리를 의미론적 어휘로 전이시키는 방식을 즐겨 사용했다. 조선전기의 김시습(金時習) 등이 금언시를 남기고, 조선후기의 유득공(柳得恭, 1749-1807)도『영재집(泠齋集)』에「사금언(四禽言)」을 남겼다. 이를테면 소쩍새의 울음을 정소(鼎小)로 표기 해서 '솥이 작다'는 뜻을 나타냈다.5) 또한 조선후기의 한시에서는 민요 취향이 유행하여 민요사설투의 시어와 그 조사(措辭) 방식을 시에 도입하기도 했다.6) 김삿갓의 그 시는 그 계보에 속한다고 할 수 있다.
　실제로 김삿갓 시 가운데「풍속박(風俗薄)」은 금언시의 방식을 일부 차용했다. 즉, 두우 즉 소쩍새의 울음이 '불여귀'로, '돌아감만 못하리'라는 뜻을 전하는 것과 같다는 점을 이용한 것이다.

---

5) 심경호,『한시의 세계』, 문학동네, 2006.
6) 李東歡,「朝鮮後期 漢詩에 있어서 民謠趣向의 擡頭」,『韓國漢文學硏究』3·4합집, 韓國漢文學會(구 韓國漢文學硏究會), 1978, pp.48-50.

풍속박(風俗薄)

석양에 서서 두 사립문을 두드리나
세 번이나 주인이 손을 내젓는다.
두견새도 풍속이 야박함을 알아서
숲 너머서 울어 날 전송하며 '불여귀'라 하는군.

風俗薄(풍속박)
斜陽皷立兩柴扉(사양고립양시비)　三被主人手却揮(삼피주인수각휘)
杜宇亦知風俗薄(두우역지풍속박)　隔林啼送不如歸(격림제송부여귀)

금언시와 같이 한자음을 그대로 읽어 그것을 새 소리에 빗대면서 그 훈도 그대로 사용하여 의미를 부여하는 수법은 아직 정통 한시의 틀 속에서 그리 벗어난 것이 아니다.

이에 비해 한자음과 우리말의 결합 미어를 만드는 방법은 민간의 요(謠), 즉 광의의 참요에서 널리 사용되었다. 백제 무왕의 「서동요」와 선덕여왕 때의 다라니 은어는 문헌상에 나타나는 이른 예에 속한다.7)

조선후기에는 많은 희작시에서 한자음과 우리말의 결합을 통해 미어를 구성하는 창작 기법을 더욱 적극적으로 활용했다. 즉, 그러한 언문풍월의 사례는 17세기 이후 야담·패설류의 문헌에서부터 보이기 시작한다.

언문풍월은 파자시를 겸하기도 했다. 유몽인(柳夢寅)의 『어우야담』에는 김일손(金馹孫, 1464-1498) 기사에 다음 시가 인용되어 있다.8)

---

7) 심경호, 『참요』, 한얼미디어, 2011.
8) 柳夢寅 편, 『어우야담(於于野譚)』, 신익철·이형대·조융희·노영미 옮김, 돌베개, 2006, p.421.

文王沒	문왕이 죽으니
武王出	무왕이 나왔다.
周公周公	주공은 주공이요
召公召公	소공은 소공이요
太公太公	태공은 태공이라.

이 한시는 장단구의 고풍이면서 환운(換韻)을 한 듯한 압운법을 사용했다. 환운은 하나의 운을 사용하지 않고 중간에 운목을 바꾸어 압운하는 방식이다. 문왕이 죽고 무왕이 나왔다는 것과 주공·소공·태공 등의 이름을 동어 반복식으로 늘어놓았다. 그런데 한자어가 지시하는 뜻을 우리말로 바꾸어 풀이하면 그 뜻은 전혀 달라진다. 즉 문왕의 이름은 창(昌), 무왕의 이름은 발(發)이므로, 문왕 창이 죽고 무왕 발이 나왔다는 말은 곧 신발창이 떨어져 발이 밖으로 나왔다는 뜻이 된다. 또 주공의 이름은 단(旦)으로 아침 조(朝)와 통하고, 소공의 이름은 석(奭)으로 저녁 석(夕)과 음이 같으며, 태공의 이름은 바랄 망(望)이므로, 제3-5구까지는 '朝朝夕夕望望(조조석석망망)'으로 환치할 수 있다. 이것은 '아침저녁으로 바라고 바란다'는 뜻이 된다. 그런데 석은 또 신발 舄(석)과 음이 같으므로 '조조석석망망'은 '아침저녁으로 신발을 바라고 바란다'는 뜻으로 확장해서 이해할 수 있다.

김삿갓 시에는 한자의 음차와 훈차를 이용해서 시구의 일부를 우리말 대용어로 구성하는 방식을 사용한 육담풍월이 많다. 이 방식은 김삿갓이 처음 만들어낸 것은 아니다.

홍기문은 김삿갓의 선구로 성종 때 한 무변(武弁)의 구를 들었다.

성종이 한 무변의 풍채가 좋음을 보고 탁용코자 하여 문자를 아느냐고 묻고, 남산을 두고 시를 지으라고 했다. 무변은 "남산에 호랑이가 웅크리니 사람이 가서 누른다[南山虎伏人去黃]"라고 했다. 黃(황)은 '누르다'는 뜻의 형용사인데, 그것을 '누른다'는 뜻의 동사로 전용시켰다. 성종은 빙그레 웃고 문신더러 그 대를 채우라고 했다. 승정원 주서(注書) 한 사람이 "북악산에 뱀이 서리니 토끼가 와서 감는다[北岳蛇蟠兎來玄]"라고 했다. 玄(현)은 '가물다/검다'는 뜻의 형용사인데, 그것을 '감다, 감는다'는 뜻의 동사로 전용시켰다. 이 무변의 뒤로 신경진(申景禛, 1575-1643)이나 이문원(李文源, 1740-1794) 등이 나왔다. 신경진이 "나무나무 홰나무 맑은 바람이 많다"는 말을 '목목괴목청풍다(木木槐木淸風多)'라고 짓자, 누군가가 "정승정승 신정승 풍월도 잘한다"는 뜻으로 '상상신상풍월호(相相申相風月好)'라고 대를 맞추었다. 신경진은 또 "달 아래 행랑에 종단이 지나니, 치마를 풀어보고 싶지만 말례 때문에 안 되는구나"라는 뜻으로 '월하행랑종단과(月下行廊宗丹過) 해군욕작말례불(解群欲作末禮不)'이라는 시(연)를 지었다. 한 편 이문원은 "덜컥덜컥 남산에 오르니, 승지 참판 판서가 오네. 언문 진서를 섞어 짓는다고 시비하는 놈은 누렇게 아들놈"이란 뜻으로 "왈칵덜컥 登南山(등남산), 承旨參判判書來(승지참판판서래), 諺文眞書(언문진서) 섞어 作(작), 是非者(시비자)는 황견자(黃犬子)"라고 읊었다고 한다. 홍기문은, 신경진은 무변 정승이어서 '그 무식이 당연하지만' 이문원은 문과에 급제하여 지위가 정경(正卿)까지 이르렀거늘 아주 무식했다고 언급하고, 이문원이 신경진보다 그래도 '일단의 진경'이 있다고 할 수도 있을 것 같다고 했다. 김삿갓은 바로 신경진과 이문원의 후계자요 대성자라고 하고는, 홍기문은 "이러한 시도 시라고 해서 과연 좋을까?"라고 반문했다.9)

19세기 말 내지 20세기 초에 필사된 『이언총림(俚諺叢林)』(장서각 소장, 총 78면 39장)10)에 희시(희작시)가 실려 있다. 『이언총림』에 따르면 이항복(李恒福, 1556-1618)이 6세에 지었다고 전하는 칠언시는 현토를 제외하면 앞의 4자와 끝 1자는 한자, 가운데 2자는 한글이다. 아침에 길에서 양을 보고 올라타

---

9) 홍기문, 「金笠의 先驅」, 洪起文 저, 金榮福·丁海廉 편역, 『洪起文 朝鮮文化論選集』, 현대실학사, 1997. pp.125-6.
10) 스킬렌드(Skillend, W.E.)의 『고대소설(古代小說)』에 처음 소개되었다. 전승하는 이야기를 적었다고 해서 '역사 이야기들(historical stories)'이라 불렀다. 맨 앞에 실린 작품의 제목 「정일남전」을 책 이름으로 쓰기도 한다. 소화 25편, 수수께끼 69편, 희시 11편 등 모두 105편이 들어 있다.

고 다니다가 떨어져서 머리를 다치고 울면서 읊었다고 한다.

희작시

금됴차숭늄의양[이러니]	오늘 아츰에 눔의 양을 비러 톳더니
홀연낙지쪽뒤샹[이라]	홀연히 쎠러져 쪽뒤가 샹하도다
쟝안대도[에]에에곡[ᄒ니]	쟝안 대도에 에에 우니
셰인기칭미치광[이라]	셰상 사람이 다 미치광이라 일컷더라

임형택 님의 「이조말 지식인의 문화와 문학의 희작화 경향」은 현토 부분을 제외하면 칠언 한시의 형식이되 1–2구와 4구 끝부분 3자가 한글인 다음 시를 소개했다.

完然角頭져즘승은
奔赴燕軍우두둥이라.
七十齊物回復後에
歸入田林흐르릉이라.

첫 구 마지막에 '승,' 둘째 구 마지막에 '둥,' 넷째 구 마지막에 '릉'을 두어, 칠언절구의 압운법을 따른 듯한 효과를 내었다. 칠언절구는 첫 구에도 압운을 하는 것이 일반적이므로 첫 구에도 [-웅]의 소릿값을 지닌 '숭'을 쓴 것이다. 셋째 구는 '七十齊物回復(칠십제물회복)'이 본 구절이고 '後에'는 현토식으로 덧붙인 것이다.

『이언총림』에 임제(林悌, 1549–1587)의 작으로 되어 있는 「음공가(吟空家)」는 다음과 같다.[11] 이응수는 이 시를 김삿갓의 시로 보고 대중보판 『김립시

---

11) 진갑곤, 「언문풍월에 대한 연구」, 『문화와융합』 13, 한국문화융합학회, 1992.5,

집』에 실었다.

음공가(吟空家)

甚寒漢高祖　방이 너무나 차가워
不來陶淵明　잠이 오질 않네.
欲擊始皇子　부싯돌을 치고자 하나
豈無楚覇王　어찌 부싯깃이 없네.

숯막의 차가운 방에서 잠을 이루지 못하는 이의 심정을 해학적으로 표현한 시이다.

대한한고조 : 한고조의 일홈이 방(邦)이니 방이 너모 츠단 말
도연명불닉 : 도연명의 일홈이 줌(潛)이니 줌이 오지 아니탄 말
욕격시황ᄌᆞ : 진시황의 쟝ᄌᆞ의 일홈이 부소(扶蘇) ㅣ니 부쇠를 치고져 ᄒᆞ되
낭무항쟝군 : 항쟝군의 쟈는 깃 우(羽) 지니 주머니의 깃이 업단 말

　　　　　　　　　　－ 우(右)는 님빅호의 숯막의셔 지은 글

또 『이언총림』에는 특정 인물을 기롱한 언문풍월이 있다. 즉, 강아지, 개자식, 삽사리, 뼈다귀, 개차반 등의 어휘로 강가(姜家)를 욕했다.

강긔셔(강가를 긔롱ᄒᆞ는 글이라)

직일강ᄋᆞ지(직계ᄒᆞ는 날 강가 아희 니르니)
진셜ᄀᆞᄌᆞ셕(진셜ᄒᆞ기를 다 져녁으로 ᄒᆞ도다)

---

pp.251-270.

속모삽사리(쥐를 뭇거 모릭 속의 쏙고)

첨쟉반동경(첨쟉ᄒ미 반만 동으로 기우럿도다)

쥬부시노랑(쥬부는 이 늙은 겨집이오)

집사기얼옹(집사는 다 얼하 아비로다)

음복믈즉긔(음복ᄒ미 믈이 곳 다ᄒ니)

징식벽다괴(ᄃ토와 먹으미 벽이 다 문허지도다)

제믈개치반(제믈을 치반으로 덥ᄒ니)

신령주린가(신령이 동니 집으로 ᄃᆺ더라)

한자로 옮겨 보면 다음과 같다.

姜譏書(강기서)

齋日姜兒至　姜兒至[강아가 왔다] = 강아지

陳設皆自昔　皆自昔[다 저녁으로 하다] = 개자식

束茅揷沙裏　揷沙裏[모래 속에 꽂다] = 삽사리

添酒半東傾　東傾[동쪽으로 기울었다] = 동경이

主婦是老娘　老娘[늙은 겨집] = (노랑)

執事皆兒翁　兒翁[어린애의 아비] = (아옹)

飮福物乭旣　物乭旣[물이 곧 다하다] = (물직기)

爭食壁多壞　壁多壞[벽이 많이 무너졌다] = 빽다귀

祭物蓋菜盤　蓋菜盤[채반을 덮다] = 개차반

神靈走隣家　走隣家[이웃 집으로 달아나다] = (주린가)

이 시를 보면 각 구 5언에서 주로 하삼자(下三字)가 한글 우리말로도 풀이 된다는 점이 특징이다.

박두세(朴斗世, 1654-?)가 엮은 『요로원야화기(要路院夜話記)』에는 언문풍월이 실려 있다.12) 박두세가 1678년(숙종 4년) 과거를 보러 상경했다가 돌아가는 길에 충청도 아산(牙山) 요로원에 묵으면서 지은 것이다. 박두세가 자신은 시골 양반이라 진서풍월을 모른다고 하자, 서울 양반인 객(客)이 비웃으며 '육담풍월'로 대신하자 하고는 먼저 지었고, 이에 박두세가 창수한 것으로 되어 있다. 육담풍월은 언문풍월을 말하는데, 각 5언구의 마지막 글자를 우리 말 새김으로 해석하도록 되어 있다.

서울 양반의 시

我觀鄕之賭　내가 시골내기[賭]를 보니
怪底形體條　괴이하게도 몸뚱이가 조[條]쿠나.
不知諺文辛　언문 쓸[辛] 줄을 모르니
宜乎眞書沼　진서 못[沼] 함이 당연하지.

시골 양반의 시

我觀京之表　내가 서울 것[表]을 보니,
果然擧動戎　과연 거동이 되놈[戎] 같구나.
大抵人物貸　대저 인물을 꿔대[貸] 놨으나
不過衣冠夢　의관을 꾸민[夢] 것에 불과하도다.

두 편의 시는 모두 외형상 오언 한시이지만, 첫 번째 시[서울 양반의 시]는 압운과 염법을 지키지 않았다. 條(조)는 하평성 제2 蕭(소)운이므로 운이 맞지 않는다. 상성 제17 篠(소)운의 본자 篠(소)이어야 운이 맞는다. 두 번째 시는 오언고시로, '戎'과 '夢'이 모두 상평성 東운이라 압운법에 맞는다. 진서풍

---

12) 김태준, 「요로원야화기의 서울문명론」, 『국어국문학』 82, 국어국문학회, 1980.

제2부 문자권력에 대한 김삿갓의 저항　221

월을 할 수 있다고 뻐긴 서울 양반의 시는 압운법을 지키지 않고, 진서풍월을 모른다고 한 시골 양반 박두세가 압운법을 지킨 것에 묘미가 있다. 시골 양반의 작시 능력을 알아본 서울 양반은 그제야 '노도령'이라 하지 않고 '그대'라고 존대하게 된다.

「요로원야화기」에 보이는 파격의 희작시는 언문풍월의 파격시로 바뀌어가는 과도기 현상을 드러낸다.13)

이가원의 『옥류산장시화』는 신광수(申光洙, 1712~1775)가 지었다는 성적 비속어를 음차한 한시를 소개했다.14) 지독한 음사(淫詞)라서 번역은 생략한다.

    爾年十九齡(이년십구령) 너의 나이 열아홉 살
    乃操持瑟琴(내조지슬금) 거문고와 비파를 고르네.
    速速許高低(속속허고저) 빨리도 또 높고 낮게도 하니
    勿難報知音(물난보지음) 지음(知音)에게 알리기 어렵지 않네.

한편, 외형상 정통 한시로 한자시대로 뜻이 통하되, 한자시의 특정 부분이 음차와 훈차로서 한글 어휘의 음과 뜻을 숨겨 지니는 예들도 조선후기에 많이 나왔다. 방언을 음차한 어휘를 사용한 한자시가 특히 많다. 이옥(李鈺)의 「배조(俳調)」는 그 한 예이다.

    謂君似羅海 당신이 사나이라 여겨
    女子是托身 여자인 이 몸을 맡겼답니다.
    縱不可憐我 설령 날 나를 어여삐 여기진 못할망정
    如何虐我頻 어찌 번번이 날 구박만 하시나요.

---

13) 김태준, 「요로원야화기의 서울문명론」, 『국어국문학』 82, 국어국문학회, 1980.
14) 이가원(李家源), 『옥류산장시화(玉溜山莊詩話)』, 을유문화사, 1972 ; 허경진 역, 연세대학교 출판부, 1980.6.

첫구의 似羅海(사라해)는 '비단결 같이 펼쳐진 바다와 같다'는 뜻이면서 한글 어휘 '사나이'의 음차이다. 정약용이 「탐진어가(耽津漁歌)」 10장에서 향토의 언어를 한자로 번역하여 사용했다.

한편 일본 동경대학 오구라 문고 소장 『청구영언(靑邱永言)』제2책에는 「팔정시(八情詩)」가 적혀 있는데, 이것은 육담풍월의 형식이다. 이 『청구영언』의 필사 시기가 1896년으로 추정되므로,[15] 그 속의 「팔정시」도 19세기 후반에 유포되어 있었던 것이거나 필사자가 당시 창작해서 전재한 것으로 볼 수 있다. 전편과 후편이 각각 8수로, 남녀 상열의 일을 '窺(규) · 約(약) · 來(래) · 遊(유) · 別(별) · 思(사) · 夢(몽) · 書(서)'의 시제로 8개 장면으로 분할하고, 전편과 후편이 서로 짝이 되게 만들었다. 각 시의 각 구는 한자시로서 의미가 통하면서 부분부분 우리말 구어로도 읽게 되어 있다. 하지만 간혹 근체시의 구법을 어기고 한문고문의 문법에 맞지 않는 곳도 있고, 우리말 음차가 무리한 부분도 있다. 이를테면 후편 3 넷째 구(결구) '碧桃隱下露疎斜(벽도은하노소사)'는 근체시의 구법과는 거리가 있다. 제4구(결구)의 마지막 斜(사)는 우리말에서 기능이 다른 여러 종지법을 아우르고 있다.

전후 16수가 모두 기구에도 압운하여, 하평성 麻(마)운의 家(가) · 花(화) · 斜(사)를 운자로 사용했다. 또 모두 제3구(전구) 마지막에 측성자를 놓아, 평성운 절구의 규칙을 지켰다. 전체적으로 외재율을 지키려 했지만, 구중의 평측은 율격을 어긴 것이 꽤 있다. 전편 '窺(규)'시의 결구는 평성이 와야 할 넷째 글자에 측성(상성) 眼(안)자를 놓았다. 또 전편 '約(약)'의 전구 襪(말), 결구 路(로)와 廉(렴)은 평측이 어긋난다.

---

15) 소창문고본 『청구영언』 필사본 상하 2책은 "丙申五月初八日謄畢"이라는 필사기가 있는데, 1852년 편집 육당본 『청구영언』을 저본으로 활용한 점, 이유승(李裕承, 1835-1907)의 시조 한역시를 수록한 점, 구한말에 주로 사용된 '議政府' 관심의 용지를 사용된 점 등으로 미루어 병신년은 1896년으로 추정된다. 시조 998수 가사 16편, 시조 한역시 10수, 한시 16수가 실려 있다. 임재욱, 「새로 발견한 육담풍월 팔정시 연구」, 『어문연구』 156호, 한국어문교육연구회, 2012 ; 임재욱, 「小倉本『靑邱永言』에 대하여」, 『한국시가연구』 34집, 한국시가학회, 2013.

「팔정시」는 주로 각 시구에서 7언의 하삼자(下三字)를 한자 그대로 읽어도 의미가 되고 우리말로 읽어도 의미가 되도록 구성했다. 단, 전편 '約(약)'시에서 기구 '隣堤五里許多家(인제오리허다가)'는 전체 7언이 우리말 '인제 오리 하다가'를 음차했다. 또 후편 5 기구 '桃李蹊邊家中家(도리혜변가중가)'에서는 中자를 이두식으로 사용해서 [-에]의 뜻을 나타냈다.

〈표 12〉 「팔정시」의 구성, 임재욱(2012)를 기초로 재정리.

	전편	
窺	01戀爾紅粧不近家 02頻頻注目任挐花 03門彪吠跡月移改 04窓鳥驚眼雨亂斜	01不近家(붉은가) 02任挐花(임 나와) 03月移改(워리 개) 04雨亂斜(우는 새)
約	01隣堤五里許多家 02或恐遊人忙步花 03弱柳蹊塵羅襪尼 04殘梅村路綺簾斜	01隣堤五里(인제오리) 許多家(하다가) 02忙步花(망 보아) 03羅襪尼(나말이) 04綺簾斜(기려무나)
來	01來不來兮這裡家 02出門步步情多花 03紅粉寶帶雲文斷 04草綠長衫異月斜	01這裡家(저리 가) 02情多花(정다와) 03雲文斷[雲紋은] 04異月斜(이울어라)
遊	01丰茸姿色照渾家 02歌舞三更露裡花 03口吸櫻脣香乃訖 04背憑蠟燭淚踈斜	01照渾家(좋은가) 02露裡花(노닐어) 03香乃訖(향내를) 04淚踈斜(누소사)
別	01一朝忽別情人家 02繾綣深依謝路花 03芳草繡鞋早痕迅 04碧梧新葉午陰斜	01情人家(情인가) 02謝路花(새로워) 03早痕迅(조흔 신) 04午陰斜(옵소서*)
思	01情似春風無定家 02想思不見乃尋花 03遲遲消息吟難待 04脈脈深愁日倏斜	01無定家(無情가) 02乃尋花(내 心火/內心아) 03吟難待(없는데) 04日倏斜(해 숙네)
夢	01夢中人事屬隣家 02容貌依然態滿花 03明月秦樓路忽滯 04神雲楚台朝餓斜	01屬隣家(속인가) 02態滿花(태 많아) 03路忽滯(노올 제) 04朝餓斜(좋았서)
書	01寂寞紗窓阿氏家 02情壓忽寄半柯花 03重封一幅魚書報 04橫看數行鴈跡斜	01阿氏家(아씨가) 02半柯花(반가와) 03魚書報(어서 보) 04鴈跡斜(안적없서)
	후편	

一	01 月容仙女舍南家 02 二八靑春乃早花 03 綠綺三彈踞門顧 04 秋波脉脉眼鬖斜	01 舍南家(사는가) 02 乃早花(내 좋아) 03 踞門顧(거문고) 04 眼鬖斜(앉았어)
二	01 楊柳池塘一二家 02 黃蜂白蝶自來花 03 春風白玉欄干倚 04 步屧纖纖近日斜	01 一二家(이리 가) 02 自來花(자러 와) 03 欄干倚(난간에) 04 近日斜(거닐리라)
三	01 月明秋夜任隣家 02 顔色如花奈汝花 03 香珮羅衫遵大路 04 碧桃隱下露踈斜	01 任隣家(임인가) 02 奈汝花(내려와) 03 遵大路(준대로) 04 露踈斜(노소서)
四	01 緗簾十二樓君家 02 皓齒淸歌笑裡花 03 酒盃頻勸已殘矣 04 紅燭三更照忽斜	01 樓君家(누군가) 02 笑裡花(소리와) 03 已殘矣(이 잔에) 04 照忽斜(좋을씨고)
五	01 桃李蹊邊家中家 02 玉郞十里四娘花 03 春情不盡醉何夜 04 後約黃昏斗始斜	01 家中家(가에 가) 02 四娘花(사랑해) 03 醉何夜(취하여) 04 斗始斜(두시어)
六	01 連理丁香生各家 02 一枝濃艶燭爲花 03 紅顔不見疑深隱 04 忽發窓梅到夜斜	01 生各家(생각이) 02 燭爲花(촛불되어) 03 疑深隱(의심은) 04 到夜斜(되어서)
七	01 裏培雲雨妾人家 02 淚濕相思茉莉花 03 春夢片時潛引至 04 銀缸對笑雨斜斜	01 妾人家(첩인가) 02 茉莉花(말리라) 03 潛引至(잠인지) 04 雨斜斜(웃으시오)
八	01 人間二字平安家 02 消息相傳報如花 03 一寸肝腸片紙露 04 謹封添墨抹鵝斜	01 平安家(평안가) 02 報如花(보여와) 03 片紙露(편지로) 04 抹鵝斜(말으시오)

조선후기에는 한시 형식에 한글이 결합한 시가들이 많이 나왔다. 19세기 말 연행된 것으로 추정되는「봉산탈춤」(임석재 채록본)에는 '영시조(咏詩調)'라 3개의 연이 있다. 앞의 둘(7자·7자와 8자·8자)은 하나의 연에 2개의 운자를 사용하고, 마지막 것은 하나의 운자(9자·8자)를 사용하되, 모두 각 구 압운했다.

생 원 : 그러면 동생이 운자(韻字)를 내게.
서 방 : 네, 제가 한 번 내 드리겠습니다. '산(山)'자, '영(嶺)'잡니다.
생 원 : 아, 그것 어렵다. 여보게, 동생. 되고 안 되고 내가 부를 터이니 들어 보게. [영시조(咏詩調)로] "울룩줄룩 작대산(作大山)하니, 황천풍산(黃川豊山)에 동선령(洞仙嶺)이라."
서 방 : 하하. (형제, 같이 웃는다.) 거 형님, 잘 지었습니다.

생　원 : 동생, 한 귀 지어 보세.

서　방 : 그럼 형님이 운자를 하나 내십시오.

생　원 : '총'자, '못'잘세.

서　방 : 아, 그 운자 벽자(僻字)로군.(한참 낑낑거리다가) 형님, 한마디 들어 보십시오. [영시조(咏詩調)로] "짚세기 앞총은 헝겊총하니, 나막신 뒤축에 거멀못이라."

말뚝이 : 샌님, 저도 한 수 지을 터이니 운자로 하나 불러 주시오.

생　원 : 재구삼년(齋狗三年)에 능풍월(能風月)이라더니, 네가 양반의 집에서 몇 해를 있더니 기특한 말을 다 하는구나. 우리는 두 자씩 불러지었건 마는 너는 단자(單子)로 불러줄 터이니 한 자썩이나 달고 지어보아라. 운자는 '강'자다.

말뚝이 : [곧 영시조(咏詩調)로] 썩정 바자 구녕엔 개대강이요 헌바지 구녕엔 ×대강이라.

생　원 : 아, 그놈 문장이로구나. 운자를 내자마자 지어내는구나. 자알 지었다.

앞서 말했듯이 한징의 「양문대신(梁門大臣)의 언문 시」에는 이서구(李書九, 1754-1825)가 한글 자음 명칭을 사용하고 그 자음의 형상과 비슷한 모양의 한자와 연계시킨 시가 소개되어 있다.16) 자음 명칭을 보면 이서구 시대의 작으로 볼 수 있을지 의문이다.

　　我看世시옷 내가 세상 사람[ㅅ→시]을 보니
　　禍福由마음 재앙과 복이 입[ㅁ→口]으로 말미암네.
　　若不修라을 만일 몸[ㄹ→己]을 닦지 않으면
　　終當黜디귿 종당에는 망[ㄷ→亡]하리라.

---

16) 한징, 「양문대시의 언문시」, 『한글』 48, 1937.9.

이응수의 『김립시집』에 따르면, 김삿갓이 이서구의 이 시를 본떠 다음 시를 지었다고 전한다. 김삿갓이 들에서 낫을 차고 소를 먹이는 어느 목동을 만나 수작하다가, 그 목동의 오만함을 경책(警責)하는 뜻에서 지어주었다고 한다. 각 구의 첫 3자는 한자, 뒤 2자는 우리 음 한글이다.

腰下佩기역 : 허리에 낫[ㄱ→ㄱ]을 차고
牛鼻穿이응 : 소의 코에는 코뚜레[ㅇ→ㅇ]를 꿰었네.
歸家修리을 : 집에 돌아가 몸[ㄹ→ㄹ]을 닦을지니
不然點디귿 : 그렇지 않으면 ㄷ에 점[ㄷ→ㄷ]을 달리라.

4.

언문풍월은 1900년대에 잡지의 문예란을 차지하면서 독자적인 시 형식으로 부상했고, 1900-1920년경 유행했다. 다음 자료들을 참고할 수 있다.

「병문친고육두풍월」, 『대한매일신보』(국한문) 1906.02.03
「언문풍월 상타는 것 제12회 과제」, 『매일신보』 1914.02.11
「懸賞 언문풍월 : 달 속에 옥토끼」, 『매일신보』 1915.01.01.
李鍾麟 編輯, 『諺文風月』, 古今書海, 1917.8.(日本 富山大学 附属図書館)

이 언어유희의 기원 궁녀로 보는 설이 있다. 즉, 1917년의 「諺文의 文藝」에 따르면, 언문풍월은 궁녀 이씨가 창안했고, 지방 기녀 사이에서 유행하다가 서울 부녀들 사이에도 유행하게 되었다고 한다.17)

---

17) 「諺文의 文藝」, 『朝鮮文藝』 1호, 朝鮮文藝社, 1917.

이것은 조션 고딕 궁녀 리씨가 본디 글을 줄 ᄒᆞ고 시법을 아는 고로 녀ᄌᆞ의 항용ᄒᆞᄂᆞᆫ 언문으로 시를 짓는 법을 만드러 젼ᄒᆞ야 옴으로 외방 기ᄉᆡᆼ들이 잘 짓는 지만ᄒᆞ나 경셩에ᄂᆞᆫ 짓는 지 업셔 다만 언문풍월에 염이 업다ᄒᆞᄂᆞᆫ 상말은 잇기로 언문풍월이 잇는 줄은 물논 아는 바이나……

이 기사는 '언문풍월에 염(廉)이 없다'는 특징을 밝혔다. 한국어 구어에는 평측의 구별이 없으므로 사실상 염법을 지킬 수가 없다. 이어지는 '언문풍월법'의 일부 기사도 그러한 형식적 요건을 설명해준다.

언문풍월 짓는 법은 다 아는 바이니와 네 귀도 짓고 두 귀도 짓고 ᄒᆞᆫ 글졔로 여러 귀도 짓ᄂᆞᆫᄃᆡ 염은 보지 아니ᄒᆞ되 운은 다라 짓ᄂᆞ니 가령 지이라든지 가나라든지 각낙이라든지 갓ᄒᆞᆫ 운으로만 글귀 ᄉᆞᆺᄌᆞ에 따라 짓고 보통 쓰는 말노만 ᄒᆞ되 말을 번역ᄒᆞ야 한문 문ᄌᆞ가 될 것 갓흐면 격에 맛지 아니 ᄒᆞᄂᆞᆫ 것이니‥(후략)…짓는 지 잇셔도 가령 「슘월동풍조흔날」이라 ᄒᆞ면 슘월동풍 넉ᄌᆞᄂᆞᆫ 한문 문ᄌᆞ이라 그러면 언문풍월이라 홀 거이 아니로다 그러나 언문풍월은 글과 갓지 아니ᄒᆞ나 짓자 홀지면 극히 어려운 바이라 일곱 ᄌᆞ ᄒᆞᆫ 귀에 두 마듸 말노 어울녀 말이 되도록 ᄒᆞᄂᆞᆫᄃᆡ 우혜 넉ᄌᆞᄂᆞᆫ 쉬우나 아ᄅᆡ 셕ᄌᆞ가 극난ᄒᆞ야 말이 졉속ᄒᆞ기 어려운지라 그럼으로 마니 지어 ᄌᆞ법 귀법을 잇키 안 후에는 직졍과 운의ᄂᆞᆫ 무한교묘ᄒᆞᆫ 수단을 어들지니 문예의 한가지 될만하도다 언문풍월 초학의 참고에 공ᄒᆞ기 위하야 두어 슈 긔록ᄒᆞ노라

이 글에서 말하고 있는 언문풍월의 형식을 요약하면 다음과 같다.

ⓐ 2구[聯] 또는 4구[絶句]로 짝을 맞추어 짓는다.
ⓑ 단일 글제[詩題]로 여러 구를 지을 수 있다.
ⓒ 염(廉)은 상관하지 않는다.

ⓓ 운(韻)은 한글 운자로 맞춘다.
ⓔ 한자 어휘는 피하고 한글 어휘만으로 쓴다.

1910년대에는 신문이나 잡지의 뒷표지에 언문풍월의 모집광고가 게재되었다. 다음의 「자명종」은 1, 2, 4구 끝에 각각 '가, 나, 다'를 운자로 놓았다.

두개바늘돌아가
글자마다치노나
땅땅치는그소리
늙을노자부른다

자명종은 큰 바늘 작은 바늘이 쉬지 않고 돌면서 정시마다 종을 치는데, 그 소리는 늙음을 재촉하는 소리로 들린다고 했다.18)

1917년에는 천도교 지도자 이종린(李鍾麟, 1883–1950)이『언문풍월』을 편집해서 간행했다. 蚕(잠)·針(침)·扇(선)의 세 글제에 대해 응모한 수상작과 응모작들을 엮은 것으로,19) 권수에 편집·교열·고시인의 명부가 있다.

編輯:鳳山 李鍾麟
校閱:玉泉 吳尙俊
考試:沃坡 李鍾一, 松村 池錫永, 石儂 柳瑾

또 권말에는 제조판매자, 판매점, 분매점 등이 열거되어 있다.

---

18) 정민,『한시미학산책』, 솔출판사, 1996, p.359. 출전은 확인하지 못했다. '가, 나, 다' 운을 사용한「부채」도 소개했다.
19) 1–4등까지 총 73명을 뽑았다. 1등 1인 水原 金彌奉 ; 2등 2인 漣川 金琴南, 瑞山 金喆子 ; 3등 20인 ; 4등 50인(실제로는 4등 이하와 함께 수록. 4등의 경우 시제 앞에 작은 글씨로 '四等'이라 표시)

〈표 13〉 1918년 간행 『언문풍월』 권말

```
         製造販賣者 京城府南大門町二番地 金顯玖
         販賣店   京城府南大門市場黃六號 孫奉根/姜大鉉
         分賣店   京城府堅志洞三八番地 古今書海
         大正六年 八月十三日 印刷
         大正六年 八月十六日 發行

         編輯兼發行人 李鍾麟 (京城府寬勳洞一七七番地)
         印刷者 金敎贊 (京城府 慶雲洞 八十八番地)
         印刷所 普成社 (京城府 壽松洞 四十四番地)

         總發行所 古今書海(京城府堅志洞三八番地)
         分賣所 京鄕各書舖
```

『언문풍월』의 정조(正調)는 한글로 7언 4구를 이루고 운자를 제1, 2, 4구에 놓았다. 칠언절구 만당체를 참조한 것이다.

또한 이 책은 언문일치를 주창하여, 4등 6인 다음에 「육두문자 편지 격식」을 예시하고, 4등 50인 명부 다음에 '한문으로 조선속어가 된 문자'로 지송촌(池松村) 즉 지석영의 짧은 글을 예시했다. 「육두문자 편지 격식」의 '평교간(平交間) 안부 편지'를 보면 다음과 같다.

比隣相居ᄒ야 如兄若弟히 朝夕相從ᄒ다가 一自以後로 莫往莫來ᄒ니 晝思夜夢은 彼此一般이로다 再昨日 近處親舊를 路上相逢ᄒ야 (1자 빈 칸)老兄宅 安否를 探問ᄒ즉(줄 바꿈)

侍奉一安 宅內無故ᄒ오며 近來는 家計가 裕足ᄒ야 居處凡節이 不換三公이라 ᄒ오니 幸莫幸矣외다 少弟는 其間 生涯에 汨沒ᄒ야 所謂工夫는 不得已 中途以廢ᄒ고 牛往馬往ᄒ야 長在路上이라 所以로 親舊尋訪은 姑捨勿論ᄒ고 姻戚間 哀慶相問도 有意莫遂ᄒ오니 (1자 빈 칸) 老兄은 容恕ᄒ시고 早晩間 一次訪問ᄒ야 쥬

시기 千萬 바라나이다

이종린은 1888년 충청남도 서산시 지곡면 화천리의 외가에서 출생했다. 아호는 황산(凰山), 도호(道號)는 보암(普菴). 필명은 봉황산인(鳳凰山人)이다. 1907년 성균관박사가 되어 학림학사 벼슬을 받았으며, 이종일(李鍾一)의 추천으로『제국신문』기자로 입사했다. 1909년 6월 오세창(吳世昌)과 장효근(張孝根)이『대한민보』를 창간하자 논설 기자로서 일진회를 비판하는 글을 썼다. 1912년 천도교에 입교하여『천도교회월보』의 주임으로 활동했다. 1919년 3·1운동 당시『조선독립신문』을 창간하여 주필로 활동하다가 일경에 체포되어 삼 년 옥고를 치렀다. 조선어연구회 임원으로서 조선어학회 표준어 사전위원을 지냈고 천도교에서 발행하는 종합 잡지『개벽』의 사장을 지냈다. 1929년 월간 어린이잡지『새벗』을 창간했다. 1940년에는 천도교의 최고위 교령(敎領)에 이어 장로가 되었다. 조선종교단체전시보국회에 참여하여, 손병희 사위 정광조(鄭廣朝)와 함께 조선인 학병 참여를 격려하는 강연을 했다. 광복 후 반민족행위특별조사위원회에서 조사를 받았으나 무혐의 판결을 받았다. 1948년 서산 갑구 국회의원에 당선되어 헌법기초위원, 교체위원장, 외무·국방위원장 등을 역임했다. 1950년 5·30 총선에서 제2대 국회의원에 당선되었으나 6·25전쟁 때 북한군에 체포되었다가 병으로 가출옥, 병사했다. 1967년 12월 대한민국 국민훈장 무궁화장이 추서되었다.

이종린은 1913년 장편소설「만강홍」·「사촌몽」을 발표했다. 1913년 보서관(普書館)에서『문장체법(文章體法)』[20])을 간행하고, 1914년 회동서관(匯東書館)에서『몽학이천자(蒙學二千字)』를 출판했다. 문집으로『황산집(凰山集)』이 있다.

1917년 고금서해에서 간행된『언문풍월』의 뒤에는 다음과 같은「언문풍월현상모집공고(諺文風月懸賞募集廣告)」가 실렸다.[21])

---

20) 이종린(李鍾麟)의『문장체법(文章體法)』(1913, 普成社 ; 일제강점기 글쓰기론 자료 4, 김경남 엮음, 도서출판 경진, 2016.05)

〈표 14〉 언문풍월 현상 모집광고(1917, 『언문풍월』)

諺文風月懸賞募集廣告 (正調와 變調)
　正調
　　　글데　　　운자
1. 삼베질삼(績麻)　감, 밤, 남.
1. 모심는 것(移秧)　보, 도, 오.
　순전혼 朝鮮말로 두 슈를 다 잘 지은 글이라야 1, 2等에 쏩히오
　一等一　한산셰묘시호필(韓山細紵)
　二等二　이언자리물건(二圓値物品)
　三等二十　신옥편한권(新玉篇一卷)
　四等五十　리약이칙한권(小說 一卷)

變調
보리치며ᄒᆞ는노릭(打麥謠)
논 미며 ᄒᆞ는 노릭
　이 소리는 글데를 맞추워서 소리가락은 그 地方에 流行ᄒᆞ는 曲調(忠淸道산타령 全羅道륙자빅이 平安道슈심가 黃海道 빅사락이)로 잘막ᄒᆞ게 지으시오
　　一等 一圓　二等 五十錢　三等 小說一卷

편지투
륙두文字편지
　친구간 ᄒᆞ는 편지를 漢文으로 우리 朝鮮俗語가 된 文字에 諺文으로 吐만 달아셔 잘막ᄒᆞ게 지으시오
　　一等 一圓　二等 五十錢　三等 小說一卷

리약이
短篇小說
　혼 사름이 졀머셔 자긔 부인을 쇼박ᄒᆞ고 싀계에 방탕ᄒᆞ야 父母의 물녀쥰 지산을 탕픽혼 후 늙고 병드려셔 자긔 부인에게로 도라가는 모양을 그리시오
　　特等 十圓　一等 五圓　二等 二圓

---

21) 『언문풍월』, 일본 도야마(富山)대학교 귀중도서 ; 이규호, 『開化期變體漢詩硏究』, 형설출판사, 1986.

> 一人이 네 글에 正調, 變調, 書翰, 小說을 지어 보니시더리도 四人이 지으신 것으로 認定학고 칙은 네 권을 보님이다.
> 　正調에만 限학야 應募된 글은 等數를 物論학고 혹 몃자식 고쳐셔라도 반다시 記載합니다
> 　應募其間은 九月十日內로 함.

1918년 1월 발행 『천도교회월보』 제8(천도교회월보사, p.28)에 수록된 「언문풍월공부」도 언문풍월 형식을 앞서와 같이 지정해 두었다.

　　　이 글은 닐곱즈 글노 웃마티는 넉즈 아릿마티는 석즈로 아릿귀 안짝엔 운즈를 달지 말고 또 슌연훈 죠션말노만 짓고 문즈는 쓰지 말 일 닐곱즈 글은 아니로듸 슌연훈 말글에는 (달 밝고 서리찬 밤에 울고 가는 외기레기)가 명작이라 학나니 이와 갓치 한문 문즈는 쓰지 말고 지올 일 또 언문으로 월보 글을 지어 보니는 이는 아모죠록 한문 문즈를 쓰지 마시오

조선에서 귀(句)는 연(聯)에 해당한다. 마디는 7언에서 4-3로 끊어지는 작은 휴지이다. 곧, 언문풍월의 형식은 다음과 같이 완전히 칠언절구 만당체 형식을 차용했음을 알 수 있다(/는 마디 구분, ◎은 운자).

　　윗 마디 / 아랫마디
　　○○○○/○○◎ : 윗구 안짝
　　○○○○/○○◎ : 윗구 바깥짝
　　○○○○/○○○ : 아랫구 안짝
　　○○○○/○○◎ : 아랫구 바깥짝

『언문풍월』 등에 실린 실제 작품들을 보면, 언문풍월은 순국문체의 오언 내지 칠언에다 운자까지 달되, 평측은 무시한다. 단, 7언 4구를 정격으로 하

여 4-3조로 짓는다. 구수(句數)는 우수로 하여 네 구 이상도 가능하며, 평측은 따지지 않는다. 단어는 순국문체이고 우리말 각운을 단다. 단, 환운(換韻)하여 짓는 경우도 있다.

5.

언문풍월이란 말에 이끌려 '한문풍월'이란 말도 생겨났다. 진서풍월과 한문풍월의 관계는 명확하지 않다.

김삿갓의 '사면 기둥 붉었타' 「언문시」에는 한문풍월이 덧붙어 있다.

김삿갓이 어느 절에 들러 승려들과 시회에서 괄시 받고 밥이라도 한끼 얻어먹으려고 저들이 부르는 운자에 따라 풍월을 하게 되었다. 김삿갓은 한문풍월은 지을 줄 몰라도 언문풍월은 지을 줄 안다고 하자, 승려들은 '타'자를 계속 불렀다. 그리하여 언문풍월을 다 짓자 승려들은 이 행객이 범상한 사람이 아님을 알고 천하에 이름이 자자한 김삿갓이려니 추측하고 한문풍월을 지으라 하고는, 첫 구에는 'ㄱ'자를 운자로 내고 다음 구에는 'ㄴ'자를 운자로 낸 것이다.

    ⓐ 사면 기둥 붉었타 / 석양 행객 시장타

    네 절 인심 고약타/(넷째줄 낙구)

    ⓑ 水作銀杵春色壁 雲爲玉尺度靑山

이것은 위의 언문풍월과 아래의 한문풍월이 이미지 구현의 면에서 연결되었더라면 일본의 연구(連句)와 비견할 만한 형식이 되었을 것이다. 하지만 위의 언문풍월과 아래의 한문풍월은 서로 연결되지 않는다. 운자를 불러주는 대로 각 구에 놓는다는 방식만 연결될 따름이다. 즉 호운(呼韻)의 유희에 따라 언문으로 지은 것과 한시 연구로 지은 것을 이야기 속에 연결해 둔 것이다. 한문풍월에서 운자를 부른다고 하면서 한시에서의 운목이 아니라 한자음의 받침을 제시한 것이 특이하다.

김삿갓은 인물군상의 희화(戲畵)를 시로 그려냈다. 나그네를 박대하는 시골 유생이나 훈장, 산승이나 지관, 게으른 부녀자나 늙은 기생들을 조롱했다. 남편을 사이에 두고 처첩이 함께 누운 가련한 삶을 "덥지도 춥지도 않은 이월 날씨에, 처 하나 첩 하나라니 참으로 가련하다[不熱不寒二月天, 一妻一妾最甚憐]라고 했다. 특히 김삿갓은 언문풍월로 양반과 승려의 허위를 조롱했다. 욕설에 가까운 것도 많다. 「욕설모서당(辱說某書堂)」・「욕윤가촌(辱尹哥村)」・「욕제가(辱祭家)」・「조산촌학장(嘲山村學長)」・「조유관자(嘲幼冠者)」 등이 이에 속한다. 김삿갓의 언문풍월은 겉으로 봐서는 예사 한시인 것 같은데 우리말로 새겨야 하는 글자를 사용한 예가 있다.

언문풍월은 상황에 맞는 한글 어휘를 고르고 그 의미에 대응하는 한자를 골라 자수를 맞추는데, 운자(韻字)와 염법(廉法)을 안배할 수도 있고 그렇지 않을 수도 있다. 또한 한글이 한자 속에 접속하기도 한다. 이러한 언문풍월은 17, 8세기 이후 나타나 김삿갓에 이르러 절정을 이루었다. 그 상당수는 『이언총림(俚諺叢林)』에 정착되기도 했다.

1900년대에는 순수국문체의 언문풍월이 발달해서, 오언 내지 칠언의 한글 어구에 운자까지 달되, 평측은 무시했다. 구의 수는 우수 구로 네 구 이상도 가능하며, 평측은 따지지 않았다. 우리말 각운을 달며, 7언 4구를 정격으로 하되 4·3조로 짓는다. 단, 환운하여 짓는 경우도 있다.

김삿갓의 육담풍월은 1910년의 '정조' 언문풍월과는 형식이 다르다. 그나마 '사면 기둥 붉었타'의 「언문시」는 1행 각 7언 총 4구의 형식을 지켰으나 운자는 동일 글자를 사용했다. 더구나 「진서언문썩어作」은 운자도 맞추지 않았을 뿐 아니라, 1행 각 7언 총 4구의 형식도 지키지 않았다.

그렇다면 김삿갓의 육담풍월은 1910년대의 정형화된 언문풍월로 이행하는 과도기의 형식이라고 볼 수 있을까? 확실히 김삿갓은 『요로원야화기』의 언문풍월이나 「팔정시」의 한문시와 마찬가지로 한자의 음차와 훈차를 이용하는 방식을 주로 사용했지, 우리말 음절만으로 글자수를 한시처럼 맞추는 방식은 그리 사용하지 않았다. 김삿갓의 육담풍월이 1920년대 후반 대대적인 모집에서 집성되기 시작할 때 1910년대 언문풍월의 유행에서 자극을 받아 제작된 것이 과연 들어 있지 않았을까? 이 점은 참으로 궁금하다. 문학형식은 비정형에서 정형으로 향하기도 하지만 정형에서 비정형으로 향하기도 하기 때문이다. 김삿갓의 파격시는 외재율을 정확히 지키는 정통 한시에서 고풍시가 파생되어 나오는 과정에서 이루어진 것이 많지 않은가?

제8화. 시시비비

1.

아응수의 1941년 대증보판 『김립시집』은 총 325수의 김립 시를 수록하되, 1939년 『김립시집』의 체제와 달리 맨 처음에 '서시(序詩)'의 부분을 두어, 김삿갓의 삶을 가장 잘 알려주는 시와 그의 시 세계를 대표할 만한 시를 선별해 두었다.

序詩 (5편) : 蘭皐平生詩, 自嘆, 八竹詩, 是是非非詩, 咏笠

이 가운데 김삿갓의 「시시비비시(是是非非詩)」는 시비(是非)에 대한 분별력을 상실한 세상을 향한 야유의 뜻을 지닌다.

시시비비

옳은 것 옳다 하고 그른 것 그르다 함이 꼭 옳음을 옳다 함이 아니고
그른 것 옳다 하고 옳은 것 그르다 함이 옳지 않음도 아니다.
그른 것 옳다 하고 옳은 것 그르다 함은 시비가 옳은 것 아니니

옳은 것을 옳다 하고 그른 것을 그르다 함이 이것이 시빗거리다.1)

是是非非詩(시시비비시)
是是非非非是是(시시비비비시시)　　是非非是非非是(시비비시비비시)
是非非是是非非(시비비시시비비)　　是是非非是是非(시시비비시시비)

이 시는 홍만종이 『소화시평』에 김시습의 시로 소개해 두었으나,2) 김시습의 『매월당집』과 『사유록』에는 이 시구가 보이지 않는다. 홍만종은 김시습의 시구 가운데 '희극(戲劇, 장난)'에 가까운 것들을 몇몇 소개했는데, '是是非非非是是' 구가 들어 있는 김시습 작으로는 다음 2구만을 들었을 뿐이다.

옳은 것 옳다 하고 그른 것 그르다 함이 꼭 옳음을 옳다 함이 아니고
그른 것 그르다 하고 옳은 것 옳다 함이 꼭 그름을 그르다 함이 아니다

是是非非非是是(시시비비비시시)　　非非是是非非(비비시시시비비)

이것은 김삿갓 작으로 알려진 「시시비비시」의 제1구만 같고 두 번째 구는 김삿갓 작에서 찾아볼 수 없다.
그런데 홍만종은 김시습 '희극' 시구로 다음 예를 또 들었다.

다른 것 같다 하고 같은 것 다르다 하니, 같고 다름이 다르고
같은 것 다르다 하고 다른 것 같다 하니, 다르고 같음이 같구나.

---

1) 이응수의 시 해석은 다음과 같다. "옳은 것을 옳다 하고 그른 것을 그르다 함도 이 옳지 않으며, 그른 것을 옳다 하고 옳은 것을 그르다고 함이 옳지 않음이 아니다(옳다는 뜻). (도리어) 그른 것을 옳다 하고 옳은 것을 그르다고 함이 이 그른 것이 아니며(결국 옳다는 것이며), 옳다는 것을 옳다 하고 그른 것을 그르다고 함이 도리어 이 그른 것을 옳다 함이다.
2) 정민, 『한시미학산책』, 솔출판사, 1996, p.347.

同異異同同異異
異同同異異同同

이 '同異異同同異異'의 구는 김시습이 설준(雪俊) 스님에게 준 「증준상인(贈峻上人)」 20수 가운데 제8수에 나온다.

준상인에게 드리다 8수

공과 색을 보면 색이 곧 공이니
달리 어떤 하나도 용납할 것이 없도다.
소나무는 의도가 있지 않아도 마루 앞에 푸르고
꽃은 본디 아무 마음 없어도 해를 향해 붉도다.
다른 것 같다 하고 같은 것 다르다 하매 같고 다름이 다르고
같은 것 다르다 하고 다른 것 같다 하니 다르고 같음이 같아라.
같고 다름의 참 소식을 찾고자 한다면
높고 높은 최상봉을 보아야 하리라.

贈峻上人(증준상인) 8수

空色觀來色卽空(공색관래색즉공)   更無一物可相容(경무일물가상용)
松非有意當軒翠(송비유의당헌취)   花自無心向日紅(화자무심향일홍)
同異異同同異異(동이이동동이이)   異同同異異同同(이동동이이동동)
欲尋同異眞消息(욕심동이진소식)   看取高高最上峯(간취고고최상봉)

권별(權鼈)의 『해동잡록』에서는 『매월당집』에서 인용했다고 하면서, 김시습의 이 시를 「동이음(同異吟)」이라 부르고, 제5~6연(경련)과 제7~8연(미련)만을 떼어 내어 소개했다.[3]

이덕무는 '同異異同同異異' 구에 대해 다음과 같이 언급했다.4) 뒤에 이규경이 『시가점등』 제5권 「동이삼사위대련(同異三四爲對聯)」에 재인용했다.5)

청한(淸寒, 김시습)이, "동이 이동 동이이, 이동 동이 이동동(同異異同同異異異同同異異同)"이라고 한 것이 있다. 혹자가 대구를 지어보라 청하기에 형암(炯菴, 이덕무 본인)이 붓을 날려 '한 일[一 앞 구와 대구가 동일하다는 뜻] 자'를 그었다. 공계(筇溪)가, "삼사 사삼 삼사사, 사삼 삼사 사삼삼(三四四三三四四, 四三三四四三三)" 했는데, 또 혹자가 대구를 지어보라 하기에, 또한 '한 일자'를 그었다. 그리고 깔깔 웃으며, "청한과 공계는 요설(饒舌)이다! 요설이다!"라고 했다.

'同異異同同異異' 구는 김시습 작으로 널리 알려져 있고 또 김시습의 문집에도 수록되어 있다. 하지만 '是是非非非是是' 구는 김시습의 문집에는 실려 있지 않다.

어쩌면 소세양(蘇世讓, 1486-1562)이 지은 「송은승남유(送誾僧南遊)」 제3수의 시구가 김시습 작으로 와전되었는지 모른다. 소세양의 시를 보면 다음과 같다.6)

은승의 남유를 전송하며

야인의 뜻은 아스라하고 벼슬살이 뜻은 희미하여

---

3) 『해동잡록(海東雜錄)』은 『대동야승(大東野乘)』 제19권에서 23권까지의 사이에 전부 6권으로 수록되어 있고, 저자는 미상으로 되어 왔다. 김규성(金奎聲)의 해제에 따르면, 본서는 호가 죽소(竹所)이며 본관이 예천(醴泉)인 권별(權鼈)의 편저이며, 본가에 보존된 원본에 의하면 『대동야승』 수록본은 일부에 불과하다. 고전번역원 해제 참조.
4) 李德懋, 『靑莊館全書』 제49권 耳目口心書 2 ; 洪萬鍾 原著, 安大會 譯註, 『(對校譯註)小華詩評』, 국학자료원, 1995, pp.148-149, 주 275.
5) 李圭景, 『詩家點燈』 제5두 「同異三四爲對聯」, 아세아문화사 1981 영인, pp.351-2 ; 洪萬鍾 原著, 安大會 譯註, 『(對校譯註)小華詩評』, 국학자료원, 1995, pp.148-149, 주 275.
6) 蘇世讓, 「送誾僧南遊」 제3수, 『陽谷先生集』 권10 補遺.

어깨에는 오래된 납의만 남았도다.
옳은 것 옳다 하고 그른 것 그르다 해도 옳은 것이 꼭 옳은 것 아니요
그른 것 그르다 하고 옳은 것 옳다 해도 그른 것이 꼭 그른 것 아니리.
청산녹수야말로 진정 편안한 집이리니
자색 인끈에 금 도장은 앙화의 기틀이기에 족하다.
그대여 삼생의 인연이 그치지 않았다면
부디 와서 달빛 아래 사립문을 두드려주오.

送聞僧南遊(송은승남유)
野情迢遞宦情微(야정초체환정미)   肩上唯餘舊衲衣(견상유여구납의)
是是非非非是是(시시비비비시시)   非非是是非非(비비시시비비)
靑山綠水眞安宅(청산록수진안댁)   紫綬金章足禍機(자수금장족화기)
若也三生緣未了(약야삼생연미료)   會須來打月中扉(회수래타월중비)

　홍만종은 이렇게 어구를 중첩하고 뜻을 반전시키는 형식을 '희극'이라고 했다. 그리고 그 다른 예로 복재(服齋) 기준(奇遵, 1492-1521)의 다음 두 예를 더 들었다.

　　ⓐ 人外覓人人豈異, 世間求世世難同.
　　ⓑ 紅紅白白紅非白, 色色空空色豈空.

2.

　홍만종이 소개한 '희극'의 예는 기준이 지은 「등하희제(燈下戱題) 동운(同韻) 열 수」 가운데 제1수의 일부와 제5수의 일부이다.7) 시제는 '등불 아래서 장난

으로 쓴다. 운자를 같이한 열 수라는 뜻이다. 10수 가운데 5수가 '희극'으로서의 형식이 뚜렷하다.

제1수

상하의 건곤은 붙어 있는 물건이 아니고
동서의 일월이 어찌 하늘에 매달려 있으랴.
뭇 물상의 윤서 없는 곳을 깊이 생각하매
도는 추호도 깨뜨릴 수 없는 속을 꿰뚫고 있도다.
인간 바깥에서 인간을 찾는다만 인간이 어이 다르랴
세간 속에서 세간을 구하지만 세간은 같기 어려워라.
유유한 옛날부터 누가 이 문제를 논했던가
줄곧 봄바람 향해 끝없는 운동을 웃노라.

上下乾坤非着物(상하건곤비착물)　　東西日月詎懸空(동서일월거현공)
思深衆象無倫處(사심중상무륜처)　　道貫秋毫不破中(도관추호불파중)
人外覓人人豈異(인외멱인인기이)　　世間求世世難同(세간구세세난동)
悠悠終古誰相論(유유종고수상론)　　一向春風笑未窮(일향춘풍소미궁)

제2수

그 누가 흔들리는 실(아지랑이)로 해 그림자를 잡아매랴
그림붓으로는 허공의 모습을 베껴내기 어려워라.
창천이 어찌 창천 바깥에 있으랴
하나의 품물은 응당 하나의 품물 속으로 돌아가리라.

---

7) 奇遵,「燈下戲題, 同韻十首」,『德陽遺稿』권3 詩.

마음 위의 마음과 마음이니 마음은 둘이 아니요
일 곁에 일과 일이니 일은 모두가 같도다.
만일 하나의 근본이 헷갈리지 않고 통일된다면
일만 물살과 일천 흐름이 절로 무궁하리라.

誰把游絲繫日影(수파유사계일영)　難將畵筆寫虛空(난장화필사허공)
蒼天詎在蒼天外(창천거재창천외)　一物應歸一物中(일물응귀일물중)
心上心心心不二(심상심심심불이)　事邊事事事皆同(사변사사사개동)
如令一本無迷統(여령일본무미통)　萬派千流自不窮(만파천류자불궁)

제3수

일진은 청천에 매이고 청천은 기에 매였으며
땅은 창해에 떠 있고 창해는 허공에 떠 있도다.
하나의 기틀이 건곤 속에 건건하고(부지런 부지런하고)
일만 조화가 고금 속에 생생하는도다(태어나고 태어나는 도다).
더위는 덥고 추위는 추워서 추위와 더위가 구별되고
오는 것은 오고 가는 것은 가서 가고 오는 것이 같도다.
곧바로 산악이 소멸하고 윤몰하기까지
눈앞에 분분하매 처음과 끝을 묻노라.

辰繫靑天天繫氣(진계청천천계기)　地浮滄海海浮空(지부창해해부공)
一機建健乾坤內(일기건건건곤내)　萬化生生今古中(만화생생금고중)
暑暑寒寒寒暑別(서서한한한서별)　來來往往往來同(내래왕왕왕래동)
直須山岳消淪處(직수산악소륜처)　眼底紛紛問始窮(안저분분문시궁)

제5수

붉은 것은 붉고 흰 것은 희어서 붉은 것이 흰 것이 아니요
색은 색이고 공은 공이니 색이 어찌 공이랴.
일만 겁이 사람의 육진[색·성·향·미·촉·법] 바깥에서 침투하고
일천 마귀가 부처의 일심 속을 번뇌하게 하는구나.
뜬구름 흐르는 물은 정을 두어 집착이 없고
가을 달 봄바람은 흥취가 절로 같아라.
법왕의 몸이 노정한 곳이 어디냐고 묻지 마라
산하대지의 만상이 눈앞에 무궁하거늘.

紅紅白白紅非白(홍홍백백홍비백)　　色色空空色豈空(색색공공색기공)
萬劫侵人六塵外(만겁침인륙진외)　　千魔惱佛一心中(천마뇌불일심중)
浮雲流水情無着(부운류수정무착)　　秋月春風興自同(추월춘풍흥자동)
莫問法王身露處(막문법왕신로처)　　山河大地眼前窮(산하대지안전궁)

　　홍만종은 이러한 희극 시구의 기원이 이백운의 「한거(閒居)」시에 있는지 모르겠다고 했다. 이백운은 곧 고려의 백운거사 이규보이다.

　　莫問纍纍兼若若(막문류류겸약약)
　　不曾是是況非非(부증시시황비비)

　　纍纍(류류)는 많다는 뜻, 若若(약약)은 길다는 뜻으로, 본래는 관리가 많음을 의미한다. 『한서』「영행전(佞幸傳)·석현(石顯)」에, 민가를 인용하여, "뇌(牢)씨야 석(石)씨야, 오록의 객들아! 인은 어이 겹겹이고 끈은 어찌 그리 기느냐![牢邪石邪, 五鹿客邪! 印何纍纍, 綬若若邪!]"라 했다. 『자치통감』에 보면

한나라 원제(元帝) 건소(建昭) 2년(기원전 37년)에, 석현의 위세와 권력은 날로 왕성해져서 중서복야(中書僕射) 뇌양(牢梁), 소부(少府) 오록충종(五鹿充宗)과 더불어 당우를 결성하자 그들에게 붙어 의지하는 사람들이 모두 높은 지위를 얻게 되자, 민간에서 그 노래를 불렀다고 한다.8)

이규보의 「한거」는 「신유년 오월 한가하게 초당에서 지냈는데 밭 매고 마당 쓰는 여가에 두보 시를 읽다가 성도초당시 운에 따라 한적한 기쁨을 쓰다」 5수를 말한다. 신유년은 고려 신종 4년(1201년)으로, 이규보는 당시 31세였다. 그 제5수에 위의 구절이 나온다.9)

예부터 통달한 선비는 기미 앎을 귀하게 여기거늘	古來達士貴知微
전원이 황폐해지는데 어느 때 돌아가려나.	田園將蕪何日歸
첩첩 포갠 인과 늘어진 인끈일랑 묻지를 말라	莫問纍纍兼若若
옳은 것 옳다 안 했거늘 그른 것 그르다 하랴.	不曾是是況非非
수레에서 떨어진 주정꾼은 술이면 그만인데	墮車醉者只全酒
술독 안은 장인이 어찌 기틀을 쓰겠는가.	抱甕丈人寧有機
열어구와 남화(장자)가 되살아난다면	禦寇南華如可作
내 장차 옷깃 여미고 도를 물으리라.	吾將問道一摳衣

홍만종의 고증을 존중한다면, 어구를 중첩하고 뜻을 반전시키는 '희극'의 체는 이규보의 '한거' 즉 「한적한 기쁨을 쓰다[書閑適之樂]」에서 창시되었고, 그것이 김시습과 기건에게로 이어졌을 가능성이 있다.

그런데 이러한 시체는 김시습과 기건 이외에 다른 여러 시인들도 즐겨 지었다. 저 '是是非非非是是' 구도 김시습이 혹 먼저 지었을지는 모르지만, 아

---

8) 『자치통감』 제29권 漢紀 권21 元帝 建昭 2년(기원전 37년).
9) 李奎報「辛酉五月, 草堂端居無事, 理園歸地之暇, 讀杜詩, 用成都草堂詩韻, 書閑適之樂 五首」, 『동국이상국전집』 제10권 古律詩.

래에서 보듯, '시비시'의 전통을 이어 어느 김삿갓인가가 유사한 구를 어느지었을 가능성이 있다.

3.

앞서 보았듯이, 한효창(韓曉蒼)의 「양문대신(梁門大臣)의 언문 시(詩)」에, 이서구(李書九)가 순조 연간에 향리에 물러나 있을 때 지었다는 '시비' 시가 전한다.

이서구가 베잠방이 차림으로 낚시를 하고 있는데, 선비 하나가, "나를 좀 업고 건네주오"라고 했다. 이서구가 묵묵히 그를 업고 건너는데, 선비는 늙은이가 옥관자를 하고 있는 것을 보고는, 시내를 건넌 뒤 이마를 땅에 짓찧으며 죽을죄를 빌었다. 그러자 이서구는 다음 시를 한 수 읊고는 다시 건너가 낚시를 물에 담갔다고 한다. 시옷은 '人,' 미음은 'ㅁ,' 리을은 'ㄹ,' 디귿에 점을 찍으면 망할 'ㄷ'이다.

   吾看世시옷 : 내가 세상의 '시옷'을 보니
    吾看世人 : 내가 세상 '사람'을 보니
   是非在미음 : 是非가 '미음'에 있더라.
    是非在口 : 是非가 '입'에 있더라.
   歸家修리을 : 집에 돌아가 '리을'을 닦아라
    歸家修己 : 집에 돌아가 '몸'을 닦아라
   不然点디귿 : 그렇지 않으면 '디귿'에 점찍으리.
    不然則亡 : 그렇지 않으면 '망'하리라.

1941년 대증보판 『김립시집』의 일화편에 수록되면서 처음 1-2구가 바뀌었다. 즉, 1-2구는 소코뚜레를 잡고 허리에 낫을 차고 지나가는 떠꺼머리총각을 묘사했고, 3-4구는 나그네를 타박하는 주인에게 독설을 했다.

腰下佩기역 : 허리 아래엔 '기역'을 차고
牛鼻穿이응 : 소 코에는 '이응'을 뚫었네.
歸家修리을 : 집에 돌아가 '리을'을 닦아라
不然点디귿 : 그렇지 않으면 '디귿'에 점찍으리.

그런데 문학 속에서 시시비비의 주제를 논하는 전통은 중국에도 있고 한국에도 있다.

북송 때 소옹(邵雍)은 「시비음(是非吟)」(『격양집』 권18)을 지었는데, 환운을 했다. 동일 글자를 제1, 2, 4구에 사용한 것은 아니다. 이것이 이후 「시비음」 계열의 작품을 낳았다.

시비음

짧은 것을 옳다 하고 긴 것은 그르다 하며
붉은 색은 좋아하고 흰 색은 그르다 하네.
일생토록 구구하게
사랑함과 미워함의 편향을 면하지 못하네.
사랑함과 미워함의 편향을 제거하지 않으면
시비를 어이 할 것인가.
사랑함과 미워함을 제거했다면
시비가 어찌 있을 것인가.

是非吟(시비음)

是短非長(시단비장)	好丹非素(호단비소)
一生區區(일생구구)	未免愛惡(미면애악)
愛惡不去(애악불거)	何由是非(하유시비)
愛惡旣去(애악기거)	是非何爲(시비하위)

청나라 건륭제는 「비비인(非非引)」(『御製詩集』 2집 권34)을 지었다. 매구 압운을 했으며, 제5구는 같은 운목의 글자가 아니지만 협운을 했다. 실은 [-n]의 운에 [-m]의 글자로 화협시킨 것이다.

비비인

시시비비는 삼계의 최고처인 무색계에서 가려질 터

상당히 후진들은 선배를 잘못이라 하누나.

뭇사람이 그르다 하고 한 사람이 옳다 하면 옳음을 그렇다 하랴

뭇사람이 옳다 하고 한 사람이 그르다 하면 아아 가련하도다.

까마귀는 검고 제비는 희지만 어느 것인들 새가 아니랴

형산의 옥을 그르다 하니 변화10)는 선홍빛 피눈물을 쏟았다.

자잘한 일을 기억하니 큰 현자가 아니오

섶나무를 빌려 베개로 삼으니 편안한 잠이 아니로다.

---

10) 춘추 시대 초나라의 변화(卞和)가 형산(荊山)에서 박옥(璞玉)을 얻어 여왕(厲王)과 무왕(武王)에게 바쳤으나, 옥을 감정하는 사람이 돌이라 하여 두 발이 잘리고 말았다. 문왕(文王)이 즉위하자 화씨는 형산 아래서 박옥을 안고 사흘 밤낮을 울어 피눈물을 흘렸다. 문왕이 사람을 보내 "천하에 발이 잘린 사람이 많거늘 그대만이 이렇게 우는 것은 어째서인가?"라고 묻자, 그는 "보배로운 옥을 돌이라 하고 곧은 선비를 미치광이라 하니, 이 때문에 슬퍼 우는 것입니다"라고 했다. 왕이 옥공(玉工)을 시켜 다듬게 하니 직경 한 자의 티 없는 옥이 나왔다 한다. 『한비자』 「화씨(和氏)」에 나온다.

非非弓(비비인)
是是非非非想天(시시비비비상천)　頗有後進非其先(파유후진비기선)
衆非一是是豈然(중비일시시기연)　衆是一非吁可憐(중시일비우가련)
烏黑燕白孰非禽[식](오흑연백숙비금)　荊玉曰非卞血殷(형옥왈비변혈은)
紀憶細故非大賢(기억세고비대현)　措薪枕上非安眠(조신침상비안면)

언문풍월에서 '시비'의 문제를 다루게 된 것은 이러한 '시비' 시 전통과 밀접한 관계가 있을 것이다.

우리나라 문집을 보면 '시비'를 노래한 시들이 적지 않다. 대개 「시비음」이라는 제목으로 되어 있다. 이를테면 하수일(河受一, 1553-1612)의 「시비음(是非吟)」(『松亭集』 권2)은 7언 4구로, 절구의 형식이다.

시비음

옳다고 말함은 옳음을 행함이 올바른 것만 못하니
자기가 잘못됨은 저쪽이 잘못됨보다 더욱 잘못이 심하도다.
잘못을 제거함은 자기에게 있어서의 잘못을 제거하려 힘써야 하며
옳음을 행함은 행함이 올바름을 쫓아서 행하여야 하리.

是非吟(시비음)
言是不如行是是(언시불여행시시)　己非尤甚彼非非(기비우심피비비)
去非務向己非去(거비무향기비거)　爲是當從行是爲(위시당종행시위)

안방준(安邦俊, 1573-1654)의 「시비음」(『隱峯全書』)은 5언 6구, 격구마다 非자를 놓았는데, 문집에 '고시'로 분류되어 있다.

시비음

시비를 분별함은 사람이 하는 일이나
분별하기 어려운 것이 옳고 그름이로다.
옳은 것이 옳은 것이 아니고
그른 것이 그른 것이 아니니,
옳고 그름이 정히 이와 같거늘
내가 어이 시비를 분별하랴.

是非吟(시비음)
是非人所爲(시비인소위) 難分是與非(난분시여비)
爲是不爲是(위시불위시) 爲非不爲非(위비불위비)
是非正如此(시비정여차) 吾何爲是非(오하위시비)

조우신(趙又新, 1583-1650)은 함창 옥산리 출신으로, 정경세(鄭經世, 1563-1633)의 문인이다.11) 1613년(광해군 5년) 진사시에 합격하고 성균관에 입학했으나 인목대비 폐모론에 반대하고 정인홍·이이첨·유희분 등을 참할 것을 주장하는 소를 올렸으나 받아들여지지 않자 은거했다. 이때 「시비음」(『白潭遺集』 권2)을 지었다.

시비음

옳음을 옳다 함은 옳음을 옳다 함 아니고

---

11) 조우신(趙又新)의 자는 여집(汝緝), 호 백담(白潭), 본관 한양(漢陽). 1583년 1644년(인조 22년) 학행으로 추천을 받아 참봉이 되었다. 1648년 식년 문과에 병과로 급제했다. 인조가 강빈(姜嬪)의 자식들을 대우하는 것에 불만을 토로하는 상소를 올렸으나 응답을 받지는 못했다.

그름을 그르다 함은 죄다 그름을 그르다 함이로다.
옳음과 그름이 길을 다투는 상황이니
뱃머리를 돌려 돌아감만 같으랴.

是非吟(시비음)
是是非非是(시시비비시)　非非混非非(비비혼비비)
是非爭道地(시비쟁도지)　何似掉頭歸(하사도두귀)

 허후(許厚, 1588-1661)는 「시비음」에서, 세간의 기준에서 옳음은 반드시 진정으로 옳은 것이 아닐 수 있으므로 세간의 시비를 잊고 높이 착안하여야 옳은 것은 진정으로 옳게 되고 그른 것은 진정으로 그르게 되어 시비가 판별될 수 있다고 했다.

시비음

옳은 것이라도 진정 옳은 것 아니면 도리어 그른 법
반드시 세파 따라 억지로 시비할 것 없노라.
도리어 시비를 잊고 높이 착안을 하면
바야흐로 옳은 것이 옳게 되고 또 그른 것이 그르게 되리라.

是非吟(시비음)
是非眞是是還非(시비진시시환비)　不必隨波强是非(부필수파강시비)
却忘是非高着眼(각망시비고착안)　方能是是又非非(방능시시우비비)

 김근행(金謹行, 1713-1784)의 「시비음, 이원령에게 보여준다[是非吟示李元靈]」(『庸齋集』권1)를 남겼다. 이원령은 시·서·화에 뛰어났던 이인상(李麟祥,

1710-1760)으로, 본관은 전주이다. 자가 원령(元靈)이며, 호는 능호관(凌壺觀) · 보산자(寶山子)이다. 진사시에 합격했으나 증조부가 서자여서 신분상 한계를 절감하고 문과에 응시하지 않았다. 음죽 현감(陰竹縣監) 등을 지냈다.

시비음, 이원령에게 보여준다

잘못을 기준으로 옳음을 잘못이라 하여 시비가 잘못되어선
옳음을 옳다 하고 잘못은 잘못이라 하여 시비를 다투어
잘못이 잘못 아니게 되고 옳음도 옳음이 아니게 되나니
옳음이 절로 옳을 때 잘못도 절로 잘못이게 되노라.

是非吟示李元靈[시비음시이원령]

以非非是是非非(이비비시시비비)　　是是非非竟是非(시시비비경시비)
非非非也是非是(비비비야시비시)　　是自是時非自非(시자시시비자비)

윤광보(尹光普, 1737-1805)는 「시비음」을 지어 정일당(靜一堂) 강지덕(姜至德, 1772-1832)에게 보냈다. 강지덕은 충청도 제천에서 강재수의 딸로 태어났으며, 몰락 양반이었던 윤광연(尹光演)과 혼례를 올렸다. 시문에 뛰어났으며, 죽은 후 남편이 문집을 간행했다.

시비음

시비가 언제 판정될까
누가 시비를 판정할까
옳은 것을 옳다 하고 그른 것을 그르다 말하면
시비는 귀결이 나지만

하나는 옳고 하나는 그르다 말하니
매번 시와 비가 서로 어긋나네.
누가 시비의 다툼을 결정하여
영원히 시비의 의심을 그칠 수 있을까.

是非吟(시비음)

是非何日定(시비하일정) 何人定是非(하인정시비)
是是非曰非(시시비왈비) 是非自有歸(시비자유귀)
一是一曰非(일시일왈비) 是非每相違(시비매상위)
誰決是非訟(수결시비송) 永罷是非疑(영파시비의)

이에 대해 강지덕은 누군가에게 다음 서찰을 보내, 윤광보의 시에서 말하는 시비가 현실의 어떤 일인가를 가리키고 있겠지만 시 안에서 명확하게 지시하고 있지 않으므로 함부로 화운할 수가 없다는 뜻을 밝혔다.

> 윤상서(광보)께서 그의 「시비음」을 보쳐 보여주셨습니다. …… 진실로 감탄스럽습니다. 단지 시 가운데 시비가 도무지 지적하는 바가 없으니, 곧바로 화운할 수가 없을 듯하기에, 글 지을 줄 모른다고 사양하고자 하는데, 어떨까요.12)

윤광보의 경우만이 아니라 다른 이들의 「시비음」도 모두 현실의 구체적인 어떤 사실과 관련이 있을 것이다. 다만 시 자체는 그 사실을 지시하지 않으므로 시의 내용을 확실하게 알기는 어렵다. 시비가 혼란되고 시비를 판정하기 어려움을 논하는 산문들도 지시내용이 없으면 그 내용을 추정하기 어

---

12) 姜至德, 『靜一堂遺稿』(1836년 간행), 拾遺, 尺牘. "尹尙書[光普]來示其「是非吟」, '是非何日定, 何人定是非. 是是非曰非, 是非自有歸. 一是一曰非, 是非每相違. 誰決是非訟, 永罷是非疑.' 固爲可感. 但詩中是非渾無指的, 恐未可輒和, 姑以拙辭, 如何?"

렵다. 하지만 시의 경우는 짧은 데다가 구체적 사실을 지시하지 않는 것을 그 특징으로 하므로 더욱 해독이 어렵다. 또한 그 때문에 이러한 파격의 시가 제작되고 널리 음송될 수 있었다고도 할 수 있다.

정종로(鄭宗魯, 1738-1816)의 「시비음(是非吟)」(『立齋集』 권5)은 5언 10구로, 역시 격구마다 같은 非자를 사용했다.

시비음

맹자는 말하길 마음의 시비는
지혜로 말미암아 시비가 있게 된다고 했네.
참된 옳음은 잘못일 수 없고
참된 잘못은 마땅히 잘못이라 해야 하리.
가만히 세상의 시비를 살펴보니
사람이 나를 옳다 하면 잘못이 아니고
사람이 나를 잘못이라 하면 잘못이 아니네.
이치로 시비를 보아야
바야흐로 진정한 시비를 얻으리라.

是非吟(시비음)

孟云心是非(맹운심시비)   由智有是非(유지유시비)
眞是不可非(진시불가비)   眞非當云非(진비당운비)
竊觀世是非(절관세시비)   鮮有眞是非(선유진시비)
人是我是非(인시아시비)   人非我非非(인비아비비)
以理觀是非(이리관시비)   方得眞是非(방득진시비)

4.

유교에서는 측은, 수오, 사양, 시비라는 정(情)을 통해 인의예지의 본성을 확충할 수 있고, 또 그 넷을 통해 인의예지의 본성을 확충할 수 있다고 보아, 그 넷을 사단(四端)이라고 한다. 즉,『맹자』「공손추 상(公孫丑上)」에, "측은지심(惻隱之心)은 인(仁)의 단서이고, 수오지심(羞惡之心)은 의(義)의 단서이고, 사양지심(辭讓之心)은 예(禮)의 단서이고, 시비지심(是非之心)은 지(智)의 단서이다"라고 했다. 같은『맹자』의「고자 상(告子上)」에서는, "측은지심은 인이고, 수오지심은 의이고, 공경지심(恭敬之心)은 예이고, 시비지심은 지이다"라고 하여, 측은, 수오, 사양, 시비라는 용(用)을 가지고 인의예지의 체(體)를 드러낸다고 보았다.

유가철학에서는 시비가 생기하는 원인, 시비의 현실적 쟁투 현상, 시비의 극복 방안 등을 여러 가지 국면에서 사고했다. 특히 정치의 장에서 시비는 정쟁(政爭)의 형태로 나타나므로, 정쟁의 종식을 위한 방안을 여러 사람들이 논의했다.

북송 때 석개(石介)는「시비변(是非辨)」(『徂徠集』권6)이란 잡문을 작성했다. 재상과 백관의 인물평가의 시비가 온당하지 않아 군주의 시청과 마음을 헷갈리게 만들면 천하를 어지럽히고 사직을 위태롭게 만들 수 있다고 우려했다. 그 글의 첫머리에서 공론의 생성에 대해 밝혔다.

> 천자가 인재를 들어서 임명하려고 재상에게 물으면, 재상 가운데 한 사람은 옳다고 하고 한 사람은 그르다고 한다. 재상이 사람을 추천하여 천거하려고 백관에게 물으면 백관 가운데 한 사람은 옳다고 하지만 한 사람은 그르다고 한다. 그렇다면 누구에게 질정할 것인가? 그 말이 현명한 자에게 질정한다. 현자는 시비의 공변된 사람이요, 소인은 당파를 짓지 않으면 비방한다. 조정에 묻고, 천하에 묻는다. 조정은 그르다 하지만 천하는 옳다 하고, 조정은 옳다 하지만 천하는 그

르다고 한다면, 장차 누구에게 질정할 것인가? 천하에 질정한다. 천하는 시비의 공변된 존재이다. 조정은 원수를 짓지 않으면 미움을 품는다. 당파와 비방을 제거하고 원수 및 고통을 버리면, 사람은 능히 시시비비를 가릴 수 있다. 파당과 비방에 있으면서 원수 및 마음을 품고 있다면 더불어 시비를 말할 수 없다.13)

송나라 때 구양수(歐陽脩, 1007-1072)는 낙양에서 지내던 25세 때 새로 청사를 짓고 서쪽에 당을 마련하여 비비(非非)라 명명하고 「비비당기(非非堂記)」를 지었다. 세상일을 판단하여 시시비비를 가리려면 마음을 고요히 하여야 하거늘 사람들은 늘 외물에 현혹되어 흔들리기 일쑤이다. 그런데 옳음을 옳다함이 남에게는 아첨에 가깝다 여겨지고, 그릇됨을 그르다 함이 남에게는 헐뜯음에 가깝다 여겨져서, 혹시라도 비난을 받을 수가 있다. 이럴 경우, 차라리 헐뜯었다고 지목되는 것이 낫지, 아첨했다고 지목되어서는 안 된다고, 구양수는 말했다.

저울로 품물의 무게를 잴 때 저울의 팔이 움직이면 경중이 달라지므로, 저울의 팔이 고요해야 작은 수치까지 잘못되지 않는다. 물이 품물을 비출 때 수면이 움직이면 볼 수가 없으므로, 수면이 고요해야 터럭같이 가는 것을 분별할 수 있다. 사람의 경우 귀는 듣는 것을 주관하고, 눈은 보는 것을 주관하는데, 귀와 눈이 움직이면 잘 듣고 보는 것을 어지럽게 만드므로, 고요해야 듣고 보는 것이 필시 자세하게 된다. 처신하는 사람은 외물에 현혹되어 흔들리지 않아야 그 마음이 고요하고, 마음이 고요하면 지식이 밝아서, 시시비비가 일마다 적중하지 않는 것이 없게 된다. 무릇 옳음을 긍정함이 아첨에 가깝다 여겨지고, 그릇됨을 부정함

---

13) 天子將舉人而任之問於宰相, 宰相一人是之, 一人非之. 宰相將推人而擧之, 問於百官, 百官一人是之, 一人非之, 則將誰質? 曰質於其言之賢者. 賢者是非公也, 小人不黨則謗矣. 曰問於朝廷, 問於天下. 朝廷非之, 天下是之, 朝廷是之, 天下非之, 則將誰質? 曰質於天下. 天下是非公也. 朝廷不讐則疾矣. 去黨與謗, 棄讐曁疾, 人皆能是是非非也. 在黨與謗, 懷讐曁疾, 未可與言是非矣.

이 헐뜯음에 가깝다 여겨져서, 혹시라도 비난을 받는다면, 차라리 헐뜯었다고 지목되는 것이 낫지, 아첨했다고 지목되어서는 안 된다. 옳음을 옳다 함이 군자의 평상 태도이거늘, 옳음을 옳다 한들 무슨 보탬이 되겠는가? 개괄하여 보면, 옳음을 옳다 함은 그릇됨을 그르다고 함만 못하다.14)

구양수는 당시 사람들이 시시비비를 가린다면서 어정쩡한 태도를 취하는 것을 배격했다. 『논어』 「양화(陽貨)」에서 공자는 "옛날에는 사람들이 삼질이 있었는데 지금에는 혹 이것도 없다[古者, 民有三疾 ; 今也, 或是之亡也]"라고 하여, 어정쩡한 태도를 비판한 바 있다. 삼질은 광(狂)·긍(矜)·우(愚)이다. 공자에 따르면, 옛날의 '광'은 소절에 구애되지 않는 사(肆)인데 지금의 '광'은 큰 한계를 넘는 탕(蕩)이고, 옛날의 '긍'은 분별이 엄한 염(廉)인데 지금의 '긍'은 다투어 어긋나는 분려(忿戾)이며, 옛날의 '우'는 다급하게 행하여 스스로 이루는 직(直)인데, 지금의 '우'는 사사로이 속이는 사(詐)를 말한다.

근세의 조긍섭(曺兢燮, 1873-1933)은 이상돈(李相敦, 1841-1911)의 문집에 「물재집서(勿齋集序)」를 써 주면서, "구양자의 말이 비록 과격하기는 하지만 지나치지 않음을 알았다"라고 했다.15)

세도가 쇠퇴하면서 분명한 주장 없이 모호하게 하는 작태가 습속을 이루어 옳고, 그름을 분별하지 않는 것을 공손하고 삼가며 너그럽고 후하다고 말한다. 그른 바를 한 번 그르다고 하는 이가 있으면, 그에 대하여 편벽되고 사사롭다고 지목하거나 그렇지 않으면 기세가 억세고 사납다고 하며 병통으로 여겨, 어지럽게 뒤섞여서는, 좋은 향 풀(선인)과 더러운 냄새의 풀(악인)이 함께 냄새를 풍기

---

14) 權衡之平物, 動則輕重差, 其於靜也, 錙銖不失. 水之鑒物, 動則不能有睹, 其於靜也, 毫髮可辨. 在乎人, 耳司聽, 目司視, 動則亂於聰明, 其於靜也, 聞見必審. 處身者, 不爲外物眩晃而動, 則其心靜, 心靜則智識明, 是是非非無所施而不中. 夫是是近乎諂, 非非近乎訕. 不幸而過, 寧訕無諂. 是者君子之常, 是之何加? 一以觀之, 未若非非之爲正也.
15) 曺兢燮, 「勿齋集序」, 『巖棲集』 제18권 序.

고, 쥐 고기와 옥돌이 이름을 같이한다.16) 이에 겉으로만 위엄이 있고 내면은 유약한 색려(色厲), 시류에 편승하여 덕이 있는 것처럼 세상에 잘 보이는 향원(鄕愿), 내실의 덕이 없이 말재주만 있는 교언영색(巧言令色), 은벽한 이치를 찾으며 기궤한 행실을 하는 색은행괴(索隱行怪)의 무리가 모두 속임수와 거짓됨을 엄폐할 수 있게 되어, 군자의 도는 밝힐 수 없고 천하의 일은 다스릴 수 없으니, 어찌 이렇게 슬프단 말인가?

최한기(崔漢綺)는 「시비귀정(是非歸正)」에서, "말단[末]을 잡고서 분운(紛紜)하게 증거하면 옳은 것[是]이 그른 것[非]이 되기도 하고 그른 것이 옳은 것이 되기도 하나, 그 근본[本]을 들어서 만사를 표준하면 옳은 것은 저대로 옳은 것이 되고 그른 것은 저대로 그른 것이 될 것이다"라고 했다.17) 말단이란 고금 사람의 언행의 지나간 자취요 문자의 기재이다. 이에 비해 근본이란 천지 인물의 기(氣)이다. 이를 밝게 통달하면 "천하의 배우고 가르치는 시비와 조정 정령(政令)의 시비, 그리고 사물의 재제(裁制)에 대한 시비, 문장의 허실에 대한 시비, 인품의 귀천에 대한 시비, 기용(器用)의 이둔(利鈍)에 대한 시비에 대하여 기에 합하는 시(是)와 기에 어긋나는 비(非)가 변론을 기다리지 않고도 곧 분석된다"라고 했다.

최한기는 더 나아가 「시비」 항에서, 시비를 헤아리는 방법으로 본의(本義)를 기준으로 삼는 방법을 제안했다.18)

본의를 들어서 시비를 헤아리는 것이니, 근본을 어기면 그르고 근본을 지키

---

16) 정나라 사람은 다듬지 않은 옥을 박(璞)이라 하고, 주나라 사람은 죽은 쥐고기를 박(璞)이라 했다. 주나라 사람이 정나라 상인에게 박(璞)을 사겠느냐고 하자 정나라 상인은 옥인 줄 알고 수락했다. 그런데 주나라 사람이 박(璞)을 내놓고 보니 옥이 아니라 죽은 쥐고기였으므로 정나라 사람이 거절하고 사지 않았다는 고사가 있다. 『후한서』 「응소열전(應劭列傳)」에 나온다.
17) 崔漢綺, 「是非歸正」, 『人政』 제4권 測人門 四 行事, 한국고전번역원, 이전문(역), 1980.
18) 崔漢綺, 「是非」, 『人政』 제4권 測人門 四 行事, 한국고전번역원, 이전문(역), 1980.

면 옳다. 기화(氣化)는 삶의 근본이고 조상은 몸의 근본이고 임금과 스승은 가르침의 근본이니, 이 세 가지 근본에 따르면 옳고 세 가지 근본을 어기면 그르다.

또 최한기는 「근기와 표준」에서[19] 자기의 주견을 세워 습득한 것에 따라 뜻을 세우고 천지의 인도로 취향에 따라 입문하는 것은 민도(民道)와 물화(物化)를 통합하는 대본이 아니어서, 서로 비방하고 편당을 이루게 되므로, 시비는 일정한 귀착이 없고 세력에 따라 승부를 다투게 된다고 우려했다. 그래서 "세상의 사물을 경험하여 기화를 알게 되면 이것은 치우침이 없는 기화가 될 것이요, 천하의 생령을 추측(推測)하여 인도를 수립하면 이것은 사사로운 일신의 인도가 아니게 된다"라고 주장했다.

나아가 최한기는 「시비와 우열」에서, 사람의 우열을 논할 적에는 절로 상도(常道)의 준적(準的)과 증험(證驗)이 있어야 한다고 주장했다.[20]

[강] 사람의 우열을 논할 때 절로 상도의 준적이 있으면 저 사람은 옳다 하고 이 사람은 그르다고 하거나 이 사람은 옳다 하고 저 사람은 그르다 하더라도 무슨 상관이 있겠는가? 그러나 평생의 우열을 가지고 논하는 것도 있고 또 한 가지의 우열을 가지고 논하는 것도 있으므로, 대소와 경중을 참작하지 않을 수 없다.

[목] 시비와 우열을 결정함에 준적과 증험이 없으면, 저 사람이 옳다고 하는 것이 참으로 옳은 것인지를 어떻게 알 것이며, 이 사람이 그르다고 하는 것이 참으로 그른 것인지를 어떻게 알겠는가? 또 내 마음에 합하는 점만을 취하여 시비를 판단한다면, 내 마음에 옳거나 그르다 하는 것이 참으로 옳고 참으로 그른 것인지를 어떻게 알겠는가. 반드시 내 마음의 상도에 증험하여, 그 사람의 어묵(語默)과 동정(動靜)이 모두 상도에서 나왔으면 그 사람이 우수한 줄 알 것이요, 때로 상도를 벗어나면 그 사람은 열등한 줄 알 것이다.……

---

19) 崔漢綺, 「根基標準」, 『人政』 제8권 敎人門 一.
20) 崔漢綺, 「是非優劣」, 『推測錄』 제5권 推己測人.

5.

시시비비의 문제는 정치의 장에서는 당파의 갈등과 투쟁으로 나타난다.

이미 북송 때 구양수는 「붕당론」을 지어, 군자의 참된 붕당과 소인의 거짓 붕당을 구분하여 군자의 붕당은 나쁜 것이 아니라고 논했다. 즉, 송나라 인종(仁宗) 때 하송(夏竦)과 여이간(呂夷簡)이 구양수의 탄핵으로 인하여 앞뒤로 정승에서 파직되고 범중엄(范仲淹)·한기(韓琦)·부필(富弼) 등이 정권을 장악했는데, 하송 등이 범중엄 등을 공격하면서 붕당을 지었다고 몰아붙이고 구양수까지 견제하자, 구양수가 간원(諫院)에 재직하면서 「붕당론」을 지었다. 구양수는 "군자는 붕당을 하지만 소인은 붕당을 하지 못한다. 왜냐하면 소인은 이록과 재화를 탐하기 때문에 이익을 같이할 때는 잠시 붕당을 하지만 이는 거짓 붕당이다. 이익을 보면 서로 다투고 이익이 다하면 서로 멀어진다. 군자의 경우에는 그렇지가 않아서, 지키는 바는 도의(道義)이고 행하는 바는 충신(忠信)이며 아끼는 것은 충절(忠節)이다. 그래서 도를 함께하여 서로 도움을 주고, 함께 나라를 섬겨 국가의 일을 해결한다"라고 주장했다.

구양수가 붕당론을 올린 이후에도 반대파의 공격이 계속되고, 서하와의 전쟁도 끝이 나자, 인종은 정치개혁에 대해 흥미를 잃었다. 그래서 인종은 조서를 내려 백관이 붕당을 결성하는 행위를 경고했고, 1045년(경력 5년) 범중엄, 부필, 한기 등이 잇달아 조정에서 쫓겨나 지방으로 좌천되었다.

구양수의 붕당론은 남송 때 주희에 의해 계승되었다. 남송 때는 금나라에 대처하는 정책에서 왕안석의 흐름을 계승한 화의파와 도학(성리학)을 신봉하는 주전파가 투쟁하다가, 화의파의 진회가 1144년에 정이의 학문을 곡학으로 규정하고 축출해야 한다는 상소를 올려 황제의 승인을 얻었다. 1188년(순희 15년) 6월, 59세의 주희가 병부랑에 임명되지만 다리가 아프다는 이유로 사퇴하자, 임율은 주자를 무고했다. 1196년(경원 2년)부터 도학은 위학으로 배척되기 시작했다.[21] 주희는 62세 되던 1191년(소희 2년) 4월 24일과 7월 10

일, 승상 유정에게 붕당에 관한 견해를 적은 서찰을 보냈다. 첫 번째 서찰에서 주자는 군자의 붕당과 소인의 붕당을 구분하고, 임금을 끌어들여 당인으로 만드는 것도 주저하지 말아야 한다는 인군위당(引君爲黨)론을 주장했다.22) 두 번째 서찰에서도 주자는 군자와 소인의 철저한 구분을 강조했다.23)

구양수의 「붕당론」 이후 소식(蘇軾)의 「속붕당론(續朋黨論)」, 명나라 위희(魏禧)의 「속속붕당론(續續朋黨論)」이 나왔다. 위희는 군자당(君子黨)이 자사자리(自私自利)에 빠질 위험성이 있음을 논했다. 청나라 때 1722년 45세의 나이로 즉위한 5대 옹정제(1678-1735)는 즉위 2년에 「어제붕당론」을 반포했는데, 위희의 생각을 이어받아, 구양수가 말하는 진붕, 곧 군자의 붕당이라고 하는 것은 있을 수 없으며, 당이라고 하는 것은 모두 사사로운 이익을 도모하는 것에 불과하기에 당은 소인에게만 있는 것이라고 주장했다.24)

> 붕당은 허용될 수 없으나, 붕우의 도를 없앨 수는 없다. 등용되어 관위에 취임하면 군주-신하의 관계라고 하는 것은 공의(公義)이고 붕우라고 하는 것은 사정(私情)이다. 신하된 자는 공(公)을 위해 사(私)를 버려야 한다. 아주 사소한 것이라 하더라도 사정 때문에 공의를 저버리는 것이 허용될 수 있다는 말인가? 군주와 부모는 모두 중하나, 일단 군주를 섬기게 되면, 몸을 군주에게 기탁한 것이 되어, 부모조차도 어찌할 수 없는데, 붕우는 말할 필요조차 있겠는가? 붕(朋)이

---

21) 미우라 구니오, 『인간 주자』, 김영식·이승연 역, 창작과비평사, 1996, pp.232-239.
22) 朱熹, 「與留丞相書」(1), 『주자대전』 권28. "願丞相先以分別賢否忠邪爲己任, 其果賢且忠邪, 則顯然進之, 惟恐其黨之不衆而無與共圖天下之事也 ; 其果姦且邪邪, 則顯然黜之, 惟恐其去之不盡有以害吾用賢之功也. 不惟不疾君子之爲黨, 而不憚以身爲之黨 ; 不惟不憚以身爲之黨, 是又將引其君以爲黨而不憚也. 如此, 則天下之事其庶幾乎?"
23) 朱熹, 「與留丞相書」(2), 『주자대전』 권28. "前輩有論嘉祐·元豊秉收竝用異趣之人, 故當時朋黨之禍不至於朝廷者, 世多以爲名言. 熹嘗謂此乃不得已之論, 以爲與其偏用小人而盡棄君子, 不若如是之猶爲愈耳. 非以爲君子不可專任·小人不可盡去, 而此擧眞可爲萬世法也. 若使當時盡用韓·富之徒而幷絀王·蔡之屬, 則其所以卒就慶曆之玄規·盡革熙寧之秕政者, 豈不盡美而盡善乎?"
24) 『世宗憲皇帝實錄』. "朕以爲君子無朋, 惟小人則有之. 且如修之論, 將使終其黨者, 則爲君子, 解散而不終於黨者, 反爲小人乎. 設修在今日而爲此論, 朕必飭之以正其惑."

라는 구실을 내세워 당을 만드는 것이 과연 가당하기나 한 것인가?25)

조선시대 명종 말, 선조 초에 영의정을 지낸 이준경(李浚慶, 1499-1572)은 사망 직전인 1572년(선조 5년) 7월 7일 선조에게 조정에 붕당의 움직임이 있다고 지적하는 유차(遺箚)를 올렸다. 그 해 8월, 홍문관 부응교(종4품)를 사직하고 파주에 있던 율곡 이이는 이준경의 유차를 반박하고「논붕당소(論朋黨疏)」를 선조에게 올려, 군자의 붕당을 보호해야 한다고 주장했다. 그 후 1575년(선조 8년) 7월, 이조전랑의 직을 둘러싸고 동서 분당이 일어나자, 이이는 10월에 영의정 노수신에게 김효원과 심의겸을 모두 외직으로 보내자고 청했다. 두 사람 모두 외직으로 좌천되었지만 동서 대립이 그치지 않자 이이는 1578년(선조 11년) 해주 석담으로 내려가, 1579년(선조 12년)「사대사간 겸 진세척동서소(辭大司諫兼陳洗滌東西疏)」를 올려, 양시양비(兩是兩非), 조제(調劑), 공론(公論)의 개념을 제시했다. 이이는 사망하기 한 해 전인 1583년에 선조에게「진시사소」를 올려, "아! 동서 두 글자는 본디 민간의 속된 말에서 나온 것이므로 신이 일찍이 믿을 수 없다고 웃어버렸더니, 오늘날에 와서 더욱 심한 근심거리가 될 줄이야 어찌 생각이나 했겠습니까?"라고 개탄했다.26)

허균(許筠)은「소인론」에서 군자는 사정(邪正)·시비(是非)·공사(公私)의 판단이 공변되어야 하지만 당시 사람들은 "자기들과 뜻을 같이하면 모두 군자로 여기고, 달리하면 모두 소인으로 여긴다"라고 비판하고, "요즈음 나라에는 소인도 없으니 또한 군자도 없다"라 하고, 다시 뒤집어서 "군자가 없기

---

25) 『世宗憲皇帝實錄』. "朋黨不可有, 而朋友之道不可無. …… 今旣登朝位官, 則君臣爲公義 而朋友爲私情. 人臣當以公滅私, 豈得梢顧私情而違公義. 且卽以君親之並重, 而出身事 主, 則以其身致之於君, 尙不能爲父母有, 況朋友乎, 況可藉口於朋以怙其黨乎?"
26) 李珥,「陳時事疏」,『栗谷全書』2, 한국학중앙연구원, 2007. "自東西分類之後, 形色旣立, 往往未免以同異爲好惡, 而造言生事者, 交搆不已. 縉紳之主論者, 多是東人. 所見不能無 偏, 而其流之弊, 或至於不問賢愚才否, 而惟以分辨東西爲務. 非東者抑之, 斥西者揚之. 以 此定爲時論. 於是士類之初進輕銳者, 知發身之路, 在於攻西. 故爭起附會, 傷人才壞士習, 而莫之禁遏. 嗚呼, 東西二字, 本出於閭巷之俚語, 臣嘗笑其無稽, 豈意式至今日, 爲患滋甚 乎?"

때문에 역시 소인도 없다"라고 개탄했다.27) 허균에 따르면, 옛날에는 김안로(金安老)나 윤원형(尹元衡)28) 같은 권간(權奸)이 있었고 당시에는 최영경(崔永慶)29)이 전횡하고자 했지만, 권한이 한 곳에서 나왔던 까닭으로 정권을 농단하던 사람이 물러가면 곧바로 예전대로 회복되어 나라의 기강이 잡힌다. 하지만 지금은 권한이 나오는 곳이 여러 군데이고, 재행과 학식도 없으면서 오직 좋은 벼슬만 탐내며 요직에만 기를 써서 구차스러운 태도를 하는 사람들이 조정에 가득 차 있어, 대인군자가 나와 풍동(風動)하여 음흉한 부당들을 해산시킬 수가 없게 되었다고 우려했다.

인조 때는 「시비」라는 제목의 책문이 과거 시험에 부과되었다. 이식(李植, 1584-1647)의 문집에 그 글이 남아 있다.30) 시비가 분명하지 못한 현실을 진단하고 국론 통일의 방향을 물은 것이다. 일부를 보면 다음과 같다.

> 삼가 생각건대, 아조(我朝)는 성스럽고 밝은 임금이 위에 계시고 어진 신하들이 아래에서 보좌하고 있는 만큼, 의심할 만한 시빗거리가 없어야 당연하다고 하겠다. 그런데 오늘날의 일을 가지고 말한다면, 선비마다 도를 달리하고 사람마다 의논을 달리하면서 각자 자기들의 마음을 가지고 시비의 기준을 삼고 있다. 그 결과 조정의 위에서는 뭇 의논들이 각자 취향을 달리하고, 여항의 사이에서는 사론(士論)이 각축을 벌여, 떠들썩하게 혼란스러워진 가운데 어느 쪽을 따라야 할지 모르는 형편이 되고 말았다. 그리하여 급기야는 삿된 것과 바른 것이 한데 뒤섞여 분변할 수가 없게 되었고, 옥송(獄訟)이 문란해져 제대로 다스릴 수 없게

---

27) 許筠,「小人論」,『惺所覆瓿藁』제11권 文部 8 ○論.
28) 김안로(金安老, 1481-1573)는 좌의정에 있으면서 정적이라면 공경(公卿)·종친(宗親)도 상관없이 축출하고 살해하면서 전횡무도한 공포정치를 했다. 마침내 유배 가서 사사(賜死)되었다. 정유삼흉(丁酉三凶)의 한 사람이다. 윤원형(尹元衡, ?-1565)은 영의정에 이르기까지 20년 동안 집권하여 온갖 짓을 다했다. 유배 가서 죽었다.
29) 최영경(崔永慶, 1529-1590)은 조식(曺植)의 문인 정여립(鄭女立) 모반 사건에 연루되어 서인에 의하여 죽음을 당했으나, 뒤에 복관되고 대사헌에 추증되었다.
30) 李植,「是非」,『澤堂集』別集 제13권 책문.

되었는가 하면, 정령(政令)이 번거롭기만 할 뿐 통일이 제대로 되지 않고 있으며, 풍속이 무너져서 바로잡을 수 없는 지경에 이르고 말았다.

성호 이익은 「붕당을 논함[論朋黨]」(『성호전집』 제45권)이라는 제목의 긴 글에서, "붕당은 투쟁에서 나오고, 투쟁은 이해에서 나온다"라고 개괄하여, 시시비비가 문제라기보다는 물질의 부족이나 '이익이 나오는 구멍'이 투쟁의 근본원인이라고 보았다. 당나라 이후 과거를 너무 자주 보아서 뽑은 사람이 너무 많아졌고 임금이 사랑하고 미워하는 것을 편파적으로 하여 벼슬에 오르고 내리는 것에 원칙이 없어졌고, 송나라에는 낙당(洛黨)과 촉당(蜀黨)이 있고 또 따로 삭당(朔黨)까지 생겨났으나31) 관직을 자주 교체하거나 권한을 독단하는 근심이 없었기 때문에 폐해가 곧 그쳤다. 이에 비해 우리나라처럼 백 년 동안 계속하여 당쟁이 더욱 치성해졌다고 우려했다.

바야흐로 어떤 당이 정권을 장악하면, 과거를 크게 열어 사정(私情)에 따라 난잡하게 뽑는데 이것을 '식당(植黨, 당을 심는다)'이라고 한다. 현명한지 아니면 우매한지는 불문하고 다투어 청요직에 집어넣는데 이것을 '장세(張勢, 세력을 펼친다)'라고 한다. 의정(議政)의 자리는 셋인데 대광(大匡)의 품계는 여섯이며, 판서의 자리는 여섯인데 자헌(資憲)의 품계는 열이다. 심지어 초헌을 타고 비단옷을 입는 자리나 엄격하게 선발하는 대각(臺閣)의 자리는, 모두 자리에 비하여 사람의 숫자가 배가 되지 않는 경우가 없다. 그러니 반대당의 공격이 겨우 진정이 되자 안에서는 내분의 싹이 트는 것이다. 또 하물며 이런 붕당이 있고부터는 수없이 엎치락뒤치락하여 아무리 총명한 사람도 그가 본 것을 모조리 기억할 수가 없다.

---

31) 낙당(洛黨)·촉당(蜀黨)·삭당(朔黨)은 송나라 철종 원우(元祐) 연간의 삼당이다. 촉당은 소식(蘇軾)·여도(呂陶)가 주축이고, 낙당은 정이(程頤)·주광정(朱光庭)이 주축이었다. 소식이 사천(四川) 즉 촉(蜀)의 미주(眉州) 출신이고, 정이가 낙양 출신이기 때문에 이런 당명이 생겼다. 삭당은 유지(劉摯)·유안세(劉安世)의 당을 말한다. 촉당과 낙당 모두 왕안석의 신법을 반대했으나 나중에 견해가 달라져 대립했다. 정이와 소식은 학문에 기초한 논쟁을 벌여 '낙촉지쟁(洛蜀之爭)'이라는 호를 얻었다.

이익은 수신(修身)의 실질을 바탕으로 관리를 추천하는 천거를 중시하고, 출세의 욕구를 충족시켜 관직 획득을 보장하는 과거를 비판했다. 과거는 관직에 대한 과당경쟁을 초래하고, 파벌의 증식과정과 파벌 내의 분열 과정을 필연적으로 낳는다고 보았기 때문이다. 조선 말 이건창(李建昌, 1852-1898)이 『당의통략(黨議通略)』에서 삼사(三司)의 청론 주도를 당쟁 원인으로 분석한 것과는 논조가 다르다. 하지만 이익 또한 현실정치의 병폐를 자신의 시각으로 명확하게 진단해 내었다.

숙종 때 윤증(尹拯, 1629-1714)과 송시열(宋時烈, 1607-1689) 사이에 벌어졌던 회니시비(懷尼是非), 그리고 숙종이 송시열의 편을 들어준 병신처분(丙申處分) 등을 둘러싼 소론과 노론의 대립은 시비 판정의 어려움을 단적으로 보여준 사례이다. 이 대립은 윤선거(尹宣擧, 1610-1669) 사망 이후 그 아들 윤증이 스승 송시열에게 묘갈명을 부탁했을 때 송시열이 윤선거를 비판하는 내용을 적어준 것이 원인이었다. 윤증은 송시열의 본원과 학술을 공박한 내용을 적어서 송시열에게 보내려고 했다가 보내지 않았다. 이를 신유의서(辛酉擬書)라고 한다. 박세채의 사위이자 송시열의 손자 송순석이 그 서찰을 베껴서 송시열에게 전하자, 송시열은 윤증에게 답장을 보냈으며, 이로써 두 사람 사이에 공방이 시작되었다. 숙종은 윤증의 신유의서와 송시열의 윤선거 묘문을 가지고 오라고 하여 살펴본 후 송시열의 편을 들어주었다.

이러한 역사적 사실은 조선의 식자층으로 하여금 붕당의 문제에 관해 더욱 성찰하도록 촉구했다.

정동유(鄭東愈, 1744-1808)는 위희의 「속속붕당론」에 깊이 공감하여 그 글을 자신의 『주영편(晝永編)』에 전재하고, 조선의 당벌(黨伐)이 곧 군자당의 자사 자리에 있다고 지적했다.32)

이유원(李裕元, 1814-1888)은 명나라 축세록(祝世祿, 1539-1610)의 말을 인용하여, 시시비비와 관련하여 "남의 나쁜 점을 보는 것은 모든 악의 근원이고

---

32) 정동유, 『주영편』, 안대회 역, 휴머니스트, 2016.2.

자기의 나쁜 점을 보는 것은 모든 선의 문호이다"라고 하여, 독특한 처세 방법을 주장했다.33) 축세록은 "사람은 태어날 때부터 나쁜 습관이 몸에 배어서 모발과 골수에 병이 생기지 않는 곳이 없다. 비록 남의 잘못을 잘 지적하는 붕우라 하더라도 하나하나 거론하기는 어려우니, 피차간에 서로 마음을 비우고 자신을 낮추어서 선을 받아들이는 길을 열어 놓는 것이 참으로 내장을 깨끗이 씻는 좋은 약이다" 하고, 또 이르기를, "남의 나쁜 점을 보는 것은 모든 악의 근원이고 자기의 나쁜 점을 보는 것은 모든 선의 문호이다" 했다.

6.

한시에는 시비의 문제를 다룬 시가 참으로 많다.

시비가 헷갈리는 현실을 탄식하는 시
시비가 헷갈리는 현실에서 처신 방법을 모색하는 시
시비가 헷갈려 현실에서 박해받고 있다고 탄식하는 시
시시가 헷갈리는 현실을 떠나 정신적 안정을 추구하는 시
시비의 헷갈림을 극복하고 공공성을 확보해야 한다고 주장하는 시

앞에서 보았듯이 서거정(徐居正)은 1472년(성종 3년) 12월 다시 대사성이 되고서 이듬해 54세 때 세 옹(翁)자 운을 사용한 연작시를 두 번 지었다. 그 가운데 「세 옹 자 운을 사용하여 기록해서 홍 겸사성에게 올리다 9수」의 제9수는 시시비비를 초월한 정신경계를 추구하는 심경을 드러냈다.34)

---

33) 李裕元, 「無功祝世祿」, 『林下筆記』 제7권 近悅編. 祝世祿은 字가 延之이고, 德興 사람이다. 이유원은 그를 鄱陽 사람이라고 했다. 『環碧齋小言』 1권, 『祝無功集』 8권 등을 남겼다.
34) 徐居正, 「用三翁字韻 錄奉洪兼司成 九首」, 『四佳集』 詩集 권20 詩類.

세 옹 자 운을 사용하여 기록해서 홍 겸사성에게 올리다[用三翁字韻 錄奉 洪兼司成] 9수

유비옹과 무시옹이 서로 마주해 있으니	有非翁對無是翁
시시비비는 두 늙은이가 똑같구려.	是是非非翁若翁
세간의 만사는 한바탕 희극일 뿐	世間萬事一戲劇
조물아의 소행이거나 조화옹의 소행이거나.	造物兒耶造化翁

유비옹은 그른 행위를 하는 늙은이란 뜻이고, 무시옹은 옳은 것이 없는 늙은이란 뜻으로 한 말인 듯하다.35)

조임도(趙任道, 1585-1664)는 「감흥 15수(感興十五首)」의 제4수에서 시시비비를 떠나 분수에 만족하는 심경을 토로했다.36)

감흥(感興)

옳으니 그르니 하는 온갖 억측을	是是非非百萬億
듣지도 않고 보지도 않으며 초가에 누웠다.	不聞不睹臥茅庵
세간의 무엇이 이 마음을 얽어매랴	世間何物嬰心慮
한결같은 맛의 단사표음을 늙을수록 감내하네.	一味簞瓢老更甘

김삿갓 작으로 전하는 「시시비비시」도, 비록 그가 정치의 장에서 곤욕을 당하지는 않았지만, 시비가 헷갈리는 현실을 초월하려는 심경을 담아냈다. 한시의 오랜 전통을 이은 것이다.

유가의 입장에서는 시비판별을 지의 실천으로서 중시하고 그것이 곧 하늘

---

35) 한국고전번역원 임정기(역) 2006 참조.
36) 趙任道, 「感興十五首」, 『澗松集』 권2 詩○七言絶句.

로부터 부여받은 본성의 발현이라고 간주한다. 하지만 현실생활에서 시비의
판별은 매우 주관적이어서 결판이 나지 않는 경우가 많다. 이 점을 명확하게
인식한 것이 장자이다. 장자는 작은 지혜[小知]에 토대를 둔 인위(人爲)를 배
격했다. 「제물론」에서 장자는, 인간의 지식은 시대·지역, 그리고 사람에 따
라 다르기 때문에 보편타당한 객관성을 보장할 수 없다고 했다.

가령 내가 그대와 논쟁했는데 그대가 나를 이기고 내가 그대를 이기지 못했
다면 그대는 참으로 옳고 나는 참으로 그르단 말인가? 내가 그대를 이기고 그대
가 나를 이기지 못했다면 나는 참으로 옳고 그대는 참으로 그르단 말인가? 아니
면 어느 한쪽이 옳고 또 다른 한쪽이 그르단 말인가? 아니면 양쪽이 모두 옳거나
양쪽이 모두 그르단 말인가? 나와 그대가 서로 알 수 없다면 다른 사람들이 참으
로 어둠 속에 빠지고 말 것이니 내가 누구로 하여금 바로잡게 할 수 있겠는가.
그대와 의견이 같은 사람으로 바로잡게 한다면 이미 그 사람은 그대와 같은 사
람이니 어찌 바로잡을 수 있겠는가. 나와 의견이 같은 사람으로 하여금 바로잡게
한다면 이미 나와 같은 사람이니 어찌 바로잡을 수 있겠는가. 나와 그대 모두와 의
견이 다른 사람으로 하여금 바로잡게 한다면 이미 나와 그대 모두와 다르니 어찌
바로잡을 수 있겠는가. 나와 그대 모두와 의견이 같은 사람으로 하여금 바로잡게
한다면 이미 나와 그대 모두와 의견이 같으니 어찌 바로잡을 수 있겠는가. 그렇다
면 나와 그대, 그리고 다른 사람까지도 모두 알 수 없을 것이니, 또 다른 사람을 기
다려야 할 것인가. 시비를 따지는 소리에 의지하는 것은 처음부터 아예 의지하지
않는 것과 같다. 이것을 자연의 도[천예(天倪)]로 조화하며, 끝없는 변화에 자신을
그대로 맡기는 것이, 이것이 하늘로부터 받은 수명을 다하는 방법이다.

장자는 간혹 자기의 의견이나 주장을 말했지만 즉시 부정으로 돌아섰다.
우주의 모든 사물과 형상이 움직이고 있으며, 우주의 사물이 모두 변동하고
있는 이상 그 형상을 잘 포착할 수 없고 그 때문에 알 수 없다고 여겼다. 그

렇기에 「대종사(大宗師)」편에서

> 하늘이 행한 바(하늘이 인간에게 부여한 바)를 알고 인간이 행할 바(인간으로서 해야 할 바)를 안다면 지극한 사람이다. 하늘이 행한 바를 안다는 것은 천연(자연) 그대로 살아가는 것이다. 인간이 행할 바를 안다는 것은 사람의 지혜로서 알 수 있는 바를 활용하여 지혜로 알 수 없는 바(하늘이 행한 바)를 완성하는 것이니, 이렇게 하여 하늘이 부여한 수명을 다하여 중도에 요절하지 않는 것이 바로 지혜의 가장 뛰어난 점이다.37)

라 하면서도, 이것 역시 인생계의 입장에서 말한 것이기 때문에 여전히 걱정거리(결함)가 있다고 하여, "대체 인간의 지혜는 그것이 의거하는 근거가 있어야 비로소 진위를 판단할 수가 있거늘, 그 근거는 도무지 일정하지가 않다[未知有所待而後當, 其所待者特未定也]"라고 회의했다. 장자는 불완전한지를 넘어서 참된지를 이해하고자 했으므로, 우주간의 사물에 생명을 부여했고, 해골과도 함께 말하고 나비와도 함께 날 수 있었다. 아무 것도 없이 텅 비어 있는 곳, 즉 시비(是非)를 초월한 절대의 경지를 환중(環中)이라고 했다.

그러나 상대적 지를 초월하여 절대적 경지인 환중을 확보하기란 현실의 세계에서는 불가능하다. 현실은 시비 논쟁과 권력 쟁투의 연속이지 않은가! 장자는 시비는 다른 사람의 평가에 맡기고 자신은 상관하지 않겠다고 하여, 「천도」편에서 "나를 소라고 부르면 소라고 하고, 나를 말이라고 부르면 말이라고 한다[呼我牛也, 而謂之牛. 呼我馬也, 而謂之馬]"라고 했다. 이것을 '호우호마(呼牛呼馬)'라고 한다.

김삿갓은 호우호마의 경지까지는 아니더라도, 세간의 시시비비에서 벗어나고자 했다. 저 유명한 「팔죽시(八竹詩)」는 그러한 서민의 지향을 대표한다.

---

37) 知天之所爲, 知人之所爲者, 至矣. 知天之所爲者, 天而生也. 知人之所爲者, 以其知之所知, 以養其知之所不知, 終其天年而不中道夭者, 是知之盛也.

앞서 소개했지만 다시 들어보기로 한다.

팔죽시

이'대'로 저'대'로 되어가는 '대'로
바람 부는'대'로 물결치는'대'로
밥이면 밥, 죽이면 '죽,' 이'대'로
옳으면 옳고 그르면 그르고 저'대'로
손님 접대는 집안 형세'대'로
시장에서 사고팔기는 세월'대'로
만사를 내 마음'대'로 하는 것만 못하니
그렇고 그런 세상 그런'대'로.

八竹詩(팔죽시)

此竹彼竹化去竹(차죽피죽화거죽) 風打之竹浪打竹(풍타지죽낭타죽)
飯飯粥粥生此竹(반반죽죽생차죽) 是是非非付彼竹(시시비비부피죽)
賓客接待家勢竹(빈객접대가세죽) 市井賣買歲月竹(시정매매세월죽)
萬事不如吾心竹(만사불여오심죽) 然然然世過然竹(연연연세과연죽)

그러나 김삿갓은 세간의 시비에 너무 상처를 입었다.

괴촌에 사는 유선비에게

사람들은 시비를 즐겨 하나 나는 입을 다물고요
세상 사람 모두 명리를 다투어도 자네는 그렇지 않네.
염우의 덕행은 높은 산도 우러러보고요

사마상여의 문장은 큰 바다같이 넓게 펼쳐졌도다.

강물은 흘러흘러 그치지 않고 가을 해는 쉬 저무나니

생애를 청유에 붙인들 무슨 한이 있으랴.

槐村答柳雅士(괴촌답유진사)

두 구 없어짐

人說是非吾掩口(인설시비오엄구)　　世爭名利子搖頭(세쟁명리자요두)

冉牛德行高山仰(염우덕행고산앙)　　司馬文章大海流(사마문장대해류)

川不其流秋日昃(천불기류추일측)　　生涯何恨屬淸遊(생애하한속청유)

시시비비의 장을 떠나서 생애를 '청유, 즉 맑은 유람'에 붙인다고 했다. 김삿갓이 방랑을 계속하는 한 가지 이유를 스스로 밝힌 것이다.

제9화. 단구(斷句)와 연구(聯句)

1.

김삿갓은 방랑생활 중에 남과 글 내기를 많이 했다. 주로 일화와 함께 전한다. 혼자서 한, 두 구를 즉흥으로 읊는 단구(斷句)와 남이 부른 한 구에 대해 구점(口占)한 대구(對句)가 많다. 두 사람이 1구 2구를 각각 교대로 지어 한 편을 이루는 연구(聯句)는 그리 남아 있지 않다.

대중보판 『김립시집』에는 김삿갓이 금강산에서 입석봉의 시승을 만난 글 내기를 한 이야기가 실려 있다. 본래 이응수가 『동아일보』(1931)에 게재한 것이다. 그런데 1934년 7월 '青山人'이 『실생활(實生活)』(京城府樂園洞 獎産社發行, 사장 鄭世權)에 같은 글을 실었다. 이응수는 자기 글이 표절 당했다면서 분개했다.

입석봉 승려는 대구를 제대로 못 채우는 사람의 이빨을 하나 뽑아버리는 고약한 내기를 제안했다. 당나라 이백도 시회를 열었을 때 시를 짓지 못하면 벌주로 금곡주(金谷酒) 몇 잔을 마시게 했다는 사실이 「춘야연도리원서(春夜宴桃李園序)」에 나온다고 하면서.

僧 : 朝登立石 雲生足 (아침 입석봉에 오르니 구름이 발밑에 피어나고)

笠 : 暮飮黃泉 月掛脣 (저녁에 황천 물을 마시니 달은 입술에 걸렸도다.)

僧 : 澗松南臥 知北風 (물가 소나무 남쪽으로 누운 걸 보니 북풍을 알고)
笠 : 軒竹東傾 覺日西 (난간 대 그림자가 동쪽으로 기울매 해가 서편에
　　　　　　　　　 저문 것을 깨닫도다)

僧 : 絶壁雖危 花笑立 (절벽은 비록 위태로우나 꽃은 웃고 있고)
笠 : 陽春最好 鳥啼歸 (양춘 아주 좋지만 새는 울며 돌아간다)

僧 : 天上白雲 明日雨 (하늘의 흰 구름은 내일은 비가 올 조짐이고)
笠 : 岩間落葉 去年秋 (바위틈 남아 있는 낙엽은 작년 가을 흔적이로다)

僧 : 兩姓作配 己酉日最吉 (남녀가 짝을 지으려면 기유일이 가장 좋고)
笠 : 半夜生孩 亥子時難分 (반야에 아이 낳으니 해시인지 자시인지 분간 어렵다.)

僧 : 影浸綠水 衣無濕 (그림자가 녹수에 잠기되 옷은 젖지 않고)
笠 : 夢踏靑山 脚不苦 (꿈에 청산을 걸었으되 다리는 아프지도 않구나)

僧 : 群鴉影裡 千家夕 (까마귀 떼 그림자 속에 일천 집에 저녁이 오고)
笠 : 一雁聲中 四海秋 (외기러기 울음 속에 사해가 가을이다)

僧 : 假僧木折 月影軒 (가죽나무<새김말> 가지 부러지니 달그림자가 난간에
　　　　　　　　　 어릿대고)
笠 : 眞婦菜美 山姙春 (참며느리<새김말> 맛이 들었으니 산이 봄을 잉태했도다)

僧 : 石轉千年 方倒地 (바위가 천년 굴러 바야흐로 땅에 떨어질 듯하고)

笠 : 峰高一尺 敢摩天 (봉우리는 한 자만 높으면 하늘을 문대겠다.)

僧 : 靑山買得 雲空得 (푸른 산을 사두면 구름은 공으로 얻겠고)
笠 : 白水臨來 魚自來 (흰 물에 임하면 고기는 저절로 오겠구나)

僧 : 秋雲萬里 魚鱗白 (가을 구름은 만 리에 뻗어 고기비늘처럼 희고)
笠 : 枯木千年 鹿角高 (마른나무 천 년 되어 사슴뿔처럼 높구나)

僧 : 雲從樵兒 頭上起 (구름은 초동의 머리 위에서 일어나고)
笠 : 山入漂娥 手裏鳴 (산은 빨래하는 여인의 수중에서 울더라)

僧 : 聲令銅鈴零銅鼎 (목소리는 구리방울을 구리가마에 넣고 굴리는 듯)
笠 : 目若黑椒落白粥 (눈은 검은 호초 알을 흰 죽에 떨어뜨린 듯)

僧 : 登山鳥萊羹 (산에 오르니 새는 쑥갱쑥갱 울고)
笠 : 臨海魚草餠 (바다에 임하매 고기는 풀떡풀떡 뛴다)

僧 : 水作銀杵 舂絶壁 (물은 은 공이가 되어 절벽을 찧고)
笠 : 雲爲玉尺 度靑山 (구름은 옥 자 되어 청산을 재누나)

僧 : 月白雪白 天地白 (달빛 희고 눈빛 희며 천지도 흰데)
笠 : 山深水深 客愁深 (산 깊고 물 깊고 나그네 근심도 깊구나)

僧 : 燈前灯後 分晝夜 (등잔 앞과 등잔 뒤로 밤과 낮이 갈리고)
笠 : 山南山北 判陰陽 (산 남과 산 북으로 양지와 음지가 판연하다)

뜰 앞 소나무에 초승달이 솟아날 무렵에야 시 내기는 끝이 났다. 노승은 "오랫동안 많은 시객을 대했지만 당신 같은 이는 처음이오. 내가 졌으니 이를 뽑아드려야 할 텐데 보시다시피 이는 없고 잇몸만 있으니 어쩐다?"라고 했다. 김삿갓은 "그게 다 시객을 경계하려고 마련하신 처사이신데, 설혹 이를 갖고 계신들 이를 빼서 무얼 하겠습니까?"라고 했다. 스님은 껄껄 웃고는 김삿갓을 귀빈으로 대접했다고 한다.

노승이 김삿갓의 대구에 탄복한 이유는 얼른 알기 어렵다. 그런데 1979년 2월 24일 경상북도 월성군 현곡면 가정 1리 가정에서 채록된 이야기를 보면 그 이유를 짐작할 수 있다.[1]

김삿갓 "주주객반(主酒客飯)인데, 주인이 먼저 지어야 나그네가 짓지, 어디 나그네부터 짓는 법이 있겠느냐? 그리이 주인이 먼저 지으시오."

중 "조등절벽(朝登絶壁)에 운생족(雲生足)이요."

김삿갓 "모음황천(暮飮黃泉)에 월괘순(月掛唇)이라."

중 "오나역리에 천남뫼요.(烏來影裡에 千家暮 추정)."

김삿갓 "일안성장(一雁聲長) 사해추(四海秋)라." (뭇 까마귀가 다 무슨 소용이 있느냐? 한 기러기 소리에 떨어졌다.) 중의 생니를 하나 뺐다.

중 "영침녹수(影沈綠水)에 의무십(衣無濕)이요."

김삿갓 "몽답청산(夢踏靑山)에 각불게(脚不苦)라."

중 "청산매득(靑山賣得)에 운공득(雲空得)이요."

김삿갓 "백수입래(白水入來)에 어자래(漁自來)라." (저거는 공자았다 카는 거 저거는 욕심이 많애가 안 된다.) 중의 생니를 하나 더 뺐다.

중 "승소소시(僧少少時)에 승소소(僧小小)하고[중이 젊어가는(젊어서는) 적었고(승소는 절의 떡)]" 김삿갓 "객담다처(客談多處)에 객담래(客談來)라[객담이

---

1) 김삿갓과 중의 글 시합[현곡면 설화 72] 경상북도 월성군 현곡면 가정 1리 가정 1979.2.24. 채록 조동일·임재해. 구연 김원락. 『한국구비문학대계』 7집 1책, pp.158-164.

많은 곳에 실로 객담(술)이 많을 래라]."(버연이 아는 거 머 했으이까네 객담이 까네) 승의 생니를 세 개째 뺐다.

승려의 '群鴉影裡 千家夕(군아영리 천가석)'이 많은 무리를 운위한 데 비하여 김삿갓은 '一雁聲中 四海秋(일안성중 사해추)'라 하여 외기러기 울음만으로 우주의 소식을 포착해냈다. 승려의 '靑山賣得 雲空得(청산매득 운공득)'은 공짜로 얻느냐 그렇지 않느냐의 사안을 환기시키지만 김삿갓의 '白水入來 漁自來(백수입래 어자래)' 인욕과는 전혀 무관하게 자연 사물이 절로 오가는 경지를 묘사해냈다. 김삿갓이 지은 다른 대구들이 윗길인 이유는 이를 근거로 짐작할 수 있으나, 해설을 생략한다.

현곡면 설화에서 승려의 '僧少少時 僧小小(승소소시 승소소)'와 김삿갓의 '客談多處 客談來(객담다처 객담래)'는 이응수 편 『김립시집』에는 들어 있지 않다. 구연자의 해설에 따르면, 김삿갓의 대구는 승려의 객담 그 자체를 화제로 삼아 포괄성을 지닌다는 점에서 우위에 선다는 것이다.

2.

전근대시대에 사대부 및 중간 계층의 교양으로 가장 중시된 것이 한시 제작 능력이었다. 과거를 통하여 입신할 것이 기대되었던 지식층 자제들은 진사시에서 부과되는 과시(科詩)를 상당 기간 연습하고, 시회 등 각종 모임에서 지적 수준을 인정받기 위해 근체시의 속성 제작방법을 익혀야 했다. 자제들은 대개 명가들의 시 가운데서 2구 1연으로 이루어진 연구(聯句)를 익히는 것부터 시작했다. 윗사람이 명구를 가려 뽑아 둔 초집(抄集)을 이용하면서 스스로도 공책에 연구를 만들어보았다. 이로써 각 구의 1·3·5자 평측을 반대로 한다든가, 안짝(起句, 出句)과 바깥짝의 평측을 반대로 하고, 문장 성분이 같은 곳에 의미범주상 서로 관련이 있는 시어를 놓아 대(對)가 되게 만드는 등 기본적인 형식을 익혔다. 그런 후 연장자가 안짝을 불러주면 즉시 바깥짝을 대답하는 응구첩대(應口輒對)를 통해 제작 수준을 향상시켜 나갔다. 그리고 윗사람들의 소집(小集)에 불려나가, 연장자가 즉석에서 제시하는 소재나 글자를 이용하여 연구를 지어 보임으로써 시적 재능을 검증 받기도 했다.

한시 학습에서는 안짝과 바깥짝의 대(對)로 이루어지는 대장(對仗) 형식의 연구(聯句)를 이루는 것을 가장 기초적인 작시 능력이라고 보았다. 대장은 대구(對句)라고도 한다. 그러나 대를 이룬 두 구에서 안짝을 출구(出句), 그것과 짝을 이루는 바깥짝을 대구라고도 부르므로, 개념에 혼동이 있을 수 있다. 중국문학 연구에서는 대장이나 대우(對偶)라고 부른다.2)

시에 대한 논평도 실은 전체 시의 사상이나 주제, 골격 따위를 중시하기보다도 특정한 연(聯)의 잘되고 못됨을 중시했다. 조선 중기의 시비평가였던 허균(許筠)의 『성수시화(惺叟詩話)』나 17세기의 비평가 김득신(金得臣)의 『종남총지(終南叢志)』, 남용익(南龍翼)의 『호곡만필(壺谷謾筆)』 등이 다른 사람의 시에 대하여 논평할 때 한 편의 시를 전부 들지 않고 함련이나 경련, 혹은 절구의 1연만 들어 시평을 가한 것은, 출구-대구 연구의 절묘함을 높이 평가했기 때문이다.

전근대 시기의 문인들은 어릴 때 지은 완전한 시를 한두 편 문집에 남겨 스스로의 조숙성을 과시하고는 했다. 그것을 동몽시(童蒙詩)라고 부른다. 고려의 정지상(鄭知常)도 세 살 때 흰 물새를 보고 다음과 같은 오언절구를 지었다는 일화가 전한다.3)

喧喧白鷗鳥, 頭曲仰天歌 白毛浮綠水, 紅掌踏淸波.

---

2) 심경호, 「근대 이전의 한시 학습 방식에 관하여 : 연구(聯句)·고풍(古風) 제작과 초집(抄集)·선집(選集)의 이용」, 『어문연구』 115, 한국어문교육연구회. 2002.9, pp.235-257.
3) 조선후기 실명씨의 『西京摭覽』에 일화가 전한다. 실명씨, 『西京摭覽』(한국향토사연구회 전국협의회, 『향토사연구』 12집(2000).

하지만 어린 나이에는 대개 구를 잇는 연구의 방법을 익혔다. 이때의 연구란 앞서 말했듯이 대장(對仗)의 형태로 이루어진 두 구를 말한다. 또 남이 제시한 구에 대를 맞추는 경우도 있다. 이것을 득대(得對)라고 한다. 연구에는 여러 사람이 모여 한 구씩, 혹은 두 구씩 지어서 한 편을 이루는 백량체(柏梁體) 양식이 있으나, 여기서 말하는 '연구'와는 다르다. 2구 1연을 '연구'라고 부르는 명명법은 한국 한시에서 통용되는 말이다.

고려 중엽의 이인로(李仁老, 1152-1220)는 8, 9세 때 노유(老儒)가 "花笑檻前聲未聽, 鳥啼林下淚難看(화소함전성미청 조제림하루난간)"의 연(聯)을 가르쳐주기에, 바깥짝인 출구(出句)를 "문 밖에서 버들은 찡그리지만 이유를 알기 어렵네"라고 대답하여 노유를 놀라게 했다고 한다.4) 이인로는 이 연을 '옛 시인의 경구(警句)'라고 했다. 이 두 구는 조선 중기 이후 초학자의 시 학습서로 널리 이용되었던『백련초해(百聯抄解)』의 첫머리에 실려 있다.5)

고려의 이규보는 열한 살 때, 직문하(直門下)의 벼슬이던 숙부 이부(李富)의 부름을 받아 성랑(省郎)들의 모임에 나아가 그들이 시키는 대로 지(紙)자를 이용한 연구를 즉석에서 지었다.

紙路長行毛學士　　종이 길을 모학사(붓)는 늘 다니고
盃心常在麴先生　　술잔 가운데는 항상 국선생(술)이 계시네.

이규보가 열한 살에 비로소 연구를 지을 줄 알았던 것은 아닐 것이다. 모학사-국선생의 의인법을 사용한 대(對)를 즉석에서 지어냈기에 칭찬을 받았다고 보아야 한다. 특정 글자를 불러주고 그것을 구의 첫머리에 사용하도록 부과하는 호자(呼字)의 시 짓기가 고려 중엽 때에 있었다는 사실에 주목하여

---

4) 李仁老,『파한집』하권 28조, 유재영 역주(일지사, 1978).
5)『百聯抄解』는 편찬자를 알 수가 없다. 또 거기에 초출된 시구는 누구의 시구들인지 분명하지 않다. 諺解本이 진작에 만들어져 널리 유통되었다.

둘 필요가 있다.

　조선 세종 때의 조숙한 천재였던 김시습이 시 학습을 한 과정을 살펴보면, 당시 어떤 방식으로 작시 학습을 했는지 더욱 잘 알 수가 있다.

　김시습은 여덟 달 만에 글을 알았다. 두 살 나던 해(1436년) 봄에 외할아버지가 그에게 "花笑檻前聲未聽(화소함전성미청)"과 "鳥啼林下淚難看(조제림하루난간)"를 불러주고 그것이 무엇을 가리키느냐고 물었는데, 그는 병풍의 꽃 그림과 새 그림을 보고 "아!" 했다고 술회했다.6) 외할아버지가 제시한 두 시구는 앞서 이인로도 공부한 '옛 시인의 경구'이다.

　조선조에는 아동들이 연장자의 호자(呼字)에 즉각 연구를 짓거나 어른들이 불러준 안짝에 맞추어 즉각 바깥짝을 읊을 줄 알아야 재능이 있다고 평가했다. 후자를 멱대(覓對) 혹은 응구첩대(應口輒對)이라 한다. 서거정은 대여섯 살 때 태평관에 들어가 창문을 뚫고 안을 엿보다가 중국 사신에게 붙잡혀 야단을 맞게 되었는데, 대구를 잘 지어 풀려났다고 한다. 즉 중국 사신이 "손가락으로 종이창을 뚫으니 구멍[孔子]을 이루었네(指觸紙窓成孔子)"라고 하자, 어린 서거정은 "손에 밝은 거울 쥐고 얼굴 돌려[顔回] 대한다(手持明鏡對顔回)"라고 바깥 구를 답하여, 공자에 안회(顔回)로 짝을 맞추었다는 것이다.

　또 성종 때 문인 채수(蔡壽)의 대여섯 살 난 손자 채무일(蔡無逸)도 대를 멋지게 채웠다. 채수가 "손자는 밤마다 글을 읽느냐 안 읽느냐(孫子夜夜讀書不)"라고 하자, 채무일은 "할아버지는 아침마다 술을 너무 자십니다(祖父朝朝飮酒猛)"라고 바깥 구를 대었다고 한다.7)

　김삿갓도 함경도 단천(端川)에서 한 선비의 집을 찾아갔으나 문전박대를 당하여, '주인 없소'라는 전언을 듣고 다음 연구를 써 두고 왔다고 한다.

　　鳳飛靑山鳥隱林(봉비청산조은림)

---

6) 金時習, 「上柳襄陽自漢陳情書」, 『梅月堂集』(한국문집총간 13 영인 據 서울대규장각 소장 선조 연간 간행 활자본).
7) 유몽인, 『어우야담』; 홍만종, 『시화총림』 수록 「於于野談」 제10화.

龍登碧海魚潛水(용등벽해어잠수)

봉황이 청산에 날아가면 새는 수풀에 숨고,
용이 푸른 바다에서 오르면 고기는 물에 잠긴다.

　자신을 봉(鳳)과 용에 비기고, 주인을 평범한 새와 물고기에 견준 것이다. 이 연구는 가의(賈誼)의 「조굴원부(弔屈原賦)」에서 "봉황이 훨훨 높이 날아감에, 스스로 몸을 이끌어 멀리 떠나가네. 구연에 깊이 숨어 있는 신룡은, 깊은 못에 숨어서 스스로 진중히 하네[鳳縹縹其高逝兮, 夫固自引而遠去. 襲九淵之神龍兮, 沕深潛以自珍]"라고 한 말을 뒤집어 사용했다. 또『세설신어』「간오(簡傲)」에, 진(晉)나라 여안(呂安)이 먼길을 가서 혜강(嵇康)의 집을 찾아갔다가, 혜강이 마침 외출하여 만나지 못하고 그의 형 혜희(嵇喜)만을 만나보고는 문에다 '봉(鳳)'이라는 글자 하나를 써 놓고 돌아갔다는 고사가 있다. 봉(鳳)을 파자(破字)하면 범조(凡鳥)가 되는 데에서 기인하여, 특출하지 못한 범인(凡人), 혹은 용렬한 사람을 뜻한다. 여기서는 주인을 만나지 못하고 봉자를 써 두고 온다는 고사를 의식하면서 자신을 봉황에 견주어 의미를 달리 했다.

3.

　김삿갓은 한 승려의 청이 있자, 금강산을 읊으려 했지만, 금강산의 장엄한 산세에 압도되어 시를 짓지 못하겠다는 내용을 시로 토로했다. 스님의 시는 상평성 灰(회)운(開/來)을 밟았고, 수구에는 압운하지 않았다. 김삿갓의 시는 상평성 支(회)운(奇/疑/詩)을 사용했으며, 수구에도 사용했다. 그러니 김삿갓의 시는 스님의 시에 화운한 것이 아니다. 이야기로서는 재미있지만, 두 시는 같은 시기에 이루어진 것이 결코 아니다.

스님에게 금강산 시를 답하다

백 척 붉은 바위 계수나무 아래 암자가 있어
사립문을 오랫동안 사람에게 열지 않았소.
오늘 아침 우연히 시선께서 지나는 것을 보고
학 불러 암자를 보이게 하고 시 한 수를 청하오.　―스님

우뚝우뚝 뾰족뾰족 기기괴괴하여
인선(人仙)인지 신불(神佛)인지 의심할 만해라.
평생 금강산 위해 시를 아껴 왔지만
금강산에 이르러 보니 시를 지을 수가 없구려.　―삿갓

答僧金剛山詩(답승금강산시)
百尺丹岩桂樹下(백척단암계수하)　　柴門久不向人開(시문구불향인개)
今朝忽遇詩仙過(금조홀우시선과)　　喚鶴看庵乞句來(환학간암걸구래)―僧

矗矗尖尖怪怪奇(촉촉첨첨괴괴기)　　人仙神佛共甚疑(인선신불공감의)
平生詩爲金剛惜(평생시위금강석)　　始到金剛不敢詩(시도금강불감시)―笠

　북한에서는『금강산 한자시선』에 김병연의 금강산 시를 선록해 두었다.8) 그러나 율시를 두 시로 분해하거나, 두 연구를 하나의 시로 이은 예도 있다.

금강산으로 들어가며[入金剛山]

書爲白髮劍斜陽　　　붓 들고 백발 되고 칼 잡고 늙었으니

---

8)　[네이버 지식백과] 김병연의 금강산 한자시선(북한지리정보 : 금강산 한자시선(하), 2004, CNC 북한학술정보)

天地爲窮一恨長　　　이 세상 다 산 신세 원한만 깊고나.
痛飮長安紅十斗　　　아프고 쓰린 마음 술 열 말 들이키고
秋風簑笠入金剛　　　가을바람에 삿갓 쓰고 금강산으로 들어가네.

금강산(金剛山) 제1수

橋下東西南北路　　　다리 아래로 동서남북 길이 갈리고
杖頭一萬二千峰　　　지팡이 머리 우에 일만 이천 봉 솟았네.
金剛萬二千峰月　　　금강산 만 이천 봉에 달빛이 밝았으니
應作山僧禮佛燈　　　산속에 사는 중들은 재올리는 등불로 삼으리라.

금강산 제2수 : 앞의 두 구와 뒤의 두 구는 별도의 것이다.

泰山在後天無北　　　높은 산 뒤에 솟으니 하늘은 북쪽이 보이지 않고
大海當前地盡東　　　바다가 앞을 막으니 땅은 동쪽 여기가 끝이로구나.
松松柏柏岩岩廻　　　소나무 잣나무 숲 지나 바위바위에 돌아오니
水水山山處處奇　　　물은 물마다 새맑고 산은 산마다 기이하네.

금강산 제3수 : 앞의 두 구는 별도의 연구이다.

我向靑山去　　　나는 푸른 산 좋아 들어가는데
綠水爾何來　　　푸른 물아 너는 어찌하여 나오느냐.
矗矗金剛山　　　삐죽삐죽 솟은 금강산에
高峰萬二千　　　높은 봉 만이천이라네.
遂來平地望　　　밑에서 그 모습 바라다보며
三夜宿靑天　　　사흘을 하늘 덮고 잠만 잤다네

금강산 제4수

有溪無石溪還俗　　　시내가에 돌 없으면 내물은 멋이 없고

有石無溪石不奇　　돌 있는데 물 없으면 돌 또한 무색하리.
此地有溪兼有石　　이 고장엔 냇물 흐르고 돌마저 곁들였으니
天爲造化我爲詩　　하늘은 조화 부리고 나는 시를 짓노라.

금강산 제5-6수 : 본래 하나의 율시를 둘로 나누었다.

江湖浪跡又逢秋　　강호로 떠도는 몸 가을철 또다시 맞아
約伴詩朋會寺樓　　벗들과 짝을 지어 절간 누각에 모였다.
小洞人來流水暗　　작은 골에 사람 모여 시냇물 가리우고
古龕僧去白雲浮　　중 없는 옛 절간엔 흰 구름만 떠도네.

薄遊少答三生願　　잠깐 동안 유람 길에 삼생소원 풀리고
豪飮能消萬鍾愁　　마음껏 마시는 술 일만 시름 가시였네.
擬把淸懷書柿葉　　감나무잎을 따서 이내 회포 적으려다
臥聽西園雨聲幽　　은근한 빗소리를 무심중에 듣노라.

금강산 제7-8수 : 본래 하나의 율시를 둘로 나누었다.

萬二千峰歷歷遊　　금강산 만이천봉 빠짐없이 돌고나서
春風獨上衆仙樓　　신선 놓인 누대에 봄바람 타고 올랐네.
照臨日月圓如鏡　　비쳐드는 해와 달 둥글게 거울 같고
覆載乾坤小似舟　　하늘과 발밑의 땅은 작기가 쪽배만하네.

東庄天洋三島近　　동쪽은 넓은 바다 삼신산 멀지 않고
北撑高漢六鰲浮　　북쪽은 은하수이고 여섯 자라 떠있네.
不知無極何年闢　　내 몰라라 이 세상 그 언제 생겼던가
太高山形白老頭　　오랜 세월 흘렀으니 봉우리도 머리 세었네.

금강산 제9-10수 : 하나의 율시를 둘로 분해했다.

長夏居然近素秋	긴긴 여름 다 지나고 가을철이 다가왔네
脫巾抛棄步寺樓	두건 벗어 제쳐놓고 누대 우에 오르노라.
波聲通野巡墻滴	들판에서 들리는 파도소리 담장 돌아 젖어들고
靄色和烟繞屋浮	연기 섞인 노을빛은 집주변에 떠있어라.

酒到空壺生肺渴	술병이 비였으니 목구멍은 컬컬한데
詩猶餘債上眉愁	짓던 시 빚었으니 눈에는 시름일세.
與君分手芭蕉雨	파초잎에 비 내릴 제 그대와 헤여지니
應相歸家一夢幽	집으로 돌아가면 꿈길이 호젓하리.

금강산 제11-12수 : 1919년 『증보해동시선』에 실린 「산사희작」을 나누어 두 시로 만들었다. '綠蒼碧路入雲中'을 '綠靑碧路入雲中'으로, '岩樹靑'을 '澗樹蒼'으로, '打月邊鐘'을 '打日邊鐘'으로 표기했다.

금강산 경치(金剛山景)

樂捨金剛景	즐거울 땐 금강산 잊어버리니
淸山皆骨餘	푸르렀던 금강산이 뼈만 남았네.
其後騎驢客	내 뒤에 말 타고 찾아온 길손
無興但躊躇	아무도 볼 것 없다 머뭇거리네.

4.

금강산 부근의 서당을 방문한 김삿갓은 마침 그곳에서 훈장이 '역발산(力拔山)의 제목으로 아이들에게 풍월의 시작(試作)을 시키는 것을 보고 아이들이 지은 것을 훔쳐보았다. 아이들의 시작이 범상치 않은 것을 보고 김삿갓은, 아이들이 저러하니 훈장의 재주는 말할 것이 없다고 두려워했다. 그래서 한 구를 토하고는 서당을 나왔다는 것이다.

    아이 갑 : 南山北山神靈曰(남산북산신령왈)

           項羽當年難爲山(항우당년난위산)

           남산과 북산의 신령이 말하길

           항우 건재하던 때는 웬만한 산은 산이기 어려웠다 하더라

    아이 을 : 右拔左拔投空中(우발좌발투공중)

           平地往往多新山(평지왕왕다신산)

           오른쪽에서 뽑고 왼쪽에서 뽑아 공중에 던지매

           평지에 왕왕 새 산이 많이 생겨났더라

    김삿갓 : 項羽死後無將士(항우사후무장사)

           誰將拔山投空中(수장발산투공중)

           항우 죽은 후 장사가 없으니

           누가 장차 산을 뽑아 공중에 던지랴

  아이 갑, 아이 을, 김삿갓은 모두 외재율을 의식하지 않고 기발한 상상을 다투었다.

  설화 속에서 김삿갓이 언제나 훈장보다 우위에 있었던 것은 아니다.

    한 서당에서 훈장은 학동들에게, 아방궁이 석 달 동안 불탔던 사실을 주제로 시를 지으라는 숙제를 내놓고 외출을 했다. 마침 김삿갓이 잠자리를 얻으려고 서당에 갔다가, 학동들이 시를 짓는 것을 보았다. 그리고 한 학동의 종이와 붓을 가로채 다음 시를 써주었다.

渭水湯湯東流去(위수상상동류거)

江東漁夫拾蒸魚(강동어부습증어)

학동은 남루한 행색의 사람이 쓴 글을 보고 놀랐다. 얼마 후 훈장이 돌아오자, 그 시를 바쳤다. 김삿갓의 시를 본 훈장은 시 한 구절을 써서 학동을 통해 건네주었다. 거기에 이러했다.

火焰直上九萬里(화염직상구만리)

上帝撫臀曰熱熱(상제무둔왈열열)

김삿갓은 서당을 슬며시 나가더니 냅다 도망쳤다.

김삿갓의 시는 뜻이 이렇다.

위수가 끓고 끓으면서 동쪽으로 흘러가니
강동의 어부가 익은 고기를 줍더라.

서당 훈장의 시는 이렇다.

불꽃이 곧게 위로 구만 리나 오르니
옥황상제가 볼기짝을 만지며 앗 뜨거, 앗 뜨거 하더라.

이 단구 형식의 두 시는 한자어휘의 중의적 의미를 해학적으로 활용한 것이다. 곧, '渭水湯湯東流去'의 '湯湯'은 『서경』「요전(堯典)」에 "넘실대는 홍수가 바야흐로 해를 끼친다[湯湯洪水妨害]"라고 있듯이, '물이 넘실넘실 흐른다'는 의미이며, 이때는 '상상'이라고 읽는다. 따라서 이 구는 "위수가 넘실넘실대며 동쪽으로 흘러간다"는 뜻으로 풀이할 수 있다. 그런데 김삿갓은 '湯'을 '끓다'는 본래의 뜻으로 풀이하여 이 구를 "위수가 끓고 끓어서 동쪽으로 흘러가니"라고 풀이하고는 바깥짝으로 "강동의 어부가 익은 고기를 줍더라"라고 한 것이다.

서당 훈장의 시구 역시 '火焰直上九萬里'의 '火焰'은 '불꽃'의 의미 이외에도 전설 속의 화산인 '화염산(火焰山)'을 지칭하는 말이기도 하다. 곧 이 구는 "화염산이 곧게 위로 구만 리나 오르니"라고 풀이하고는 대구로 "옥황상제가 볼기짝을 만지면 앗 뜨거 하더라"라고 하여 해학적으로 짝을 맞추었다.

이 이야기에서는 김삿갓이 시 내기에 져서 슬며시 도망한 것으로 되어 있다. 하지만 조선후기 영남의 황오와 서울의 김병연은 과시로 이름이 나란했다. 이가원 선생의 『옥류산장시화』에 따르면 이 이야기 속의 2연은 각각 김병연과 황오의 과시의 일부이며, 그것도 김병연이 '양반'의 아취를 담고 있어 더 윗길의 작이라고 했다.9)

금강산에서 김삿갓은 다른 문객들을 만나 시를 주고받았다. 대중보판에 실린 「여시객힐거(與詩客詰拒)」는 그 한 예이다. 문객들은 김삿갓인 줄 알고, 한 번 골려주려고 "돌 위에는 풀이 나기 어렵고 방 속에서는 구름이 일지 않는다"는 구절을 읊어, "너 같은 인간에게서는 명작 시율이 나올 리 없다. 새에 비유하면 산간의 잡조(잡새)가 무슨 까닭에 이 봉황새 무리가 노는 시회에 끼어든 말이냐"라는 뜻을 드러냈다. 이때 김삿갓은 문객들이 사용한 운자와 운목을 그대로 사용하여 "나는 본래 천상에 사는 새여서 늘 오색 채운 속에 있다가 오늘밤 풍우가 사나워 잘못하여 이 들새 무리 속에 떨어졌노라. 에- 더러워 내 몸이 도리어 더러워질까 무섭다"라는 뜻을 드러냈다.

    돌 위에 풀이 나기 어렵고
    방안에 구름이 일 수 없거늘,
    산에 사는 무슨 놈의 잡새가
    봉황의 무리 속에 날아들었는고.

---

9) 이가원, 『옥류산장시화』, 연세대학교 출판부, 1980, pp.764-5.

石上難生草(석상난생초)　房中不起雲(방중불기운)
　　　山間是何鳥(산간시하조)　飛入鳳凰群(비입봉황군)

　　　내 본디 하늘 위에 사는 새로서
　　　항상 오색구름 속에서 노닐었거늘,
　　　오늘따라 비바람이 몹시 사나워
　　　들새 무리 속에 잘못 끼어들었소.

　　　我本天上鳥(아본천상조)　常留五彩雲(상류오채운)
　　　今宵風雨惡(금소풍우악)　誤落野鳥群(오락야조군)

　김삿갓 작 가운데는 각 구의 2·4·6부동의 구식을 지키면서도 압운을 하지 않은 예가 있다. 어느 시회에서 김삿갓이 최 모와 함께 지은 연구는 그 한 예이다. 곧 「산수시」라는 제목으로 알려져 있는데, 김삿갓이 처음 두 구를 지은 후 최 모가 다음 두 구를 지었으나 김삿갓이 다시 개작했다고 한다. 그런데 이 연구는 김삿갓이 流(하평성 尤운)자를 사용하고 최 모가 廻(거성 隊운)자를 사용했다. 압운을 의식하지 않은 것이다. 김삿갓의 개작도 그대로 廻자를 사용했다.

　　　서슬이 시퍼런 칼과 같이 하늘로 솟아 있고
　　　물은 군사의 소리를 배워 땅을 흔들면서 흐르네 - 김삿갓

　　　산은 강을 건너고자 강가에 서 있고
　　　물은 돌을 뚫고자 돌 머리를 맴도네 - 최 아무개

　　　산은 강을 건너지 못해 강가에 서 있고
　　　물은 돌을 뚫지 못해서 머리를 돌아가네 - 김삿갓

산수시(山水詩)

山如劍氣衝天立(산여검기충천립)　　水學兵聲動地流(수학병성동지류)-笠
山欲渡江江口立(산욕도강강구립)　　水將穿石石頭廻(수장천석석두회)-崔
山不渡江江口立(산불도강강구립)　　水難穿石石頭廻(수난천석석두회)-笠 改作

　　1941년 대증보판 『김립시집』을 보면 그 잡편에 김삿갓이 여인이나 기생과 수작한 구가 여럿 있다. 특히 부여기생과 함께 지었다고 전하는 다음 작품(증162逸10)은 두 사람이 각각 2구 1연의 연구를 짓되 칠언율시의 압운법을 의식한 것처럼 이루어져 있다.

부여기생과의 공작(共作)

김립 : 白馬江頭黃犢鳴(백마강두황독명)
　　　　백마강 강가에 누런 송아지가 울고 있네
기생 : 老人山下少年行(노인산하소년행)
　　　　노인산 기슭 아래에는 소년이 지나가네

김립 : 離家正初今三月(리가정초금삼월)
　　　　정초에 집을 떠난 지 어느새 삼월이라
기생 : 對客初更復三更(대객초경부삼경)
　　　　초저녁에 손님을 만났는데 다시 삼경이로다

김립 : 澤裡芙蓉深不見(택리부용심불견)
　　　　연못 속에 연 꽃은 물이 깊어 볼 수 없고
기생 : 園中桃花笑無聲(원중도화소무성)
　　　　뜰에 핀 복사꽃은 웃어도 소리가 없어요

김립 : 良宵可興比誰於(양소가흥비수어)
　　　이 좋은 밤의 흥취를 무엇에 비기리오
기생 : 紫午山頭月正明(자오산두월정명)
　　　자오산 머리에 달이 한창 밝군요

　김삿갓이 초구를 읊어 鳴(명)자를 끝자에 사용함으로써 鳴자가 속하는 하평성 제8 庚(경)운을 운자로 지정한 셈이다. 이에 짝수 번째 구는 부여기생이 지어, 行(행)·更(경)·聲(성)·明(명) 등 庚운의 글자를 제대로 놓았다. 이 수작이 사실이라면 부여기생은 근체시를 지을 줄 아는 재원이었다. 다만, 각 구의 2·4·6자와 연과 연 사이의 점법을 보면 평측의 외재율을 잘 따르지 않았다. 또한 같은 글자를 거듭 사용한 곳이 많다. 아무래도 이 연구를 응수했거나 연구를 한데 모은 원래의 구술자는 칠언율시의 형식을 완벽하게 소화하지는 못했던 것 같다.
　평양기생과의 합작이라는 다음 작품은 더욱 언문풍월조이다. 대증보판에 실려 있다. 김삿갓은 능(能) 자를 운자로 선별하여 먼저 읊었고, 평양기생은 그 能 자를 그대로 구의 끝에 사용했다.

김립 : 平壤妓生何所能(평양기생하소능)
　　　평양 기생은 무엇에 능한가
기생 : 能歌能舞又詩能(능가능무우시능)
　　　노래와 춤 다 능한 데다 시까지 능하오.
김립 : 能能其中別無能(능능기중별무능)
　　　능하고 능하다지만 별로 능한 것 없어 뵈네.
기생 : 月夜三更呼夫能(월야삼경호부능)
　　　달 밝은 한밤중에 지아비 부르는 소리는 더 능하다오.

김삿갓은 하나의 구나 하나의 연에서도 제법 경발한 면을 보였다.

5.

연구(聯句)는 아동들의 시 학습 때에만 활용된 것이 아니라 사대부들의 연회, 국왕과 신하의 연회나 행사 등에서 매우 큰 기능을 발휘했다.

조선시대 국왕은 어제(御製)를 신하들에게 게시하고 신하들의 갱재(賡載)를 권하는 방식으로 한 시대의 문풍을 주도했다. 영조도 많은 갱재축을 남겼다. 정조는 특히 재위 20년(1796, 병진) 이후 갱재축을 정리자로 인쇄하여 반포하기 시작해서, 이후에 나온 시들도 계속 간행했다. 또한 갱재축만이 아니라 연운축(聯韻軸)과 지경시집(志慶詩集)도 간행했다. 『군서표기』에 갱재축 48권의 해제가 실려 있다.10)

김삿갓은 국가의 공적 행사에 참여한 적이 없는 것은 물론, 사대부들의 연회에도 거의 참여하지 않았다. '광주 향품' 출신 김난은 안응수의 식객으로 지내면서 신석희와 그 형 신석우와 교분을 맺어 그들과 연구를 지었을 가능성은 있다. 하지만 설사 있다고 해도, 그것은 김삿갓의 시세계를 대표한다고는 간주되지 않은 듯, 하나도 전하지 않는다.

---

10) 『홍재전서(弘齋全書)』 제182권 군서표기(羣書標記) 4 ○어정(御定) 4 '갱재축(賡載軸)' 48권. 정조 때의 갱재는 『영조실록』의 편찬, 남전(南殿)·태묘(太廟)의 제향, 영릉(永陵)·덕수천(德水川)·명릉(明陵)·광릉(光陵)·원릉(元陵)·세심대(洗心臺) 등의 행차, 활쏘기(사례)와 내원(內苑)의 꽃구경, 성정각(誠正閣)의 야대(夜對), 초계문신(抄啓文臣) 제술, 문무과(文武科)의 시행, 이유(李侑)의 제사, 기로연(耆老宴)·양로연(養老宴), 『인서록(人瑞錄)』의 진헌, 환조(桓祖) 탄신 480주년 기념 행사, 혜경궁 홍씨의 주갑연(周甲宴)과 봉수당(奉壽堂) 진찬 등, 문효세자(文孝世子)의 상견례, 성균관에의 은배(銀杯) 하사 등 36이 행사에서 이루어졌다. 『갱재축(賡載軸)』(奎 4790 등)에는 1781-1795년까지 거행된 33건의 각종 행사에서 지은 시문이 실려 있다. 일부는 『보감찬집청갱재축(寶鑑纂輯廳賡載軸)』(奎 10276)처럼 별책으로도 제작되었다. 갱재축이나 연운축과 연관된 글들이 여러 관료-지식층의 문집에 많이 나온다. 이를테면 「연사갱재축」 관련 글로 서형수(徐瀅修)의 「연사기(燕射記)」(『明皋全集』 권8)가 있다.

김삿갓의 연구는 서당 아이들과의 재능 자랑, 기생과의 희롱, 금강산 시승과의 정서적 연대를 위해 사용된 것이 고작이다.

『김립시집』을 엮은 이응수는, "달 희고 눈 희고 천지가 흰데, 산 깊고 밤 깊고 내 수심 깊다(月白雪白天地白, 山深夜深吾愁深)"라는 구절을 절창이라고 했다. 백(白)과 심(深)를 반복하여, 눈 내린 달 밝은 겨울의 천지와 산 깊고 겨울 깊은 밤 나그네의 깊은 수심을 돋보이게 했다. 이 연구는 금강산에서 김삿갓이 대구 내기를 했다고 하는 이야기 속에 함께 전하는 것으로, 위에서 이미 본 바 있다.

김삿갓이 금강산을 묘사하여 "소나무 잣나무 바위는 돌고 돌아, 물이며 산이며 가는 곳마다 기묘하다(松松栢栢岩岩廻, 水水山山處處奇)"라고 노래한 구절도 절창이라 할 수 있다. 글자의 중첩으로 각양각색의 풍광을 암시하여 제시한 점이 빼어나다. 이응수가 『동아일보』(1931년)에 「김립과 금강산」이란 글을 연재하면서 처음 소개한 것으로, 이응수는 『김립시집』(1939년)에도 수록했다. 하지만 완전한 시편이 아니라 연구만 전한다. 당시 전국 곳곳에 김삿갓의 시가 대개 연구 형태로 구전되었음을 상상할 수 있다.

제10화. 욕설과 허언

1.

미학에서 가장 어려운 문제 가운데 하나는 추(醜)를 미의 요소로 인정할 수 있는가 하는 문제이다. 한국의 고전문학에서 이 문제를 제기하고 있는 것은 아마도 『심청전』이 계모 뺑덕어미를 묘사한 부분일 것이다. 그리고 김삿갓이 성적 농담, 남에 대한 비난과 조롱을 시의 형태로 제시하려고 한 측면도 중요한 문제를 제기했다고 할 수 있다.

김삿갓 시는 제목에 '弄(농)·怒(노)·罵(매)·辱(욕)·嘲(조)·破(파)·戱(희)' 등의 글자가 많이 사용되었다. 작가 자신이 정한 것이기도 하리라. 하지만 독자나 청자, 전승자들이 그런 제목을 선호했을 수도 있다.

「욕공씨가(辱孔氏家)」는 축객을 풍자하는 내용이다. 「농시(弄詩)」는 동음이의어를 이용하여 중의법을 써서 시골 인사들을 새나 쥐·모기·까마귀 등 미물로 격하시켰다. 「욕설모서당(辱說某書堂)」은 서당을 풍자하면서 乃早知(내조지)·皆尊物(개존물)·諸未十(제미십)·來不謁(내불알) 등 음탕한 어휘를 사용했다. 「욕윤가촌(辱尹哥村)」은 윤씨 가를 소의 꼬리와 등가시하여 '丑'과 관련시켰고, 「욕제가(辱祭家)」는 제사를 풍자하면서 內自知(내자지)·用刀疾

(용도질)·皆告謁(개고알) 등 유사음의 상스러운 어휘를 동원했다. 「조산로(嘲山老)」는 산촌노인을 풍자하고, 「조산촌학장(嘲山村學長)」은 산골 훈장을 조롱했다. 「조승유(嘲僧儒)」는 중과 선비를 싸잡아 놀리고, 「조연장관자(嘲年長冠者)」는 양반을 비웃었으며, 「조지관(嘲地官)」과 「조지사(嘲地師)」는 지관의 약을 올렸다. 「희증처첩(戱贈妻妾)」은 처와 첩이 남편을 사이에 두고 벌이는 외설스런 장면을 묘사했다(증보판에서는 빠졌다).

김삿갓은 욕설을 '찰지게' 했다. 자신을 박대한 서당의 훈장을 향해서는 이런 욕설을 했다. 앞서 소개한 시를 다시 들면 다음과 같다.

모서당에 대한 욕설

서당은 일찍부터 알고 있었으니
방 안에 모두 귀한 분들일세.
생도는 모두 열 명도 못 되고
선생은 와서 뵙지도 않네.

辱說某書堂(욕설모서당)

書堂乃早知(서당내조지) 房中皆尊物(방중개존물)
學生諸未十(학생제미십) 先生來不謁(선생내불알)

이 시는 훈장의 무례를 꼬집는데 주안점을 두어, 각 시어가 발음 자체로 욕이다. 해석은 생략한다.

김삿갓이 어느 선비 집에 갔는데, 그가 "우리 며느리가 유종(乳腫)으로 젖을 앓고 있으니 젖을 좀 빨아 주시오"라고 했다. 김삿갓은 망할 놈이 예의도 잘 지킨다고 분개하면서 4언시를 지었다고 한다. 격구 압운을 하지 않고 제3-4구에 모두 同자를 사용한 고풍이다.

젖 빼는 노래, 3장

시아비는 위를 빨고
며느리는 아래를 빠네.
위와 아래가 같지 않지만
그 맛은 한 가지.

시아비는 둘을 빨고
며느리는 하나를 빠네.
하나와 둘이 같지 않지만
그 맛은 한 가지.

시아비는 단 것을 빨고
며느리는 신 것을 빠네.
달고 시어 같지 않지만
그 맛은 한 가지.

嚥乳章三章(연유장삼장)

父嚥其上(부연기상)　　婦嚥其下(부연기하)
上下不同(상하부동)　　其味卽同(기미즉동)

父嚥其二(부연기이)　　婦嚥其一(부연기일)
一二不同(일이부동)　　其味卽同(기미즉동)

父嚥其甘(부연기감)　　婦嚥其酸(부연기산)
甘酸不同(감산부동)　　其味卽同(기미즉동)

전라도 어느 마을을 지나가던 김삿갓이 날이 저물어 커다란 기와집을 찾아갔다. 주인은 나오지 않고 계집종이 나와서 저녁상을 내다 주었다. 밥을 다 먹은 뒤에 안방 문을 열어보니 소복을 입은 미인이 있었다. 독수공방하는 어린 과부였다. 밤이 깊은 뒤에 김삿갓이 안방에 들어가자 과부가 놀라 단도를 겨누었다. 김삿갓이 한양으로 과거 보러 가는 길인데 목숨만 살려 달라고 하자, 여인이 운을 부르며 시를 짓게 했다고 했다.

어느 여인에게 준다

나그네 베개 맡이 쓸쓸해 꿈자리 좋지 못한데
하늘 가득 서리같이 흰 달이 나의 곁을 비추네.
녹색 대와 푸른 솔은 천고의 절개를 지키고
붉은 복사꽃 흰 오얏꽃은 한 시각의 봄을 즐기네.
왕소군의 옥 뼈도 오랑캐 땅에 묻히고
양귀비의 꽃다운 얼굴도 마외파 티끌이 되었소.
사람의 성품이 본래부터 무정한 것 아니니
오늘 밤 그대 치마 풀기를 아끼지 마시오.

贈某女(증모녀)

客枕條蕭夢不仁(객침조소몽불인)   滿天霜月照吾隣(만천상월조오린)
綠竹靑松千古節(녹죽청송천고절)   紅桃白李片時春(홍도백리편시춘)
昭君玉骨湖地土(소군옥골호지토)   貴妃花容馬嵬塵(귀비화용마외진)
人性本非無情物(인성본비무정물)   莫惜今宵解女裙(막석금소해여군)

칠언율시를 지향했다. 운자로는 상평성 眞(진)운의 仁(인)·隣(린)·春(춘)·塵(진)과 상평성 文(문)의 裙(군) 자를 사용했다. 칠언율시라면 통압하지 말아야 했지만, 통압한 것이다.

왕소군과 양귀비의 일을 인용했다. 왕소군은 한나라 원제(元帝)의 궁녀로, 흉노의 추장에게 보내져서 혼인을 하고 자식을 낳고 살다가 그 땅에서 죽었다. 마외파는 안녹산의 난이 일어나 당나라 현종이 양귀비와 함께 피난 가다가 군사들의 요구로 양귀비를 군사들에게 내 주어 양귀비가 살해된 곳이다.

이 시는 작가가 실명이라면 발표하기 어려웠을 것이다. 여성을 유혹하는 내용은 익명의 김삿갓일 때 가능했다.

2.

김삿갓은 사회 현실의 여러 국면에 대해 꼬집고 비틀었다.[1]

김삿갓이 조롱한 대상은 훈장만이 아니었다. 게으른 아낙[懶婦·惰婦·婦惰], 갓 쓴 어른[年長冠], 갓 쓴 아이[幼冠], 노인, 지사(地師), 선비 등, 모두 그의 냉소를 피할 수 없었다. 김삿갓은 승리자인 듯이 저들을 비웃는다. 그들이 자신의 생활세계를 당연한 것으로 받아들이고 그 속에서 숨을 깔딱거리고 있을 뿐이면서도 허세를 부리는 것에 환멸을 느꼈기 때문일 것이다.

앞서 보았듯이「이십수하(二十樹下)」는 김삿갓 시 가운데서도 냉소가 두드러진다. 한자의 음을 구어의 음에 부합시켜 축객의 세태를 풍자했다. 마지막 구절은 "돌아가 일해 먹는 것만 못하리라[不如歸家三十食]"로 널리 알려져 있다. '돌아가 선 밥을 먹느니만 못하다'라는 의미이다.

버클리대학교 아사미문고에 있는 『청구야담(靑邱野談)』121화는 어느 곳에 시인들이 모여 경신시(庚申詩)를 지으려할 때 김삿갓이 그들을 조롱하는 시를 지었다는 이야기이다.[2] 도가 사상에 따르면, 사람의 몸속에 있는 삼팽

---

1) 김용철, 『김삿갓과 한국고전문학에 나타난 해학』, 우신출판사, 1983, pp.11-12.
2) 김준형, 「김삿갓의 자아 찾기, 웃음과 울음」, 『東方文學比較硏究』 6, 동방문학비교연구

(三彭)이 수명·질병·욕망을 좌우하고 사람의 잘못을 기억해 두었다가 경신의 날마다 천제에게 고자질을 한다고 한다. 삼시(三尸), 삼시충이라고도 한다. 당나라 유종원(柳宗元)은 「매시충문(罵尸蟲文)」에서, "도사가 말하기를 사람에게 시충 셋이 있는데 뱃속에 있다가 사람이 조금만 잘못한 것을 보면 경신일에 나가 천제에게 참소한다[道士言人皆有尸蟲三, 處腹中, 伺人隱微失誤, 日庚申, 出讒於帝]"라고 했다. 경신일에 밤샘하는 것을 '수경신(守庚申)'이라 하는데 세모에 밤샘하는 풍속이 여기서 파생되었다. 조선의 유학자들은 수경신 풍속을 비판했으나 민간에서는 풍속이 사라지지 않았다. 윤기(尹愭)는 25세 때인 1765년(영조 41) 양근에서 한양으로 출발하려고 배를 기다리다가, 당일이 경신일이라, 경신일 밤샘 풍속을 비판하는 시를 지었다. 김삿갓이 만난 시인들이 경신시를 짓고 있었던 것은 아마도 수계(守誡)의 뜻에서 그런 듯하다. 김삿갓은 수경신 풍속을 허황하다고 비웃었다.

김삿갓이 북도지방의 어느 집에 갔다가 그곳에 모여 있던 마을 유지들을 놀리며 다음 시를 지었다.

원생원(元生員)

해 뜨자 원숭이가 언덕에 나타나고	日出猿生原
고양이 지나가자 쥐가 다 죽네.	猫過鼠盡死
황혼이 되자 모기가 처마에 이르고	黃昏蚊簷至
밤 되자 벼룩이 자리에서 쏘아대네.	夜出蚤席射

구절마다 끝 세 글자는 원 생원(元生員), 서 진사(徐進士), 문 첨지(文僉知),

회, 2016.12.31. pp.27~54. "金笠到一處, 則詩人等, 欲作庚申詩. 金笠先 聲曰:'已往庚申幾庚申, 今日庚申好庚申. 汝之庚申四庚申, 吾之庚申八庚申.' 云. 此亦凌人." 시 번역은 달리 한다.

조 석사(趙碩士)의 음을 빌려 쓴 것이다. 死(사)는 상성 紙(지), 射(사)는 거성 禡(마)에 속하므로, 압운한 것은 아니다. 하지만 우리 한자음으로 '사'이니, 압운의 효과를 낸 것이다.

어느 무더운 여름, 김삿갓은 젊은 선비들이 개를 잡아놓고 술을 마시며 놀고 있는 모습을 보았다. 구석에 가서 앉았으나 아무도 거들떠보지 않자, 김삿갓은 "구상유취(口尙乳臭)로군!"이라는 한마디를 던졌다. 입에서 젖내가 난다는 얘기였다. 선비들이 성을 내면서 김삿갓을 끌어냈다. "누가 구상유취란 말인가?"라고 저들이 따지자, 김삿갓은 말했다. "오해들 했군요. 나는 구상유취(狗喪儒聚)라고 했을 뿐이요." '개 초상'에 선비들이 모여 있다는 뜻이다. 선비들은 껄껄 웃고 말았다.

어느 절의 승려를 비판한 「승풍악(僧風惡)」은 압운을 고려하지 않은 고풍이다. 문답체가 절묘하다.

고약한 중

불단 위에 앉아 있는 금부처님
무슨 일로 감중연(坎中連)의 손가락인가요?
이 절 중의 풍모가 고약해서
날을 받아 서쪽으로 돌아가려네.

승풍악(僧風惡)

榻上彼金佛(탑상피금불)　何事坎中連(하사감중연)
此寺僧風惡(차사승풍악)　擇日欲西歸(택일욕서귀)

감중련(坎中連)은 『주역』의 감괘(坎卦)를 말한다. 감괘는 위아래는 떨어져 있고 가운데만 연하여져 있어서 감중련이라 하고, 떨어져 있는 위아래는 습감(習坎, 연이은 험함)의 의미이다. 음효 가운데 양효가 끼여 있는 감괘 모양으로 소지(小指)를 대지(大指)와 맞닿게 한 인상(印相)을 감중련이라고 한다.

옛날 묵은 집에 다시 찾아가자 주인이 귀하게 되어서는 푸대접을 했다. 김삿갓은 그 주인장과 절묘한 창수(唱酬)를 했다. 즉 김삿갓의 화답은 노인의 원운(原韻)과 김삿갓의 화답은 발음은 같은데 살짝 다른 한자어를 이용하여 상대를 비꼬았다.

산에 사는 노인을 조롱함

노인 : 만 리 길 멀리 다니다가
      육년 만에 이제 돌아와니
      지나가는 곳마다 낯익은 집들은 많으나
      태반은 옛 주인이 아니겠지요.

김립 : 산 속에 노인께서 오래 계시며
      나이를 잡숫더니 이제 비로소 귀해졌구려.
      지나가는 곳마다 옛 의관(양반)이 많으나
      콩밥조차 주인은 내지 않는군요.

嘲山老(조산로)

老人 : 萬里路長在(만리노장재)   六年今始歸(육년금시귀)
      所經多舊館(소경다구관)   太半主人非(태반주인비)
金笠 : 蠻裡老長在(만리노장재)   鬻年今始貴(죽년금시귀)
      所經多舊冠(소경다구관)   太飯主人非(태반주인비)

歸(귀)와 非(비)는 둘다 상평성 微(미)운에 속한다. 원운이나 화운이나 압운이 정확하다.

김삿갓은 '독설의 달인'이었다. 상대가 누구든 그들의 어리석음, 교만함에 대해 독설을 뿜었다. 하지만 독설에 해학을 겸하여 상대방의 마음을 위로했다. 독설과 해학을 겸하는 것이 김삿갓의 '시법'이었다.

3.

앞에서 보았듯이 김삿갓은 「양반시비(兩班是非)」에서, 당시 사람들이 양반 입네 거들먹거리는 것을 비판했다. 처음 두 구는 "彼兩班(피양반) 此兩班(차양반) 班不知(반부지) 班何班(반하반)"이라고 3자 구를 중첩하여 풍자의 어조를 강조했다.

또한 갓 쓴 어른이지만 아직 장성하지 않은 양반 아이를 놀린 칠언율시도, 김삿갓은 남겼다.

갓 쓴 어른을 놀리다

네모 갓 쓰고 장죽(담뱃대) 문 양반이
새로 사온 『맹자』 책을 크게 읽는데
대낮에 원숭이 새끼가 이제 막 태어난 듯
황혼녘 개구리가 못에서 어지럽게 우는 듯.
노석(老釋)으로 인해 위엄 차려 호통을 해대고
학문은 초동보다 넉넉하여 억지로 선생 노릇한다.
만약 홍패가 물에 떠내려간다면
금년의 급제는 저자 외에 누가 차지할까.

嘲年長冠者(조연장관자)

方冠長竹兩班兒(방관장죽양반아)　　新買鄒書大讀之(신매추서대독지)
白晝猴孫初出袋(백주후손초출대)　　黃昏蛙子亂鳴池(황혼와자난명지)
威因老釋能成喝(혹인노석능성갈)　　學優樵童强作師(학우초동강작사)
若使紅牌浮水去(약사홍패부수거)　　今年及第能渠誰(급년급제능거수)

이 칠언율시는 상평성 支(지)운의 兒(아)·之(지)·池(지)·師(사)·誰(수)를 사용했다.

또 다음 시에서는 갓을 쓴 어린 양반을 조롱했다. 솔개를 무서워할 나이에 몸을 가릴 만큼 큰 갓을 쓰고 몸집은 대추씨처럼 작은데 벌써 새신랑이 되었음을 표현했다.

갓 쓴 어린아이를 놀리다

솔개 보고도 무서워할 놈이 갓 아래 숨었는데
누군가 기침하다가 토해낸 대추씨 같구나.
사람마다 모두들 이렇게 작다면
한 배에서 대여섯 명은 나올 수 있을 테지.

嘲幼冠者(조유관자)

畏鳶身勢隱冠蓋(외연신세은관개)　　何人咳嗽吐棗仁(하인해수토조인)
若使每人皆如此(약사매인개여차)　　一腹可生五六人(일복가생오륙인)

김삿갓의 풍자는 「진일수두객(盡日垂頭客)」시에서 절정에 이른다. 1939년판, 1941년판, 1956년판에 모두 들어 있다.

'수두색이(垂頭塞耳)'는 머리를 숙여 아첨을 하며 귀를 막아 세상 비난에 괘

넘하지 않는다는 뜻이다. 중국 남북조 말 안지추(顔之推, 531-591)가 엮은 『안씨가훈(顔氏家訓)』에 나온다.

간쟁을 하는 사람들은 주군의 옳지 못한 처사나 과오에 대하여 바로잡기 위해 있는 것이다. 반드시 얻을 수 있는 말을 할 수 있는 지위에 있어야 하며, 당연히 바로잡아 도울 수 있는 규범을 만들어야 하며, 구차스럽게 자신의 책임을 면하거나 편안함을 위해 머리를 숙이고 귀를 막는 행위는 하지 말아야 한다. 주군을 위해서 처신하는 좋은 방법은, 생각하는 범위가 자신의 지위를 넘어서는 안 되며, 간언이 자신의 임무를 넘어서는 안 되며, 이 범위를 넘게 되면 곧 죄인이 되는 것이다. 그러므로 『예기』 「표기(表記)」에는 '주군을 섬길 때 가까이 있는 자가 아닌 자가 간언하는 것은 아첨이 되며, 가까이 모시면서 간언하지 않으면 자신의 이득만을 구하는 것이 된다.'고 했다. 또 『논어』에서는 '믿음이 없으면서 간언을 하는 것은 다른 사람들이 비방을 일삼는 자로 여긴다.'라 했다.3)

『후한서』 「상제기(殤帝紀)」에는 이런 말이 있다.

자사가 머리를 숙여 아첨을 하며 귀를 막아 세상 비난을 괘념하지 않고 사욕에 치우치는 것은 '하늘에 부끄러워하지 않고, 사람들을 두려워하지 않는 것이다.'라고 했다.4)

김삿갓은 하루 종일 아첨만 하는 인물을 비난해서 다음 시를 남겼다.

---

3) 諫諍之徒 以正人君之失爾. 必在得言之地, 當盡匡贊之規, 不容苟免偸安, 垂頭塞耳; 至於就養有方, 思不出位, 幹非其任, 斯則罪人. 故表記云: "事君, 遠而諫 則諂也; 近而不諫 則尸利也." 『論語』曰: "未信而諫, 人以爲謗己也." 『顔氏家訓』/卷5 省事 제12.
4) 刺史垂頭塞耳, 阿私下比 '不畏於天, 不愧於人.' 『後漢書』卷4 孝和孝殤帝紀 第4.

하루 종일 아첨하는 손님

중국 가죽신에 코 높은 버선에 서너 근 비단 옷
아침 이슬을 밟고서 가면 저물어서야 돌아온다오.
푸른색의 주나라 옷은 길이가 길어서 땅에 끌리고
붉은 색의 당나라 부채로 하늘을 가리는구나.
시를 한 권만 읽어도 능히 음률을 말하고
천금의 재물을 썼건만 아직 쓸 돈이 남았구나.
양반집 대문을 종일토록 머리 숙여 드나든 손님이
고향 사람 만나면 의기가 가득하여 우쭐대네.

盡日垂頭客(진일수두객)

唐鞋崇襪數斤綿(당혜숭말수근면)　　踏盡淸霜赴暮煙(답진청상부모연)
淺綠周衣長曳地(천록주의장예지)　　眞紅唐扇半遮天(진홍당선반차천)
詩讀一卷能言律(시독일권능언률)　　財盡千金尙用錢(재진천금상용전)
朱門盡日垂頭客(주문진일수두객)　　若對鄕人意氣全(약대향인의기전)

이 시는 천태산인의 『조선한문학사』(1931.2)에 이미 제목 없이 실렸는데, 몇몇 한자가 다르다. 함련 바깥짝의 당선(唐扇)은 『조선한문학사』의 장선(長扇)으로 되어 있다. 경련의 시독(詩讀)은 재독(纔讀), 상용전(尙用錢)은 상유전(尙有錢), 향인(鄕人)은 향관(鄕關)으로 되어 있다. 그렇다면 마지막 구는 "양반집 대문을 종일토록 머리 숙여 드나든 손님이, 향관(고향)에 이르면 의기가 가득하여 우쭐대네."로 풀이할 수 있다.

김삿갓은 서당의 훈장을 한 적이 있다고 한다. 하지만 젠 체하는 훈장들을 싫어했다. 강원도 어느 서당에 들렀을 때마침 훈장이 글재주를 떠보다가는 김삿갓의 문장을 비난하자, 시 한 수로 지긋이 눌러주었다.

훈장을 훈계하다

교화의 바깥 지역 완고한 백성은 고약한 버릇이 있어
대괴(자연)의 기운 받은 이 문장가에게 불평을 떠벌린다만,
종지 그릇으로 바닷물 잰다면 그게 물이 될 건가
쇠귀에 경 읽기인데 어찌 글을 깨달으랴.
산간에서 기장이나 훔쳐 먹는 간악한 쥐새끼가 너이고
붓 아래에서 하늘로 솟구쳐 뛰어 오르는 용이 나란 말이다.
네 잘못이 매 맞아 죽을죄이나 잠시 용서 하겠다만
어찌 어른 앞에서 버르장머리 없는 말을 지껄인단 말인가.

訓戒訓長(훈계훈장)

化外頑氓怪習餘(화외완맹괴습여)   文章大塊不平噓(문장대괴불평허)
蠡盃測海難爲水(여배측해난위수)   牛耳誦經豈悟書(우이송경기오서)
含黍山間奸鼠爾(함서산간간서이)   凌雲筆下躍龍余(능운필하약용여)
罪當答死姑舍己(죄당태사고사이)   敢向尊前語喆踞(감향존전어힐거)

  이 시는 餘(여)·噓(허)·書(서)·余(여)·踞(거) 등 상평성 魚(어)운을 이룬 도저한 칠언율시다. 김삿갓의 다른 시에서도 나타나듯 산골 훈장들은 『십구사략』을 가리키는 동몽선생이 대부분이었고, 시를 잘 짓지 못했다. 김삿갓은 외재율을 엄격하게 지킨 칠언율시를 즉석에서 읊음으로써 교만한 훈장을 납작하게 한 것이다.
  다음의 「훈장」이란 시에서는 훈장이란 존재를 생각하기만 하면 가슴속에 연기 없는 심화가 절로 일어난다고 했다. 본래 교육은 학부모가 선생을 믿고 자기 자식을 매질을 해서라도 가르쳐 달라고 청하는 자세에서 이루어져야 하지만, 서당의 훈장은 아이의 인격 형성에 도움을 주지 못한다. 훈장은 '하

늘 천 따 지'의 자학(字學)만 반복하고, 스스로는 시 짓는다 부 짓는다 하면서 기예를 연마하는 데 시간을 허비하고 있다.

훈장

세상에서 누가 훈장이 좋다고 했나.
연기 없는 심화가 저절로 나네.
하늘 천 따 지 하다가 청춘이 지나가고
부 짓는다 시 짓는다 하다가 백발이 되었네.
지성껏 가르쳐도 어질다 칭찬 듣기 어려운데
잠시라도 자리를 뜨면 시비를 듣기 쉽네.
장중보옥 천금 같은 자식을 맡겨 놓고
매질로 가르쳐 달라는 게 부모의 참마음일터.

訓長(훈장)

世上誰云訓長好(세상수운훈장호)	無烟心火自然生(무연심화자연생)
曰天曰地靑春去(왈천왈지청춘거)	云賦云詩白髮成(운부운시백발성)
雖誠難聞稱道賢(수성난문칭도현)	暫離易得是非聲(잠리이득시비성)
掌中寶玉千金子(장중보옥천금자)	請囑撻刑是眞情(청촉달형시진정)

김삿갓은 동협(東峽) 즉 강원도에 들어가 교만하기 짝이 없는 어느 서당 훈장을 보고 시를 지어 주어 심하게 질책했다. 곧 이우준의 『몽유야담』에 처음 소개된 시이다. 『청구야담』의 버클리 아사미문고본에서는 울진 서당에 이르렀을 때는 지은 시라고 했다.5) 이 시의 제4연 출구 두 글자는 판본에 따

---

5) 『청구야담(靑邱野談)』 버클리대 아사미문고본, 127화. "金笠到蘗珍書堂, 贈學長壽詩曰: '山村學長太多威, 健着野冠揷唾挑. 大讀天皇高弟子, 尊稱風憲好朋儕. 每逢凡學憑衰眼.

라 '一般'으로 되어 있으나 『몽유야담』에 따라 '一飯'으로 보는 것이 좋겠다. 「조산촌학장(嘲山村學長)」이란 제목의 시로, 『김립시집』의 세 판본에 모두 실었다. 표기가 조금씩 다른 시어가 있으나, 『몽유야담』의 것을 따른다. 제1연 바깥짝 마지막 세 글자는 판본에 따라 '삽타도(揷唾桃)'로 되어 있기도 하지만, '鍤唾挑'가 옳다. 앞서 말했듯이, '가래침'을 '삽타(鍤唾)'라고 표기한 것은 '가래 鍤(삽)'의 훈을 활용한 것이다. 『몽유야담』에서 밝혔듯이 이 시는 김병연=김삿갓의 대표작이다. 산촌 훈장이 호자(呼字)를 했는데, 시도 잘 짓지 못하고 운서도 없고 해서 산운(散韻)의 방식을 취했다. 곧 일운도저한 칠언율시가 아니라 한국식 고풍의 시이다.

산촌 훈장을 조롱함

산골 훈장이 너무 위엄이 많아
먼지 낀 낡은 갓 높이 쓰고 가래침을 내뱉네.
천황씨 읽는 놈이 가장 높은 제자이고
풍헌을 존칭해서 나의 좋은 벗이라고 하네.
평범한 글자인데도 글자 만나면 눈 어둡다 핑계대고
술잔 돌릴 땐 흰 수염 빙자하며 잔 먼저 받네.
밥 한 그릇 구걸에 주인 없다 하다가 생색내는 말이
올해 나그네는 모두가 양주 사람이라 하다니.

嘲山村訓長(조산촌훈장)

山村學長太多威(산촌학장태다위)　　高着野冠鍤唾挑(고착야관삽타도)
大讀天皇高弟子(대독천황고제자)　　尊稱風憲好朋儔(존칭풍헌호붕주)
每逢凡字憑衰眼(매봉범자빙쇠안)　　輒到巡盃籍白髮(첩도순배자백발)

輒到巡盃籍白髮. 一飯饔堂生色語, 今年過客盡楊州.' 此是凌人也."

一飯空堂生色語(일반공당생색어)   今年過客盡揚州(금년과객진양주)

훈장은 『사략』(혹은 『십구사략』) 초권을 읽고 있는 제자를 수제자라 하고, 고을에 해악을 주는 풍헌과 친구를 맺고 있는 주제에 길손을 무시한다. 글은 모르면서 음식 먹을 때만 어른 행세를 하는 훈장을 김삿갓은 가만 보고 넘기지 않았다.

김삿갓은 당시의 지사(地師) 즉 풍수가를 비판했다. 지사가 역산(曆算)도 모르면서 명당을 찾기 위해 수많은 산봉우리와 골짜기를 누비고 다녔으나 도무지 헛수고를 하고 있다는 것이다.

지관을 놀리다

풍수 선생은 본래 허망한 사람
남이다 북이다 부질없이 혀를 놀리네.
청산 속에 공후 될 명당 있다면
어찌 그때 네 아비를 묻지 않았나.

嘲地官(조지관)

風水先生本是虛(풍수선생본시허)   指南指北舌飜空(지남지북설번공)
靑山若有公侯地(청산약유공후지)   何不當年葬爾翁(하불당년장이옹)

지사들은 당나라 사람 이순풍(李淳風)의 술법을 정통으로 이었다고 하지만, 실제 양택과 음택의 복점에는 유파에 따라 사람에 따라 이견이 많았다. 조선전기부터 왕실의 산릉 역사와 관련한 갈등은 새삼 말할 필요도 없을 것이다. 이를테면 안평대군은 책사 이현로(李賢老)는 탐장(貪贓)의 죄 때문에 '장리안'에 이름이 올라 있었으나 풍수에 밝아 세종 말년에 수릉(壽陵, 살아 있으면서 죽은 후에 사용하기 위해 만든 능)을 정비하는 일로 두각을 차츰 나타내더니, 세종의 붕어 후 3년 만에 문종의 서거하자 산릉도감의 제조를 맡아 풍수지리설로 민간 풍수사 목효지를 압도했다.

목효지는 전농시에 속한 종이었으나 1441년(세종 23) 왕세자빈 권씨의 능 자리가 장자와 장손이 일찍 죽는 땅이라고 비판하고, 1448년(세종 30) 세종이 짓는 문소전 불당이 나라를 위태롭게 한다고 우려했으며, 단종 때는 문종의 능인 현릉의 위치가 왕을 약하게 하는 곳이라고 주장했다. 이 세 번의 상소는 모두 묵살되었다. 하지만 문소전 불당의 건립 이후 세종과 문종이 잇달아 돌아가자, 목효지의 풍수설은 주목을 받았다. 수양대군 일파는 단종을 풍수상 불리한 상황에 처하도록 했다. 문종의 광중에서 물이 나왔음에도 정인지는 다른 자리를 찾으려 하지 않고 그 옆에 매장을 하게 했다. 목효지는 풍수지리를 이용하여 단종을 보호하기 위해 노력했으나 수양대군과 대립하면서 죽임을 당했다.6)

지사를 조롱한다

우습다 용산 사는 임 처사여
늘그막에 어찌하여 이순풍을 배웠나.
두 눈으로 용맥을 꿰뚫어 본다면서
두 다리로 골짜기를 허위허위 다니다니.
분명히 드러난 천문도 모르면서
막막한 지리를 어이 통하랴.
돌아가 중양절 술을 마시고
취해서 달빛 아래 여읜 아내나 안아 주게.

---

6) 이정주, 「세종대~단종대의 정치 변동과 풍수지리 - 풍수가 목효지의 사례를 중심으로」, 『역사민속학』 제36호, 한국역사민속학회, 2011.7, pp.125-160.

嘲地師(조지사)

可笑龍山林處士(가소용산임처사)	暮年何學李淳風(모년하학이순풍)
雙眸能貫千峰脈(쌍모능관천봉맥)	兩足徒行萬壑空(양족도행만학공)
顯顯天文猶未達(현현천문유미달)	漠漠地理豈能通(막막지리기능통)
不如歸飮重陽酒(불여귀음중양주)	醉抱瘦妻明月中(취포수처명월중)

[김홍한이『매일신보』(1933.12.5.)에 소개했다. 이응수는『김립시집』초판본과 대중보판에 이 시를 수록했다. '天文'이 '天地'로 되어 있던 것을 이응수가 바로잡았다.]

김삿갓은 술객도 조롱했다. 1956년 『풍자시인 김삿갓』에만 있는 「점쟁이[術客]」란 시이다. 칠언율시를 흉내 내어 첫 구에도 평성 眞(진)운에 속하는 身(진) 자를 놓았으나, 셋째 연(경련) 마지막 글자 仙(선)은 평성 先(선)운이어서 낙운이다. 셋째 연은 대우법을 지키지 않았고 조사(措辭, 어휘 사용)도 불안하다.

술객

천의 방술, 백의 기예를 한 몸에 갖추었다며
스스로 말하길 나 이외에 달리 사람이 없다고 말한다.
산 형세나 평평한 땅이 모두 이름난 혈 자리요
날짜 셈법에 따르든 평상시든 죄다 길일이라나.
영험한 거북이라며 점 치면서 신성함을 빌린다만
어찌하면 편작을 불러다가 신선의 약을 처방하랴.
관상책 넘기며 운명이며 복록을 잡다하게 내놓으니
한잔 술을 집집마다 올리며 상객으로 모시는군.

術客(술객)

千方百技備一身(천방백기비일신)　　自言我外更無人(자언아외갱무인)
山形平地皆名穴(산형평지개명혈)　　日法常時總吉辰(일법상시총길진)
所謂靈龜占假聖(소위영귀점가성)　　有何扁鵲藥神仙(유하편작약신선)
相書命祿紛然出(상서명록분연출)　　盃酒家家侍上賓(배주가가시상빈)

김삿갓의 시 중에「욕윤가촌(辱尹家村)」은 말 그대로 윤씨가 많이 살던 어느 윤가 촌을 욕하는 시다. 김삿갓이 마을에서 푸대접을 받고 마음이 상해서 지었다고 한다. 동족촌의 주민들이 외부인을 경계하던 습속을 반영하고 있다. 尾(미)는 상성 尾운, 畏(외)는 거성 未(미)운으로 상성과 거성의 통합이라고도 할 수 있다. 단, 제1구(수구)에도 압운하지 않고 있어 외재율상으로는 조선식 고풍이라 하겠다.

윤가촌을 욕하다

동림산 아래에 봄풀은 푸른데
큰 소 작은 소가 긴 꼬리 흔드네.
오월 단오에는 근심 속에 지냈는데
팔월 추석을 어찌 넘길지 두렵도다.

辱尹哥村(욕윤가촌)

東林山下春草綠(동림산하춘초록)　　大丑小丑揮長尾(대축소축휘장미)
五月端陽愁裡過(오월단양수리과)　　八月秋夕亦可畏(팔월추석역가외)

소 축(丑)자에 꼬리를 더하면 윤(尹)자가 되는 것을 가지고 파자를 통해 까는 것이라고 한다. 수리는 수심 가운데라는 뜻과 단오의 옛말인 수리의 의미가 결부되어 있다. 가외는 두려워해야 할 만한 것이란 뜻과 추석의 옛 이름인 한가위의 두 뜻을 엇걸어 썼다.

5.

대중보판『김립시집』의 일화편에 이응수는 정읍 김낙균 씨가 보내온 원고를 토대로 김삿갓의 다음「허언시」를 하나 실어두었다. 상성 尾(미)운의 尾자와 상성 有(유)운의 斗(두)자를 압운의 위치에 두었으니, 동일 운목의 운자를 사용하지 않은 조선식 고풍이다.

허언시

푸른 산 그림자 안에 사슴이 알을 품었고
흰 구름 강변에서 게가 꼬리 치는구나.
석양에 돌아가는 중은 상투가 석 자
다락 위 베 짜는 계집은 불알이 한 말.

虛言詩(허언시)

靑山影裡鹿抱卵(청산영리녹포란)　　白雲江邊蟹打尾(백운강변해타미)
夕陽歸僧髻三尺(석양귀승계삼척)　　樓上織女閬一斗(누상직녀랑일두)

둘째 구는 혹 '滄海波中蟹搖尾(창해파중해요미)'로 되어 있다고도 한다. 그 뜻은 '망망한 창해 속에 게가 꼬리를 흔드누나'라는 뜻이다. 사슴이 알을 품고 게가 꼬리를 치며, 중이 상투를 틀고 계집에게 불알이 있을 수 있으랴. 헛된 말 장난으로 관습적 관념과 논리를 뒤집는 시이다.

이응수는 1956년 평양 국립출판사 『풍자시인 김삿갓』에도 「허언시」를 싣되, 다음 것으로 바꾸었다.

허언시

무식하기로는 이태백
약골 빠진 항우장사
구월산 가운데 봄풀이 푸르고
오경루 아래 석양이 붉다.

虛言詩(허언시)

蠢蠢無識李太白(준준무식이태백)　　纖纖弱質楚霸王(섬섬약질초패왕)
九月山中春草綠(구월산중춘초록)　　五更樓下夕陽紅(오경루하석양홍)

구월산은 구월의 산인데 '춘(春)' 초록이라고 하여 모순이다. 또 '오경'은 새벽 세시부터 다섯 시까지인데 오경루 아래 '석양'이라 했으니 이 또한 모순이다. 王은 평성 陽(양)운, 紅(홍)은 평성 東운에 속해 압운을 고려하지 않았다. 고풍이다.

허언시는 선시와 유사하다. 단, 선시는 어구와 표현 자체는 모순적이지 않다. 허언시는 어구와 표현 자체가 모순적이다.

허언은 한시의 모드 가운데 방언(放言)이나 위언(危言)과 다르다.

『논어』「미자」편에 보면, "우중(虞仲)과 이일(夷逸)은 은거하여 방언(放言)했지만, 몸가짐이 청도(淸道)에 맞고 세상을 버리는 것이 권도에 맞는다"라고 했다. 우중과 이일은 옛날의 일민(逸民)이었다. 일민이라 자신의 의지로 세간의 명리장에서 떠난 사람을 말한다. 방언은 세속과 거리를 두려는 사람이 내뱉는 자기방어의 욕설이요 자기연민의 언어이다.

『논어』「헌문」편에 "나라에 도가 있으면 말을 준엄하게 하고 행동도 준엄하게 하며, 나라에 도가 없으면 행동은 준엄하게 하되 말은 공손하게 해야 한다[邦有道, 危言危行. 邦無道, 危行言孫]"라는 공자의 말이 있다. 위언은 불의에 대한 분노의 언어요 위험한 생각을 담아내는 언론이다. 난세에 말을 공손히 한다는 것은 올바름을 잃지 않으면서 표현만 부드럽게 하라는 것이며, 표현을 부드럽게 한다는 것은 직언을 에둘러 말한다는 뜻이다.

김삿갓의 삶은 외면적으로는 단조로웠다. 시를 통한 발언도 격렬하다고는 할 수 없다. 하지만 시의 언어를 통해 내면의 울분을 드러내고 현실에의 참여를 시도했다고도 볼 수 있다.

1930년대 지식인들은 김삿갓이 개성 남산 제일봉에 올라 관덕정에서 읊었다는 「개성관덕정음(開城觀德亭吟)」이란 제목의 2구 1연을 사랑했다.

『야담』(1936.11)에 성일이 발표한 「시인 김립」에 처음 언급되었다.

放糞南山第一峰(방분남산제일봉)
香振長安萬人家(향진장안만인가)

개성 남산 제일봉에서 똥을 싸니
향기가 장안 만호에 진동하는구나.

제11화. 대고풍

1.

　김삿갓의 실제 인물로 주로 간주되는 김병연은 2세 혹은 22세 때 영월의 향시에서 할아버지인 김익순을 통박하는 18연의 과시로 장원을 했다는 전설이 있다. 하지만 박재청이 1936년 1월 발행『신동아』에 발표한「시인 김립의 방랑 일면과 시 기수(幾數)」에 따르면, 김병연은 경기도 양주에서 나고 자랐고, 23세 되던 해 '읍동간백일장(邑東幹白日場)'에서 장원이 되었다가 역신의 손자라는 억울한 죄명 아래 쫓김을 받았다고 한다.1) '읍동간'은 읍주간(邑主幹)의 오자인 듯하다. 곧, 이 증언에 따르면 김삿갓=김병연은 경기도 양주에서 나고 자랐고, 양주 백일장에 들어서 장원을 했던 것이 된다.
　시제는 '가산군수 정시(鄭蓍)의 충절을 기리고 김익순의 죄를 규탄하다[탄식하다]'는 뜻의「논정가산충절사(論鄭嘉山忠節死) 탄김익순죄통우천(嘆金益淳罪通于天)」이었다고 전한다. 앞서 말했듯이, 만일 이 시가 과시라면, 제4연 바깥짝 끝 글자가 義자인 것으로 보아 시제의 안짝 구는 '忠節死義'였어야

---

1) 朴在淸,「시인 김립의 방랑 일면과 詩 幾首」,『신동아』 1936. 1.

하리라. 또 제4연 바깥짝 끝 글자가 義이므로 상성 寘(치)운을 전체 시에 사용해야 했다. 하지만 이 시는 과시가 아니다. 이런 시를 가지고 김병연이 향시에 장원했다고 한다면, 조선의 과거제도를 우습게 아는 것이고, 시인 김병연을 모독하는 것이 된다.

이 시는 민간에서 유행한 칠언 고풍, 즉 대고풍이다.

1941년 대중보판 『김립시집』에 수록된 시는 다음과 같다.

01 曰爾世臣金益淳 鄭公不過卿大夫(평성 虞)
02 將軍桃李隴西落 烈士功名圖末高(평성 豪)
03 詩人到此亦慷慨 撫劍悲歌秋水涘(상성 紙)

04 宣川自古大將邑 比諸嘉山先守義(거성 寘)
05 淸朝共作一王臣 死地寧爲二心子(상성 紙)
06 升平日月歲辛未 風雨西關何變有(상성 有)

07 尊周敦非魯仲連 輔漢人多諸葛亮(거성 漾)
08 同朝舊臣鄭忠臣 抵掌風塵立節死(상성 紙)
09 嘉陵老吏揚名旌 生色秋天白日下(상성 馬)

10 魂歸南畝伴岳飛 骨埋西山傍伯夷(평성 支)
11 西來消息慨然多 問是誰家食祿臣(평성 眞)
12 家聲壯洞甲族金 名字長安行列諄(평성 眞)

13 家門如許聖恩重 百萬兵前義不下(상성 馬)
14 淸川江水洗兵波 鐵甕山肯掛弓枝(평성 支)
15 吾王庭下進退膝 背向西域凶賊跪(상성 紙)

16 魂飛莫向九泉去 地下猶存先大王(평성 陽)
17 忘君是日又忘親 一死猶輕萬事宜(평성 支)
18 春秋筆法爾知否 此事流傳東國史(상성 紙)

01 너는 나라에 벼슬 살았던 김익순이다만
   정공(정시)은 한낱 경대부가 아니더냐.
02 한나라 이릉(李陵) 장군은 농서에서 흉노에게 항복했으나
   송나라 악비(岳飛)는 열사로서 공신각에 초상이 드높았다.
03 시인이 이에 강개한 마음 금할 길 없어
   칼을 어루만지며 가을 물가에서 슬픈 노래를 부른다.

04 선천은 자고로 대장군이 지키는 고을이기에
   가산 군수 정시(鄭蓍)에 비하면 먼저 의리를 지켜야 했으니,
05 청명한 조정에 함께 군왕의 신하가 되어
   죽는 마당에 어이 두 마음을 먹었느냐.
06 태평성대 신미년에
   비바람이 관서에 치다니 이 무슨 변고더냐.

07 주나라를 높이던 이는 노중련이 아니던가
   촉한을 보좌한 인물들은 제갈량 같은 인물 많았도다.
08 우리 조정에 옛 신하로 정시 충신이 있어
   맨손으로 풍진에 당하여 절개를 세우고 죽었도다.
09 가릉(가산)의 늙은 신하는 명절의 깃발을 드날려
   가을 하늘 백일 아래 빛을 내었다.

10 혼이 남쪽으로 돌아가 송나라 악비와 동무하고

뼈가 서산에 뼈가 묻혀 백이의 곁에 있으리라.
11 서쪽의 소식 들으매 너무도 개연하여라
 묻나니 너는 누구 집 녹을 먹던 신하더냐.
12 가문은 장동 김씨 명문이고
 이름은 장안에 높은 순(淳)자 항렬이구나,

13 가문은 이렇게 높고 성은이 중하니
 백만의 적군 앞에서도 의리상 굽히지 말아야 했다.
14 청천 강물은 무기 씻은 물결 일고
 철옹 산 나무에는 활을 걸어둔 가지로다.
15 우리 임금 뜰에서 나아가고 물러나던 무릎을
 등 돌려 서역 흉적을 향해 꿇다니,

16 혼은 구천(황천)으로 향해 날아가지 말아라
 지하는 선대왕이 계시니.
17 임금을 잊은 날 또한 어버이를 잊었으니
 한 번 죽음은 가볍고 일만 번 죽어야 마땅하리.
18 춘추의 필법을 너는 아느냐
 이 일은 우리 역사에 흘러 전하리라.

 이 시는 강효석의 『대동기문』(1926년)에는 4구만 소개되어 있고, 그것을 과시라고 하지도 않았다. 또 그 시는 김병연이 과시로 관서지방에 이름이 나자 같은 관서지방에서 활동하던 노진(盧禛)이 김병연을 모욕하려고 지은 것이라고 했다.2)
 천태산인 김태준은 「金삿갓의 시」에서, 『대동기문』의 설을 따라 누군가가
─────────
2) 姜斅錫, 『大東奇聞』, 漢陽書院, 昭和 2(1927).

김삿갓을 조롱하기 위하여 '고풍' 한 수를 지었으며, 그것이 「논정가산사(論鄭嘉山事) 탄김익순죄통우천(歎金益淳罪通于天)」이라는 시라고 했다. 이응수의 『김립시집』 수록분과 글자가 차이나는 곳만 제시하면 다음과 같다.

02 將軍桃李隴西落 烈士*高名圖未*掛(거성 卦)

03 詩人到此亦慷慨 撫劍悲歌秋水*浚(거성 震)

10 魂歸南*樹伴岳飛 骨埋西山傍伯夷(평성 支)

12 家*門壯洞甲族金 名字長安行列焞(평성 眞)

2.

같은 제목으로 또 다른 작품이 있다. 이것은 16구(8연)인데, 이것도 압운을 아예 지키지 못한 고풍이다. 과시가 아니라, 정약용이 말한 칠언고풍=대고풍이다.

論鄭嘉山忠節死 嘆金益淳罪通于天 其二

01 西來消息慨然多(서래소식개연다)

02 問是誰家食祿臣(문시수가식록신)

03 家聲壯洞甲族金(가성장동갑족김)

04 名字長安行列焞(명자장안항열순) · 臣 · 淳 : 상평성11眞

05 家門如許聖恩重(가문여허성은중)

06 百萬兵前義不下(백만병전의불하) · 下 : 상성21馬

07 淸川江水洗兵波(청천강수세병파)

08 鐵甕山樹掛弓枝(철옹산수괘궁지)・枝 : 상평성4支

09 吾王庭下進退膝(오왕정하진퇴슬)
10 肯向西域凶賊跪(긍향서역흉적궤)・跪 : 상성4紙
11 魂飛莫向九泉去(혼비막향구천거)
12 地下猶存先大王(지하유존선대왕)・王 : 하평성7陽

13 忘君是日又忘親(망군시일우망친)
14 一死猶輕萬死宜(일사유경만사의)・宜 : 상평성4支
15 春秋筆法爾知否(춘추필법이지부)
16 此事流傳東國史(차사유전동국사)・史 : 상성4紙

정가산의 충절사와 김익순의 죄가 하늘에 닿음을 논함 제2수

01 서쪽에서 매우 슬픈 소식이 많이 들려온다
02 묻나니 너는 누구의 녹을 받아먹던 신하인가.
03 가문은 명성이 제일 높은 장동 김씨이고
04 이름은 장안에서도 떨치는 淳字 항렬이로다.
05 가문이 이와 같고 나라의 성은 또한 두터우니
06 백만 대병 앞에서도 대의를 잊지 못할 것이로다.
07 그렇거늘 청천강 흐르는 물에다 씻은 병기와
08 철옹산 수목으로 만든 활은 어디에다 두고서,
09 우리 임금님 계신 뜰 앞에 꿇던 무릎으로
10 어찌 서쪽 흉악한 도적에게 무릎 꿇었단 말인가.
11 죽은 너의 넋은 황천에도 가지 못할 것이고
12 선왕이 아직 있는 지하에도 가지는 못하리라.

13 너는 임금을 버린 날에 조상을 또한 버렸으니

14 한 번 죽음은 오히려 가볍고 만 번 죽어 마땅하다.

15 네 이놈아 공자의 춘추필법을 아느냐 모르느냐

16 이 일을 동국사기에 남겨 천추만대에 전하리라.

구사회 교수가 2005년 공개한, 나주 거처 평택 임씨 필사본 『동시』에도 이 시의 18연이 모두 들어 있다. 몇몇 구가 다르다. 역시 고시이거늘 '동시'에 수록해 두었다. 김병연의 급제시로 구전되면서 버전이 약간 다르게 필사된 것이리라.

01 不過卿大夫 → 一箇鄕大夫

02 隴西落 → 隴西隆

03 亦慷慨 → 慷慨多 ; 秋水淺 → 秋水許

04 大將邑 → 壯大邑

05 二心子 → 二心者

06 歲辛未(1811, 순조 11년) → 壬申(1812, 순조 12년)秋

   西關何變有 → 西城何變起

08 同朝舊臣 → 東朝亦有

09-10 → 10-09

09 嘉陵老吏揚名旌 → 10 關西老吏擧銘旌

09 秋天 → 10 靑天 ; 10 南畝 → 09 南國

11 慨然多 → 使人慚 ; 問是誰家食祿臣 → 問爾誰家食錄子

13 如許 → 如此 ; 百萬兵前義不下 → 十萬兵前直不下

14 靑川江水洗兵波 → 淸川江水洗兵流 ;

   鐵甕山守掛弓枝 → 鐵馬山城掛弓峙

15 庭下 → 廷下

16 九泉去 → 漢陽城 ; 地下猶存先大王 → 淸廟高臨先大王

17 忘親 → 背親

18 春秋筆法爾知否 此事流傳東國史 → 分明賊中一降字 渠手其時渠自書

〈표 15〉 1941 대증보판 『김립시집』 수록 「論鄭嘉山忠節死 歎金益淳罪通于天」과 평택 임씨 필사본 『동시』(구사회 교수 발굴) 수록본의 비교

1941 대증보판 『김립시집』 수록	평택 임씨 필사본 『동시』(구사회 교수 발굴) 수록
01 日爾世臣金益淳 鄭公不過卿大夫(평虞)	日爾世臣金益淳 鄭公一箇鄕大夫
02 將軍桃李隴西落 烈士功名圖末高(평豪)	將軍桃李隴西隆 烈士功名圖末高
03 詩人到此亦慷慨 撫劍悲歌秋水浜(상紙)	詩人到此慷慨多 擊劍悲歌秋水滸
04 宣川自古大將邑 比諸嘉山先守義(거寘)	宣城本是壯大邑 較諸嘉山先守義
05 淸朝共作一王臣 死地寧爲二心子(상紙)	淸朝共作一王臣 死地寧爲二心者
06 升平日月歲辛未 風雨西關何變有(상有)	升平日月壬申秋 風雨西城何變起
07 尊周孰非魯仲連 輔漢人多諸葛亮(거澣)	尊周孰非魯仲連 輔漢人多諸葛亮
08 同朝舊臣鄭忠臣 抵掌風雷立節死(상紙)	東朝亦有鄭忠臣 抵掌風塵立節死
09 嘉陵老吏揚名旌 生色秋天白日下(상馬)	魂歸南畝伴岳飛 骨埋西山傍伯夷
10 魂歸南畝伴岳飛 骨埋西山傍伯夷(평支)	關西老吏擧銘旌 生色靑天白日下
11 西來消息慨然多 問是誰家食祿臣(평眞)	西來消息使人慚 問渠誰家食錄子
12 家聲壯洞甲族金 名字長安行列崞(평眞)	家聲壯洞甲族金 名字長安行列崞
13 家門如許聖恩重 百萬兵前義不下(상馬)	家門如此聖恩重 十萬兵前宜不下
14 靑川江水洗兵波 鐵甕山㟝掛弓枝(평支)	淸川江水洗兵流 鐵馬山城掛弓峙
15 吾王庭下進退膝 背向西域凶賊跪(상紙)	吾王廷下進退膝 忍向西山凶賊跪
16 魂飛莫向九泉去 地下猶存先大王(평陽)	飛魂莫向漢陽城 淸廟高臨先大王
17 忘君是日又忘親 一死猶輕萬事宜(평支)	忘君是日又背親 一死猶輕萬死宜
18 春秋筆法爾知否 此事流傳東國史(상紙)	分明賊中一降字 渠手其時渠自書

각 연 끝자도 별로 다르지 않다. 압운을 의식하지 않은 고풍(대고풍)일 따름이다. 필사본에서 제목 뒤에 '고풍'이라고 밝혀둔 것과 일치한다.

03 浜(상紙) → 滸(상麌)

05 子(상紙) → 者(상馬)

06 有(상有) → 起(상紙)
09-10 下(상馬)/夷(평支) → 夷(평支)/下(상馬)
11 臣(평眞) → 子(상紙)
14 枝(평支) → 峙(상紙)
18 史(상紙) → 書(평魚)

3.

대고풍은 압운을 하지 않았다. 또 되도록이면 같은 글자, 같은 운을 중복 사용하지 않으려고 했으나, 규정은 없었다. 구법의 면에서는 2-2-3의 형식을 지키면서 과시처럼 장편의 서술구조를 따랐다. 시제의 한 글자를 어느 한 연의 마지막 글자로 사용하는 것이 보통이나, 반드시 지키지는 않았다. 「논정가산충절사(論鄭嘉山忠節死) 탄김익순죄통우천(嘆金益淳罪通于天)」의 경우는 死를 제8연 끝 글자로 사용하고 淳을 제12연 끝 글자로 사용했다.

대고풍은 문집에 실리지 않았다. 평론의 대상도 되지 않았다. 아마도 사대부로서 학문이나 정치에서 영향력 있는 활동을 한 사람들은 대고풍을 저급하다고 여겨 짓지 않았을 것이다. 그런데 김삿갓은 스스로 대고풍을 즐겨 지은 듯하다. 평택 임씨 필사본에 「진시황(秦始皇)」・「한고조(漢高祖)」・「초패왕(楚霸王)」・「소진(蘇秦)」・「장량(張良)」・「제갈무후(諸葛武侯)」 등 역사적 인물을 소재로 지은 장편이 6수 실려 있다. 「진시황」편에는 '고풍(古風)'이라는 주기(注記)가 붙어 있다. 각 시 연말(聯末) 글자의 운속을 보면 다음과 같다.

ⓐ 「秦始皇」: 32구 16연. 제4연 바깥짝 마지막에 秦자를 사용.

01연 鼓: 상성07麌   02연 館: 상성14旱   03연 大: 거성24箇
04연 秦: 상평성11眞   05연 駟: 거성04寘   06연 生: 하평성08庚

07연 威:상평성05微　08연 里:상성04紙　09연 帝:거성08霽

10연 璽:상성04紙　11연 臣:상평성11眞　12연 長:하평성07陽

13연 淸:하평성08庚　14연 遊:하평성11尤　15연 宮:상평성01東

16연 山:상평성15刪

ⓑ 「漢高祖」:36구 18연. 어느 연에도 시제의 글자를 사용하지 않음.

01 宴:상성16銑/거성17霰　02 地:거성04寘　03 子:상성04紙

04 郞:하평성07陽　05 夜:거성22禡　06 改:상성10賄

07 事:거성04寘　08 號:거성20號　09 鬪:상성25有

10 罪:상성10賄　11 斤:상평성12文　12 楚:상성06語

13 片:거성17霰　14 紅:상평성01東　15 海:상성10賄

16 子:상성04紙　17 誓:거성08霽　18 孫:상평성13元

ⓒ 「楚霸王」:32구 16연. 제12연 바깥짝 마지막에 王자를 사용.

01 晝:거성26宥　02 村:상평성13元　03 鳴:하평성08庚

04 孫:상평성13元　05 瞳:상평성01東　06 事:거성04寘

07 船:하평성01先　08 澤:입성10藥　09 聲:하평성03肴

10 宴:상성16銑/거성17霰　11 汗:거성15翰　12 王:하평성07陽

13 丹:상평성14寒　14 兵:하평성08庚　15 怒:상성07麌/거성07遇

16 兒:상평성04支

ⓓ 「蘇秦」:28구 14연. 제14연 바깥짝 마지막에 秦자 사용.

01 梯:상평성08齊　02 橫:하평성08庚　03 土:상성04紙

04 符:상평성07虞　05 頃:하평성08庚　06 女:상성06語

07 侯:하평성11尤　08 跪:상성04紙　09 白:입성11陌

10 長:하평성07陽　11 馬:상성21馬　12 裡:상성04紙

13 威 : 상평성05微   14 秦 : 상평성11眞

ⓔ 「張良」: 32구 16연. 제13연 바깥짝 마지막에 良자 사용.

01 人 : 상평성11眞   02 士 : 상성04紙   03 房 : 하평성07陽
04 年 : 하평성01先   05 讐 : 하평성11尤   06 市 : 상성04紙
07 聲 : 하평성08庚   08 遇 : 거성07遇   09 書 : 상평성06魚
10 遇 : 거성07遇   11 棧 : 상성15潸/상성16銑/거성16諫
12 師 : 상평성04支   13 良 : 하평성07陽   14 印 : 거성12震
15 某 : 상평성04支   16 斑 : 상평성15刪

ⓕ 「諸葛武侯」: 32구 16연. 제3연 바깥짝 마지막에 侯자 사용.

01 龍 : 상평성02冬   02 夜 : 거성22禡   03 侯 : 하평성11尤
04 士 : 상성04紙   05 圖 : 상평성07虞   06 廬 : 상평성06魚
07 夜 : 거성22禡   08 親 : 上平聲11眞   09 廬 : 상평성06魚
10 戰 : 거성17霰   11 謀 : 하평성11尤   12 年 : 하평성01先
13 計 : 거성08霽   14 表 : 상성17篠   15 恥 : 상성04紙
16 思 : 거성04寘

「제갈무후」를 보면, 제갈량이 한 왕실의 적통 촉나라의 대의를 떨치기 위해 풍원의 변화와 천하의 기재를 드러냈다고 예찬했다. 그리고 제갈량이 후한 건안 초 남양 와룡강에 은둔하다가 유비의 삼고초려가 있어 어수지계(魚水之契)를 맺은 후, 적벽대전에서 승리하고 천하삼분 계책을 실현한 일, 백제성 영안궁에서 소열후가 죽어가며 후사를 부탁한 일, 이에 느껴「출사표」를 던지고 육출기산(六出祁山)한 일, 사마의(司馬懿)에게 부녀 머리쓰개를 보내 조롱한 일, 서성현에서 사마의의 습격을 받았을 때 거문고를 타서 한가로운 뜻을 보인 일들을 점철했다. 서사구조를 지니지는 않았으나, 제갈공명의 일화 가운데 두드러진 것을 순차적으로 노래함으로써 하나의 이야기가 되도록 했다.

01 오나라 호랑이 손권과 위나라 개 조조는 모두 범용하니

　　삼국의 건곤천지에 오직 하나의 용이었다.

02 한 왕실 이은 왕조의 신하로서의 대의가 지상에 크게 솟아났으니

　　돌아가신 군주(유비)는 삼고초려의 날에 깊은 정성을 보였기에.

03 풍운의 변화를 팔진도 군문에서 드러내었으니

　　천하의 기재로다 충무후[제갈량 시호]여.

04 그때 남양에서는 대 경륜을 안고 재야에 누웠으니

　　후한 건안 연간 초에 고고한 처사였도다.

05 달빛 아래 계책은 위나라 오나라를 바둑판에서 다루듯 했고

　　벽 위에는 강산과 형주, 익주의 지도를 그려 두었다.

06 와룡강(臥龍崗)3)의 봄꿈을 삼대에 걸쳐 꾸었네.

　　위수(渭水)4) 달 아래 바위에 안개 낀 곳, 초가집 하나에서.

07 윤건(綸巾)5)을 애써 쓴 것은 유비가 예주 자사(豫州刺史)일 때

　　나귀 타고 돌아가는 빈산에는 한밤 비바람이 거셌다.

08 산인의 병법으로 안개 속에 표범이 털을 변화시키듯 떨쳐 일어나매

　　한 황제 후예 유비는 마음으로 물과 물고기마냥 친하고자 다짐했다.

09 번연히 한 번 사륜거에 올랐으니

---

3) 남양은 하남성(河南省) 남양(南陽)은 후한 말기에 제갈량(諸葛亮)이 출세하기 전 숨어 살던 와룡강(臥龍岡)이 있어, 사람들이 제갈량을 와룡(臥龍)이라 했다. 유비(劉備)가 제갈량을 등용하기 위해 와룡강에 있는 초려(草廬)로 세 번 찾아간 일이 있다.
4) 주(周)나라 태공망(太公望)은 성이 강(姜)이고 씨는 여(呂)이며 이름은 상(尙)인데, 위수(渭水) 가에서 낚시질을 하다가 문왕(文王)을 만나 국사(國師)가 되고, 무왕(武王)을 도와 은(殷)나라의 폭군인 주왕(紂王)을 멸망시켜 도탄에 빠진 백성을 구제하고 제(齊)나라에 봉해졌다. 여기서는 현자가 은둔하는 곳을 위수라고 말한 것이다.
5) 제갈량이 즐겨 쓰던 모자. 제갈량은 진중(陣中)에서도 윤건(綸巾)을 쓰고 우선(羽扇)으로 삼군(三軍)을 지휘했다.

이날이 선생이 산속 오두막을 나온 날이었도다.

10 성산(星柵)은 입김으로 불어 적벽의 불을 확산하고

우선(羽扇)의 형세는 동남쪽에서 풍력을 부쳐 싸웠다.

11 동작대(銅雀臺)의 억센 적은 늙은 조맹덕(趙孟德, 조조)

석두성(石頭城)의 좋은 이웃은 어린 손중모(孫仲謀, 손권).

12 기이한 계책을 헌상하여 세발 솥 형세를 이루고

황제가 성도(成都)에서 즉위하여 장무(章武)6) 연호를 선포했다.

13 고조 유방(劉邦)의 옛 업적을 따르리라 마음에 기대하여

군주와 신하가 한 몸이 되어 광복(匡復)의 계책을 세웠다만,

14 영안궁(永安宮)7)에서 어린 태자를 맡기는 조칙에 상심하고

감격하여「출사표」 올리고 여섯 번 기산(祁山)8)을 출정했다.

15 심상하게 첩루를 마주해도 호랑이처럼 두려워했기에

사마중달은 여인의 머리쓰개를 받는 치욕9)을 입었다.

16 군진 속의 허실을 소인이 엿보자

서성현에서는 거문고를 타며 한가한 뜻을 드러내기도 했거니.10)

---

6) 소열제(昭烈帝) 유비(劉備)가 성도(成都)에서 한나라의 황제로 즉위하여 연호를 '장무'라 했다. 장무 원년은 기원후 221년이다.
7) 영안은 촉한(蜀漢)의 선주(先主) 유비(劉備)가 백제성(白帝城)에 세운 궁전 이름이다. 궁전을 세운 이듬해 유비가 오(吳)나라를 치다가 크게 패하여 영안궁에서 서거했는데, 이때 제갈량에게 후사(後事)를 부탁했으나 제갈량마저도 9년 만에 죽음으로써 촉한이 멸망했다.
8) 촉한(蜀漢)의 건흥(建興) 6년에 제갈량이 성도를 출발하여 위(魏)나라를 정벌하러 기산을 포위했으나 군량이 부족하여 퇴군하는 등, 여섯 번이나 기산으로 출정했다는 이야기가『삼국지연의』에 보인다. 육출기산(六出祁山)이라고 한다.
9) 건귁(巾幗)은 부인들이 머리를 꾸미기 위하여 사용했던 쓰개의 하나인데, 못난 사내를 부인에 빗대는 경멸의 뜻을 지닌다. 제갈량이 위나라를 공격하여 기산(祁山)에 이르자 위나라는 사마중달(司馬仲達) 즉 사마의(司馬懿)를 보내 막게 했다. 사마의가 싸우려 하지 않자, 장후(張詡) 등이 "공께서 촉나라를 범처럼 두려워하니, 천하의 비웃음을 어찌하시렵니까"라고 했다. 사마의는 할 수 없이 장합(張郃)을 출전시켰으나 대패했다. 군량이 부족한 제갈량이 일시 퇴군했다가 나중에 다시 위나라로 진격하여 위남(渭南)에 이르자, 사마의는 성문을 닫아걸고 응전하지 않았다. 제갈량은 위나라 군영에 부인이 쓰는 두건과 장식을 보내 졸장부라고 조롱했다.
10) 제갈량이 서성현(西城縣)에서 사마의(司馬懿)가 거느리는 15만 대군의 공격을 받아 위

01 吳虎魏狗皆凡庸(오호위구개범용) 三國乾坤人一龍(삼국건곤인일룡)
02 宗臣大義大出地(종신대의대출지) 先主深誠三顧夜(선주심성삼고야)
03 風雲變化八陳門(풍운변화팔진문) 天下奇才忠武侯(천하기재충무후)
04 南陽抱臥大經綸(남양포와대경륜) 建安初年高處士(건안초년고처사)
05 月中籌策魏吳枰(월중주책위오평) □上江山荊益圖(□상강산형익도)
06 龍崗春睡夢三代(용강춘수몽삼대) 渭月岩烟一茅廬(위월암연일모려)
07 綸巾强整預州地(윤건강정예주지) 歸驢空山風雨夜(귀려공산풍우야)
08 山人韜略豹霧變(산인도략표무변) 帝冑心期魚水親(제주심기어수친)
09 幅然一上四輪車(폭연일상사륜거) 是日先生出山廬(시일선생출산려)
10 星柵噓送赤壁火(성책허송적벽화) 犄勢東南風力戰(우세동남풍력전)
11 銅台勁敵老孟德(동대경적노맹덕) 石頭芳隣兒仲謀(석두방린아중모)
12 奇籌畫獻炤時勢(기주화헌정치세) 帝在成都章武年(제재성도장무년)
13 高皇舊業庶幾心(고황구업서기심) 一體君臣匡復計(일체군신광복계)
14 傷心永安託孤詔(상심영안탁고조) 感淚祁山出師表(감루기산출사표)
15 尋常對疊畏如虎(심상대첩외여호) 仲達男兒巾幗耻(중달남아건괵치)
16 軍中虛實小人窺(군중허실소인규) 短琴西城閒意思(단금서성한의사)

4.

한편, 김삿갓은 정격의 장편고시를 거의 남기지 않았다. 유일한 장편 고시로「학성풍경이십운(鶴城風景二十韻)」이 있다. 본래 이응수는『삼천리』제4권 제3호(발행 1932.03.01)에「김립 시」를 게재하면서 이 시를「안변 학성 풍경

급한 상황에 처했을 때, 제갈량이 모든 군사와 정기(旌旗)를 숨기고 사방 성문을 활짝 열어 놓은 다음 자신은 성문 위의 누각에 올라 한가로이 거문고를 타는 기만술을 써서 사마의 군대를 물리친 사실을 가리킨다.『三國志演義』제95회에 나온다.

이십운(安邊鶴城風景二十韻)이라 소개했다. 그 후 1939년 초간본『김립시집』에 과시들과 함께 후편에 수록했으나, 1941년의 대증보판, 1956년의 평양 국립출판사판에서는 삭제했다.

이 시는 중간에 명백히 오자로 보이는 글자들이 더러 있다. 다만 각 연마다 대우법을 사용하고 있으므로 자교하여 읽을 수가 있다. 또 압운은 글자가 많이 속해 있는 관운(寬韻, 느슨한 운목)인 하평성 先(선)을 사용해서, 전편에 이 운에 속한 글자들만을 격구로 놓았다. 제7연 바깥짝 마지막은 餞(전)자로 되어 있으나, 상성 銑(선)운이라서 압운 규칙에 맞지 않을 뿐 아니라, 의미도 부합하지 않는다. 깔개 氈(전)이어야 운도 맞고 뜻도 맞는다. 즉 시의 전체 운자는 다음 20자이다.

邊·連·川·懸·煙·前·氈·燃·阡·遄
湲·宣·焉·年·鮮·眠·田·拳·緣·傳

아름다운 강산이 어디 있더냐?
철령 북쪽 안변에 있도다.
삼태산이 하늘 향해 늠름하게 공수(拱手)하고
일만 집에는 안개가 자욱하게 땅에 깔려 있네.
낙락 청송은 십리 멀리까지 보이고
잔잔히 흐르는 푸른 물은 남대천이로구나.
비취 빛의 학루는 구름 속에 솟아 있고
단청 색의 용각은 물 밑에 매달려 있는 듯.
한 점 남산은 문 앞에 당도하여 또렷하고
일천 집 미현리는 자주 연기를 뿜어내네.
층층 봉우리는 첩첩이 남북으로 웅장하고
큰 들판은 망망하여 앞과 뒤로 나뉘었다.

지척에 널린 조화는 하늘이 낸 고을이기 때문

일천 일만 승경은 땅이 꽃 담요를 깔아둔 때문.

광덕산에 아침 해 비치자 상서로운 구름 일어나고

북산에 석양 깔리자 봉화불이 타는 듯 붉도다.

행락하는 소년들은 호기를 자랑하고

답청하는 유람객은 온 성 밭두둑에 가득하다.

음풍농월하매 그윽한 정회가 넉넉하고

고금을 담론하자 일흥이 콸콸 솟는다.

이 못난이의 천루한 뜻을 비웃지 마오

세간 만사는 물처럼 좔좔 흘러가는 법.

푸른 시낭에 산하의 경치를 주워 모으리니

전부다 응할 수 있고 또한 뜻에 맞을 수 있다오.

왕일소(王逸少, 왕희지)의 정취 있는 유람11)은 헛되이 사라지고

청련(靑蓮, 이백)의 풍월12)도 이제 그만이다만,

서검(書劍)의 지향(유학) 지니고서 어찌 진세에서 늙을 것인가

용의 꼬리를 부여잡고 다른 날 청운의 꿈을 이루리라.

꽃다운 난초는 이슬을 머금고 이제 향기를 풍기고

성의 버들은 노란 빛을 띠어 색깔이 선명하다.

뜨락의 품물은 하나하나 청춘(봄)의 뜻을 품었고

문 밖에는 객이 드물어 흰 학이 졸고 있다.

매화 울타리에는 빛이 엉겨 술잔에 들어오고

---

11) 진(晉) 목제(穆帝) 영화(永和) 9년(353) 늦은 봄에 회계(會稽) 산음(山陰)의 난정(蘭亭)에서 왕희지와 사안(謝安) 등 42인의 명사들이 모여 계사(禊事)를 하고 곡수(曲水)에 술잔을 띄우고 시를 지으며 성대하게 풍류를 즐긴 일을 가리킨다.
12) 이백(李白)이 채석강(采石江)에서 취중에 뱃놀이를 하다가 달을 잡으려고 물에 뛰어들어 고래를 타고 하늘로 올라갔다는 전설을 가리킨다. 송나라 마존(馬存)의 「연사정(燕思亭)」 시에, "이백이 고래 타고 하늘에 오르고 난 후, 강남의 풍월이 한가해진 지 오래로다[李白騎鯨飛上天 江南風月閑多年]"라고 했다.

대나무 창은 이슬이 조화하여 벼루 밭에 엄습한다.
북해로 돌아가는 기러기는 삼양(삼춘의 기운)을 쫓고
봄 모래톱의 백로는 한 쪽 다리를 말고 있다.
강물은 호방한 정을 도와 길이 마르지 않고
산색은 시의 재료로 제공되지만 흥을 인연하기 쉽진 않네.
학성의 풍경을 이와 같이 접하니
비 갠 뒤의 취람(翠嵐) 풍광은 이루 전할 수도 없어라.

01 勝槪江山何處是(승개강산하처시) 鐵嶺以北有安邊(철령이북유안변)
02 三台勢氣拱天壯(삼태세기공천장) 萬戶籠烟撲地連(만호농연박지련)
03 落落蒼松望十里(낙락창송망십리) 潺潺綠水帶南川(잔잔녹수대남천)
04 鶴樓聳翠雲中出(학루용취운중출) 龍閣流丹水底懸(용각유단수저현)
05 一點南山當戶轉(일점남산당호전) 千家美峴起煩烟(천가미현기번연)
06 層巒疊疊壯南北(층만첩첩장남북) 大野茫茫分後前(대야망망분후전)
07 咫尺造化天作府(지척조화천작부) 萬千勝壯地花鈿(만천승장지화전)
08 朝輝廣德瑞雲起(조휘광덕서운기) 夕影北山烽火燃(석영북산봉화연)
09 行樂少年誇豪氣(행락소년과호기) 踏靑遊子滿城阡(답청유자만성천)
10 吟風弄月幽懷足(음풍농월유회족) 論古評今逸興遄(논고평금일흥천)
11 莫笑鄙人淺陋意(막소비인천루의) 世間萬事水潺湲(세간만사수잔원)
12 靑囊我拾山河景(청낭아습산하경) 盡可應之亦可宣(진가응지역가선)
13 逸少情遊虛地去(일소정유허지거) 靑蓮風月已而焉(청련풍월이이언)
14 書劍豈有塵世老(서검기유진세로) 攀龍他日果靑年(반룡타일과청년)
15 芳蘭含露氣初馥(방란함로기초복) 城柳帶黃顔色鮮(성류대황안색선)
16 院中物色靑春意(원중물색청춘의) 門外客疎白鶴眠(문외객소백학면)
17 梅籬凝光侵酒盞(매리응광침주잔) 竹窓和露襲硯田(죽창화로습연전)
18 歸鴻北海三陽逐(귀홍북해삼양축) 白鷺春汀一足拳(백로춘정일족권)

19 水助豪情長不渴(수조호정장불갈) 山供詩料興難緣(산공시료흥난연)
20 鶴城風景如斯接(학성풍경여사접) 其外餘翠不盡傳(기외여취부진전)

이응수는 이 시의 '대의(大意)'를 다음과 같이 해설했다.

勝江山(승강산)이 이 어데인고 鐵原(철원) 이북에 安邊(안변)이란 勝地(승지)가 잇더라. 三臺(삼대)의 산세가 웅장하게 창공에 拱衝(공충)하였고 萬戶(만호)에서 이는 暮煙(모연)이 連綿(연면)히 대지를 덥헛다.[첫(撲)다함은 덥헛다는 意(의)] 落落(낙락)한 蒼松(창송)이 10리로 바라보게 連(연)하여 잇고 잔잔한 綠水(녹수)가 南大川(남대천)을 둘러잇는대 降鶴樓(항학루)의 聳出(용출)한 翠色(취색)이 雲外(운외)에 벗어낫고 龍閣(용각)의 丹青(단청)아 유수의 底面(저면)에 倒懸(도현)하다. 一點(일점) 南山(남산)이 戶前(호전)에 뚜렷하고[轉(전)자는 일어로 「ウタ」라 하야 뚜렷하다는 의]

美峴里(미현리)의 千家(천가) 농촌에 暮煙(모연)야 자욱하며 그박게 層岳(층악)이 첩첩하게 남북으로 달린 사이여 망망한 大野(대야)가 전후를 난우어 누엇잇더라. 지척의 조화가 족히 天村(천촌)의 창조이고 천만의 勝狀(승상)이 地花錢(지화전)이로다. 朝輝(조휘) 빗친 廣德(광덕)에 瑞雲(서운)이 일고 석양의 북산에 봉화가 명멸한다. 이러한 絶勝地(절승지)이매 행락소년이 호기를 과장하고 踏靑(답청) 遊子(유자)의 蹤跡(종적)이 성중에 가득이 차서 吟風弄月(음풍농월)에 幽懷(유회)가 裕足(유족)하고 論古評今(논고평금)에 逸興(일흥)이 헐석거리는 정도이다.

鄙人(비인)[작가 자신]들의 淺陋(천루)한 뜻을 웃지 말라. 세간만사가 다 潺湲(잔완)한 유수 갓너니라. 이 靑囊(청낭)[詩心]에 산하의 경치를 수습하여 노코 때로는 웅대하고 때로는 宣明(선명)[표현]하는 것이니 少時(소시)로붓터 이갓치 虛地(허지)를 情遊(정유)하며 悠去(유거)하여 단이는 이에 靑蓮風月(청련풍월)은 벌서 다 지나가버렷다. 그러나 나의 書劍(서검)이 엇지 塵世(진세)와 함께 그저 前(전)고 말 것이리. 등용문을 두다리는 他日(타일)에는 果勇(과용)한 청년이 되리로다. 樓邊(누변)의 芳蘭(방란)에 白露(백로)가 먹음어 향기가 馥郁(복욱)하고 城柳(성류)가 황색을 띠어 그 아래의 佇立(저립)하여 잇는 사람들의 안색이 더욱 선명하게 어리여 보이노나. 院中(원중)의 物色(물색)이 다 청춘의 상징인 듯 한대 樓門外(누문외)에는 문객이 희소하야 白鶴(백학)이 홀로 조을고 잇다. 매화꼿속에 엉킨 淸光(청광)이 酒盞(주잔)에 침범하고 죽창에 和爐(화로)가 硯石(연석) 우에 처량히 뚝뚝 떠러지는대 樓上(누상)에서 멀리 眼下(안하)를 俯瞰(부감)하니 三陽(삼양)을 쫏차 북해로 가는 歸鴻(귀홍)의 影子(영자)가 백운간에 음멸하고 春汀(춘정)에 백로가 외짝다리를 까부리고 서잇도다. 물은 豪情(호정)을 도아 길어 盡(진)할 줄을 몰으고 산은 詩料(시료)를 넓혀주어 흥이 붓틀 곳을 몰라 하노나. 鶴城(학성)의 풍경을 이갓치 접하여 보앗스니 기타의 餘翠(여취)는 굿해여 說盡(설진)치 야흐랴노라.

제13연 안짝은 왕일소 즉 왕희지의 고사를 말하여 바깥짝의 청련 이백의 고사에 짝지운 것인데, 이응수는 "少時(소시)로붓터 이갓치 虛地(허지)를 情遊(정유)하며 悠去(유거)하여 단이는"이라는 식으로 오해했다. 마지막 제20연의 '여취(餘翠)'는 해설이 부족하다.

한편 대중보판 『김립시집』(1941년)에 수록한 「만가(輓歌)」는 대고풍이나 고풍이 아니라, 만가를 의역한 것인 듯하다. 이성두(李聖斗)의 기고로 되어 있다. 초판본에는 없었다. 평양 국립출판사본도 싣지 않았다. 대중보판 을 낼 때 이응수는 이 시와 해설을 이성두로부터 제공받았다. 그 해설에 따르면, 어느 마을에 삼남 오녀를 두고 마흔도 되지 않아 죽은 이가 있어 만사를 대신 적었다고 하며, 시의 '三生瑟(삼생슬)'과 '五采衣(오채의)'를 각각 삼남과 오녀에 해당한다고 설명했다. 하지만 '삼생슬'은 과거·현재·미래의 삼생에 맺은 부부의 인연이란 말로 부인을 가리키고, '오채의'는 오색 때때옷이란 말로 자녀를 가리킨다. 따라서 이 만시가 삼남 오녀를 남기고 죽은 이를 위한 노래라는 설명은 납득하기 어렵다.

歸何處(귀하처) 歸何處(귀하처)
三生瑟(삼생슬) 五采衣(오채의) 都棄了(도귀료) 歸何處(귀하처)」

有誰知(유수지) 有誰知(유수지)
黑漆漆(흑칠칠) 長夜中(장야중) 獨啾啾(독추추) 有誰知(유수지)」

何時來(하시래) 何時來(하시래)
千疊山(천첩산) 萬重水(만중수) 此一去(차일거) 何時來(하시래)」

生也一片浮雲起(생야일편부운기) 死也一片浮雲滅(사야일편부운멸)
浮雲自體本無實(부운자체본무실) 生死去來亦如是(생사거래역여시)」

1-3장은 단일한 글자를 반복했고, 제4장은 압운을 하지 않고 뜻을 살렸다.

處:거성6 御(어)   知:상평성4 支(지)
來:상평성10 灰(회)   滅:입성9 屑(설) / 是:상성4 紙(지)

어디로 가오
어디로 가오
삼생의 금슬 아내
다섯 때때옷 자식들
모두 다 버리고
어디로 가오

누가 알랴

누가 알랴
칠흑같이 깜깜한
깊은 밤
혼자 훌쩍훌쩍 운다고
누가 알랴

어느 때 오려나
어느 때 오려나
일천 첩 산
일만 겹 물
이제 떠나가면
어느 때 오려나

삶이란 한 조각 뜬 구름이 일어나는 것
죽음은 한 조각 뜬 구름이 없어지는 것
뜬 구름이 원래 아무 실질 없나니
생사왕래도 역시 이와 같아라.

'三生瑟(삼생슬) 五采衣(오채의)'는 대우이다. 瑟(슬)은 『시경』 「관저」의 "요조숙녀와 함께 금슬처럼 어울리며 벗하고 싶다[窈窕淑女, 琴瑟友之]"라는 표현에서 비롯하여 부인을 가리키는 상징이다. 彩衣(채의)는 노래자 고사에서 나온 말로, 효자효녀를 뜻한다. 따라서 이 만가는 아내가 남편을 애도하는 것이 아니라 오히려 남편이 아내의 죽음을 애도하는 시로 보아야 한다. 아내의 상례 때 실제로 부른 상여소리는 아니겠으나, 아내를 상실한 고통을 추상하면서 상여소리 풍으로 지은 만가이다. 이 시는 가창 방식에 따라 장과 단락을 나누어 두었으므로, 민간 만사의 실상을 이해하는 데 소중한 자료가 될 수 있다.

한 연구자는 김삿갓의 만시들에 대해 다음과 같이 논평했다.13)

> 그동안의 만시가 대체로 친구나 선·후배의 죽음을 다룬 도붕시 중심으로 창작되어진 반면, 김삿갓은 길거리에서 객사한 걸인의 죽음이나 남편을 잃은 가난한 젊은 과부의 슬픔 등에 초점을 맞추고 있다. 이러한 작시가 가능했던 것은 물론 방랑객으로서 전국을 유랑했던 그의 삶과 밀접한 관련이 있다.

김삿갓이 남긴 만가 계통의 시는 정말로, 측달(惻怛, 애틋함)의 감정이 넘쳐 난다. 지식인의 허장어도 아니요, 글쟁이의 수식어도 아니다.

---

13) 하정승,「김삿갓의 挽詩類 작품에 나타난 죽음의 형상화와 미적특질」,『한문고전연구』 29, 한국한문고전학회(구 성신한문학회), 2014, pp.219-246.

제12화. 과시(科詩)의 쭈어(做)

1.

김삿갓은 과시(과체시·공령시·행시·동시)의 능수(能手)였다. 1926년 『개벽』 문예부가 대대적으로 그를 조선 유일의 작가로서 현양하기 이전까지, 사대부들은 그를 대작가라고 부르지는 않았다. 과시에 능했다는 이유에서다.

신석우가 쓴 「기김대립사(記金簦笠事)」1)나 강효석이 편한 「김병연절관서행(金炳淵絶關西行)」2)에 실린 일화를 보면, 김삿갓은 과시에 능했고, 어려운 운(韻)을 불러도 즉각 시를 지었다고 한다. 당시 시골의 훈장이나 아이들은 모두 그의 이야기를 하고, 그의 시를 외웠으며, 어떤 사람은 비단에다 새겨 없어지지 않도록 했다.3) 『김립시집』을 처음으로 엮은 이응수도 "그의 과시는 과객의 교과서가 되고 그의 율, 구는 서당 훈장 학동들의 승척(繩尺)이 되어 어느 서당에 가든지 김립의 율구 및 수를 암송했다"4)라고 했다. 김삿갓

---
1) 申錫愚, 「記金簦立事」, 『海藏集』 권17, 한국문집총간 속127권, 한국고전번역원, 2011, "爲科體詩益精工, (중략), 隨呼隨應, 略不經意, 以是姓名太噪."
2) 姜斅錫, 「金炳淵絶關西行」, 『大東奇聞』, 보경문화사, 1992. pp.577–579, "善功令詩, 鳴於世."
3) 申錫愚, 「記金簦立事」. "村塾間冠童, 津津說其事誦其詩, 如隔歲古人, 或手繡其詩, 奉爲繩尺."
4) 이응수 편, 대증보판 『김립시집』, 한성도서주식회사발행, 소화 19년, p.33.

의 파격시에 대해 인색했던 연구자들도 김삿갓의 과시만은 높이 평가했다.5)

과시는 과거에 제출되는 제목에 따라 제술하는 운문이다. 원칙적으로 작가 자신의 내면세계나 정서를 그대로 드러내는 것이 아니다. 하지만 과객이 우연히 지은 과시 가운데는 현실인식의 정서적 판단이 드러나 있는 경우가 적지 않다. 김삿갓의 과시가 그러한 예이다.

과거에서 부과되는 시문, 즉 과시와 과문을 연마하는 것을 옛 사람들은 주(做)라고 했다. 지을 作과 같은 뜻이지만, 做는 백화식, 구어식 표현이다. 현대 중국에서도 사용하고 있으며, 중국어 발음은 '쭈어'이다.

이응수는 1939년 초판『김립시집』을 전편, 후편, 부록으로 나누고, 한시(근체시, 고풍, 언문풍월, 단구 연구) 128수, 과시 39수, 총 178수를 실었다. 1941년 대중보판『김립시집』에는 일반 한시 219수, 과시 129수 총 348수를 수록했다.6)

『김립시집』초판(1939) 178수 : 일반 128수, 동시 39수

『김립시집』대중보판(1941년) 348수 : 일반 219수, 동시 129수(附錄에 108수)

『풍자시인 김삿갓』(1956년) 96수 : 일반 90수(表, 데김, 소장 포함), 동시 6수

이응수는 초판『김립시집』의 후편을 과시만으로 채웠다. 본인이 소지한 2백여 편 중에서 김삿갓 작풍에 가까운 것과 곳곳에서 공통되고 또 후손가 서본(書本, 필사본)과도 합일한 것을 택했으므로 대단한 과오는 없으리라고 자신했다.7) 김삿갓의 시집이 초간될 시기부터, 김삿갓의 과시는 일반 한시보다 위작의 의문이 없다고 이야기되었다. 천태산인 김태준의『조선한문학사』와 연민 이가원의『한국한문학사』도 김삿갓 작이라는 과시는 그의 일반 한

---

5) 정대구,『김삿갓연구』, 문학아카데미, 1990, p.71.
6) 양동식,「김립시집 원전 연구」, 순천대학교 석사논문, 2004.
7) 이응수,『김립시집』후편, 학예사, 1959, p.117.

시보다 위작의 의문이 적다고 했다.8)

영월 소재 김삿갓 묘를 발견했다는 박영국 선생9)이 1987년 영월군에서는 음력 3월 13일의 김삿갓 삼회갑을 기념하여 추모 한시를 전국에 공모하고 김삿갓의 유시(遺詩) 690수를 얻었는데, 일부만 새로 발굴된 것이었으되, 송순철 소장본에서 김삿갓 과시가 30편(정대구는 26편이라 했으나 정정 필요)을 추가로 확인했다.

국립중앙도서관에 김병연의 과시만을 모은『동선(東選)』필사본 50장이 있다. '정경조인(鄭景朝印)'의 인기(印記)가 있다. 정경조는 정기세(鄭基世)의 아들이며, 정범조(鄭範朝, 1833-1897)의 아우이다. 본관은 동래, 자는 순화(舜和), 기유생[1849년(헌종 15)]으로, 한성에 거주했다. 고종 7년(1870) 경오 식년시 진사시에 3등 102위로 합격하고, 숭록대부에 오르고 행용양위상호군(行龍驤衛上護軍)에 이르렀다. 처부는 서최순(徐最淳)이었다.

정경조 인 필사본『동선』의 과시는 대개 제4연 바깥짝에 제목의 한 글자를 압운자로 사용하고 그 글자가 속하는 운을 일운도저했다. 평·상·거성의 어떤 운이든 사용할 수 있었다. 이것을 평·상·거성의 '통압'이라고 한다. 그런데 운목의 경우 입성자로 들어 있는 것으로 보아 정조 때『규장전운(奎章全韻)』이 편찬되고 입성자도 '통압'하도록 명한 이후 입성 운자의 사용이 어느 정도 정착되었음을 알 수 있다. 또한 전체 길이는 18연을 중심으로 하면서 3연 1단의 체제를 취하고 있다. 단, 16연, 17연에 그친 것도 있다. 「

---

8) 金台俊,『조선한문학사』, 조선어문학회, 1931, p.185 ; 李家源,『한국한문학사』, 을유문화사, 1982, p.341.
9) 「정암 박영국 공적비(靜巖朴泳國功績碑)」의 밑글에 의하면, "靜巖(정암) 朴泳國(박영국) 선생의 본관은 潘南(반남)이며, 시조 고려 호장 應珠(응주)공의 24세손으로 1917년 9월 13일 영월군 주천면 용석리에서 출생하셨다." 그리고 "전국을 돌아다니며 구전으로 내려오는 시선(詩仙) 난고 김삿갓이 십승지(十勝地)인 이곳까지 찾아오게 된 내력을 밝히고 그가 살던 집터와 묘를 찾았다. 또한 김삿갓유적 보존회를 구성, 김삿갓이 방랑생활을 하며 읊었던 유시를 수집하여 '김삿갓의 유산'을 발간하는 등 김삿갓 유적의 발굴과 보전을 위해 평생을 바치셨다"고 한다. '김삿갓의 유산'은 강원도 영월군 편,『(천재시인)김삿갓의 (문학적)유산』(1992)을 말한다.

「난고평생시」도 14연으로, 길이가 짧다.

정대구의 『김삿갓 연구』(1990)는 김삿갓 시를 일반 한시 248편, 과체시 208편 등 모두 456편이라고 추산한 바 있다.10) 이것은 『동선』에서의 신 발굴 작품을 55편으로 추산하고, 영월 송순철 소장 필사본에서의 신 발굴 작품을 26편으로 보았기 때문이다.

『동선』수록「기후이백여년진유형경지사(其後二百餘年秦有荊卿之事)」는 1939년『김립시집』, 1941년 대중보판『김립시집』에 모두「섭정후이백년진유형가지사(聶政後二百年秦有荊軻之事)」라는 제목으로 실려 있다.「회향자탄(懷鄕自嘆)」은 1939년판, 1941년 대중보판, 1956년 평양본에 모두「난고평생시」로 수록되었다. 그리고「약차가이위천자대신(若此可以爲天子大臣)」은 1941년 대중보판에「상서언약차가이위천자대신(上書言若此可以爲天子大臣)」이란 제목으로 실려 있다.「불문금출입(不問金出入)」은 1941년 대중보판에「내출황금사만근불문기출입(乃出黃金四萬斤不問其出入)」이란 제목으로 실려 있다.

반대로 다음 두 작품은 서로 다른 것이거늘 동일 작품으로 오인했다.

〈표 17〉「客有善爲鷄鳴者」과시 2종

東選 42	客有鷄鳴者(1)	"謝客其功惟狗功, 前夜狐裘脫虎蹊." 제4연 바깥짝 押鷄 齊운. 18연
東選 88	客有善爲鷄鳴者(2)	"女曰卽鳴蒼蠅夜, 學得餘音子誠齋." 제4연 바깥짝 押鷄 齊운. 18연

또 정대구(1990)는 영월 송순철 소장본의 과체시를 총 37편(이 가운데는 율시 1제 3수를 과시 1편으로 산정)으로 보고 그 가운데 신 발굴 작품이 26편이라고 계산했으나 착오가 있다. 송순철 소장본은 과시 46편과 율시 1제 3수(「謹

---

10) 정대구, 『김삿갓 연구』, 문학아카데미, 1990. 이 책의 부록에 과체시 목록이 실려 있다. 그러나 약간의 출입이 있으므로 필자가 재정리한다.

次樂樵金公幽居韻」)이며, 신 발굴 과시는 30편으로 보아야 한다. 영월군, 『김 삿갓의 유산』(1992)도 이 율시 1제 3수를 한 편의 과시로 보았으나 잘못이다.

2005년에 양동식은 신사석(申思奭)이 병신년(1896년) 8월에 필사한 『시상(時尚)』에서 '金笠' 작으로 표기되어 있는 과시 18수를 발견하고 미공개작이 12수라고 논했다.11) 단, 「작시걸주(作詩乞酒)」는 국립중앙도서관 『선명』과 영월 송순철 필사본 『동시』에 들어 있고, 「내청형가왈진병조모도역수(乃請荊軻曰秦兵朝暮渡易水)」는 국립중앙도서관 『동선』에 들어 있다. 이에 따라 김삿갓 시는 일반한시 257수(表, 데김, 소장 포함), 과시 224수, 총 481수로 집계할 수 있다.

한편 국립중앙도서관 소장 고종 30년(1893) 필사본 『선명(善鳴)』(우촌古3644-122)에는 김삿갓 작으로 널리 알려져 있는 「이이석양(而已夕陽)」과 「구양자방야독서(歐陽子方夜讀書)」가 실려 있다.12) 총 81편 가운데 '金笠'으로 기명한 것이 1편, 무기명이 23편인데, 이 가운데 『김립시집』이나 다른 과시 선집에 김병연 혹은 김립 작으로 알려진 것이 15편이다. 김삿갓 작인지 미상 8편은 잠정적으로 김삿갓의 과시로 계정할 수가 있다. 이를 합산한다면 김삿갓 시는 대개 일반한시 258수(表, 데김, 소장 포함), 과시 230수, 총 488수인 셈이다.

2.

김병연은 자신의 조부를 비난하라는 시제에 따라 과시를 작성하여 장원을 하고는 이후 그 사실을 알고 방랑길에 올랐다고 전한다. 사실이라면 그렇게 많은 과시를 남긴 일은 설명하기 어렵다. 미련을 떨치지 못해서 과거를 보았

---

11) 柳年錫·梁東植, 「새로 발굴한 김병연(金炳淵)의 과체시(科體詩) 검토」, 『한국시가문화연구』(구 한국고시가문화연구) 18, 2006, pp.101-125.
12) 이상욱의 조사에 따르면 총 81편 가운데 작자 명이 표시되어 있지 않은 것이 22수로, 이것들이 모두 김삿갓의 작품일 가능성이 있다고 한다. 이상욱 해제, 국립중앙도서관.

단 말인가?

　김삿갓의 구체적 인물로 지목되는 김병연과 김난은 과시로 유명했다. 과거에서 '매문'을 하고 과거 공부를 도와주는 '훈장노릇[舌耕]'을 했을 수 있다. 실은 김삿갓은 유랑과객(流浪科客)이었을 가능성이 높다.

　조선후기에는 정시의 과거 이외에 별시가 많이 시행되었다. 「요로원야화기」에는 "갑인년으로부터 과거의 사정(私情)이 있어, 세가(世家) 자제는 글자를 못하여도 열다섯 곳 차면 다 하여 씨할 유학(幼學)도 없게 되었다"라고 했는데, 이것은 현종 말 갑인년(1674)의 과거를 두고 한 말이다.13) 그 이후로, 영조 재위 50년 동안 임시 과거가 290여 차례나 실시되었다. 한미한 독서인들은 서당의 훈장노릇을 하고 과장에 들어가 남을 위해 대필이나 대작을 했다. 김삿갓은 그런 지식인들을 대표한다.

　조선후기 과거제도의 부정적 상황에 대해서는 윤기(尹愭)가 74세이던 1814년경 「과설 12조[科說十二]」를 작성해서 통렬하게 지적한 바 있다.14) 시관이 청탁을 받고, 응시자가 합격을 다투고, 문필을 돈에 팔고, 서리들이 농간을 부리기를 대중 속에서 공공연히 행하여 조금도 거리낌이 없었던 사실을 자세히 밝혔다. 이를테면 감시와 초시의 조흘강(照訖講) 및 증광과 식년 대과의 역서(필체를 모르도록 필서자가 답안지를 베껴 냄)에 불법을 행한다. 감시에 응시하는 자들 중에는 고강에 들어가지 않은 자도 있고, 남을 대신 출석시킨 자도 있고, 서리에게 공명첩(空名帖)을 받아내어, 한 사람이 여러 첩문을 취득한 경우도 있다. 대과에 응시한 자들은 문자로 표시를 하거나 시권의 순서로 표식을 삼기도 하며, 제 손으로 역서하기도 하고 서리가 골라서 쓰기도 한다. 감시 때 진사 중에 문필 있는 자는 남을 위해 외장에서 대신 짓거나 직접 과거장에 들어가기도 하고, 또 답안지의 첫머리를 써서 들이거나

---

13) 김태준, 「요로원야화기의 서울문명론」, 『국어국문학』 82, 국어국문학회, 1980, p.64.
14) 尹愭, 「科說十二」, 『無名子集』 文稿 제11책. '科擧之用情行私,' '今之科法,' '試官,' '科場之不嚴,' '監試,' '取早之害,' '近來科作皆不成樣,' '今之科擧直是以虛名爲戲劇耳,' '春秋到記科,' '面試,' '今人更無是非之心羞惡之端,' '科擧之弊至於色目之分排而極矣' 등.

청탁하는 서찰을 넣는다.

문필이 뛰어난 자는 자기의 과거를 내팽개치고 오직 돈을 많이 주는 자를 골라서 과장에 진입하거나 외장에서 지어 들이는 등 못하는 짓이 없었다. 부귀한 집안에서 과방(科榜)에 들려고 하는 자는 문필이 뛰어난 자를 찾아내려고 한다. 중개하여 거간하는 자는 분주히 두 사이를 오가며 거래가 성사되기를 꾸민다. 시관이 된 자는 친애하는 자와 두려운 자와 뇌물을 바친 자들을 뽑아 합격시킨다.

더구나 합격자를 색목(당색)에 따라 분배하면서 그 폐단은 극에 달했다. 과거 때가 되면 승보시며 대과·소과를 막론하고 유생들이 모두 미치광이가 된다. 만여 권의 시권 가운데 남인과 소북의 문장은 겨우 한두 장만 입격할 수 있다. 합격자 방(榜)에서 사색 당파의 숫자를 헤아려 보면 노론을 가장 많이 뽑고 그 다음으로 소론을 뽑고 나머지 한두 명을 남인과 소북으로 채운다.15)

과거 시험 때 일찍 제출한 시권을 뽑아주는 것이 고질화되면서, 과시는 빨리 짓는 것을 능사로 삼았다.16) 과거 날 새벽에 문을 열면 각 집안에서 고용된 힘쓰는 자들이 일산과 멍석을 들고 다투어 달려 들어가고, 접(接)의 자리를 현제판(懸題板) 밑에 차지하려고 다툰다. 선비들은 아랫부분 몇 구절과 몇 줄을 어떤 문제가 나오든 쓸 수 있도록 미리 지어놓기까지 했다.

과시는 행시(行詩), 과체시(科體詩), 동시(東詩), 공령시(功令詩), 정시(程詩) 등으로도 부른다. 과시 교본은 대개 '동시'라는 제목을 붙인 예가 많다.

과시는 칠언장편으로 고시 형식17)이되, 당나라 고려 때 과거에서 부과했던 십운배율의 시첩시(試帖詩)나 일반적으로 말하는 장편고시와 다르다.18)

---

15) 尹愭,「論科學」,『무명자집』문고 제5책 ;「論升學儒生」,『무명자집』문고 제11책.
16) 尹愭,「科說十二」,『無名子集』文稿 제11책.
17) 李珥(1536-1584),「送項梁渡江」詩,『栗谷全書』.
18) 李家源,「石北文學硏究」,『東方學志』第4輯 延世大學校東方學硏究所, 1959, p.169 ; 洪贊裕「譯注詩話叢林」(下), 1993, p.955.

조선시대 진사시의 고시 과목은 원칙적으로는 부(賦) 1편과 고시·명(銘)·잠(箴) 중 1편을 고시하기로 되어 있었으나, 실제로는 부 1편과 시 1편을 고시하는 일이 많았다. 이 소과는 초시와 복시로 나뉘는데, 초시는 각 지방에 할당된 액수 700명을 뽑고, 복시는 이들을 서울에 모아 100명을 뽑았다. 진사 초시와 복시에서는 모두 우리가 통상 과시와 과부라고 일컫는 것들이 이 시험에서 고시되었다. 과부는 대과의 중장에서도 시험되었다.

이런 정식 시험 외에, 승보시(陞補試)와 합제(合製), 공도회(公都會) 등의 제도가 있었다. 승보시는 서울의 사부학당에서 1년 동안 서너 회에 걸쳐 성균관 대사성의 방하(榜下)에서 시험을 보고, 합계 점수가 일정 정도 이상인 유학(幼學)에게 복시를 치를 수 있는 자격을 주었다. 승보시는 개성·제주·수원(화성)에서도 설행했다. 합제와 공도회도 이와 비슷한 제도였다. 합제는 사학(四學)의 학관(學官)이 1년에 네 차례 시험을 고시하고, 각 시험마다 일정 수의 인원을 가려 연말에 다시 성균관 대사성이 시험을 고시하여 합격자를 뽑았다. 공도회는 지방에서 관찰사가 시험을 고시하여 일정 수의 합격자에게 서울에 가서 복시에 응시할 자격을 주었다. 진사 초시의 일종으로 볼 수 있다. 이 시험에서도 과시와 과부를 고시했다.

과시는 조선후기 언제부터인가 18운 행시 형식19)으로 정착되었다. 16세기 허균이 어릴 때 「여랑요란송추천(女娘撩亂送秋千, 여인이 어지럽게 그네를 밀어보낸다)」이란 제목의 과시를 지었는데, 허난설헌이 보고는 "한 구(즉 한 연)가 모자란다"라고 하고는, 붓을 들어 다음 한 구(연)를 보태주었다고 한다.

   門前還有斷腸人 문 앞에는 아직 애간장을 태우는 사람이 있건만
   白馬牛拖黃金鞭 백마 타고 황금채찍을 반쯤 늘어뜨렸군.20)

---

19) 李縡(1680-1746), 「代李太白魂誦傳竹枝詞」, 서울대학교 규장각 소장, 奎11524,M/F68-7-26-H] 등 참조.
20) 任天常, 「瑣編」 卷二, 「試筆」. "許筠詩才絶人. 少時嘗賦'女娘撩亂送秋千', 示其妹蘭雪軒. 蘭雪軒曰: '善矣! 但欠一句.' 問所欠何語? 蘭雪軒乃援筆補之曰: '門前還有斷腸人,

허균의 시는 시제에서 千자를 택하여 그것이 속한 하평성 先(선)운을 처음부터 끝까지 사용한 행시였을 것이고, 허난설헌이 더해 준 구는 행시의 제17구(제17연)나 제18구(제18연)였을 것이다. 하지만 이야기 자체가 뒷날의 허구였을 가능성도 있다.

다만 17세기 중반의 시권에서는 장단구를 사용한 예가 있다. 윤선도가 1612년 증광 진사시 복시(覆試)에서 제출한 「모설방고산시(冒雪訪孤山詩)·병필사옥음부(秉筆俟玉音賦)」 시권을 보면, 당시의 과시는 칠언 중심에 오언을 섞은 '군불견체(君不見體)' 25연(聯)이다.21) 제목은 북송의 임포(林逋)가 항주(杭州) 고산(孤山)에서 매처학자(梅妻鶴子)하면서 20년 동안 도성으로 가지 않았던 일을 근거로 한다. 제목의 방(訪)을 낙점하여 거성 漾(양)운을 압운하고 訪(방)자를 제12연에 사용했다. 중간에 거성 敬(경)운 글자 行과 상성 養(양)운 글자 杖(장)·長(장)·榜(방)·仰(앙)을 통압했다.22) 같은 운에 속하지 않아도 인운(隣韻)에 속하면 통압하고, 상성과 거성으로 성조가 다르되 같은 부에 속하는 운이면 통압했다. 이것은 조선 고시의 특징과 통한다.

현재 남아 있는 시권들을 보면 조선후기의 과시는 대개 18연의 독특한 형식이다. 과시는 7언 1구를 한 짝 곧 1척(隻)이라 하고, 2척을 1구(句)라고 했다. 따라서 과시는 18운 18구 36척이 기본으로, 36구(18연)의 고시이다.23) 대개 칠언고시에 '二平三仄(이평삼측) 二仄三平(이측삼평)' 등의 규정을 보태어서 이루어진 것이라고 할 수 있다. 옛 사람들은 그 형식이 가행(歌行)에서 기원했다고도 여겼기 때문에 과시를 행시라고도 불렀다.24) 과시는 적을 때 매

白馬半拖黃金鞭." 허경진, 「〈동시품휘보〉와 허균의 과체시」, 『열상고전연구』 14, 2001.
21) 尹善道, 「冒雪訪孤山」, 『孤山遺稿』 卷之六 上 別集 詩.
22) 金東錫, 『朝鮮時代試券研究』, 韓國學中央研究院韓國學大學院 古文獻管理學專攻 博士學位論文, 2013, pp.202-207.
23) 金東錫, 「朝鮮時代 科體詩의 程式考察」, 『대동한문학』 28, 대동한문학회, 2008, pp. 69-125 ; 허경진, 「〈동시품휘보〉와 허균의 과체시」, 2001, p.5.
24) 兪漢雋, 『自著』 續集 册一 [雜錄] 「送成近序」. "行詩非古也. 其始也原於歌行而自爲一法. 平仄高低有定位, 鋪頭回入有恒式. 其法無所用, 用之鄕漢城進士之試. 故京外士大夫子弟求爲進士者, 咸戮力焉, 能者往往至於奪造化. 秋風一曲·竹枝詞·關山戎馬, 或聲之

행에 3구(3운)씩 배정한다.

과시에서 3개의 구 즉 3개의 연이 하나의 단위를 이루어 여섯 단락으로 구성하는 것을 흔히 삼구육고(三句六股)라고 말한다. 삼구육고에서 특히 제2구(제2련)와 제5구(제5련)은 대우법을 지키는 것을 원칙으로 했다. 정약용의 증언에 따르면 이러한 형식은 1730년 무렵 정형화한 듯하다.25)

많은 선비들이 모범적인 과시를 베껴 썼으며, 책으로 엮었다. 규장각에『과시시초(科試詩抄)』3책이 있는데, 제1책은『진시(震詩)』, 제2책은『동시(東詩)』, 제3책은『해동서(海東書)』이다. 또 같은 규장각 소장『반상과시집(泮庠科詩集)』17책은 성균관과 사부학당 학생들이 지은 동시를 모았다.26)

조선후기에는 특히 많은 사람들이 자신의 문집에 동시를 남겼다.27) 이재(李縡, 1657-1730)의 「대이태백혼송전죽지사(代李太白魂誦傳竹枝詞)」나 신광수(申光洙, 1712-1775)의 「등악양루탄관산융마(登岳陽樓歎關山戎馬)」는 과장에서 작성한 것이되, 민간에서 유행했다.28) 신광수의 과시는 악곡에 얹혀 가창되었다.29) 신광수는 자작 과시 150여 수를 모은『석북과시집(石北科詩集)』(성균

於樂府而流傳也."
25) 정약용(丁若鏞), 「상해좌서(上海左書)」, 『여유당전서(與猶堂全書)』 제1집 문집 제18권. "寄示陞補試卷, 讀之誠差强. 然科詩近成六股別格, 每用三句爲一段, 唯中間一句用對語, 此體在古無聞, 自五六十年來始出, 如申石北「岳陽樓」詩亦然. 後來遂成法制, 今晩生少年, 認之爲天成地定, 不敢毫髮釐越. 卜春亭刱造之初, 何嘗如是? 此大病痛, 須力矯力挽, 庶回古意. 然俗儒所稱古詩, 每用側字起頭, 又多用'之'·'於'·'而'·'也'字以爲古, 此尤猥惡, 不堪視也, 欲矯猥習, 先須擇題, 題面有古色, 自可得佳作也."
26) 이가원 선생 구장의『과시(科詩)』 6책, 『동시(東詩)』 1책도 과시(동시)를 모은 책들이다. 허경진, 〈동시품휘보〉와 허균의 과체시」, 『열상고전연구』 14, 2001, p.4.
27) 16-17세기 문인들의 문집에는 과체시가 간혹 실려 있다. 『율곡집』에는 과체시 2수가 실려 있고, 徐益(1542-1587)의『萬竹軒先生文集』에 과체시 1수, 趙憲(1544-1592)의『重峯集』에 과체시(泣風樹) 1수, 洪瑞鳳(1572-1645)의『鶴谷集』에 과체시 1수, 金壽恒(1629-1689)의『文谷集』에 과체시(嗚呼島吊田橫 等) 2수, 洪受疇(1642-1704)의『壺隱集』에 과체시 3수, 洪啓英(1687-1705)의『觀水齋遺稿』에 과체시 5수가 실려 있다.
28) 『幷世才彦錄』의「科文錄」은 이 둘을 과시의 대표작으로 소개했다. 규장각에는 이 두 작품만을 큰 글씨로 써서 장책한『科試二選』(奎11523)이 있다. 李家源「石北文學硏究」, 『東方學志』 4, 1959, pp.26-27.
29) 尹敬洙, 「關山戎馬 論」, 『外大論叢』 18, 1998. 이재의 작품도 생전에 광대에 의해 불려졌다는 기록이『幷世才彦錄』의「科文錄」에 전한다. 십이잡가의「죽지사」에는 그의

관대 소장, D2F-23)을 남겼다. 18세기에 이르면 동시가 과거제도와 분리되어, 과장 밖에서 문예적으로 향유되었다. 예를 들어, 채득순(蔡得淳)의 「백우선(白羽扇)」은 『삼국지연의』에서 출제된 것으로, 과장 밖에서 향유된 것인 듯하다. 채득순은 확인된 것만 50여 수 이상의 동시를 남겼다. 많은 불우한 독서인들이 자신의 능력을 과시에서 발휘했다.30)

정조는 공령시를 좋아하여 초계문신들에게 제술을 명하기도 했고, "시권 중에는 결구한 것이 뜻에 꼭 맞는 것이 보여 나도 모르게 기꺼운 마음으로 읽고 여러 차례 암송해 보았다"31)라고 했다.

권성직(權聖直)은 30여 명의 과시를 5수씩 모아 선집을 엮었다. 그 서문에서 신광수는 수록한 과시의 음절이 옥소리같이 맑고 의미가 교묘하다고 하면서 "모사하여 내는 것의 공교로움과 문자를 정리하여 작품을 구성함의 능란함은 어찌 쉽게 말할 수 있겠는가?"32)라고 했다. 또 『동시품휘(東詩品彙)』를 편집한 남종현(南鍾玄)은 "옛날에 가요가 근체시가 되었듯이 과체시가 동국풍이 될지도 모른다"라고 했다.

3.

과시 형식에 대해서는 여러 사람들이 기록을 남겼다.33) 정만조(鄭萬朝, 1858-1936)는 『과거와 과시(科擧及科詩)』(서울대학교 규장각 소장 필사본)에서 다

시구가 인용되었다. 이창배 편저, 『增補歌謠集成』, 무형문화재연구원, 1972년, p.30.
30) 18세기에는 李匡呂, 申光洙, 金履安, 盧兢, 趙秀三, 柳光億 등이 모두 과시를 다수 남겼다. 이상욱, 「朝鮮 科體詩의 글쓰기 方式에 관한 硏究」, 연세대학교 대학원 석사논문, 2005, pp.15-19.
31) 正祖 『弘齊全書』 卷162 「日得錄」. "功令不過科曰文字, 臧否不足論, 而詩卷中, 或見句作之合意者, 不覺欣然爲之諷誦屢過."
32) 申光洙, 「近藝僑選序」, 『石北集』 卷15. "然自其體論之 亦有妙焉. 音節鏗鏘, 意味新巧. 模寫之工, 裁制之能, 亦豈易言哉?"
33) 李奎象, 『韓山詩稿』 第30卷 「幷世才彦錄」 '科文錄'; 趙榮祏, 『觀我齋稿』 第3卷 '漫錄.'

음과 같이 정리했다.

(a) 경(經)·사(史)의 구절, 고인의 시구, 성어 등에서 따온 말로 제목을 삼는다. 시권에서 시제를 기재할 때는 '(제목)시'라고 한자로 적는다.

(b) 제목 중의 한 글자에 낙점하여 운자로 삼고 그 글자가 속하는 운을 활용하여 일운도저한다. 평·상·거성의 어떤 운이든 사용할 수 있으나 입성은 사용하지 않았다. 이것을 평·상·거성의 '통압'이라고 한다. 하나의 시에서 평·상·거성 운을 환운할 수 있다는 말이 아니다. 정조 어명의 『규장전운』이 나온 이후 입성 운을 사용할 수 있게 되었다.

(c) 대개 제4연 끝에 제목에서 낙점한 글자를 사용한다.

(d) 한 구의 자수는 반드시 7언이며, 2구 1연으로 구성한다.

(e) 18연(이것을 18구라고 부름)이 보통이되, 『대전회통(大典會通)』에서는 17연 내지 18연이라고 규정했다. 실제로는 38구 19연부터 44구 22연까지의 것도 있다.

(f) 모두 7단으로 구성한다. 제1단은 첫구, 첫구받침, 입제(入題). 제2단은 포두(鋪頭), 포두받침, 포두느림. 제3단은 초항(初項, 첫목), 첫목받침, 첫목느림. 제4단은 두목, 두목받침, 회제(回題). 제5단은 세목, 세목받침, 세목느림. 제6단은 네목, 네목받침, 네목느림 등으로 구성하며 7단은 결련(結聯)이다.

(g) 평성의 운을 사용할 경우, 입제·느림·회제를 제외한 초구(初句, 첫구), 포두, 초항(첫목), 이항(二項, 두목), 삼항(三項, 세목), 사항(四項, 네목), 결련과 각각의 받침은 平平仄仄仄平平-仄仄平平仄平(韻)으로, 입제·느림·회제의 부분은 平平平仄仄平平-仄仄平平平仄平(韻)으로 짜야 한다.

(h) 따라서 내구(內句, 안쪽)의 처음 두 글자는 평성, 외구(外句, 바깥쪽)의 처음 두 글자는 측성이 되어야 하므로, 근체시의 율격과는 전혀 다르다.

이상의 설명을 토대로 과시의 일반 형식을 도해하면 다음과 같다.

〈표 18〉 과시의 형식(○은 평성, ●은 측성, ◎은 평성운자)

첫구	첫구받침	入題
○○●●●○○ ●●○○○○◎	○○●●●○○ ●●○○○○◎	○○○●●○○ ●●○○○○◎
鋪頭	포두받침	鋪頭느림
○○○●●○○ ●●○○○○◎	○○●●●○○ ●●○○○○◎	○○○●●○○ ●●○○○○◎
첫목	첫목받침	첫목느림
○○●●●○○ ●●○○○○◎	○○●●●○○ ●●○○○○◎	○○○●●○○ ●●○○○○◎
두목	두목받침	두목느림(回題)
○○●●●○○ ●●○○○○◎	○○●●●○○ ●●○○○○◎	○○○●●○○ ●●○○○○◎
세목	세목받침	세목느림
○○○●●○○ ●●○○○○◎	○○●●●○○ ●●○○○○◎	○○○●●○○ ●●○○○○◎
네목	네목받침	네목느림
○○●●●○○ ●●○○○○◎	○○●●●○○ ●●○○○○◎	○○○●●○○ ●●○○○○◎
結聯		
○○●●●○○ ●●○○○○◎		

　이규상이나 정약용 등은 모두 조선 초 변계량(卞季良)이 과시 형식을 정했다고 했지만,[34] 진위는 알 수 없다. 오히려 강백(姜栢, 1690-1777)의 「행시격(行詩格)」 시가 '어제시정(御製詩程)'으로 알려져 있는 것을 보면, 숙종이나 영조가 반포한 과시 형식을 정한 것이 아닐까 추측해 본다.

---

[34] 李奎象, 「科文錄」, 「韓山世稿」 권30, 「幷世才彦錄」. "俗傳, 國初太學士卞季良創課詩法"; 丁若鏞, 「課藝」, 「牧民心書」 권8, 體典六條, 『與猶堂全書』 제5집 政法集 제23권.

강백은 과시에 뛰어난 인물이었다. 동시 선집본에서 그의 과시를 적지 않이 발견할 수 있다. 본관은 진주, 자는 자청(子靑), 호는 우곡(愚谷)으로, 15세에 승보시에 합격, 1714년(숙종 40) 사마시에 1등, 1727년(영조 3) 별시문과에 갑과 장원을 했다. 1728년 성환 찰방으로 있을 때 이인좌의 난이 일어나, 순무사 오명항(吳命恒)을 도왔으나, 오히려 무고한 죄를 입어 철산(鐵山)에 유배되었다. 유배 중에 철산 지방 젊은이를 교육해서 과거 합격자를 많이 내었으므로, 1732년 감형되어 정산현감에 제수되었다. 1769년 통정에 오르고 한성부우윤이 되었으나 곧 체직되었다. 1938년에야 『우곡집(愚谷集)』 6권이 석인본으로 간행되었다. 이 문집에는 과체시가 여럿 수록되어 있으나, 「행시격」은 들어 있지 않다.

<표 19> 「御製詩程」 혹은 「行詩格」

| 평택임씨본03 | 御製詩程 | 01 走者飛者皆天機 或以奇兵或以師
02 依微影子月露假 隱暎精神公墨施
03 尖峰秋準忽搏兎 飛下平蕪雙翮垂
04 洪流發源盖自此 木固其根方茂枝
05 千尋勢似立極地 萬夫聲如打鼎時
06 低回雙龍忽轉身 變化其端誰得知
07 天東斗柄漸向寅 脩竹叢林層節奇
08 包丁利刀導竅解 扁鵲神方隨疾醫
09 銅仙赤脚戴金盤 屹立雲宵承露滋
10 將鉗猛虎暗伏弩 欲釣游魚酒引絲
11 尋龍千里等坎輿 到頭明堂只在玆
12 身登實地束水翁 手障狂瀾韓退之
13 春江一棹遇順風 無限烟波隨處宜
14 千層塔上力更加 九仞山頭功不虧
15 油然逝魚更搖尾 或躍于淵或躍池
16 詩於到此可謂工 視詩迷程放此詩 | 姜栢의 과체시 '行詩格'과 제목만 다르다. 구사회(2005) 참조
32구 16연. 제16연 拥詩, 평성 之운. |

앞서 언급한 여규형의 「논시십수(論詩十首)」의 제6수는 과시의 기원과 형

식, 김삿갓의 존재를 이해하는 데 매우 중요한 자료이다. 일부 소개했지만, 여기서 전문을 보이기로 한다.35) 여규형도 이 시에서 조선 초 변계량이 과시 형식을 정했다고 했다.

東國有行詩	우리나라에 행시라는 것이 있어
自昔相因循	지난날부터 답습되어 와서,
七言一條路	칠언으로 한 줄 길게 이어지는데
耐煩試細陳	번거롭지만 한 번 진술하겠다.
其題集四庫	그 시제는 사고(경사자집)를 뒤섞어
擬作當身親	그에 비겨 지으면서 마땅히 내용이 부합해야 한다.
限句十八韻	한 구 걸러 압운하여 18개 운을 써서
位置劃界畛	바르게 놓고 경계가 잘 구획되어야 하며,
其韻題中得	그 운자는 시제 가운데서 얻어
無散一列純	흩어 다른 운을 쓰지 않고 일렬로 순일해야 한다.
其聲更可異	그 소릿값(평측)은 정말로 기이하여
永明還古醇	영명체[이에 기본한 근체시격]가 되려 예스럽고 순수하다.
二平三仄起	二平三仄으로 일으키고
二仄三平因	二仄三平으로 이어받아,
句句皆如是	구절구절 모두 이와 같고
篇篇惟式遵	편마다 이를 따르고 준용한다.
起承二句上	기구와 승구의 두 구에서는
說主或說賓	기구는 주(主, 주제)를 말하고 승구는 빈(賓)을 말하며,
三四爲對聯	제3구와 제4구는 대(對)의 연이며
五六到本身	제5구와 제6구는 본제이다.
七八謂鋪頭	제7구와 제8구는 포두로

---

35) 呂圭亨, 「論詩十首」 제6수, 『荷亭集』, 京城 : 鄭寅書家, 1923.

根柢述先民	근본상 선민(고인)의 일을 서술한다.
對聯又下二	대련이 또 그 아래 둘(제9-10구와 제11-12구)로 이어져서
佐使列君臣	주체와 보좌가 군신처럼 열 짓는다.
初項十三四	초항(첫목)은 제13구와 제14구로
折旋如迴輪	꺾여서 돌아가길 바퀴가 회전하듯 한다.
二項十九廾	2항(둘째 목)은 제19와 제20구로
階級覺漸臻	계급을 이루어 점차 하나로 모이는 듯하다.
其下並對聯	그 아래에 대련이 나란히 있어
龍蠖適屈伸	용과 자벌레가 제 나름대로 몸을 굽혔다고 펴듯 한다.
廾三四以結	제23구와 제24구는 매듭을 지어
返乎面目眞	참 면목으로 되돌아간다.
其餘十二語	그 나머지 12개의 구는
架疊重申申	포개고 겹쳐서 거듭 진술하고 서술한다.
門戶何局促	문호가 어찌 그리 옹색하고 촉박한가
志業何苦辛	공령시에 뜻 두는 학업이 어이 그리 괴로운지.
身上有束縛	몸뚱이에 구속이 있으니
腹內無經綸	뱃속에 경륜의 뜻이 전혀 없으며,
千部一腔唱	일천 편이 죄다 한 목소리로 노래하듯 하거늘
那有光景新	어이 새로운 광경이 있으랴.
就中超拔者	그 가운데 특별하게 뛰어난 자는
龍象如捕馴	용과 코끼리도 붙잡아 길들이 듯하여,
縱令受羈絛	비록 굴레를 받는다고 하여도
時復露嶙峋	때때로 우뚝 솟은 경지를 드러내어,
辭武與騈儷	사부(辭武)나 변려와 함께
大略同其倫	대략 그 부류가 비슷했다만,
人家佳子弟	훌륭한 집 자제들이

惜費好精神	애석하게 그 좋은 정신을 허비하여,
生涯抱鐵硯	일생 동안 무쇠 벼루36)를 끌어안고서
視此爲梁津	이를 보기를 나루로 여긴다.
我亦痛定思	나도 통렬하게 생각을 집중하여
汨沒三十春	골몰하길 서른 해나 했었다.
中朝科體文	중국의 과체문은
八股就選掄	팔고문으로 선별하는데,
對耦稍敷衍	대우(대장)로 조금 부연하는 데도
識者猶嚬呻	식자들은 찌푸리고 신음하며,
至若詞賦取	사부(詞賦)로 취하는 경우에도
古法視惟均	옛 법을 고루 기준으로 삼기에,
豈非天籟者	천뢰(하늘의 소리)의 것이란
裁製不由人	제작이 사람에게 말미암지 않는다는 것이 아니랴.
排律應製作	배율과 응제의 작품도
唐初不足珍	당나라 초 시행했으나 진기하지 않아서,
機杼自開闔	기틀이 절로 열렸다간 닫혔으니
觀過斯知仁	과오를 보고 고쳐야 어질다 하겠도다.
春亭作法始	춘정(변계량)이 법식을 만든 처음에는
文采殊彬彬	문채가 아주 빈빈했고,
姜申尙典刑	강백(姜栢)과 신광수(申光洙)는 전형이었으나
餘者漸湮淪	나머지는 차츰 침몰하여,
日久日趨下	날이 오랠수록 나날이 하강하여

---

36) 철연(鐵硯)은 성취를 하려고 철저히 연마한다는 뜻이다. 『신오대사(新五代史)』 권29 「진신열전(晉臣列傳) 상유한(桑維翰)」에 다음 말이 있다. "「일출부상부(日出扶桑賦)」를 지어서 자신의 뜻을 보이고, 또 쇠로 벼루를 주조하여 남들에게 보이며 말하기를 '벼루가 구멍 나면 마음을 바꾸어 벼슬을 할 것이다'라고 했다. 마침내 진사 합격을 했다 [乃著日出扶桑賦以見志, 又鑄鐵硯以示人曰:'硯弊則改而他仕.'卒以进士及第]."

蔓草及荊榛	덩굴 풀에 가시덤불 꼴이다.
有稱金草帽	김초모라 칭하는 자가 있어
詭愧傾橐困	기괴함이 작은 곳간 큰 곳간을 기울인 듯 콸콸 나와서,
遏茁等其等	그 등급을 일반 등급으로 만들어
風雅墜荒榛	풍아의 격조를 거친 잡목 숲에 버려지게 하여,
遂使藝文志	마침내 우리나라의 예문지를
不可聞於隣	이웃 나라에 알려질 수 없게 만들었으니,
茫然不得究	망망하여 구명할 수도 없고
閴堂笑且嗔	온 집안 시끄럽게 웃고 떠들고 있다.
野僿且有斃	야담과 사설이 또한 폐단을 일으키기에
吾欲奏昌辰	나는 창신의 이때에 상주하여,
更張擧子業	거자업(과거업)을 경장하여
眞才盈八垠	참 재능인들 팔방에 가득 채우련다.

[春亭, 卞公季良. 以此鳴者, 姜栢·申光洙, 其尤也.]

이응수는 1936년 초간『김립시집』후편의 서두에서 과시의 형식이 조선 초 정종 때 정해졌다고 추정하고 그 형식에 대해 다음과 같이 정리했다.

ⓐ 18수(首)[연(聯). 한국에서 말하는 구(句)]. 각각의 명칭은 다음과 같다.

1 글머리[시수(詩首)] 2 목나림[항련(項聯)] 3 입제(入題)

4 포두(包頭) 5 포서(包敍) 6 느림(늘임, 延長)

7 초항(初項, 첫목) 8 첫목 받침[초항대(初項對)] 9 느림

10 재항(再項, 둘째목) 11 둘째목 받침 12 회제(回題)

13 회제대(回題對) 14 회하(回下) 15 회하대(回下對, 재항대)

16 자유 용구(用句) 17 제16수(연) 대(對) 18 자유 용구[落句]

ⓑ 18수 짜임은 율(律)의 기승전결 격식을 추종한 것인 듯하다.

1 시두(詩頭, 시수)는 기구(起句).

2 항련은 시두의 대(對).

3 입제에 와서 시의 제목 가운데 한 글자를 꼭 삽입하여 작구(作句).

4 포두에 와서는 또 시두에 잠깐 돌아옴.

5-6 포서와 느림(연장)에서 그 수(首)의 서술과 연장을 함.

7 초항(첫목)에서부터 본 중심의 골자가 되는 상(想)으로 들어감.

거듭 말했듯이, 일설에 따르면 김병연은 과장(향시라고도 함)에서 할아버지 김익순을 통박하는 내용의 과시로 장원을 했다고 한다. 그리고 그때의 시제는 '가산군수 정시의 충절을 기리고 김익순의 죄를 규탄하다[탄식하다]'는 뜻의 "논정가산충절사(論鄭嘉山忠節死) 탄김익순죄통우천(嘆金益淳罪通于天)"였다고 한다. 하지만, 앞서 말했듯이, 이 시는 전체적으로 하나의 운을 내리 사용해야 한다는 과시의 일운도저 원칙을 전혀 지키지 않았다. 이런 시를 가지고 김병연이 향시에 장원했다고 한다면, 조선의 과거제도를 우습게 아는 것이고, 시인 김병연을 모독하는 것이 된다. 이것은 조선식 대고풍의 시이지, 과시가 아니다.

혹은 김병연은 「책색두(責索頭)」로 장원을 했다고도 전한다. 「책색두」는 『사기』 「자객열전」에 수록된 협객 형가(荊軻)의 고사를 주제로 한 시제이다. 그러나 김삿갓이 「책색두」로 과거에서 장원을 했다는 말은 의심스럽다. 아마도 이 작품이 인간의 의지를 노래한 명작이므로 김삿갓이 이 작품으로 장원했다는 전설이 파생되어 나온 듯하다.

김삿갓의 과시는 현재까지 230수를 확인할 수 있다. 타인 작이 들어 있거나, 여러 김삿갓들의 작품이 혼재해 있을 가능성이 물론 있다.

그런데 그 과시의 대부분은 제4연 마지막 자에 시제의 한 글자를 택하여 사용하고, 그 글자 소속의 운목을 전체 시에 일운도저하고 있다. 그러한 압운 방식을 어긴 것은 30수 정도이다. 그 가운데는 구가 일부 망실되어 시제

운자 간선 방식을 알 수 없는 것들이 여럿 있다.

〈표 20〉 김삿갓 과시 가운데 압운 방식의 비정격 예

과시013	瞽負蹇(戰國策)	16연. 제12연 押負, 상성 有운.	초143-후12/증232 後12/평양6-06/東選41
과시028	泣畵仙	18연. 제5연 押仙, 평성 先운.	초158附08/증246附08
과시041	聞人才卽疏夾袋中以待朝廷求賢(呂蒙正)	16연. 제8연 押袋, 거성 隊운.	초171附21/증259附21
과시049	亦下馬東望三呼(張詠)	16연. 제8연 押三, 평성 覃운.	초179附29/증267附29
과시077	應侯席上說月滿則虧	18연. 제11연 押虧, 평성 支운. 제4연 말 時.	증295附57
과시080	祀王時獲一角獸蓋麟云	16연. 제4연 押矣, 祀를 골라 상성紙운 사용.	증298附60
과시084	出匣中筑與善衣更客貌而前	18연. 제4연 押竹, 입성 屋운. 시제의 筑자를 고른 것임.	증302附64
과시087	簣中謂守者	17연. 제6연 押謂, 거성 未운.	증305附67
과시099	聞張釋之言拜嗇夫	18연. 제4연 押載(상성賄/거성隊). 拜는 거성 卦운이므로 낙운.	증317附79
과시116	書與趙孟德報春水方生	18연. 제11연 押與, 상성 語운.	증334附96
과시123	事在元年元年赦令前	18연. 제5연 押令, 평성 庚운.	증341附103/송순철38
과시125	秦王席上進三疊琴	18연. 제9연 押琴, 평성 侵운.	증343附105/송순철40
과시144	作石鼓歌歎少陵無人謫仙死	18연. 제2연 押鼓, 상성 麌운.	東選30
과시187	明堂	12행 6연. 명자 속한 평성 庚운 압운. 明자 구는 없음.	송순철09
과시188	銷天下兵	18연. 제10연 押兵, 평성 庚운.	송순철12
과시191	泣陳出師表歎先帝三顧古事	12연 存. 顧자가 속한 거성 遇운 압운. 顧자 구 없음.	송순철15
과시192	見人涉溝圖筍伐竹爲橋	12연과 1구만 남음. 제3연 押橋.	송순철16

		제4연이 착간된 듯. 평성 蕭운	
과시193	請去	14연 存. 제3연 押去, 거성 御운.	송순철17
과시195	不應擧玦示	12연 存. 제7연 押視, 상성 紙운.	송순철19
과시196	荷鋪簷後	13연 存. 제8연 押後, 거성 宥운.	송순철20
과시209	代荊軻嘆滄海力士誤中副車	18연. 제6연 押水, 상성 紙운.	時尙06
과시211	項梁怒	18연. 제18연 押怒, 상성 麌운.	時尙09
과시213	代范增將軍歸彭城別營壯士	18연. 제5연 押士, 상성 紙운.	時尙11
과시217	醉自墦間驕驕其妻妾	17연. 제9연 押自, 거성 寘운.	時尙18
과시220	泗上田舍笑阿季不在家	16연. 제9연 押季, 거성 寘운.	평택임씨본13
과시221	訕漂麥/罵漂麥	16연. 평성 蕭운. 시제에 운자 무. 善鳴11 14연. 제13연 押漂, 蕭운.	평택임씨본14/善鳴10
과시223	酒帝(무기명)	18연. 제14연 押酒, 상성 有운.	善鳴14
과시224	羝愧鴈(무기명)	14연. 제10연 押愧, 거성 寘운.	善鳴15
과시225	易水待遠客(무기명)	18연. 제6연 押水, 상성 紙운.	善鳴16
과시229	東見滄海君(무기명)	18연. 제8연 押東, 평성 東운.	善鳴23

4.

천태산인은 김삿갓의 장처(長處)는 공령시일 것이라고 했다. 그리고 김삿갓은 '천진(天眞)이 웅탕(雄宕)하고 호매(豪邁)한 편은 아니요 차라리 성질은 괴벽(怪癖)스럽던 것 같으며, 그 때문에 과시에도 '밸맥이'가 많다고 했다.
천태산인은 다음 시들을 김삿갓 과시의 대표작으로 꼽았다.

　　(ㄱ) 「한고조가 항우를 곡성산 하에 장(葬)하고 한 번 곡했다 [葬項羽於穀城山下爲臨一哭]」

　　(ㄴ) 「책색두(責索頭)」

　　(ㄷ) 「한신사, 일희일비(韓信死一喜一悲)」

(ㄹ)「왈장사(曰壯士)」

(ㅁ)「지즉관문폐(至則關門閉)」

이 가운데 이응수가 1956년판 『풍자시인 김삿갓』에서 김삿갓의 과시로 소개한 작품들만을 중심으로 그 내용과 형식을 살펴보면 다음과 같다.

ⓐ 「섭정후이백년진유형가지사(聶政後二百年秦有荊軻之事)」: 자객 섭정이 있고나서 이백 년 후에 형가의 일이 있었다.

○ 『사기』 「자객열전」에서 취재했다.
○ 事를 운자로 골라 거성 寘(치)운을 16연 전체에 내리 사용했다. 평양본은 제1연 끝자를 有로 했으나, 초간본과 중간본처럼 거성 寘(치)운의 類(류)가 옳다
○ 제12연 바깥짝 마지막 視는 상성 紙운에 속한다. 한국 한시에서는 상성과 거성을 통압하는 경우가 많으므로, 이것도 통압 글자로 볼 수 있다.

01 孔後五百龍鬥史(공후오백용문사) 間世奇觀種種類(간세기관종종류)
02 齊髡楚孟滑稽傳(제곤초맹골계전) 越蠡周圭殖貨誌(월려주규식화지)
03 歸來俠窟以劍鳴(귀래협굴이검명) 深井寒風易水至(심정한풍역수지)
04 人間何代不有俠(인간하대불유협) 聶荊千秋兩絶事(섭형천추양절사)
05 殉名同日姊娑烈(순명동일자앵렬) 作伴其時舞陽稚(작반기시무양치)
06 吳專齊沬好種子(오전제말호종자) 年數山東劍次次(연수산동검차차)
07 層雲一鬱扶目市(층운일단결목시) 以後風聲寂寞易(이후풍성적막역)
08 英名半死戰國七(영명반사전국칠) 小俠徒歸公子四(소협도귀공자사)
09 三長大筆暫徘徊(삼장대필잠배회) 燕趙徐陽斬轉墜(연조사양점전추)
10 山河俠氣竟不死(산하협기경불사) 秦代何兒鳴以義(진대하아명이의)
11 張椎博浪以上起(장추박랑이상기) 漸筑咸陽其次置(점축함양기차치)

12 空中飛出比首客(공중비출비수객) 上黨歸雲一面視(상당귀운일면시)(상성 紙)*
13 蒼鷹韓府杳茫影(창응한부묘망영) 白虹燕天蕭瑟意(백홍연천소슬의)
14 乾坤曠氣二百年(건곤려기이백년) 後先男兒一般志(후선남아일반지)
15 屠門俠月缺圓天(도문협월결원천) 史局文瀾斷續地(사국문란단속지)
16 仇家二代亦並時(구가이대역병시) 王在阿房視俠累(왕재아방시협루)

01 공자의 『춘추』 이후 오백 년 뒤 사마천의 『사기』까지
　 세상에 드문 기이한 장관이 가지가지로 유사하니,
02 제나라 순우곤, 초나라 우맹이 『사기』「골계전」에 있고
　 월나라 범려, 주나라 백규가 「화식전」에 실려 있다.
03 '돌아가자'라고 협객의 소굴에서 풍환은 칼을 쳐 울렸고[37]
　 한나라 심정리(深井里) 섭정의 사실, 역수에서 '풍소소혜(風蕭蕭兮)'를 노
　 래한 형가의 사실이 이어졌다.
04 인간 어느 시대에 협객이 없으랴만
　 섭정과 형가의 사실이 천추에 절묘한 일이다.
05 의리에 죽은 그날 매운 사적을 남긴 누이 앵(嫈)이 있고
　 역수가를 부른 시기에 동무한 이로 열세 살 진무양이 있었다.
06 오나라 전저(專諸), 제나라 조말(曹沫) 등은 좋은 종자로
　 해가 거듭할수록 산동지방에서 검객이 차차 일어나서
07 뭉게구름 피는 날 섭정이 한나라 저자에서 눈이 도려내지고
　 이후 풍성은 적막하게 되어
08 영웅은 전국시대 칠국의 난 때 반나마 죽고

---

37) 전국시대 제(齊)나라 풍환(馮驩)이 맹상군(孟嘗君)의 식객(食客)이 되었을 때, 밥상에 고기 반찬이 없자 장검을 두드리면서 "장검이여 돌아가자, 밥상에 고기가 없구나[長鋏歸來乎, 食無魚]"라고 노래했다는 고사가 『전국책』과 『사기』에 전한다. 이응수는 "그간의 가장 큰 쾌사는 역시 협객들이 검을 들고 의기를 떨친 사실이니"라고 풀이했다.

　　　　작은 협객들은 그저 사공자38)에게 귀의하고 말았다.

09 재지(才智)·학문·식견 뛰어난 사마천의 큰 붓이 망설이는 사이

　　연나라 조나라는 석양 맞아 차츰 추락했지만

10 산하의 협기는 끝내 죽지 않았으니

　　진나라 시대 어느 아이들이 의리로 세상을 울려댔던가

11 장량이 보낸 창해역사가 박랑사에서 진시왕 친 일이 먼저 있고

　　고점리가 함양에서 축(筑)으로 진왕 친 일이 그 다음이었다.

12 허공에 비수를 날린 객은

　　한(韓)나라 상당(上黨)의 구름으로 돌아간 섭정과 같았다.39)

13 한(韓)나라 서울에는 푸른 매 그림자 아득하고

　　연나라 하늘에는 흰 무지개 뻗쳐 의상(意象)이 소슬하니

14 천지건곤의 매서운 기운이 이백 년 이어져

　　앞서거니 뒤서거니 남아의 의지가 같았다.

15 백정 마을에 협객의 달빛은 찾다 이지러지고

　　사국(史局)의 문장이 이는 파란은 끊어졌다 이어졌으니

16 두 원수 협루와 진왕이 시절을 같이한다면

　　왕은 아방궁에서 협객의 거듭되는 사적을 보았으리라.

ⓑ「역수가장사이시인(易水歌壯士而詩人)」: 역수가를 부른 형가는 장사이면서 시인이다.

　　○ 士자를 운자로 골라서 상성 紙운을 15연에 일운도저했다.

---

38) 전국시대 제(齊)나라의 맹상군(孟嘗君), 위(魏)나라의 신릉군(信陵君), 조(趙)나라의 평원군(平原君), 초(楚)나라의 춘신군(春申君) 등 이른바 4공자가 모두 인재 기르는 것을 좋아하여 식객 수천 명을 두었다.
39) "물론 이것은 이백 년 전 섭정의 혼을 실은 구름을 이고 진나라 궁전에 들어가 비수로 진황을 찌른 형가의 사실과 결부된다"라고 풀이했다.

○ 형가(荊軻)는 전국 말기 위(衛)나라 사람으로 경경(慶卿)으로 불렸다. 진(秦)나라가 위나라를 멸망시키자 연(燕)나라로 망명한 다음 연나라 태자 단(丹)과 모의하여 진왕(秦王) 정(政)을 죽이려다 실패하게 된다.

01 一幅督亢三昧手(일폭독항삼매수) 先畵刀山又墨壘(선화도산우묵루)
02 二百年運韓聶政(이백년운한섭정) 十一篇辭楚屈子(십일편사초굴자)
03 蓬頭遠客所懷與(봉두원객소회여) 白露蒼葭秋水涘(백로창가추수사)
04 三長古事閱荊卿(삼장고사열형경) 不云詩人惟壯士(불운시인유장사)
05 邯鄲局上博於焉(감단국상박어언) 楡次村中劍而已(유차촌중검이이)
06 詩亡然後戰國世(시망연후전국세) 任俠徒遊非足美(임협도유비족미)
07 居然一曲出於情(거연일곡출어정) 渡頭悲歌劍而已(도두비가검이기)
08 金坮落葉助音處(금대락엽조음처) 碣石斜陽遺興始(갈석사양유흥시)
09 文章固是不學能(문장고시불학능) 變徵三章興而比(변징삼장흥이비)
10 中於宇宙問前輩(중어우주문전배) 彼俠斯文兩難似(피협사문양난사)
11 專曹古村劍兩遠(전조고촌검양원) 鄭衛諸邦風半死(정위제방풍반사)
12 英雄未易況騷客(영웅미역황소객) 一荊千秋壯如此(일형천추장여차)
13 吟懷怊悵浦離筑(음회초창점리축) 詞氣崢嶸舞陽比(사기쟁영무양비)
14 陽春白雪慷慨響(양춘백설강개향) 薊門靑天一張紙(계문청천일장지)
15 魚龍出聽劍慶歟(어용출청검수결) 鴻雁呼歸秋萬里(홍안호귀추만리)

01 형가는 가지고 갈 독항 지도를 삼매(三昧)의 솜씨에게 맡겨,
　　먼저 칼 같은 산을 그리고 먹으로 보루를 그렸으니,
02 이백 년 전 한(韓)나라 섭정의 기개를 잇고
　　십일 편 초사를 남긴 굴원의 문학을 계승했다.
03 봉두난발의 먼 길 떠나는 객이 느낌이 있어
　　흰 이슬 푸른 갈대는 가을 물가에 가득하다.

04 재지·학문·식견 뛰어난 사마천이 고사에 형가 일을 열거하되

　　시인이라 하지 않고 장사라고만 했다니.

05 형가는 한단에서 노구천과 장기를 두고40)

　　유차촌(楡次村)에서 검술을 논하던 인물.41)

06 시가 망한 연후 전국의 시대가 되었으니

　　임협으로 노닒은 칭송할 만하지 못하던 차,

07 거연히 한 곡조를 내심에서 우러나와 불렀으니

　　나루터 머리에서 슬픈 노래를 불러 검을 소재로 했을 따름.

08 연나라 금대산(金台山)의 낙엽이 곡조를 이루어지게 도왔고

　　갈석산(碣石山)의 낙조는 흥을 일으켜 주었다.

09 문장은 정말 배우지 않고도 능할 수 있으니

　　변치(變徵) 삼장, 흥이비(興而比)42)의 법을 갖추었다.

10 우주 사이에 생존했던 선배들에게 물어보아도

　　저 협객이자 사문을 지닌 것은 둘 다 닮기는 어렵다네.

11 제나라 조말과 오나라 전저가 검 휘두르던 옛 고을은 아득하고

　　정나라 위(衛)나라 지역에 정풍이 반나마 죽은 때에

12 영웅이 되는 것도 어려운데 시인까지 겸했다니

　　형가 한 사람의 장대함이 이와 같았다.

13 고점리의 축에 반주하며 읊자니 서글프고

---

40) 『사기』「자객열전」에 보면, 형가가 한단(邯鄲)에서 노닐 때 노구천(魯句踐)과 박(博)을 하면서 규칙을 가지고 다투었는데, 노구천이 성이 나서 질책하자 형가는 말없이 도망쳐 버렸다. 형가가 진왕을 찔러 죽이는 일을 실패한 뒤 노구천이 말하기를 "애석하게도 형가는 칼로 찌르는 기술을 배우지 못했구나"라고 하면서 탄식했다고 한다.
41) 형가가 아직 연나라에 이르기 전 유차(楡次)를 지나다가 합섭(蓋聶)과 검술에 대해 논했는데 합섭이 성을 내자 형가가 기분이 상해 나가 버렸다. 이후 형가는 연 나라에 가서 고점리와 시장에서 술을 마셨는데 고점리가 축(筑)을 연주하자 형가가 이에 화답하여 노래를 불렀으며, 주위도 아랑곳 않고 서로 붙들고 울었다. 합섭은 형가를 알아주지 못한 사람이고 고점리는 형가를 알아준 사람이다. 『사기』「자객열전」에 나온다.
42) '풍소소혜역수한(風蕭蕭兮易水翰)'이라고 자연풍광을 서술한 후 흥을 일으키고 비유를 하여 '장사일거혜불부환(壯士一去兮不復還)'이라는 비장한 심회를 읊어냈다.

진무양이 비수 품은 일 노래하는 사기(詞氣)는 우람하여라.

14. 양춘백설곡43)은 강개한 울림이라

연나라 서울인 계문의 청천에 한 장 종이를 발라둔 듯.

15. 역수의 고기와 용까지 칼의 노래 서너 곡을 나와 들었고

기러기들은 울부짖으며 가을 하늘 만 리를 돌아가누나.

ⓒ「책색두(責索頭)」: 머리 돌려 달라 함을 책망하다.

○『사기』「자객열전」의 형가와 번오기 고사를 기초로 상황을 설정했다.

○ 頭자를 선택해서 하평성 제11 尤운을 18연 모두에 일운도저하되, 간간히 상성 有운을 사용했다. 제4연 마지막 자는『김립시집』의 세 판본에 모두 '樊將軍'이지만, '將軍頭'가 옳다. 국립중앙도서관『동선』과 평택 임씨 필사본에 '頭'로 되어 있다. 14연 '同腐朽'는 평택 임씨 필사본에 '同腐愁'로 되어 있다. 朽는 상성 有운, 愁가 尤운의 글자이다. 16연 마지막 글자도 否(상성 有운)가 아니라 不(하평성 尤운)이어야 한다. 18연 마지막 글자도 '丘秋草'가 아니라 '秋草丘'이어야 한다. 草는 상성 皓(호)운, 丘는 尤운이다. 평택 임씨 필사본에 邱로 되어 있다.

01 我股雖斷無索處(아고수단무색처) 劍事燕南水東流(검사연남수동류)

02 英雄已許好懇談(영웅이허호간담) 鬼神何關空髑髏(귀신하관공촉루)

03 逢場爾若不開口(봉장이약불개구) 失手男兒還自羞(실수남아환자수)

04 資吾西入責在誰(자오서입책재수) 秦索其時將軍頭(진색기시장군두)[樊將軍]

---

43) 전국시대 초(楚)나라 송옥(宋玉)의「대초왕문(對楚王問)」에 "영중(郢中)에서 노래하는 나그네가 맨 처음「하리」와「파인」을 노래했을 때는 국중에서 그것을 이어 화답하는 자가 수천 명이었고,「양아」와「해로」를 노래했을 때는 국중에서 그것을 이어 화답하는 자가 수백 명이었으며,「양춘」과「백설」을 노래하자 그에 화답하는 자가 수십 명에 불과했다. …… 이것은 곧 곡조가 고상할수록 화답하는 자가 더욱 적기 때문이다[客有歌於郢中者, 其始曰下里, 巴人, 國中屬而和者數千人 ; 其爲陽阿, 薤露, 國中屬而和者數百人 ; 其爲陽春, 白雪, 國中屬而和者數十人 …… 是其曲彌高, 其和彌寡]"라고 했다.『문선』의「對楚王問」에 나온다.

05 靑山督亢立書裏(청산독항병서리) 白日阿房同劍投(백일아방동검투)
06 嬴[瀛은 오자]兒還主亦迕夬(영아환주역족폐) 匕首英魂楓返秋(비수영혼풍반추)
07 烏頭往劫薊門夕(오두왕겁계문석) 何故將軍怨語秋(하고장군원어추)
08 魂歸北亡每受嘲(혼귀북망매수조) 事去西天猶戴讐 오자]讐(사거서천유대수)
09 難忘千古勇士元(난망천고용사원) 無怪渠心恨悠悠(무괴거심한유유)
10 山東俠月至今白(산동협월지금백) 有口荊卿言欲酬(유구형경언욕수)
11 千金爾若假手苦(천금이약가수고) 一劍吾行知己由(일검오행지기유)
12 函中兩目亦親見(함중양목역친견) 敗則其天誰恐尤(패칙기천수원우)
13 佳人無復斷手恨(가인무부단수한) 處士何曾[會는 오자]勿顧憂(처사하증물고우)
14 今雖有頭更何用(금수유두갱하용) 草木空山同腐愁(초목공산동부수)[朽는 잘못]
15 人形本非斷復續(인형본비단부속) 俗語誠云恩反仇(속어성운은반구)
16 樊家七族盡殞首(번가칠족진운수) 此亦於秦能索不(차역어진능색불)
17 當初胡奈大膽傾(당초호내대담경) 畢竟空然朽骨求(필경공연후골구)
18 頭還故國爾何妨(두환고국이하방) 好擲咸陽秋草丘(호척함양추초구)

01 내 허벅지도 진왕 궁에서 절단되어 찾을 곳이 없어
연나라 남쪽의 검술 일은 동쪽으로 흐르는 물과 함께 사라졌나니,
02 영웅이 간곡한 이야기에 자기를 허여한 이상
귀신이 해골을 무어 상관하랴.
03 그대와 만난 자리에서 그대가 입을 열어 말하지 않는다 해도
남아로서 실수한 내 자신이 도리어 부끄럽도다.
04 나를 이용하여 서쪽 진나라로 들어간 책임이 누구에게 있나
진나라가 당시 번 장군의 머리를 구하고 있었도다.
05 청산의 독항 지도를 서찰 속에 함께 넣어
백일의 아방궁에서 검과 함께 던졌다만,
06 진왕 영이 기둥 뒤로 돌아 피한 일도 장쾌했는데

비수 던진 영웅의 혼백이 가을 단풍철에 돌아왔도다.

07 '오두백, 마두각' 이야기44)는 연나라 계문의 왕겁 이전 일

어이하여 장군은 원망의 말을 주절대는가.

08 혼이 북망산에 돌아간 뒤 번번이 조롱을 받나니

일 그르친 후 원수와 서쪽 하늘을 함께 이고 있기에.

09 용사는 천고토록 자신의 잘린 머리를 잊기 어려워하니

그의 마음에 원한이 끝없음도 괴이하지 않도다.

10. 산동 협객들을 비추던 달은 지금도 흰데

입이 있어 형경(형가)은 응수를 하려 한다.

11. 천금 같은 승낙을 당신이 하여 손을 어렵게 빌려 주었기에

칼 하나 들고 내가 간 것은 지기의 정 때문이었소.

12. 함 속에서 두 눈으로 친히 보았으리니

패한 것은 천명이거늘 누구를 허물하리오.

13. 태자 단의 가인은 내 말 때문에 손목이 잘렸어도 한하지 않았고45)

처사 전광(田光)은 비밀 엄수의 뜻으로 머리를 자르며 근심 않았다.

14. 지금 머리가 있은들 무슨 쓸모 있나

빈산에서 초목과 한가지로 썩어갈 것을!

15. 사람의 형체란 본래 끊어지면 다시 잇지 못하는 것

은혜가 도리어 원수로 되었다는 속언이 옳도다.

---

44) 전국시대 연나라 태자 단(丹)이 진(秦)나라에 인질로 잡혀 있다가 귀국시켜 줄 것을 호소하자, 진왕(秦王)이 "까마귀 머리가 하얗게 변하고, 말에 뿔이 돋아나면 돌아가게 해 주겠다[烏頭白, 馬生角, 乃許耳]"라고 했는데, 이에 태자가 하늘을 우러르며 탄식을 하자 금세 그런 변화가 일어났다는 전설이 전한다. 『사기』 「자객열전」 '논찬(論贊).'
45) 『사기색은(史記索隱)』에 인용된 「연태자편(燕太子篇)」에 나오는 고사를 인용했다. 형가가 태자와 동궁의 연못에서 노닐 때, 형가가 기와를 주워 거북에게 던지자, 태자가 금환(金丸)을 바쳤다. 또 천리마를 함께 탔을 때 형가가 '말의 간이 맛있다'라고 하자 즉시로 말을 죽여 말의 간을 바쳤다. 태자가 번오기 장군과 함께 화양대(華陽臺)에 술자리를 마련하고 미인을 나오게 하여 금(琴)을 타게 했다. 형가가 '아름다운 손이로다'라고 하자, 태자는 미인의 손을 잘라 옥반에 담아 주었다. 형가는 '태자가 저를 우대함이 대단히 후하다는 것은 이것을 두고 하는 말입니다'라고 했다.

16 번오기 장군 칠족도 진왕에게 머리가 잘렸으니
  그들도 진나라에서 머리를 찾을 수 있는가 없는가.
17 당초 어찌하여 간담을 기울이고
  필경 공연히 썩은 뼈를 구한단 말인가.
18 머리는 고국에 돌아갔으니 너는 어떠랴
  함양의 가을 풀 우거진 곳에 잘 던져졌으리니.

ⓓ 「불언주사자창해역사(不言主事者滄海力士)」: 일의 주동자를 말하지 않은 자가 창해역사이다.

○ 『사기』 「유후열전」에서 한(韓)나라 사도였던 장량이 조국을 멸망시킨 원수를 갚기 위해 창해 역사를 구하여 박랑사에서 진시황의 수레를 철퇴로 저격하게 했으나 실패한 이야기를 소재로 삼았다.

○ 事를 운자로 택하여 거성 寘(치)운을 일운도저했다.

01 誤事一椎歸無色(오사일추귀무색) 宇宙悲歌死不避(우주비가사불피)
02 有如我心滄海白(유여아심창해백) 未知誰家喬木翠(미지수가교목취)
03 秋風默立劍頭客(추풍묵립검두객) 燕趙斜陽無限墜(연조사양무한추)
04 殲秦若問我同仇(섬진야문아동구) 天下之人皆主事(천하지인개주사)
05 千金客是賈勇心(천금객시가용심) 五世誰非亡國淚(오세수비망국누)
06 吾家亦在海東月(오가역재해동월) 帝秦餘羞魯連志(제진여수노연지)
07 沙椎無色主人家(사추무색주인가) 失手歸程禍遇値(실수귀정화우치)
08 懸金渭市購頭日(현금위시구두일) 按劍柵棚問罪地(안검상림문죄지)
09 從容何處緩步客(종용하처완보객) 丈夫言頭生死奇(장부언두생사기)
10 平生俠窟慷慨心(평생협굴강개심) 暗刻男兒知己字(암각남아지기자)
11 朱生深聽信陵策(주생심청신릉책) 聶政焉忘仲子義(섭정언망중자의)

12 層雲一點故不放(층운일점고부방) 俠藪春光桃李邃(협수춘광도리수)
13 吳江誰借解劒便(오강수해해검편) 趙橋人從呑炭意(조교인종탄탄의)
14 荊刀漸筑一般心(형도점축일반심) 隻手英雄神勇試(척수영웅신용시)
15 池魚豈便及殃害(지어기편급앙해) 穽虎誰知乞憐鬼(정호수지걸연괴)

01 "철퇴로 진황을 박살하려던 계획이 무색하게 되어
   우주 사이에서 비가를 읊지만 죽는 것은 두려워하지 않나니,
02 나의 마음은 창해같이 맑고 희어
   어느 푸르른 교목 집안의 인물인지를 알려주지 않을 것이다."
03 가을바람 맞으며 묵묵히 선 검객이여
   연나라, 조나라에 석양이 져서 무한히 마음 무너지누나.
04 "진나라를 섬멸하려는 나의 동지가 누구냐 묻는다면
   천하 사람들이 모두 일을 주동했다 하리라.
05 천금 주고 나를 샀던 객에게 용맹을 팔았나니
   5대나 나라를 섬겨온 이에게 어이 망국의 눈물이 없으랴.
06 나의 집도 해동의 달 아래 있기에
   진(秦)을 제왕으로 섬긴다면 노중련(魯仲連) 뜻에 부끄러우리.
07 박랑사의 철퇴 일이 주인에게 무색하게 되고
   돌아오다 실수로 화를 만나고 말았다.
08 위시(渭市)에 현상금 걸고 주모자의 머리를 구할 때
   상림(湘林) 땅에서 너희는 칼을 잡고 죄를 묻는구나."
09 느긋하게 객은 어디에서 천천히 거닐고 있는가
   그의 생사가 이 장부의 말 한마디에 걸려 있도다.
10 평생 협객의 소굴에서 강개한 마음을 닦아
   남아의 가슴에 지기(知己) 두 글자를 새겨 두었더라.
11 주해(朱亥)도 신릉군의 모책을 깊이 들었나니

섭정도 어찌 엄중자의 의리를 잊었던가
12 뭉게구름은 한 점도 부러 흩어지지 않고
협객의 덤불에는 봄빛에 도리(桃李)의 향기가 그윽하다.
13 "오강에선 칼을 풀어 준 오자서의 뜻을 따라 어부가 배를 전복시켜 죽지 않았던가
조나라 다리에서 예양 친구는 예양이 숯을 먹어 벙어리를 가장하는 뜻을 알고도 묵과했도다."
14. 형가의 칼, 고점리의 축은 똑같은 마음이었으니
한 팔 맨손의 영웅들이 신묘한 용맹을 시험했도다.
15. 연못의 물고기가 재앙에 미치는 것을 어찌 편하게 여기랴
함정의 호랑이가 자비 구하는 부끄러운 짓 할 줄을 누가 알랴.

ⓔ「청진왕격부(請秦王擊缶)」: 진나라 왕에게 질장구를 쳐 달라고 청하다.

○『사기』「염파인상여열전」에서 취했다.

○ 缶를 운자로 택하여 상성 有운을 일운도저했으나 제18연 바깥짝에 거성 霽(제) 운의 淚(누)자를 사용해서 낙운이다. 淚의 한국한자음이 '루'여서 착각한 듯하다. 13연 마지막 글자는 거(琚)가 옳지만 운을 맞추려고 구(玖)로 바꾸었다.

01 魯侯擊鼓齊投壺(노후격고제투호) 勝會曾聞列國缶(승회증문렬국부)
02 老臣頭白章台璧(노신두백장대벽) 大王耳煖邯鄲酒(대왕이난감단주)
03 勻天咫尺杖劍起(균천지척장검기) 五步雄談方醉後(오보웅담방취후)
04 東西各以所長會(동서각이소장회) 趙瑟來時秦亦缶(조슬래시진역부)
05 風流不可彼此無(풍류불가피차무) 賓主元來酬酌有(빈주원래수작유)
06 蕭林直筆御史書(소림직필어사서) 兩國衣冠年月某(양국의관년월모)
07 漳河流水秦不漸(장하류수진불점) 禮則黃英其次叵(예칙황영기차고)

08 吾將聽矣久側耳(오장청의구측이) 彼何恬然遲下手(피하념연지하수)
09 吳歈越謳寂然地(오유월구적연지) 不妨東音厭鶉首(불방동음염순수)
10 千秋有名澠池會(천추유명민지회) 未可賓筵兩勝負(미가빈연양승부)
11 秦惟渭北一强敵(진유위북일강적) 趙亦山東萬乘后(조역산동만승후)
12 雄拳試問雍州土(웅권시문옹주토) 樂器分明王左右(낙기분명왕좌우)
13 叢臺厚俗旣投瓜(총대후속기투과) 板屋淸音宜報玖(판옥청음의보구)
14 彈箏博髀善嗚躍(탄쟁박비선오약) 所謂秦風聞己久(소위진풍문기구)
15 人皆好樂孰無耳(인개호낙숙무이) 王獨誇强臣有口(왕독과강신유구)
16 風雲一席唱酬禮(풍운일석창수례) 兩君知音便是友(양군지음편시우)
17 靑雲歸鳥楚魂怨(청운귀조초혼원) 白頭啼烏燕質淚(백두제오연질누)(거성 霽)*
18 徒知此地倂主客(도지차지병주객) 莫把吾人視妾婦(막파오인시첩부)

01 노와 제 회합 때 노나라 제후는 북 치고 제나라 제후는 투호했으니

   열국 사이의 멋진 만남에 대해 듣지 못했는가?

02 노신 인상여는 장대(章臺)46)에서 화씨벽을 온전히 되돌려 받고자 노심초사하여 머리가 희어졌건만

   진나라 대왕은 한단의 명주를 마시고 귓불이 빨개져 있었으니,

03 균천 악이 연주되는 곳에서부터 지척에 칼을 잡고 있어

   다섯 걸음 안에 내 피를 뿌리겠다는 씩씩한 이야기를 취기에 하도다.

04 동서 각국이 각자 기예를 가지고 모였으니

   조나라가 거문고를 연주한다면 진나라도 부(질장구)를 칠 것이다.

05 풍류는 피차가 서로 없을 수 없고,

   빈객과 주인은 본래 수작이 있는 법.

06 소소한 숲에서의 일을 직필하는 이들이 사초를 관장하여

   두 나라가 의복을 갖춰 아무 달 아무 날에 만났다 적으리라.47)

---

46) 장대(章臺)는 진나라 함양(咸陽)에 있던 궁전 이름이다.

07 장하(漳河) 흐르는 물 이야기에48)에 진(秦)은 세력을 점증시키지 않았고
　　예법에는 황종과 석영을 연주하고 그 다음은 북을 친다 했도다.49)
08 내 장차 저쪽 음악을 들으려고 귀 기울인 지 오래이거늘
　　저쪽은 어찌 덤덤하여 시작하는 것이 더디기만 한가.
09 오나라 악곡과 월나라 노래가 진나라로 하여 다 없어졌으니
　　제나라 동음(東音)이 순수(鶉首, 진나라)50) 음악을 압도하여도 무방하리라.
10 천추에 유명한 이 민지 회합에서
　　주객 사이에 음악의 승부를 가릴 것은 없다.
11 진나라는 위북(渭北)에서 한 강적이요
　　조나라도 산동에서 만승의 군왕이로다.
12 옹주(雍州)에서 진왕의 웅권을 시험하여 볼 것이라
　　악기는 바로 왕의 좌우에 있소이다.
13 총대(叢台)51)의 조나라는 풍속이 후하여 과(瓜)52)를 던졌는바
　　판옥(板屋)53)의 진나라는 맑은 음으로 거(琚)를 갚아야 하리라.
14 쟁을 타고 허벅지를 치면서 오오 소리하고 용약한다는 것이54)

---

47) 이응수는 "그리고 뒤에 역사가들이 오늘 이 민지의 국제적 회합에 관한 사실을 반드시 기록할 것이니 그때에 조나라에서만 슬을 연주했다고 쓴다면 그 얼마나 우리에게 불명예스러운 일이냐"라고 풀이했다.
48) 중국 산서성(山西省)에서 발원하는 황하의 지류. 장수(漳水)이다. 전국시대 소진(蘇秦)이 맹상군(孟嘗君)에게 토우인(土偶人, 흙인형)과 목우인(木偶人, 나무인형)의 비유를 들어 유세한 말을 가져왔다. 토우인이 목우인에게 치수(淄水)거 불어나 장류를 통해 바다로 흘러가버리듯 혼자만 우뚝하다고 안심할 수 없다고 했다.
49) 이 구의 뜻은 알 수 없다. 이응수는 "다시 한 번 독촉하노니 우리가 <장하유수곡>을 한 번 어엿이 연주했으매 진나라 왕도 반드시 이에 응답이 있어야 하겠다. 우선 저『예기』에도 황영(黃英)을 한 다음에는 두드리는 음악이 온다고 하지 않았느냐"라고 풀이했다.
50) 순수(鶉首)는 별자리 이름으로, 진나라의 분야(分野)를 가리킨다.
51) 총대(叢臺)는 조나라 수도 한단에 있던 누대로, 몇 개의 대가 잇대어 있으므로 이런 이름이 붙었다.
52) 『시경』「위풍(衛風) 목과(木瓜)」에, "나에게 목과를 주거늘 경거로써 갚는다[投我以木瓜, 報之以瓊琚]" 한 것에서 유래했다
53) 『시경』「진풍(秦風) 소융(小戎)」에 "言念君子호니 溫其如玉이로다 在其板屋호야 亂我心曲이로다"라고 했는데, 『시집전』은 "板屋者는 西戎之俗은 以板爲屋이라"라고 했다.

진나라 풍속이란 사실을 익히 들어 알고 있다.
15 사람이 다 음악을 좋아하거늘 누가 귀가 없으랴만
   대왕은 유독 뻗대어 노신이 이러저러 말하게 하는가.
16 풍운의 시절에 외교 석상에서 창수의 예를 주고받으면
   두나라 군주가 지음으로써 우의를 맺으리라.
17 청운의 하늘로 돌아가는 새를 보며 진나라에 잡혀 있던 초나라 의제는 원
   망을 일으키고
   까마귀 머리가 하얗게 되어달라고 울며55) 진나라에 인질로 있던 연나라
   태자 단은 눈물 흘렸다.
18 다만 이곳에서는 주와 객으로 평등함만을 알아야지
   우리를 첩부(妾婦)로 여기지 말아라.

ⓕ 「고부벽(瞽負躄)」: 장님이 앉은뱅이를 업고 간다.

○ 『회남자』 「설산훈(說山訓)」에서 취해 왔다. 즉, "도적떼가 난을 일으켰을 때 어떤 앉은뱅이가 소경에게 피난가자고 고하자 소경이 그 앉은뱅이를 업고 달아났는데, 이 둘은 다 살게 되었으니, 이는 그가 서로 능한 바를 깨달았기 때문이다. 따라서 맹인에게 말하게 하고 앉은뱅이에게 달리게 한다면 제대로 할 바를 잃는 것이다."[冠難至, 躄者告盲者, 盲者負而走, 兩人皆活, 得其所能也. 故使盲者語, 使躄者走, 失其所也.]라고 했다.

---

54) 이사(李斯)의 「간축객서(諫逐客書)」에 "무릇 항아리를 치고 질장군을 두드리며 쟁을 타고 넓적다리를 두드리면서 노래를 불러 오오 소리내어 귀를 즐겁게 하는 것이 진실로 진나라의 음악입니다[夫擊甕叩缶, 彈箏搏髀, 而歌呼嗚嗚快耳目者, 眞秦之聲也]"라고 했다.
55) 『사기』 「자객열전」 '논찬(論贊)'에 보면, 전국시대 연나라 태자 단(丹)이 진(秦)나라에 인질로 잡혀 있다가 귀국시켜 줄 것을 호소하자, 진왕(秦王)이 "까마귀 머리가 하얗게 변하고 말에 뿔이 돋으면 돌아가게 해 주겠다[烏頭白, 馬生角, 乃許耳]"라고 했다. 태자가 하늘을 우러러 탄식하자 금세 그런 변화가 일어났다고 한다.

○ 모두 32구 16연. 제12연 押負, 상성 有운. 13연 출구 '絶壑當前應識喩'의 喩자는 거성 遇운에 속하며, 상성-거성 통압의 관습에 따라 통압한 것이다.

01 便成一體資有無(편성일체자유무) 生死知已今以後(생사지기금이후)
02 爾眼不下離婁明(이안불하이루명) 我脚寧羨夸父走(아각녕선과부주)
03 風塵無患一背外(풍진무환일배외) 能視能行料理有(능시능행요리유)
04 吾何瞽也爾何躄(오하고야이하벽) 恐負平生同病友(공부평생동병우)
05 丹靑云好五色眛(단청운호오색매) 天地雖寬一處守(천지수관일처수)
06 憐渠身世坐不遷(연거신세좌불천) 一杖源源情意厚(일장원원정의후)
07 風塵消息有耳聞(풍진소식유이문) 百舍皆空余二叟(백사개공여이수)
08 携筇北隣健脚老(휴공북린건각노) 抱兒前村明眼婦(포아전촌명안부)
09 平生病人遇此時(평생병인우차시) 相對無言但搔首(상대무언단소수)
10 終宵思得一計妙(종소사득일계묘) 脚眼相隨何似否(각안상수하사부)
11 長程拔涉信吾足(장정발섭신오족) 險地周旋資爾口(험지주선자이구)
12 將吾所有藉汝無(장오소유자여무) 莫如慇懃背上負(막여은근배상부)
13 高山在上豈難涉(고산재상개난섭) 絶壑當前應識喩(절학당전응식유)(거성 遇)*
14 街童且莫拍手笑(가동차막박수소) 瞽者能躄躄者某(고자능수벽자모)
15 君於觀處水云水(군어관처수운수) 吾亦行時右則右(오역행시우칙우)
16 藏身之處亦難遇(장신지처역난우) 豫指前山深有藪(예지전산심유수)

01 곧바로 한 몸이 되어 서러 있고 없고를 바탕삼으니.
　　생사간에 지금 이후로는 지기가 되었다.
02 너의 눈은 이루 눈의 밝음보다 못하지 않고
　　나의 다리는 과보의 달림을 어이 부러워하랴.
03 그대를 등에 업으니 풍진에 걱정 없고
　　능히 보고 능히 갈 수 있어 요리가 되겨든.

04 나는 무슨 장님이며 너는 무슨 앉은뱅이인가

　　평소 같은 병의 친구를 만날까만 두려워했다.

05 단청이 좋아도 오색에 어두웠고

　　천지가 넓다 해도 한 곳에 붙박여 있었지.

06 네 신세가 움직이지 못하고 앉은 채라 불쌍했고

　　지팡이 하나로 더듬더듬 마음 씀씀이가 심했던 차에,

07 풍진의 소식을 귀로 들었나니

　　온 집이 모두 비고 우리 두 늙은이만 남았지.

08 지팡이 짚은 북쪽 이웃은 튼튼한 다리로 걷는 노인

　　어린애 안은 앞마을 사람은 눈 밝은 부인.

09 평생 병신이 이러한 때를 만나

　　서로 마주하여 말없이 머리만 긁적였다.

10 밤새 생각하여 한 묘책을 얻었으니

　　다리와 눈을 서로 따르면 어떠하겠나.

11 긴 행로에 난관은 내 다리를 믿고

　　험지에 주선하는 것은 네 입을 바탕삼아,

12 내가 가진 것을 없는 자네에게 빌려주는 일은

　　정중하게 등에 업는 방법만한 것이 없다네.

13 높은 산이 위에 있어도 어찌 오르기 어려우랴

　　끊긴 골짝을 맞닥뜨리면 깨우쳐 알려줄 수 있으리라.

14 거리의 아이들아 손뼉 치며 비웃지 마라

　　소경이 능히 절름발이를 따를 수 있단다.

15 그대는 눈으로 보고 물은 물이라 하고

　　나도 길 갈 때에 오른쪽이라 들으면 오른쪽으로 간다.

16 다만 몸 숨길 곳은 만나기 어렵기에

　　앞산을 가리켜 두었으니 깊은 숲이 있으므로,

ⓐ부터 ⓕ까지의 압운을 조사하면 ⓐ, ⓒ, ⓔ, ⓕ에서 낙운의 사실이 발견된다. 제작할 때 한국 한자음의 유사성 때문에 압운을 어긴 듯하다.

　　ⓐ는 01의 상성 有운과 12의 상성 紙운을 잘못 사용했으나, 전체적으로 볼 때 거성 寘을 일운도저하려고 했다.
　　ⓑ는 상성 紙운을 일운도저했다.
　　ⓒ는 04의 상평성 支운과 13의 상성 有운, 17의 상성 皓운을 잘못 사용했으나 전체적으로 하평성 尤운을 일운도저하려고 했다.
　　ⓓ는 거성 寘운을 일운도저했다.
　　ⓔ는 17 거성 寘운을 잘못 사용했으나, 대체로 상성 有운을 일운도저했다.
　　ⓕ는 13 거성 遇운을 잘못 사용했으나, 대체로 상성 有운을 일운도저했다.

조선후기 영남의 황오와 서울의 김병연은 과시로 이름이 나란했다. 앞서 보았듯이 이가원 선생의 『옥류산장시화』 제7편에 '김병연' 조항이 있고, 거기에 두 사람의 과시에 대한 흥미로운 논평이 실려 있다.56) 대증보판 『김립시집』에서는 김삿갓이 시골 훈장화 수작한 것으로 되어 있다.

　　두 사람이 「화삼월불멸(火三月不滅)」의 시를 지었는데, 김병연의 시에는
　　　위수의 물은 굽이치며 동쪽으로 흘러내리고
　　　초강의 어부는 삶은 물고기를 거두네.
　　　　渭水湯湯東流去
　　　　楚江漁父烹魚拾
　　라는 구절이 있었고, 황오의 시에는
　　　찌는 듯한 더위는 곧바로 하늘 끝까지 올라와
　　　하느님은 볼기를 어루만지며 너무 뜨겁다 야단이네.

---

56) 이가원, 『옥류산장시화』, 연세대학교 출판부, 1980, pp.764-5.

蒸炎直上九萬天

上帝捫臀曰熱熱

라는 구절이 있었다. 어떤 사람이 이 두 시를 평하였다.

"김병연의 시에는 그대로 양반의 풍미가 있지만, 황오의 시는 너무 속되고 거칠다."

김병연의 과시를 두고 양반의 풍미를 운운한다는 것은, 현재의 감각으로는 어떨지 모르겠다. 그것을 오늘날 식으로 말하면 '넉넉한 품새'라고 말할 수 있지 않을까 한다. 김병연의 과시가 비교적 넉넉한 품새를 지닌 것은 사실이기 때문이다.

그런데 어쩐 일인지, 1956년 평양 국립출판사본『풍자시인 김삿갓』에서는 연민 선생이 소개한 김병연의 시 2구와 황오의 시 2구를 합하여 김병연의 시라고 해두었다. 뒤 2구의 출구는 약간 차이가 있다. 이 두 연은 김삿갓과 훈장의 대구 대항 일화도로 전하는 만큼, 압운이 맞지 않아서 하나의 시라고는 볼 수 없다.

渭水湯湯東流去(위수상상동류거), 江東漁夫拾烹魚(강동어부습팽어).
火炎直冲飛上天(화염직충비상천), 上帝撫臀曰熱熱(상제무둔왈열열).

제목의 '화삼월불멸'은 본래『사기』권7「항우본기」에서 나온 말로, 진시황의 아방궁이 하도 굉장하여 항우가 불을 놓았더니 석 달이 지나도록 꺼지지 않았다는 대목에서 나온 것이다. 이것은 과시의 시제로 적합하지, 일반시의 시제로 적합한 것이 아니다.

5.

　1939년 『김립시집』, 1941년 대증보판, 1956년의 평양 국립출판사본은 김삿갓 시를 비중 있게 다루었다. 이후, 국립중앙도서관 소장 필사본 『동선』 2종, 영월 송순철 소장본 등에서 김병연 혹은 김립의 이름으로 되어 있는 과시들이 속속 발견되었다. 앞으로도 더 발견되리라 생각된다.
　김삿갓의 과시는 베껴 전하는 과정에서 본래의 모습을 잃은 경우가 많다. 구와 연이 부족한 것은 물론, 제목에서 간선한 압운자의 위치가 잘못되어 있는 것도 있으며, 시구의 태반이 다른 것도 있다. 아마도 원작을 전하는 사람들이 착각으로 하거나 개작에 가담했을 것이다.
　이를테면 정경조 인기본 『동선』의 「치주낙양남궁(置酒洛陽南宮)」은 송순철 소장본에도 수록되어 있으나 구와 연이 상당히 다르다. 어느 쪽이 옳은가?

〈표 21〉 鄭景朝 印記本 『東選』 수록 「置酒洛陽南宮」과 송순철 구장 『동선』 수록의 비교

	정경조 인기본 『東選』 수록	송순철 소장본 『동선』 수록(정경조 인기본과 같은 경우 괄호 속에 시구 번호)
01	我家四海樽俎大　南有酒泉西壺口	泰山作俎黃河樽　我家宴大彭城後
02	萬國衣冠都會地　八年英雄酣酒鹵	適矣五月干戈罷　樂哉一夕風雲偶
03	淋漓龍墨漢鴨綠　太平春光繞宮柳	齊煙九点繞宮花　大漢元年荊業鹵
04	風塵何處不高會　惟○遲吾一統酒	風塵得失固未定　釀彼鴻門前日酒
05	鴻門釰醉楚為政　鶉野天醒秦失守	王婆壚上飲罷餘　廣武兵間酣戰久
06	中陽酒徒最偲起　赤幟東南跡奔走	中原逐鹿八年場　赤幟群雄其奔走(06)
07	彭城飲後有休運　一局中原先着手	劉家本是帝堯孫　天上三盃馬上受
08	平陽古家襲三遞　汜水元年稱萬壽	鶉精已醒胃北天　猴飲初空垓下部
09	山晴海晏草荆業　不是尋常行處有	山河何處會宴功　四海之中東洛部
10	中於天地洛爲大　化翁千秋歲已久	明堂地是道里均　列侯人皆玉帛厚
11	彊惟版籍道里均　運是明堂朝賀受	衣冠圓帶次第杯　十八元功分左右(14)
12	宮名亦南正南面　麴月蒼蒼繞八藪	陳平爾時左斟者　樊噲渠能復飮否(15)

13	連天碧嵩挿高罇 滿地黃河斟大斗	龍顔牛岸竹皮冠(16) 萬歳南山盃上壽	
14	衣冠一席次第盃 十八元功列前後	滎昜苦事欲酬酒 獨醒筵前草偶誰	
15	陳平爾是左袒者 樊噲渠能復飮否	金刀家設玄樽俎 南有酒泉西壺口	
16	龍顔牛岸竹皮冠 又可兵聞論勝負	初年自解一丈夫 今日黃封萬乘后	
17	王婆墟上小亭長 上皇罇前萬乘后	分第列土箇箇功 何者其人何者狗	
18	他時更談沛宮事 湯沐鄕中多故友	他時更置沛中酒 喚求新豊千十斗	

〈표 22〉 김삿갓 과시 현재까지 확인 목록

	詩題	형식	수록 문헌
과시001	蘭皐平生詩/懷鄕自嘆	증001-序01은 14연. 제4연 押鄕, 평성 陽운. ▶초150後19는 8구.	초150後19「蘭皐平生詩」/증001-序01/평양1-17/東選38「懷鄕自嘆」
과시002	責索頭	초, 증보, 평양본 18연. 제4연 樊將軍은 將軍頭가 옳음. 제4연 押頭, 평성 尤운. 東選11과 평택 임씨본11은 樊將軍이 樊將頭, 畵麥가 圖麥, 同腐朽가 同腐愁, 丘秋草가 秋草邱. 16-17연 바꿈.	초133後02/증222後02/평양6-03/별본1(金笠)/東選11/평택임씨본11
과시003	鼂錯後二百年秦有荊軻之事/其後二百餘年秦有荊卿之事	초, 증보, 평양본 16연. 제4연 押事, 거성 實운. 평양본 제1연末 有는 類가 옳음. 詩20은 18연, 時尙04는 17연. 善鳴07은 17연.	초134後03/증223後03/평양6-01/東選20/時尙04/善鳴07
과시004	易水歌壯士而詩人	15연. 제4연 押士, 상성 紙운. 詩27은 18연.	초135後04/증224後04/평양6-02/東選27
과시005	八千愧五百	17연. 제4연 押愧, 거성 寘운. 東選55 제4연 押媿, 壞, 誤寫) 17연.	초136後05/증225後05/東選55/時尙16/善鳴18
과시006	八千人愧五百人	18연. 제4연 押人, 평성 眞운. "二十八騎羞二客, 東城不是尸鄕臻."	東選98
과시007	以王禮葬田橫	16연. 제4연 押王, 평성 陽운.	초137後06/증226後06
과시008	不言主事者滄海力士/不言主人事	초, 증, 평양본은 15연. 제4연 押事, 거성 實운. 東選81은 18연.	초138後07/증227後07/평양6-04/東選81

과시009	請秦王擊缶	18연. 제4연 押缶, 상성 有운.	초139後08/증228後08/평양6-05
과시010	范叔姑無恙乎	17연. 제4연 押乎, 평성 虞운. 東選52는 16연.	초140後09/증229後09/東選52
과시011	垓城帳中問置妾何地(虞美人)	18연. 제4연 押地, 거성 寘운.	초141後10/증230後10
과시012	項羽死高帝亦老	17연. 제4연 押老, 상성 皓운.	초142後11/증231後11
과시013	瞽負譴(戰國策)	16연. 제12연 押負, 상성 有운.	초143後12/증232後12/평양6-06/東選41
과시014	喜雨亭	17연. 제4연 押雨, 상성 麌운. 東選31은 18연. 時尚03은 17연.	초145後14/증233後13/東選31/時尚03
과시015	少焉月出於東山之上(1)	18연. 제4연 押馬, 평성 先운. 東選70은 17연. 時尚08은 31구(1구 缺) 제4연 押月,	초146後15/증234後14/東選70/善鳴01(무기명)
과시016	少焉月出於東山之上(2)	31구(1구 결) 제4연 押月, 입성 月운. "玉妃不負前宵約, 留待桂花移時發."	時尚08
과시017	而已夕陽('已而夕陽'이 옳음)	17연. 제4연 押夕, 입성 陌운. 東選32, 時尚13, 善鳴01은 18연.	초147後16/증235後15/東選32/時尚13/善鳴01
과시018	聲在樹間	34구 17연, 제4연 押聲, 평성 庚운. 時尚13은 31구(1구 결) 제4연 押月.	초148後17/증236後16
과시019	歐陽子方夜讀書	17연. 제4연 押書, 평성 魚운. 東選34는 16연. 善鳴02는 17연.	초149後18/증237後17/東選34/별본5(金笠)/善鳴2(무기명)
과시020	醉翁之意不在酒	15연. 제4연 押酒, 상성 有운.	초181附31/증238後18
과시021	影	14연. 제4연 押影, 상성 梗운.	초151附01/증239附01
과시022	三顧臣於草廬之中	18연. 제4연 押顧, 거성 遇운.	초152附02/증240附02
과시023	楚以屈原鳴	17연. 제4연 押楚, 상성 語운. 善鳴02도 17연.	초153附03/증241附03/善鳴04(무기명)
과시024	非附靑雲之士惡能施於後世	18연. 제4연 押世, 거성 霽운.	초154附04/증242附04
과시025	譬若走韓盧而搏蹇兔(范雎傳)/譬若馳韓盧而搏蹇兔也	15연. 제4연 押譬, 거성 寘운. 東選39는 18운.	초155附05/증243附05/송순철47/東選39

과시026	期期知不可	16연. 제4연 押期, 평성 支운. 東選91은 18연.	초156附06/증244附06/東選91
과시027	謁項羽廟歎大王不得天下如文章進取不得宮	16연. 제4연 押王, 평성 陽운.	초157附07/증245附07/東選18
과시028	泣畵仙	18연. 제5연 押仙, 평성 先운.	초158附08/증246附08
과시029	花松戒諸子(范質)	18연. 제4연 押戒, 거성 卦운.	초159附09/증247附09/東選89
과시030	時侯嬴在傍(范雎傳)	16연. 제4연 押嬴, 평성 庚운.	초160附10/증248附10
과시031	令各鳥獸散歸報天子	17연. 제4연 押報, 거성 號운. 詩28은 18연.	초161附11/증249附11/東選28
과시032	遺書平原君願與君爲十月之飮/遺書平原君請爲十日之飮	18연. 제4연 押飮, 상성 寢운.	초162附12/증250附12/東選96
과시033	夷門者大梁之東門(太史評)	17연. 제4연 押門, 평성 元운.	초163附13/증251附13
과시034	臣有張祿先生欲與君言天下事(范雎傳)	16연. 제4연 押事, 거성 寘운.	초164附14/증252附14
과시035	幸賴石學士(石蔓卿)	초, 증보본은 17연. 제4연 押石, 입성 陌韻. 東選10은 18연.	초165附15/증253附15/東選10
과시036	薦只[呂]夷簡王曾等二十餘人布列于位	16연. 제4연 押人, 평성 眞운.	초166附16/증254附16
과시037	過趙問樂毅有後(漢高帝)	16연. 제4연 押趙, 상성 篠운.	초167附17/증255附17
과시038	一翁一媼皆異人(黃石, 漂母)/一媼一翁皆異人	17연. 제4연 押異, 거성 寘운. 東選59와 善鳴05는 18연.	초168附18/증256附18/東選50/善鳴05
과시039	聞上幸芙蓉苑勅子弟酒掃門庭(房玄齡)	18연. 제4연 押幸, 상성 梗운.	초169附19/증257附19
과시040	臥雪(袁安)	11연. 제4연 押雪, 입성 屑운.	초170附20/증258附20
과시041	聞人才卽疏夾袋中以待朝廷求賢(呂蒙正)	16연. 제8연 押袋, 거성 隊운.	초171附21/증259附21
과시042	葬項羽於穀城山下爲臨一哭(漢祖)/葬項羽穀城山爲臨一哭	16연. 제4연 押爲, 거성 寘운. 東選97은 18연.	초172附22/증260附22/東選97
과시043	杜母(杜詩)	초, 증보본 10연, 제4연 押母, 상성 有운. 東選02는 18연.	초173附23/증261附23/東選02

과시|044	別董(薫)永歸路語天上織女(織女)	12연. 제4연 押女, 상성 語운.	초174附24/증262附24
과시|045	答遣買菜者(張詠)	10연. 제4연 押菜, 거성 隊운.	초175附25/증263附25
과시|046	去之人以爲化仙(梅福)/去之九江人以爲化仙	18연. 제4연 押仙, 평성 先운.	초176附26/증264附26/東選76
과시|047	困於會稽之上乃用范蠡計然(句踐)	16연. 제4연 押用, 거성 宋운.	초177附27/증265附27
과시|048	宇宙生色子房椎/子房一椎宇宙生光	16연. 제4연 押椎, 평성 支운. 東選14는 18연.	초178附28/증266附28/東選14
과시|049	亦下馬東望三呼(張詠)	16연. 제8연 押三, 평성 覃운.	초179附29/증267附29
과시|050	後五日鷄鳴往之老父又先在(張良)/後五日鷄鳴往焉父又先在	17연. 제4연 押後, 상성 有운. 詩26은 18연.	초180附30/증268附30/東選26
과시|051	乃出黃金四萬斤不問其出入/不問金出入	17연. 제4연 押金, 평성 侵운. 東選77은 제4연 押金 18연.	증269附31/東選77
과시|052	吾所以有天下何項氏所以失天下何/「吾所以得天下者何項氏所以失天下者何」	14연. 제4연 押何, 평성 歌운.	증270附32/송순철44/별본4
과시|053	上書言若此可以爲天子大臣/若此可以爲天子大臣	17연. 제4연 押此, 상성 紙운. 東選47과 東選94는 제4연 押此 18연.	증271附33/東選47/東選94
과시|054	先言外事以觀秦王上俯仰/先言外事以視秦王俯仰	14연. 제4연 押事, 거성 寘운. 송순철36은 16연. 대증보판 5·6·7·8·9·11·12·13·14연이 송순철본15의 7·6·8·9·10·13·14·11·12순.	증272附34/송순철36
과시|055	當是時秦謁者使王稽於魏	12연. 제4연 押是, 상성 紙운.	증273附35
과시|056	馳入趙壁拔趙幟立漢赤幟	17연. 제4연 押幟, 거성 寘운.	증274附36/東選53
과시|057	范叔有說於秦耶	17연. 제4연 押說(세), 거성 霽운. 詩23은 18연.	증275附37/東選23
과시|058	夜漏下七刻聞朱說書疏入急起秉燭讀之(宋孝宗)/夜漏下七刻聞朱說	15연. 제4연 押疏, 거성 御운. 東選83은 18연. 제4연 말 書는 疏가 옳음.	증276附38/東選83

	書跌入亞起剩獨賣之		
과시]059	至吳還報曰月越人相攻不足辱天子之使(汲黯)	16연. 제4연 押使, 거성 寘운.	증277附39
과시]060	濟濟多士文王以寧	18연. 제4연 押士, 상성 紙운.	증278附40
과시]061	秦之築城如維鵲有巢維鳩居之	18연. 제4연 押居, 평성 支운.	증279附41
과시]062	魏有賢人可與俱西遊者	17연. 제4연 押賢, 평성 先운.	증280附42
과시]063	寄書南越王託紲陰侯子/寄書南粵王托紲侌侯子	16연. 제4연 押子, 상성 紙운. 東選68은 17연.	증281附43/東選68
과시]064	東國有魯仲連先生者今其人在此	17연. 제4연 押人, 평성 眞운.	증282附44
과시]065	今先生處勝之門下三年於此	14연. 제4연 押處, 상성 語운.	증283附45
과시]066	書首典如易之乾坤	17연. 제4연 押典, 상성 銑운.	증284附46
과시]067	子房早似荊卿晩似魯連/早似荊卿晩似魯連	17연. 제4연 押似, 상성 紙운. 東選49는 18연.	증285附47/東選49
과시]068	今有一言	17연. 제4연 押言, 평성 元운.	증286附48
과시]069	乃謝夫人而去	15연. 제4연 押去. 제4연 押去, 상성 語운. '姑不云'의 云은 去.	증287附49
과시]070	獨不憐公子姊/獨不憐公子妹(*姊)耶	17연. 제4연 押姊, 상성 紙운. 姨는 姊. 東選08은 18연 제4연 押子. 時尙02는 16연 제5연 押姊.	증288附50/東選08/時尙02
과시]071	書報燕惠王	18연. 제4연 押燕, 평성 先운. 蒸은 燕의 잘못.	증289附51
과시]072	范宣子讓其下皆讓昔國以平數世賴之	18연. 제4연 押讓, 거성 漾운,	증290附52
과시]073	紿曰左	16연. 제4연 押左, 상성 哿운. 첫 구 左는 右. 제4연 右는 左 東選37 16연. 善鳴19 17연(禹碩謨作).	증291附53/송순철46/東選37/善鳴19
과시]074	草偶代紀信	17연. 제4연 押代, 거성 隊운.	증292附54/東選22
과시]075	是時楚兵冠諸侯	18연. 제4연 押楚, 상성 語운.	증293附55
과시]076	壯士一去兮[壯士一切兮로 오식]	15연. 제4연 押去, 상성 語운. 去口의 口는 兮를 去로 잘못 복원.	증294附56
과시]077	應侯席上說月滿則虧	18연. 제11연 押虧, 평성 支운. 제4연 말 時.	증295附57

과시)078	請以秦之咸陽爲趙王壽	18연. 제4연 押壽, 상성 有운.	증296附58
과시)079	鳳凰梧桐以比賢者來集	18연. 제4연 押鳳, 거성 送운.	증297附59
과시)080	祀王時獲一角獸蓋麟云	16연. 제4연 押矣, 祀를 골라 상성紙운 사용.	증298附60
과시)081	行年九十有五猶使人誦抑詩	18연. 제4연 押詩, 평성 支운.	증299附61
과시)082	江漢詩眞得待世臣之體	18연. 제4연 押世, 거성 霽운.	증300附62
과시)083	見忘索車中笑穰侯見使遲	18연. 제4연 押遲, 평성 支운.	증301附63
과시)084	出匣中筑與善衣更客貌而前	18연. 제4연 押竹, 입성 屋운. 시제 의 筑자를 고른 것임.	증302附64
과시)085	漁父莞爾而笑	17연. 제4연 押笑, 거성 嘯운.	증303附65
과시)086	易水歌非楚而楚	18연. 제14연 押楚, 상성 語운.	증304附66
과시)087	簀中謂守者	17연. 제6연 押謂, 거성 未운.	증305附67
과시)088	是時漢邊郡李廣程不識皆爲名將	18연. 제4연 押將, 거성 漾운.	증306附68
과시)089	天地者萬物之逆旅	16연. 제4연 押旅, 상성 語운.	증307附69
과시)090	彼來者爲誰	18연. 제4연 押者, 상성 馬운.	증308附70/東選60
과시)091	已而夕陽在山影散亂	18연. 제4연 押影, 상성 梗운. 시제 유사한 과시)015는 제4연 押夕.	증309附71
과시)092	孺子見我穀城山下黃石卽我	17연. 제4연 押我, 상성 哿운.	증310附72
과시)093	至其見畵狀如婦人好女	17연. 제4연 押狀, 거성 漾운.	증311附73
과시)094	歃鷄溝	16연. 제4연 押溝, 평성 尤운.	증312附74
과시)095	代孟嘗夫人謝秦王幸姬/姬乃爲之言於王	18연. 제4연 押姬, 평성 支운. 東選48은 17연.	증313附75/東選48
과시)096	武帝初年如水未波如鑑未塵	16연. 제4연 押初, 평성 魚운. 詩25는 18연(제10연 안짝 凸). 善鳴06은 16연.	증314附76/東選425/善鳴06(무기명)
과시)097	非武王之武無以成文王之文	18연. 제4연 押成, 평성 庚운.	증315附77
과시)098	維師尙父時惟鷹揚	15연. 제4연 押鷹, 평성 蒸운. 東選58은 17연.	증316附78/東選58
과시)099	聞張釋之言拜嗇夫	18연. 제4연 押嗽(상성賄/거성隊). 拜는 거성 卦운이므로 낙운.	증317附79

과시100	行化一年去珠復還	18연. 제4연 押珠, 평성 虞운.	증318附80
과시101	鄭國作渠爲秦建萬世之功	18연. 제4연 押渠, 평성 魚운.	증319附81
과시102	臣來時見土偶人與木偶人語/土偶人與木偶人語	17연. 제4연 押語, 상성 語운.	증320附82/송순철10/善鳴03(무기명)
과시103	見沙中偶語召問張良	17연. 제4연 押語, 상성 語운.	증321附83/東選45
과시104	蜀亦關中地	17연. 제4연 押地, 거성 寘운.	증322附84
과시105	長樂宮成用叔孫朝儀	18연. 제4연 押成, 평성 庚운. '朝禮城'의 城은 成.	증323附85
과시106	郞官上應列宿出山宰臣里	18연. 제4연 押郞, 평성 陽운.	증324附86
과시107	見白狼王作頌漢德使譯而獻之	18연. 제4연 押漢, 거성 翰운.	증325附87
과시108	爲人選一大錢受之	18연. 제4연 押錢, 평성 先운.	증326附88/평택임씨본02「選一大錢」다름
과시109	蓋追先帝之殊遇欲報之於陛下	18연. 제4연 押弟, 상성 薺운.	증327附89
과시110	過秦皇墓笑滄海無仙芒碭有人	18연. 제4연 押人, 평성 眞운.	증328附90
과시111	晉鄙兵符在王臥內	18연. 제4연 押在, 거성 隊운.	증329附91
과시112	臥念明日奉圖事/咸陽邸舍臥念明日奉圖事	14연. 제4연 押事, 거성 寘운. 東選71은 17연.『善鳴』(李憲基作) 14연은 별개.	증330附92/東選71
과시113	入謝曰沛公不勝盃酌/入謝曰沛公不勝杯勺	17연. 제4연 押謝, 거성 禡운.	증331附93/東選67
과시114	方春和時讌賑貸	18연. 제4연 押春, 평성 眞운.	증332附94
과시115	將軍有揖客反不重耶	18연. 제4연 押重, 평성 冬운.	증333附95
과시116	書與曹孟德報春水方生	18연. 제11연 押與, 상성 語운.	증334附96
과시117	晝有白雲出封中	18연. 제4연 押雲, 평성 文운. '多白雪'의 雪은 雲.	증335附97
과시118	見荊卿未發請先遣秦舞陽	18연. 제4연 押秦, 평성 眞운.	증336附98
과시119	追信詐也	18연. 제4연 押詐, 거성 禡운.	증337附99
과시120	周公瑾席上誦銅雀臺賦	18연. 제4연 押賦, 거성 遇운.	증338附100
과시121	五丈原秋夜召姜維授兵	18연. 제4연 押書, 평성 魚운.	증339附101

	書		
과시122	大戰良久佯棄鼓旗走水上軍	18연. 제4연 押戰, 거성 霰운.	증340附102/송순철37
과시123	事在元平元年赦令前	18연. 제5연 押令, 평성 庚운.	증341附103/송순철38
과시124	君子所無逸如鳥之於林魚之於水/君子以無逸爲所如之於林魚之於水	15연. 제4연 押所, 상성 語운. 東選57은 17연. 송순철39는 15연.	증342附104/송순철39/東選57
과시125	秦王席上進三疊琴	18연. 제9연 押琴, 평성 侵운.	증343附105/송순철40
과시126	天保一詩答鹿鳴以下五詩可見懇懇忠厚之意	17연. 제4연 押保, 상성 皓운.	증344附106/송순철41
과시127	自皇曾孫遭遇口不道前恩/口不忍道前恩	18연. 제4연 押恩, 평성 元운.	증345附107/東選21/송순철42
과시128	冠帶縉紳之圜橋門而觀聽者蓋億萬計/冠帶縉紳之圜橋門而觀聽者億萬計	18연. 제4연 押計, 거성 霽운.	증346附108/송순철43
필사본 과시 선집 수록 (이응수 편『김립시집』3종 이외. 단, 2편은 동종의 제목 아래 병렬)			
과시129	山行六七里漸聞水聲潺潺	18연. 제4연 押水, 상성 紙운.	東選01
과시130	爲其老强忍下取履	18연. 제4연 押履, 상성 紙운. 송순철02도 18연, 제4연 押履.	東選03/송순철02
과시131	見有女如雲嘆不如縞衣綦巾	18연. 제4연 押女, 상성 語운.	東選04
과시132	秋風勝直臣	18연. 제4연 押風, 평성 東운.	東選05
과시133	某乃借四	18연. 제4연 押借, 거성 禡운.	東選06
과시134	韓信死一喜一悲/聞韓信死一喜一悲	17연. 제4연 押死, 상성 紙운. 송순철11은 18연.	東選07/송순철11
과시135	漸離念	18연. 제4연 押念, 거성 豔운.	東選09
과시136	歲暮得荊卿	18연. 제4연 押遇, 거성 遇운.	東選12
과시137	山中宰相	18연. 제4연 押相, 상성 漾운.	東選13
과시138	自期門羽林之士悉令通孝經章句	18연. 제4연 押士, 상성 紙운.	東選15
과시139	箕子乃言	18연. 제4연 押乃, 상성 賄운.	東選16
과시140	於水見黃河於山見嵩華於人見歐陽公	18연. 제4연 押於, 평성 魚운.	東選17

과시141	望見車騎從西來	18연. 제4연 押西, 평성 魚운.	東選19/송순철05
과시142	過臨皐之下揖余而言曰赤壁之遊樂乎	18연(제1연 망실). 제4연 押遊, 평성 尤운.	東選24
과시143	召陳萬爲佛門天子/登極後召陳萬爲佛門天子	18연/ 제4연 押子, 상성 紙운.	東選29/송순철28
과시144	作石鼓歌歎少陵無人謫仙死	18연. 제2연 押鼓, 상성 麌운.	東選30
과시145	循其髮	17연. 제4연 押髮, 입성 月운.	東選33
과시146	止酒/止酒詩	18연. 제4연 押酒, 상성 有운. 時尙01「止酒詩」 17연은 구와 연이 다름. 도치도 있음.	東選35/時尙01「止酒詩」
과시147	至金陵作鳳凰臺詩以擬之	13연. 제4연 押詩, 평성 支운.	東選36
과시148	見海水湏洞山林杳歎先生我情	17연. 제4연 押情, 평성 庚운.	東選40
과시149	客有鷄鳴者(1)	18연. 제4연 押鷄, 평성 齊운.	東選42
과시150	前在江陵反風滅火後守弘農虎北渡河	16연(제8연 안짝, 제14연, 제15연 망실). 제4연 押守, 상성 有운.	東選43
과시151	廣張三千六百釣	16연. 제4연 押釣, 거성 嘯운.	東選44
과시152	論杜元凱沈碑不知石有時磨滅	17연. 제4연 押碑, 평성 支운.	東選46
과시153	關門月/怒關門月/至則關門月	6연만 남음. 제4연 押月, 거성 霽운. 송순철24는 34구 17연. 제4연 押月 ▶천태산인「至則關門月」.	東選51/송순철24
과시154	寄淚(李陵)	16연. 제4연 押淚, 거성 寘운.	東選54
과시155	雷	18연. 제4연 押人(시제에 人자 없음), 평성 眞운.	東選56
과시156	吊死蠅	東選59와 善鳴08은 17연, 제4연 押蠅, 평성 蒸운. 송순철08은 17연. 제17연이 東選59와 다름.	東選59/송순철08/별본3(金笠)/善鳴08
과시157	綾羅島	18연. 제4연 押島, 상성 皓운.	東選61
과시158	巴蜀亦關中地	17연. 제4연 押地, 거성 寘운. "蜀中亦可先入定, 君家倘餘三章字."	東選62/善鳴11(무기명)
과시159	同題('巴蜀亦關中地')	18연. 제4연 押地, 거성 寘운.	東選63

			"若論○人關亦蜀, 豪富太平臨邛自."	
과시160	果遇	16연. 제4연 押遇, 거성 遇운.		東選64
과시161	雲從龍	18연. 제4연 押龍, 평성 冬운.		東選65
과시162	與二三子優遊此亭皆雨之賜	17연. 제4연 押賜, 거성 寘운.		東選66
과시163	書報春水生	18연. 제4연 押死, 상성 紙운.		東選69
과시164	置酒洛陽南宮	18연. 제4연 押酒, 상성 有운. 송순철30은 구와 연이 상당히 다름.		東選72/송순철30
과시165	每對羣臣自歎響時爲方士所欺	17연. 제4연 押欺, 평성 支운.		東選73
과시166	足下中國人	22구 11연만 남음. 제4연 押人, 평성 眞운.		東選74
과시167	擧手視羣臣曰衣已三濯	18연. 제4연 押衣, 평성 微운.		東選75
과시168	於是士爭趨燕	18연. 제4연 押燕, 평성 先운.		東選78
과시169	一身還有一乾坤	18연. 제4연 押壹, 입성 質운.		東選79
과시170	代焦尾琴謝蔡中郞	18연. 제4연 押琴, 평성 侵운.		東選80
과시171	乃請荊軻曰秦兵朝暮渡易水	18연. 제4연 押渡, 거성 遇운. 時尙12는 17연.		東選82/時尙12
과시172	惟克商遂通道于九夷八蠻	18연. 제4연 押道, 상성 皓운.		東選84
과시173	項羽不渡烏江疑其見欺	18연. 제4연 押欺, 평성 支운.		東選85
과시174	大板宮掛六國山川圖	18연. 제4연 押圖, 평성 虞운.		東選86
과시175	歸而謀諸婦	18연. 제4연 押婦, 상성 有운.		東選87
과시176	客有善爲鷄鳴者(2)	18연. 제4연 押鷄, 평성 齊운. "女曰鷄鳴蒼蠅夜, 學得餘音子誠齋."		東選88
과시177	軫可發口言乎	18연. 제4연 押口, 상성 有운.		東選90
과시178	見吏部問天何所附	18연. 제4연 押天, 평성 先운. "八卦先問沙上玩, 一理未解乾三連"		東選92
과시179	崎嶇山海關警若漢一郡	18연. 제4연 押郡, 거성 問운.		東選93
과시180	罵前說詩書	18연. 제4연 押罵, 거성 禡운.		東選95
과시181	始言一理中散爲萬事未			별본2

		復合爲一理(金笠)		
과시182	三七二十一萬	15연. 제4연 押萬, 거성 願운. ▶전사 오류 많음.	송순철01
과시183	小舟送杜甫	12연. 제4연 押送, 거성 送운.	송순철03
과시184	作北遊錄歎不見白頭山	18연. 제4연 押山, 평성 刪운.	송순철04
과시185	作詩乞酒	17연. 제4연 押酒, 상성 有운.	송순철06/時尙05/善鳴09
과시186	自托仙人之說以遂其不欲仕漢之本心	18연. 제4연 押仕, 상성 紙운.	송순철07
과시187	明堂	12행 6연. 명자 속한 평성 庚운 압운. 명자 구는 없음.	송순철09
과시188	銷天下兵	18연. 제10연 押兵, 평성 庚운.	송순철12
과시189	下令國中曰漢皇帝賢天子	18연. 제4연 押漢, 거성 翰운(상성 투운 통압).	송순철13/善鳴13
과시190	長樂宮病席托戚夫人母子/長安宮病枕招太子托戚夫人母子	16연. 제4연 押子, 상성 紙운. 善鳴22는 14연. 송순철14는 善鳴22와 어구가 다름. 2연이 더 있음.	송순철14/善鳴22(무기명)
과시191	泣陳出師表歎先帝三顧古事	12연 存. 顧자가 속한 거성 遇운 압운. 顧자 구 없음.	송순철15
과시192	見人涉溝圖筍伐竹爲橋	12연과 1구만 남음. 제3연 押橋, 제4연이 착간된 듯. 평성 蕭운	송순철16
과시193	請去	14연 存. 제3연 押去, 거성 御운.	송순철17
과시194	蜀中歸路見眠花僧歎吾不知妝	16연. 제4연 押僧, 평성 蒸운.	송순철18
과시195	不應擧玦示	12연 存. 제7연 押視, 상성 紙운.	송순철19
과시196	荷鋪隨後	13연 存. 제8연 押後, 거성 宥운.	송순철20
과시197	雨花庵拜上遇母願文	17연. 제4연 押遇, 거성 遇운(단 腑·炷은 상성 麌운).	송순철21
과시198	憂道學之失其傳作中庸	18연. 제4연 押傳, 평성 先운.	송순철22
과시199	因復罵	15연. 제4연 押罵, 거성 禡운.	송순철23
과시200	浮西河顧謂吳起	17연. 제4연 押謂, 거성 未운.	송순철25
과시201	當是時臣惟知韓信非知陛下	15연. 제4연 押知, 평성 支운.	송순철26
과시202	問太史令司馬遷	17연. 제4연 押問, 거성 問운.	송순철27

과시203	嘗百草始醫藥	18연. 제4연 押草, 상성 皓운.	송순철29
과시204	朝日視其書乃太公兵法	18연. 제4연 押視, 상성 紙운.	송순철31
과시205	圖末畵蘇武示中國有人	18연. 제4연 押武, 상성 麌운.	송순철32
과시206	年皆八十有餘鬚眉皓(白)衣冠甚偉	15연. 제4연 押年, 평성 先운.	송순철33
과시207	梅之有遭未有勝於此時	17구. 제4연 押梅, 평성 灰운.	송순철34
과시208	展圖秦王席上笑說燕地江山	14구. 제4연 押圖, 평성 虞운.	송순철35
과시209	代荊軻嘆滄海力士誤中副車	18연. 제6연 押水, 상성 紙운. "靈風素驪堅皇睨 下界无處轉呻比"	時尙06
과시210	秋七月旣望	17연. 제4연 押秋, 평성 尤운. "滕閣九月蘭亭三, 故人未卜良宵遊"	時尙07
과시211	項梁怒	18연. 제18연 押怒, 상성 麌운.	時尙09
과시212	此則岳陽樓之大觀	17연. 제4연 押觀, 평성 寒운. "可觀亦有爭姤詩, 樓上夔翁坐騷丹"	時尙10
과시213	代范增將軍歸彭城別營壯士	18연. 제5연 押士, 상성 紙운. "但願一借烏騅背 卽日西行歸故里"	時尙11
과시214	風蕭蕭	18연. 제4연 押風, 평성 東운. "壯士中立燕秦界 劍心上透秋天虹"	時尙14
과시215	歌風蕭蕭易水寒壯士不復還	18연. 제4연 押歌, 평성 歌운. "一曲二曲聾恚世, 天地男兒皆如何"	時尙15
과시216	朕始爲皇帝	16연. 제4연 押始, 상성 紙운. "殷始於湯周始文, 只一王字傳千禩"	時尙17
과시217	醉自墦間踽驕其妻妾	17연. 제9연 押自, 거성 寘운. "可憐人間兒女子, 寒蔚一生啼俞淚"	時尙18
과시218	選一大錢(漢劉昆事)	18연. 제4연 押錢, 평성 先운.	평택임씨본02/증326 附88과 내용 다름.
과시219	合符疑	15연. 제4연 押疑, 평성 支운.	평택임씨본12
과시220	泗上田舍笑阿季不在家	16연. 제9연 押季, 거성 寘운.	평택임씨본13
과시221	訓漂麥/罵漂麥	16연. 평성 蕭운. 시제에 운자 무. 善鳴11 14연. 제13연 押漂, 蕭운.	평택임씨본14/善鳴10
과시222	躬耕南陽(무기명)	14연. 제4연 押耕, 평성 庚운.	善鳴12

과시|222	酒帝(무기명)	18연. 제14연 押酒, 상성 有운.	善鳴14
과시|224	羝傀贋(무기명)	14연. 제10연 押傀, 거성 寘운.	善鳴15
과시|225	易水待遠客(무기명)	18연. 제6연 押水, 상성 紙운.	善鳴16
과시|226	山君(무기명)	20연. 제4연 押君, 평성 文운.	善鳴17
과시|227	肇十有二州奉十有二山(무기명)	18연. 제4연 押山, 평성 刪운.	善鳴20
과시|228	五十年前二十三(金笠)	17연. 제4연 押年, 평성 先운. "六十以前年十四, 三十娘年易地然"	善鳴21
과시|229	東見滄海君(무기명)	18연. 제8연 押東, 평성 東운.	善鳴23
과시|230	下第歸路哭項王廟(무기명)	17연. 제2연 押路, 거성 遇운.	善鳴24

제13화. 배체(俳體)

1.

　과시는 형식주의 문학의 극치이다. 교양의 확산과 동시에 규제의 기능을 한다. 그런데 과객과 중간층은 과시를 비틀어 사용하는 배체를 통하여 삶의 내면을 드러내었다. 또 어떤 작가는 현실의 모순을 다루고 그것을 신랄하게 비판했다. 과시에도 리얼리즘의 세계가 구현된 것이다. 김삿갓의 과시에서도 그러한 예들을 찾아볼 수 있다.

　김삿갓은 오랫동안 독서만을 하면서 가정생활에는 아무런 도움이 되지 못하는 지식분자들의 무기력함을 스스로 통박했다. 곧 자기 자신도 비판의 대상에 포함시켰다. 이때『몽구(蒙求)』에 나오는 '고봉표맥(高鳳漂麥)'의 일화를 들어,「매표맥(罵漂麥)」을 시제로 삼아 과시를 지었다.

　이 작품은『김립시집』에는 들어 있지 않고, 국립중앙도서관 소장『선명』과 평택임씨본에 들어 있다. 길이가 다르다.『선명』수록의 것은 28구 14연으로, 제13연 바깥구에 漂자를 선별하여 압운을 했다. 따라서 전체 시는 蕭운을 일운도저했다. 평택임씨본에는「산표맥(訕漂麥)」라고 되어 있다. 모두 32구 16연. 하평성 蕭운. 시제에서는 선정된 압운자가 보이지 않는다.

<표 23> 『선명』 수록 「罵漂麥」과 평택임 씨본 「訓漂麥」

『선명』 수록 「罵漂麥」 14연	평택임씨본 「訓漂麥」 16연
01 偶人立籠阺鳥隊 猶勝書生坐無聊	01 偶人立籠阺鳥雀 猶勝書生坐無聊
02 隣鷄亂啄黃雲散 夕春虛對靑山遙	02 隣鷄亂啄黃雲散 夕春空對靑山遙
03 吾非薄命子疎闊 泣訴中庭投短匏[瓢]	03 吾非薄命子疎闊 泣訓空庭投短瓢
04 人間不貴讀書郎 貧食三年纖我腰	04 平生不貴讀書郎 食貧三年纖我腰
05 飢忘硯田送歲月 粮借村春經暮朝	05 □忘峴田送歲月 □借村春經暮朝
06 南隣傭織北隣縫 僅得新年升斗調	06 南隣傭織北隣縫 僅得新年數斗饒
07 靑黃蒸出半破甑 曝近書床身採樵	07 靑黃蒸出半破釜 曝近書窓身採樵
09 空階有鳥勿啄粒 破穴多鼠無食苗	08 雷聲忽送白日雨 野壑山溪生急潮
10 靑天忽送白日雷 野巷山溪生急潮	09 空階有鳥勿啄粒 破突多鼠無食苗
11 禾收野圃老農喧 衣捲江村羣婦招	10 禾收野畝老農喧 衣捲工籬羣婦招
11 吾家有人麥何去 坐對拚床空首搖	11 吾家有人麥何去 坐對拚窓空首搖
12 橫流小池亂蛙戲 半雜新泥羣鳥跳	12 橫流小溪衆蛙戲 半雜秋泥羣鳥蹈
13 知君一字不求飢 試看空場粮盡漂	13 □□□□□□□ □□□□□□□
14 閉眸不見水滿地 有耳應聽雷振宵	14 □□□□□□□ □□□□□□□
	15 □□□□□成白 □□□□□□□
이하 없음	16 書中有女媒可居 妾不君家同此宵

'고봉표맥'이란 성어는 『후한서』「일민열전(逸民列傳)」'고봉(高鳳)'편에서 유래한다. 고봉은 후한 때 남양 섭현(葉縣) 사람이며 자가 문통(文通)이다. 가업인 농사일은 돌보지 않고 밤낮을 가리지 않고 독서에 열중했다. 어느 날 그의 처가 밭에 가면서 마당에 말리는 보리를 닭이 쪼지 못하도록 봐 달라고 했다. 고봉은 닭 쫓을 막대기를 하나 든 채, 경전을 읽었다. 마침 갑작스런 비가 내렸으나 고봉은 글을 읽느라 빗물에 보리가 떠내려가는 것을 몰랐다. 처가 돌아와 화를 내자, 그때서야 보리가 다 떠내려 간 것을 알았으나, 조금도 부끄러워하지 않았다. 『몽구』에는, 처가 돌아와 괴이하게 여겨 묻자 그때서야 보리가 다 떠내려 간 것을 알았다고 되어 있다. 그 후 고봉은 대성하여 유명한 학자가 되었다.

'표맥' 즉 '떠내려간 보리'라고 하면 학문에 몰두하여 다른 것을 모두 잊어버린다는 말로 쓴다. 막대기를 들고 경전을 왼다는 뜻의 '지간송경(持竿誦經)'이란 말도 같다. '고봉표맥'의 성어는 『몽구』에서는 '상림대경(常林帶經)'과 짝을 이룬다. 삼국시대 위(魏)나라 상림(常林)은 자가 백괴(伯槐)로, 하내(河內) 온(溫) 땅 사람이다. 후한 말기 제생(諸生)의 신분으로, 난리를 피해 상당(上黨)에 가서 산자락에 곡식 씨를 뿌리고 밭을 갈아 살았는데, 경서를 휴대하고[대경(帶經)] 농사를 지으면서 쉴 때마다 글을 읽었다. 아내가 들밥을 가지고 오면 마치 손님을 대하듯 공경했다는 '상경여빈(相敬如賓)'의 고사로도 유명하다. 상림보다 앞서 전한의 예관(兒寬)은 품팔이할 적에 늘 경서를 몸에 지니고 밭일을 하다가 휴식할 때면 독송했다고 한다. 또 상림보다 뒤의 진(晉)나라 황보밀(皇甫謐) 등도 경서를 휴대하고 농사를 지으면서 쉴 때마다 독서했다. 이것들은 모두 학문에 몰두하는 자세를 전형적으로 보여주는 점에서 사람을 감발시키는 뜻을 지닌다. 원나라 때부터 「대경도(帶經圖)」와 「표맥도(漂麥圖)」의 그림이 널리 제작되었고, 그에 대한 제화시도 발달했다.

'대경(帶經)'은 노동하는 사이사이에 글을 읽는 뜻이어서 교훈적 의미를 강조해도 좋다. 하지만 '표맥'의 고사는 독서의 집착과 가사의 등한시를 비판하는 뜻을 읽어낼 수도 있다. 이것은 주매신(朱買臣)의 고사에도 해당된다.

한(漢)나라 오(吳) 땅 회계(會稽) 사람 주매신은 자를 옹자(翁子)라고 했는데, 땔나무를 팔아서 생계를 꾸렸는데 나뭇짐을 지고 가면서도 책을 외웠다. 그의 아내는 수치스럽게 여겨 집을 떠났다. 그 뒤로도 주매신은 홀로 나뭇짐을 지고 다니며 공부하다가 마침내 벼슬길에 올라 회계 태수(會稽太守)에 이르렀다.

결과만 좋으면 중간 과정이 좋다고 생각할 수도 있겠다. 하지만 김삿갓은 자신의 독서와 과시의 쭈어가 세상살이에 무의미하다는 것을 잘 알았다. 그러면서도 그는 독서를 하고 '쭈어'를 해야 했다. 소외 지식층의 습벽을 벗어날 수가 없었던 것이다.

『선명』 수록의 「매표맥(罵漂麥)」 14연을 현대어로 풀이해본다. 요령 없는 서생을 향해 부인이 내뱉는 한숨과 넋두리가 남의 일 같지 않다.

01 허수아비가 밭두둑에 서서 새 떼를 내몰아 쫓으니
   서생이 하릴없이 앉아 있는 것보다 낫고 말고.
02 이웃집 닭들이 함부로 쪼아 보릿단에서 누런 구름 흩어지건만
   석양 무렵 멀리 청산을 헛되이 마주하고 있다니.
03 "제가 박명한 게 아니라 낭군이 우활하오."
   뜰에 짧은 표주박 내던지고는 울면서 호소하네.
04 "인간 세상에 어찌 독서인이 귀하지 않겠는가만
   빈궁한 살림 삼 년에 제 허리가 가늘어졌어도,
05 낭군은 벼루 밭에서 주림을 잊고 세월을 허송할 뿐
   양식은 마을 방앗간에서 꾸어다가 하루하루를 보내며,
06 남쪽 이웃에선 베 짜기 고용, 북쪽 이웃에선 삯바느질로
   겨우 새해 한 말 한 되 세금 낼 것을 얻었을 뿐이어요."
07 "청황색 연기는 반쯤 깨진 시루에서 찐 보리밥에서 나오고
   보리는 책상 가까이서 말리고 몸소 땔나무를 캐어야죠.
09 빈 섬돌에 새가 와도 곡식 알갱이를 못 쪼게 하고
   깨진 구멍에 쥐들이 많아도 보리 싹은 못 먹게 하고요."
10 푸른 하늘이 갑작스레 백주 대낮의 우레를 보내어
   들 마을과 산 계곡에 급한 물살 생겨나니,
11 벼를 거두느라 들판 장포에선 늙은 농사꾼들 떠들썩하고
   말리던 옷을 걷느라 강마을에서는 아낙네들이 소리쳐 부른다.
11 "우리 집엔 사람이 있어도 보리는 어디로 갔나."
   앉아서 맑은 책상만 마주하여 하릴없이 고개만 흔든다.
12 작은 못에 갑작스레 물살이 덮치자 개구리들은 어지러이 뛰놀고
   반나마 진흙을 뒤집어쓰고 뭇 새들은 뛰어논다.

13 "낭군 책의 한 글자도 주린 배를 요기 못하오니,

　 빈 마당에 양식이 다 떠내려간 걸 보구려.

14 눈을 감고는 물이 땅에 가득한 것도 모른 체한다 해도

　 귀 있으니 우레가 하늘에 우르릉 거리는 소리는 들었을 것 아니오."

2.

국립중앙도서관 소장『동선』과 송순철본에 수록된 과시체「조사승(吊死蠅)」은 제17연만 조금 다를 뿐 나머지는 거의 같다. 본래 吊는 '매달 적'이지만, '조문할 弔(조)'와 통해 쓴다. 이 시는 제4연 바깥짝 마지막에, 시제의 蠅(승)자를 운자로 놓았고, 전체 17연에 걸쳐 蠅(승)자가 속한 평성 蒸(증)운에 속한 운자들을 중복 없이 사용했다. 제8연 바깥짝 마지막은『동선』은 登, 송순철본은 承이다. 둘 다 蒸운에 속하는데, 의미상 登이 옳다.

〈표 24〉『동선』과 송순철본 수록의「吊死蠅」

『동선』「吊死蠅」 제4연 押蠅, 蒸운. 17연	송순철본「吊死蠅」. 제17연이『동선』의 '班班蚷蜙走護喪, 欻欻蜻螻來笑朋' 과 다름.
01 爾生恨無鑫斯福 子孫狌翼誰繩繩	01 爾生恨無鑫斯福 子孫狌翼誰繩繩
02 光陰已矣蟪蛄嘆 夢魂差呼蝴蝶憑	02 光陰已矣蟪蛄嘆 夢魂差呼蝴蝶憑
03 人生一世易地然 達觀蘭亭詩感增	03 人生一世易地然 達觀蘭亭詩感增
04 天於微物賦命均 若罪其蠅何狀蠅	04 天於微物賦命均 若罪其蠅何狀蠅
05 齊妃枕畔謾使警 瀨翁篇中尤所憎	05 齊妃枕畔謾使警 穎翁篇中尤所憎
06 生瑕玉上誤人多 況苦書生炎夏蒸	06 生瑕玉上誤人多 況苦書惟炎夏蒸
07 金神不貸止棘勢 小劫空樑霜恨凝	07 金神不貸止棘勢 小劫空樑霜恨凝
08 蜘蛛亂絲小斂具 蟋蟀寒聲哀訃登*	08 蜘蛛亂絲小斂具 蟋蟀寒聲哀訃承*
09 寥寥古壁斷飛魂 蛻殼嬋方終未能	09 寥寥古壁斷飛魂 脫殼嬋方終未能
10 詩人到此劇悽慘 犽族之微回憶曾	10 詩人到此劇悽慘 犽族之微回憶曾

11 營同狗苟笑昌黎 轉多秋餘愁少陵 12 生非素愛死惻隱 自然悲風添一層 13 蚊群負山葬地占 蠹字雕樑喪禮膽 14 東風蟄虫好時節 獨爾長秋情可矜 15 蒼汒蟻夢月斷柯 寂蓼蛾心風撲灯 16 魂歸應付死馬尾 一日燕南千里騰 17 般船蚯蚓赴護喪 款款蜻蜓來唱朋	11 營同狗苟笑昌黎 轉多秋後愁少陵 12 生非素愛死惻隱 自然悲懷添一層 13 蚊群負山葬地占 蠹字彫樑喪禮膽 14 東風矜振好時節 獨稱長秋情可矜 15 蒼汒蟻夢月斷柯 寂蓼蛾心風撲灯 16 魂歸應付死馬尾 一日燕南千里騰 17 新春蝶使白衣哭 去秋蜂王黃飯崩

고전에서 파리의 이미지는 여러 곳에 나온다. 대표적인 것만을 들면 다음과 같다. 김삿갓의 시에 모두 차용되었다.

『시경』「소아 청승(靑蠅)」에 참소하는 사람들을 파리로 비유하여 경계시키면서 "윙윙거리는 파리여, 울타리에 앉았도다. 개제한 군자는 참소하는 말을 믿지 말지어다. 앵앵거리는 파리가 가시나무에 앉았구나. 참소하는 사람 끝이 없어 온 나라를 교란하네[營營靑蠅, 止于樊. 豈弟君子, 無信讒言. 營營靑蠅, 止于棘. 讒人罔極, 交亂四國]"라고 했다. 그 전(傳)에 "파리는 더러워서 백색과 흑색을 변란시킨다"라고 했으니, 파리는 충량한 사람을 모해하는 소인을 비유한다.

『시경』「제풍(齊風) 계명(鷄鳴)」에는 "'새벽닭이 이미 울었으니 조정에 이미 신하들이 가득할 것입니다' 했는데, 닭이 운 것이 아니라 파리의 소리로다[雞旣鳴矣, 朝旣盈矣, 匪雞則鳴, 蒼蠅之聲]"라는 구절이 있다. 왕비가 군주로 하여금 일찍 일어나 정사에 힘쓰도록 권면하는 것을 말한다.

『사기』권61「백이열전」에, "쉬파리가 천리마의 꼬리에 붙어서 천 리 길을 치달리는 것처럼[蒼蠅附驥尾, 而致千里]"이라는 표현이 있다. 범인이 현자의 도움으로 유명해지는 것을 말한다.

삼국시대 오나라 우번(虞翻)은 자가 중상(仲翔)인데, 직간을 하다가 손권에게 미움을 받아 지방으로 쫓겨났다. 교주(交州)에서 수백 명의 문도를 거느리고 강학에 전념했으나 스스로 한탄하여, "고고한 절조로 인해 몸뚱이를 굽실거리지 못하고, 윗사람을 범하여 죄를 얻어 바다 한쪽 구석에서 영원히 생을 마치게 되었다. 살아서는 더불어 말할 사람이 없고, 죽어서는 오직 파리 떼를 조객으로 맞을 수밖에 없는 처지가 된 것은 스스로 한스러우나, 천하에 한 사람이라도 나를 알아줄 이가 있다면 한될 것이 없겠다[自恨疏節, 骨體不媚, 犯上獲罪, 當長沒海隅. 生無可與語, 死以青蠅爲弔客, 使天下一人知己者, 足以不恨]"라고 했다. 『삼국지』「오서(吳書) 우번전(虞翻傳)」에 나온다.

당나라 진자앙(陳子昻)의 「연호초진금소(宴胡楚眞禁所)」 시에, "파리가 한 점의 티를 만들어, 흰 구슬이 끝내 억울하게 되었네[青蠅一相點, 白璧遂成冤]"라고 했다. 소인이 충직한 사람을 모해하는 것을 비유한 말이다.

두보의 「조추고열퇴안상잉(早秋苦熱堆案相仍)」에는, "칠월 초엿샛날 무더위가 극심하여, 밥상 대하여 잠시도 먹을 수 없었다. 항상 밤마다 나오는 전갈 때문에 시름겹거늘, 가을 온 뒤이거늘 파리까지 기승이라니. 관띠를 졸라매자니 발광하여 소리치고 싶다만, 공문서는 어찌나 급하게 이어지는지 답답하여라. 남쪽으로 푸른 솔이 골짜기에 걸친 걸 바라보노라, 어찌하면 맨발로 두꺼운 얼음을 밟아 볼 수 있을까?[七月六日苦炎蒸, 對食暫餐還不能. 常愁夜來皆是蝎, 況乃秋後轉多蠅. 束帶發狂欲大叫, 簿書何急來相仍. 南望青松架短壑, 安得赤脚踏層冰?]"라고 했다.

한유(韓愈)의 「잡시(雜詩)」 4수 중 첫 수에는 "아침에는 파리를 쫓아도 소용이 없고, 저녁에는 모기를 몰아낼 수도 없네. 파리와 모기가 세상에 가득하니, 어떻게 모조리 때려잡을 수 있겠는가. 너희들이 얼마 동안이나 득세하겠느냐, 너희들 마음대로 빨아먹으려무나. 서늘바람이 구월에 불어오기만 하면, 자취 없이 모조리 쓸어버릴 테니까[朝蠅不須驅, 暮蚊不可拍. 蠅蚊滿八區, 可盡與相格. 得時能幾時, 與汝恣噉咋. 涼風九月到, 掃不見蹤跡]"라고 했다.

한유는 또 「송궁문(送窮文)」에서, 파리 떼가 윙윙 거리는 것을 개가 구차하게 덤벼드는 것과 같은, 지독하게 성가신 일의 비유로 사용했다. "아침에 그러한 행동을 후회했다가 저녁이면 또다시 그러하여, 파리 떼가 윙윙거리고 개가 구차하게 자꾸 덤벼들 듯해서 쫓아버려도 다시 돌아오곤 한다[朝悔

其行, 暮已復然. 蠅營狗苟, 驅去復還]."

송나라 구양수(歐陽脩)는 「증창승부(憎蒼蠅賦)」에서, "파리야, 파리야, 나는 너의 살아감을 슬퍼하노라. …… 네 형체는 지극히 작고 네 욕심은 채우기 쉬워, 술잔에 남은 찌꺼기, 도마에 남은 비린 것 정도여서, 바라는 바가 아주 적고, 이보다 지나치면 감당하기가 어렵다. 그런데도 괴로이 무엇을 구하기에 부족하다 여겨서 종일토록 윙윙거리며 다니느냐. 냄새 쫓고 향기를 찾아서, 이르지 않는 곳이 없어. 잠깐 사이에 모여들곤 하니, 누가 일러주었단 말이냐[蒼蠅蒼蠅, 吾嗟爾之爲生.…爾形至眇, 爾欲易盈. 盃盂殘瀝, 砧几餘腥. 所希秒忽, 過則難勝. 苦何求而不足, 乃終日而營營, 逐氣尋香, 無處不到, 頃刻而集, 誰相告報]"라 했다.

『동선』에 수록된 김삿갓의 「조사승(吊死蠅)」은 이러한 고전적 수사법들을 전부 사용했다. 하지만 파리를 소인배에 비유하고 미워하려는 뜻에서 이 시를 지은 것이 아니다. 파리의 죽음도 생명의 종언으로서 애도한 것이다. 전체 시를 풀이하면 이러하다.

01 너의 삶은 한스럽게도 메뚜기와 같은 복이 없으니
   자손들의 날개를 누가 줄줄 이으랴.
02 광음(시간)이 이미 흘러갔다고 쓰르라미1)는 탄식하고
   꿈속의 혼령을 한숨지으며 부르나니 나비2)에 빙의해서.
03 인간이 태어난 한 세상도 처지를 바꾸면 마찬가지
   달관한 난고(蘭皐)3)의 시[『이소』]가 애상의 느낌을 더한다.

---

1) 원문의 혜고(蟪蛄)는 쓰르라미, 여름 매미를 말한다. 『장자』「소요유」에 "아침 버섯은 그믐과 초승을 알지 못하고, 여름 매미는 봄과 가을을 알지 못한다[朝菌不知晦朔, 蟪蛄不知春秋]"라고 했다.
2) 호접(蝴蝶)은 나비로, 『장자』「제물론」에 "일찍이 장주가 꿈에 나비가 되어, 기뻐하며 훨훨 나는 것이 분명 나비였는데, …… 이윽고 깨어 보니 의기양양한 모습의 장주가 분명했다. 그래서 장주가 꿈에 나비가 된 것인지, 나비가 꿈에 장주가 된 것인지를 알 수 없었다[昔者莊周夢爲胡蝶, 栩栩然胡蝶也. …… 俄然覺則蘧蘧然周也, 不知周之夢爲胡蝶, 胡蝶之夢爲周與]"라고 한 데서 온 말이다.

04 하늘은 미물에도 생명을 부여함은 균일하니
만약 파리를 죄준 것이라면 어이하여 파리 모양을 하게 했던가.

05 제나라 왕비는 베갯머리에서 파리 소리를 닭 울음이라 속여 경계했고
영주 지사(潁州知事) 구양수는 「증창승부」에서 지독하게 미워했다.

06 옥구슬에 하자를 낳아 사람들을 많이 그르쳤으며
하물며 서생으로 하여금 염천의 여름날 푹푹 찌개 만듦에랴.

07 금신(서풍)은 가시나무 앉는 쉬파리 세력을 그치게 해주질 않고
잠깐 사이에 빈 들보에 서리가 엉기게 할까 한스럽다.

08 거미는 얼키설키 실을 짜서 조금 착취하는 도구요
귀뚜라미의 늦가을 소리는 조문 소리로 들리는구나.

09 쓸쓸한 옛 벽에는 날아다니는 혼[반디]이 그쳐 있고
허물을 벗는 매미는 끝내 다 벗지를 못했나니,

10 시인은 여기에 이르러 극도로 해학을 하여
날짐승 가운데 미미한 자를 돌이켜 생각한다.

11 앵앵거림이 개가 덤벼듦과 같다며 창려 한유는 냉소했고
파리 떼가 가을 끝자락에 더 많아진다고 소릉 두보는 근심했지.

12 살아서는 본시 사랑하지 않았으나 죽고 나니 측은한데
저절로 슬픈 바람이 한층 더 불어오다니.

13 모기 떼가 산을 질 기세⁴)로 장지를 점거하고
화려한 들보에 글자를 좀먹어 상례의 글을 베껴놓았네.

---

3) 『초사』 「이소(離騷)」에 "난고로 걸음 옮기는 나의 말이여, 산초 언덕 치달려 휴식을 취하도다[步余馬於蘭皐兮, 馳椒丘且焉止息]"라고 했다.
4) 『장자』 「응제왕(應帝王)」에 "그 천하를 다스리매 바다를 건너고 하수를 파며 모기로 하여금 산을 지게 하는 것과 같다[其於治天下也, 猶涉海鑿河, 而使蚊負山也]"라 했고, 『장자』 「추수(秋水)」에 "시비의 경계도 알지 못하는 지혜로 장자의 말에 대하여 알려고 하니 이는 모기로 하여금 산을 짊어지게 하고 노래기에게 황하를 달리게 하는 것과 같다. 반드시 감당할 수 없을 것이다[且夫知不知是非之竟, 而猶欲觀於莊子之言, 是猶使蚊負山, 商蚷馳河也, 必不勝任矣]"라고 했다.

14 동풍에 침거하던 벌레는 좋은 시절 맞았건만
유독 너는 긴 가을날 본정이 불쌍하기만 하다.
15 창망하게 개미의 꿈5)은 달빛 받은 남쪽 가지 아래 끊어지고
쓸쓸하게 부나방은 바람결에 등잔불로 달려들어 등잔을 치네.
16 죽은 뒤 혼은 저승으로 돌아가 죽은 말의 꼬리에 붙어
연(燕) 땅 남쪽에서 하루 만에 천리 멀리까지 튀겠지.
17 온갖 땅강아지들은 와서 상례를 주선하고
천천히6) 잠자리는 와서 친구를 부르누나.

김삿갓은 죽은 파리를 두고, "살아서는 본시 사랑하지 않았으나 죽고 나니 측은한데, 저절로 슬픈 바람이 한층 더 불어오다니!"라고 애도했다. 한유는 '앵앵거림이 개가 덤벼듦과 같다'라면서 파리를 비웃었고, 두보는 '파리 떼가 더 많아지길 가을 끝에 그런다'라고 걱정했다. 하지만 생명이 있었던 것의 죽음은 어느 것이나 슬프지 않을 수 없다. 더구나 날짐승 가운데 가장 미미한 존재로 태어나 짧은 생을 살다가 훌쩍 저세상으로 떠나다니! 김삿갓은 단촉한 생명에 대해 애도의 뜻을 표했다.

생명 있는 것에게 절대적 타자로 도래하는 죽음의 일반성, 보편성을 반추한 것이다. 현실의 구체적 모순을 지적하지는 않았지만, 죽음의 절대성을 사실적으로 포착하고 성찰한 문학으로서 이만하면 가치가 있다고 생각된다.

---

5) 원문의 '의몽(蟻夢)'은 한바탕의 헛꿈이라는 남가일몽(南柯一夢)의 고사를 말한다. 순우분(淳于棼)이 느티나무 남쪽 가지 아래에서 잠을 자다가 꿈속에 괴안국(槐安國)에 이르러 온갖 부귀를 누리고 깨어 보니, 개미굴로 개미들이 드나들었다고 한다.『남가태수전(南柯太守傳)』에 나온다.
6) 관관(款款)은 천천히 나는 모습이다. 두보의「곡강(曲江)」시에 "꽃을 파고드는 나비는 깊은 꽃 속에 보이고, 꽁무니로 물질하는 잠자리는 천천히 나는구나[穿花蛺蝶深深見, 點水蜻蜓款款飛]"라고 했다.

3.

김삿갓이 지었다고 전하는 글의 하나로 「노총각진정표(老總角陳情表)」가 있다. 대중보판 『김립시집』 일화편에 「노총각구걸표(老總角求乞表)」란 제목으로 처음 실렸고, 평양본 『풍자시인 김삿갓』에도 같은 제목으로 '한시' 부문에 실렸다. 하지만 이것은 한시가 아니다. 표(表) 양식으로, 운문과 산문의 중간 양식이라고 할 변려문으로 작성되어 있다. 표도 과거 시험의 과목에서 부과되는 일이 있었다.

이 글은 표의 형식을 빌려, 가난한 노총각이 관청에 호소하여 배필을 얻어 가정을 꾸리게 된 사실을 서술했다. 상층 지식인의 눈으로 보면 너무 비속한 소재라고 하겠지만, 중간 독서층과 빈궁한 서민의 실정으로 보면 대단히 절실한 문제였을 것이다. 어느 김삿갓이 지었는지는 확인할 수 없다. 당시 중간 지식층의 누군가가 과문의 형식을 이용하여 배체를 지었다고 보면 될 것이다.

이 글에서, 장가 못 든 청년은 사마상여(司馬相如)가 가난했지만 탁문군(卓文君)을 아내로 맞은 일화, 『장자』에 나오는 위(衛)나라 애태타(哀駘它)가 추악하기 짝이 없지만 많은 여성들의 선망을 받았다는 일화 등을 하나하나 들었다. 그리고 자신의 처지를 그들에 견주어 더욱 비참하다고 여겼다. 후자의 애태타 고사는 『장자』「내편 덕충부(德充符)」에 나온다.

노나라 애공이 공자에게 물었다. "위나라에 추한 사람이 있는데 애태타라 합니다만, 장부들이 그와 함께 생활하게 되면 그를 흠모하여 떠나지 못하고, 여자들이 그를 보게 되면 부모에게 간청하길, 다른 사람의 처가 되느니 차라리 그의 첩이 되겠다고 하는 사람들이 수십 명이 넘었다고 합니다. 그가 어떤 주장을 세운다는 말은 들어본 적이 없고, 언제나 사람들과 화합했을 따름입니다. 남의 죽음을 구제해 줄 임금의 지위에 있는 것도 아니고, 백성들의 배를 부르게 할 만큼 모은 재산이 많은 것도 아닙니다. 게다가 그 추한 외모는 세상을 놀라게 할 정도였습니다. 화합하기는 하지만 주장을 내세우지는 않고, 명성이 사방으로 알려지지도 않았습니다. 그런데도 남녀들이 그에게 몰려들었습니다. 이것은 반드시 보통 사람들과는 다른 점이 있기 때문일 것입니다. …… 마침내 그에게 나라를 맡겼으나, 얼마 안 있어 그는 과인을 떠나갔습니다. 나는 멍하니 무엇을 잃어버린 듯해서, 이 나라에 함께 즐길 이가 없어진 것 같았습니다. 그는 어떤 사람입니까?"

공자가 말했다. "제가 초나라에 사신으로 간 일이 있었는데, 마침 새끼 돼지들이 죽은 어미의 젖을 빨고 있는 것을 보았습니다. 조금 있으니 새끼돼지들이 놀라, 어미를 버리고 달아났습니다. 그것은 자기들을 돌보아 주지 않았기 때문이며, 자기들과는 달랐기 때문입니다. 새끼 돼지들이 그 어미를 사랑한 것은, 그 형체를 사랑한 것이 아니라, 그 형체를 부리는 재덕을 사랑했던 것입니다."

「노총각진정표」(「노총각구걸표」)의 전체 글을 풀이하면 다음과 같다.

01 아동은 총각머리, 어른은 갓 쓰는 것이, 고금의 상례요
    여자는 시집가고 남자는 가정 두는 것이, 천지의 큰 윤리입니다.
02 존속보다 큰 일이 없으니, 어이 폐기하겠습니까.
03 『시경』 삼백 편의 뜻을 궁구하면, 태반이 남녀가 사모하는 노래요,
    『주역』에는 64괘 괘효사가 있되, 죄다 음양 감응의 이치입니다.
04 문왕이 홀아비 과부에게 은혜 베풀어, 제때에 혼인하도록 하셨고,
    탕임금도 궁한 자에게 자비를 주어, 부부의 짝 얻는 일을 귀하게 여겼습니다.
05 삼가 생각하건대 저는
06 일찌감치 자모를 잃고, 일곱 살부터 고단하게 되어
    다만 엄친을 받들고 있는데, 이미 육순의 회갑이 되셨습니다.
07 사마상여 집같이 벽만 서 있는 데다가, 왕손에게 여인의 지음이 없으며
    초라한 몰골은 놀랍기만 하거늘, '선생의 첩이 되겠습니다.'라 하는 사람이

있겠습니까?

08 슬프도다 가난이요, 실로 납빙 납폐할 바탕을 마련하기 어렵기에,
사람들이 천하게 여겨, 모두 말하길, 가정을 꾸릴 수 없다 합니다.

09 36년의 광음이 흘러가, 쇠모에 접어든 총각이라 부끄러우니
서너 대 잇던 사당 제사가 끊길 판이라, 마음 고통이 절절합니다.

10 실직 없는 향원(鄕員) 무리도, 궁핍한 잔반을 원하지 않고
약정(約丁) 풍헌(風憲) 부류도, 제 같은 부자 놈을 구하고 있습니다.

11 머리에 가외의 높은 관을 써서, 아는 이들은 그나마 도령이라 부르나
살쩍 아래 무성한 머리털이 나매, 과객은 필시 생원이라 칭합니다.

12 동편 이웃의 늙은이는 손자가 있지만, 노형의 반열에 지나지 않으며
서쪽 집 소년은 아내를 맞았으나, 역시 나의 시생(조카) 항렬입니다.

13 저도 장부요 나도 장부이거늘 어이 운명이 저만 궁색한가요?
동쪽도 객, 서쪽도 객이거늘, 아내 없는 탄식이 어이 간절한가요?

14 몸소 나무하러 다니느라, 부친에게 진지를 올리기 어렵고
집에 주부가 없거늘, 누가 집에서 국이며 탕을 끓입니까?

15 부친을 봉양하지 못하니, 아아 사람의 도리가 훼멸되고
자식으로서 윤리를 폐하게 되어, 어버이의 슬픔을 위로 못합니다.

16 들어오면 즐겁지 못하고, 문을 나서면 두렵고 부끄럽기만 합니다.

17 다행히 근일 노성(논산)에 혼처가 있어, 이도 부모가 없는 처녀로 친척집
에 붙여 자랐답니다.

18 두 궁한 이가 만나, 먼저 수십 냥 납폐를 청하니
두 주먹이 텅 비었으니, 한두 푼도 변통할 수 없습니다.

19 혼처는 차마 버리기 어려우나, 형세로는 감당할 수가 없습니다.

20 소생은 헛되이 분주하여, 어제도 허행, 오늘도 허행이며
늙은 부친은 마음만 허비하여, 어젯밤도 오늘밤도 못 주무십니다.

21 사면에 구하고 사방에 구걸하나, 번번이 도깨비 장안같이 괴이하여

한편 기뻐하나 한편 근심스러운데, 어느 곳에 산 부처가 있을까요.

22 가만히 생각하건대

23 다행히 태평성세에 인륜의 교화를 두텁게 하는 때를 만나고, 또 감사께서도 훌륭하고 밝은 정치를 하는 시기를 만나니,

24 열 줄의 은륜(恩綸)[7]이 제자리 얻지 못한 필부를 극진히 구원하라고 선포하셨고,

한 고을의 혜정(惠政)이, 의탁할 곳 없는 곤궁한 백성을 먼저 구휼하려는 정책을 바야흐로 밝게 창도했습니다.

25 때는 중춘이니, 시인이 「도요(桃夭)」편[8]을 다시 노래하고,

감사가 사방에 순찰하자, 백성들은 '감당(甘棠)'[9]의 풍모를 다투어 칭송합니다.

26 늠공(廩供) 서너 섬을 덜어 주시면, 폐백의 자금을 마련할 수 있을 것이며,

27 그러하다면,

28 말에 올라 양양하게, 춘풍 부는 긴 길을 치달려서

목안을 안고 희희하며, 아침 해가 빛나는 때를 즐길 것입니다.

29 초연(醮筵)의 화용월태가 선녀 같으니, 어이 이리 늦었나.

통방(洞房)의 화촉이 비추리니, 그 기쁨을 어찌 다 알겠나요?

30 그렇게 하여

31 함께 사슴 수레를 끌고 돌아가,

함께 오두막집에 들어가 거처하면

---

7) 열줄[十行]은 국왕의 교서를 가리킨다.
8) 『시경』「주남(周南) 도요(桃夭)」에 "야들야들 복사꽃, 열매가 주렁주렁. 이분 시집감이여, 가실 화순케 하리로다[桃之夭夭, 有蕡其實. 之子于歸, 宜其家室]"라 했다.
9) 주나라 소공 석(召公奭)이 남쪽 나라들을 순행하며 문왕의 정사를 펴던 중에 가끔 팥배나무 밑에서 휴식을 취하곤 했다. 그가 떠난 뒤에 백성들이 그의 은덕을 기려 그 팥배나무를 차마 손상하지 못했다고 한다. 『시경』「소남(召南) 감당(甘棠)」에 "무성한 저 팥배나무를 자르지도 말고 베지도 말라. 소백께서 쉬시던 곳이다[蔽芾甘棠, 勿剪勿伐, 召伯所憩]"라 했다.

32 이 사위에 이 며느리로서, 가세가 점차 성하리라고 기뻐하고

 아들 낳고 또 딸을 낳아, 모두 만년에 복이 있다고 칭송할 것입니다.

33 그렇게 되면

34 소공의 은혜는 옛날에만 오로지 미담을 홀로 하지 않게 되고,

 가자(賈子)10)의 호칭을, 오늘 다시 일컫게 될 것이니

35 이것이 누구의 덕입니까?

 은사를 받은 것이 많습니다.

01 童則丱而長則冠, 古今之常禮

 女有家而男有室, 天地之大倫

02 續莫大焉

 何可廢也

03 妓苾經究三百章之志, 太半男女依思之歌

 故大易著六十卦之辭, 無非陰陽感應之理

04 肆文王惠鰥寡之日, 必使於婚姻之以時

 亦成湯慈困窮之辰, 所貴乎夫婦之相得

05 伏念生

06 早失慈母, 自七歲而零丁

 只奉嚴親, 已六旬之回甲

07 相如之家壁徒立, 更無王孫女知音

 袁駘之容貌駭然, 孰有夫子妾爲願

08 傷哉貧也, 實難聘幣之爲資

---

10) 가자(賈子)는 후한 가표(賈彪)의 고사에서 나온 말이다. 이응수의 『김립시집』에서 '중국 가도와 같은 지방관'이라고 풀이한 것은 잘못이다. 가표가 신식(新息)의 장(長)으로 부임했는데, 가난하여 자식을 돌보지 않는 백성이 많았다. 가표가 이를 엄히 다스리자 자식을 돌보는 백성이 수천 명에 이르렀으며, 모두 "가부(賈父)께서 길러주셨다" 하고, 아들을 낳으면 가자(賈子), 딸을 낳으면 가녀(賈女)라 했다고 한다. 『후한서』 권67 「당고열전(黨錮列傳) 가표(賈彪)」에 나온다.

       人皆賤之, 咸曰室家之不足

09　卅六年光陰落流, 自慚衰境之總角
　　　三四代廟祠將絕, 每切至痛之在心

10　閑散鄕員之輩, 不願至窮之賤班
　　　約丁風憲之流, 亦求同類之富漢

11　頭邊加外上之冠, 知者惟號曰陶令
　　　鬢底生多方之髮, 過客必稱以生員

12　東鄰之衰翁抱孫, 曾不過老兄之列
　　　西舍之少年娶婦, 亦皆是侍生之行

13　彼丈夫我丈夫, 是何賦命之偏塞
　　　東亦客西亦客, 盍切靡室之有嘆

14　躬自執樵, 難供堂上之菽水
　　　家無主饋, 孰作廚下之羹湯

15　事父無以爲養, 嗟乎人道之蔑如
　　　爲子將至廢倫, 莫懇親心之惐若

16　入室則忽忽不樂
　　　出門則踽踽含羞

17　何幸近日魯城地有一婚處, 此亦以無父母處女寄養於族屬家

18　兩窮相逢, 先請數十婚禮納
　　　雙拳皆赤, 乃無一二錢辦通

19　婚處則忍以不能捨也
　　　形勢則實爲莫敢當焉

20　小生則徒勞奔走, 昨日虛行今日虛行
　　　老父則空費心事, 昨夜不寐今日不寐

21　求四面之四面, 怪底每事之戱魅
　　　喜一邊憂一邊, 果有何處之活佛

22 竊伏念

23 幸際聖世敎彛倫1)之化

　　又逢巡相亦休明之治

24 十行之恩綸, 誕宣12)極盡匹夫之失所

　　一城之惠化, 方暢先恤窮民之無依

25 時維仲春, 詩人復詠夭桃之什

　　巡察四邑, 駿民爭誦甘棠之風

26 苟捐稟供之數石

　　足備聘資之千金

27 若然則

28 上馬揚揚, 橫馳春風之長道

　　抱雁熙熙, 好友旭日之始照

29 醮筵之花容嬋娟, 見何晚也

　　洞房之華燭照曜, 喜可知焉

30 乃者歟

31 共輓鹿車而歸

　　同入蝸室而處

32 有是夫有是婦, 且喜家道之稍盛

　　乃生男乃生女, 皆稱晚年之有福

33 於是乎

34 召父之恩, 不獨專美於古

　　賈子之號, 將以復稱於今

35 是誰之德

---

11) 『정본 김삿갓 풍자시 전집』에는 敎彛倫가 '敎秉彛倫'으로 되어 있다. 秉은 연문(衍文) 군더더기 글자)이다.
12) 『정본 김삿갓 풍자시 전집』에는 誕宣이 誕자가 누락되었다.

受賜多也

표(表)는 일의 단서를 밝혀 윗사람에게 고하는 글이다. 동한 때 성행했다. 동한 공융(孔融)의 「천예형표(薦禰衡表)」와 삼국시대 제갈량의 「출사표」가 저명하다. 진(晉)나라 이밀(李密)이 「진정표」를 지은 이래, 표는 천자에게 올리는 주장(奏章)의 일종이 되었다. 당·송 이후로는 논사(論事)·청권(請勸)·경하(慶賀)·천거(薦擧)·사면(辭免)·공물(貢物) 등에도 사용했다. 한나라와 진나라에서는 산문으로 지었으나, 당나라와 송나라에서는 사륙문으로 많이 지었다. 고려와 조선시대에도 사륙문으로 지었다.

표의 형식은 2구 1연에서 앞구의 끝자와 뒷구의 끝자가 평측을 반대로 하고, 한 연과 다음 연 사이에 '가새법(가위법)'을 지켜야 한다. 가새법이란 2구 1연의 앞구 끝자와 다음 2구 1연의 앞구 끝자의 평측을 같게 하고, 2구 1연의 뒷구 끝자와 다음 2구 1연의 뒷구 끝 글자의 평측을 같게 하는 방식을 말한다(실은 2구 1연의 뒷 구 끝자와 다음 2구 1연 뒷구 끝 글자의 평측을 같게 하는 방식으로 수렴한다).

「노총각진정표」는 2구 1연 내의 평측법과 가새법을 어긴 곳이 많다.

01 冠-평, 禮-측 / 室-측, 倫-평
02 焉-평, 也-측
03 志-측, 歌-평 / 辭-평, 理-측
04 日-측, 時-평 / 辰-평, 得-측
05
06 母-측, 丁-평 / 親-평, 甲-측
07 立-측, 音-평 / 然-평, 願-측
08 也-측, 資-평 / 之-평, 足-측
09 流-평, 角-측 / 絶-측, 心-평

10 輩측, 班평 / 流평, 漢측
11 冠평, 令측 / 髮측, 員평
12 孫평, 列측 / 婦측, 行평
13 夫평, 塞측 / 客측, 嘆평
14 樵평, 水측 / 饋측, 湯평
15 養측, 如평 / 倫평, 若측
16 樂측, 羞평
17 處측, 家평
18 逢평, 納측 / 赤측, 通평
19 也측, 焉평
20 走측, 行평 / 事측, 寐측
21 面측, 魅측 / 邊평, 佛측
22
23 化측, 治측
24 綸평, 所측 / 化측, 依평
25 春평, 什측 / 邑측, 風평
26 石측, 金평
27
28 揚평, 道측 / 熙평, 照측
29 娟평, 也측 / 曜측, 焉평
30
31 歸평, 處측
32 婦측, 盛평 / 女측, 福측
33
34 恩평, 古측 / 號측, 今평
35 德측, 也측

조선시대에는 중국에 보내는 표와 국내에서 사용하는 표의 여러 종류를 세분하여 각각 일정한 구조를 갖추어서 작성했다. 정조는 당면 문제를 풀어 나갈 방안을 초계문신들에게 검토하도록 촉구할 때 표(表)와 전(箋)의 문체로 답안을 제출하도록 시켰다.13) 김삿갓은 공문의 표 형식을 이용해서 노총각의 한풀이와 취처(娶妻)에 이르기까지의 이야기를 짜깁기했으니, 전통의 문학형식을 완전히 속화시켰다고 하지 않을 수 없다. 속화는 곧 몰락 양반들이 예교(禮敎)의 경직성을 거부하는 문학적 책략이다. 그러한 책략은 앞서 본 희작 한시와 과시(과체시)에서도 두드러진 경향이었다.

4.

과시의 경우는 시제만 보고 배체인지의 여부를 판단하기 어렵다. 이를테면 「나부음(懶婦吟)」의 경우, 과시 선집에서 이 시제로 지은 작품들을 여럿 볼 수 있는데, 그것이 백일장에서 지은 것 같지는 않으나 배체인지는 알 수가 없다. 김삿갓은 「나부음」 과시를 남기지는 않은 것 같다. 하지만 「나부음」 제목의 칠언율시를 남겼다. 조선후기의 과객이나 중간 지식층은 이 제목을 이용해서 과시나 시를 짓는 일이 많았던 것이 아닌가 추측된다.

김삿갓의 과시 가운데 배체라 볼 수 있는 예가 「지주(止酒)」 제목의 시이다. 국립중앙도서관 소장 『동선』과 신사석 병신년(1896년) 필사본 『시상』에 들어 있다. 제4연에 酒(주)를 압운자로 사용하고 그 글자가 속하는, 상성 有운을 처음부터 끝까지 사용해서 낙운이 없다. 『동선』 수록본은 18연, 『시상』 수록본은 17연이다. 『동선』의 14, 15, 16, 17, 18연이 『시상』에서는 16, 17, 14, 15의 순서이고, 18연이 없다.

---

13) 김동석, 『조선시대 시권 연구』, 한국학중앙연구원 한국학대학원 고문헌관리학전공 박사논문, 2013.6.

〈표 25〉「止酒」의 텍스트별 차이

국립중앙도서관 소장『동선』수록「止酒」18연	신사석 병신(1896년) 필사본『시상』수록「止酒詩」17연
01 江山一笠亦達觀 幾月流臥無何有	01 酒誠狂藥雖醫病 幾日沈臥无何有
02 一生自笑酩酊客 萬事逡絶荒茫友	02 一生自笑酩酊客 萬事逡絶荒茫友
03 悠悠楚江指爲誓 獨醒靈均猶在否	03 洋洋楚江指爲誓 獨醒靈均猶在否
04 閑人世情異他人 不平初心止於酒	04 江山一笠亦達視 不平初心上於酒
05 滄桑小劫破家餘 水萍殘年爲客後	05 倉桑小劫破家餘 水萍殘年爲客後
06 金龜花鳥放浪迹 八域春長酒國壽	06 金龍花鳥放浪蹤 八域春長酒國壽
07 提鄕把作古幷州 日暮三旬靑眼久	07 提鄕托視古幷州 一夢三旬靑眼久
08 層雲居市劍心論 明月樓垈詩債負	08 層雲都市劍心論 明月樓臺詩債負
09 張三李四上下村 鷄黍恩情非不厚	09 東誰西某好主人 鷄黍恩情非不厚
10 平生狂客大憂患 一病無端出濡首	10 卒生狂客太憂患 一病無端出儒首
11 爲先腸胃鐵石銷 畢竟形骸土木朽	11 爲先腸胃鏡石銷 畢竟形骸土木朽
12 平明斷送麴秀才 遠別長歌詩數斗	12 平明新送麵秀才 遠別長歌詩數斗
13 銀盃即日任羽化 玉甁他時戒守口	13 銀杯即日任化羽 玉甁他時戒守口
14 牀頭笑擲酒德頌 大人先生何許叟	14 生來始學大知覺 況我時年三十九
15 流光勝水漸白髮 積債如山恒赤手	15 寒鐘古寺誤道僧 孤獨深閨守節婦
16 生來始得一知覺 況我時年三十九	16 床頭笑擲酒德頌 大人先生何許叟
17 依然深寺晤道僧 庶乎芳閨守節婦	17 流光勝水漸白髮 宿債如山恒赤手
18 三盃或有莫禁處 雨打寒窓日仄牖	

『동선』수록본을 번역하면 다음과 같다.

01 강산에 삿갓 하나도 역시 달관의 행각이니

  몇 달이나 무하유의 곳에서 누워 흘려보냈던가.

02 술에 쩌든 나그네 일생이 절로 우스워라

  인간사는 황망하게 벗들과의 관계를 끊어버렸다니.

03 유유한 초나라 강을 가리켜 맹세하나니

  홀로 깨어 있던 영균(靈均, 굴원)이 지금도 있는지 모르겠네.

04 한가로운 사람으로서 세간 정이 남들과 달라

  불평하여 마침내 세상을 울리려던 초심은 술에 그치어 있었다.

05 창해가 뽕나무로 변하는 동안 집안은 깨어지고

    남은 인생이 부평과도 같아 길손 되고 말았건만,

06 화조월석(花鳥月夕)이면 금 거북14) 팔아 술 마시던 방랑의 자취

    팔도강산에 봄은 길고 술 나라에서의 수명도 길었다.

07 고향일랑 옛 병주(幷州)15)처럼 삼아 버리고

    해 질 녘 삼십 일 동안 청안으로 본 지 오래.

08 층층 구름 일어나면 시장 도축 가게16)에서 검법을 논하고

    밝은 달 떠오르면 화려한 누대에서 시를 부채로 삼았다.

09 이 사람 저 사람, 윗마을 아랫마을에

    기장 닭17) 죽 끓여주는 은정은 두텁지 않은 적이 없었고

10 평생을 미친 나그네로 큰 우환을 지녔으니

    큰 병통 하나가 무단히도, 술에 빠져 지내는 데서18) 나왔다.

11 우선 위장은 철석이었던 것이 녹아버리고

---

14) 금귀(金龜)는 허리띠에 장식하던 패물. 당 현종 때 하지장(賀知章)은 시문과 글씨에 뛰어났고, 술을 잘 마셨다. 이백을 처음 만나 적선인이라고 부른 인물이다. 이백의 「대주억하감(對酒憶賀監)」에 의하면 "사명에 미친 나그네 있었으니, 풍류 넘치는 하계 진인이로다. 장안에서 만나자마자, 나를 적선인이라 불렀지. 옛날에 술을 그리도 좋아 하더니, 어느새 솔 밑의 티끌이 되었네. 금 거북으로 술을 바꿔 마시던 일, 생각하면 눈물이 수건을 적시네[四明有狂客, 風流賀季眞. 長安一相見, 呼我謫仙人. 昔好杯中物, 翻爲松下塵. 金龜換酒處, 却憶淚沾巾]"라고 했다.
15) 당나라 가도(賈島)의 「도상건(渡桑乾)」 시에 "병주에서 머문 지 십 년이 지나도록, 늘 고향 함양으로 돌아가고 싶었는데, 무단히 다시금 상건수를 건널 제, 돌아보니 병주가 고향처럼 느껴지네[客舍幷州已十霜, 歸心日夜憶咸陽. 無端更渡桑乾水, 却望幷州是故鄉]"라고 했다. 타향도 오래 머물면 고향처럼 느껴진다는 의미이다.
16) '도시(屠市)'는 개백정의 시정을 말한다. 형가는 연나라 개백정(狗屠) 및 축(筑)을 연주하는 고점리 등과 함께 도성 거리에서 술을 진탕 마시고 음악을 연주하고 노래하며 서로 즐겼다. 『사기』 「자객열전」 '형가'에 나온다.
17) 계서(鷄黍)는 살계위서(殺鷄爲黍)의 준말로 손님을 대접함을 말한다. 『논어』 「미자(微子)」에, 어떤 노인이 자로(子路)를 자기 집에 묵게 하여 닭을 잡고 기장밥을 지어 대접한 고사에서 유래했다.
18) 수수(濡首)는 흠뻑 술을 마시는 것을 말한다. 『주역』 「미제괘(未濟卦)」에 "상구는 미쁘게 술을 마시면 허물이 없거니와 머리를 적시면 신의는 있으나 옳음을 잃으리라[上九, 有孚于飲酒, 无咎, 濡其首, 有孚, 失是]"라고 했고, 상사(象辭)에 "술을 마셔서 머리를 적심은 또한 절제할 줄을 모른 것이다[飲酒濡首, 亦不知節也]"라고 했다.

필경 육신은 토목이었던 것이 썩고 말리라.

12 새벽에 국수재(술)를 단절하여 보내버리고자

먼 이별에 긴 노래 부르려 서너 말 술로 시를 지었다.

13 은 술잔은 즉일로 날개 돋아 사라지든 말든 내버려두고

옥 술병은 언젠가 입 지키길 경계하는9) 수단으로 삼으리라.

14 평상 머리에 있던 주덕송20)을 웃으며 내버리나니

대인선생21)은 대체 어떤 분이시더냐.

15 흘러가는 광음이 물보다도 빨라 차츰 백발이 되고

쌓인 빚은 산과 같아서 항시 맨손 빈주먹일 따름.

16 태어나 처음으로 하나의 큰 지각을 얻은 데다가

더구나 나는 나이 이제 서른아홉 아니냐.

17 의연히 깊은 절방에서 도를 깨달은 스님이요

흡사하기는 규방에서 수절하는 젊은 부인.

18 석 잔 술을 혹 금하지 못하는 곳이 있다면

늦가을 빗줄기 때리는 창가, 해 기울어가는 지게문 가.

김삿갓은 유령(劉伶)의 「주덕송」에 나오는 대인선생과도 같은 인물이었다. 유령은 취향(醉鄕)에 노니는 자유로움을 이렇게 예찬한 바 있다.

대인 선생이 있어 천지를 하루아침으로 삼고, 만년의 세월을 잠시로 여기며, 해와 달을 지게문과 창으로 삼고, 광활한 천지 사방을 뜰과 길거리로 삼아, 다닐 때는 일정한 수레바퀴 자국이 없고, 사는 데는 일정한 집이 없어, 하늘을 장막으

---

19) 주희(朱熹)의 「경재잠(敬齋箴)」에 "입 지키기를 병 주둥이를 막듯이 하고, 생각이 치달리는 것 막기를 성을 지키듯이 해야 한다[守口如瓶, 防意如城]"라고 했다.
20) 진(晉)나라 때 죽림칠현의 한 사람 유령(劉伶)은 평소 술을 1곡(斛)씩을 마시고 5두(斗)로 해장을 했으며, 「주덕송(酒德頌)」을 지어서 술을 예찬했다. 사람을 시켜 삽(鍤)을 메고 따라다니게 하면서, "내가 죽거든 묻어 달라[死便埋我]"라고 했다.
21) 유령은 「주덕송」에서 자신을 가탁하여 대인 선생을 등장시켰다.

로 삼고, 땅을 자리로 삼아서 마음이 내키는 대로 하며, 머물러 있을 때는 크고 작은 술잔을 손에 쥐고, 움직일 때는 술통과 술병을 몸에 지녀서, 오직 술만을 일삼거니, 어찌 그 밖의 것을 알겠는가[有大人先生, 以天地爲一朝, 萬期爲須臾, 日月爲扃牖, 八荒爲庭衢. 行無轍跡, 居無室廬, 幕天席地, 縱意所如. 止則操巵執觚, 動則挈榼提壺. 唯酒是務, 焉知其餘].

멋진 말이다. 하지만 '서른아홉 살'의 김삿갓은 술잔과 술병을 멀리하겠다고 선언한다. 대인선생의 자유로운 경지는 결코 얻을 수 없다는 큰 깨달음을 얻었기 때문이라고 한다. "흘러가는 광음이 물보다도 빨라 차츰 백발이 되고, 쌓인 빚은 산과 같아서 항시 맨손 빈주먹일 따름"이라는 현실 앞에서 자기 자신이 무력하다는 것을 절망했기 때문이었다. 하지만 김삿갓은 다시 그 말을 번복한다. 그래도 석잔 술을 마셔야 할 때가 있다.

늦가을 빗줄기 때리는 창 앞
해 기울어가는 지게 가.

이백은 「월하독작(月下獨酌)」에서 "석 잔 술에 대도를 통달하고, 한 말 술에 자연과 합해진다[三杯通大道, 一斗合自然]"라 하고, 소식은 「발광주(發廣州)」에서 "석 잔 술을 마시고 난 뒤요, 한 베개에 달콤한 낮잠 잔 나머지[三杯軟飽後, 一枕黑甛餘]"라고 했다. 절강 사람들은 음주를 '연포(軟飽)'라 일컬었고, 세속에서는 낮잠을 '흑첨(黑甛)'이라 일컬었다. 대학자 주희도 「취하여 축융봉을 내려오며 짓다[醉下祝融峯作]」에서 "막걸리 석 잔에 호기로운 흥이 일어, 낭랑히 시 읊으며 축융봉을 내려오네[濁酒三盃豪興發, 朗吟飛下祝融峯]"라고 하지 않았던가! 모두 석잔 술에 큰 도에 통한 호기를 드러냈다. 그러나 김삿갓은 그런 깨달음을 말하지 않는다. 하처난망주(何處難忘酒)? '어느 곳이 술 잊기 어려운가?' '어느 때에 술 생각 간절한가?'

제3부 김삿갓 시의 미학

제14화. 삿갓은 빈 배
제15화. 쓸쓸한 내 그림자
제16화. 빈곤의 굴레
제17화. 이중의 시선
제18화. 요강에 걸터앉아
제19화. 상실로부터의 회광

제14화. 삿갓은 빈 배

1.

김삿갓은 자신이 늘 쓰고 다니는 삿갓이 '빈 배'와 같다고 했다. 집착 없음, 무심함을 상징하는 말이다. 『장자』「산목(山木)」에 "배를 타고 강물을 건널 때, 어디에선가 빈 배[虛船]가 와서 부딪치면, 비록 마음이 좁고 조급한 사람이라 하더라도 화를 내지 않는 법이다"라는 말이 있다. 「달생(達生)」에서, "비록 원수를 갚으려는 사람도 원수의 칼까지는 꺾지 않으며, 비록 화를 잘 내는 사람이라도 바람에 날려온 기와 조각[飄瓦]을 원망하지는 않는다"라고 했을 때의 기와 조각과 같다.

삿갓을 읊다

둥실둥실 내 삿갓은 빈 배와 같아
한 번 썼다가 사십 평생을 쓰게 되었다.
목동은 가벼운 차림으로 방목하는 소를 따르고
어부는 근본 본색이 갈매기와 동무하나니,

취하면 벗어 걸고 꽃나무를 구경하고

흥겨우면 손에 들고 다락에 올라 달구경하네.

속인들 의관은 모두 겉치장이지만

하늘 가득 비바람에 나만은 근심 없다.

咏笠(영립)

浮浮我笠等虛舟(부부아립등허주)	一着平生四十秋(일착평생사십추)
牧竪輕裝隨野犢(목수경장수야독)	漁翁本色伴沙鷗(어옹본색반사구)
醉來脫掛看花樹(취래탈괘간화수)	興到携登翫月樓(흥도휴등완월루)
俗子衣冠皆外飾(속자의관개외식)	滿天風雨獨無愁(만천풍우독무수)

[『대동시선』(동광사, 1919)에 처음 수록되고, 이응수가『삼천리』제13호(1931.3.1)
「金笠詩抄」에 소개한 후, 김홍한이『매일신보』(1933.12.8)에 자신의 증조 김립 선생의
시라고 소개. 이후 1939년『김립시집』과 1941년 대중보판에 수록.]
[이응수「『김립』시 연구(3)『조선일보』(1934.4.11)에서는 '浮浮'가 '泞泞'로 '沙鷗'가
'白鷗'로 되어 있고, 김태준「김삿갓의 시」에서는 '平生'이 '平安'으로, '輕裝'이
'行裝'으로, '本色'이 '身勢'로, '沙鷗'가 '江鷗'로 되어 있다.]

이 시는 칠언율시의 평측과 압운을 완벽하게 지켰다. 하평성 尤(우)운을 사용했는데, 수련(두련)의 안짝 舟자도 압운을 했다. 이응수는『조선일보』 (1934.4.11)에 이 시를 소개할 때 浮浮를 泞泞 표기하고, '것뿐하다'는 훈을 달았다.

함련의 3구와 4구에서는 목동의 삿갓과 어부의 삿갓을 들어, 하층민의 소박한 생활을 예찬했다. 이것은 김삿갓 자신의 삿갓은 아니지만, 그 경쾌함과 자적함은 김삿갓 자신이 선망하던 것이었다. 경련의 5, 6구에서는 꽃과 달을 바라보는 즐거움을 노래했으며, 미련의 7, 8구에서는 유유자적한 삶의 즐거움을 자부했다.

이응수는『삼천리』(1931.3.1) 제13호「김립시초」에 이 시를 소개하면서 다

음과 같이 해설했다.

> 것뿐한 나의 삿갓 빈 배와 갓네
> 한번 쓰니 일평생 40년일네
> 소먹이는 늙은이 바다ㅅ사람도
> 이것을 쓴 다음에 본색이 나지!
> 취하면 꽃나무에 벗어다 걸고
> 흥질 때 완월루(翫月樓)를 차자 올으네
> 속인의 의관이란 외식(外飾)뿐인게
> 비만 오면 그것이 무엇에 쓴담!

이 시는 주제 면에서 김시습의 「오건찬(烏巾贊)」과 통한다. 「오건찬」은 산문과 운문의 중간 양식인 '찬'의 문체로, 운자를 세 번 바꾸었다(・로 표시).

> 松頂風吹　　소나무 꼭대기에 바람 불 때
> 戢我亂髮　　내 머리털 잡아주고,
> 林梢徑細　　수풀 오솔길에서
> 護我幺括　　작은 상투 보호해주네.
> 幸岸笑倒　　우뚝하면 다행으로 여기고 꺾이면 비웃기에
> 實正坐兀　　똑바로 쓰고 바로 앉는다.
> 錦里之烏　　금리(錦里)의 오각건
> 潯陽之葛・　심양(潯陽)의 갈건
> 匪林宗之墊巾　곽 임종[곽태]의 늘어진 두건도 아니요
> 非樊子之倒冠　번 선생[두목]의 벗어던진 것도 아니네.
> 豈整李下　　어찌 오얏나무 아래서 바로잡으랴
> 或落龍山・　혹 용산(龍山)에서 떨어질까 걱정하다니!

與汝迷花	너와 함께 매월당에서
下賞梅堂	꽃구경에 흠뻑 빠져,
終露頂	마침내 이마 드러내고
掛北山桂枝蘿月之傍者乎 • 북산 계수나무 달빛 받은 댕댕이 곁에 걸어두리라.

김시습은 두보·도연명·곽태·두목의 일화를 차용하여 시상을 전개시켰다. 즉, 자신은 두보와 도원명이 모자를 쓰거나 사용한 방식을 따르지, 곽태와 두목의 풍류는 배우지 않겠다고 했다. 그리고 '오얏나무 아래서는 갓끈을 고치지 않는다'라는 옛말을 들어 처신을 바르게 하리라 다짐하고, 산을 나가지 않고 자유분방한 삶을 살겠다고 말했다.

이때 김시습이 사용한 고사들을 정리하면 아래와 같다.

(a) 두보는 스스로를 금리(錦里) 선생이라고 자칭하면서 「남린(南鄰)」 시에서 "금리 선생은 오각건을 쓰고서, 전원에서 토란 밤 거두니 가난하지만은 않구나 [錦里先生烏角巾, 園收芋栗不全貧]"라고 했다.

(b) 도연명은 벼슬에서 물러나 심양(潯陽)으로 돌아갔는데, 술이 익으면 갈건(葛巾)으로 걸러낸 다음 다시 머리에 썼다고 한다.

(c) 후한 때 곽태(郭泰)는 모자가 비에 젖어서 한쪽 차양이 꺾였는데, 사람들이 그 모습을 멋지다고 생각해서 일부러 한쪽 차양을 꺾어 쓴 뒤 곽태의 자(字)를 붙여 '임종건(林宗巾)'이라고 불렀다고 한다.

(d) 당나라 시인 두목(杜牧)은 호가 번천(樊川)이다. 그는 「만청부(晩晴賦)」에서, "나 같은 사람은 어떠한가? 관 벗고 패옥 떨어뜨려 세상과 서로 멀어져서, 유유자적하여 참으로 그 어리석음을 좇아 은거하는 자로다![若予者則爲何如? 倒冠落佩兮. 與世疎闊, 敖敖休休兮, 眞徇其愚而隱居者乎!]"라고 했다.

(e) 『악부시집』에 수록된 작자 미상의 「군자행(君子行)」에 "군자는 환란을 미연에 방지하여, 혐의 받을 만한 처신을 하지 않는 법. 오이 밭 지날 때는 몸 구부

려 신 끈을 고쳐 매지 않고, 오얏나무 밑에서는 손 쳐들어 모자를 바루지 않는다 [君子防未然, 不處嫌疑間. 瓜田不納履, 李下不整冠]"라고 했다. 위(魏)나라 조식(曹植)의 작품이라고도 한다.

(f) 진(晉)나라 맹가(孟嘉)는 중구절(9월 9일)에 정서장군(征西將軍) 환온(桓溫)이 베푼 용산(龍山) 술자리에 참군(參軍) 신분으로 참석했다가, 국화주에 취한 나머지 모자가 바람에 날아가는 것도 알지 못하고 측간에 가자, 환온이 손성(孫盛)에게 희롱하는 글을 짓게 했다. 맹가는 자리로 돌아와 그 글을 보고는 대응하는 글을 지어 좌중을 경탄하게 했다. 용산낙모(龍山落帽)의 고사이다.

(g) 이백의 「하일산중(夏日山中)」 시에는 "두건 벗어 석벽에 걸어 뒀더니 맨머리에 솔바람 상쾌하여라.[脫巾挂石壁, 露頂灑松風]"라는 구절이 있다.

(h) 모자를 나무에 건다는 말은 남조 양(梁)나라 은사 도홍경(陶弘景)이 일찍이 남제(南齊) 제왕(諸王)의 시독(侍讀)이 되었다가 어느 날 의관을 벗어 신무문(神武門)에 걸어 두고는 사직하고 돌아가 버린 데서 온 말이다. 북산 운운은 남조 송나라의 공치규(孔稚珪)가 지은 「북산이문(北山移文)」의 뜻을 빌렸다. 주옹(周顒)이 남경(南京)의 종산(鍾山)에 은거하다가 조정의 부름을 받고 해염 현령(海鹽縣令)이 되었는데, 임기를 마치고 돌아가는 길에 다시 종산에 들르려고 했다. 이때 종산에 은거하던 공치규가 종산 신령의 이름으로 이문(관청의 공문)을 지어 그로 하여금 다시는 종산에 발을 들여놓지 못하도록 했다.

김시습과 김삿갓은 '갓'을 소재로 하여 유유자적한 삶을 추구하는 뜻을 분명히 드러냈다. 시상을 전개시키는 방식은 완전히 다르다.

김시습은 갓이라든가 모자, 관모 등과 관련된 역사적 인물들의 고사를 끌어들여 자신의 생각을 피력했다. 이에 비해 김삿갓은 전혀 고사를 인용하지 않고, 자기 생각을 그대로 술술 말했을 따름이다.

더구나 김삿갓의 상상은 엉뚱하다. 머리에 쓰고 다니는 삿갓을 '빈 배'로 표현하는 그 놀라운 발상!

2.

방랑길에 올라 가장 먼저 찾은 곳은 구월산이라고 전한다. 이 때 김삿갓은 고풍으로 한 수를 지었다. 이 시는 1926년『대동기문』에 김병연의 대표작으로 소개되었다.

구월산

지난해 구월에 구월산을 지났는데
올해 구월에도 구월산을 지나네.
해마다 구월에 구월산을 지나니
구월산 풍경은 늘 구월일세.

九月山(구월산) / 九月山峰(구월산봉)

昨年九月過九月(작년구월과구월)　　今年九月過九月(금년구월과구월)
年年九月過九月(연년구월과구월)　　九月山光長九月(구월산광장구월)

정대구의「김삿갓 방랑지도」에 따르면, 김병연은 1863년 56세로 전라도 동복 땅에서 객사하기까지, 함경도 경성에서부터 원산과 금강산을 거쳐 경상도 안동과 진주, 그리고 서쪽으로 묘향산에서 평양과 구월산을 거쳐 전라도 동복까지 방랑을 했다고 한다.1) 전라도 화순군에는 김삿갓로가 있다. 김삿갓의「회향자탄」시가 돌에 새겨져 있다.

김병연이 전라도 땅으로 흘러들어온 것은 1850년 전남 화순군 동복면 구암리 창원 정씨와의 인연 때문이었다고 한다. 백인당(百忍堂) 정치업(丁致業)이 1728년 터를 잡은 곳이다. 정치업은 압해 정씨로 창원군파의 후손이며 동

---
1) 정대구,『김삿갓 연구』, 문학아카데미, p.51.

몽교관을 지냈다.2) 당호는 '백번을 참는다'는 뜻이다. 당나라 장공예(張公藝)는 단주(鄲州) 수장(壽張) 사람으로 9세대의 친족과 함께 살았다. 고종이 그 집에 찾아가 한집에서 화목하게 살 수 있는 비결을 물으니, 그가 지필을 청한 뒤 인(忍) 자만 100여 번 썼다. 이에 고종이 눈물을 흘리며 비단을 하사했다는 이야기가 『구당서』 열전에 나온다.

부근에는 망미대(望美臺)가 있다. 정시룡(丁時龍, 1837-1909)이 '갑신 9월'에 새긴 '망미대' 각자(刻字)가 있다. 정시룡은 호가 강재(强齋)로, 정치업의 6세손이다. 병연이 찾아오자 사랑채에 거처하게 했으며, 1863년 4월 29일 김병연이 56세로 죽자, 똥뫼라는 곳에 묻어주었다고 '확신되는 사람이다'(망미대 유래 비)다. 똥뫼는 행려병자로 연고 없이 사망한 사람들을 묻은 곳이라고 한다. 3년 뒤 김병연의 아들 김익균이 유해를 영월로 옮겨 장사 지낸다. 영월 와석리에 그의 생가터와 묘지가 있다. 망미대 부근, 정씨 집 앞에는 '난고안동김공병연시비(蘭皐安東金公炳淵詩碑)'가 서있다.

김병연은 세 차례 이 마을을 찾았다고 한다. 맨 처음은 1841년이었으며, 화순 적벽(赤壁)을 보고 이런 시를 읊었다고 한다.

　　　　무등산이 높다지만 소나무 아래요,
　　　　적벽강이 깊다더니 모래 위로 흐르도다.

　　　　無等山高松下在(무등산고송하재)
　　　　赤壁江深沙上流(적벽강심사상류)

화순 적벽은 중국의 적벽과 비슷하다고 해서 붙은 이름이다.
김병연은 1850년, 다시 화산을 찾아, 협선루에 다음 시를 남겼다고 한다.

---

2) 망미대(望美臺) 유래 비 ; 박전현, 「망미대, 김삿갓 종명지, 김삿갓 유적, 화순군 동북면 구암마을」. http://9594jh.blog.me/220614725214

약 캐러 가는 길가엔 붉은 이끼가 깊고

산을 향해 난 창문에는 푸르름이 가득하다.

그대가 부럽구려, 꽃 아래 취하여

나비 되어 꿈속에서 날고 있는 것이.

藥經深紅鮮(약경심홍선)　山窓滿翠徽(산창만취휘)

羨君下花醉(선군하화취)　胡蝶夢中飛(호접몽중비)

세 번째가 1857년으로, 정씨 집에 머물다 숨을 거두었다고 한다. 6년간 머물렀다고도 하고, 그렇지 않다고도 한다.

김삿갓은 시를 지어 바치고 술을 구하기도 했을 것이다. 마침 국립중앙도서관 소장 『선명』, 송순철 소장 『동시』, 평택 임씨 필사본 『시상』 등에 모두 김삿갓=김병연의 과시로 추정되는 「작시걸주(作詩乞酒)」가 들어 있다. 셋을 비교하면, 표현이 다른 부분(*)이 있으나 대체로 동일하다. 다만 압운해야 할 곳인 제17연 끝이 문제이다. 이 과시는 제목의 酒자를 취해 그 글자가 속하는 상성 有운을 전체에 사용했다. 그런데 『시상』의 경우 제17연 끝자가 '消(소)'로 이는 하평성 蕭운에 속한다. 이에 비해 『선명』과 송순철 소장본은 제17연 끝에 '久'자를 놓아, 상성 有운의 전체 운에 맞추었다. 『시상』의 압운자는 잘못이다.

〈표 26〉「作詩乞酒」의 『善鳴』, 『時尙』, 송순철 본 수록분

	『善鳴』 수록	『時尙』 수록	송순철본 수록	추정 원형
01	古人亦解文字飮	古人亦解文字飮	古人亦解文字飮	古人亦解文字飮
02	百篇豪情盡一斗 *	百篇豪情止一斗	百篇豪情止一斗	百篇豪情止一斗
03	北海常有樽中滿	北海常有樽中滿	北海常有樽中滿	北海常有樽中滿
04	東郊猶無墦間走 *	東郭得無墦間走	東郭得無墦間走	東郭得無墦間走
05	沈吟病骨冷皺眉	沈吟病骨冷皺眉	沈吟病骨冷皺眉	沈吟病骨冷皺眉
06	我卽投瓜君報玖 *	我旣投瓜君報玖	我旣投瓜君報玖	我旣投瓜君報玖

07	平生不作乞人態 *	平生不作乞隣態	平生不作乞隣態	平生不作乞隣態
08	好漢風流詩與酒 *	好沃風流詩與酒	好漢風流詩與酒	好漢風流詩與酒
09	千場宿債潤筆資	千場宿債潤筆資	千場宿債潤筆資	千場宿債潤筆資
10	八域浮踪荷鋪友 *	八域風踪荷鋪友 *	八域浮萍荷鋪友 *	八域浮踪荷鋪友
11	花朝月夕在在興	花朝月夕在在興	花朝月夕在在興 *	花朝月夕在在興
12	到處淸狂人不負	到處淸狂人不負	到處淸狂人不負	到處淸狂人不負
13	三時痛臥硯潭室 *	二宵病臥硯簟室	三宵病臥硯簟室 *	三宵病臥硯潭室
14	獨醒悲歌長鋏叩	獨醒悲歌長鋏叩	獨醒悲歌長鋏叩	獨醒悲歌長鋏叩
15	寒窓竹葉聽雨初	寒窓竹葉听雨初	寒窓竹葉聽雨初	寒窓竹葉聽雨初
16	小閣梅花經雪後	小閣梅花經雪後	小閣梅花經雪後	小閣梅花經雪後
17	華堂春燕去來地	華堂春宴去來地	華堂春燕去來地	華堂春燕去來地
18	一般恩情厚則厚	一飯恩情厚則厚	一飯恩情厚則厚	一飯恩情厚則厚
19	終朝做出別經綸	終朝做出別經綸	今朝做出別經綸 *	終朝做出別經綸
20	百詩誠難濡我首 *	百計猶難濡我首	百計誠難濡我首	百計誠難濡我首
21	靑錢未辦杜陵客 *	靑錢未慚杜陵客	靑錢未慚杜陵客	靑錢未慚杜陵客
22	白衣無緣栗里叟	白衣無緣栗里叟	白衣無緣栗里叟	白衣無緣栗里叟
23	名公巨家問高價	明公巨家問高價	名公巨卿向高價 *	名公巨卿問高價
24	滿腹瓊琚鳴在手	滿腹瓊琚鳴在手	滿腹瓊琚鳴在手	滿腹瓊琚鳴在手
25	呼兒且進豈曰無	呼童且進豈曰無	呼兒且進豈曰無	呼兒且進豈曰無
26	對客相酬宜所有	對客相酬宜所有	對客相酬宜所有	對客相酬宜所有
27	殷勤數月○酒說 *	殷勤數日戒飮說	慇勤數日戒飮說	慇勤數日戒飮說
28	木居先生暫怒否	木居先生暫紋否	木居先生暫怒否	木居先生暫怒否
29	君山仙客窃飮難	君山仙客窃飮難	君山仙客窃飮難	君山仙客窃飮難
30	茂陵騷人消渴久 **	茂陵騷人渴久 **	茂陵騷人濟渴久 **	茂陵騷人消渴久
31	陽關一別亦不遠	陽關一高亦不遠	陽關一別亦不遠 *	陽關一別亦不遠
32	漢城春風生色柳 *	沃地春風生色柳	滿城春風生色柳	滿城春風生色柳
33	樽前伏望卽千万	樽前伏望卽千万	樽前伏望卽千万	樽前伏望卽千万
34	紙上施行尙八九	紙上施行尙八九 *	紙上施行堂八九 *	紙上施行尙八九

시 지어 술을 구걸하다

고인도 문자음을 할 줄 알았으니
백 편 제작하는 호방한 정이 다만 한 말 술이면 족했다.
북해에는 늘 술동이에 술이 가득했다지만

동곽에서는 무덤 사이로 걸식하러 다닌 이 없었으랴.

병든 약골이 침울하게 읊느라 눈썹 차게 찡그려

내가 목과를 던져 주자 그대는 옥구슬로 갚아 주네.

평생 이웃에 구걸하는 작태를 하지 않고

한량의 풍류로 시와 술을 즐기노라.

일천 곳에 진 빚을 윤필료로 갚아 나가나니

팔방에 뜬 자취는 삽 지고 따르다 묻어줄 벗이 있을 뿐.

꽃 피는 아침 달뜨는 저녁, 곳곳마다 흥이 일어

이르는 곳마다 맑은 미친 짓을 남들이 저버리지 않누나.

연지(硯池) 둔 방에서 세 밤을 병으로 누워

홀로 술 깨어 슬픈 노래 부르며 긴 칼을 두드리는 격.

추운 창가 대나무 잎에 빗소리인 듯 소리 들리더니

작은 방 매화는 백설을 맞은 뒤인 듯 희게 피었다.

화려한 방에 봄 제비가 오가는 곳에는

한 사발 밥의 은정이 후하고도 후하다.

아침이 다 가도록 별도의 경륜을 담아 시를 짓는다만

별별 방법 다 써도 흠씬 취하도록3) 마시기는 정말 어렵네.

푸른 동전4) 같은 좋은 시는 두릉 손님(두보)에게 안 부끄럽다만

백의의 사자5)가 율리 늙은이(도연명)에게처럼 올 인연은 없도다.

이름나고 귀한 공경들이 높은 값을 쳐 주어서

---

3) 수수(濡首)는 흠뻑 술을 마시는 것을 말한다. 『주역』「미제괘(未濟卦)」에서 나왔다. 앞서 이미 나왔다.
4) 청전(靑錢)은 재능이 출중한 급제자를 일컫는다. 당나라 장작(張鷟)이 여덟 차례나 제거(制擧)에서 갑제(甲制)가 되었고 네 차례의 판책(判策)에서 뽑히자, 고공원외랑(考功員外郎) 건미도(騫味道)가 '장작의 문장이 청동전(靑銅錢) 같아서 만선 만중(萬選萬中)한다'라고 칭찬한 뒤로 그를 청전학사라고 불렀다는 고사가 전한다. 『신당서』에 나온다.
5) 진(晉)나라 도연명이 중양절에 술도 없이 울타리의 국화를 따면서 있었는데, 때마침 자사(刺史) 왕홍(王弘)이 보낸 백의 사자(白衣使者)가 술을 가지고 왔으므로 취하도록 마시고 돌아갔다는 고사가 전한다.

뱃속 가득한 옥구슬들이 손 안에서 쟁글쟁글 울린다.

아이 불러 술 더 가져오라 하니 어찌 없다 하랴

손님을 마주하여 수작하여 있는 것을 마땅히 다 내어야지.

정성스레 서너 날 환대를 하고는 과음 경계의 말을 하나니

목거 선생6)이여 잠시 용서를 하시겠나 안 하시겠나.

동정호 군산7)의 선객에게서 신선주를 훔쳐 마시기 어렵기에

무릉의 시인8) 같은 내가 소갈병을 앓은 지 오래되었도다.

양관곡을 부르고 이별할 날도 머지않구려

온 성에 봄바람이 불어 버드나무에 생색이 돋아나니.

술잔 앞에서 삼가 기원하길, 신체를 천만 보중하시라고,

종이 위에 글줄 적은 것이 여덟, 아홉 줄이네.

3.

김삿갓은 구월산만이 아니라 금강산과 묘향산의 산천경개를 유람하면서 많은 시들을 남겼다. 특히 황오가 만난 김사립은 금강산을 매년 찾아, 심지어 한 해 봄에도 가고 가을에도 또 갔다고 했다.

김삿갓은 봄날 금강산으로 들어가면서는 주위 경치의 아름다움을 읊었다.

---

6) 목거선생(木居先生)은 쓸모없어서 오래 사는 복을 누리는 사람이니, 여기서는 김삿갓을 가리킨다. 한유(韓愈)가 썩은 나무를 읊은 「제목거사(題木居士)」에서, "불길이 파고 물결이 뚫어 나이를 모를 지경인데 뿌리는 얼굴과 같고 줄기는 몸과 같아라. 우연히 시를 지어 목거사라 이름하니, 문득 무궁하게 복을 구하는 사람이 있도다[火透波穿不計 春根如頭面幹如身 偶然題作木居士 便有無窮求福人]"라고 했다.
7) 군산은 상수(湘水)의 한 중심에 있는 산인데, 순(舜)임금의 두 비(妃) 즉 아황(娥皇)·여영(女英)의 신(神)인 상군(湘君)이 노는 곳이라 하여 이렇게 부른다.
8) 무릉은 한나라 사마상여(司馬相如)가 병으로 벼슬에서 물러난 뒤에 살던 곳이다. 사마상여는 봉선(封禪)에 관해 지은 글을 무제에게 올리게 한 뒤 죽었다고 한다. 사마상여는 소갈병을 앓았다.

앞서 보았듯, 『증보해동시선』(1919년)에 실린 「산사희작」(1939년 『김립시집』과 1956년 『풍자시인 김삿갓』에서는 「입금강(入金剛)」, 1941년 대중보판에서는 「김립과 금강산」(2)에 소개)은 김병연=김삿갓의 대표시라고 할 만하다.

칠언율시 「금강산」 시는 금강산의 봄을 호방하게 노래했다.

금강산(2)

일만 이천 봉을 두루 유람하여
봄바람에 홀로 중향루 모퉁이에 오른다.
해와 달을 내려보매 둥근 거울 같고
덮어주고 실어주는 건곤천지는 작은 배와 같다.
동으로는 대양을 압도하야 삼신산이 가깝고
북으로는 고옥을 떠받들어 여섯 자라가 떠 있도다.
무극의 우주는 어느 해에 열렸기에
태고의 산들이 흰머리를 이었는가.

金剛山(금강산)

萬二千峰歷歷遊(만이천봉역력유)　　春風獨上衆樓隅(춘풍독상중루우)
照臨日月圓如鏡(조림일월원여경)　　覆載乾坤小似舟(복재건곤소사주)
東壓天洋三島近(동압천양삼도근)　　北撑高沃六鰲浮(북탱고옥육오부)
不知無極何年闢(부지무극하년벽)　　太古山形白老頭(태고산형백로두)

수구입운했고 하평성 尤(우)운과 상평성 虞(우)운 통압했다. 상평성 虞(우)운에 속한다. 외재율을 지키지 못했다. 하지만 중향루에서 우주만물을 굽어보면서 흥금이 활달하게 되는 느낌을 노래했다. 해와 달을 둥근 거울로 여기고 천지우주를 작은 배로 간주하는 시선이 무척 호방하다.

또 다른 「금강산」 시는 가을의 금강산을 노래했다. 이 시도 하평성 尤(우)운을 놓았는데 낙운하지 않았다.

금강산(4)

강호에 자취 낭자하더니 다시 가을을 맞아
시붕과 언약하고 절의 누각에서 만났다.
소동정에 사람이 와도 흐르는 물은 어둑하고
감실로 승려가 돌아가니 흰 구름이 둥실 떴다.
잠간의 유람이 삼생의 소원을 조금 풀었고
호방한 음주는 일만 종 수심을 풀 만하도다.
맑은 정회를 감나무 잎에 쓰려고 하다가
누워서 서쪽 동산에 비 듣는 그윽한 소리를 듣는다.

金剛山(금강산)

江湖浪跡又逢秋(강호낭적우봉추)　　約伴詩朋會寺樓(약반시붕회사루)
小洞人來流水暗(소동인래유수암)　　古龕僧去白雲浮(고감승거백운부)
薄遊少答三生願(박유소답삼생원)　　豪飮能消萬種愁(호음능소만종수)
擬把淸懷書柿葉(의파청회서시엽)　　臥聽西園雨聲幽(와청서원우성유)

금강산 유점사 동쪽의 개잔령을 노래한 다음 시는 고풍이다. 이 시는 1956년판 『풍자시인 김삿갓』에 처음 수록되었다. 天은 평성 先운, 人은 평성 眞운이니, 근체시 압운법을 고려하지 않았다.

돌아가며 평지를 바랐건만,
세 밤을 푸른 하늘 위에서 묵었다.

앵앵 새소리는 귓가를 지나가
뺨을 때릴 듯하여라.

開殘嶺(개잔령)

歸來平地望, 三夜宿靑天
罵罵過耳邊, 只恐打煩人

　소동정은 동해안 통천군에 있는 바닷물 호수로, 석호(潟湖)라고 한다. 김병연은 잠깐의 유람이 삼생의 소원을 풀었고, 호방한 음주가 일만 종 수심을 풀 만하다고 했다. 그리고 맑은 정회를 시로 적어 감잎에 적으려 하다가, 서쪽 동산에 가을비 소리를 누워서 듣는다고 했다. 궁벽한 방랑보다는 청유(淸遊)를 꿈꾸었는지 모른다.
　오언율시「자영(自詠)」는 한송종 주막에서 지은 시이다.

스스로 읊다

한송정 외딴 주막에서
높이 누운 별세계 사람,
협곡 가까이에 흰 구름 함께 즐겁고
개울에 임해 산새와 더불어 이웃하네.
자잘한 이익이 어찌 마음을 거칠게 하랴
시와 술로 스스로 몸을 즐겁게 한다.
달을 보면 옛 생각에 젖어
유유자적하게 단꿈을 자주 꾸리라.

自詠(자영)

寒松孤店裡(한송고점리)　高臥別區人(고와별구인)
近峽雲同樂(근협운동락)　臨溪鳥與隣(임계조여린)
鎡銖寧荒志(치수영황지)　詩酒自娛身(시주자오신)
得月卽帶憶(득월즉대억)　悠悠甘夢頻(유유감몽빈)

한송정 주막에 누워, 시와 술로 스스로 즐기면서, 산골짝의 흰 구름이며 개울가의 산새와 더불어 지낸다고 했다. 달이 뜨면 난 추억을 생각하되, 세간 이익에 얽매이지 않았기에 단꿈을 자주 꾼다고도 했다. 청몽(淸夢)을 꿈꾸는 자기 자신을 그려 보인 것이다.

회양에서 김삿갓은 물을 얻어먹기 위해 어느 집 사립문을 들어가다가 울타리 밑에 핀 꽃을 바라보고 있는 산골 처녀를 발견했다. 처녀는 나그네가 있는 줄도 모르고 꽃을 감상하고 있다가 인기척을 느끼고는 짧은 치마 아래 드러난 다리를 감추려는 듯 울타리 뒤에 숨었다.

회양을 지나다가

산 속 처녀가 어머니만큼 커졌는데
짧은 분홍 베치마를 느슨하게 입었네.
나그네에게 붉은 다리를 보이기 부끄러워
소나무 울타리 깊은 곳으로 달려가 꽃잎만 매만지네.

淮陽過次(회양과차)

山中處子大如孃(산중처자대여양)　綏著粉紅短布裳(완착분홍단포상)
赤脚踉蹌羞過客(적각낭창수과객)　松籬深院弄花香(송리심원농화향)

원산 명사십리 부근의 정자에서 쉬고 있을 때 젊은 과부의 곡하는 모습을 보고 지은 다음 시는 극히 서정적이다.

한식날 북루에 올라 읊다

십리 모래 언덕에 사초 꽃 피었는데
소복 입은 젊은 여인이 곡하다간 노래하네.
가련해라 지금 무덤 앞에 부은 술은
남편이 심었던 벼로 빚었던 것이로다.

寒食日登北樓吟(한식일등북루음)
十里平沙岸上莎(십리평사안상사)   素衣靑女哭如歌(소의청녀곡여가)
可憐今日墳前酒(가련금일분전주)   釀得阿郞手種禾(양득아랑수종화)

4.

「묘향산」 시에서 김삿갓은 "평소 바란 것은 오로지 묘향산에 한번 노닐려고 했다"라고 하고, 마침내 산을 찾아와서는 열 걸음에 아홉 번을 쉬어야 하는 힘든 여정을 감내했다. 골짝마다 봉우리마다 숨겨져 있는 경치에 눈을 주면서 산길의 기구함까지도 사랑한 것이다.

묘향산

평생 바란 것이 무엇을 추구했던가
번번이 묘향산에 한번 노닐고자 했네.
산 첩첩 천 봉 만 길에

길 층층 열 걸음에 아홉 번은 쉬네.

妙香山詩(묘향산시)

平生所欲者何求(평생소욕자하구)　　每擬妙香山一遊(매의묘향산일유)
山疊疊千峰萬仞(산첩첩천봉만인)　　路層層十步九休(노층층십보구휴)

김삿갓은 함흥에서 이성계가 살았던 귀주동(歸州洞)의 경흥전(慶興殿)을 비롯하여 객사 근처의 문소루(聞韶樓), 선경루(仙景樓)와 관풍정(觀風亭)을 돌아보았다. 그리고 성관산(城關山)에 솟아 있는 구천각(九天閣)으로 향했다. 구천각에서 성천강(成川江)에 놓인 만세교(萬歲橋) 위로 말 타고 건너가는 사람을 보면서 여유로움을 느꼈다. 산들은 바다로 뻗어오다가 발을 멈추었고, 강물 위에는 두어 척 놀잇배가 떠 있다.

함흥 구천각에 올라

사람은 누각에 올라 구천에 임하고
말은 긴 다리 건너나니 만세교를 밟는구나.
산은 들이 좁을까 하여 멀리멀리 섰고
물은 배가 다닐까 두려워 얕게얕게 흐르네.
산세는 용이 서리고 범이 도사린 형국
누각은 난새 날고 봉황이 나래 편 형세.
[이하 두 구 탈락]

登咸興九天閣(등함흥구천각)

人登樓閣臨九天(인등누각임구천)　　馬渡長橋踏萬歲(만도장교답만세)
山疑野狹遠遠立(산의야협원원립)　　水畏舟行淺淺流(수외주행천천류)

제3부 김삿갓 시의 미학 433

山意龍盤虎踞形(산의용반호거형)　　樓閣驚飛鳳翼勢(누각난비봉익세)
[이하 두 구 탈락]

　김삿갓은 함경도 길주와 명천군 기남면 어전(漁佃)의 인심이 각박한 사실을 시로 한꺼번에 노래했다. 길주는 나그네를 재워주지 않는 풍속이 있어 허가가 많이 살지만 잠자도록 허가해 주지 않고, 어전은 물고기 잡고 짐승을 사냥한다는 뜻인데 이 동네 밥상에는 고기가 오르지 않음을 풍자했다. '허가허가불허거(許可許可不許可)'는 아마도 '許哥許哥不許可'의 잘못된 표기인 듯하다.

길주 명천

길주 길주 하지만 길하지 않은 고장
허가 허가 하지만 허가하는 것은 없네.
명천 명천 하지만 사람은 밝지 못하고
어전 어전 하지만 밥상에는 고기 없네.

吉州明川(길주명천)

吉州吉州不吉州(길주길주불길주)　　許可許可不許可(허가허가불허가)
明川明川人不明(명천명천인불명)　　漁佃漁佃食無漁(어전어전식무어)

　지명이 갖는 의미와 실상과의 괴리를 부각시켜, 엄중한 현실을 환기시키는 방법을 썼다. 시인들이 잘 사용하는 방법이다. 19세기 초 중인 시인 조수삼(趙秀三)은 강원도 철원 부근의 풍전(豐田)을 두고 다음 시를 지어, 풍전의 풍요롭지 못한 현실을 환기시킨 바 있다. 61세 되던 1822년(순조 22) 늦봄부터 초겨울까지 200일간 함경북도를 유람하고 1823년 가을에 평안도 정주(定

州)의 신안관(新安館)에서 지난해 유람을 회고하며 지은 「북행백절(北行百絶)」
의 세 번째 시이다.9)

  大麥黃而萎 대맥(보리)는 누렇게 패어 쭈그러지고
  小麥靑且乾 소맥(밀)은 파랗고도 말랐구나.
  飢荒愁溢目 굶주리고 황폐하여 수심찬 광경이 시야에 넘쳐나거늘
  何處是豊田 어느 곳이 풍전[풍요로운 밭]이란 말이냐.

 김삿갓은 함경도 함흥 낙민루에서 풍자시를 지었다. 이응수의『김립시집』
에는 들어 있지 않지만, 아이바 기요시(相馬 淸)가『조선학보』제48집에서 소
개한 2수 가운데 하나이다.10) 이것은 지명의 의미와 실상의 괴리를 부각시
키는 수법에서 더 나아가, 지명이나 건물의 이름이 실상과의 사이에 괴리가
있음을 부각시켰다.
 본래 함흥의 부성(府城) 남쪽에 낙민정(樂民亭)이란 정자가 있었는데, 1607
년(선조 40) 홀라온(忽刺溫)의 침입으로 파손된 후 함경감사 장만(張晩)이 중
건하고 편액을 '낙민루'라고 했다. 누 아래 만세교가 있다. 김삿갓의 시는 구
절마다 동음이의어를 써서 함경도 관찰사 조기영의 학정을 풍자했다. 다른
시인들과 달리, 낙민루에서 이성계의 조선 건국을 추억하지도 않았다.

낙민루

선정 펴야 할 선화당에서 화적 같은 무리
낙민루 아래에서 백성들 눈물 흘리네.
함경도 백성들이 모두 놀라 달아나니

---

9) 조수삼(趙秀三),「북행백절(北行百絶)」,『추재집(秋齋集)』권3.
10) 다른 한 수는 「胡地花草」 즉 「胡地無花草」이다.

조기영의 집안이 어찌 오래 가랴.

樂民樓(낙민루)
宣化堂上宣火黨(선화당상선화당)　　樂民樓下落民淚(낙민루하낙민루)
咸鏡道民咸驚逃(함경도민함경도)　　趙岐泳家兆豈永(조기영가조기영)

관찰사가 집무 보는 관아를 선화당이라고 한다. 그것을 화적 같은 도둑 떼를 의미하는 한자로 바꾸어 적어 전혀 다른 의미로 규정했다. 다른 누대나 지명, 인명도 그런 식으로 바꾸어 쓰기를 통해 의미를 재정의했다. 곧 다음과 같은 식이다.

宣化堂(선정을 베푸는 집) → 宣火黨(화적 같은 도둑 떼)
樂民樓(백성을 즐겁게 만드는 누대) → 落民淚(백성들이 눈물 흘리다)
咸鏡道(함경도) → 咸驚逃(모두 놀라 달아나다)
趙岐泳(조기영) → 兆豈永(어찌 오래 가겠는가)

사물의 물명과 실제와의 괴리를 부각시키는 수사법은 민요에서도 자주 사용된다. 남도 민요 농부가에서 "네가 무슨 반달이냐 초생달이 반달이지"라는 후렴구는 '세 마지기 논배미가 반달만큼 남아 있는' 비참한 가난의 상황을 에둘러 표현하여 절묘하다. 헌종이 반달이란 여성을 건양재 가까이 육각정에 두고 음행을 한 것을 풍자했다고 전하는 민요에도 "네가 무슨 반달이냐, 초생달이 반달이지"라는 후렴구가 들어 있다. 헌종의 일화는 사실인지 알 수 없다. 하지만 사물의 이름과 실상과의 괴리를 부각시키는 수법이 19세기에 들어와 민요와 한시에 보편적으로 사용되었음을 짐작하게 만든다.

당당홍의 정초립이

계수나무 능장 짚고
건양재로 넘나든다.
반달이냐 왼달이냐
네가 무슨 반달이냐
초생달이 반달이지

김삿갓은 북관십경 가운데 석왕사를 노래했다. 북관의 십경은 학포(鶴浦)·국도(國島)·도안사(道安寺)·궤궁정(挂弓亭)·석왕사(釋王寺)·성진진(城津鎭)·칠보산(七寶山)·창렬사(彰烈祠)·용당(龍堂)·무이보(撫夷堡) 등을 꼽는다. 숙종 때 남구만(南九萬)은 「북관십경도」를 모사하고 기문을 적었다. 북관의 십경 가운데 칠보산은 함북의 금강이라고 일컬어진다. 칠보산 유람은 천덕(泉德)을 거쳐 칠보산에 들어가 금장사(金藏寺)를 보고 개심대(開心臺)·금강굴(金岡窟)에 오르는 것이 주행로였다.

김삿갓도 이 산을 거쳐 가거나 산의 경승을 보기 위해 산에 올랐을 것이다. 하지만 김삿갓이 여행 중에 지은 시들은 구체적인 행정이 드러나지 않는다. 산 구경도 주마간산 격이다.

산을 구경하다

게으른 말을 타야 산 구경하기 좋아
채찍질 멈추고 천천히 가네.
바위 사이로 겨우 길 하나 있고
연기 나는 곳에 두세 집이 보이네.
꽃 색깔 고우니 봄이 왔음을 알겠고
시냇물 소리 크게 들리니 비가 왔나 보네.
멍하니 서서 돌아갈 생각도 잊었는데

해가 진다고 하인이 말하네.

看山(간산)

倦馬看山好(권마간산호)　執鞭故不加(집편고불가)
岩間纔一路(암간재일로)　煙處或三家(연처혹삼가)
花色春來矣(화색춘래의)　溪聲雨過耶(계성우과야)
渾忘吾歸去(혼망오귀거)　奴曰夕陽斜(노왈석양사)

산을 구경하기에는 빨리 달리는 말보다 게으른 말이 좋다는 것이다.
안락성에서는 안락하지 못한 밤을 지내야 했다. 끼니도 거른 채 강산의 정기를 마시면서, 신선이 되기 위해 곡식을 먹지 않고 수련하는 방법과 같다고 껄껄 웃었다.

안락성을 지나다가 배척받고

안락성 안에 날이 저무는데
관서지방 못난 것들이 시 짓는다고 우쭐대네.
마을 인심이 나그네를 싫어해 밥 짓기는 미루고
주막 풍속도 야박해서 돈부터 달라는군.
빈 배에선 천둥소리 자주 들리는데
뚫릴 대로 뚫린 창문으로 냉기만 스며드네.
아침이 되어서야 강산의 정기를 한번 마셨으니
인간 세상에서 벽곡의 신선이 되려 시험하는가.

過安樂見忤(과안락견오)

安樂城中欲暮天(안락성중욕모천)　關西孺子聳詩肩(관서유자용시견)

村風厭客遲炊飯(촌풍염객지취반)　店俗慣人但索錢(점속관인단색전)
虛腹曳雷頻有響(허복예뢰빈유향)　破窓透令更無穿(파창투냉갱무천)
朝來一吸江山氣(조래일흡강산기)　試向人間辟穀仙(시향인간벽곡선)

5.

언젠가 김삿갓은 서도를 나와 남쪽으로 향했다. 다만 평양의 번화함을 노래한 시는 남기지 않은 것으로 보아, 자신을 모함하는 노진의 시가 널리 전파되자 그곳을 떠난 이후 다시는 가지 않은 것 같다.

김삿갓은 개성에서도 문전 박대를 당했다.

개성 사람이 나그네를 내쫓다

고을 이름이 개성인데 왜 문을 닫나
산 이름이 송악인데 어찌 땔나무가 없나.
황혼에 나그네 쫓는 것은 사람 도리 아니니
동방예의지국에서 자네 혼자 독한 놈이군.

開城人逐客詩(개성인축객시)
邑號開城何閉門(읍호개성하폐문)　山名松嶽豈無薪(산명송악기무신)
黃昏逐客非人事(황혼축객비인사)　禮義東方子獨秦(예의동방자독진)

김삿갓은 사당동의 강 좌수 집에서 쫓겨난 뒤에도 시를 남겼다. 현재의 서울 낙성대 부근일 것이다. 조선시대에는 서울이 아니라 금천 땅이었다. 혹자는 함경북도 함흥에 있는 사당동이라고 보았으나, 의문이다. 마침 날이 저

물어 동네 어구에 보국대광(輔國大匡) 품계를 지녔던 분을 조상으로 두었다는 강 좌수집에서 잠자리를 구하려 했다. 주인이 나그네가 갔는지 안 갔는지 확인하려고 갓을 숙이고 엿보는 고약한 광경을 화면에 담았다.

강좌수가 나그네를 쫓다

사당동 안에서 사당을 물으니
보국대광 강씨 집안 사당이란다.
선조의 끼친 풍모는 북쪽 부처에게 귀의하고
자손들은 어리석은 부류라 서쪽 오랑캐를 배우네.
주인은 처마 아래서 갓을 숙이며 엿보고
나그네는 문 앞에 서서 석양 아래 탄식하네.
좌수 별감은 분에 넘치는 일이니
기병 보졸 따위나 마땅하리라.

姜座首逐客詩(강좌수축객시)

祠堂洞裡問祠堂(사당동리문사당)	輔國大匡姓氏姜(보국대광성씨강)
先祖遺風依北佛(선조유풍의북불)	子孫愚流學西羌(자손우류학서강)
主窺簷下低冠角(주규첨하저관각)	客立門前嘆夕陽(객립문전탄석양)
座首別監分外事(좌수별감분외사)	騎兵步卒可當當(기병보졸가당당)

'보국대광 성씨 강'은 고려 강감찬의 후손이란 말이다. 고려 현종이 즉위하자, 거란의 성종은 목종을 끌어내린 강조의 정변을 구실 삼아 여러 차례 고려를 침공했다. 1018년의 세 번째 거란 침략을 물리친 인물이 강감찬이다. 이후 강동 6주의 반환을 요구하며 재차 침입한 거란의 소배압을, 귀주에서 계략으로 물리쳤다. 강감찬은 서기 948년 금주(衿州)에서 태어났다. 금주는

조선시대에 금천이라 불린 곳으로 현재 서울시 관악구 봉천동과 금천구 일대 등 관악산 북쪽 지역에 해당된다.

김삿갓의 남쪽으로 울진까지 발자국을 남겼다. 김삿갓이 울진 지방 서당에 이르렀을 때이다. 훈장에게 시를 주어 그를 능멸했다.11)

고령에는 망향대가 있다. 현재 고령군 쌍림면 반룡사 삼거리의 천제단을 지나 미숭산 동쪽 성문을 통하여 올라간 곳이다. 고려 말 이성계가 역성혁명을 꾀하자 안동장군(安東將軍) 이미숭(李美崇, 1346-?)이 고향인 고령 상원산(上元山)에 들어가 개성을 바라보며 복벽(復辟)을 꾀했던 곳이라고 한다.12) 김삿갓이 「영남술회」에서 '영웅들을 하나하나 헤아리며'라고 한 것은 안동장군 이미숭의 사적을 추억한 말인 듯도 하다. 과거 영웅의 내면을 추상하면서 김삿갓은 아무 포부도 이루지 못하고 나막신 한 켤레로 떠도는 자신의 신세를 한탄했다.

영남 술회

높다란 망향대에 나 홀로 기대어 서서
나그네 시름을 억누르고 사방을 둘러보노라.
달을 따라 드나드는 바다도 둘러보고
꽃소식 알고 싶어 산 속으로 들어왔다.

---

11) 버클리대본 『青邱野談』 異本, 제127화. "金笠到蘭珍書堂, 贈學長詩曰 : '山村學長太多威, 健着野冠揷唾挑. 大讀天皇高弟子, 尊稱風憲好朋儕. 每逢凡學憑衰眼, 輒到巡盃籍白髮. 一飯驩堂生色語, 今年過客盡揚州.' 此是凌人也.
12) 이미숭(李美崇)의 본관은 여주. 호는 반곡(盤谷)으로, 이규보의 4세손이다. 정몽주(鄭夢周)의 문인이라고 하지만, 무반(武班)으로 입신했다. 북방 오랑캐나 왜구와의 전투에서 공을 세워 종3품 안동장군(安東將軍)에 올랐다. 이성계가 1392년 왕위에 오르자 진서장군 최신(崔信)과 함께 군사를 일으켰다. 충청도 미산(尾山)과 강경에서 접전하고, 경상북도 김천 덕대산, 경상도 금릉과 성산에서 격전을 치렀다. 거듭 패퇴한 후 고령과 합천의 접경 상원산(上元山)에 들어가, 최신과 함께 군사를 조련하여 후일을 도모하였으나 뜻을 이루지 못하고 절벽에 몸을 던졌다. 묘소는 고령군 쌍림면 용리 반룡동 마을 뒤쪽에 있다. 성내 동편 높은 곳에 흙과 돌로 두 길 이상 쌓고 중앙에 큰 반석을 깔고 고려 왕릉의 좌향을 열 지어 새겨 두었다.

오래 세상 떠돌다 보니 나막신 한 짝만 남은 신세
영웅들을 하나하나 헤아리며 술 한 잔을 다시 든다.
남국의 자연이 아름다워도 내 고장 아니니
한강으로 돌아가 매화꽃이나 보는 게 낫겠네.

嶺南述懷(영남술회)

超超獨倚望鄕臺(초초독의망향대) 　強壓覇愁快眼開(강압기수쾌안개)
與月經營觀海去(여월경영관해거) 　乘花消息入山來(승화소식입산래)
長遊宇宙餘雙履(장유우주여쌍극) 　盡數英雄又一杯(진수영웅우일배)
南國風光非我土(남국풍광비아토) 　不如歸去漢濱梅(불여귀대한빈매)

　김삿갓은 망향대에 올라 자신의 기구한 팔자를 읊어, 아무리 남쪽 지방의 경치가 좋다한들 집으로 돌아가 물가에 핀 매화 보는 것만 못하다고 했다. 두보가 「성도기행(成都紀行)」 12수 가운데 제6수 「오반(五盤)」의 마지막에서 "고향에 아우와 누이 두고, 황폐한 지역에 유락하다니. 성도는 만사가 좋다지만, 내 집에 돌아감만 같으랴![故鄕有弟妹, 流落隨丘墟. 成都萬事好, 豈若歸吾廬]"라고 노래한 시상과 같다.

　전라남도 장흥군 유치면 가지산 자락에는 신라시대 선종 9산 중 가장 먼저 창건된 가지산파 중심사찰인 보림사가 있다. 즉, 헌안왕 4년(860) 왕의 권유로 체징이 창건했다. 김삿갓을 이곳을 거쳐 전남 함평 무악산의 용천사로 향하면서 시를 지었으나, 사찰의 연혁이나 건물, 부도 등에 대해 하나도 언급하지 않았다.

보림사를 지나며

가난과 영화는 하늘에 달렸으니 어찌 쉬이 구하랴

나의 좋아하는 바를 따라 유유히 지내노라.
북쪽으로 고향 하늘 바라보니 천 리 길 아득하고
남녘을 떠도는 내 신세는 허망한 물거품.
술잔을 비삼아 시름의 성을 쓸어버리고
달을 낚싯바늘 삼아 시어를 건져 올린다.
보림사를 보고나서 용천사를 또 찾아가
물외의 한가한 발길을 비구와 함께 하노라.

過寶林寺(과보림사)

窮達在天豈易求(궁달재천개이구)　從吾所好任悠悠(종오소호임유유)
家鄕北望雲千里(가향북망운천리)　身勢南遊海一漚(신세남유해일구)
掃去愁城盃作箒(소거수성배작추)　釣來詩句月爲鉤(조래시구월위구)
寶林看盡龍泉又(보림간진용천우)　物外閑跡共比丘(물외한적공비구)

김삿갓의 발걸음은 옥구로 향했다. 지금의 전북 군산시 옥구읍이 그곳이다. 김 진사 집을 찾아가 하룻밤 묵기를 청했으나, 김진사는 돈 두 푼을 주며 내쫓았다. 김삿갓은 시를 지어 대문에 붙였는데 김 진사가 그 시를 보고 자기 집에 재우고 친교를 맺었다고 전한다. 뒤에 보게 될 「옥구 김 진사」라는 제목으로 알려진 시가 그 시이다.

옥구 김 진사가
내게 돈 두 푼을 주었네.
한번 죽어 없어지면 이런 꼴 없으련만
육신이 살아 있어 평생에 한이 되네.

전라도 남원 남문 밖에는 광한루가 있다. 광한(廣寒)은 달에 있다는 궁궐로,

달을 뜻하는 말이 되었다. 누는 지금의 전라북도 남원시 천거동 75번지에 있다. 황희(黃喜)가 남원에 유배되었을 때 지은 누정으로, 처음에는 광통루(廣通樓)라 불렀다가, 1434년(세종 16) 남원부사 민공(閔恭)이 고쳐 짓고 정인지(鄭麟趾)가 광한루로 이름을 바꾸었다. 정유재란 때 불에 타서 초토가 되고, 2년 후인 1599년 남원부사 겸 방어사 원신(元愼)이 임시로 잔루(殘樓)를 얽었다. 1626년(인조 4) 부사 신감(申鑑)이 대루(大樓)를 광한루 옛터에다 중건했다. 신흠(申欽)의 「광한루기」가 전한다.

김삿갓이 광한루에 올라 지었다는 시는 이러하다.

광한루에 올라

삼남 풍광은 광한루에서 다했으니
용성 아래 오작교 머리.
빈 강에 소나기는 무단히 지나갔으나
너른 들에 남은 구름은 걷히지 않누나.
천리 길을 지팡이 짚신으로 외론 객이 이르매
사시 사철 피리 북 소리는 신선들이 노니는 듯.
은하수 한 줄기가 봉래도에 이어졌나니
신령한 구역을 동해로 들어가 찾을 필요 없어라.

登廣寒樓(등광한루)

南國風光盡此樓(남국풍광진차루)　　龍城之下鵲橋頭(용성지하작교두)
江空急雨無端過(강공급우무단과)　　野闊餘雲不肯收(야활여운불긍수)
千里筇鞋孤客到(천리공혜고객도)　　四時笳鼓衆仙遊(사시가고중선유)
銀河一脈連蓬島(은하일맥련봉도)　　未必靈區入海求(미필영구입해구)

이 시는 정유재란 이전까지 광한루 현판에 남아 있었을 시 혹은 그것에 차운한 시와 마찬가지로 하평성 제11 尤(우)운의 누(樓)·두(頭)·수(收)·유(遊)·구(求) 다섯 자를 운자로 사용했다.

조선전기 서거정(徐居正)이 광한루에서 차운한 3수의 시를 보면 바로 하평성 尤(우)운의 그 다섯 자를 운자로 사용했다. 김종직(金宗直)의 차운시도 같다. 임진왜란 때의 어떤 기록에 의하면 당시 현판에는 옛사람이 지은 시들이 있었는데, 그 운자는 이 다섯 자였다고 한다.13) 그 무렵 최립(崔岦)이 광한루 현판의 시에 차운한 시도 역시 그 다섯 자를 운자로 사용했다.

조선후기의 차운시는 운자가 다르다. 이덕무(李德懋)는 남원을 지나면서 광한루에 올랐을 때 "교룡성 북쪽 산은 창 모양 같고, 오작교 남쪽 강은 비단 같구나[蛟龍城北山如戟, 烏鵲橋南水似羅]"라고 읊었다. 운자가 전혀 다르다. 그보다 앞서 젊은 정약용은 「남원 광한루에 올라[登南原廣寒樓]」라는 시를 지었다. 정유재란 이전의 현판 시와 마찬가지로 하평성 尤운을 골랐지만, 流(류)·樓(루)·州(주)·收(수)·舟(주)의 다섯 글자를 운자로 사용했다. 광한루의 樓자를 운자로 선택한 것이다.

높은 성 굽은 보루가 찬 강에 임한 모습	層城曲壘枕寒流
만마관 지나자 시야에 들어오는 누대 하나.	萬馬東穿得一樓
정전(井田)은 유인궤(劉仁軌) 진영에 황폐해도	井地已荒劉帥府
방어 요새는 대방 고을에 옛날 그대로라.	關防舊鞏帶方州
쌍계에는 풀 푸르러 봄 그늘 고요하며	雙溪草綠春陰靜
팔령에는 꽃이 짙어 전장 기운 걷혔네.	八嶺花濃戰氣收
봉홧불 들 일 없어 노래와 춤 성하고	烽火不來歌舞盛
수양버들 강가에는 목란주가 멎어 있다.	柳邊猶繫木蘭舟

---

13) 조경남(趙慶男), 『난중잡록(亂中雜錄)』 3, 계사년 하 만력 21년, 선조 26년(1593년) 7월 9일 유격(遊擊) 송대빈(宋大斌)의 시 참조

김삿갓=김병연과 같은 시대의 황오가 지은 오언율시「광한루」는 하평성 陽(양)운에 속하는 樑(량)· 方(방)· 陽(양)· 黃(황) 등 네 글자를 운자로 사용했지,14) 다섯 자를 사용하지 않았다. 그렇거늘 김삿갓이 광한루에 올라 지었다는 시는 조선전기의 광한루 현판시와 같은 다섯 운자를 사용했다. 이 사실을 어떻게 설명할 것인가? 김삿갓이 우연히 같은 운자를 그 순서 그대로 사용했다고는 보기 어렵다. 이덕무와 정약용의 시에서 사용한 것과는 달리 조선전기의 운자들을 꼭 같은 순서로 계승한 현판 시가 별도로 존재해서 김삿갓이 차운한 것일까? 아니면 김삿갓 시라고 전하는 것은 실은 광한루 현판시 가운데 하나였을까? 그것도 아니면 조선전기의 다른 인물이 지은 시가 김삿갓의 시로 전해지는 것일까? 의문이다.

김삿갓의 작이라고 전하는 광한루 시는 완벽한 칠언율시이지만, 선경의 상상에 치중했다. 정약용의 시가 구체적 지형을 묘사하고 역사적 사실을 언급하며 국방의 문제를 고민한 것과는 방향이 다르다.

6.

조선시대에 삿갓을 쓰고 방랑한 것으로 유명한 또 다른 인물이 토정 이지함(李之菡, 1517–1578)이다.

『별건곤』(1928.2.1) 제11호에「세외세(世外世) 인외인(人外人) 기인기사록(奇人奇事錄)」이란 논설이 실렸다. 이때 아성야인(鵝城野人)이 '표자(瓢子) 한 개로 대양(大洋)을 평지갓치 항행(航行) 희세대예술가(稀世大術家) 이토정'이란 제목으로 글을 썼다. 이토정이 곧 이지함이다.

이지함은 이지번(李之蕃)의 아우, 이산해(李山海)의 삼촌이다. 마포 강안의 동막(東幕) 부근에 수십 척 되는 토실을 쌓고 지내며 토정이라 했고, 서너 순

---

14) 黃五,「廣寒樓」,『綠此集』권1.

(旬)이 되도록 화식을 하지 않았다. 선조 초 아산(牙山) 현감이 되어, 큰 집을 지어 걸인들을 모아 수공업을 가르쳐 생계를 꾸리고 짚신을 삼아 팔게 했다. 지네 즙을 장복하면서 독기를 제거하려고 생률(날밤)을 씹었는데, 평소 원한을 지닌 고을 통인이 버드나무를 생률같이 깎아 넣어 두었다. 이지함은 그것을 모르고 먹어 죽고 말았다고 한다. 평소 무쇠 갓을 쓰고 다니다가 갓을 솥으로 삼아 밥을 지어 먹었고, 사이사이 패랭이를 쓰고 갈포 옷에 나막신을 신고 길을 나섰다. 말을 타게 되면 나무 안장을 지웠고, 배(舟)는 돛대 없이 네 모퉁이에 표자(瓢子) 하나씩만 달고 저어 나갔다.

김삿갓도 이지함도 기남자이다.

그런데 김삿갓은 한 칠언절구에서, 구만 리 장천과 삼천 리 넓은 땅에 자신을 둘 곳이 없다고 탄식했다. 마치 김시습이 '수심 가득한 창자를 묻을 곳이 없다'라고 한탄했던 것과도 같다. 기승전결의 네 구에 모두 숫자 말을 넣어 자기 푸념을 한 것이 독특하다.

스스로 한탄하다

구만 리 장천 아래 머리 세우기 어렵고
삼천 리 넓은 땅에 다리 펼 수가 없네.
오경에 누각에 오른 것은 달구경 위함이 아니요
사흘 곡기 끊은 것은 신선되기를 구함이 아니다.

自嘆(자탄)

九萬長天擧頭難(구만장천거두난)   三千地闊未足宣(삼천지활미족선)
五更登樓非翫月(오경등루비완월)   三朝辟穀不求仙(삼조벽곡불구선)

김삿갓은 신선의 경치를 추구하는 것도 아니거늘 사흘이나 곡기를 끊어야 했다. 배고픔에 시달려 오경에도 잠을 못 이루고 누각에 올라 달구경한다는 사실에 탄식하지 않을 수 없었다.

일상의 친숙함을 벗어나는 일은 편안한 일이 아니다. 어떤 사람들은 불편한 노정에서 그만의 기쁨을 경험했다. 그리고 현실의 틀을 분쇄할 듯한 새로운 경험으로 가득 차서, 자기가 본래 있었던 공간으로 되돌아왔다.

하지만 김삿갓은 먼 길을 돌아다녔을 뿐, 안도할 만한 공간으로 귀향하지 못했다. 어쩌면 김시습의 방랑과 닮아 있다. 수양대군이 조카 단종을 죽이고 왕위를 찬탈하자 대부분의 사람들은 정권에 아부하는 것을 보고, 김시습은 승려의 행색으로 질탕한 유람을 떠났다. 관서를 돌아보고 호남을 유람한 후 1458년 가을 『탕유관서록(宕遊關西錄)』을 엮으면서 「후지(後志)」를 적어 이렇게 말했다.

어느 날 갑자기 개탄스러운 일을 당하고는, 사람이 이 세상에 태어나 도를 행할 수 있는 상황이라면 제 한 몸을 깨끗이 한다면서 인륜을 어지럽히는 일[潔身亂倫]이 부끄럽지만, 도를 행할 수 없을진댄 홀로 자기 자신만 착하게 수양하는 일[獨善其身]이 옳다고 여겼다.

필자가 다른 책에서 말했듯이 김시습의 방랑은 일본 에도시대 마쓰오 바쇼(松尾芭蕉, 1644-1694)의 그것에 견줄 수 있다. 마쓰오 바쇼는 41살이던 1684년 8월 고향 우에노(上野)로 성묘하러 간다고 하면서 '노자라시 기행(野ざらし紀行)'에 올랐다. 서문에서 이렇게 말했다.

천리 먼 길 여행을 떠나는데, 중도의 식량을 준비하지도 않고, 깊은 밤 달빛을 받으며 자연 그대로의 이상향으로 들어간다고 생각하며, 옛 사람들의 정신을 따라 여행길을 떠나려 한다. 1684년 음력 8월 가을, 스미다 강가의 누추한 집을 떠나려 하니 바람의 소리도 어쩐지 차갑게 느껴진다.

『장자』「소요유」에 "근교에 있는 무덤에 갔다오는 자는 하루 만에 다녀올 수 있고 배 또한 부르다. 백 리를 가려는 자는 미리 양식을 준비해야 한다. 천 리를 가려는 자는 3개월 동안 양식을 모아야 한다"라는 말이 있다. 바쇼는 천리 길을 갈 예정이지만 식량을 준비하지 않았다고 했다. 객사마저도 감내하겠다고 각오한 것이다. 심야의 달빛 아래 무하의 세계로 들어간다고 하는 것은, 『장자』에서 말한 무하유(無何有)의 경지로 떠난다는 것을 의미한다.

1689년 3월 하순, 바쇼는 문하생 가와이 소라(河合曾良)를 대동하여 에도를 출발해서 '오쿠노호소미치'의 여행을 떠났다. 오쿠는 일본 동북지방을 말한다. 7개월간 약 2,400킬로미터를 걸었다. 바쇼는 『오쿠노호소미치』의 첫머리에서, 이백의 「춘야연도리원서(春夜宴桃李園序)」에서 어구를 따와 세월(인생)이 나그넷길과 같다고 여겼다.

> 세월은 영원한 여행객이고, 오고가는 해 또한 나그네이다. 사공이 되어 배 위에서 평생을 보내거나 마부가 되어 말 머리를 붙잡은 채 노경을 맞이하는 사람은, 그날그날이 여행이기에 여행을 거처로 삼는다. 옛 선인들 중에도 많은 풍류인들이 여행길에서 죽음을 맞이했다. 어느 해부터인가, 나도 조각구름을 몰아가는 바람결에 이끌려 방랑하고픈 생각이 끊이지 않았다.

바쇼는 우주와 인간사의 무상함을 응시하면서 그 찬란한 슬픔을 곱씹었다. 그래도 방랑은 자유의 길이라고 여겼다.

하지만 김삿갓의 방랑은 뒷맛이 개운하지 않다. 불편함의 연속이었다. 시골집에서 비를 피할 잠자리를 가까스로 얻고, "한평생 허리 굽히려고 하지 않았건만, 이 밤은 다리를 펴기도 어렵다"라고 한탄했다.

비를 만나 시골집에서 묵다

굽은 나무로 서까래 만들고 처마에 먼지 쌓였지만
그 가운데가 한 말 크기라 겨우 몸을 들였네.
평소 긴 허리를 굽히려고 안 했지만
이 밤에는 다리 하나 펴는 것도 꾀하기 어렵구나.
쥐구멍으로 연기가 들어와 온통 옻칠한 듯 검고
봉창은 띠로 닫아두어 날 밝는 기색도 없네.
그래도 하룻밤 의관 적시는 걸 면했으니
임별에 정중하게 주인에게 사례한다.

逢雨宿村家(봉우숙촌가)

曲木爲椽簷着塵(곡목위연첨착진)　　其間如斗僅容身(기간여두근용신)
平生不欲長腰屈(평생불욕장요굴)　　此夜難謀一脚伸(차야난모일각신)
鼠穴煙通軍似漆(서혈연통혼사칠)　　蓬窓茅搞亦無晨(봉창모혁역무신)
雖然免得衣冠濕(수연면득의관습)　　臨別慇懃謝主人(임별은근사주인)

어느 시골집에서 비를 피하며 지었다. 상평성 眞운의 塵(진)·身(신)·伸(신)·晨(신)·人(인)의 다섯 운자를 사용한 칠언율시이다. 시 잘 짓는 김삿갓이 외재율을 지켜 시어를 조직해서, 누추하고 옹색한 잠자리를 잘도 표현했다.

지팡이에 몸을 의지하고 떠돌아다니는 나그네 길, 어쩌다 생긴 엽전 일곱 냥이 전부이지만 저녁놀이 붉게 타는 어스름에 술 한 잔으로 허기를 채운다. 19세기 중엽 『몽유야담』에 소개된 시는 이러하다.

주막에서 간신히 술을 마시고

천 리 길을 지팡이 하나에 맡겼으니
남은 엽전 일곱 푼도 오히려 많아라.

주머니 속 깊이 있으라고 다짐했건만
석양 주막에서 술을 보았으니 내 어찌하랴.

艱飮野店(간음야점)

千里行裝付一柯(천리행장부일가)　　餘錢七葉尙云多(여전칠엽상운다)
囊中戒爾深深在(낭중계이심심재)　　野店斜陽見酒何(야점사양견주하)

　골짜기를 따라 종일 길을 가도 사람을 만나지 못하다가 강가에서 오두막 집을 발견하고 잠자리를 청한다. 창호지가 너덜너덜한 방안은 먼지가 가득 하여 손수 비를 들어 쓸어낸다. 그리고 거무튀튀한 그릇에 담아내온 불그레 한 보리밥은 도무지 식욕을 일으키지 않는다. 잠을 재워준 것에 고맙다고 사 례하면서 길을 떠나지만 지난밤의 벌레에 시달려 잠을 제대로 이루지 못했 던 지난밤이 뱃속을 뒤집는다.

농가에서 자다

골짜기 따라 종일 가도 사람을 못 보다가
다행히 오두막집을 강가에서 찾았네.
문을 바른 종이는 여와 시절 그대로고
방을 쓸었더니 천황씨 갑자년 먼지일세.
거무튀튀한 그릇들은 순임금이 구워냈고
불그레한 보리밥은 한나라 창고에서 묵은 것.
날이 밝아 주인에게 사례하고 길을 나섰지만
지난밤 겪은 일을 생각하면 입맛이 쓰구나.

宿農家(숙농가)

終日緣溪不見人(종일연계불견인)　　幸尋斗屋半江濱(행심두옥반강빈)
　　門塗女媧元年紙(문도여와원년지)　　房掃天皇甲子塵(방소천황갑자진)
　　光黑器皿虞陶出(광흑기명우도출)　　色紅麥飯漢倉陳(색홍맥반한창진)
　　平明謝主登前途(평명사주등전도)　　若思經宵口味辛(약사경소구미신)

여와씨 때 발랐던 것인지 너덜너덜한 종이, 천황씨 때 먼지가 쌓여 있는 것 같은 방바닥이라 했다. 여와씨는 중국 전설에 나오는 천지를 만들었다는 인물, 천황씨는 전설에 나오는 고대 중국 임금이다.

김삿갓 시에는 축객(逐客)의 세태를 꼬집는 내용이 많다.

앞서 보았듯이, 김삿갓이 어느 산골 서당에 가서 하룻밤 재워 달라고 하니 훈장이 시를 지으면 재워 주겠다고 하면서 시 짓기 어려운 '멱'(覓)자 운을 네 번이나 불렀다. 이에 김삿갓은 훈장을 풍자하며 재치 있게 네 구절 다 읊었다.

사당동에서는 보국대신 강씨 후손의 푸대접을 받고 주인집을 조롱하는 시를 지었다. 개성인의 야박함은 또 어떠했던가. 황혼녘에 쫓겨났다. 어느 집에 가서는 먹을 것을 구하자 쉰밥을 내놓기에 「이십수하(二十樹下)」 시를 읊어 "인간에 어찌 이런 일이 있으리오[人間豈有七十事]"라고 한탄했다.

'고향에 돌아가지 못하는' 김삿갓은 수심에 젖었다.

고향 생각

서쪽으로 이미 열세 고을을 지나왔건만
이곳에서는 떠나기 아쉬워 머뭇거리네.
눈 내릴 가향에선 가족이 한밤중 날 생각하리
천지산하에 나그네 된 지 천추가 지난 듯하다.
지난 역사를 이야기하며 비분강개하지 마세.

영웅호걸에게 백발의 일을 물어보아야 하리라.

여관의 외로운 등불 아래서 해를 보내니

꿈속에서는 고향 동산에 노닐어 볼 수 있을지.

思鄕(사향)

西行已過十三州(서행이과십삼주)	此地猶然惜去留(차지유연석거류)
雨雪家鄕人五夜(우설가향인오야)	山河逆旅世千秋(산하역려세천추)
莫將悲慨談靑史(막장비개담청사)	須向英豪問白頭(수향영호문백두)
玉館孤燈應送歲(옥관고등응송세)	夢中能作故園遊(몽중능작고원유)

오야(五夜)는 오경(五更)으로, 오전 3시부터 5시까지이다. 이 시각에 김삿갓은 객점의 외론 등불 아래 깨어서 고향을 생각한다. 눈이 내리고 있을 고향에서도 가족은 한밤에 잠을 못 이루고 나를 생각하고 있지나 않을까, 상상해본다. 마지막 구절은 스스로에게 묻는 뜻으로 보는 것이 좋다. 한시와 한문은 의문문의 표지를 사용하지 않고도 의문의 어기를 나타낼 수 있는데, 이 시에서는 자신에게 묻는 말로 보는 것이 시상에 적합하다.

7.

김삿갓이 방랑한 동선은 매우 불확실하다. 우리가 보는 김삿갓 시가 한 사람에 의해 제작된 것이 아닌데다가, 후대의 편집도 시간 계열이나 공간 배치를 상정하지 않았기 때문이다.

어느 김삿갓은 「북유록을 지으면서 백두산을 가보지 못함을 탄식한다」라는 제목의 과시를 지었다. 그 김삿갓은 "문장을 하나 적어 봉선의 예식이 있기를 기다리나니, 부디 우리 황제께서 새로 봉선의 조칙을 반포하시길 바라나이다"

라고 했다. 대한제국 시절을 배경으로 하고 있다.

 18연의 이 과시는 제목의 山자를 골라 제4연 바깥짝 마지막에 쓰고, 山자가 속한 평성 刪(산)운의 글자를 내리 사용했다. 단, 제3연의 마지막 글자가 髮(발)이어서 낙운인데, 鬟(환)자를 잘못 베꼈을 것이다. 제7연 마지막과 제9연 마지막에 寰(환)자를 두 번 쓴 것도 전사의 잘못일 것이다. 그 외에 활자판에 잘못된 글자가 많은데, 자교의 방법으로 고칠 것은 고쳐 읽어보기로 한다.

作北遊錄歎不見白頭山(작북유록탄불견백두산)

01 我頭先白名山詩(아두선백명산시) 十年沈痼煙霞間(십년침고연하간)
02 博望古史崑崙跡(박망고사곤륜적) 廣成虛約空同顔(광성허약공동안)
03 秋風夢斷女眞國(추풍몽단여진국) 鴈背延天螺鬟鬟(안배연천라수환)
04 靑邱一脉白頭高(청구일맥백두고) 自古遊人傳此山(자고유인전차산)
05 三千里域祖宗立(삼천리역조종립) 萬八年來神祕慳(만팔년래신비간)
06 中間非不說者多(중간비불설자다) 畵圖詩篇皆等閑(화도시편개등한)
07 平生我有見山癖(평생아유견산벽) 一笠行裝窮八寰(일립행장궁팔환)
08 花時妙香再到遊(화시묘향재도유) 雪景金剛三宿還(설경김강삼숙환)
09 神山自立最高頭(신산자립최고두) 地角遙遙渦一寰(지각요요와일환)
10 中途病苦忽徘徊(중도병고홀배회) 直山秋深行極難(직산추심행극난)
11 羊腸黑雲滿天岑(양장흑운만천잠) 馬頭蒼煙迷鬼關(마두창연미귀관)
12 龍門壯觀有餘債(용문장관유여채) 臘屐東南如轍環(납극동남여철환)
13 商岑平地杳難期(상잠평지묘난기) 蜀道靑天高莫攀(촉도청천고막반)
14 空飛羽翼願暫借(공비우익원잠차) 黑龍江頭春鳥□(흑룡강두춘조□)
15 浮雲疾客跡自秘(부운질객적자비) 老石憎人顔亦頑(노석증인안역완)
16 文章一書待封禪(문장일서대봉선) 庶幾吾皇新詔頒(서기오황신조반)
17 層巒迢遞北斗嵐(층만초체배두람) 積雪嵯峨東海灣(적설차아동해만)
18 回頭更望古泛覽(회두경망고범람) 宿緣江南秋月彎(숙연강남추월만)

01 명산의 시를 읽느라 내 머리 먼저 세었나니

    십 년을 연하를 그리워하는 고질병을 앓았도다.

02 박망후(博望侯, 장건)의 곤륜산 자취를 옛 역사에서 읽었고

    광성자(廣成子) 얼굴을 공동산5)에서 보리라 헛되이 약속했지.

03 가을바람에 옛 여진국 땅에 노닐 꿈이 속절없으니

    기러기 등은 하늘에 뻗고 소라고둥 머리 꼴만 서넛이로다.

04 청구의 백두대간 일맥에 백두산이 가장 높아

    옛날부터 유람인들이 이 산에 대해 이야기를 전한다.

05 삼천 리 강역에서 조종(祖宗)의 산으로 우뚝 서서

    일만 팔천 년 동안 신비롭게 보호되어 왔다.

06 중간에 말하지 않은 자가 거의 없으나

    그림과 시편이 모두 시시할 뿐.

07 평생에 나는 산을 직접 보려는 버릇이 있어

    삿갓 하나의 행장으로 팔역을 다 다녀,

08 꽃 시절에 묘향산을 두 번이나 노닐고

    눈 경치 보러 금강산을 세 번이나 묵고 돌아왔다.

09 신령한 산이 홀로 우뚝 서서 최고봉을 드러내니

    천애지각(天涯地角)에 아득히 소용돌이가 휘돌아 만든 듯.

10 중도에 병으로 홀연 배회하고 말아서

    곧장 산으로 향하기엔 가을 깊어 행로가 극히 어려웠다.

11 양 창자같이 굽은 길에 검은 구름은 하늘 솟은 봉우리에 가득하고

    말 머리는 푸른 안개 속에 들어가 귀문관에서 길을 잃는다.

12 용문산 장관을 보려던 남은 빛이 있기에

---

15) 고대의 선인(仙人) 광성자(廣成子)가 공동산의 석실에 은거했는데, 황제(黃帝)가 재위 19년 만에 그를 찾아가 도를 묻고 수도 끝에 지도(至道)의 정수를 얻었다는 이야기가 『장자』「재유(在宥)」에 나온다. 공동산은 崆同山 혹은 崆峒山이라고 적는다.

나막신에 밀납 칠해 동남으로 향하길 천하 주유하듯이 한다.
13 네 은둔객 살던 상산6)은 평지라도 아득하여 기대하기 어렵고
    잔도로 이어진 촉도는 청천에 높이 솟아 더위잡고 오르지 못하기에,
14 허공 나는 날개를 잠시 빌려다가
    흑룡강 머리에서 봄새의 지저귀는 소릴 듣고파라.
15 뜬 구름은 나그네를 질시하여 자취를 절로 감추고
    늙은 바위도 사람을 미워하여 얼굴이 완고하기만 하다.
16 문장을 하나 적어 봉선의 예식이 있기를 기다리나니,
    부디 우리 황제께서 봉선의 조칙을 반포하시길 바라나이다.
17 층층 봉우리는 까마득하게 북두성 가 이내에 덮여 있고
    쌓인 눈은 아스라하게 동해 물굽이에 희게 빛난다.
18 머리 돌려 옛날 두루 관람한 곳을 다시 바라보매
    묵은 인연이 강남의 둥근 달에 있도다.

대체 김삿갓은 어디로 가려 했던 것일까?

어디로 가오
어디로 가오
삼생의 금슬 아내
다섯 때때옷 자식들
모두 다 버리고
어디로 가오

---

16) 상잠(商岑)은 중국 섬서성(陝西省) 상현(商縣) 동남쪽에 있는 상산(商山)을 말한다. 진(秦)나라 말기에 동원공(東園公)·녹리선생(甪里先生)·기리계(綺里季)·하황공(夏黃公) 등 사호(四皓)가 진 시황의 학정을 피해 은거하여 지초를 캐 먹으며 살았다.

제15화. 쓸쓸한 내 그림자

1.

그림자를 읊다

들어오든 나가든 나를 따라 그저 공손하구만
너는 나와 흡사하지만 참 나는 아니구나.
언덕에 달빛 기울면 도깨비 형상이 되고
뜰의 태양이 머리에 오면 난쟁이 모습 우습고
침상에 누워 찾으면 찾지 못하다가
등불 앞에서 돌아보면 홀연 마주치네.
마음으로는 사랑하지만 종내 신의 없구나
빛이 비치지 않으면 자취를 끊고 말아.

詠影(咏影, 영영)
進退隨儂莫汝恭(진퇴수농막여공)　　汝儂酷似實非儂(여농혹사실비농)
月斜岸面篤魁狀(월사안면독괴상)　　日午庭中笑矮容(일오정중소왜용)

枕上若尋無覓得(침상약심무멱득)　　燈前回顧忽相逢(등전회고홀상봉)
心雖可愛終無信(심수가애종무신)　　不映光明去絶踪(불영광명거절종)

그림자를 노래하다니, 쓸쓸했던 모양이다. 그림자는 나와 떼려야 뗄 수 없는 존재. 하지만 나의 본 모습이 아니라 나의 현실성의 한 모습이다.

내 몸뚱이와 내 그림자는 서로 의지한다. 살갑게 이야기할 존재가 없이 나 혼자 있을 때, 몸뚱이와 그림자만 서로 의지하여 고단하고 적적한 분위기가 증폭된다. 나의 그림자는 나의 몸뚱이의 모사인 데다가 내 몸뚱이에 붙어서 다니므로 나를 배반하지 않는다고 생각할 수 있다. 하지만 김삿갓은 그림자마저 몸뚱이를 배신한다고 서글퍼했다.

언덕에 달빛이 기울면 나의 그림자는 도깨비 형상이 되고, 거꾸로 한낮의 태양이 머리에 이르면 나의 그림자는 난쟁이 꼴로 변한다. 침상에 누우면 그림자는 어디로 갔는지 알 수 없다가도 등불 아래서 보면 홀연 그림자가 나타난다. 그래도 내 그림자는 내 몸의 분신이요 나의 현실성으로서 나의 온전한 소유라고 생각하기 쉽다. 하지만 빛이 없는 곳에서는 어떤가, 다른 물체의 큰 그늘 아래서는 어떤가! 나의 그림자는 나와의 교통을 끊고, 자취를 감추고, 나의 소유물이 아님을 시위한다.

이는 기막힌 일이다.

현실성은 본래성과 불가분의 관계에 있다. 현실성의 모습이 만족스럽지 못하다고 해도 그 모습을 통해서 본래성을 직시할 수도 있다. 하지만 현실성의 모습은 때때로 은폐되어 본래성을 찾을 수 없게 만든다. 나의 정체성을 알지 못하게 만들어 나를 불안하게 하는 정도에 그치는 것이 아니라 아예 나의 정체성에 대한 문제를 거론하지 못하게 만들 수가 있다. 군중 속에서 스스로를 잃어버린다든가, 나의 바깥에 있는 가치에 이끌려 앞으로만 나아갈 때 우리는 그런 순간을 수시로 경험하는 것이다.

「그림자를 읊다」 시는 『매일신보』(1933.12.8)에 김병연의 종손 김홍한이

소개한 일이 있다. 이응수는 1939년 『김립시집』과 1941년 대증보판에 이 시를 실으면서, "이 율은 완연히 이시카와 다쿠보쿠(石川啄木)의 「니노가게(二の影)」란 시를 연상케 한다"라고 부기했다.

다쿠보쿠의 「니노가게」는 「あこがれ(아코가레, 憧憬)」 제16수를 말한다.[1)]

　　　二つの影

　　　　　浪の音(ね)の
　　　　　楽(がく)にふけ行く
　　　　　荒磯辺(ありそべ)の夜(よる)の砂、
　　　　　打ふみて我は辿りぬ。
　　　　　海原にかたぶける
　　　　　秋の夜の月は円(まろ)し。

　　　ふと見れば、
　　　　　ましろき砂に
　　　　　影ありて際(きは)やかに、
　　　　　わが足の歩みはこべば、
　　　　　影も亦歩みつつ、
　　　　　手あぐれば、手さへあげぬ。

　　　とどまれば、
　　　　　彼もとまりぬ。
　　　　　見つむれど、言葉なく
　　　　　ただ我に伴(とも)なひ來る。
　　　　　目をあげて、空見れば、

---

1) 石川啄木, 『あこがれ』, 特選　名著複刻全集　復刻, 日本近代文学館, 1976.

そこにまた影ぞ一つ。

ああ二(ふた)つ、
　影や何なる。
　とする間(ま)に、空の影、
　夢の如、消えぬ、流れぬ。
　海原に月入りて、
　地の影も見えずなりぬ。

我はまた
　荒磯(ありそ)に一人。
　ああ如何に、いづこへと
　消えにしや、影の二つは。
　そは知らず。ただここに。
　消えぬ我、ひとり立つかな。

두 그림자
　파도 소리의
　　음악에 깊어가는
　　황폐한 바닷가의 밤 모래밭
　　꼭꼭 밟으며 나는 걸어본다
　　해원에 기우는
　　가을의 밤 달은 둥글어라.

언뜻 보니
　　새하얀 모래 위에

그림자 있어 또렷하기에
나 발걸음을 옮겨보면
그림자 또한 걷고
손 들어보면, 손까지 들어주며,

멈추면
    그도 멈추고
    응시하면, 말없이
    다만 내게 동무하여 올 뿐.
    눈을 들어, 허공을 보면
    거기에 또 그림자 하나

아아, 두 개의
    그림자 어쩐 일이지
    하는 사이에, 허공의 그림자,
    꿈과도 같이, 사라져, 흘러가,
    해원에 달이 들어가
    땅 그림자도 보이지 않게 되고,

나는 또
    거친 해안에 한 사람.
    아아 어찌하여, 어디로
    사라졌는가, 두 그림자는.
    그건 몰라. 다만 여기에.
    사라지지 않은 나, 홀로 서 있나니.

2.

1941년 대증보판 『김립시집』에는 과시를 모아둔 부록의 맨 첫머리에 28구의 「영(影)」이 수록되어 있다.

눈 하나에 천 개의 손이라니
석씨(불교)의 말은 허망하기도 하다.
뜬 인생을 모두 물외의 것으로 돌렸으니
공계에서 누가 경(境) 속의 경을 알랴.
껄껄 한바탕 웃으며 지팡이 던지고 서니
그대는 누구인가 나는 모르겠구나.
무에서 유가 생기고 유에 무가 있어
물에 인하여 형을 이루는 것이 그림자.
조화에 참례하여 면목을 빌려와
허공에 의탁해 동과 정을 갖추고 있으나,
평생 아무 말 없고 또한 무심하니
자신의 정신을 무엇이 거느리는가.
그댈 그리워해도 만나지 못해 주인옹(마음)에게 물으며
빈 뜰에 홀로 서매 가을밤이 길기만 하다.
소동파는 달이 질 때 묵죽을 읊었고[2]
혜원(惠遠) 법사의 빈 연못엔 마름 풀[달빛]이 잠겼다.
인간세계에 정말 나 홀로 있거늘
그대는 누구이기에 나와 함께 하는가.

---

[2] 문동(文同)은 북송 때 문인으로 자는 여가(與可)인데, 화죽(畵竹)을 잘했다. 소식은 문 문동이 죽은 뒤 「서문여가묵죽(書文與可墨竹)」 시의 서문에서, 문동이 생전에 "세상에 나의 대를 알아줄 사람이 없었는데, 오직 소자첨(소식)이 한 번 보고는 나의 오묘한 곳을 알았다[世無知我者, 惟子瞻一見識吾妙處]"라고 말한 것을 인용했다.

따라서 가고 따라서 오기를 잠깐 사이에 하며

있는 듯이 하다가 없는 듯이 하길 순식간에 하누나.

그대의 몸은 이태백과 같이 달이 표치를 비추지만

나의 눈은 하지장과 같아 현화가 어른거려 우물에 빠진다.3)

장주(莊周)가 호접이 되고 호접이 장주가 되었다니

정말로 『남화진경』에서 허탄한 설을 치달린 것과 같아라.

형신(形身)은 모두 괴뢰의 환영을 만들어내니

책망하는 말이 어찌 망량(魍魎)4)의 경고를 알랴.

선생의 성명은 영백(影白)이라 하며,

무단(無端)히 가고 청하지 않아도 온다.

01 一手眼爲千手介(일수안위천수개) 釋氏此言淡虛景(석씨차언담허경)
02 浮生都付物外物(부생도부물외물) 空界誰知境中境(공계수지경중경)
03 呵呵一笑放杖立(가가일소방장립) 問君爲誰吾不省(문군위수오불성)
04 無中生有有中無(무중생유유중무) 因物成形謂之影(인물성형위지영)
05 參之造化借面目(참지조화차면목) 寄於虛空俱動靜(기어허공구동정)
06 平生無語亦無心(평생무어역무심) 自家精神何所領(자가정신하소령)
07 思君不見問主翁(사군불견문주옹) 獨立虛庭秋夜永(독립허정추야영)
08 東坡落月咏墨竹(동파낙월영묵죽) 惠師空潭涵藻荇(혜사공담함조행)
09 人間只信有一我(인문지신유일아) 君是何人與我並(군시하인여아병)
10 隨行隨之造次間(수행수지조차간) 如有如無俄忽頃(여유여무아홀경)
11 君身太白月照標(군신태백월조표) 我眼知章落花井(아안지장낙화정)1

---

3) 두보의 「음중팔선가(飮中八仙歌)」에 "하지장의 말 타는 건 배를 탄 듯이 흔들흔들, 눈은 어른거려 우물 속에 빠져 자기도 했다네[知章騎馬似乘船, 眼花落井水底眠]"라는 묘사가 있다.
4) 『장자』 「제물론」에 따르면, 영(影)은 짙은 그림자, 망량은 영(影) 밖의 열은 그림자를 가리킨다.

12 莊周爲蝶蝶爲周(장주위접접위주) 如信南華誕說聘(여신남화탄설빙)
13 形身都出傀儡幻(형신도출괴뢰환) 責語何知魍魎警(책어하지망량경)
14 先生姓名影白云(선생성명영백운) 去亦無端來不請(거역무단내불청)

이 시는 제4련 끝에 시제의 影(영)자를 놓고 상성 梗(경)운으로 압운을 했다. 과시인 셈인데, 낙운이 있다. 압운의 상황을 보면 다음과 같다.

　　상성 23 梗(경) : 景(경)·境(경)·省(성)·影(영)·靜(정)·領(령)·永(영)·
荇(행)·井(정)·警(경)·請(청)
　　하평성 08 庚(경) : 並(병)·頃(경)
　　거성 24 敬(경) : 聘(빙)

상성 梗(경) 운을 사용하면서 거성 경(敬)운을 통압한 것은 상성-거성 통압이 빈번한 우리나라 압운법을 따른 것이다. 하평성 庚(경)운에 속하는 並(병)과 頃(경) 자를 사용한 것은 낙운이다.
　그것은 아무래도 좋다.
　이 과시는 대체 어떤 정신지향을 드러내는가? 저 『장자』「어부(漁父)」에 "그늘에 처하여 그림자를 쉬게 하고 고요하게 살면서 행적을 숨길 줄 모르니 어리석음이 또한 심하다[不知處陰以休影, 處靜以息迹, 遇亦甚矣]"라고 한 경계의 말을 가슴 깊이 받아들인 것일까?

3.

몸뚱이와 그림자의 분리를 통해 인간의 내면을 성찰하는 방식은 도연명의 「형영신(形影神) 3수」에서부터 한시의 한 양식으로 정착되었다. 형영신이란 사람의 몸뚱이와 그림자, 그리고 정신이다. '형증영(形贈影)'은 몸뚱이가 그림자에게 "그대여 내 말을 들어, 술을 사양하지 말게나[願君取吾言, 得酒莫苟辭]"라고 하는 말. '영답형(影答形)'은 그림자가 형체에게 "선행을 하여 사랑을 남기니, 어이 온몸을 다하지 않으랴[立善有遺愛, 胡可不自竭]"라고 하는 말. 몸뚱이는 몸을 챙긴다며 술을 퍼마시고 싶어 하고 그림자는 이름에 노역되어 선행을 추구하려 하니, 이 모두 생에 집착을 두는 것이다. 여기서, 그림자는 곧 인간의 부질없는 욕망을 상징한다.

사람들은 오래 살려 하고 명예를 추구하느라 고생을 한다. 그런데 '신석(神釋)'에서는 정신의 가치를 주장하고, "대 조화의 운동 속에 물결을 따라가면서, 기뻐하지도 말고 두려워하지도 말며, 다 끝내야 할 때 모름지기 다 끝내어, 다시는 홀로 생각을 많이 하지 말자구나[縱浪大化中, 不喜亦不懼. 應盡便須盡, 無復獨多慮]"라고 했다. 생사는 하나이고 화복도 하나이므로 그것에 의해 마음을 흔들리게 하지 말고 천지의 조화에 순응하여 살자고 다짐한 것이다. 불교의 단상견(斷常見)에 해당하는 태도이다.

소동파는 「도연명에게 묻는다[問淵明]」에서, 조화의 물결에 몸을 맡기는 것도 조화에 얽매이는 것이라고 했다. 말하자면 단상견마저도 벗어나야 한다는 주장이다.

　　(전략)

　　술 있으면 사양 않고 취하며　　　　　　有酒醉不辭
　　술 없으면 샘물을 마시리라.　　　　　　無酒斯飮泉
　　선행을 세워 나의 명예를 구하고　　　　立善求我譽
　　주린 사람은 음식을 탐하여 군침을 흘리며,　飢人食饞涎
　　운에 맡기면 생명을 상할까 걱정이고　　委運憂傷生
　　운이 떠나면 생명도 역시 변화한다.　　　運去生亦遷
　　큰 조화 속에 물결 따라 노닐면　　　　　縱浪大化中

정녕 조화에게 얽매이리라.	正爲化所纏
생명이 다하면 다하여야 하는 법	應盡便須盡
어찌 다시 이 말을 기다릴 것인가.	寧復俟比言

조화의 물결에 몸을 맡기는 일도 조화에 얽매이는 것이 아니냐. 생명이 다하면 떠나야 한다는 도연명의 말은 옳다. 다만 그런 말조차 필요 없다.

백거이는 마음과 몸이 문답하는 식으로 「스스로를 조롱하는 세 절구[自戱三絶句]」를 지었다. 부제를, '한가롭게 누워 홀로 읊조리니 수작할 사람이 없기에 짐짓 몸과 마음이 서로 장난하면서 주고받는 형식을 빌려 우연히 세 시를 이루었다[閒臥獨吟, 無人酬和, 聊假身心相戱往復, 偶成三章]'라고 했다.

마음이 몸에게 묻는다[心問身]

마음이 몸에게 묻기를 어이 그리 태연한가	心問身云何泰然
엄동에 따스하게 이불 덮고 대낮까지 잠들다.	嚴冬暖被日高眠
그대를 쾌활하게 놓아두니 은혜를 아는가 모르는가	放君快活知恩否
아침 일찍 일어나지 않은 지 열 한 해.	不早朝來十一年

몸이 마음에 답하다[身報心]

마음은 몸의 왕, 몸은 스스로 궁전이니	心是身王身自宮
그대는 지금 나의 궁에 거처하네.	君今居在我宮中
이것이 그대의 집이니 그대는 모름지기 사랑하라	是君家舍君須愛
무슨 일로 은혜를 따져 스스로 공이 있다 말하나.	何事論恩自說功

마음이 다시 몸에 답하다[心重答身]

내가 게을러 일찌감치 파직하여	因我疎慵休罷早
그대를 안락하게 만든 것이 오래되었네.	遣君安樂歲時多
세간 사람들치고 늙고 괴로운 이가 어디 없으랴	世間老苦人何限
그댈 한가하게 놓아주지 않으면 나는 어쩌겠나.	不放君閒奈我何

도연명과 백거이의 생각은 미묘하게 다르지만, 궁극적으로는 모두 『열자』 「역명(力命)」에 통한다. 역은 인력, 명은 천명이다.

인력이 말했다.

"사람의 목숨이 길고 짧은 것, 잘살고 못 사는 것, 벼슬하여 지위가 높고 벼슬 못해 천하게 사는 것, 없어서 가난하게 살고 돈이 많아 부유하게 사는 것이 다 나의 힘으로 하는 것이다."

천명이 말했다.

"그렇지 않다. 옛날 팽조는 지혜가 요순보다 못했지만 팔백 세나 살았고, 공자의 제자 안연은 재주가 보통사람보다 뛰어났지만 겨우 사십팔 세밖에 못 살았다. 공자는 도덕이 모든 제후들보다 탁월했지만 진나라와 채나라 사이에서 곤란을 당했고, 은나라 주왕은 행실이 세 사람의 인인(仁人)이라고 하는 기자, 미자, 비간보다 못 했지만 임금 자리에 앉았다. 계찰이라는 사람은 오나라에서 현인으로 알려졌지만 벼슬을 하지 못했고, 전항이란 사람은 제나라에서 방자한 사람으로 알려졌지만 제나라를 종횡했다. 백이와 숙제는 현인으로 알려졌지만 수양산에서 굶어죽었고, 노나라의 계씨라는 사람은 임금의 친척으로 아주 방자했지만 청렴결백한 전금보다 부자로 살았다. 만일 이런 것이 모두 자네의 힘 때문이라면 어째서 어떤 사람은 오래 살게 하고 또 어떤 사람은 빨리 죽게 하며, 성인은 궁하게 살게 하고 역적은 잘 살게 하며, 어진 이는 천하게 만들고 어리석은 이를 귀하게 만들며, 선한 사람을 가난하게 살게 하고 악한 사람을 부자로 살게 하는 것인가?"

인력이 말했다.

"만일 자네의 말과 같이 내가 본래 모든 물건에 공헌한 것이 아주 없다면 어떻게 물건들이 이렇게 저절로 있을 수 있겠는가? 문제는 자네가 제재하기 때문이다."

천명이 말했다.

"이미 모든 것이 천명인데 어떻게 그것을 제재하겠는가? 나는 곧은 물건은 곧은 대로 두고 굽은 물건은 굽은 대로 둔다. 그리하여 스스로 오래 살고 스스로 빨리 죽게 하고, 스스로 못 살고 스스로 잘살게 하며, 스스로 귀해지고 스스로 천해지게 하고, 스스로 부자로 살고 스스로 가난하게 살게 하는 것이다. 내가 어떻게 그것을 알 수 있겠는가?"

고려의 이규보는 「또 백낙천의 심신문답에 화답하다[又和樂天心身問答]」에서 이렇게 노래했다.

마음이 몸에게 묻는다[心問身]

세상 길이 그대를 오래도록 힘들게 해왔으니	世路煩君久擾然
이제부터는 취하고 자는 것만 허락하겠네만,	從今但許醉兼眠
어찌하여 나보다도 먼저 훨씬 쇠약해졌나	如何先我多衰弱
나는 튼튼하기 스무 살 때나 같은데.	我壯猶如始冠年

몸이 마음에 답한다[身報心]

다행이 이제까지는 당신의 집이었으나	多幸如今作爾宮
그대는 날 버리고 육천궁(하늘)으로 가리.	知應捨去六天中

능연각에 초상이라도 그려질 것 같으면   凌煙閣上如圖像
나만 홀로 모습 남겨 공로 차지하리라.   我獨留眞自擅功

마음이 다시 몸에게 답한다[心復答身]

사람 가는 곳 어디인들 집이 아니랴   人行底處不爲家
살던 집 무너지면 모두가 버린다네.   所宅殘頹棄者多
도솔천으로 내가 만약 가게 된다면   兜率天中吾若去
옛 집[몸]이 있다 한들 무엇 하겠나.   古宮雖在奈如何

만년의 이규보는 불교를 믿어서, 도솔천에서 극락왕생하길 희구했다.
김삿갓은 몸뚱이와 그림자의 대화를 시로 적지는 않았다. 그림자가 몸뚱이를 배반하고 일그러지거나 사라져 숨어버리는 사실을 서글퍼했다. 모든 것이 떠나버린 상태를.

4.

김삿갓은 그림자도 자신을 속이는 처지에 놓여 있다. 탄식이 시로 되었다.

스스로를 한탄하다

아아 천지간 남아들 중에
내 평생을 알아줄 이 그 누구랴.
삼 천 리에 부평 같은 자취 허랑하고
사십 년 거문고와 서적이란 말이 헛될 뿐.

청운은 가져오기 어려워 바라지 않았고
백발은 공평하기에 슬퍼하지 않으리.
귀향의 꿈을 홀연 깨어 자리에서 일어나매
삼경에 남방 새는 남쪽 가지에서 우누나.

自嘆(자탄)

嗟乎天地間男兒(차호천지간남아)　　知我平生者有誰(지아평생자유수)
萍水三千里浪跡(평수삼천리낭적)　　琴書四十年虛詞(금서사십년허사)
靑雲難力致非願(청운난력치비원)　　白髮惟公道不悲(백발유공도불비)
驚罷還鄕夢起坐(경파환향몽기좌)　　三更越鳥聲南枝(삼경월조성남지)

　　남방의 월조는 북방으로 가서도 남쪽 고향이 그리워서 남쪽 가지에 앉는다고 한다. 무명씨의 「고시(古詩)」에 "호지의 말은 북풍에 몸을 의지하고, 월지의 새는 남쪽 가지에 둥지를 짓는다[胡馬依北風, 越鳥巢南枝]"라고 한 바 있다.
　　김삿갓은 세상 근심을 잊고 자연 속에 묻혀 사는 한가함을 꿈꾸기도 했다.

스스로를 읊다

겨울 소나무 외로운 주막
높이 베고 누웠노라니 별세상 사람.
산골짝 가까이 구름과 함께 노닐고
개울에 임하여 산새와 이웃하네.
작은 이익이 어찌 마음을 헝클랴
시와 술로 내 몸을 즐겁게 하리.
달뜨면 곧 옛 추억에 젖으며
유유히 단꿈을 자주 꾸리라.

自詠(자영)

寒松孤店裡(한송고점리) 高臥別區人(고와별구인)
近峽雲同樂(근협운동락) 臨溪鳥與隣(임계조여린)
錙銖寧荒志(치수영황지) 詩酒自娛身(시주자오신)
得月卽帶憶(득월즉대억) 悠悠甘夢頻(유유감몽빈)

이 시의 화자는 산집에 있다.
대체 김삿갓은 방랑길에 있는가, 산집에 있는가? 우리는 그를 길에서도 산집에서도 만난다.

떨어진 꽃을 노래함

새벽에 일어나 온 산이 붉어 놀랐더니
가랑비 속에 핀 꽃, 가랑비 속에 지네.
무단이 뜻 일으켜 바위 위에 달라붙고
차마 가지를 떠나지 못해 바람 타고 위로 치오르네.
두견새는 푸른 산 달밤에 울다가 그치고
제비는 향그런 길에서 진흙을 발로 차다 없어지네.
번화한 시절 지나가니 봄날이 꿈같을 뿐
성남의 늙은이만 앉아서 탄식하누나.

落花吟(낙화음)

曉起飜驚滿山紅(효기번경만산홍) 開落都歸細雨中(개락도귀세우중)
無端作意移粘石(무단작의이점석) 不忍辭枝倒上風(불인사지도상풍)
鵑月靑山啼忽罷(견월청산제홀파) 燕泥香逕蹴全空(연니향경축전공)
繁華一度春如夢(번화일도춘여몽) 坐嘆城南頭白翁(좌탄성남두백옹)

다음 시는 김삿갓을 자처한 사람이 슬그머니 김삿갓의 이름을 빌려 자신의 팔자를 한탄한 듯하다. 가정의 곤궁함을 노래한 것은 김삿갓의 시라고는 생각되지 않는다.

나를 돌아보며 우연히 읊다

웃으며 창공을 우러르면 뛰어오를 듯하더니
세상길 돌이켜 생각하면 다시 아득해진다.
가난한 살림에 번번이 집사람 타박하고
비틀비틀 취한 태도에 거리 여인들 놀려대네.
세상만사는 꽃 지는 날에 부치고
일생 밝은 달이 뜨는 밤을 차지했노라.
그렇지 내 팔자는 이러할 뿐
청운이 분수 밖에 멀다는 걸 차츰 깨닫네.

自顧偶吟(자고우음)

笑仰蒼穹坐可超(소앙창궁좌가초)　回思世路更迢迢(회사세로갱초초)
居貧每受家人謫(거빈매수가인적)　亂飮多逢市女嘲(난음다봉시녀조)
萬事付看花散日(만사부간화산일)　一生占得月明宵(일생점득월명소)
也應身業斯而已(야응신업사이이)　漸覺靑雲分外遙(점각청운분외요)

이 시의 작자는 세속에서 벗어나 자연과 더불어 유유자적하려 하지만 집사람에게는 숨소리조차 못내는 시골 선비이다. 이 사람도 김삿갓이다.

늙은이가 읊다 / 늙은이

오복 가운데 수(壽)가 으뜸이라고 누가 그러나
오래 살다 욕 본다던 요임금 말이 귀신같아라.
옛 친구들은 모두 황천으로 가고
젊은이들은 낯설어 세상과 멀어졌네.
근력이 떨어져 앓는 소리만 나오고
위장이 허하여 맛있는 것만 생각난다.
아내는 애 보기가 괴로운 걸 모르고
내가 거저 논다고 여겨 아이 자주 맡기네.

老吟(노음) / 老翁(노옹)

五福誰云一曰壽(오복수운일왈수)　　堯言多辱知如神(요언다욕지여신)
舊交皆是歸山客(구교개시귀산객)　　新少無端隔世人(신소무단격세인)
筋力衰耗聲似痛(근력쇠모성사통)　　胃腸虛乏味思珍(위장허핍미사진)
內情不識看兒苦(내정부식간아고)　　謂我浪遊抱送頻(위아낭유포송빈)

『장자』「천지」에 보면, 화(華) 땅을 지키는 봉인(封人)이 요 임금에게 "성인께서 장수하고 부유하고 아들을 많이 두시기를 축원합니다"라고 하자, 요임금은 "아들이 많으면 걱정이 많고 부자가 되면 해야 할 일이 많고 장수하면 욕보는 일이 많으니, 이 셋은 덕을 기르는 것이 아니다"라고 하며 사양한 고사가 있다. 이 김삿갓은 노경의 하릴없음을 노래했다.

노인이 스스로 놀리다

여든 나이에다 또 네 살을 더해
사람도 귀신도 아니고 신선은 더욱 아닐세.
다리에 근력이 없어 걷다보면 자빠지고

눈에는 정기 없어 앉았다 하면 끄덕끄덕.
사려와 언어가 모두가 망령이요.
비애와 환락이 모두 아득하기만 하다.
그래도 한 줄기 실낱 같은 숨결을 이어가며
때때로 『황정내경편』을 펼쳐 본다.

老人自嘲(노인자조)
八十年加又四年(팔십년가우사년)　　非人非鬼亦非仙(비인비귀역비선)
脚無筋力行常蹶(각무근력행상궐)　　眼乏精神坐輒眠(안핍정신좌첩면)
思慮語言皆妄佞(사려어언개망녕)　　悲哀歡樂總茫然(비애환락총망연)
猶將一縷綿綿氣(유장일루선선기)　　時閱黃庭內景篇(시열황정내경편)

    종래 이 시는 '猶將一縷綿綿氣(유장일루선선기)'의 구와 '悲哀歡樂總茫然(비애환락총망연)'의 구가 도치되어 있었다. 하평성 先운의 年(년)·仙(선)·眠(면)·然(연)·篇(편) 자를 압운한 칠언율시이므로, 바로잡아 읽어야 한다.
    이 시는 김병연의 사적과 맞지 않는다. 노인의 청을 받아 지은 것일 수 있다. 그러나 익명의 김삿갓이 인생의 환희와 고통을 떠나 평정한 마음 상태를 유지하리라고 다짐한 내용으로 볼 수도 있다.
    「거울을 보다(看鏡)」(신증) 시에서 김삿갓은 시간의 신속한 흐름을 슬퍼했다.

백발 모습의 너는 김 진사가 아니구나.
나는 옥 같은 청춘이었지.
주량이 늘어가며 황금은 없어지고,
세상일로 백발이 는 것을 이제 알겠네.
(이하 생략)

白髮汝非金進士(백발여비김진사)　　我亦靑春如玉人(아역청춘여옥인)
酒量漸大黃金盡(주량점대황김진)　　世事纔知白髮新(세사재지백발신)
(이하 생략)

5.

　김삿갓은 그림자를 읊은 수를 또 한 수 남겼다. 평양 국립출판사본에만 들어 있는 「그림자[吟影]」 시이다.

그림자

　　한 사람이 가고 가노라면 두 사람이 가고 있어
　　어렴풋이 모습이 비슷하여 정말 놀라울 정도.
　　구름 가에 출몰하는 것은 신선인가 귀신인가
　　달 아래 거닐면 따라오는 것은 아우인가 형인가
　　같은 날 같은 시각에 이 세상을 함께 하고
　　소리도 없고 냄새도 없이 평생을 같이한다.
　　네가 나를 보듯이 나도 너를 보나니
　　하늘 땅 사이에 몸을 세워 청명 세상 기다린다.

吟影(음영)

一人行行兩人行(일인행행양인행)　　依稀貌形眞可驚(의희모형진가경)
傍雲出沒疑仙鬼(방운출몰의선귀)　　步月相隨若弟兄(보월상수약제형)
該日該時同此世(해일해시동차세)　　無聲無臭共平生(무성무취공평생)
以汝觀吾吾亦汝(이여관오오역여)　　立身天地待淸明(입신천지대청명)

이응수는 이 시를 두고 "일생을 두고 자기와 행동을 함께 하는 그림자에 대해서 읊으면서 자기의 청명한 마음을 표명한 시"라고 했다. 이것은 마지막 구의 '대청명(待淸明, 청명을 기대한다)'이라는 시어에 근거하는 듯하다. 하지만 김갓갓이 말한 '청명을 기대함'은 자기 자신의 마음이 청명하게 되기를 기대한다는 뜻이 아니다. 청명한 세상, 다시 말해 정치가 제대로 되고 도리가 통하는 밝은 세상을 기다린다는 뜻이다. 청명한 조정을 청조(淸朝)라고 한다.

청명한 세상을 기대하지만 청명한 세상은 도래할 기미가 없다.

김삿갓은 길에서 죽은 거지의 시체에서 자신의 모습을 본다. 환각은 시를 낳았다.5)

길에서 죽은 거지의 시체를 보고

무슨 성씨인지 무슨 이름인지
어느 곳 청산이 그대 고향인가.
파리는 썩은 뼈에 들러붙어 아침나절 왱왱
까마귀는 외론 넋을 불러대며 석양에 조문한다.
한 치 지팡이는 몸 밖에 나뒹굴고
서너 되 흩어진 쌀은 구걸한 양식.
앞마을 여러분들에게 부탁하오니
삼태기 하나 흙을 가져다가 풍상을 가려주오.

路上見乞人屍(노상견걸인시)

不知汝姓不識名(부지여성불식명)　　何處靑山子故鄕(하처청산자고향)

---

5) 칠언율시이다. 하평성 제7 陽(양)운의 鄕(향)·陽(양)·糧(량)·霜(상)을 운자로 사용했다. 제1연 출구(안짝) 끝에 名자를 썼는데, 하평성 庚(경)운에 속하여 陽운과는 인운이므로 통압 규칙에서 벗어나지 않았다.

蠅侵腐肉喧朝日(승침부육훤조일) 烏喚孤魂弔夕陽(오환고혼조석양)
一寸短節身後物(일촌단공신후물) 數升殘米乞時糧(수승잔미걸시량)
寄語前村諸子輩(기어전촌제자배) 携來一簣掩風霜(휴래일궤엄풍상)

이응수는 이 시를 『동광』(1933.1.23) 제40호에 소개했다. 그리고 1939년 『김립시집』과 1941년의 대증보판에도 실었다. 김홍한은 『매일신보』(1933.12.7)에 시의 제목을 「견걸인노변사(見乞人路邊死)」라 하여, 조금 달리 소개했다. 특히 제2연(함련)과 제3연(경련)이 뒤집어져 있다. 傍은 거성 漾(양)운에 속하므로 운이 맞지 않는다.

걸인이 길가에 죽은 것을 보고

무슨 성씨인지 무른 이름인지
천지에는 주검 곁을 지켜줄 이도 없어라.
석 자 지팡이는 몸 밖에 나뒹굴고
서너 되 거친 쌀은 구걸한 양식.
파리는 썩은 뼈에 들러붙어 아침 이슬 아래 왱왱
까마귀는 외론 넋을 불러대며 석양에 조문한다.
앞마을 어진 분들에게 부탁하오니
삼태기 하나 가져다가 풍상을 가려주오.

견걸인노변사(見乞人路邊死)

不知某姓不識名(부지모성불식명) 天地無人守死傍(천지무인수사방)
三尺短節身外物(삼척단공신외물) 數升荒稻乞時糧(수승황도걸시량)
蠅侵腐骨喧朝露(승침부골훤조로) 鴉喚孤魂吊夕陽(아환고혼적석양)
寄語前村諸賢士[*士](기어전촌제현사) 携來一簣掩風霜(휴래일궤엄풍상)

썩은 육신에 파리 떼가 달려들고, 까마귀가 조문하는 상황. 짧은 지팡이 하나와 구걸해 온 한 줌 쌀만 시신 곁에 벌려 있다. 살아서 영광되지도 못했고, 죽어서 사람들이 애도해주지도 않는 죽음이다. '其生也榮(기생야영) 기사야애(其死也哀)'라고 『논어』에 나오는 말은 성현의 죽음에나 해당하는 말이다. 앞마을 사람들에게 삼태기라도 가져와서 풍상을 피하게 시신을 덮어주라고 김삿갓은 하소연한다. 귀향하지 못하고 길에 쓰러져 죽은 거지는 김삿갓 자신의 자화상이라고 하리라.

제16화. 빈곤의 굴레

1.

가난하여 읊는다

밥상에 고기 없어 권세가 채소에 돌아가고
부엌에 땔감 떨어져 앙화가 울타리에 미친다.
시어미 며느리가 한 그릇으로 밥 먹고
애비 자식이 옷 바꿔 입고 드나든다.

貧吟(빈음)

盤中無肉權歸菜(반중무육권귀채)   廚中乏薪禍及籬(주중핍신화급리)
姑婦食時同器食(고부식시동기식)   出門父子易衣行(출문부자역의행)

  '빈음'이란 제목은 가난 속에서 읊었다는 것인지, 가난에 대하여 읊었다는 것인지, 알 수 없다. 너무 가난해서 넋두리나 한다는 뜻이겠다.
  김삿갓의 시를 모은 시집이 여럿 있지만, 그 속에 들어 있는 시가 모두 김

제3부 김삿갓 시의 미학 479

병연의 시라고는 보기 어렵다. 김삿갓은 단수이면서 복수이다. 그럼에도 김삿갓의 시라고 전하는 시에는 묘한 매력이 있다. 어쩌면 김삿갓을 자처하는 단수이자 복수인 그 사람의 매력이, 그 사람의 애처로움이, 시에 넘쳐나기 때문일 것이다.

「빈음」 시만 보더라도, 시인이 자신의 가난을 이야기하면서 은근히 권세가를 비판하는 품이 예사롭지 않다. 밥상에 고기가 없이 채소만 가득한 것을 두고, 채소만 권세를 떨친다고 했다. 소인배 나부랭이가 세상을 판치는 꼴을 언뜻 떠올렸으니, 밥상 위에서 세상을 본 것이다.

『김립시집』을 엮은 이응수는 이 시의 대의를 이렇게 풀어놓았다.

어찌도 빈한한지 식상(食床)에 고기란 조금도 없어 채소만 권세를 잔뜩 떨치고 있고 부엌에 나무가 없어 재화(災禍)가 울타리에 미치어 울타리를 모조리 헐어다 때는도다.

며느리 시어미가 한 그릇에서 밥을 먹고 부자(父子)가 출입할 때에는 출입복이 없어 한 벌을 가지고 서로 교대하여 바꾸어 입고 다닌다.

「빈음」은 근체시의 형식을 벗어났다. 울타리 리(籬)자와 다닐 행(行)은 운자가 아니다. 첫구의 나물 채(菜)자는 운자와는 거리가 멀다.

이것을 시라고 내어놓을 수 있다는 것이 뻔뻔하기만 하다. 그 뻔뻔한 김삿갓, 아니 '김삿갓들'에 우리는 주목할 필요가 있다.

2.

김삿갓의 삶은 '걸식'의 행각이었다. 잘 사는 부잣집에 가서 걸식하는 것이 아니라 대개는 가난한 농민이나 시골 훈장에게 걸식을 했다. 그러다보니 김삿갓의 시에는 뼛속 깊이 가난의 냄새가 배어 있다.

한시와 한문에는 가난을 소재로 취한 것이 적지 않다. 그 내용은 어느 것이나 모두 무겁다.

여북하면 당나라 한유는「송궁문(送窮文)」을 지어, 지궁(智窮)·학궁(學窮)·문궁(文窮)·명궁(命窮)·교궁(交窮)의 다섯 궁귀(窮鬼)를 영원히 전송하려고 했다. 한유는 그 궁귀에게 손사래를 치며, "다섯이 각기 주장한 바가 있고 사사로이 이름자를 세워서, 내 손을 비틀어 뜨거운 국을 엎지르게 하고 목청을 돋우었다 하면 남의 기휘를 저촉하게 했다. 그리하여 나로 하여금 면목을 가증스럽게 하고 언어를 무미건조하게 한 것은 모두 그대들의 뜻이다"라고 했다. "태학에서 4년을 공부하는 동안, 아침에는 부추, 저녁에는 소금 반찬을 먹으며 지냈다"라고도 했으니, 지독한 가난을 경험한 셈이다. 그러나 한유는 그 궁귀들을 결코 쫓아낼 수 없다는 사실을 깨닫고, 자신의 운명을 해학적인 글로 표현했다.

한시에서 가난을 소재로 한 것들은 매우 많다. 고려 말 이달충(李達衷)은 농사꾼의 아내를「전부탄(田婦歎)」2수에서 다음과 같이 형상화했다.

하나

장맛비 열흘에 밥도 못 지은 지 오래	霖雨連旬久未炊
문 앞 작은 보리들은 이리저리 널렸다.	門前小麥正離離
비 개면 베고자 했더니 도로 비오고	待晴欲刈晴還雨
품팔이로 배 채워도 다시 굶누나.	謀飽爲傭飽易飢

둘

남편은 홍건적에 죽고 아들은 변방에 수자리 사니   夫死紅軍子戍邊

외로운 이 한 몸 살아가는 이치 정말로 쓸쓸하네요.　一身生理正蕭然
장대를 꽂아 삿갓을 씌워도 참새가 이마에 오르고　　揷竿冠笠雀登頂
이삭 주운 광주리를 어깨에 메도 나방이 달려드네.　拾穗擔筐蛾撲肩

  첫째 수는 장마가 계속되어 보리를 베지 못하고 품팔이로 끼니를 때우지만 이내 굶고 마는 농부 아내의 모습을 그렸다. 둘째 수는 홍건적의 난 때 남편을 잃고 아들마저 징집되어 과부가 혼자 입에 풀칠해야 하는 상황을 그렸다. "장대 꽂아 삿갓 씌워도 참새가 이마에 오르고, 이삭 주운 광주리를 어깨에 메도 나방이 달려드네"라는 표현이 아주 사실적이다.

  일반적으로 한시는 사실적이어도 너무 사실적이다. 구체적 시간을 언급하고 때로는 구체적 공간을 지정한다. 하지만 김삿갓의 한시는 시 속에 시간과 공간을 지정하여 놓지 않는다. 그런데도 현실을 잘 반영하여 사실적이다. 김삿갓은 산골 집에서 멀건 죽 한 그릇을 대접받고는 그 시린 가난에 눈물을 훔치고 그 따스한 인정에 감동하여 "주인이여 면목 없다고 말하지 마오, 나는 청산이 거꾸로 비치는 것을 사랑한다오[主人莫道無顔色, 吾愛靑山倒水來]"라고 웃을 수 있었다. 앞서 말했듯이, '죽물에 청산이 거꾸로 비친다'는 표현은 소식(蘇軾)의 '강물에 하늘이 거꾸로 비친다'라는 구절에서 따온 것이되, 원래의 호방함은 간데없고 차고 시린 해학이 들어앉아 있다.

  한편, 이응수가 1956년 간행한 『풍자시인 김삿갓』의 첫머리에는, 초판과 대증보판에는 없던 「가난한 살림[貧吟]」이란 동명의 다른 시가 실려 있다. 양동식 님이 『순천대학교 논문집』 24(2005)에 게재한 논문에 따르면 이 시는 정종(鄭種, 1417-1476)[6)]의 「퇴휴오로재(退休吾老齋)」와 같다.[7)] 정종은 무과 출

[6)] 정종(鄭種)의 본관은 동래(東萊), 자는 묘부(畝夫), 호는 오로재(吾老齋)이다. 1442년(세종24) 무과에 급제, 1453년 11월 이징옥의 난 때 종성 절제사로서 역도를 포살한 공으로 군공 1등에 책록되고 당상관으로 승진했다. 세조의 즉위를 도와 원종공신 1등에 책록되었고, 충청도 절제사, 중추원 부사 등을 지냈다. 1467년 5월 이시애 난 때에는 율원군(栗元君) 이종(李徖)의 휘하로 총통군(銃筒軍)을 이끌고 출전하여 공을 세워 후에 동평군(東平君)에 책봉되었다. 시호는 양평(襄平)이다.

신으로, 1453년 종성 절제사로 있을 때 계략으로 이징옥을 죽여 군공 1등에 책록되고 당상관으로 승진했으며, 세조 즉위를 도운 공으로 원종공신 1등에 책록되었던 인물이다. 당시 무과 출신 가운데 시에 세조 때 무인 박휘겸(朴撝謙)도 시로 이름이 났다. 박휘겸은 세조 6년(1460) 별시위로서 상장(上將) 신숙주(申叔舟)를 따라가 북방의 군중 잔치에서 즉석 시를 지어 상객으로 대접받았다고 한다. 「빈음」 시는 민간에 전승되었고, 그것을 이응수는 김삿갓의 시로, 김달진은 정종의 시로 알고 있었으리라 추정된다. 단, 정종은 1등 공신의 반열에 오른 인물로 노비나 땅을 상당히 많이 하사받았을 터이므로 '오로재로 퇴휴한 이후' 가난을 읊었다는 것은 사리 상 맞지 않는다.

가난한 살림

세상은 지금 부자를 따르지 가난뱅이를 따르지 않으니
산마을의 춥고 메마른 사람을 누가 기억하랴.
천지건곤만이 후대하고 박대하는 차별 없어
빈한한 집 초가에도 봄기운을 나게 하누나.

貧吟(빈음)
世今隨富不從貧(세금수부부종부)　　誰記山村冷瘦人(수기산촌냉수인)
唯有乾坤無厚薄(유유건곤무후박)　　寒門茅屋亦生春(한문모옥역생춘)

3.

인간은 주체적으로 자기 생을 꾸려나가기 어렵다. 그렇기에 『논어』는 "인

---

7) 김달진, 『한국한시』 제1권(고조선-조선중기), 민음사, 1989, 4판, p.361.

을 행하는 것이 나에게서 말미암는 것이지, 남에게서 말미암는 것이겠는가?"라고 말하여, 인간의 주체적 권한을 환기시켜야만 했을 것이다.

윌리엄 서머싯 몸(William Somerset Maugham)은 『인간의 굴레에서』라는 자전적 소설에서, 기형아인 필립 케어리가 어려서 양친을 잃고 목사인 큰아버지 밑에서 성장하여 30세에 이르는 시기까지를 다루었다. 필립은 하이델베르크와 파리에서 공부하며 인생의 의의를 탐구하고 영국으로 돌아와 계리사 사무소에 취직했으나, 생활에 만족하지 못하고 파리로 미술 공부를 하러 떠난다. 하지만 미술에 재능이 없음을 깨닫고 다시 돌아와 의과대학에 들어간다. 한 여자와 연애하면서 생활이 파괴되고, 인생, 사랑, 죽음의 무의미함을 깨닫고는, 병원에 근무할 때 환자였던 소프 샐리와 결혼하여, 시골 의사로서 평온한 삶을 살아간다. 스피노자의 『윤리학』 한 챕터에서 제목을 취한 이 소설은, 인간은 별세계에서의 자유를 추구하지만 결국 일상의 굴레에 속박당할 수밖에 없다고 말하며, 평온한 삶을 유지한다면 그 굴레를 들쓰는 것이 오히려 행복하다고 가르친다.

하지만 절대 빈곤층이 느끼는 굴레의 속박감은 심리적으로 극복할 수 있는 것이 아니다. 절대 빈곤의 사람들을 위로하기 위해 김삿갓은 「난빈(難貧)」이란 시를 지었다. '가난에 대해 힐난한다'라는 정도의 뜻이다.

가난에 대해 힐난하다

지상에 신선이 있으니 부자가 신선일세
인간에겐 죄가 없으니 가난이 죄로다.
가난뱅이와 부자가 따로 있다 말하지 말게
가난뱅이도 부자 되고 부자도 가난해진다오.

난빈(難貧)

地上有仙仙見富(지상유선선견부)　人間無罪罪有貧(인간무죄죄유빈)
莫道貧富別有種(막도빈부별유종)　貧者還富富還貧(빈자환부부환빈)

지상에 머무르는 신선을 지상선(地上仙)이라고 한다. 한가롭고 건강하게 지내며 장수하는 사람을 고상하게 일컫는 말이다. 부자가 지상선이란 사실은 어느 시대든 바뀔 수가 없을 듯하다. 부럽다. 가난한 사람에게는 그저, 가난한 사람과 부자인 사람이 별도 종자가 아니라고 위로해 줄 수밖에 없다. 언젠가는 가난한 사람이 부자로 되고 부자가 가난하게 될 수도 있다고 말이다. 참으로 르상티망(ressentiment)의 언어이다.

가난한 선비들이 즐겨 입에 올린 안빈낙도란 말도 실은 르상티망의 언어가 아니랴.

『열반경』「성행품」에 공덕천녀(功德天女)와 흑암녀(黑闇女)의 이야기가 있다. 공덕천녀는 사람에게 재보가 잔뜩 들어오게 만들고, 흑암녀는 사람의 재보를 다 없어지게 만든다고 한다. 공덕천녀는 언니, 흑암녀는 동생인데, 늘 같이 다녀서, 공덕천녀가 이르는 곳에는 반드시 흑암녀도 간다고 한다. 공덕천은 이렇게 말했다.

> 나를 섬기는 자는 역시 마땅히 도 섬겨야 한다. 나와 저 자와의 관계는 몸뚱이와 그림자의 관계와 같고, 물과 물결의 관계와 같으며, 수레와 수레바퀴의 관계와 같으니, 내가 아니면 저자도 없고 저자가 아니면 나도 없다.

사실 우리가 행복이라고 여기고 불행이라고 여기는 것도 마찬가지이다. 그 둘은 실은 긴밀하게 연계되어 있다.

『노자』는 "화 속에 복이 의지해 있고, 복 안에 화가 숨어 있다[禍兮福之所倚, 福兮禍之所伏]"라고 했다. 행복 자체를 언제까지 누릴 수 있으려니 믿어서도 안 되지만, 지금이 불행하다고 절망하지도 말라는 것이다.

공덕천과 흑암녀가 자매로서 붙어 다니듯이, 삶이란 가난함과 부유함이 구르고 굴러 서로 추이하는 것은 아닐까. 이것도 르상티망의 우화란 말인가.

앞에 보았듯이, 김삿갓은 주막에서 마지막 남은 일곱 푼으로 석양주를 사서 먹으면서 이런 시를 지었다. 『김립시집』에는 제목을 「간음야점(艱飮野店)」이라고 했다.

가난 속에 들판 주막에서 술을 마신다

천 리 길을 지팡이 하나에 맡겼으니
남은 엽전 일곱 푼도 오히려 많아라.
주머니 속 깊이 있으라고 다짐했건만
석양 주막에서 술을 보았으니 내 어찌하랴.

지팡이에 동전을 매달고 가서 술을 먹는 이야기는 위진시대 죽림칠현의 한 사람인 완수(阮脩)의 고사를 연상하게 한다. 완수는 지팡이 끝에다 1백 전을 걸고 나가 술집에 이르러 혼자 즐기며 마셨다고 해서 '장두백전(杖頭百錢)'이란 고사를 남겼다. 장두전(杖頭錢)이라고도 한다.

지팡이에 의지하고 떠돌아다니는 나그넷길, 어쩌다 생긴 엽전 일곱 닢이 전부이지만 저녁놀 타는 시각에 주막에서 술 한 잔을 거우르고 몸을 잠시 쉬어간다. 그 모습이야말로 굴레를 벗어난 가장 평온한 모습이 아니겠는가.

4.

그러나 마음의 평온함은 오래 가지 못한다. 김삿갓은 돈에 짓눌린 상황을 괴로워했다. 돈은 구리다고 하면서도 돈을 애타게 바란다.

동취(銅臭, 돈 냄새)가 구린 것은 근대 이후만이 아니다. 아도(阿堵)라고 하면 중국 육조 시대의 말로 '이것'이라는 뜻인데, 돈을 가리켰다. 진(晉)나라 왕연(王衍)은 처가 돈을 가져다가 책상에 놓아두었더니, 왕연이 아도물(阿堵物, 저 물건)을 치우라고 했다는 고사가 있다.

근대 이후 대량생산이 세계적 규모로 확산되자 돈은 맹위를 떨쳤다. 지상의 어느 나라들 시민들은 돈을 벌기 위해 혈안이고, 젊은이들은 돈 많이 주는 직업을 선호한다. 지식인은 자신의 지식을 상품으로 팔고, 팔 것 없는 사람은 맨몸을 상품으로 판다. 생태계 보존에 책임지는 사회, 돈에 지배당하지 않으면서도 풍요로운 사회, 그런 사회가 과연 도래할 것인지, 우울하기만 하다.

물신이 위세를 떨칠 때, 인간 본연의 모습을 사색하고 우아한 감성을 양성했던 독서층은 어떤 태도를 취했는가? 물신의 장난 때문에 제 있을 곳을 잃어버린 독서층은 어떤 태도를 취했을까? 그들의 모습은 바로 오늘날 인문학의 가치를 떠들면서 원고료를 챙기는 지식계층의 그것과 매우 흡사했던 것이 아닐까?

우리의 김삿갓은 냉소했지만, '신의 아이들'을 부러워하는 기색도 또한 역력하다.

돈

천하를 돌고돌아 어디서나 환영받아
나라 일으키고 집안 일으켜 세력이 가볍지 않다.
갔다가는 다시 오고 왔다가는 또 가며
산 사람도 죽여 버리고 죽은 사람도 살리네.
구차하게 구하면 장사도 끝내 힘이 없고
잘 쓰면 바보라도 필시 명성을 이루리라.

부자는 잃을까 두려워하고 가난뱅이는 얻기를 바라
얼마나 많은 사람들이 이러다 백발 되고 마는가.

錢(전)

周遊天下皆歡迎(주유천하개환영)	興國興家勢不輕(흥국흥가세불경)
去復還來來復去(거부환래래부거)	生能死捨死能生(생능사사사능생)
苟求壯士終無力(구구장사종무력)	善用愚夫必有名(선용우부필유명)
富恐失之貧願得(부공실지빈원득)	幾人白髮此中成(기인백발차중성)

나라를 일으키고 집안을 일으키는 돈, 산 사람도 죽여 버리고 죽은 사람도 살리는 돈. 그 위력 참 대단하다. 돈이란 게 무엇인지!

빙허각 이씨(憑虛閣 李氏, 1759-1824)는 『규합총서』에서, 돈의 위력에 대해 솔직하게 말했다. 김삿갓이 위의 시에서 말한 내용과 같다.

돈 전(錢) 자를 '양과쟁일금(兩戈爭一金)'이라고 한다. ['전(錢)' 자가 한 개의 '금(金)' 자와 두 개의 '과(戈)' 자로 이루어졌기 때문에 '양과쟁일금'이라 한 것이다. "두 개의 창이 금을 다툰다"는 뜻이다.] 돈이 있으면 위태로운 것을 편안하게 할 수 있고 죽을 사람도 살리는 반면, 돈이 없으면 귀한 사람도 천하게 되고 산 사람도 죽게 만든다. 이런 까닭으로 분쟁과 재판도 돈이 아니면 이기지 못하고, 원망과 한스러움도 돈 아니면 풀리지 않는다. 그러므로 돈이 있으면 귀신도 부릴 수 있을 것이라고들 하니, 하물며 사람이랴. 돈이란 날개 없으면서도 날고, 발이 없으면서도 달리는 것이다.

한나라 때 사마천이 지은 『사기』에는 「화식열전」이 있다. 조선후기의 이재운(李載運)은 「해동화식전(海東貨殖傳)」을 지었다. '화식'이나 '식화'는 재화의 증식을 뜻한다. 박지원은 「허생」에서 화식의 방법을 구체적으로 소개하고 있다. 그러나 이때의 화식은 부정적인 의미가 아니었다.

옛사람은 동취가 지독하다고 혐오했지만 그 냄새는 점점 향기로 간주되기 시작했다. 더구나 인간관계가 돈의 교환관계로 되리라는 조짐은 오래전부터 있었다. 당나라 때 이한(李瀚)이 엮은 일화집『몽구(蒙求)』의 101번째 제목은 '노포전신(魯褒錢神)'이다. 삼국시대 서진의 노포는 「전신론(錢神論)」을 지어 물신만능주의의 풍조를 풍자했다. 글의 일부 내용을 쉽게 풀어보면 이러하다.

> 동전의 겉은 둥글고 안은 네모나다. 쌓이면 산과 같고 흐르면 물과 같다. 사람들은 그를 공방형이라 부르며 형처럼 친하게 지낸다. 그를 잃으면 가난해지고 얻으면 부귀해진다. 입에 담기도 부끄러운 일들도 그만 있으면 막을 수 있고, 엄숙했던 얼굴도 웃음으로 가득 찬다. 돈이 적은 사람은 뒤에 처지고 돈이 많은 사람은 앞자리에 오른다. 뒤에 머문 사람은 신복들이고 앞자리에 오른 이는 군주이다. 군주의 생활은 넉넉하지만 신복들의 생활은 곤란하기 짝이 없다. 돈을 샘 천(泉)이라고 하는데, 그것은 그가 어느 곳이든 얼마나 먼 곳이든 모두 갈 수 있기 때문이다. 돈만 있으면 신선이 보호해 주어 흉도 길(吉)이 될 수 있고 곤란도 상서가 되거늘 뭐하러 힘들게 글 읽고 문장을 쓰겠는가. 탁문군과 사마상여가 거친 베옷을 벗고 비단옷을 입게 된 것은 탁왕손이 돈으로 도와주었기 때문이다. 이렇게 볼 때 돈은 과연 신물(神物)이라 하겠다.

12세기 고려의 임춘(林椿)은 「공방전(孔方傳)」을 지어, 화폐를 인격화해서 그 성쇠를 추적했다. 공방의 자(字)는 관지(貫之)로, 아버지 천(泉)은 주나라의 대재(大宰)로서 세금 징수를 맡았다고 했다. 임춘은 공방의 본성을 다음과 같이 비평했다.

> 공방의 위인이 밖은 둥글고 안은 모나며, 때에 따라 응변을 잘하여, 한나라에

벼슬하여 홍려경이 되었다. 그때 오왕 비(濞)가 교만하고 참월하여 권세를 도맡
아 부렸는데, 공방이 그에게 붙어 많은 이득을 보았다. 무제 때 천하의 경제가 궁
핍하여 나라의 창고가 텅 비었으므로, 위에서 걱정하여 방을 벼슬시켜 부민후(富
民侯)로 삼자, 그의 무리 염철승(鹽鐵丞) 근(僅)과 함께 조정에 있었는데, 근이
매양 형님이라 불렀지 이름을 부르지 않았다.

공방의 성질이 욕심 많고 더러워 염치가 없었는데, 이제 재물과 씀씀이를 도
맡게 되자 본전 이자의 경중을 저울질하는 법을 좋아하게 되었다. 나라를 편하게
하는 것은 반드시 질그릇·쇠그릇을 만드는 기술에만 있는 것이 아니라 하여, 백
성과 더불어 작은 이익이라도 다투고 물건 값을 낮추어 곡식을 천하게 하고, 재
화를 중하게 하여 백성으로 하여금 근본(농업)을 버리고 끝(상업)을 좇게 하여
농사에 방해를 끼치므로 간관들이 많이 상소하여 논했으나 위에서 듣지 않았다.
공방은 또 교묘하게 권귀를 잘 섬겨 그 문에 드나들며 권세를 불러오고 벼슬을
팔아서 관직의 승진과 폐출이 그 손바닥 안에 있으므로, 공경대부들이 많이 절개
를 굽혀 섬기자, 곡식을 쌓고 뇌물을 거두어 문권과 증서가 산 같아 이루 셀 수
가 없게 되었다.

공방이 사람을 접하고 인물을 대함은 어질고 불초함을 따지지 않고, 시정 사
람이라도 재물만 많이 가진 자라면 다함께 사귀고 통했다. 이른바 시정의 사귐이
란 것이다. 때로는 거리의 악소년들과 어울려 바둑과 투전을 일 삼아서, 쾌히 허
락함을 자못 좋아했다. 그래서 당시 사람들은 "공방의 말 한마디 무게가 황금 백
근만 하다"라고 했다.

역사적으로 보면 공방은 폐기되었다가 다시 사용되는 등 번복이 잦았으
나, 역대의 군주가 화폐 사용을 억제(조절)만 했지 완전히 폐지하지는 못하였
다.

한나라 원제 때 공우(貢禹)의 건의로 공방이 폐출 된 일

진(晉)나라 화교(和嶠)가 큰 재산을 모으고 공방을 사랑하여 벽(癖)을 이루었으므로 노포(魯褒)가 「전신론」을 지어 비난한 일.

왕이보(王夷甫, 왕연)가 공방의 이름을 담지 않고 공방을 가리켜야 할 때면 '아도물(그것)'이라 한 일.

당나라 유안(劉晏)이 탁지판관이 되어 공방을 다시 쓴 일.

송나라 신종 때 왕안석이 여혜경을 끌어들여 정사를 도우면서 청묘법을 세웠다가, 사마광이 재상으로 들어가 그 법을 폐한 일.

임춘은 화폐가 유통하면서 인간관계가 시정배의 사귐으로 대체되었다고 우려하고, 화폐의 폐지를 주장했다. 그의 글을 읽는 사람들은 화폐의 위력을 논한 것은 공감했지만 화폐 폐지의 주장은 허언으로 여겼을 것이다.

인사동 194번지에는 중종반정 때 공훈을 세워 능성부원군에 봉해진 구수영이 살았고 구수영의 증손자 구사맹의 딸[훗날 인헌왕후]이 성장한 집이 있었다. 이 집은 순조 이후에 안동 김씨 김흥근의 소유로 되고, 풍운아 정수동이 거길 드나들었다. 김흥근은 남의 돈 2만 냥을 가로챈 사실로 원망을 사고 있었다. 어느 날 김흥근의 집을 찾은 정수동에게 계집종이 달려와, "세 살 아들이 돈을 삼켜 목에 걸렸으니 어떻게 해야 합니까?"라고 물었다. 정수동은 아이가 삼킨 돈이 남의 것인지 자기 것인지 물었다. 자기 것이라 하자, 이번에는 몇 푼을 삼켰느냐고 물었다. 한 푼이라고 하자, 정수동은, "걱정 말아라. 남의 돈 2만 냥을 먹고도 탈이 없는데 자기 돈 한 푼 먹었다고 죽겠느냐?"라고 했다. 방 안에서 이 말을 들은 김흥근은 그 길로 2만 냥을 원래의 주인에게 돌려주었다고 한다.

과연 이 이야기처럼 물신의 주술이 쉽게 풀리는 사람이 있을까?

이미 17, 8세기 조선의 도시와 농촌은 돈의 지배를 받고 있었다. 19세기 초 김해 지방에 유배되었던 이학규(李學逵)는 화폐가 농촌을 지배하고 있다는 사실을 잘 알았다.

사내란 자들은 …… 모여서 속이는 일과 빚 놓는 일만 한다. 빚 놓는 것이 발각되어, 관아에 고발되어 욕을 먹어도 빙그레 웃기만 하고, 소장으로 재판을 걸면 도리어 욕지거리를 한다. 여자들은 술과 음식은 나 몰라도 베짜기도 돌보지 않는다 …… 풍속이 이자놀이를 좋아해서 백 냥의 이자가 하룻밤에 열 냥까지 된다.

농촌은 과거의 공동사회가 아니었다. 사람과 사람 사이의 관계는 돈을 매개로 재편되고, 농촌 사람들을 '코나 질질 흘리고 눈은 게슴츠레하며 옴투성이의 무리'가 되었다.

국가권력이 덜 미치는 지방에서는 탐학한 수령과 아전이 결탁하여 민중의 고혈을 빨아먹었다. 이를테면 18세기 말 탐라(제주도)에서는 아전들이 상찬계(相贊契)를 조직하고, "성인(공자)은 신(神)이기에 부족하고, 도인도 신이기에 부족하며, 부처도 신이기에 부족하며, 오로지 돈[錢]만이 신이다"라고 공공연하게 외쳤다.

정약용의 제자 이강회(李綱會)가 엮은 『탐라직방설(眈羅職方說)』의 후반에 「상찬계 시말」이 실려 있다. 1813년 제주에서 발생한 양제해 옥사 관련 사건을 다룬 것이다. 1790년 무렵, 진무리(鎭撫吏) · 향리(鄕吏) · 가리(假吏) 등 아전 8백 여 명 중 3백여 명이 이 계에 가입하여 돈을 신으로 떠받들고 도내에서 발생하는 모든 이권과 세금, 소송에 개입하고 공직 내부의 인사를 좌지우지했다. 서울에서 목사가 내려오면 한양으로 돈 보따리를 싸가지고 가서 미리 비호 세력으로 만들어, 목사가 아직 바다(제주)에 들어서지도 않았는데도 신(돈)에 취해 비틀거릴 정도였다. 양제해는 상소문을 올려 상찬계를 혁파해야 한다고 주장했다. 하지만 아전들은 거꾸로 그를 모반죄로 얽어 옥에 갇히게 하고 결국 죽게 만들었다. 이강회는 양제해 모변에 연루되어 흑산도로 유배 온 김익강을 만나 상찬계의 시말을 접하고는 "십년 도 못 가서 백성들의 가산은 모두 아전 무리의 것이 될 것이다"라고 한숨을 쉬었다. 당시 상찬계의 아전들은 이렇게 말했다고 한다.

돈이 어째서 신이냐? 작게는 사람을 부리고 크게는 신을 부리니, 신을 부리는 것이 신이 아니고 무엇인가? 그렇다면 어떻게 신을 모으는가? 신을 모으는 것에 도가 있다. 도를 얻은 자는 많이 모으고 도를 얻지 못한 자는 모으지 못한다. 모으는데 과연 도가 있다면, 비록 필부와 적수(赤手, 맨손의 가난뱅이)라도 삼치(三致, 세 번 재산을 모음)의 법이 있거늘, 하물며 이 고을처럼 큰 경내에서야 더 말해 무엇 하겠는가? 구구하게 본전을 세워 한 되 당 두 푼을 취하는 말리를 쫓는 일을 한다는 것은, 인생이 얼마나 오래 산다고 이렇게 어둑어둑 깜깜하며 고원한 일을 한단 말인가?

「상찬계 시말」은 아전들에게 적대적인 양반의 관점에서 작성된 것이므로 과연 아전들이 돈을 신으로 모시고 갖은 방법으로 탐라의 백성들을 착취했는지는 따져 보아야 할 일이다. 더구나 오늘날 한국인들은 대부분이 양반의 후예이고 아전의 후예라고 떳떳하게 말하는 사람들은 없으니, 조선의 아전들은 온갖 욕을 먹고 있지 않은가.

그러나 「상찬계 시말」을 찬찬히 읽어보면 탐라의 아전들이 돈독이 오르기는 올랐던 모양이다.

앞서 말한 『사기』 「화식열전」에 보면, 춘추시대 범려(范蠡)는 월나라 왕 구천을 섬겨서 오나라를 멸망시키고 월나라로 돌아오던 길에 오호(五湖)에 이르러 구천과 작별했다. 그리고 일엽편주를 타고 떠나 종적을 감추고는 제나라에 가서 이름을 치이자피로 바꾸고 도(陶) 땅에 가서는 성명을 주공(朱公)으로 바꾸었다. 장사를 하는 재주가 비상하여 세 번이나 천금을 모았고, 그 중 두 번은 재산을 가난한 사람들에게 모두 나누어 주었다. 이후, 아주 가난한 사람도 일생에 세 번은 큰 재산을 모을 기회가 있다는 말이 있게 되었다. 아전들은 그 말을 믿어 작당하여, 제주 목사를 신(너물의 돈)으로 어질어질하게 만들고 백성들에게서 갖은 명목으로 착취했다.

필부도 일생 세 번 재산을 모은다는 말은 아무래도 가난한 사람들을 위로 해주는 말일 뿐이다. 돈을 벌려고 해도 돈은 쉽게 벌리지 않는다. 나의 상품을 팔려 해도 팔려는 사람이 많기 때문이다. 이응희(李應禧, 1579-1651)의 「매신행(賣薪行)」이 그 비애를 토로했다.

어제 땔나무를 팔러 가서	昨日賣薪去
오늘에야 땔나무를 팔고 돌아온다.	今日賣薪歸
날마다 땔나무를 팔건만	賣薪日復日
얼굴은 파리하고 배는 늘 주리네.	顑頷腹長饑
한양성 안에서 땔나무를 팔자니	賣薪長安裏
한양성엔 땔나무 파는 이 많고,	長安多賣薪
시골에 가서 땔나무를 팔자니	賣薪田舍間
시골엔 모두 땔나무 하는 사람.	田舍皆薪人
고생이야 비길 데 없지만	辛勤縱無比
값은 겨우 엽전 몇 닢뿐.	厥直數錢可
본업이 본디 미천하니	本業素輕賤
어찌 높은 값을 부를 수 있으랴.	何能覓高價
생계를 꾸림에 무슨 방책을 써서	資身用何策
세 번 천금을 모을 수 있으랴.	三致千金多
치이자(범여)에게 그 방법 물을 길이 없어	鴟夷問無術
천고에 속절없이 탄식만 할 뿐.	千載空嗟吞

돈은 무한할 것 같지만 실은 그렇지 않나보다. 내가 팔 땔나무를 남들도 팖으로 어제 땔나무를 팔러 가서 오늘에야 엽전 몇 닢 받고 땔나무를 팔 뿐이다. 글을 팔려 해도 안 팔리는 문사들의 처지가 이것과 무어 다른가.

일본의 미우라 바이엔(三浦梅園, 1723-1789)은 화폐가 농촌에 침투하여 사람들이 궁핍한 상태에 빠진다는 사실, 향촌민은 해마다 줄고 도시인은 해마다 늘어가는 사실을 직시하고, 51세 되던 1773년 『가원(價原)』을 저술해서 화폐 지배에 대항하는 방도를 성찰했다. 곧, '인경(人境)'인 사민(사농공상) 제도에는 존비의 구별이 있지만 '천경(天境)'인 사민 제도에는 직분의 차이가 있을 따름이며, 사민이 자신의 직분을 충실하게 수행한다면 화폐의 지배에 저항할 수 있다고 생각했다. 바이엔은, 농부들이 공업과 상업의 고용노동자가 되어 갖가지 기술로 재화를 구하다가 결국 유랑민으로 전락하고, 고리대금업자인 유수(遊手)가 이자놀이, 도박, 복권 사업을 자행하여 민중들이 피폐해지는 사실을 가장 우려했다.

> 지금 천하의 형세를 보면 말업에 종사하면 금은의 편리함을 알아, 그 이자를 모아 유수(遊手)가 되기를 바라고, 먹는 곡식과 입는 포백을 보잘것없이 여겨, 그 여분을 집에 비축하는 도를 모를 정도이며, 윗사람이든 아랫사람이든 시정의 마음이 되어 항구한 안정의 계책을 세울 겨를이 없다. 이에 승려는 부처를 팔고, 무당은 신을 팔고, 학자는 도를 팔고, 의사는 약을 파니, 모양은 여러 가지이지만 마음은 상인이 아님이 없다. 이렇게까지 오랫동안 사람의 마음을 사로잡은 금은이라고 보니, 비록 성인이 나온다고 하여도 일조일석에 금은의 하찮음과 육부(六府)의 중대함을 알리기란 어려울 것이다.

바이엔은 화폐, 상인, 유수가 지배하면 모두가 죽음에 이르리라고 경고하고, 이용(利用)·후생(厚生)·정덕(正德)의 길을 재정립해야 한다고 주장했다. 현실의 분석은 날카로웠으나, 제안은 메아리가 없었다.

조선후기 지식인들이 돈의 해악에 대하여 고발한 이러저러한 말도 마찬가지였다. 김삿갓도 같은 주제를 몇몇 한시로 노래했다. 메아리는 없었다.

어느 날 우리의 김삿갓은 배에서 술에 취하여 이런 시를 지었다.

배를 띄우고 취해서 읊다

강은 적벽이 아니어도 배를 띄운 나그네
땅이 신풍에 가까워 술을 산 사람.
지금 세상의 영웅은 돈이 바로 항우
당시의 변사는 술이 바로 소진이라네.

泛舟醉吟(범주취음)
江非赤壁泛舟客(강비적벽범주객)   地近新豊沽酒人(지근신풍고주인)
今世英雄錢項羽(금세영웅전항우)   當時辯士酒蘇秦(당시변사주소진)

김삿갓은 돈만 있으면 초패왕 항우 같은 힘을 낼 수 있고 술에 취하면 전국시대 유세객인 소진도 될 수 있다고 했다. 적벽은 조조와 주유의 군사가 격전을 벌인 곳이자, 북송 때 소동파가 「적벽부」를 읊은 곳이다. 조조와 주유가 실제 격전을 벌인 곳이 아니지만, 소동파는 그곳을 적벽대전의 유적지로 보았다. 신풍은 한나라 고을 이름으로 좋은 술이 났다. '신풍미주'라 했다.

5.

김삿갓은 돈의 위세에 짓눌려 지냈지만, 관리들에 대해서만은 청렴의 덕목을 기대했다. 그렇기에 김삿갓은 유총(劉寵)의 고사를 시제로 하는 과시를 지었던 것이 아니겠는가.[8]
『후한서』「순리열전(循吏列傳)」(열전 제66)에 보면, 회계 태수(會稽太守) 유

---

[8] 평택임씨본에는 유곤(劉昆)의 고사라고 했으나 착각이다. 또한 평택임씨본의 과시는 시제는 같으나 대증보판의 과시와는 내용이 다르다.

총이 선정을 베풀고 재상으로 승진하여 조정으로 돌아갈 때 산음현(山陰縣)에서 대여섯 노인들이 각자 100전을 노자로 바치자, 호의를 거절하기 어려워 한 사람마다 대전 1전씩만 받았다 한다. 대전은 왕망(王莽) 때 주조한 돈 이름이다. 대증보판에 실린 김삿갓의 과시 「위인선일대전수지(爲人選一大錢受之)」는 『후한서』에서 '그 사람들을 위해 사람마다 대전 하나씩을 골라서 받았다'라는 어구를 시제로 삼은 것이다. 모두 36구 18연이며, 제4연 마지막에 錢(전)자를 골라 사용하고 전체에 걸쳐 하평성 제1 先운의 운자로 압운했다.

    01 동전 하나마다 당신의 마음 한 조각이니

        한들한들 서쪽으로 돌아가는 배에 실을 수 있구나.

    02 진여와 장이9)는 수레 붙들고10) 전송하여 헛수고 하고

        왕자년11)은 안기생12)이 옥구슬 사양한 현명함에 부끄러웠다만,

    03 비둘기 새긴 지팡이에 흰머리로 별스런 모양

        돌아가 술이나 살 청동전13) 대하여 묵묵히 앉아 있으련다.

    04 오 땅 사람들은 유도자라고 높이 칭송한다만

        관직에 눌러 있어 봉급만 축낸다고 부끄러워했다.

---

9) 진장(陳張)은 초한(楚漢) 전쟁 때 진여(陳餘)와 장이(張耳)의 합칭으로, 처음에는 친밀했다가 나중에 원수가 된 경우를 비유한다. 둘 다 대량(大梁) 출신으로 문경지우(勿頸之友)로 지냈으나 나중에 진여가 장이의 손에 죽고 말았다. 『사기』「장이진여열전(張耳陳餘列傳)」에 나온다.
10) 반거(攀車)는 와철반거(臥轍攀車)의 준말이다. 선정을 베푼 지방 관원이 가지 못하도록 지방의 주민들이 수레를 붙잡고 만류하기도 하고[攀車] 수레바퀴 앞에 누워서[臥轍] 하소연하는 것을 말한다. 『후한서』「후패열전(侯霸列傳)」에 나온다.
11) 왕자년(王子年)은 전진(前秦) 때 사람 왕가(王嘉)로, 자년은 그의 자이다. 벼랑을 파고 토굴 속에서 살았는데 제자가 수백 명이었고, 예언이 모두 적중했다. 부견(苻堅)이 누차 불렀으나 나가지 않았다. 『습유기(拾遺記)』를 남겼다.
12) 진(秦)나라 때 선인(仙人) 안기생(安期生)은 하상장인(河上丈人)에게 신선술을 배워 장수했으므로 사람들이 천세옹(千歲翁)이라 불렀다. 진시황이 백벽(白璧)을 내렸으나 받지 않고 봉래산(蓬萊山)으로 떠나갔다고 한다.
13) 청동전은 주전(酒錢)이다. 두보의 「핍측행 증필사요(偪仄行贈畢四曜)」 시에 "얼른 만나서 한 말 술 마셔야지, 나에게 마침 삼백 전 술값이 있으니까[速宜相就飮一斗, 恰有三百青銅錢]"라고 했다.

05 마음은 맑게 길러 옥호빙(玉壺氷) 같았고

　　정치는 부드럽고 너그러워 부들채찍을 썼으며,

06 사립문은 약초 빻는 절구질에 반나마 흔들리고

　　설렁 방울 조용하여 베개 베고 편한 잠을 잤다.

07 청부충(돈)14) 하나하나 함에 날아 들어오고15)

　　임기 차서 돌아가게 되자 노인들이 이르러왔다.

08 가난한 백성이 별 것이 아니라고 말해도

　　태수는 그 마음의 어여쁨을 깊이 알았다.16)

09 전별 자리17)를 대하여 사람마다 옥구슬 같은 덕담을 올려

　　저는 앞날이 없지만 그대는 모년이 평안하길 바란다고.

10 떠나는 이에게 노자 드리는 것은 옛날부터의 관례

　　그걸 받아도 청렴에 해되지18) 않는 것이 군자의 권도.

11 진나라 반량을 이은 한나라 때 오수전이19)

　　민간에 흩어져 꿰미에 꿰어졌으니,

12 마을에선 느릅나무 작은 열매20)가 바람에 지듯 날리고

　　하나하나 작은 연잎21)이 물 위에 둥글게 뜬 듯 하다.

---

14) 돈을 청부충(靑蚨蟲)이라고 한다. 『수신기(搜神記)』에 보면, 청부(靑蚨)라는 벌레는 누에새끼 만한 크기인데, 새끼를 잡아다 놓으면 어미가 곧 날아온다. 그 어미 피로 전(錢) 81문(文)을 바르고 새끼로 전 81문을 발라서 물건을 살 때 모전(母錢)을 먼저 쓰면 자전(子錢)이 오고 자전을 먼저 쓰면 모전이 와서, 끝없이 돌고 돈다고 했다.
15) 이 구에는 빠진 글자가 있고, 아래 세 글자는 '函入飛'로 되어 있어 의미가 통하지 않는다. '函入飛'의 오자가 아닌가 한다.
16) 대증보관은 '太守深知情可隣'으로 되어 있으나 隣은 상평성 眞운에 속해 운이 맞지 않고 뜻도 통하지 않는다.
17) 이정(離亭)은 행인들이 잠시 쉬어갈 수 있도록 성곽 밖 거리에 세워둔 정자인데, 주로 전별 자리를 뜻한다.
18) 염치에 해 된다는 말은 『맹자』「이루 하(離婁下)」의 "얼핏 보면 취할 만하고 자세히 보면 취하지 말아야 할 경우, 취하면 청렴을 상하게 한다[可以取, 可以無取, 取 傷廉]"에서 나왔다.
19) 한나라 무제(武帝) 때 진나라 화폐 반량(半兩)을 이어 오수전(五銖錢)을 만들어 썼다.
20) 한나라 때 동전이 가볍고 얇아 유협(楡莢) 즉 느릅나무 열매와 비슷했다. 유협전(楡莢錢)이라 불렀다.

13 "귀하게 여길 바는 부당한지 여부에 달려 있으니

　　동전 하나라면 어찌 취할 수 없겠소.

14 주머니에 아흔 아홉 동전은 그대로 두어

　　손자들 얼러주고22) 마을 잔치에 가시오."

15 마을 사람의 후의는 온전히 보전하고

　　자신은 맑은 흉금을 더욱 굳게 지녔나니,

16 오늘은 강호에 배를 사서 띄우고 싶다만

　　옛 산천 이별하자니 혼몽이 자꾸 끌린다.

17 "그대 귀환하시매 노고에 감사할 것이라고는

　　열 동이 천 동이의 봄 술만 있을 뿐입니다."

18 장정(長亭)23) 금빛 버들 아래 떠나는 사람 남는 사람 갈리면

　　초동의 노랫가락이 응당 앞서 가리라.

01 一錢是汝心一片(일전시여심일편) 輕輕可載西歸船(경경가재서귀선)

02 陳張謾勞攀車送(진장만로반거송) 子年慚女謝豐賢(자년참안사벽현)

03 鳩飾鶴髮別時樣(구식학발별시양) 歸對靑銅應黙坐(귀대청동응묵좌)

04 吳人自是詔稱道(오인자시초칭도) 老夫居官慚奉錢(노부거관참봉전)

05 心曾淸養玉爲壺(심증청양옥위호) 政或寬柔蒲用鞭(정혹관유포용편)

06 柴門半撩枳殼春(시문반료지각용) 索鈴無聲枕夜眠(색령무성침야면)

07 靑蚨一○函入飛(청부일○함입비) 及我歸時翁在前(급아귀시옹재전)

---

21) 막 돋아나는 작은 연잎이 동그란 엽전 모양이므로 그것을 하전(荷錢)이라 부른다. 두보의 「절구만흥 아홉 수(絶句漫興九首)」일곱째 수에 "길에 떨어진 버들개지는 흰 모전을 편 듯, 시내에 돋아난 연잎은 푸른 돈을 포갠 듯[糝徑楊花鋪白氈, 點溪荷葉疊靑錢]"이라고 했다.
22) 대증보판『김립시집』의 원문은 '好麥兒孫'인데, 확실한 뜻을 알 수가 없다. 혹,『시경』「노송(魯頌) 비궁(閟宮)」의 '낳을 달을 채우자 더디지 아니하여 이 후직을 낳으시고, 온갖 복을 내리시니 늦고 이른 기장과 피며 이르고 늦은 콩과 보리로다[彌月不遲, 是生后稷, 降之百福. 黍稷重穋, 稙稚菽麥.]'라는 말에서 나온 것인지 모르겠다.
23) 정(亭)은 길에 있는 역사(驛舍)인데, 5리에 단정(短亭), 10리에 장정(長亭)이 있었다.

08 貧民縱云物不映(빈민종운물불영)　太守深知情可憐(태수심지정가련)
09 道道秦甓對擁亭(도도진벽대리정)　我無前期君暮年(아무전기군모년)
10 行當有贐古人事(행당유신고인사)　受不傷廉君子權(수불상렴군자권)
11 秦時半兩漢五銖(진시반량한오수)　散在民間相錯穿(산재민간상착천)
12 何村亂楡落風小(하촌난유낙풍소)　爲箇新荷浮水圓(위개신하부수원)
13 誠惟可貴在不當(성유가귀재부당)　一介吾何無取焉(일개오하무취언)
14 囊中自有九十九(낭중자유구십구)　好麥兒孫趨社筵(호맥아손추사연)
15 鄕人厚意是全保(향인후의시전보)　自家淸襟猶自堅(자가청금유자견)
16 江湖今日欲買舟(강호금일욕매주)　一別山川魂夢牽(일별산천혼몽견)
17 臨歸無物可勞汝(임귀무물가로여)　春酒餘樽賒十千(춘주여준사십천)
18 長亭金柳去留邊(장정금류거류변)　樵兒歸笛應後先(초아귀적응후선)

　금전에 대한 탐욕을 지니지 않고 청백(淸白)의 정신을 지킨다는 것은 누구나 쉬운 일이 아니다. 김삿갓의 이 과시는 유총의 고사를 소재로 삼아, 관리의 청렴을 문제로 삼았다.『주례(周禮)』「천관(天官) 소재(小宰)」에 보면 관리를 고찰하는 여섯 항목으로, 염선(廉善)・염능(廉能)・염경(廉敬)・염정(廉正)・염법(廉法)・염변(廉辨)을 들었다. 모두 청렴을 근본으로 하여 공과를 따졌기 때문에 육계(六計)라고 한다. 육계의 잣대를 제대로 사용한다면 그 공적을 인정받을 이가 과연 얼마나 될 것인가.
　동진의 도연명이라고 하면, "산 기운은 해 저물 무렵 아름답고, 날 새는 함께 돌아오누나(山氣日夕佳, 飛鳥相與還)"라는 시구로 자연 속에 궁극의 진리가 있다는 사실을 웅변했다고 평가된다. 하지만 귀거래한 도연명은 이웃에서 식량을 구걸하기고 했고, 초췌하고 무료함을 이기지 못하여 술에 맡겨 속내를 풀었다.「걸식(乞食)」・「빈사(貧士)」・「원시(怨詩)」・「음주(飮酒)」 등의 시는 그러한 생활을 잘 드러낸다. 두보는 "도연명은 세상을 피한 늙은이이니 반드시 도에 통달했던 것은 아니다. 그가 지은 시를 읽어 보면 역시 메마름이 한스럽다"라고까지 했다. 고려 말 공민왕과 우왕 때 권세가였던 염흥방(廉興邦, ?-1388)은 「도연명 시 후서」를 지어 "춥고 배고픈 고통에 시달리건만 유연한 즐거움이 있었으며, 술에 만취되어 세상을 몰랐지만 초연한 절개가 있었다"라고 변호했다.

조선 중기 조찬한(趙纘韓)이 지었다는 시조를 보면, 물욕을 버린 풍월주인의 쇄락한 흉금이 드러난다. 이 시조는 유자신이 지었다는 설도 있다.

빈천을 팔랴 하고 권문에 들어가니
치름 없는 흥정을 뉘 먼저 하자 하리
강산과 풍월을 달라 하니 그는 그리 못하리

가난이 지긋지긋해서 가난을 팔아보려고 권세가를 찾아갔더니, 강산풍월이라면 사겠다고 한다. 그것만은 안 된다. 강산풍월은 돈이나 권세와 바꿀 수가 없다. 이렇게 시인은 풍월주인으로서의 자존심을 지켜냈다.

김삿갓에는 도연명처럼 초연한 절개를 노래하고나 조찬한처럼 풍월주인의 자존심을 과시하려는 뜻이 없다. 가난에 견디는 것 자체가 절박한 문제였다. 그렇다고 절개나 자존심을 버린 것은 아니다.

옥구 김 진사 집을 찾아가 하룻밤 묵기를 청하자, 김 진사는 돈 두 푼을 주며 김삿갓을 내쫓았다. 김삿갓은 이런 시를 지어 문에 붙였다.

옥구 김 진사

옥구 김 진사가
내게 돈 두 푼 주고 쫓네.
죽어 없어지면 이런 꼴 없으련만
육신 있는 것이 평생 한이로구나.

沃溝金進士(옥구김진사)

沃溝金進士(옥구김진사)　與我二分錢(여아이푼전)
一死都無事(일사도무사)　平生恨有身(평생한유신)

문전 박대도 박대이지만, 내가 두 푼 값밖에 안 되다니! 아무리 세간의 명성에 관심을 두지 않는다고 해도 부화가 치밀 일이다. 김삿갓이 시를 써 둔 것을 보고 김 진사가 김삿갓을 맞아들여 친교를 맺었다고 한다. 시가 인간을 평가하는 중요한 수단이었던 셈이다. 시를 짓지 못하는 사람은 독서인이라 할 수 없고, 독서인이 아니면 '힘을 써서' 일하는 사람으로서 낮게 취급되던 시절이다.

그렇기는 해도 김 진사가 이 시를 보고 김삿갓을 융숭하게 대접했다는 것은 아무래도 이상하다. 시의 뜻이 웅혼하고 깊은 철학을 갖고 있지 못한 것은 두말할 것도 없다.

'진사'의 칭호를 갖는 독서인이 이 시를 대단하게 여긴 것은 개연성이 있을까? 아니다. 한시는 평측과 압운을 지켜야 한다. 옥구에서 김삿갓이 지은 시를, 각 구의 두 번째 글자와 네 번째 글자를 중심으로 평측을 살펴보면, 다음과 같이 2-4부동의 원리, 홀수 구와 짝수 구의 평측 반대, 제2구와 제3구의 점(粘)을 잘 지켰다.

溝는 평성, 進은 측성. 我는 측성, 分은 평성.
死는 측성, 無는 평성. 生은 평성, 有는 측성.

이것은 괜찮다. 하지만 평측보다 중요한 것이 압운이다.

錢은 평성 先운. 身은 평성 眞운.

이것은 운이 맞지 않는다. 낙운이다.

김삿갓의 이 시를 보고 김삿갓을 다시 맞아들여 환대했다는 옥구의 김 진사는, 그런 사람이 실제로 존재했다면, 돈으로 진사 벼슬을 산 인물이거나 진사를 사칭한 인물일 것이다.

그런 인물은 존재하지 않았다. 김삿갓 시가 훌륭했음을 방증하려고 꾸며 낸 인물이다. 옥구의 김 진사도 허구요, 이런 시를 짓고 대접을 받았다는 김삿갓도 허구이다. 그런데도 김삿갓의 시는 묘하게 흥취가 있다. 두 푼에 지조를 팔지 않는 독서인의 기상이 살짝 엿보인다. 허구가 아니다.

제17화. 이중의 시선

1.

김삿갓에게 기생 가련을 두고 노래한, 우스꽝스럽기도 하고 애처롭기도 한 「가련기시(可憐妓詩)」가 있다. 신중현이 곡을 입혀 마니아들 사이에 알려져 있다. 곡명은 「가련기시」이며, 1997년 킹레코드사에서 발매한 2장의 「김삿갓」 음반 가운데 두 번째 장 맨 앞에 들어 있다.

신중현은 김삿갓의 시들을 선별하여 가사를 붙이고는 하나의 곡이 끝나 왼쪽으로 사라질 때 다음 곡이 오른쪽에서 시작되도록 구성했다. 첫째 장은 「간음야점(艱飮野店)」, 「돈」, 「비봉폭」, 「봉우리」, 「눈」, 「대나무」, 「눈보라」, 「나그네」, 「간산(看山)」 등 9개 곡이다. 둘째 장은 「가련기시」, 「훈장」, 「새야」, 「금강산」, 「삿갓을 노래하다」, 「낙엽」, 「죽 한그릇」, 「요강」, 「갈매기」, 「금강산시」 등 10개 곡이다.

김삿갓의 「가련기시」는 신중현에 의해 이렇게 번역되어 있다.

    가련한 주제에 가련한 이 몸이
    가련의 집 문 앞에서 가련을 찾는구나

가련한 이 뜻을 가련에게 전하오니

가련한 이 마음을 가련은 알아주겠지

원래의 한시는 이러하다.

可憐行色可憐身(가련행색가련신)　　可憐門前訪可憐(가련문전방가련)
可憐此意傳可憐(가련차의전가련)　　可憐能知可憐心(가련능지가련심)

가련이란 이름은 양반가나 평민가 여성의 이름으로도 쓰였겠지만, 왠지 기생의 이름이어야 할 것만 같다. 그것은 왕발(王勃)의 「임고대편(臨高臺篇)」에서 "안장과 수놓은 수레들 가득하여 거리가 번화한데, 가련하도다 오늘밤은 창기 집에 머문다[銀鞍繡縠盛繁華, 可憐今夜宿娼家]"라고 한 구절이 있기 때문이다. '가련금야숙창가'의 구절은 『열녀춘향수절가』에도 인용되어 있을 정도로 조선 후기에 널리 알려져 있었다. 그 구절에 이끌려서, 가련은 창가 기생의 이름으로 적절하다는 생각이 든다.

'가련'이란 한자어는 '불쌍하다'는 뜻도 있고 '몹시 사랑스럽다'는 뜻도 있다. 이 시는 한자어가 지닌 두 뜻을 이용하여 재치 있게 지어냈다. 가련이란 말을 매 구마다 두 번씩 사용하고, 첫 구와 둘째 구에서 각각 다른 의미와 다른 대상에 적용한 후, 셋째 구에서 앞의 가련은 기생, 뒤의 기생은 김삿갓 자신을 가리켰다. 넷째 구에서도 앞의 가련은 기생, 뒤의 기생은 김삿갓을 가리킨다고 보는 것이 일반적인 독법이다. 하지만 넷째 구에서 앞의 가련은 김삿갓, 뒤의 가련은 기생을 가리킨다고 읽을 수도 있지 않을까? 이 점을 고려하여 김삿갓의 한시를 다시 번역하면 다음 두 가지로 가능하다. 둘 가운데 (a)는 신중현 곡의 가사로 쓰인 것과 같다.

(a) 가련한 행색의 가련한 이 몸이

가련의 문전에서 가련을 찾는다
　　　가련한 이 뜻을 가련에게 전하나니
　　　가련은 가련한 이 마음을 알리라

　　(b) 가련한 행색의 가련한 이 몸이
　　　가련의 문전에서 가련을 찾는다
　　　가련한 이 뜻을 가련에게 전하나니
　　　가련한 이 사람도 가련의 마음은 잘 알고 있다네

　호사가들로서는 안타까운 일이지만, 김삿갓은 가련에게 문 앞에서 퇴짜를 맞고 쓸쓸한 마음에서 시도 아닌 시를 남긴 것이 분명하다. 「가련기시」는 평측도 압운도 하나도 지키지 않은 언문풍월이다.

2.

　「가련기시」에 이응수는 이런 주석을 붙였다.

　　김삿갓은 함경도 단천에서 한 선비의 호의로 서당을 차리고 3년여를 머무는데 가련은 이때 만난 기생의 딸이다. 그의 나이 스물셋. 힘든 방랑길에서 모처럼 갖게 되는 안정된 생활과 아름다운 젊은 여인과의 사랑 …… 그 어느 것도 그의 방랑벽은 막을 수 없었으니 다시 삿갓을 쓰고 정처 없는 나그넷길을 떠난다.

　김삿갓이 함경도 단천에서 삼 년 동안 서당 훈장을 했다는 것은 사실일까? 기생이 단천의 관기였다고 말하고자 훈장 운운했다고 여겨진다.
　김삿갓이 가련과 이별한 시도 전한다.

이별

가련의 문 앞에서 가련과 이별하려니
가련한 나그네의 행색이 더욱 가련하구나.
가련아 가련한 이 몸 떠나감을 슬퍼하지 말라
가련이 잊지 않으면 가련에게 다시 오리니.

離別(이별)

可憐門前別可憐(가련문전별가련)   可憐行客尤可憐(가련행객우가련)
可憐莫惜可憐去(가련막석가련거)   可憐不忘歸可憐(가련불망귀가련)

김삿갓이 문전에서 박대를 받은 기녀 가련, 김삿갓이 못내 이별이 아쉬웠던 가련은 18세기에 생존했던 명기 가련(1671-1759)은 아니다.

함흥 기생 가련은 『청구야담』에 그 이야기가 전한다. 『청구야담』 한문본에 '탁종신여협손생(托終身女俠損生)'이란 제목으로 실려 있는 이야기를 보면, 함흥 기생 가련은 암행어사 이광덕(李匡德, 1690-1748)과 사랑을 나누었다고 한다.1) 그 이야기의 개략을 소개하면 이렇다.

> 어사 이광덕이 함흥에서 출도하려고 했지만, 이미 그 소문이 파다했음을 안다. 이에 근원지를 알아보니 가련이라는 기생이 퍼뜨린 것이었다. 이광덕은 그녀의 비범함을 알아보고 인연을 맺게 되는데, 가련은 그를 극진히 모셨다. 이후 이광덕이 죽자 제사를 지내고 자결했다. 함흥 기생 가련이 죽자 어사 박문수(朴文秀, 1691-1756)가 그 묘에 '관북명기가련지묘(關北名妓可憐之墓)'라고 표시해 주었다고 한다.

---

1) 정우봉, 「18세기 함흥 기생 가련의 문학적형상화와 그 의미」, 『한문교육연구』 34, 한국한문교육학회, 2010, pp.353-387.

함흥 기생 가련의 이 이야기는 여러 문인들의 글에서 차용되어, 세상에서 참된 만남을 이루기가 얼마나 어려운가 하는 주제로 발전했다.2) 단연코 이옥(李鈺, 1760-1812)의 「북관기야곡론(北關妓夜哭論)」이 명문이다.3)

함흥 기생 가련은 외모가 빼어난 데다가 시와 문에도 통했다. 언젠가 태수를 따라서 낙민루에 올랐다가 외모가 수려한 소년을 좋아하게 되었다. 소년이 자신의 집을 찾아오자 가련은 문을 닫아걸고 촛불을 휘황하게 켜고는, 시, 거문고, 술, 바둑, 쌍륙, 퉁소로 즐겼다. 가련은 "내가 이 세상에서 이 사람 하나를 만난 것만으로도 족하다. 내가 세상을 헛되게 살지 않았다"라고 여겼다. 그러나 잠자리를 같이하려고 보니 그 소년은 고자였다. 가련은 벌떡 일어나 손으로 땅을 치며 한바탕 통곡했다.

이 이야기 끝에 이옥은 논평을 붙여, "가련이 통곡한 것은 아마도 천고에 '만남'이 어려운 것을 두고 울었던 것이다"라고 했다. 그러면서, 가련이 진정한 남자를 결국 만나지 못했듯이, 선비도 시대를 잘 만난다는 것이 사실상 불가능하다고 슬퍼했다.

가련이 통곡한 것은 정욕을 이루지 못했기 때문이 아니요, 천고에 참 만남을 갖기 어려운 것을 통곡한 것이다. 그러니 통곡을 잘한 자가 아니겠는가? 옛사람이 말하기를 "사람에게 세 번 통곡의 눈물이 없을 수가 없다. 한 번의 눈물은 천고에 가인(佳人)을 만나지 못함을 통곡한다."라고 했다. 나는 말한다. "가련의 한

---

2) 심노숭(沈魯崇, 1762-1837)이 늙은 가기(歌妓) 계섬(桂纖, 1736-?)을 위해 1797년에 「계섬전」을 써 주면서, 진정한 만남을 이루기란 어려움을 말하기 위해 가련의 고사를 언급했다. 뒷날 이건창(李建昌 1852-1898)도 「가련전」을 적었다.
3) 이옥은 31세 되던 1790년(정조 14) 생원시에 급제하고 성균관에서 생활하다가, 1795년 응제(應製)의 표(表)에서 소설 어투를 흉내 내었다는 이유로 정조의 노여움을 사서, 충청도 정산현에 충군(군적에 이름을 올림)되었다. 정조는 그해 9월 응제를 허락했지만, 이번에도 그의 문체가 저급하고 구슬프다는 이유로 더욱 먼 곳으로 충군하도록 명했다. 이옥은 1795년 9월 13일 경상도 삼가현(오늘날의 합천)에 이르러 군적에 이름을 올리고 사흘 머물다가 10월 14일 서울로 돌아왔다. 이때 이옥은 「북관기야곡론」을 지었다. 심경호 역, 『선생, 세상의 그물을 조심하시오』(이옥 원저), 태학사, 2001.6.

바탕 눈물은 천고의 가인·재자를 만나지 못함을 통곡한 것이다."라고

　기생이 자신의 성욕을 채워줄 진정한 남자를 만나지 못한 것을 한스러워한 일을 가지고, 이옥은 성군과 현신이 진정으로 만나지 못하는 문제를 논했다. 별스럽다고 할 정도로 야단을 떤 글이다.
　김삿갓이 시대를 먼저 태어나거나 함흥 기생 가련이 시대를 늦게 태어나 김삿갓과 가련이 만났더라도, 그 가련이 김삿갓과 운우(雲雨)의 정을 나누었을 리는 없을 듯하다. 관기 가련은 지체가 높아질 분이나 상대하지, 파락호를 상대했을 리가 없기 때문이다.
　조선시대에는 원래 여악(女樂)과 의침(醫針)을 위해 관기를 양성했다. 관기는 의녀로서도 행세하여 약방기생, 또는 상방기생이란 이름까지 생길 정도였다. 다만 약방의 조제와 상방의 침선을 담당하는 일은 주 업무가 아니었다. 관기는 연회나 행사 때 노래·춤을 맡아 했고, 거문고·가야금 등의 악기도 다루었다. 지방관아에 예속된 관기는 지방관 압연의 연회 때 각종 기예를 피로하는 예인으로서 대우를 받았다. 이를테면 안동 기생은 '대학지도(大學之道)'를 외고, 관동 기생은 「관동별곡」을 창하며, 평양 기생은 신광수의 「관산융마시」를 창했으며, 영흥 기생은 「용비어천가」를 창했다. 의주 기생은 말을 달리고 검무를 추었고, 제주 기생과 북청 기생은 각각 말을 내달리는 기예가 있었다. 함흥기 가련은 「출사표」를 외웠다.
　관기는 관안인 기안에 등록된 공적인 존재로, 최하층 여성인 동시에 최고의 예능인이라는 양면성을 지녔다. 교양과 지식을 지녔기에, 자신이 처한 상황을 거부하고 자기 입장을 분명하게 밝히기도 했다. 그 대표적 사례의 하나가 18세기 함흥 기생 가련이었다.
　훨씬 앞 시대의 소춘풍(笑春風)은 다섯 살에 쌍룡사에서 불경을 배울 만큼 총명했는데, 불공 왔던 어느 기생의 수양딸이 되어 영흥 기생이 되었다. 그리고 선상기(選上妓)가 되어 성종의 궁중 연회에 차출되었다. 소춘풍이 궁중

연회에서「당우를 어제 본듯」이란 노래를 불렀다는 일화를 차천로(車天輅)의 『오산설림초고(五山說林草藁)』에서 읽을 수 있다. 소춘풍의 노래는 본래 속요로, 가집에는 이렇게 전한다.

> 당우(唐虞)를 어제 본 듯 한당송(漢唐宋)을 오늘 본 듯
> 통고금 달사리(通古今達事理)하는 명철사(明哲士)를 어떻다고
> 저 설 데 역력히 모르는 무부(武夫)를 어이 좇으리

당우는 도당씨와 유우씨, 곧 요임금과 순임금이니, 요순시대를 말한다. 한당송은 학문과 문화가 크게 발달했던 시대이다. 소춘풍은 "요순 시대로부터 한, 당, 송에 이르도록 모르는 일이 없는 명철한 선비를 버려두고, 제 설자리도 분간 못하는 무부를 못 따르겠습니다"라고 말한 것이다. 무부가 발끈하자 소춘풍은 다시 이런 노래를 불렀다.

> 전언(前言)은 희지이(戱之耳)라 내 말씀 허물 마오
> 문무일체인 줄 나도 잠간 아옵거니
> 두어라 규규무부(赳赳武夫)를 아니 좇고 어이하리

무신들은 노기를 풀지 않을 수 없었다. 소춘풍은 이어서 노래를 불렀다.

> 제(齊)도 대국이요 초(楚)도 역(亦) 대국이라
> 조고만 등국(滕國)이 간어제초(間於齊楚)했으니
> 두어라 이 다 좋으니 사제사초(事齊事楚) 하리라

제나라와 초나라는 문신과 무신을 비유한다. 자신은 제나라와 초나라의 사이에 낀 자그마한 나라인 등나라와 같으므로,『맹자』에서 등문공이 말했

듯, '간어제초'의 처지로서는 '사제사초'하지 않을 수 없다고 한 것이다. 성종은 소춘풍에게 호피를 상으로 내렸다고 한다. 소춘풍은 영천군(永川君) 이정(李定)이 데리고 살았는데, 선전관 김윤손(金胤孫)이 불러다가 대낮에 간통했다고 해서 김윤손이 고신을 빼앗기고 외방에 부처되고 말았다.4)

소춘풍의 이야기는 어떻든, 함경도 기생은 지방의 관기라고 해도 예능인으로서 자부심이 강했던 것은 틀림없다.

선비와 기생과의 사랑 이야기는 우리나라에도 있고 중국문학에도 있다. 중국문학에서는 기생이 신분갈등을 극복하고 애정을 쟁취하는 이야기와 신분갈등을 극복하지 못하고 죽음을 맞이하는 이야기의 두 계보가 있다. 앞엣것은 「이왜전(李娃傳)」의 계보, 뒤엣것은 「곽소옥전(霍小玉傳)」의 계보이다. 「이왜전」의 장안 기녀 이왜는 자신을 '요전수(搖錢樹)'로 취급하여 자신을 부자 상인에게 팔아넘기려는 포주에게 저항하여 자신이 사랑하는 가난한 사인과 결합한다. 이왜는 신분갈등을 이겨내고 자신의 사랑을 성취하는 여성이다. 이에 비해 「곽소옥전」의 기녀 곽소옥은 한때 진사 이익(李益)과 열애에 빠졌으나, 이익이 임지로 떠나서는 모친의 명에 따라 사촌 노씨와 결혼해버리고 소식을 끊었는데도 옷가지를 전당잡혀가며 두 해나 절개를 지킨다. 이익이 세간의 비난에 마지못해 곽소옥을 만나러 오자, 곽소옥은 통곡하다가 정신을 잃어버리고 결국 죽는다. 곽소옥은 환상에 빠져 있을 뿐, 신분갈등을 극복하지 못한 여성이다. 원나라 때는 기녀와 선비의 연애극이 발달했다. 기생어미(포주)는 기녀와 선비의 사랑을 방해하고 기녀를 속여 상인에게 파는데, 끝에 가서는 과거에 급제하여 벼슬길에 오른 선비가 상인을 이기고 기녀와 결합하는 것이 보통이다. 현실에서는 원나라 잡극의 작가들은 돈이 없어 수모를 겪었고, 기녀들은 가난한 선비들을 상대하지 않고 유복한 부인의 첩이 되기를 바랐을 것이다. 작가들은 현실의 자괴감을 보상받기 위해 기녀를 절개 있는 여성으로 그려내고 기녀가 결국 선비와 결합하는 식으로 극의 줄거

---

4) 『성종실록』의 성종 16년(1485) 11월 16일(계해) 기록에 그 사실이 나온다.

리를 꾸며냈을 것이다.

『춘향전』은 어떤가? 관기 춘향이 애정을 실현해서 자신의 주체성을 온전히 획득하려고 할 때 그것을 방해하는 인물은 상인이 아니라 수령 변학도이다. 월매는 춘향과 이도령의 만남을 반갑게 여기되, 이도령의 걸인 행색에 뾰로통하게 토라진다. 월매는 딸의 행복을 기원하는 어머니이지, 포주가 아니다. 이 판소리와 소설은 패배하고 말 악역으로 수령을 등장시켰다. 수령의 횡포에 저항하는 민중의 소원을 투영한 것이다. 하지만 수령이 악역으로 나오고 기생의 어머니가 포주가 아니라고 해서, 기생의 근본적인 바람까지 달라진 것은 아니다. 춘향은 성공한 이도령과 결합했지, 걸인과 결합하지 않았다. 지체 높은 양반과 결연하길 바랐던 바람이 투영되어 있다. 세습 기생이든 가난해서 전락한 기생이든, 그들은 양반의 소실이 되어 신분상승을 하려고 꿈꾸었을 것이다.

3.

어느 마을에서 김삿갓은 청년들이 기생을 끼고 노는 광경을 보고, 자리에 끼어 술을 얻어 마신 뒤 이런 시를 지었다고 한다.

피하기 어려운 꽃

청춘(청년)이 기생을 안으니 천금이 열리고
대낮에 술을 대하니 만사가 부질없다.
고니는 먼 하늘로 날아가 물 따라 날기 쉽고
나비는 청산을 들르매 꽃을 피하기 어렵네.

難避花(난피화)
青春抱妓千金開(청춘포기천금개)   白日當樽萬事空(백일당준만사공)
鴻飛遠天易隨水(홍비원천이수수)   蝶過靑山難避花(접과청산난피화)

이런 시로 김삿갓이 청년과 기생의 환심을 살 수 있었을까? 압운을 전혀 의식하지 않은 고풍인데 말이다. 평양감사가 잔치를 벌이면서 능할 능(能)자 운을 부르자 김삿갓이 먼저 한 구절을 짓고 기생이 이에 화답했다는 이야기도 있기는 하다. 이 연구에 대해서는 앞에서 다룬 바 있다.

김삿갓은 기생 홍련을 만나려고 여러 여인들이 묵는 방을 찾아갔다가 어둠 속에서 얼결에 추파라는 기생을 밟고는 깜짝 놀라 시를 지었다고 한다. 외재율을 잘 지킨 칠언절구이다.

어두운 밤에 홍련을 찾아가다

향기 찾아 미친 나비가 한밤중에 나섰지만
꽃들은 깊이 숨어 도무지 무정하다.
홍련을 찾으려고 남포로 내려가다가
동정호 추파에 작은 배가 놀라네.

暗夜訪紅蓮(암야방홍련)
探香狂蝶半夜行(탐향광접반야행)   百花深處摠無情(백화심처총무정)
欲採紅蓮南浦去(욕채홍련남포거)   洞庭秋波小舟驚(동정추파소주경)

동정은 중국 호남성에 있는 동정호로, 두보의「등악양루(登岳陽樓)」시의 배경이 된 명소이다. 기생 추파를 동정호의 추파에 빗대었다. 추파에 놀란 자신을 동정호 추파에 뒤흔들리는 배에 비유했다.

김삿갓이 남긴 다음 시는 어떻게 설명할 것인가?

기생에게 준다

처음은 어울리기 어렵더니
이제는 자리 같이하여 가까운 사이.
나는 주선(酒仙)이요 시은(市隱)
그대는 여협(女俠)이요 문인.
흉금이 반나마 합하매
나와 달과 그대가 얼려 의태가 새롭다.
손 잡고 동쪽 성곽으로 달구경 가서
매화꽃 떨어지는 나무 아래 취해서 쓰러진다.

贈妓(증기)

却把難同調(각파난동조)　還爲一席親(환위일석친)
酒仙交市隱(주선교시은)　女俠是文人(여협시문인)
太半衿期合(태반금기합)　成三意態新(성삼의태신)
相携東郭月(상휴동곽월)　醉倒落梅春(취도낙매춘)

평성 진(眞)운을 사용한 오언율시로, 시객이 기녀와 대작을 하며 봄밤의 취흥에 젖어 있는 풍류를 절묘하게 노래했다. 마지막 구절은 남사스러워 외지 못할 정도이지만, 전체 시는 한시의 모든 격식을 지킨 훌륭한 형식이다. 첫 구와 둘째 구를 각파(却把)와 환위(還爲)라는 허사 어구로 짝을 맞춘 것이 당돌하다. 자신을 '주선'이요 '시은'이라 하고, 기녀를 '여협'이요 '문인'이라고 했으니, 자신과 기생을 규정한 것이 대범하다. 시은(市隱)은 도회지에 살면서도 은자같이 지내는 사람을 말한다.

'나와 달과 그대가 얼려 의태가 새롭다'라고 한 표현은 이백이「월하독작(月下獨酌)」에서 "그늘 아래에서 한 병의 술을, 친한 이도 하나 없이 홀로 마시네. 술잔 들어 밝은 달을 마중하노니, 나와 달과 그림자가 세 사람을 이루었네[花下一壺酒, 獨酌無相親. 擧杯邀明月, 對影成三人]"라고 했던 명구를 뒤집어 쓴 것이다. 이백은 홀로 술을 마시며 달과 자신의 그림자와 함께 셋이 어울림으로써 쓸쓸함을 이겨냈다. 김삿갓은 달과 기생과 함께 어울림으로써 고독에서 벗어났다. 이 시만 놓고 본다면 김삿갓은 기생의 애호를 받았다고 보아야 하지 않겠는가?

궁핍한 김삿갓은 늙은 기녀에게 더 정을 주었다. 늙은 기녀에게 주었다는 다음 시는 외재율이 가장 교묘하다. 앞서 말했듯이 이 시는 수련 바깥짝 '聊將殘愁意惟深(요장잔수의유심)'는 '意'자만 측성, 나머지는 모두 평성이어서, 요체(拗體)를 사용했다. 이런 시를 지을 줄 아는 사람은 앞서 가련 기생에게 언문풍월을 건넨 김삿갓과는 격이 다르다.「늙은 기생에게 준다[贈老妓]」의 번역 시만 다시 보면 이러하다.

> 일만 나무에 봄볕이거늘 홀로 그늘을 끼고
> 짐짓 남은 수심 품고서 생각이 깊구나.
> 백운 드리운 옛 절에는 늙은 선사의 꿈
> 명월 아래 외론 배에는 병든 나그네 마음.
> 찡그림도 혼이 쇠해 욕먹는 일 많고
> 노래는 되려 주절주절, 지음이 없구나.
> 문장도 이즈음엔 이와 같아서
> 청루에서 박자 두드리며 강개하여 읊을 뿐.

서시처럼 찡그려보면 더욱 욕이나 먹고 노래도 지음이 없는 늙은 기생의 신세나, 청루에서 박자 두드리며 강개한 시를 읊는 자기 신세나 매일반이라고 했다. 당나라 시인 두목(杜牧)은 강남의 대도시 양주(楊州)에서 회남 절도사 우승유(牛僧孺)의 막료로 있을 적에 홍등가에서 풍류를 즐겼지만 뒤에 낙양에 가서는 지난날이 꿈같기만 하고 이룬 것도 하나 없음을 깨닫고 「견회(遣懷)」시를 지었다. "십 년 만에 양주의 꿈을 한 번 깨고 보니, 청루에서 박행하다는 이름만 실컷 얻었구나![十年一覺楊州夢, 占得靑樓薄倖名]" 우리의 김삿갓은 양주의 꿈을 꾼 적이나 있었던가?

4.

오언율시 「기생에게 준다」나 칠언율시 「늙은 기생에게 준다」를 지을 수 있는 김삿갓은 매화 꽃 아래 기생을 끌어안고 누웠다. 하지만 언문풍월로 '가련'을 부르던 김삿갓, 고풍 「난피화」로 청년과 기생의 술자리에 슬쩍 끼어들려던 김삿갓은 박대를 받았다. 하지만 이류 인생을 살았던 후자의 김삿갓이 더 살갑고, 신중현의 「가련기시」노래가 애절하다.

김삿갓은 여성을 조롱하는 듯한 시도 지었다. 속내는 여성의 고단한 삶을 애처로워한 것이다.

잠 많은 아낙네

이웃집 어리석은 아낙네는 잠이 깊어서
누에치기도 모르거늘 농사짓기를 어이 알랴.
베틀은 한가해 한 자 베를 사흘 걸려 짜고
절구질 게을러 한 되 양식을 반나절이나 찧네.
시아우 옷은 가을 다 가도록 다듬질 일컫기만 하고
시어미 버선은 겨울 지나도록 바느질 말로만 하네.

헝클어진 머리에 때 낀 얼굴이 꼭 귀신같구나
한 집 해로할 남편이 도리어 만난 걸 한탄하네.

多睡婦(다수부)

西隣愚婦睡方濃(서린우부수방농)　　不識蠶工況也農(불식잠공황야농)
機閑尺布三朝織(기한척포삼조직)　　杵倦升粮半日舂(저권승량반일용)
弟衣秋盡獨稱搗(제의추진독칭도)　　姑襪冬過每語縫(고말동과매어봉)
蓬髮垢面形如鬼(봉발구면형여귀)　　偕老家中却恨逢(해로가중각한봉)

게으른 아낙네

병 없고 걱정 없어 목욕도 안 하고
십 년을 그대로 시집 올 때 그 옷.
강보의 아기에게 젖 물린 채로 낮잠 자고
솟곳의 이 잡으려 햇볕 드는 처마로 나온다.
부엌에서는 걸핏 하면 그릇을 깨고
베틀 바라보면 시름겹게 머리만 긁어댈 뿐.
홀연 이웃집에서 굿한다는 말을 듣곤
반쯤 닫힌 사립문 새로 나는 듯 달려가네.

懶婦(나부)

無病無憂洗浴稀(무병무우세욕희)　　十年猶着嫁時衣(십년유착가시의)
乳連褓兒謀午睡(유련보아모오수)　　手拾裙蝨愛簷暉(수습군슬애첨휘)
動身便碎廚中器(동신변쇄주중기)　　搔首愁看壁上機(소수수간벽상기)
忽聞隣家神賽慰(홀문인가신새위)　　柴門半掩走如飛(시문반엄주여비)

게으른 아낙네(2)

일은 산더미같아도 마음이 느긋하여
규중에서 허구한 날 빈둥빈둥.
새벽이면 고단해 하며 겨울밤 짧다고 툴툴
옷 얇은데도 여름 바람이 차갑다나.
베를 짜서 저녁까지 한 자도 못 채우고
밥 먹고는 아침 다 지나야 그릇 씻는다.
때때로 남편의 노기를 만나면
아이를 때려 울리며 만단으로 주절주절.

婦惰

事績如山意自寬(사적여산의자관)   閨中日月過無關(규중일월과무관)
曉困常云冬夜短(효곤상운동야단)   衣薄還道夏風寒(의박환도하풍한)
織將至暮難盈尺(직장지모난영척)   食每過朝始洗盤(식매과조시세반)
時時逢被家君怒(시시봉피가군노)   漫打啼兒語萬端(만타제아어만단).

   김삿갓이 전근대와 근세 남성들이 그러했듯 남성 우위의 관점에서 여성을 바라본 것은 사실이다.5) 그렇다고 반드시 여성 일반을 비하한 것은 아니다. 여성이 게으르고 잠이 많은 듯 보이는 것은 여성들이 세금으로 내는 군포를 짜야 해서 늘 수면이 부족했기 때문임을 잘 알고 있었을 듯하다. 조선후기 여성들은 심지어 '피병부(被兵婦, 징집 당한 부인)'라고 불릴 정도로, 군포를 짜는 일에 매달려야 했다. 김삿갓은 다만 부인들의 잠 많고 게을러 보이는 모습 자체를 희화화했을 따름이다.

   오히려 김삿갓은 가난한 가정의 여성들을 동정하고 남편으로서의 무능을

---

5) 김명희, 『조선시대 여성문학과 사상』, 이회, 2003.

자책하면서 아내에게 미안해했다. 과시 「취자번간귀교기처첩(醉自墦間歸驕其妻妾)」은 무능한 남편들의 자기고백을 대신하고 있다.6)

과제는 『맹자』 「이루 하」에 나오는 '동곽번간(東郭墦間)'의 고사를 사용하되, 원문을 그대로 내걸지 않고 말하자면 상황극의 주제를 제시한 것이다. 동곽번간은 이리저리 기웃거리며 관직을 구걸하는 행위를 비판하는 말로 쓰인다. 제(齊)나라의 어떤 사람이 외출했다 하면 반드시 술과 고기를 배불리 먹고 돌아오곤 했는데, 그 아내가 누구와 먹었는가 물어보면 모두 부귀한 사람들이었다. 그런데도 현달한 자가 집에 찾아오는 일이 없음을 이상하게 여긴 아내는 아침 일찍 일어나 남편이 가는 곳을 몰래 따라가 보았다. 남편은 온 장안을 두루 다니는 동안 말을 나누는 이가 하나도 없다가, 동쪽 성곽의 무덤 사이에서 제사 지내는 자에게 가서 남은 음식을 빌어먹고, 거기서 부족하면 딴 곳으로 갔다. 그의 아내와 첩은 내막을 알고 나서는 실망하여 뜰에서 울었다고 한다.

김삿갓의 과시에는 첩이 나오지 않는다. 김삿갓이 과시에서 묘사한 장부는 아내에게 자신의 걸식 행위를 들키지 않으려고 점잖을 빼고, 자기의 풍골은 식복이 많아 어디를 가도 대접받는다고 자랑한다.

    01 가련해라 인간의 아녀자여

        썰렁한 부엌에서 일생 굶주려 울어 눈물짓다니.

    02 장부는 그대로 몸 챙길 방책이 있나니

        사방 어딘들 입에 풀칠 못할쏘냐.

    03 붉은 대문 어디가 주육이 으리으리할까

        동문 밖 황량한 산이 뜻밖에도 푸르더군.

---

6) 양동식 소장의 필사본 『時尙』에 실려 있다. 柳年錫·梁東植, 「새로 발굴한 김병연(金炳淵)의 과체시(科體詩) 검토」, 『한국시가문화연구』(구 한국고시가문화연구) 18, 2006, pp.101-125 부록 『時尙』에 수록된 김병연 과체시 탈초본」.

04 집사람은 나를 바라보고 나는 남을 바라나니

　해 뜬 후 공동 무덤에는 좋은 일이 많고 말고.

05 남은 술은 늘 선뜻 내밀어주고

　식은 밥이라도 주린 이에게는 요기 거리.

06 남들이 욕하는 거야 늘 있는 일

　아내가 안다면 무척 창피하리라.

07 어떻게든 걸인의 자취를 숨겨

　내 한 번 거치면 모두 날 존경하지, 으스대면서

08 기쁜 낯빛으로 배를 잔뜩 불려서는

　점잖은 걸음으로 문에 다다라 헛기침을 하면

09 놀라기도 하고 기쁘기도 하여 부녀자 마음에

　"낭군께서 어디 갔다 오시나요" 묻는다.

10 "보게나 내 풍골이 식복이 많지 않나.

　가는 곳마다 어찌 입과 배를 못 채울까 염려하겠소?

11 남쪽 마을 시사의 벗은 일만 섬 부자이고

　북촌 친구는 상경의 자리에 있지 않나.

12 오늘 아침 진미는 아무 집에서 배불리 먹었고,

　어제는 아무 집 정원에서 황금 쟁반 앞에 두고 취했지.

13 화려한 집 봄밤 잔치는 일자 따질 것도 없이 찾아가서

　저녁 까마귀 둥지로 돌아올 때 나도 돌아오는 거요.

14 금년 한식은 지난해 배부른 것만큼 먹을 것이니

　높이 괸 쟁반에 시절 음식 가득한 것이 기억나는군.

15 고관 수레가 집에 오지 않는다 이상타 말하지 마시게.

　집이 가난해서 손님에게 내놓을 게 없어 그런 것이니."

16 오릉중자는 오리고기 먹다가 남이 준 걸 알고서 토해냈던가

　안자의 네 마리 말 끄는 수레를 모는 마부가 자만한 것은 잘못이었네.

17 후줄후줄 몸에 백양나무 무덤에 내린 비가 떨어져 있어도
　이 모두 귀한 집 정원의 꽃이슬이라고 말할 판.

01 可憐人間兒女子(가련인간아녀자)　寒廚一生啼飢淚(한주일생제기루)
02 丈夫自有資身策(장부자유자신책)　四方無非糊口地(사방무비호구지)
03 朱門何處酒肉臭(주문하처주육훈)　東郭荒山夢外翠(동곽황산몽외취)
04 家人望我我望人(가인망아아망인)　日出墻間多好事(일출번간다호사)
05 殘盃不窮倏恰与(잔배불궁숙흡여)　冷飯猶爲飢者易(냉반유위기자이)
06 他人咤罵只尋常(타인타매지심상)　妻若知之吾可愧(처약지지오가괴)
07 千身掩護乞人迹(천신엄호걸인적)　一過猶存跨大志(일과유존과대지)
08 欣然顔色果然腹(흔연안색과연복)　緩步臨門先作意(완보임문선작의)
09 如驚如喜婦女情(여경여희부녀정)　竟問郞君何所自(경문낭군하소자)
10 看吾風骨食福多(간오풍골식복다)　行處寧憂口腹累(항처영우구복루)
11 南隣社友万鍾富(남린사우만종부)　北里親朋上卿位(북리친붕상경위)
12 今朝珍饌某家飽(금조진찬모가포)　昨日金盤那廷醉(작일금반나정취)
13 華堂春宴不卜夜(화당춘연불복야)　暮鴉歸時吾亦至(모아귀시오역지)
14 今年寒食去年腹(금년한식거년복)　尙記高盤時饌備(상기고반시찬비)
15 休云車轍不到門(휴운거철부도문)　念我家貧无客饋(넘아가빈무객궤)
16 於陵何必厭饋塊(오릉하필염궤아)　晏卿殊非誇策馭(안경수비과책사)
17 班班身上白楊雨(반반신상백양우)　道是名園花露漬(도시명원화로지)

　오릉중자는 제나라 고관 댁 출신인데, 형이 식읍 합(蓋)에서 많은 녹봉을 받자 의롭지 않다고 여겨 한 집에서 살지 않고 오릉에 은둔했다. 어머니가 요리해준 거위 고기가 형이 뇌물로 받은 것임을 알고, 먹고 있던 고기를 토했다.『맹자』「등문공 하」에 나온다. 안경(晏卿)은 곧 제나라 어진 재상 안영(晏嬰)을 말한다.『사기』「안영열전」에 안영의 수레를 모는 마부 이야기가 있

다. 안영의 마부가 수레 덮는 큰 일산을 들고 사마(駟馬)를 뽐내며 채찍질을 하는 모습을 보고 그 아내가 "안자는 국사를 생각하며 늘 진중하거늘 당신은 그의 수레나 몰면서 뽐내고 있으니 이혼하고자 합니다"라고 했다. 이에 마부가 크게 뉘우쳤다고 한다. 김삿갓은, 오릉중자처럼 너무 개결할 필요도 없고, 마부가 안영의 수레나 몰면서 자만한 것은 아주 잘못이다만, 나야 무덤 속 망자들과 친분이 있다고 너스레를 떤다.

제18화. 요강에 걸터앉아

1.

요강(溺缸, 뇨강)

덕분에 깊은 밤 문짝 여닫지 않아도 되기에
이웃으로 삼아 잠자리 주위에 너를 두노라.
술 취한 사내는 가져다가 무릎을 단정히 하고
아름다운 여인은 끼고 앉아 살며시 옷자락을 걷지.
단단한 그 모습은 구리산 형국
시원한 물소리는 비단폭포를 걸어둔 듯.
비바람 치는 새벽에 가장 공이 많아라
한가한 성품 길러주어 사람을 투실투실 만들어.

溺缸(뇨강)

賴渠深夜不煩扉(뢰거심야불번비)　令作團隣臥處圍(영작단린와처위)
醉客持來端抱膝(취객지래단각슬)　態娥挾坐惜衣收(태아협좌석의수)

堅剛做體銅山局(견강주체동산국)　灑落傳聲練暴飛(쇄락전성연폭비)
最是功多風雨曉(최시공다풍우효)　偸閑養性使人肥(투한양성사인비)

[이응수가 『삼천리』(1932.3.1) 제4권 제3호에 수록한 「金笠 詩」에서 처음 이 시를 언급했다. 이후 김홍한이 『매일신보』(1933.12.8)에 「溺江」이란 제목으로 소개했다.
이응수는 1939년 『김립시집』과 1941년 대증보판에 수록했다.]

김삿갓은 주변에서 쉽게 볼 수 있는 것들을 소재로 택하여 묘사에 공을 들이고 생활 속의 해학을 담아내는데 뛰어났다. 새벽 비바람을 뚫고 바깥에 나가지 않고도 편안히 일을 보게 하므로 요강은 투한(偸閑)의 여유를 주어 사람을 살찌게 한다고 예찬했다.

이응수가 『풍자시인 김삿갓』(1956년)에도 이 시를 선별한 이유는 새삼 설명할 필요가 없을 듯하다.

다만 이응수 자신이 『삼천리』(1932.3.1) 제4권 제3호의 「金笠 詩」에 처음 소개했을 때, 이 시는 운자도 다르고 비유도 달랐다.

闔闢常煩達夜燈(합벽상번달야등)　醉餘之客病中僧(취여지객병중승)
團圓影轉銅山局(단원영전동산국)　洒落聲懸雪瀑繩(쇄락성현설폭승)
少量堪客河飮鼠(소량감객하음서)　潔光頻忌量痕蠅(결광빈기량흔승)
蹇裳挾坐佳人態(건상협좌가인태)　恰似深林搏兎鷹(흡사심림박토응)

大意

요강(溺缸)이란 자는 특별히 소변을 자조 보는 취객과 병중의 승(僧)이 야반에 일어나 등화를 켜가지고 자기를 빈번이 다덧다, 열엇다 함은 항상 번고로이 생각한다. 요강 속에서는 소변의 양이 뿔을 때마다 원형의 수평선의 영적(影跡)이 동기(銅器)[요강] 속을 구을러 올라가고 사람이 와서 소변을 볼 시에는 쇄락한 음성과 함께 백설갓혼 폭포를 승형(繩形)으로 걸어 논는다. 소변량이 적을 때에는 하서(河鼠)가 들어가기가 곤란인대 그 주제에 외면의 반뜩반뜩 빛나는 구리의 결광(潔光)은 파리가 앉어 누흔(壘痕)의 찌를 싸노음을 대단이 실혀 한다. 그리고 가인이 치마를 것고 이 요강에 쭝구리고 앉은 자태는 맛치 심림(深林)에서 「매」가 「토기」를 차고 앉엇는 형상에 흡사하다.

배설과 관련된 한시를 짓는 전통은 그리 오래지 않다. 우리나라에서는 18세기 심태(沈岱, 1698-1761)가 측간을 노래한 것이 있다.

심태는 본관이 청송인데, 무반으로 청하현감(淸河縣監)을 지낸 뒤 서촌(西村)에 셋집을 얻어 지내다 작고했다. 일상의 삶에서 조차간에도 마음을 다잡는 내용을 담은 시들을 많이 지었는데, '뜻하지 않게' 생활의 진솔한 모습을 드러내고는 했다. 「측상음(廁上吟)」은 그 대표적인 예이다.[1]

    측간에는 서책이 없고
    측간에는 벗이 없다.
    책이 없고 벗이 없어
    꼿꼿이 앉아 있길 나무 인형같이 한다.
    우리 유학자는 공부가 커서
    곳곳마다 곧 공부할 바가 있으니,
    앉아 고요함은 움직임의 극이요
    미려로 배설함은 오랜 온축에서 유래한다.
    세 자루 간시궐(뒨나무)[2]은

---

[1] 심태(沈岱), 「측상음(廁上吟)」, 『무문재집(無聞齋集)』 권4.
[2] 간시궐(乾矢橛, 간시궐)은 똥 눈 뒤 뒤를 닦는데 쓰던 나무이다(박재연, 「朝鮮時代 中國 小說·戲曲 詞典(4)」, 『中國小說研究會報』 21, 중국소설연구회, 1995.3) 『전등록(傳燈錄)』에 보면, 어떤 승려가 임제 선사(臨濟禪師)에게 "어느 것이 곧 무위진인입니까?[如何是無位眞人?]" 하자, 임제 선사가 갑자기 후려치면서, "무위진인이란 게 이 무슨 똥 씻는 막대기더냐?[無位眞人, 是甚麽乾屎橛?]"라고 했다. 선종에서 학인들의 망상을 흔적도 없이 소멸시키는 것을 비유한다.

사용함이 나의 손에 달렸나니,

사람의 몸이 미세하다만

지닌 것은 광박하고 두텁도다.

질갱이도 오족으로 바뀔 수 있고3)

세월 흘러가버림은 옛날과 같기에,

마음마다 또 생각마다

다급한 순간에도 마음을 다잡아 지켜야 하리.

십 년을 아고산(阿古山)에서 수행했으나4)

누가 아무개 화상만 하랴.

무릇 사람은 하우(下愚)임을 깨달으면5)

스스로 체득해서 뒤쳐지지 않나니,

악을 제거하면 곧 요임금 순임금이요

불결한 것이 걸과 주로다.

탁영가(창랑가)6)와 큰 쥐 비유7)를

---

3) 능석(陵舄)은 질경이[車前草]이다. 그 풀 속에 울서(鬱棲)라는 벌레가 들어가 있으면 오족(烏足)이라는 풀로 변한다고 한다. 『열자(列子)』 「천서(天瑞)」에 나온다.
4) 『주자어류(朱子語類)』 권121 훈문인(訓門人) 9 총훈(總訓)에 나온다.
5) 『논어』 「양화(陽貨)」에 공자가 "상지와 하우의 사람은 기질을 바꿀 수 없다[唯上智與下愚不移]"라 했다. 『자치통감』 권229를 보면 당나라 덕종 건중(建中) 4년(783) 육지(陸贄)가 올린 상소문에 이런 말이 있다. "중훼(仲虺)는 상나라 성탕을 찬양하되, 허물이 없는 것을 칭찬하지 않고 허물을 고치는 것을 칭찬했다. 길보(吉甫)는 주나라 선왕을 찬송하되, 실수가 없는 것을 찬미하지 않고 실수를 보완하는 것을 찬미했다. 이는 성현의 뜻이 분명히 드러난 것이니, 오직 허물을 고치는 것을 현능하다고 하고, 허물이 없는 것을 귀하게 여기지 않은 것이다. 대개 사람이 행동을 하매 반드시 허물과 잘못이 있는 법이니, 이는 상지(上智)나 하우(下愚) 모두 면할 수 없는 것이다. 하지만 지혜로운 자는 허물을 고쳐서 선으로 나아가고, 어리석은 자는 허물을 부끄러워하여 잘못을 합리화하니, 선으로 나아가면 그 덕이 날로 새로워지고, 잘못을 합리화하면 그 악이 갈수록 쌓이는 것이다[仲虺贊揚成湯, 不稱其無過, 而稱其改過. 吉甫歌誦周宣, 不美其無闕, 而美其補闕. 是則聖賢之意較然著明, 惟以改過爲能. 不以無過爲貴. 蓋爲人之行己, 必有過差, 上智下愚俱所不免. 智者改過而遷善, 愚者恥過而遂非. 遷善則其德日新, 遂非則其惡彌積]."
6) 영가(纓歌)는 창랑가(滄浪歌)를 말한다. 창랑이 맑고 흐린 것에 따라 갓끈을 씻게 되고 발을 씻게 된다는 데에서 유래했다. 『맹자』 「이루 상」에 "창랑의 물이 맑으면 내 갓끈

옛날 책에서 전해 받은 것 있도다.

근독(신독)하지 않을 곳이 어디인가

좋음과 추함의 간격이 없도다.

똥오줌에 정말로 도가 있다8)고 했으니

그 말 역시 취할 만하다.

자주 주인공(마음)을 환기시켜

늘 반 이랑 연못9)에 있게 해야 하는 법.

부디 똥 누는 일을 살펴서

곡도10)를 따를 수 있는지 없는지 보게나.

廁上無書冊, 廁上無朋友, 無書又無朋, 兀坐如木偶.

吾儒工夫大, 隨在便自有. 坐靜爲動極, 闇曳由蓄久.

三枚乾矢橛, 用之在我手. 人身雖至眇, 所有誠博厚.

陵鳥爲烏足, 逝者有如古. 心心復念念, 造次宜持守.

十年阿古山, 誰如和尙某. 夫人解下愚, 自取無爲後.

去惡卽堯舜, 不潔是桀紂. 纓歌與鼠譽, 於古有所受.

씻고, 창랑의 물이 흐리면 내 발이나 씻으리[滄浪之水淸兮, 可以濯我纓. 滄浪之水濁兮, 可以濯我足]"라 했고, 굴원의 「어부사(漁父辭)」에도 "창랑의 물이 맑으면 나의 갓끈을 씻어도 좋으리라[滄浪之水淸兮, 可以濯我纓]"라 했다.

7) 상서(相鼠)는 『시경』「용풍(鄘風)」의 편명. 시서(詩序)에 따르면 위(衛)나라의 재위자가 선군의 교화를 입었으면서도 예의가 없는 것을 풍자한 시이다. 주희의 『시집전』은 시대를 특정하지 않고, 사람으로서 예의가 없는 것을 비판한 시라고 보았다. 모두 3장인데 1장만 보면 "쥐를 보아도 가죽이 있거늘, 사람이면서 예의가 없다니. 사람이면서 예의가 없다면, 죽지 않고 어이 하리"[相鼠有皮, 人而無儀. 人而無儀, 不死何爲]라고 했다.

8) 『장자』「지북유(知北遊)」의 말이다.

9) 반묘(半畝)는 주희가 지은 「관서유감(觀書有感)」제1수의 "반묘의 각진 연못 거울처럼 열려, 하늘빛과 구름 그림자 함께 배회하네. 묻나니 저 물은 어찌 이렇게도 맑을까, 근원에서 생수가 내려오기 때문이지[半畝方塘一鑑開, 天光雲影共徘徊. 問渠那得淸如許, 爲有源頭活水來]"에서 온 것이다.

10) 곡도(穀道)는 『노자』에서 말한 道를 말한다. 의학 용어로는 대장(大腸)과 항문(肛門)을 말한다. 중의(重義)의 표현이다.

謹獨孰非地, 地無間乎好醜. 屎溺信有道, 其言亦足取.
頻喚主人公, 常常在半畝. 須省糞去處, 能從穀道否.

이 시에서 심태는 측간에서도 근독(謹獨) 곧 신독(愼獨) 공부를 잊지 말아야 한다고 했다. 그러면서『장자』「지북유」의 '도는 시뇨(똥과 오줌)에 있다'라는 말을 끌어와, 일상성의 도를 강조했다.

> 동곽자(東郭子)가 장자에게 이렇게 물었다. "이른바 도는 어디에 있습니까?"
> 장자가 대답했다. "있지 않은 곳이 없다."
> 동곽자가 말했다. "꼭 찍어 말씀해 주셔야 알아듣겠습니다."
> 장자가 말했다. "땅강아지나 개미에게 있다."
> 동곽자가 말했다. "어째서 그리 낮은 곳에 있습니까?"
> 장자가 말했다. "돌피나 피 따위에 있다."
> 동곽자가 말했다. "어째서 더 아래로 내려가십니까?"
> 장자가 말했다. "기왓장이나 벽돌 조각에 있다."
> 동곽자가 말했다. "어째서 더 심해지십니까?"
> 장자가 말했다. "똥이나 오줌 속에 있다."
> 동곽자가 대답하지 않았다.

장자는 지극한 도란 어떤 형태나 물질성에 구애되지 않음을 말했다. 그러한 논리에서 보면, 일상적이거나 추한 것이라고 해서 무가치하다고 배제할 수가 없다. 여기서 배제의 논리가 중단된다.

2.

한시 중에서도 영물시는 생물과 무생물의 사물들을 소재로 이미지를 창출해내는 시를 가리킨다.11) 김삿갓은 영물시를 많이 남겼다.

물고기를 노래한 김삿갓의 다음 시는 참으로 절묘하다. 칠언율시로서 외재율을 완벽하게 지키기도 했다.

물고기

헤엄치며 물밑에서 좋아하는 모습을 보는 때
비단 못에 석양이 지고 푸른 버들은 가지를 드리운다.
은빛이 춤추고 꾀꼬리 노래 어우러지며
옥이 튀어 올랐다간 잠겨 백로만 홀로 아네.
구름 그림자가 적시면 그물일까 겁을 내고
초승달 빛이 잠기면 낚싯바늘인가 의심하네.
돌아와 떠올리면 눈밑에 물이 출렁여서는
마음속에 한 폭의 기이한 그림이 이루어지누나.

魚(어)

游泳得觀底好時(유영득관저호시)   錦覃斜日綠楊垂(금담사일녹양수)
銀翻如舞鶯相和(은번여무앵상화)   玉躍旋潛鷺獨知(옥약선잠노독지)
影蕉橫雲嫌罟陷(영초횡운혐고함)   光沈初月似釣疑(광침초월사조의)
歸來森列雙眸下(귀래삼렬쌍모하)   畵出心頭一幅奇(화출심두일폭기)

큰 풍경을 묘사한 후 세밀한 풍경을 묘사하는 방식을 택했다. 즉, 물고기

---

11) 심경호, 『한시의 세계』, 문학동네, 2006, p.126.

가 노니는 곳의 자연환경을 노래하고서, 물고기 자체와 그 심리에 초점을 맞추었다. 회화적 수법을 사용하면서, 실은 인간의 불안 심리를 담아낸 수작이다. 구름 그림자와 초생 달의 빛은 친화적인 자연이 아니라 대립적 자연이다. 이것은 인간의 생활조건이 친화적일 수만은 없다는 사실을 환기시킨다.

갈매기

모래도 희고 갈매기도 희어
모래와 갈매기를 분간할 수 없구나.
어부가 한 곡조에 홀연히 날아오르자
그제야 모래는 모래, 갈매기는 갈매기.

白鷗(백구)

沙白鷗白兩白白(사백구백양백백)　　不辨白沙與白鷗(불변백사여백구)
漁歌一聲忽飛去(어가일성홀비거)　　然後沙沙復鷗鷗(연후사사부구구)

고풍시이다. 근체시의 압운법을 완전히 무시하고, 압운자를 놓을 자리에 鷗(구)자를 거듭 놓았고, 전체 시에서 白자를 여섯 번이나 사용했다. 마지막 구는 아예 '沙沙復鷗鷗(사사부구구)'라는 식으로, 동일 글자를 중복하면서 우리 말 어순에 따라 의미 전달에 주력했다. 개념을 담은 실사가 시 전체에 없는 것만 같다. 그런데 흰 모래와 흰 갈매기가 전혀 구별되지 않다가 어부의 노래가 일어나자 홀연 그 둘이 구분되었다는 발상이 신선하다. 존재의 바다가 인공의 틈입에 의해 헝클어진다는 사실을 말하고자 한 것이다.

김삿갓은 이와 벼룩 같은 미충에도 눈길을 주었다. 이를 노래한 다음 시는 작고 추한 것의 존재를 통해 맑고 높은 경지에의 비상을 꿈꾸었다.

이

굶주리면 피를 빨고 배부르면 물러가니
삼백 곤충 가운데 재주가 가장 없구나.
길 가는 나그네 품속에서는 낮이면 햇빛을 근심하고
궁핍한 사람 배에서는 꼬르륵 우렛소리를 새벽에 듣는다.
형체가 보리 알갱이와도 같지만 누룩은 되지 못하고
글자가 바람 풍(風)과 비슷해도 매화꽃은 떨어뜨리지 못하지.
네게 묻나니, 신선의 뼛속까지 파고들어
마고로 하여금 천태산에 앉아 등[머리]을 긁게도 만드느냐.

蝨(이)

飢而吮血飽而臍(기이연혈포이제) 三百群[昆]蟲最下才(삼백군충최하재)
遠客懷中愁午日(원객회중수오일) 窮人腹上聽晨雷(궁인복상청신뢰)
形雖似麥難爲麴(형수사맥난위국) 字不成風未落梅(자불성풍미낙매)
問爾能侵仙骨否(문이능침선골부) 麻姑搔背[首]坐天台(마고소배좌천태)

[김홍한이 『매월신보』(1933.12.5)에 소개했다. 이응수는 초판 『김립시집』과 대중보판에 수록했다. '群蟲'을 '昆蟲,' '搔背'를 '搔首'로 바꾸었으나, 김홍한의 표기가 옳다.]

마고 운운은 고사를 빌려 왔다.

후한 환제(桓帝) 때 신선 왕방평(王方平)[왕원(王遠)]이 채경(蔡經)의 집에 와서 선녀 마고를 부르자, 마고가 내려와서 "내가 상제를 모셔온 이래 벌써 동해가 세 번 뽕 밭으로 변했고, 또 이제 봉래산의 해수가 반쯤 얕아졌으니, 동해가 다시 육지로 변할 날이 얼마 남지 않았다"라고 했다. 마고의 손톱이 새 발톱처럼 길쭉한 것을 보고 채경은 마음속으로 "저 손톱으로 가려운 등을 긁으면 매우 좋겠다"라고 생각했다. 그 생각을 알아차린 왕방평은 "네가 감히 그런 생각을 갖느냐"라고 꾸짖었다. 김삿갓은 마고가 이에 물려 가려워서 자기의 긴 손톱으로 자기 등(혹은 자기 머리)을 긁는 모습을 상상해 보았다. 이에 물려 가려운 고통을 잊으려고 허언을 한 것이리라.

다음 시는 벼룩의 모양과 습성을 세세하게 묘사했다. 벼룩에 물린 사람의 피부를 복숭아꽃이 만발한 봄 경치에 비유한 것이 참신하다.

벼룩

모습은 대추씨 같지만 용기가 뛰어나
반풍(半風, 이)과 친구요 전갈과 이웃일세.
아침에는 자리 틈에 몸을 숨겨 찾을 수 없고
저녁에는 이불 속에 다리 물려고 가까이 온다.
뾰족한 주둥이에 물릴 때마다 찾아낼 마음 생기고
알몸으로 뒬 때마다 단꿈이 자주 깨네.
밝은 아침에 일어나 살갗을 살펴보면
복사꽃 만발한 봄날 경치를 보는 것 같아.

蚤(조)

貌似棗仁勇絶倫(모사조인용절륜)　半風爲友蝎爲隣(반풍위우갈위린)
朝從席隙藏身密(조종석극장신밀)　暮向衾中犯脚親(모향금중범각친)
尖嘴囓時心動索(첨취작시심동색)　赤身躍處夢驚頻(적신약처몽경빈)
平明點檢肌膚上(평명점검기부상)　剩得桃花萬片春(잉득도화만편춘)

　　　　[김홍한이 『매월신보』(1933.12.5)에 소개했다. 이응수는 초판 『김립시집』과 대증보판에 수록했다. '半風之族'을 '半風爲友'로, '肥膚'를 '肌膚'로 표기했다.]

다음 시는 예민한 관찰로 고양이의 생김새와 습성을 파악하고, 그 결과를 기발하게 묘사했다.

고양이

밤에는 남북 길을 멋대로 다니며
여우와 살쾡이 사이에 끼어 삼걸이 된다.
털은 흑백이 뒤섞여 수를 놓은 듯하고
눈은 청황색에다 남색까지 물들었네.
귀한 손님 밥상에선 맛있는 음식을 훔쳐 먹고
늙은이 품속에서 따뜻한 옷에 덮여 자며,
쥐가 어디에 있나 찾아나서 교만 떨다가
야웅 소리 지를 땐 간담이 크기도 하다.

猫(묘)

乘夜橫行路北南(승야횡행로북남)   中於狐狸傑爲三(중어호리걸위삼)
毛分黑白渾成繡(모분흑백혼성수)   目狹靑黃半染藍(자협청황반염람)
貴客床前偸美饌(귀객상전투미찬)   老人懷裡傍溫衫(노인회리방온삼)
那邊雀鼠能驕慢(나변작서능교만)   出獵雄聲若大膽(출렵웅성약대담)

늙은 소를 보고 김삿갓은 혈기 넘치던 시절이 사라졌음을 아쉬워하며 스스로를 위로하려는 듯 시를 지었다. 평성 豪(호)운의 毛(모) · 槽(조) · 高(고) · 皐(고) · 勞(로)의 다섯 자로 압운한 칠언율시로, 대우법이 완벽하다.

노우(老牛, 늙은 소)

뼈 앙상하고 털마저 빠졌는데

늙은 말 따라서 마구간을 같이 쓰네.
거친 들에서 짐수레 끌던 일은 옛 공적이요.
목동 따라 푸른 산에서 놀던 그 시절은 꿈이 되었다.
힘차게 끌던 쟁기도 텃밭에 한가히 놓였건만
채찍 맞으며 언덕길을 오르고 또 오르다니.
가련해라 밝은 달밤은 깊어 가는데
돌이켜보면 한평생 부질없이 노고만 쌓였구나.

老牛(노우)

瘦骨稜稜滿禿毛(수골릉릉만독모)　　傍隨老馬兩分槽(방수노마양분조)
役車荒野前功遠(역거황야전공원)　　牧竪靑山舊夢高(목수청산구몽고)
健耦常疎閑臥圃(건우상소한와포)　　苦鞭長關倦登皐(고편장열권등고)
可憐明月深深夜(가련명월심심야)　　回憶平生謾積勞(회억평생만적노)

　　과부에게 주었다는 다음 시는 제비를 소재로 한 영물시이다. 동풍 따라 제비가 날아와 아가위나무 복숭아나무 아래 옛집을 찾아드는 것을 보면서, 복숭아꽃 떨어지면 제비는 다시 떠나리란 것, 그러나 내년 꽃이 피면 다시 오리란 것을 내다본다. 인생의 작은 주기를 생각하고, 삶의 의미를 되물었다.

신계에서 읊다

동녘 바람에 제비 비껴 날아서
아가위나무 복숭아나무 아래 그대 집을 찾아든다.
그대 집에 봄이 가면 날아가 떠나서는
아가위나무 복숭아나무 내년 꽃을 기다리리.

新燕吟(신계음)

一任東風燕子斜(일임동풍연자사)　棠李樹下訪君家(당리수하방군가)
君家春盡飛將去(군가춘진비장거)　留待棠李後歲花(유대당리후세화)

이 시는 평성 麻(마)운에 속하는 斜(사)·家(가)·花(화)를 운자로 놓았다. 외재율을 잘 지킨 칠언절구이다. 제2구(승구)의 마지막 두 글자를 제3구(전구)의 첫 두 글자로 사용하는 연쇄법을 이용했다.

다음 시는 주객(酒客)과 시우(詩友)가 대청에서 장기 두는 모습을 읊었다. 포(包)·상(象)·차(車)·마(馬)의 활약을 잘 묘사했다. 장졸들이 다 없어지고 연달아 장군을 받으면 궁에 남은 두 사(士)가 버티지 못하여 결국 항복하게 되는 판국의 변화를 긴박하게 서술했다.

장기

술친구와 글친구가 뜻이 맞아
마루에 마주 앉아 장기 판을 벌인다.
포가 날아가자 군세가 장해지고
사나운 상이 웅크리고 앉자 진세가 우람하다.
곧게 치달리는 차가 졸을 먼저 따먹으니
옆으로 달리는 날쌘 말이 번번이 궁을 엿보네.
병졸들 다 없어지고 연달아 장군을 부르면
두 사(士)가 견디다 못해 판국이 끝장난다.

博(박)

酒老詩豪意氣同(주로시호의기동)　戰場方設一堂中(전장방설일당중)
飛包越處軍威壯(비포월처군위장)　猛象樽前陳勢雄(맹상준전진세웅)

直走輕車先犯卒(직주경차선범졸)　　橫行駿馬每窺宮(횡행준마매규궁)
殘兵散盡連呼將(잔병산진연호장)　　二士難存一局空(이사난존일국공)

['意氣同'은 혹 '兩老人', '一局空'은 '保護功'으로
되어 있다고 이응수는 비고에서 밝혔다.]

바둑을 노래한 시에서는 승패가 '때를 잡고 못 잡음'에 있다는 철리를 말했다. 바둑은 상산사호(商山四皓)나 삼청신선(三淸神仙)이 즐기는 놀이이지만, 아이러니하게도 그 놀이의 진수는 이편의 속임수와 저쪽의 패착에 의해 판세가 뒤바뀐다는 점에 있다. 사호는 진시황 때 난을 피해 상산에 숨은 동원공(東園公)·기리계(綺里季)·하황공(夏黃公)·녹리선생(甪里先生)이다. 삼청은 신선들이 산다는 궁의 이름으로, 옥청(玉淸)·상청(上淸)·태청(太淸)을 꼽는다. 김삿갓 시는 신선 놀이에서 속임수와 패착이 관건이라는 사실을 지적하기만 했지, 논평을 더하지는 않았다. 그러한 지적을 통해, 인간의 높은 상상도 허망할 뿐이라고 말한 것이다.

바둑

흑백이 종횡하여 에워싼 것처럼 진을 치니
승패는 오로지 때를 잡고 못 잡음에 달렸네.
상산 사호는 은거하여 바둑으로 시국을 잊었고
삼청 신선들 대국에 도끼자루 다 썩었다.
속임수로 세력 뻗을 대두점을 얻기도 하고
잘못 두었다가 거두면 손을 휘두른다.
한나절 이기고 지며 또 도전하여
바둑알 놓는 소리가 석양까지 이르네.

棋(기)

縱橫黑白陳如圍(종횡흑백진여위)　　勝敗專由取舍機(승패전유취사기)
四皓閒秤忘世坐(사호한칭망세좌)　　三淸仙局爛柯歸(삼청선국난가귀)
詭謨偶獲臺頭點(궤모우획대두점)　　誤着還收擧手揮(오착환수거수휘)
半日輸贏更挑戰(반일수영갱도전)　　丁丁然響到斜輝(정정연향도사휘)

연적을 노래한 시는 조금 외설스럽다. 1956년 『풍자시인 김삿갓』에 새로 수록되었다. 이응수는 "연적이 여성의 유방 비슷하게 생긴 것을 두고 지은 것인데 그것을 하늘 선녀의 유방에 비유하여 재치 있게 노래했다"라고 평가했다.

연적

어느 하늘 선녀가 한쪽 젖을 잃어버려
잘못하여 인간세계 문필방에 떨어졌누나.
여러 제자들이 두 손으로 어루만지니
부끄러움 못 이겨 눈물 펑펑 쏟누나.

硯滴(연적)

何天仙女失一乳(하천선녀실일유)　　誤落人間文筆房(오락인간문필방)
多少弟子雙手撫(다소제자쌍수무)　　不勝羞愧淚滂滂(불승수괴루방방)

눈 오는 날 김삿갓이 친구의 집을 찾아가자 친구가 일부러 문을 열어주지 않고 창(窓)이라는 제목을 내며 파촉 파(巴)와 긁을 파(爬)를 운으로 불렀다. 그래서 김삿갓이 지었다는 것이 다음 시이다.

창

십자가 이어지고 구(口)자가 빗겼는데
사이사이 잔도는 파촉 협곡 같구나.
이웃집 노인은 익숙하게 고개 숙이고 들어오지만
아이는 열기 어렵다고 손가락으로 긁어대네.

窓(창)

十字相連口字橫 (십자상련구자횡)   間間棧道峽如巴 (간간잔도협여파)
隣翁順熟低首入 (인옹순숙저수입)   稚子難開擧手爬 (치자난개거수파)

巴(파)와 爬(파)는 평성 麻(마)운에 속하는 글자이니, 압운을 한 것이다. 칠언절구라 볼 수 있지만, 첫 구에는 압운하지 않았다.

안경을 노래한 다음 시는 각 구마다 동물 이름을 사용했다. 앞서 본 「직금(織錦)」과 같은 수법이다.

안경(眼鏡)

강호에서 늙어 머리가 갈매기처럼 흰데
흰 테 검은 알 안경을 쓰니 소 한 마리 값일세.
고리눈은 장비와 같아 촉나라 범이 웅크려 앉은 격
겹눈동자는 항우와 같아 목욕한 초나라 원숭이 꼴.
얼핏 보면 알이 번쩍여 울타리 빠져 나가는 사슴 같은데
노인이 『시경』의 '관관 우는 저구 새 물가에 있도다'를 쾌하게 읽는다.
소년은 호사가라 풍안경 걸치고
봄 길을 당당하게 자류마 거꾸로 타고 가누나.

眼鏡(안경)

江湖白首老如鷗(강호백수노여구)　　鶴膝烏精價易牛(학슬오정가역우)
環若張飛蹲蜀虎(환약장비준촉호)　　瞳成項羽木荊猴(동성항우목형후)
雪疑翟灌穿籬鹿(설의탁관천리록)　　快讀觀關在渚鳩(쾌독관관재저구)
少年多事懸風眼(소년다사현풍안)　　春陌堂堂倒紫騮(춘맥당당도자류)

노인은 안경을 걸치고『시경』을 읽고, 소년은 바람과 티끌을 막는 풍안경을 걸치고 도성 길로 자류마를 타고 풍류스럽게 거꾸로 타고 간다고 했다. 말이나 나귀를 거꾸로 타는 풍류는 진(晉)나라 반악(潘岳)에서 시작되어 그것을 반랑풍류(潘郎風流)라고 한다.

대중보판에는 「안경」 시가 영물편과 일화편에 각각 1수씩 있다. 위엣것은 영물편에 있는 시이다. 각 구의 끝자를 보면, 갈매기 구(鷗), 소 우(牛), 범 호(虎), 원숭이 후(猴), 사슴 록(鹿), 비둘기 구(鳩), 눈 안(眼), 당나귀 류(騮) 등이다. 안경다리가 두루미 무릎을 닮았다고 해서 학슬(鶴膝)이라 불렀다. 오정(烏精)은 거무스름한 반투명의 안경알을 가리킨다.

다음의 「관(冠)」과 「망건(網巾)」은 남자들이 머리에 반드시 사용하던 물건을 노래했다.

관(冠)

머리 꾸며 단정하니 꽃 꽂는 것보다 낫구나
가늘게 짜고 촘촘하게 얽어 모래알이나 빠질 정도
모시와 참대를 합해서 둥그렇게 만들고
옷칠과 먹빛으로 이룬 문채, 너무도 아름답다.
관 쓰는 문화는 옛날 기자 시대와 같고
품새는 명나라에서 비롯되었도다.

창랑 물이 맑으면 갓 끈을 빨 만하다는
초나라 노래는 지금까지 전하고.

冠(관)

首飾端儀勝揷花(수식단의승삽화)　　織織密孔僅容沙(직직밀공근용사)
紵篁合體均圓滿(저황합체균원만)　　漆墨成章極鬪華(칠묵성장극윤화)
文物攸同箕子國(문물유동기자국)　　規模粤自大明家(규모월자대명가)
一曲滄浪纓可濯(일곡창랑영가탁)　　至今傳唱楚江歌(지금전창초강가)

　　　　　　　　　　　　　　　　　　　　　　(粤, 曰字 뜻)

망건(網巾)

그물은 거미, 직조는 귀뚜라미에게 배워
작은 틈은 바늘구멍, 큰 틈은 돗바늘 구멍 정도.
잠깐 새 천 가닥 머리털을 죄다 묶고 나면
오사모랑 접리랑 모두 용에 불과할 뿐.

網巾(망건)

網學蜘蛛織學蛩(망학지주직학공)　　小如針孔大如瓮(소여침공대여공)
須臾卷盡千莖髮(수유권진천경발)　　烏帽接羅摠附庸(조모접리총부용)

　오사모는 벼슬아치들이 쓰는 모자, 접리는 흰 두건으로 백접리라고도 한다. 진(晉)나라 때 풍류로 이름이 높던 산간(山簡)이 술을 좋아하여 고양 원지(園池) 가에 나가 술을 잔뜩 마시고 취해 돌아오므로, 당시 아동들이 노래하기를 "산공이 어디로 나가는가, 고양지로 가는구나. 날 저물면 있는 술 다 마시고 돌아오나, 곤드레만드레 아무 것도 모른다오. 때때로 말 타고 오면서 하얀 접리관을 거꾸로 썼다[山公出何許, 往至高陽池, 日夕倒載歸, 酩酊無所知. 時時能騎馬, 倒著白接䍦]"라고 했다고 한다. 김삿갓은 벼슬아치들이 쓰는 오사모든, 풍류객이 쓰는 백접리든, 모두 머리칼을 죄다 묶어주는 망건을 쓴 다음에야 비로소 쓸 수 있다고 했다. 곧, 망건을 쓰는 행위는 벼슬길로 나아가느냐 전야에 머무느냐 하는 갈림길을 의미한다. 절묘한 시다.

「마석(磨石)」은, 맷돌의 아랫판은 묵중하게 가만히 있고 윗판이 빙글빙글 돌아서 천둥소리를 일으키면 보리가 눈 싸라기처럼 잔잔히 떨어지는 모습을 순하게 묘사했다.

맷돌

누가 산 바윗돌을 둥글게 만들었나
하늘은 빙글빙글 돌고 땅은 편안하다.
우릉우릉 천둥소리가 손 가는 대로 나더니
사방으로 눈 싸라기 날려 잔잔히 떨어지네.

磨石(마석)

誰能山骨作圓圓(수능산골작원원)　　天以順還地自安(천이순환지자안)
隱隱雷聲隨手去(은은뇌성수수거)　　四方飛雪落殘殘(사방비설낙잔잔)

다음 시는 반죽을 새알처럼 떼어 내 펼쳐서 입술을 맞추듯 반달 같은 송편을 만들어 내는 모습을 잘 묘사했다.

송편

손에서 뱅뱅 돌리면 새알이 만들어지고

손가락 끝으로 낱낱이 조개 같은 입술을 맞추어선
금쟁반에 일천 봉우리를 첩첩 쌓아 올리고
등불 매달고 옥 젓가락으로 반달 같은 송편을 집어 드누나.

松餠詩(송병시)
手裡廻廻成鳥卵(수리회회성조란)　　指頭個個合蚌脣(지두개개합방순)
金盤削立峰千疊(금반삭립봉천첩)　　玉箸懸燈月半輪(옥저현등월반륜)

「떨어진 꽃을 노래함(落花吟)」에서는 "끝없이 살고 싶어 바위 위에도 달라붙고, 가지를 차마 떠나지 못해 바람 타고 오르기도 하네[無端作意移粘石, 不忍辭枝倒上風]"라고 했다. 낙화의 모습을 노래하여, 인간이 지닌 생명에 대한 욕구를 멋지게 부조시켰다.

다음 시는 눈 속에 핀 겨울 매화를 노래했으나, 그것을 선지자의 상징이나 고결한 절조의 대상물로 추앙하지 않았다. 눈 속에 핀 매화를 술에 취한 기생 같다고 했으며, 그것을 바람결에 독경 소리 내는 마른 버들, 삽살개 꼬리같이 떨어지는 밤꽃, 뾰족한 쥐의 귀 같이 갓 피어난 석류꽃과 병치시켰다.

눈 속의 겨울 매화

눈 속에 핀 겨울 매화는 술에 취한 기생 같고
바람 앞에 마른 버들은 불경을 외는 중 같구나.
떨어지는 밤꽃은 삽살개의 짧은 꼬리 같고
갓 피어나는 석류꽃은 뾰족한 쥐의 귀 같구나.

雪中寒梅(설중한매)
雪中寒梅酒傷妓(설중한매주상기)　　風前槁柳誦經僧(풍전고류송경승)

栗花落花尨尾短(율화낙화방미단)　　榴花初生鼠耳凸(유화초생서이철)

김삿갓이 어느 절에 가서 하룻밤 재워 달라고 청하자 처음에는 중이 거절했다. 그러다가 혹시 김삿갓이 아닌가 생각하고 그에게 시를 짓게 했다. 중은 혹(或), 역(亦), 벽(壁), 막(莫)을 운자로 놓으라고 괴롭혔지만 김삿갓은 시를 쉽게 짓고 하룻밤 거처를 얻었다고 했다. 다음 시이다.

눈 오는 날

구름 낀 날 많더니 어쩌다 개어
앞산이 희고 뒷산도 역시.
창문을 밀쳐 보니 사면이 유리벽
절의 아이에게 쓸지 말라고 하노라.

雪日(설일)
雲日常多晴日或(운일상다청일혹)　　前山旣白後山亦(전산기백후산역)
推窓四面琉璃壁(추창사면유리벽)　　分咐寺童故掃莫(분부사동고소막)

다음 시는 눈 온 뒤의 나무들을 소복 입은 모습에 비유했다. 『초사』의 「국상(國殤)」을 그린 그림에서, 나뭇잎에 눈을 그려 죽은 병사들의 모습을 숨겨둔 것과 같다.

눈

천황씨가 죽었느냐 인황씨가 죽었느냐
푸른 산의 일만 그루가 모두 소복 입었구나.

내일 해가 와서 조문한다면
집집 처마마다 눈물 뚝뚝 떨구리.

雪(설)

天皇崩乎人皇崩(천황붕호인황붕)　　萬樹靑山皆被服(만수청산개피복)
明日若使陽來弔(명일약사양내조)　　家家簷前淚滴滴(가가첨전누적적)

천황씨와 인황씨는 고대 중국 전설에 나오는 임금이다. 눈이 녹아 흐르는 물을 임금의 죽음을 슬퍼하여 흘리는 눈물에 비유한 것도 절묘하다.

3.

'콩'을 노래한 다음 시는 제목에서 이미 한국 한자를 사용했다. 내 생각으로는 이 시가 김삿갓의 영물시 가운데 가장 뛰어나다고 생각한다.

콩(太)

콩 태 글자는 『사략』의 천황편 첫 장에 있고
곡식 중에서는 이것의 크기가 왕과 같다.
알알이 완전히 누런 것은 벌이 꿀을 바른 것 같고
둥글둥글하여 혹 흑색인 것은 쥐 눈알과 같다.
겨울 시루에 갓 뽑아서는 밥상에 찬을 하나 더 하고
새벽 부엌 밥솥에 불려서 들이면 솥에 양식을 덜 수 있다.
당시 만약 주나라 조정의 늠속(봉급)에서 빠져 있었더라면
백이와 숙제로 하여금 수양산에서 주려 죽지 않게 했을 것을.

太(태)

字在天皇第一章(자재천황제일장)　　穀中此物大如王(곡중차물대여왕)
介介全黃蜂轉蜜(개개전황봉전밀)　　團團或黑鼠瞋眶(단단혹흑서진광)
新抽騰甑盤增菜(신추납증반증채)　　潤入晨廚鼎減糧(윤입신주정감량)
當時若奪周家粟(당시약탈주가속)　　不使夷齊餓首陽(불사이제아수양)

첫구의 뜻은 초학들이 제일 먼저 읽는『사략』의 첫 글자가 태(太)이기 때문에 하는 말이다. 즉『고금역대표제십구사략통고(古今歷代標題註釋十九史略通攷)』제1권이 '태고(太古)'를 서술한 후 상고시대의 삼황오제(三皇五帝)인 천황(天皇)들을 열거하면서 제일 먼저 '태호복희씨(太昊伏羲氏)'를 다루고 있다.

이 시는 마지막 연(제4연=미련)에서 과거의 역사 사실을 뒤집어 보아 '만일 -했었더라면, -했을 것이다'라는 가설법을 사용했다. 콩이 당시 곤궁한 이들의 주식으로서 긴요하게 사용되었으므로, 그러한 사실에 비추어 거꾸로 백이와 숙제도 고사리 대신 콩을 먹었더라면 굶어죽지는 않았을 것이라고 뒤집어 상상했다. 주나라에서 콩을 봉급 대신 주지 않았더라면, 주나라에서 봉급으로 주는 곡식을 먹지 않겠다고 했던 백이와 숙제도 콩은 먹었을 것이라는 말이다. 백이와 숙제가 고사리를 캐 먹은 것은 주나라 봉급을 받지 않겠다는 뜻에서였다고 하는『사기』독법에 따른 것이다.

이렇게 역사 사실을 소재로 하면서 번안(飜案)하여 추론한 내용을 시로 적는 방식은 당나라 두목(杜牧)의 영사(詠史) 수법을 차용한 것이다. 그런데 제4연(미련) 출구(안짝)에서 奪(탈) 자와 粟(속) 자를 사용한 것이 절묘하다. 여기서의 奪은 '빼앗다'는 뜻이 아니라 '빠져 있다'는 뜻이다. 고전문헌학에서 어떤 글자가 빠져 있는 것을 지적할 때 사용이 奪자를 사용한다. 또 粟은 늠속(廩粟)이라 할 때의 粟과 같아, 봉록(俸祿) 다시 말해 봉급을 가리킨다. 일반적인 곡식이란 뜻이 아니다.

「고(苽)」는 열매를 '고미'라고 부르는 채소를 노래했다고 알려져 왔으나,

양동식 씨가 밝혔듯이, 서과(西瓜, 수박)를 소재로 한 것이다.12) 우리 발음으로 [-n]으로 끝나는 글자를 한 구 걸러 놓았다. 압운을 의식하되, 한시의 압운법을 따르지 않고 자연스레 글자를 놓은 우리 고풍의 시이다.

수박

겉모양은 위 장군과 흡사하고
속마음은 연나라 태자를 닮았구나.
너는 본시 땅 기운을 받아 태어났는데
어째서 하늘처럼 둥글게 생겼느냐.

苽(고)

外貌將軍衛(외모장군위)　中心太子燕(중심태자연)
汝本地氣物(여본지기물)　何事體天團(하사체천단)

고사를 인용하여 지은 익살스러운 시이다. 고사가 궁벽하거나 논리적 추론이나 굉장한 이치를 궁구할 필요가 있는 것은 아니다.

한나라에 위청(衛靑)이라는 장수가 있었으므로, 수박 빛깔이 푸르다고 직설하지 않고 위장군(衛將軍)과 같다고 에둘러 표현했다. 춘추시대 연나라에 단(丹)이라는 태자가 있었으므로, 수박 속이 붉은 것을 연나라 태자 같다고 표현했다.

수박은 땅에 속해 있으면서도 하늘을 닮았구나! 나는 지금 여기서 무엇을 하고 있는가? 이응수는 이 시를 1939년 『김립시집』에 싣고 1941년 대중보관에도 실었다. 그러나 1956년의 선집에는 싣지 않았다. 애석하다.

---

12) 양동식, 『김립시집 원전과 번역 양상의 연구』, 순천대학교 대학원 교육학박사논문, 2007.11.

김삿갓은 생활세계 속의 동물과 곤충, 식물, 자연현상, 생활용품들을 노래했다. 그러나 사군자를 열렬하게 노래하면서 자신의 정신세계를 상징적이거나 비유적으로 예시한 것이 없다. 「집아재매죽난국사보 소인(集雅齋梅竹蘭菊四譜 小引)」에 보면, 매(梅), 난(蘭), 국(菊), 죽(竹)을 '사군자(四君子)'라 하였다. 이 사군자는 곧 지절(志節)을 상징한다고 여겨, 한시의 시인들은 즐겨 소재로 삼았다. 또 소나무도 군자의 상징으로 한시에 자주 등장하고는 한다. 하지만 김삿갓의 시는 그 식물상징이 뚜렷하지 않다. 위에서 보았듯이 설중 한매를 노래한 시가 있지만, 그것을 선지자의 상징이거나 고결한 절조의 대상물로 추앙하지 않았다.

김삿갓은 사물의 생명성, 우주적 가치를 논하는데 익숙하지 않았다.

한시에서는 북송 때 소옹(邵雍)이 관물(觀物)의 설을 제창하여 사물이 지닌 생명의 이치를 탐색하고, 정주학(程朱學)에서 격물치지를 중시한 이래로, 사물을 노래하는 한시는 철학성을 갖추게 되었다. 우리나라의 한시도 퇴계 이황의 예가 그러하듯, 상당히 철학적 사변을 담은 영물 수법이 발달했다. 하지만 김삿갓의 영물은 사변성을 추구하지 않았다.

또 김삿갓은 사물의 각각의 특성을 자세하게 묘사하면서 이미지를 중첩시키는 연아(演雅)의 방식을 시도하지 않았다.

연아란 사물의 이름을 나열하고 정의한 고대의 사전인 『이아(爾雅)』를 부연한다는 뜻이다. 북송의 시인 황정견(黃庭堅)은 「연아」라는 제목의 7언 40구 장편에서 모두 41종 생물의 생태를 세세하게 묘사했다.13) 황정견은 정치적으로는 정이(程頤)의 적대자였던 소식(동파)을 스승으로 삼았다. 하지만 주돈이(周敦頤)를 깊이 존경해서, "이 분의 흉회는 담박하고 솔직하여 광풍제월(光風霽月)과 같다"라고 평했으니, 정주학을 포함한 도학 자체에 깊이 관심을 가졌음을 알 수 있다. 황정견이 생물의 물명과 생태를 탐색하여 그 관찰 결과를 누적해서 서술하는 연아체를 창시한 것은 정주학에서 격물치지를 중시

---

13) 심경호, 『한시의 세계』, 문학동네, 2006, pp.129-132.

한 것과 관련이 있으리라고 볼 수 있다.

  김삿갓은 시를 통해 대론을 펼치는 것에는 능하지 못했다. 영물시를 짓는다고는 해도 사물의 기원, 특성, 기능, 의미에 대해 깊이 천착하여 이른바 격물치지의 정신을 구현하지는 못했다. 늙은 소, 고양이, 벼룩, 이, 수박, 진달래, 매화, 낙화, 안경, 관, 망건 등등. 세세한 것에 흥미를 쏟음으로써 번잡한 세상사를 잊었다. 배설을 하면서 약간의 만족감을 느끼고, 떨어지는 꽃잎을 보면서는 처지를 서러워했다.

제19화. 상실로부터의 회광

1.

　김삿갓 시 가운데는 상당히 이른 시기에 아내를 잃고 그 상실의 감성을 적은 것이 있다. 시집 온 지 얼마 안 되는 아내의 상을 당한 남편을 대신하여 지은 시일 수도 있다. 여러 '김삿갓' 가운데 어떤 이는 일찍 상처를 했을 것이다. 중요한 것은 이 시가 상실의 감정을 노래했다는 사실이다.
　아내 떠난 집에 제비 찾아오고 복숭아꽃 피니, 그리운 정이 더욱 간절해진다고 했다. 부부로 살았던 기간이 짧았어도 아내가 어질었다는 사실은 남편인 내가 잘 알 것이다. 하지만 자신이 지닌 추억을 더욱 강렬하게 환기하고 싶어서 장모에게 아내의 일화를 묻는다. 장모도 눈시울을 붉히면서 딸의 덕과 재주를 이야기한다. 그러면서 두 사람은 상실의 슬픔을 공감한다.

아내를 잃고 스스로 만시를 쓰다

만나기는 왜 그리 늦고 이별은 왜 그리 빠른지
기쁨을 맛보기 전 슬픔부터 맛보았네.

제삿술은 초례 때 빚은 것이 아직 남아 쓰고

염습 옷은 시집 올 때 지은 옷 그대로 입혔다.

창 앞에 옛날 심은 나무에는 작은 복숭아꽃이 피고

주렴 밖 새로 만든 둥지엔 제비 한 쌍 오건만.

어질었는지는 처모(정모)에게 물어보니

그 말이, 내 딸은 덕과 재주를 아울렀었지 하는군.

喪配自輓(상배자만)

遇何晩也別何催(우하만야별하최)	未卜其欣只卜哀(미복기흔지복애)
祭酒惟餘醮日釀(제주유여초일양)	襲衣仍用嫁時裁(습의잉용가시재)
窓前舊種少桃發(창전구종소도발)	簾外新巢雙燕來(염외신소쌍연래)
賢否卽從妻母問(현부즉종처모문)	其言吾女德兼才(기언오녀덕병재)

'자만'은 본래 자신의 죽음을 예상하고 스스로 만시(輓詩/挽詩)를 적는 것을 말한다. 아내의 죽음에 대해 만시를 적는 것은 한문에서는 '도망(悼亡)'이라고 한다. '도망'이라 하지 않고 '자만'이라 한 것은 아내의 죽음을 당하여, 스스로도 인생의 마지막이라는 생각이 들어서, 아내를 저승에서 만나고픈 심정에서 그런 것이 아니겠는가?

이 시는 한 구절이 일곱 자씩이면서 모두 8개의 구로 이루어진 칠언율시이다. 아내의 죽음을 당하여 깊은 슬픔을 느낄 순간에도 이렇게 외재율에 맞는 시를 지을 수 있다는 것은 이 시의 작가 '김삿갓'이 오랫동안 과거 준비를 하면서 시를 익힌 인물이라는 것을 말해준다.

운자(라임)를 놓은 압운의 방식을 보면, 이 시는 평수운의 상평성 제10 灰(회)운의 글자들을 정확히 사용했다. 본래 칠언율시와 칠언절구는 첫 구에도 압운하는 것이 정격이다. 이 시는 첫 구에 바로 상평성 제10 灰(회)운에 속하는 催(최) 자를 사용했다. 그리고 칠언율시는 두 구가 한 연을 이루며, 한 연의 바깥짝에 반드시 압운을 해야 한다. 이 시는 바로 회(灰)운에 속하는 哀, 裁, 來, 才의 네 자를 정확히 사용했다.

압운만이 문제가 아니다. 칠언율시와 칠언절구는 각 구마다 평성과 측성이 교체시키는 평측법을 지켜야 한다. 특히 각 구마다 두 번째-네 번째-여섯 번째의 글자가 소릿값에서 지켜야 한다. 김삿갓이 '아내를 잃고 스스로 쓴 만시'는 그 규칙을 아주 충실하게 지켰다.

길에서 처음 만나

『시경』 한 책을 줄줄 외우기에
나그네가 길 멈추나니 사랑스런 맘 일어나기에.
빈 집에 밤 깊으면 남이 모를 터
반 바퀴 달도 저무는 삼경에. -김삿갓

먼 길 가는 사람들 눈이 밝아 가리기 어렵군요
마음 있어도 말 못하니 마음 없는 것 같이 한다오.
담 넘고 벽 뚫어 들어오기 어려운 일은 아니지만
이미 농부와 불경이부 다짐한 터. -여인

街上初見(가상초견)

芭經一帙誦分明(파경일질송분명)　客駐程驂忽有情(객주정참홀유정)
虛閣夜深人不識(허각야심인불식)　半輪殘月已三更(반륜잔월이삼경)
　　　　　　　　　　　　　　　　　　　　- 金笠 詩(김립시)

難掩長程十目明(난엄장정십목명)　有情無語似無情(유정무어사무정)
踰墻穿壁非難事(유장천벽비난사)　曾與農夫誓不更(증여농부서불경)
　　　　　　　　　　　　　　　　　　　　-女人 詩(여인시)

1941년 대증보판 『김립시집』에서 이응수는 길에서 처음 만난 여인이 김삿갓의 시에 운자를 맞춰 화답했다고 했다. 1939년 초판에서는 여인의 시가 없다. 김삿갓이 자신의 시도 짓고 여인의 시도 만들어냈을 수는 있다. '논 매는' 여인이 남자의 시와 동일한 운자를 동일하게 사용하면서 칠언절구의 외재율을 맞춘다는 것은 불가능하기 때문이다.

'김삿갓'으로 총칭되는 사람들 중에는 압운을 하지 못하는 사람도 있고, 압운을 할 줄 아는 사람들도 있었다. 아내를 잃고 스스로 만시를 쓴 저 '김삿갓'은 후자의 인물이었다. 그는 문화권력층에 속할 교양은 지녔지만 권력에서 소외되어 있었다. 무명의 '김삿갓'을 페르소나로 삼아, 상실의 감정을 토로하는 지식 분자였다. 그는 아내의 죽음으로 그 상실의 고통을 더욱 절감했다. 덕과 재주 있던 아내가 있음으로 해서 지탱되어 오던 자신의 세계가 무너지고, 자존심이 내동댕이쳐졌다. 운자를 놓고 평측을 놓는 지식계층의 언어놀이가 그에게는 의미가 없게 된 것이다.

2.

즉흥으로 읊다

선승처럼 앉았노라니 수염이 멋쩍군
풍류를 오늘 밤 겸하지 못하고
등불 아래 혼이 적막하구나, 고향집은 천 리 멀고
달빛은 쓸쓸히 비추네, 나그네 잠자리의 처마를.
종이가 귀해 맑은 시도 그저 분판에 쓰고
안주 없기에 막걸리를 소금 찍어 마시는 판.
주옥같은 시도 황금 받고 팔겠으니

오릉 진중자의 태도는 짓지 않으리, 너무 소소하게 청렴하니.

卽吟(즉음)

坐似枯禪反愧髥(좌사고선반괴염)	風流今夜不多兼(풍류금야불다겸)
燈魂寂寞家千里(등혼적막가천리)	月射蕭條客一簷(월사소조객일첨)
紙貴淸詩歸板粉(지귀청시귀판분)	肴貧濁酒用盤鹽(효빈탁주용반염)
瓊琚亦是黃金販(경거역시황금판)	莫作於陵意太廉(막작오릉의태렴)

마지막 구의 意太廉(의태렴)은 竟太廉(경태렴)의 잘못인 듯하다.

시를 돈 받고 써주고 그 돈으로 생계를 꾸려나가는 가난한 시인의 모습이 담겨 있다. 마지막 구절에서는 오릉(於陵)의 인물같이 굴지는 말자고 했다. 오릉은 전국시대 제나라 오릉에 살던 진중자(陳仲子)를 가리킨다.

『맹자』「등문공 하」에 "진중자는 어찌 청렴한 선비가 아니랴오. 오릉 땅에 있을 때 3일 동안 굶어서 들리는 것도 보이는 것도 없었는데, 굼벵이가 반 넘게 먹은 우물가의 오얏을 기어가서 주워 먹으니 세 번 삼킨 후에 귀가 들리고 눈이 보였다"라고 했다. 진중자는 소소한 청렴결백을 주장한 나머지 대의를 저버린 사람의 대명사로 쓰인다. 진중자는 어머니가 주는 음식과 형의 저택을 불의의 물건이라 하여 물리치고 오릉에 은거하며 자신은 짚신을 만들어 팔고 아내는 길쌈하여 청빈한 생활을 했다. 맹자는 "이는 사람의 윤리를 저버리고 소소한 청렴에 급급한 행위이다"라고 비난했다.

시를 팔아 술을 사 먹어야 하는 시인은 진중자를 두고 소소한 청렴에 급급해 한다고 비난할 처지가 아니다. 시인도 그 사실을 잘 알고 있다. 시도 돈을 받고 파는 세상이 되었으니, 진중자처럼 너무 청렴하게 굴지는 말자고 스스로에게 말한다. 시를 팔아 생계를 꾸려나가야 하는 자신의 처지를 조금이나마 위로하고자 했다. 애처롭다.

조선시대 한문학은 사대부계층과 불교 승려들이 주로 독특한 문학세계를 구축했다. 특히 주요한 성과를 이룬 것은 사대부계층이었다. 조선 건국의 주역이었던 정도전은 사(선비, 독서인)계층이 인문의 전담자라고 자부했다. 사계층은 현실정치를 담당하면서 정치가 올바른 도리를 실현하지 못하지 않을까 우려하는 의식을 지녔고, 일상생활에서는 개인의 인격을 수양하고자 노력했다. 사계층은 한시와 한문을 통해 국가 규모의 문화를 장식하려고 노력했다. 하지만 조선후기에는 상황이 달라졌다. 현실정치에서 소외된 선비들이나 새로운 지식층으로 부상한 여항인들은 목적성과 이념을 현실에서 실현하지 못하고 '군자는 본디 궁하다[君子固窮]'라는 의식 속에서 울분을 담고 현실을 새로 해석했다. 한시와 한문은 '나라를 빛내고' '국가를 경영한다'는 목적성을 잃어버리고, 도를 실어야 한다는 이념에서 벗어나, 통속성을 띠기 시작했다.

김병연을 비롯한 김삿갓들은 이러저러한 이유에서 입신양명의 꿈을 접어야 했다. 그러나 독서인으로서의 자부심을 버리지 못하고 곳곳에서 작시와 시적 유희를 통해 자신의 존재가치를 확인했다. 아마도 과거공부를 하는 자제들을 가르치거나 남을 위한 글들을 대작하면서 생계를 가까스로 유지했을 것이다. 그들은 도가 행해지지 않는 상실의 시대를 살아가면서 힘겹게 버티던 이들이다.

이를테면 훈민정음을 연구하고 『언문지』를 저술한 용인의 천비 유희(柳僖)는 유학자이면서 한의사로 생계를 꾸렸다. 신석우의 「김대립전」의 주인공인 김난=김삿갓이 바로 이 유희의 『문통』을 공부하고 있었다고 했다.

유희는 1814년 6월에 손에 마비 증세가 왔을 때 쓴 「수병(手病)」이란 산문에서, 손이 나으면 남의 병을 고치고 또 남의 서찰에 응수하며 남의 일을 떠맡아 힘쓰겠다고 했다. 그는 늦게야 과거에 합격하지만 사실상 일생 벼슬길에 오르지 않고 민간의 학자로 지내면서 무려 1백 책이 넘는 『문통』을 남겼다. 세간의 부조리를 바로잡겠다는 의지를 잃지는 않았으며, 다양한 사상 조류에 대해 공부하고 서양 천문력을 받아들여 과학적 사고를 확장했다. 하지만 1819년에 지은 「장난삼아 『본초강목』에 두 조항을 보충한다[戱補本艸二條]」제2조에서 스스로의 문학이 지닌 의미를 선비와 향민이 실제 생활을 영위하는 생활세계에서 찾았다.1) 유희는 문장이란 본래 '입언(立言, 말씀을 세움)'이란 이름을 지니고 있으며, 그 맛은 맵고 쓰다고 했다. 이어서 『본초강목』의 서술법을 이용하여 문장(문학)을 약제로서 취급했다. 또한 『본초강목』의 해설 방법을 패러디하여, 문장의 창작과정과 장르에 대해 죽 서술하고, 가공의 문헌에서 따오는 방식으로 문장의 기능, 효과, 해악을 열거했다. 그러면서 문장의 해악에도 불구하고 습벽 때문에 말래야 말 수 없는 창작의 모순을 자조적이면서도 해학적으로 제시했다.

문장은 좌사약(佐使藥), 군주약(君主藥), 신약(臣藥), 행경약(行經藥), 단방약(單方藥) 등으로 두루 활용될 수 있다. 하지만 유희 그 자신의 입언은 세상에 울릴 그런 거창한 것이 아니었다. 오히려 사람을 고통스럽게 하고 몸을 망가뜨리게 하는 것이며, 그런 줄 알면서도 그만둘 수 없는 마성을 지닌 것이었다. '무슨 습벽 때문에 그러는 것인지 알지 못하겠다'라고 점잖게 썼으나, 우리말로 '무슨 지랄인지 모르겠다'라는 뜻이다.

회벽옹(懷璧翁, 재주를 품고도 숨어 사는 늙은이)의 『경험서(經驗書)』에는 이러하다. "옛날에 좌씨 성을 가진 사람[좌구명]은 이것을 사용해서 청죽과 건칠에 합해서 큰 제품[『춘추좌씨전』]을 만들었으나, 끝내 시력을 상실하는 일을 면하지 못했다. 또 굴씨[굴원]는 이것을 이용해서 풍소(風瘙)를 치료하려다가 안색이 마르고 쏙 빠져서 마침내 물에 투신하여 죽었다. 용문의 남자[사마천]는 이것으로 천하 사람들의 건망증을 치료했으나 자신의 고환이 썩어 상하고 말았다. 촉 땅 사람 양씨[양웅]는 이것을 태워서 검은색[『태현경』]으로 만들어 복용했는데, 돌연 낙상해서 몸을 망친 좌증이 있었다. 율리 사람[도연명]은 가루를 만들어 복

---

1) 심경호, 「유희의 한문문학에 나타난 통속성」, 『고전문학연구』 제35호, 한국고전문학연구회, 2009.6, pp.425~452.

용했는데, 내장에서 떳떳한 굶주림의 소리를 울려내었다. 이[이백]와 두[두보] 두 사람은 동시에 술과 섞어서 복용했는데, 한 사람[이백]은 미쳐서 물에 빠져 죽고 한 사람[두보]은 곽란 때문에 죽었다. 조주(潮州)의 태수[한유], 유주(柳州)의 태수[유종원], 미산(眉山)의 소가(蘇家) 두 사람[소식과 소철 형제], 쌍정(雙井)의 황 태사[황정견]는 모두 이 제품을 사용하는 데 뛰어나, 각각 처방을 만들어 천하에 전파했으나, 일생 동안 병들고 피로했다. 북지(北地)의 군인의 손자[이몽양]는 힘껏 고인의 복용법을 뒤따라 시행해서, 거듭 고초를 겪다가 하남성 준현(濬縣)에서 죽었다. 노(盧) 땅의 소년[서위]은 일찍이 이것으로 기이한 처방을 만들어 그윽한 국얼[술]에 사용했는데, 현기증이 심하게 나서 미친병이 일어났다. 이것은 그 가운데서도 이름이 널리 알려진 예들이다. 그 나머지 대대로 제생(과거 준비생)들 가운데 이것을 좋아하다가 그저 자기 몸만 고달프고 풀리지 않게 만든 정도로 그치지 않은 사람들은 하도 많아서 일일이 헤아릴 수도 없을 정도다. 돌연 그 독에 걸려서 죽은 자로는, 한나라 때 양웅, 위나라 때 예형, 수나라 때 설도형, 당나라 때 왕발과 유정지, 우리나라의 이숭인과 권필이 있으니, 모두 세상의 본보기가 될 만하다. 그런데도 이것을 경계하지 않고 지금도 범해서 스스로 고통을 겪는 자들이 왕왕 그치지 않는다. 마치 이적(李赤)처럼 필시 뒷간에 빠지고 귀등(歸登)처럼 무리하게 수은을 복용하듯 하여, 스스로는 그 사이에 지극한 즐거움이 있다고 여기면서 마침내 자신의 목숨을 소홀히 하다니, 나는 정말로 그것이 무슨 습벽 때문에 그러는 것인지 알지 못하겠다."

글에 나오는 이적은 당나라 때 문인으로, 자신의 시가 이백 시와 같다고 여겨 스스로 이름을 그렇게 지었다. 측간(변소)에 들어가서 귀신에게 홀려 측간을 옥황상제가 사는 청도(淸都)와 다름이 없다고 여겨 미쳐 죽었다. 귀등도 당나라 사람으로, 초서와 예서에도 뛰어났다. 성격이 온화해서, 단약을 먹어 거의 죽게 된 일이 있었다고 한다.

유희는 자신이 문학을 하는 것은 측간 귀신에게 현혹되고 단약에 중독되는 것과 같은 것이라고 여겼다. 유족한 문인층이나 장래가 촉망되는 지식층의 문학과 다르다. '마귀'의 소행이다. 마귀가 그의 문학을 정통 문학세계로부터 이탈하게 만들고, 더구나 그 이탈을 달갑게 여기게 만들었다.

이후 소외 지식인들은 정치운용의 장이 아닌 곳에 새로운 '극(極)'을 설정하거나 '극' 자체에서 이탈한 문학을 했다. 학문과 문학을 정치권력과 분리시키되 구세적 열정을 강하게 드러내면서 당색이나 문호에 따라 동류의식을 강하게 유지한 문인 집단은 전자의 방향으로 나아갔다. 하지만 한사(寒士)들은 중하층의 현실을 문학에서 다루면서 두 번째 방향으로 나아갔다.

이를테면 김삿갓의 기록을 남긴 황오(黃五)는 후자의 한 예이다. 압록강 이쪽에는 나만한 자가 없다는 뜻에서 녹차(綠此)라고 스스로 호를 했던 인물이다. 함양군 방장산(지리산) 공배리에서 태어나, 경북 상주의 중모현으로 옮겨 살다가, 경기도 양주에서 31년간 거처한 후, 49세 되던 1864년에 고향으로 돌아가 만년을 보냈다. 바둑의 국수로서도 이름이 알려졌다.2) 「화상찬(畵像贊)」을 남겨, 자신의 모습을 다음과 같이 묘사했다.3)

얼굴은 마르고 오똑하고, 체격은 네모지다.

눈썹은 성글고 빼어나고, 평평하고 가늘며, 눈은 가벼우면서도 그윽하고, 가늘지만 잘 보인다.

손가락과 손톱은 길고, 손바닥에는 붉은 무늬가 있다.

눈이 미워할 때는 북방의 근심하는 오랑캐 같고, 입이 빨리 말할 때는 남방의 외가리[올빼미] 혀 같으며, 머리가 벗어진 것은 서방의 중 같은데, 어이하여 동쪽으로 왔느냐!

---

2) 『黃綠此集』 忍默窩(尙州), 昭和 7年(1932) 발행. 新鉛活字本 2卷 1冊 ; 이숙희, 『국역 황녹차집 : 녹차 황오의 문학 연구』, 충남대학교출판부, 2007 ; 심경호, 「황오(黃五)의 문학과 지성사적 위치」.
3) 『黃綠此集』 권2, 「畵像贊」. "癯而亢, 頎而方, 眉疎而秀. 平而㦸, 輕而幽, 細而通. 指爪長 掌紋紅. 目憎如北方愁胡, 口颯如南方鴂舌. 髮禿如西方之僧, 胡爲乎東"

황오는 자기 자신을 '득기소(得其所)'하지 못한 이방인으로 그려냈다. 상실의 시대가 이런 자조의 문학, 실감의 문학을 만들어냈다.

변지순(卞持淳, 자 穉和)이란 인물은 두보 시를 나름대로 터득하여 여러 중인들과 시사 활동을 했다. 김홍도가 「수하오수도(樹下午睡圖)」4)를 증정한 인물이다.5) 홍석주(洪奭周)가 「제해부시권(題海夫詩卷)」을 써 주었다. 변지순은 본래 동래에 거처했다. 물고기와 조개를 잡아 생계를 삼는 사람들을 천시하여 해부(海夫)[바닷놈]라 하는 데서, 자신의 호를 '해부'라고 했다. 두보의 시를 배워 용의(用意)가 아주 깊고 조어(造語)가 너무 괴로우며, 침울하고 은약(隱約)해서, 하나의 주의(主意)가 백 번이나 꺾였다. 따라서 그 당시의 시풍과는 완전히 달랐다. 홍석주는 그가 취향을 남과 달리하는 점에 대해 다음과 같이 말했다.

> 지금 세상에서 시를 말하면 바야흐로 대개 푹 썩은 것을 익었다고 말하고 분칠하고 윤낸 것을 곱다고 말한다. 해부의 시를 보면 입을 크게 벌리고 웃으면서 괴이하게 여기지 않을 것이 없거늘, 해부는 끝내 조금이라도 바꾸어서 속류를 따르려 하지 않는다. 아아! 사람이 알기 어려움은 시에 있어서 심하다. 스스로를 존중하는 선비가 조금이라도 태도를 바꾸어 남을 따르려 하지 않는 것이 역시 시에 있어서 심하다. 나는 일찍이, 해부가 과거급제를 한 지 수십 년이 지났어도 한 되, 한 말의 작은 봉급도 얻지 못하고 바닷가 물굽이 가에서 늙어가는 것을 괴이하게 여겼는데, 지금 그 시로 징험해 보니 해부가 늙을수록 곤궁한 것이 정말 마땅하다. 서울에 노닌 지 서너 해에, 시절을 만나지 못하고 떠났다. 하지만 나는 이로 인해 비로소 그 사람됨을 상세히 알게 되고, 또 그 시가 그의 사람됨과 같음을 알게 되었다.6)

---

4) 그림에 "桃紅復含宿雨, 柳綠更帶朝煙. 寫與卞穉和. 檀翁"라고 쓰여 있다. "복사꽃은 다시 밤비를 머금어 붉고, 버들가지는 아침 아지랑이를 띠며 한층 푸르다. 그림을 그려서 변치화에게 주다. 단옹." 시구는 왕유의 육언절구 「전원락(田園樂)」 7수 가운데 제1수의 두 구절이다.
5) 朴永元, 「南棠錄 寒碧堂聯句」, 『梧墅集』 冊二.
6) 洪奭周, 「題海夫詩卷」, 『淵泉集』 권20 題跋 上 ; 심경호, 『한문산문미학』(증보) 고려대학

근대 이전의 지식층은 과거 급제 후 벼슬길에 들어서 입신양명할 것을 꿈꾸었다. 하지만 김병연은 과거에 급제하더라도 폐족의 출신이라서 성공할 수 없음을 알았다. 그는 방랑길에 올라, 곳곳에서 작시와 시적 유희를 통해 자신의 존재가치를 확인했다. 과거 준비하는 자제들을 가르치거나 과장에 들어가 대리로 시권을 작성하면서 생계를 꾸렸을 것이다. 그의 일화는 사실 여부에 관계없이, 소수자로 전락한 상당수 지식인들의 행태를 잘 반영한다. 그들은 현실에서의 목적의식을 버림으로써 사회의 모순을 더욱 예리하게 파악했으며 서민들의 애환에 깊이 공감할 수 있었다. 그렇기에 정통의 한시 형식에서 자조와 조소를 담아 소외 지식층의 인기를 끌었고, 한시의 희작을 통해서 서민들의 갈채를 얻었다.

김삿갓은 짚신에 대지팡이로 천 리 길을 다니며 물처럼 구름처럼 사방을 내 집으로 여겼다. 시를 잘 짓는다고 남들이 따스하게 대해준 것은 결코 아니다. 강산을 떠돌며 천금 자제와 만석꾼 부자에게 구걸하느라 여러 집 문을 두드렸다. 하지만 번번이 사람들의 멸시를 받았으며, 날이 갈수록 머리카락과 구레나룻은 희어져 갔고, 가진 것이라고는 동전 하나 들어 있지 않은 빈 자루 하나뿐이었다. 이제 돌아가려 해도 어렵고 그만두려 해도 어렵다. 중도에 서서 며칠 동안 방황할 수밖에 없는 괴로운 신세이다. 그러면서 시를 지었다. 시를 짓는 것은 귀신이 씌운 탓이었다.

3.

김삿갓은 가을날, 지난날 연분이 있었던 미인을 찾아갔으나 만나지 못하고 시를 지었다.

교출판부, 2012.

가을바람에 미인을 찾아왔다 만나지 못하다

헤어져 있었기로 옛정을 잊을쏘냐
너도 늙었겠지만 내 머리도 세었다.
거울 빛은 차갑고 봄기운은 적적한데
소식 끊긴 지 오래 달빛조차 막막하구나.
지난날은 귀체곡을 즐겨 부르더니
지금은 헛되이 주남의 채조곡 뜻을 저버리다니.
옛길은 자취 없어 만나 보기 어렵다기에
수레 멈추고 들꽃 향기 즐기노라.

秋風訪美人不見(추풍방미인불견)

一從別後豈堪忘(일종별후기감망)	汝骨爲粉我首霜(여골위분아수상)
鸞鏡影寒春寂寂(난경영한춘적적)	風簫音斷月茫茫(풍소음단월망망)
早今衛北歸薺曲(조금위북귀체곡)	虛負周南採藻曲(허부주남채조곡)
舊路無痕難再訪(구로무흔난재방)	停車坐愛野花芳(정거좌애야화방)

　'귀체곡'은 『김립시집』 등에 '歸薺曲(귀제곡)'으로 표기되어 있어 뜻이 통하지 않았다. '추우추체(墜雨秋蔕)'라고 하면 이별을 비유한다. 고시에 "아득하기가 떨어지는 비와 같고, 훌훌하기가 가을 꽃 꼭지같다[邈若墜雨, 翩似秋蔕]"라 했고, 『휘원(彙苑)』에는 "떨어지는 비가 구름과 헤어지고, 가을 꽃 꼭지가 나무에서 떠나간다[墜雨離雲, 秋蔕去樹]"라는 표현이 소개되어 있다. 따라서 귀체는 꼭지로 돌아간다는 말로, 헤어졌다가 다시 합한다는 뜻이다. 한편 채조곡은『시경』의 「채빈(采蘋)」편을 말한다. 그 시가에 "이에 마름을 뜯기를 남쪽 물가에서 하고, 이에 마름을 뜯기를 저 흘러가는 도랑에서 하도다[于以采蘋, 南澗之濱. 于以采藻, 于彼行潦]"라고 했고, 그 주에 "대부의 아내가

제사를 잘 받드니, 집안사람들이 그 일을 서술하여 찬미한 것이다[大夫妻能奉祭祀 而其家人 敍其事以美之也]"라고 했다. 여기서는 부부로 해로하여 조상 제사를 잘 받들고자 했는데, 그 뜻을 저버리고 말았다는 뜻이다.

「학성에 미인을 찾아왔다 만나지 못하다(鶴城訪美人不見)」도 같은 스토리를 지닌다.

학성에 미인을 찾아왔다 만나지 못하다

옥 같은 빗방울이 사각사각 백설루에 들이치는데
돌아와 지난 약속 다시 찾으나 그림자도 없구나.
서린 용을 조각한 거울은 미세한 먼지에 삭고
조는 학 모양의 향로엔 서기롭던 안개 걷혀 버렸다.
초나라 무협에 걸린 구름 꿈을 이루기 어려워라
한나라 궁궐 비단 부채엔 가을 기운 쉬이 생겨나고.
쓸쓸하고 적적하게 강 하늘은 저물어
달빛 띠고 한밤에 작은 배 띄워 떠내려가노라.

鶴城訪美人不見(학성방미인부견)

瓊雨蕭蕭入雪樓(경우소소입설루)   歸尋舊約影無留(귀심구약영무류)
盤龍寶鏡輕塵蝕(반룡보경경진식)   睡鶴香爐瑞霧收(수학향로서무수)
楚峽行雲難作夢(초협행운난작몽)   漢宮紈扇易生秋(한궁환선이생추)
落落寂寂江天暮(낙락적적강천모)   帶月中宵下小舟(대월중소하소주)

두 시는 모두 김병연의 손자 김영진이 원고를 빌려준 것으로 되어 있다. 김병연=김삿갓의 작으로 신빙성이 높다고 보아, 이응수는 『김립시집』의 세 판본에 이 두 시를 모두 실었다.

두 시에 공통된 것은 '누군가를 찾아가지만 만나지 못한다'는 점이다. 나의 희원이 배반당한다는 것, 이것이 김삿갓 시의 모티브일 것이다.

김삿갓은 길의 이정표 역할을 하는 장승을 두고 가련다 하고 여겼다. 그 자신의 모습을 장승에게서 본 것이다. 김삿갓은 이렇게 노래했다.

장승

장승아 묻노니 너는 무슨 일로 하여
해지는 들판에 서글프게 서 있느냐.
비에 씻기고 바람에 갈리어 붉은 얼굴엔 때가 끼고
까마귀 쏠고 새가 쪼아대니 검은 머리가 쑥대 같다.
흐르는 강물을 바라보며 형외(물외)의 일을 탄식하나니
높은 산에서 자라선 길가에서 늙는다니.
길 가는 행인들에게 공연히 길을 가리켜주며
더위도 추위도 피할 수 없는 몸 가련하여라.

長丞(장승)

長丞問爾有何緣(장승문이유하연)　落日平原立悵然(낙일평원입창연)
雨洗風磨紅面垢(우세풍마홍면구)　烏搔鳥啄黑頭氃(오소조탁흑두전)
瞻望流水歎形外(첨망유수탄형외)　生長高山老道邊(생장고산노도변)
空指行人程遠近(공지행인정원근)　暑寒不避最哀憐(서한불피최애련)

장승을, '더위도 추위도 피하지 못하고 길을 가리켜주는 존재'로 형상화했다. 두 번째 연 마지막 글자는 '병 나을' 瘨(전)이지만 '부숭숭하다'의 뜻을 보았다.

조선 후기의 한시에서 장승은 곧잘 시인의 투영이다. 이학규(李學逵 1770-

1835)는 1824년에 지은 「후인탄(堠人歎)」에서, 자신의 처지를 장승의 처지에 빗대고, 사람이란 제자리를 얻어야 한다는 교훈을 떠올렸다. '후인'이란 장승이다. 장승은 동네 이름과 길 잇수를 가슴에 적어 지니고, 강과 들을 노려보며 흔들리지 않을 자세를 취한다. 하지만 뿌리가 없기에 장맛 물이 흐르면 진창에 고꾸라져서는 행인과 우마에게 짓밟히고 만다. 전체 48구로 이루어진 장편 오언고시인데, 일부만 보기로 한다.7)

동네 이름과 길 리 수를	坊名及道里
가슴에 적어 자획이 또렷하고,	當膺字劃具
부릅뜬 눈으로 강과 들을 노려보면서	瞋視頻川原
언제까지고 서서 아침저녁을 보내어,	長立閱遙暮
우뚝하여선 결코 흔들리지 않으며	挺然自不撓
길목 지킴을 본분으로 했기에,	受命在當路
산 까치가 이마에 똥을 싸고	山鵲糞其顚
달팽이가 사타구니에 침을 흘리더라도,	陵螺涎其胯
눈을 뜬 채로 바람 먼지를 받고	張目受風埃
이 악물고 서리 이슬을 참아낸다만,	嘌齒忍霜露
심어 둔 것이 본래 뿌리가 없어	培植本無根
세월 갈수록 본디 굳건하지 못하여,	年歲不自固
어떤 것은 껄껄 웃듯이 고개 쳐들고	或仰如大咍
어떤 것은 부끄러운 듯이 고개 숙여,	或俯如羞惡
장맛비 콸콸 흐를 때	方當霖潦餘
낭패해서 털썩 엎어져서는,	狼狽至僵仆
진창 속에 잠기자	沈淹堊淖間
이놈 저놈 밟고 가며 돌아보지 않네.	陵踏不復顧

---

7) 심경호, 『한시의 서정과 시인의 마음』, 서정시학, 2011.2.

이학규는 영조 연간 재야 문단을 이끈 이용휴(李用休)의 외손이다. 26세에 발탁되어 『규장전운』의 편찬에 참여하는 등, 정조의 대우를 받았다. 하지만 1801년 신유옥사 때 천주교도로 몰려 24년 동안 유배생활을 했다. 1824년 풀려나서 영남을 떠돌다가 충주 근처에서 죽었다. 영남을 떠돌던 때 「후인탄」을 지었다.

김삿갓과 비슷한 시기를 살아, 간혹 김삿갓의 시로 오인되는 시를 남겼던 황오도 「노후(路堠)」라는 제목으로 장승을 노래했다.8)

오사모에 붉은 얼굴 풍신(풍채) 좋다만	烏沙赤面好風神
무슨 이유로 두 눈 부릅뜨고 외치는지.	有底因由雙目嗔
대장의 존함으로 요충지에 버티고	大將尊啣居重地
관아 앞 큰길에서 행인을 하나하나 살핀다.	自官前路閱行人
이곳에서 밝은 달밤을 몇 번이나 보냈나	此處幾經明月夜
전생의 꽃 지던 봄날도 응당 기억하리라.	前生應記落花春
문장이 쌓여 배 불룩하매9) 더욱 쓸쓸하고나10)	文章出腹逾蕭瑟
강가에 서풍에 팔척 거구를 드러내다니.	江上西風八尺身

풍채도 좋고 문장이 쌓여 배가 불룩한 외관에 두 눈 부릅뜨고 행인을 하나하나 살피면서 소리치는 장승의 모습은, 자신의 뜻을 제대로 펴지 못하는 자의 상징이다. 황오나 김삿갓이나 그런 장승에게서 다름 아닌 바로 자기 자신의 모습을 보았다.

---

8) 黃五, 「路堠」, 『綠此集』 권1.
9) 『世說新語』 「排調」에 보면, "학륭(郝隆)은 자가 좌치(佐治)이며, 곽현(崞縣) 사람이다. 어려서부터 읽지 않은 책이 없을 정도로 박학했는데, 칠석날 부잣집에서 옷을 햇볕에 말리는 것을 보고는 땡볕에 나가 하늘을 향해 배를 드러낸 채 누웠다. 어떤 사람이 그 까닭을 물으니 '나는 뱃속의 책을 말리고 있다' 했다[郝隆字佐治崞縣人, 少博學, 無書不讀. 七月七日, 見富室曝衣, 乃出日中仰臥. 人問其故, 曰我曬腹中書耳]"라는 고사가 있다.
10) 소슬(蕭瑟)은 쓸쓸한 모습이다. 전국 시대 초나라 시인 송옥(宋玉)이 지은 「구변(九辯)」 첫머리의 "슬프다, 가을 기운이여. 쓸쓸하게 초목은 바람에 흔들려 땅에 져서 쇠한 모습으로 바뀌도다[悲哉, 秋之爲氣也. 蕭瑟兮, 草木搖落而變衰]"라고 했다.

4.

김삿갓의 상실감을 가장 잘 드러낸 시 가운데 하나가 과시 「하제귀로곡항왕묘(下第歸路哭項王廟)」일 것이다. '과거 시험에 떨어지고 돌아가는 길에 항왕의 묘에 들러 곡하다'라는 뜻이다. 낙방 과객의 심경을 항우의 패배에 견주어 드러낸 것이다. 국립중앙도서관 소장 『선명(善鳴)』에 무기명의 작으로 실려 있는데, 어느 김삿갓의 작이라고 추정된다. 항왕 묘는 현재의 중국 강소성 성할시(省轄市)에 있었다. 이곳의 옛 지명은 숙천(宿遷)이었으며, 항우의 출신지인 하상(下相)이 바로 이곳이라고 한다. 낙방 과객이 항왕 묘에서 곡한다는 것은 실제 사실이 아니다. 상황을 설정한 것이다. 일종의 배체이다. 그런데 백전(白戰)이라든가 가을이라든가 하는 시어를 보면, 이 시의 과객은 향시나 지방 백일장에서 낙방한 사람이다. 서울의 한성시나 회시에서 낙방한 것도 아니다.

01 절뚝이는 나귀에 채찍을 휘둘러도 나귀는 가지 않고[11]
    고향 산하 가는 길은 멀고 초 땅의 해는 저무누나.
02 누런 괴화[12] 피는 가을, 여덟 해 곤욕 끝에 돌아가나니
    백전의 바람이 아홉 고을 길에서 거두어졌다.
03 해하 군영에서 패하고 계수나무 동산[과장]에서 졌으니
    옛 남아와 지금 남아가 같은 운수로다.

---

11) 항우의 「역발산사(力拔山歌)」를 이용한 표현이다. 항우는 서초패왕(西楚霸王)으로서 천하에 호령을 했으나, 뒤에 해하(垓下)에서 한나라 군사에게 겹겹으로 포위되자, 밤중에 일어나 장중(帳中)에서 우 미인(虞美人)과 함께 술을 마시며 "힘은 산을 뽑고 기개는 세상을 덮지만, 때가 이롭지 못해 오추마가 가지 않누나. 오추마가 가지 않으니 어떻게 하랴. 우여 우여 너를 어찌하면 좋으랴[力拔山兮氣蓋世, 時不利兮騅不逝. 騅不逝兮可奈何, 虞兮虞兮奈若何]라고 노래했다.
12) 황괴는 과거 시험을 말한다. 당나라 때 과거에 실패한 응시생들이 6월 이후 계속 장안에 머물러 공부하고 홰나무 꽃이 노랗게 될 즈음 관원에게 새로 지은 글을 제출하여 천거되기를 원했으므로, "괴화가 누렇게 피면 과거 보는 선비가 바쁘다[槐花黃, 擧子忙]"라는 속담이 유행했다고 한다.

04 소단(시단)에 첫 북이 가을바람 아래 울려날 때

　　일만 군사 대적할 재주였으니 내가 역시 항우였다.

05 문봉(文鋒, 필봉)으로 함곡관 밖에서 일흔 번을 싸웠고

　　필진(筆陣)을 오 땅에 펼칠 땐 동향의 젊은이 팔천도 함께였다.

06 유유 우는 진나라 사슴13)이 용문에 있었을 때

　　비단 옷으로14) 귀향하리란 웅심을 베옷 속에 싸매두었더니,

07 사림(詞林, 문단)의 적수는 하찮은 유계(劉季)15)이건만

　　그에게 한 판에 지고 말았으니 천명에 달렸던 일.

08 형위(荊闈, 과장)의 한 밤에 홀연 퉁소 소리 들리고

　　등불 밑 시권 작성 세 자루 초16) 탈 시간, 초산 빗소리17) 들리더라.

09 패잔병 수습하여 묵루(墨樓, 과장)를 나오매

　　옥 휘장18)에 어렴풋이 달이 차가운 빛을 하더라.

10 시시 히히 필마는 파수19) 동쪽에서 우나니

---

13) 진록(秦鹿)은 본래 황제 자리를 비유한다.『사기』「회음후열전」에 "진나라가 사슴을 잃자 천하의 사람들이 함께 뒤를 쫓았다[秦失其鹿, 天下共逐之]"라고 했다. 여기서는 뒤의 용문(龍門)이란 말과 함께 과장에서 장원급제 하는 것을 가리킨다.

14)『사기』「항우본기」에 "부귀하고서 고향으로 돌아가지 않으면 수의(繡衣)를 입고서 밤길 걷기와 같다"라고 했다는 항우의 말이 실려 있다.

15) 한나라 고조 유방(劉邦). 유방의 자(字)가 계(季)이다.

16) 삼정(三丁)은 세 자루이다. 당나라 때 거인(擧人)은 과거 시험을 보다가 저물면 초 세 자루를 이어 켜도록 허락했다. 위승이(韋承貽) 시에 "세 자루 초가 다 탈 즈음 첫 종이 울리니, 아홉 번 제련해서 단약을 완성했지만 솥을 아직 열지 않았다[三條燭盡鐘初動, 九轉丹成鼎未開]"라 했다. 정지상의 시에도 "세 자루 초가 다 타 하늘이 밝아오려 하니, 팔각운으로 글 이루자 계수 이미 향기 풍긴다[三丁燭盡天將曉, 八角章成桂已香]"이라 했다. 이수광의『지봉유설』에 언급되어 있다.

17) 무산신녀(巫山神女)의 고사에서 따온 말인 듯하다. 초나라 회왕(懷王)이 고당(高唐)에서 놀다가 낮잠을 자는데, 꿈에 한 여자가 와서 "저는 무산의 여자로서 고당의 나그네가 되었는데 임금님이 여기 계시다는 말을 듣고 왔으니, 침석(枕席)을 같이 해 주시기 바랍니다." 하므로 하룻밤을 같이 잤는데, 아침에 여자가 떠나면서 "저는 매일 아침이면 구름이 되고 저녁에는 비가 됩니다." 했다.

18) 옥장(玉帳)은 군대에서 원수가 거처하는 막사. 두보의「봉화엄정공군성조추(奉和嚴鄭公軍城早秋)」시에 "가을바람 산들산들 높은 깃발 펄럭이는데, 옥장에서 활을 나누어 오랑캐 군영을 쏜다[秋風裊裊動高旌, 玉帳分弓射虜營]"라고 했다.

19) 파수(灞水)는 장안(長安) 동쪽의 강이다. 파수에 놓인 다리를 파교(灞橋)라 하는데, 시

완연히 해질 무렵 오강의 나루터20)인 듯.

11 영웅이 어디에서 나의 이 원한을 알아주는가

아침저녁 건곤천지 아래 우리 폐부(속내)가 같도다.

12 중동(重瞳)21)이든 백면서생22)이든 각자 지업(志業)이 있어

똑같은 영재를 하늘이 부여했건만,

13 인간세상에서 접질려 실의하여 돌아가니

황천 아래에서나 적막하게 성 내어 꾸짖을 판.23)

14 희미한 새벽 앞길을 전부(농부)에게 물어24)

황홀하게 음릉 안개 속 진펄에 헷갈렸다니.

15 오희(吳姬, 종이)25)를 쓸어버리고 들판을 내달리니

상(詩想)이 잘 떠오르는 곳을 의미한다. 당나라 재상 정계(鄭綮)에게 어떤 사람이 "상국께서는 요즘 새로운 시를 짓습니까?"라고 묻자, "시상은 바람 불고 눈 내리는 가운데 파교를 지나가는 나귀의 등 위에 있는데, 여기서 어떻게 시를 얻을 수 있겠는가? [詩思在灞橋風雪中驢子上, 此何以得之]"라고 했다고 한다. 여기서는 과장에서 시상을 다 펼치지 못한 상황을 거꾸로 묘사한 것이다.
20) 항우가 해하의 포위를 뚫고 달아나다 음릉(陰陵)에서 길을 잃고 전부(田夫)에게 길을 묻자 전부가 왼쪽으로 가라고 했다. 그 쪽은 늪지대였다. 다시 달아나다 오강(烏江)에 이르자 나루터의 정장(亭長)이 배로 강동(江東)으로 건너가 재기하라고 했다. 항우는 강동의 자제 8천 명을 데리고 강을 건넜다가 하나도 살아 돌아가지 못하니 무슨 낯으로 강동의 부형들을 만나겠느냐고 하고는 정장에게 오추마(烏騅馬)를 주고 추격병과 싸우다가 스스로 목숨을 끊었다.
21) 중동은 눈 하나에 눈동자가 둘이 있는 것을 말한다. 순(舜) 임금과 항우가 중동이었다고 한다. 사마천은 「항우본기」 논찬(論贊)에서, "내가 주생(周生)에게 들었는데, 순 임금은 눈동자가 두 개였다 하고, 항우도 눈동자가 두 개였다고 하니, 항우는 순 임금의 후예였던가?"라고 했다
22) 백면서생은 세상 물정에 어두운 선비를 말한다. 진(晉)나라 양호(羊祜)가 정남대장군(征南大將軍)으로 있으면서 아우 수(琇)에게 보낸 편지에, "변방의 난리가 진정되었으니, 각건을 쓰고 동쪽 길로 고향으로 돌아가 관(棺)을 묻을 터나 만들어야 할 것이다. 백면서생(白面書生)으로서 위중한 자리에 올랐으니, 어찌 가득 찼다는 책망을 받지 않을 수 있겠는가."라고 한 고사가 있다. 『진서(晉書)』 「양호열전(羊祜列傳)」에 나온다.
23) 『사기』 「회음후열전」에 보면, 한신이 항우를 논평하여, "항우가 큰소리로 꾸짖으면 천 명의 사람이 모두 엎드려 일어나지 못했다[項王喑噁叱咤, 千人皆廢]"라고 했다.
24) 항우가 음릉에서 길을 잃고 전부에게 길을 물은 고사를, 도연명이 「귀거래사」에서 "길 안내하는 사람에게 갈 길 물으니, 새벽빛 희미함이 한스럽기만 하다[問征夫以前路, 恨晨光之熹微]"를 이용하여 표현한 것이다.
25) 오희월녀(吳姬越女)라고 하면 미인을 뜻한다. 그러나 여기서는 과장에서 사용하는 종

음성 큰길에 서풍 불 때 꽃은 이슬을 띠고 있다.
16 병법가의 여한을 오늘에도 겪는구나
　분유(枌楡, 고향)26)의 부로를 만날 면목 없어라.
17 그대는 싸움 못한 죄가 아니요27) 나는 하늘이 망하게 한 것
　관산 밖의 행장이나 해하의 걸음이나 매일반이로다.

01 鞭我蹇驢〃不逝(편아건려려불서)　道遠山河楚日暮(도원산하초일모)
02 黃槐秋返八年忱(황괴추반팔년겁)　白戰風收九郡路(백전풍수구군로)
03 垓營敗績又桂園(해영패적우계원)　古今男兒一運數(고금남아일운수)
04 騷壇一鼓動秋風(소단일고동추풍)　敵萬奇才吾亦羽(적만기재오역우)
05 文鋒關外七十戰(문봉관외칠십전)　筆陣吳中八千聚(필진오중팔천취)
06 呦〃秦鹿在龍門(유유진록재용문)　燈衣雄心裏一布(등의웅심과일포)
07 詞林敵手小劉季(사림적수소류계)　一局輸嬴天命付(일국수영천명부)
08 荊圍半夜忽簫聲(형위반야홀소성)　灯書三丁聽楚雨(정서삼정청초우)
09 殘兵收拾墨樓出(잔병수습묵루출)　玉帳依俙寒月吐(옥장의희한월토)
10 蕭蕭匹馬灞水東(소소필마파수동)　宛是烏江日暮渡(완시오강일모도)
11 英雄何處欽吾恨(영웅하처흠오한)　朝暮乾坤同肺腑(조모건곤동폐부)
12 重瞳白面各志業(중동백면각지업)　一種英才天所賦(일종영재천소부)
13 人間魌〃落魄行(인간축축낙탁행)　泉下寥〃叱咤怒(천하요료질타노)
14 熹微前路問田父(희미전로문전부)　怳忽陰陵迷澤霧(황홀음릉미택무)
15 吳姬快壻展邁野(오희쾌소전매야)　陌頭西風花帶露(맥두서풍화대로)
16 兵家餘恨又今日(병가여한우금일)　無面枌楡父老遇(무면분유부로우)

　　은 종이를 가리킨다.
26) 분유(枌楡)는 고향을 뜻한다. 한 고조 유방(劉邦)이 고향 풍(豊)에 느릅나무 두 그루를
　　심어 토지의 신으로 삼은 데서 온 말이다.
27) 항우는 오강에 이르러 "내가 망한 것은 하늘이 시킨 것이지, 내가 싸움을 잘못한 죄
　　는 아니다"라 하고는 자살했다.

17 君非戰罪我天亡(군비전죄아천망) 山外行裝核下步(산외행장해하보)

조선 정조 때 이옥은 경상도 합천 사람으로 글품 파는 인물이었던 유광억(柳光億)을 입전(立傳)해 주었다.28) 유광억은 과시를 잘하기로 이름이 났다지만 집이 몹시 가난한 데다가 지체도 낮았으므로 남을 위해 과시를 돈 받고 지어 주었다. 천하에는 팔지 못할 물건이 없다. 몸을 팔아 남의 노예가 되고, 터럭과 꿈까지도 모두 사고판다. 그 끝에 결국 유광억처럼 마음을 파는 자가 나왔다고 이옥은 탄식했다. 그러면서도 유광억을 동정했다. 혼탁한 세상을 살아가는 달인의 한 모습을 발견한 듯한 어투였다.

앞서 지적했듯이 조선후기에는 과거제도가 아주 문란했다. 이옥은 「과책(科策)」이란 글에서, 과정에서 시권(試券)을 빨리 내어야 점수를 주므로 과장이 장터같이 되었고 여러 가지 폐단이 발생한다고 논했다. 김삿갓의 이 「하제귀로곡항왕묘」는 과장의 폐단을 거론하지 않았다. 항우가 "내가 망한 것은 하늘이 시킨 것이지, 내가 싸움을 잘못한 죄는 아니다"라고 탄식했듯이, 자신이 낙방한 것은 하늘이 시킨 것이지 나의 실력이 없어서 그런 것은 아니라고 하면서 눈물을 훔친다.

김삿갓은 자신이 소외된 존재라는 사실을 자각하고 있었다. 그 소외감을 어떻게 극복할 수 있을까? 술과 음식, 잠자리를 구걸하고 허언을 내뱉는다고 그 감정을 이겨내지는 못했다. 김삿갓은 낮은 데로 임하여 학대받는 이들의 고통을 함께 하는 속에서 잠시나마 스스로의 본래성을 찾을 수가 있었다.

---

28) 심경호 역, 『선생, 세상의 그물을 조심하시오』(이옥 원저), 태학사, 2001.6.

제4부 문화사 속의 김삿갓 시

제20화. 이 사람의 풍류
제21화. 역사 교양과 동시
제22화. 스토리텔링 속의 김삿갓
제23화. 이응수와 『김립시집』

제20화. 이 사람의 풍류

1.

배를 띄우고 취해서 읊다

강은 적벽이 아니어도 배를 띄운 나그네
땅이 신풍에 가까워 술을 산 사람.
지금 세상의 영웅은 돈이 바로 항우
당시의 변사는 술이 바로 소진이라네.

泛舟醉吟(범주취음)
江非赤壁泛舟客(강비적벽범주객)   地近新豊沽酒人(지근신풍고주인)
今世英雄錢項羽(금세영웅전항우)   當時辯士酒蘇秦(당시변사주소진)

앞서 제16화에서 보았던 시이다.
신풍은 한(漢)나라 현으로, 신풍미주(新豊美酒)라 하여 좋은 술이 나왔다고 한다. 항우는 초나라를 세워 한나라 유방과 함께 진나라를 멸망시킨 영웅이다. 그런데 지금 세상에는 영웅이 따로 없고 돈이 바로 항우라고 했다. 소진(蘇秦)은 중국 전국시대에 말 잘하던 유세객이다. 그런데 지금 세상에는 술이 유세객이라고 했다. 김삿갓은 많은 돈과 많은 술을 바라지 않았다. 맛 좋은 술을 사서, 적벽강이 아니어도 강물에 배를 띄우고 유유자적했다.

자연은 단순히 보고 즐기는 대상이 아니었다. 방랑의 동반자요 거처가 되었으니 발길 닿은 산천경개는 모두 그의 노래가 되었다. 화가가 아름다운 봄의 경치는 그릴 수 있겠지만 숲에서 지저귀는 새들의 울음소리는 어떻게 그려낼 수 있는가 물었다. 이 말 속에 이미 새의 지저귀는 소리를 연상할 수 있도록 만든 것이다.

경치를 즐기다

한 걸음 두 걸음 옮기다가 세 걸음에 서니
산 푸르고 바윗돌 흰데 사이사이 꽃이 붉다.
화공으로 하여금 이 경치를 그리게 한다면
숲 속의 새소리는 어떻게 하려나.

賞景(상경)
一步二步三步立(일보이보삼보립)   山靑石白間間花(산청석백간간화)
若使畵工模此景(약사화공모차경)   其於林下鳥聲何(기어림하조성하)

멋스럽게 놀면서 운치 있는 태도를 두고 우리는 '풍류 있다'라고 말한다. 본래 '풍류'란 말은 품격이 우아하고 세속의 일을 초월하여 고상한 놀이를 하는 것, 예법에 구속받지 않고 스스로 일파를 이루어 뭇 사람과 다른 것을 뜻한다.

풍류라는 말은 우리 문화와도 관계가 깊다. 최치원의 「난랑비서」에는 "우리나라에 현묘한 도가 있으니 그것을 풍류라 부른다"라고 했다. 신라 때 청소년 수양단체를 풍류도(風流徒)라고 했다. 그들은 서로 도의(道義)를 연마하고 음악과 노래로 즐겼으며 산수에 노닐었다고 했으니, 현묘한 도로서의 풍류는 고유 신앙과 유·불·선 삼교를 모두 포함한 정신 지향이었다고 말할 수 있다.

한편, 옛 문헌에서는 아름다운 풍속이라든가, 남녀 사이의 정사, 기녀가 있는 곳이라든가 하는 뜻으로도 사용되기도 했다. 일본어에서는 '후류(풍류)'라고 하면 주로 남녀 사이의 정사를 가리키는 말로 쓰인다. 그리고 중세에는 풍류라고 하면 음풍농월하는 시가나 음악의 한 장르를 가리키기도 했다. 음악에서 말하는 풍류는 영산회상을 가리킨다. 영산회상은 실내에서 현악기로 연주하거나 실외에서 관악기가 중심이 되어 연주하는데, 현악기로 연주하는 줄풍류는 풍류객들이 손수 악기를 타며 즐기던 음악이다. 일본에서는 중세에 사람을 놀라게 하려고 화려함과 아름다움을 극도로 응축시킨 디자인을 풍류라고 했다. 이것은 바사라(婆娑羅)나 스키(数奇)와 함께, 귀족적인 미의식인 와비(佗び)·사비(寂び)에 대치하는 미의식으로 인식되었다. 이로써 풍류는 헤이안시대부터 에도시대까지 서민에 의한 문화운동이라고 규정되었다.

그러나 남녀의 정사라든가 서민의 특수한 예술 장르라는 뜻과 달리, 한국 고전문학에서 풍류는 '한일(閒逸)'의 문화활동을 통해 숭고한 정신을 도야하는 것을 가리키는 경향이 컸다. 그 지향은 허균이 42세 되던 광해군 2년(1610)에 자신이 엮은 「한정록(閑情錄)」의 서문에 잘 나타나 있다. 허균은 지난날의 삶을 "형세(形勢)에 급급하여 끝내 한가하지 못하여 조그마한 이해(利害)에도 어긋날까 마음이 두렵고, 보잘것없는 자들의 칭찬이나 비방에도 마음이 동요되었다"라고 회고하고, 자유로운 삶을 살았던 고인들을 손꼽았다.1)

---

1) 許筠, 「閑情錄」, 『惺所覆瓿藁』 수록. 한국고전번역원 번역 참조.

제일 멋지게 산 저 당나라 사마승정(司馬承禎)이나 후한 방덕공(龐德公)처럼 산과 계곡에 마음과 뜻을 자유스럽게 내팽개쳐 놓게 하지도 못했고, 이들보다 못하지만 그 다음으로 멋지게 산 저 후한 상장(向長)이나 양나라 도홍경(陶弘景)처럼 자녀를 모두 혼가시키고 멀리 유람하거나 관직을 사직하고 멀리 여행을 떠나거나 하지도 못했으며, 또 그들보다 못한 것이지만 마지막으로 저 남조 송나라 사영운(謝靈運)이나 당나라 백거이(白居易)처럼 벼슬을 하다가 자연 속으로 돌아와 정회를 푼 것과 같이 하지도 못했다.

허균은 『한정록』의 범례에서 조선시대 지식인들이 풍류라 부를 수 있는 가치의 몇 가지 기준을 제시한 바 있다. 요약해서 제시하면 다음과 같다.

고일(高逸) : 은둔자 중에서도 기이한 자취를 가진 경우는 물론, 관직에 있는 자로서도 한적(閑寂)을 좋아하는 마음을 지닌 경우.
한적(閑適) : 속세에 있거나 떠나 있거나 자적(自適)함에 이르는 일.
유흥(遊興) : 산천의 경치를 구경하여 정신을 휴식시키는 일.
아치(雅致) : 속취가 아니라 한정(閑情)을 좋아하여 갖게 되는 취미.
임탄(任誕) : 일상의 법도에 맞지 않지만 풍류와 아취를 지닌 행동거지.
광회(曠懷) : 상황에 따라 마음을 크게 먹고 순리로써 스스로를 억제함.
현상(玄賞) : 풍류를 서로 감상하거나 문예로 스스로 즐기는 일.

이러한 기준은 상층 지식인들의 경우에 주로 해당할 것이다. 하지만 김삿갓의 풍류를 논할 때도 참고가 될 수 있을 듯하다.

인간으로서의 본성을 잃지 않았던 옛 사람들의 일화는 유의경(劉義慶)의 『세설신어(世說新語)』와 명나라 하양준(何良俊)의 『세설신어보』, 송나라 여조겸(呂祖謙)의 『와유록(臥遊錄)』, 명나라 도목(都穆)의 『옥호빙(玉壺氷)』에 집성되어, 그것이 조선의 독서인들에게 일정한 영향을 끼쳤다.

특히 『세설신어』는 중국의 혼란기인 동진시대에 일부 인사들이 세속을 벗어나 다소 기이한 습벽을 통해 정신적 가치를 추구한 일을 흥미롭게 수록하고 있다. 왕희지의 일곱 번째 아들 왕헌지(王獻之)는 눈 내린 달밤에 혼자 술을 마시며 좌사(左思)의 초은시(招隱詩)을 읊다가 불현듯 친구 대규(戴逵, 자는 安道)가 생각나서 그가 거처하는 섬계(剡溪)로 배를 타고 떠났으나 흥이 다하자 그를 만나지 않고 그대로 돌아왔다. 죽림칠현의 한 사람인 완함(阮咸)은 가난하게 살았는데, 7월 7일 부잣집 완씨들이 성대하게 의복을 갖추어 입을 때, 뜰에다 장대를 세우고 베 고쟁이[犢鼻]를 걸어 두어 부자들을 조롱했다. 또 완함과 같은 집안의 완수(阮脩)는 지팡이 끝에다 1백 전을 걸고 나가 술집에 이르러 혼자 즐기며 마셨다고 해서 '장두백전(杖頭百錢)'이란 성어를 남겼다.

우리나라에서 자연 속의 소요를 풍류라고 본 대표적인 예로는 정극인의 가사 「상춘곡(賞春曲)」을 들 수 있다. 그 첫 문단에 이런 구절이 나온다. "홍진(紅塵)에 뭇친 분네 이내 생애 엇더한고, 녯 사람 풍류랄 미찰가 맛 미찰가. 천지간 남자 몸이 날만한 이 하건마난, 산림에 뭇쳐 이셔 지락(至樂)을 마랄 것가. 수간모옥(數間茅屋)을 벽계수(碧溪水) 앏픠 두고, 송죽(松竹) 울울리(鬱鬱裏)예 풍월주인 되어셔라." 초가삼간을 시냇물 앞에 두고 소나무와 대나무 울창한 속에 풍월주인이 되어 살아가는 나를 보라고 호기를 부렸다.

풍류는 또 술과 밀접한 관계에 있었다. 동진시대의 은자 완적(阮籍)과 도잠(陶潛)은 잔뜩 웅크려 세상과 교섭하지 않으려 했으나 그래도 때로는 사물과 시비에 감정이 흔들렸으므로 술로 도망했다. 수나라 말의 왕적(王績)이란 인물은 술을 좋아하여 지방관리 직에서 해임되어 고향에 은거하며, 기장 심고 술 빚으며 약초를 씨 뿌리는 일로 소일했다. 당나라 초에 문하성의 대조(待詔)로 있으면서 날마다 석 되의 술을 마셨는데, 어떤 사람이 벼슬살이에 무슨 즐거움이 있느냐고 묻자, 좋은 술이 그리울 따름이라고 대답했다. 시중 진숙달(陳叔達)이 그 말을 듣고 날마다 그에게 한 말의 술을 제공했으므로 사람들이 그를 '두주학사(斗酒學士)'라고 불렀다. 그는 「취향기(醉鄕記)」라는 글도 지었다.

필자는 이미 「선인들의 풍류」라는 글에서 연암 박지원(朴趾源)이 십 년 술친구 이주민(李朱民)의 독특한 버릇을 소개한 것이 있고, 그 자신의 술 버릇과 얽힌 일화도 있음을 밝힌 바 있다.

이주민은 술을 마실 때 단숨에 들이키는 '복주(覆酒)'의 버릇이 있었다. 얼굴이 벌게지거나 입에 거품을 게워내는 일이 없었고, 마시면 마실수록 태도가 장엄했다. 이주민은 "두보도 '술잔 엎기'를 했다오. 그의 시에 '아이 불러 손바닥의 술잔을 엎으리라'고 했소. 이게 바로 입을 크게 벌리고 누워서 아이를 시켜 술잔을 엎게 한 것이 아니겠소?"라고 했다. 두보는 동지 하루 전에 지은 「소지(小至)」 시에서, "기슭 모습은 납월을 기다려 버들눈을 틔우려 하고, 산의 뜻은 추위 무릅쓰고 매화꽃을 피우고자 하는[岸容待臘將舒柳, 山意衝寒欲放梅]" 광경을 마주하고서는, "경치가 고향과 크게 다르지 않으니, 아이 시켜 술잔에 술을 다 붓게 하련다[雲物不殊鄕國異, 敎兒且覆掌中杯]"라고 했다. 겨울의 풍광 속에 오히려 봄기운을 느끼고는 흥에 겨워 아이를 불러 술을 전부 따르게 했던 것이다.

박지원은 당시 우리나라 사람들이 술을 독하게 먹는다고 개탄했다. 우리나라 음호(飮戶, 술꾼)들은 "쏟아 붓는 것이지 마시는 것이 아니며, 배부르기 위함이지 흥취를 돋우기 위함이 아니다." 마셨다 하면 취하고 취했다 하면 주정을 부리며 주정을 부렸다 하면 주먹질에까지 이르러, 술집의 항아리며 자기 술잔들을 발로 차 부숴버린다고도 했다. 하지만, 당시 많은 시인들이 우아한 문주회(文酒會)를 가졌다. 박지원 자신도 동호인과의 모임을 자주 가졌다. 심능숙(沈能淑)은 15세 때인 1800년부터 삼 년간, 박지원을 포함한 14인으로 결성된 남사(南社 : 七七會)에 최연소로 참여했다는 기록을 남겼다.

2.

이응수를 비롯한 김삿갓 애호자들은 김삿갓을 풍류인으로 부각시키고자 했다. 그러면서 김삿갓의 풍류가 부르주아적인 것이 아니라고 주각(註脚)을 달았다.

김삿갓을 언급한 황오와 신석우의 글은 김삿갓의 풍류를 임탄(任誕)과 연결시켰다.

황오는 김사립의 일을 말하여, "사람이 술을 좋아하고 광분하여 익살을 즐기며 시를 잘 짓고 취하면 가끔 통곡하면서도 평생 벼슬을 하지 않으니 과연 기인이더라"라고 했다. 신석우는 김대립 즉 김난의 일을 기록하여, "과거장에 들어가되 어떤 때는 수십 편을 짓고 나오고 어떤 때는 한편도 안 짓고 나오니 그 광태가 이와 같더라 …… 과거장 밖의 술집에서도 그의 이름을 사랑하나 그가 술에서 광태를 보이는 것을 무서워하여, 모조리 먹어도 돈을 요구하지 않았다"라고 했다.

오늘날 김삿갓의 풍류를 논한다면 어떤 국면에 초점을 두어야 할 것인가? 세간을 벗어나 자연 속에서 소요하는 자세에서 찾을 수 있는가? 예술에 조예가 있으면서 호방하게 노니는 태도에서 찾을 수 있는가?

『별건곤』(1928.2.1)에 「세외세(世外世) 인외인(人外人) 기인기사록(奇人奇事錄)」이라는 단편논설 모음이 기획되었다. 이로써 김삿갓은 중국의 소부 · 허유, 조선의 서경덕, 남언경, 임제, 이지함 등과 함께 '기인' 가운데 한 사람으로 부각되었다.

「세외세 인외인 기인기사록」에 기고된 단편들은 다음과 같다.

○ 천고(千古)의 이대기인(二大奇人) 소부(巢父)와 허유(許由) : 맹현학인(孟峴學人)

○ 축호농룡조화무쌍(逐虎 · 弄龍造化無雙) 동방이학자(東方理學者) 서화담

(徐花潭) : 취운정인(翠雲亭人)

○ 임란(壬亂)을 전지(前知)·사일(死日)을 자측(自測) 근대예언가(近代豫言家) 남사고(南師古) : 죽서선인(竹西禪人)

○ 호탕방달(浩蕩放達)·세속(世俗)을 초탈(超脫) 협사적문호(俠士的文豪) 임백호(林白湖) : 누하동인(樓下洞人)

○ 표자(瓢子) 한 개로 대양(大洋)을 평지(平地) 갓치 항행(航行) 희세대술가(稀世大術家) 이토정(李土亭) : 아성야인(鵝城野人)

○ 회해풍자(詼諧諷刺)로 일생방랑(一生放浪) 불우시인(不遇詩人) 김삿갓 : 풍악낭인

풍악낭인은 김삿갓의 풍류를 다음과 같이 서술했다.

사람의 골상을 똑똑하게 쓰고 의관을 분명히 가지는 이 사회에 나서서 능라금수(綾羅綿繡)의 화려한 의복을 떨치며 아관박대(峨冠博帶)의 장엄한 의식을 꾸미어 일평생을 호기(豪氣)스럽게 지낸다 해도 남의 못거지(목거지-필자 주)에 빠질서라 하는 마음이 더욱 더욱 늘어가면서 압보고 뒤보고 하거늘 그만흔 의관총중(衣冠叢中)에서 남이 가지는 의관을 가지지 못하고 그 신세를 그럭저럭 방랑비젓하게 보내고 만다면 누구이나 철천(徹天)의 한(恨)이 업섯슬 것 안인가 한다.

풍악낭인은 김병연=김삿갓이 천성의 재분을 쓸 곳이 없고 치미는 불덩이를 누를 수 없어, 산수 탐승객이 되고 향촌의 방문자가 되어, "심장적구(尋章摘句)하는 공령시의 조박(糟粕)이나 흉내 내고 음풍영월(吟風咏月)하는 당송(唐宋)의 여타(餘唾)나 그려내니" 재능을 재능답게 발휘할 터전이 없었다고 애석해 했다. 그렇기에 김삿갓의 시는 심회(心懷)의 불평성(不平聲)을 울리고 골계가 많아서 시가(詩家)의 체격에 맞지 않는다는 코웃음을 받기도 한다고 지적했다. 특히 김삿갓의 다음 시들은 '생각 없이 들고 나아가는 희영수의 소리'라고 했다.

○ 어느 집에 가서 박대 받고 지은 '二十樹下三十人' 운운의 시.

○ 개성에서 재워달라고 했으나 거절되고 지은 '邑號開城何閉門'의 시.

○ 「鴻門宴見樊噲」라는 行詩題 初句 "將軍將軍樊將軍, 事已急矣樊將軍"

또한 풍악낭인은 '雄偉(웅위)한 胸襟(흉금)을 드러낸 玩美的(완미적) 酬酢(수작)'의 예로, '산사에 가서' 지은 "綠蒼壁路入雲中(녹창벽로입운중), 樓使能詩客住筇(누사능시객주공)" 운운의 시를 들었다. 또 '금강산에 들어가면서' 김삿갓이 지은 "書爲白髮劍斜陽(서위백발검사양). 天地無窮一恨長(천지무궁일한장)" 운운의 시는 "多恨多感(다정다감)한 그 평생의 心懷(심회)를 純絜淸雅(순결청아)하게 나타내인 것인가 한다"라고 논평했다.

풍악낭인은 처음으로 『개벽』에서 김삿갓 시를 우편으로 모집하는 일을 주도했을 차상찬이다.

3.

김치원은 『삼천리』 제7권 제5호(1935.6.1)에 「시객과 풍류」를 게재하여, 김삿갓의 시 2편과 단구(斷句)를 포함하여 25종의 한국한시를 '풍류'의 시로 거론했다.2)

김치원이 소개한 시들을 비평을 가하면서 차례로 살펴보면, 김삿갓 시의 위상을 어느 정도 짐작할 수 있을 법도 하다(한자는 가능한 한 한글로 표기하고, 예시의 시 아래에 필자의 번역을 제시한다).

(1) 이규보(李奎報), 「앵도(櫻桃)」

絡絁春艶艶, 朱實夏團團.

---

2) 金治元, 「詩客과 風流」, 『삼천리』 제7권 제5호, 1935.06.01, pp.231-235.

김치원 평 : "이 시는 자연시로 그 절정에 달한 이규보 선생이 앵도시로써 봄에는 붉으스레한 꽃이 곱게곱게 피어나고 여름이면 열매가 매저 동굴동굴 넉어간다는 것으로 후인에게 애송의 가치를 주엇던 것이다."

봄에는 꽃송이 곱기도 하더니
여름에는 빨간 열매 둥글둥글하구나

양국준(梁國峻)이 앵두를 보낸 데 대해 이규보가 답례로 지은 24구 12운 오언고시3) 가운데 첫 두 구를 소개한 것이다.

(2) 이규보 「노상구음(路上口吟)」
蹇驢影裏碧山暮, 斷鴈聲中江樹秋. 獨鶴何歸天杳杳, 行人不盡路悠悠.
김치원 평 : "천하에 절창이라 일컷는 시"

절름발이 노새 그림자 속에 푸른 산 저물어 가고
외기러기 울음 속에 가을 단풍 짙어간다.
하늘 어둑한데 외로운 학은 어디로 돌아가는가
행인 그치지 않고 길은 멀고멀다.

이규보가 「전에 부친 절구에 차운하여 구양 이십구(歐陽二十九) 백호(伯虎)에게 증정하다 병서(並序)」에서 언급한 4운시의 함련과 경련4)이다. 함련과

---

3) 李奎報,「謝梁校勘國峻送櫻桃. 後復經二首 皆亡. 梁作二首」,『東國李相國全集』제7권.
4) 한국고전번역원의 번역을 참조하면 다음과 같다. "내가 과거에 급제하던 해에 동년들과 통제사(通濟寺)에 갔었다. 나와 4, 5명은 일부러 뒤쳐져 천천히 가면서 말을 나란히 하고 시를 창화했는데, 먼저 부른 사람의 운을 가지고 각각 4운시를 지었다. 이것은 노상에서 입으로 부른 것이고 적어 놓은 것이 아닌 데다 또 시인의 상투어로 여겼던 것이라 전혀 기억하고 있지도 않았다. 뒤에 다시 어떤 사람이 전하는 말을 들었는데, 이 시가 중국에 흘러들어가 사대부들의 굉장히 기리는 바 되었다고 한다."

경련만이, 마치 완결된 칠언절구처럼 전승되었다.

(3) 고려 김황원(金黃元) 「연광정(鍊光亭)」

故國三千餘里後, 名區四十二州間. 長城一面溶溶水, 大野東頭点点山.
萬戶樓臺天畔起, 四時歌曲月中還. 向日留心黃鶴樓, 夕陽回首白雲樓.

김치원 평 : "녯날아 삼천여 리의 뒤와 승지 42주의 사이에 물은 긴 성을 안고 고이고이 흘너가고 산은 큰 뜰을 눌으고 불끈불끈 솟앗는데 만호의 다락은 하날에 달뜻 일어나고 사시(四時)의 노래는 달 미트로 돌아듭니. 전일엔 맘을 황학루에 두엇더니 석양까지 머리를 백운만(白雲灣)에 들넛다 함이외다."

고국 삼천여 리
명승 구역이 마흔 두 고을 사이에 있구나.
긴 성벽의 한 면에는 강물이 넘실넘실
큰 들판 동쪽 머리에는 산들이 점점.
일만 호 도성의 누대는 하늘 높이 웅기하고
사계절 가곡의 소리는 달빛 아래 메아리친다.
지난날은 황학루에 유념했다만
석양에 백운루를 머리 돌려 바라보노라.

본래 김황원은 "長城一面溶溶水(장성일면용용수), 大野東頭點點山(대야동두점점산)"이라는 한 연만 읊었다고 전한다. 누가 이 연구를 활용하여 4운 8구의 율시를 이룬 것이다.

(4) 광묘(光廟)조 판서 안침(安琛) 「배회루(徘回樓)」

徘回樓上月徘回, 客子徘回亦快哉. 玉兎幾年仙藥搗, 素娥何處鏡盒開.
搖波散百東坡水, 對影成三太白杯. 直到夜深天似洗, 好風吹送桂香來.

제4부 문화사 속의 김삿갓 시 583

김치원 평 : "청신한 시상으로 人의 口氣를 逼할 만하다." "魚叔權이란 문사가 稗官雜記에 말하기를 此詩는 가작은 틀님없으나 東坡百 太白三이란 문구는 李文順의 시편에서 표절하엿다 하고 又 安氏가 일즉이 昌寧 秋月軒에서 搖波散作東坡百이요 對影眞成太白三杯란 작시가 잇는바 上詩에 누차 인용은 시인의 할 바가 아니라 하여 또한 비웃엇다. 그러나 시가 원만히 醅熟(감숙)되엿으니 吾人은 그 詩味(시미)를 음영할 따름이지 그 인격조차 논할 배 아니라 생각한다."

배회루 위에 달이 배회하니
나그네 배회도 유쾌하구나.
옥토끼는 몇 해나 선약을 찧고
항아는 어디에서 거울 갑을 여는가.
흔들리는 물결에 소동파는 백 개 모습이 되고
그림자와 셋을 이룬 이태백은 술잔을 들었다.
곧바로 한밤 되니 하늘은 씻은 듯하고
좋은 바람은 계수나무 향을 보내온다.

『신증동국여지승람』은 전라도 영암군 '누정'조에서 양휘루(揚輝樓)가 배회루로 바뀌었다고 밝히고, 안침의 이 시를 그 조항에 연계시켜 두었다.5) 소동파의 「범영(泛穎)」에 "갑자기 잔물결이 일어, 내 수염과 눈썹을 교란시키고, 흩어져 백 개의 동파가 되었다가도, 금세 제자리로 돌아가기도 하네[忽然生鱗甲, 亂我須與眉. 散爲百東坡, 頃刻復在玆]"라고 했는데, 이규보는 「시내 위에서 우연히 짓다[溪上偶作]」에서 "홀연 소랑(소식)이 영수에서 놀던 일 생각나네, 수염과 눈썹 흩어져 백 동파가 되었다지[忽憶蘇郞臨潁水, 鬚眉散作百東坡]"라고 했다. 어숙권은 안침의 차용을 표절이라고 비판했다. 하지만 김치원은 작가의 인격을 거론할 것 없이 이 시가 원만하게 무르익은 점을 높이 평가해야 한다고 말했다.

5) 『신증동국여지승람』 제35권 전라도 영암군 누정.

(5) 김해 이속(吏屬) 아전 배차산(裵此山) 「연자루(鷰子樓)」

鷰子樓前楊柳花, 楊柳鷰子夕陽斜.
鷰蹴飛花花蹴鷰, 散入東風萬人家

　　김치원 평 : "자고로 선배 명시를 통독하야 그곳에서 힌트를 바다 의미 근사한 시편을 기교잇게 요리하는 것은 간혹 잇는 일." "絮花(서화, 버들솜)가 날니는 봄철은 왓다. 강남 갓던 제비는 뭇 백성의 簷下(첨하)에 날아드는 그 일생을 여실히 표현할 뿐 아니라 律에 들어맛고 押軸[壓軸의 잘못인 듯 – 필자 주]이라들 한다. 劉禹錫(유의석)이 鳥衣巷(오의항) 작에 曰 朱雀橋頭野草花 鳥衣巷口夕陽斜 舊時王榭堂前鷰 飛入尋常百姓家라 하엿스니 독자 여러분 先詩와 대조하여 보십시다. 배차산은 이조 말의 시인이오 유우석은 唐(당)에 시인이고 보니 果是 연자루시는 上詩에서 힌트를 받은 것이 확연하지 안슴니가?"

　　김치원은 거론한 시를 차산(此山) 배전(裵典, 1843-1899)의 시라고 했다. 하지만 배전의 첩 강담운(姜澹雲)이 지은 것이다. 강담운은 여덟 살 때 평양에서 부모를 따라 분성(盆城) 즉 김해로 이사 왔는데, 모친이 기생이었기 때문에 기녀가 되었다. 15세 때 머리를 얹었고, 17세 때 어머니상을 당했으며, 20세 때 금릉 즉 금산군(金山郡)의 배전을 만나 그 첩이 되었다.6) '鷰蹴飛花花蹴鷰(연축비화화축연)'이 '燕逐飛花花逐燕'으로 전하는데, 이쪽이 옳은 듯하다.

燕子樓前楊柳花	연자루 앞에 버드나무 꽃 피어나자
楊花燕子多陽斜	꽃 사이로 제비들 비스듬히 나네.
燕逐飛花花逐燕	제비가 꽃을 쫓고 꽃 또한 제비를 쫓으며

---

6) 강담운의 시집 『지재당고(只在堂稿)』 필사본 2권 1책이 전하는데, 권1 첫머리에 "金陵女士 姜澹雲著, 一心人裵此山校"로 되어 있다. 권1에는 오언과 칠언의 절구와 율시가 45수 수록되어 있다. 이상백(李相伯)이 소장했던 『지재당고』 권1 한 책을, 1950년 민병도(閔丙燾)가 『조선역대여류문집』 속에 영인해 넣은 일이 있다.

　　　　城中散入萬人家　　　흩어져 성안 만가 호 집집마다 들어가네.
　(6)「추천(鞦韆)」
　　　　鷰子雙雙飛去態, 桃花點點落來形.
　　　김치원 평: "쌍쌍히 날아가는 제비런가? 점점이 떨어지는 도화런가? 분홍저고리 다홍치마 혹은 흑색 저고리에 흰 치마를 입은 閨秀 처녀들이 鞦韆(추천)에 當하여 非天非地半空中에 綠水靑山自進退의 態를 시로써 표현한 것이외다. 얼마나 아름답슴닛가?"

이 시는 출전을 알 수 없다.

　(7) 어숙권이 목멱산(木覓山)에 올라 지은「등산(登山)」시
　　　　扶節登眺眇茫間, 萬頃蒼波萬點山. 口腹於吾其一崇, 不將身世老江干.
　　　김치원 평: "누구를 물론하고 登泰山하야 此詩를 음영할 진대 심신을 상쾌케 하야 塵世(진세)의 雜慮(잡려)가 업서지리니 과연 청신한 시편이엿다."

　　　지팡이 짚고 올라 아득히 먼 곳 바라보니
　　　만경창파에 일만 산들이 점점이다.
　　　먹고 사는 일이 내게는 한 가지 골칫거리
　　　남은 생을 강가에서 늙어가지 못하다니.

이것은 어숙권의 시가 아니라 어숙권의『패관잡기』에 인용된 박계강(朴繼姜)의 시이다.「여강목계등목멱산(與姜木溪登木覓山)」이란 제목으로 알려져 있으니, 목계 강혼(姜渾)과 목멱산에 올랐을 때 지은 것이다. 박계강은 여항 시인으로, 유희경(劉希慶) 등의 풍월향도(風月香徒) 가운데 한 사람이었다.

　(8) 강희안(姜希顔)의「양주누원시(楊州樓院詩)」

有山何處不爲廬, 坐對靑山試一噓. 簪笏十年成老大, 莫敎霜鬢試歸歟.

김치원 평 : "내가 애송하는 江山詩 又 일편." "史家로 유명한 徐君正 선생이 評曰 此詩有江山雅趣하고 無一点塵埃라 하지 안엇슴닛가?"

산이 있으면 어디든 여산이 아닐까
앉아 청산을 마주하여 한번 탄식하노라.
벼슬살이 십 년에 너무 늙고 말았으니
서리같이 흰 살쩍으로 「귀거래사」를 읊게 마라.

남효온(南孝溫)의 『추강냉화』에 따르면, 강희안(姜希顔)이 만년에 양주(楊州) 누원에서 지은 단시 3편 가운데 첫 편이다. 영천군(永川君) 이정(李定)은 '서거정이 아니면 이승소(李承召)의 시'라고 써 두었다. 훗날 이정이 다시 가 보니 그 비평 아래에 누군가가 "강산의 아취가 있어 한 점 티끌도 없으므로 필시 번뇌에 얽매인 세속 선비가 지은 것이 아니다. 천지가 크고 강산이 깊거늘 어찌 인재가 없다고 반드시 서(徐)와 이(李)의 시라 추측하는가?"라고 써 두었다. 이정은 전날의 글을 없앴다고 한다.

(9) 김립 선생의 골계시

石上投石石石石, 僧堂坐僧僧僧僧.

김치원 번역 : "돌우에 돌을 던지니 돌이 굴너가는 소리 돌돌돌, 절당에 중에 앉어서 말하는 것이 모두다 중중중."

八鵲步泥八鵲鵲, 五犢喫草五犢犢.

김치원 번역 : "여듧까치 진흙을 거러가는 소리 팔작작, 다섯의 송아지 풀을 먹는 소리가 오독독."

이응수의 『김립시집』 세 판본에는 모두 들어 있지 않다.

(10) 김립 선생의 골계시

世事態態思, 此時虎虎時. 人皆弓弓去, 我獨矢矢來.
心可花花守, 言何草草爲. 吾詩竹竹驗, 前路松松開.

김치원 의역 : "세상일을 꼼꼼히 생각하니, 이 범범한 때가 안이야요. 남은 모다 활활히 가도, 나는 혼자 솔솔히 오렵니다. 마음은 꼭 꼭꼭 질어야하고, 말은 어이 풀풀이 하렷가? 내 시를 대대로 시험하랴면, 앞길이 솔솔 열니리라."

이응수의 『김립시집』 세 판본에는 모두 들어 있지 않다.

(11) 김립 선생의 단순한 문자로 표현한 명시

月白雪白天地白, 山深夜深客愁深.

김치원 풀이 : "보편적으로 유행되여 잇는 시귀 등."

이응수가 『동아일보』(1931년)의 「김립과 금강산」(6)에서 소개했다. 그에 따르면 『실생활』(1934.7)에서 청산인이 표절했다고 한다. 이응수는 이 시를 『김립시집』 대중보판에 수록했다.

(12) 김립 선생의 「금강산춘경시(金剛山春景詩)」

岩岩石石間間水, 栢栢松松處處花.

『동아일보』(1931)의 「김립과 금강산」에도 소개되지 않았고, 『김립시집』 초간본과 대중보판에도 실리지 않았다.

(13) 김립 선생

山與雲俱白, 雲山不辨容. 雲歸山獨立, 一萬二千峯.

김치원 풀이 : "김립 선생이 此詩를 지으니 금강산이 울엇다는 전설이 잇는

바 許眉首[허목] 선생의 작이라고도 하니 미상하외다."

  산과 구름 함께 희어

  구름인지 산인지 모습을 구별 못하다가,

  구름 돌아가고 산만 홀로 서자

  일만하고 이천 봉.

홍여하(洪汝河, 1620-1674)의 「금강산을 읊는다. 정유년(1657, 효종 8) 9월[詠金剛山. 丁酉九月]」 시 "山與雲俱白. 熹微不辨容. 雲飛山亦露, 一萬二千峯"과 시상 및 어구가 유사하다.7)

 (14) 김립 선생 「가련기시(可憐妓詩)」

  可憐行色可憐身, 可憐門前訪可憐. 可憐比意傳可憐, 可憐能如可憐心.

  김치원 풀이 : "가련한 내가 가련한 기생에게 내 뜻을 말하면 가련이란 기생은 나의 가련한 마음을 알어보리라는 가련기시이외다."

이 시는 이응수가 『삼천리』(1932.1) 제4권 제1호의 「김립 시 초역」에 소개했다. 이후 김삿갓의 대표 시로 인정되었다.

 (15) 노론의 거두 송 우암(宋尤庵) 선생의 오신오구(吾身吾口)란 시

  身是吾身口是吾, 行身開口總由吾. 如何將此吾身口, 輕動妄言反害吾

  김치원 풀이 : "만고에 명문이 될뿐더러 오늘날 우리의게 경계함이 많아 이 시를 의역하면 나의 몸 나의 입으로 내 하는 행동이고 내 하는 말이거니 나의 행동 나의 말에서 내가 단점을 만들고 내가 결점을 만들어서 내가 도로 말로 해를 넙을 줄이 잇으렷까?"

---

7) 洪汝河, 「詠金剛山. 丁酉九月」, 『木齋集』 권1.

고풍시 설명 때 언급했듯이 이 시가 송시열 시인지는 미상이다. 윤기(尹
愭)에 따르면 전사청 벽에서 시가 붙어 있었으며, 누구의 작인지는 모르겠으
나 자신도 이전에 들어본 시라고 했다.

(16) 손순효(孫舜孝)의 「취중 시」

明月明未明, 淸風淸未淸. 我心正未正, 待得明月明.

김치원 풀이 : "성종 조에 손순효란 사람은 찬성(贊成) 판중추(判中樞)까지
지낸 분이다. 공은 호주객으로써 일즉이 취중에 읊은 시가 잇으니……" "취객의
형용을 말하엿다."

밝은 달은 밝다 하는데 밝지 않고

맑은 바람은 맑다고 하는데 맑지 않도다.

내 마음이 곧다 해도 곧지 못하니

밝은 달이 밝아질 때를 기다려 보리라.

권별(權鼈)의 『해동잡록』 권1 「손순효」 조에 그대로 실려 있다.

(17) 서거정(徐居正)이 손순효를 희롱한 시

可休休日休方好, 休不休時休亦羞. 三四休並七休客, 休休今復更休休.

김치원 풀이 : "공이 三休四休에 말을 취하야 호를 七休라 하엿더니 벗(友)에
말에 의하야 七不休로 고첫더니 일로 하야 벼살을 갈너가게 되엿다. 서달성(徐達
成)이란 문사가 희롱한 시에 曰……"

쉼 직할 때 쉬어야만 그게 바로 제격이요

안 쉬어야 할 때 쉬는 건 또한 수치스럽고

세 번 네 번 쉬어서 아울러 일곱 번 쉰 손이

쉬고 쉬다가 지금 다시 또 쉬게 되었구려

칠휴 손순효가 대사헌에서 파면되었을 때 서거정이 장난삼아 바친 5수 가운데 제1수이다.8) 『해동잡록』 권1 본조 「손순효」 조에 전재되었다.

(18) 성삼문 임종 시

擊鼓催人命, 回顧日欲斜. 黃天無一店, 今夜宿誰家

김치원 풀이 : "이 얼마나 애처러운 시인가? 누구를 물론하고 이 시를 볼 때에 눈물을 흘니지 안코는 견디지 못하리라."

둥 둥 둥 북소리는 사람 목숨 재촉하는데
머리 돌려 돌아보니 해가 이미 기울었다.
황천길에는 주막 하나 없으리니
오늘 밤은 뉘 집에서 묵을까.

『연려실기술』 제4권 단종조 고사본말 '육신의 상왕 복위 모의'에 나온다. 어숙권의 『패관잡기』에 따르면, 남효온 「육신전」의 '성삼문전'에 누군가가 이 시를 주석으로 붙였다고 한다. 어숙권은 명나라 고명봉(高鳴鳳) 편집의 야사총서 『금헌휘언(今獻彙言)』에서 "손궤(孫蕡)는 송잠계(宋潛溪)[명나라 송렴(宋濂)]의 고제이다. 그가 죄를 입고 형을 받기에 앞서 다음 시를 읊조렸다. '북 치는 소리 급하기도 한데, 서산에 해도 지려한다. 황천에는 객점이 없다거늘, 오늘 밤 뉘 집에서 묵을까?[鼉鼓聲正急, 西山日又斜. 黃泉無客店, 今夜宿誰家]"라고 한 기록을 근거로 삼아, 이 시가 성삼문 작이 아니라고 논증했다.

(19) 성삼문이 임종 시 노(奴)에게 준 시

---

8) 徐居正, 「孫七休罷憲長, 戲呈, 五首」 제1수, 『四佳集』 시집 제45권.

食人之食衣人衣, 所一平生莫有違. 一死固知忠義在, 顯陵松栢夢依依.

김치원 풀이 : "선생이 載車(재거) 시에 맛츰 奴(노)가 곁에 서서 술을 올니거늘 선생은 飮하신 후에 또 시를 지엿으니……" "선왕을 생각하는 그 충의야말로 과연 천고에 不惑(불혹)할 것이다."

임 주신 밥을 먹고 임 주신 옷 입엇기에
한가지로 지켜 평생 어긴 적이 없었다.
한 번 죽음이 충의인 줄 알았으니
현릉(문종 능)의 송백이 꿈속에 아른댄다.

『연려실기술』 제4권 단종조 고사본말 '육신의 상왕 복위 모의'를 보면 성삼문의 임종 시에 이어 이 시가 나온다.

(20) 박팽년(朴彭年)「의정부 석상(議政府席上)에서 짓다」
廟堂深處動哀絲, 萬事如今總不知. 柳綠東風吹細細, 花明春日正遲遲.
先王大業抽金櫃, 聖主鴻恩倒玉巵. 不樂胡爲長不樂, 賡歌醉飽太平時.

김치원 풀이 : 노산(魯山) 계유에 김종서가 被誅(피주)하고 府中(부중)에서 잔채할새 선생 맛음 참예하여 읊은 詩가 잇으니……부중에 색이여 붓첫다는 명시 이외다."

깊은 묘당(조정)에 애처로운 음악 울리다니
만사를 지금은 도무지 모르겠네.
버들은 푸르고 동풍은 살랑살랑 불어오고
꽃은 붉은데 봄날은 정히 더디다.
선왕의 큰 사업은 금궤(金匱)에서 뽑아내고
성군의 큰 은혜로 옥잔을 기울이네.

즐기지 않으랴. 어이 길이 즐기지 않으랴.
　　성군의 어제에 갱재하며 태평시대에 먹고 마시노라.

이 시는 남효온의 「육신전」, 성현(成俔)의 『용재총화』이하 이유원(李裕元)의 『임하필기』에 이르기까지 각종 필기류에 실렸다.

　(21) 원천석(元天錫) 선생의 시
　　三敎宗風本不差, 較非爭是亂如蛙
　　一般是性俱無礙, 何釋何儒何道耶
　　김치원 풀이 : "삼교상쟁(三敎相爭)을 일삼던 그 사회를 비방한 명시이다."

원천석의 『운곡행록』 권3 「삼교일리(三敎一理) 병서(幷序)」 가운데 마지막 '회삼귀일(會三歸一)'를 거론한 것이다.
한편 아래의 제22-25편은 여류 한시를 거론했다.

　(22) 사직(司直) 안귀손(安貴孫)의 부인 최씨([최치운(崔致雲)의 둘째 딸]가 지은 「도망부사(悼亡夫詞)」
　　鳳凰于飛, 偕鳴樂止. 鳳飛不下, 鳳獨哭止.
　　搔首問天, 天黙止止. 天長海闊, 限無極止.
　　김치원 번역 : "봉황이 날미여, 화하게 울고요. 봉이 가고 안 오니, 황 혼자 우노메라. 머리 들어 하늘에 무러보니, 하늘 또한 잠잠하고나. 하늘이 길고 바다 넓으나, 나의 한은 궁진함이 없고나."
　　김치원 풀이 : "이 얼마나 무한한 애수를 그려낸건가? 진실로 그 文辭(문사)의 淒婉(처완)한 것은 吾人(오인)의 눈물을 흘니게 할 뿐이다."

최씨는 남편 안귀손이 죽자 이 「도망부사」를 짓고 제사를 지내고는 음식을 거부하고 목숨을 끊었다. 나라에서 정려를 해주었다.

(22) 작자 미상 만가인(輓家人)

兒啼號母母何之, 誤道靑山採采遲. 日暮靑山人不至, 更將何說慰啼兒.

김치원 번역 : "엄마가 어디어듸 갓나하고 애기가 울며 엄마를 불너요. 늣도록 나물 켄다 속엿더니 청산에 해가 저도 님안오니 다시는 무슨 말노 달랠건가?"

(23) 기생 초월(初月)「거무정(去無情)」

鳥鳥花花各有名, 山山水水自分明. 花鳥水山長若此, 煙光何事去無情.

김치원 풀이 : "새가 울고 꽃은 피고 산 푸르고 물을 흘너 해마다 오건만은, 그대가 간 이후에는 소식조차 돈무하니 무정할손 그대로다."

(24) 관서 명기 계월(桂月)이 황해도 관찰사 이광덕(李光德)을 이별할 때 준「별인(別人)」

大同江上送情人, 楊柳千絲不係人. 含淚眼看含淚眼, 斷腸人送斷腸人

앞서 고풍시의 예로 소개했다.

(25) 성천(成川) 기생 부용(芙蓉, 호 雲楚)이 부용 꽃을 읊은 시

芙蓉花發滿池紅, 人道芙蓉勝妾容. 朝日妻從堤上過, 如何人不看芙蓉.

김치원 번역 : "련꼿이 피엿든가 못까에 가득하니, 사람들 말하기를 나보다 곱다건만, 못까에 내 지날 때 그까진 것 하고요 본체만체 하노라."

김치원 풀이 : 부용이 "情郞(정랑) 金有聲(김유성)의게 보낸 상사시같은 천고에 絶調(절조)로 사모의 정이 극하엿다." 부용이 부용 꽃을 읊은 이 시는 "자기의 自色(자색)을 자칭한 것"이다.

4.

　　김홍한이 『매일신보』(1933.12.4)에 소개했고, 이응수가 1939년 초판 『김립시집』과 1941년 대증보판에 수록한 「즉음(卽吟)」 시는 김삿갓의 너글너글한 품새를 가장 잘 드러내준다고 생각한다.
　　이미 앞서 소개한 바 있지만, 김삿갓은 「즉음」의 두련(수련)과 함련에서

　　　　선승처럼 앉았노라니 수염이 멋쩍군
　　　　풍류를 오늘 밤 겸하지 못하고,
　　　　등불 아래 혼이 적막하구나, 고향집은 천 리 멀고
　　　　달빛은 쓸쓸히 비추네, 나그네 잠자리의 처마를.

이라고 고독한 심사를 절절하게 토로하고,

　　　　종이가 귀해 맑은 시도 그저 분판에 쓰고
　　　　안주 없기에 막걸리를 소금 찍어 마시는 판.
　　　　주옥같은 시도 황금 받고 팔겠으니
　　　　오릉 진중자의 태도는 짓지 않으리, 너무 소소하게 청렴하니.

라고 했다.
　　김치원이 우리나라의 풍류 시들로 소개한 시들도 대개 이와 같은 개결한 태도, 주체 존중의 정신, 넉넉한 미적 감각 등을 공유했다. 그것들은 아무리 현실이 어둡고 미래를 내다볼 수 없더라도 길을 헷갈리지 않고 스스로의 존재가치를 반조(返照)하기 위해 유지해야 할 태도, 정신, 감각이다. 이 시대의 우리가 김삿갓들의 그 태도, 정신, 감각을 따라갈 수 있을지 모르겠다.

제21화. 역사 교양과 동시

1.

과시의 제목은 대개 역사 사실을 들어서 관련 인물의 내면, 사건의 의미를 논하게 하는 것이 많았다. 사서삼경·통감류 사서·자서·시문집은 물론, 『역대명신주의(歷代名臣奏議)』나 시화·필기잡록, 심지어 연의소설에서 시제가 될 만한 어구가 간별되었다. 더러는 유서(類書)에서 어휘나 어구가 선택되기도 했다.[1]

한편 김삿갓이 작성했다고 전하는 과시의 시제들을 보면, 조선후기의 과장이나 제술에서 부과되는 것과 통하는 것이 많다.

이를테면 「치주낙양남궁(置酒洛陽南宮)」(과시164:東選72/송순철30)은 『사기』 「고조본기」에서 어구를 취한 것인데, 유사한 과제가 정조의 제술 부과 때 이용되었다. 그 어구와 과제는 한나라 고조가 천하를 평정한 뒤 낙양의 남궁에서 주연을 베풀며, 제후와 장수들에게 자신이 천하를 얻을 수 있었던 이유와 항우가 천하를 잃게 된 까닭에 대해 물은 고사에서 나온 것이다. 정조는 재

---

1) 이상욱, 「조선 과체의 글쓰기 방식에 관한 연구」, 연세대학교 대학원 석사논문, 2005. pp.55-56 ; 이상욱, 『조선 科文 연구』, 연세대학교 대학원 국어국문학과 박사논문, 2015.6 ; 김동석, 『조선시대 시권 연구』, 한국학중앙연구원 한국학대학원 고문헌관리학 전공 박사논문, 2013.6.

위 12년(무신, 1788년) 8월 2일(신묘) 초계문신의 과시 시권을 고하(考下)했는데, 그 때는 조(詔)의 문체를 부과하면서 조제((詔題)로 '한나라 고조가 낙양의 남궁에서 주연을 베푼 것에 대해 의작하라[擬漢置酒洛陽南宮]'를 내걸었다. 재위 14년(경술, 1790년) 3월 초3일(계미)에는 농가정(農稼亭)에 거둥하여 각신과 검서관들에게 꽃을 구경하고 고기를 낚게 한 다음, 「치주낙양남궁부(置酒洛陽南宮賦)」를 다른 배율 과제와 함께 검서들에게 부과했다.

김삿갓 과시의 시제와 조선 후기 과제의 관계에 대해서는 향후 더 조사할 필요가 있다.

또 김삿갓 과시의 과제로는 『사기』나 『한서』의 역사사실을 주제로 한 것이 많다.

『사기』 「유후열전(留侯列傳)」에 기록된 장량(張良)의 고사는 그 대표적인 예이다. 장량이 병법에 뛰어나 공을 세운 것과 공을 세우고 겸허하게 작은 고을을 봉해 받은 것이 모두, 세상에 나가 뜻을 펴고자 하는 독서인들의 귀감이 될 만했다. 또 하나, 진나라 말 장량이 패공(훗날의 한 고조 유방)에게 황석공의 병법을 유세하자 패공이 잘 받아들이니, 장량은 "패공은 아마도 하늘이 명을 내리신 분이다"라 하고 패공을 섬겼다는 대목이 있다. 이것은 명량제우(明亮際遇) 즉 현명한 군주와 충량한 신하의 만남을 대표하는 미담으로 널리 회자되었다. 북송의 소순흠(蘇舜欽)은 「장량전」을 읽다가 이 대목에 이르러 큰 술잔을 끌어당기며 책을 덮고 탄식하며 말하길, "군신이 만난다는 것이 이와 같이 어려운 것이로구나!"라고 했다. 조선의 이옥도 "소순흠이 술잔을 끌어당겨 마신 이 일은 천고의 사람들로 하여금 눈물을 떨구게 만들기에 충분하도다"라고 논평했다.

조선후기에 『사기』와 『한서』가 유행하기 시작할 무렵 선조, 광해군 때는 『사기평림』이나 『한서평림』, 『사찬』 같은 서적들이 이미 유행하여 조선에서 복간하거나 새로 편집한 서적들이 유통되었다. 이에 대해서는 본인이 이미 다른 글에서 밝힌 바 있다.2) 이후 조선의 독서인들은 『사기』와 『한서』를 암송하여, 그 세부의 기억을 문학적 유희에도 활용하기까지 했다.

이극성(李克誠)의 『형설기문』에는 정승 조현명(趙顯命, 1690-1752)과 참의 조하망(曹夏望, 1682-1747)이 술에 취해 이야기를 주고받으면서 『사기』의 어구를 이용한 일화가 실려 있다.3) 두 사람은 모두 주량이 컸다. 어느 날 조하망은 큰 그릇으로 열 석 잔을 마시고, 조현명은 한 잔을 더 비웠다. 대작을 파하고 조하망은 가까스로 계단을 내려갔다. 이것을 보고 조현명이 "조무상인가?[曹無傷耶? - 조는 상하지 않았는가?]"라고 하자, 조하망은 "승상은 틀리지 않았는가?[丞相誤耶?]"라고 했다.

조무상은 『사기』에 나오는 인물로 패공 유방의 좌사마(左司馬)이다. 즉, 「고조본기」에 보면, 유방이 관중을 함락시켰다는 소식을 들은 항우가 유방을 공격하려고 하자, 조무상은 공을 세울 욕심에 항우에게 "패공이 관중의 왕이 되고 싶어 자영(子嬰)을 상(相)으로 삼고 진귀한 보물을 모두 차지했습니다."라고 이간질을 했다. 이때 항백(項伯)이 중재하여 항우를 달랬고, 위기를 모면한 유방은 조무상을 주살했다. 한편 "승상은 틀리지 않았는가?"라는 말은 「이사열전」에 나온다. 진나라 2세 황제 때 간신 조고(趙高)가 승상 이사(李斯)를 모함하여 사형시키고 승상이 되었다. 조고는 신하들이 자기 말을 듣지 않을까 염려하여, 황제에게 사슴을 바치면서 말이라고 하자 2세가 웃으면서 "승상이 틀리지 않았는가? 사슴을 보고 말이라고 하다니."라고 하면서 좌우들에게 물었다. 신하들은 아무 말도 하지 않는 자, 혹은 말이라고 하면서 조고에게 아부하는 자, 혹 사슴이라고 바른대로 말을 한 자도 있었는데, 조고는 바른대로 말한 자들을 몰래 법으로 얽어 죽였다. 결국 조고는 함양령(咸陽令) 염락(閻樂)을 시켜 망이궁(望夷宮)에서 2세를 시해했다.

---

2) 심경호, 「宣祖·光海君朝의 韓愈文과 史記 硏鑽에 관하여 : 韓愈文과 『史纂』의 懸吐와 註解를 중심으로」, 『季刊書誌學報』 17. 한국서지학회, 1996.1, pp.3-39 ; 심경호, 「宣祖·光海君朝의 韓愈文 및 『史記』의 硏鑽 : 韓愈文과 『史纂』의 懸吐와 註解를 중심으로」, 단국대학교 동양학연구원 편, 『월정 윤근수 연구』, 학자원, 2014.5. pp.269-325.
3) 장유승·부유섭·백승호 역, 『형설기문(螢雪記聞)』(이극성 원저), 성균관대학교 출판부, 2016, p.162

『옥수기』의 작가 심능숙(沈能淑, 1782-1840)은 1800년 3월 25일, 이백(李栢)·성양묵(成養默)과 함께 인산(仁山) 앞 작도(鵲島)로 신기루를 보러 갔다. 그들은 인산의 서계(西溪)에서 신백현(申百顯)을 만나 동행했다. 작도에서 신기루가 나오길 기다리면서, 심능숙은 이백(李栢)과 홍의(洪猗)가 정한 '한서(漢書) 규식'을 강(講)하면서 벌주 내기를 했다. 신백현은 대신 시를 지었고 성양묵은 이반룡(李攀龍)의 시 20수를 낭송했다. 성양묵은 왕세정(王世貞)의 시를 섞고는 했으므로 벌주를 많이 마셨다. '한서 규식'은 아마도 한서령(漢書令)의 지시에 따라 『한서』의 일정 구절을 외우는 내기였을 것이다.

이러한 몇몇 예들은 조선후기 지식인들의 아희(雅戱)에서 『사기』와 『한서』의 암송이 필수요건이었음을 잘 말해준다. 조선후기 과시에서 『사기』와 『한서』의 어구가 자주 시제로 부과된 것은 이러한 풍토를 배경으로 하고 있다.

2.

김삿갓=김병연의 전기와 관련에서 늘 거론되는 「논정가산충절사(論鄭嘉山忠節死) 탄김익순죄통우천(嘆金益淳罪通于天)」은 과시가 아니다. 대고풍이다. 오히려 「난고평생시(蘭皐平生詩)」 즉 「회향자탄(懷鄕自嘆)」은 과시이다. 이것을 포함하여 1941년 대증보판 『김립시집』 '후편'에 있는 과시와 '부록'에 있는 과시, 그리고 다른 필사본들에 전하는 과시의 제목과 출처를 살펴보기로 한다. 대증보판 '부록'의 과시에 대해서는 시제의 출전을 밝힌 논문이 있으나,[4] 출전을 밝히지 못한 것, 설명이 부족한 것을 여기에 보완한다.

과시|001 「蘭皐平生詩」(懷鄕自嘆)

---

4) 高延君, 「『金笠詩集』所載 東詩에 대한 고찰」, 전남대 대학원 국어국문학과 석사논문, 2009.8.

○ 초150後19 「蘭皐平生詩」/증보001-序01/평양1-17/東選38 「懷鄕自嘆」 ○ 제4연 押鄕, 평성 陽운. 28구 14연. ○ 출전 없음

과시|002 「責索頭」

○ 초133後02/증보222後02/평양6-03/東選11/별본1(金笠)/평택임씨본11 ○ 초판본은 36구 18연. 제4연 바깥짝이 '秦索其時樊將軍'이지만 '將軍頭'이어야 옳음. 제4연 押頭, 평성 尤운. 1941년 대증보판은 樊將軍이 樊將頭, 倂畵裏가 倂圖裏, 丘秋草가 秋草邱로 바로잡혔다. 16-17연이 바뀌었다. 東選11(18연)과 평택임씨본11(18연)도 제4연 押頭. ○ 『사기』 「자객열전」에 근거해서 번오기(樊於期)가 형가(荊軻)에게 자기 목을 돌려달라고 하는 상황을 설정했다. 형가는 연나라 태자 단(丹)을 위해 진시황을 죽이러 가기 위해, 진나라에서 죄짓고 망명한 번오기를 찾아가 목을 달라고 청했다. 번오기는 요청을 받아들이고 자결했다. 형가는 번오기 머리를 담은 함과 독항(督亢) 지도가 든 갑을 들고 진시황을 찾아가 면대 때 그를 죽이려고 했으나 실패했다. 진시황은 왕전(王翦)을 보내 연나라를 공격했다. 연나라 군주 희(喜)와 태자 단은 요동으로 도망갔으나, 5년 후 연나라는 멸망했다.

과시|003 「聶政後二百年秦有荊軻之事」 / 「其後二百餘年秦有荊卿之事」

○ 초134後03/증보223後03/평양6-01/東選20 「其後二百餘年秦有荊卿之事」/時尙04 「聶政後二百年秦有荊軻之事」/善鳴07 ○ 초, 증보, 평양본은 32구 16연. 제4연 押事, 거성 寘운. 평양본은 제1연 말자가 有이지만 압운상 類가 옳음. 詩20은 18연, 時尙04는 17연. 善鳴07은 17연. ○ 『사기』 「자객열전」은 섭정(聶政)의 일을 기록하고서, 그 끝에 "그 후 이백 이십여 년 뒤 진나라에 형가의 일이 있었다[其後二百二十餘年, 秦有荊軻之事]"라고 했다.

과시|004 「易水歌壯士而詩人」

○ 초135後04/증보224後04/평양6-02/詩27 ○ 30구 15연. 제4연 押士, 상성 紙운. 詩27은 제4연 押士, 18연. ○ 시제는 증304附66「易水歌非楚而楚」와 유사. 주희(朱熹)『초사집주(楚辭集注)』. "「역수가」는 참으로 강개격앙하다. 초나라 지역에서 나온 시가 아니지만 초나라 노래로, 감상할 만한 가치가 있어서 수록한다[易水歌, 特以其詞之悲壯激烈, 非楚而楚, 有足觀者, 于是錄之]."

과시]005「八千愧五百」

○ 초136後05/증보225後05/東選55/時尙16/善鳴18 ○ 34구 17연. 제4연 押愧 거성 寘운. 東選55는 17연, 제4연 押愧(壞로 誤寫). 時尙16과 善鳴18도 317연. ○ 『사기』「전횡열전(田橫列傳)」. 진나라 말 제왕(齊王) 전횡은 부하 5백여 인과 함께 섬으로 들어갔다. 이후 전횡이 한 고조의 부름을 받고 낙양으로 가다가 30리를 남겨 두고 자결하자, 소식을 들은 섬 안의 5백 인도 자살했다. 한 고조는 전횡을 왕의 예로 장사지내게 했다. 한편, 항우는 강동에서 8,000명으로 군사를 일으켜 진나라에 대항했으나, 그들은 항우가 죽기 이전에 이미 모두 죽었다.

과시]006「八千人愧五百人」

○ 東選98 ○ 36구 18연. 제4연 押人, 평성 眞운. ○ 위(과시]005)와 같음.

과시]007「以王禮葬田橫」

○ 초137後06/증보226後06 ○ 32구 16연. 제4연 押王 ○ 『사기』「전횡열전」. 제왕 전횡이 한 고조의 부름을 받고 낙양으로 가다가 30리를 남겨 두고 자결하자, 한 고조는 전횡을 왕의 예로 장사지내게 했다.

과시]008「不言主事者滄海力士」/「不言主人事」

○ 초138後07/증보227後07/평양6-04/東選81「不言主人事」○ 초, 중, 평양본은 30구 15연. 제4연 押事, 거성 寘운. 東選81은 18연. ○『사기』「유후세가」. 진나라

가 한(韓)나라를 멸망시키자 한(韓)나라 사도 장량이 창해역사(滄海力士)를 고용
했다. 역사는 박랑사에서 120근 철퇴를 휘둘렀으나 부거(副車)를 부수는데 그쳤
다. 이후 장량은 한(漢)나라 건국의 일등공신이 되었다.

과시|009 「請秦王擊缶」

○ 초139後08/증보228後08/평양6-05 ○ 36구 18연. 제4연 押缶. ○『사기』「염
파인상여열전(廉頗藺相如列傳)」. 하남성 의양현(宜陽縣) 서쪽 민지(澠池)에서 진
(秦)나라 소왕(昭王)과 조(趙)나라 혜문왕(惠文王)이 회맹할 때 인상여가 조나라
의 위신을 세운 고사이다. 진나라 신하들이 "조나라의 성 열다섯 개를 바쳐 진나
라 왕의 장수를 축복해 주십시오[請以趙十五城爲秦王壽]"라 하자, 인상여는 "진
나라 수도 함양을 바쳐 조나라 왕의 장수를 빌어주십시오[請以秦之鹹易爲趙王
壽]"라고 했다. 진왕이 조왕에게 "비파를 한번 타십시오" 하자, 조왕이 비파를
탔다. 인상여가 진왕에게 "대왕께서는 질장구(진 나라 악기)를 쳐 주십시오[請秦
王擊缶]" 했다. 진왕이 응하지 않자, 인상여는 "다섯 걸음 안에서 목의 피를 대
왕에게 뿌리겠습니다"라고 위협했다.

과시|010 「范叔姑無恙乎」

○ 초140後09/증보229後09/東選52 ○ 34구 17연. 제4연 押乎, 평성 虞운. 東選
52는 16연. ○『사기』「범수채택전(范睢蔡澤傳)」. "수고는 범수를 보자 놀라며,
'범숙은 별고 없소?'라고 했다. 범수가 웃으면서, '네'라고 말했다. 수고가, '범수
는 진나라에서 유세를 하고 있소?'라고 하자, 범수가 대답했다. '아닙니다. 저는
위나라 재상에게 죄를 짓고 도망쳐 왔거늘, 어찌 유세를 할 수 있겠습니까?'[須
賈見而驚曰:"范叔固無恙乎?"范睢曰:'然'須賈笑曰:'范叔有說於秦耶?'曰:
'不也. 睢前日得過於魏相, 故亡逃至此, 安敢說乎?'"]○과시57「范叔有說於秦耶」
와 유사.

과시)011 「垓城帳中問置妾何地」(虞美人)

❍ 초141後10/증보230後10 ❍ 36구 18연. 제4연 押地, 거성 實운. ❍『사기』「항우본기」를 기초로, 우미인의 심경을 대변한 것이다. 해하(垓下)에서 한 고조가 항우를 포위하고 초나라 병사들에게 노래를 부르게 하자, 항우는 초나라 군사들이 유방에게 귀부한 줄 알고 놀랐다. 장막 안에서 술을 마시며 우미인에게 춤을 추게 하고「역발산가」를 슬프게 불렀다. 이어 휘하 병사를 이끌고 달아나다가 오강(吳江)에 이르러 자결했다.

과시)012 「項羽死高帝亦老」

❍ 초142後11/증보231後11 ❍ 17연. 제4연 押老, 상성 皓운. ❍『사기』에서 초한 전쟁의 두 영웅을 예로, 인생의 단촉(短促)을 논하도록 한 시제이다.

과시)013 「瞽負躄」(戰國策)

❍ 초143後12/증보232後12/평양6-06/東選41 ❍ 16연. 제4연 押友, 상성 有운. 負자의 有운 이용. ❍ 출전은『전국책』이 아니라『회남자』「설산훈(說山訓)」. "도적이 난을 일으켰을 때 어떤 앉은뱅이가 소경에게 피난가자고 하자 소경이 앉은뱅이를 업고 달아났는데, 이 두 사람은 다 살게 되었으니, 이는 그들이 각자 능한 바를 잘 알았기 때문이다. 맹인에게 말하게 하고 앉은뱅이에게 달리게 한다면 제대로 할 바를 잃는 것이 된다[冠難至, 躄者告盲者, 盲者負而走, 兩人皆活, 得其所能也. 故使盲者語, 使躄者走, 失其所也]."

과014 「喜雨亭」

❍ 초145後14/증보233後13/東選31/時尙03 ❍ 34구 17연. 제4연 押雨, 상성 麌운. 東選31은 18연. 時尙03은 17연. ❍ 희우정은 중국 섬서성(陝西省) 기산현(岐山縣)에 있는 정자. 송나라 소식(蘇軾)이 태수로 있을 때, 가뭄 끝에 비가 내렸으므로 '희우'라 이름 하고 기문을 지었다. "하늘에서 구슬이 내린다 해도 추위에

떠는 사람이 그것으로 저고리를 만들 수는 없고, 하늘에서 옥이 내린다 해도 굶주린 사람이 그것으로 양식을 삼지는 못하네[使天而雨珠, 寒者不得以爲襦. 使天而雨玉, 飢者不得以爲粟].” 『고문진보』에도 실려 있다.

괴015/괴016 「少焉月出於東山之上」

○ 초146後15/증보234後14/東選70善鳴01(무기명)/*時尙08 ○ 18연. 제4연 押焉, 평성 先운. 東選70은 17연, 제4연 押焉. 時尙08은 31구(1구 결) 제4연 押月, “玉妃不負前宵約, 留待桂花移時發.” ○ 소식 「적벽부(赤壁賦)」. “임술년 가을, 7월 16일, 소자와 손님이 적벽 아래에서 배를 띄워 유람했다. 맑은 바람이 서서히 불어오고 파도는 일지 않았다. 술잔 들어 손님에게 권하며, 「명월」 시를 낭송하고, 「요조(窈窕)」장을 노래했다. 잠시 후, 달이 동산 위에서 떠올라, 북두성과 견우성 사이에서 배회했다[壬戌之秋七月旣望, 蘇子與客泛舟, 遊於赤壁之下, 淸風徐來, 水波不興. 擧酒屬客, 誦明月之詩, 歌窈窕之章, 少焉月出於東山之上, 徘徊於斗牛之間, 白露橫江, 水光接天].”

과시017 「而已夕陽」 (‘已而夕陽’이 옳음)

○ 초147後16/증보235後15/東選32/時尙13/善鳴01 ○ 17연. 제4연 押夕, 입성 陌운 東選32, 時尙13, 善鳴01은 18연, 제4연 押夕. ○ 구양수 「취옹정기(醉翁亭記)」. “이윽고 석양이 산에 걸리고 사람들의 그림자가 어지러이 흩어지는 것은 태수가 돌아감에 손님들이 따르는 것이요, 나무숲에 그늘이 드리우자 새소리가 아래위로 나는 것은 놀던 사람들이 돌아감에 산짐승과 새가 즐거워하는 것이다[已而夕陽在山, 人影散亂, 太守歸而賓客從也. 樹林陰翳, 鳴聲上下, 遊人去而禽鳥樂也].”

과시018 「聲在樹間」

○ 초148後17/증보236後16 ○ 초간본은 17연, 제4연 押聲, 평성 庚운. 증보본

은 18연, 제4연 押馬. 時尙13은 31구(1구 결) 제4연 押月. "玉妃不負前宵約, 留待 桂花移時發." ○ 구양수 「추성부(秋聲賦)」. 구양수가 가을날 책을 읽다가 이상한 소리를 듣고 동자에게 알아보라 하자, 동자가 돌아와 나무숲에서 소리가 난다고 했다. 구양수는 가을 소리가 만물을 시들게 하여 생명을 재촉한다는 사실에 슬픔을 느끼되, 고뇌에 빠져서는 안 된다고 생각해서 「추성부」를 지었다.

과시|019 「歐陽子方夜讀書」

○ 초149後18/증보237後17/東選34/별본5(金笠)/善鳴2(무기명) ○ 17연. 제4연 押書, 평성 魚운. 東選34는 17연, 善鳴02는 17연. ○ 과시|018과 같다.

과시|020 「醉翁之意不在酒」

○ 초181附31/증보238後18 ○ 30구 15연. 제4연 押酒, 상성 有운. ○ 구양수 「취옹정기」. "취옹의 뜻은 술에 있지 않고 산수의 사이에 있다. 산수의 즐거움을 마음에 얻어 술에 빗댄 것이다[醉翁之意不在酒, 在乎山水之間也. 山水之樂, 得之心而寓之酒也]."

과시|021 「影」

○ 초151附01/증보239附01 ○ 28구 14연. 제4연 押影, 상성 梗운.

과시|022 「三顧臣於草廬之中」

○ 초152附02/증보240附02 ○ 36구 18연. 제4연 押顧, 거성 遇운 ○ 제갈량 「출사표(出師表)」. "선제께서 신을 비천하다 여기지 않으시고 외람되게도 스스로 몸을 낮추시어 세 번이나 신을 초옥으로 찾아주시어 신에게 당세의 일을 물으셨습니다[先帝不以臣卑鄙, 猥自枉屈, 三顧臣于草廬之中, 咨臣以當世之事]."

과시|023 「楚以屈原鳴」

○ 초153附03/증보241附03/善鳴04(무기명) ○ 34구 17연. 제4연 押楚, 상성 語운. 善鳴02도 17연. ○ 한유「송반곡서(送盤谷序)」. "초나라는 큰 나라였으니, 망할 때는 굴원이 울려냈다[楚, 大國也, 其亡也, 以屈原鳴]."

과시]024 「非附靑雲之士惡能施於後世」

○ 초154附04/증보242附04 ○ 36구 18연. 제4연 押世, 거성 霽운. ○『사기』「백이열전(伯夷列傳)」. "시골에 묻혀 살며 덕행을 닦아 명성을 세우고자 하는 사람이라도, 덕행과 지위가 높은 선비를 만나지 못한다면 어떻게 후세에 이름을 남길수 있겠는가?[閭巷之人欲砥行立名者, 非附靑雲之士, 惡能施於後世者?]"

과시]025 「譬若走韓盧而搏蹇免」(范雎傳)/「譬若馳韓盧而搏蹇免也」

○ 초155附05/증보243附05/東選39「譬若馳韓盧而搏蹇免也」/송순철47(정대구 목록)「譬若走韓盧而搏蹇免」○ 30구 15연, 제4연 押譬, 거성 寘운. 東選39는 18운. ○『사기』「범수채택열전(范雎蔡澤列傳)」. "용감한 진나라 병사와 많은 전차를 가지고 제후들을 평정시키는 일은 한로(韓盧, 韓에서 나던 개)를 몰아 절름거리는 토끼를 잡는 것처럼 쉽다[以秦卒之勇, 車騎之衆, 以治諸侯, 譬若施韓盧而搏蹇免也]."

과시]026 「期期肸不可」

○ 초156附06/증보244附06/東選91 ○ 32구 16연. 제4연 押期, 평성 支운. 東選91은 18연. ○『사기』「장승상열전(張丞相列傳)」. 주창(周昌)은 패현(沛縣) 사람으로, 말을 더듬었다. 유방을 따라 출전하여 군공을 세우고 분음후(汾陰侯)에 봉해졌다. 고조가 여후 소생의 태자 영(盈)을 폐하고 척 부인 소생의 조왕(趙王) 여의(如意)를 세우려 하자 그 부당함을 간하여 중지시켰다. "신이 입으로 말은 잘 못하지만, 신은 기필코 기필코 그것이 불가한 일인 줄은 압니다. 폐하께서 아무리 태자를 폐하려 하시더라도 신은 기필코 기필코 조서를 받들지 않을 것입니다

[臣口不能言, 然臣期期知其不可. 陛下雖欲廢太子, 臣期期不奉詔]."

과시|027 「謁項羽廟歎大王不得天下如文章進取不得官」

○ 초157附07/증보245附07/東選18 ○ 32구 16연. 제4연 押王, 평성 陽운. ○『사기』「항우본기」의 사실을 근거로 유추

과시|028 「泣畵仙」

○ 초158附08/증보246附08 ○ 36구 18연. 제5연 押仙, 평성 先운. ○ 진시황이 신선 그림을 보고 생명의 유한함을 슬퍼하는 상황을 설정.

과시|029 「花松戒諸子」(范質)

○ 초159附09/증보247附09/東選89 ○ 36구 18연. 제4연 押戒, 거성 卦운. ○『소학집주(小學集註)』「가언(嘉言)」. 북송 노국공 범질(范質)은 조카 범고(范杲)가 품계를 올려 달라고 하자, "빛나는 동산의 꽃은 일찍 피어나면 도리어 먼저 시들고, 더디더디 자라는 시냇가의 소나무는 울창하게 늦도록 푸르름을 머금는다[灼灼園中花, 早發還先萎. 遲遲澗畔松, 鬱鬱含晚翠]"라는 시구로 타일렀다.

과시|030 「時侯嬴在傍」(范雎傳)

○ 초160附10/증보248附10 ○ 32구 16연. 제4연 押嬴, 평성 庚운. ○『사기』「범수채택열전」. "신릉군은 두 사람이 왔다는 소식을 들었으나 진나라가 두려워 주저하며 만나려 하지 않고 이렇게 물었다. '우경은 어떤 인물이오?' 이때 후영이 옆에 있다가 말했다. '사람이란 본래 알기가 힘들기에, 남의 됨됨이를 아는 것도 쉬운 일이 아닙니다'[信陵君聞之, 畏秦, 猶豫未肯見, 曰 : '虞卿何如人也?' 時侯嬴在傍, 曰 : '人固未易知, 知人亦未易也']."

과시|031 「令各鳥獸散歸報天子」

○ 초161附11/증보249附11/東選28「使軍各鳥獸歸報天子」○ 34구 17연. 제4연 押報, 상성 號운. 詩28은 18연. ○『한서』「이릉전(李陵傳)」. "이릉은 탄식하며 말했다. '(한 사람당) 수십 개의 화살만 있다면 벗어날 수 있을 텐데. 이제 다시 싸울 무기가 없으니 날이 밝으면 그냥 포박을 당하겠구나! 제각기 새나 짐승처럼 흩어져 도망하라! 이곳을 벗어나서 한나라에 돌아가 천자께 보고할 자가 있을 것이다!'[李陵慨歎說: '復得數十矢, 足以脫矣. 今無兵復戰. 天明坐受縛矣! 令各鳥獸散, 猶有得脫歸報天子者]."

과시 032 「遺書平原君願與君爲十日之飮」(亦范雎傳)/「遺書平原君請爲十日之飮」

○ 초162附12/증보250附12/東選96「遺書平原君請爲十日之飮」○ 36구 18연. 제4연 押飮, 상성 寢운. ○『사기』「범수채택열전」. "진나라 소왕은 위제가 평원군의 집에 숨어 있다는 말을 듣고, 어떻게 해서라도 범수를 위해서 원수를 갚아주려 했다. 그래서 화친하자는 거짓 편지를 평원군에게 보냈다. '당신과 포의의 교제를 이루고 열흘 동안 술을 마시려 하오'[秦昭王聞魏齊在平原君所, 欲爲雎報仇, 乃爲書遺平原君曰: '原與君爲布衣之交, 十日之飮']."

과시 033 「夷門者大梁之東門」(太史評)

○ 초163附13/증보251附13 ○ 34구 17연. 제4연 押門, 평성 元운. ○『사기』「위공자열전(魏公子列傳)」. "태사공은 말한다. 나는 대량의 옛터를 지나다가 이문이라는 곳을 물어서 찾아가 보니, 성의 동쪽 문이었다[太史公曰: 吾過大梁之墟, 求問其所謂夷門. 夷門者, 城之東門也]"; 『사기』「신릉군열전(信陵君列傳)」. 전국시대 위(魏)나라 후영(侯嬴)이 일흔 나이에도 집이 가난하여 대량 이문의 문지기를 하면서 살았는데, 신릉군이 예를 갖추어 맞이하여 상객으로 대우했다.

과시 034 「臣里有張祿先生欲與君言天下事」(范雎傳)

○ 초164附14/증보252附14 ○ 32연 16연. 제4연 押事, 거성 寘운. ○『사기』「범

수채택열전」. "정안평은 (王稽에게) 이렇게 말했다. '저희 동네에 장록 선생이란 분이 계신데, 당신을 뵙고 천하의 형세에 대해서 말씀드리고 싶어합니다. 그러나 그 분에게는 원수가 있어, 낮에는 함부로 돌아다닐 수 없습니다'[鄭安平曰 : '臣里中有張祿先生, 欲見君, 言天下事. 其人有仇, 不敢晝見']."

과시|035「幸賴石學士」(石曼卿)

○ 초165附15/증보253附15/東選10 ○ 초, 증보본은 34구 17연. 제4연 押石, 입성 陌운. 東選10은 18연. ○『자담이어(資談異語)』. "석만경(石曼卿)이 말했다. '다행이 내가 石[돌] 학사이다. 만약 瓦[기와] 학사이면 깨졌을 것이다'[曼卿曰 : '賴我是石學士, 若是瓦學士, 豈不跌碎乎?']." 석만경은 곧 석연년(石延年, 994-1041)으로, 만경은 그의 자이다.

과시|036「薦呂[呂]夷簡王曾等二十餘人布列丁位」

○ 초166附16/증보254附16 ○ 32구 16연. 제4연 押人, 평성 眞운. ○ 명나라 양사기(楊士奇) 등 찬『역대명신주의(歷代名臣奏議)』권311 '재상(灾祥).' 송나라 이종(理宗) 때 모자재(牟子才)는 상주문에서, 진종 대중상부(大中祥符) 연간에 이항(李沆)이 '누가 국가를 위해 소인배들에 대항하겠는가?'라 하고 "마침내 여이간·왕간 등 20여 명을 천거해 그들이 조정 자리에 늘어서자 소인들이 이길 수가 없었습니다[乃薦呂夷簡王曾等二十餘人, 布列丁位, 所以小人力不能勝]"라고 언급하고, 이항의 말은 천세 만세 군주의 수성(修省)하는 귀감이라고 역설했다.

과시|037「過趙問樂毅有後」(漢高帝)

○ 초167附17/증보255附17 ○ 32구 16연. 제4연 押趙, 상성 篠운. ○『한서』「고제본기」. 유방은 조나라를 지나다가 또 물어봤다. '악의의 후손이 있는가?[樂毅有後乎?]' 그의 손자 악숙(樂叔)을 찾아내 악향(樂鄕)에 봉하고, 칭호는 화성군이라 했다.

과시}038 「一翁一嫗皆異人」(黃石, 漂母) / 「一嫗一翁皆異人」

○ 초168附18/증보256附18/東選50/善鳴05「一嫗一翁皆異人」○ 34구 17연. 제4연 押異, 거성 寘운. ○『사기』「유후세가」. 하비 다리에서 장량이 만난 노인은 책 한 권을 내놓으며, "이 책을 읽으면 제왕의 스승이 될 수 있으며, 10년 후에는 그 뜻을 이룰 것이다. 그리고 13년 뒤에 너는 또 제수 북쪽에서 나를 만날 수 있을 것인데, 곡성산 아래의 누런 돌이 바로 나이니라" 하고는 그곳을 떠나갔다. ;『사기』「회음후열전」. 한신이 젊었을 때 집이 굶주린 채 회음성 밑에서 고기를 낚고 있었는데, 빨래하는 부인[漂母]이 여러 날 밥을 주었다. 한신이 "성공하면 부인에게 후히 갚겠습니다"라고 하자, 부인은 "왕손을 동정한 것이지, 뒷날 보답 받기를 바란 것이겠습니까?"라고 했다. 한신은 항우의 휘하에 있다가 유방이 항우에게 쫓겨 한중(漢中)으로 들어갔을 때 장량의 추천으로 그 휘하로 들어갔으며, 소하(蕭何)의 추천으로 대장군이 되어 유방의 천하 통일에 큰 공을 세웠다. 한신은 초왕이 되어 빨래하던 부인을 찾아 금 천 근을 주었다.

과시}039 「聞上幸芙蓉苑勅子弟灑掃門庭」(房玄齡)

○ 초169附19/증보257附19 ○ 36구 18연. 제4연 押幸, 상성 梗운. ○『자치통감』권198 당기(唐紀) 14 태종 20년 12월. "태종이 부용원에 행차했다. 방현령은 제자들을 신칙하여 문과 뜰을 청소하게 하면서, '천자의 수레가 올 것이다'라고 했다. 얼마 지나지 않아 임금이 과연 방현령의 집에 와서, 그를 데리고 궁으로 돌아갔다[上幸芙蓉園, 玄齡勅子弟汎掃門庭, 曰:'乘輿且至!' 有頃, 上果幸其第, 因載玄齡還宮]."

과시}040 「臥雪」(袁安)

○ 초170附20/증보258附20 ○ 22구 11연. 제4연 押雪, 입성 屑운. ○ 원안와설 (袁安臥雪)의 고사.『후한서』「원안열전」. 낙양에 폭설이 내리자 사람들이 밖으로 나와 걸식을 했는데, 원안의 집만은 눈이 쌓여 있었다. 낙양 영(令)이 사람들

로 하여금 눈을 치우고 들어가 보게 했더니, 원안이 드러누워 있다가 "큰 눈으로 사람들이 모두 굶거늘 남에게 먹을 것을 구하는 것이 마땅치 않습니다.[大雪人皆餓, 不宜干人]"라고 했다. 낙양 영이 그를 효렴(孝廉)으로 천거했다.

과시]041 「聞人才即疏夾袋中以待朝廷求賢」(呂蒙正)

○ 초171附21/증보259附21 ○ 32연 16연. 제8연 押袋, 거성 隊운. ○『송사』「여몽정전(呂蒙正傳)」. "여몽정은 곁 주머니에 수첩을 넣고 있다가, 사람들이 알현할 때마다 반드시 어떤 인재가 있는지 물어보고는, 손님이 간 후 곧바로 기록해 두고, 조정에서 인재를 구할 때 곁 주머니에서 찾아서 응했다[蒙正夾袋中有折子, 每四方人謁見, 必問有何人才, 客去, 即識之, 朝廷求賢, 取諸夾袋以應]."

과시]042 「葬項羽於穀城山下爲臨一哭」(漢祖) / 「葬羽穀城山爲臨一哭」

○ 초172附22/증보260附22/東選97「葬羽穀城山爲臨一哭」○ 32연 16연. 제4연 押爲, 거성 寘운. 東選97은 18연. ○『통감절요』「한기(漢記)」. "처음에 회왕이 항우를 노공에 봉했으므로 항우는 노를 호로 삼았다. 곡성산 아래 항우를 장사지냈는데, 한왕은 그를 위해 발애했다[初懷王封羽爲魯公, 故以魯爲號. 葬羽於穀城山下, 漢王爲之發哀]."

과시]043 「杜母」(杜詩)

○ 초173附23/증보261附23/東選02 ○ 초, 증보본 20구 10연, 제4연 押母, 상성 有운. 東選02는 18연. ○『후한서』「두시전(杜詩傳)」. 후한 때 남양(南陽) 사람들이 선정을 베푼 소신신(召信臣)과 두시(杜詩)를 사모하여, "전에 아버지 같은 소신신이 있었고 뒤에 어머니 같은 두시가 있다[前有召父, 後有杜母]"라고 했다. 발해 태수(渤海太守) 공수(龔遂), 영천 태수(潁川太守) 황패(黃霸), 남양 태수 소신신, 남양 태수 두시는 모두 선정을 베푼 관리들이다.

과시]044 「別董永歸路語天上織女」(織女)

○ 초174附24/증보262附24 ○ 24구 12연. 제4연 押女, 상성 語운. ○『수신기(搜神記)』「동영우선기(董永遇仙記)」. 한나라 동영(董永)이 어머니를 여의고 고용살이를 하면서 아버지를 봉양하다가, 아버지가 돌아가시자 종이 되기로 약속하고 돈 1만 전을 빌려 장사를 치렀다. 귀로에 단아한 여인을 만났는데, 아내가 되겠다고 하므로 그녀를 데리고 주인에게 갔다. 주인이 비단 300필을 짜면 부부를 놓아주겠다고 하자, 그녀가 약속대로 했으므로 주인이 그들을 풀어주었다. 그녀는 전에 동영과 만난 곳에 이르러, "나는 하늘의 직녀인데, 그대의 효성 때문에 천제께서 나더러 그대를 도와 빚을 갚게 했습니다[我天之織女也. 緣君至孝, 天帝令助君償債]"라 하고는 공중으로 사라졌다.

과시]045 「答遣買菜者」(張詠)

○ 초175附25/증보263附25 ○ 20구 10연. 제4연 押菜, 거성 隊운. ○『몽계필담(夢溪筆談)』보필담(補筆談) 하. 장영(張詠)이 악주(鄂州) 숭양현(崇陽縣)을 다스릴 때 그곳 백성들이 경직을 하지 않고 차 재배를 일삼는 것을 보고 뽕나무를 심도록 권해서, 백성들로 하여금 나중에 다세(茶稅)의 고통에서 벗어나게 했다. 저자에서 채소를 사려는 백성을 불러 돈을 허비한다고 꾸짖고 매를 때려 쫓아냈으므로, 백성들이 집집마다 채소밭을 두게 되었다.

과시]046 「去之人以爲化仙」(梅福) / 「去之九江人以爲化仙」

○ 초176附26/증보264附26/東選76「去之九江人以爲化仙」 ○ 36구 18연. 제4연 押仙, 평성 先운. ○『한서』「매복전(梅福傳)」. "매복이 하루아침에 처자를 버리고 구강(九江)으로 떠나자, 지금까지 전하길 신선이 되었다고 한다[福一朝棄妻子去九江. 至今傳以爲仙]."

과시]047 「困於會稽之上乃用范蠡計然」(句踐)

◯ 초177附27/증보265附27 ◯ 32구 16연. 제4연 押用, 거성 宋운. ◯『사기』「화식열전(貨殖列傳)」. "옛날 월왕 구천(勾踐)이 회계산에서 고통을 겪으면서 범려(范蠡)와 계연(計然)을 기용했다. 계연이 말했다. '전쟁이 있을 것을 알면 미리 방비를 해야 하고, 때와 쓰임을 알면 그때 필요한 물건을 알게 됩니다. 두 가지를 분명하게 알면 모든 재물의 실정을 알 수 있습니다'[昔越王勾踐困于會稽之上, 乃用范蠡·計然. 計然曰: '知鬪則修備, 時用則知物, 二者形則萬貨之情可見矣']."

과시]048「宇宙生色子房椎」/「子房一椎宇宙生光」

◯ 초178附28/증보266附28/東選14「子房一椎宇宙生光」◯ 초, 증보본 32구0 16연. 제4연 押椎, 평성 支운. 東選14는 18연. ◯ 진인석(陳仁錫)『사기』평(評). "책상을 치며 큰소리로 '장량이 철퇴로 진왕을 내리치게 한 일이 우주로 하여금 광채를 돋우었다'라고 했다[拍案叫絶: '子房一錐, 宇宙生色!']."

과시]049「亦下馬東望三呼」(張詠)

◯ 초179附29/증보267附29 ◯ 32구 16연. 제8연 押三, 평성 覃운. ◯『송사』「장영전(張詠傳)」. "괴애 장영이 성도를 수비할 때는 전쟁이 막 끝나고 민심이 이랬다저랬다 할 때였다. 어느 날 열병할 때 장영이 나오자마자 전군이 '만세'라고 세 번 높이 불렀다. 장영은 말에서 내려 동북방향을 보면서 '만세'라고 세 번 불렀다. 이후 고삐를 잡고 전군 앞에서 열병했다. 전군이 모두 정숙하여 감히 소리를 내는 사람이 없었다[張乖崖守成都, 兵火之餘, 人懷反側. 一日合軍于大閱, 始出, 衆遂嵩呼者三, 乖崖亦下馬, 東北望而三呼, 復覽皆行, 衆不敢]."

과시]050「後五日雞鳴往之老父又先在」(張良) /「後五日鷄鳴往焉父又先在」

◯ 초180附30/증보268附30/東選26「五日鷄鳴往焉父又先在」◯ 34구 17연. 제4연 押後, 상성 有운. 詩26은 18연. ◯『사기』「유후세가」. "닷새가 지나 새벽닭이 울 때 장량은 다시 그곳으로 갔다. 노인이 또 먼저 그곳에 와 있었으며, 다시 화

를 내며 '또 늦다니, 어찌 된 거냐?' 하고 그곳을 떠나가면서 '닷새 뒤 다시 일찍
오너라' 했다. 닷새 뒤 장량은 밤이 반도 지나지 않아 그곳으로 갔다. 조금 뒤 노
인도 와서는 기뻐하며 '마땅히 이렇게 해야지!'라고 했다[五日鷄鳴, 良往, 父又先
在, 複怒曰: '後, 何也?' 去, 曰: '後五日復早來!' 五日, 良夜未半往, 有頃, 父亦
來, 喜曰: '當如是']."

과시|051 「乃出黃金四萬斤不問其出入」/ 「不問金出入」

○ 증보269附31/東選77「不問金出入」 ○ 34구 17연. 제4연 押金, 평성 侵운. 東
選77은 18연. 『사기』「진승상세가(陳丞相世家)」. "한왕(고조)은 그렇다고 생
각하여 황금 4만 근을 내어 진평에게 주어 마음대로 쓰게 하고, 돈의 출납에 대
해서는 일체 묻지 않았다[漢王以爲然, 乃出黃金四萬斤, 與陳平, 恣所爲. 不問其
出入]."

과시|052 「吾所以有天下何項氏所以失天下何」 / 「吾所以有天下」 / 「吾所以得
天下者何項氏所以失天下者何」

○ 증보270附32/별본4「吾所以有天下」/송순철44「吾所以得天下者何項氏所以
失天下者何」 ○ 28구 14연. 제4연 押何, 평성 歌운. ○ 『사기』「고조본기」. 고조
는 낙양의 남궁에서 주연을 베풀어, "열후와 여러 장수들은 짐을 속이지 말고 모
두 사실대로 속마음을 이야기해 보시오. 내가 천하를 얻을 수 있었던 까닭은 무
엇이며 항우가 천하를 잃은 까닭은 무엇이오?[列侯諸將毋敢隱朕, 皆言其情. 吾所
以有天下者何? 項氏之所以失天下者何?]"라고 물었다. ○ 『십팔사략』에도 있다.

과시|053 「上書言若此可以爲天子大臣」 / 「若此可以爲天子大臣」 / 「上書言如
此可爲天子大臣」

○ 증보271附33/東選47「若此可以爲天子大臣」/東選94「上書言如此可爲天子大
臣」 ○ 34구 17연. 제4연 押此, 상성 紙운. 東選47과 東選94는 18연. ○ 『한서』「동

방삭전(東方朔傳) "신 동방삭은 나이는 22세, 키는 9척 3촌이며, 눈은 구슬을 매단 것 같고, 이는 조개를 엮어 놓은 것 같으며, 용맹함은 맹분(孟賁)이요, 민첩하기는 경기(慶忌)요, 청렴함은 포숙(鮑叔)이요, 신의를 잘 지킴은 미생(微生)입니다. 이러면 천자의 대신이 될 만합니다[臣朔年二十二, 長九尺三寸, 目若懸珠, 齒若編貝, 勇若孟賁, 捷若慶忌, 廉若鮑叔, 信若尾生. 若此, 可以爲天子大臣矣]."

과시]054 「先言外事以觀秦王上俯仰」 / 「先言外事以視秦王俯仰」

○ 증보272附34/송순철36 「先言外事以視秦王俯仰」 ○ 28구 14연. 제4연 押事, 거성 實운. 송순철36은 16연. 대증보판 5·6·7·8·9·11·12·13·14연이 송순철본15·7·6·8·9·10·13·14·11·12 순이고 끝에 두 연이 더 있다. ○『사기』 「범수채택열전」 "그러나 좌우에 숨어 듣는 자가 많았으므로 범수는 두려워하여 나라 안의 문제는 말하지 않고 나라 밖 문제를 말하여 진나라 왕의 태도를 살펴보았다[然左右多竊聽者, 范雎恐, 未敢言內, 先言外事, 以觀秦王之俯仰]."

과시]055 「當是時秦謁者使王稽於魏」

○ 증보273附35 ○ 24구 12연. 제4연 押是, 상성 紙운. ○『사기』「범수채택열전」 "진나라 소왕이 알자(왕의 공문이나 명령을 전하던 관리) 왕계(王稽)를 위나라에 사신으로 보내자, 정안평은 하인으로 변신하여 왕계를 모셨다. 왕계가 물었다. '위나라에 나와 함께 서쪽으로 유세하러 갈 만한 어진 사람이 있소?' 정안평이 말했다. '신의 마을에 장록 선생이 있는데, 그대를 만나 천하일을 말하고 싶어 합니다.'"[當此時, 秦昭王使謁者王稽於魏. 鄭安平詐爲卒, 侍王稽. 王稽問:'魏有賢人可與俱西遊者乎?' 鄭安平曰:'臣里中有張祿先生, 欲見君, 言天下事]."

과시]056 「馳入趙壁拔趙幟立漢赤幟」

○ 증보274附36/東選53 ○ 34구 17연. 제4연 押幟, 거성 實운. ○『사기』「회음후열전」 "한신이 보냈던 기습 병사 이 천 명은 조나라 군사들이 성벽을 비워

놓고 전리품을 쫓는 틈을 엿보아 조나라 성벽 안으로 달려 들어가 조나라의 기를 모두 뽑아 내리고 한나라 붉은 기 2,000개를 꽂았다[信所出奇兵二千騎, 共候趙空壁逐利, 則馳入趙壁, 皆拔趙旗, 立漢赤幟二千]."

과시]057 「范叔有說於秦耶」(范雎傳)

○ 증보275附37/詩23. 증231後09 시제와 유사. ○ 34구 17연. 제4연 押說(세), 거성 霽운. 詩23은 18연 ○ 『사기』「범수채택열전」. "수고(須賈)가 웃으며 말했다. '범수는 진나라에서 유세를 하고 있소?' 범수가 대답했다. '아닙니다. 저는 전날 위나라 재상에게 죄를 짓고 도망쳐 왔습니다. 어찌 감히 유세를 할 수 있겠습니까?'[須賈笑曰：'范叔有說於秦耶?' 曰：'不也. 睢前日得過於魏相, 故亡逃至此, 安敢說乎?']"

과시]058 「夜漏下七刻聞朱說書疏入急起秉燭讀之」(宋 孝宗) / 「夜漏下七刻聞朱說書跣入亟起秉燭讀之」

○ 증보276附38/東選83「夜漏下七刻聞朱說書跣入亟起秉燭讀之」 ○ 30구 15연. 제4연 押疏, 거성 御운. 東選83은 19연, 제4연 押書. ○ 『송사』 권429. 주희의 봉사(封事)가 연영전(延英殿)에 올라오자, 이미 시각이 칠각[오후 8시 45분 무렵]이었거늘, 효종은 급히 일어나 촛불을 가져오게 하여 그 글을 읽었다.

과시]059 「至吳還報曰[曰]越人相攻不足辱天子之使」(汲黯)

○ 증보277附39 ○ 32구 16연. 제4연 押使, 거성 寘운. ○ 『사기』「급정열전(汲鄭列傳)」. "동월 여러 나라들이 서로 싸우고 있었으므로 효무제가 급암을 보내 실태를 조사하도록 했다. 그러나 급암은 오나라까지만 갔다가 돌아와 이렇게 보고했다. '월나라 사람들끼리 서로 싸우는 것은 본디 그들의 습속이 그러한 것이므로 천자의 사자를 수고롭게 할 만한 일이 못됩니다[東越相攻, 上使黯往視之, 不至, 至吳而還, 報曰：'越人相攻, 固其俗然, 不足以辱天子之使']."

과시]060 「濟濟多士文王以寧」

○ 증보278附40 ○ 36구 18연. 제4연 押士, 상성 紙운. ○ 『시경』「대아·문왕지십·문왕」. "재능 있는 신하가 많고 이 왕국에서 산다. 왕국은 이런 인재들을 길러 다들 우리 주나라의 동량이다. 조정에 인재가 수두룩하고 문왕은 하늘에서 편안하다[思皇多士, 生此王國. 王國克生, 維周之楨. 濟濟多士, 文王以寧]."

과시]061 「秦之築城如維鵲有巢維鳩居之」

○ 증보279附41 ○ 36구 18연. 제4연 押居, 평성 支운. ○ 출처 미상. 단, "까치가 둥지를 짓자, 비둘기가 차지해 살도다[維鵲有巢, 維鳩居之]"라는 말은 『시경』「소남·작소(鵲巢)」에서 나왔다. 남의 집이나 물건을 강점하는 것을 비유한다.

과시]062 「魏有賢人可與俱西游者」

○ 증보280附42 ○ 34구 17연. 제4연 押賢, 평성 先운. ○ 『사기』「범수채택열전」 "왕계가 물었다. '위나라에 나와 함께 서쪽으로 유세하러 갈 만한 어진 사람이 있소?' 정안평은 이렇게 대답했다. '저의 동네에 장록 선생이 계신데, 당신을 뵙고 천하일을 말씀드리고자 합니다. 그러나 그분에게는 원수가 있기 때문에 낮에는 함부로 돌아다닐 수 없습니다'[王稽問 : '魏有賢人可與俱西遊者乎?' 鄭安平曰 : '臣里中有張祿先生, 欲見君, 言天下事. 其人有仇, 不敢晝見']."

과시]063 「寄書南越王託淮陰侯子」/「寄書南粤王托淮陰侯子」

○ 증보281附43/東選68「寄書南粤王托淮陰侯子」 ○ 32구 16연. 제4연 押子, 상성 紙운. 東選68은 17연. ○ 『경조당위씨족보(京兆堂韋氏族譜)』. "소하(蕭何)가 남월 조타(趙佗)에게 서찰을 썼다. 내용은 이러하다. '이 애는 회음후의 아들이니, 공이 돌봐 주길 바라오.' 남월 무제 조타는 소하의 신의를 존중하고 한신의 위명(威名)을 숭앙해서, 한신의 아들을 부양하겠다고 허락했다. 19년 후 부족장

으로 봉했다[乃寄書遣客至南越王趙佗曰:'此淮陰侯子, 公善視之.' 南越武帝趙佗 重蕭何信義, 仰韓信之威名, 同意撫養信子, 十九歲後封爲土夷長]."

과시]064「東國有魯仲連先生者今其人在此」

○ 증보282附44 ○ 34구 17연. 제4연 押人, 평성 眞운. ○『사기』「노중련추양열전(魯仲連鄒陽列傳)」. "평원군은 신원연(辛垣衍)을 만나 이렇게 말했다. '동국에 노련(魯連) 선생이라고 있는데, 그 사람이 여기 있습니다. 제가 소개해 드려 장군과 만나게 하겠습니다.' 신원연은 말했다. '노련 선생은 제나라의 높은 선비라고 들었는데, 나는 위나라의 신하입니다. 사행에서 직책을 맡고 있으므로 노중련 선생을 만나고 싶지 않습니다'[平原君遂見新垣衍曰:東國有魯仲連先生者, 今其人在此. 勝請爲紹介交之於將軍. 新垣衍曰:吾聞魯仲連先生齊國之高士也, 衍人臣也. 使事有職. 吾不願見魯仲連先生']."

과시]065「今先生處勝之門下三年於此」

○ 증보283附45 ○ 28구 14연. 제4연 押處, 상성 語운. ○『사기』「평원군우경열전(平原君虞卿列傳)」. "평원군 조승(趙勝)이 말했다. '선생은 조의 문하에 있은 지 몇 해나 되었소?' 모수가 말했다. '3년 됐습니다.' 평원군이 말했다. '뛰어난 선비가 세상에 있는 것은 비유하자면 주머니 속에 송곳이 있는 것과 같아서 끝이 금세 드러나 보이는 법이오. 지금 선생은 내 문하에 처해 이제까지 3년이나 되었지만, 주위 사람들이 칭찬한 적이 한 번도 없었고, 나 또한 선생에 대해 들은 적이 없소. 이것은 선생에게 재능이 없기 때문이오. 선생은 갈 수 없으니, 선생은 남으시오'[平原君曰:'先生處勝之門下幾年於此矣?' 毛遂曰:'三年於此矣.' 平原君曰:'夫賢士之處世也, 譬若錐之處囊中, 其末立見. 今先生處勝之門下三年於此矣, 左右未得有所稱誦, 勝未有所聞, 是先生無所有也. 先生不能. 先生留']."

과시]066「書首典如易之乾坤」

○ 증보284附46 ○ 34연 17연. 제4연 押典, 상성 銑운. ○『서집전혹문(書集傳或問)』상』·『서전대전(書傳大全)』. "혹자가 물었다. 여씨(여조겸)가 이전(二典, 요전·순전)이『주역』의 건괘·곤괘와 같다고 한 것은 어째서입니까? 대답한다. 건괘와 곤괘는 천지의 도가 갖추어져 있고, 나머지 62개 괘는 모두 건괘·곤괘 안의 사건일 따름이다. 요전·순전 두 편은 군주가 되어 정치를 행하는 도리가 갖추어져 있고, 나머지 다른 편들은 모두 요전·순전 안의 사건일 따름이다. 정명도(정호)는『시경』의 이남(주남·소남)이『주역』의 건괘·곤괘와 같다고 했는데, 그것도 또한『시경』전체의 의리를 포괄하여『시경』전체의 으뜸을 장식하고 있기 때문이다[或問 : 呂氏謂二典如易之乾坤何哉? 曰 : 乾坤二卦, 天地之道備矣. 其餘六十二卦, 皆乾坤卦內之事件耳. 二典之書, 爲君爲治之道備矣. 其餘諸書, 皆二典之事件耳. 明道謂 : 詩之二南, 如易之乾坤, 亦以其包括一經之義而冠一經之首也].″

과시|067 「子房早似荊卿晚似魯連」 / 「早似荊卿晚似魯連」

○ 증보285附47/東選49「早似荊卿晚似魯連」 ○ 34구 17연. 제4연 押似, 상성 紙운. 東選49는 18연. ○ 출전 미상. 단, 자방(子房) 즉 장량의 고사는『사기』「유후세가」에 나온다.

과시|068 「今有一言」

○ 증보286附48 ○ 34구 17연. 제4연 押言, 평성 元운. ○『사기』「자객열전」. "형가가 말했다. '지금 말씀 드릴 한마디가 있는데, 그로써 연나라의 근심을 해소하고 장군의 원수를 갚을 수 있다면 어찌하겠습니까?' 번오기가 앞으로 나오면서, '어떻게 하면 되겠습니까?'라고 했다. 형가는 말했다. '청컨대 장군의 머리를 얻어 진왕에게 바친다면 진왕이 필시 기뻐하면서 저를 만나볼 터이니, 저는 왼손으로 그의 소매를 잡고 오른손으로 그의 가슴팍을 찌를 것입니다. 그러면 장군의 원수를 갚고 그리고 연나라가 모욕당한 부끄러움이 제거될 것입니다. 장군은 어떻게 생각

하십니까?'[軻曰:'今有一言, 可以解燕国之患, 而報將軍之仇者, 何如?' 樊於期
乃前曰:'爲之奈何?' 荊軻曰:'願得將軍之首以獻秦, 秦王必喜而見臣, 臣左手把
其袖, 而右手揕其胸, 然則將軍之仇報, 而燕國見陵之恥除矣. 將軍豈有意乎?']"

과시 069 「乃謝夫人而去」

○ 증보287附49. 30구 15연. 제4연 押去, 상성 語운. '姑不云'의 云은 去의
잘못. ○『사기』「위공자열전(魏公子列傳)」. "부인이 이 말을 공자에게 하자, 공
자는 부인과 헤어지겠다고 하면서 이렇게 말했다. '처음에 나는 평원군이 어진
사람이라는 말을 들었기 때문에 위나라 왕을 저버리면서까지 조나라를 구해서
평원군의 마음에 들도록 했습니다. 그런데 평원군이 사람 사귀는 것은 그저 호걸
인 척하는 몸짓만 있을 뿐 참 선비를 구하는 것이 아닙니다'[夫人以告公子, 公子
乃謝夫人去, 曰:'始吾聞平原君賢, 故負魏王而救趙, 以稱平原君. 平原君之遊, 徒
豪擧耳, 不求士也']."

과시 070 「獨不憐公子姊」 / 「獨不憐公子姊耶」

○ 증보288附50/東選08/時尙02「獨不憐公子妹(*姊)耶」 ○ 34구 17연. 제4연 押
姊, 상성 紙운. 姨(支운)는 姊의 잘못. 東選08은 18연, 제4연 押子. 時尙02는 16연,
제5연 押姊. ○『사기』「위공자열전」 "평원군은 위나라에 계속 사신을 보내 위나
라 공자를 꾸짖었다. '내가 스스로 공자와 인척 관계를 맺은 것은 공자가 의를 중
하게 여겨 다른 사람이 위급한 상황에 처한 것을 보면 망설이지 않고 구해 줄 수
있으리라고 생각했기 때문입니다. 지금 한단은 함락 직전에 놓여 있는데 위나라
구원병은 오지 않습니다. 이렇게 하고도 어찌 공자가 다른 사람의 어려움을 보고
구해줄 수 있는 인물이라고 할 수 있습니까? 또 공자께서는 나를 업신여겨 진나
라에 항복하도록 내버려두고 있는데, 공자의 누이가 가엾지도 않습니까?'[平原
君使者冠蓋相屬於魏, 讓魏公子曰:'勝所以自附爲婚姻者, 以公子之高義, 爲能急
人之困. 今邯鄲旦暮降秦而魏救不至, 安在公子能急人之困也! 且公子縱輕勝, 棄之

降秦, 獨不憐公子姉邪?']"

과시]071「書報燕惠王」

○ 증보289附51 ○ 36구 18연. 제4연 拥燕[蒸은 燕의 잘못], 평성 先운. ○『사기』「악의열전(樂毅列傳)」. "'장군은 오해하여 과인과의 사이가 틈이 있다고 생각하여, 연나라를 버리고 조나라로 갔습니다. 장군 자신을 위한 계책으로는 좋을지 모르겠으나, 장군은 무엇으로 선왕이 장군을 대우한 뜻에 보답하겠소?' 악의는 연나라 혜왕에게 이렇게 답장했다['將軍過聽, 以與寡人有隙, 遂捐燕歸趙. 將軍自爲計則可矣, 而亦何以報先王之所以遇將軍之意乎?' 樂毅報遺燕惠王書]."

과시]072「范宣子讓其下皆讓晉國以平數世賴之」

○ 증보290附52 ○ 36구 18연. 제4연 拥讓, 거성 漾운. ○『춘추좌씨전』양공(襄公) 13년. "군자가 말했다. '사양은 예의 근본이다. 범선자(范宣子)가 사양함으로써 아랫사람들이 다 사양했다. 난염(欒黶)은 횡포한 사람인데도 감히 위배하지 못했다. 진(晉)나라는 이로써 화평하여 여러 대에 걸쳐 이를 힘입었다. 선(善)을 법 받아야 하도다! 한 사람이 선을 법 받으면 백성들이 화합하게 되거늘, 어찌 힘쓰지 않겠는가!'[君子曰 : '讓, 禮之主也. 范宣子讓, 其下皆讓. 欒黶爲汰, 弗敢違也. 晉國以平, 數世賴之. 刑善也夫! 一人刑善, 百姓休和, 可不務乎!']"

과시]073「給曰左」

○ 증보291附53/東選37/송순철46(정대구목록)「田父紿曰左」/善鳴19「田父紿曰左」(禹碩謨 기명) ○ 32구 16연. 제4연 押左, 상성 哿운. 첫구 左는 右, 제4연 바깥짝 右는 左의 잘못. 東選37은 16연, 제4연 押左. 善鳴19는 17연(禹碩謨作). ○『사기』「항우본기」. "항왕이 음릉에 이르러 길을 잃고는 한 농부에게 물으니 농부가 속여 말하기를 '왼쪽이오'라고 하여 왼쪽으로 가다가 큰 늪에 빠지게 되었다. 이로 인해서 한나라 군사가 바짝 쫓아오게 되었다[馳至陰陵, 迷失道, 問一田

父, 田父紿曰左, 左乃陷大澤中, 以故漢追及之]."

과시)074 「草偶代紀信」

○ 증보292附54/東選22 ○ 34구 17연. 제4연 押代, 거성 隊韻 ○ 기신(紀信)이 지하에서 억울해 할 것을 상상하여, 풀 인형으로 그를 대신한다는 상황을 설정.『한서』「고제본기」. 기신(紀信)은 한왕 유방이 형양(滎陽)에서 항우에게 포위당했을 때 황옥(黃屋)을 타고 좌독(左纛)을 세워 한왕 행세를 하며 항우에게 달려가서, '성 안에 식량이 떨어져서 한왕이 항복한다' 하자, 항우는 곧이듣고 만세를 불렀다. 한왕은 그 틈에 포위망을 벗어나고 기신은 항우에게 죽음을 당했다. 한 고조가 천하를 통일하고 논공행상을 할 때에 기신을 녹훈하지 않았다.

과시)075 「是時楚兵冠諸侯」

○ 증보293附55 ○ 36구 18연. 제4연 押楚, 상성 語운. ○『사기』「항우본기」. "이때 초군은 제후군 가운데 으뜸이었다. 거록을 구하러 달려온 제후군이 십여 진영이었으나 감히 함부로 군대를 움직이지 못했다. 초나라 군사가 진나라 군사를 공격할 때에도 여러 장수들은 모두 성벽에서 관전만 했을 뿐이었다[當是時楚兵冠諸侯, 諸侯軍救鉅鹿下者十餘壁, 莫敢縱兵. 及楚擊秦, 諸將皆從壁上觀]."

과시)076 「壯士一去兮」

○ 증보294附56 ○ 30구 15연. 제4연 押去, 상성 語운. 제목을 '壯士一切兮'로 오식. 제4연 바깥짝 '其去口'의 口는 去의 잘못. 'ㅆ'를 去로 잘못 복원 ○『사기』「자객열전」. "형가는 또 앞으로 나아가 이렇게 노래했다. '바람 소리는 소슬하고 역수는 차갑구나! 장사는 한 번 떠나면 다시는 돌아오지 못하리![風蕭蕭兮易水寒, 壯士一去兮不複還!]' 다시 우성(羽聲)으로 노래하자, 그 소리가 강개하여 듣는 사람들이 모두 눈을 부릅떴고 머리카락이 관을 찌를 듯 치솟았다."

과시)077 「應侯席上說月滿則虧」

○ 증보295附57 ○ 36구 18연. 제4연 押時, 제11연 押虧, 평성 支운. ○ 『전국책』「채택견축어조(蔡澤見逐於趙)」. "옛말에도 '해가 중천에 오르면 서쪽으로 기울고 달도 차면 기운다'라고 했습니다. 만물이 성하면 쇠하게 되는 것은 하늘의 변치 않는 이치입니다. 나아가고 물러감, 굽히고 폄, 때에 따라 바뀜은 성인의 영원한 도입니다[語曰:'日中則移, 月滿則虧.' 物盛則衰, 天之常數也. 進退·盈縮·變化, 聖人之常道也]."

과시)078 「請以秦之咸陽爲趙壽」

○ 증보296附58 ○ 36구 18연. 제4연 押壽, 상성 有운. ○『사기』「염파인상여열전」. 앞에 나왔다. "진나라 신하들이 말했다. '조나라의 성 열다섯 개를 바쳐 진나라 왕의 장수를 축복해 주십시오'[秦之群臣曰:'請以趙十五城爲秦王壽']."

과시)079 「鳳凰梧桐以比賢者來集」

○ 증보297附59 ○ 36구 18연. 제4연 押鳳, 거성 送운. ○ 『시경』「대아·권아(卷阿)」 "봉황은 언덕에서 울리며 벽오동나무가 산비탈에서 태양을 향해 자라다"[鳳凰鳴矣, 于彼高岡. 梧桐生矣, 于彼朝陽]; 명나라 주선(朱善)『시해이(詩解頤)』 권3. "봉황은 인재를 비유하고 고강(高岡)은 조정을 비유한다. 벽오동나무는 현군을 비유하는 것이고 조양(朝陽)은 때를 잘 안다는 비유이다[鳳凰者, 賢才之喩高岡者, 朝廷之喩梧桐者, 賢君之喩朝陽者, 明時之喩也]";『서경』「익직(益稷)」. 순 임금의 악관 기(夔)가 "생황과 큰 종을 간간이 쓰니 새와 짐승이 춤을 추었고, 소소를 아홉 번 연주했을 적에는 봉황이 와서 위의를 갖추었다[笙鏞以間, 鳥獸蹌蹌. 簫韶九成, 鳳凰來儀]"라고 말했다.

과시)080 「祀王時獲一角獸蓋麟云」

○ 증보298附60 ○ 32구 16연. 제4연 押矣, 상성 紙운. 시제의 祀를 전용. ○

『사기』「효무본기(孝武本紀)」. "그 이듬해, 천자가 옹현에서 교사를 거행하다가 뿔 하나 달린 들짐승을 포획했는데 마치 고라니 같았다. 제사 주관 관리가 말했다. '폐하께서 장엄하고도 공경스럽게 제사를 지내시매 상제께서 보답의 표시로 뿔 하나 달린 이 짐승을 내려주셨는데, 아마 기린인가 합니다'[其明年, 郊雍, 獲一角獸, 若麃然. 有司曰: '陛下肅祇郊祀, 上帝報享, 錫一角獸, 蓋麟云']."

과시|081「行年九十有五猶使人誦抑詩」

○ 증보299附61 ○ 36구 18연. 제4연 抻詩, 평성 支운. ○『시경』「대아·억(抑)」, 주희『시집전』. "주나라 선왕 16년 위나라 무공이 즉위했는데, 나이 아흔 다섯이 되어 이 시를 지었다. 대개 여왕을 뒤따라 풍자하여 스스로를 경계한 것이다[宣王十六年衛武公卽位, 年九十有五而作此詩. 蓋追刺厲王以自警也]" ; 「억」. "네가 방 안에 있음을 보건대, 거의 옥루에 부끄럽지 않게 해야 한다. 밝지 않다고 해서 나를 보는 이가 없다고 말하지 말라"[相在爾室, 尙不愧于屋漏. 無曰不顯, 莫予云覯]." 앞 두 구절은『중용』에도 인용되어 있다 ; 여왕은 주나라 제10대 왕으로 소공의 충간을 듣지 않고 영이공(榮夷公)에게 국정을 맡겼다가 기원전 842년(여왕 37) 국인들이 폭동을 일으키자 체(彘) 땅으로 도망가서 14년 후 그것에서 죽었다.

과시|082「江漢詩眞得待世臣之體」

○ 증보300附62 ○ 36구 18연. 제4연 押世, 거성 霽운. ○『시경』「대아·강한(江漢)」. 소호(召虎)는 주나라 선왕(宣王)의 명을 받고 회이(淮夷)를 평정한 소목공(召穆公)인데 그를 기린 내용이「강한」에 나온다. 제4장에 '왕께서 소호에게 명하사 와서 두루 하며 와서 베풀게 하시다[王命召虎, 來旬來宣]'라 했는데,『시해이(詩解頤)』는 "선왕이 진실로 세신을 대우하는 체를 얻었도다[宣王眞得待世臣之體也哉]"라고 풀이했다.

과시]083 「見忘索車中笑穰侯見事遲」

○ 증보301附63 ○ 36구 18연. 제4연 押遲, 평성 支운. ○『사기』「범수채택열전」. "범수가 말했다. '양후는 지혜로운 선비라고 들었는데, 일처리가 꼼꼼하지 못합니다. 방금 수레 안에 사람이 숨어 있지 않나 의심하며 뒤져 보는 일을 잊고 가더군요.' 범수는 수레에서 내려 달아나면서 말했다. '그는 반드시 후회하고 있을 것입니다.' 십여 리 남짓 갔을 때, 과연 양후는 기마병을 보내와 수레를 뒤지게 했으나 아무도 없었으므로 결국 그만두었다. 왕수는 마침내 범수와 함께 함양으로 들어갔다[范雎曰:'吾聞穰侯智士也, 其見事遲, 鄕者疑車中有人, 忘索之'于是范雎下車走．曰:'此必悔之'行十余里, 果使騎還索車中, 無客, 乃已. 王稽遂與范雎入咸陽]."

과시]084 「出匣中筑與善衣更客貌而前」

○ 증보302附64 ○ 36구 18연. 제4연 押竹, 입성 屋운. 시제의 筑자를 전용. ○『사기』「자객열전」. "고점리는 오랫동안 숨어 두려움과 가난 속에서 살아보아야 끝이 없겠다고 생각했다. 그래서 물러나 보따리에서 축과 좋은 옷을 꺼내 차림새를 고치고 앞으로 나아갔다. 손님들은 모두 놀라 자리에서 내려와 대등한 예를 나누고 그를 상객으로 모셨다[高漸離念久隱畏約無窮時, 乃退, 出其裝匣中筑與其善衣, 更容貌而前. 擧坐客皆驚, 下與抗禮, 以爲上客]."

과시]085 「漁父莞爾而笑」

○ 증보303附65 ○ 34구 17연. 제4연 押笑, 거성 嘯운. ○『초사』「어부」. "어부는 빙그레 웃고 뱃전을 두드리며 떠나면서 노래하길, '창랑의 물이 맑으면 갓끈을 씻고, 창랑의 물이 흐리면 내 발을 씻을 수 있네'라고 했다[漁父莞爾而笑, 鼓枻而去, 乃歌曰:滄浪之水淸兮,可以濯吾纓 滄浪之水濁兮, 可以濯吾足]."

과시]086 「易水歌非楚而楚」

○ 증보304附66 ○ 36구 18연. 제14연 押楚, 상성 語운. ○ 주희『초사집주(楚辭集注)』. "「역수가」는 특히 시어가 비장하고 격렬하여, 초나라노래가 아니지만 초나라 노래여서 볼만하다. 이에 수록했다[易水歌, 特以其詞之悲壯激烈, 非楚而楚, 有足觀者. 于是錄之]." 과시004와 유사.

과시087 「簀中謂守者」

○ 증보305附67 ○ 34구 17연. 제6연 押謂, 거성 未운. ○『사기』「범수채택열전」. "빈객들이 술을 마시다가 취하자 번갈아가며 범수 몸에 오줌을 누었으니, 일부러 모욕하여 뒷사람들을 징계해서, 망령된 말을 하는 자가 없게 하려고 한 것이다. 범수가 발 속에 있으면서 간수에게 말했다. '당신이 나를 나갈 수 있게 해주면, 내가 반드시 두텁게 사례하겠소'[賓客飮者醉, 更溺雎, 故繆辱以懲後, 令無妄言者. 雎從簀中謂守者曰: '公能出我, 我必厚謝公']."

과시088 「是時漢邊郡李廣程不識皆爲名將」

○ 증보306附68 ○ 36구 18연. 제4연 押將, 거성 漾운. ○『사기』「이장군전(李將軍傳)」. "당시 한나라 변방에서 이광(李廣)과 정불식(程不識)은 둘 다 명장이었다. 그러나 흉노는 이광의 지략을 두려워했고, 사졸들도 이광의 밑에 있기를 좋아하고 정불식을 괴롭게 여겼다[是時漢邊郡李廣·程不識皆爲名將. 然匈奴畏李廣之略, 士卒亦多樂從李廣而苦程不識]."

과시089 「天地者萬物之逆旅」

○ 증보307附69 ○ 36구 16연. 제4연 押旅, 상성 語운. ○ 이백「춘야연도리원서(春夜宴桃李園序)」. "무릇 천지는 만물의 여관이요 세월은 영원히 지나가는 길손이거니와, 부평초 같은 인생이 꿈과 같으니 즐거움 누리는 것이 얼마나 되는가?[夫天地者, 萬物之逆旅也. 光陰者, 百代之過客也. 而浮生若夢, 爲歡幾何?]"

과시|090 「彼來者爲誰」

○ 증보308附70/東選60 ○ 36구 18연. 제4연 押者, 상성 馬운. 東選60은 18연. ○『사기』「범수채택열전」. "왕계가 위나라를 떠날 때 범수를 수레에 태우고 진나라로 들어갔다. 호관(湖關)에 이르자, 수레와 기마가 서쪽에서 오는 것이 보였다. 범수가 물었다. '저기 오는 사람이 누굽니까?' 왕계가 답했다. '진나라 재상 양후(穰侯)가 동쪽의 고을들을 살펴보는 것입니다'[王稽辭魏去, 過載范雎入秦. 至湖, 望見車騎從西來. 范雎曰: '彼來者爲誰?' 王稽曰: '秦相穰侯東行縣邑']."

과시|091 「已而夕陽在山影散亂」

○ 증보309附71 ○ 36구 18연. 제4연 押影, 상성 梗운. ○ 구양수 「취옹정기」. "이윽고 석양이 산에 깔리고 사람 그림자는 흩어지니, 바로 태수가 돌아가는데 빈객들이 따라가는 행렬이었다. 숲 속이 어둑어둑해지고 나무 위 아래로 지저귀는 소리 들려오니, 바로 유람객들이 사라진 뒤 새들이 즐거워하는 소리이다[已而夕陽在山, 人影散亂, 太守歸而賓客從也. 樹林陰翳, 鳴聲上下, 遊人去而禽鳥樂也]." ○ 시제는 과시|015와 유사, 단, 과시|015는 제4연 押夕.

과시|092 「孺子見我穀城山下黃石卽我」

○ 증보310附72 ○ 34구 17연. 제4연 押我, 상성 哿운. ○『사기』「유후세가」. 황석공이 장량에게 한 말. "이 책을 읽으면 제왕의 스승이 될 수 있을 것이다. 십 년 후에는 뜻을 이룰 것이니, 13년 뒤 너는 제수 북쪽에서 날 볼 것인데, 곡성산 아래 누런 돌이 바로 나이니라[讀此則爲王者師矣. 後十年興, 十三年孺子見我濟北, 穀城山下黃石即我矣]."

과시|093 「至其見畵狀如婦人好女」

○ 증보311附73 ○ 34구 17연. 제4연 押狀, 거성 漾운. ○『사기』「유후세가」. "나는 그 인물이 우람하고 기걸하리라고 여겼는데, 와서 도상을 보니 외모가 부

인과 여자 같았다[余以爲其人計魁梧奇偉, 至見其圖, 狀貌如婦人好女].”

과시|094 「割鴻溝」

○ 증보312附74 ○ 32구 16연. 제4연 押溝, 평성 尤운. ○『사기』「항우본기」. "한왕이 다시 후공을 보내 항왕에게 유세하자, 항왕이 이에 천하를 둘로 나누기로 한왕과 약조했다. 베어서 홍구로부터 서쪽은 한나라 영토로 하고 홍구에서 동쪽은 초나라 영토로 삼았다[漢王復使侯公往說項王, 項王乃與漢約, 中分天下. 割鴻溝以西者爲漢, 鴻溝而東者爲楚].”

과시|095 「代孟嘗夫人謝秦王幸姬」/「姬乃爲之言於王」

○ 증보313附75/東選48「姬乃爲之言於王」○ 36구 18연. 제4연 押姬, 평성支운. 東選48은 17연. ○『사기』「맹상군열전」. "행희(幸姬)가 맹상군을 위해 소왕에게 말하자 소왕은 맹상군을 풀어주었다. 맹상군은 풀려 나오자 즉시 말을 몰아 떠났다[幸姬爲言昭王, 昭王釋孟嘗君, 孟嘗君得出, 卽馳去].”

과시|096 「武帝初年如水未波如鑑未塵」

○ 증보314附76/東選25/善鳴06(무기명) ○ 32구 16연. 제4연 押初, 평성 魚운. 詩25는 18연(제10연 안쪽 凸). 善鳴06은 16연. ○『한서』「무제본기」.

과시|097 「非武王之武無以成文王之文」

○ 증보315附77 ○ 36구 18연. 제4연 押成, 평성 庚운. ○ 출전 미상.

과시|098 「維師尙父時惟鷹揚」

○ 증보316附78/東選58 ○ 30구 15연. 제4연 押鷹, 평성 蒸운. 東選58은 17연. ○『시경』「대아·문왕지십·대명(大明)」. "목야의 지세가 넓고 끝없으며, 단향목 병거가 반짝이고 선명하다. 수레 끄는 말은 건장하다. 태사 상부(姜太公, 姜子

牙)는 매가 날 듯 했다[牧野洋洋, 檀車煌煌, 駟騵彭彭, 維師尚父, 時維鷹揚]."

과시|099 「聞張釋之言拜嗇夫」

○ 증보317附79 ○ 36구 18연. 제4연 말 載(상성賄/거성隊). 시제 拜자는 거성 卦운이므로 낮운. ○『사기』「장석지풍당열전(張釋之馮唐列傳)」. 한나라 문제(文帝)가 상림원 관원들에게 여러 금수의 명부에 대하여 물었으나 아무도 답하는 사람이 없었는데, 색부(호랑이를 기르는 관속)가 청산유수로 대답하자, "문제는 말했다. '관리는 이래야 하지 않소? 상림 위는 신임할 수 없소!' 그리고 장석지에게 색부를 상림령으로 삼으라고 조칙을 내렸다[文帝曰 : '吏不當若是邪? 尉無賴' 乃詔釋之拜嗇夫爲上林令]." 장석지가 "어찌 말 잘한다고 하여 색부를 큰 벼슬에 임명합니까?"라고 반대하여 중지시켰다.

과시|100 「行化一年去珠復還」

○ 증보318附80 ○ 36구 18연. 제4연 押珠, 평성 虞운. ○『후한서』「맹상전(孟嘗傳)」 "맹상이 (합포) 관아에 부임하여, 종전의 폐단을 개혁하고 백성들의 병통과 이익을 살펴 구제했다. 한 해를 넘기지 않고 쌓아둔 진주가 다시 돌아왔다[嘗到官, 革易前弊, 求民病利. 曾未逾歲, 去珠復還]";『고금사문유취(古今事文類聚)』 속집 권25 '합포환주(合浦還珠).' "맹상이 교화를 행한 한 해 사이에 쌓아둔 진주가 다시 돌아왔다[孟嘗行化一年之間, 去珠復還]."

과시|101 「鄭國作渠爲秦建萬世之功」

○ 증보319附81 ○ 36구 18연. 제4연 押渠, 평성 魚운. ○『사기』「하거서(河渠書)」. 정국(鄭國)은 한(韓)나라 수공(水工)이었다. 한나라가 진(秦)나라의 부강을 두려워하여 그에게 가서 수리 사업을 하도록 했다. 후에 정국이 말했다. "처음에 저는 간첩 질을 했습니다. 하지만 도랑이 완공되면 진나라에게도 이익이 있습니다. 저는 한국을 위해서 몇 년의 시간을 끌 수 있지만 진국을 위해서는 만세

의 공로를 세울 것입니다[始臣爲間, 然渠成, 亦秦之利也. 臣爲韓延數歲之命, 而爲秦建萬世之功]." 정국은 경수(涇水)를 뚫어 중산(中山) 서쪽부터 호구(瓠口)까지 이르게 하여 관중이 기름지게 만들었다. 이를 정국거(鄭國渠)라고 불렀다.

과시102 「臣來時見土偶人與木偶人語」 / 「土偶人與木偶人語」

○ 증보320附82/송순철10「土偶人與木偶人語」/善鳴03「土偶人與木偶人語」(무기명) ○ 34연 17연. 제4연 押語, 상성 語운. ○『사기』「맹상군열전」. "맹상군이 초대를 받아들여 진나라로 가려고 하자, 빈객들 중에서 그가 진나라로 가기를 바라는 사람은 아무도 없었다. 그들은 떠나지 말라고 간청했지만, 맹상군은 듣지 않았다. 소대가 이렇게 말했다. '오늘 아침 저는 밖에서 이곳으로 오는 길에 나무 인형과 흙 인형이 서로 주고받는 말을 들었습니다'[孟嘗君將入秦, 賓客莫欲其行, 諫, 不聽. 蘇代謂曰 : '今旦代從外來, 見木偶人與土偶人相與語']."

과시103 「見沙中偶語召問張良」

○ 증보321附83/東選45 ○ 34연 17연. 제4연 押語, 상성 語운. ○『사기』「유후세가」. "한왕(고조)이 낙양의 남궁에 있으면서 구름다리 위에서 여러 장수들이 이따금 모래밭에 모여 앉아 대화하는 것을 바라보았다. 한왕이 '저기서 무슨 말들을 하는가?'라고 묻자, 유후(장량)는 '폐하께서는 모르고 계십니까? 저것은 모반을 도모하는 것입니다'라고 했다[上在洛陽南宮, 從複道望, 見諸將, 往往相與坐沙中偶語. 上曰 : '此何語?' 留侯曰 : '陛下不知乎? 此謀反耳!']."

과시104 「蜀亦關中地」

○ 증보322附84 ○ 34연 17연. 제4연 押地, 거성 寘운. ○『사기』「항우본기」. "은밀히 모의하기를 '파·촉은 길이 험하고 진나라의 유배자들은 모두 촉에 살고 있다'라 하고, 마침내 말하길 '파와 촉 역시 관중의 땅이다'라 하고는, 패공을 한왕으로 세워서 파·촉·한중의 왕으로 봉하고, 남정에 도읍하도록 했다[乃陰

謀曰:'巴·蜀道險, 秦之遷人皆居蜀.'乃曰:'巴·蜀亦關中地也.'故立沛公爲漢王, 王巴·蜀·漢中, 都南鄭]."

과시105 「長樂宮成用叔孫朝儀」

○ 증보323附85 ○ 36구 18연. 제4연 押成, 평성 庚운. 朝禮城의 城은 成의 잘못. ○『사기』「유경숙손통열전(劉敬叔孫通列傳)」. "한나라 7년, 장락궁이 완공되었고, 제후들과 신하들은 모두 (숙손통이 제정한) 조정 의식대로 예를 행하여 질서가 정연했다[高祖七年, 長樂宮成, 諸侯王大臣都依朝儀行禮, 次序井然]."

과시106 「郞官上應列宿出宰百里裏」

○ 증보324附86 ○ 36구 18연. 제4연 押郞, 평성 陽운. ○『후한서』「명제기(明帝紀)」. "(명제가) 신하들에게 말했다. '낭관은 하늘 별자리와 대응하고 있고, 나가서 백 리의 지방을 관리하므로, 적당한 사람이 아니면 백성들이 재앙을 받을 것이다'[謂群臣曰:'郞官上應列宿, 出宰百里, 非其人, 民受其殃']."

과시107 「見白狼王作頌漢德使驛而獻之」

○ 증보325附87 ○ 36구 18연. 제4연 押漢, 거성 翰운. ○『한서』「서남이전(西南夷傳)」. 익주자사(益州刺史) 주보(朱輔)가 한나라 덕을 선포하여 보이자, 백랑반목(白狼槃木) 등 백여 나라가 신하를 일컬었고, 백랑왕(白狼王) 당추(唐菆)는 시 3장으로 한나라 덕을 가송(歌頌)했으므로, 주보가 번역해서 올렸다.

과시108 「爲人選一大錢受之」

○ 증보326附88 ○ 36구 18연. 제4연 押錢, 평성 先운. ○『후한서』「순리열전(循史列傳)」(유총전). "유총(劉寵)이 말했다. '제 치적이 어찌 공이 말한 것처럼 좋겠습니까? 여기까지 오느라 수고 많았습니다.' 사람들을 위해 사람마다 대전 하나씩 골라 그것만 받았다[寵曰:'吾政何能及公言邪? 勤苦父老' 爲人選一大錢受之]."

과시|109 「蓋追先帝之殊遇欲報之於陛下」

○ 증보327附89 ○ 36구 18연. 제4연 押弟, 상성 薺운. ○ 제갈량 「출사표」.
"그러나 곁에서 폐하를 모시는 신하는 안에서 게으르지 않고 충성된 무사는 밖
에서 스스로의 몸을 잊음은, 모두가 선제의 남다른 대우를 추모하여 폐하께 이를
보답하려 함인 줄 압니다[然侍衛之臣不懈于內, 忠志之士忘身于外者, 蓋追先帝之
殊遇, 欲報之于陛下也]."

과시|110 「過秦皇墓笑滄海無仙芒碣有人」

○ 증보328附90 ○ 36구 18연. 제4연 押人, 평성 眞운. ○『사기』「진시황본기」.
진시황이 방술에 미혹된 사실을 취재했다. 진시황의 묘를 보고 후장(厚葬)의 허
망함을 노래하는 시로 백거이의 악부(樂府)「초망망(草茫茫)」이 있다.

과시|111 「晉鄙兵符在王臥內」

○ 증보329附91 ○ 36구 18연. 제4연 押在, 거성 隊운. ○『사기』「위공자열전
(魏公子列傳)」. "후영(侯嬴) 제가 듣건대, 진비(晉鄙)의 병부 한쪽은 항상 왕의
침실 안에 있는데, 여희(如姬)는 왕에게 가장 사랑을 받아 왕의 침실에 드나들
수 있어, 그것을 훔칠 수 있다고 합니다[嬴聞, 晉鄙之兵符常在王臥內, 而如姬最
幸, 出入王臥內, 力能竊之]."

과시|112 「臥念明日奉圖事」/「咸陽邸舍臥念明日奉圖事」

○ 증보330附92/東選71「咸陽邸舍臥念明日奉圖事」○ 28구 14연. 제4연 押事,
거성 寘운. 東選71은 17연.『善鳴』에 이헌기(李憲基)의 14연이 있으나 상이함. ○
『사기』「자객열전」의 형가 고사를 기초로 상황을 설정.

과시|113 「入謝曰沛公不勝盂酒」/「入謝曰沛公不勝杯勺」

○ 증보331附93/東選67「入謝曰沛公不勝杯勺」○ 34구 17연. 제4연 押謝, 거성

禱운. ○『사기』「항우본기」홍문연(鴻門宴) 고사. "패공이 나간 뒤 샛길을 통해서 군영에 이르렀을 때가 되자 장량은 들어가서 사죄하여 이렇게 말했다. '패공께서 술을 이기지 못하여 하직 인사를 드릴 수 없었습니다. 그리하여 심가 신 장량으로 하여금 백벽 한 쌍을 받들어 대왕 족하께 재배의 예를 올리며 바치게 하고 옥두 한 쌍은 대장군 족하께 재배의 예를 올리며 바치게 했나이다'[沛公已去, 間至軍中. 張良入謝, 曰:'沛公不勝盃酌, 不能辭. 謹使臣良奉白璧一雙, 再拜獻大王足下, 玉斗一雙, 再拜奉大將軍足下]."

과시114「方春和時議賑貸」

○ 증보332附94 ○ 36구 18연. 제4연 押春, 평성 眞운. ○『한서』「문제기」. 문제 원년(기원전 179) 3월 조칙을 내렸다. "바야흐로 봄기운이 화창한 때라 초목과 생물들이 모두 스스로 즐거워하지만, 우리 백성들 가운데 의지할 곳 없는 사람들과 곤궁한 사람들이 죽음의 구렁에 떨어지는 자가 있거늘 걱정하면서 보살펴 주지 않고 있으니, 백성의 부모로서 어떻게 해야 하겠는가? 진대할 대책을 논의하여 아뢰라[方春和時, 草木群生之物皆有以自樂, 而吾百姓鰥寡孤獨窮困之人或阽於死亡, 而莫之省憂, 爲民父母將何如? 其議所以賑貸之]."

과시115「將軍有揖客反不重耶」

○ 증보333附95 ○ 36구 18연. 제4연 押重, 평성 冬운. ○『사기』「급정열전(汲鄭列傳)」. "[대장군 위청(衛靑)이 막부를 열었을 적에 급암(汲黯)이 읍만 하고 절을 하지 않자, 어떤 사람이 그 이유를 물으니] 급암이 대답했다. '대장군 편에서 에읍하는 객사이 있다면 오히려 장군을 중하게 하는 것이 아니겠소?' 대장군은 이 말을 듣고 급암을 더욱 어질게 여겨, 국가나 조정의 의문점이 있으면 그에게 물었고, 급암을 평생 사귄 친구보다 우대했다[黯曰:'夫以大將軍有揖客, 反不重耶?' 大將軍聞, 愈賢黯, 數請問國家朝廷所疑, 遇黯過于平生]."

과시116 「書與曹孟德報春水方生」

○ 증보334附96 ○ 18연. 제11연 押與, 상성 語운. ○『삼국지』「오주전(吳主傳)」. "손권은 조조에게 서찰을 보내, '봄이 돼서 강물이 불어나 당신이 빨리 떠나는 게 낫다'라 하고 또 별지에 '당신이 죽지 않으면 내 마음이 편하지 못할 것이오'라고 했다. 조조가 부하들에게 '손권은 나를 속이지 않는다'라 하고 철군하여 돌아갔다[權爲箋與曹公, 說:'春水方生, 公宜速去.' 別紙言:'足下不死, 孤不得安.' 曹公語諸將曰:'孫權不欺孤' 乃徹軍還]."

과시117 「晝有白雲出封中」

○ 증보335附97 ○ 36구 18연. 제4연 押雲, 평성 文운. 白雪의 雪은 雲의 잘못. ○『사기』「봉선서(封禪書)」. "한 무제가 태산에서 제사할 때 밤에 빛이 있고 낮에 흰 구름이 제단에서 일어났다[武帝封泰山, 夜有光, 晝有白雲起封中]";『통감절요(通鑑節要)』신미(辛未)[원봉(元封)] 원년]. "봉선을 행한 사당에서 밤이면 빛이 있는 듯하고 낮에는 흰 구름이 제단에서 나왔다[其封禪祠, 夜若有光, 晝有白雲, 出封中]."

과시118 「見荊卿未發請先遣秦舞陽」

○ 증보336附98 ○ 36구 18연. 제4연 押秦, 평성 眞운. ○『사기』「자객열전」. "한참 지나도 출발하지 않자, 태자는 시간을 끈다고 여기며, 형가가 마음을 바꿔 후회하는 것이 아닌가 의심했다. 그래서 다시 청하여, '일정이 벌써 다했습니다. 형경께서는 어찌 다른 뜻이 있으십니까? 저는 진무양을 먼저 보냈으면 합니다'라고 했다[頃之, 未發, 太子遲之, 疑其改悔. 乃復請曰:'日已盡矣, 荊卿豈有意哉? 丹請得先遣秦舞陽]."

과시119 「追信詐也」

○ 증보337附99 ○ 36구 18연. 제4연 押詐, 거성 禡운. ○『사기』「회음후열전」.

"한왕이 '그대가 뒤쫓은 자가 누군가?' 하자, 소하는 '한신입니다' 했다. 한나라 왕이 다시 꾸짖으며, '장수 가운데 도망친 자가 수십 명이어도 그대는 쫓아간 적이 없소. 한신을 뒤쫓았다는 것은 거짓말이오'라고 했다[上曰 : '若所追者誰何?' 曰 : '韓信也.' 上復罵曰 : '諸將亡者以十數, 公無所追, 追信, 詐也']."

과시120 「周公瑾席上誦銅雀臺賦」

○ 증보338附100 ○ 36구 18연. 제4연 押賦, 거성 遇운. ○ 적벽대전 이후 상황을 설정. 위 무제 조조(曹操)는 하남성 임장현(臨漳縣)에 해당하는 업(鄴)에 동작대를 쌓고 궁녀와 기녀를 모아 두고 있었다. 악부가사에 '동작대'가 있다. 장정(張鼎)이 지은 「동작대부(銅雀臺賦)」가 있고, 원나라 학경(郝經)과 원나라 유선(劉詵)이 각각 신 「동작대부」를 지었다. 당나라 두목(杜牧)은 「적벽」 시에서 적벽대전 때 동풍이 불지 않아 조조가 패하지 않았더라면, 조조는 손권의 형 손책(孫策)에게 시집간 대교와 주유(周瑜)의 아내인 소교를 모두 동작대로 끌고 갔을지 모른다고 상상했다. "그때 동풍이 주유 편을 들지 않았다면, 깊은 봄 동작대에 두 교씨를 가두었으리[東風不與周郞便, 銅雀春深鎖二喬]."

과시121 「五丈原秋夜召姜維授兵書」

○ 증보339附101 ○ 36구 18연. 제4연 押書, 평성 魚운. ○ 『삼국지』를 근거로 상황을 설정. 강유(姜維, 202-264)는 위(魏)나라 장수였다가 촉한으로 귀순하여 정서장군(征西將軍)에 올랐다. 제갈량이 군중에서 병사하자 제갈량의 유명에 따라 발상하지 않고 퇴군하여, 사마의(司馬懿)가 함부로 추격하지 못하게 했다. 이후 대장군으로서 여러 차례 위나라를 정벌했으나 사마소(司馬昭)가 등애(鄧艾)와 종회(鍾會)를 보내 대적케 하여 공을 세우지는 못했다. 후주 염흥(炎興) 때 위나라 종회가 촉을 공격하여 후주가 항복하자 강유도 투항했다. 나중에 종회의 모반에 가담하여 촉나라 부흥을 꾀했으나 성공하지 못하고 죽임을 당했다.

과시122「大戰良久佯棄鼓旗走水上軍」

○ 증보340附102/송순철37 ○ 36구 18연. 제4연 押戰, 거성 霰운. ○『사기』「회음후열전」. "한신과 장이가 거짓으로 북과 기를 버리고 강기슭 진지로 달아나자, 강기슭의 군사가 진문을 열어 맞아들였다. 다시 격렬한 싸움을 벌이자, 조나라 군대는 과연 성벽을 비우고 한나라의 북과 기를 차지하려고 한신과 장이를 뒤쫓았다. 한신과 장이가 강가 진지로 들어간 뒤 군대가 죽기를 각오하고 싸웠으므로 도저히 무찌를 수 없었다[于是信·張耳佯棄鼓旗, 走水上軍. 水上軍開入之, 復疾戰. 趙果空壁爭漢鼓旗, 逐韓信·張耳. 韓信·張耳已入水上軍, 軍皆殊死戰, 不可敗]."

과시123「事在元平元年赦令前」

○ 증보341附103/송순철38 ○ 36구 18연. 제5연 押令, 평성 庚운. ○『한서』「유협전(遊俠傳)」. "진수(陳遂)가 사양하고는, 이어서 '그 일은 (한나라 宣帝) 원평 원년 사면령 반포 전의 일이었다'라고 했다. 둘 사이가 얼마나 좋은지 이 일로 엿볼 수 있다[遂于是辭謝, 因曰 : '事在元平元年赦令前.' 其見厚如此]."

과시124「君子所無逸如鳥之於林魚之於水」/「君子以無逸爲所如鳥之於林魚之於水」

○ 증보342附104/東選57「君子以無逸爲所如鳥之於林魚之於水」/송순철39「君子所無逸如鳥之於林魚之於水」 ○ 30구 15연. 제4연 押所, 語운. 東選57은 17연. 송순철39는 15연. ○『서경』「무일(無逸)」. "주공이 (성왕에게) 말하길, '아, 군자는 안일하지 않는 것을 처소로 삼는 법입니다. 먼저 농사의 어려움을 알고 나서 안일하면 백성들의 의지하는 바를 알 것입니다'라고 했다[周公曰 : '嗚呼! 君子所其無逸, 先知稼穡之艱難, 乃逸則知小人之依']."

과시125「秦王席上進三疊琴」

○ 증보343附105/송순철40 ○ 36구 18연. 제9연 押鬱, 평성 侵운. 제2연 바깥 짝 '玉帳佳人絃有心' 제11연 바깥짝 '請秦人間別離心.' '請秦'은 '請奏'의 잘못. 心이 두 번 쓰인 것은 잘못. 송순철40도 증보343附105와 같음. ○ 『사기』 「자객열전」의 고점리 고사. 축(筑)을 삼첩금으로 바꾸었다.

과시126 「天保一詩答鹿鳴以下五詩可見慇懃忠厚之意」

○ 증보344附106/송순철41 ○ 34구 17연. 제4연 押保, 상성 皓운. ○ 주희 『시집전』. "임금은 「녹명」 이하 5수 시로 신하에게 연회를 베풀어주면 신하 가운데 은혜를 입은 자가 이 시(「천보」)를 노래하여 임금께 감사의 표시를 했다[人君以「鹿鳴」以下五詩燕其臣, 臣受賜者歌比詩以答其君]."

과시127 「自皇曾孫遭遇口不道前恩」 / 「口不忍道前恩」

○ 증보345附107/東選21「口不忍道前恩」/송순철42 ○ 36구 18연. 제4연 押恩, 평성 元운. ○ 『통감절요』 원강(元康) 2년(정사 B.C. 64). "병길(丙吉)은 사람됨이 깊고 후중해서 자신이 잘한 것을 자랑하지 않았다. 증손[무제의 증손 현 황제 선제(宣帝)]이 우대한 이후로도[선제가 정화(征和) 2년 무고(巫蠱)의 일을 만나 옥에 갇혀 있었는데, 무제가 옥 안에 천자의 기운이 있다 하여 사자를 보내어 선제를 죽이려 했다. 이때 병길이 옥사를 다스리고 있었는데, 문을 닫고 사자를 받아들이지 아니하여 선제가 죽음을 면했다.] 병길은 과거의 은공을 말하지 않았다. 마침 액정(掖庭)의 궁비가 스스로 황제를 아보(阿保)한 공이 있다고 말하고, 병길이 이 정상을 안다고 인증했다. 상은 병길을 만나보고 물은 뒤에야 과거에 은공이 있는데도 말하지 않았음을 알고는 매우 어질게 여겼다."

과시128 「冠帶縉紳之屬橋門而觀聽者蓋億萬計」 / 「冠帶縉紳之屬橋門而觀聽者億萬計」

○ 증보346附108/송순철43 「冠帶縉紳之屬橋門而觀聽者億萬計」 ○ 36구 18연.

제4연 捧計, 거성 霽운. ○『후한서』「유림전」. "향사례가 끝난 후 황제가 단정히 앉아 직접 경서를 강하자, 유학자들이 손에 경서를 들고 앞으로 나아가 문난했다. 관모를 쓰고 관대에 홀을 꽂은 관리들 가운데 교문(橋門)을 둘러싸고 보고 듣는 자들이 억, 만으로 헤아렸다[饗射禮畢, 帝正坐自講, 諸儒執經問難于前. 冠帶縉紳之人, 圜橋門而觀聽者蓋億萬計]."

3.

한편『김립시집』이외의 과시 선집에 들어 있는 김삿갓의 과시들은 다음과 같다. 단, 2편은 의에 제시된 동명의 편에 부기했다.

과시129 「山行六七里漸聞水聲潺潺」

○ 東選01 ○ 36연 18연. 제4연 押水, 상성 紙韻. ○ 구양수 「취옹정기」. "산으로 육칠 리 걸어 들어가면 물소리가 점점 들려오는데 재잘재잘 흐르다가 양 봉우리에서 쏟아지듯 흘러나오는 것이 양천이다. 봉우리 길을 돌아 들어가면 정자가 날아갈 듯이 양천에 임해 있는 것이 취옹정이다[山行六七里, 漸聞水聲潺潺, 而瀉出于兩峰之間者, 釀泉也. 峰回路轉, 有亭翼然, 臨於泉上者, 醉翁亭也]."

과시130 「爲其老强忍下取履」

○ 東選03/송순철02 ○ 36연 18연. 제4연 押履, 상성 紙운. ○『사기』「유후세가」. 장량이 하비(下邳)의 흙다리 위에서 황석공을 만났을 때, 그 노인이 다리 밑으로 신을 떨어뜨리고는 장량에게 신을 주워 오게 했다. 장량은 그가 노인이기에 참고 내려가 신발을 주워 왔다[爲其彊忍下取履].

과시131 「見有女如雲嘆不如縞衣綦巾」

○ 東選04 ○ 36연 18연. 제4연 押女, 상성 語운 ○ 『시경』「출기동문(出其東門)」. "동문을 나가니 여자들이 구름처럼 많도다. 비록 구름처럼 많으나 내 마음 그들에게 있지 않도다. 흰 옷에 쑥색 수건을 두른 여인이여. 애오라지 나를 즐겁게 하는도다[出其東門, 有女如雲, 雖則如雲, 匪我思存, 縞衣綦巾, 聊樂我員]." 조강지처에 대한 그리움을 노래한 것이다.

과시132 「秋風勝直臣」

○ 東選05 ○ 36구 18연. 제4연 押風, 평성 東운. ○ 『한서』「무제본기」. 한 무제(漢武帝)는 분하(汾河)에서 배를 띄우고 놀면서 가을바람을 만나 「추풍사(秋風辭)」를 지었는데, 신선을 구하려고 애를 쓰다가 이때에 비소로 허무함을 느꼈다.

과시133 「某乃借疋」

○ 東選06 ○ 36구 18연. 제4연 押借, 거성 禡韻.

과시134 「韓信死一喜一悲」/「聞韓信死一喜一悲」

○ 東選07/송순철11「聞韓信死一喜一悲」○ 34구 17연. 제4연 押死, 상성 紙운. 송순철11은 18연. 東選07에는 제8연 "殲秦鐵楚少後事, 無用將軍死則已"가 없다.

과시135 「漸離念」

○ 東選09 ○ 36구 18연. 제4연 押念, 거성 豔운. ○ 『사기』「자객열전」. 고점리는 축(筑)의 명인이며 형가의 절친한 벗이었다. 형가가 진시황 암살에 실패한 뒤 고점리가 변성명을 하고는 다른 사람의 종이 되어 송자라는 고을에서 고생을 하고 있었는데, 주인집의 당 위에서 어떤 객이 축을 치는 것을 보고는 "저 사람은 잘 치는 곳도 있고 잘못 치는 곳도 있다[彼有善有不善]" 하니, 종자가 이 말을 고했다. 그러자 그 주인이 "저 종은 음률을 아는 사람이다" 하고는, 고점리를 불러다가 축을 치게 하니, 좌중에 있던 사람들이 다 축을 잘 친다고 했다. 고점리

는 오래도록 숨어 살면 빈궁으로 위축됨이 끝날 때가 없을 것이라 생각하고, 이에 물러나 상자 속에 간직해 두었던 축과 좋은 옷을 꺼내어 용모를 바꾸고 나아갔다[漸離念久隱畏約無窮時, 乃退, 出其裝匣中筑, 與其善衣, 更容貌而前]. 고점리는 축의 솜씨로 진시황 앞에서 연주하는 기회를 얻었으나 신분이 탄로 나서 체포되었다. 진시황이 그의 솜씨를 아까워하여 눈만 멀게 하고 가까이 두었는데 고점리는 축에 납덩이를 넣어 진시황을 때려죽이려다가 실패하여 주살당했다.

과시136 「歲暮得荊卿」

○ 東選12 ○ 36구 18연. 제4연 押遇, 거성 遇운. ○ 도연명 「영형가(詠荊軻)」 처음. "연나라 태자 단은 선비를 잘 길렀으니, 뜻이 강포한 영에게 보복하려는데 있었지. 일당백의 용사들을 불러 모았는데, 세모에 형경을 얻었다[燕丹善養士, 志在報强嬴. 招集百夫良, 歲暮得荊卿].

과시137 「山中宰相」

○ 東選13 ○ 36구 18연. 제4연 押相, 거성 漾운. ○ 『남사』 「은일열전(隱逸列傳下)」. 남조 제나라 고사 도홍경(陶弘景)은 고제 때 제왕 시독을 지내다가 관복을 벗어서 신무문(神武門)에 걸어 놓고 구용(句容)의 구곡산(句曲山)에 은거했다. 양 무제가 즉위하여 그에게 자문을 구했으므로 산중재상이라고 일컬어졌다.

과시138 「自期門羽林之士悉令通孝經章句」

○ 東選15 ○ 36구 18연. 제4연 押士, 상성 紙운. ○ 『통감』 "(병인년) 명제(明帝) 9년. 황제가 유학을 숭상하여, 황태자 여러 제후에서부터 대신의 자제와 공신의 자손에 이르기까지 모두 경서 공부를 받지 않은 이가 없었다. 또한 외척 번씨, 곽씨, 음씨, 마씨 등의 자제들을 위하여 남궁에 학관을 세워 '사성소후(四姓小侯)'라 불렀으며, 오경마다 각각의 경을 강론하는 사부를 두고서 빼어난 자질을 가진 자제들을 선발하여 경학을 수업 받게 하고, 기문우림(천자 호위군) 즉

군문의 관리조차 효경 장구를 익히게 하니, 흉노도 자제들을 보내어 입학시켰다
[((丙寅)九年. 帝崇尙儒學, 自皇太子諸王侯 及大臣子弟功臣子孫, 莫不受經, 又爲
外戚樊氏郭氏陰氏馬氏諸子, 立學於南宮, 號四姓小侯, 置五經師, 搜選高能, 以授
其業, 自期門羽林之士, 悉令通孝經章句, 匈奴亦遣子入學]."

과시139 「箕子乃言」

○ 東選16 ○ 36구 18연, 제4연 押乃, 상성 賄운. ○ 『서전(書傳)』「주서(周書)
홍범(洪範)」의 구절.

과시140 「於水見黃河於山見嵩華於人見歐陽公」

○ 東選17 ○ 36구 18연. 제4연 押於, 평성 魚운. ○ 소철(蘇轍) 「상추밀한태
위서(上樞密韓太尉書)」. "제가 와서는 산의 경우 종남산, 숭악, 화악의 높은 것을
보았고, 물의 경우 황하의 크고 깊음을 보았으며, 사람의 경우 구양공을 보았습
니다만, 그래도 태위를 뵙지 못해 아쉬웠습니다[轍之來也, 於山, 見終南嵩華之
高, 於水, 見黃河之大且深, 於人, 見歐陽公, 而猶以未見太尉也]."

과시141 「望見車騎從西來」

○ 東選19/송순철05 ○ 36구 18연. 제4연 押西, 평성 魚운. ○ 『사기』「범수채
택열전」. "왕계가 위나라를 떠날 때, 범수를 수레에 태우고 진나라로 들어갔다.
그들이 호관(湖關)에 이르렀을 때, 수레와 기마가 서쪽에서 오는 것이 보였다[王
稽辭魏去, 過載范雎入秦. 至湖, 望見車騎從西來]."

과시142 「過臨皐之下揖余而言曰赤壁之遊樂乎」

○ 東選24 ○ 36구 18연(제1연 망실). 제4연 押遊, 평성 尤운. ○ 소식「후적벽
부(後赤壁賦)」. "내가 잠이 들었는데, 꿈에 한 도사가 깃옷을 나부끼며 임고정 아
래를 지나가다가, 내게 읍하며 말하길, '적벽의 유람이 즐거웠습니까?' 했다[予

亦就睡, 夢一道士, 羽衣翩躚, 過臨皐之下]."

과시143 「召陳萬爲佛門天子」/「登極後召陳萬爲佛門天子」

○ 東選29/송순철28「登極後召陳萬爲佛門天子」○ 36구 18연. 제4연 押子, 상성 紙운. ○ 출전 미상.

과시144 「作石鼓歌歎少陵無人謫仙死」

○ 東選30 ○ 36구 18연. 제2연 押鼓, 상성 麌운. ○ 한유 「석고가(石鼓歌)」 첫머리. "장생이 석고문을 가지고 와서, 나에게 한 번 석고가를 지으라고 권하네. 소릉엔 사람 없고 적선도 죽었으니, 재주 부족한 내가 장차 어찌 석고가를 짓겠는가[張生手持石鼓文, 勸我試作石鼓歌. 少陵無人謫仙死, 才薄將奈石鼓何]."

과시145 「循其髮」

○ 東選33 ○ 34구 17연. 제4연 押髮, 입성 月운. ○ 『한서』 「이광소건전(李廣蘇建傳) 이릉전(李陵傳)」. 비장군(飛將軍) 이광의 손자 이릉은 한 무제 때 자청하여 보기(步騎) 5천을 거느리고 흉노를 치다가 패하여 항복했다. 뒤에 선우(鮮于)의 우교왕(右校王)이 되었다. 한나라 사신이 와서 은밀히 귀순을 권하자 이릉은 머리를 매만지며[自循其髮] 대장부로서 욕된 일을 거듭할 수 없다고 거부했다.

과시146 「止酒」/「止酒詩」

○ 東選35/時尙01 「止酒詩」○ 36구 18연. 제4연 押酒, 상성 有운. 時尙01 「止酒詩」는 17연, 제4연 押酒. 구와 연이 약간 상이하고 도치된 곳이 있음.

과시147 「至金陵作鳳凰臺詩以擬之」

○ 東選36 ○ 26구 13연. 제4연 押詩, 평성 支운. ○ 『후촌시화(後村詩話)』. "옛사람은 이태백이 「황학루에 들러」에서 '눈 앞에 경치가 있지만 이루다 표현

할 수 없구나. 최호의 제시가 윗머리에 있도다'라는 구절을 쓰고 금릉에 이르러 마침내 봉황대 시를 지어 그것에 견준 것을 흠복했다. 지금 두 시를 보면 정말로 바둑의 적수이다[古人服善太白過黃鶴樓有眼前有景道不得, 崔顥題詩在上頭之句, 至金陵遂爲鳳凰臺詩以擬之. 今觀二詩, 眞敵手棋也]."

과시148 「見海水㵎洞山林杳冥先生我情」

○ 東選40 ○ 34구 17연. 제4연 押情, 평성 庚운. ○『산당사고(山堂肆考)』권162 「이정(移情)」.『악부해제(樂府解題)』에서 백아(伯牙)가 성련선생(成連先生)에게 거문고를 배웠으나 삼년이 되어도 이루지 못했다. 성련은 자신의 스승 방자춘(方子春)이 사람의 정을 옮길 수 있다고 하면서 동해 봉래산으로 그를 데리고 가서 머물게 했다는 고사가 있다.. "백아가 멀리 바라보았으나 사람은 보이지 않고 바다가 콸콸 거리고 산림이 어슴푸레했으므로, 서글퍼 탄식하며, '선생이 나의 정을 옮겼도다.'라고 했다. 마침내 거문고를 끌어다 수선조를 지었는데, 곡을 마치자 성련이 돌아와 배를 저어 맞이하여 돌아갔다. 백아가 마침내 천하의 절묘한 악사가 되었다[伯牙遙望, 無人, 但聞海水㵎洞, 山林杳冥, 愴然嘆曰:'先生移我情矣.' 乃援琴而歌作水仙操. 曲終, 成連回刺船, 迎之而還. 伯牙遂爲天下妙絶]."

과시149 「客有鷄鳴者」(1)

○ 東選42 ○ 36구 18연. 제4연 押鷄, 평성 齊운. ○『사기』「맹상군열전」.『십팔사략』. "맹상군이 관문에 이르니 관문의 법에 닭이 울어야 길손을 내보내는 것이라 때가 아직 이르고 추격하는 사람이 곧 도달할 형편이었다. 문객 중에 닭 울음소리를 잘 내는 자가 있어 들판의 닭들이 그 울음소리를 듣고 모두 울어대거늘, 맹상군이 이에 벗어나 돌아올 수 있었다[孟嘗君至關, 關法鷄鳴而出客, 時尙早, 追者將至. 客有善爲鷄鳴者, 野鷄聞之皆鳴, 孟嘗君乃得脫歸]."

과시150 「前在江陵反風滅火後守弘農虎北渡河」

○ 東選43 ○ 32구 16연(제8연 안짝, 제14연, 제15연 ㄷ). 제4연 押守, 상성 有운. ○ 『후한서』「유곤열전(劉昆列傳)」. 유곤이 강릉 영(江陵令)으로 있을 적에 화재가 발생하면 비를 내리고 바람을 멈추게 하여 불을 껐고, 홍농 태수(弘農太守)로 있을 때는 인정을 행하여 범이 모두 강을 건너가서 호환이 없게 했다. 광무제가 기이하게 여겨 "전에 강릉에 있을 때에는 바람의 방향을 바꿔서 불을 껐고, 뒤에 홍농 태수로 있을 때에는 범이 북쪽으로 강을 건너갔다는데, 무슨 덕정을 행했기에 이런 일이 있게 되었는가?[前在江陵, 反風滅火, 後守弘農, 虎北渡河, 行何德政而致是事?]" 묻자, 유곤은 "우연일 뿐입니다[偶然耳]"라고 했다. 좌우가 모두 촌스러워 말을 못한다고 웃었으나, 광무제는 "이것이 바로 장자의 말이다[此乃長者之言也]"라고 감탄했다.

과시151 「廣張三千六百釣」

○ 東選44 ○ 32구 16연. 제4연 押釣, 거성 嘯운. ○ 이백 「양보음(梁甫吟)」. "무려 삼천육백 번 낚시질하는 동안, 풍도가 은연중에 문왕과 맞았다오[廣張三千六百釣, 風期暗與文王親]." 삼천육백조(三千六百釣)는 삼천대조(三千大釣)라고도 한다. 오랜 세월이 지나고 나서 현신이 성군의 지우를 받는 것을 말한다. 강태공 여상(呂尙)이 70세에 위수(渭水) 가에서 낚시를 시작해서 80세에 문왕을 만났는데, 그 사이가 10년이므로 이렇게 말한 것이다.

과시152 「論杜元凱沈碑不知石有時磨滅」

○ 東選46 ○ 34구 17연. 제4연 押碑, 평성 支운. ○ 구양수 「현산정기(峴山亭記)」. "두원개(두예)가 두 돌에 공적을 새겨 하나는 이 산의 위에 두고 하나는 한수 못에 던져 두었는데, 이는 능곡이 변하는 것만 알고 돌이 때 지나면 마멸됨을 몰랐던 것이다[元凱銘功於二石, 一置茲山之上, 一投漢水之淵. 是知陵谷有變而不知石有時而磨滅也]." 『진서』「두예열전(杜預列傳)」에 보면, 두예가 진남대장군(鎭南大將軍)으로 양양(襄陽)을 진무할 때 두 비석에 자신의 공적을 새겨, 하나

는 만산(萬山) 아래 연못에 집어넣고 하나는 현산에 세운 다음, "차후 언덕이 골짜기 되고 골짜기가 언덕 되지 않을지 어찌 보장하겠는가?"라고 했다.

과시153 「關鳴」/「怨關鳴」/「至則關鳴」

○ 東選51/송순철24 「怨關鳴」 ○ 6연만 남음. 제4연 押鳴, 거성 霽운. 송순철24는 34구 17연. 제4연 押鳴. ▶천태산인 「김삿갓의 시」에서 「至則關鳴」로 소개. ○ 『사기』「맹상군열전」. 맹상군이 한밤에 함곡관에 당도했는데, 함곡관의 법에 닭이 울기 전에는 문을 열어주지 않게 되어 있었다. 문객 중에 닭 울음 흉내를 잘 내는 사람이 닭 울음소리를 내자 인근 닭들이 일제히 울었다. 이로써 관문이 열려 빠져 나갈 수 있었다.

과시154 「寄淚」(李陵)

○ 東選54 ○ 32구 16연. 제4연 押淚, 거성 寘운. ○ 한 무제 때 이릉이 자청하여 보기 5천을 거느리고 흉노를 치다가 패하여 항복해서 결국 선우(鮮于)의 우교왕(右校王)이 된 고사를 토대로 했다. 이릉은 소무(蘇武)에게 보낸 서찰에서 "헛되이 죽는 것이 절개를 세움만 못하다[虛死不如立節]"라고 항복을 변명했다.

과시155 「雷」

○ 東選56 ○ 36연 18연. 제4연 押人(제목에 人자 나타나지 않음), 평성 眞운.

과시156 「吊死蠅」

○ 東選59/별본3(金笠)/송순철08/善鳴08 ○ 東選59와 善鳴08은 17연, 제4연 押蠅, 평성 蒸운. 송순철08은 17연이되, 제17연이 東選59 "班班蚯蚓走護喪, 欵欵蜻蜓來笑朋"과 다름. ○ 출전 없음.

과시157 「綾羅島」

○ 東選61 ○ 36연 18연. 제4연 押島, 상성 皓운. ○ 출전 없음.

과시158「巴蜀亦關中地」

○ 東選62/善鳴11(무기명) ○ 34구 17연. 제4연 押地, 거성 寘운. "蜀中亦可先入定, 君家倘餘三章字." ○『사기』「항우본기」. 항우는 한왕과의 약속을 깨면 제후들이 배반할까 우려하여, "파촉은 길이 험하고 진나라 유배자들이 모두 거처한다"라고 헤아려, "파촉도 관중의 땅이다" 하고는 패공을 한왕으로 세웠다.

과시159 위와 同題(「巴蜀亦關中地」)

○ 東選63 ○ 36연 18연. 제4연 押地, 거성 寘운. "若論○人關亦蜀, 豪富太平臨邛自." ○ 과시157과 같다.

과시160「果遇」

○ 東選64 ○ 32구 16연. 제4연 押遇, 거성 遇운. ○『사기』「제태공세가(齊太公世家)」. 주나라 문왕이 사냥을 나가면서 점을 치자, 점사에 "용도 아니요 이무기도 아니요, 곰도 아니요 말곰도 아니며, 범도 아니요 비휴도 아니라, 얻을 것은 패왕의 보좌로다[非龍非彲, 非熊非羆, 非虎非貔, 所獲霸王之輔]"라고 했다. 위수에서 강태공을 과연 만나[果遇] 그를 후거(後車)에 싣고 돌아왔다.

과시161「雲從龍」

○ 東選65 ○ 36구 18연. 제4연 押龍, 평성 冬운. ○『주역』「건괘(乾卦) 문언전」. "같은 소리끼리 서로 감응하고, 같은 기운끼리 서로 구한다. 그래서 물은 습한 곳으로 흐르고 불은 건조한 곳으로 나아가며, 구름은 용을 따르고, 바람은 범을 따르는 것이다[同聲相應, 同氣相求. 水流濕, 火就燥. 雲從龍, 風從虎]."

과시162「與二三子優遊比亭皆雨之賜」

○ 東選66 ○ 34구 17연. 제4연 押賜, 거성 實운. ○ 소식 「희우정기(喜雨亭記)」. "나로 하여금 그대들과 더불어 이 정자에서 마음 편히 놀면서 즐길 수 있게 한 것은 모두 비의 덕택입니다[使吾與二三子得相與優游而樂於此亭者, 皆雨之賜也]."

과시163 「書報春水生」

○ 東選69 ○ 36구 18연. 제4연 押死, 상성 紙운. ○ 주희(朱熹) 「책을 보고 느낌이 있어 읊다 2수[觀書有感二首]」 제2수. "어젯밤 강에 봄물이 일어, 큰 배 몽충이 털처럼 가볍다. 종래 밀어 움직이는 힘을 허비했건만, 이날 중류에 절로 떠가누나[昨夜江邊春水生, 蒙衝巨艦一毛輕. 向來枉費推移力, 此日中流自在行]."

과시164 「置酒洛陽南宮」

○ 東選72/송순철30 ○ 36구 18연. 제4연 押酒, 상성 有운. 송순철30도 18연, 제4연 押酒이되, 東選72와는 구와 연이 다름. ○ 『사기』 「고조본기」. 고조가 천하를 평정한 뒤 낙양의 남궁에서 주연을 베풀며, 제후와 장수들에게 자신이 천하를 얻을 수 있었던 이유와 항우가 천하를 잃게 된 까닭에 대해 물었다.

과시165 「每對羣臣自歎嚮時爲方士所欺」

○ 東選73 ○ 34구 17연. 제4연 押欺, 평성 支운. ○ 『자치통감』 권22 「漢紀14」. 한나라 효무제는 즉위 4년 간언을 듣지 않고 동래(東萊) 바닷가에 가 신선이 사는 산을 찾으려고 했으나, 거센 바람이 불고 어두워지며 바닷물이 용솟음치는 바람에 십여 일을 머무르다 돌아왔다. 그 뒤 운석이 떨어지는 등의 변고가 생기자 거정(鉅定)에서 친경(親耕)을 하고 태산에 봉선(封禪)하고서, 즉위한 이래 광패한 짓을 저질러 천하 사람들을 근심하고 괴롭게 했음을 후회했다. 이에 대홍려(大鴻臚) 전천추(田千秋)가 방사를 물리칠 것을 건의하자 받아들였다. "신하들을 대할 때마다 '예전에 어리석어 방사에게 속았다. 천하에 어찌 신선이 있는가, 모두가 요망일 뿐이다'라 했다[上每對群臣自歎, '嚮時愚惑爲方士所欺, 天下豈有儒

人盡妖妄耳]" 음식을 조절하고 약을 복용하면 병이 적을 수 있으리라 여겼다.

과시166 「足下中國人」

○ 東選74 ○ 22구 11연만 남음. 제4연 押人, 평성 眞운. ○ 『사기』「역생육가열전(酈生陸賈列傳)」. 위타(尉佗)는 한나라 때 위(尉) 벼슬을 했던 조타(趙佗)이다. 조타는 남월왕이 되어 문제라고 칭하며 중국의 변방을 침입하곤 했다. 문제때 육가(陸賈)가 사신으로 가서 '그대는 중국인이다[足下中國人]'라고 하면서 수호한 이래 제(帝)의 호칭을 버리고 중국에 조회했다.

과시167 「擧手視羣臣曰衣已三濯」

○ 東選75 ○ 36구 18연. 제4연 押衣, 평성 微운. ○ 출전 미상.

과시168 「於是士爭趨燕」

○ 東選78 ○ 36구 18연. 제4연 押燕, 평성 先운. ○ 『십팔사략』. "연나라 사람들이 태자인 평을 즉위시켜 임금으로 삼았으니 이 사람이 소왕이다. 죽은 자를 조문하고 산 자를 방문했고 말을 겸손하게 했고 폐백을 후히하여 현자를 초빙했다. …… 곽외가 말했다. '……지금 왕께서 반드시 선비를 오게 하심은 먼저 저 곽외로부터 시작하십시오. 하물며 저 곽외보다 현명한 자들이 어찌 천리를 멀다 여기겠습니까.' 이에 소왕이 곽외를 위하여 집을 고쳐 지어주고 스승으로 섬겼다. 이에 선비들이 다투어 연나라로 향했다[燕人立太子平爲君, 是爲昭王. 弔死問生, 卑辭厚幣, 以招賢者. …… 隗曰：'…… 今王心欲致士, 先從隗始. 況賢於隗者, 豈遠千里哉?' 於是召王爲隗, 改築宮師事之. 於是士爭趨燕]."

과시169 「一身還有一乾坤」

○ 東選79 ○ 36구 18연. 제4연 押壹, 입성 質운. ○ 소옹(邵雍, 1011-1077) 「관역음(觀易吟)」. "한 사물에 본디 한 몸이 있고, 한 몸에 다시 한 천지가 있도다.

만물이 내게 구비되어 있음을 안다면, 어찌 삼재를 따로따로 근원 세우리. 하늘은 일에서 조화를 나누고, 사람은 마음에서 경륜을 일으키네. 하늘과 사람이 어찌 뜻이 둘일까? 도가 헛되이 행해지지 않음은 오직 사람에게 달렸네[一物由來有一身, 一身還有一乾坤. 能知萬物備於我, 肯把三才別立根. 天向一中分造化, 人於心上起經綸. 天人焉有兩般義, 道不虛行只在人]."

과시170 「代焦尾琴謝蔡中郞」

○ 東選80 ○ 36구 18연. 제4연 押琴, 평성 侵운. ○ 『후한서』 「채옹열전(蔡邕列傳)」. "오나라 사람 중에 오동나무로 불을 피워 밥 짓는 이가 있었다. 채옹이 불타는 소리를 듣고 좋은 재목인 것을 알았다. 채옹이 달라 해서 거문고를 만들었는데, 과연 소리가 아름다웠다. 나무 끝에 불탄 흔적이 있어 초미금이라 했다[吳人有燒桐以爨者, 邕聞火烈之聲, 知其良木. 因請而裁爲琴, 果有美音, 而其尾猶焦, 故時人名曰焦尾琴焉]."

과시171 「乃請荊軻曰秦兵朝暮渡易水」

○ 東選82/時尙12 ○ 36구 18연. 제4연 押渡, 거성 遇운. 時尙12는 17연, 제4연 押渡. "慶卿今若先渡渭, 劍頭秦亦危朝暮." ○ 『사기』 「자객열전」. "태자 단은 매우 두려워하며 형가에게 청했다. '진나라 병사가 머지않아 역수를 건널 텐데, 비록 그대를 길이 모실려도 해도 그럴 수 있겠습니까!'[太子丹恐懼, 乃請荊軻曰:'秦兵旦暮渡易水, 則雖欲長侍足下, 豈可得哉']." 旦暮의 旦은 이성계의 이름이므로 피휘하여 朝暮라고 고침.

과시172 「惟克商遂通道于九夷八蠻」

○ 東選84 ○ 36구 18연. 제4연 押道, 상성 皓운. ○ 『서경』 「여오(旅獒)」. "상나라를 이기니 마침내 구이와 팔만에 길을 통했다[惟克商, 遂通道于九夷八蠻]."

과시173 「項羽不渡烏江疑其見欺」

○ 東選85 ○ 36구 18연. 제4연 押欺, 평성 支운. ○『사기』「항우본기」○『국조보감』에 보면, 숙종 원년(을묘, 1675) 9월, 상이 '항우가 오강을 건너지 않은 설[項羽不渡烏江說]'이란 제목으로 출제하여 홍문관 관원들로 하여금 설을 지어 올리게 하고, 이어 대제학·제학·부제학도 이 제목으로 지어 올리게 하면서 마치 과거 보일 때와 똑같이 봉투를 풀칠하여 봉하게 하고 또 등수도 매기게 했다.

과시174 「大板宮掛六國山川圖」

○ 東選86 ○ 36구 18연. 제4연 押圖, 평성 虞운. ○ 출전 미상.

과시175 「歸而謀諸婦」

○ 東選87 ○ 36구 18연. 제4연 押婦. 상성 有운. ○『사기』「골계열전」. 초나라 우맹(優孟)은 장왕(莊王) 때의 어진 손숙오(孫叔敖)가 죽은 뒤 그의 아들이 빈곤하자, 그를 구해줄 목적으로 손숙오의 의관을 차리고 초 장왕 앞에 나타났다. 초 장왕은 손숙오가 다시 살아온 것으로 여기고 그를 정승으로 삼으려 했었다. 그러자 우맹은 "청컨대 돌아가 아내와 상의해 보겠습니다. 사흘 뒤 정승으로 삼아 주십시오[請歸與婦計之, 三日而爲相]"라고 했다.

과시176 「客有善爲鷄鳴者」(2)

○ 東選88 ○ 36구 18연. 제4연 押鷄, 평성 齊운. "女曰鷄鳴蒼蠅夜, 學得餘音子誠齋." ○『사기』「맹상군열전」. 앞에 나왔다.

과시177 「軫可發口言乎」

○ 東選90 ○ 36구 18연. 제4연 押口, 상성 有운. ○『사기』「진진열전(陳軫列傳)」. 진진은 장의(張儀)와 같은 시대 유세객으로, 장의와 함께 진(秦)나라 혜왕(惠王)을 섬기다가 장의의 이간질로 인해 다시 초나라로 가서 벼슬했다. 진(秦)

나라가 제나라를 정벌하려고 했는데, 제나라가 초나라와 합종하여 서로 친한 것을 염려하여, 장의로 하여금 초나라 왕에게 유세하게 했다. 초나라가 제나라에 대하여 합종의 약속을 끊었으므로 제나라가 사신을 통하지 않았고, 이후 진나라를 섬겨 제나라와 진나라가 연합했다. 초나라 왕이 군대를 출동시켜 진나라를 공격하려 하자, 진진은 이렇게 말했다. "제가 입을 열어 말을 해도 되겠습니까[軫可發口言乎]? 진나라를 공격하는 것은 이름난 도읍을 뇌물로 주어 진나라와 함께 제나라를 공격하는 것만 못합니다. 제나라와 관계를 끊었는데 또 진나라에게 속인 것을 책임 지우면, 이는 우리가 제나라와 진나라의 결합을 이루어주어 천하의 군대가 오게 하는 것이므로, 나라가 반드시 크게 상할 것입니다"라고 했다.

과시178「見吏部問天何所付」

○ 東選92 ○ 36구 18연. 제4연 押天, 평성 先운. "八卦先問沙上玩, 一理未解乾三連." ○ (송)이유무(李幼武) 찬집『송명신언행록(宋名臣言行錄)』외집 권12 '주희(朱熹) 회암선생(晦菴先生) 휘국문공(徽國文公).' "일찍이 해를 가리키면서 이부랑(吏部郞)[부친 위재(韋齋) 주송(朱松)]에게 '해는 어디에 붙어 있는가?'라고 물었다. '하늘에 붙어 있다'라고 하자, 또 묻기를 '하늘은 어디에 붙어 있나요?'라고 했다. 이부랑이 기특하게 여겼다[嘗指日問於吏部曰 : '日何所附?' 曰 : '附於天' 又問 : '天何所附?' 吏部奇之]."

과시179「崎嶇山海關譬若漢一郡」

○ 東選93 ○ 36구 18연. 제4연 押郡, 거성 問운. ○『사기』「육가열전(陸賈列傳)」. 한나라 문제 때 육가가 남월에 사신으로 가서 남월왕 조타(趙佗)를 설득하여, "지금 왕의 민중이 수십만에 불과하고 그나마 모두 만이족일 뿐이며, 산과 바다 틈에서 힘겹게 살고 있으니, 비유하자면 한나라의 일개 군과 같거늘, 왕께서는 어째서 한나라에 견줍니까?[今王衆不過數十萬, 皆蠻夷, 崎嶇山海間, 譬若漢一郡, 王何廼比於漢?]"라고 했다.

과시180 「罵前說詩書」

○ 東選95 ○ 36구 18연. 제4연 押罵, 거성 禡운. ○『사기』「역생육가열전(酈生陸賈列傳)」. 한 고조 때 육가는 황제 앞에 나아가 말을 할 때『시경』과『서경』을 인용했다. 황제가 욕하여, "나는 말 등에 올라타 천하를 얻었거늘, 무슨『시경』과『서경』따위를 쓰겠소?"라고 했다.

과시181 「始言一理中散爲萬事末復合爲一理」(金笠)

○ 별본2 ○『중용장구』첫머리 인용 정이(程頤)의 말. "처음에 일리(一理)를 말하고 나서 중간에 만사로 확산시키고 끝에 다시 합쳐 일리로 귀결시킨다."

과시182 「三七二十一萬」

○ 송순철01 ○ 30구 15연. 제4연 押萬 거성 願운. 전사 오류가 명백하므로 행과 연을 조정해야 함. ○『사기』「소진열전(蘇秦列傳)」. 소진이 제나라 선왕(宣王)을 유세하여 연횡을 깨기 위해, "신이 가만히 헤아려 보아도, 대체로 쳐도 한 집에 평균 세 사람의 남자가 있습니다. 그렇다고 하면 21만이 됩니다. 멀리 떨어진 현에서 징병을 기다리지 않아도 임치의 병졸만 이미 20만 명입니다[臣竊度之, 不下戶三男子, 三七二十一萬, 不待發於遠縣, 而臨菑之卒固已二十一萬矣]"라고 했다.

과시183 「小舟送杜甫」

○ 송순철03 ○ 24구 12연. 제4연 押送, 거성 送운. ○『구당서』,『신당서』,『천중기(天中記)』'우자(牛炙).' 두보가 만년에 뇌양(耒陽)에 가서 악사(岳祠)에 노닐었는데 큰 물이 갑자기 이르러 열흘이 넘도록 아무것도 먹지 못했다. 현령이 배를 갖추어 영접하고는 우자와 백주를 보내주었다. 두보는 폭음하여 죽었으니, 59세였다.

과시184 「作北遊錄歎不見白頭山」

○ 송순철04 ○ 36구 18연. 제4연 押山, 평성 刪운. ○ 배체.

과시185 「作詩乞酒」

○ 송순철06/時尙05/善鳴09 ○ 34구 17연. 제4연 押酉, 상성 有운. "古人亦解文字飮, 百篇豪情止一斗." ○ 배체

과시186 「自托仙人之說以遂其不欲仕漢之本心」

○ 송순철07 ○ 36구 18연. 제4연 押仕, 상성 紙운. ○ 『사기』「유후열전」에서 유후 장량이 한나라 혜제 연간에 죽은 것을 두고 '유후가 죽자 황석총에 함께 장례 지냈다[留侯死幷葬黃石冢]'라 기록한 것에 대해 논한 글이다. 명나라 하교신(何喬新, 1427-1502)의 「용호도사 장건요(호 징소선생)에게 드린다[賜龍虎道士張乾曜(號登素先生)]」(『椒邱文集』) 등에 같은 논조가 있다.

과시187 「明堂」

○ 송순철09 ○ 12행 6연만 남음. 明자가 속한 평성 庚운을 압운. 明자 구는 없음. ○ 명당은 제왕들이 정사와 교화를 선포하는 곳으로, 조회·제사·포상·인선·양로·교육의 대전(大典)을 모두 여기에서 거행했다. 『맹자』「양혜왕 하」에 "명당이란 것은 왕자(王者)의 집이다"라고 했다.

과시188 「銷天下兵」

○ 송순철12 ○ 36구 18연. 제10연 押兵, 평성 庚운. ○ 『사기』「진시황본기」. "온 천하의 병기를 거두어서 함양에 모으고 이것을 녹여 종틀과 금인 12개를 만들었는데, 무게가 각각 천 석이었다. 이것을 궁정 가운데에 두었다[收天下兵, 聚之咸陽, 銷以爲鍾鐻金人十二, 重各千石, 置廷宮中]."

과시189 「下令國中曰漢皇帝賢天子」

○ 송순철13/善鳴13 ○ 36구 18연. 제4연 押漢, 거성 翰운(상성 旱운 통압). ○ 『사기』「역생육가열전(酈生陸賈列傳)」. 효문제는 즉위 원년(전180) 제후왕과 사

이(四夷)에 사신을 보냈다. 이때 육가(陸賈)를 태중대부로 삼아 남월에 사신으로
보냈다. 육가는 조타가 스스로 황제를 칭하면서 사신을 보내 보고하지 않는 것을
꾸짖었다. 조타는 영원히 번신(藩臣)으로서 직무를 다하고 조공을 바치겠노라고
하고, 온 나라에 명을 내려 "내가 듣기로 두 영웅은 함께 설 수 없고 두 현인은
같은 하늘 아래 있을 수 없다고 했다. 한나라 황제는 현명한 천자이다[漢皇帝賢
天子]. 지금 이후로는 황제란 칭호를 쓰지도, 제(制)라는 용어를 사용하지도 않
을 것이고 황옥(黃屋)과 좌독(左纛)도 사용하지 않을 것이다."라고 했다.

과시190 「長樂宮病席托戚夫人母子」

○ 송순철14/善鳴22 「長安宮病枕招太子托戚夫人母子」(무기명) ○ 송순철14는
16연. 제4연 押子, 상성 紙운. 善鳴22는 28구 제4연 押子. 송순철14는 어구가 조
금 다른 부분이 있고 오자가 많다. 善鳴22보다 2연이 더 있지만 내용은 같다. ○
한 고조와 여후의 사이에서 태어난 혜제(惠帝)는 이름이 유영(劉盈)이다. 장남이
미천한 아내와의 사이에서 태어났으므로, 혜제는 둘째 아들임에도 태자에 책봉
되었다. 그 뒤 고조가 척 부인을 총애하여 척 부인 소생의 4남 유여의(劉如意)를
태자로 대신 책봉하려고 했다. 이때 장량이 상산사호(商山四皓)를 불러들여 태자
를 시위하게 하자, 고조가 뜻을 바꾸었다. 고조는 조왕 여의의 신변을 보호하기
위해 주창을 조왕의 정승으로 삼았다. 고조가 죽고 태자 영이 즉위하여 혜제가
되었는데, 여후는 조왕을 세 차례나 소환했으나 주창은 조왕에게 병을 이유로 가
지 못하게 했다. 여후가 주창을 소환한 다음 다시 조왕을 소환하자, 조왕은 장안
으로 가서 독약을 마시고 죽었다. 주창은 조회하지 않다가 3년 만에 병사했다.

과시191 「泣陳出師表歎先帝三顧古事」

○ 송순철15 ○ 12연만 남음. 거성 遇운. 顧자를 골랐겠지만, 현존본에는 그
글자를 사용한 구가 없다. ○ 제갈량이 후주(後主) 유선(劉禪)에게 올린 「출사표」
에 "선제 소열황제(昭烈皇帝)의 특별한 대우를 추념하여 폐하께 보답하고자 합

니다[追先帝之殊遇, 欲報之於陛下也]"라고 했다.

  과시192 「見人涉溝圖筍伐竹爲橋」
  ○ 송순철16 ○ 12연과 1구만 남음. 현재의 제3연에 押橋. 본시 제4연이었는데 착간된 듯함. 평성 蕭운. 제목은 '筍伐竹爲橋'가 옳을 듯. ○ 두보 「이사마를 모시고 조강에서 죽교 만드는 것을 보았는데 당일로 완성하여 왕래하는 사람이 추운 겨울에 물에 들어가는 수고를 면했다. 이에 애오라지 짧은 시를 지어 이공에게 바친다[陪李七司馬皁江上觀造竹橋即日成往來之人免冬寒入水聊題短作簡李公]」. "대를 베어 다리를 만드니 목교와 같은 구조라, 바지 걷고 건너지 않아도 왕래할 수 있구나[伐竹爲橋結構同, 褰裳不涉往來通]."

  과시193 「請去」
  ○ 송순철17 ○ 14연만 남음. 현재의 제3연 押去, 거성 御운. ○ 『맹자』 「이루(離婁) 하」 '동곽번간(東郭墦間)'의 고사를 이용하여, 이리저리 기웃거리며 구걸하는 남편에게 아내가 이절하겠다고 통고하는 상황을 설정한 것이다.

  과시194 「蜀中歸路見眠花僧歎吾不知汝」
  ○ 송순철18 ○ 32구 16연. 제4연 押僧, 평성 蒸운. ○ 당나라 현종이 안녹산의 난으로 촉 땅으로 피난해 가다가 마외(馬嵬)에서 군사들의 강청으로 총희 양귀비를 사사하는 등 고통을 겪다가, 난리가 끝나 장안으로 돌아올 때, 꽃나무 아래 졸고 있는 승려를 보고 자신의 처지를 도리어 탄식하는 상황을 설정했다.

  과시195 「不應擧玦示」
  ○ 송순철19 ○ 12연만 남음. 현재의 제7연 押覘, 상성 紙운. ○ 『사기』 「항우본기」. 범증(范增)은 항우로부터 아보(亞父)라는 칭호를 받았으나, 결국 한(漢)과 내통한다는 혐의로 배척당하여 팽성(彭城)에서 죽었다. 홍문연에서 범증이 항우

에게 여러 차례 옥을 들어 보여서 죽이기를 재촉했으나 항우가 따르지 않았다. 이에 범증은 항장(項莊)에게 검무를 추다가 유방을 죽이라고 사주했는데, 그때 항백도 마주 검무를 추며 몸으로 막아 유방을 보호했다.

과시196 「荷鋪隨後」

○ 송순철20 ○ 13연만 남음. 현재의 제8연 押後, 거성 宥운. ○『진서(晉書)』「유령열전(劉伶列傳)」. 하삽은 가래를 멘다는 뜻이다. 남북조 시대 진(晉)나라 유령은 "항상 사슴 수레를 타고 술병을 들고 다니면서, 사람으로 하여금 가래를 메고 따라오게 하고서, 자기가 죽으면 그 자리에 묻으라고 했다[常乘鹿車, 攜一壺酒, 使人荷鋪而隨之, 謂曰死便埋我]."

과시197 「雨花奄拜上遇母願文」

○ 송순철21 ○ 34구 17연. 제4연 押遇, 거성遇운(단 腑·牡은 상성麌운). ○ 작고한 모친을 만나게 해달라고 관음상에 비는 기원문.

과시198 「憂道學之失其傳作中庸」

○ 송순철22 ○ 36구 18연. 제4연 押傳, 평성 先운. ○ 주희 「중용장구서(中庸章句序)」. "『중용』은 어째서 지어졌는가? 자사자가 도학이 전하지 않을 것을 우려하여 지은 것이다[中庸何爲而作也? 子思子憂道學之失其傳而作也]."

과시199 「因復罵」

○ 송순철23 ○ 30구 15연. 제4연 押罵, 거성 禡운. ○『사기』「회음후열전」. 기원전 203년 11월, 한신(韓信)·관영(灌嬰)·조참(曹參) 등이 제나라를 공격하여 평정한 뒤 한신은 유방에게 사람을 보내 자신이 제나라 가왕(假王)이 되겠다고 청했다. 유방은 처음에는 성을 내었지만, 한신의 요구를 받아들여 제나라를 한신이 지키게 해야 유리하다는 장량(張良)과 진평(陳平)의 말을 듣고는 인하여

다시 꾸짖으며[因復罵] 말하길, "대장부가 제후국을 평정했으면 정식 왕이 되어야지 임시 왕이 무어란 말인가?" 하고 한신을 제나라의 왕으로 삼았다.

과시200 「浮西河顧謂吳起」

○ 송순철25 ○ 34구 17연. 제4연 押謂, 거성 未운. ○『사기』「손자오기열전(孫子吳起列傳)」. 위 무후(魏武侯)가 배를 타고 서하(西河)를 내려가면서 주변을 둘러보고 오기(吳起)에게 "아름답구나, 산하의 견고함이여! 이것은 위나라의 보배이다[美哉乎山河之固, 此魏國之寶也]"라고 말했다.

과시201 「當是時臣惟知韓信非知陛下」

○ 송순철26 ○ 30구 15연. 제4연 押知, 평성 支운. ○『사기』「회음후열전」. 한신(韓信)은 모사 괴통(蒯通)의 건의를 무시했다가 참형을 당한다. 괴통은 한신에게 항우, 유방과 함께 천하를 삼분하라는 조언을 했기 때문에 모반 혐의로 잡혀 왔다. 그는 스스로를 변호하여, "도척의 개가 요에게 짖는 것은 요임금이 어질지 않아서가 아닙니다. 개는 그 주인이 아니면 짖어야 하기 때문입니다[跖之狗吠堯, 堯非不仁, 狗固吠非其主]. 당시에 신은 오로지 한신만을 알았지, 폐하를 알지 못했습니다[當是時臣唯獨知韓信, 非知陛下也]"라고 했다.

과시202 「問太史令司馬遷」

○ 송순철27 ○ 34구 17연. 제4연 押問, 거성 問운. ○『한서』「이릉전」. 이릉은 비장군 이광(李廣)의 손자로서 무제 2년 기도위(騎都尉)에 임명되어 보병 5천을 거느리고 흉노를 정벌하러 출정하여 준계산(浚稽山)에서 선우의 기병 3만 명과 접전 끝에 패하여 쫓기다가 깃발과 기물들을 땅에 묻고 항복했다. 조정의 신하들이 그의 실책을 규탄했는데, 무제가 태사령 사마천에게 묻자[問太史令司馬遷], 사마천은 이릉의 충성을 극구 변호했다. 무제는 이릉의 노모와 처자 등 전 가족을 처형하고, 사마천을 궁형(宮刑)에 처했다.

과시 203 「嘗百草始醫藥」

○ 송순철29 ○ 36구 18연. 제4연 押草, 상성 皓운. ○『보사기(補史記)』「삼황본기(三皇本紀)」. "신농씨가 이에 납제를 만들고 붉은 채찍으로 초목을 쳐 보았으며(성질을 알아보았으며) 온갖 풀을 맛보아 비로소 의약의 기술을 마련했다 [神農氏於是作蜡祭. 以赭鞭鞭草木, 始嘗百草, 始有醫藥]."

과시 204 「朝日視其書乃太公兵法」

○ 송순철31 ○ 36구 18연. 제4연 押視, 상성 紙운. ○『사기』「유후세가」. 한(韓)나라 장량은 하비(下邳)의 다리에서 황석공을 만났다. 황석공은 서적을 주고는 "마침내 떠나가 다른 말이 없었으며 다시는 만날 수 없었다. 다음날 아침에 그 책을 보니 바로『태공병법』이었다[遂去無他言不復見. 旦日視其書乃太公兵法也]." 旦자를 피하여 旦日을 朝日이라고 표현한 것이다.

과시 205 「圖末畵蘇武示中國有人」

○ 송순철32 ○ 36구 18연. 제4연 押武, 상성 麌운. ○『한서』「소무전(蘇武傳)」. 한 무제 때 소무는 흉노에 사신으로 갔다가 억류되어 움 가운데 갇혀 있으면서 백설과 모직물 털[旄毛]을 뜯어먹었고, 또 북해 가로 옮겨져서는 땅을 파서 들쥐를 잡아먹고 초실(草實)을 따 먹는 등 고초를 겪다가 19년 만에 풀려 돌아와서 전속국(典屬局)에 임명되었다. 선제(宣帝)가 소무와 곽광(霍光), 장안세(張安世) 등 공신 11인의 초상을 그려 기린각(麒麟閣)에 걸었다.

과시 206 「年皆八十有餘鬚眉皓(白)衣冠甚偉」

○ 송순철33 ○ 30구 15연. 제4연 押年, 평성 先운. ○『사기』「유후세가」. 한 고조가 태자를 폐하고 척 부인 소생의 조왕(趙王) 여의(如意)를 대신 세우려고 하자, 여후가 여택(呂澤)을 시켜 장량에게 좋은 계책을 내도록 강요했다. 장량은 겸손한 언사와 안거(安車)로 상산사호를 초빙했다. 나이가 모두 여든 남짓이라 수

염과 눈썹이 희었으며 의관이 우람했다[年皆八十有餘, 鬚眉皓白, 衣冠甚偉].

과시207 「梅之有遭未有勝於此時」

○ 송순철34 ○ 34구 17연. 제4연 押梅, 평성 灰운. 有勝은 有盛의 잘못인 듯하다. ○『고금시문유취』 후집 권28 「화훼부 매화」. 양정수(楊廷秀) 「조호화매시서(洮湖和梅詩序)」. "당나라 이백과 두보, 본조(송)의 소식과 황정견이 천년의 아래에 우뚝히 일어나서 천년의 위를 짓밟고, 마침내 풍월과 화초의 여름 맹주가 되자 매화가 그 사이에서 도리와 난혜보다도 으뜸으로 부각되어 객석의 오른쪽에 있게 되었으니, 대개 매화의 조우가 이때처럼 성대한 적이 없었다[及唐之李杜, 本朝之蘇黃, 崛起千載之下, 而躪藉千載之上, 遂主風月花草之夏盟, 而梅於其間, 首出桃李蘭蕙而居客之右. 蓋梅之有遭, 未有盛於此時者也]." 1855년(철종 6) 을묘 11월17일 영암 거주 윤기호(尹祺鎬) 시권(試券)[영암 해남 윤씨 윤소현 소장, 한국학중앙연구원 조사]을 보면 시제가 「梅之有遭未有盛於此時」이었다.

과시208 「展圖秦王席上笑說燕地江山」

○ 송순철35 ○ 28구 14연. 제4연 押圖, 평성 虞운. ○『사기』「자객열전」의 형가 고사를 부연한 것이다.

과시209 「代荊軻歎倉海力士誤中副車」

○ 時尙06 ○ 36구 18연. 제6연 押水, 상성 紙운. "靈風素驪堅皇睨, 下界无處傳神匕." ○『사기』「유후세가」와『사기』「자객열전」'형가열전'의 내용을 기초로 상황을 설정한 것이다.

과시210 「秋七月旣望」

○ 時尙07 ○ 34구 17연. 제4연 押秋, 평성 尤운. "滕閣九月蘭亭三, 故人未卜良宵遊." ○ 소식 「전적벽부」. 북송 신종(神宗) 5년(1082) 가을 7월 16일 유배지

황주의 적벽 아래에서 배를 타고 달빛을 즐긴 일을 가리킨다. 첫머리에 "임술년 가을 7월 열엿새 날에[壬戌之秋七月旣望]"라는 글귀가 있다.

과시 211 「項梁怒」

○ 時尙 09 ○ 36구 18연. 제18연 押怒, 상성 麌운. "楚南之項名於世, 父兄無不文焉武." ○ 『사기』「항우본기」. 항우는 초나라 장수 항연(項燕)의 후손으로 어려서 글과 검술을 배웠으나 모두 이루지 못했다. 숙부 항량(項梁)이 노여워하자, 항우는 "글은 성명만 기록할 줄 알면 충분하고, 검은 한 사람을 상대하므로 배울 가치가 없습니다. 만인을 상대하는 법을 배우고 싶습니다[書足以記名姓而已. 劍一人敵, 不足學. 學萬人敵]"라고 했다. 이에 항량이 병법을 가르쳤다.

과시 212 「此則岳陽樓之大觀」

○ 時尙 10 ○ 34구 17연. 제4연 押觀, 평성 寒운. "可觀亦有爭雄詩, 樓上夔翁坐騷壇." ○ 범중엄(范仲淹) 「악양루기(岳陽樓記)」. 『고문진보』. 인종 경력(慶曆) 4년(1044) 봄 등자경(滕子京)[등종량(滕宗諒)]이 좌천되어 파릉군(巴陵郡)을 다스리면서 악양루를 중수한 후 당나라 현인들과 당시 사람들의 시부를 새기고 범중엄에게 글을 지어 기록해 달라고 했다. "내가 보니 파릉의 훌륭한 경치는 동정호(洞庭湖) 하나에 달려 있다. 먼 산을 머금고 장강을 삼켜 드넓고 넘실거려 횡으로 끝 없으며 아침 햇살과 저녁 어스름에 기상이 천태만상이다. 이것이 악양루의 큰 볼거리인데[此則岳陽樓之大觀也], 옛사람들이 모두 이를 적었다.

과시 213 「代范曾將軍歸彭城別營壯士」

○ 時尙 11 ○ 36구 18연. 제5연 押士, 상성 紙운. "但願一借烏騅背, 卽日西行歸故里." ○ 『사기』「항우본기」를 기초로 상황 설정. 『통감절요』 4권 「한기(漢紀)」에 의하면, 항우와 유방이 천하를 두고 다투다가 팽성(彭城)에서 싸웠는데, 한나라가 초나라에 밀려서 사졸 10여만 인이 수수(睢水)에 빠져 죽었고, 큰 바람이

일어나 사석(沙石)을 날렸다. 범증(范增)은 항우로부터 아보(亞父)라는 칭호로 존경받았으나, 한(漢)과 내통한다는 혐의로 배척당하여 팽성에서 죽었다.

과시214 「風蕭蕭」

○ 時尚14 ○ 36구 18연. 제4연 押風, 평성 東운. "壯士中立燕秦界, 劍心上透秋天虹." ○ 『전국책』「연책(燕策)」, 『사기』「자객열전」 '형가열전.' 형가가 진시황을 암살하러 떠날 때 역수(易水) 가에서 "바람은 소소히 부는데 역수는 차가우니, 장사가 한 번 떠나가면 다시 돌아오지 못하리라[風蕭蕭兮易水寒, 壯士一去兮不復還.]"라고 노래했다.

과시215 「歌風蕭蕭易水寒壯士不復還」

○ 時尚15 ○ 36구 18연. 제4연 押歌, 평성 歌운. "一曲二曲聾悲世, 天地男兒皆如何." ○ 『전국책』「연책」, 『사기』「자객열전」 '형가열전'. 시제는 위와 같음

과시216 「朕始爲皇帝」

○ 時尚17 ○ 32구 16연. 제4연 押始, 상성 紙운. ○ 『사기』「진시황본기」. 진시황이 "지금부터 시법(諡法)을 폐지하고 짐으로부터 시황제라 하겠노라. 후대 왕들은 세어서 2세, 3세로부터 만세에까지 무궁하게 전하라[自今已來, 除諡法, 朕爲始皇帝. 後世以計數, 二世三世至于萬世, 傳之無窮]"라고 했다.

과시217 「醉自墦間驕其妻妾」

○ 時尚18 ○ 34구 17연. 제9연 押自, 거성 寘운. ○ 『맹자』「이루 하」에 나오는 '동곽번간(東郭墦間)'의 고사. 본서의 앞에 소개했다.

과시218 「選一大錢(漢劉昆事)」

○ 평택임씨본02 ○ 34구 18연. 제4연 押錢, 평성 先운. ○ 『후한서』「순리전

(循史傳)」. 앞에 나왔다.

과시219 「合符疑」

○ 평택임씨본12 ○ 30연 15연. 제4연 押疑, 평성 支운. ○ 『사기』「위공자열전(魏公子列傳)」. 위나라 공자 신릉군은 후영(侯嬴)의 계략대로 왕의 침실에 있는 진비(晉鄙) 장군의 병부를 여희(如姬)를 시켜 훔쳐내게 했다. 업(鄴)에 도착하여 공자는 병부를 보여주고 병권을 인수하려 했으나, 진비가 의심하며 공자에게 말했다. "지금 제가 10만의 대군을 거느리고 국경에 주둔하고 있는데 이는 국가의 중대한 임무입니다. 그런데 공자께서는 단신으로 와서 저를 대신하려고 하는데 어찌 된 것입니까?" 주해가 소매에서 40근 철추(鐵椎)를 꺼내서 진비를 때려 죽이고, 공자가 진비의 군대를 통솔하게 되었다.

과시220 「泗上田舍笑阿季不在家」

○ 평택임씨본13 ○ 32구 16연. 제9연 押季, 거성 寘운. ○ 『사기』「고조본기」. 아계(阿季)는 한 고조 유방의 자(字)이다. 한 고조가 사상정장(泗上亭長)이란 말직에 있으면서 여산(酈山)으로 죄수들을 보냈는데, 도중에 모두 달아나므로 자신도 말직을 버리고 떠나 풍서(豐西)라는 곳에 유숙하여 술을 마셨다. 밤에 택중(澤中)을 지나가다가 큰 뱀이 길을 막고 있는 것을 보고 칼을 뽑아서 죽였는데, 한 노파가 나타나 "내 아들은 백제자(白帝子)인데 지금 적제자(赤帝子)가 내 아들을 베어 죽였다."고 하며 울었다.

과시221 「訓漂麥」 / 「罵漂麥」

○ 평택임씨본14/善鳴10「罵漂麥」 ○ 32구 16연. 평성 蕭운. 시제에서는 선정 압운자가 보이지 않음. 善鳴11은 14연, 제13연 押漂, 蕭운. ○ 『후한서』「일민열전(逸民列傳)」 '고봉(高鳳)'편의 '표맥' 고사. '지간송경(持竿誦經)'이라고도 한다. 『몽구』 '상림대경(常林帶經) 고봉표맥(高鳳漂麥).' 본서의 다른 장에서 언급했다.

과시222 「躬耕南陽」

○ 善鳴12(무기명) ○ 28구 14연. 제4연 押耕, 평성 庚운. ○『삼국지』「촉서 제갈량전」. 제갈량이 유비에게 발탁되기 전 남양에서 농사짓던 일을 가리킨다.

과시223 「酒帝」

○ 善鳴14(무기명) ○ 36연 18연. 제1제4연 押酒, 상성 有운. ○『산당사고(山堂肆考)』권192 '취후(醉侯).' 당나라 왕적(王績)이 「취향기(醉鄕記)」를 지어 유령(劉伶)의 「주덕송」을 이었는데, 당시(唐詩)에 "만일 유령을 술의 황제로 삼는다면 의당 나를 취향후로 봉해야 하리[若使劉伶爲酒帝, 亦須封我醉鄕侯]" 했다.

과시224 「羝愧鴈」

○ 善鳴15(무기명) ○ 28구 14연. 제10연 押愧, 거성 寘운. ○『한서』「소무전(蘇武傳)」. 한 무제 때 소무가 중랑장으로 흉노에 사신으로 갔을 때 흉노가 그를 억류하여 북해 가에 보내어 수양을 기르게 하고 "수양이 새끼를 낳아야만 돌아갈 수 있으리라[羝乳乃得歸]" 하여, 19년 동안이나 억류했다. 소제(昭帝)가 흉노와 화친을 맺고 소무를 돌려보내라고 요청했으나 흉노는 소무가 벌써 죽었다고 속였다. 한나라 사신이 다시 흉노에게 가서, "우리 천자께서 상림원에서 흰 기러기를 쏘아 잡았는데, 기러기 발목에 묶여온 소무의 편지에 소무의 무리가 어느 늪 속에 있다고 했으므로 그를 데려가려고 지금 온 것이다"라고 하자, 흉노는 사과하고 소무를 돌려보냈다고 한다.

과시225 「易水待遠客」

○ 善鳴16(무기명) ○ 36구 18연. 제6연 押水, 상성 紙운. ○『사기』「자객열전」'형가.' 형가는 번오기의 목과 독항의 지도를 가지고, 열세 살의 용사 진무양을 대동하고 함양을 향해 떠나게 되었다. 이에 앞서 형가는 멀리 있는 객[遠客]을 기다렸다. 형가가 빨리 가지 않는 것을 보고 태자 단은 형가가 혹 마음이 바

뀌었나 의심했다. 형가는 노하여 태자를 질책하고는 길을 떠났다.

과시)226 「山君」

○ 善鳴17(무기명) ○ 40구 20연. 제4연 押君, 평성 文운. ○ 『산당사고』 권 217 '山君.' "『설문』에 '호랑이는 산 짐승의 군주이다'라고 했다. 『풍속통』에는 '호랑이란 양물 백수의 수장이다'라고 했다[『說文』. 虎, 山獸之君. 『風俗通』. 虎者, 陽物百獸之長]."

과시)227 「肇十有二州奉十有二山」

○ 善鳴20(무기명) ○ 36구 18연. 제4연 押山, 평성 刪운. ○ 『서전(書傳)』「우서(虞書) 순전(舜典)」. "처음으로 열두 주를 두고, 열두 산을 봉했다[肇十有二州, 封十有二山]." 우(禹)가 치수한 후에 9주를 두었는데, 순임금이 유주(幽州), 병주(幷州), 영주(營州)의 세 주를 나누어 모두 12주를 두었다고 한다.

과시)228 「五十年前二十三」

○ 善鳴21(金笠) ○ 34구 17연. 제4연 押年, 평성 先운. ○ 『학림옥로(鶴林玉露)』. 남송 소흥(紹興) 연간 황공도(黃公度) 방[황공도 장원의 시험에 합격한 자들의 명단]에 제3인으로 뽑힌 진수(陳脩)의 일을 소재로 했다. 앞에 나왔다.

과시)229 「東見滄海君」

○ 善鳴23(무기명) ○ 36구 18연. 제8연 押東, 평성 東운. ○ 『사기』「유후세가」. 한(韓)나라 사도 장량은 나라가 진(秦)나라에게 멸망당하자 동쪽으로 가 창해군(滄海君)을 만나 장사(壯士)를 구해 박랑사에서 진시황을 저격하게 했다.

과시)230 「下第露路哭項王廟」

○ 善鳴24(무기명) ○ 34구 17연. 제2연 押路, 거성 遇운. ○ 항왕묘는 지금의

강소성(江蘇省) 성할시(省轄市)인 숙천(宿遷)에 있었다. 항우는 하상(下相) 사람인데, 하상이 바로 그곳이다. 당나라 승려 영일(靈一)의 「항왕묘」 등이 있다. 여기서는 낙방 사실을 항우의 실패에 견준 것이다.

4.

과시 시제는 출처의 어구를 그대로 따는 경우도 있지만, 전고의 상황을 설정해서 문장을 만들어 제시할 수도 있다. 그러한 경우를 모두 고려하여 김삿갓 과시의 시제가 근거로 삼은 서목을 4부 분류에 따라 구분하면 다음과 같다.

경부(經部) : 『주역』, 『시경』, 『서경』[『서전대전(書傳大全)』], 『서집전혹문(書集傳或問)』, 『춘추좌씨전』, 『중용』[『중용장구』], 『맹자』, 『소학』[『소학집주(小學集註)』 「가언(嘉言)」], 『시해이(詩解頤)』

사부(史部) : 『사기』, 『보사기(補史記)』 「삼황본기(三皇本紀)」, 『삼국지』 「오주전(吳主傳)」, 『삼국지』(제갈량전), 『한서』, 『후한서』, 『전국책』, 『진서(晉書)』(은일열전), 『구당서』, 『신당서』, 『송사』, 『자치통감』, 『통감절요』, 『십팔사략』[『십구사략』], 『역대명신주의(歷代名臣奏議)』, 『송명신언행록(宋名臣言行錄)』, 『경조당위씨족보(京兆堂韋氏族譜)』

자부(子部) : 『회남자』, 『수신기(搜神記)』 「동영우선기(董永遇仙記)」, 『몽계필담(夢溪筆談)』, 『학림옥로(鶴林玉露)』, 『고금사문유취(古今事文類聚)』, 『산당사고(山堂肆考)』, 『천중기(天中記)』, 『자담이어(資談異語)』, 『삼국지연의(三國志演義)』

집부(集部) : 『초사집주』(주희), 『고문진보』, 『후촌시화(後村詩話)』

앞서 말했듯이 조선 후기에는 『사기』와 『한서』가 문장의 표본이 되고, 교양서적으로 널리 읽혔다. 특히 『사기』는 대단히 중시되었다. 김삿갓 과시의 제목에 『사기』에서 뽑은 것이 많다. 구체적인 편목은 다음과 같다.

본기 : 「시황본기(始皇本紀)」(제6), 「항우본기(項羽本紀)」(제7), 「고조본기(高祖本紀)」(제8), 「효무본기(孝武本紀)」(今上本紀, 제12)

서 : 「봉선서(封禪書)」(제6), 「하거서(河渠書)」(제7)

세가 : 「제태공세가(齊太公世家)」(제2), 「유후세가(留侯世家)」(제25), 「진승상세가(陳丞相世家)」(제26)

열전 : 「백이열전(伯夷列傳)」(제1), 『손자오기열전(孫子吳起列傳)」(제5), 「소진열전(蘇秦列傳)」(권9), 「장의열전(張儀列傳)」(제10, 陳軫列傳」, 「맹상군열전(孟嘗君列傳)」(제15), 「평원군우경열전(平原君虞卿列傳)」(제16). 「위공자열전(魏公子列傳)」(제17), 「범수채택열전(范雎蔡澤列傳)」(제19), 「악의열전(樂毅列傳)」(제20), 「염파인상여열전(廉頗藺相如列傳)」(제21), 「노중련추양열전(魯仲連鄒陽列傳)」(제23), 「자객열전(刺客列傳)」(제26), 「회음후열전(淮陰侯列傳)」(제32), 『사기』「전섭열전(田儋列傳)」(제34, 田橫列傳), 「장승상열전(張丞相列傳)」(제36), 「역생육가열전(酈生陸賈列傳)」(제37), 「유경숙손통열전(劉敬叔孫通列傳)」(제39), 「장석지풍당열전(張釋之馮唐列傳)」(제42), 「이장군전(李將軍傳)」(제46), 「급정열전(汲鄭列傳)」(제60), 「골계열전(滑稽列傳)」(제66), 「화식열전(貨殖列傳)」(제69)

한편 『한서』에서 과시의 시제로 이용된 편들은 다음과 같다. 『사기』에 비하면 상당히 적다.

「고제기(高帝紀)」(帝紀 제1상하, 高帝本紀), 「문제기(文帝紀)」(帝紀 제4), 「무제기(武帝紀)」(帝紀 제6, 武帝本紀), 「이릉전(李陵傳)」(열전 제24, 李廣蘇建傳), 「소무전(蘇武傳)」(열전 제24 李廣蘇建傳), 「동방삭전(東方朔傳)」(列傳 제35), 「매복전(梅福傳)」(열전 제37), 「유협전(遊俠傳)」(열전 제62), 「서남이전(西南夷傳)」(열전 제66),

참고로 『후한서』에서 과시 시제를 낸 편들은 다음과 같다.

「명제기(明帝紀)」(帝紀 제2), 「두시전(杜詩傳)」(열전 제21 郭杜孔張廉王蘇羊賈陸列傳), 「원안전(袁安傳)」(열전 제35 袁張韓周列傳), 「채옹열전(蔡邕列傳)」(열전 제50하), 「맹상전(孟嘗傳)」(열전 제66 循吏列傳), 「유총전(劉寵傳)」(열전 제66 循吏列傳), 「유곤전(劉昆傳)」(열전 제69상, 儒林列傳), 「일민열전(逸民列傳)」(열전 제73)

고전 시문에서 시제를 뽑은 예들도 적지 않다. 시문의 제목만 열거하면 다음과 같다.

도연명(陶淵明) : 「영형가(詠荊軻)」

제갈량(諸葛亮) : 「출사표(出師表)」

이백(李白) : 「양보음(梁甫吟)」, 「춘야연도리원서(春夜宴桃李園序)」

두보(杜甫) : 「陪李七司馬皁江上觀造竹橋即日成往來之人免冬寒入水聊題短作簡李公」

한유(韓愈) : 「석고가(石鼓歌)」, 「송반곡서(送盤谷序)」

범중엄(范仲淹) : 「악양루기(岳陽樓記)」

구양수(歐陽脩) : 「추성부(秋聲賦)」, 「취옹정기(醉翁亭記)」, 「현산정기(峴山亭記)」

소식(蘇軾) : 「적벽부(赤壁賦)」, 「후적벽부(後赤壁賦)」, 「희우정기(喜雨亭記)」

소철(蘇轍) : 「상추밀한태위서(上樞密韓太尉書)」

소옹(邵雍) : 「관역음(觀易吟)」

주희(朱熹) : 「중용장구서(中庸章句序)」, 「관서유감(觀書有感)」

조선후기 독서층은 『사기』를 읽을 때 삼가주(三家注)의 주석보다도 진인석(陳仁錫)의 평어 등 명나라 말 평어본을 크게 이용했다. 또 『사기』에서 시제를 취한 것은 『전국책』에도 나오는 예가 많아서, 조선 전기와는 달리 『전국책』도 독서의 대상으로 인정되었음을 알 수 있다.

그리고 과제의 간선에는 정사류와 통감류 대신 『십팔사략』 같은 통속본이나 『통감절요』 같은 절략본도 이용되었다. 또한 각종 유서(類書)도 과제에 이용되었다. 『자담이어』, 『산당고색』, 『사문유취』 등이 그 예이다.

『사기』 가운데서는 범수(范雎)·장량(張良)·형가(荊軻)·유방(劉邦)·항우(項羽)의 고사를 시제로 뽑은 것이 많다.

이 가운데 범수는 전국시대 위(魏)나라 사람이다. 변설에 능했는데, 위상(魏相) 위제(魏齊)를 위해 일하다가 모함으로 태형을 당해 허리뼈가 부러진 뒤 이름을 장록(張祿)으로 고치고, 왕계(王稽)와 정안평(鄭安平)의 도움으로 진(秦)나라로 달아나 소양왕(昭陽王)을 섬겨 상국(相國)이 되었다. 원교근공(遠交近攻) 정책을 제안해서 큰 성공을 거뒀으며, 이것은 진나라가 전국 여섯 나라를 통일하게 되는 기초가 되었다. 회재불우(懷才不遇, 재주를 품고도 시절을 만나지 못함)한 인물과 다르다. 또한 이사(李斯)처럼 한때 성공하지만 복주되는 인물과도 다르다. 범수는 김삿갓이 이상으로 생각하는 인물이었다.

과제는 역사고사에서 취하는 것이 많지만, 때로는 고전을 바탕으로 하면서 현안을 제시는 경우도 있다. 『한서』 「문제기」에 근거한 「방춘화시의진대(方春和時議賑貸)」는 그 일례이다. 진대법은 흉년에 굶주린 백성들을 구제하기 위하여 곡식을 대여하고 추수기에 회수하는 일이다. 이미 『삼국사기』 「고구려본기」 고국천왕 16년 조에 "진대법을 상례로 삼았다는 기록이 보인다. 조선시대에는 춘궁기에 관곡을 저리로 백성에게 대여하고 추수기에 원리를 환납케 하는 환곡법을 실시했다. 광해군 때는 「춘화의진대(春和議賑貸)」라는 시제로 제술하도록 홍문관 관원들에게 부과된 일이 있다. 즉 조익(趙翼, 1579-1655)이 광해군 원년(기유년, 1609년) 31세로 홍문록에 이름이 오른 이후 이 제목에 따라 작성한 오언 30구의 장편고시가 그의 문집에 남아 있다.5) 조익

---

5) 조익(趙翼), 「춘화의진대(春和議賑貸)」(課製), 『포저집(浦渚集)』 제1권.

은 "옛날 한 나라 문제는 밝고 거룩하여, 번거롭고 가혹한 법령을 제거해서, 인자한 마음이 만물을 덮어 주어, 온 누리에 고통 받는 사람이 없었다오"라 하고, 당대에 "정치를 시행하되 이 봄날에 맞게 하여, 옛 성왕과 동등하게 되기만을 바라노라[發政及春時, 願與此同科]"라고 끝맺었다. 당시의 군주를 성군으로 만들어야 한다는 이념을 환곡법의 현안과 관련시켜 논한 것이다.

5.

김삿갓은 돌아가신 어머니를 만나기 위해 불전에 기도할 때 그 기원문을 과시로 지어 바쳤다. 「우화암에서 어머니를 만나게 해달라고 절하고 올리는 기원문[雨花庵拜上遇母願文]」라는 제목이다. 이때의 '원문'은 불교에서 불사를 일으킬 때에 여러 사람에게 보시를 청하는 글을 뜻하지만, 여기서는 개인의 기원문을 말한다. 거성 遇(우)운을 사용하되, 상성 麌(우)운을 통압했다.6) 15연 끝자는 인쇄본에 '至'로 되어 있으나, 이 글자는 거성 寘(치)운이므로 운이 맞지 않다. 만일 到(도)이어도 거성 號(호)운에 속해 운이 맞지 않게 된다. '머물 住(주)'이면 거성 遇(우)운이어서 운도 맞고 뜻도 맞는다.

01 어머니와 아들의 만남을 당연히 소원하나니
　　봄볕 같은 어머니 생각하는 짧은 봄풀 마음7)이 나무에 비추노라.
02 삼천 년 광겁의 세월에 보살이 감응하고
　　오십 나이의 깊은 정성으로 순임금처럼 부모를 사모하노라.

---

6) 去聲七遇: 樹·慕·雨·遇·顧·露·路·度·暮·渡·具·訴·哺·塑. 上聲七麌: 腑·住.
7) 맹교(孟郊)의 「유자음(遊子吟)」에 "인자하신 어머님의 손에 든 실은, 길 떠날 아들의 옷을 짓는 것이라네. 떠나기 전 꼼꼼히 꿰매시며 행여 더디 돌아올까 염려하시네. 뉘라서 한 치 풀과 같은 마음으로 삼춘의 봄볕 같은 어머니 은혜 갚는다 하리[慈母手中線, 遊子身上衣. 臨行密密縫, 意恐遲遲歸. 難將寸草心, 報得三春暉]"라고 했다.

03 어린 까마귀는 자주 울어 염불하는 새를 전송하고
　슬픈 눈물은 하늘을 감동시켜 꽃비가 내리누나.
04 승평의 불국에 태어나지 못해 한스럽고
　모친을 잃고 나니 풍진 세상에서 다시 만나기 어려워라.
05 백일도 광채를 잃을 만큼 단지 외쳐 울부짖는다만
　푸른 하늘이 만일 뜻이 있다면 돌아보아 줄 것인지.
06 훌훌 이별했다간 재회하길 삼생에 바라나
　십 년을 강남에 떠돌며 서리 이슬에 마음 아파라.
07 기원문 지어 색동 적삼으로 호소할 길 없더니
　화우암 선방을 마침 지나가던 때,
08 자비심으로 중생을 구제함이 본성이시라면
　적멸의 신통한 영험으로 나의 폐부를 살피소서.
09 속인도 어느 사람 할 것 없이 기도를 올려
　밤마다 밝은 등에 등잔꽃이 심지에 맺히네.
10 인간세계에 자식이 모친을 이별함보다 더 애석한 일 없나니
　천보 연간 승평을 여생에 몇 번이나 겪었던가.
11 감초의 묵은 뿌리 위로 달은 여전히 걸려 있고
　대초의 지난 인연에 한 해가 이미 저물었다.
12 평생의 한가지 소원을 나는 글로 적어
　빈 배로 자비이 바다를 건너고자 해서라네.
13 관음보살은 다른 세상에서는 역시 대중의 어머니로서
　남의 깊은 마음과 통할 혜안을 갖추었다.
14 신령한 병풍 앞에 한 조각 달은 마음을 희게 비추고
　자규(두견)는 세 번 울어, 촉제는 피를 쏟으며 호소한다.
15 새벽 구름 깔린 속에 두 번 절하고 무릎을 꿇나니
　백발 염주가 이렇게 굴러왔다간 저쪽에 멈추네,

16 아미타불도 나의 지극한 성품을 알아서
  불전 앞 어미 학이 새끼 먹이는 광경을 웃으며 가리킨다.
17 사람이 측달의 정이 있으면 반드시 하늘을 감동시키리니
  부처가 어찌 허무하여 조각상처럼 앉아 있기만 하랴.

01 母氏遇子應所願(모씨우자응소원) 寸草春心暎抵樹(촌초춘심영지수)
02 三千曠劫菩薩感(삼천광겁보살감) 五十深誠虞舜慕(오심심성우순모)
03 雛烏啼送念佛鳥(추오제송염불조) 哀淚諸天花雨雨(애루제천화우우)
04 昇平佛國恨未生(승평불국한미생) 失母風塵難再遇(실모풍진난재우)
05 無光白日但號泣(무광백일단호읍) 有意蒼天倘眷顧(유의창천당권고)
06 忽忽離合願三生(홀홀이합원삼생) 十載江南感霜露(십재강남감상로)
07 斑衫願文訴無地(반삼원문소무지) 花雨禪庵適過路(화우선암적과로)
08 慈悲濟衆本性情(자비제중본성정) 寂威通靈躰制腑(적멸통령체폐부)
09 凡人無子亦祈禱(범인무자역기도) 夜夜明燈花結柱(야야명등화결주)
10 人間莫愛子別母(인간막애자별모) 天寶餘生誠幾度(천보여생성기도)
11 甘椒宿根月尙懸(감초숙근월상현) 曲棗前緣歲已暮(곡조전연세이모)
12 平生一願我有文(평생일원아유문) 意圖虛舟慈海渡(의도허주자해도)
13 觀音別世亦衆母(관음별세역중모) 與人通情慧眼具(여인통정혜안구)
14 靈屛一片照心白(영병일편조심백) 子規三聲帝血訴(자규삼성제혈소)
15 晨雲影裡再拜跪(신운영리재배궤) 百八明珠來去住(백팔명주래거주)
16 阿彌亦識我至性(아미역식아지성) 笑指空門母鶴哺(소지공문모학포)
17 人須惻怛必感天(인수측달필감천) 佛豈虛無坐如塑(불기허무좌여소)

조선시대 중, 후기에는 한문 문언어법을 사용하는 독서층이 대개 유학의 이념을 고수했다. 그런 시절에 어느 김삿갓인가는 불심을 지니고, 돌아가신 어머니를 그리워하는 마음을 이러한 과시로 표현했던 것이다.

제22화. 스토리텔링 속의 김삿갓

1.

김삿갓의 시들을 읽으면 우선 알 수 있는 것은 김삿갓의 시는 시만으로 고립되어 있지 않다는 사실이다. 김삿갓 시는 사랑방과 민중적 공간의 스토리텔링을 통해 전파되었다. 어떤 것은 아예 이야기 구조 속에서 비로소 그 의미가 확정되고 또 확장된다.

조선후기 유행한 『연구집(聯句集)』에

  九月山中春草綠(구월산중춘초록) 구월 산중에는 봄에 핀 풀이 푸르고
  五更樓下夕陽紅(오경루하석양홍) 오경 누각 아래에는 석양빛이 붉다.

라는 대어(對語)가 있다. 연구는 본래 한 사람이 한 구씩 지어서 두 사람이 하나의 짝을 만들고, 더 나아가 한 편을 이루는 방식이다.

오경루는 구월산에 있고, 구월산은 김삿갓과 관련이 깊다. 그래서인지, 김삿갓은 「허언시」에서 이 구절을 이용했다.

이응수는 '오경루하석양홍'의 「허언시」를 1956년판 『풍자시인 김삿갓』에

처음으로 수록하면서, 『청구영언』에서 일부 차용했다고 했다.8) 이 시조는 박효관·안민영의 『가곡원류』, 김수장의 『해동가요』에도 들어 있다. 보리가 나는 봄, 오동 열매가 익는 가을을 노래하지 않고, 거꾸로, 가을 산의 봄풀, 새벽의 석양이라 표현한 것이 된다.

『청구영언』

오동(梧桐) 열매 동실동실(桐實桐實)

보리 뿌리 맥근맥근(麥根麥根)

묶은 풋나무 동(同)과 쓰던 숫섬이오

젊은 노송(老松)에 작은 대조(大棗)이다.

구월산중(九月山中)에 춘초록(春草綠)이오

오경루하(五更樓下)에 석양홍(夕陽紅)이라 하더라

『가곡원류』

보리 뿌리 맥근맥근 오동열매 동실동실

묶은 풋나무 쓰든 숫섬이오 적은 대조 젊은 노송이라

구월 산중 춘초록이요 오경루하 석양홍인가 하노라

『해동가요』

머귀 여름 桐實桐實 보리 뿌리 麥根麥根

묵은 풋나뭇동과 쓰던 숫섬이요 어린 老松 작은 大棗로

九月山中 春草綠이요 五更樓下 夕陽紅인가 하노라

그런데 이 시구는 전라도 대학자 기정진(奇正鎭, 1798-1879)과 얽힌 일화도

---

8) 양동식 씨는 '오동열매 동실동실' 시조를 말한 듯하다고 했다. 양동식, 『길 위의 시』, 동학사, 2007, p.78

주요한 기능을 한다. 기정진은 전북 순창 출신인데 전남 장성에서 활동했다.

중국 사신이 우리나라에 인물이 있는지를 알아본다는 명목으로 시제(試題)로 '용단호장(龍短虎長), 오경루하석양홍(五更樓下夕陽紅)'을 제시했다. 조정 신하들은 끝내 답을 알아내지 못하고 기정진에게 물어보았다. 기정진은 '용단호장'에 대해서는 화원서방(畵圓書方)이란 말로 풀었다. '용단호장'이란 12지에서 용(龍)은 진(辰)을 뜻하니 진시(오전 7시)에 해가 뜨면 낮이 짧고 호(虎)는 인(寅)으로 호랑이를 뜻하니 인시(오전 5시)에 해가 뜨면 낮이 길게 된다는 뜻을 말한다. 따라서 '그림으로 그릴 때는 둥글고 글씨로 쓸 때는 네모 난' 해[日]란 말로 짝을 한 것이다. '오경루하석양홍'에 대해서는 '구월산중춘초록(九月山中春草綠)'을 짝으로 제시했다. 중국은 오경루 아래로 석양이 진다고 했으니, 조선은 구월산에 봄풀이 푸르다고 대응시킨 것이다. 그러자 '서울의 수많은 눈이 장성의 눈 하나만 못하다(長安萬目不如長城一目也)'라는 말이 떠돌았다고 한다. 기정진은 한 눈을 볼 수 없었기 때문에 그렇게 말한 것이다.

이 이야기는 영남 문인 청천 신유한(申維翰)의 일화에도 나온다. 한국학중앙연구원『한국구비문학대계』7집 6책에 창수면 설화 107 '신청천의 문장'에 그 구절이 나온다.9)

신 청천이 중국에 갔을 때 천자가 '사길(四吉)'이라는 글제의 방이 걸렸다. 중국 문장이 "동방화촉야(洞房華燭夜)오 등과괘방시(登科掛榜時)라. 대한(大旱)에 득감우(得甘雨)하고 타향(他鄕)에 봉고인(逢故人)이라"라고 했다. 신 청천은 두 자씩 더 넣어, "노각동방화촉야(老角洞房華燭夜)오 소년등과괘방시(少年登科掛

---

9) 한국학중앙연구원,『한국구비문학대계』7집 6책, pp.233-237.(G002+AKS-UR20_Q_1712_1_03D) 창수면 설화 107(오촌 1동 오말 채록, 이중락 구연, 조동일 조사) '신청천의 문장'에 그 구절이 나온다. [해설] 설화 106 끝에 이야기 솜씨에 관한 논란이 벌어졌다. 재주 있는 이는 이야기를 지어내서도 하고, 재주 없는 이는 이야기를 하다가 빠트려 버린다고 했다. 그 다음에, 박문수 이야기가 아니라도 좋으니 무슨 이야기든지 해달라고 하니, 신청천(申靑泉) 이야기를 했다. 신청천은 이름이 신유한이라 하며, 영해 신씨이기 때문에 흔히 영해 사람이라고 한다. 그런데 신청천이 어느 고장 사람이냐고 물으니, 그것은 모르겠다고 했다.

榜時)라. 칠년대한(七年大旱)에 득감우(得甘雨)하고 천리타향(千里他鄉)에 봉고인(逢故人)이라"라고 적어 일등을 했다. 중국 문장(문장가)이 원통해서 죽어, 원혼이 압록강을 건너와서 신 청천과 응구첩대의 내기를 했다. 중국 문장 "잠부침(潛復沈) 잠부침(潛復沈) 잠잠부부침(潛潛復復沈)하니, 강상구어지구(江上求魚之鷗)오." 신 청천 "비상하(飛上下) 비상하(飛上下) 비비상상하(飛飛上上下)하니 원중탐화지접(園中探花之蝶)이라." 대국 문장 "월중명(月中明) 월중명(月中明)하니 파만경사심(波萬頃斜深)이요." 신 청천 "두견제(杜鵑啼) 두견제(杜鵑啼)하니 야삼경화일시(夜三更花一時)라." 중국 문장 "오경루하(五更樓下)에 석양홍(夕陽紅)이오." 신 청천 "구월산중(九月山中)에 춘초록(春草綠)이요." 중국 문장 "송령(松鈴)은 하일명(何日鳴)고?" 신 청천 "유서(柳絮)는 이시폐(爾時吠)오?" 중국 문장 "은행잡저(銀杏甲底)에 장벽옥(藏碧玉)이요." 신 청천 "석류피리(石榴皮裏)에 적주사(積朱沙)라." 석류와 주사를 이야기하자 중국 문장의 원혼이 기가 죽어 돌아갔다.

2.

김삿갓의 시는 구비문학의 세계에 깊이 뿌리를 내리고 있다.

한국학중앙연구원 왕실도서관 장서각 디지털아카이브를 이용하여『한국구비문학대계』에서 김삿갓 기사를 찾으면 29건이 나온다. 4건은 구연상황이 없다.[10] 나머지 구연들에서 언급된 김삿갓 시들을 보면 다음과 같다.

　　(1) 글 지어 주고 대접 받은 김삿갓[영월읍 설화 183] 강원도 영월군 영월읍 덕포 10리 1983.5.24. 채록 김선풍·유기태. 구연 엄기복.『한국구비문학대계』2

---

10) 의령읍 설화 2358의 '김삿갓' 3종과 의령읍 설화 2356의 '김삿갓 이야기'는 구연상황이 없다.

집 8책 pp.681-684.

ⓐ 화전 "송송백백암암회(松松栢栢岩岩會)요 수수산산처처기(水水山山處處寄)라."

ⓑ 화전 "정관탱석소계변(鼎冠撑石小溪邊)은 백분청유자두견(白粉淸油煮杜鵑)이라. ○○○○ 향만구(香滿口)로구나. 일련춘색이 복중전(一年春色 腹中傳)이라." [주 : 송순철(宋淳哲, 78) 옹은 이것이 김삿갓의 시가 아니라 영월군 하동면 옥동리 살던 김동관(金東觀)의 시라면서 원문을 일러주었다.]

(2) 김삿갓 글 지은 이야기[현곡면 설화 63] 경북 월성군 현곡면 가정 1리 1979.2.24. 채록 조동일·임재해. 구연 김원락. 『한국구비문학대계』 7집 1책, pp.139-144.

ⓐ 화전 "정관도립소계변(鼎冠到立小溪邊)이라" 운운.
ⓑ 기생 봉선춘 이야기 "춘춘춘춘(春春春春) 부춘춘(復春春)하니, 하춘(何春)이 승어(勝於) 봉선춘(鳳仙春)고"
ⓒ 수연(壽宴) "좌피노인불사인(座彼老人不似人)이라" 운운
ⓓ 환갑잔치 "가령강봉강(可令江逢江?)하니, 명사십리연(明沙十里連)이라. 명인(名人)이 개개습(個個拾)하야. 봉수부모년(奉壽父母年)이라"[贈還甲宴老人(초012乞12/중154逸02) "可憐江浦望하니"운운].

(3) 김삿갓 이야기[대신면 설화 8] 경기도 여주군 대신면 도롱리 1979.8.12. 채록 서대석. 구연 황석철. 『한국구비문학대계』 1집 2책, pp.475-477.

물방앗간에서 중과 글 내기. 운자로 한글 시옷, 리을, 디귿, 미음. 중이 "내가 세상 사람을 보니(我看世上人), 다만 아는 것이 입이라(但知有其口). 귀가수신리을(歸嫁修身己)하라. 불연이면 점피다귿하리라(不然點彼ㄷ)." 하여, 김삿갓이 짐. 김삿갓은 『주역』을 읽어서 중을 이김.

(4) 김삿갓 이야기[화도면 설화 79] 경기도 강화군 화도면 상방 2리 고창 1981.7.18. 채록 성기열·정기호. 구연 신태하. 『한국구비문학대계』 1집 7책, pp.613-615.

강원도 어느 집 종 "인양잡을(人良且八)하리니이까?[食具. 밥을 갖추리이까?]" 주인 "월월산산(月月山山)[朋出. 벗이 나가거든]." 김삿갓 "정구죽천(丁口竹天)이라[可笑. 가히 우섭더라]. 시자화중(豕者禾重)이지[猪種. 돼지 종자]."

(5) 김삿갓 이야기[옥성면 설화 22] 경북 선산군 옥성면 초곡동 1984.7.26. 채록 최정여·박종섭·임갑랑. 구연 조목희. 『한국구비문학대계』 7집 16책, pp.315-317.

ⓐ 절벽에 황(黃)자를 써 붙여 놓고 대(對)를 지으라 하자, 김삿갓은 "황혼죽객에 비인정이요. 여이 동방에 인별초래라" 하고 떠났다.

ⓑ 구월산 중이 운자로 타, 타, 타를 부르자 김삿갓은 "객사 지둥이 벌겋타. 너어들 인심이 고약타. 석양 중에 시장타" 하여 대접을 받았다.

(6) 김삿갓 이야기[무을면 설화 9] 경북 선산군 무을면 원 1동 1984.8.24. 채록 최정여·박종섭·임갑랑. 구연 지양식. 『한국구비문학대계』 7집 15책, pp.469-470.

ⓐ 서당 "서당을 내조지라[書堂乃早知]. 선생은 개존물이라[先生皆尊物]. 선생은 내불알이라[先生乃不謁]."

ⓑ 절 중 "석상에 투석하니(독우에다 독쿨 구부리니) 석석돌(독키 도굴도굴 구불러 가더라)" 김삿갓 "승대에 책승하니 중원성이라(중에 대해서 중을 꾸짖스인께 중이 중얼중얼 하더라)."

(7) 김삿갓 이야기[무을면 설화 55] 경상북도 선산군 무을면 송삼 2동 1984.8.23. 채록 최정여·박종섭·임갑랑. 구연 김기인. 『한국구비문학대계』 7집 15책, pp.563-566.

전추놀이 "정관택립 소개변이요. 백분청유 자두견이라. 쌍저혈래 향봉고 하니, 일년의 춘색을 복중전이라."

(8) 김삿갓과 김남포(金南浦)[주천면 설화 23] 강원도 영월읍 용석 4리 1984.7.23. 채록 김선풍·박영국. 구연 신승삼.『한국구비문학대계』2집 9책, pp.813-814.

김삿갓이 도당 김남포를 찾아가 "천하명산은 옥산봉(天下名山 玉山峰)이요, 인간거물은 김남포(人間巨物金南浦)라" 하니, 거만한 김남포가 벌떡 일어나 얼른 들어오라고 했다.

(9) 김삿갓과 나물 캐는 여자[영덕읍 설화 34] 경북 영덕군 영덕읍 남석 3동 경로당, 1980.6.8. 채록 조동일. 구연 공감문.『한국구비문학대계』7집 7책, pp.749-750.

김삿갓 "행인도수역경치(行人渡水亦耕之)." 산에서 나물하는 부인 "채녀등산 소척지(採女登山[소는 여성 음부]尺之)라."

(10) 김삿갓과 중의 글 시합 [현곡면 설화 72] 경북 월성군 현곡면 가정 1리 가정 1979.2.24. 채록 조동일·임재해. 구연 김원락.『한국구비문학대계』7집 1책, pp.158-164.

김삿갓이 금강산 중과 시 짓기 내기를 하여 중의 생니를 셋이나 뺀 이야기. 앞에 나왔다.

(11) 김삿갓과 처녀[영덕읍 설화 37] 경북 영덕군 영덕읍 남석 3동 경로당, 1980.6.8. 채록 조동일. 구연 공감문.『한국구비문학대계』7집 7책, pp.759-760.

꽃이 만발한 때 시냇가에 17, 8세 먹은 처녀에게 수작. 김삿갓 "하년(何年) 및 세(歲)요?" 처녀 "남산유전(南山有田)이 양변락(兩邊落)이요, 북곡송림(北谷松林)에 조이거(鳥已去)라[십구]." 김삿갓 "이년쉽구년(爾年十九年)" 처녀 "영상

(嶺山)에 기유산(幾有山)이요.[岑山豈有山 : 필자 주]. 호하(昊下)에 하재천(何在天)이라[今日]. 의중(衣中) 장반월(將伴月)이요. 목변(木邊)에 양인(兩人)이라.[夜來]." 그날 저녁 김삿갓은 처녀와 동침했다.

(12) 김삿갓과 화전 놀이패[영덕읍 설화 35] 경북 영덕군 영덕읍 남석 3동 경로당, 1980.6.8. 채록 조동일. 구연 공감문. 『한국구비문학대계』 7집 7책, pp.750-752.

화전놀이에서 김삿갓 "정광(鼎 ?)[鼎冠 : 필자 주]이 탱립소계변(撐立小溪邊)이라. 백분청유(白粉淸油)에 자두견(煮杜鵑)을. 양저협래(兩箸挾來) 향만구(香滿口)라. 일년춘광(一年春光)이 복중장(腹中藏)이라."

(13) 김삿갓에게 글 봉변 당한 사람[고아면 설화 61] 경북 선산군 고아면 다식동 모산 1984.7.11. 채록 천혜숙·조형호. 구연 홍헌악. 『한국구비문학대계』 7집 16책, pp.147-148.

삼, 사십 호 되는 동네에서 여자가 식은 밥을 주므로, 김삿갓이 벽에 "금강산아 삼십가중에 사십가중에 오십가이라"라 쓰고 떠나갔다.[주 : '金剛山下 四十家中 五十飯客'인 듯. 四十 망할(놈)과 音相似, 五十은 신 밥과 음상사.]

(14) 김삿갓의 기지[정주시 설화 29] 전북 정주시 연지동 연지동 서부노휴재 1985.5.17. 채록 박순호·이홍·박현국. 구연 최복일. 『한국구비문학대계』 5집 5책, pp.124-125.

어느 주모의 아들이 일하는 대장간에 시신이 발견되고 그 아들이 억울하게 범인으로 의심받는 것을 알고 김삿갓이 대신 탄원서를 써 주었다. "황우살이제 하야 투어강중(投於江中)하니 강중(江中)이 하죄(何罪)리요. 하인(何人)이 살인하여 치어야막(置於野幕)하니 야막이 무죄(無罪)커늘 주인이 하죄(何罪)리요." 주모가 그 글을 갖다 바쳐, 아들이 무죄로 나왔다.

(15) 김삿갓의 빈(貧)자 시(詩)[음봉면 설화 23] 충남 아산군 음봉면 동암리 대동 1981.7.17. 채록 서대석. 구연 곽성용.『한국구비문학대계』4집 3책, pp.645~647.

김립이 빈(貧)자 운으로 지은 시. "중부총중(衆富叢中)에 아독빈(我獨貧). 간타부세 배생빈(看他富勢倍生貧)이라. 천하유선(天下有仙)이러니 선시부(仙是富)라. 인간무죄(人間無罪)나 죄차빈(罪此貧)이라. 일언이 부합이래도 불신부요(一言不合不信富)[주 : 일언불합제신부(一言不合諸信富)], 만사정명불신빈(萬事正明不信貧)이라. 군지빈부순환리(君知貧富循環理)냐. 빈역부시부역빈(貧亦富是富亦貧)이라."

(16) 김삿갓의 위기 모면[산외면 설화 20] 전북 정읍군 산외면 평사리 수성재 1985.4.21. 채록 박순호·박현국·김선례. 구연 엄익순.『한국구비문학대계』5집 7책, pp.652~654.

김삿갓이 한양 가는 도중에 목화 따는 남의 부인을 겁탈하고, 그 부인의 남편(대장)으로부터 글을 요구받은 일. 김삿갓이 "한양귀경 가로정(漢陽歸京家路程)허니 일지도화 난만홍(一支挑花爛曼紅)이라"라는 시를 짓자, 그 남편은 술 한 잔을 대접했다.

(17) 김삿갓의 작시행각(作詩行脚)[충화면 설화 9] 충남 부여군 충화면 지석리 2구 하지 1982.2.11. 채록 박계홍·황인덕. 구연 송영백.『한국구비문학대계』4집 5책, pp.837~846.

ⓐ 김병연이 장원급제했으나 과제에서 비난한 인물이 자신의 조부였다는 사실을 어머니로부터 듣고 방랑생활에 나섰다. 어느 곳에 이르자 한 사람이 '발산'이란 제목으로 글을 지어 "좌발우발투공중(左拔右拔投空中)허니 평지왕왕다신산(平地往往多新山)이라" 하고, 다른 한 사람은 "남산북산신령왈(南山北山神靈曰) 항우당년(項羽當年)이는 난위산(難爲山)이라"라고 했다. 김립은 "항우사후(項羽死後)에 무장사(無將士)하니 수능발산투공중(誰能拔山投空中)이라"라고 했다.

ⓑ 김립은 초상집에 가서 지필묵을 얻어, "진왕무제(秦皇武帝)는 용하병(用何兵)고 허축방오만리성(虛築防吳萬里城)[胡 : 필자 주]이라. 기시(其時)에 약파염라국(若破閻羅國)이면 귀인차거무불행(貴人此去無不幸)이라"라고 적었다.

ⓒ 개성에서 푸대접받자 "읍명(邑名)은 개성(開城)인데 하폐문(何閉門)고? 황혼축객(黃昏逐客)이 비인사(非人事)라"라고 읊어, 주인의 대접을 받았다.

ⓓ 경상도로 가서 총각과 시 대결을 했다. 총각 "화락석상(花落石上)허니 무(無) '툭탁'이라." 김립 "월락강중(月落江中)허니 무(無) '툼벙'이라."

ⓔ 초하에 경상도에서 작은 아이가 똥통을 짊어지고 가는 접장을 불러 '어복장(魚復葬)'이 운자임을 알려주고 글을 요구하자, 접장은 "만경창파유좌향(萬頃滄波流座向). 산지청룡(山之淸龍)이 수백호(水白虎)"라고 했다. 김립은 농군도 저러하니 선비들에게는 당하지 못하리라 여겨 강원도로 들어갔다.

ⓕ 강원도 서당에서 훈장이 『통감』 초권에 항우가 진시황의 아방궁을 불태운 일을 기록한 것을 두고 글제를 '화삼월불멸(火三月不滅)'로 내었다. 훈장은 먼저 "화광(火光)이 상천구만리(上天九萬里)허니 옥황상제(玉皇上帝)가 무둔좌(撫臀座)라"라고 했다. 김립은 소변 보고 와서 짓겠다고 하고는 달아났다.

(18) 김삿갓이 탄복한 세 신동의 글재주[점암면 설화 38] 전남 고흥군 점암면 남열리 1983.8.1. 채록 김승찬 · 강덕희. 구연 마영식. 『한국구비문학대계』 6집 3책, pp.533-536.

김삿갓은 구월산을 들어가 세 아이가 '매의(罵醫)' 제목으로 글을 지어 경쟁하는 것을 보았다. 한 아이 "태고세(太古世)에는 무의약(無醫藥)이로되 천황씨(天皇氏)는 만팔천세(萬八千歲)." 둘째 아이 "상백초(嘗百草)하야 시유의약(始有醫藥)이라되, 홀연몰이 실농씨(忽然沒而 神農氏)라." 셋째 아이 "소불거자의서(燒不去者醫書)로되 조롱사어익년(鳥弄死於翌年)이라,"[분서갱유 때 진시황은 점책과 의서책은 불사르지 않았다. 조롱은 진시황 호] 김삿갓이 다가갔으나 인홀불견(人忽不見)했다. 김립전(金笠傳)에도 안 나오는 이야기이다.

(19) 살인 누명 벗긴 김삿갓[영월읍 설화 301] 강원도 영월읍 영흥 3리 영흥 3리 1983.8.21. 채록 김선풍·전광호·신용현. 구연 김진환.『한국구비문학대계』2집 9책, pp.172-173.

대장간에 살인이 나서 대장간 대장이 관아에 붙들려 갔다. 김삿갓이 소지를 지었다. "초한지시(楚漢之時)에 항우(項羽)가 시의제어강변(弑義帝於江邊)하니 강변무죄(江邊無罪)거든 야막지주인호(野幕之主人乎)아?" 본서의 앞에서 소개했다.

(20) 선생님의 꿀을 먹은 김삿갓[갑천면 설화 11] 강원도 횡성군 갑천면 부동리 1983.7.18. 채록 김대숙·고혜경. 구연 유효준.『한국구비문학대계』2집 7책, pp.350-351.

서당 아이들이 훈장의 꿀을 훔쳐먹은 후, 김삿갓이 자신이 그랬다고 밝히고 벌로 집 옥자를 넣고 글을 지은 이야기. "옥지상지 추지[주:屋之上之雛之] 집지타가 와지락지파지[주:執之瓦之落之破之] 사지뇌지 뇌해서 채질 달자 달지로다[주:師之怒之撻之]"

(21) 중 골탕 먹인 김삿갓[영월읍 설화 297] 강원도 영월읍 영흥 3리 1983.8.21. 채록 김선풍·전광호·신용현. 구연 김진환.『한국구비문학대계』2집 9책, pp.162-165.

금강산 비룡문 밑의 중이 천 냥 현상금을 걸고 자기 글과 똑같은 글을 짓는 사람에게 주겠다고 했다. 김삿갓은 의원, 기생과 함께 중을 찾아갔다. 중 "천유천불(天有天佛)하고 땅에 땅 부처가 있고 사람엔 사람 부처가 있으니, 아지복중에 유팔만대장경(我之服中 有八萬大藏經)하니 김씨구학(金氏求學)이래도 허지(許之)하고 이씨 구학(李氏求學)이래도 허지(許之)하는데 기학불학(其學不學) 오불관(吾不關)이다." 김삿갓 "천유천황씨(天有天皇氏)하고 지유지왕씨(地有地王氏)하고 인유인왕씨(人有人王氏)하고 아지복중(我之服中)에 유사서삼경(有四書三經)하니 김씨구학(金氏求學)이래도 허지(許之)하고 이씨구학(李氏求學)이래도 허지(許之)

하는데 기학불학(其學不學)은 오불관(吾不關)이라." 의원 "천유천문동(天有天門冬)하고 지유지골피(地有地骨皮)하고 인유인삼(人有人蔘)하니 아지복중(我之服中)에 유동의보감 팔십권(有東醫寶鑑 八十卷)하니 김씨구의약(金氏求醫藥)이라도 허지(許之)하고 이씨구약(李氏求藥)에도 허지(許之)하는데, 그약불약(其藥不藥)은 오불관이라." 기생 "천유항아(天有姮娥)하고 지유선녀(地有仙女)하고 인유명기(人有名妓)하니 아지복중(我之服中)에 유일공(有一空)하니 김씨구충(金氏求衝)이래도 허지(許之)하고 이씨구충(李氏求衝)이래도 허지(許之)하는데, 충불충(衝不衝)은 오불관(吾不關)이라." 이렇게 해서 중으로부터 삼천 냥을 뺏어 왔다.

(22) 채무관계 해결해 준 김삿갓[영월읍 설화 300] 강원도 영월읍 영흥 3리 1983.8.21. 채록 김선풍·전광호·신용현. 구연 김진환.『한국구비문학대계』2집 9책, pp.170-172.

경상도 곽화사에서 만든 종이를 강씨가 족보 종이로 쓰고도 돈을 주지 않은 것에 대해 대신 글을 보내 종이 값을 받아준 이야기. 본서의 앞에서 다루었다.

(23) 푸대접을 시로 풍자한 김삿갓[영월읍 설화 184] 강원도 영월군 영월읍 덕포 10리 1983.5.24. 채록 김선풍·유기태. 구연 엄기복.『한국구비문학대계』2집 8책, pp.684-685.

김삿갓이 금강산 밑에 가서 한 집에 가서 먹을 것을 구하자, 그 집에서 식은 밥을 내주었고, 그것도 이미 맛이 변해 있었다. 김삿갓 "금강산하 삼십객(金剛山下 三十客)이, 사십에 가서 오십 식(四十樹下 五十食)이랴"[금강산 밑에 서러운 손이 마흔 집에서 쉰밥을 먹었다].

(24) 허황한 글 짓고 술 얻어먹은 김삿갓[웅천면 설화 10] 충남 보령군 웅천면 대창리 경로당 1981.2.23. 채록 박계홍·황인덕. 구연 김동립.『한국구비문학대계』4집 4책, pp.259-260.

김삿갓이 허황한 글로 동네 술을 얻어먹었다. "청산영리녹포란(靑山影裏鹿抱卵)이요 유수성중해타미(流水聲中蟹揷尾)라. 성두귀승이곡삼척(城頭歸僧齒三尺)이요 누상직녀염천척(樓上織女髥千尺)이라."

(25) 홍경래의 난과 김삿갓[둔내면 설화 48] 강원도 횡성군 둔내면 자포 1 리 1983.7.20. 채록 김순진·강진옥, 구연 오정섭,『한국구비문학대계』 2집 7책, pp.180-184.

김병연이 조부를 비난하는 시제로 글을 지어 장원급제하고, 어머니로부터 사실을 전해 듣고 죄인으로 자처, 삿갓을 쓰고 방랑하게 되었다.

구비문학 속의 김삿갓 상은 해방 이후 독서물의 양산과 관련이 있을 법하다. 번다함을 피해, 일일이 거론하지 않는다.

3.

김삿갓의 일화를 스토리텔링으로 확장시키려는 움직임도 진작에 있었다.
『삼천리』(1941.6.1) 제13권 제6호와 『삼천리』(1941.7.1) 제13권 제7호에 송영(宋影)이 지은 희곡『방랑시인 김삿갓』의 극본이 실렸다. 희곡을 완성한 것은 1941년 4월 2일 정오였다.
이 극본의 「해설」은 김삿갓의 약전을 서술하고 김삿갓이란 인물상을 다음과 같이 제시했다.

김삿갓의 본명은 김병연이다. …… 반란 평정 후에 김익순 씨는 처형이 되고 그의 자손들은 폐족이 되었다. [5세손 김영진 씨(삿갓의 손)(현존)때부터는 다시 영달의 길이 터졌다.] 병연은 탁월한 문장이었으나 폐족이기 때문에 등용이 못

되었다. 이래서 그는 세상을 비관하고서 「삿갓」을 쓰고 일생을 방랑하다가 전남 동복(同福) 지방에서 객사를 했다.

송영은 「희곡을 구성할 때」라는 제목으로 자기의 희곡을 자평했는데, "사실에 치중하지 않고(원래 사실이 전해지지 않고 해서) 다만 김삿갓의 생활(감정)을 통해서 그때 그 세대의 분위기를 나타내려고만 힘을 썼다. 때문에 도에 지나친 낭만이 흐른다"라고 실토했다. 또한 삿갓이 폐족이었지만 은가(隱家)라도 있었으리라고 단정을 하고, 곡산은 그가 종복 김성수(金成秀)에게 길러질 때 살던 곳이지만, '극의 구성상' 그의 가정을 잠시 그곳으로 정했다고 했다. 그리고 송영은 백일장사건, 기생 계향 집 사건, 또 음전(音全)이와 해후하는 것들을 '공상으로써' 창조했다. 백일장의 장원시(狀元詩)는 사실로는 과시(科詩)였겠지만 송영은 그의 자연시 중에서 그 중 묘하고도 통속적인 설경시(雪景詩)로 대신했다.

희곡의 구성은 다음과 같다.

서막
제1막 '삿갓을 쓴 까닭' 제1장 백일장, 제2장 달밤
제2막(20년 뒤) '삿갓을 쓰고서' 제1장 군상(群像) 제2장 농세(弄世)
제3막(다시 20년 뒤) '삿갓은 허릿지만' 제1장 해후 제2장 '낙엽'

막이 열리면 무대에는 김삿갓의 「영립(詠笠)」이 걸려 있다. 즉 "浮浮我笠等虛舟(부부아립등허주) 一着平生四十秋(일착평생사십추)" 운운의 칠언율시로, '반사구(伴沙鷗)'가 '반백구(伴白鷗)'로 되어 있는 이외에, 글자의 차이는 없다. 김삿갓이 초동(樵童)과 어옹(漁翁)에게, 자신이 삿갓 쓰고 다니는 이유를 이야기하겠다고 한다.

제1막은 '삿갓 쓴 까닭'이다.

제1장 '백일장'은 곡산 거처의 김삿갓이 본부(本府) 백일장에서 시제(詩題) 「설경(雪景)」을 두고 지은 칠언절구("飛來片片三春蝶, 踏去聲聲六月蛙. 寒將不吉多言雪, 醉或以留更進杯.")로 도장원(都壯元)을 한다. 김병연은 "나라에서 한아버님의 허물은 한아버님 당대에 끝이게 하시고 저의 아버님부터는 아모 상관이 없게 되었습니다"라고 밝혔다. 하지만 부사는 "비록 나라에 홍은(鴻恩)을 입어서 삼족지환(三族之患)은 면했지만 역시 역적의 자식들이 아니냐"라고 하면서 장원을 말살했다. 그리고 부사는 부방을 한 자신의 아들 윤성순(尹誠淳)을 장원으로 삼았다. 곡산 촌로 오(吳) 서방은 부당함을 말하다가 옥에 갇힌다.

제2장 '달밤'에서 김병연은 종 김성수에게 세상을 등지려는 뜻을 밝힌다.

　　김 : 세상을 내 맘대로 비꼬고 꼬집어 뜨들려오. 망석중이 모양으로 가지고 놀려오. 속속디리 응뭉친 가진 추악(醜惡)을 갈기갈기 찌저서 들처내 버릴려오. 그놈들이 권력을 가지고 덤비거든 나는 무서운 희학(戱謔)를 가지고 당할터이요. 그놈들이 갓과 관을 쓰고 마조오면 나는 이 삿갓을 쓰고 앞을 가릴테요. 할아범 세상을 등진다는 뜻은 죽는다는 뜻이 아뇨. 나 혼자 한편이 되여가지고서 세상과 싸호겠다는 뜻이오. 일월은 농중조(籠中鳥)요 건곤(乾坤)은 유평초(流萍草)라 요까진 세상쯤야 조각돌같이 발끝으로 굴리기도 어렵지 않지.

김병연은 부친 김안근에게도 집 떠날 뜻을 밝힌다. 김안근은 "너의 장인장모는 말할 것도 없이 모든 처가의 일가에서도 모두들 반대들을 했다. 그래도 네 처는 모든 어려움을 물리치고 네 처가 되여주지를 않었느냐. 그러한 네 처를 혼자 내버려두고 갈 용기가 있나"라고 묻는다. 그러나 김삿갓은 아내와 작별한다. 김안근은 "세상에게 지지마라"라고 격려한다.

제2막 '삿갓을 쓰고서'는 곡산 백일장 이후 20년 뒤의 일을 그렸다.

제1장 '군상(群像)'은 이름난 기생 계향(桂香)의 집을 무대로 삼았다. 김삿

갓이 "却把難同調(각파난동조) 還爲一席親(환위일석친) 酒仙交市隱(주선교시은) 女俠是文人(여협시문인)"의 시를 읊자, 계향은 그가 범인이 아님을 짐작한다. 진사 서병덕과 문 첨지가 합석하여, 원 생원의 제창으로 율시 한 편씩을 짓는데, 김삿갓은 "日出猿生原(일출원생원) 猫過鼠盡死(묘과서진사) 黃昏文簽至(황혼문첨지)"라 쓰고는 떠나간다.

제2장 '농세(弄世)'는 계향의 집을 무대로 했다. 서 진사는 계향더러 김 판서에게 청하여 자신의 아들을 출신(出身)시켜 달라고 부탁하고, 문 첨지는 김 판서에게 잃어버린 산(山)판을 다시 찾게 해달라고 계향을 조른다. 이때 김 판서가 와서 계향과 이야기를 나누는데, 김삿갓이 울타리 밖에 왔다. 김 판서 등에게 쫓겨나면서 김삿갓은 "天高萬里不擧頭(천고만리불거두) 地闊千里不宣足(지활천리불선족)"이라 읊는다.

제3막 '삿갓은 허럿지만'은 2막보다 20년 뒤이다.

제1장 '해후'에서는 '삿갓 쓴 늙은이' 김병연이 곡산으로 돌아와 노파와 두 처녀에게 시를 읊어 들려준다. "燈前燈後分晝夜(등전등후분주야) 山南山北判陰陽(산남산북판음양) 澗松溪邊老少對(간송계변노소대) 疑是人生春秋圖(의시인생춘추도)" 노파는 곡산 오서방네 외딸 음전(音全)이다. 오서방은 김삿갓이 도장원을 한 백일장에서 출방을 당한 것을 항의하다가 옥에 갇혀 결국 옥에서 죽었다. 김삿갓은 그 사실을 알고 밤새 통곡했다고 한다. 음전의 어머니도 관가에 발악했다고 하옥되었다가 단식을 하여 죽었다. 음전도 관비가 될 뻔했으나 도망했다고 한다.

제2장 '낙엽'은 제1장의 해후가 있은 다음날 새벽이다. 산적 두목이 전대와 칼을 메고 송림에서 나오다가 이불을 들쓰고 자고 있는 김삿갓을 발견하는데, 김삿갓은 산적에게 "세상이란 놈은 내 일흠을 도적질해 갔다. 그렇게 큰 도적놈이 또 어디 있겠니"라고 한탄한다. 김삿갓이 사라지고서 노파 음전이 김삿갓의 둘째 아들 익균과 함께 김삿갓을 찾으러 온다. 김삿갓의 시음(詩吟) 소리가 들리지만 김익균은 따라가지 않는다. 김익균은 김삿갓이 간 곳

을 향해서 절을 하고 땅에 엎드려 이렇게 말한다.

　　　아버지 아모쪼록 만수무강하옵소서. 저이들은 아버님의 쌓이고 쌓인 원한을 어떻게든지 설원을 해드리고 말겠습니다. 저이 손으로 안 되면은 자자손손이 이어가면서라도 기어코 설원을 해드리고 말겠습니다. 그리해서 다시는 다시는 아버님 같으신 만고의 서러운 분이 생겨나지 않도록 해보겠읍니다. 아버지 아버지.

　늙은 음전이 쓸쓸히 울고, 삿갓의 시 읊는 소리가 점점 멀어질 때 막이 내린다.
　송영의 이 희곡은 김삿갓을 부조리에 항거하는 저항인으로 부각시켰다. 오늘날 김삿갓의 한시는 어떤 스토리텔링 속에서 소환되고 재해석될 것인가?

제23화. 이응수와 『김립시집』

1.

이응수(李應洙)는 1909년생이다. 일제의 강제합방 시기를 살면서, 민족문화의 건강한 맥을 찾겠다는 일념으로 20대부터 김삿갓 시를 발굴하기 시작했다. 1939년 『김립시집』 초간본을 발간했고, 불과 2년이 지난 1941년에 대증보판 『김립시집』을 간행했다. 그리고 북한에서 활동하던 1956년에 『풍자시인 김삿갓』(평양 : 국립출판사)을 출판했다. 1964년 작고했다고 한다.

이응수는 함흥(咸興)고등보통학교를 나왔다. 당시 고등보통학교는 중등학교였다. 1928-1929년에는 일본 구제(舊制) 사가(佐賀)고등학교(제15고등학교) 문과 갑류[文甲]에 재학했다.1) 김사량(金史良)이 그의 3년 선배였다. 구제고등학교는 일본 고등학교령(1894년과 1918년)에 따라 설치되어 1950년까지 존속한 교육기관이다. 현재의 대학 교양과정에 해당한다. 7년제 고등학교는 심

---

1) 白川 豊, 『植民地期朝鮮の作家と日本』, 大学教育出版, 1995, p.72 「金史良の佐賀高等学校時代」 註25. 佐賀高等学校 · 編, 『佐賀高等学校一覧』(自昭和三年至昭和四年 ; 自昭和四年至昭和五年) ; 永島広紀, 「旧制高等学校における朝鮮人生徒の文芸活動」, 『朝鮮近代文学における日本語創作に関する総合的研究』 2014ワークショップ '植民地朝鮮文学と二重言語状況,' 新潟県立大学, 2014(平成26)年7月6日.

상과(尋常科)와 고등과(高等科)로 나뉘고, 대학예과(大学予科) 3년제 고등학교는 대학예과를 고등과라고 불렀다. 고등과는 문과와 이과로 나누어, 이수 외국어에 따라 문과 갑류(영어), 문과 을류(독일어), 문과 병류(불어), 이과 갑류(영어), 이과 을류(독일어), 이과 병류(불어)로 세분했다.

사가고등학교의 『교우회잡지』(1928.10) 13호에 시「曉は敵である」를 게재했고, 『교우회잡지』(1929.12) 15호에 시「永遠の戰」을 게재했다. 그러나 이후 중퇴한 듯하다.2)

그런데 이미 1927년에 18세의 이응수는 양숙이(梁熟仡)와 무정부주의 계통의 농민문학론에 관해 논쟁을 벌였다.3) 1927년은 계급 문학론과 국민문학론, 그리고 계급문학론과 무정부주의 문학론 사이에 논쟁이 치열했던 시기로, 이때 농민문학론에 관한 논쟁도 재개되었던 것이라고 한다.

『김립시집』의 이응수는 1934년 '조선국내공작위원회 사건'으로 일본 경찰에 체포된 이응수(李應洙, 1906-?)와는 별개의 인물이다. 공작위원회의 이응수는 황해도 신천 빈농 출신으로 재령 금산(金山) 철광에서 광부로 일하고, 1930년 12월 조선공산당재건설준비위원회에 가입하여 금산철광야체이까를 조직했다. 1931년 1월 신문구독회와 노동청년회를 조직했다가, 4월경 일본 경찰에 검거되었고, 1934년 6월 경성지법에서 징역 3년을 선고받았다. 1935년 7월 26일 조선공산당 공작위원회 김이흥(金二興)·이응수·정종명(鄭鍾鳴)·이옥봉(李玉鳳)이 서대문형무소에서 만기 출옥했다는 기사가 『동아일보』에 실려 있다.4)

『김립시집』의 이응수가 김삿갓의 시에 대해 논평한 초기의 글은 『중외일보』(1930.2.8)에 게재한「휫트맨·石川啄木·金笠」이다.5) 당시 21세였다. 이응수는 '한창 이상주의와 의분에 불타는 시절 22세 때' 김삿갓의 단시(短詩)

---

2) 永島広紀 씨의 가르침에 의한다.
3) 백원담·김병걸·채광석, 『민족, 민중 그리고 문학』, 지양사, 1985, p.143.
4) 『일제하사회운동사자료집』 2, p.475.
5) 李應洙, 「세계시단 3대혁명가 : 휫트맨·石川啄木·金笠」, 『中外日報』, 1930.2.8.

를 즐겨 읊었다.

이응수는 1930년 무렵 자작시를 발표하는 한편으로, 경성 거주 오한근(吳漢根) 등으로부터 김삿갓 시를 얻기도 했다. 오한근은 조부가 김병연과 친밀했다고 한다. 또한 김삿갓 시 관련 자료를 발굴하기 위하여 서당 훈장 한학자 등을 함경도 경기도로 널리 찾아다녔고, 조선총독부 도서관에서 2개월간 자료를 찾았으며, 김원근(金瑗根)에게 서너 날 가르침을 받고 성대(城大) 강사 권순구(權純九) 옹에게서 가르침을 받는 등 수년간 노력을 기울였다.6)

권순구는 1916년에 광학서포(廣學書舖)에서 『한선대역문 부인언행록(漢鮮對譯文 婦人言行錄)』을 간행했다. 1921년 이 책을 다시 대창서원(大昌書院), 보급서관(普及書舘)에서 간행했다. 권순구는 조선총독부 군수 정8위로 『순종황제실록』 편찬위원을 지냈다. 2008년 민족문제연구소의 친일인명사전에 올라 있다.

김원근(1868-?)은 전통 한학자로, 1893년 배재학당 영어과를 졸업한 후 배재학당에서 8년간 근속하고, 정신여학교 교사를 지내 정신여학교 근속 25주년 기념식(1930.10.20, 중앙기독교청년회 개최)에서 근속 표창을 받았다. 『청년(青年)』(1922.5-7월호)에 「조선고금시화」, 『청년』(1922.2-4월호)에 「조선 고금의 미술대가」를 연재했고, 『신생(新生)』에 1930년부터 1934년까지 42회에 걸쳐 「조선시사(朝鮮詩史)」를 연재했다. 그밖에 「조선활자고」, 「조선주자고(朝鮮鑄字考)」, 「단군」 등의 글을 1910-30년대 신문과 잡지에 발표했다.

2.

이응수는 1930년부터 1933년까지 김삿갓에 관한 글을 『동아일보』와 『삼천리』·『동광』 등에 발표했다.

---

6) 1939년 학예사 간 『金笠詩集』 권두 「自序」.

「詩人 金笠의 面影」[제1회, 全4回],『동아일보』1930.3.27.

「詩人 金笠의 面影」[제2회, 全4回],『동아일보』1930.3.28.

「詩人 金笠의 面影」[제3회, 全4回],『동아일보』1930.3.29.

「詩人 金笠의 面影」[제4회, 全4回],『동아일보』1930.3.30.

「金笠詩抄」,『삼천리』제13호 1931.3.1.

「金삿갓과 金剛山[上]」,『동아일보』1931.4.14.

「金삿갓과 金剛山[中]」,『동아일보』1931.4.15.

「金삿갓과 金剛山[下]」,『동아일보』1931.4.18.

「金笠 詩 抄譯」,『삼천리』제4권 제1호, 1932.1.1.

「金笠 詩」『삼천리』제4권 제3호, 1932.3.1.

「金笠의 詩」,『동광』제40호 1933.1.23.

이응수가 김삿갓을 수집하고 있을 때 경성제대 법문학부 조선어학과 본과에 재학 중이던 김재철도 김삿갓에 관한 글을 발표했다. 즉, 그는『동아일보』(1930.12.10)에 '방랑시인 김삿갓'을 전 2회 소개했다. 제1회의 글은 「김병연의 일생」이다.

이응수는『삼천리』(1932.1.1)제4권 제1호에 게재한 「김립 시 초역」에서 '먹자 운'으로 잘 알려진 「실제(失題)」가 김재철 글에 의거한다고 밝혔다.7) 또한『동광』(1933.1.23) 제40호에 수록한 「김립의 시」에서는 "綠靑壁路入雲中(녹청벽로입운중) 樓使能詩客住笻(누사능시객주공)" 운운의 「금강산」을 소개했다. 김재철은『동아일보』에 이 시를 묘향산 시의 4구와 합하여 전체를 묘향산 시로 보았으나, 이응수는 운자가 맞지 않으므로 이 시는 「금강산」 시가 분명하다고 논증했다.8)

---

7) 이응수는 「실제」 제목 다음에 "據(거) 金在喆(김재철)씨"라고 밝혔다.
8) "언젠가 金在喆氏가 東亞日報(1930.12.10,'방랑시인 김삿갓')에 平生所欲者何求. 每擬妙香山一遊. 山疊疊千峰萬及 路層層十步九休란 二首를 加하야 此詩를 妙香山詩라 하엿으나 그라타면『求』『遊』『休』란 韻字와『中』『笻』『峰』『松』『鍾』이란 韻字가 용납되

김재철의 본관은 안동. 호는 노정(蘆汀). 1921년 괴산공립보통학교, 1926년에는 경성제일고등보통학교를 졸업한 뒤, 그해 4월 경성제국대학 예과에 입학하여 1928년 4월 법문학부 조선문학과에 진학하여, 1931년 졸업했다. 평양사범학교에서 교편을 잡고 있다가 1년 만에 작고했다. 논문으로 「Palatalization에 대하여」·「조선어화의 조선어」가 있고, 저서로『조선연극사』외에 민요·소설·김삿갓 등의 연구를 묶어 출간한『노정잡고(蘆汀雜稿)』가 있다.

김재철은 천태산인 김태준과는 대학 동기로 천태산인이 1931년 12월 25일 조선어문학회에서『조선한문학사』를 간행하기 전, 그 달 12월에 책의 서문을 작성했다. 그러나 27세로 요절하고, 천태산인이 「노정 김재철 군을 곡함」이라는 조사를 작성하게 된다.

천태산인은 그의『조선한문학사』이조편의 마지막 장 8장「근세의 한문학-후기」에 5개 절을 배당했는데 그 제4절을 '방랑시인 김삿갓'이란 제목으로 서술했다. '아동주졸(兒童走卒)도 모두 아는 사람'인 김병연=김삿갓의 일생에 대해,『대동기문』의 서술과 김삿갓의「영립(詠笠)」을 통해 소개하고, 그의 방랑과 시문학에 대해 다음과 같이 개괄했다.

> 그는 당시에 가성(家聲)이 굉장하던 장동김씨요, 명자(名字)는 장안 항렬자[淳]인 김익순의 손자이다. 호화롭던 옛날을 추억하면 기가 막히고, 또 그보다도 타락한 사회상과 국말적(國末的) 정형(情形)과 폐속(廢俗)을 목격하는 대로 그를 상심케 하는 자연성(自然性)의 발로였다. 그러므로 간 곳마다 산촌 훈장을 비웃고 방백(方伯)을 소매(笑罵)하며 경박한 풍속을 공격하였다. 또 때로는「책색두(責索頭)」,「영립(詠笠)」과 같은 제목의 시를 지어 스스로 위안하기도 하였으니, 그의 글을 읽을 적마다 임란(林蘭)이 펴낸『서문장고사(徐文長故事)』를 연상하게 한다.9)

─────────────
지 못한다. 이 詩는 필경 金剛山詩다."
9) 金台俊 원저, 崔英成 譯註,『譯註 朝鮮漢文學史』, 시인사, 1939, p.251.

천태산인은 김삿갓=김병연의 삶과 문학을 개인적 불행에 대한 비애와 현실의 모순에 대한 비판이라는 두 축에서 바라보았다. 그리고 후자의 문학적 양태로 '간 곳마다 산촌 훈장을 비웃고 방백(方伯)을 소매(笑罵)하며 경박한 풍속을 공격'한 점에서 찾았다. 오늘날 남아 있는 시로 보면 김삿갓이 산촌 훈장을 비웃고 경박한 풍속 - 특히 객을 집안에 들이지 않고 돈을 숭배하게 풍조 - 을 비판한 점은 맞지만 방백을 소매한 일은 찾아보기 어렵고, 현실의 모순을 예리하게 끄집어내어 공격한 점은 쉽게 발견하기 어렵다. 한편 천태산인은 김삿갓이 개인적 불행과 관련하여 「책색두」와 「영립」의 시로 스스로를 위안했다고 했으나, 「책색두」는 과시이다. 앞서 보았듯이 이 과시는 형가와 번오기의 일을 소재로 삼았다. 지하에서 번오기가 진시황 살해에 실패한 형가를 만나 자기 목을 돌려달라고 하자, 형가는 일의 성패와 관련 없이 일을 수행하는 장대한 의지를 높이 쳐야 한다는 말로 스스로의 행위를 변론했다. 에둘러 보면 이러한 소재와 주제를 통해 김삿갓이 스스로의 내면세계를 드러냈고, 현실로부터의 소외에서 오는 절망감을 대상(代償)하고자 했다고 볼 수 있다. 그러므로 「책색두」를 통해 스스로를 위안했다고 평가한 것은 틀린 말이 아니다.

한편 천태산인은 김삿갓을 서문장 즉 명나라 때 기인 서위(徐渭)와 동렬의 인물 부류로 보았다. 특히 임란 편 『서문장고사』를 연상하게 된다고 했다. 이 책은 외집 상중하 3책으로 상해 북신서국(北新書, 1933.1)에서 재간되었으므로 초간은 그보다 이를 것이다. 상책의 부록으로 「조선전설」이 붙어 있다.

또한 천태산인은 다음 시들을 예로 들어 김삿갓의 시 세계를 개괄했다.

　　(ㄱ) 두 절구 형식
　　01 鳥巢獸穴皆有居(조소수혈개유거) 顧我平生獨自傷(고아평생독자상)
　　　　芒鞋竹杖路千里(망혜죽장노천리) 水性雲心家四方(수성운심가사방)
　　02 書爲白髮劍斜陽(서위백발검사양) 天地無窮一恨長(천지무궁일한장)

痛飮長安紅十斗(통음장안홍십두) 秋風簑笠入金剛(추풍사립입금강)

㈀은 하나의 시가 아니다. 01은 「난고평생시」의 첫 2연, 02는 1919년 『증보해동시선』 수록의 칠언절구 「입금강산(入金剛山)」이다. 천태산인은 두 시르 병렬하되 두 시가 별개임을 보이기 위해서인 듯, 두 시 사이에 해설의 말을 삽입했다. 그리고 이것을 인용하면서, "그는 상심낙탁(傷心落魄, 상심낙백)하여 모든 존재가 바로 보이는 것이 없었다. 그는 스스로 탄식하되 …01…라고 하며, 혹은 …02… 이라고도 하여 천지와 같이 영겁무애(永劫無涯)한 한을 가졌었다."라고 해설했다. 뒷날 이응수는 대증보판 『김립시집』에서 01-02를 합하여 「난고평생시」라고 해설했다.

㈁ 「진일수두객(盡日垂頭客)」 시. 제목 없이 실었다. 이응수의 『김립시집』 세 판본에 모두 수록되었는데, 몇몇 글자가 다르다. 이는 앞서 말한 바 있다.

㈁에 대해 천태산인은 "그가 당시의 세태를 비웃은 시 한 수를 보기로 한다."라고 하여, 이 시를 김삿갓 풍자시의 대표로 보았다.

천태산인은 "그는 삿갓 아래로 본 세계를 골계·해학·풍자 등 여러 법과 파격시(破格詩)·시희(詩戱)·자희(字戱) 등으로써 이를 음파(吟破)해 버렸다"라고 논평하고, 실례를 들지 않고, 이 절은 이미 김재철의 발표가 있으므로 생략한다고 했다. 그리고 김삿갓과 비슷한 불우한 시인으로 황오를 꼽을 수 있다고 덧붙였다.

『삼천리』(1932.1.1) 제4권 제1호에 수록한 「김립 시 초역」에서 이응수는 김립을 운위한 지 두 해, 김립의 시를 수집한 지 5, 6이되 아직 유고집 1권을 이루지 못했다고 했다. 이응수는 "기어히 문집 1권은 성취할 심산으로 이 적은 모사(謀事)를 진행식히는 중"이니, "독자 중에서 저의 노력에 소호(少毫)의 조력이라도 베풀어 주시기를" 바란다고 요청했으며, 거처의 주소를 "흥남역

(興南驛) 후(後) 하덕리(荷德里) 53번지"라고 밝혔다.

　　김립을 운위(云爲, 云謂)한지 벌서 두 해를 거듭하고 김립의 시를 수집하기 시작한지 5, 6년을 세이되 아직 유고집 1권을 성(成)치 못하였음에 어즈버 소괴(小愧)를 느끼오나 일편 생각하면 누항(陋巷)에 칩거치 않으면 아니 될 부득이한 환경에 처하여 있음이 또한 초지를 여의대로 관철하기 난(難)한 최대의 원인인 듯 합니다. 김립에 관심을 가지게 된 것이 헛된 명예심에 기인하였는지 그렇지 않으면 불우의 고인을 위하야 또는 조선의 인멸(湮滅)되어가는 문조(文藻)를 위하야 미충(微衷)이나마 지성이 있었음인지는 나로도 분간키 어려우나 여하간, 기이(旣而) 시작한 일이니 기어이 문집 1권은 성취할 심산으로 이 적은 모사(謀事)를 진행 시키는 중입니다. 재삼 부탁함은 독자 중에서 저의 노력에 소호(少毫)의 조력이라도 베풀어 주시기를 바라는 것입니다. 생(生)의 주소는 흥남역(興南驛) 후(後) 하덕리(荷德里) 53번지입니다.

『삼천리』(1932.3.1) 제4권 제3호에 수록한 「김립 시」에서 이응수는 앞으로 안동 김씨의 족보를 조사할 예정이며, 『삼천리』의 기고를 보고 김병연의 직계 증손 김홍한(金洪漢)이 자신에게 글을 보내어 앞으로 도움을 주겠다고 알려왔다는 사실을 밝혔다.

　　필자도 이전부터 김립의 전기적 사실을 자세히 알려면은 경성 방면에 가서 안동(安洞, 安東의 잘못) 김씨의 족보를 조사하는 것이 제일 첩경(捷經)이리라고 생각하고 있던 터에 전월 호 『삼천리』의 필자의 글을 보고 김립 선생의 직계 증손 되신다는 김홍한 씨라는 분이 필자에게 글을 보내어 금후에 많은 만원조가 있을 것을 약(約)하여 주었음은 실로 의외이었으며 또 김립 연구에 한 커다란 광망(光鋩)을 비쳐 주었습니다. 실로 김립 선생의 증손이 살아 있는 줄을 알았더라면 벌써 찾았을 것이외다. 김홍한 씨에 대해서는 필자도 다만 적은 글을 한 장 받았을 따름이니 자세한 사실은 금후 씨를 찾은 후에 소개코자 합니다.

김홍한은 『매일신보』(1933.12.2)에 「김립선생소고 - 그의 시상과 예술경」(1)을 발표하면서, 훗날 『김립시집』에 수록되는 시와는 달리 마지막 구절을 '七日食'으로 소개하기도 했다.10) 김홍한은 '김립'의 시가 생의 충실한 감각에서 우러나온 것이므로 결코 야비하고 천루하다고 매도할 수 없다고 했다.

자신의 생활을 표백하는 충동을 가진 시인으로써 현실에 전개하는 감각과 물상을 묘사하고 호소하는 것은 그의 막을내야 막을 수 없는 자연한 욕구이어야 할 것이다. 「워-즈워-드」는 말하엿다. 「시인은 타인에게 말하고저하여 말하는 사람이며 보통인보다 다감적이고 정렬이 강성한 사람이라」고…… 인간의 본성을 깊히 통찰하고 예민한 감정으로 자기의 신고와 전개되는바 대상을 힘잇게 부르지즈며 그 진상을 허위 업시 표백하는 것이다. 고로 표랑생활에 몸을 던져 입영(入映)되는바 모든 것을 모든 것을 표백하는 방랑시인으로서 인생의 절실한 허위 업는 생을 고조하는 동시에 자연과 병행하는 대환희중에 약동하는 생의 충실한 감각을 가진 그로써 쉬일사이업시 예술에 정진하는 그의 혜안으로부터 우리는 그의 시가 무슨 야비하고 천루한 바이 잇스랴

김홍한은 「김립선생소고 그의 시상과 예술경」(1)을 『매일신보』(1933.12.2)에 게재한 이후 그 (2)-(7)을 같은 신문의 동년 12월 3일자부터 8일자까지 게재했다.

『매일신보』(1933.12.3)의 2회 분 글에서 김홍한은 "필자가 한문의 소양이 부족함으로 완전히 이것을 역하지 못한 것이 있다. 붓그러이 생각한다"라고 하면서도 3편의 한시를 소개했다.

---

10) 金洪漢, 「金笠先生小考 - 그의 詩想과 藝術境」(1), 『매일신보』 1933년 12월 2일자.

(ㄱ)「과보림사(過寶林寺)」: 대중보판『김립시집』수록.

(ㄴ)「과안락견오(過安樂見忤)」: 대중보판『김립시집』수록.

(ㄷ) 미상[첫글자는 道로 보이되 아래 글자들은 판독 불가] "超超獨倚望鄉臺(초초독의망향대) 絶壓覇懷悲眼開(절압패회비안개)" 운운 : 대중보판『김립시집』에서는 시제를 '嶺南述懷(영남술회)'라 했고, '絶壓覇懷悲眼開'는 '强壓覇愁快眼開(강압기수쾌안개)'로 되어 있다.

『매일신보』(1933.12.4)의 3회 분 글에서 김홍한은 김삿갓의 시라면서 다음 시들을 소개했다.

(ㄱ)「자상(自傷)」: 『김립시집』세 텍스트에 모두 채택하지 않았다.
　　哭子靑山又葬妻(곡자청산우장처) 風酸日薄轉妻妻(풍산일박전처처)
　　兀然歸家如僧舍(홀연귀가여승사) 獨擁寒衾坐達鷄(독옹한금좌달계)
　　아들을 곡한 후 또 아내를 묻다니
　　일모에 바람이 쓰라려 갈수록 처량하다.
　　귀가하여 오똑 앉았노라니 절간처럼 쓸쓸하여
　　찬 이불 홀로 끼고 새벽에 이른다.
　　[마지막 구의 '達鷄'는 '達鷄鳴'이어야 하지만 운을 맞추려고 鷄로 끝냈다.]

(ㄴ)「우감(偶感)」
　　劍思徘徊快馬鳴(검사배회쾌마명) 聞鷄默坐數前程(문계묵좌수전정)
　　亂山經歷多花事(난산경력다화사) 大海觀歸小水聽(대해관귀소수청)
　　歲月皆賓猶卒忽(세월개빈유졸홀) 煙霞是世自昇平(연하시세자승평)
　　黃金滿袖暖擾子(황금만수요요자) 送我渡頭半市情(송아도두반시정)
　　시와 검의 유학자 생각으로 배회할 때 준마가 히힝 대기에
　　묵묵히 앉아 닭 울음 들으며 앞 노정을 헤아린다.
　　첩첩 산을 지나면서 꽃구경 일 많았고

큰 바다 보고 돌아가 작은 물의 소리를 듣는다.

손님으로 세월 보내고 홀연히 죽으리니

아지랑이 노을의 이 세상은 절로 태평세월이로다.

황금이 소매에 가득해도 근심 많은 그대여

나를 나루머리에서 전송하는 것은 대부분 저자의 정이로다.

[마지막 구의 渡頭는 이응수『김립시집』에 路邊으로 되어 있다.]

(ㄷ) 「즉음(卽吟)」: 1939년『김립시집』과 1941년 대증보판에 수록했다.

(ㄹ) 「청효종(聽曉鍾)」: 1939년『김립시집』과 1941년 대증보판에 수록하되, "黃五 진사의 작이라는 설이 있다"라고 부기했다.

『매일신보』(1933.12.5), 4회 분 글에서는 다음 김삿갓 시들을 소개했다.

(ㄱ) 「영구루인(咏傴僂人)」: 이응수가『동광』제40호(1933.1.23)의 「김립의 시」에서 「구루음(傴僂吟)」으로 처음 소개했다. 여러 글자와 구가 다르다.

(ㄴ) 「조지사(嘲地師)」: 1939년『김립시집』과 1941년 대증보판에 수록했다. '天文'이 '天地'로 되어 있던 것을 이응수가 바로잡았다.

(ㄷ) 「슬(虱/蝨)」: 1939년『김립시집』과 1941년 대증보판에 수록했다. '群蟲'을 '昆蟲,' '搔背'를 '搔首'로 바꾸었으나, 김홍한의 표기가 옳다.

(ㄹ) 「조(蚤)」: 1939년『김립시집』과 1941년 대증보판에 수록했다. '半風之族'을 '半風爲友'로, '肥膚'를 '肌膚'로 표기했다.

『매일신보』(1933.12.6), 5회분 글에서는 다음 김삿갓 시들을 소개했다.

(ㄱ) 「독등한벽당(獨登寒碧堂)」: 1939년『김립시집』과 1941년 대증보판에 수록하지 않았다.

第一湖南物色州(제일호남물색주) 人云壯觀我還愁(인운장관아환수)

有詩無酒登高處(유시무주등고처) 雲自悠悠水獨流(운자유유수독류)

(ㄴ)「등광한루(登廣寒樓)」: 1939년『김립시집』과 1941년 대중보판에 수록했다. 이응수 본의 '衆仙遊'가 '刊仙遊'로, '靈區'가 '靈道'로 되어 있다.

(ㄷ)「모투강제음(暮投江霽[霽]吟)」 "滿城春訪讀書家, 雜木疎篁映墨花" 운운 칠언율시: 1939년『김립시집』과 1941년 대중보판에 수록했다.

(ㄹ)「영설경(咏雪景)」: 1939년『김립시집』과 1941년 대중보판에 수록했다.

『매일신보』(1933.12.7), 6회 분 글에서 김홍한은 다음 시들을 소개했다.

(ㄱ)「견걸인노변사(見乞人路邊死)」: 이응수가『동광』제40호(1933.1.23)의 「김립의 시」에서 「견걸인시(見乞人死)」로 소개했다. 1939년『김립시집』과 1941년 대중보판에도 실었다. 김홍한의 경우 제2연(함련)과 제3연(경련)이 뒤집어져 있는데, 傍은 거성 漾(양)운에 속하므로 운이 맞지 않는다.

(ㄴ)「간음야점(艱飮野店)」: 1939년『김립시집』과 대중보판에 수록.

(ㄷ)「장기(將棋)」: 1939년『김립시집』과 1941년 대중보판에 수록했다. 대중보판은 글자가 괄호 속처럼 되어 있다.

酒豪詩老兩老論, 戰爭公[方]設一堂中.
飛包越處軍容肅[軍威壯], 猛象走時[蹲前]陣勢空[雄].
直走輕車先犯卒, 橫行駿馬每窺宮.
殘兵大敗[散盡]連呼將, 二士難成任讓功[二士難存一局空].

이어서『매일신보』(1933.12.8)의 7회 분에서 김홍한은 다음 시들을 소개했다.

(ㄱ)「연죽(煙竹)」: 1939년『김립시집』과 1941년 대중보판 수록.

(ㄴ)「목침(木枕)」: 1939년『김립시집』과 1941년 대중보판 수록. 김삿갓이 스스로를 홀아비라 일컫고 있다.

(ㄷ)「뇨강(溺缸)」평성 微운(扉·圍·飛·肥)을 사용하되 收는 평성 尤운이라 낙운이다. 『삼천리』(1932.3.1) 제4권 제3호에 「溺缸」으로 소개. 김홍한이 『매일신보』(1933.12.8)에 「溺江」으로 소개. 1939년 『김립시집』과 1941년 대중보판 수록.

(ㄹ)「영영(咏影)」: 1939년 『김립시집』과 1941년 대중보판 수록

(ㅁ) '증조 김립선생의' 「영립(咏笠)」: 이응수가 『삼천리』(1931.3.1) 13호 「김립시초」에 소개한 후 김홍한이 여기서 다시 소개. 1939년 『김립시집』과 1941년 대중보판 수록.

(ㅂ) '증조 김립선생의' 「난고평생시 회향자탄시」: 공령시(과시). 18연(36구). 09-18연은 대중보판 『김립시집』의 17연 시와 상당히 다르다.

한편 이응수는 『동광』(1933.1.23) 제40호 「김립의 시」 끝에 광고를 실었다.

> 筆者 일즉이 東亞 三千里 等紙를 통하야 金笠에 관하야 약간의 소개가 잇엇음을 讀者는 기억할 것이다. 이제 다시 蒐集詩 10餘 篇을 수첩에서 抄譯하는 터이니 조금이라도 金笠이란 浩大한 詩人에 대하야 호의를 가지고 잇는 讀者에게 깊은 淸鑒이 잇기를 바란다. 특히 前番 三千里 所載의 詩抄를 보고 직접 筆者에 笠의 詩稿를 보내주신 분들에게 紙上을 통하야 사의를 올리고 더 나아가 계속적 후원이 잇기를 바라는 바이다. (筆者의 주소는 興南邑 荷德里53番地)

이응수는 한시를 2구 1연마다 일련번호를 붙여 제시하고, 각 시의 어휘에 대해 '주석'을 끝에 몰아 두고, 시 전체의 '대의'를 설명하는 방식을 택했다. 일본식 훈독으로 한시를 공부한 일이 있어서, 일본 훈으로 글자를 설명하기도 했다. 이를테면 『삼천리』(1932.3.1) 제4권 제3호 게재의 「김립 시」에서 이응수는 김삿갓의 「안변학성풍경이십운(安邊鶴城風景二十韻)」을 소개하고 '대의'를 해설할 때, 제5연 "一點南山當戶轉, 千家美峴起煩煙"에 대해, "一點 南山이 戶前에 뚜렷하고(轉字는 日語로 「ウタ」라하야 뚜렷하다는 意) 美峴里의 千

家 농촌에 暮煙야 자욱하며"라고 했다. '轉'은 일본 훈독으로 'ウタタ(우타타)'로, '더욱'이란 뜻이다.

〈표 27〉 1931-32년 『삼천리』호 게재 이응수 「金笠詩抄」에 언급된 김삿갓 시

『삼천리』 제13호(1931.3.1) 「金笠詩抄」		
1931.3-01	吟笠	것뿐한 나의 삿갓 빈 배와 갓네 한번 쓰니 일평생 40년일네 소먹이는 늙은이 바다ㅅ사람도 이것을 쓴 다음에 본색이 나지! 취하면 꽃나무에 벗어다 걸고 흥질 때 翫月樓를 차자 올으네 속인의 의관이란 外飾뿐인게 비만 오면 그것이 무엇에 쓴담?	原詩 "浮浮我笠等虛舟, 一着平生四十秋" 운운. 초037詠01「咏笠」/증005-序05「吟笠」/평양3-08
1931.3-02	松都	空邱에 말을 매고 탄식하노니 이것이 半千年의 王業터라나 暮煙이는 廢城에 가마귀 울어 落葉지는 荒垓엔 기력이 나네 늙은 石狗 헌 銅坮 말이 업으니 古都의 넷일을 뉘게 물을고 도라보아 류달리 가슴압흔곳 善竹橋 피강물이 목매여 운다.	『동광』 40(1933.1) 이응수「金笠의 詩」'開城'/초098山19/증104山14/평양4-14
『삼천리』 제4권 제1호(1932.1.1) 「金笠 詩 抄譯」		
1932.1-01	登咸興九天閣	"人登樓閣臨九天, 馬渡長橋踏萬歲" (此一句未知)	초087山08/증109山19
1932.1-02	安邊瓢然亭(1)	"一城繞龍有高樓, 覓酒唖問幾流"	초088山09/증107山17/평양4-16「瓢然亭」
1932.1-03	安邊瓢然亭(2)	"瓢然亭子出長提, 鶴去樓空鳥獨啼"	초089山10/증108山18
1932.1-04	失題	"許多韻字何呼覓, 彼覓有難兄比覓" (據 金在喆)	초006乞06/증017放12

1932.1-05	可憐妓詩	"可憐行色可憐身, 可憐門前言可憐"	초017人05/증158逸06
1932.1-06	失題	"邑號開城何閉門, 山名松獄豈無薪" 이응수 『삼천리』4-1(1932.1.1.) '失題'	초005乞05「開城人逐客詩」/증011放浪06/평양2-13
1932.1-07	懶婦	"無病無憂先浴稀, 十年猶着嫁時衣"	초014人02「惰婦(其一)」/증026人02/평양3-01「惰婦(其一)」
1932.1-08	多睡婦	"西隣愚婦睡方濃, 不識蠶工況也農"	초013人01/증025人01
1932.1-09	戲贈妻妾	"不熱不寒二月天, 一妻一妾最堪憐"	초024人12/대증보삭제
1932.1-10	海村卽事	翠靄西分赤日東, 四隣碙密機樣同. 山光半入漁人船, 海利全滿賈客銅. 靜處希音風過萩, 霽時淸景月來桐. 筒中亦有觀瀾室, 多少兒童講原崇 [崇은 宋과 상통하는대 原의 意를 解할 수 업다.] 이응수『조선일보』(1934.4.14) 수록.	초판본, 대증보판, 평양본에 모두 미수록.
1932.1-11	遊山	蹇馬看山好, 持鞭故不加. 岩邊纔一路, 烟處或三家.	초판본, 대증보판, 평양본에 모두 미수록.
1932.1-12	홀홀	惰婦夜摘葉, 纔成粥一鍾. 廚間暗食聲, 山鳥善形容.	초015人03「惰婦(其二)」/증029人05「惰婦」/평양3-02「懶婦(其二)」
		『삼천리』 제4권 제3호(1932.3.1) 「金笠 詩」	
1932.3-01	安邊鶴城風景二十韻	"勝概江山何處是, 鐵嶺以北有安邊"	초144後13 「鶴城風景二十韻」.
1932.3-02	上樓(倅趙雲卿)	"也知窮達不相謀, 思樂橋邊歲幾周"	초90山11/증185A逸33「與倅卿上樓」/평양1-19「與趙雲卿上樓」
1932.3-03	缸(요강便器)	闒闠常煩達夜燈, 醉餘之客病中僧. 團圓影轉銅山局, 酒落聲懸雪瀑繩. 少量堪客河飮鼠, 潔光頗忌量痕蠅.	초간본, 대증보판, 평양본에는 표현이 다른 「溺缸」(요강) 수록.

제4부 문화사 속의 김삿갓 시 703

		蹇裳挾坐佳人態, 恰似深林搏兎鷹.	
1932.3-04	山村學長	"山村學長太多威. 高着塵冠鍾唾桃."[*挿唾挑-『김립시집』]	초032人20/증156逸04/평양2-08「嘲山村訓長」
1932.3-05	寡婦	失將壇前似獨事, 啾啾痛怨日相聞. 沓盟百世餘丹嘴, 守節三年著素裙. 幽愁爲欲江山老, 別恨常如草大焚. 碧瓦紅籠來去意, 爽墟何處訪新墳.	초간본, 대증보판, 평양본에는 미수록
1932.3-06	喪配自輓	"遇何晚也別何遽, 未卜其欣只卜哀."	초016人04/증028人04/평양5-05
『동광』 제40호(1993.1.23) 「金笠의 詩」			
1933.1-01	佝僂吟	"人皆平直爾何然, 項在胸中膝在肩." 김홍한 『매일신보』(1933.12.5)에 소개.	초029人17「佝僂」/증027人03「佝僂」/평양3-06「佝僂」
1933.1-02	見乞人死	"不知汝姓不識名, 何處靑山子故鄕." 김홍한『매일신보』(1933.12.7)에 「見乞人路邊死」. 조금 달리 소개.	초035人23/증018放13/평양1-06「路上見乞人屍」
1933.1-03	吟笠	"浮浮我笠等虛舟. 一着平生四十秋" 『대동시선』(1919)/김홍한 『매일신보』(1933.12.8)에 소개	초037詠01「咏笠」/증005序05/평양3-08「咏笠」
1933.1-04	詠猫	"乘夜橫行路北南, 中於狐狸傑爲三" 이응수『조선일보』(1934.4.17)	초077動08/증085動08「猫」/평양3-21「猫」
1933.1-05	金剛山	"綠靑碧路入雲中, 樓使能詩客住笻" [金在喆氏가『東亞日報』에 "平生所欲者何求. 每擬妙香山一遊. 山疊疊千峰萬仞 路層層十步九休"란 二首를 加하야 此詩를 妙香山詩라 하엿으나······金剛山詩다].	초084山05「入金剛」/증093山03「入金剛(1)」/평양4-10「入金剛」
1933.1-06	秋夜偶吟	"白雲來宿碧山亭, 夜氣秋灘雨杳冥······欲識吾濟交契意, 勿論淸蜀難分頸"[大意 "······淸蜀이니 分頸之交니 하는 古事를 論하지 말라."]	초105雜02(分頸을 勿頸으로 바꿈)/증123雜02

1933.1-07	老吟	"五福誰云一曰壽, 堯言多辱知如神"	초027人15/증038人14/평양3-03「老翁」
1933.1-08	贈老妓	"萬木春陽獨抱숲, 聊將殘愁意惟深"	초025人13/증032人08
1933.1-09	逢雨宿村家	曲木爲椽簟着塵 其間如斗僅容身 平生一意長腰屈 今日難謀一脚伸 鼠穴煙通皆似漆 蓬窓茅隔亦無晨 雖然免得衣冠濕 歸去慇懃謝主人 이응수『조선일보』(1934.4.18)	초003乞03/증013放08/평양1-05
1933.1-10	仙人盈像	"龍眠舌手妙傳神, 玉斧銀刀別樣人"	초034人22/증044人20
1933.1-11	姜座首逐客詩	"祠堂洞裡向祠堂, 輔國大臣姓氏姜"	초002乞02/증010放5
1933.1-12	開城	"故國江山立馬愁, 半千王業一空邱" 이응수 『조선일보』(1934.4.24) '泗不流'	초098山19/증104山14/평양4-14
1933.1-13	偶吟	"抱水背山隱逸郷, 時遊農圃又書堂" [檠花=활나무꽃(弓材에 쓰는 나무 檠字)][大意 "시절은 檠花野雪이 자취를 감추고 岸柳紅梅두 올이 홀로 陽氣를 자랑하는 初春. 날마다 棋友를 좇아 閑趣를 도모하니 마음은 도리혀 繁華하야 交友가 大槪 媚騰一杯酒에 잇는 類와는 멀리 떠나 잇다……"]	초104雜01/증122雜01

 이응수는 1931년부터『삼천리』와『동광』에 자작시를 발표했고, 1935년에는『개벽』에도 시를 발표했다.

　　「短歌十五章」『삼천리』제15호 1931.5.1.

　　「短歌十篇」,『삼천리』제17호 1931.7.1.

　　「계절의 신비」,『삼천리』제4권 제5호 1932.5.15.

　　「釋王寺吟」,『삼천리』제4권 제7호 1932.7.1.

「다들 閉字를 享樂하는 사람」,『삼천리』제4권 제9호 1932.9.1.

「散文詩 - 花園의 攪亂者」,『삼천리』제7권 제6호 1935.7.1.

「春宵, 春宵一刻値千金」,『동광』제21호 1931.5.1.

「咀呪의 드을, 詩와 時調」,『동광』제23호 1931.7.5.

「悲劇의 作者」,『동광』제26호 1931.10.4.

「舒事期의 詩人」,『동광』제27호 1931.11.10.

「컴컴한 南쪽 거리로」, '三月의 문예'(梁柱東, 李應洙, 명환),『삼천리』제4권
　　　　제3호 1932.3.1.

「嶺上의 노래」,『동광』제35호 1932.7.3.

「여름대낮의 嘆息」,『동광』제37호 1932.9.1.

「보슬비의 感觸」,『동광』제38호 1932.10.1.

「성터를」외 1편『동광』제15호 1927.7.5.

「기림(譽)」,『동광』제20호 1931.4.1.

「悲劇의 作者」,『동광』제26호 1931.10.4.

「嶺上의 노래」,『동광』제35호 1932.7.3.

「여름대낮의 嘆息」,『동광』제37호 1932.9.1.

「보슬비의 感觸」,『동광』제38호 1932.10.1.

「黎明의 作業,『正初첫아츰』」,『개벽』신간 제4호, 1935.3.1.

　

『동광』(1932.5.1) 제33호에 주요한은 「신시단(新詩壇)에 신인을 소개함」이란 글을 실어, 송순일(宋順鎰)·이응수·모윤숙(毛允淑)·이규원(李揆元)·전봉제(全鳳濟)·황순원(黃順元) 등 여섯 명의 시를 각각 서너 수씩 거론했다. 이응수의 시로는「존경(尊敬)의 공부(工夫)」,「북천(北天)의 시(詩)」,「혼란(混亂)」 등 3편을 뽑았다. 주요한은 추천사에서 "이응수 군은 이지적 시인입니다. 유모어와 풍자를 많이 가진 이로서 우리들 중에 매우 독특한 경지를 가젓습니다. 그의 노래는 철학미를 띠엇고 그의 철학은 기지로써 장식되어 잇습니다.

우리는 미소로서 이 시인을 마지합니다"라고 평가했다.

이응수가 『동광』(1931.5.1) 제21호에 게재한 「춘소(春宵), 춘소일각치천금(春宵一刻値千金)」은 소식(蘇軾)의 칠언절구 「춘야(春夜)」의 구절을 제목으로 삼은 산문시이다.

    북망(北대)재 피리소리가 북덕 불연기를 새여가는 봄밤
    굴둑밑에 봄정(情)을 못이겨하는 고양이의 울음잦아 질사특
    청상과부(靑霜寡婦)의 백설(白雪)같은 두 팔이 빈 이불을 찌여지라 끼여안고
    처녀(處女)의 포도알같은 유방(乳房)이 호도도 경련을 일으키는
    오-봄밤 봄밤은 웨 이다지도 해낙은하고?
    초저녁 연기(煙氣)가 뜰안을 기드니 어두어선 비가 내리네
    그러나 두낯을 간즈리지 안코 옷깃을 축이지 안엇던
    오는 줄이나 아럿으랴
    이 구슬같은 비가 오는 줄이나 알엇으랴
    어느새 울안의 장독에 뒷창불 밑을 미끄러 띠리고
    몬지 잠재운 백호장안(百戶長安)에
    어렴풋이 조은는 등불을 적시도다

『동광』(1931.11.10) 제27호에 게재한 「서사기(舒事期)의 시인(詩人)」은 자신이 낭만기의 청춘을 끝내고 '서사기'에 들어섰음을 선언했다.

    그는 벌서 낭만기(浪漫期)의 청춘(靑春)이 아니엇습니다
    그는 청춘(靑春)이란 사해(死骸)를 깔고 앉어
    현실의 새파란 웃음을 응시하는 인간이엇습니다
    그의 생활은 무미간조하기 납(蠟)을 씹는 것 같고
    싸늘하기가 한산(寒山)의 고목(枯木) 같습니다

그는 벌서 흐린 봄 저녁 들려오는 북망산(北邙山) 피리소리에서

청춘(靑春)의 비밀(秘密)과 무덤안의 세계를 찾을 줄 몰랐고

가을 들판을 굴러가는 낙엽(落葉)의 노래에서

인생(人生)의 유수한 멜로디를 듣지 못합니다

그를 시인(詩人)이라면 그는 벌서 서정시인(抒情詩人)은 아니엇습니다

그는 벌서 싸늘한 서사시인(敍事詩人)이엇습니다

이응수는 『조선일보』(1934.4.8-4.25, 부록 2면)에 「김립 시 연구」를 15회에 걸쳐 연재했다. '金笠'을 걸인시인으로서의 김립, 인생시인으로서의 김립, 유모어 풍자 시인으로서의 김립, 역사시인으로서의 김립으로 분류하여 보았다. 3회 때부터는 김삿갓 시의 대표작을 소개하고 주와 대의를 첨부했다. 또한 3회 때에 "다수의 시료(詩料)를 주신 경성 오한근(吳漢根) 씨, 부산 장민언(張玟彦) 씨, 여주 김홍한(金洪漢) 씨에게 사의를 표하여 마지 안는 바이다"라는 사사(謝辭)를 썼다.

제1회(1934.4.8)

① 걸인시인으로서의 김립 : '二十樹下三十客,'「姜坐首逐客詩」, '邑號開城何閉門,' '승침부육훤조일(蠅侵腐肉喧朝日),' '人良且八' '吉州吉州不吉州,' '四脚松盤粥一器' '天高萬里不擧頭, 地闊千里不寬足'(土窟)

② 자연시인으로서의 김립(서설)

제2회(1934.4.10)

② (계속) : 금강산 시 ('月白雲白天地白,' '松松栢栢岩岩廻' '月白雪白天地白' '飛來片片三月蝶)

③ 인생시인으로서의 김립 : '毛長內潤' '後岡黃栗無蜂坼, 溪邊靑草不雨長,「요강(溺缸)」, 「이(虱)」

④ 유모어 풍자시인으로서의 김립 : '月出猿生原,' '今日偶來見'

제3회(1934.4.11)

⑤ 역사시인으로서의 김립 : 권말에 대략 18수의 시를 붙이겠다고 했다. 장편시는 모두 해석하기 어려워 주도 대의도 생략하고, 단행본으로 상자(上梓)할 때 부록으로 싣겠다고 했다.

○ 「영립(詠笠)」, 「이(虱)」, 「조산촌학장(嘲山村學長)」

제4회(1934.4.12)

○ 「요강(溺缸)」, 「타부(惰婦)」, 「조지사(嘲地師)」,

제5회(1934.4.13)

○ 「견걸인시(見乞人屍)」, 「등광한루(登廣寒樓)」, 「모투강제음(暮投江齊[霽]吟)」, 「과부(寡婦)」, 「희증처첩(戱贈妻妾)」

제6회(1934.4.14.)

○ 「해촌즉사(海村卽事)」('翠籬西分赤東日'-『삼천리』 4-1(1932.1.1) 「金笠 詩抄譯」에 소개했으나, 이후 『김립시집』세 판본에 모두 미수록), 「영설경(詠雪景)」, 「우감(偶感)」, 「진일수두객(盡日垂頭客)」

제7회(1934.4.15)

○ 「증노기(贈老妓)」

제8회((1934.4.17)

○ 「추야우음(秋野偶吟)」(野는 夜의 잘못), 「호피(虎皮)」('熟視快能辨假眞'-『김립시집』 세 판본에 모두 미수록), 「영묘(詠猫)」

제9회(1934.4.18)

○ 「노음(老吟)」, 「봉우숙촌가(逢雨宿村家)」, 「구루(佝僂)」

제10회(1934.4.19)

○ 「간음야점(艱飮野店)」, 「영영(詠影)」, 「연죽(煙竹)」

제11회(1934.4.20)

○ 「목침(木枕)」, 「박(博)」

제12회(1934.4.21)

○ 「선인영상(仙人盈像)」, 「강좌수축객시(姜座首逐客詩)」

제13회(1934.4.22)

○ 「대가시인(大家詩人)」(대증보판『김립시집』에 「八大詩家」), 「우음(偶吟)」

제14회(1934.4.24)

○ 「개성(開城)」, 「조(蚤)」, 「청효종(聽曉鍾)」, 「설경(雪景)」

제15회(1934.4.25)

○ 「설중한매(雪中寒梅)」, 「빈음(貧吟)」, 「이십수하(二十樹下)」, 「자상(自傷)」

『조선일보』제3회 연재분에서 이응수는 역사시의 예들은 권말에 18수를 붙이겠다고 했으나, 15회 연재를 끝으로 이하 역사시 부분은 게재되지 않았다. 이응수는 같은 제3회 연재분에서 김립 시집을 간행할 뜻을 밝혔고, 장편시 곧 과시에 대해서는 해석하기 어려워 주(註)도 대의(大意)도 생략한다고 했다.

이후『삼천리』(1935.6.1) 제7권 제5호에 김치원(金治元)은 「시객(詩客)과 풍류(風流)」라는 글을 실어, 김립 시에 나타난 풍류의 측면을 한국 한시사의 흐름 속에서 고찰했다.11)

또한 경기도 개성의 동인지『고려시보(高麗時報)』의 주필이던 박재청(朴在淸)은『신동아』(1936.1)에 「시인 김립의 방랑 일면과 시 기수(幾數)」를 발표했다. 박재청은『고려시보』(1933.4.15)가 발간 된 이후 그 부장으로 있다가 이후 주필이 되었으며, 춘파(春波)·박아지(朴牙枝)·봄물결 등의 필명으로『고려시보』에 한시·시조·현대시·기행문·수필·소설·논설문 등을 기고했다.12)『고려시보』는 박재청 등 10명의 동인들13)이 모여 발행을 시작했으며,

---

11) 金治元, 「詩客과 風流」, 『삼천리』 제7권 제5호, 1935년 6월 1일 발행.
12) 1920년대 말에 활동했던 농민시인이자 카프(KAPF, 조선프롤레타리아 예술가 동맹)회원이었던 박아지가 춘파 박재청이라는 연구가 있으나, 북한 문학사의 기록에 따르면 박아지는 함경북도 명천 출신의 박일(朴一)로서 해방 이후 월북한 작가라고 한다.
13) 거화(炬火) 공진항(孔鎭恒), 청농(靑農) 김학형(金鶴炯), 범사초(凡斯超) 김재은(金在殷), 포영(抱永) 고한승(高漢承), 하성(霞城) 이선근(李瑄根), 송은(松隱) 김영의(金永義), 일봉(一峯) 박일봉(朴一奉), 금구(金龜) 김병하(金秉河), 마공(馬公) 마태영(馬泰

2년 후 1935년 6월 34명의 발의로 주식회사로 확대되었다.14) 일제에 의해 강제 폐간되는 1941년 4월 16일까지 거의 매월 2회 발간되었다. 해방 이후 6·25전쟁 전까지 개성에서 속간되기도 했다.

박재청이 거론한 김삿갓 시들은 다음과 같다.

 (1) 금강산 시승의 호운(呼韻)에 응한 작시

  ㉠ 언문풍월 : 타, 타, 타, 타 압운시 "사면 기둥 벌엏다"

  ㉡ 시 : "水作銀杵春絶壁, 雲爲玉尺度靑山."

  ㉢ 두 수 시 : "僧首團團 汗馬䒇 儒頭尖尖坐狗腎." (전부 ㅇ자음)

     "聲令銅鈴零銅鼎, 目若黑菽落白粥." (전부 ㄱ자음)

 (2) 금성(金城) 체천(砌川) 가에서 소년 학동의 천렵 놀이에서 포식하고 읊은 한 수. "鼎冠高撑小溪邊, 白粉淸油煮杜鵑. 雙箸挾來香滿口, 一年春色腹中傳." 훗날 임제나 양응정의 작으로 알려지는 「화전(花煎)」이다.

 (3) 철원(鐵原) 회갑연

  ㉠ 처음 박대 받고 지은 시 "人到人家不待人, 主人人事難爲人."

  ㉡ "坐彼老人不似人, 膝下七子皆盜賊. 何日何時降神仙, 竊取天桃善獻養." 훗날 『김립시집』 수록 「환갑연」과 비교할 때 제2구 제3수가 도치. 구중의 어구도 약간씩 다르다.

 (4) 어떤 도시 10세로 못된 아이가 장가들고 초립(草笠)을 쓰고 가는 것을 보고 지은 시 "畏鳶身勢隱冠蓋" 운운 7언 4구.

 (5) 가을을 노래한 단구 "群鷄影裡千家夕, 一家聲中四海秋": 금강산 시승과의 시 내기에서 앞 구는 시승, 뒷구는 김삿갓 작이다. 一家는 一雁으로 되어 있다.

 (6) 한 집에서 물마리를 얻어 먹고 지은 단구 "四腿松盤粥一器, 天光月色雲影

榮), 춘파(春波) 박재청(朴在淸)이었다.
14) 박광현, 『고리고개에서 추리(醜李)골까지』, 2005, p.210. 박광현은 박재청의 넷째 아들로, 6·25전쟁 중 16세의 나이로 홀로 월남했다.

共徘徊": 뒷날 「무제」 7언 4구의 제1, 제2구. 月色이 雲影으로 바뀜.

(7) "二十樹下三十客, 四十女家五十食." - 스무나무 아래 설은 나그네. 망한 년의 집에서 쉰밥을 먹었다. 이른바 「스무나무 시」의 앞 두 구. 『김립시집』 수록의 것과 약간 다름.

(8) 묘향산시 "平生所欲者何求" 운운.

(9) 상원암 고루(鼓樓) 시 "綠靑壁路入雲中" 운운.

(10) 개성 축객시 "邑號開城何閉門" 운운.

(11) 개성 오정문(午正門) 노변에서 한 걸인 송장을 보고 지은 시. "問渠此人何處生, 不知姓字不知名. 蠅侵腐肉喧朝日, 烏喚孤魂弔夕陽."『김립시집』걸인편에 8구. 제1-2구는 이것과 달리 "不知汝姓不識名, 何處靑山子故鄕."

(12) 평양에서 지은 시 "葉錢七分誰云多, 遠路行裝仰呵呵. 囊中戒爾深深在, 野店斜陽見酒何."『김립시집』의 「간음야점(艱飮野店)」 시이되, 시어가 약간 다르다.

(13) 안경(眼鏡) 시 "龍田居士不貧寒" 운운. 대중보판『김립시집』의 일화편에 수록되었다.

(14) 평양 부근에서 행인과 함께 큰 뱀을 보고 지은 시 "此去平壤十里於, 大蛇當道人皆也" 대중보판『김립시집』에는 아래 2구 "落日鍊光亭下水, 白鷗無恙去來乎."가 더 있다.

(15) 삿갓이 스스로 읊은 삿갓 시 「립자송립(笠自頌笠)」. 곧 「영립(詠笠)」이다.

이응수는 1935년 함남 하갈(下碣)보통학교 촉탁교원, 1936-37년 함남 하갈보통학교 교원으로 있었다.

1936월년 11월『야담』에 성일(誠一)이 「시인 김립」을 게재했다. 이 글에는 김삿갓이 「개성관덕정음(開城觀德亭吟)」이 소개되어 있었다. 이응수는 그 단시를 이미 22세 때 읊었는데, 10년 뒤 그 '방분시(放糞詩)'를 성일의 글에서 발견했다고 밝혔다. 그리고 방분시의 시상이 자신의 다음 단시(短詩)와 혹사한 데 놀랐다고 했다.

×山마루에 憔然히 올라가서
大便을 보며 長安을 굽어본다
똥이나 선물하게 長安은 썩어졌다

 1938년 이응수는 경성제국대학의 선과생(選科生) 즉 교양학부생으로서 적을 두었다. 그리고 그가 김삿갓의 시를 편주(編註)한 『(詳解) 김립시집(金笠詩集) 전(全)』이 1939년 2월 경성 경운정(慶雲町) 101 학예사(學藝社)에서 '조선문고(朝鮮文庫) 1의 3'으로 발행되었다. 정가는 60전이었다. 1939년 3월 5일자 『동아일보』 석간 '신간 서평'란에 소개된 것으로 보아, 실제 발행은 3월 초였던 듯하다. 여기에는 김삿갓의 한시와 과시 총 177수가 들어 있다. 전편에 걸식 12수, 인물 24수, 영물(詠物)1 24수, 영물2 18수, 산천누정(山川樓亭) 24수, 잡편 24수를 실었고, 후편에 19수, 부록에 31수를 실었다.
 이응수는 이 학예사본 『김립시집』의 전편(前編)에 '서론(緖論)'을 두어 '金笠'의 다양한 면모를 조명했다. 즉, 걸인시인으로서의 김립, 자연시인으로서의 김립, 인생시인으로서의 김립, 유모어 풍자시인으로서의 김립, 역사시인으로서의 김립 등이다. 그 내용이나 예시는 모두 『조선일보』(1934.4)에 연재한 「김립 시 연구」의 제1회(4.8), 제2회(4.10), 제3회(4.11)의 내용과 완전히 같다.
 이응수는 『동아일보』(1939.3.30)에 「소위 김립의 문제성」(상)을 발표해서, 김삿갓을 험담가나 외설자로 규정하여 그 비속한 면만을 강조해서는 안 되며 그 전체상을 파악해야 한다고 경계했다.15) 단, 김삿갓의 전체상, 혹은 전체상을 파악할 단서나 방법에 대해서는 제시하지 못했다. 그의 글을 현대어 표기법으로 고쳐서 소개하면 다음과 같다.

---

15) 이응수, 「所謂 金笠의 問題性」(상), 『동아일보』 1939년 3월 30일(제6323호) 3이 '硏究 노-트 抄錄'

한 개 작품이 또 그를 낳은 작자의 전체적 존재가 대단히 유명할 때에 우리는 왕왕 아니 늘 일반의 그에 대한 인식과 이해가 사실에 있어선 지극히 애매한 것을 엿볼 수 있다.

나는 그 적절한 실례로 전자에 있어서 춘향전을 든다. 춘향전에 대한 약간의 현대적 평론이 있음에도 불구하고 오늘날 춘향전이 무엇 때문에 그렇게 유명한가에 대하여서는 일반의 이해가 심히 박약하다. 이도령과 춘향과의 '로맨틱'한 「러브씬」의 장면이 대중에게 주는 유일의 매력이라 보는 사람도 있고 더러는 춘향의 설송같이 고결한 절개의 상찬할 점이 일반의 마음을 붙든다 하고 더러는 악정에 대한 정의의식이 이 작품의 가장 시대적 의미에 있어서 고위에 놓을 중심사상이라 보고 이같이 여러 가지 관점이 있으나 그 어느 것일지 일언으로 표명하려면 여전히 애매를 면치 못한다.

나는 후자의 실례로(전작가적 존재) 다시 석천탁목(石川啄木, 이시카와 다쿠보쿠)을 든다. 탁목이라면 저 유명한 「동해」의 노래를 연상하고 「동해」의 노래가 탁목을 연상케 하여 탁목이 동해고 동해가 탁목인 듯한 느낌을 줄만치 탁목은 동해의 노래 한 수로도 몹시 유명해졌고 그 외 다수의 작품을 통하야 탁목의 존재는 일본문학사상의 대걸물이 되어 있다. 그러면서 탁목이는 무엇 때문에 유명한가 물으면 일반의 인식은 역시 모호하다. 동해의 노래 때문인가 하면 물론 천부당만부당한 소리다 더욱이 이 노래가 정통적 화가(和歌,, 와카) 전문가에게 평한다면 그렇게 우수한 작은 아니라는 데 있어서랴.

우리 이십수하(二十樹下)의 김립의 경우도 정히 이상에 흡사함이 잇다. 필자는 이번 엉터리 소저(小著)에 대하여 직접 또는 간접으로 여러 가지 물론(物論)과 평을 받는 중인데 그 중 필자가 가장 만히 듣고 따라서 필자에게 대단히 유감으로 생각키어 이 붓을 들게 한 것은 입옹(笠翁)을 여전히 일개 험담가(險談家) 혹은 외설자(猥說者)로 취급하여 『웨, 그 자미 잇는 골계어(左有松田 右有松田이니 毛長內闊이니 格의)를 더 많이 실리지 않았는가 하는 권언(勸言)과 충고의 질문이었다. 물론 이러한 부탁에는 전혀 근거가 없는 것도 아니나 입옹의 거의 무소부지(無所不知) 모르는 사람이 없을 만치 대중의 구석구석에까지 침투되어 있는 존재와 그 유명이 다만 이런 의미에서만 영원히 크다면 필자에게는 더 없는 천만 유감이고 대불만이다.

필자가 항상 하는 말이지만 파초(芭蕉, 바쇼)나 일차(一茶, 잇사)나 탁목(啄木, 다쿠보쿠)의 시가단의 지위가 거의 국보화한 것이 있는 것처럼 만약 김립의 천으로 셀 유작이 전부가 걷어지는 날에는 김립도 역시 우리의 국보화할 존재요. 적어도 조선의 과거 시단(현대를 제외함)의 제일인자 아니 시성(詩聖)이라 해도 과언이 아닐 존재일 것을 확신하여 마지 안는다. 이런 진상(眞相)임에도 불구하고 김립의 명성이 이 비속의 경지를 벗어나지 못한다면 또 그리고 그것을 진(眞)으로 믿는 사람이 있다면 실로 인식부족 중에도 대인식부족이다.

그 당시 독자들은 김삿갓의 외설적인 골계어를 더 요구한 듯하다. 이응수가 거론한 골계어 가운데 '毛長內闊(모장내활)' 운운은 김삿갓이 방사 후에 지은 것이라고 전한다.

       음모가 길고 속이 널찍하니
       필시 타인이 지나갔으렷다.

       毛長內闊(모장내활)   必過他人(필과타인)

이에 여인은 이런 답장을 보냈다고 한다.

       後園黃栗不蜂折(후원황률불봉절)
       溪邊楊柳不雨長(계변양류불우장)

       뒷동산 누런 밤송이는 벌이 쏘지 않아도 절로 벌어지고

시냇가 수양버들은 비 없이도 절로 크지 않느뇨?

밤송이는 남성, 수양버들은 여성을 상징한다.

이응수는 김삿갓 시를 골계, 그것도 외설적 골계로 규정하는 것에 반대했다. 그는 김삿갓 시를 이시카와 다쿠보쿠의 민중서정시로 승격시키고 김삿갓을 '비분강개지사(悲憤慷慨之士)'로 부각시키고자 했다.

이응수의 「소위 김립의 문제성」(하)은 같은 『동아일보』(1939.4.2, 일요일, 제6326호)에 게재되었다. 이 글에서 이응수는 김삿갓의 '가치인식'에 대한 문제를 제기했다. 본인도 김삿갓의 가치가 무엇인지 확답하기는 어렵다고 했다. 그의 시상의 세계가 너무 다방면이고 그의 인간적 색채가 너무 복잡하여 따라서 그의 문학적 '인격'이 너무 큰 까닭이라는 것이다. 그러면서 김삿갓의 다양한 면모를 다음과 같이 열거해 보았다.

> 조정과 사회의 편견과 냉대에 비분했으니 옹의 손 영진(榮鎭) 노의 말과 같이 일개 비분강개지사같기도 하다.
> 솔직한 인간성의 옹호자요 정의의 대변자요 민중의 벗(지도적 의미의 가짜 벗이 아니라)인 듯도 하다.
> 자연과 우주의 허정(虛靜)에 귀일하려 하야 금강산을 춘추로 찾아다니고 아들이 그의 소재를 탐지해 갔어도 가가대소(呵呵大笑)한 초탈자였으니 불교적 의미의 공(空) 철학자같기도 하다.
> 평생을 유리(流離)를 했으니 일개 걸인시인(乞人詩人)에 불과한 듯도 하다.
> 옹 일류의 그 유모와 [한 줄 미상] 여러 각도에서 바라볼 수 잇다.

이 개괄은 그가 『김립시집』을 엮을 때 김삿갓의 한시를 다각도로 조명하고자 한 의도를 잘 설명해 준다.

특히 이응수는 김삿갓 시의 "전적 가치가 '쌍소리'에 잇는 것이 아니라는 점"을, 그의 많은 과시(科詩)를 가지고 반증할 수 있다고 했다.

    따라서 나는 일반독자 칭왈(稱曰) 김립 '팬'이 요구하고 충고하여 주는 그 방면의 외구(猥句)는 나의 소저(小著)에 많이 실리지 않았으며 또 일구일구(一句一句) 떨어져 다니는 기경(奇警)의 단구(斷句))도 실리지 않았다. 그리하여 오직 일편(一篇)의 완성한 독립편만을 골라 넣은 것이다

이응수는 김삿갓의 「이십수하」 시를 일본 이시카와 다쿠보쿠의 「도카이(東海)」에 견주었다. 「도카이」란 그의 최초 가집(歌集) 『一握の砂(이치아쿠노 스나, 한 줌의 모래)』에 수록되어 있는 다음 단가를 말한다.

    東海の小島の磯の白砂に
    われ泣きぬれて
    蟹とたはむる

    도카이 작은 섬 갯가 흰 모래밭에 주저앉아
    나는 흐느껴 울며
    게와 장난하노라

이 단가는 도카이라는 거대 공간을 제시하는 것으로 시작하여, 작은 섬, 갯가, 흰 모래밭, 나 자신으로 공간을 축소시키고 시선을 이동시킨다. 세 번째 구까지 속격조사 'の'[-의]를 사용하여 공간 및 시선의 이동에 속도감을 주었다. 이시카와 다쿠보쿠는 1907년(일본 메이지 40)에 고향 이와테현(岩手縣) 시부타미무라(渋民村)를 나와서 하코다테시(函館市)에 이주했다. 도카이의 작은 섬은 하코타테의 오모리하마(大森浜)를 염두에 둔 것이라고 추정된다. 도카이는 동쪽 바다를 가리키기도 하고 일본국을 가리키기도 하는데, 이 단

가에서는 어떤 뜻으로 사용했는지 확실하지 않다. 단가집 『一握の砂』는 연작의 「나를 사랑하는 노래(我を愛する歌)」로 시작하는데, 권두에는 울고 있는 자화상을 두었다. 도카이에서 '울고 있는 나'는 자기에 대한 사랑의 시선을 과도하게 강조한 것인 듯하다. 이시카와 다쿠보쿠의 단가가 과도한 자기 사랑을 표현한 데 비하여, 『김립시집』의 김삿갓 시들은 자조와 자기 연민을 기조로 하는 것이 많다.

『김립시집』이 간행되고 나서 이응수는 2회에 걸쳐 「연구 노트 초록」을 『동아일보』에 게재했다. 그 직후 1939년 4월 13일자 『동아일보』 석간에 민촌생(民村生) 이기영(李箕永, 1896-1984)이 '뿍·레뷰-'를 실었다.16) 일부를 현대식 표기로 바꾸어 제시하면 다음과 같다.

> '김삿갓'이라면 조선에서는 거의 모를 사람이 없을 만큼 유명한 행적을 남기고 또한 유시(遺詩)가 많다. 그런데도 불구하고 오늘날까지 그의 시집 한 권이 안 나온 것은 무슨 까닭이었던가? 물론 그것은 여러 가지 원인으로 그리된 줄 안다. 그러나 나의 천견(淺見) 같아서는 첫째 그의 시풍이 한학(漢學)의 정통으로는 볼 수 없는 동시에 불우한 시인으로서 파격적 생활을 시종일관한 데 대하야 일개 ○文家로 취급되기 때문이 아니었던가 한다. 그러나 김립의 시는 도리어 그런 점에 강미(强昧, 쓰요미, 강점이란 뜻의 일본어 : 인용자 주)가 있지 않을까? 조선의 한학자는 통폐(通弊)라 할 만큼 남이 알기 어렵게 쓰는 것을 능사로 알고 부질없이 고투(古套)만 도습(蹈襲)했다. 따라서 일반 대중은 한시에 대하야 거의 絶○狀態라 해도 과언이 아니다. 그런데 김삿갓의 출현으로 인하여 한시가 통속(通俗)하고 보니 소위 정통파의 한학○○들이 그를 천시할 것은 물론이나 일반 대중이 그의 신시상(新詩想)과 시형(詩形)을 흥미 있게 음미할 것도 또한 당연하다 할 것이다.
>
> 사실 나는 김립의 시에 있어서는 웅문거벽(雄文巨擘)보다도 도리어 파격적인

---

16) 民村, 「李應洙 編註 金笠詩集」, 『동아일보』 1939년 4월 13일 석간 면수 03, [뿍·레뷰-].

시풍을 높게 평가하고 싶다. 아무리 풍부한 내용과 예술미를 가진 작품이라 할지라도 누구나 해석할 수 없는 난해의 시라면 읽을 사람이 몇이나 되랴! 이런 의미에서 나는 학예사판(學藝社版)으로 나온 김립시집을 의미있게 보는 동시에 그의 시를 사랑한다. 그래서 나는 후편보다도 전편을 자미(滋味) 있게 보았다. 취중(就中, 나깐즈쿠. 그 가운데라는 뜻의 일본어 : 필자 주)「김립과 금강산」중의 제작(諸作) — 시승(詩僧)과 대작(對作)한 명시(名詩)라든가「비세(譬世)」[경세(警世)의 잘못인 듯—인용자 주] 같은 시귀는 그의 생활감정을 여실히 표현한 줄 안다.

이기영은 이 시집의 부족한 점을 굳이 말한다면 "이런 시귀를 다만 해석만 함에 그칠 게 아니라, 어느 때 어디서 어떤 경우로 그런 시를 짓게 되엿다는 그의 생활과 밀접한 관계를 일일히 소개해 주엇으면 더욱 조앗을 줄 안다"라고 덧붙였다. 다만, "이것은 또한 왕사(往事)를 상고(詳考)하기가 곤난한 관계도 있을 것이니 좀 무리한 청일른진 모른다. 그것은 저자의 자서(自序)에서 말한 고심으로 보아 그럴 줄 안다"라고 옹호했다.

이 무렵 김삿갓 붐이 일어나, 김삿갓 소개의 글과 김삿갓의 일생을 소재로 하는 연극이 제작되었다. 즉,『조선급만주(朝鮮及滿洲)』제381호(1939.8.1)와 제382호(1939.9.1)에 심춘동(沈春童)은「광시(狂詩)의 천재 김립」을 2회에 걸쳐 일본어로 게재했다.

앞서 말했듯이, 천태산인 김태준은『신세기』(1939.9) 1권 7호에 게재한「위조된 김삿갓의 시고(詩考)」에서, '어느 학생'이 김삿갓집을 편해서 서변(序辯)을 구하러 가져왔기에 위조된 김삿갓의 시들을 지적해준 일이 있었으나 그 후 어찌 되었는지 모른다고 했다. '어느 학생'이란 경성제대 선과생으로 있던 이응수를 가리킨다. 이응수는 1939년 초『김립시집』을 간행하고도 김태준에게 증정하지 않았다. 김태준이 이응수 편집본에서 김삿갓의 시가 아니라고 생각되는 시편을 여럿 지적해주었는데, 이응수는 이에 대해 불만을 가졌을 것이다.

이응수는 이때 김삿갓 시를 광범위하게 수집했다. 1939년 말, 운산(雲山) 이관하(李寬河)에게서 "天皇崩乎人皇崩(천황붕호인황붕) 萬樹靑山皆被服(만수청산개피복)" 운운의 「설(雪)」씨를 받아보고, 그 시가 자신의 「초설(初雪)」의 시상과 기적적으로 우합(偶合)하는 데 놀랐다.

>   전략
> 이 밤 三更 마른 꿈(夢)을 깨여
> 창을 여니
> 凄壯하다! 嗚呼
> 밤새 덮인 初雪에
> 天地는 말숙이 素服 입고
> 한밤새에
> 宇宙는 큰 喪家로 化하다.
>   × ×
> 하고 中天에 뜬 달은
> 이 巨大한 喪家에 켠
> 한 대 촛불!
>   후략

1940년에는 연극『김립』이 상연되었다.『매일신보』(1940.6.18)에 「연예(演藝)-조선무대 김립 상연」의 기사가 있고,『동아일보』(1940.6.21)에 「조선무대 김삿갓 상연」의 기사가 있다.『삼천리』(1941.6.1) 제13권 제6호에는 일본 시인 미요시 다쓰지(三好達治, 1900-1964)가「漂迫詩人金笠と彼の作品」을 일본어로 게재했다.

미요시 다쓰지는 1920년(일본 大正 9)과 1940년(일본 昭和 15) 조선에 두 번 방문했다. 오사카 이치오카(市岡)중학을 중퇴하고 오사카 육군지방유년학교

에 들어가 1918년 동경 중앙유년학교 본과에 진학했다. 그 1년 반 과정을 마치고 조선에 '교육부임(教育赴任)'을 해서, 한국의 북단 회령에 주류했다. 1940년 9월 중순에는 한국 남부로 가서 2개월간 각지를 여행했다. 그리고 『문학계』 4호, 5호, 6호, 8호, 10호(1941년)에 「표박시인 김립에 대하여(漂泊詩人 金笠に就て)」를 연재해서, 김삿갓 문학의 파격성과 정치성을 논했다. 이 글은 『屋上の鷄』(文体社, 1941)에 재수록되었다.

    지난 가을 한번 조선을 여행을 하던 참에 경성의 출판사 학예사라고 하는 곳에서 간행된 김립시집이란 제목의 수진본(袖珍本, 소형책)을 한 책 구입하여 여행 중 기회가 있을 때마다 펼쳐 읽으면서 심심풀이의 자료로 삼았는데, 시 속에 한어(漢語)의 발음을 조선 음으로 하여 비로소 그 언어유희를 이해할 수 있는, 우리로서는 완전히 해독할 수 없는 곳도 적지 않았고, 그 밖에 왕왕 나 혼자만으로는 읽어서 통할 수 없는 어절도 있었는데, 조선의 일반 민중들 사이에 이러한 표박시인(漂泊詩人)이 대단히 인기를 얻고 있는 그 대체적인 이유는 내게도 어느 정도 납득할 수 있는 면이 있었다. 그래서 나 자신은 이응수(李鷹洙-표기의 잘못. 인용자 주) 씨의 연구를 그대로, 두 청년의 조력에 의하여 여기에 받아들이려 하는 것이어서, 그다지 어깨 당당한 역할도 아니지만, 조선에 있을 때 저쪽 지역의 문학가들로부터 징어(懲漁, 혹심한 간청)를 받아서 승인한 피치 못할 사연도 있고 하여, 이러한 한 사람의 시인을 통하여 저 반도의 이천 수 백 만의 '우리 동포'를 그러한 관점에서 이해하려고 하는 것, 이해하려고 시도하는 것은 또한 반드시 헛일이라고는 할 수 없다고 믿으므로, 이 원고의 붓을 일으키기로 한 것이다.17)

---

17) 昨秋朝鮮旅行を試みた途次京城の出版書肆學藝社といふのから刊行されてゐる金笠詩集と題する袖珍本を一冊購って旅中のつれづれに飜讀して銷閑のよすがとしたが, 詩中に漢語の朗音を朝鮮よみにしてはじめてその語呂合せを解しうるやうな, 我々にとっては全く不可解な箇所も少からず, その他往々にして私一人で讀みの通じかねる候りもあったが, 朝鮮の民衆一般の間にこの漂泊詩人が異常な人氣をかち得てゐるその凡その理由は私にもどうやら納得できるものがあった。だから私自身は李鷹洙氏の研究をそのまま, 両靑年の助力によってここに受賣りをしようといふのであって, あまり肩身のひろい役柄でもないのであるが, 在鮮中彼地の文学者達から懲漁をうけて承引した行きがかりもあり,

당시 『삼천리』 편집장은 김동환(金東煥, 1901-1958)으로, 미요시 다쓰지는 김동환의 권유로 『김립시집』을 구입하여 읽고 논평하기에 이르렀던 듯하다. 김동환은 일제 말 친일문학에 적극 가담했는데, 본래는 신문기자이자 출판업자이면서 시인으로 서사시 양식을 현대시에 처음 도입했다.18)

이응수는 1940년 경성제대 법문학부 철학과에 입학해서 본과생(학부생)으로 있었으며, 1942년 9월 졸업했다.19) 당시 관련 기록에, 大空應洙로 창씨개명했고 본적지는 함남(咸南)이라고 나온다.20)

이응수는 경성제대에 본과생으로 있던 1941년 7월 한성도서에서 『대증보판 김립시집 : 일화편 부(附)』(488쪽)를 간행했다.21) 1943년 2월에도 한성도서에서 그대로 재간했다. 당시 거주지는 '경성부 외 홍제외리(弘濟外里) 32의 2'였다.

○ [권두] 金笠考證, 金笠略譜, 自序, 論評

○ [序詩] 蘭皐平生詩, 自嘆, 八竹詩, 是是非非詩, 吟笠

○ 前篇

   1. 放浪篇   2. 人物篇   3. 泳物篇(其一)[泳은 詠/咏의 오자]

   4. 泳物篇(其二) 5. 動物篇 6. 山川樓臺篇

かういふ一人の詩人を通じて、彼の半島の二千数百萬の我々の同胞をあるそのやうな觀點から理解するといふこと、理解しようと試みることはまた必ずしも徒爾ではあるまいと信ずるので、この稿に筆を起すことにしたのである。

18) 金英植 編, 『言論人 巴人 金東煥 硏究 : 新聞記者・雜誌人』, 서울 : 新星出版社, 2000.
19) 李忠雨, 『京城帝国大學』, 多樂園, 1980 ; 李忠雨・崔鍾庫, 『다시 보는 경성제국대학』 푸른사상, 2013 ; 六反田 豊, 「選科学生の受け入れからみる京城帝国大学法文学部の傍系の入学」, 『お茶の水史学』 60(2017年刊行) 掲載予定 ; 六反田 豊(ROKUTANDA, Yutaka)씨의 2017년 6월 11일 메일에 의함. "旧制佐賀高等学校の朝鮮人学生については、九大の永島広紀氏が佐賀大在職時代に詳しく調べていたはずで、お尋ねの李應洙の履歴についても情報を持っている可能性がきわめて高いです。一度永島氏にもお尋ねになるとよいかと思います。"
20) 『京城帝国大学一覧(昭和一五年)』(1926)에서 확인된다.
21) 『大增補版 金笠詩集 : 逸話篇 附』, 漢城圖書, 1941年 7月, 총 488쪽. 버트는, 1944년 2월에 첫 출판이 된 이후 동년 5월에 재판되었다고 했다.

7. 雜篇　　　8. 逸話篇

○ 後篇

○ 附錄

이 책 권두의 '논평'에서 이응수는 김립의 면모를 초판 학예사본보다 더욱 확장하고 심화하여 논했다. 즉 항목을 보면 다음과 같다.

① 통속시인 민중시인

② 인생시인 생활시인

③ 걸인시인 빈궁시인

④ 방랑(彷浪)시인

⑤ 풍류시인

⑥ 초탈시인

⑦ 풍자시인 골계시인

⑧ 강개(慷慨)시인

⑨ 파격(破格)시인 언문(諺文)시인

⑩ 과시인(科詩人) 역사시인

⑪ 대문장가

이 대증보판은 체재를 조정하여 '방랑'을 부각시켰으며, 시편을 증보해서 총 334수를 수록했다. 시를 수집하기 위해 이응수는 함흥·홍원(洪原)·원산·안변·경성 등지를 많이 탐방했다고 밝히고, 기타 남선(南鮮)·강원도 지방에 직접 가보지 못한 것이 유감이라고 토로했다.

타인이 보낸 원고를 이용하는 경우에는 기고가의 이름과 주소를 작품 뒤에 명기했다. 또한 여러 사람의 글을 참조해서 자료를 보완했다. 이를테면 대증보판 일화편에 수록한 「안경」(증172逸20) 시에 나오는 "龍田居士不貧寒

(용전거사불빈한) 眼寶千金獨擅單(안보천금독천단)"구에 대해서는 용전이 개성의 지명이라는 사실을 '박재청의 문'에 의거한다고 밝혔다. 앞서 말했듯이 박재청은『신동아』(1936.1)에「시인 김립의 방랑 일면과 시 기수(幾數)」를 발표한 바 있는데, 그 글에서「안경」을 소개했다.

이응수는 초판『김립시집』에 수록했으나 '김병연=김삿갓'의 이미지에 부합하지 않는 시들을 대중보판에서 폐기했다.「희증처첩(戲贈妻妾)」은 대표적인 예이다. 이응수는『삼천리』(1932.1.1) 제4권 제1호「김립 시 초역」에서 이미 이 시를 소개했고, 초판에도 이 시를 수록했다. 하지만 '김병연=김삿갓'이 처첩과 유희하는 내용의 시를 지었다는 것을 마뜩치 않게 여겼을 것이다.

경성제대 졸업 후 이응수는 모처의 학교에서 근무했으며, 조선총독부의 관련 기구에서도 일한 것 같다. 해방 이후에는 북쪽으로 갔다. 해방공간 이후 남북 전쟁 시기까지, 그 사이에 북으로 간 역사학 연구자와 국문학 연구자들로는 다음 인물들이 있다.

역사학 : 金錫亨·金一出·都宥浩·朴時亨·李如星·李淸源·林建相·韓興洙·洪熹裕

국문학 : 高晶玉·金杜奉·金炳濟·金海均·柳應浩·李克魯·李應洙·林學洙·鄭烈模·洪起文·金午星·申鎭均·吳基永·李萬珪·李本寧·李錫台·崔益翰

1949년에 이르러『김립시집』의 이응수는 노예제론의 대표적인 논자로 활약했다.

「조선노예시대사 연구(상)」,『력사제문제』9, 1949.

「조선노예시대사 연구(중)」,『력사제문제』10, 1949.

「조선노예시대사 연구(하)」,『력사제문제』11, 1949.

백남운·임건상·이응수·김유방·최길성·도유호 등은 노예제 사회의 존재를 긍정해서, 김석형·김광진·정찬영·김세익·채희국 등의 봉건제론자들과 대립했다. 이 가운데 백남운은 원시사회→총체적 노예제(삼국시대 이후)→봉건제(7세기 이후)의 단계론을 주장한 데 비해, 이응수는 노예제(고조선 이후)→과도기(신라)→봉건제(고려 이후)를 주장했다고 한다.

『김립시집』의 일본어 역편자 최석의는 조선민주주의인민공화국의 『조선대백과사전』에서 리응수에 관한 사실을 인용해서 소개했다.22) 그에 따르면 동 백과사전은 리응수를 '문예학자'로 정의하고, 함경남도 고원군의 노동자 가정에서 태어나서 고등보통학교를 나왔다는 사실, 재학 중에 김삿갓 시를 수집했다는 사실, 대학을 졸업하고 교원으로 생활했다는 사실을 밝혔다. 단, 어느 대학을 나와, 어느 학교의 교원으로 있었는지는 밝히지 않았다. 동 사전은 이응수가 해방 후 김일성종합대학 교수와 과학원 언어문학연구소 교수를 역임하고, 그 사이에 조선역사 부문에 관한 여러 논문을 집필했으며, 특히 문학사 연구에 깊은 관심을 보였다고 했다. 그리고 1955년에는 『고려가요』와 『청구영언선』을 편찬했다고 덧붙였다. 하지만, 1999년판 조선대백과사전에는 '리응수' 항목이 없다.23)

이응수는 1956년 평양 국립출판사에서 『풍자시인 김삿갓』을 간행했다. 차례는 다음과 같다.

- 서언=11
- 김립에 관한 문헌=13
- 거리의 순례자=74

---

22) 崔碩義 역편, 『金笠詩選』, 東洋文庫, 平凡社, 2003.3.
23) 양동식, 『김립시집 원전과 번역 양상의 연구』, 순천대학교 대학원 교육학박사논문, 2007.11, p.140 ; 백과사전출판사, 『조선대백과사전』, 주체88=1999.

- 김립이 활동한 시기의 사회 환경=15
- 김립의 사상화 그의 경향=19
- 김립 문학의 내용상 제 특징=31
  1. 인도주의 사사상과 평민 사상을 표현한 작품들=31
  2. 풍자시=86
  3. 영물시=121
  4. 자연 풍경시와 향토시=181
  5. 련정시=213
  6. 科詩=231
- 김립의 시 형식=284
- 결론=288

이 1956년판 『풍자시인 김삿갓』에서 이응수는 김삿갓의 한시를 주제사상과 양식에 따라 6개 부류로 나누었다.

○ 인도주의 사상과 평민 사상을 표현한 작품 : 19편
○ 풍자시 : 17편
○ 영물시 : 30편
○ 자연 풍경시와 향토시 : 18편
○ 연정시 : 6편
○ 과시 : 6편

이응수는 김삿갓의 '인도주의 사상과 평민 사상'을 부각시키기 위해 시를 엄선했다. 풍자시·영물시·풍경시·향토시·연정시의 경우도 김삿갓의 이미지 '조형'에 긴요한 시들을 선별했으며, 인민들을 위해 김삿갓이 대작했다고 여겨지는 소장(訴狀)들을 상대적으로 많이 실었다. 그리고 과시의 경우는

'김립의 자유 호방한 기개와 정의감, 그리고 포악한 자와 압제자들을 반대하는 의분심과 증오감'을 역연히 읽을 수 있으면서 표현 수법에서도 훨씬 더 '사실주의적인 방법에 접근'한 작품들을 엄선했다.

또한 이응수는 1939년 『김립시집』과 1941년 대중보판에 잘못되어 있는 글자나 시구의 도착을 일부 바로잡았다. 후자의 예로는 「한식날 북루에 올라 읊은 노래[寒食日登北樓吟]」를 들 수 있다. 이 시는 1939년본과 1941년본에는 다음과 같이 실려 있었다.

* 可憐今日墳前酒 釀得阿郎手種禾
* 十里平沙岸上莎, 素衣靑女哭如歌

그런데 1956년판 『풍자시인 김삿갓』에서는 윗연과 아래연을 도치시켰다.

十里平沙岸上莎, 素衣靑女哭如歌
可憐今日墳前酒. 釀得阿郎手種禾

이렇게 바꾼 이유는 분명하다. 이 시는 하평성 歌(가)운으로 압운하여, 그 운목에 속하는 莎(사)·歌(가)·禾(세) 세 글자를 운자로 사용해서, 제1구(기구)에도 압운했기 때문이다. 따라서 '十里平沙岸上莎(십리평사안상사)'의 구를 맨 앞으로 가져가야 했던 것이다.

이응수는 1956년에 조선민주주의인민공화국 교육성 비준을 받아 평양 교육도서출판사에서 『조선문학사』 제1권(1-14세기)을 간행했다.24) 이 책은 북한에서 나온 최초의 한국문학사이다. 『조선문학사』는 전3권으로, 제2권과 제3권의 집필자는 다른 사람이다.25)

---

24) 한국문화사에서 1999년 11월 복간했다. 미국 캘리포니아 대학교에서 2010년 11월 16일 디지털화했다.

제1권(1-14세기), 리응수 집필, 평양 교육도서출판사, 1956.
제2권(15-19세기), 윤세평 집필, 평양 교육도서출판사, 1956.
제3권(1900-), 안함광 집필, 평양 교육도서출판사, 1956.

이 무렵 이응수는 한국문학사와 관련하여, 우리나라의 '근대적 사실주의,' 즉 비판적 사실주의가 18세기 말에 싹터 20세기 초에 확립되었으며 그 이전에는 어떠한 사실주의도 없었다고 주장했다.26)

이응수의 『김립시집』과 대중보판이 나온 이후, 여러 사람들이 그 정리본들에 기초하여 여러 종의 김삿갓 시집을 엮었다.27)

① 1948년 박오양(朴午陽)의 『김립시집』이 출판되었다. 1956년 대문사(大文社), 1975년 덕영문화사(德榮文化社), 1978년 문원사(文苑社)에서 복사 출판했다. 이응수의 수집 정리본을 이용하여 총 237수를 수록했는데, 내용별 나 시의 유형을 고려하지 않았다. 이응수 본의 잘못을 바로잡은 것도 있으나, 한두 글자가 다르고 행 처리가 다를 뿐이다.

② 1953년 김일호(金一湖)의 『김립시집』 나왔다. 1957년 학우사, 1977년 서울출판사에서 복사 출판했다. 총 213수를 수록하여 걸식편 12수, 인물편 41수, 동물편 14수, 영물편 46수, 금강산편 13수, 산천누대편 22수, 잡편 55수로 했다. 는 이응수를, 수록 시들은 박오양을 따른 것이다.

③ 1958년 김용제(金龍濟)의 『김립방랑기(金笠放浪記)』가 개척사에서 나왔다. 이응수 및 박오양 본에 의존하되, 개작의 흔적도 있다.

---

25) 민족문학사연구소, 『북한의 우리 문학사 인식』, 창비신서 104, 창작과비평사, 1991.
26) 북한사회과학원 문학연구실, 『우리나라 문학에서 사실주의의 발생, 발전 논쟁』, 김시업 해제, 사계절신서 6, 사계절출판사, 1989.6, p.277.
27) 윤은근, 「김립연구」, 고려대학교석사논문, 1979 ; 박혜숙, 「김삿갓시연구」, 서울대학교 국문학과 석사논문, 1984.

④ 1955년 김용섭(金龍燮)의 『김립시화(金笠詩話)』가 박영사에서 나왔다. 1977년 『김립방랑여정(金笠放浪旅程)』이란 제목으로 다시 나왔다. 저자가 수집한 것과 박오양·김일호·김용제의 것을 참고로 했다고 했다.

⑤ 1977년 이문우(李文友)의 『김삿갓』이 신문출판사에서 나오고, 1977년 김용철(金龍喆)의 『방랑시인 김삿갓』이 홍신문화사에서 나왔다.

[참고문헌] 1

김삿갓론 초기 자료

장지연,『大東詩選』, 동광사, 1917.
이규용,『海東詩選』, 안동서관, 1917.
『조선문예』제1호, 1917.4.20.
여규형,『荷亭集』, 鄭寅書家, 1923.
강효석,『大東奇聞』, 대동인쇄(주), 1926.
李應洙,「世界詩壇三大革命家 ; 휫트맨·石川啄木·金笠」,『中外日報』, 1930.2.8.
이응수,「詩人 金笠의 面影」,『동아일보』1930.3.28-30
──,「金笠과 金剛山」,『동아일보』1930.4.11.
──,「金笠詩 硏究」,『조선일보』1930.4.8.-24.
金東仁,「金삿갓의 설움」,『三千里』, 1930.9.
金在喆,「放浪詩人 金삿갓」,『東亞日報』, 1930.12.10.-16.
金台俊,『조선 한문학사』, 조선어문학회, 1931.
이응수,「金笠詩抄」,『삼천리』제13호 1931.3.1.
──,「金삿갓과 金剛山[上]」,『동아일보』1931.4.14.
──,「金삿갓과 金剛山[中]」,『동아일보』1931.4.15.
──,「金삿갓과 金剛山[下]」,『동아일보』1931.4.18.
──,「金笠 詩 抄譯」,『삼천리』제4권 제1호, 1932.1.1.
──,「金笠 詩」『삼천리』제4권 제3호, 1932.3.1.
黃五,『緣此集』, 한성도서, 1932.

이응수,「金笠의 詩」,『동광』제40호 1933.1.23.

金洪漢,「金笠先生小考 - 그의 詩想과 藝術境」7회 연재,『동아일보』1933.12.2-8.

이응수,「金笠詩研究」,『조선일보』15회 연재, 1934.4.8.-24.

金治元,「詩客과 風流」,『삼천리』제7권 제5호, 1935.6.1.

朴在清,「시인 김립의 방랑 일면과 詩 幾首」,『신동아』1936.1.

車相瓚,「불우시인 열전」,「불우시인 김삿갓」,『중외일보』1936.2.

차상찬,「불우시인 김삿갓」,『朝鮮四千年秘史』, 북성당 서점, 1936.2.

─────,「불우시인 열전」,『중앙』, 1936.2.

誠一,「詩人金笠」,『野談』, 1936.11.

金台俊(天台山人),「金삿갓의詩」,『四海公論』, 1936.8.

金台俊,「放浪詩人 一群」,『朝鮮』, 254호, 1936.8.1.

韓登,「양문대신(梁門大臣)의 시」,『한글』48, 1937.9.

洪起文,「金笠의 先驅」,『朝鮮日報』, '小文庫 46,' 1938.8.5.

이응수,『김립 시집』, 학예사, 1939.1.

─────,「所謂 김립의 問題性」,『동아일보』1939.3.30

金台俊,「僞造된 金삿갓의 詩考」,『新世紀』1권 7호, 1939.9.

김명식,『김립론』,『비판』113호 10권 9호, 1939.9.

이응수,『金笠詩集』(大增修版), 漢城圖書株式會社, 1941.

─────,『김립시집』, 한성도서주식회사, 1944.

─────,『김립시집』, 有吉書店, 1947.

윤승환,「낭만시인 김삿갓」,『백민』3권 3-4호, 1947.

『김립시집』, 문원사, 1948.

朴午陽,『김립시집』, 동진문화사, 1948.

『김립시집』, 덕양문화사, 1948.

『김립시집』, 서울호남문화사, 1948.

朴午陽,『김립시집』, 大志社, 1948.

이응수,『김립시집』, 鍾三書房, 1948 ; 이응수,『金笠詩集』, 鍾三書籍, 단기 4282년 (1949년) 제5쇄(제1쇄는 단기 4273년 8월 간행).

李應洙,『金笠詩集』, 漢城圖書, 檀紀4282[1949]

박종화, 「시인 김삿갓론」, 『백민』 1950.

白吉順, 『金笠詩集』, 大志社, 檀紀4297[1954].

朴午陽 편, 『(放浪)金笠詩集』, 大文社, 檀紀4289[1956] ; 朴午陽 編, 德英文化社編輯部 譯, 『김립시집』, 德英文化社, 1971/1975 ; 朴午陽 編, 『金笠詩集』, 文苑社, 1978.

金一湖, 『金笠詩集』, 學友社, 1957 ; 金一湖 編, 『(腑註精解)金笠詩集』, 學友社, 檀紀4289[1956].

高斗東, 「金삿갓의 그의 詩」, 『現代文學』, 3권 1호, 1957.1.

[참고문헌] 2

(1) 자료

李應洙, 「세계시단 3대 혁명아 윗트맨, 石川啄木, 金笠」, 『중앙일보』, 1930.2.8.
이응수, 『(詳解)金笠詩集』(초판), 학예사, 1939.
──, 『金笠詩集』, 有吉書店, 1939.
──, 『(大增補版)金笠詩集』, 漢城圖書株式會社, 1941.
──, 『金笠詩集』, 鍾三書籍, 단기 4282년(1949년) 제5쇄(제1쇄는 단기 4273년 8월 간행).
──, 『풍자시인 김삿갓』, 평양 : 국립출판사, 1956.
──, 『正本 김삿갓 풍자시 전집』, 실천문학사, 2000.
김용철, 『김삿갓』, 홍신문화사, 1977.
허경진 역, 『김삿갓 시집』, 평민사, 1997.
신경림 편역, 『죽장에 삿갓 쓰고 방랑 삼천리』, 시인사, 1980.
鄭珂兒 譯, 『金笠詩集』, 靑石會, 1985.
정비석, 『소설 김삿갓』, 고려원, 1991, 21판.
강원도 영월군 편, 『(천재시인)김삿갓의 (문학적)유산』, 1992.
이명우 엮음, 『(방랑시인)김삿갓(金笠) 시집』, 집문당, 2000/2007/2014.
김병연 지음, 신영준 해설, 『시선 김삿갓의 한시』, 투영 미디어, 2002.
이 청, 『바람처럼 흐르는 구름처럼 소설 김삿갓』, 경덕출판사, 2007.
김의숙 편저, 『김삿갓 구전설화』, 영월 문화원, 2000.
崔碩義 翻訳, 『金笠詩選』, 東洋文庫, 平凡社, 2003.3.

國史編纂委員會, 『朝鮮王朝實錄』, 影印本, 探求堂, 1981(48책).
閔在南, 『晦亭集』 권2, 남명학고문헌시스템 제공.
姜斅錫, 『大東奇聞』, 漢陽書院, 昭和 2(1927) ; 姜斅錫, 『大東奇聞』, 明文堂, 1989 ;
『大東奇聞』, 보경문화사, 1992.

曺龍承·張志淵 編輯,『大東詩選』, 1978.

呂圭亨,『荷亭集』, 京城 : 鄭寅書家, 1923.

이규용 편,『海東詩選』, 雁東書館, 1920.

申錫愚,『海藏集』, 한국문집총간 속 127권, 한국고전번역원, 2011.

黃五,『綠此集』, 忍黙窩, 1932, 국립중앙도서관본.

『靑邱野談』, 버클리대본, 고려대학교 민족문화연구원 해외한적센터 제공 디지털 원문 자료.

金達㶅 편,『諸傑奇蹟 海星集』, 박문서관, 1925.

成大中,『국역 청성잡기』, 민족문화추진회, 2006.

洪萬鍾 原著, 安大會 譯註,『(對校譯註)小華詩評』, 국학자료원, 1995,

한국정신문화연구원(현 한국학중앙연구원) 편,『한국구비문학대계』, 자료집 82책, 부록 3책, 1980-1992.

이대형·이미라·박상석·유춘동 역,『요람』, 보고사, 2012.

金台俊(天台山人) 원저, 崔英成 譯註,『譯註 朝鮮漢文學史』, 시인사, 1939,

徐居正 외,『(影印標點) 東文選』, 민족문화추진회, 1999 ;『국역 동문선』, 고전국역총서 31, 민족문화추진회, 1998.5. 중판 1쇄.

李荇 등,『(국역)新增東國輿地勝覽』, 민족문화추진회, 1969-1970.

『大東野乘』, 조선고서간행회 ; 서울대학교 출판부, 1968 ;『국역 대동야승』, 민족문화추진회, 1971.

尹炳泰,『韓國古書綜合目錄』, 대한민국 국회도서관, 1968.

林熒澤 편,『李朝後期閭巷文學叢書』, 여강출판사, 1986.

朴趾源,『燕巖集』, 신조선사, 京城 : 大東印刷所, 昭和7(1932) ; 한국문집총간 252, 민족문화추진회, 2000 ; 김명호 역,『국역 연암집』, 민족문화추진회, 2004.

李肯翊,『燃藜室記述』, 朝鮮古書刊行會, 1911-1913 ;『국역 연려실기술』, 민족문화추진회, 1966-1977.

李德懋,『靑莊館全書』, 한국문집총간 257-259, 민족문화추진회, 2000 ;『국역 청장관전서』, 민족문화추진회, 1978-1982.

『조선대백과사전』, 백과사전출판사, 주체88=1999.

(2) 웹사이트

한국고전번역원 한국고전종합DB (http://db.itkc.or.kr)
국사편찬위원회 한국역사정보시스템 (http://www.koreanhistory.or.kr/)
국립중앙도서관 한국고전적종합목록시스템 KORCIS
            (http://www.nl.go.kr/korcis/)
국립중앙도서관 통합검색 디브러리 (http://www.nl.go.kr/nl/index.jsp)
한국금석문 종합영상시스템 (http://gsm.nricp.go.kr)
한국학중앙연구원 한국학자료센터 (http://www.kostma.net/)
서울대학교 규장각한국학연구원 (http://kyujanggak.snu.ac.kr/)
고려대학교 도서관 (http://library.korea.ac.kr/)
고려대학교 민족문화연구원 해외한국학자료센터
            (https://riks.korea.ac.kr/kostma/)
고려대학교 민족문화연구원 문자코드연구센터
            (https://riks.korea.ac.kr/ccrc/?pg=P_a45dbc73a7)
한국국학진흥원 유교넷 Yugo Net (http://www.ugyo.net/)
남명학연구원 (http://www.nammyung.org/)
뉴스라이브러리 Bigkinds(https:www.kinds.or.kr)

(3) 관련 논저

高延君, 「『金笠詩集』所載 東詩에 대한 考察」, 전남대학교 대학원 국어국문학과, 석사논문, 2009.8.
고정옥, 「김삿갓과 그의 시문학의 사상예술적 특성」, 『문학신문』, 1957.3.14.
곽미경, 「芭蕉와 金笠의 比較 硏究」, 경상대대학원 석사논문, 2003.
구사회, 「새로 발굴한 김삿갓의 한시 작품에 대한 문예적 검토」, 『국제어문』 25집, 2005.12, pp.133-161.

구사회, 『한국 고전문학의 자료 발굴과 탐색』, 보고사, 2013.
권순섭, 「한국 현대시의 전통성 연구 : 김립과 송욱의 시에 나타난 골계를 중심으로」, 공주대대학원 석사논문, 1990.
權五奭, 『放浪詩人 金삿갓』, 홍신문화사, 1993.
金聲振, 「正祖年間 科文의 文體化와 文體反正」, 『한국한문학연구』, 한국한문학회 1993.
金泳, 「朝鮮後期 漢文學의 社會的 意味」, 서울 : 집문당, 1993.
김규동, 「김삿갓과 한하운 시의 대비적 고찰」, 창원대대학원 석사논문, 2005.
김달진, 『한국한시』 1-3, 民音社, 1989, 4판.
김대현, 「새로 발견한 김삿갓 漢詩에 대하여」, 김삿갓국제학술회의발표자료, 2007.
김동석, 「조선시대 科體詩의 程式 고찰」, 『대동한문학』 28, 대동한문학회, 2008, pp.69-125.
김동석, 『조선시대 시권 연구』, 한국학중앙연구원 한국학대학원 고문헌관리학전공 박사논문, 2013.6.
김명희 외, 『문학으로 읽는 옛 여성들의 삶』, 이회, 2005.
김명희, 『옛 문학의 비평적 시각』, 태학사, 1997.
─── , 「고전시가에 나타난 성의식 고찰」, 『시조학논총』 제18집, 2002.
─── , 『조선시대 여성문학과 사상』, 이회, 2003.
─── , 『한국 고전문학의 원류탐색』, 채륜, 2010.
김보성, 「19세기 한·중(韓中) 시화(詩話) 속 고사(故事)의 양상 – 『시가점등(詩家點燈)』과 『사응루시화(射鷹樓詩話)』를 중심으로」, 『이화어문논집』 39, 이화어문학회, 2016.8, pp.27-47.
金英植 編, 『言論人 巴人 金東煥 硏究 : 新聞記者·雜誌人』, 서울 : 新星出版社, 2000.
김영준, 「김삿갓 희작시의 연구」, 성균관대대학원 석사논문, 2001.
김영철, 「언문풍월의 장르적 특성과 창작양상」, 『한중인문학연구』 제13집, 2004.12, pp.53-78.
김용철, 『김삿갓과 한국고전문학에 나타난 해학』, 우신출판사, 1983.
김윤식·김현 공저, 『한국문학사』, 민음사, 1973
김윤식·김현 지음, 『한국문학사』, 민음사, 1998.
김의숙, 『김삿갓구전설화』, 푸른사상, 2001.

김준형, 『한국패설문학연구』, 보고사, 2004.
───, 「김삿갓의 자아 찾기, 웃음과 울음」, 『동방문학비교연구』 6권, 동방비교연구회, 2016.12, pp.27-54.
김태준, 「요로원야화기의 서울문명론」, 『국어국문학』 82, 국어국문학회, 1980.
───, 「김삿갓 金炳淵論」, 이종찬 편, 『조선후기 한시 작가론 2』, 이회문화사, 1998.
김형중, 「김립의 작품 성향 연구」, 한국 언어문학 62권, 한국언어문학회, 2007.
南宮遠, 「朝鮮時代俳體詩의 文學性 探究」, 『漢文古典硏究』第7輯, 2003.
南潤秀, 「金삿갓의 生涯와 文學」, 『江大新聞』, 1982.11.22.
남재철, 「난고 김병연의 삶과 관계된 몇 가지 진실」, 한문학보 19집, 우리한문학회, 2008.
류연석·양동식, 「김병연 시집 번역 검토」, 고시가연구 15집, 한국고시가문학회, 2005.
───, 「김립 시에 나타난 동식물 고찰」, 고시가연구 7집, 한국고시가문학회, 2006.
문제선, 「김삿갓 초분지(初墳地)에 대한 고찰」, 『전남 향토문화 연구논문 발표』, 제1회, 1999.12.
───, 「김삿갓 초분지에 대한 고찰」, 전라남도 문화원, 1984.
민족문학사연구소, 『북한의 우리 문학사 인식』, 창비신서 104, 창작과 비평사, 1991.
박광현, 『고리고개에서 추리골까지』, 비매품, 2005.
박길수, 『차상찬 평전』, 모시는사람들, 2012.
박대헌, 「난고문학관 김병연 친필 관련 자료의 진위에 대하여」, 『고서연구』 21호, 고서연구회, 2003.
박병규, 「방랑시인 김삿갓 유허지 조경설계」, 서울대학교, 1999, 논문.
박상도, 「일본 내의 김삿갓 문학에 대한 평가 양상」, 『동양학』 47권, 단국대 동양학연구소, 2010.
朴相度, 『三好達治文学における政治性と詩觀:朝鮮の放浪詩人・金笠批評を通して』, 오사카대학 박사논문.
박재연, 「朝鮮時代 中國小說·戱曲 詞典(4)」, 『中國小說硏究會報』 21, 중국소설연구회, 1995.3.
박종우, 「朝鮮後期 漢詩의 變異 類型에 대한 一考察」, 『한국시가연구』 제27집, 2009.11. pp.351-377.

박주, 『조선시대 여성과 유교문화』, 국학자료원, 2008.
朴惠淑, 『金삿갓詩 硏究 - 金笠 詩集(1941)을 중심으로』, 國文學硏究 제67집, 서울
    대학교 대학원 국문학연구회, 석사논문, 1984.
사회과학원 문학연구소, 『조선문학통사』 1, 서울 : 이회문화사, 1996.
서현도, 「김삿갓의 삶과 시에 나타난 삿갓의 상징적 의미 연구」, 한국교원대대학원
    석사논문, 2003.
서희수, 「난고 김병연 시 연구」, 전주대대학원 석사논문, 2007.
송영민·강준수, 「스토리텔링의 치유 기능에 대한 인문학적 고찰-김삿갓의 방랑 서
    사구조를 중심으로」, 『관광연구 저널』 28, 한국관광연구학회, 2014.
시선 김삿갓 유적 보존회, 「난고 김삿갓의 문학과 생애」, 영월군, 2002.
신동근, 「김립 시 연구」, 단국대학원 석사논문, 1996.
신익철, 「김립 시의 일 성격」, 성대문학 28집, 성균관대학교 성균어문학회, 1992.
심경호 역, 『선생, 세상의 그물을 조심하시오』(이옥 원저), 태학사, 2001.6.
심경호, 「宣祖·光海君朝의 韓愈文과 史記 硏鑽에 관하여 : 韓愈文과 『史纂』의 懸吐
    와 註解를 중심으로」, 『季刊書誌學報』 17, 한국서지학회, 1996.1, pp.3-39 ;
    심경호, 「宣祖·光海君朝의 韓愈文 및 『史記』의 硏鑽 : 韓愈文과 『史纂』의
    懸吐와 註解를 중심으로」, 단국대학교 동양학연구원 편, 『월정 윤근수 연
    구』, 학자원, 2014.5. pp.269-325.
──, 『국문학연구와 문헌학』, 태학사, 2002.
──, 「근대 이전의 한시 학습 방식에 관하여 : 연구(聯句)·고풍(古風) 제작과 초
    집(抄集)·선집(選集)의 이용」, 『어문연구』 115, 한국어문교육연구회. 2002.9,
    pp.235-257.
──, 「황오(黃五)의 문학과 지성사적 위치」.
──, 『한시의 세계』, 문학동네, 2006.
──, 「유희의 시문 문집과 그 정신세계」, 『진주유씨 서파 유희 전서』 II, 한국학
    중앙연구원, 2008 영인, pp.2-46.
──, 『한시의 서정과 시인의 마음』, 서정시학, 2011.2.
──, 『참요』, 한얼미디어, 2011.
──, 『한문산문미학』(증보), 고려대학출판부, 2012.

──, 『내면기행 : 선인들의 자찬 묘지명』, 이가서, 2012.

──, 『나는 어떤 사람인가 : 선인들의 자서전』, 이가서, 2013.

──, 『한국한문기초학사』, 태학사, 2012 ; 2013(개정).

안대회 역, 『주영편』(정동유 저), 휴머니스트, 2016.2.

梁東植, 「金笠詩集 원전연구」, 순천대학교 석사논문. 2005.

──, 「전남지역과 김병연 문학의 관계」, 고시가연구 16집, 한국고시가문학 회, 2005.

──, 「추가로 발굴된 김병연의 과체시」, 전라남도 고시연구회, 2005.

──, 『김립시집 원전 연구』, 한국문학도서관, 2008.

──, 『金笠詩集 판본과 번역 양상 연구』, 순천대학교, 2008.

梁勳植, 「牛溪와 龜峯의 道學詩에 나타난 文藝美」, <韓語文敎育硏究會 제211회 全國學術大會-古典文學・漢文學>, 고려대학교 서관, 2017.5.20(土).

柳年錫・梁東植, 「새로 발굴한 김병연(金炳淵)의 과체시(科體詩) 검토」, 『한국시가문화연구』(구 한국고시가문화연구) 18, 2006, pp.101-125.

──, 「『金笠詩集』編纂의 文學史的 位相」, 韓國古詩歌文學會, 2007.

윤경수, 「<關山戎馬>論」, 『외대논총』 제18집, 1998.

──, 「石北詩硏究」, 서울 : 정법문화사, 1986.

윤은근, 「金笠 硏究」, 고려대학교 석사논문, 1979.

李家源, 『한국한문학사』, 탐구당, 1969.

──, 『옥류산장시화(玉溜山莊詩話)』, 을유문화사, 1972 ; 허경진 역, 연세대학교 출판부, 1980.6.

──, 『한국한문학사』, 을유문화사, 1982.

──, 『조선문학사』, 태학사, 1997.

이건호, 『金炳淵詩 硏究』, 조선대학교 박사논문, 2004.

이규호, 『開化期變體漢詩硏究』, 형설출판사, 1986.

李東歡, 「朝鮮後期 漢詩에 있어서 民謠趣向의 擡頭」, 『韓國漢文學硏究』 3・4합집, 韓國漢文學會(구 韓國漢文學硏究會), 1978, pp.48-50.

이명선, 「김립 시의 유-모아」, 『이명선전집』 2, 보고사, 2007.

이상욱 해제, 「선명(善鳴)」, 국립중앙도서관.

──, 「조선 과체시의 글쓰기 방식에 관한 연구」, 연세대학교 대학원 석사논문,

2005.

――――, 『조선 科文 연구』, 연세대학교 대학원 국어국문학과 박사논문, 2015.6.

이성혜, 「黃五 문학에 나타난 유랑지식인적 자화상」, 동방한문학회, 2005.

이숙희, 『국역 황녹차집 : 녹차 황오의 문학 연구』, 충남대학교출판부, 2007.

李佑成·林熒澤 譯編, 『李朝漢文短篇集』 下, 서울 : 一潮閣, 1997.

이정주, 「세종대~단종대의 정치 변동과 풍수지리 - 풍수가 목효지의 사례를 중심으로」, 『역사민속학』 제36호, 한국역사민속학회, 2011.7, pp.125-160.

이창기, 『김삿갓이라 불리는 사내』, 도서출판 하늘아래, 2003.

이창식, 「김삿갓 시의 구비문학 적 성격」, 우리말글 21호, 우리말글학회, 2001.

――――, 「김삿갓시의 구비문학적 성격」, 세명대학교, 2001.

――――, 「영월 지역의 김삿갓 인물설화 연구」, 『강원민속학』 20권, 강원도민속학회, 2006.

――――, 『김삿갓 문학의 풍류와 야유』, 태학사, 2011.

李忠雨, 『京城帝国大学』, 多樂園, 1980.

李忠雨·崔鍾庫, 『다시 보는 경성제국대학』 푸른사상, 2013.

이희목, 「愛國啓蒙期 在日 留學生 漢詩 硏究」, 『동양한문학연구』 제18집, 동양한문학회, 2003, pp.153-178.

임꺽정 김병연 태생지 고증 학술 보고서, 「임꺽정 김삿갓 양주에서 태어났는가?」, 『양주향토자료총서』 제3집, 양주군 양주문화원, 2000.

임동권, 『한국민요전집』, 집문당, 1974.

임재욱, 「새로 발견한 육담풍월 팔정시 연구」, 『어문연구』 156호, 한국어문교육연구회, 2012.

――――, 「小倉本 『靑邱永言』에 대하여」, 『한국시가연구』 34집, 한국시가학회, 2013.

임형택, 「이조말 지식인의 분화와 문학의 희작화 경향」, 『전환기의 동아시아 문학』, 창작과 비평사, 1985.

林熒澤, 『李朝時代의 敍事詩』, 서울 : 창작과비평사, 1992.

張裕昇, 「조선시대 과체시 연구」, 『한국한시연구』, 2003.

장유승·부유섭·백승호 역, 『형설기문』(이극성 원저), 성균관대학교 출판부, 2016.

전경목, 「조선후기 탄원서 작성과 수사법 활용 - 고문서학과 한문학의 연구 접점

시론 ―」,『대동한문학』 48, 대동한문학회, 2017.9.
정공채,『김삿갓 시와 인생 : 오늘은 어찌하랴』, 학원사, 1985.
정대구,「김삿갓론」,『한국문학작가론』, 현대문학사, 1991.
─── ,『김삿갓 시 연구』, 숭실대학교 박사논문, 1989.
─── ,『김삿갓 연구』, 문학아카데미, 1990 ; 정대구,『김삿갓 연구』, 문학아카데미, 2003.
─── ,『김삿갓과 생애의 재구성』,『민족지성』, 1989.2
정 민,『한시 속의 새, 그림속의 새』(1·2), 효형출판, 2003.
─── ,『한시미학산책』, 솔출판사, 1996.
정우봉,「18세기 함흥 기생 가련의 문학적형상화와 그 의미」,『한문교육연구』 34, 한국한문교육학회, 2010, pp.353-387.
정웅수,「김삿갓 시 연구」, 명지대대학원 석사논문, 1982.
조동일,『한국문학통사』(4판 3권), 2005.
조종업,「科擧制와 漢文學」,『한국문학연구입문』, 2001.
진갑곤,「언문풍월에 대한 연구」,『문학과 언어』 제13집, 文學과 言語硏究會, 1992.4.
─── ,「언문풍월에 대한 연구」,『문화와융합』 13, 한국문화융합학회, 1992.5, pp.251-270.
陳在敎,「李朝後期 流浪知識人의 文學史的 意味」,『정신문화연구』 통권 제69호, 한국정신문화연구원, 1997.
최수일,『<개벽> 연구』, 소명출판, 2008.
하정승,「김삿갓의 挽詩類 작품에 나타난 죽음의 형상화와 미적특질」,『한문고전연구』 29, 한국한문고전학회(구 성신한문학회), 2014, pp.219-246.
─── ,「김삿갓 시에 나타난 비애와 표일의 정신」, 동방한문학 32집, 동방한문학회, 2007.
허경진,「<동시품휘보>와 허균의 과체시」,「열상고전연구』 14집, 2001.
許洙,「1920년대『개벽』의 정치사상 – '범인간적 민족주의'를 중심으로」,『정신문화연구』 제31권 제3호 통권 112호, 2008.가을, pp.305-331.
洪起文 저, 金榮福·丁海廉 편역,『洪起文 朝鮮文化論選集』, 현대실학사, 1997.
황동원,「仮名草子·噺本에 수록된 교시(狂詩)의 골계미와 김삿갓 한시(漢詩) 비교연구」,『일어교육』 42집, 한국일본어교육학회, 2007.
黃載文,「『大東詩選』의 편찬경위와 문학사적 위상」,『진단학보』 103, 2007, pp.219-

249.

Richard Rutt(盧大榮), 「Kim Sakkat, the Popular Humorist」, 『Humour in Korean Literature』, 국제문화재단, 1970.

刘靑海(LIU Qing-hai), 「论金笠诗嘲戏风格和女性题材的汉诗渊源 / The Relationship between Feminine Subject and Cynical Style of Kim Sat Gat\'s Poetry with Chinese Ancient Poetry」, 『齐鲁学刊(Qilu Journal), Issue 6, 曲阜师范大学, 2011, pp.131-135.

今村与志雄, 「風刺と叙情―金笠の詩の鑑賞と批評―」, 『歴史と文学の諸相』, 勤草書房, 1976.

崔碩義, 「金笠詩紹介一訳注」, 「鐘声通信」1-19, 1993年 9月부터 19回連載.

―――, 「放浪詩人金笠の詩と生涯」, 『青丘』1995年 春季号.

―――, 「放浪詩人金笠について」, 「世界」1997年 12月.

―――, 「李朝の放浪詩人金サッカものがたり」, 『しにか』2000 年 1月-6 月)

―――, 『放浪の天才詩人金笠』, 集英社, 2001.

―――, 『金笠詩選』, 平凡社, 2003.

白川 豊, 『植民地期朝鮮の作家と日本』, 大学教育出版, 1995, p.72「金史良の佐賀高等学校時代」註25. 佐賀高等学校・編『佐賀高等学校一覧』(自昭和三年至昭和四年；自昭和四年至昭和五年).

永島広紀, 「旧制高等学校における朝鮮人生徒の文芸活動」, 『朝鮮近代文学における日本語創作に関する総合的研究』2014ワークショップ '植民地朝鮮文学と二重言語状況,' 新潟県立大学, 2014(平成26)年7月6日.

六反田 豊, 「「選科」学生の受け入れからみる京城帝国大学法文学部の傍系的入学」, 『お茶の水史学』60(2017年刊行)掲載予定

相馬 淸(아이바 기요시), 「金笠詩風」, 『朝鮮學報』48집, 1968.

川合康三(가와이 코조), 『중국의 자전(自傳)문학』, 심경호 역, 소명출판, 2002.7

부 록

〈표 28〉 1939년 학예사 『김립시집』 수록 시편

순서	제목	1939년판 『김립시집』 수록 내용과 형식	기타본 수록
乞食篇 12편			
초001 걸01	二十樹下	二十樹下三十客, 四十家中五十食. 人間豈有七十事, 不如歸家三十食. ▶고풍 이응수(1934.4.25.), 박재청(1936.1) 1구와 2구만 소개[四十女家(망한년의 집)]	증006放01/평양2-12「無題詩」
초002 걸02	姜座首逐客詩	祠堂洞裡問祠堂, 輔國大匡姓氏姜. 先祖遺風依北佛, 子孫愚流學西羌(*羌). 主窺簾下低冠角, 客立門前嘆夕陽. 座首別監分外事, 騎兵步卒可當當. ▶칠율 이응수『동광』40(1933.1.23.), 이응수『조선일보』(1934.4.21)	증010放05
초003 걸03	逢雨宿村家	曲木爲椽簷着塵, 其間如斗僅容身. 平生不欲長腰屈, 此夜難棊一脚伸. 鼠穴煙通渾似漆, 蓬窓茅隔亦無晨. 雖然免得衣冠濕(或曰風霜苦), 臨別慇懃謝主人. ▶칠율 이응수『동광』40(1933.1.23.), 이응수『조선일보』(1934.4.18)	증013放08/평양1-05
초004 걸04	無題	四脚松盤粥一器, 天光雲影共徘徊. 主人莫道無顏色, 吾愛靑山倒水來. ▶칠율 박재청(1936.1) 1-2구(雲影을 月色)	증007放02/평양4-01「靑山倒水來」
초005 걸05	開城人逐客詩	邑號開城何閉門, 山名松嶽豈無薪. 黃昏逐客非人事, 禮義東方子獨秦. ▶칠율 이응수『삼천리』4-1(1932.1.1.), '失題', 박재청(1936.1)	증011放06/평양2-13「開城」
초006 걸06	失題(韻字覓)	許多韻字何呼覓, 彼覓有難況此覓. 一夜宿寢懸於覓, 山村訓長但知覓. ▶고풍 이응수『삼천리』4-1(1932.1.1)	증017放12
초007	還甲宴	彼坐老人不似人, 疑是天上降眞仙.	증153逸01/평

744 김삿갓 한시金笠 漢詩

초007 걸07		其中七子皆爲盜, 偸得碧桃獻壽筵. ▶고풍 박재청(1936.1) 혹사한 시 소개.	양2-15「還甲宴詩」
초008 걸08	元生員	日出猿生原, 猫過鼠盡死. [死:상성紙] 黃昏蚊簷至, 夜出蚤席射. [射:거성碼] ▶고풍. 한국한자음으로 압운 효과.	증155逸03/평양2-05
초009 걸09	貧吟	盤中無肉權歸菜, 廚中乏薪禍及籬. 婦姑食時同器食, 出門父子易衣行. ▶고풍 이응수『조선일보』(1934.4.25)	증014放09/평양2-04「貧家」
초010 걸10	艱飮野店	千里行裝付一柯, 餘錢七葉尙云多. 囊中戒爾深深在, 野店斜陽見酒何. ▶칠절 김홍한『매일신보』(1933.12.7), 이응수『조선일보』(1934.4.19), 박재청(1936.1)은 1-2구가 약간 다름.	증015放10/평양1-18
초011 걸11	自傷	哭子靑山又葬妻, 風酸日薄轉凄凄. 忽然歸家如僧舍, 獨擁寒衾坐達鷄. ▶칠절 이응수『조선일보』(1934.4.25)	증016放11
초012 걸12	贈還甲宴老人	可憐江浦望, 明沙十里連. 令人個個拾, 共數父母年. ▶오절	증154逸02
		人物篇 24편	
초013 人01	多睡婦	西隣愚婦睡方濃, 不識蠶工況也農. 機織尺布三朝織, 杵倦升粮半日舂. 弟衣秋盡獨稱搗, 姑襪冬過每語縫. 蓬髮垢面形如鬼, 借老家中却恨逢. ▶칠율 이응수『삼천리』4-1(1932.1.1.)	증025人01
초014 人02	惰婦(其一)	無病無憂洗浴稀, 十年猶着嫁時衣. 乳連裸兒謀午睡, 手拾裙蝨愛簷暉. 動身便碎廚中器, 搔首愁看壁上機. 忽聞隣家神賽慰, 柴門半掩走如飛. ▶칠율 이응수『삼천리』4-1(1932.1.1.), 이응수『조선일보』(1934.4.12)	증026人02「懶婦」/평양3-01「懶婦(其一)」
초015 人03	惰婦(其二)	惰婦夜摘葉, 纔成粥一器. 廚間暗食聲, 山鳥善形容. ▶고풍	증029人05「惰婦」/평양3-02

부록 745

		이응수『삼천리』4-1(1932.1.1.) '훌훌'	懶婦(其二)」
초016 人04	喪配自輓	遇何晚也別何催, 未卜其欣只卜哀. 祭酒惟餘樵日釀, 襲衣仍用嫁時裁. 窓前舊種少桃發, 簾外新巢雙燕來. 賢否卽從妻母問, 其言吾女德兼才. ▶칠율 이응수『삼천리』4-3(1932.3.1.)	증028人04/평양5-05
초017 人05	可憐妓詩	可憐行色可憐身, 可憐門前訪可憐. 可憐此意傳可憐, 可憐能知可憐心. ▶고풍 이응수『삼천리』4-1(1932.1.1.)	증158逸06
초018 人06	老嫗	臙脂粉等買耶否, 東栢香油亦在斯. 老嫗當窓梳白髮, 更無一語出門遲. ▶칠율	증031人07/평양3-04
초019 人07	贈妓	却把難同調, 還爲一席親. 酒仙交市隱, 女俠是文人. 太半衿期合, 成三意態新. 相携東郭月, 醉倒落梅春. ▶오율	증033人09
초020 人08	鶴城訪美人不見	瓊雨蕭蕭入雪樓, 歸尋舊約影無留. 盤龍寶鏡輕塵蝕, 睡鶴香爐瑞霧收. 楚峽行雲難作夢, 漢宮紈扇易生秋. 落落寂寂江天春, 帶月中宵下小舟. ▶칠율 (金榮鎭貸稿)	증183逸31/평양5-04
초021 人09	秋風訪美人不見	一從別後豈堪忘, 汝骨爲粉我首霜. 鸞鏡影殘春寂寂, 風簫音斷月茫茫. 早今衛北歸蓼曲, 虛負周南採藻章. 舊路無痕難再訪, 停車坐愛野花芳. ▶칠율 (金榮鎭貸稿) ▶歸蓼曲이 옳음.	증184逸32/평양5-03
초022 人10	贈某女	客枕條蕭夢不仁, 滿天霜月照吾隣. 綠竹靑松千古節, 紅桃白李片時春. 昭君玉骨湖地土, 貴妃花容馬嵬塵. 人性本非無情物, 莫惜今宵解汝裙. ▶낙운 이응수『조선일보』(1943.4.13)	증157逸05/평양5-01「贈寡婦」
초023 人11	街上初見	芭經一帙誦分明, 客駐程驂忽有情. 虛閣夜深人不識, 半輪殘月已三更 一笠	증159逸07

		難掩長程十日明, 有情無語似無情. 踰墻穿壁非難事, 曾與農夫誓不更.-女 ▶칠언절구 2수(원운·화운)	
초024 人12	戱贈妻妾	不熱不寒二月天, 一妻一妾正堪憐. 鴛鴦枕上三頭幷, 翡翠衾中六臂連 開口笑時渾似ること, 翻身似處變成川. 東邊未了西邊去, 更向東邊打玉拳. ▶칠율 이응수『삼천리』4-1(1932.1.1), 이응수『조선일보』(1934.4.13)	대증보판 삭제
초025 人13	贈老妓	萬木春陽獨抱陰, 聊將殘愁意惟深. 白雲古寺枯禪夢, 明月孤舟病客心. 嘆亦魂衰多見罵, 唱還啁折少知音. 文章到此猶如此, 擊節靑樓慷慨吟. ▶칠율 이응수『동광』40(1933.1.23)	증032人08
초026 人14	嘲幼冠者	畏鳶身勢隱冠蓋, 何人咳嗽吐棗仁. 若似每人皆如此, 一腹可生五六人. ▶칠고 박재청(1936.1)	증034人010/평 양2-07「嘲兩班 兒(其二)」
초027 人15	老吟	五福誰云一曰壽, 堯言多辱知如神. 舊交皆是歸山客, 新少無端隔世人. 筋力衰耗聲似痛, 胃腸虛乏味思珍. 內情不識看兒苦, 謂我浪遊抱送頻. ▶칠율 이응수『동광』40(1933.1.23), 이응수『조 선일보』(1934.4.18)	증038人14/평 양3-03「老翁」
초028 人16	老人自嘲	八十年加又四年, 非人非鬼亦非仙. 脚無筋力行常蹶, 眼乏精神坐輒眠. 思慮言語皆妄伝, 猶將一縷線線氣 悲哀歡樂總茫然, 時閱荒庭內景篇. ▶칠율 (金榮鎭貸稿) 경련 대구↔미련 출구.	증037人13
초029 人17	佝僂	人皆平直爾何然, 項在胸中膝在肩. 回首不能看白日, 側身僅可見靑天 臥如心字無三點, 立似弓形少一絃. 慙哭千秋歸去路, 也應棺槨用團圓. ▶칠율 이응수『동광』40(1933.1.23), 김홍한『매일 신보』(1933.12.5).	증027人03/평 양3-06

초030 人18	嘲地師	可笑龍川林處士, 暮年何學李淳風. 雙眸能貫千峰脈, 兩足徒行萬壑空. 顯顯天文猶未達, 漠漠地理豈能通. 不如歸飮重陽酒, 醉抱瘦妻明月中. ▶칠율	증039人15/평양2-09
초031 人19	盡日垂頭客	唐鞋崇襪數斤綿, 踏盡淸霜赴暮煙. 淺綠周衣長曳地, 眞紅唐扇半遮天. 纏讀一卷能言律, 財盡千金尙用錢. 朱門盡日垂頭客, 若到鄕人意氣全. ▶칠율 천태산인『조선한문학사』(1933.12) 제목 없이 수록. 몇 글자 다름. 이응수『조선일보』(1934.4.13)	증040人16/평양2-04
초032 人20	嘲山村學長	山村學長太多威, 高着塵冠插唾兆[*鍤唾兆]. 大讀天皇高弟子, 尊稱風憲好朋儕. 每逢几字憑衰眼, 輒到巡杯藉白鬚. 一飯空堂生色語, 今年過客盡楊州. ▶고풍 李遇駿『蔓遊筆談』에 최초 공개. 이응수『삼천리』4-3(1932.3.1), 이응수『조선일보』(1934.4.11)	증156逸04/평양2-08「嘲山村訓長」
초033 人21	訓戒訓長	化外頑民怪習餘, 文章大塊不平噓. 蠡盃測海難爲水, 牛耳誦經豈悟書. 含黍山間奸鼠爾, 凌雲筆下躍龍余. 罪當笞死始舍己, 敢向尊前語詰据. ▶칠율	증041人17
초034 人22	仙人盈像[仙人畵像]	龍眠活手妙傳神, 玉斧銀刀別樣人. 萬里浮雲長憩處, 九天明月遠懷辰. 庶幾玄圃乘鸞跡, 太牛靑城幻鶴身. 我欲相隨延佇立, 訝君巾履淡非眞. ▶칠율 이응수『동광』40(1933.1.23.), 이응수『조선일보』(1934.4.21)	증044人20
초035 人23	見乞人屍	不知汝姓不識名, 何處靑山子故鄕. 蠅侵腐肉喧朝日, 烏喚孤魂弔夕陽. 一尺短節身後物, 數升殘米乞時糧. 寄語前村諸子輩, 携來一簣掩風霜. ▶칠율 이응수『동광』40(1933.1.23), 김홍한「見乞人路邊死」『매일신보』(1933.12.7), 이	증018放13/평양1-06「路上見乞人屍」

		웅수『조선일보』(1934.4.13), 박재청『신동아』(1936.1) 1, 2련(약간 다름).	
초036 人24	八大詩家	李謫仙翁骨已霜, 柳宗元是但垂芳. 黃山谷裡花千片, 白樂天邊雁數行. 杜子美人今寂寞, 陶淵明月久荒凉. 可憐韓退之何處, 唯有孟東野草長. ▶칠율 이응수『조선일보』(1934.4.22)	증045人21
詠物篇 33편			
초037 詠01	咏笠	浮浮我笠等虛舟, 一着平生四十秋. 牧豎輕裝隨野犢, 漁翁本色伴沙鷗. 醉來脫掛看花樹, 興到携登翫月樓. 俗子依冠皆外飾, 滿天風雨獨無愁. ▶칠율 『대동시선』(1919), 이응수『동광』40(1933.1.23), 김홍한『매일신보』(1933.12.8), 이응수『조선일보』(1934.4.11) 浮浮를 달리 표기.	증005序05「吟笠」/평양3-08
초038 詠02	冠	首飾端儀勝揷花, 織織密孔僅容沙. 紆簹合體均圓滿, 漆墨成章極潤華. 文物攸同箕子國, 規模日自大明家. 一曲滄浪纓可濯, 至今傳唱楚江歌. ▶칠율	증047詠02
초039 詠03	網巾	網學蜘蛛織學蚕, 小如針孔大如盌. 須臾捲盡千莖髮, 烏帽接羅摠附庸. ▶칠율	증048詠03
초040 詠04	燈火(其一)	縈長八尺掛層軒, 其上玉盃磨出崑. 未望月何圓夜夜, 非春花亦吐村村. 對筵還勝看白日, 挑處能爲逐黃昏. 雖譖謀紅燈光若是, 時時寧照覆傾盆. ▶칠율	증059詠14「燈火」
초041 詠05	燈火(其二)	用以焚香欲返魂, 方生方死隔晨昏. 虞陶聖德從今覺, 燧鑽神功自古存. 滿腹出灰留客恨, 終身呑炭報誰冤. 靑樓煮酒會何日, 天下英雄哇可言. ▶칠율	증046詠01「燈」
초042	爐	靑銅珍視我何尋, 陶出枵然貯炭深.	대증보판

詠06		熏炙於人稱火德, 炎涼斯世歎灰心. 挑來最妙携杯煖, 擁坐尤奇閉戶陰. 塞土凍窓多軒此, 莫論其價十文金. ▶칠율	삭제
초043 詠07	咏影	進退䑛儂莫汝恭, 汝儂酷似實非儂. 月斜岸面篤魁狀, 日午庭中笑矮容. 枕上若尋無覓得, 燈前回顧忽相逢. 心雖可愛終無信, 不映光明去絶踪 김홍한『매일신보』(1933.12.8), 이응수『조선일보』(1934.4.19)	중043人19
초044 詠08	簾	最宜城市十街樓, 遮却繁華取閒幽. 三更皓月玲瓏照, 一陣紅埃隱映浮. 漏出琴聲風乍動, 戱看算影霧初收. 林葱萬類眞顏色, 盡人窓櫳半掛鈎. ▶칠율	중060詠15
초045 詠09	博(將棋)	酒老詩豪意氣同, 戰場方設一堂中. 飛包越處軍威壯, 猛象樽前陳勢雄. 直走輕車先犯卒, 橫行駿馬每窺宮. 殘兵散盡連呼將, 二士難存一局空[意氣同은 혹 兩老人, 一局空은 혹 保護功] ▶칠율 김홍한「將棋」『매일신보』(1933.12.7) 末句 다름. 이응수『조선일보』(1934.4.20)	중057詠12
초046 詠10	棋(바둑)	縱橫黑白陣如圍, 勝敗專由取捨機. 四皓閑枰忘世坐, 三淸仙局爛柯歸. 詭謨偶獲搔頭點, 誤着還收擧手揮. 半日輪贏更挑戰, 丁丁然響到斜暉. ▶칠율	중058詠13
초047 詠11	煙竹(담뱃대)	圓頭曲頂又長身, 銀飾銅裝價不貧. 時吸靑煙能作霧, 每焚香草暗消春. 寒燈旅館千愁伴, 細雨江亭一味新. 斑竹年年爲爾折, 也應堯女泣湘濱. ▶칠율 김홍한『매일신보』(1933.12.8), 이응수『조선일보』(1934.4.19)	중049詠04「煙竹(1)」/평양3-12「煙竹(其一)」
초048 詠12	煙竹(其二)	身體長蛇項似鳶, 行之隨手從蹁躚. 全州去來千餘里, 幾度蒼山幾渡船. ▶칠율	중050詠05「煙竹(2)」/평양3-13「煙竹(其二)」

초049 詠13	織錦	煙梭出沒輕似鳧, 響入秦天野牛烏. 聲催月戶鳴機杼, 巧學風簷繹絡蛛. 但使織成紅錦貝, 何須願得白裘狐. 曝晒於陽光鶴鶴, 吳門誰識絹如駒. ▶칠율	증051詠06/평양3-17
초050 詠14	木枕	撑來偏去伴燈斜, 做得黃粱向粟誇. 爲體方圓縱匠巧, 隨心轉側作朋嘉. 五更冷夢同流水, 一劫前生謝落花. 兩兩鴛鴦雙畫得, 平生合我一鰥家. ▶칠율 김홍한『매일신보』(1933.12.8), 이응수『조선일보』(1934.4.20)	증053詠08/평양3-17
초051 詠15	溺缸(요강便器)	賴渠深夜不煩扉, 令作團巒臥處圍. 醉客持來端體捼, 態娥挾坐惜衣收[惜收衣]. 堅剛做體銅山局, 灑落傳聲練瀑飛. 最是功多風雨曉, 偸閒養性使人肥(態, 一曰嬌) ▶칠율 제4구 惜衣收는 惜收衣 이응수『삼천리』4-3(1932.3.1), 김홍한「溺工」『매일신보』(1933.12.8), 이응수『조선일보』(1934.4.11)	증052詠07/평양3-14
초052 詠16	硯	腹埋受磨額凹池, 拔乎凡品不磷奇. 濃硏每値工精日, 寵任常從興逸材. 楮老敷容知漸變, 毛公炎舌見頻滋. 元來四友相須力, 圓會文房似影隨. ▶칠율	증055詠10
초053 詠17	紙	闊面藤牋木質情, 鋪來當硯點毫輕. 耽看蒼錄千編積, 誕比靑天萬里橫. 華軸僉名皆後進, 文房列座獨先生. 家家資爾糊窓白, 永使圖書照眼明. ▶칠율	증054詠09
초054 詠18	筆	四友相須獨號君, 中書總記古今文. 銳精隨世昇沈別, 炎舌由人巧拙分. 畫出蟾烏照日月, 模成龍虎動風雲[*雨]. 管城雖衰禿, 寵擢當時最有勳. ▶칠율	증056詠11
초055 詠19	落花吟	曉起翩翻滿山紅, 開落都歸細雨中. 無端作意移粘石, 不忍辭枝倒上風. 鵑月靑山啼忽罷, 燕泥香逕蹴全空. 繁華一度春如夢, 坐嘆城南頭白翁. ▶칠율	증062詠17/평양3-28「落花」

초056 詠20	落葉吟(其一)	蕭蕭琵瑟又齊齊, 埋谷埋山或沒溪. 如鳥以飛還上下, 隨風止自各東西. 綠其本色黃猶病, 霜是仇綠雨更凄. 杜宇爾何情薄物, 一生何爲落花啼. ▶칠율	중065詠20/평양3-29「落葉」
초057 詠21	落葉[吟](其二)	盡日聲乾啄啄鴉, 虛庭自屯減空華. 如戀故香徘回下, 可恨餘枝的歷斜. 夜久堪聽燈外雨, 朝來忽見水西家. 知君去後惟風雪, 怊悵離情倍落花 (此詩金榮鎭老貸稿) ▶칠율	중066詠21
초058 詠22	雪中寒梅	雪中寒梅酒傷妓, 風前槁柳誦經僧. 栗花落花尨尾短, 榴花初生鼠耳凸. ▶고풍	중063詠18
초059 詠23	梅	古查先看已春催, 暗洩淸香掠鼻宙. 東閣郞吟今我興, 西湖佳約有誰謀[媒]. 黃昏斜月參差影, 暮景含風漸次開. 迥借羅浮生早色, 何關候管動三灰. ▶낙운	대중보관 삭제
초060 詠24	算草	觀莫占曆是唐虞, 創始軒皇化鼎湖. 春夏秋冬相遞永, 弦望晦朔各分弧. 都包高庫玄黃理, 備載坎離紫白圖. 三十六旬成十二, 均其大小尹奇餘. ▶낙운	중067詠22
초061 詠25	苽(고미, 實名) *西瓜	外貌將軍衛, 中心太子燕. 汝本地氣物, 何事體天圓. ▶고풍	중068詠23
초062 詠26	太(콩)	字在天皇第一章, 穀中此物大如王. 介介全黃蜂轉蜜, 團團或黑鼠膨胀. 新抽臘甑曾蒸菜, 潤入晨廚鼎減糧. 當時若奪周家粟, 不使夷齊餓首陽. ▶칠율	중069詠24/평양3-27
초063 詠27	伐木	虎踞千年樹, 龍頭一夕空. 杜楠前後無, 桓斧古今同. 影斵三更月, 聲虛十里風. 出門無所見, 搔首望蒼穹. ▶오율	중070詠25
초064 詠28	氷	塵襪仙娥石履僧, 凌波滑步遞如鷹. 層心易裂嫌銅馬, 潔體無瑕笑玉蠅. 雪氣凝中橫索鏡, 月光穿底見紅燈.	중071詠26

번호	제목	본문	비고
		也知造物多神術, 宜作銀橋濟衆藤. ▶칠율	
초065 詠29	雪	蕭蕭密密又霏霏, 故向斜風滿襲衣. 潤邊獨鶴愁無語, 木末寒鴉凍不飛. 從見江山颺白影, 誰知天地弄玄機. 强近古婆因問酒, 緬然酣臥却忘歸. ▶칠율	증072詠27
초066 詠30	消雪景	送月開簾小碧峰, 滿庭疑是玉人逢. 冥魂麗入孤江釣, 冷意添拿暮寺鍾. 却訪梅花清我興, 能令蓓屋素其封. 偶邊頻有精神竹, 助合詩腸動活龍. ▶칠율 이응수『조선일보』(1934.4.13)	증073詠28
초067 詠31	雪景	飛來片片三月蝶, 踏去聲聲六月蛙. 寒將不去多言雪, 醉或以留更進盃. ▶고풍	증075詠30/ 평양4-04「雪(其二)」
초068 詠32	雪景	雪日常多晴日或, 前山旣白後山亦. 推窓四面琉璃壁, 分咐寺童故掃莫. ▶고풍	증077詠31「雪日」
초069 詠33	雪	白屑誰節亂灑天, 雙眸忽爽霽樓前. 練舖萬壑光斜月, 玉削千峰影透烟. 訪隱人應藜刺掉, 懷兄吾易坐講筵. 文章大手如逢此, 寫景高吟到百篇. ▶고풍 이응수『조선일보』(1934.4.24)	증074詠29
動物篇 10편			
초070 動01	鷄	搏翼天時回斗牛, 養塒物性異沙鷗. 爾鳴秋夜何山月, 玉帳寒瑩淚楚猴. ▶칠절	증078動01「鷄(1)」/평양3-22
초071 動02	狗	稟性忠於主饋人, 呼來斥去任其身. 跳前搖尾偏蒙愛, 退後垂頭却被嗔. 職務奸偸司守固, 名傳義塚領馨頻. 褒勳自古施惟蓋, 反愧無力尸位臣. ▶칠율	증080動03/평양3-20
초072 動03	鷄	擅主司晨獨擅雄, 絳冠蒼距拔於叢. 頻驚玉兎旋藏白, 每喚金烏卽放紅. 欲鬪努嗔童閃火, 將鳴奮鼓翅生風. 名高五德標於世, 迥代桃都響徹空. ▶칠율	증079動02「鷄(2)」

부록 753

초073 動04	猫	世稱虎㸌色何玄, 射彩金精視必圓. 迥察兩端總縮地, 高聽亂豎勢騰天. 吃威能使安藩內, 俘馘堪觀弄目前. 田舍秋登○應害, 曾蒙禮典歲三千. ▶칠율 '○應害'는 대중보판 '應無害'	증086動09
초074 動05	魚	游泳得觀底好時, 錦潭斜日綠楊垂. 銀翻拗舞黑相和, 玉躍旋晉鷺獨知. 影蕉橫雲簾罟陷, 光沈初月似鉤疑. 歸來森列饌牟下, 畫出心頭一幅奇. ▶칠율	증081動04/평 양3-26
초075 動06	鷹(一名逐雉)	萬里天如咫尺間, 俄從某岫又玆山. 平林搏兎何雄壯, 也似關公出五關. ▶칠절	증082動05/평 양3-23
초076 動07	虱(이)	飢而吮血飽而擠, 三百昆蟲最下才. 遠客懷中愁午日, 窮人腹上聽晨雷. 形雖似麥難爲麴, 字不成風未落梅. 問爾能侵仙骨否, 麻姑搔首坐天台. ▶칠율 이응수『조선일보』(1934.4.11)	증083動06「蝨」 /평양3-24「蝨」
초077 動08	詠猫	乘夜橫行路北南, 中於狐狸傑爲三. 毛分黑白渾成繡, 目挾靑黃半染藍. 貴客床前偸美饌, 老人懷裡傍溫衫. 那邊雀鼠能驕慢, 出獵雄聲若大談. ▶落韻 평성覃: 三·藍·談 평성咸: 衫 이응수『동광』40(1933.1.23.), 이응수『조 선일보』(1934.4.17)	증085動08/평 양3-21
초078 動09	蛙	草裡逢蛇恨不飛, 澤中冒雨怨無簑. 若使世人敎卅口, 夷齊不食首陽薇. ▶고풍	증088動11
초079 動10	蚤	貌似棗仁勇絶倫, 半風爲友蝎爲鄰. 朝從席隙藏身密, 暮向衾中犯脚親. 尖嘴嚼時心動索, 赤身躍處夢驚頻. 平明點檢肌膚上, 剩得桃花萬片春. ▶칠율 이응수『조선일보』(1934.4.24)	증084動07/평 양3-25
		山川樓亭篇 23편	
초080	金剛山(其一)	矗矗金剛山, 高峰萬二千.	증091山01

山01		遂來平地望, 三夜宿靑天 ▶오절	
초081 山02	金剛山(其二)	萬二千峰歷歷遊, 春風獨上衆樓隅. 照臨日月圓如鏡, 覆載乾坤小似舟. 東壓大洋三島近, 北撐高沃六鰲浮. 不知無極何年闢, 太古山形白老頭. ▶칠율	증092山02
초082 山03	金剛山(其三)	長夏居然近素秋, 脫巾抛棄步寺樓. 波聲通野巡墻滴, 靏色和烟繞屋浮. 酒到空壺生肺渴, 詩猶餘債上眉愁. 與君分手芭蕉雨, 應相歸家一夢幽. ▶칠율	증097山07
초083 山04	金剛山(其四) 082의 화운	江湖浪跡又逢秋, 約伴詩朋會寺樓. 小洞人來流水暗, 古龕僧去白雲浮. 薄遊少答三生願, 豪飮能消萬鍾愁. 擬把淸懷書柿葉, 臥聽西園雨聲幽. ▶칠율	증098山08
초084 山05	入金剛	綠靑碧路入雲中, 樓使能詩客住節. 龍造化呑飛雪瀑, 劍精神削揷天峰. 仙禽白幾千年鶴, 澗樹靑三百丈松. 僧不知吾春睡腦, 忽無心打日邊鐘. ▶칠율 [或云妙香山詩] 이응수『동광』40(1933.1.23), 박재청(1936.1)	증093山03/평양4-10
초085 山06	妙香山詩	平生所欲者何求, 每擬妙香山一遊. 山疊疊千峰萬仞, 路層層十步九休. ▶칠절 김재로(1930.12), 이응수『동광』40(1933.1.23), 박재청(1936.1)	증099山09
초086 山07	九月山峯	昨年九月過九月, 今年九月過九月. 年年九月過九月, 九月山光長九月. ▶고풍	증100山10/평양4-12「九月山」
초087 山08	登咸興九天閣	人登樓閣臨九天, 馬渡長橋踏萬歲. 山疑野狹遠遠立, 水畏舟行淺淺流. 山意龍盤虎踞形, 樓閣鷩飛鳳翼勢. 脫句 ▶고풍. 거성8霽(歲・勢)/평성尤(流) 이응수『삼천리』4-1(1932.1.1)	증109山19
초088	安邊飄然亭(其	一城踏罷有高樓, 覓酒題記幾流.	증107山17/평

부록 755

山09	一)	古木多情黃鳥至, 大江無恙白鷗飛(白飛鷗) 英雄過去風煙盡, 客子登臨歲月悠. 宿債關東猶未了, 欲隨征雁下長洲. ▶칠율 이응수『삼천리』4-1(1932.1.1)	양4-16「飄然亭」
초089 山10	安邊飄然亭(其二)	飄然亭子出長堤, 鶴去樓空鳥獨啼. 十里煙霞橋上下, 一天風月水東西. 神仙躇跡雲過杳, 遠客襟懷歲暮幽. 羽化門前無問處, 蓬萊消息夢中迷. ▶낙운 상평성 齊운이되, 幽는 하평성尤운. 이응수『삼천리』4-1(1932.1.1)	증108山18
초090 山11	上樓(倅趙雲卿)	也知窮達不相謀, 思樂橋邊歲幾周. 漢北文章今太守, 湖西物望舊荊州. 酒誡狂藥常爲病, 詩亦風流可與酬. 野笠編嫌登政閣, 抱琴獨倚海山秋. ▶칠율 이응수『삼천리』4-3(1932.3.1)	증185A逸33「與倅卿上樓」/ 평양1-19「與趙雲卿上樓」
초091 山12	和金笠 091의 화운	嘆息狂生亦自謀, 十年踽踽道隅周. 前冬蟄雪凝羊角, 今日文虹貫鳳州. 不飮惟吾常有病, 得詩與爾可無酬. 麻鞋尙上龍圖閣, 政閣何嫌野笠秋. ▶칠율	증185B逸33
초092 山13	安邊老姑峯過次吟	葉落瘦容雪滿頭, 勢如天撑屹然浮. 餘峰羅立兒孩似, 或子中間仙鶴遊. ▶칠절 [안변군 衛益面 高山里 姜河範(丁巳生) 집 뒤에서 김병연이 읊었다.]	증116山26
초093 山14	大同江練光亭	截然平屹立高門, 碧萬頃蒼波直翻. 一斗酒三春過客, 千絲柳十里江村. 孤丹鷺帶來霞色, 雙白鷗飛去雪痕. 波上之亭亭上我, 坐初更夜月黃昏. ▶칠율	증117山27
초094 山15	登文星岩	削立岩千疊, 平鋪海一杯. 林深鳥語閒, 日暮棹歌回. 欲覓任公釣, 留看學士臺. 酷憐山水樂, 待月久徘徊 ▶오율	증118山28
초095 山16	登廣寒樓	南國風光盡比樓, 龍城之下鵲橋頭. 江空急雨無端過, 野闊餘雲不肯收.	증119山29

		千里筇鞋孤客到, 四時笳鼓衆仙遊. 銀河一脈連蓬島, 未必靈區入海求. ▶칠율 이응수『조선일보』(1934.4.13)	
초096 山17	暮投江齊[霽] 吟	滿城春訪讀書家, 雜木疎篁映墨花 鶴與淸風橫浦, 鴻因落日伴平沙. 江山有助詩然作, 歲月無心酒以過 讀倚乾坤知己少, 强將織律和高歌. ▶낙운 이응수『조선일보』(1934.4.13)	증120山30
초097 山18	寒食日登北樓 吟	可憐今日壩前酒, 釀得阿郞手種禾 十里平沙岸上莎, 素衣靑女哭如歌. ▶칠절 1-2연 바뀜.	증114山24/평 양5-06
초098 山19	開城	故國江山立馬愁, 半千王業空一邱. 煙生廢墻寒鴉夕, 落葉荒台白雁秋. 石狗年深難轉舌, 銅台陁滅但垂頭. ▶칠율 周觀別有傷心處, 善竹橋川不咽流[咽不流] 이응수『삼천리』13(1931.3.1.) '松都, 이 응수 『동광』40(1933.1.23.), 이응수『조 선일보』(1934.4.24) '泗不流'	증104山14/평 양4-14
초099 山20	關王廟	古廟幽深白日寒, 全身復見漢衣冠 當時未了中原事, 赤土千年不解鞍. ▶칠절	증121山31
초100 山21	看山	蹇驢看山好, 執轡故不加. 岩間纔一路, 煙處或三家. ▶오절 [1941년 대중보판 蹇驢→倦馬]	증103山13
초101 山22	遊山吟	一笠茅亭傍小松, 衣冠相對阮前客[容]. 橫籬戰凉風動, 藥圃虫聲夕露濃. 秋雨纔晴添脫暑, 暮雲爭出幻奇峰. 悠悠萬事休提說, 未老須謀選日逢. ▶칠율	증124雜03
초102 山23	嶺南述懷	超超獨倚望鄕臺, 强壓覇愁快眼開. 與月經營觀海去, 乘花消息入山來. 長遊宇宙餘雙屐, 盡數英雄又一杯. 南國風光非我土, 不如歸對漢濱梅. ▶칠율	증125雜04
초103	聽曉鍾[鐘]	冽風長安時孟秋, 嶠南歸客獨登樓.	증126雜05

부록 757

山24		吼來地上雷霆動, 擊送人間歲月流. 鳴吠俱淸千戶裡, 乾坤忽肅九街頭. 無窮四十年間事, 回首今宵又一悲. ▶낙운 [黃五 작. 金洪漢 부정.] 김홍한『매일신보』(1933.12.4), 이응수(1934.4.24)	
		雜編 25편	
초104 雜01	偶吟	抱水背山隱逸鄕, 時遊農圃又書堂. 繁花野雪兩全色, 岸柳江梅二獨陽. 日謀閑趣從棋友, 心却繁華遠媚鴞. 人物學皆無不用, 捨其所短取其長. ▶칠율 이응수『동광』40(1933.1.23.), 이응수『조선일보』(1934.4.22)	증122雜01
초105 雜02	秋夜偶吟	白雲來宿碧山亭, 夜氣秋懷兩杳冥. 野水精神通室白, 市嵐消息入簾靑. 生來杜甫詩爲癖, 死且劉伶酒不醒. 欲識吾儕交契意, 勿論淸濁謂勿頣. ▶칠율 이응수『동광』40(1933.1.23), 이응수『조선일보』(1934.4.17) 渭勿經은 分經胃	증123雜02
초106 雜03	偶感	劍思徘徊快馬鳴, 聞鷄默坐數前程. 亂山經歷多花事, 大海觀歸小水聲. 歲月皆賓猶卒忽, 煙霞是世自昇平. 黃金滿袖摆憂子, 送我路邊半市情. ▶칠율 이응수『삼천리』(1932.3.1), 이응수『조선일보』(1934.4.13)	증130雜09
초107 雜04	卽吟	坐似枯禪反愧髥, 風流今夜不多兼. 燈魂寂寞家千里, 月射蕭條客一簷. 紙貴淸詩歸板粉, 肴貧濁酒用盤鹽. 瓊琚亦是黃金販, 莫作於陵意太廉. ▶칠율	증128雜07
초108 雜05	自詠	寒松孤店裡, 高臥別區人. 近峽雲同樂, 臨溪鳥與隣. 鎡銖寧荒志, 詩酒自娛身. 得月卽帶憶, 悠悠甘夢頻 ▶오율	증129雜08
초109	自顧偶吟	笑仰蒼穹坐可超, 回思世路更迢迢.	증132雜11

초 雜06		居貧每受家人譴, 亂飮多逢市女嘲. 萬事付看花散日, 一生占得明月宵. 也應身業斯而已, 漸覺靑雲分外遙. ▶낙운	
초110 雜07	破字詩	仙是山人佛不人, 鴻惟江鳥鷄奚鳥. 氷消一點還爲水, 雨木相對便成林. ▶고풍	증170逸18
초111 雜08	譬世 [警世의 잘못인 듯]	富人困富貧困貧, 飢飽雖殊困則均. 貧富俱非吾所願, 願爲不富不貧人. ▶칠절	증171逸19「譬 [警]世」/평양1 -03「貧吟」
초112 雜09	山所訴出	掘去掘去, 彼隻之恒言. 捉來捉來, 本守之 例題. 今日明日, 此墳彼頉, 乾坤不老月長 在, 寂莫江山今百年. ▶訴狀	증194逸42「山 所訴狀」/평양1 -10「山所訴狀」
초113 雜10	出塞	獨坐計君行復行, 始知千里馬蹄輕. 綠江斜日東封盡, 白塔浮雲北陸平. 公子出疆仍幕府, 詩人到塞便長城. 倦遊搖落空吟雪, 歲暮誰憐病馬卿. ▶칠율	증144雜23
초114 雜11	馬島	故人吟望雪連天, 別後梅花又一年. 快士暫遊仍出塞, 冷官多曠不求田. 山川重閱龍灣路, 禍盡總歸馬島船. 城外未將壺酒餞, 此詩難寫意茫然. ▶칠율	증145雜24
초115 雜12	上元月[*廣寒 樓]	看月何事依小樓, 心身飛越廣寒頭. 光垂八域人皆仰, 影入千江浮其流. 曠古詩仙曾幾問, 長生藥兔未應愁. 圓輪自重今宵出, 碧落雲霽廓已收. ▶칠율	증146雜25
초116 雜13	問僧	僧乎汝在何山寺, 龍在鷄龍上阿阿. 昔聞鷄龍今見汝, 景物風光近如何. ▶고풍	증140雜19
초117 雜14	下汀洲	翠禽暖戲對沈浮, 晴景闌珊也未收. 人遠謾愁山北立, 路長惟見水東流. 垂楊多在鶯啼驛, 芳草無邊客倚樓. 怊悵送君自崖返, 那堪落月下汀洲. ▶칠율	증141雜20
초118 雜15	隱士	超然遯世彼山坡, 隱映茅廬繞碧蘿. 鶴舞琴前閑自足, 鶯歌簷上興偏多.	증142雜21

부록 759

		雲遊奄釋語待到, 電邁隣家採藥過. 任我偃臥聯永夏, 臨風遙和紫芝歌. ▶칠율	
초119 雜16	雜詠	靜處門扉着我身, 賞心喜事任清眞. 孤峯罷舞擎初月, 老樹開花作晚春. 酒逢好友惟無量, 詩到名山輒有神. 靈境不須求外物, 世人自是小閑人. ▶칠율	중143雜22
초120 雜17	思鄕(其一)	西行己過十三州, 此地猶然惜去留. 雨雪家鄕人五夜, 山河逆旅世千秋. 莫將悲慨談靑史, 須向英豪問白頭. 玉舘孤燈應送歲, 夢中能作故園遊. ▶칠율	중131雜10
초121 雜18	使身[使臣의 잘못인 듯]	似君奇士自東來, 業夏諸人詎可輕. 歌送希音空郢市, 劍騰雙寶溫延平. 凄凉鶴柱誰仙塚, 赫陽龍堆是帝城. 遮莫上書登北國, 卽今天子不求卿. ▶칠율	중147雜26
초122 雜19	思鄕(其二)	皇州古路杳如天, 日下芳名動少年. 嬉笑文章蘇學士, 風流詞曲柳屯田. 遊情蓟樹浮煙海, 別語灣登明玉盞. 未識今宵能憶我, 寒梅老屋坐蕭然. ▶칠율	중148雜27
초123 雜20	卽景	叫執猶須帶一條, 渚風纔生復裊裊. 綠憐蕉葉涼如醮, 紅怕榴花照欲燒. 微雷小雨相爭簫, 老魅驕炎未格苗. 聞說江樓堪避飮, 漁舟準備月明宵. ▶칠율	중149雜28
초124 雜21	眼昏	向日貫針絲變索, 挑然對案魯無魚. 春前白樹花無數, 霽後靑天雨有餘. 揖路少年云誰某, 探衣老衲動知渠. 可憐南浦垂竿處, 不見風波浪費𦈐. ▶칠율	중036人12
초125 雜22	秋吟	邸裡重陽不記名, 故人書到喜平生. 登樓便有登山意, 送馬還勝送酒情. 病起黃花今歲色, 秋深落木異鄕聲. 此來相見爲佳節, 快賞前宵獨月明. ▶칠율	중150雜29
초126 雜23	偶吟(2)	風雪出州路幾何, 行人從古唱勞歌. 草中想席將軍石, 樹外看虹太子河. 玉壘北來天連久, 金繪東盡歲輪多.	중151雜30

		如君可恨生差脫, 來使歐陽見二坡. ▶칠율	
초127 雜24	花煎	宿釀綠春淡且酸, 見君今日喜凭欄. 野塘水淺葛蒲健, 晚場苔沾躑躅寒. 苔葉若敎平地生, 塵談笑止一番團. 婆娑三影城掛路, 如事人應作畵看. ▶칠율 상평성14寒 제5구 말자 평성.	증152雜31 「花煎(1)」
초128 雜25	金笠과 金剛山 [聯句]-01	松松栢栢岩岩廻, 水水山山處處奇. ▶단구	증213C逸61
초129 雜26	金笠과 金剛山 [聯句]-02	我向靑山去, 綠水爾何來 ▶단구	증214逸62
초130 雜27	金笠과 金剛山 [聯句]-03	甲童詠曰: "南山北山神靈曰, 項羽當年難爲山." 乙童曰: "右拔左拔投空中, 平地往往多新山." 笠曰: "項羽死後無將[壯]士, 誰將拔山投空中." ▶단구	증215逸63
초131 雜28	金笠과 金剛山 [聯句]-04	僧:朝登立石雲生足(立石峰) 笠:暮飮黃泉月掛脣(黃泉灘) 僧:澗松南臥知北風 笠:軒竹東傾覺日西 僧:絶壁雖危花笑立 笠:陽春最好鳥啼歸 僧:天上白雲明日雨 笠:岩間落葉去年秋 僧:兩姓作配己酉日最吉 笠:半夜生孩亥子時難分 僧:影浸綠水衣無濕 笠:夢踏靑山脚不苦 僧:群鴉影裡千家夕 笠:一雁聲中四海秋 僧:假僧木折月影軒 笠:眞婦菜美山姙春 僧:石轉千年方倒地 笠:峰高一尺敢摩天 僧:靑山買得雲空得 笠:白水臨來魚自來 僧:秋雲萬里魚鱗白 笠:枯木千年鹿角高 僧:雲從樵兒頭上起 笠:山入漂娥手中鳴 僧:聲令銅鈴零銅鼎 笠:目若黑椒落白粥 僧:登山鳥菜羹 笠:臨海魚草餠 僧:水作銀杵舂絶壁 笠:雲爲玉尺度靑山 僧:月白雪白天地白 笠:山深水深客愁深 僧:燈前燈後分晝夜 笠:山南山北判陰陽	증216逸64 [초128雜25-초 雜28까지 이응 수『동아일보』 (1931) 소개. 靑山人 표절 『實生活』 (1934.7)]

부록 761

		後篇 18편	
초132 後01	論鄭嘉山忠節死嘆金益淳罪通于天	18연. "曰爾世臣金益淳, 鄭公不過卿大夫."(본서 본문에 소개)	증221後01/별본6/*평택임씨본04
초133 後02	責索頭	36구 18연. 제4연 바깥짝 樊將軍은 將軍頭가 옳음. 제4연 押頭, 평성 尤韻 併畵裹, 同腐朽, 丘秋草도 잘못.	증222後02/평양6-03/별본1/東選11/평택임씨본11
초134 後03	聶政後二百年秦有荊軻之事	16연. 제4연 押事, 거성 寘韻	증223後03/평양6-01/東選20「其後二百餘年秦有荊卿之事」/時尙04/善鳴07
초135 後04	易水歌壯士而詩人	15연. 제4연 押士, 상성 紙운.	증224後04/평양6-02/東選27「易水歌壯士詩人」
초136 後05	八千愧五百	34구 17연. 제4연 押愧, 거성 寘운.	증225後05/東選55/時尙16/善鳴18/*東選98「八千人愧五百人」
초137 後06	以王禮葬田橫	16연. 제4연 押王, 평성 陽韻	증226後06
초138 後07	不言主事者滄海力士	15연. 제4연 押事, 거성 寘운.	증227後07/평양6-04/東選81「不言主人事」
초139 後08	請秦王擊缶	18연. 제4연 押缶, 상성 有운.	증228後08/평양6-05
초140 後09	范叔姑無恙乎	17연. 제4연 押乎, 평성 虞운.	증229後09/東選52「范叔固無

			差乎」
초141 後10	垓城帳中問置妾何地	18연. 제4연 押地, 거성 寘운.	증230後10
초142 後11	項羽死高帝亦老	17연. 제4연 押老, 상성 皓운.	증231後11
초143 後12	瞽負瞖(戰國策)	16연. 제12연 押負, 상성 有운.	증232後12/평양6-06/東選41
초144 後13	鶴城風景二十韻	"勝槪江山何處是, 鐵嶺以北有安邊." ▶제7연 末字 餞은 甐. 이응수『삼천리』4-3(1932.3.1)'安邊鶴城風景二十韻.	대증보판 삭제
초145 後14	喜雨亭	17연. 제4연 押雨, 평성 麌운.	증233後13/東選31/時尙03
초146 後15	少焉月出於東山之上	18연. 제4연 押焉, 평성 先운. cf.『時尙』13 : 31구(1구缺) 제4연 押月 "玉妃不負前宵約, 留待桂花移時發."	증234後14/東選70
초147 後16	而已夕陽('已而夕陽'이 옳음)	17연. 제4연 押夕, 입성 陌운.	증235後15/東選32/時尙13/善鳴01
초148 後17	聲在樹間	17연. 제4연 押聲, 평성 庚운.	증236後16
초149 後18	歐陽子方夜讀書	17연. 제4연 押書, 평성 魚운.	증237後17/별본5/東選34/善鳴02
초150 後19	蘭皐平生詩	01 鳥巢獸穴皆有居 顧我平生獨自傷 02 芒鞋竹杖路千里 水性雲心家四方 03 書爲白髮劒斜陽 天地無窮一恨長 04 痛飮長安紅十斗 秋風簑笠入金剛 (03-04연은 「入金剛山」 시)	*증001序01(17연34구)/*평양1-17(17연34구)/*東選38「懷鄕自嘆」(28구14연)
附錄			

초151 附01	影	一手眼爲千手介, 釋氏此言淡虛景. 浮生都付物外物, 空界誰知境中境. 呵呵一笑放杖立, 問君爲誰吾不省. 無中生有有中無. 因物成形謂之影. 參之造化借面目, 寄於虛空俱動靜. 平生無語亦無心, 自家精神何所領. 思君不見問主翁, 獨立虛庭秋夜永. 東坡落月咏墨竹, 惠師空潭涵藻荇. 人間只信有一我, 君是何人與我並. 隨行隨之造次間, 如有如無俄忽頃. 君身太白月照標, 我眼知章落花井. 莊周爲蝶蝶爲周, 如信南華誕說騁. 形身都出傀儡幻, 贅語何知魍魎警. 先生姓名影白云. 去亦無端來不請. (14연. 제4연 押影, 상성 梗운)	증239附01
초152 附02	三顧臣於草廬 之中	36구 18연. 제4연 押顧, 거성 遇운.	증240附02
초153 附03	楚以屈原鳴	34구 17연. 제4연 押楚, 상성 語운.	증241附03/善 鳴04
초154 附04	非附靑雲之士 惡能施於後世	36구 18연. 제4연 押世, 거성 霽운.	증242附04
초155 附05	譬若走韓盧而 搏蹇兔(范雎傳)	30구 15연. 제4연 押譬, 거성 寘운.	증243附05/송 순철47「譬如 走韓盧而搏蹇 兔」東選39「譬 若馳韓盧而搏 蹇兔也」
초156 附06	期期知不可	32구 16연. 제4연 押期, 평성 支운.	증244附06/東 選91
초157 附07	謁項狗廟歎大王 不得天下如文章 進取不得宮	32구 16연. 제4연 押王, 평성 陽韻	증245附07/東 選18「謁項王廟 歎大王不得天 下如文章進就 不得官」

초158 附08	泣畫仙	36구 18연. 제4연 바깥짝 '太乙華簪靑倒蓮' 제10연 안짝 '人間始驚白髮仙'	중246附08
초159 附09	花松戒諸子(范質)	36구 18연. 제4연 押戒, 거성 卦운.	중247附09/東選89
초160 附10	時侯嬴在傍(范雎傳)	32구 16연. 제4연 押嬴, 평성 庚운.	중248附10
초161 附11	令各鳥獸散歸報天子(李陵)	34구 17연. 제4연 押報, 거성 號운.	중249附11/東選28「使軍各鳥獸歸報天子」
초162 附12	遺書平原君願與君爲十月之飮(亦范雎傳)	36구 18연. 제4연 押飮, 상성 寢운.	중250附12/東選96「遺書平原君請爲十日之飮」
초163 附13	夷門者大梁之東門(太史評)	34구 17연. 제4연 押門, 평성 元운.	중251附13
초164 附14	臣里有張祿先生欲與君言天下事(范雎傳)	32구 16연. 제4연 押事, 거성 寘운.	중252附14
초165 附15	幸賴石學士(石曼卿)	34구 17연. 제4연 押石, 입성 陌韻.	중253附15/東選10
초166 附16	薦只[呂]夷簡王曾等二十餘人布列于位	32구 16연. 제4연 押人, 평성 眞운.	중254附16
초167 附17	過趙問樂毅有後(漢高帝)	32구 16연. 제4연 押趙, 상성 篠운.	중255附17
초168 附18	一翁一媼皆異人	34구 17연. 제4연 押異, 거성 寘운.	중256附18/東選50/善鳴05「一媼一翁皆異人」
초169 附19	聞上幸芙蓉苑勅子弟麗番門庭	36구 18연. 제4연 押幸, 상성 梗운.	중257附19

초170 附20	臥雪(袁安)	22구 11연. 제4연 押雪, 입성 屑운.	증258附20
초171 附21	聞人扣疏次袋中以待朝廷求賢	32구 16연 제4연 바깥짝 代(거성隊)/cf. 待(상성賄). 제8연 바깥짝 袋(거성隊)	증259附21
초172 附22	葬項羽於穀城山下爲臨一哭	32구 16연. 제4연 押爲, 거성 寘운.	증260附22/東選97「葬羽穀城山爲臨一哭」
초173 附23	杜母(杜詩)	20구 10연. 제4연 押母, 상성 有韻.	증261附23/東選02
초174 附24	別董永歸路語天上織女	24구 12연. 제4연 押女, 상성 語운.	증262附24
초175 附25	答遣買菜者(張詠)	20구 10연. 제4연 押菜, 거성 隊운.	증263附25
초176 附26	去之人以爲化仙(梅福)	36구 18연. 제4연 押仙, 평성 先운.	증264附26/東選76「去之九江人以爲化仙
초177 附27	困於會稽之上乃用范蠡計然(句踐)	32구 16연. 제4연 押用, 거성 宋운.	증265附27
초178 附28	宇宙生色子房椎	32구 16연. 제4연 押椎, 평성 支韻.	증266附28/東選14「子房一椎宇宙生光」
초179 附29	亦下馬東望三呼(張詠)	32구 16연. 제8연 바깥짝 '碧嵩萬年連呼三.' 押三, 평성 覃운.	증267附29
초180 附30	後五日鷄鳴往之老父又先在(張良)	34구 17연. 제4연 押後, 상성 有운.	증268附30/東選26「後五日鷄鳴往焉父又先在」
초181 附31	醉翁之意不在酒	15연. 제4연 押酒, 상성 有운.	증238後18

<표 29> 1941년 대증보판 『김립시집』 수록물

		序詩(대증보판에는 목이 없으나 임의로 편성) 5편	
증001序01	蘭皐平生詩	17연 34구. 평성陽운 17자: 傷·方·腸·鄕·庄·場·桑·荒·量·羊·霜·長·茫·囊·嘗·蒼·傍 등.	*초150後 19(8구4연)/*평양1-17(17연 34구)/*東選38「懷鄕自嘆」(28구14연)
증002序02	自嘆	嗟乎天地間男兒, 知我平生者有誰 萍水三千里浪跡 琴書四十年虛詞 靑雲難力致非願, 白髮惟公道不悲 驚罷還鄕夢起坐, 三更越鳥聲南枝 (全北任元模奇) ▶칠율, 평성支운, 수구입운.	신증/평양1-16
증003序03	八竹詩	此竹彼竹化去竹, 風打之竹浪打竹. 飯飯粥粥生此竹, 是是非非付彼竹. 賓客接待家勢竹, 市井賣買歲月竹. 萬事不如吾心竹, 然然然世過然竹. ▶고풍	신증
증004序04	是是非非詩	是是非非非是是, 是非非是非非是. 是非非是是非非, 是是非非是是非. ▶고풍	신증/평양2-03「是是非非歌」
증005序05	咏笠	"浮浮我笠等虛舟, 一着平生四十秋" ▶칠율, 평성尤운, 수구입운. 『대동시선』(1919), 이응수 『동광』40(1933. 1.23), 김홍한 『매일신보』(1933.12.8), 이응수 『조선일보』(1934.4.11) 浮浮를 달리 표기.	초037詠01/평양3-08
		放良 19편	

부록 767

중006放01	二十樹下	"二十樹下三十客, 四十家中五十食." ▶고풍(파운), 7언 4구	초001乞01/평양2-12「無題詩」
중007放02	無題	"四脚松盤粥一器, 天光雲影共徘徊." ▶칠절, 평성灰운, 수구불입운.	초004乞04/평양4-01「靑山倒水來」
중008放03	風俗薄	斜陽鼓立兩柴扉 三被主人手却揮 杜宇亦知風俗薄 隔林啼送不如歸 (成大李明善奇) ▶칠절, 평성微운, 수구입운.	신증/평양1-14
중009放04	自嘆	九萬長天擧頭難, 三千地闊未足宣. 五更登樓非翫月, 三朝辟穀不求仙. ▶칠절, 평성先운, 수구불입운.	신증
중010放05	姜座首逐客詩	"祠堂洞裡問祠堂, 輔國大匡姓氏姜." ▶칠율, 평성陽운, 수구입운. 이응수 『동광』40(1933.1.23), 이응수 『조선일보』(1934.4.21)	초002乞02
중011放06	開城人逐客詩	"邑號開城何閉門, 山名松嶽豈無薪." ▶칠절, 평성眞운, 수구인운. 이응수 '失題' 『삼천리』4-1(1932.1.1)	초005乞05/평양2-13「開城」
중012放07	破字詩	難之難之大同難, 世上難之大同難. 我年七世失父難, 吾母靑春寡婦難. ▶고풍	신증/평양1-8「大同難」
중013放08	逢雨宿村家	"曲木爲椽簷着塵, 其間如斗僅容身." ▶칠율, 평성眞운, 수구입운. 衣冠㴱 확정. 이응수 『동광』40(1933.1.23), 이응수 『조선일보』(1934.4.18)	초003乞03/평양1-05
중014放09	貧吟	"盤中無肉權歸菜, 廚中乏薪禍及籬." ▶고풍(무운)	초009乞09/평양1-04「貧家」

증015放10	艱飮野店	"千里行裝付一柯, 餘錢七葉尙云多." ▶칠절, 평성歌운, 수구입운.	초010乞10/ 평양1-18
증016放11	自傷	"哭子靑山又葬妻, 風酸日薄轉凄凄." ▶칠절, 평성齊운, 수구입운. 제3구 평측 失	초011乞11
증017放12	失題(覓字詩)	"許多韻字何呼覓, 彼覓有難況此覓." (1932.1-04)(金在喆寄) ▶고풍(파운) 이응수『삼천리』 4-1(1932.1.1)	초006乞06
증018放13	見乞人屍	"不知汝姓不識名, 何處靑山子故鄕." ▶칠율, 평성陽운, 수구인운. 이응수『동광』40(1933.1.23), 김홍한 「見乞人路邊死」『매일신보』(1933.12.7), 이응수『조선일보』(1934.4.13), 박재청『신동아』(1936.1) 1, 2련(약간 다름).	초035人23/ 평양1-06「路上見乞人屍」
증019放14	看鏡	白髮汝非金進士, 我亦靑春如玉人. 酒量漸大黃金盡, 世事纔知白髮新. ▶칠절, 평성眞운, 수구불입운.	신증
증020放15	難貧	地上有仙仙見富. 人間無罪罪有貧. 莫道貧富別有種, 貧者還富富還貧. ▶고풍. 평양1-02의 경련과 미련	신증/*평양1-02(8구4연)
증021放16	宿農家	終日緣溪不見人, 幸尋斗屋半江濱. 門塗女媧元年紙, 房掃天皇甲子塵. 光黑器皿虞陶出, 色紅麥飯漢倉陳. 平明謝主登前途, 若思經宵口味辛. (洪原金啓龍寄) ▶칠율. 평성眞운, 수구입문	신증
증022放17	大同江上	大同江上仙舟泛, 吹笛歌聲永遠風. 客子停驂聞不樂, 蒼梧山色暮雲中 ▶칠절, 평성東운, 수구불입운.	신증
증023放18	過安樂見忤	安樂城中欲暮天, 關西孺子聳詩肩. 村風厭客遲炊飯, 店俗慣人但索錢. 虛腹曳雷頻有響, 破窓透冷更無穿.	『매일신보』(1933.12.3)

		朝來一吸江山氣, 試向人間辟穀仙. ▶칠율, 평성先운, 수구입운.	金洪漢
증024 放19	過長湍	對酒欲飮無故人, 一聲黃鳥獨傷神. 過工柳絮晴獨雷, 入峽梅花香如春. 地接關河來往路, 日添車馬迎送塵. 臨津關外萋萋草, 管得羈愁百種新. ▶칠율, 평성眞운, 수구입운.	신증
人物 21편			
증025 人01	多睡婦	"西隣愚婦睡方濃, 不識舂工況也農." ▶칠율, 평성冬운, 수구입운. 이응수『삼천리』4-1(1932.1.1.)	초013 人01
증026 人02	懶婦	"無病無憂洗浴稀, 十年猶着嫁時衣" ▶칠율, 평성微운, 수구입운. 이응수『삼천리』4-1(1932.1.1.)	초014 人02 「惰婦(其一)」/평양3-01「懶婦(其一)」
증027 人03	佝僂	"人皆平直爾何然, 項在胸中膝在肩." (김립 시 부정설)▶칠율, 평성先운, 수구입운. 이응수『동광』40(1933.1.23.), 김홍한『매일신보』(1933.12.5)	초029 人17/평양3-06
증028 人04	喪配自輓	"遇何晚也別何催, 未卜其欣只卜哀" ▶칠율, 평성灰운, 수구입운. 이응수『삼천리』4-3(1932.3.1.)	초016 人04/평양5-05
증029 人05	惰婦	"懶婦夜摘葉, 纔成粥一器."▶고풍 이응수『삼천리』4-1(1932.1.1.) '홀홀'	초015 人03 「惰婦(其二)」/평양3-02「懶婦(其二)」
증030 人06	婦惰	事績如山意自寬, 閨中日月過無關. 曉困常云冬夜短, 衣薄還道夏風寒. 織將至暮難盈尺, 食每過朝始洗盤. 時時逢被家君怒, 漫打啼兒語萬端.	신증

		▶칠율, 평성刪운, 수구입운.	
증031人07	老嫗	"臙脂粉等買耶否, 冬柏香油亦在斯." ▶칠절, 평성支운, 수구불입운.	초018人06/ 평양3-04
증032人08	贈老妓	"萬木春陽獨抱陰, 聊將殘愁意惟深." ▶칠율, 평성侵운, 수구입운. 이응수『동광』40(1933.1.23)	초025人13
증033人09	贈妓	"却把難同調, 還爲一席親." ▶오율 평성眞운, 수구입운.	초019人07
증034人10	嘲幼冠者	"畏鳶身勢隱冠蓋, 何人咳嗽吐棗仁." ▶칠고, 평성眞운.	초026人14/ 평양2-07「 嘲兩班兒 (其二)」
증035人11	嘲年長冠者	方冠長竹兩班兒, 新買鄒書大讀之 白晝猴孫初出袋, 黃昏蛙子亂鳴池 威因老釋能成喝, 學優樵童强作師. 若使紅牌浮水去, 今年及第能渠誰. ▶칠율, 평성支운, 수구입운.	신증/평양2 -06「嘲兩 班兒(其一) 」
증036人12	眼昏	"向日貫針糸變索, 挑撚對案魯無魚." ▶칠율, 평성魚운, 수구불입운.	초124雜21
증037人13	老人自嘲	"八十年加又四年, 非人非鬼亦非仙" (金笠鎭長稿) ▶칠율, 평성先운, 수구입 운. 경련 대구와 미련 출구 위치 정 정.	초028人16
증038人14	老吟	"五福誰云一曰壽, 堯言多辱知如神." ▶칠율, 평성眞운, 수구불입운. 이응수『동광』40(1933.1.23), 이응수『 조선일보』(1934.4.18)	초027人15/ 평양3-03「 老翁」
증039人15	嘲地師	"可笑龍川林處士, 暮年何學李淳風." ▶칠율, 평성東운, 수구불입운.	초030人18/ 평양2-09
증040人16	盡日垂頭客	"唐鞋崇襪數斤綿, 踏盡淸霜赴暮煙." ▶칠율, 평성先운, 수구입운.	초031人19/ 평양2-04

증041人17	訓戒訓長	"化外頑民怪習餘, 文章大塊不平噓." ▶칠율, 평성魚운, 수구입운.	초033人21
증042人18	訓長	世上雖云訓長好, 無烟心火自然生. 日天日地青春去, 云賦云詩白髮成. 雖誠難聞稱道賢, 暫離易得是非聲. 掌中寶玉千金子, 請囑撻刑是眞情. ▶칠율, 수구불입운.	신증
증043人19	詠影	"進退隨儂莫汝恭, 汝儂酷似實非儂." [石川啄木의「二の影」 聯想] ▶칠율, 평성冬운, 수구입운. 김홍한『매일신보』(1933.12.8)	초043詠07
증044人20	仙人盈像	"龍眠活手妙傳神, 玉斧銀刀別樣人" ▶칠율, 평성眞운, 수구입운. 이응수『동광』40(1933.1.23.), 이응수『조선일보』(1934.4.21)	초034人22
증045人21	八大詩家	"李謫仙翁骨已霜, 柳宗元是但垂芳." [朝鮮日報에……唐宋詩八大家를『唐末八大家』로 誤植] ▶칠율, 평성陽운, 수구입운. 이응수『조선일보』(1934.4.22)	초036人24
詠物 31편			
증046詠01	燈	用以焚香欲返魂 方生方死隔晨昏. 虞陶聖德從今覺 燧鑽神功自古存. 滿腹出灰留客恨 終身吞炭報誰冤 青樓煮酒會何日 天下英雄唯可言. [一文에는 青柳 終句 未審] ▶칠율, 평성元운, 수구입운.	초041詠05 「燈火(其二)」
증047詠02	冠	首飾端儀勝插花 織織密孔僅容沙. 紆篁合體均圓滿 漆墨成章陷潤櫻 文物攸同箕子國 規模粤自大明家. 一曲滄浪纓可濯 至今傳唱楚江歌 (粤, 曰字못) ▶칠율, 평성麻운, 수구입운.	초038詠02
증048詠	網巾	"網學蜘蛛織學蚕, 小如針孔大如籃."	초039詠03

증03		▶칠절, 평성冬운, 수구입운.	
증049詠 04	煙竹(1)	"圓頭曲頂又長身, 銀飾銅裝價不貧." ▶칠율, 평성眞운, 수구입운. 김홍한『매일신보』(1933.12.8)	초047詠11/ 평양3-12「 煙竹(其一) 」
증050詠 05	煙竹(2)	"身體長蛇項似鳧, 行之隨手從遑筵." ▶칠절, 평성先운, 수구입운.	초048詠12/ 평양3-13「 煙竹(其二) 」
증051詠 06	織錦	"煙梭出沒輕似鳧, 響入秦天野半烏." ▶칠율, 평성虞운, 수구입운.	초049詠13/ 평양3-17
증052詠 07	溺缸	"賴渠深夜不煩扉, 令作團隣臥處圍." ▶칠율, 평성微운, 수구입운.	초051詠15/ 평양3-14
증053詠 08	木枕	"撐來偏去伴燈斜, 做得黃粱句粟誇." ▶칠율, 평성麻운, 수구입운. 김홍한『매일신보』(1933.12.8)	초050詠14/ 평양3-17
증054詠 09	紙	"闊面籐棧木質情, 鋪來當硯點毫輕." ▶칠율, 평성庚운, 수구입운.	초053詠17
증055詠 10	硯	"腹埋受磨額凹地, 拔乎凡品不磷奇." ▶칠율, 평성支운, 수구입운.	초052詠16
증056詠 11	筆	"四友相須獨號君, 中書總記古今文." ▶칠율, 평성文운, 수구입운. 風雲은 風雨	초054詠18
증057詠 12	博(將棋)	"酒老詩豪意氣同, 戰場方設一堂中." ▶칠율, 평성東운, 수구입운. 김홍한『將棋』『매일신보』(1933.12.7) 末句 다름.	초045詠09
증058詠 13	棋	"縱橫黑白陣如圍, 勝敗專由取捨機." ▶칠율, 평성微운, 수구입운.	초046詠10
증059詠 14	燈火	"檠長八尺掛層軒, 其上玉盃磨出崑." ▶칠율, 평성元운, 수구입운.	초040詠04 「燈火(其 一)」

부록 773

증060詠 15	簾	"最宜城市十街樓, 遮却繁華取閒幽" ▶칠율, 평성尤운, 수구입운.	초044詠08
증061詠 16	眼鏡(1)	江湖白首老如鷗, 鶴膝烏精價易牛. 環若張飛瞠蜀虎, 瞳成項羽狄荊猴. 雪疑灌灌穿籬鹿, 快賣關關在渚鳩. 少年多事懸風眼, 春陌堂堂倒紫騮. (任元模氏笥) ▶칠율, 평성尤운, 수구입운.	신증
증062詠 17	落花吟	"曉起翩翩驚滿山紅, 開落都歸細雨中." ▶칠율, 평성東운, 수구입운.	초055詠19/ 평양3-28「落花」
증063詠 18	雪中寒梅	"雪中寒梅酒傷妓, 風前槁柳誦經僧." ▶고풍, 칠언 4구.	초058詠22
증064詠 19	聞杜鵑花大消息	問爾窓前鳥, 何山宿早來. 應識山中事, 杜鵑花發耶. ▶고풍	신증
증065詠 20	落葉吟(其一)	"蕭蕭瑟瑟又齊齊, 埋山埋谷或沒溪" ▶칠율, 평성齊운, 수구입운.	초056詠20/ 평양3-29「落葉」
증066詠 21	落葉吟(其二)	"盡日聲乾啄啄鴉, 虛庭自屯減空華." (金榮鎭貸稿) ▶칠율, 평성麻운, 수구입운.	초057詠21
증067詠 22	蓂草	"觀蓂占曆是唐虞, 創始軒皇化鼎湖." ▶칠율, 낙운, 평성虞운, 餘는 魚운.	초060詠24
증068詠 23	苽	"外貌將軍衛, 中心太子燕." ▶고풍	초061詠25
증069詠 24	太(콩)	"字在天皇第一章, 毅中此物大如王." ▶칠율, 평성 陽운, 수구입운.	초062詠26/ 평양3-27
증070詠 25	伐木	"虎踞千年樹, 龍顚一夕空." ▶오율. 평성東운,	초063詠27
증071詠 26	氷	"塵襪仙娥石履僧, 凌波滑步逞如鷹." ▶칠율, 평성蒸운, 수구입운.	초064詠28
증072詠	雪	"蕭蕭密密又霏霏, 故向斜風滿襲衣."	초065詠29

27		▶칠율, 평성微운, 수구입운.	
증073詠 28	消雪景	"送月開簾小碧峰, 滿庭疑是玉人逢" ▶칠율, 평성東운, 수구입운.	초066詠30
증074詠 29	雪	"白屑誰飾亂洒天, 雙牟忽爽霽樓前." ▶고풍, 天과 前은 先운.	초069詠33
증075詠 30	雪景	"飛來片片三月蝶, 踏去聲聲六月蛙." ▶고풍, 蛙는 佳운, 盃는 灰운.	초067詠31/ 평양4-04「 雪(其二)」
증076詠 31	雪日	"雲日常多晴日或, 前山旣白後山亦." ▶고풍(입성운 통압).	초068詠32 「雪景」
증077詠 32	雪	天皇崩乎人皇崩, 萬樹靑山皆被服. 明日若使暘來弔, 家家簷前淚滴滴. ▶칠고, 입성 屬운과 錫운 통압. (1939년말, 雲山李寬河寄)	신증/평양4 -03「雪(其 一)」
動物 13편			
증078動 01	鷄(1)	"搏翼天時回斗牛, 養時物性異沙鷗." ▶칠절, 평성尤운, 수구입운.	초070動01/ 평양3-22
증079動 02	鷄(2)	"擅主司晨獨擅雄, 絳冠蒼距拔於叢." ▶칠율, 평성東운, 수구입운.	초072動03
증080動 03	狗	"稟性忠於主饋人, 呼來斥去任其身." ▶칠율, 평성眞운, 수구입운.	초071動02/ 평양3-20
증081動 04	魚	"游泳得觀底好時 錦潭斜日綠楊垂" ▶칠율, 평성支운, 수구입운.	초074動05/ 평양3-26
증082動 05	鷹	"萬里天如咫尺間, 俄從某岫又玆山." ▶칠절, 평성刪운, 수구입운.	초075動06/ 평양3-23
증083動 06	蝨	"飢而吮血飽而擠, 三百昆蟲最下才." ▶칠율, 평성灰운, 수구불입운.	초076動07 「虱(이)」/ 평양3-24
증084動	蚤	"貌似棗仁勇絶倫, 牛風爲友蝎爲鄰."	초079動10/

07		▶칠율, 평성眞운, 수구입운.	평양3-25
증085動 08	猫(1)	"乘夜橫行路北南, 中於狐狸傑爲三." ▶낙운, 수구입운. 이응수『동광』40(1933.1.23.), 이응수『조선일보』(1934.4.17)	초077動08「詠猫」/평양3-21
증086動 09	猫(2)	"世稱虎蟻色何玄, 射彩金精視必圓." ▶칠율, 평성先운, 수구인운.	초073動04
증087動 10	猫(3)	三百群中秀爾才. 作來作去不飛跌 行時見虎暫藏迹, 走處逢龍每打頭 獵鼠主家雖得譽, 捉鷄隣里豈無猜. 南街北巷啼歸路, 能劫千村夜哭孩 (長城奇世稷奇)▶칠율, 평성 灰운, 수구입운.	신증
증088動 11	蛙	"草裡逢蛇恨不飛, 澤中冒雨怨無簑" ▶고풍.	초078動09
증089動 12	白鷗詩	沙白鷗白兩白白, 不辨白沙與白鷗. 漁家一聲忽飛去, 然後沙沙復鷗鷗. (孫午炫奇)▶고풍.	신증
증090動 13	老牛	瘦骨稜稜滿秃毛, 傍隨老馬兩分槽. 役車荒野前功遠, 牧堅靑山舊夢高. 健耦常疎莉臥圃, 苦鞭長賜倦登皐 可憐明月深深夜, 回憶平生謾積勞. ▶칠율, 평성豪운, 수구입운.	신증/평양3-19
山川樓臺 31편			
증091山 01	金剛山(1)	"矗矗金剛山, 高峰萬二千."▶오절. 평성先운,	초080山01
증092山 02	金剛山(2)	"萬二千峰歷歷遊, 春風獨上衆樓隅." ▶칠율. 평성尤운, 수구입운.	초081山02
증093山 03	入金剛(1)	"綠靑碧路入雲中, 樓使能詩客住笻." ▶칠율, 평성東운, 수구입운. 이응수『동광』40(1933.1. 23), 박재정	초084山05/평양4-10

		(1936.1)	
증094山04	金剛山景	樂捨金剛景, 靑山皆骨余. 其後騎驢客, 無興但躊躇. ▶오고. 평성魚운.	신증
증095山05	入金剛(2)	書爲白髮劍斜陽, 天地無窮一恨長 痛飮長安紅十斗, 秋風簑笠入金剛. ▶칠절. 평성陽운, 수구입운. 『별건곤』11(1928.2.1) 楓岳浪人 소개	신증/평양1-15
증096山06	答僧金剛山詩	百尺丹岩桂樹下, 紫門久不向人開. 今朝忽遇詩仙過, 喚鶴看庵乞句來. 矗矗尖尖怪怪奇, 人仙神佛共堪疑. 平生詩驕金剛惜, 及到金剛不敢詩. ▶2수. 제1수 칠절. 평성灰운, 수구불입운. 제2수 칠절. 평성支운, 수구입운.	신증
증097山07	金剛山(3)	"長夏居然近素秋, 脫巾抛棄步寺樓" ▶칠율. 평성尤운, 수구입운.	초082山03
증098山08	金剛山(4)	"江湖浪迹又逢秋, 約伴詩朋會寺樓" ▶칠율. 평성尤운, 수구입운. 증098 화운.	초083山04
증099山09	妙香山詩	"平生所欲者何求, 每擬妙香山一遊" ▶칠절. 평성尤운, 수구입운.	초085山06
증100山10	九月山峯	"昨年九月過九月, 今年九月過九月." ▶고풍(파운)	초086山07
증101山11	浮碧樓吟	三山半落靑天外, 二水中分白鷺洲. 古代文章奪吾句, 夕陽投筆下楊州. (錦山崔炳彩其他數氏) ▶칠절. 평성尤운, 수구불입운.	신증/평양4-11
증102山12	賞景	一步二步三步立, 山靑石白間此花 若使畵工模此景, 其於林下鳥聲何. ▶고풍. 평성麻운과 歌운 통압.	신증
증103山13	看山	倦馬看山好, 執鞭故不加. 岩間纔一路, 煙處或三家.	초100山21 "蹇驥看山

		花色春來矣, 溪聲雨過耶. 渾忘吾歸去, 奴曰夕陽斜. ▶오율. 평성麻운.	好, ~煙處 或三家." 오절
증104山 14	開城	故國江山立馬愁, 半千王業一空邱. 煙生廢墻莫鴉夕, 落葉荒臺白雁秋. 石狗年深難轉舌, 銅台陀滅但垂頭. 周觀別有傷心處, 善竹橋川咽不流 ▶칠율. 평성尤운. 수구입운. 不咽流→ 咽不流 이응수『삼천리』13(1931.3.1.) '松都', 이응수『동광』40(1933.1.23.), 이응수 『조선일보』(1934.4.24) '泗不流'	초098山19/ 평양4-14
증105山 15	登百祥樓	淸川江上百祥樓 萬景森羅未易收 錦屛影裏飛孤鶯 玉鏡光中點小舟 草偃長堤靑一面 天低列岫碧千頭 不信人間仙境在 密城今日見瀛洲 (李寬河) ▶칠율. 평성尤운. 수구입운.	신증/평양4 -15「百祥 樓」. 고려 충렬 왕 시.
증106山 16	安邊登飄然亭	林亭秋已晩, 騷客意無窮. 遠水連天碧, 霜楓向日紅. 山吐孤輪月, 江含萬里風. 塞鴻何處去, 聲斷暮雲中. (通川李聖斗寄) ▶오율, 평성東운.	신증. 이이「花 石亭」
증107山 17	安邊飄然亭(其一)	"一城踏罷有高樓, 覺酒題詩問幾流." ▶낙운. 白鷗飛가 白飛鷗이면 압운. 이응수『삼천리』4-1(1932.1.1.)	초088山09/ 평양4-16「 飄然亭」
증108山 18	安邊飄然亭(其二)	"飄然亭子出長堤 鶴去樓空鳥獨啼" ▶칠율. 수구입운. 상평성 齊운이되. 幽 는 낙운. 이응수『삼천리』4-1(1932.1.1.)	초089山10
증109山 19	登咸興九天閣	"人登樓閣臨九天, 馬渡長橋踏萬歲." 제4연奪▶고풍. 거성/하평성尤(流).	초087山08
증110山 20	淮陽過次	山中處子大如孃, 緩著粉紅短布裳. 赤脚踉蹌羞過客, 松籬深院弄花香. (李聖斗氏寄)	신증/평양4 -17

		▶칠절, 평성 陽운, 수구입운.	
증111산21	自京城至春川道中	萬山叢碧路縈回, 煙霞重重境不開. 鵑鴉聲聲三百里, 昭陽江色鏡中來. (李聖斗氏寄) ▶칠절, 평성灰운, 수구입운.	신증
증112산22	過廣灘	幾年短杖謾徘徊, 愁外鄉山夢裏回. 憂國空題王粲賦, 逢時虛老賈誼才. 風吹落葉三更急, 月搗寒衣萬戶催. 齷齪生涯何足歎, 携盃更上鳳凰臺. ▶칠율, 평성灰운, 수구입운.	신증
증113산23	過寶林寺	窮達在天豈易求, 從吾所好任悠悠. 家鄉北望雲千里, 身勢南遊海一漚. 掃去愁城盃作箒, 釣來詩句月爲鉤. 寶林看盡龍泉又, 物外閒跡共比丘. ▶칠율, 평성尤운, 수구입운.	신증
증114산24	寒食日登北樓吟	十里平沙岸上莎, 素衣靑女哭如歌. 可憐今日墳前酒, 釀得阿郎手種禾. ▶칠절, 평성歌운, 수구입운. 제1연과 제2연의 전도를 바꿈.	초097산18/ 평양5-06
증115산25	泛舟醉吟	江非赤壁泛舟客, 地近新豊沽酒人. 今世英雄錢項羽, 當時辯士酒蘇秦. ▶칠절, 평성眞운, 수구불입운.	신증
증116산26	安邊老姑峰過次吟	"葉落瘦容雪滿頭, 勢如天撐屹然浮" ▶칠절, 평성尤운, 수구입운.	초092산13
증117산27	大同江練光亭	"截然平屹立高門, 碧萬頃蒼波直翻" ▶칠율, 평성元운, 수구입운.	초093산14
증118산28	登文星岩	"削立岩千疊, 平鋪海一杯." ▶오율, 평성灰운.	초094산15
증119산29	登廣寒樓	"南國風光盡此樓, 龍城之下鵲橋頭" ▶칠율, 평성尤운, 수구입운.	초095산16
증120산30	暮投江齊[霽]吟	"滿城春訪讀書家, 雜木疎篁映墨花" ▶칠율, 냑운, 수구입운. 평성麻운이되	초096산17

		過歌는 평성歌운.	
증121山31	關王廟	"古廟幽深白日寒, 全身復見漢衣冠." ▶칠절, 평성寒운, 수구입운.	초099山20
雜編 31편			
증122雜01	偶吟	"抱水背山隱逸鄕, 時遊農圃又書堂." ▶칠율, 평성陽운, 수구입운. 이응수『동광』40(1933.1.23.), 이응수『조선일보』(1934.4.22)	초104雜01
증123雜02	秋夜偶吟	"白雲來宿碧山亭, 夜氣秋懷兩杳冥." ▶칠율, 평성靑운, 수구입운. 마지막의 渭勿經은 分渭經. 이응수『동광』40(1933.1.23), 이응수『조선일보』(1934.4.17) 渭勿經은 分經渭	초105雜02
증124雜03	遊山吟	"一笠茅亭傍小松, 衣冠相對挽前容." ▶칠율, 평성冬운, 수구입운..	초101山22
증125雜04	嶺南述懷	"超超獨倚望鄕臺, 强壓覇愁快眼開." ▶칠율, 평성灰운, 수구입운.	초102山23
증126雜05	聽曉鍾	"霖風長女時孟秋, 嶠南歸客獨登樓." ▶칠율, 낙운, 수구입운. 평성尤운이되 悲는 평성支운.	초103山24
증127雜06	霽後回頭詩	班苔碧草亂鳴蛙, 客斷門前村路斜. 山雨驟來風動竹, 魚澤跳賤水翻歌. 閑吟朗月松窓滿, 淡抹靑烟柳巷遮. 鰈老一宵淸景飽, 顔朱換却髮蕃蕃. ▶칠율, 낙운, 수구입운. 평성麻운이되, 荷와 蕃는 歌운.	신증
증128雜07	卽吟	"坐似枯禪反愧髥, 風流今夜不多兼." ▶칠율, 평성鹽운, 수구입운.	초107雜04
증129雜08	自詠	"寒松孤店裡, 高臥別區人." ▶오율. 평성眞운.	초108雜05

중130雜09	偶感	"劍思徘徊快馬鳴, 聞鵑默坐數前程." ▶칠율, 평성靑운, 수구인운.	초106雜03
중131雜10	思鄕	"西行已過十三州, 此地猶然惜去留." ▶칠율, 평성尤운, 수구입운.	초120雜17 「思鄕(其一)」
중132雜11	自顧偶吟	"笑仰蒼穹坐可迢, 回思世路更迢迢." ▶칠율, 낙운, 수구입운. 평성蕭운이되, 嘲는 평성 肴운.	초109雜06
중133雜12	槐村答柳進士	缺句 人說是非吾掩口, 世爭名利子搖頭 冉牛德行高山仰, 司馬文章大海流 川不其流秋日炅, 生涯何恨屬淸遊 ▶칠율, 평성尤운.	신증
중134雜13	新溪吟	一任東風鬢子斜, 棠梨樹下訪君家. 君家春盡飛將去, 留待棠梨後歲花 ▶칠절, 평성麻운, 수구입운.	신증
중135雜14	脚戲	說打敵衫雙揷捲, 項羽虎漢入又入. 腦擊○宜張淡沙, 腹負春越朴書方. 渠雖項羽翌年出, 鷄擊吾前糞卵裏. 馬陵斯正無畏漢, 眞談吾子假說非. (孫午炫奇) ▶고풍	신증
중136雜15	淸城訪答尹友	夜雨蕭立古津, 相逢不是等閑人 九霄風翩瞻黃鵠, 千里霜蹄識翠獾 地闊南湖偏怨楚, 天回北斗故臨秦. 蘭袍蕙帶歸何處, 雪盡前程好覓春. ▶칠율, 평성眞운, 수구입운. 함련 낙운.	신증
중137雜16	鷹	三東六鷄餘有種, 空中飛來秦始皇 峨眉劍閣不拔意, 早晩劉郞比田間. ▶고풍	신증
중138雜17	失題	自知越女不當男, 圓似車輪未指南. 江山博來登朝夕, 樂永還忘吐哺三 ▶칠절, 평성覃운, 수구입운.	신증

증139雜18	說遊子	閨妻送子讀書筵, 急戴衣盆往野川. 初登背上能成笑, 更抱懷中强責眠. 空撞皿蓋傳雙耳, 故折籬花挿一拳. 遙說萬端縱不聽, 欺來渠母仰中天 (任元鎭寄) ▶칠율풍 수구입운, 고풍.	신증
증140雜19	問僧	僧乎[*乎]汝在何山在, 龍在雞龍上上岩. 昔聞鷄龍今見汝, 景物風光更如事. ▶고풍	초116雜13
증141雜20	下汀洲	"翠禽暖戲羣沈浮, 晴景闌珊也未收." ▶칠율, 평성尤운.	초117雜14
증142雜21	隱士[*士]	"超然遯世彼山坡, 隱映茅蘆繞碧蘿." ▶칠율, 평성歌운, 수구입운.	초118雜15
증143雜22	雜詠	"靜處門扉着我身, 賞心喜事任淸眞." ▶칠율, 평성眞운, 수구입운.	초119雜16
증144雜23	出塞	"獨坐計君行復行, 始知千里馬蹄輕." ▶칠율, 평성庚운, 수구입운.	초113雜10
증145雜24	馬島	"故人吟望雪連天, 別後梅花又一年." ▶칠율, 평성先운, 수구입운.	초114雜11
증146雜25	上元月	"看月何事依小樓, 心身飛越廣寒頭." ▶칠율, 평성尤운, 수구입운.	초115雜12
증147雜26	使身[使臣의 잘못인 듯]	"似君奇士自東來, 業夏諸人詎可輕." ▶칠율, 평성庚운, 수구불입운.	초121雜18
증148雜27	思鄉	"皇州古路杳如天, 日下芳名動少年." ▶칠율, 평성先운, 수구입운.	초122雜19 「思鄉(其二)」
증149雜28	卽景	"叫軋猶煩帶一條, 渚風纔生復寥寥." ▶칠율, 평성蕭운, 수구입운.	초123雜20
증150雜29	秋吟	"邨裡重陽不記名, 故人書到喜平生." ▶칠율, 평성庚운, 수구입운.	초125雜22
증151雜	偶吟(2)	"風雪出州路幾何, 行人從古唱勞歌."	초126雜23

30		▶칠율, 평성歌운, 수구입운.	「偶吟(2)」
증152雜31	花煎(1)	"宿釀綠春淡且酸, 見君今日喜凭欄" ▶칠율, 평성寒운, 수구입운. 제5구 말자 평성.	초127雜24「花煎」

逸話 68편

증153逸01	還甲宴	"彼坐老人不似人, 疑是天上降眞仙." ▶고풍	초007乞07/평양2-15
증154逸02	贈還甲宴老人	"可憐江捕望, 明沙十里連" ▶오절, 평성先운.	초012乞12
증155逸03	元生員	"日出猿生原, 猫過鼠盡死." ▶고풍	초008乞08/평양2-05
증156逸04	嘲山村學長	"山村學長太多威, 高着塵冠挿唾投" ▶고풍, 평성蕭운, 虞운, 尤운 혼용. 李遇駿『夢遊筆談』에 최초 소개. 이응수『삼천리』4-3(1932.3.1)	초032人20/평양2-08「嘲山村訓長」
증157逸05	贈某女	客枕[一作旅舍]條蕭夢不仁, 滿天霜月照吾隣. 綠竹靑松千古節, 紅桃白李片時春. 昭君玉骨胡地[一作域]土, 貴妣[*妃]花容馬嵬塵. 人性本非無情物[一作世間物理皆如此], 寬昔今宵解汝裙[*裙]. (慶北 鄭在琉泰谷李壽翰寄) ▶칠율이되, 낙운. 평성眞운, 裙은 文운. 수구입운.	초022人10/평양5-01「贈寡婦」
증158逸06	可憐妓詩	"可憐行色可憐身, 可憐門前訪可憐." ▶고풍(무운). 이응수『삼천리』4-1(1932.1.1.)	1932.1-05/초017人05
증159逸07	街上初見	"芭經一帙誦分明, 客駐程駿忽有情." "難掩長程十目明, 有情無語似無情." ▶칠절 2수(원운·화운), 평성庚운, 수구입운.	초023人11
증160逸08	與李氏之三女吟	李女:折枝李枝三枝 笠:知李家之三女 李女:鏡半開而反復 笠: 十五夜之逢期	신증

증161逸09	難避花	靑春抱妓千金開, 白日當樽萬事空 鴻飛遠天易隨水, 蝶過靑山難避花 ▶고풍	신증
증162逸10	扶餘妓生과 共作詩	白馬江頭黃犢鳴 妓:老人山下少年行 離家正初今三月 妓:對客初更復三更 澤裡芙蓉深不見 妓:園中桃花笑無聲 良宵可與比誰於 妓:紫午山頭月正明 ▶연구, 압운.	신증
증163逸11	妓生과의 合作	平壤妓生何所能 妓:能歌能舞又詩能 能其中別無能 妓:月夜三更呼夫能 (慶南孔鉉烈寄) ▶연구, 고풍.	신증
증164逸12	嚥乳章三章	父嚥其上 婦嚥其下 上下不同 其味卽同/ 父嚥其二 婦嚥其一 一二不同 其味卽同/ 父嚥其甘 婦嚥其酸 甘酸不同 其味卽同/ (慶北金義和寄) ▶고풍 3장	신증
증165逸13	辱尹哥村	東林山下春草綠, 大丑小丑揮長尾 五月端陽愁裡過, 八月秋夕亦可畏 (慶北金熙鏞寄) ▶고풍	신증/평양2-11「嘲尹家村」
증166逸14	吉州明川	吉州吉州不吉州, 許可許可不許可. 明川明川人不明, 漁佃漁佃食無魚 ▶고풍	신증/평양2-14
증167逸15	沃溝金進士	沃溝金進士, 與我二分錢. 一死都無事, 平生恨有身. ▶고풍	신증
증168逸16	與詩客詰拒	石上難生草, 房中不起雲. 山間是何鳥, 飛入鳳凰群. -客 我本天上鳥, 常留五彩雲. 今宵風雨惡, 誤落野鳥群. -笠 (慶北金義和, 平北李寬(河雨氏寄) ▶고풍	신증
증169逸17	弄詩	六月炎天鳥坐睡, 九月涼風蠅盡死 月出東嶺蚊簷至, 日落西山鳥向巢 ▶고풍	신증
증170逸18	破字詩	仙是山人佛不人, 鴻惟江鳥鷄奚鳥. 氷消一點還爲水, 雨木相對便成林 ▶고풍	초110雜07
증171逸	譬世[警世의 잘	富人困富貧困貧, 飢飽雖殊困則均	초111雜08/

19	못인 듯]	貧富俱非吾所願, 願爲不富不貧人. ▶칠절, 평성眞운, 수구입운.	평양1-03「貧吟」
증172逸20	眼鏡(2)	龍田居士不貧寒, 眼寶千金獨壇單. 水面淸氷全色澈, 山尾宿月兩輪丹. 蠹中書字明毫髮, 馬山風神爽膽汗. 肯爲行人能解否, 霜花三月向長安. (龍田 지명. 朴在淸文 박재청(1936.1) ▶칠율, 평성刪운, 수구입운.	신증
증173逸21	濁酒來期	主人呼韻太環銅, 我不以音以鳥熊. 濁酒一盆速速來, 今番來期尺四蚣. ▶고시, 평성東운과 冬운 통압, 수구입운.	신증
증174逸22	元堂里	晉州元堂里, 過客夕飯乞. 奴出無人云, 兒來有故曰. 朝鮮國中初, 慶尙道內一. 禮儀我東方, 世上人心不. (慶北金鍾完寄)▶고풍.	신증
증175逸23	葬魚腹	靑龍在左白蠔右, 東西南北流坐向. 龜頭碧波立短碣, 雁足靑天來甼狀. (楊州金振泰寄) ▶칠절, 평성漾운, 수구불입운	신증/평양2-16「葬魚腹者」
증176逸24	火爐	頭似虎豹口似鯨, 詳看非虎亦非鯨. 若使雇人能盛火, 可煮虎頭可煮鯨. (慶北金漢基氏寄)▶고풍(파운)	신증
증177逸25	咸關嶺	四月咸關嶺, 北靑郡守寒. 杜鵑今始發, 春亦上山難. (金啓龍氏寄)▶오절, 평성刪운.	신증/평양2-10
증178逸26	僧風惡	榻上彼金佛, 何事坎中連. 此寺僧風惡, 擇日欺西歸. (平南林根培氏寄)▶고풍	신증
증179逸27	虛言詩	靑山影裡鹿抱卵, 白雲江邊蟹打尾. 夕陽歸僧髻三尺, 樓上織女閬一斗. (井邑金洛均寄)▶고풍	신증. 평양2-17과는 다른 시.

부록 785

증180逸 28	窓[신증]	十字相連口字橫, 間間棧道峽如巴. 隣翁順熟低首入, 稚子難開擧手爬. ▶칠절, 평성麻운, 수구불입운.	신증
증181逸 29	嘲山老	老人：萬里路長在, 六年今始歸. 　　　所經多舊館, 太半主人非. 金笠：巒裡老長在, 鬢年今始貴. 　　　所經多舊冠, 太飯主人非. (李寬河寄) ▶오절 2수. 평성微운.	신증
증182逸 30	兩班論	彼兩班, 此兩班, 班不知, 班何班. 朝鮮三姓其中班, 駕洛一邦在上班. 來千里此月角班, 好八字今時富班. 觀其爾珊厭眞班, 客班可知主人班. (慶南金鍾完寄) ▶고풍(한문풍월)	신증/평양2-02「兩班是非」
증183逸 31	鶴城訪美人不見	"瓊雨蕭蕭入雪樓, 歸尋舊約影無留." (金榮鎭貸稿) ▶칠율, 평성尤운, 수구입운.	초020人08/평양5-04
증184逸 32	秋風訪美人不見	"一從別後豈堪忘, 汝骨爲粉我首霜." (金榮鎭貸稿) ▶칠율, 평성陽운, 수구입운.	초021人09/평양5-03
증185A逸 33	與倅卿上樓	"也知窮達不相謀, 思樂橋邊歲幾周" ▶칠율, 평성尤운, 수구입운. 이응수『삼천리』4-3(1932.3.1)	1932.3-02/초090山11「上樓(倅趙雲卿)」/평양1-19「與趙雲卿上樓」
증185B逸 33	和金笠	"嘆息狂生亦自謀, 十年踽踽道隅周" ▶칠율, 수구입운. 증185화운.	초091山12
증186逸 34	吟空家	甚寒漢高祖, 不來陶淵明. 欲擊始皇子, 豈無楚霸王. ▶고풍	신증.『이언총림』林悌 작.
증187逸 35	暗夜訪紅蓮	探香狂蝶半夜行, 百花深處摠無情. 欲採紅蓮南浦去, 洞庭秋波小舟驚. ▶칠절, 평성庚운, 수구입운.	신증

증188逸 36	鳳凰과 새	鳳飛靑山鳥隱林, 龍登碧海魚潛水. (端川 聯句) ▶연구	신증
증189逸 37	貴樂堂	함경도 북청 鄭風憲 신축 瓦家 당호를 貴樂堂이라 써줌. 거꾸로 堂樂貴.	신증
증190逸 38	諺文風月	靑松 듬성담성 立이요 人間 여기저기 有라. 所謂 엇뚝 삐뚝 客이 平生 쓰나다나 酒라. ▶언문풍월	신증. 아기영 '육두문자.'
증191逸 39	諺文詩(1)	사면 기둥 붉었타, 석양 행객 시장타. 네 절 인심 고약타(넷째 줄 낙구) 水作銀杵春色壁, 雲爲玉尺度靑山. ▶언문풍월과 한문풍월 박재청(1936.1)	신증
증192逸 40	諺文詩(2)	腰下佩기역 牛鼻穿이응 歸家修리을 不然點디귿 ▶언문풍월	신증
증193逸 41	開春詩會作	데각데각 登高山하니, 시근뻘뚝 息氣散이라. 醉眼朦朧 굶어觀하니, 욿긋붉긋 花爛曼이라(慶南孔玄烈, 慶南朴和奇) ▶언문풍월. 칠절식 수구입운.	신증
증194逸 42	山所訴狀	掘去掘去, 彼隻之恒言. 捉來捉來, 本守之例題. 今日明日, 此頃彼頃. 乾坤不老月長在, 寂寞江山今百年. ▶訴狀	초112雜09 「山所訴出」 /평양1-10
증195逸 43	老總角求乞表	"童則丱而長則冠, 古今之常禮" ▶表	신증/평양1-13「老總角陳情表」
증196逸 44	錢	周遊天下皆歡迎, 興國興家勢不輕. 去復還來來復去, 生能死捨死能生. ▶칠절, 평성庚운, 수구입운	신증/평양3-09
증197逸 45	犢價訴題	四兩七錢之犢, 放於靑山綠水. 養於靑山綠水, 隣家飽本之牛. 用其角於此犢, 如之何則可乎. ▶데김	신증/평양1-09

증198逸46	求鷹判題	得於靑山, 失於靑山. 問於靑山, 靑山不答. 靑山卽刻捉來. ▶데김	신증
증199逸47	破未訴題	深秋一葉, 病於嚴霜, 落於微風. 嚴霜之故耶, 微風之故耶. ▶데김	신증
증200逸48	墓爭	以士大夫之女, 臥於祖父之間, 付之於祖乎, 付之於父乎. ▶데김	평양1-11
증201逸49	輓詞	同知生前雙同知, 同知死後獨同知 同知捉去此同知, 地下願作雙同知 (李聖斗氏談) ▶輓詞	신증
증202逸50	輓歌	歸何處, 歸何處, 三生瑟 五采衣, 都棄了, 歸何處, 有誰知, 有誰知, 黑漆漆, 長夜中, 獨啾啾, 有誰知, 何時來, 何時來 千疊山, 萬重水, 此一去, 何時來 生也一片浮雲起 死也一片浮雲滅. 浮雲自體本無實, 生死去來亦如是(李聖斗寄) ▶輓詞	신증
증203逸51	訃告	柳柳花花 ▶輓詞	신증
증204逸52	松餠詩	手裡廻廻成鳥卵, 指頭個個合蚌脣. 金盤削立峰千疊, 玉箸懸燈月半輪. (慶南朴采夏, 慶北朴和道, 濟州島李高明三氏寄) ▶칠절, 평성眞운, 수구불입운.	신증
증205逸53	山水詩	山如劒氣衝天立, 水學兵聲動地流-笠 山欲渡江江口立, 水將穿石石頭廻-崔 山不渡江江口立, 水難穿石石頭廻-笠 (一說洪景來詩) ▶聯句, 무운	신증
증206逸54	風月	風失古行路, 月得新照處-笠 風動樹枝動, 月昇水波昇.-主人 ▶聯句	신증
증207逸55	破韻詩	頭字韻中本無春, 呼韻先生似變頭 飢日常多飽日或, 客到門前立節太▶고풍	신증
증208逸56	平壤	千里平壤十里於, 大蛇當道人皆也 落日鍊光亭下水, 白鷗無恙去來乎.▶고풍	신증

		박재청(1936.1) 앞 2구만 소개.	
증209逸 57	辱說某書堂	書堂乃早知, 房中皆尊物. 學生諸未十, 先生來不謁. ▶언문풍월	신증
증210逸 58	嘲僧儒(破韻詩)	ⓐ 僧頭圓圓汗馬閣, 儒頭尖尖坐狗腎. ⓑ 聲令銅鈴零銅鼎, 目若黑椒落白粥. (십여처에서 수입) ⓑ 금강산 시승 대련의 하나. 박재청(1936.1)	신증
증211逸 59	斷句一句	萬事皆有定, 浮生空自忙. ▶斷句 [장원했다가 취소당하고 개탄한 시구]	신증
증212逸 60	開城觀德亭吟	放糞南山第一峰, 香振長安萬人家. ▶斷句 (野談誌 昭和11年11月號 誠一「詩人 金笠」)(李寬河에게 昭和14年末 얻음)	신증
증213A逸 61	金笠과 金剛山(1)	"綠靑碧路入雲中, 樓使能詩客住節." ▶칠율	기출(증093 山03)
증213B逸 61	金笠과 金剛山(2)	"書爲白髮劍斜陽, 天地無窮一恨長" ▶칠절	기출(증095 山05)
증213C逸 61	金笠과 金剛山(3)	松松栢栢岩岩廻, 水水山山處處奇. ▶斷句 이응수 『동아일보』(1931), 靑山人 표절 『實生活』(1934.7)	초128雜25「金笠과 金剛山[聯句]-01」
증214逸 62	金笠과 金剛山(4)	我向靑山去, 綠水爾何來. ▶斷句 이응수 『동아일보』(1931), 靑山人 표절 『實生活』(1934.7)	초129雜26「金笠과 金剛山[聯句]-02」
증215逸 63	金笠과 金剛山(5)	項羽死後無將士, 誰將拔山投空中. ▶斷句 이응수 『동아일보』(1931), 靑山人 표절 『實生活』(1934.7)	초130雜27「金笠과 金剛山[聯句]-3」
증216逸 64	金笠과 金剛山(6)	僧:朝登立石雲生足, 笠:-暮飮黃泉月掛脣. 『동아일보』(1931)1-6/『實生活』(1934.7) 靑山人 표절	초131雜28「金笠과 金剛山[聯

부록 789

			句]-4」
증217逸65	金剛山詩	泰山在後天無北, 大海當前地盡東. 橋下東西南北路, 杖頭一萬二千峰. (金泉李根廷寄) ▶칠절, 평성東운, 수구불입운.	평양4-08「金剛山(其一)」"橋下-, 杖頭-, 金剛-, 應作-"
증218逸66	夏雲多奇峰	一峯二峯三四峯, 五峯六峯七八峯. 須臾更作千萬峯, 九萬長天都是峯. (京畿朴乙權, 金泉李根廷寄) (서당 십세아 작 설) ▶고풍	신증/평양4-05「夏雲」
증219逸67	破格詩	天長去無執, 花老蝶不來. 菊樹寒沙發, 枝影半從池. 江亭貧士過, 大醉伏松下. 月利山影改, 通市求利來. ▶고풍 (李根廷寄)	신증
증220逸68	花煎(2)	鼎冠撐石小溪邊, 白粉淸油煮杜鵑. 雙著挾來香滿口, 一年春色腹中傳 박재청(1936.1). 천태산인 임제 작 주장(梁應鼎 「煮花」) ▶칠절, 평성先운, 수구입운.	신증
後編 18편			
증221後01	論鄭嘉山忠節死嘆金益淳罪通于天	36구 18연. 제4연 押義 고풍.	초132後01/별본6/평택임씨본04
증222後02	責索頭	36구 18연. 제4연 바깥짝 秦索其時獎將軍은 將軍頭가 옳음. 제4연 押頭 평성尤운. 倂畵裏 同腐朽, 丘秋草은 잘못.	초133後02/평양6-03/별본1/東選11/평택임씨본11
증223後03	聶政後二百年秦有荊軻之事	32구 16연. 제4연 押事, 거성 實운.	초134後03/평양6-01/

			東選20「其後二百餘年秦有荊卿之事」/時尙04/善鳴07
증224後04	易水歌壯士而詩人	30구 15연. 제4연 押士, 상성 紙운.	초135後04/평양6-02/東選27「易水歌壯士詩人」
증225後05	八千愧五百	34구 17연. 제4연 押愧, 거성 寘운.	초136後05/東選55/時尙16/善鳴18
증226後06	以王禮葬田橫	32구 16연. 제4연 押王, 평성 陽운.	초137後06
증227後07	不言主事者滄海力士	30구 15연. 제4연 押事, 거성 寘운.	초138後07/평양6-04/東選81「不言主人事」
증228後08	請秦王擊缶	36구 18연. 제4연 押缶, 상성 有운.	초139後08/평양6-05
증229後09	范叔姑無恙乎	34구 17연. 제4연 押乎, 평성 虞운.	초140後09/東選52「范叔固無恙乎」
증230後10	垓城帳中問置妾何地(虞美人)	36구 18연. 제4연 押地, 거성 寘운.	초141後10
증231後11	項羽死高帝亦老	34구 17연. 제4연 押老, 상성 皓운.	초142後11

부록　791

증232後12	譬負蠆(戰國策)	32구 16연. 제12연 押負, 상성 有운.	초143後12/ 평양6-06/ 東選41
증233後13	喜雨亭	34구 17연. 제4연 押雨, 상성 麌운.	초145後14/ 東選31/時尙03
증234後14	少焉月出於東山之上	36구 18연. 제4연 押焉, 평성 先운.	초146後15/ 東選70
증235後15	而已夕陽	34구 17연. 제4연 押夕, 입성 陌운.	초147後16/ 東選32/時尙13/善鳴01
증236後16	聲在樹間	34구 17연. 제4연 押聲, 평성 梗운.	초148後17
증237後17	歐陽子方夜讀書	34구 17연. 제4연 押書, 평성 魚운.	초149後18/ 별본5/東選34/善鳴02
증238後18	醉翁之意不在酒	30구 15연. 제4연 押酒, 상성 有운.	초181附31
	附編 108편		
증239附01	影	28구 14연. 제4연 押影, 상성 梗운.	초151附01
증240附02	三顧臣於草廬之中	36구 18연. 제4연 押顧, 거성 遇운.	초152附02
증241附03	楚以屈原鳴	34구 17연. 제4연 押楚, 상성 語운.	초153附03/ 善鳴04
증242附04	非附靑雲之士惡能施於後世	36구 18연. 제4연 押世, 거성 霽운.	초154附04
증243附05	譬若走韓盧而搏蹇兔(范雎傳)	30구 15연. 제4연 押譬, 거성 寘운.	초155附05/ 송순철47

				譬如走韓 盧而搏蹇 兎」/東選39 「譬若馳韓 盧而搏蹇 兎也」
증244附 06	期期知不可	32구 16연.	제4연 押期, 평성 支운.	초156附06/ 東選91
증245附 07	謁項羽廟歎大王 不得天下如文章 進取不得宮	32구 16연.	제4연 押王, 평성 陽운.	초157附07/ 東選18「謁 項王廟歎 大王不得 天下如文 章進就不 得官」
증246附 08	泣畫仙	36구 18연.	제5연 押仙, 평성 先운.	초158附08
증247附 09	花松戒諸子(范質)	36구 18연.	제4연 押戒, 거성 卦운.	초159附09/ 東選89
증248附 10	時侯嬴在傍(范雎 傳)	32구 16연.	제4연 押嬴, 평성 庚운.	초160附10
증249附 11	令各鳥獸散歸報天 子	34구 17연.	제4연 押報, 거성 號운.	초161附11/ 東選28「使 軍各鳥獸 歸報天子」
증250附 12	遺書平原君願與君 爲十月之飮	36구 18연.	제4연 押飮, 상성 寢운.	초162附12/ 東選96「遺 書平原君 請爲十日 之飮」
증251附	夷門者大梁之東	34구 17연.	제4연 押門, 평성 元운.	초163附13

13	門(太史評)		
증252附14	臣里有張祿先生欲與君言天下事(范雎傳)	32구 16연. 제4연 押事, 거성 寘운.	초164附14
증253附15	幸賴石學士(石蔓卿)	34구 17연. 제4연 押石, 입성 陌운.	초165附15/東選10
증254附16	薦只[呂]夷簡王曾等二十餘人布列于位	32구 16연. 제4연 押人, 평성 眞운.	초166附16
증255附17	過趙問樂毅有後(漢高帝)	32구 16연. 제4연 押趙, 상성 篠운.	초167附17
증256附18	一翁一媼皆異人(黃石, 漂母)	34구 17연. 제4연 押異, 거성 寘운.	초168附18/東選50/善鳴05「一媼一翁皆異人」
증257附19	聞上幸芙蓉苑勅子弟洒掃門庭(房玄齡)	36구 18연. 제4연 押幸, 상성 梗운.	초169附19
증258附20	臥雪(袁安)	22구 11연. 제4연 押雪, 입성 屑운.	초170附20
증259附21	聞人才卽疏夾袋中以待朝廷求賢(呂蒙正)	32구 16연. 제8연 押袋, 거성 隊운.	초171附21
증260附22	葬項羽於穀城山下爲臨一哭(漢祖)	32구 16연. 제4연 押爲, 거성 寘운.	초172附22/東選97「葬羽穀城山爲臨一哭」
증261附23	杜母(杜詩)	20구 10연. 제4연 押母, 상성 有운.	초173附23/東選02

증262附24	別董永歸路語天上織女(織女)	24구 12연. 제4연 押女, 상성 語운.	초174附24
증263附25	答遣買菜者(張詠)	20구 10연. 제4연 押菜, 거성 隊운.	초175附25
증264附26	去之人以爲化仙(梅福)	36구 18연. 제4연 押仙, 평성 先운.	초176附26/ 東選76「去之九江人以爲化仙」
증265附27	困於會稽之上乃用范蠡計然(句踐)	32구 16연. 제4연 押用, 거성 宋운.	초177附27
증266附28	宇宙生色子房椎	32구 16연. 제4연 押椎, , 평성 支운.	초178附28/ 東選14「子房一椎宇宙生光」
증267附29	亦下馬東望三呼(張詠)	32구 16연. 제8연 押三, 평성 覃운.	초179附29
증268附30	後五日鷄鳴往之老父又先在(張良)	34구 17연. 제4연 押後, , 상성 有운.	초180附30/ 東選26「後五日鷄鳴往焉父又先在」
증269附31	乃出黃金四萬斤不問其出入	34구 17연. 제4연 押金, 평성 侵운.	신증/東選77「不問金出入」
증270附32	吾所以有天下何項氏所以失天下何	28구 14연. 제4연 押何, 평성 歌운.	신증/송순철44/별본4「吾所以有天下」
증271附33	上書言若此可以爲天子大臣	34구 17연. 제4연 押此, 상성 紙운.	신증/東選47「若此可以爲天子大臣」/東

부록 795

				選94「上書言如此可爲天子大臣」
증272附34	先言外事以觀秦王上俯仰		28구 14연. 제4연 押事, 거성 實운. 송순철본은 16연. 연 순서 다름.	신증/송순철36「先言外事以視秦王俯仰」
증273附35	當是時秦謁者使王稽於魏		24구 12연. 제4연 押是, 상성 紙운.	신증
증274附36	馳入趙壁拔趙幟立漢赤幟		34구 17연. 제4연 押幟, 거성 寘운.	신증/東選53
증275附37	范叔有說於秦耶		34구 17연. 제4연 押說, 거성 霽운.	신증/東選23
증276附38	夜漏下七刻聞朱說書疏入急起秉燭讀之(宋孝宗)		30구 15연. 제4연 押疏, 거성 御운.	신증/東選83「夜漏下七刻聞朱說書跣入亟起秉燭讀之」
증277附39	至吳還報日[曰]月越人相攻不足辱天子之使(汲黯)		32구 16연. 제4연 押使, 거성 寘운.	신증
증278附40	濟濟多士文王以寧		36구 18연. 제4연 押士, 상성 紙운.	신증
증279附41	秦之築城如維鵲有巢維鳩居之		36구 18연. 제4연 押居, 평성 支운.	신증
증280附42	魏有賢人可與俱西遊者		34구 17연. 제4연 押賢, 평성 先운.	신증
증281附	寄書南越王託俳佪		32구 16연. 제4연 押子, 상성 紙운.	신증/東選

43	候子			68「寄書南粵王托淮陰侯子」
증282附44	東國有魯仲連先生者今其人在此	34구 17연. 제4연 押人, 평성 眞운.		신증
증283附45	今先生處勝之門下三年於此	28구 14연. 제4연 押處, 상성 語운.		신증
증284附46	書首典如易之乾坤	34구 17연. 제4연 押典, 상성 銑운.		신증
증285附47	子房早似荊卿晚似魯連	34구 17연. 제4연 押似, 상성 紙운.		신증/東選49「早似荊卿晚似魯連」
증286附48	今有一言	34구 17연. 제4연 押言, 평성 元운.		신증
증287附49	乃謝夫人而去	30구 15연. 제4연 押去, 상성 語운. '只緣夫人姑不云'의 云은 去의 잘못.		신증
증288附50	獨不憐公子姊	34구 17연. 제4연 押姊, 상성 紙운. 姨(상평성4支)는 姊(상성4紙)의 誤寫.		신증/東選08「獨不憐公子妹(*姊)耶」/時尙02(上同)
증289附51	書報燕惠王	36구 18연. 제4연 押燕, 평성 先운. 蒸은 燕의 잘못.		신증
증290附52	范宣子讓其下皆讓昔國以平數世賴之	36구 18연. 제4연 押讓, 거성 漾운.		신증
증291附53	給曰左	32구 16연. 제4연 押左, 상성 哿운. 첫 구 左는 右, 제4연 바깥짝 右는 左의 잘못. ▶「善鳴」에 마지막 1연이 더 있고, 禹弼謨로 기명.		신증/송순철46「田父給曰左」/東選37「善鳴19「田父

부록 797

				紿日左」
증292附54	草偶代紀信	34구 17연. 제4연 押代, 거성 隊운.		신증/東選 22
증293附55	是時楚兵冠諸侯	36구 18연. 제4연 押楚, 상성 語운.		신증
증294附56	壯士一去兮	30구 15연. 제4연 押去, 상성 語운. '去口'의 口는 去의 잘못.		신증
증295附57	應侯席上說月滿則虧	36구 18연. 제11연 押虧, 평성 支운. 제4연 바깥짝 끝은 時자.		신증
증296附58	請以秦之咸陽爲趙王壽	36구 18연. 제4연 押壽, 상성 有운.		신증
증297附59	鳳凰梧桐以比賢者來集	36구 18연. 제4연 押鳳, 거성 送운.		신증
증298附60	祀日時獲一角獸蓋麟云	32구 16연. 제4연 말자 俟, 시제의 祀를 골라 상성 紙운 사용.		신증
증299附61	行年九十有五猶使人誦抑詩	36구 18연. 제4연 押詩, 평성 支운.		신증
증300附62	江漢詩眞得待世臣之體	36구 18연. 제4연 押世, 거성 霽운.		신증
증301附63	見忘索車中笑穰侯見使遲	36구 18연. 제4연 押遲, 평성 支운.		신증
증302附64	出匣中筑與善衣更客貌而前	36구 18연. 제4연 바깥짝 끝 竹자 압운. 入聲一屋. 시제의 筑자를 고름.		신증
증303附65	漁父莞爾而笑	34구 17연. 제4연 押笑, 거성 嘯운.		신증
증304附66	易水歌非楚而楚	36구 18연. 제4연 바깥짝 끝 語, 14연 바깥짝 끝 楚, 상성 語운.		신증
증305附67	簀中謂守者	34구 17연. 제6연 押謂, 거성 未운.		신증

증306附68	是時漢邊郡李廣程不識皆爲名將	36구 18연. 제4연 押將, 거성 漾운.	신증
증307附69	天地者萬物之逆旅	32구 16연. 제4연 押旅, 상성 語운.	신증
증308附70	彼來者爲誰	36구 18연. 제4연 押者, 상성 馬운.	신증/東選60
증309附71	已而夕陽在山影散亂	36구 18연. 제4연 押影, 상성 梗운. ▶ 시제는 과시015「而已夕陽」('已而夕陽)과 유사. 단,「而已夕陽」은 제4연 押夕.	신증
증310附72	孺子見我穀仙山下黃石卽我	34구 17연. 제4연 押我, 상성 哿운.	신증
증311附73	至其見畵狀如婦人好女	34구 17연. 제4연 押狀, 거성 漾운.	신증
증312附74	割鴻溝	32구 16연. 제4연 押溝, 평성 尤운.	신증
증313附75	代孟嘗夫人謝秦王幸姬	36구 18연. 제4연 押姬, 평성 支운.	신증/東選48「姬乃爲之言於王」
증314附76	武帝初年如水未波如鑑未塵	32구 16연. 제4연 押初, 평성 魚운.	신증/東選25「武帝初年如水未波鑑未塵」/善鳴06(上同)
증315附77	非武王之武無以成文王之文	36구 18연. 제4연 押成, 평성 庚운.	신증
증316附78	維師尙父時惟鷹揚	30구 15연. 제4연 押鷹, 평성 蒸운.	신증/東選58
증317附79	聞張釋之言拜嗇夫	36구 18연. 제4연 바깥짝 끝 載(상성賄/거성隊). 시제의 拜는 거성 卦운. 낙운.	신증

증318附80	行化一年去珠復還	36구 18연. 제4연 押珠, 평성 虞운.	신증
증319附81	鄭國作渠爲秦建萬世之功	36구 18연. 제4연 押渠, 평성 魚운.	신증
증320附82	臣來時見土偶人與木偶人語	34구 17연. 제4연 押語, 상성 語운.	신증/송순철10「土偶人與木偶人語」/善鳴03「土偶人與木偶人語」
증321附83	見沙中偶語召問張良	34구 17연. 제4연 押語, 상성 語운.	신증/東選45
증322附84	蜀亦關中地	34구 17연. 제4연 押地, 거성 寘운.	신증/＊東選62「巴蜀亦關中地」/＊善鳴11「巴蜀亦關中地」
증323附85	長樂宮成用叔孫朝儀	36구 18연. 제4연 押成, 평성 庚운. '朝禮城'의 城은 成의 잘못.	신증
증324附86	郞官上應列宿出山宰臣里	36구 18연. 제4연 押郞, 평성 陽운.	신증
증325附87	見向狼王作頌漢德使驛而獻之	36구 18연. 제4연 押漢, 거성 翰운.	신증
증326附88	爲人選一大錢受之	36구 18연. 제4연 押錢, 평성 先운.	신증
증327附89	蓋追先帝之殊遇欲報之於陛下	36구 18연. 제4연 押弟, 상성 薺운.	신증
증328附90	遇秦皇墓笑滄海無仙芒碣有人	36구 18연. 제4연 押人, 평성 眞운.	신증

증329附91	晉鄙兵符在王臥內	36구 18연. 제4연 押在, 거성 隊운.	신증
증330附92	臥念明日奉圖事	28구 14연. 제4연 押事, 거성 寘운.	신증/東選71「咸陽邸舍臥念明日奉圖事」
증331附93	入謝日沛公不勝盃酌	34구 17연. 제4연 押酌, 거성 禡운.	신증/東選67「入謝日沛公不勝杯勺」
증332附94	方春和時議賑貸	36구 18연. 제4연 押春, 평성 眞운.	신증
증333附95	將軍有揖客反不重耶	36구 18연. 제4연 押重, 평성 冬운.	신증
증334附96	書與曹孟德報春水方生	36구 18연. 제11연 押與, 상성 語운.	신증
증335附97	盡有白雲出封中	36구 18연. 제4연 押雲, 평성 文운.'多白雪'의 雪은 雲의 잘못.	신증
증336附98	見荊卿未發請先遣秦舞陽	36구 18연. 제4연 押秦, 평성 眞운.	신증
증337附99	追信詐也	36구 18연. 제4연 押詐, 거성 禡운.	신증
증338附100	周公瑾席上誦銅雀臺賦	36구 18연. 제4연 押賦, 거성 遇운.	신증
증339附101	五丈原秋夜召姜維授兵書	36구 18연. 제4연 押書, 평성 魚운.	신증
증340附102	大戰良久佯棄鼓旗走水上軍	36구 18연. 제4연 押戰, 거성 霰운.	신증/송순철37
증341附103	事在元平元年赦令前	36구 18연. 제5연 押令, 평성 庚운.	신증/송순철38
증342附	君子所無逸如鳥之	30구 15연. 제4연 押所, 상성 語운.	신증/송순

부록 801

104	於林魚之於水		철39/東選57「君子以無逸爲所如鳥之於林魚之於水」
증343附 105	秦王席上進三疊琴	36구 18연. 제9연 押琴, 평성 侵운. 제2연 말, 제11연 말에 心이 두 번 쓰임.	신증/송순 철40
증344附 106	天保一詩答鹿鳴以下五詩可見懇懇忠厚之意	34구 17연. 제4연 押保, 상성 皓운.	신증/송순 철41
증345附 107	自皇曾孫遭遇口不道前恩	36구 18연. 제4연 押恩, 평성 元운.	신증/송순 철42/東選21「口不忍道前恩」
증346附 108	冠帶縉紳之圍橋門而觀聽者蓋億萬計	36구 18연. 제4연 押計, 거성 霽운.	신증/송순 철43

〈표 30〉 1956년『풍자 시인 김삿갓』[『정본 김삿갓 풍자시 전집』, 실천문학사, 2000] 수록 목록

1. 인도주의 사상과 평민 사상을 표현한 작품 19편			
평양1 -01	가난한 살림[貧吟]	世今隨富不從貧, 誰記山村冷瘦人. 唯有乾坤無厚薄, 寒門茅屋亦生春. ▶칠언절구, 평성眞운, 수구입운. 鄭種「退休吾老齋」와 같음. 양동식 (2005).	신증
평양1 -02	가난을 비난함[難貧]	萬富人中獨處貧, 看他富生倍生貧. 言言未合皆從富, 事事丁寧不信貧.	*증020放 15(4구2연)

		世上有仙仙見富, 人間無罪罪有貧. 莫道貧富別有種, 貧者還富富還貧. ▶고풍	
평양1 -03	빈부[貧吟]	富人因富貧因貧, 飢飽雖殊困則均. 貧富俱非吾所願, 願爲不富不貧人. ▶칠언절구, 평성眞운, 수구입운.	초111雜08「譬[警]世」/ 증171逸19「譬[警]世」
평양1 -04	가난한 집[貧家]	盤上無肉權歸菜, 廚中乏薪禍及籬. 婦姑食時同器食, 出門父子易衣行. ▶고풍	초009乞09「貧吟」/증014放09「貧吟」
평양1 -05	비를 만나 촌집에서 자고서[逢雨宿村家]	曲木爲椽簷着塵, 其間如斗僅容身. 平生不欲長腰屈, 此夜難某一脚伸. 鼠穴煙通渾似漆, 蓬窓茅隔亦無晨. 雖然免得衣冠濕, 臨別慇懃謝主人. ▶칠언율시, 평성眞운, 수구입운. 이응수『동광』40(1933.1.23.), 이응수『조선일보』(1934.4.18)	초003乞03/ 증013放08
평양1 -06	노상에서 걸인의 시체를 보고[路上見乞人屍]	"不知汝姓不識名, 何處青山子故鄉." ▶칠언율시, 수구입운. 이응수『동광』40(1933.1.23), 김홍한「見乞人路邊死」『매일신보』(1933.12.7), 이응수『조선일보』(1934.4.13), 박재청『신동아』(1936.1) 1, 2련(약간 다름).	초035人23「見乞人屍」/ 증018放13「見乞人屍」
평양1 -07	의흥 사람이 그 아내를 본군 책방에게 빼앗기고 소장을 본군에 올린다[義興人失其妻於本郡冊房爲呈訴於本郡]	"積不善, 積不善, 莫甚於奪人之妻子."▶訴狀 (본서 본문에 소개)	신증
평양1 -08	대동난[大同難]	難之難之大同難, 世上難之大同難. 我年七世失父難, 吾母青春寡婦難. ▶고풍	증012放07「破字詩」
평양1	송아지 값을 찾기 위	四兩七錢之犢, 放於青山綠水, 養於	증198逸46

-09	한 소제[犢價訴題]	靑山綠水, 隣家飽太之牛. 用其角於此犢, 如之何則可乎. ▶所志	
평양1-10	묘지에 관한 소송장 [山所訴狀]	掘去掘去, 彼隻之恒言. 捉來捉來, 本守之例題. 今日明日, 此塊彼頃, 乾坤不老月長在, 寂寞江山今百年. ▶所志	초112雜09「山所訴出」/ 증194逸42
평양1-11	묘지에 관한 싸움[墓爭]	以士大夫之女, 臥於祖父之間, 付之於祖乎, 付之於父乎. ▶제김(題音)	증200逸48
평양1-12	야장인의 소제[冶匠之訴題]	項羽弑義帝, 投之江中, 罪在項羽, 罪不在江中. 夜盜殺人, 投之冶幕, 罪在夜盜, 罪不在冶幕. 況及於冶幕之主乎. ▶所志	신증
평양1-13	노총각의 진정표[老總角陳情表]	▶表 (본서 본문에 소개)	증195逸43「老總角求乞表」
평양1-14	인심도 박절하다[風俗薄]	夕陽孤立兩柴扉, 三被主人手却揮. 杜宇亦知風俗薄, 隔林啼送不如歸. ▶칠언절구, 수구입운.	증008-放03
평양1-15	금강산으로 돌아가노라[入金剛]	書爲白髮劍斜陽, 天地無窮一恨長. 痛飮長安紅十斗, 秋風簑笠入金剛. ▶칠언절구, 수구입운. 『별건곤』11(1928.2.1) 楓岳浪人	증095山05
평양1-16	자탄[自嘆]	嗟呼[乎]天地間男子, 知我平生者有誰. 萍水三千里浪跡, 琴書四十年虛詞. 靑雲難力致非願, 白髮惟公道不悲. 驚罷邯鄕夢起坐, 三更越鳥聲南枝. (全北任元模) ▶칠율, 수구불입운	증002序02
평양1-17	난고 평생시[蘭皐平生詩]	17연. ▶『매일신보』(1933.12.8) 김홍한 「懷鄕自嘆詩」 18연.	*초150後19(8구4연)/*증001序01(17연34

			구)/*東選38「懷鄕自嘆」(28구14연)
평양1-18	야점에서 겨우 술을 마시다[艱飮野店]	"千里行裝付一柯, 餘錢七葉尙云多." ▶칠언절구, 수구입운. 김홍한『매일신보』(1933.12.7)	초010乞10/ 증015放10
평양1-19	조운경과 함께 다락에 올라[與趙雲卿上樓]	"也知窮達不相謀, 思樂橋邊歲幾周." ▶칠언율시, 수구입운. 아응수『삼천리』4-3(1932.3.1)	초090山11「上樓(倅趙雲卿)」/증185逸33「與倅卿上樓」
2. 풍자시 17편			
평양2-01	불이 석 달 동안 꺼지지 않았다[火三月不滅]	渭水湯湯東流去, 江東漁夫拾烹魚, 火炎直冲飛上天, 上帝撫臀曰熱熱. ▶훈장과의 시 내기. 『옥류산방시화』앞 2구 김병연, 뒤 2구 황오 科詩. (뒤 2구의 출구가 약간 다름)	신증
평양2-02	양반을 시비함[兩班是非]	"彼兩班, 此兩班, 班不知, 班何班." ▶고풍.	증182逸30「兩班論」
평양2-03	옳고 그름의 노래[是是非非歌]	是是非非非是是, 是非非是非非是 是非是非非是非, 是是非非是是非 ▶고풍.	증004-序04「是是非非詩」
평양2-04	온종일 머리를 수그리고 있던 나그네[盡日垂頭客]	"唐鞋崇襪數斤綿, 踏盡淸霜赴暮烟." ▶칠언율시, 수구입운.	초031人19/ 증040人16
평양2-05	원 생원 등을 욕설함[元生員]	"日出猿生原, 猫過鼠盡死." ▶고풍. 한국한자음으로 압운 효과.	초008乞08/ 증155逸03
평양2-06	양반의 아들을 조롱함 1[嘲兩班兒(其一)]	"方冠長竹兩班兒, 新買鄒書大讀之." ▶칠언율시, 수구입운.	증035人11[嘲年長冠者]
평양2	양반의 아들을 조롱	"畏鳶身勢隱冠蓋, 何人咳嗽吐棗仁."	초026人14

-07	함 2[嘲兩班兒(其二)]	▶칠언절구, 수구불입운.	「嘲幼冠者」/증034人010
평양2-08	산촌 훈장을 조롱함 [嘲山村訓長]	"山村學長太多威, 高着塵冠揮唾投." ▶칠언율시, 수구불입운. 李遇駿 『蔓遊筆談』에 최초 소개. 이응수 『삼천리』4-3(1932.3.1)	초032人20「嘲山村學長」/증156逸04「嘲山村學長」
평양2-09	지사를 조롱함[嘲地師]	"可笑龍川林處士, 暮年何學李淳風." ▶칠언율시, 수구불입운.	초030人18/증039人15
평양2-10	함관령[咸關嶺]	"四月咸關嶺, 北青郡守寒" (金啓龍氏寄) ▶오언절구	증177逸25
평양2-11	윤가 촌을 조롱함[嘲尹家村]	"東林山下春草綠, 大丑小丑揮長尾." (慶北金熙鏞氏寄) ▶고풍	증165逸13「辱尹哥村」
평양2-12	스무나무 아래에서 [無題詩]	"二十樹下三十客, 四十家中五十食." ▶고풍(파운), 7언 4구	초001乞01「二十樹下」/증006放01(上同)
평양2-13	개성[開城]	"邑號開城何閉門, 山名松嶽豈無薪." ▶칠언절구, 수구불입운. 이응수 『삼천리』4-1(1932.1.1.) '失題'	초005乞05「開城人逐客詩」/증011放浪0「開城人逐客詩」
평양2-14	길주 명천[吉州明川]	"吉州吉州不吉州, 許可許可不許可." ▶고풍	증166逸14
평양2-15	환갑 잔치[還甲宴詩]	"彼坐老人不似人, 疑是天上降眞仙." ▶고풍	초007乞07還甲宴/증153逸01還甲宴
평양2-16	어복에 장사한 사람 [葬魚腹者]	"青龍在左白虎右, 東西南北流坐向." (楊州金振泰) ▶칠절, 수구불입운.	증175逸23「葬魚腹」
평양2-17	거짓말을 읊은 시[虛言詩]	蠢蠢無識李太白, 纖纖弱質楚霸王. 九月山中春草綠, 五更樓下夕陽紅.	증179逸27 과는 다른

		▶고풍	시
3. 영물시(30편)			
평양3-01	게으른 아낙네 1[懶婦(其一)]	"無病無憂洗欲稀, 十年猶着嫁時衣." ▶칠율, 수구입운 이응수『삼천리』4-1(1932.1.1)	초014人02/ 증026人02「懶婦」
평양3-02	게으른 아낙네 2[懶婦(其二)]	懶婦夜摘葉, 纔成粥一器. 廚間暗食聲, 山鳥善形容. ▶고풍(무운). 이응수 『삼천리』4-1(1932.1.1.) '훌훌'	초015人03「惰婦(其二)」/증029人05「惰婦」
평양3-03	늙은 영감[老翁]	"五福雖云一曰壽, 堯言多辱知如神." ▶칠언율시, 수구불입운. 이응수『동광』40(1933.1.23) '老吟', 이응수『조선일보』(1934.4.18)	초027人15「老吟」/증038人14「老吟」
평양3-04	노파[老嫗]	"臙脂粉等買耶否, 冬栢香油亦在斯."	초018人06/증031人07
평양3-05	점쟁이[術客]	千方百技備一身, 自言我外更無人. 山形平地皆名穴, 日法常時總吉辰. 所謂靈龜占假聖, 有何扁鵲藥神仙. 相書名[*命]祿紛然出, 盃酒家家侍上賓. ▶칠율, 낙운, 수구입운. 평성 眞운이되 仙은 평성先운.	신증
평양3-06	곱사등이[佝僂]	"人皆平直爾何然, 項在胸中膝在肩." 이응수『동광』40(1933.1.23.), 김홍 한『매일신보』(1933.12.5)	초029人17/증027人03
평양3-07	그림자[吟影]	一人行行兩人行, 依稀貌形眞可驚. 傍雲出沒疑仙鬼, 步月相隨若弟兄. 該日談時同此比, 無聲無臭共平生. 以汝觀吾吾亦汝, 立身天地待淸明. ▶칠언율시, 평성庚운, 수구입운.	신증
평양3-08	삿갓[詠笠]	"浮浮我笠等虛舟, 一着平生四十秋." 『대동시선』(1919), 이응수 『동광』 40(1933.1.23), 김홍한 『매일신보』	초037詠01/증005序05「吟笠」

부록 807

		(1933.12.8), 이응수 『조선일보』 (1934.4.11) 浮浮를 달리 표기.	
평양3 -09	돈[錢]	"周遊天下皆歡迎, 興國興家勢不輕." ▶칠언절구, 수구입운	증196逸44
평양3 -10	연적[硯滴]	何天仙女失一乳, 誤落人間文筆房. 多少弟子雙手撫, 不勝羞愧淚滂滂. ▶칠언절구, 평성陽운, 수구불입운	신증
평양3 -11	창문[窓]	"十字相連口字橫, 間間棧道陜如巴."	증180逸28
평양3 -12	담뱃대 1[煙竹(其一)]	"圓頭曲頂又長身, 銀飾銅裝價不貧." 김홍한『매일신보』(1933.12.8), 이응수『조선일보』(1934.4.19)	초047詠11/ 증049詠04
평양3 -13	담뱃대 2[煙竹(其二)]	身體長蛇項似鳶, 行之隨手從隨延. 全州去來千餘里, 幾度蒼山幾渡船. ▶칠언절구, 수구입운	초048詠12/ 증050詠05
평양3 -14	요강[溺缸]	"賴渠深夜不煩扉, 令作團欒내處圍." ▶칠언율시, 수구입운. 제4구 惜衣收 는 惜收衣이어야 함. 『삼천리』 4-3(1932.3.1)/『매일신보』 (1933.12.8) 김홍한 「溺江」	초051詠15/ 증052詠07
평양3 -15	목침[木枕]	"撑來偏去伴燈斜, 做得黃梁向粟誇." ▶칠언율시, 수구입운.	초050詠14/ 증053詠08
평양3 -16	송편떡[松餠]	手裡迴迴成鳥卵, 指頭個個合蚌脣. 金盤削立峰千疊, 玉箸懸灯月半輪. (慶南朴采夏, 慶北朴和道, 濟州島李高明) ▶칠언절구, 수구불입운. 김홍한『매일신보』(1933.12.8)	증205逸53
평양3 -17	비단짜기[織錦]	"煙梭出沒輕似鳥, 響入秦天野半烏."	초048詠13/ 증051詠06
평양3 -18	장승[長丞]	長丞問爾有何緣, 落日平原立悵然. 雨洗風磨紅面皺, 鳥搔鳥啄黑頭쫀.	신증

		瞻望流水歎形外, 生長高山老道邊. 空指行人程遠近, 暑寒不避最哀憐. ▶칠언율시, 수구입운. 평성先운.	
평양3-19	소[老牛]	"瘦骨稜稜滿禿毛, 傍隨老馬兩分槽." ▶칠언율시, 수구입운.	증090動13
평양3-20	개[狗]	"稟性忠於主饋人, 呼來斥去任其身." ▶칠언율시, 수구입운.	초071動02/ 증080動03
평양3-21	고양이[猫]	"乘夜橫行路北南, 中於狐狸傑爲三." 이응수 『동광』40(1933.1.23.), 이응수 『조선일보』(1934.4.17)	초077動08 [詠猫]/증 085動08
평양3-22	닭[鷄]	"搏翼天時回斗牛, 養塒物性異沙鷗."	초070動01/ 증078動01
평양3-23	매[鷹]	"萬里天如咫尺間, 俄從某岫又玆山."	초075動06/ 증082動05
평양3-24	이[蝨]	"飢而吮血飽而撐, 三百昆蟲最下才." ▶ 群蟲을 昆蟲, 搔背를 搔首로 바꿈.김홍한『매월신보』(1933.12.5) 옳음	초076動07/ 증083動06
평양3-25	벼룩[蚤]	"貌似棗仁勇絶倫, 牛風爲友蝎爲鄰." 김홍한『매월신보』(1933.12.5)	초079動10/ 증084動07
평양3-26	고기[魚]	"游泳得觀底好時, 錦潭斜日綠楊樹." ▶칠언율시	초079動05/ 증081動04
평양3-27	콩[太]	"字在天皇第一章, 穀中此物大如王." ▶칠언율시, 수구입운	초062詠26/ 증069詠24
평양3-28	낙화[落花]	"曉起飜驚滿山紅, 開落都歸細雨中." ▶칠언율시, 수구입운	초055詠19「落花吟」/증062詠17「落花吟」
평양3-29	낙엽[落葉]	"蕭蕭瑟瑟又齊齊, 埋谷埋山或沒溪." ▶칠언율시, 수구입운.	초056詠20「落葉吟(其一)」/증065

				詠20落葉吟(其一)
평양3-30	고목나무[古木]	古木千年枝二三, 天然姿箇向東南. 老去中心通似竹, 春來一面碧如藍. 魂依鳥雀長留壑, 影作蛟龍半在潭 平生風雨多經過, 一不回首說苦甘.		신증 본래 黃五 작
	4. 자연 풍경시와 향토시(18편)			
평양4-01	푸른 산이 물속에 거꾸로 와 누웠다[靑山倒水來]	"四脚松盤粥一器, 天光雲影共徘徊." ▶칠언절구, 수구불입운.		초004乞04「無題」/증007-放02「無題」
평양4-02	흰 갈매기[白鷗]	"沙白鷗白兩白白, 不辨白沙與白鷗." (孫午炫)		증089動12「白鷗詩」
평양4-03	눈 1[雪(其一)]	"天皇崩乎人皇崩, 萬樹靑山皆被服." (1939년말, 雲山李寬河)		증077詠31
평양4-04	눈 2[雪(其二)]	"飛來片片三月蝶, 踏去聲聲六月蛙." ▶칠언율시, 수구불입운.		초067詠31「雪景」/증075詠30「雪景」
평양4-05	여름 구름[夏雲]	一峰二峰三四峰, 五峰六峰七八峰. 須臾更作千萬峰, 九萬長天都是峰. (京畿朴乙權, 金泉李根廷)		증218逸66「夏雲多奇峰」
평양4-06	강가의 집[江家]	船頭魚躍銀三尺, 門前峰高玉萬層. 流水當窓稚子潔, 落花入室老妻香. ▶고풍		신증
평양4-07	대 맞추기[對句]	僧-笠 影浸綠水衣無濕-夢踏靑山脚不苦 秋雲萬里魚鱗白-枯木千年鹿角高 群鴉影裡千家夕-一雁聲中四海秋 雲從樵兒頭上起山入漂娥手中鳴 月白雪白天地白山深水深客愁深		「金笠과 金剛山」6/증219逸67「金笠과 金剛山」6 일부
평양4	금강산 1[金剛山(其	橋下東西南北路, 杖頭一萬二千峰.		증217逸65「

-08	一)]		金剛萬二千峰月, 應作山僧禮佛燈. ▶칠절, 평성東운, 수구불입운.	金剛山詩」 "泰山-, 大海-. 橋下-, 杖頭-"
평양4-09	금강산 2[金剛山(其二)]		有溪無石溪還俗, 有石無溪石不奇. 此地有溪兼有石, 天爲造化我爲詩. ▶칠절, 평성支운, 수구불입운.	신증
평양4-10	금강산으로 들어간다 [入金剛]		"綠靑碧路入雲中, 樓使能詩客住筇." 이응수『동광』40(1933.1. 23), 박재청(1936.1)	초084山05/ 증093山03「入金剛」(1)
평양4-11	부벽루[浮碧樓]		三山半落靑天外, 二水中分白鷺洲. 古代文章奪吾句, 夕陽投筆下楊州. (錦山崔炳彩其他數氏)	증101山11「浮碧樓今」
평양4-12	구월산[九月山]		"昨年九月過九月, 今年九月過九月." ▶고풍.『大東奇聞』(1926)	초085山07「九月山峰」/ 증100山10「九月山峰」
평양4-13	삼가정[三嘉亭]		山嘉水嘉亭亦嘉, 亭名自古是三嘉. 三嘉亭上逢嘉客, 亭雖三嘉實四嘉. ▶고풍	신증
평양4-14	개성[開城]		"故國江山立馬愁, 半千王業一空邱" 이응수 『삼천리』13(1931.3.1.) '松都,『동광』40(1933.1.23.), 이응수『조선일보』(1934.4.24) '泗不流'	초098山19/ 증104山14/
평양4-15	백상루[百祥樓]		"淸川江上百祥樓, 萬景森羅未易收" (李寬河氏寄) ▶칠언율시, 수구입운. 고려 충숙왕 어제. 함련-경련 전도	증105山15「登百祥樓」
평양4-16	표연정[飄然亭]		"一城踏罷有高樓, 覓酒題胡問幾流" ▶평성 尤운. 飛는 평성微운으로 낙운. 이응수『삼천리』4-1(1932.1.1.)	초087山09「安邊飄然亭(一)」/증107山17「安邊飄然亭(其一)」

부록 811

평양4-17	회양을 지나면서[淮陽過次]	"山中處子大如孃, 緩着粉紅短布裳."(李聖斗) ▶칠언절구, 수구입운.	증110山20
평양4-18	개잔령[開殘嶺]	歸來平地望, 三夜宿靑天 罵罵過耳邊, 只恐打頰人. ▶고풍	신증
5. 연정시(6편)			
평양5-01	과부에게 주는 시[贈寡婦]	客枕蕭條夢不仁, 滿天霜月照吾憐. 綠竹靑松千古節, 紅桃白李片時春. 昭君玉骨胡地土, 貴妃花容馬嵬塵. 人性本非無情物, 莫惜今宵解汝裙. ▶칠언율시, 수구입운	초022人10「贈某女」/증157逸05「贈某女」
평양5-02	어느 농촌 여성과의 수답(酬答) 시 4편	葩經一帙誦分明, 客駐程驂忽有情. 虛閣夜深人不識, 半輪殘月已三更.-笠 難掩長程十目明, 有情無語似無情. 踰墻穿壁非難事, 曾與農夫誓不更.-女 前靑後白蟹步地, 左手春色右手移. 裙同蛺蝶蘯風舞, 手與蜻蜓點水遲.-笠 威如霜雪信如山, 去亦有難退亦難. 深見大同江水底, 是身投處是身閑.-女	초023人11「街上初見」/증159逸07「街上初見」
평양5-03	가을바람에 미인을 찾아왔다 만나지 못하다[秋風訪美人不見]	"一從別後豈堪忘, 汝骨爲粉我首霜."(金笑鎭老貸稿) ▶칠언율시, 수구입운	초021人09/증184逸32
평양5-04	안변에 미인을 찾아왔다 만나지 못하다[鶴城訪美人不見]	"瓊雨蕭蕭入雪樓, 歸尋舊約影無留."(金笑鎭老貸稿) ▶칠언율시, 수구입운	초020人08/증183逸31
평양5-05	아내를 잃고 스스로 슬퍼하노라[喪配自輓]	"遇何晚也別何催, 未卜其欣只卜哀." ▶칠언율시, 수구입운 이응수『삼천리』4-3(1932.3.1.)	초016人04/증028人04

평양5-06	한식날 북루에 올라 읊은 노래[寒食日登北樓吟]	十里平沙岸上莎, 素衣靑女哭如歌. 可憐今日墳前酒, 釀得阿郞手種禾. ▶제1연과 제2연의 전도를 정정	초097山18/ 증114山24

6. 과시(6편)

평양6-01	섭정이 있은 뒤 2백년 만에 형가의 일이 있었다[聶政後二百年秦有荊軻之事]	초, 증보본과 같은 16연. 제4연 押事, 거성 寘韻. 단, 제1연 말자 有로 고쳤으나 낙운. 초, 증보본은 類로, 거성 寘운.	초134後03/ 증223後03/ 東選20「其後二百餘年秦有荊卿之事」/時尙04/善鳴07
평양6-02	역수가의 작자는 장사이고 또 시인이다[易水歌壯士而詩人]	초, 증보본과 같은 15연. 제4연 押士, 상성 紙운.	초135後04/ 증224後04/ 東選27「易水歌壯士詩人」
평양6-03	머리 달라는 것을 책하노라[責索頭]	초, 증보본과 같은 18연. 제4연 押頭, 평성 尤운. 제4연 樊將軍은 將軍頭 畵裏 同腐朽, 丘秋草 잘못.	초133後02/ 증222後02/ 별본1/東選11/평택임씨본11
평양6-04	주인으로 섬기는 사람의 이름을 말하지 않은 창해역사[不言主事者滄海力士]	초, 증보본과 같은 15연. 제4연 押事, 거성 寘운.	초128後07/ 증226後07/ 東選81「不言主人事」
평양6-05	진나라 왕이 부를 칠 것을 청한다[請秦王擊缶]	초, 증보본과 같은 18연. 제4연 押缶, 상성 有운.	초139後08/ 증228後08
평양6-06	장님이 앉은뱅이를 업고 간다[瞽負躄]	초, 증보본과 같은 16연. 제12연 押負, 상성 有운.	초143後12/ 증232後12/ 東選41

<표 31> 영월 송순철(1983년 1월 영월읍 영흥 14호 거주, 당시 78세) 소장 필사본 수록 김삿갓 동시, 영월군, 『김삿갓의 유산』(1992)에 기초하여 재정리.

총 37편(기존)+ 과시 46편, 율시 1제 3수 佚詩 26편(기존) 30편			
송순철 01	三七二十一萬	30구 15연. 제4연 押萬, 거성 願운. ▶전사 오류. 행과 연 조정 요.	
송순철 02	爲其老强忍下取履	36구 18연. 제4연 押履, 상성 紙운.	東選03
송순철 03	小舟送杜甫	24구 12연. 제4연 押送, 거성 送운.	
송순철 04	作北遊錄歎不見白頭山	36구 18연. 제4연 押山, 평성 刪운.	
송순철 05	望見車騎從西來	36구 18연. 제4연 押西, 평성 魚운.	東選19
송순철 06	作詩乞酒	34구 17연. 제4연 押酒, 상성 有운. "古人亦解文字飮, 百篇豪情止一斗."	時尙05/善鳴09
송순철 07	自托仙人之說以遂其不欲仕漢之本心	36구 18연. 제4연 押仕, 상성 紙운.	
송순철 08	吊死蠅	17연 34구. 17연이 동선59와 다름.	별본3/東選59/善鳴08
송순철 09	明堂	12행 6연만 남음. 明자가 속한 평성 庚운을 압운. 明자 구가 없음.	
송순철 10	土偶人與木偶人語	34구 17연. 제4연 押語, 상성 語운.	증320附82「臣來時見土偶人與木偶人語」/善鳴03
송순철 11	聞韓信死一喜一悲	36구 18연. 제4연 押死, 상성 紙韻. 東選07에 빠진 제8연 "殲秦鹹楚少後事, 無用將軍死則已"가	東選07「韓信死一喜一悲」(17연)

814 김삿갓 한시 金笠 漢詩

		더 있다.	
송순철 12	銷天下兵	36구 18연. 제10연 押兵, 평성 庚운.	
송순철 13	下令國中曰漢皇帝賢天子	36구 18연. 제4연 押漢, 翰운.	善鳴13
송순철 14	長樂宮病席托戚夫人母子	32구 16연. 제4연 押子, 상성 紙운.	善鳴22「長安宮病枕招太子托戚夫人母子」(무기명)
송순철 15	泣陳出師表歎先帝三顧古事	12연만 남음. 顧자가 속한 거성 遇운을 押운. 顧자 사용 구가 없다.	
송순철 16	見人涉溝圖筍伐竹爲橋	12연과 1구만 남음. 제3연에 押橋. 제목은 '伐筍竹爲橋'가 옳을 듯.	
송순철 17	請去	28구 14연만 남음. 현재의 제3연 押去, 거성 御운.	
송순철 18	蜀中歸路見眠花僧歎吾不知汝	32구 16연. 제4연 押僧, 평성 蒸운.	
송순철 19	不應擧玦示	24구 12연만 남음. 현재의 제7연 押視, 상성 紙운.	
송순철 20	荷鋪隨後	26구 13연만 남음. 현재의 제8연 押後, 거성 宥운.	
송순철 21	雨花庵拜上遇母願文	34구 17연. 제4연 押遇, 거성 遇운(단 腑・炷은 상성 麌운).	
송순철 22	憂道學之失其傳作中庸	36구 18연. 제4연 押傳, 평성 先운.	
송순철 23	因復罵	30구 15연. 제4연 押罵, 거성 禡운.	
송순철	怒關門閉	34구 17연. 제4연 押閂, 거성 霽	東選51「關門閉」

부록 815

송순철 24		운. 천태산인「김삿갓의 시」에「至則 關門閉」로 소개	
송순철 25	浮西河顧謂吳起	34구 17연. 제4연 押謂, 거성 未 운.	
송순철 26	當是時臣惟知韓信 非知陛下	30구 15연. 제4연 押知, 평성 支 운.	
송순철 27	問太史令司馬遷	34구 17연. 제4연 押問, 거성 問 운.	
송순철 28	登極後召陳萬爲佛 門天子	36구 18연. 제4연 押子, 상성 紙 운.	東選29「召陳萬 爲佛門天子」
송순철 29	嘗百草始醫藥	36구 18연. 제4연 押草, 상성 皓 운	
송순철 30	置酒洛陽南宮	36구 18연. 제4연 押酒, 상성 有 운. 東選72와는 구와 연이 상당히 다 름.	東選72
송순철 31	朝日視其書乃太公 兵法	36구 18연. 제4연 押視, 상성 紙 운.	
송순철 32	圖末畵蘇武示中國 有人	36구 18연. 제4연 押武, 상성 麌 운.	
송순철 33	年皆八十有餘鬚眉 皓(白)衣冠甚偉	30구 15연. 제4연 押年, 평성 先 운.	
송순철 34	梅之有遭未有勝於 此時	34구 14연. 제4연 押梅, 평성 灰 운. 시제의 有勝은 有盛의 잘못.	
송순철 35	展圖秦王席上笑說 燕地江山	28구 14연. 제4연 押圖, 평성 虞 운.	
송순철 36	先言外事以視秦王 俯仰	32구 16연. 제4연 押事, 거성 寘 운. 대증보판은 28구 14연. 대증보판	증272附34「先 言外事以觀秦 王上俯仰」

		5, 6, 7, 8, 9, 11, 12, 13, 14연이 송순철본에 15, 7, 6, 8, 9, 10, 13, 14, 11, 12연 순이고 두 연이 더 있다.	
송순철 37	大戰良久佯棄鼓旗走水上軍	36구 18연. 제4연 押戰, 거성 霰운.	증340附102
송순철 38	事在元平元年赦令前	36구 18연. 제5연 押令, 평성 庚운.	증보341附103
송순철 39	君子所無逸如鳥之於林魚之於水	30구 15연. 제4연 押所, 상성 語운.	증342附104/東選57「君子以無逸爲所如鳥之於林魚之於水」
송순철 40	秦王席上進三疊琴	36구 18연. 제9연 押琴, 평성 侵운. 대증보판과 같이 제2연 바깥짝과 제11연 바깥짝에 心이 두 번 쓰임.	증343附105
송순철 41	天保一詩答鹿鳴以下五詩可見懇懇忠厚之意	34구 17연. 제4연 押保, 상성 皓운.	증344附106
송순철 42	自皇曾孫遭遇口不道前恩	36구 18연. 제4연 押恩, 평성 元운.	증345附107/東選21「口不忍道前恩」
송순철 43	冠帶縉紳之園橋門而觀聽者億萬計[인쇄물 정정]	36구 18연. 제4연 押計, 거성 霽운.	증346附108
송순철 44	吾所以得天下者何項氏所以失天下者何	28구 14연. 제4연 押何, 평성 歌운.	증보270附32/별본-4「吾所以有天下」
*송 순	謹次樂樵金公幽居	과시가 아니라 3수의 칠언율시	

철45	韻		
*송순 철46	田父給日左	정대구 목록(1990)에 나옴	증291附53「給日左」/東選37(上同)/善鳴19
*송순 철47	譬如走韓盧而搏蹇免	정대구 목록(1990)에 나옴	초155附05「譬若走韓盧而搏蹇免」/증243附05(上同)/東選39「譬若馳韓盧而搏蹇免也」

〈표 32〉 국립중앙도서관 필사본 별본 『東詩』(53장본) 과시 5편 (정대구 『김삿갓연구』에 의함

별본1	責索頭(金笠)		초133後02/증222後02/평양6-03/東選11/평택임씨본11
별본2	始言一理中散爲萬事未復合爲一理(金笠)		초출
별본3	吊死蠅(金笠)		송순철08/東選59/善鳴08
별본4	吾所以有天下(金笠)		증270附32「吾所以有天下何項氏所以失天下何」/송순철44(上同)
별본5	歐陽子方夜讀書(金笠)		초149後18/증237後17東選34/善鳴02
별본6	論鄭嘉山忠節死嘆金益淳罪通于天(무기명)		초132後01/증221後01/평택임씨본04

〈표 33〉 국립중앙도서관 鄭景朝印『東選』수록 金炳淵 동시 98편(佚篇 52편)

東選01	山行六七里漸聞	36구 18연. 제4연 押水, 상성 紙

		水聲潺潺	운.	
東選02		杜母	36구 18연. 제4연 押母, 상성 有운.	초173附23/증261附23
東選03		爲其老强忍下取履	36구 18연. 제4연 押履, 상성 紙운.	송순철02
東選04		見有女如雲嘆不如縞衣綦巾	36구 18연. 제4연 押女, 상성 語운.	
東選05		秋風勝直臣	36구 18연. 제4연 押風, 평성 東운.	
東選06		某乃借四	36구 18연. 제4연 押借, 거성 禡운.	
東選07		韓信死一喜一悲	34구 17연. 제4연 押死, 상성 紙운. 송순철11에 비해 제8연이 없음.	송순철11「聞韓信死一喜一悲」(18연))
東選08		獨不憐公子姊耶	36구 18연. 제4연 押子, 상성 紙운.	증288附50「獨不憐公子姊」/時尙02「獨不憐公子妹(*姊)耶」
東選09		漸離念	36구 18연. 제4연 押念, 거성 豔운.	
東選10		幸賴石學士	36구 18연. 제4연 押石, 입성 陌운.	초165附15/증253附15
東選11		責索頭	36구 18연. 제4연 押頭, 평성 尤운. 樊將軍이 樊將頭, 幷圖裏가 幷圖裹, 同腐朽가 同腐愁, 丘秋草가 秋草邱로 정정. 16-17연 바뀜.	초133後02/증222後02/평양6-03/별본1/평택임씨본11
東選12		歲暮得荊卿	36구 18연. 제4연 押遇, 거성 遇운.	
東選13		山中宰相	36구 18연. 제4연 押相, 거성 漾운.	

부록 819

東選14	子房一椎宇宙生光	36구 18연. 제4연 押椎, 평성 支운.	초178附28「宇宙生色子房椎」/증276附28(上同)
東選15	自期羽林之士悉令通孝經章句	36구 18연. 제4연 押士, 상성 紙운.	
東選16	箕子乃言	36구 18연. 제4연 押乃, 상성 賄운.	
東選17	於水見黃河於山見嵩華於人見歐陽公	36구 18연. 제4연 押於, 평성 魚운.	
東選18	謁項王廟歎大王不得天下如文章進就不得官	32구 16연. 제4연 押王, 평성 陽운.	초157附07「謁項羽廟歎大王不得天下如文章進取不得官」/증245附07(上同)
東選19	望見車騎從西來	36구 18연. 제4연 押西, 평성 魚운.	송순철05
東選20	其後二百餘年秦有荊卿之事	36구 18연. 제4연 押事, 거성 寘운.	초134後03「聶政後二百年秦有荊軻之事」/증223後03(上同)/善鳴07(上同)/時尚04(上同)
東選21	口不忍道前恩	36구 18연. 제4연 押恩, 평성 元운.	증345附107「自皇曾孫遭遇口不道前恩」/송순철42(上同)
東選22	草偶代紀信	34구 17연. 제4연 押代, 거성 隊운.	증292附54
東選23	范叔有說於秦耶	36구 18연. 제4연 押說(세), 거성 霽운.	증274附37
東選24	過臨皋之下揖余而言曰赤壁之遊樂乎	34구 18연(제1연 망). 제4연 押遊, 평성 尤운.	

東選25	武帝初年如水未波鑑未塵	35구 18연(제10연 안짝 망). 제4연 押初, 평성 魚운	중314附76「武帝初年如水未波如鑑未塵」/善鳴06(上同)
東選26	後五日鷄鳴往焉父又先在	36구 18연. 제4연 押後, 상성 有운.	초180附30「後五日鷄鳴往之老父又先在」/중268附30(上同)
東選27	易水歌壯士詩人	36구 18연. 제4연 押士, 상성 紙운.	초135後04「易水歌壯士而詩人」/중224後04(上同)/평양6-02(上同)
東選28	使軍各鳥獸歸報天子	36구 18연. 제4연 押報, 상성 皓운.	초161附11「令各鳥獸散歸報天子」/중249附11(上同)
東選29	召陳萬爲佛門天子	36구 18연. 제4연 押子, 상성 紙운.	송순철28「登極後召陳萬爲佛門天子」
東選30	作石鼓歌歎少陵無人謫仙死	36구 18연. 제2연 押鼓, 상성 麌운.	
東選31	喜雨亭	36구 18연. 제4연 押雨, 상성 麌운.	초145後14/중233後13/時尙03
東選32	而已夕陽	36구 18연. 제4연 押夕, 입성 陌운.	초147後16/중235後15/時尙13/善鳴01
東選33	循其髮	34구 17연. 제4연 押髮, 입성 月운.	
東選34	歐陽子方夜讀書	32구 16연. 제4연 押書, 평성 魚운.	초149後18/중237後17/별본5/善鳴02
東選35	止酒	36구 18연. 제4연 押酒, 상성 有운.	時尙01「止酒詩」(17연)와 小異.
東選36	至金陵作鳳凰臺詩以擬之	26구 13연. 제4연 押詩, 평성 支운.	

부록 821

東選37	給曰左	32구 16연. 제4연 押左, 상성 哿운.	증291附53/송순철46「田父給曰左」/善鳴19(上同)
東選38	懷鄕自嘆	28구 14연. 제4연 押鄕, 평성 陽운.	*초150後19(8구4연)/*증001序01(17연34구)/*평양1-17(17연34구)
東選39	譬若馳韓盧而搏蹇兔也	36구 18연. 제4연 押譬, 거성 寘운.	초155附05「譬若走韓盧而搏蹇兔」/증243附05(上同)/송순철47「譬如走韓盧而搏蹇兔」
東選40	見海水湏洞山林杳歎先生我情	34구 17연. 제4연 押情, 평성 庚운.	
東選41	瞽負躄	32구 16연. 제12연 押負, 상성 有운.	초143後12/증232後12/평양6-06
東選42	客有雞鳴者(1)	36구 18연. 제4연 押鷄, 평성 齊운. "謝客其功惟狗功, 前夜狐裘脫虎蹊."	
東選43	前在江陵反風滅火後守弘農虎北渡河	16연(제8연 안짝, 제14연, 제18연 망). 제4연 押守, 상성 有운.	
東選44	廣張三千六百釣	32구 16연. 제4연 押釣, 거성 嘯운.	
東選45	見沙中偶語召問張良	34구 17연. 제4연 押語, 상성 語운.	증321附83
東選46	論杜元凱沈碑不知石有時磨滅	34구 17연. 제4연 押碑, 평성 支운.	
東選47	若此可以爲天子大臣	36구 18연. 제4연 押此, 상성 紙운.	증271附33「上書言若此可以爲子大臣」
東選48	姬乃爲之言於王	34구 17연. 제4연 押姬, 평성 支	증313附75「代孟嘗

		운.	夫人謝秦王幸姬」
東選49	早似荊卿晚似魯連	36구 18연. 제4연 押似, 상성 紙운.	증285附47「子房早似荊卿晚似魯連」
東選50	一翁一媼皆異人	36구 18연. 제4연 押異, 거성 寘운.	초168附18/증256附18/善鳴05「一媼一翁皆異人」
東選51	關門閉	6연만 存. 제4연 押閉, 거성 霽운. 천태산인「至則關門閉」로 소개.	송순철24「怒關門閉」
東選52	范叔固無恙乎	32구 16연. 제4연 押乎, 평성 虞운.	초140後09「范叔姑無恙乎」/증229後09「范叔姑無恙乎」
東選53	馳入趙壁拔趙幟立漢赤幟	34구 17연. 제4연 押幟, 거성 寘운.	증274附36
東選54	寄淚(李陵)	32구 16연. 제4연 押淚, 거성 寘운.	
東選55	八千愧五百	34구 17연. 제4연 押愧(壞로 誤寫), 거성 寘운.	초136後05/증225後05/善鳴18/時尙16/*東選98「八千人愧五百人」
東選56	雷	36구 18연. 제4연 押人(제목에 人자 나타나지 않음), 평성 眞운.	
東選57	君子以無逸爲所如鳥之於林魚之於水	34구 17연. 제4연 押所, 상성 語운.	증342附104「君子所無逸如鳥之於林魚之於水」/송순철39「君子所無逸如鳥之於林魚之於水」
東選58	維師尙父時維鷹揚	34구 17연. 제4연 押鷹, 평성 蒸운.	증316附78
東選59	吊死蠅	34구 17연. 제4연 押蠅, 평성 蒸운.	송순철08/별본3/善鳴08

東選60	彼來者爲誰	36구 18연. 제4연 押者, 상성 馬운.	증308附70
東選61	綾羅島	36구 18연. 제4연 押島, 상성 皓운.	
東選62	巴蜀亦關中地	34구 17연. 제4연 押地, 거성 寘운. "蜀中亦可先入定, 君家倘餘三章字."	善鳴11(무기명)/* 증322附84「蜀亦關中地」
東選63	同題('巴蜀亦關中地')	36구 18연. 제4연 押地, 거성 寘운. "若論○人關亦蜀, 豪富太平臨邛自."	
東選64	果遇	32구 16연. 제4연 押遇, 거성 遇운.	
東選65	雲從龍	36구 18연. 제4연 押龍, 평성 冬운.	
東選66	與二三子優遊此亭皆雨之賜	34구 17연. 제4연 押賜, 거성 寘운.	
東選67	入謝曰沛公不勝杯勺	34구 17연. 제4연 押謝, 거성 禡운.	증331附93「入謝曰沛公不勝盃酌」
東選68	寄書南粤王托淮陰侯子	34구 17연. 제4연 押子, 상성 紙운.	증281附43
東選69	書報春水生	36구 18연. 제4연 押死, 상성 紙운.	
東選70	少焉月出於東山之上	34구 17연. 제4연 押焉, 평성 先운.	초146後15/증234後14
東選71	咸陽邸舍臥念明日奉圖事	34구 17연. 제4연 押事, 거성 寘운.	증330附92「臥念明日奉圖事」
東選72	置酒洛陽南宮	36구 18연. 제4연 押酒, 상성 有운.	송순철30

東選73	每對羣臣自歎䳽時爲方士所欺	34구 17연. 제4연 押欺, 평성 支운.	
東選74	足下中國人	22구 11연 存. 제4연 押人, 평성 眞운.	
東選75	擧手視羣臣曰衣已三濯	36구 18연. 제4연 押衣, 평성 微운.	
東選76	去之九江人以爲化仙	36구 18연. 제4연 押仙, 평성 先운.	초176附26「去之人以爲化仙」/증264附26(上同)
東選77	不問金出入	36구 18연. 제4연 押金, 평성 侵운.	증269附31「乃出黃金四萬斤不問其出入」
東選78	於是士爭趨燕	36구 18연. 제4연 押燕, 평성 先운.	
東選79	一身還有一乾坤	36구 18연. 제4연 押壹, 입성 質운.	
東選80	代焦尾琴謝蔡中郞	36구 18연. 제4연 押琴, 평성 侵운.	
東選81	不言主人事	36구 18연. 제4연 押事, 거성 寘운. "奉圖自言燕使者, 慶卿千秋劍事愧"	초138後07「不言主事者滄海力士」/증227後07「不言主事者滄海力士」/평양6-04「不言主事者滄海力士」
東選82	乃請荊軻曰秦兵朝暮渡易水	36구 18연. 제4연 押渡, 거성 遇운.	時尙12
東選83	夜漏下七刻聞朱說書跣入亟起秉燭讀之	36구 18연. 제4연 말자 書는 疏의 잘못, 거성御운(『김립시집』대중보판은 15연. 제4연 押疏)	증276附38「夜漏下七刻聞朱說書疏入急起秉燭讀之」
東選84	惟克商遂通道于九夷八蠻	36구 18연. 제4연 押道, 상성 皓운.	

부록 825

東選85	項羽不渡烏江疑其見欺	36구 18연. 제4연 押欺, 평성 支운.	
東選86	大板宮掛六國山川圖	36구 18연. 제4연 押圖, 평성 虞운.	
東選87	歸而謀諸婦	36구 18연. 제4연 押婦, 상성 有운.	
東選88	客有善爲鷄鳴者 (2)	36구 18연. 제4연 押鷄, 평성 齊운. "女曰旣鳴蒼蠅夜, 學得餘音子誠齋."	
東選89	花松戒諸子	36구 18연. 제4연 押戒, 거성 卦운.	초159附09/중247附09
東選90	軫可發口言乎	36구 18연. 제4연 押口, 상성 有운.	
東選91	期期知不可	36구 18연. 제4연 押期, 평성 支운. "太太子事無不可, 四海內民延頸時."	초156附06/중244附06
東選92	見吏部問天何所附	36구 18연. 제4연 押天, 평성 先운. "八卦先問沙上玩, 一理未解乾三連"	
東選93	崎嶇山海關譬若漢一郡	36구 18연. 제4연 押郡, 거성 問운.	
東選94	上書言如此可爲天子大臣	36구 18연. 제4연 押此, 상성 紙운.	중271附33「上書言若此可以爲天子大臣」
東選95	罵前說詩書	36구 18연. 제4연 押罵, 거성 禡운.	
東選96	遺書平原君請爲十日之飮	36구 18연. 제4연 押飮, 상성 侵운.	초162附12「遺書平原君願與君爲十月

			之飮」/증250附12 (上同)
東選97	葬羽穀城山爲臨一哭	36구 18연. 제4연 押爲, 거성 實운. 천태산인 언급 「葬項羽於穀城山下爲臨一哭」	초172附22「葬項羽於穀城山下爲臨一哭」/증260附22(上同)
東選98	八千人愧五百人	36구 18연. 제4연 押人, 평성 眞운. "二十八騎羞二客, 東城不是尸鄕臻."	*초136後05/증225後05/東選55/時尙16/善鳴18「八千愧五百」

<표 34> 평택 임씨 필사『동시』수록 김삿갓 과시(구사회 논문)

평택임씨 본01	湖南詩	01 天以高山作長城 一國咸平通全州 02 靈岩形勢鎭海南 寶城奇麗重金溝 03 臨陂連海幾井邑 古阜新阡萬頃波 04 君臣同福太平世 國勢扶安千萬秋 05 雲峰挿天益高山 沃溝連江長水流 06 民心咸悅鎭安居 王業長興順天休 07 扶桑紅日遍光州 仙李枝頭玉果留 08 君能務安求禮勤 國亦昌平興德修 09 綾州錦山繡錦錯 珍島金堤提扶寶優 10 南原芳草茂長春 瑞日光陽高敞樓 11 淳昌民俗樂安久 泰仁人心和順調 12 禎祥聖世茂州草 貨寶天地靈光浮 13 龍潭波瀾龍安宅 白日潭陽雷雨收 14 興陽春日萬和暢 谷城花間山牒幽 15 珍山一島走貨肆 泛彼江津商客舟 16 羅州列郡幾牧使 任實織兒曾識不 17 男兒磨劍礪山石 島夷南平將馘頭 18 湖南濟州海不揚 貞義大旌滄波洲	제목 글자를 운자로 사용하지 않음. 湖: 상평성虞, 南: 하평성1覃, 詩: 상평성支. 격구압운자 州·溝·秋·流·休·留·修·優·樓·調·浮·收·幽·舟·不·頭·洲는 모두 하평성1尤, 예외는 제3 波(하평성歌운). 제16연 不은 否로 되어 있었으나 압운상 不이 옳음.
평택임씨	選一大	01 我政不直錢一文 淸風明月官三年	36구 18연. 제4연 押

부록 827

본02	錢(漢劉昆事)	02 問君何不酌淸溪 爲我殷勤齎貨泉 03 離亭爲感父老恩 百錢中間只一圓 04 平生不與孔方親 太守心中無半錢 05 伏嫌廣陵呻千客 向笑楊洲腰萬仙 06 山陰官吏不敢索 百里風謠村狗眠 07 輕舟俄渡若耶溪 帶錢何人羅拜前 08 齎臨錢路日贐行 頌登甘棠云饋賢 09 柯翁溪老各一索 百箇靑銅其數全 10 噫惟爲捲感意多 非我憐錢情可憐 11 將推恩贐恐負人 欲取長繩知有天 12 辭而不迫受不泰 允執其中有一焉 13 含情錢樹問幾株 一葉東風消息傳 14 形分衛吏二作圓 數得吳天孤雁懸 15 街童莫笑一箇小 大哉其形乾配坤 16 稽山一路近吳江 可贈歸時東渡船 17 翁言恩政報萬一 公曰深情當百千 18 劉公一心尙恐悅 投水歸來風颯然	錢, 평성 先운. 중326附88「爲人選一大錢受之」와는 다름.
평택임씨본03	御製詩程	32구 16연. 제16연 拥詩, 평성 之운. "走者飛者皆天機 或以奇兵或以瓶"	姜栢「行詩格」. 구사회(2005)
평택임씨본04	論鄭嘉山忠節歎金益淳降賊(古風)	"曰爾世臣金益淳, 鄭公一箇鄕大夫" 36구 18연. 고풍. 대중보관 수록 시와 글자가 조금 다르고 한 연이 바뀜. (본서 본문에 소개)	초132後01/중221後01/詩2본-6/
평택임씨본05	秦始皇(古風)	01 萬國日出秦長安 萃鳳幽旗靈鼉鼓 02 大王地畢冠帝國 萬里長城山海館 03 如天函谷正東開 嬴仲家門從此大 04 灞西基業祖蠻廉 七雄乾坤强一秦 05 □倉滛徵得寶雄 夏城遺風鳴鐵鞠 06 邯鄲美姬孕元氣 大販宮中天子生 07 神功春盡老蠶食 號令風生金號威 08 連鷄天下不敢聲 河北山東魏萬里 09 魚三過五大功業 一統歸來遂爲帝 10 金銷字內六侯兵 玉出荊南萬歲璽 11 嘉平朝賀十月朔 丞相將軍廷尉臣	16연 고풍.

		12 嵋山不動胃火晩 綠樹咸陽白日長 13 扶蘇張外珮聲閑 滿月垓前琴語淸 14 金根大車白顚馬 六郡年年東出遊 15 山高鄒澤瘵釖回 海內無憂花滿宮 16 安期玉舃阜鄕亭 徐福樓船方丈山	
평택임씨 본06	漢高祖	01 廉價大販秦天下 八年馬下南宮宴 02 長物赤宵三尺釰 大基黃面九幅地 03 篡冠醉倚未央宮 亭長今爲漢天子 04 神堯靈派太公家 天出中陽劉二郞 05 旺時異兆夢龍夕 醉後休徵斬蛇夜 06 田翁小屋夏日凉 老栢淸陰圓不改 07 秋風起聽隴上鴻 二世元年天下事 08 群雄將逐望夷鹿 一敵方出彭城號 09 陳倉八月喚兵仙 楚漢乾坤聲鬨鬨 10 新城歸路哭義帝 縞素三軍聲犴犴 11 張翁籌策玉雙箸 孺子奇謨金萬斤 12 鷄山秋月玉簫夜 帳裡重瞳坐失楚 13 殲秦楚識次第事 馬上金鳳圓一片 14 南山秋色萬歲靑 長樂春花三月紅 15 涯雲飛盡楚氛晴 大風歌中威四海 16 洋洋絃誦古城下 斂兵歸來祀孔子 17 弘規初創四百運 帶礪山河刑馬誓 18 詩書新語講陸賈 禮樂遺風訐叔孫	고풍이라 밝히지 않 았으나 고풍. 18연.
평택임씨 본07	楚霸王	01 戱馬垓前春日長 繡衣色動彭城晝 02 深讐雨洗六里山 異讖時回三戶村 03 乾坤始大楚犴豕 阜鳥江南春鳥鳴 04 英雄早學萬人敵 古將遺風賢有孫 05 山河壯氣貌禹鼎 日月英姿明舜禪 06 秦天前路笑書劒 漸生男兒天下事 07 阿翁不掩蓋世氣 同上烏江西渡船 08 天時鹿走望夷宮 神物龍躍壟山澤 09 風塵歸路一破釜 鉅鹿靑山楚戰聲 10 秦城花柳喚虞美 舞入鴻門春酒宴 11 風驅赤幟百騎勢 兩洗烏騅九戰汗 12 三分天下九郡大 大楚將軍新霸王	고풍이라 밝히지 않 았으나 고풍. 16연.

		13 咸陽一炬不復秦 霸運何江萍出丹 14 謀臣帳下七十翁 健兒吳中八千兵 15 巴雲一鎖漢中王 爵爵潛龍不敢怒 16 鴻溝花發兩家春 笑放西郵劉季兒	
평택임씨 본08	蘇秦	01 洛陽兒女驚走藏 白日仙下靑雲梯 02 去時黑貂身上弊 來日黃金肘後橫 03 官途車馬擁如雲 六國乾坤蘇辯士 04 懷書十年不得意 鬼谷門前初讀符 05 懸河辯舌有三寸 □部生涯無二項 06 機妻不下刺股郞 畵錦誰家紅織女 07 符經在袖一出門 揣磨河山以東侯 08 俄從碣石客舌掉 更向暉坮王膝跪 09 洹壇盟血有如水 大鷄聲中天下白 10 張公捲舌犀首退 季子今爲從約長 11 歸時厚饋楚千金 行處高車齊駟馬 12 煌煌六卿大如斗 望若天仙業柘裡 13 卿卿叔叔一室門 玉帛能生丈夫威 14 山河大事北報趙 中國深盟西擯秦	고풍이라 밝히지 않 았으나 고풍. 14연.
평택임씨 본09	張良	01 杜門絶粒誰家子 父祖以上宜陽人 02 炎劉天下了債客 赤松門前學道士 03 堂堂婦貌丈夫心 大漢乾坤張子房 04 狐星瑞彩降人傑 博帝峨冠奇少年 05 家聲上黨五世相 國恥西關一天讐 06 靑山盡日第在殯 十年千金燕趙市 07 邀來滄海有力士 博浪金椎天地聲 08 咸陽禍網十月連 圯上仙緣三夜覆 09 苞業褌快滿袖歸 一生工夫太公書 10 塵埃天子下邳巷 錦上添花新際遇 11 鴻門雲消兩家讐 鳥道烟生千里棧 12 帷中坐運決勝策 八年山河帝者師 13 殲秦滅楚大功業 一則張良二則良 14 簫中兵散九里山 舌端金銷六國印 15 時從局外有權數 蹶足床前高着棊 16 功名雲薄萬戶榮 事業風高三傑斑	고풍이라 밝히지 않 았으나 고풍. 16연.
평택임씨	諸葛武	"吳虎魏狗皆凡庸, 三國乾坤人一龍"	고풍이라 밝히지 않

본10	侯	(본서 본문에 소개)	았으나 고풍. 16연.
평택임씨 본11	責索頭	36구 18연. 제4연 押頭, 평성 尤운. 『김립시집』의 樊將軍을 樊將頭, 倂畵裏를 倂圖裏, 同腐朽를 同腐愁, 丘秋草를 秋草邱로 바로잡음. 16연 -17연 도치. 『김립시집』의 일부 구나 시어가 다름.	초133後02/증222後02/평양6-03/별본1/東選11
평택임씨 본12	合符疑	01 王牛鄙半分各有 其然豈然符胡爲 02 將軍節鉞有詔止 公子單車無故馳 03 暉坮呪尺事如夢 冠盖城東讒過時 04 君臣契合合如符 事在宮中無所疑 05 □王佩之將致辭 □鄙來時公亦知 06 兵權在外但信符 君命留中方住師 07 平原使者日未暮 匹馬王孫來代之 08 人來不意事或然 何出無名符底隋 09 王如一毫不信余 罪亦宜之招宜宜 10 深深九重臥內物 本非群臣容易持 11 今來出自信陵袖 意者吾君中失妓 12 分而察之合以思 符則丁寧人則欺 13 明公無奈自家意 詔命胡爲中道移 14 元戎意內事事疑 有妹君家曾嫁誰 15 王言不許趙勝救 是日君行應出私	과시. 30구 15연. 제4연 押疑, 평성 支운.
평택임씨 본13	泗上田舍笑阿季不在家	01 長歌往來咸陽道 禾黍兄村草芥視 02 群成樊噲五六人 債重王婆三百觶 03 山河如踏戶庭內 行事嘉平太放恣 04 豊村身作上農夫 數畝吾家大天地 05 官倉日日賦稅納 縣籍年年名姓記 06 家門不幸弟無賴 生産年來度外置 07 平明携出赤宵釰 無數泰山眼下翠 08 雙肩倒掛破落衫 空手前村去則醉 09 人間渠豈自負心 羞作豊西草草季 10 前宵去斬寸餘蛇 到處逢人必日瑞 11 離離黃果渭南園 臥待秋風自然墜 12 英雄百年大産業 妄擬中州白壤冀 13 家牛昨耕洞口田 父老長長奉草轡	과시. 32구 16연. 제9연 押季, 거성 寘운.

부록 831

		14 艱辛數畝債人作 渠則老栢陰低睡 15 公然抱我大犢走 亂斫斜陽水邊肆 16 胎生左股撫何事 黑子殊常七十二	
평택임씨 본14	訓漂麥	"偶人立隴馱鳥雀, 獪勝書生坐無聊" 32구 16연. 평성 蕭운. 시제에는 선 정자가 보이지 않음. (본서에 소개)	善鳴10「罵漂麥」 과시. 28구 14연. 제13 연 拥漂, 평성 蕭운.

〈표 35〉 신사석(申思奭) 병신(1896년) 필사본『시상』수록 김삿갓 과시(유년석·양동식 논문)

時尙01	止酒詩	酒誠狂藥雖醫病 幾日沈趴无何有 一生白笑酣酒客 萬事遂絶荒芒友 洋洋楚江指爲誓 獨醒靈均獪在否 江山一笠亦達視 不平初心上於酒 倉桑小劫破家餘 水萍殘年爲客俊 金龍花鳥放浪蹤 八域春長酒戚壽 提鄕托視古幷州 一夢三旬靑眼久 層雲都市劍心論 明月樓臺詩債負 東誰西某好主人 鷄黍恩情非不厚 卒生狂客太憂患 一病無端出儒首 爲先腸胃鏡石銷 畢竟形骸土木朽 平明新送麵秀才 遠別長歌詩數斗 銀杯即日任化孖 玉瓶佗時戒守口 生來始學大知覺 況我時年三十九 寒鐘古寺誤道僧 孤獨深對守節婦 床頭笑擲酒德頌 大人先生何許叟 流光勝水漸白髮 宿債如山恒赤手	東選35「止酒」(18연)와 小異. ▶34구 17연. 제4연 押酒, 상성 有운.
時尙02	獨不憐公子 妹(*姊)耶	家全國敗我何論 弟存兄亡君所恥 國亂吾不憐家妻 明日編於行伍裡 隣邦時勢魯酒薄 同已私情秦春視 揮扑春樹射鶴枕 鶴鴿寒聲應在耳 婚姻之故約意難 趙勝夫人公子姊	증288附50「獨不憐公子姊」/東選08 ▶32구 16연. 제5연 押姊, 상성 紙운.

		人情彼此一骨肉 中於四豪義是重 邯鄲急多禍未嫁 秋垣徒以外人來 春申孟嘗幾列園 層雲塗抹人梁天 隣吾勝敗勿說旣 危城風雨可憐花 朱陳共結是眞情 梁園芳草父母國 休公宋河遠葦航	國勢東南兩脣齒 兩家通婚秦不喜 日望漳河冠蓋使 晉鄙闒然中道止 鷄狗隣盟難可恃 激起公心何語以 他國存亡姑舍是 間是誰家貴姊氏 楚越相看非道理 自憐恒言歸欲死 試看周國常棣鴇	
時尙03	喜雨亭	畵簾秋捲西山暮 韓公詩攸慰滿洽 因其沛然翼然成 東坡健筆善記事 淸虛坮亭雪迎秋 明時愧我乏霖姿 岐陽一雨際下車 方春和氣本記沃 男欣女悅太平象 吾爲太守欲志喜 長烟勝此岳陽登 登臨此樂摠雨賜 无過霽月照畵棟 風調上瑞合大有 先公後私祝田周 分明某年某月名 商羊舞處至田畯	賀語東風石燕舞 歐老軒名豊樂取 百里烟花亭有主 不獨妓州亭喜雨 遠景樓遙風迄古 百謫風霜潮海苦 早餘新功厥施普 曰陽休徵洪範禹 四野桑麻涵太府 一亭何心起玆土 落霞刾情滕閣覩 肇錫嘉名貽郡薄 未了油雲縋繡戶 一州豊謠登八釜 背陰臨易瞻室魯 上梁都扁添一柱 華鳥飛時成棟宇	초145後14/중233後13/ 東選31 ▶34구 17연. 제4연 押 雨, 상성 麌운.
時尙04	聶政後二百 年秦有荊軻 之事	上下千載龍門史 齊髡楚子滑稽傳 歸來俠窟以劍鳴 人間何代不有俠 名殉同人姓榮烈 吳專曹沫好種子 層雲一抹扶市市 如干氣數戰場七	世間奇男橦橦類 越螽周圭殖貨誌 深井寒風易水至 聶政千秋兩藏事 伴作其時舞陽輝 年數山東劍次次 而後風馨寂寞易 所謂豪傑公子四	초134後03/중223後03 /평양6-01/東選20「其 後二百餘年秦有荊卿 之事」/善鳴07 ▶34구 17연. 제4연 押 事, 거성 寘운.

부록 833

		三長過筆暫俳徊 燕趙斜陽漸輈隆 山河俠氣竟不死 秦代何男鳴以義 張椎博浪以上起 漸節威陽其次置 空中飛出匕首客 上党歸雲一面視 蒼鷹沃府杳泛影 白鳥燕天蕭瑟翅 乾坤動氣二百年 先後男兒一般志 屠門俠月缺圓天 史局文瀾斷續地 仇家二代亦竝時 王坐阿房視俠累 千金愁茗漾陽去 一劍行裝督亢秘	
時尙05	作詩乞酒	"古人亦解文字飮, 百篇豪情止一斗." (본서 본문에 소개)	송순철06/善鳴09 ▶34구 17연. 제4연 押 酒, 상성 有운.
時尙06	代荊軻嘆滄 海力士誤中 副車	靈風素髏堅皇睨 下界无處傳神匕 阿房宮畔呂兒坐 故人高生又浪死 靑天霹靂九地來 百斤金椎何許氏 峥嶸俠窟一樘子 滄海寒波連易水 吾非神劍愧猿美 君亦蠢拳輕虎視 如何一代醉醇天 疊坐人間神勇士 雄圖不幸短匕協 餘感酒堪一椎倚 三時鬼雄倚雲謠 天闊行塵海門俟 宮庭五步輦路復 把袖餘謀狙伏是 燕山圖裏未了事 博浪車過萬万后 沙中消息大狼狙 天又今年貸秦妃 寒原翠花後影疑 碧洛晴雷虛響起 誰知畫屛躍越人 更隔朱輪槌碎裏 人間尙旺白帝祚 皇下重禾壯士恥 椎花洽逐劍月晦 殿柱寒騰怒虹紫 傷心虛著後憶汝 孤負重泉深望爾 蕭蕭風氣向古渡 漠莫倉溟又万里 燕仇韓怨與共深 俠藪荒凉運再丕	36구 18연. 제6연 押 水, 상성 紙운.
時尙07	秋七月旣望	滕閣九月蘭亭三 故人未卜良宵遊 春花夢掃學士枕 夜桂光濃簫客舟 江山始秋月旣望 下界蘇仙搔白頭 蘇翁半世月幾望 七分胸襟都是秋 盈虛世事斡院名 冷煖天時雷海謳	34구 17연. 제4연 押 秋, 평성 尤운.

		蠻坡烟燭月滿如 熱焰名楊无處休 紅塵世界赤壁高 先秋明湖山秋杯 春歸夏口岸花落 暑退黃崗漳霧收 薇垣金馬杳如夢 南斗青山蕭瑟浮 元豊九年月之七 極浦秋馨星火流 燈寒水府層中元 聲在廬陵悲九歌 盈虛一理指秋天 月爲游人良夜謀 應殊上絃下絃裏 且向生明生魄由 團團三五是日也 翼夜淸光分九州 前宵霧影滿玉蟾 今夕流輝斜斗牛 嫦娥似嫌太圓滿 微或銀宮桂稠 名區秋水得月多 勿負今宵淸債酬	
時尙08	少焉月出於 東山之上	玉妃不負前宵約 留待桂花移時發 靑蓮花下酒初熟 黃竹樓中畑乍歇 精神不遠望後夜 蘇子停盃問之日 盈虛天地老百坡 只信良宵山上月 影滿蠻陵春夢忽 瓊雷秋水明月多 跨海淸光用不竭 扁舟赤壁屬旣望 暝色黃泥搔白髮 陶皐亭北暮烟深 武昌山西夕陽没 淸宵惜未趣三五 人影屋壁隔林樾 風淸酒熟若無月 勝地仙遊亦磨蝎 無柳洞簫立暝樹 未盡澄工滌塵骨 佳期欻滿二八夜 渺渺余懷隔蟾闕 丹崖半壁忽生白 始識東山千尺几 俄然亂雲破銀濤 倏爾平湖變瓊窟 天公爲我洗眸子 一瞬江山光怳惚 阿瞞古壁弔飛鳥 石鐘遠山驚睡鶻 (1구 결)	▶31구(1구 결). 제4연 押月, 입성 月운. 다 른 본은 모두 제4연 押焉, 평성 先운. 초146後15/중234後14/ 東選70과는 다른 시.
時尙09	項梁怒	楚南之項名於世 父兄無不文魚武 霜寒古鞘射牛斗 燈漏東簾有魚魯 名門父子一不宵 乃叔深憂孫(系)乃租 初年我愛爾重瞳 書劍中間保門戶 天時方倒太阿柄 文籍應傳世將譜 螢燈一壁掛芙蓉 望汝成功時項附 前隣忽扛九鼎來 劍何書何度外睹 翻投黃巷夜鼾曼 却解靑萍春買酤	36구 18연. 제18연 押 怒, 상성 麌운.

		生平二十一未解 隆盡吾家世業古 韓惟乞兒帶劒好 平亦償負讀書苦 家門虛負祝嬴誠 搔首燈前乃叔父 傷心楚孤牧羊山 往負新薪腰爾斧 穿蛇古壁奈手疎 閱橐寒燈磣眼瞽 庸如楚括讀馬眼 癡似柳郞寃鬼姥 風塵消息忻蠢起 重望吾家輕一羽 蓬桑幾抛四海志 暗敎渠年非在乳 家聲忽欲墜箕裘 時事時看若風雨 終看阿侄學兵法 兵法伊歡却非怒		
時尙10	此則岳陽樓 之大觀	可觀亦有爭雄詩 樓上夔翁坐騷坍 金陵二水咏謫仙 滕閣三湘稱子安 森羅萬象滿目來 百尺飛欄人自嘆 巴陵勝狀設岳樓 何等風烟馬大觀 長坡城峨孟句傳 落日登欄王賦看 重修消息處曆春 屬余滕公文以干 高樓浮在洞庭南 昔聞其名今上欄 吳頭楚尾七百里 夕陰朝暉千万端 東南天地月夜浮 四顧環樓觀則欄 名區風景盡在此 湖外江山爲物雜 簾前巫峽冷千里 天上群山高一巒 無過草色入有術 此則高樓觀者歡 登臨墨客眼界闊 粧黑騷人胸海寬 登斯樓也喜洋洋 故人風流爲好官 ○秋荷桂地勝抗 萬里波濤人此韓 江南三十六樓始 等蘭溪山風月殘 黃崗中樓号但竹 會稽秋亭名獨蘭	34구 17연. 제4연 押 觀. 평성 寒운.
時尙11	代范增將軍 歸彭城別營 壯士	但願一借烏騅背 即日西行歸故里 乾坤漠漠暮道窮 星月蒼蒼寸心是 鍾離在右周殷後 一老巋然百夫跪 平明廣陵暮營湯 隨處兵塵同一壘 荊王骨骾七十翁 楚幕爪牙八千士 山河欲封爾公候 宇宙將有吾天子 君王不拔九嶷山 沃禽催人東渡水 轅門此別亦太晩 玉斗撞時可去矣 居巢日月幾喚人 暮年孤忱猶不已	36구 18연. 제5연 押 士, 상성 紙운.

		天心猶助伯王否 吾行未早惡草前 秋風家在洞庭南 吳姬枕上楚王睡 回天漢幕瑞雲興 殘骸將看斃汏土 親如亞夫尙見疑 腰間寶刀解相贈 寒燈劍幕別後楚	白首謀臣老不死 幾渡荊江楓葉紫 落木寒天孤雁起 獨傍殘城啓行李 楚金難多無奈彼 天地無窮丈夫恥 楚幕安能久留爾 歸臥田園焉用此 落雁峯前秋雨裡	
時尙12	乃請荊軻曰 秦兵朝暮渡 易水	慶卿今若先渡渭 壯士十年西入裝 長城秋雨雁蕭蕭 燕家大事誓易水 年深蘇門木鳥怨 靑宮夙夜庶幾望 如何劍事緩急意 金圯朝日啓行遲 佳人之子好馬肝 關西積呑不侍人 莊焚以後我狐疑 英雄前席主人夜 儲宮劍危日月過 朝如不渡暮當渡 時危卽門伍胥鞭 臨流客馬若不肯 高生市上日已盡	劍頭秦亦危朝暮 小戎千里東征路 隱然深憂小海吐 欲無秦兵早晩渡 日積函關金虎怒 舞暘行裝今已具 等閒燕南歲月度 碣石斜陽送客屢 無擧三時願則素 六桑殘秦年盆懼 伐趙之餘彼浪願 語及甘棠風雨樹 敵壘兵雷擊起 隔水靑峯生遠戍 歲晩柯坍曹沫步 日恐中逢秦亦遇 鞭老村中水无注	東選82 ▶34구 17연. 제4연 押渡, 거성 遇운. 電擊起의 起는 낙운.
時尙13	而已夕陽	少焉復可迎素月 菱溪風散竹裡仙 頹然顔髮未了懷 人生幾何款流光 登山春服竟日忘 須臾天地歲暮情 滁亭偶得半日間 蘭亭曲水次第觴 溪山百里我爲主 淋滴醉輿尙未央	洞天蓼落川雲關 峴山春迷花下客 暮景蒼茫生咫尺 百年歐陽已而夕 讀書秋燈方夜惜 翰院三霜頭已白 太守風流同身挨 竹棲晴揖良久席 非不優遊餘日積 卽景惟何惟取適	초147後16/ 증235後15/ 東選32/ 善鳴01 ▶36구 18연. 제4연 押夕, 입성 陌운.

		支離午陰草難菌 於焉嘉客共指點 咸池一面近釀泉 俄然半山抱斜紅 時當燕客共泣時 焚膏更欲繼殘暑 居然暮鐘促客路 前山草爛下牛乍	荏冉春光花落陌 一髮西峰殘影迫 永叔光陰流水汐 候爾千溪濃靄碧 景納堯宮寅餞宅 今我文章韓愈昔 智仙孤菴山四口 古壁林喫歸鳥亦	
時尙14	風蕭蕭	壯士中立燕秦界 斜陽西下一千里 江城人坐水自吟 荊卿一生最蕭瑟 田光席上暗暗來 烏頭函谷是雖怨 秦關去路此易水 將軍函夢夕喑蟬 英雄行李曲中淪 關西丹丹日影照 如何風月又蕭然 丹儲席過意更凄 人間聶政後百年 宮燈落木片片語 波多激列此極地 雲何薄薄日何慘 凄凄劍仙信歎口 西風吹入百二秦	劍心上透秋天虹 流水東悲十三童 落木無過蕭風中 鳴以屠門豪俠風 曾句杯中点点通 吹入前宵儲嗣宮 天下男兒歌筑同 美人琴心秋送鴻 江水西流難復東 蘇北層層雲氣籠 怒氣衝天秋髮蓬 漸離尊前歌不終 擊殿蒼鷹飛執沖 終古悲歌男子雄 劍氣蕭蕭明月功 碣石寒山靑不崇 督亢靑山落日紅 永巷秋聲靑戰桐	36구 18연. 제4연 押風. 평성 東운.
時尙15	歌風蕭蕭易 水寒壯士不 復還	一曲二曲聾悲世 何天日貫白虹起 臨風我馬不平鳴 西關千里壯士行 專諸匣裡曉霜露 高生一曲又何意 東流秋水劍心寒 風鳴俠藏寂寞雲 秦京綠樹馬首翠 圖中匕首入霜寒	天地男兒皆如何 古汀葉下丹楓柯 有去其歸淚滂沱 易水秋風鳴劍歌 聶政村前夕陽多 有時寒聾霜劍摩 百感催人波似羅 葉落寒汀蕭瑟波 我歌維何非在他 匣裡樊頭秋血呵	36구 18연. 제4연 押歌. 평성 歌운.

		寒波万里不復回 劒士悲歌如許那 知心俠子摠白衣 秋雨難筵悲淚拖 巴岑有意杜宇啼 磧石何心霜雁至 蕭蕭征馬倘解意 起謗虛汀影婆娑 他時故路比江山 無復男兒霜七磨 時時顧笑舞陽兒 慷慨樽前顔半酡 屠門一載擊節嘆 大俠人間一荊軻 三秋義気劒虹縈 高里悲懷鬖髿蟠	
時尙16	八千愧五百	卄八騎亦盖二客 東城不及尸郷至 億兆雄心商紂勢 數千親已田文事 靑燈再引一太白 酹汝靈魂涇殘觶 風塵若論衆寡勢 五百當爲八千愧 三吳大國號曰健 一齊殘秭伏以義 山河無愧兩家雄 圖伯稀王好排置 元切但讓沃十八 牛洋垓城何等地 將軍南出有餘運 主人西歸無所糞 江祠洛墳万古恨 竹枝悲歌起三四 從徒責重敗亡際 厥數當年多少異 稽山越甲士號倍 瀛海秦童客負備 千雄爲大不當日 向背之間輕重視 江東父老見何面 海上君臣同生死 荊南九郡愧一都 万敵元戎无處寄 寒宵風送半夜步 義樹霜妻同日淚 溜東圓上魯連月 楚天疎星占占隆 千秋有光海洋白 萬事无顔殼城翠	초136後05/중225後05/ 東選55/善鳴18/*東選 98「八千人愧五百人」 ▶34구 17연. 제4연 押 愧, 거성 眞운.
時尙17	朕始爲皇帝	殷始於湯周始文 只一王字傳千禩 鴻之肇判万年都 螭刻初成八字璽 吾之尊号我自号 德兼功過斯号美 咸陽天地朕以前 曰王稱公先祖始 基傳六世穆惠昭 位笑群邦候伯子 嘉平初載舊天子 一榻江山亦膝跪 雄威栢翳國万乘 其業函關地千里 臣之議君子儀父 莫非英雄後世耻 鬼鬼功德欲揭号 太始山河誰可比 前乎堯舜帝子去 上而羲農皇号是 吾能有功又有德 不可於今一字以	32구 16연 제4연 押 始, 상성 紙운.

		皇橫帝典摠在朕 子葉孫枝皆自此 煌煌螭篆刻三字 名召庭前函相李 基垂一世二世葉 号得兼三過五旨 尊爲一人朕号朕 列國候王戶庭裡 邦基闊闊吞地蜀 王号承來聖姚似	
時尙18	醉自墦間歸 驕其妻妾	"可憐人間兒女子, 寒廚一生啼飢淚" (본서에 소개)	34구 17연. 제9연 押 自, 거성 實운.

<표 36> 『선명(善鳴)』 수록 金笠 과시

金笠 기명 1편, 무기명 23편. 김삿갓 작인지 미상 8편(김삿갓 작으로 임시 계정)			
善鳴01	而已夕陽(무기명)	36구 18연. 제4연 押夕, 입성 陌운.	초147後16/증235後15/東選32/時尙13
善鳴02	歐陽子方夜讀書 (무기명)	34구 17연. 제4연 押書, 평성 魚운.	초149後18/증237後17/별본5/東選34
善鳴03	土偶人與木偶人語 (무기명)	34구 17연. 제4연 押語. 상성 語운.	증320附82「臣來時見土偶人與木偶人語」/송순철10
善鳴04	楚以屈原鳴(무기명)	34구 17연. 제4연 押楚, 상성 語운.	초153附03/증241附03
善鳴05	一媼一翁皆異人 (무기명)	36구 18연. 제4연 押異, 거성 實운.	초168附18「一翁一媼皆異人」/증256附18(上同)/東選50(上同)
善鳴06	武帝初年如水未波 如鑑未塵(무기명)	32구 16연. 제4연 押初, 평성 魚운.	증314附76/東選25「武帝初年如水未波鑑未塵」
善鳴07	聶政後二百年秦有 荊軻之事(무기명)	34구 17연. 제4연 押事, 거성 實운.	초134後03/증223後03/평양6-01/東選20「其後二百餘年秦有荊卿之事」/時尙04

善鳴08	吊死蠅(무기명)	34구 17연. 제4연 押蠅, 평성 蒸운.	송순철08/별본3/東選59
善鳴09	作詩乞酒(무기명)	34구 17연. 제4연 押酒, 상성 有운.	송순철06/時尙05
善鳴10	罵漂麥(무기명)	28구 14연. 제13연 押漂, 평성 蕭운.	평택임씨본14 「訕漂麥」
善鳴11	巴蜀亦關中地(무기명)	34구 17연. 제4연 押地, 거성 寘운. "蜀中亦可先入定 君家倘餘三章字."	東選62/*증322附84「蜀亦關中地」
善鳴12	躬耕南陽(무기명)	28구 14연. 제4연 押耕, 평성 庚운.	*김립 작인지 미상
善鳴13	下令國中曰漢皇帝賢天子(무기명)	36구 18연. 제4연 押漢, 거성 翰운(상성 旱운 통압).	송순철13
善鳴14	酒帝(무기명)	36구 18연. 제14연 押酒, 상성 有운.	*김립 작인지 미상
善鳴15	羝愧雁(무기명)	28구 14연. 제10연 押愧, 거성 寘운.	*김립 작인지 미상
善鳴16	易水待遠客(무기명)	36구 18연. 제6연 押水, 상성 紙운.	*김립 작인지 미상
善鳴17	山君(무기명)	40구 20연. 제4연 押君, 평성 文운.	*김립 작인지 미상
善鳴18	八千愧五百(무기명)	34구 17연. 제4연 押愧, 거성 寘운.	초136後05/증225後05/東選55/時尙16/*東選98「八千人愧五百人」
善鳴19	田父給曰左(禹弼謨작으로 기명)	34구 17련. 제4연 押左, 상성 哿운. 대증보판보다 1연 많음.	증291附53「給曰左」/송순철46/東選37「給曰左」
善鳴20	肇十有二州奉十有二山(무기명)	36구 18연. 제4연 押山, 평성 刪운.	*김립 작인지 미상

善鳴21	五十年前二十三(金笠)	34구 17연. 제4연 押年, 평성 先운. "六十以前年十四, 三十娘年易地然."	
善鳴22	長安宮病枕招太子托戚夫人母子(무기명)	28구 14연. 제4연 押子, 상성 紙운. 송순철14는 16연이되 내용은 같다.	송순철14「長樂宮病席托戚夫人母子」
善鳴23	東見滄海君(무기명)	36구 18연. 제8연 押東, 평성 東운.	*김립 작인지 미상
善鳴24	下第歸路哭項王廟(무기명)	34구 17연. 제2연 押路, 거성 遇운.	*김립 작인지 미상

찾아보기(인명)

ㄱ

가련(可憐) 112, 211, 504~509, 515~516, 589
강길호(姜吉鎬) 88
강담운(姜澹雲) 585
강대현(姜大鉉) 230
강백(姜栢) 349, 350, 353
강시영(姜時永) 104
강지덕(姜至德) 252~253
강촌생(江村生)→차상찬
강형범(姜泂範) 88
강혼(姜渾) 586
강효석(姜斅錫) 11, 60, 79, 318, 337
강휘성(姜徽性) 88
강희안(姜希顔) 586~587
거화(炬火)→공진항

계섬(桂纖) 508
계월(桂月) 181, 594
계향(桂香) 685~687
고바야시 잇사(小林一茶) 715
고창옥(高晶玉) 724
고한승(高漢承) 710
공진항(孔鎭恒) 710
관상자(觀相者)→차상찬
구사맹(具思孟) 491
구수영(具壽永) 491
권돈인(權敦仁) 99
권별(權鼈) 239~240, 589
권성직(權聖直) 347
권순구(權純九) 10, 16, 54, 55, 691
권필(權韠) 556

기건(奇虔)　245
기당(幾堂)→한만용
기자헌(奇自獻)　157
기정진(奇正鎭)　57, 673~674
기준(奇遵)　241
김경한(金景漢)　76
김관행(金觀行)　78
김광진(金光鎭)　725
김광찬(金光燦)　80
김교찬(金敎贊)　230
김근행(金謹行)　251
김금남(金琴南)　229
김기전(金起田)　66~67
김난(金鸞)　14, 96~98, 104, 106, 108~110, 113, 126, 131,291, 342, 579
김난(金鑾)　84, 101~102
김남포(金南浦)　678
김대립(金簦笠)　14, 96~97, 100, 103, 108~109, 578
김대효(金大孝)　80
김동관(金東觀)　143, 676
김동인(金東仁)　12, 27, 74
김동환(金東煥)　722
김두봉(金杜奉)　724
김득신(金得臣)　18, 277
김립(金笠)　10~13, 16, 19, 22~25, 39, 44, 54,~55, 57, 64, 66, 68~72, 74~75,

김문응(金文應)　9
김반(金璠)　79
김방경(金方慶)　79
김병국(金炳國)　68, 71
김병두(金炳㞳)　77
김병연(金炳淵)　7, 8, 10~14, 19, 21, 24, 27~28, 44, 54~56, 58~64, 68~69, 71, 74~85, 88~90, 92~93, 95~98, 109~111, 113~114, 126, 131, 133, 136, 138, 140, 148, 150~151, 154, 165, 210, 281, 287, 307, 315~316, 318, 321, 339, 341~342, 355, 374~376, 422~424, 428, 430, 446, 458, 474, 479~481, 554, 559, 561, 580, 599, 680, 684, 686~687, 691~694, 696, 724
김병익(金炳翼)　10, 55, 68, 71
김병제(金炳濟)　724
김병하(金炳河)　74~77, 81, 112
김병하(金秉河)　710
김병학(金炳學)　46, 71, 104
김병현(金秉玄)　14
김병현(金秉鉉)　14, 96
김병호(金炳浩)　75~76, 81

80, 82, 113, 123, 126, 128, 138~141, 149~150, 163, 169, 212, 237, 289, 290, 300, 337, 341, 376, 418, 551, 587~589, 680~681, 695~697, 701,708~710, 713~715, 717~18, 723, 725~726

김사량(金史良)　689

김사립(金莎笠)　46, 96, 108~111, 126, 579

김삿갓　5~29, 35, 38~41, 43~44, 46, 48, 50~52, 54~55, 58~63, 65~68, 71~72, 74, 80, 82~84, 87, 89~90, 96, 98~99, 101, 107~110, 113~114, 123, 125~126, 131, 137, 140, 142~144, 147~154, 156, 160, 164, 166~167, 169~175, 177~179, 182~185, 187~188, 192~194, 196~197, 201~202, 204, 207~209, 212~214, 216~218, 226~227, 234~238, 246, 267, 270~272, 275~276, 279~280, 284~294, 296~308, 310~315, 319, 323, 328, 336~342, 351, 355~358, 374~377, 390, 392, 395, 397, 399~400, 409,412~413, 417~418, 421~422, 424, 427~428, 431~435, 437, 439, 441~444, 446~450, 452~453, 456, 458, 469~476, 478~484, 486~488, 495~497, 500~507, 509, 512~516, 518~519, 522, 524, 529~530, 532~533, 536~537, 541, 543~544, 547~552, 554, 557, 559, 561~562, 564~565, 569, 574, 576, 579~581, 589, 595~597, 599, 638, 665, 668~669, 671~672, 675~695, 698~702, 708, 711~713, 715~721, 724~728

김상준(金尙寯)　77

김상헌(金尙憲)　80

김생해(金生海)　80

김석진(金碩鎭)　22

김석형(金錫亨)　725

김선달(金先達)　18

김선평(金宣平)　78, 79

김성수(金聖秀)　13, 74, 81, 110~111

김성수(金成秀)　685~686

김세익　725

김수장(金壽長)　673

김수증(金壽增)　80

김수항(金壽恒)　80, 346

김수흥(金壽興)　80

김시습(金時習)　214, 238~239, 240, 245, 279, 419~421, 447, 448

김시태(金時泰)　77~78, 80

김안근(金安根)　13, 74, 77, 81, 110~111, 686

김안로(金安老)　263

김영(金瑛)　79

김영규(金英奎)　75, 77, 112

김영의(金永義)　711

김영진(金榮鎭)　13, 71, 74~76, 84~85, 561, 684

김오성(金午星)　724

김용섭(金龍燮)　729

김용제(金龍濟)　728

김용철(金龍喆)　729

김원근(金瑗根) 16, 691
김유방(金維邦) 725
김유성(金有聲) 594
김윤손(金胤孫) 511
김이안(金履安) 347
김이환(金履煥) 78
김이흥(金二興) 690
김익강(金益剛) 492
김익균(金翼均) 13, 74~77, 85, 111, 423, 687
김익순(金益淳) 11, 13, 61~62, 69, 71, 74, 76~83, 110~111, 138, 315, 317, 320, 355, 684, 693
김일손(金馹孫) 215
김일출(金一出) 724
김일호(金一湖) 732
김재은(金在殷) 710
김재철(金在喆) 12, 60, 74, 138, 140, 692~693. 695, 702, 704
김정희(金正喜) 46
김철자(金喆子) 229
김제남(金悌男) 78, 80
김종서(金宗瑞) 592
김창시(金昌始) 79
김창협(金昌協) 80

김창흡(金昌翕) 80
김초모(金草帽) 14, 109~110, 354
김치원(金治元) 12, 74, 581~595, 710
김태준(金台俊) 7, 9, 13~14, 16~18, 20, 25, 27, 83~85, 109, 120, 137, 140~142, 145, 147~151, 177, 206, 221~222, 304, 318, 338, 342, 357, 385, 418, 645, 693~695, 719
김택진(金澤鎭) 76
김필봉(金弼奉) 229
김학균(金學均) 75, 77
김학형(金鶴炯) 710
김해균(金海均) 724
김현구(金顯玖) 230
김호균(金鼐均) 13, 76, 112
김홍도(金弘道) 558
김홍한(金洪漢) 16, 28, 44~45, 58, 76, 114~115, 143, 210, 310, 418, 458, 477, 524, 531~532, 595, 696~701, 704, 708
김황원(金黃元) 583
김효원(金孝元) 262

ㄴ

난고(蘭皐) 10~11, 54, 56, 80,
110, 114, 138, 339
남구만(南九萬) 437
남사고(南師古) 580
남언경(南彦經) 579
남용익(南龍翼) 277
남효온(南孝溫) 587, 591
내인 시씨(施氏) 127

노궁(盧兢) 150, 347
노수신(盧守愼) 262
노정(蘆汀)→김재철
노진(魯禛) 61~63, 318
녹일(綠一)→황오
녹차거사(綠此居士)→황오
능호관(凌壺觀)→이인상

ㄷ

단종(端宗) 309
대원군(大院君) 84
도키 젠마로(土岐善) 73

ㄹ

리응수(李應洙) 725, 728

ㅁ

마공(馬公)→마태영
마쓰오 바쇼(松尾芭蕉) 448~449, 715
마태영(馬泰榮) 710
명국환(明國煥) 9
모윤숙(毛允淑) 706

목효지(睦孝智) 309
몽유자(夢遊子)→이우준
무왕(武王) 215
문종(文宗) 309
문효세자(文孝世子) 291
미요시 다쓰지(三好達治) 720, 722

민공(閔恭) 444
민영순(閔泳純) 66
민이환(閔以瓛) 57

민재남(閔在南) 57-58
민촌(民村)→이기영
민촌생(民村生)→ 이기영

ㅂ

바쇼→마쓰오 바쇼
박계강(朴繼姜) 586
박규수(朴珪壽) 46, 104
박달성(朴達成) 66
박두세(朴斗世) 220-221
박문수(朴文秀) 18, 507, 674
박세채(朴世采) 265
박시형(朴時亨) 724
박아지(朴牙枝)→박일
박영원(朴永元) 558
박오양(朴午陽) 728-729
박일(朴一) 710
박일봉(朴一奉) 710
박재청(朴在淸) 12, 75, 183, 315, 710-711, 724
박지원(朴趾源) 488, 578
박창대(朴昌大) 191
박팽년(朴彭年) 592
박효관(朴孝寬) 673
방정환(方定煥) 67

배전(裵典) 585
배진방(裵鎭邦) 57
배차산(裵此山)→배전
백남운(白南雲) 725
백담(白潭)→조우신
백상규(白象圭) 67
백인당(百忍堂)→정치업
백하(白下)→윤순
범사초(凡斯超)→김재은
변공계량(卞公季良)→변계량
변계량(卞季良) 349, 351, 353
변군항(邊君恒) 66
변지순(卞持淳) 558
병연→김병연
병하(炳河)→김병하
보산자(寶山子)→이인상
보암(普菴)→이종린
봉선춘(鳳仙春) 676
봉황산인(鳳凰山人)→이종린

ㅅ

사립옹(簑笠翁) 96
사주당(師朱堂) 14
상마청(相馬 淸)→아이바 기요시
서거정(徐居正) 179, 266, 279, 445, 587, 590~591
서경덕(徐敬德) 579
서달성(徐達成) 590
서미(徐湄) 140
서익(徐益) 346
서형수(徐瀅修) 291
서형순(徐衡淳) 84
서화담(徐花潭)→서경덕
석천탁목(石川啄木)→이시카와 다쿠보쿠
석희(錫禧)→신석희
설준(雪俊) 239
성삼문(成三問) 591~592
성심(性深)→김병연
성양묵(成養黙) 599
성여(聖如)→신석우
성일(誠一) 74, 712
성현(成俔) 593
세조(世祖) 309, 448, 482~483,
세종(世宗) 279, 308~309
소세양(蘇世讓) 21, 240
소운(紹雲)→이규용

소휘면(蘇輝冕) 96
손봉근(孫奉根) 230
손순효(孫舜孝) 590~591
송순석(宋淳錫) 265
송순일(宋順鎰) 706
송순철(宋淳哲) 22~24, 89, 143, 194, 339~341, 376, 424, 676
송시열(宋時烈) 81, 265, 590
송신용(宋申用) 157
송영(宋影) 81, 684~685, 688
송우암(宋尤庵)→송시열
송은(松隱)→김영의
송응룡(宋應龍) 99
송익필(宋翼弼) 179
송재린(宋在麟) 23
수양대군(首陽大君)→세조
수옹(睡翁)→이일수
수증(壽增)→김수증 80
수춘학인(壽春學人)→차상찬
수항(壽恒)→김수항 80
수흥(壽興)→김수흥 80
스피노자 484
신감(申鑑) 444
신공제(申公濟) 41
신광손(申光遜) 98
신광수(申光洙) 150, 222, 346~347,

353~354
신백현(申百顯) 599
신사석(申思奭) 23, 341, 409~410
신사수(申士綬)→신석희
신상현(申常顯) 105
신석우(申錫愚)　14, 97~99, 104, 106, 108, 111~112, 126, 336, 337, 554, 579
신석우(申錫雨) 46
신석희(申錫禧) 97, 99, 101, 104, 106, 111, 291
신소(申韶) 98
신유한(申維翰) 674
신응조(申應朝) 105

신익희(申翼熙) 67
신재업(申在業) 98
신재정(申在正) 104
신좌모(申佐模) 150
신중현(申重鉉) 504
신진균(申鎭均) 724
신천익(愼天翊) 143
신흠(申欽) 444
심노숭(沈魯崇) 508
심능숙(沈能淑) 578, 599
심의겸(沈義謙) 262
심춘동(沈春童) 719
심태(沈垷) 525

ㅇ

아성야인(鵝城野人) 446, 580
아이바 기요시(相馬 淸) 182, 435
안광직(安光直) 98~99, 106
안구(安榘) 99
안귀손(安貴孫) 593
안민영(安玟英) 673
안방준(安邦俊) 249
안복경(安福卿)→안응수
안윤겸(安允謙) 99
안응수(安膺壽)　14, 97~99, 101,

104~106, 110, 291
안종걸(安宗傑) 99
안진(安鎭) 99
안침(安琛) 583~584
안함광(安含光) 728
애금(愛琴) 197
약립이생원(蒻笠李生員) 96
양경우(梁慶遇) 140, 148
양국준(梁國峻) 582
양만용(梁曼容) 143

양세남(梁世南) 143
양숙아(梁熟兒) 15, 691
양응정(梁應鼎) 142~143
양찬영(梁纘永) 143
어숙권(魚叔權) 584, 586, 591
여규형(呂圭亨) 14, 109, 350-351
염흥방(廉興邦) 501
영규(英圭)→김영규
영조(英祖) 291
영진(榮鎭)→김영진
영창대군(永昌大君) 78, 89
오다 남보(太田南畝) 182
오다 쇼쿠산진(太田蜀山人)→오다 남보
오두인(吳斗寅) 201
오상준(吳尙俊) 229
오세창(吳世昌) 231
오정수(吳正秀) 104
오한근(吳漢根) 16, 691, 708
미우라 바이엔(三浦梅園) 494
원신(元愼) 444
월명산인(月明山人)→차상찬
월트 휘트먼(Walt Whitman) 26, 72, 73
윌리엄 서머싯 몸(William Somerset Maugham) 484
유광억(柳光億) 347, 569
유근(柳瑾) 229
유득공(柳得恭) 214

유몽인(柳夢寅) 215, 279
유영업(柳瑩業) 171
유응호(柳應浩) 724
유효원(柳孝源) 79
유희(柳僖) 14, 102, 107, 111, 554-555
유희경(劉希慶) 586
유희분(柳希奮) 250
윤광보(尹光普) 252~253
윤광연(尹光演) 252
윤기(尹愭) 181, 298, 342~343, 590
윤기호(尹祺鎬) 659
윤묘(允妙) 132, 134~136
윤선거(尹宣擧) 265
윤선도(尹善道) 345
윤선응(尹善應) 181
성순윤(尹誠淳) 686
윤세평(尹世平) 728
윤순(尹淳) 99, 106
윤원형(尹元衡) 263
윤은보(尹殷輔) 41
윤증(尹拯) 265
윤행임(尹行恁) 18
윤희구(尹喜求) 10, 55
이가원(李家源) 21, 222, 287, 338-339, 343, 346, 375
이건창(李建昌) 265, 508
이관 77
이관하(李寬河) 21, 37, 41, 43-44, 720

이광덕(李光德)　181, 594
이광덕(李匡德)　507
이광려(李匡呂)　347
이규경(李圭景)　240
이규보(李奎報)　244~245, 278,
441, 469~470, 581, 582, 584
이규상(李奎象)　349
이규용(李圭瑢)　11, 55
이규원(李揆元)　706
이극성(李克誠)　598
이극노(李克魯)　724
이기영(李箕永)　19, 26, 211~212,
718~719
이달충(李達衷)　481
이덕무(李德懋)　240, 445
이돈화(李敦化)　66~67
이두성(李斗星)　66
이문우(李文友)　729
이문원(李文源)　213
이미숭(李美崇)　441
이백(李栢)　599
이본녕(李本寧)　724
이부(李富)　278
이사균(李思鈞)　41
이산해(李山海)　148, 446
이상돈(李相敦)　257
이상우(李尙祐)　101
이상협(李相協)　67

이서구(李書九)　40, 226, 246
이석태(李錫台)　724
이선근(李瑄根)　710
이성계(李成桂)　173, 433. 435,
441, 649
이성두(李聖斗)　43~44, 173, 333
이수광(李睟光)　566
이숭인(李崇仁)　556
이승겸(李承謙)　105
이승소(李承召)　587
이시카와 다쿠보쿠(石川啄木) 26~27,
72~73, 459, 714~718
이식(李植)　263
이신경(李身敬)　79
이여성(李如星)　724
이옥(李鈺)　197, 222, 508~509,
569, 597
이옥봉(李玉鳳)　690
이완용(李完用)　80
이용휴(李用休)　564
이우준(李遇駿)　10, 12, 58, 75,
89~90, 93, 95~96, 98, 151, 306
이유(李侑)　291
이유수(李儒秀)　77
이유승(李裕承)　223
이유원(李裕元)　265~266, 593
이응수(李應洙)　6~7, 12~13, 15~21,
25, 27~28, 35, 37, 39~51, 58, 60, 62,

72~76, 79~80, 82~86, 88, 93, 95, 97,
113~114, 119, 123, 126,137, 140~144,
147, 150~151, 153, 157, 161, 163,
169~170, 173~174, 187, 191, 211, 218,
226, 237, 272, 276, 292, 310, 312~313,
319, 328, 332~333, 337~338, 354,
358~359, 370, 384, 404, 418, 435, 459,
476,~477, 480, 482~483, 506, 524,
531~532, 536~537, 546, 552, 561, 579,
587~589, 595, 672, 689~692, 695~696,
699~708, 710, 712~713, 715~728
이응수(李鷹洙) 721
이응희(李應禧) 494
이의강(李義綱) 78
이희빈(李義賓)→이인소
이이(李珥)　　20, 43, 262, 343
이이첨(李爾瞻) 250
이익(李瀷) 511
이인로(李仁老) 278
이인상(李麟祥) 251
이인소(李寅沼) 104, 107
이일수(李一叟) 22
이장찬(李章贊) 18
이재(李縡) 344, 346
이재운(李載運) 488
이정(李定) 511, 587
이제초(李濟初) 79
이종(李倧) 482

이종린(李鍾麟) 227, 229~231
이종일(李鍾一) 231
이주민(李朱民) 578
이준경(李浚慶) 262
이지번(李之蕃) 446
이지함(李之菡) 446~447, 579
이징옥(李澄玉) 482
이청원(李淸源) 724
이토정(李土亭)→이지함
이평량(李平凉) 96
이학규(李學逵) 491, 562, 564
이한종(李漢宗) 89
이항복(李恒福) 157, 217
이행(李荇) 41
이현□(李玄□) 150
이현로(李賢老) 308
이호연(李好淵) 99
이황(李滉) 547
이희령(李希齡) 140, 142
익균(翼均)→김익균
인소(寅沼)→이희빈
인조(仁祖) 263
일봉(一峯)→박일봉
일차(一茶)→고바야시 잇사
임건상(林建相) 724
임란(林蘭) 693~694
임백호(林白湖)→임제
임승(任承) 134, 135

임율(任嵂)　260
임제(林悌)　20, 138~139, 141~143, 147, 218, 579, 711
임천상(任天常)　344
임춘(林椿)　489
임포(林逋)　345
임학수(林學洙)　724
입옹(笠翁)　714

ㅈ

자소옹(自笑翁)→민재남
장민언(張玟彦)　16, 708
장수 황씨(長水 黃氏)　77, 112
장지연(張志淵)　10, 54~55
장효근(張孝根)　231
전봉제(全鳳濟)　706
정경세(鄭經世)　250
정경조(鄭景朝)　339, 376
정구(鄭逑)　61
정극인(丁克仁)　577
정기세(鄭基世)　339
정도전(鄭道傳)　554
정동유(鄭東愈)　265
정두경(鄭斗卿)　143
정열모(鄭烈模)　724
정로(鄭魯)　61
정만조(鄭萬朝)　10, 54~55, 347
정몽주(鄭夢周)　441
정범조(鄭範朝)　168, 339
정시(鄭蓍)　61, 79, 82, 315, 317
정시룡(丁時龍)　423
정약용(丁若鏞)　7, 79, 168, 171, 223, 319, 346, 349, 445~446, 492
정원용(鄭元容)　10, 55
정인보(鄭寅普)　107
정인지(鄭麟趾)　309, 444
정인홍(鄭仁弘)　250
정일당(靜一堂)→강지덕
정조(正祖)　11, 55, 78, 197, 213, 291, 339, 347~348, 409, 508, 564, 569, 596,
정종(鄭種)　20, 482
정종로(鄭宗魯)　254
정종명(鄭鍾鳴)　690
정지상(鄭知常)　158, 277
정찬영(鄭璨英)　725
정치업(丁致業)　422
정현덕(鄭顯德)　84
조경남(趙慶男)　445
조긍섭(曺兢燮)　257

조기영(趙岐泳) 435
조두순(趙斗淳) 46
조면호(趙冕鎬) 99, 105~106
조문형(趙文亨) 79
조수삼(趙秀三) 79, 347, 434~435
조우신(趙又新) 250
조운경(趙雲卿) 85~87
조운식(趙雲植) 87~88, 150
조익(趙翼) 668
조임도(趙任道) 267
조재응(趙在應) 46
조종진(趙琮鎭) 107

조찬한(趙纘韓) 501
조태원(趙泰源) 85
조하망(曺夏望) 598
조헌(趙憲) 346
조현명(趙顯命) 598
주광정(朱光庭) 264
주요한(朱耀翰) 706
주천자(酒賤子)→차상찬
죽서선인(竹西禪人) 580
지석영(池錫永) 229~230
지송촌(池松村)→지석영

ㅊ

차돌이→차상찬
차상찬(車相瓚) 7, 8, 11~12, 66~68, 71~72, 141, 581
차상학(車相學) 66
차천로(車天輅) 510
차천자(車賤子)→차상찬
채명식(蔡明植) 150
채무일(蔡無逸) 279
채수(蔡壽) 279
채희국 725
천태산인→김태준
청농(靑儂)→김학영

청오(靑吾)→차상찬
청천(聽天)→민재남
최길성 725
최립(崔岦) 445
최병채(崔炳彩) 163
최석의(崔碩義) 17, 725
최승희(崔承喜) 73
최신(崔信) 441
최영경(崔永慶) 263
최영년(崔永年) 20, 55~56, 140
최익한(崔益翰) 724
최종정(崔宗禎) 66

최치운(崔致雲)　593
최치원(崔致遠)　74
최한기(崔漢綺)　258~259
춘정→변계량

춘파(春波)→박재청
취운생(翠雲生)→차상찬
취운정인(翠雲亭人)　580

ㅌ

탁목(啄木)→이시카와 다쿠보쿠

ㅍ

파초(芭蕉)→마쓰오 바쇼
포영(抱永)→고한승

풍악낭인(楓岳浪人)　11, 67, 68,
71, 580, 581

ㅎ

하성(霞城)→이선근
하수일(河受一)　249
학조(學祖)　80
한(韓)삼택　14
한만용(韓晩容)　55
한안(漢案)→황오
한징(韓澄)　40, 226
한흥수(韓興洙)　724
함평 이씨　76, 81
해장(海藏)→신석우

허균(許筠)　262~263, 277, 344~346,
575~576
허난설헌(許蘭雪軒)　344~345
허미수(許眉首)[허목]　589
허후(許厚)　251
현인복(玄仁福)　78
혜경궁 홍씨(惠慶宮 洪氏)　291
호균(皥均)→김호균
홍경래(洪景來)　13, 61~62, 72,
78~80, 88, 110~111, 125, 138,

684
홍계영(洪啓英) 346
홍기문(洪起文) 25~26, 216~217, 724
홍련(紅蓮) 513
홍만종(洪萬鍾) 20~21, 142, 238, 241, 244~245, 279
홍명희(洪命憙) 25, 67
홍서봉(洪瑞鳳) 346
홍석주(洪奭周) 558
홍수주(洪受疇) 346
홍언필(洪彦弼) 41
홍여하(洪汝河) 589

홍의(洪漪) 599
홍직필(洪直弼) 96, 99, 105
홍필주(洪弼周) 10, 54~55
홍희유(洪熹裕) 724
황산(凰山)→이종린
황순원(黃順元) 706
황오(黃五) 13, 20~21, 44~47, 83, 84, 107~110, 112~113, 126, 138, 148, 287, 374~375, 427, 446, 557, 558, 564, 579, 695, 699
황희(黃喜) 444
회정(晦亭)→민재남
효창(曉蒼)→한징

찾아 보기(서명・편명)

일러두기

1. 시편의 제목은 「부록」의 여러 목록을 기준으로 하였다. 본문에서 원제를 현대어로 풀어서 인용한 경우 이를 별도의 항목으로 들고 원제를 제시하였다. 예) 거울을 보다→간경(看鏡)

2. 동일한 시편의 제목이『김립시집』(초판), 『김립시집』(대중보판), 『풍자시인 김삿갓』, 기타 여러 선집 등에 각기 다르게 되어 있는 경우 이를 【 】 속에『김립시집』(초판), 『김립시집』(대중보판), 『풍자시인 김삿갓』, 기타 선집의 순으로 제시하되 출처는 생략하였다. 예) 개성(開城) 【=開城人逐客詩/失題】

3. 제목을 현대어로 풀어 쓴『풍자시인 김삿갓』의 경우 풀어 쓴 제목을 별도의 항목으로 들고 원제를 제시하였다. 이때 동일 시편이 다른 텍스트에도 수록되어 있을 경우 2를 따랐다. 예) 가난한 집[貧家] 【=貧吟】

4. 연작시의 제목이 여러 텍스트에 동일하게 나오되 작품 번호가 다른 경우 목록 번호를 제시하여 구별하였다. 예) 게으른 아낙네 1[懶婦(其一)] 【=초014人02 惰婦(其一)/중026人02 懶婦】

5. 동일 제목의 시편이 같은 선집 내, 혹은 여러 선집에 중복되어 나올 경우 작품번호와 첫 구를 함께 제시하여 구별하였다. 예) 雪(초065詠29/중072詠27)"蕭蕭密密又霏霏" / 雪(중077詠32) 【=눈 1[雪(其一)]】"天皇崩乎人皇崩"

858 김삿갓 한시金笠 漢詩

ㄱ

가곡원류　673

가난에 대해 힐난하다→난빈(難貧)

가난을 비난함[難貧]　802

가난하여 읊는다→빈음(貧吟)

가난한 살림[貧吟]　483, 485, 802

가난한 집[貧家]【=빈음(貧吟)】　803

가련기시(可憐妓詩)　504, 506, 589, 702, 746, 783

가마괴년일백육십오(加魔怪年一百六十五)　197

가상초견(街上初見)【=어느 농촌 여성과의 수답(酬答) 시】　18, 551, 746, 783

가원(價原)　495

가을바람에 미인을 찾아왔다 만나지 못하다[秋風訪美人不見]【=추풍방 미인불견 (秋風訪美人不見)】　560, 812

歌風蕭蕭易水寒壯士不復還　388, 661, 838

각희(脚戱)　184, 781

간경(看鏡)　474, 769

간산(看山)　438, 757, 777

간음야점(艱飮野店)【=야점에서 겨우 술을 마시다[艱飮野店]】　95, 151, 451, 486, 504, 700, 709, 712, 745, 769

갈등행(葛藤行)　107~108

갈매기→백구

감흥 15수(感興十五首)　267

갓 쓴 어린아이를 놀리다→嘲奻冠者

갓 쓴 어른을 놀리다→嘲年長冠者

강가의 집[江家]　162, 810

강기서(姜譏書)　220

강산에 떠도는 삿갓을 22

강좌수축객시(姜座首逐客詩)   440, 705, 710, 744, 768

강한시진득대세신지체(江漢詩眞得待世臣之體)   382, 624, 798

개[狗]【=구(狗)】 809

개벽(開闢)   7, 11~12, 39, 63, 65~67, 72, 140, 151, 231, 337, 581, 705

개성[開城](평양2~13)【=開城人逐客詩/失題】 70, 581, 681, 703, 710, 712, 744, 768, 806

개성(開城)[초098山19/중104山14/평양4~14]   757, 811

개성관덕정음(開城觀德亭吟)   314, 712, 789

개성 사람이 나그네를 내쫓다→개성인축객시

개성인축객시(開城人逐客詩)【=開城/失題】   439, 703, 745, 768, 806

蓋自先帝之殊遇欲報之於陛下   383, 632, 800

개춘시회작(開春詩會作)   212, 787

객유선위계명자(客有善爲鷄鳴者)(2)   340, 386, 650, 826

객유계명자(客有鷄鳴者)(1)   340, 385, 643, 822

개잔령(開殘嶺)   430, 812

거무정(去無情)   594

擧手視群臣曰衣已三濯   386, 648, 825

거울을 보다→간경(看鏡)

去之人以爲化仙【=去之九江人以爲化仙】   380, 612, 766, 795, 825

거짓말을 읊은 시[虛言詩]   806

게으른 아낙네→나부(懶婦)

게으른 아낙네(2)→부타(婦惰)

게으른 아낙네 1[懶婦(其一)]【=초014人02 惰婦(其一)/중026人02 懶婦】 703, 745, 770, 807

게으른 아낙네 2[懶婦(其二)]【=초015人03 惰婦(其二)/중029人05 惰婦】 703, 745, 770, 807

견걸인노변사(見乞人路邊死)   477, 700, 704, 748, 769, 803

견걸인사(見乞人死) 700, 704

견걸인시(見乞人屍)【=노상에서 걸인의 시체를 보고[路上見乞人屍]】 476-477, 709, 748, 769

見忘索車中笑穡矣見使喔 382, 625, 798

見白狼王作頌漢德(使鄂而獻之 383, 631

見沙中偶語召問張良 383, 630, 800, 822

見有女如雲嘆不如縞衣綦巾 384, 638, 819

見吏部問天何所附 386, 651, 826

見人涉溝圖筒伐竹爲橋 356, 387, 655, 815

見海水涸同山林杳歎先生我情 385, 643, 822

見向狼王作頌漢德使驛而獻之 631, 800

見荊卿未發請先遣秦舞陽 383, 634, 801

경문부기전망상언(慶文父豈戰亡上言) 197

京城帝国大学一覧 722

경치를 즐기다→상경(賞景)

계(鷄)【=중078動01 鷄(1)/닭[鷄]】 753

계(鷄)【=중079動02 鷄(2)】 753

계절의 신비 705

고(苽)[고미] 546, 752, 774

고금사문유취(古今事文類聚) 628, 659, 665

고금소총(古今笑叢) 157

고금시화(古今詩話) 90

고금역대표제주석십구사략통고(古今歷代標題註釋十九史略通攷) 94, 545

고기[魚]【=어(魚)】 809

고려시보(高麗時報) 12, 710

고목(古木)→고목나무

고목나무[古木]【=고목(古木)】 20, 46, 810

고부벽(瞽負躄)【=장님이 앉은뱅이를 업고 간다[瞽負躄]】 356, 371, 378, 603, 763, 792, 822

고시 174

찾아보기 (서명·편명) 861

고약한 중→승풍악(僧風惡)
고양이[猫]【=詠猫/猫】　533, 809
고향 생각→사향(思鄕)
困於會稽之上乃用范蠡計然　380, 612, 766, 795
곱사등이[佝僂]【=佝僂/傴僂吟】　807
곱댕이→구루(傴僂/佝僂)
공방전(孔方傳)　489
공씨네 집을 욕하다→욕공씨가(辱孔氏家)
과광탄(過廣灘)　779
過臨皐之下揖余而言曰赤壁之遊樂乎　385, 641, 820
과문록(科文錄)　346~347, 349
과보림사(過寶林寺)　443, 698, 779
과부(寡婦)　704, 709
과부에게 주는 시[贈寡婦]【=贈某女】　746, 783, 812
과설12조[科說十二]　342~343
관수재유고(觀水齊遺稿)　346
과시(科詩)　346
과시시초(科試詩抄)　346
과시이선(科試二選)　346
과안락견오(過安樂見忤)　439, 698, 769
과우(果遇)　386, 646, 824
과장단(過長湍)　770
過趙問樂毅有後　379, 609, 765, 794
過秦皇墓芺滄海無仙芷碣有人　383, 632
과책(科策)　569
과함벽정(過涵碧亭)　28
곽소옥전(霍小玉傳)　511
관(冠)　539, 541, 749, 772

冠帶縉紳之圜橋門而觀聽者億萬計/ 冠帶縉紳之圜橋門而觀聽者蓋億萬計 384, 637, 802, 817

관동별곡 509

關雎【=怒關雎/至則關雎】 385, 645, 815, 823

관왕묘(關王廟) 757, 780

광시(狂詩)의 천재 김립 719

廣張三千六百釣 385, 644, 822

광한루(廣寒樓) 446

광한루에 올라→등광한루

괴촌답유진사(槐村答柳雅士) 270~271, 781

괴촌에 사는 유선비에게→괴촌답유진사

구(狗)【=개[狗]】 753, 775

구루(傴僂/佝僂) 20, 139, 141, 143~145, 704, 709, 747, 770

구루음(傴僂吟)【=傴僂/佝僂/곱사등이[佝僂]】 143, 699, 704

口不忍道前恩【=自皇曾孫遭遇口不道前恩】 384, 637, 802, 817, 820

구양자방야독서(歐陽子方夜讀書) 24, 341, 378, 605, 763, 792, 818, 821, 840

구월산(九月山)【=九月山峰】 61, 422, 755, 811

구월산봉(九月山峰)【=九月山】 422, 755, 777, 811

구응판제(求鷹判題) 195, 788

君子所無逸如鳥之於林魚之於水/ 君子以無逸爲所如鳥之於林魚之於水 384, 636, 801~802, 817, 823

궁경남양(躬耕南陽) 388, 663, 841

귀락당(貴樂堂) 787

歸而謀諸婦 386, 650, 826

규장전운(奎章全韻) 94, 339, 348, 564

그림자[吟影] 476, 807

그림자를 읊다→영영(咏影/詠影)

근기와 표준 259

謹次樂樵金公幽居韻　89, 340~341, 817

금강산(金剛山)【=초084山05 入金剛/중093山03 入金剛(1)】　704

금강산 1[金剛山(其一)]【=金剛山詩】　282, 810

금강산 2[金剛山(其二)]　282, 811

금강산(1)【=초080山01 금강산(其一)】　282, 776

금강산(2)【=초081山02 금강산(其二)】　283, 428, 776

금강산(3)【=초082山03 금강산(其三)】　284, 777

금강산(4)【=초083山04 금강산(其四)】　283, 429, 777

금강산경(金剛山景)　284, 777

금강산(其一)【=중091山01 금강산(1)】　282, 754, 776

금강산(其二)【=중092山02 금강산(2)】　283, 428, 755, 776

금강산(其三)【=중097山07 금강산(3)】　283, 755, 777

금강산(其四)【=중098山08 금강산(4)】　283, 429, 755, 777

금강산 경치→금강산경(金剛山景)

금강산시(金剛山詩)【=금강산 1[金剛山(其一)]】　790

금강산 제1수→금강산 1[金剛山(其一)]

금강산 제2수　282

금강산 제3수→금강산(其一)

금강산 제4수→금강산 2[金剛山(其二)]

금강산 제5-6수→금강산(其四)

금강산 제7-8수→금강산(其二)

금강산 제9-10수→금강산(其三)

금강산 제11-12수→산사희작(山寺戲作)

금강산으로 돌아가노라[入金剛]【=중095山05 入金剛(2)】　804

금강산으로 들어가며[入金剛山]→중095山05 入金剛(2)

금강산으로 들어간다[入金剛]【=초084山05 入金剛/중093山03 入金剛(1)】　811

금강산춘경시(金剛山春景詩)　588

今先生處勝之門下三年於此　618, 797

今有一言　381, 619, 797

금헌휘언(今獻彙言)　591

기(棋)　536~537, 750, 773

崎嶇山海關豐若漢一郡　386, 651, 826

기기지불가(期期知不可)　379, 606, 764, 793, 826

기김대립사(記金篁笠事)　14, 97, 99, 106, 111, 337

기루(寄淚)　385, 645, 823

기림(譽)　706

妓生과의 合作　784

기생에게 준다→증기(贈妓)

寄書南越王託淮陰侯子/寄書南粵王托淮陰侯子　381, 617, 796, 824

기어(紀語)　171

箕子乃言　384, 641, 820

其後二百餘年秦有荊卿之事/聶政後二百年秦有荊軻之事　340, 358, 377, 600, 762, 790~791, 813, 820, 833, 840

길에서 죽은 거지의 시체를 보고→견걸인시

길주 명천[吉州明川]　434, 784, 806

金笠과 金剛山　59, 73, 292, 428, 588, 719, 789

金笠과 金剛山[聯句]-01　761

金笠과 金剛山[聯句]-02　761

金笠과 金剛山[聯句]-03　761

金笠과 金剛山[聯句]-04　761

金笠先生小考—그의 사상과 예술경　16, 58, 144, 210, 697

김립 시(金笠 詩)　74, 328, 524, 692, 701, 703

김립시선(金笠詩選)　17, 725

김립 시 연구(金笠詩 硏究)　16, 73, 708, 713

김립시초(金笠詩抄)　58, 418, 692, 701~702

김립 시 초역(金笠 詩 抄譯)　73, 161, 588, 692, 695, 702, 709, 724

찾아보기 (서명·편명) 865

金笠詩風　182

김립 옹의 冠자 운에 차운한다[次金笠翁(炳鉉)冠韻]　96

김립시집(초판)　6~7, 13, 15~22, 24, 26, 28, 39, 44, 48, 51, 58~59, 72, 74, 79, 82~83, 86, 97, 113~114, 119~120, 137, 140~141, 144, 147, 149~151, 153, 157, 159, 210~211, 237, 276, 292, 307, 310, 319, 329, 337~338, 340~341, 354, 363, 376, 384, 390, 418, 428, 435, 459, 477, 480, 486, 524, 531~532, 546, 560~561, 587~588, 595, 638, 689~690, 698~701, 709, 711~713, 716, 718~719, 722, 724, 725, 727~728

김립시집(대증보판)　6~7, 15~22, 24~28, 39~40, 43~44, 51, 56, 58, 76, 82~83, 85~86, 93, 95, 97, 113~115, 120, 123, 141~142, 144, 149~150, 153, 157, 159, 163, 168, 170, 173, 175, 182~184, 194, 210~211, 218, 237, 246, 272, 276, 289, 307, 310, 312, 316, 319, 322, 333, 337~338, 340~341, 363, 374, 376, 384, 390, 400, 418, 428, 435, 459, 462, 477, 480, 486, 499, 524, 531~532, 546, 552, 560~561, 587, 588, 595, 599, 638, 689~690, 695, 698~701, 709~712, 722, 724~725, 727~728

김립시화(金笠詩話)　729

김립연구　140

金笠의 先驅　26, 217

김립의 시　51, 143~144, 692, 699~701

김병연의 일생　692

김병연절관서행(金炳淵絶關西行)　60, 337

김사립전(金莎笠傳)　13, 45~46, 83~84, 108, 110, 113, 138, 148

金삿갓과 金剛山[上]　692

金삿갓과 金剛山[下]　692

金삿갓과 金剛山[中]　692

김삿갓 金炳淵論　27, 177, 206

김삿갓의 설음　12, 74

김삿갓의 시　13, 18, 25, 83, 149, 318, 418, 645

김삿갓의 시풍　182

ㄴ

나를 사랑하는 노래(我を愛する歌) 718

나를 돌아보며 우연히 읊다→자고우음(自顧偶吟)

나무와 열매 73

나부(懶婦)【=초014人02 惰婦(其一)/평양3-01 게으른 아낙네 1】 297, 703, 745, 770, 807

나부음(懶婦吟) 409

낙민루(樂民樓) 182, 435~436

落葉【=落葉吟(其一)】 752, 774, 809

落花【=落花吟】 751, 774, 809

落花吟【=落花】 471, 542, 751, 774, 809

落葉吟(其一)【=落葉】 752, 774, 809

落葉[吟](其二) 752, 774

蘭皐平生詩(초150後19: 8구4연) 113~114, 119, 124, 377, 599, 763, 767, 804

蘭皐平生詩(중001序01/평양1-17: 17연34구) 113~114, 120, 124~126, 237, 377, 599, 722, 763, 767, 804

蘭皐平生詩(매일신보)/懷鄕自嘆 113~115, 124, 377, 599, 701, 763, 767, 804

난빈(難貧) 484~485, 769

난피화(難避花) 513, 784

남계야담(南溪野談) 95

南棠錄 寒碧堂聯句 558

남악유진사묘지명(南岳柳進士墓誌銘) 107

남원 광한루에 올라[登南原廣寒樓] 445

郎官上應列宿出山宰臣里 383, 631, 800

乃謝夫人而去 381, 620, 797

乃請萊軻曰秦兵朝暮渡易水 24, 341, 386, 649, 825, 837

乃出黃金四萬斤不問其出入【=不問金出入】 340, 380, 614, 795, 825

노고봉음(老姑峰吟) 88

찾아보기 (서명·편명) **867**

怒關門扇【=關門扇/至則關門扇】 385, 645, 815, 823

노구(老嫗)【=노파[老嫗]】 746, 771

노구동원정(奴狗同原情) 197

노상구음(路上口吟) 582

노상에서 걸인의 시체를 보고[路上見乞人屍]【=見乞人屍】 478, 704, 748, 769, 803

노우(老牛)【=소[老牛]】 533, 776

노음(老吟)【=늙은 영감[老翁]】 474, 704, 709, 771, 807

노인이 스스로 놀리다→노인자조

노인자조(老人自嘲) 474, 771

노정 김재철 군을 곡함 693

노정잡고(蘆汀雜稿) 693

노총각구걸표(老總角求乞表)【=노총각의 진정표[老總角陳情表]】 400, 787, 804

노총각의 진정표[老總角陳情表]【=老總角求乞表】 17, 400~401, 407, 787, 804

노총각진정표→노총각의 진정표[老總角陳情表]

노파[老嫗]【=老嫗】 807

노후(路堠) 564

녹차집(綠此集) 13, 45, 47, 84, 89, 113, 138, 557, 564

論科擧 343

논붕당소(論朋黨疏) 262

論杜元凱沈碑不知石有時磨滅 385, 644, 822

논시십수(論詩十首) 14, 109, 350, 351

論鄭嘉山事 歎金益淳罪通于天/論鄭嘉山忠節死 嘆金益淳罪通于天/論鄭嘉山忠節 歎金益淳降賊 83, 111, 148, 315, 319, 322, 599, 762, 791, 818, 828

농가에서 자다→숙농가(宿農家)

농시(弄詩) 293, 784

농우등장(農牛等狀) 197

농짓거리→농시(弄詩)

雷 385, 645, 823

누하동인(樓下洞人)　580

눈 1[雪(其一)]【=雪(其一)】　775, 810

눈 2[雪(其二)]【=雪景】　753, 810

눈 속의 겨울 매화→설중한매(雪中寒梅)

늙은 기생에게 준다→증노기(贈老妓)

늙은 영감[老翁]【=老吟】　473, 705, 747, 771, 807

綾羅島　385, 645, 824

ㄷ

다들 閉字를 亨樂하는 사람　706

다수부(多睡婦)　516, 517, 703, 745, 770

短歌十五章　705

短歌十篇　705

斷句一句　789

닭[鷄]【=초070動01 鷄/중078動01 鷄(1)】　809

代孟嘗夫人謝秦王幸姬【=姬乃爲之言於王】　382, 628, 799

담뱃대 1[煙竹(其一)]【=煙竹/煙竹(1)】　750, 773, 808

담뱃대 2[煙竹(其二)]【=煙竹(其二)/煙竹(2)】　750, 773, 808

當是時臣惟知韓信非知陛下　387, 657, 816

當是時秦謁者使王稽於魏　380, 615, 796

답승금강산시(答僧金剛山詩)　281, 777

答膺孫書　181

대 맞추기[對句]【=對句】　810

대가시인(大家詩人)　710

大同江上　769

대동기문(大東奇聞)　11, 13, 17, 60, 62, 79, 83, 89, 113, 148, 318, 337, 422, 693

大同江練光亭　756, 779

대동난[大同難]【=破字詩】 175, 768, 803
대동시선(大東詩選) 10, 13, 45, 54, 55, 58, 75, 113, 418, 704, 749, 767, 807
대동야승(大東野乘) 240
代范增將軍歸彭城別營壯士 357, 388, 660, 836
代李太白魂誦傳竹枝詞 344, 346
大戰良久伴棄鼓旗走水上軍 384, 636, 801, 817
대중보판→김립시집(대중보판)
대중보판 김립시집→김립시집(대중보판)
代焦尾琴謝蔡中郎 386, 649, 825
大板宮掛六國山川圖 386, 650, 826
대한매일신보 227
代荊軻嘆滄海力士誤中副車 357, 388, 659, 834
圖末畫蘇武示中國有人 388, 658, 816
도망부사(悼亡夫詞) 593
도연명에게 묻는다[問淵明] 465
도카이(東海) 717
독가소제(犢價訴題)【=송아지 값을 찾기 위한 소제[犢價訴題]】 186, 787
독등한벽당(獨登寒碧堂) 28, 699
獨不憐公子姊/獨不憐公子妹(*姊)耶 381, 620, 797, 819, 832
돈[錢]【=전(錢)】 808
동광 12, 15, 51, 60, 74, 143, 144, 477, 691, 692, 699~702, 704~707
東國有魯仲連先生者今其人在此 381, 618, 797
東見滄海君 357, 389, 664, 842
동선(東選) 23, 24, 114, 122, 149, 150, 339~341, 363, 376, 394, 397, 409, 410
동시(東詩) 23, 321, 322, 346
동시품휘(東詩品彙) 347
동아일보 12, 60, 73, 74, 107, 138, 140, 211, 212, 272, 292, 588, 690~692, 713, 716, 718, 720

동이음(同異吟)　239

두견화의 대 소식을 묻노라→문두견화대소식(聞杜鵑花大消息)

杜母　379, 611, 766, 794, 819

燈【=燈火(其二)】　749, 772

등광한루(登廣寒樓)　28, 444, 700, 709, 756, 779

登極後召陳萬爲佛門天子【=召陳萬爲佛門天子】　385, 642, 816, 821

등백상루(登百祥樓)【=百祥樓】　778

등산(登山)　585

登文星岩　756, 779

登岳陽樓歎關山戎馬　346

燈下戱題 同韻十首　241, 242

登咸興九天閣　433, 702, 755, 778

燈火【=燈火(其一)】　749, 773

燈火(其一)【=燈火】　749, 773

燈火(其二)【=燈】　749, 773

떨어진 꽃을 노래함→낙화음

또 백낙천의 심신문답에 화답하다[又和樂天心身問答]　468

ㄹ

립자송립(笠自頌笠)　712

ㅁ

馬島　759, 782

마석(磨石)　541

마음이 다시 몸에 답하다[心重答身]　467

마음이 다시 몸에게 답한다[心復答身] 469

마음이 몸에게 묻는다[心問身] 466, 468

만가(輓歌) 333, 788

만사(輓詞) 788

만시(輓詩) 173

만청부(晩晴賦) 420

망건(網巾) 539, 749, 772

望見車騎從西來 385, 641, 814, 820

매[鷹] 【=응(鷹)】 809

매(梅) 752

每對羣臣自歎嚮時爲方士所欺 386, 647, 825

매신행(賣薪行) 494

梅月堂集 238, 239, 279

매의(罵醫) 681

매일신보 16, 20, 26, 28, 44, 68, 114, 115, 140, 143, 210, 227, 310, 418, 458, 477, 524, 595, 697~701, 704, 720

罵前說詩書 386, 652, 826

梅之有遭未有勝[盛]於此時 388, 659, 816

매표맥(罵漂麥) 【=訕漂麥】 357, 388, 390~392, 662, 832, 841

맷돌→마석

머리 달라는 것을 책하노라[責索頭] 【=責索頭】 813

明堂 356, 387, 653, 814

莫草 752, 774

某乃借四 384, 639, 819

모서당에 대한 욕설→욕설모서당(辱說某書堂)

모설방고산시(冒雪訪孤山詩) 345

모투강제음(暮投江齊[霽]吟) 700, 709, 757, 779

목침(木枕) 700, 709, 751, 773, 808

몸이 마음에 답하다[身報心]　466, 468

몽유시집(夢遊詩集)　89

몽유야담(夢遊野談)　10, 12, 13~14, 58, 75, 89, 90, 93, 95, 98, 151, 306, 307, 450

몽유연행록(夢遊燕行錄)　89

몽학이천자(蒙學二千字)　231

묘(猫)【=詠猫/고양이[猫]】　533, 704, 754

猫(1)　776

猫(2)　776

猫(3)　776

묘쟁(墓爭)【=묘지에 관한 싸움[墓爭]】　192, 788

묘지에 관한 소송장[山所訴狀]【=山所訴出/山所訴狀)】　188, 191, 804

묘지에 관한 싸움[墓爭]【=墓爭】　188, 191, 192, 804

묘향산/묘향산시(妙香山詩)　432, 433, 712, 755, 777

無功祝世祿　266

無名子集　181, 342, 343

무제(無題)【=푸른 산이 물속에 거꾸로 와 누웠다[靑山倒水來]】　154, 712, 748, 768, 810

武帝初年如水未波如鑑未塵/武帝初年如水未波鑑未塵　382, 628, 799, 821, 840

聞杜鵑花大消息　166, 774

聞上幸芙蓉苑勅子弟酒(灑)掃門庭　378, 610, 765, 794

問僧　759, 782

聞人才卽疏次袋中以待朝廷求賢　356, 379, 611, 766, 794

聞張釋之言拜嗇夫　356, 382, 629, 799

문장체법(文章體法)　231

問太史令司馬遷　387, 657, 816

문통(文通)　14, 102, 103, 106, 107, 111, 391, 554

문학계　721

문학사상　22

聞韓信死一喜一悲【=韓信死一喜一悲】　384, 639, 814, 819

물고기→어(魚)

물재집서(勿齋集序) 257

ㅂ

바둑→기(棋)

박(博)　535, 709, 750, 773

반상과시집(泮庠科詩集) 346

방랑시인 一群　14, 96

방랑시인 김삿갓　12, 60, 74, 138, 140, 684, 692, 729

方春和時議賑貸　383, 633, 668, 801

배를 띄우고 취해서 읊다→범주취음

陪李七司馬阜江上觀造竹橋即日成徃來之人免冬寒入水聊題短作簡李公　655, 667

배조(俳調)　222

배회루(徘徊樓)　583

백구(白鷗)/백구시(白鷗詩)【=흰 갈매기[白鷗]】　530, 776

백련초해(百聯抄解)　278

백상루(百祥樓)【=登百祥樓】　21, 35, 778, 811

백우선(白羽扇)　347

백호집　143

伐木　752, 774

范宣子讓其下皆讓昔國以平數世賴之　381, 621, 797

范叔姑(固)無恙乎　378, 602, 762, 791, 823

范叔有說於秦耶　380, 601, 616, 796, 820

범주취음(泛舟醉吟)　496, 573, 779

벼룩[蚤]【=조(蚤)】　532, 809

별건곤(別乾坤)　11, 67, 446, 579

別董(董)永歸路語天上織女　380, 612, 766, 795

별인(別人)　181, 594

병문친고육두풍월　227

幷世才彦錄　346, 347, 349

병필사옥음부(秉筆俟玉音賦)　345

보감찬집청갱재축(寶鑑纂輯廳賡載軸)　291

보림사를 지나며→과보림사

보슬비의 感觸　706

보습 파손 소송에 대한 데김→破未訴題

봄을 시작하는 시회→개춘시회작

봉사(蓬史)　89

봉우숙촌가(逢雨宿村家)【=비를 만나 촌집에서 자고서[逢雨宿村家]】　450, 705, 709, 744, 768

奉次洪兼司成翁字詩韻 五首　179

봉협자(逢俠者)　56

鳳凰과 새　787

鳳凰梧桐以比賢者來集　382, 623, 798

訃告　788

부벽루[浮碧樓]【=浮碧樓吟】　163, 811

浮碧樓吟【=부벽루[浮碧樓]】　777, 811

浮西河顧謂吳起　387, 657, 816

扶餘妓生과 共作詩　784

婦惰　297, 770

북관기야곡론(北關妓夜哭論)　508

북관십경도　437

북관지(北關誌)　173

북천(北天)의 시(詩)　706

북행백절(北行百絶)　435

不問金出入【=乃出黃金四萬斤不問其出入】　340, 614, 795, 825

不言主事者滄海力士/不言主人事【=주인으로 섬기는 사람의 이름을 말하지 않은 창

찾아보기 (서명·편명) 875

해역사[不言主事者滄海力士)】   366, 377, 601, 762, 791, 813, 825

불우시인 김삿갓   11, 68, 71

불우시인 열전   11, 71

不應擧玦示   357, 387, 655, 815

불이 석 달 동안 꺼지지 않았다[火三月不滅]   21, 374, 805

붕당을 논함[論朋黨]   264

悲劇의 作者   706

비단짜기[織錦]【=직금(織錦)】   808

비를 만나 시골집에서 묵다→봉우숙촌가

비를 만나 촌집에서 자고서[逢雨宿村家]【=逢雨宿村家】   803

非武王之武無以成文王之文   382, 628, 799

非附靑雲之士惡能施於後世   378, 606, 764, 792

비묘금소지(婢苗今所志)   197

譬[警]世【=빈부[貧吟]】   719, 784, 803

譬若走韓盧而搏蹇兎/譬若馳韓盧而搏蹇兎也   378, 606, 764, 792, 818, 822

빈부[貧吟]【=譬[警]世】   759, 784, 803

빈음(貧吟)【=가난한 집[貧家]】   479, 710, 745, 768, 803

ㅅ

使軍各鳥獸歸報天子【=使軍各鳥獸歸報天子】   765, 821

사금언(四禽言)   214

氷   752, 774

사대사간 겸 진세척동서소(辭大司諫兼陳洗滌東西疏)   262

謝梁校勘國峻送櫻桃(後復經二首, 皆亡. 梁作二首)   582

사멱(四覓)   174

泗上田舍笑阿季不在家   357, 388, 662, 831

使身[臣]   760, 782

祀王時獲一角獸蓋麟云　356, 382, 623, 798

사유록　238

事在元平元年赦令前　384, 636, 801, 817

사촌몽　231

사해공론(四海公論)　18, 83, 138, 140

사해에서 중흥의 아름다움을 상상한다[四海想中興之美]　127

思鄕(중131雜10)　453, 781

思鄕(중148雜27)　782

思鄕(其一)【=중131雜10 思鄕】　760, 781

思鄕(其二)【=중148雜27 思鄕】　760, 782

山君　389, 664, 841

산당고색(山堂考索)　668

산당사고(山堂肆考)　643, 663~665

訕漂麥【=罵漂麥】　357, 388, 390~391, 662, 832, 841

散文詩 – 花園의 攪亂者　706

산사희작(山寺戲作)　11, 56, 59, 284, 428

山所訴狀【山所訴出/ 묘지에 관한 소송장[山所訴狀]】　759, 787

山所訴出【山所訴狀/ 묘지에 관한 소송장[山所訴狀]】　759, 787, 804

산수시(山水詩)　288~289, 788

산에 사는 노인을 조롱함→조산로(嘲山老)

山中宰相　384, 640, 819

山村學長　704

산촌 훈장을 조롱함[嘲山村訓長]【=嘲山村學長】　307, 806

산촌영회(山村咏懷)　174

山行六七里漸聞水聲潺潺　384, 638, 818

삼가정[三嘉亭]　811

三顧臣於草廬之中　378, 605, 764, 792

삼교일리(三敎一理) 병서(幷序)　593

찾아보기 (서명·편명) 877

삼천리　12, 15, 58, 74, 81, 85, 161, 328, 418, 524, 581, 589, 684, 691~692, 695~696, 701~703, 705~706, 709~710, 720, 722, 724

三七二十一萬　387, 652, 814

삿갓[咏笠]【＝咏笠/吟笠】　807

삿갓을 읊다→영립(咏笠)

賞景(상경)　574, 777

上樓(傍趙雲卿)【＝與傍卿上樓/조운경과 함께 다락에 올라[與趙雲卿上樓]】 85, 703, 756

상배자만(喪配自輓)【＝아내를 잃고 스스로 슬퍼하노라[喪配自輓]】 15, 550, 704, 746, 770

嘗百草始醫藥　388, 658, 816

上書言若此可以爲天子大臣/書言如此可爲天子大臣【＝若此可以爲天子大臣】340, 380, 614, 795, 822, 826

上元月　759, 782

上柳襄鄧自漢陳情書　279

상찬계 시말　492, 493

상춘곡(賞春曲)　577

상해(詳解) 김립시집(金笠詩集)→김립시집(초판)

상해좌서(上海左書)　168, 346

새벗　231

西京攬覽　277

서구도올(西寇檮杌)　79

서대도공사(鼠大盜供辭)　197

書報燕惠王　381, 621, 797

書報春水生　386, 647, 824

書首典如易之乾坤　381, 618, 797

書與曹孟德報春水方生　383, 634, 801

서사기(舒事期)의 시인(詩人)　707

釋王寺吟　705

선명(善鳴) 24, 126, 341, 357, 377~379, 381~383, 385, 387~392, 424, 565, 600~601, 604~606, 610, 621, 628, 630~632, 645~646, 653~654, 662~664

先言外事以觀秦王上俯仰/先言外事以視秦王俯仰 380, 615, 796, 816

仙人盈像/仙人畫像   705, 710, 748, 772

選一大錢   23, 383, 388, 661, 827

雪(초065詠29/중072詠27) "蕭蕭密密又霏霏"   753, 774

雪(초069詠33/중074詠29) "白屑誰節亂洒天"   753, 775

雪(중077詠32) 【=눈 1[雪(其一)]】"天皇崩乎人皇崩" 543~544, 720, 775, 810

雪景(초067詠31) 【=눈 2[雪(其二)]】"飛來片片三月蝶"   686, 753, 775, 810

雪景(초068詠32) 【=중077詠31 雪日】"雪日常多晴日或"   171, 753, 775

설중한매(雪中寒梅)   542, 710, 752, 774

聶政後二百年秦有荊軻之事/其後二百餘年秦有荊卿之事   340, 358, 377, 600, 762, 790, 813, 820, 833, 840

성수시화(惺叟詩話)   277

聲在樹間   378, 604, 763, 792

성터를   706

세 옹 자 운을 사용하여 기록해서 홍 겸사성에게 올리다 9수 (用三翁字韻 錄奉洪兼司成 九首)   179, 266

세계시단 3대혁명가(世界詩壇三大革命家) ; 휫트맨·이시카와 타쿠보쿠 (石川啄木)·김삿갓(金笠)   12, 72, 690

歲暮得荊卿   384, 640, 820

세외세(世外世) 인외인(人外人) 기인기사록(奇人奇事錄)   11, 67

說遊子   184, 782

소[老牛] 【=노우(老牛)】   809

소문고(小文庫)   25

消雪景[咏雪景]   753

少焉月出於東山之上(1)   378, 604, 763, 792, 824

少焉月出於東山之上(2)   378, 604, 835

찾아보기 (서명·편명) 879

소위(所謂) 김립의 문제성(問題性)   713, 716

小舟送杜甫   387, 652, 814

召陳萬爲佛門天子【=登極後召陳萬爲佛門天子】   385, 642, 816, 821

銷天下兵   356, 387, 653, 815

소화시평   21, 238

孫七休罷憲長, 戲呈. 五首   591

松都   702

송병시(松餠詩)【=송편떡[松餠]】   541, 788

송아지 값 고소장→독가소제

송아지 값을 찾기 위한 소제[犢價訴題]【=독가소제(犢價訴題)】   188, 803

送闍僧南遊   240

송편→송병시(松餠詩)

송편떡[松餠]【=송병(松餠)】   808

수병(手病)   554

수연시(壽宴詩)   141

宿農家   452, 769

循其髮   385, 642, 821

스님에게 금강산 시를 답하다→답승금강산시

스무나무 시   712

스무나무 아래에서[無題詩]【=二十樹下】   806

스스로를 읊다→자영(自詠)

스스로를 조롱하는 세 절구[自戲三絶句]   466

스스로를 한탄하다→자탄(自嘆)

슬(虱/蝨)【=이[蝨]】   699, 754, 775

슬픈 완구   73

승려와 선비를 조롱하다→조승유(嘲僧儒)

승풍악(僧風惡)   299, 785

시가총화(詩家叢話)   20, 138~141, 146

시객(詩客)과 풍류(風流)　12, 74, 581, 710

시비(是非)　258

시비귀정(是非歸正)　258

시비우열(是非優劣)　259

시비음(是非吟)　21, 247~254

시비음, 이원령에게 보여준다[是非吟示李元靈]　252

시상(時尙)　23, 341, 357, 377~378, 381, 385~388, 409, 424, 519, 600~601, 603~604, 620, 640, 642, 649, 653, 659~661

시시비비시(是是非非詩)/시시비비(是是非非)【=옳고 그름의 노래[是是非非歌]】　21, 202, 237~238, 267, 722, 767

是時楚兵冠諸侯　381, 622, 798

是時漢邊郡李廣程不識皆爲名將　382, 626, 799

始言一理中散爲萬事末復合爲一理　386, 652, 818

시인 김립　74, 314, 712

시인 김립의 면영(面影)　12, 73, 692

시인 김립의 방랑 일면과 詩 幾首　12, 74, 75, 315, 710, 724

時侯嬴在傍　379, 607, 765, 793

신계에서 읊다→신계음(新溪吟)

신계음(新溪吟)　534~535, 781

신동아　12, 74~75, 183, 315, 710, 724

臣來時見土偶人與木偶人語【=土偶人與木偶人語】　383, 630, 800, 814, 840

臣里有張祿先生欲與君言天下事　608, 765, 794

신생(新生)　691

신세기　137, 719

신시단(新詩壇)에 신인을 소개함　706

신유년 오월 한가하게 초당에서 지냈는데 밭 매고 마당 쓰는 여가에 두보시를 읽다가 성도초당시 운에 따라 한적한 기쁨을 쓰다　245

실생활(實生活)　272, 588

찾아보기 (서명·편명) 881

失題(『삼천리』4-1)【=開城/開城人逐客詩】　703, 744, 768, 806
失題(초006乞06/중017放12)"許多韻字何呼覓"　172, 692, 702, 744, 769
失題(중138雜17)"自知越女不當男"　781
심청전　293
심춘동(沈春童)　719

ㅇ

あこがれ(아코가레)　459
아내를 잃고 스스로 만시를 쓰다→상배자만(喪配自輓)
아내를 잃고 스스로 슬퍼하노라[喪配自輓]【=상배자만(喪配自輓)】　812
아언각비(雅言覺非)　7, 168
眼昏　761, 772
안경(眼鏡)(1)　538~539, 774
안경(眼鏡)(2)　712, 723, 785
안변 노고봉을 지나가다 읊음→안변노고봉과차음(安邊老姑峯過次吟)
安邊老姑峯過次吟　88~89, 756, 779
안변등표연정(安邊登飄然亭)　20, 43, 778
안변에 미인을 찾아왔다 만나지 못하다[鶴城訪美人不見]【=鶴城訪美人不見】　812
安邊飄然亭(一)/安邊飄然亭(其一)【=표연정(飄然亭)】　161, 162, 755, 778, 811
安邊飄然亭(二)/安邊飄然亭(其二)　756, 778
安邊鶴城風景二十韻【=鶴城風景二十韻】　84, 328~329, 701, 763
謁項羽廟歎大王不得天下如文章進取不得宮/ 謁項王廟歎大王不得天下如文章進就不得官　379, 607, 764, 793, 820
암야방홍련(暗夜訪紅蓮)　513, 786
애금공장(愛琴供狀)　197
앵도(櫻桃)　581
야담　74

夜漏下七刻聞朱說書疏入急起秉燭讀之/ 夜漏下七刻聞朱說書跣入亟起秉燭讀之   380,
616, 796, 825

야장인의 소제[冶匠之訴題]   188, 192~194, 804

야점에서 겨우 술을 마시다[艱飮野店]【=간음야점(艱飮野店)】   805

若此可以爲天子大臣【上書言若此可以爲天子大臣/書言如此可爲天子大臣】 340, 614,
795, 822, 826

약파만록(藥坡漫錄)   138, 140~141

양문대신(梁門大臣)의 언문 시   40, 226

양반론(兩班論)【=양반을 시비함[兩班是非]】   786, 805

양반시   172

양반을 시비함[兩班是非]【=양반론(兩班論)】   176~177, 301, 786, 805

양반의 아들을 조롱함 1[嘲兩班兒(其一)]【=嘲年長冠者】   805

양반의 아들을 조롱함 2[嘲兩班兒(其二)]【=嘲幼冠者】   748, 772, 805

양주누원시(楊州樓院詩)   586

어(魚)【=고기[魚]】   529, 754, 775, 809

어느 농촌 여성과의 수답(酬答) 시 4편【=가상초견(街上初見)】   812

어느 여인에게 준다→증모녀(贈某女)

어두운 밤에 홍련을 찾아가다→암야방홍련(暗夜訪紅蓮)

어복에 장사한 사람[葬魚腹者]【=장어복(葬魚腹)】   806

漁父莞爾而笑   382, 625, 798

於水見黃河於山見嵩華於人見歐陽公   384, 641, 820

於是士爭趣燕   386, 648, 825

어우야담(於于野譚)   215, 279

언문시   214, 226, 234~235

諺文詩(1)   787

諺文詩(2)   787

諺文의 文藝   227

언문지   14, 554

언문풍월(중190逸38)　211, 787

언문풍월(서명)　229~233

언문풍월 상타는 것　227

與姜木溪登木覓山　586

女娘撩亂送秋千　344

여름 구름[夏雲]【=夏雲多奇峰】　810

여름대낮의 嘆息　706

黎明의 作業　706

與詩客詰拒　287, 784

與二三子優遊此亭皆雨之賜　386, 646, 824

與李氏之三女吟　168, 783

與倅卿上樓【=上樓[倅趙雲卿]/조운경과 함께 다락에 올라[與趙雲卿上樓]】　703, 756, 786, 805

역대명신주의(歷代名臣奏議)　596, 609, 665

易水歌非楚而楚　382, 601, 625, 798

역수가의 작자는 장사이고 또 시인이다[易水歌壯士而詩人]【=易水歌壯士而詩人/易水歌壯士詩人】　813

易水待遠客　357, 389, 663, 841

易水歌壯士而詩人/易水歌壯士詩人【=역수가의 작자는 장사이고 또 시인이다[易水歌壯士而詩人]】　360, 377, 600, 762, 791, 813

硯　751, 773

연광정(鍊光亭)　583

年皆八十有餘鬚眉皓(白)衣冠甚偉　388, 658, 816

연구 노트 초록　718

연구집(聯句集)　672

연려실기술(燃藜室記述)　591~592

嚥乳章三章　295, 784

연예(演藝)-조선무대 김립 상연　720

연자루(鷰子樓)　585

연적(硯滴)　537, 808

煙竹【=煙竹(1)/담뱃대 1[煙竹(其一)]】　700, 709, 750, 773, 808

煙竹(其二)【=煙竹(2)/담뱃대 2[煙竹(其二)]】　700, 709, 750, 773, 808

亦下馬東望三呼　356, 380, 613, 766, 795

簾　750, 774

影　378, 462, 605, 764, 792

令各鳥獸散歸報天子【=使軍各鳥獸歸報天子】　379, 607, 765, 793, 821

영구루인(咏傴僂人)　144, 699

詠金剛山. 丁酉九月　589

영남술회(嶺南述懷)　441~442, 698, 757, 780

영립(咏笠/詠笠)【=吟笠/삿갓[咏笠]】　10, 13, 54, 58, 124, 237, 417~418, 685, 693, 701~702, 704, 709, 712, 749, 767

영묘(詠猫)【=猫/고양이[猫]】　704, 709, 754, 776, 809

嶺上의 노래　706

영설경(咏雪景)　700, 709

영영(咏影/詠影)　27, 457, 701, 709, 750, 772

永遠の戰　690

오건찬(烏巾贊)　419

오랑캐 땅의 화초→胡地花草

오산설림초고(五山說林草藁)　510

吾所以得天下者何項氏所以失天下者何/ 吾所以有天下/ 吾所以有天下何項氏所以失天下何　380, 614, 795, 818

오신오구(吾身吾口)　181, 589

五十年前二十三　126, 389, 664, 842

五丈原秋夜召姜維授兵書　383, 635, 801

오쿠노호소미치　449

嗚呼島吊田橫　346

沃溝金進士　501~502, 784

옥류산장시화(玉溜山莊詩話)　21, 222, 287, 374

屋上の鷄　721

옥수기　599

온종일 머리를 수그리고 있던 나그네[盡日垂頭客]【=盡日垂頭客】　805

옳고 그름의 노래[是是非非歌]【=是是非非詩】　805

蛙　754, 776

臥念明日奉圖事【=咸陽邸舍臥念明日奉圖事】　383, 632, 801, 824

臥雪(袁安)　379, 610, 766, 794

왈장사(曰壯士)　150, 358

요강(溺缸)　523~524, 700~701, 703, 708~709, 751, 773, 808

요람(要覽)　197

요로원야화기(要路院夜話記)　220~222, 236, 342

욕공씨가(辱孔氏家)　178~179, 293

욕설모서당(辱說某書堂)　170, 207, 235, 293~294, 789

욕윤가촌(辱尹哥村)【=윤가 촌을 조롱함[嘲尹家村]】　235, 293, 311, 784, 806

욕제가(辱祭家)　235, 293

용(龍)자　173

우감(偶感)　698, 709, 758, 781

憂道學之失其傳/作中庸　387, 656, 815

偶吟　705, 710, 758, 780

偶吟(2)　760, 782

宇宙生色子房椎【=子房一椎宇宙生光】　380, 613, 766, 795, 820

雨花奄拜上遇母願文(우화암에서 어머니를 만나게 해달라고 절하고 올리는 기원문)　387, 656, 669, 815

遇秦皇墓笑滄海無仙芒碭有人　800

雲從龍　386, 646, 824

원당리(元堂里)　164, 785

원 생원 등을 욕설함[元生員]【=元生員】　806
元生員【=원 생원 등을 욕설함[元生員]】　298, 745, 783
爲其老强忍下取履　384, 638, 815, 820
魏有賢人可與俱西遊者　381, 617, 796
爲人選一大錢受之　383, 497, 631, 800
위조된 김삿갓의 시고(詩考)　137, 141, 719
惟克商遂通道于九夷八蠻　386, 649, 825
維師尙父時惟鷹揚　382, 628, 799, 823
遊山　703
유산음(遊山吟)　48, 757, 780
遺書平原君願與君爲十月之飮/ 遺書平原君請爲十日之飮　379, 608, 765, 793, 826
유서필지(儒胥必知)　197
孺子見我敎城山下黃石卽我　382, 627, 799
육두문자 편지 격식　230
육신전　591, 593
윤가촌을 욕하다→욕윤가촌(辱尹哥村)
윤가 촌을 조롱함[嘲尹家村]【=욕윤가촌(辱尹哥村)】　806
栗木里接䭜山所志　197
隱土[士]　759, 782
吟空家　218~219, 786
음립(吟笠)【=咏笠/삿갓[咏笠]】　702, 704, 722, 749, 807
泣陳出師表歎先帝三顧古事　356, 387, 654, 815
泣畵仙　356, 379, 607, 765, 793
鷹【=매[鷹]】　754, 775, 781
應侯席上說月滿則虧　356, 381, 623, 798
의정부 석상에서 짓다　592
의흥 사람이 그 아내를 본군 책방에게 빼앗기고 소장을 본군에 올린다[義興人失其妻於本郡冊房爲呈訴於本郡]　188~189, 803

이[蝨]【=슬(蝨)】　809

이문등록(吏文謄錄)　196

夷門者大梁之東門　379, 608, 765, 793

이별(離別)　507

二十樹下三十客→二十樹下

二十樹下【=스무나무 아래에서[無題詩]】　209~210, 297, 452, 581, 708, 710, 712, 714, 744, 768, 806

二十樹下三十人　581

이 양반 저 양반→양반을 시비함[兩班是非]

이언총림(俚諺叢林)　217~219, 235

以王禮葬田橫　377, 601, 762, 791

而已夕陽/已而夕陽　24, 341, 378, 604, 763, 792, 799, 821, 837, 840

已而夕陽在山影散亂　382, 627, 799

因復罵　387, 656, 815

인심도 박절하다[風俗薄]【=풍속박(風俗薄)】　804

一去二三里　175

一翁一媼皆異人/一媼一翁皆異人　379, 610, 765, 794, 823, 840

一握の砂(한 줌의 모래)　717~718

一身還有一乾坤　386, 648, 825

임꺽정　67

任自剛山訟上言　197

임하필기(林下筆記)　266, 593

입금강(入金剛)【=중093山03 入金剛(1)/평양4-10 금강산으로 들어간다[入金剛]】　755

입금강(入金剛)(1)【=초084山05 入金剛/평양4-10 금강산으로 들어간다[入金剛]】　776

입금강(入金剛)(2)【=금강산으로 돌아가노라[入金剛]】　70, 281, 777

입금강산(入金剛山)　11, 56, 58, 120, 695

入謝曰沛公不勝盃酒/入謝曰沛公不勝杯勺　383, 632, 801, 824

ㅈ

自京城至春川道中　779

自顧俚今　15, 472, 758, 781

自期門羽林之士悉令通孝經章句　384, 640, 820

자명종　229

子房一椎宇宙生光【=宇宙生色子房椎】　380, 613, 766, 795, 820

子房早似荊卿晩似魯連【=早似荊卿晩似魯連】　381, 619, 797, 823

자상(自傷)　698, 710, 745, 769

자영(自詠)　160, 430, 471, 758, 780

자전(自傳)　107

自托仙人之說以遂其不欲仕漢之本心　387, 653, 814

자탄(自嘆)　124, 161, 237, 447, 470, 722, 767~768, 804

自皇曾孫遭遇口不道前恩【=口不忍道前恩】　384, 637, 802, 817, 820

작북유록탄불견백두산(作北遊錄歎不見白頭山)　8, 387, 454, 652, 814

作石鼓歌歎少陵無人謫仙死　356, 385, 642, 821

작시걸주(作詩乞酒)　23, 341, 387, 424, 653, 814, 834, 841

잠 많은 아낙네→다수부(多睡婦)

잡시(雜詩)　166, 396

雜詠　760, 782

將軍有揖客反不重耶　383, 633, 801

장기→박(棋)

장기(將棋)　700, 750, 773

장난삼아 『본초강목』에 두 조항을 보충한다[戱補本艸二條]　555

장난스레 처와 첩에게 주는 시→희증처첩(戱贈妻妾)

장님이 앉은뱅이를 업고 간다[瞽負躄]【=고부벽(瞽負躄)】　371, 813

長樂宮病席托戚夫人母子/長安宮病枕招太子托戚夫人母子　387, 654, 815, 842

長樂宮成用叔孫朝儀　383, 631, 800

壯士一去兮　381, 622, 798

장승[長丞]　808

장어복(葬魚腹)【=어복에 장사한 사람[葬魚腹者]】　785

葬項羽於穀城山下爲臨一哭/葬羽穀城山爲臨一哭　149, 357, 379, 611, 766, 794, 827

田父給曰左【=給曰左】　621, 797, 818, 822, 841

羝愧鴈　357, 389, 663, 841

咀呪의 드을, 詩와 時調　706

전(錢)【=돈[錢]】　488, 797

展圖秦王席上笑說燕地江山　388, 659, 816

전등신화　197

전등신화구해　197

전부탄(田婦歎)　481

전에 부친 절구에 차운하여 구양 이십구(歐陽二十九) 백호(伯虎)에게 증정하다 병서(並序)　582

前在江陵反風滅火後守弘農虎北渡河　385, 643, 822

전화(煎花)　142

漸離念　384, 639, 819

점쟁이[術客]　310, 807

정가산의 충절사와 김익순의 죄가 하늘에 닿음을 논함 제2수[論鄭嘉山忠節死 嘆金益淳罪通于天 其二]　319~320

鄭國作渠爲秦建萬世之功　383, 629, 800

정본 김삿갓 풍자시 전집　27, 35, 39, 406, 802

젖 빠는 노래, 3장→연유장삼장(嚥乳章三章)

제목을 잃어버린 시→실제(초006乞06/중017放12)

濟濟多士文王以寧　381, 617, 796

제해부시권(題海夫詩卷)　558

제호시화(霽湖詩話)　140~141, 148

霽後回頭詩　780

조(蚤)【=벼룩[蚤]】 532, 699, 710, 754, 775

조사승(吊死蠅) 385, 394, 397, 645, 814, 818, 823, 841

早似荊卿晚似魯連【=子房早似荊卿晚似魯連】 381, 619, 797, 823

조산로(嘲山老) 294, 300, 786

嘲山村學長【=산촌 훈장을 조롱함[嘲山村訓長]】 93, 151, 235, 294, 307, 704, 709, 748, 783, 806

조산촌훈장(嘲山村訓長)→嘲山村學長

조선 고금의 미술대가 691

조선고금소총(朝鮮古今笑叢) 157

조선고금시화 691

조선고서해제 107

조선급만주(朝鮮及滿洲) 719

조선노예시대사 연구(상) 724

조선노예시대사 연구(중) 724

조선노예시대사 연구(하) 724

조선대백과사전 725

조선독립신문 231

조선무대 김삿갓 상연 720

조선 4천년 비사 11, 68, 71

조선시사(朝鮮詩史) 691

조선어화의 조선어 693

조선역대여류문집 585

조선연극사 693

조선일보 12, 16, 25, 73, 418, 703~705, 708, 710, 713

조선한문학사 85, 120, 140, 304, 338~339, 693

조승유(嘲僧儒) 167, 170, 294, 789

肇十有二州奉十有二山 389, 664, 841

嘲年長冠者【=양반의 아들을 조롱함 1[嘲兩班兒(其一)]】 294, 301~302, 771, 805

찾아보기 (서명·편명) 891

조운경과 함께 다락에 올라[與趙雲卿上樓]【=上樓[件趙雲卿]/與件卿上樓】 805

조웅전 170

嘲妓冠者【=양반의 아들을 조롱함 2[嘲兩班兒(其二)]】 235, 302, 747, 771, 806

朝日視其書乃太公兵法 388, 658, 816

조지관(嘲地官) 294, 308

조지사(嘲地師)【=지사를 조롱함[嘲地師]】 294, 308~310, 699, 709, 748, 771

조추고열퇴안상잉(早秋苦熱堆案相仍) 396

足下中國人 386, 648, 825

존경(尊敬)의 공부(工夫) 706

종남총지(終南叢志) 277

周公瑾席上誦銅雀臺賦 383, 635, 801

疇巖李公行狀 99

주영편(晝永編) 265

晝有白雲出封中 383, 634

주인으로 섬기는 사람의 이름을 말하지 않은 창해역사[不言主事者滄海力士]【=不言主事者滄海力士/不言主人事】 813

酒帝 357, 389, 663, 841

준상인에게 드리다→증준상인(贈峻上人)

중외일보 11~12, 71~72, 690

즉경(卽景) 760, 782

즉음(卽吟) 552~553, 595, 699, 758, 780

즉흥으로 읊다→즉음(卽吟)

증기(贈妓) 514, 746, 771

증노기(贈老妓) 159, 515, 705, 709, 747, 771

증모녀(贈某女)【=과부에게 주는 시(贈寡婦)】 746, 783, 812

증보해동시선(增補海東詩選) 10~11, 55~56, 58~59, 89, 120, 284, 428, 695

증준상인(贈峻上人) 239

贈還甲宴老人 676, 745, 783

紙 751, 773
지관을 놀리다→嘲地官
至金陵作鳳凰臺詩以擬之 114, 385, 642, 821
至其見畫狀如婦人好女 382, 627, 799
지두작간치등장(枝頭鵲諫治等狀) 197
지사를 조롱함[嘲地師]【=조지사(嘲地師)】 806
至吳還報曰[曰]月越人相攻不足辱天子之使 381, 616, 796
止酒/止酒詩 385, 409, 410, 642, 821, 832
至則闔門閉【=闔門閉/怒闔門閉】 150, 358, 385, 645, 815, 823
직금(織錦)【=비단짜기[織錦]】 156, 538, 751, 773
軫可發口言乎 386, 650, 826
진나라 왕이 부를 칠 것을 청한다[請秦王擊缶]【=請秦王擊缶】 813
晉鄙兵符在王臥內 383, 632, 801
진서언문썩어作 211, 235
진시(震詩) 346
秦王席上進三疊琴 356, 384, 636, 802, 817
盡有白雲出封中 801
진일수두객(盡日垂頭客)【=온종일 머리를 수그리고 있던 나그네[盡日垂頭客]】 302, 304, 695, 709, 748, 771
秦之築城如維鵲有巢維鳩居之 381, 617, 796
朕始爲皇帝 388, 661, 839
集雅齋梅竹蘭菊四譜 小引 547

차광한루운(次廣寒樓韻) 28
창(窓)【=창문[窓]】 538, 786
창문[窓]【=창(窓)】 808

此則岳陽樓之大觀　388, 660, 836

책색두(責索頭)【=머리 달라는 것을 책하노라[責索頭]】 149, 357, 363, 377, 600, 693, 762, 790, 818~819, 831

簀中謂守者　56, 382, 626, 798

천도교회월보　66, 231, 233

薦只[呂]夷簡王曾等二十餘人布列于位　379, 609, 765, 794

天保一詩答鹿鳴以下五詩可見慇懃忠厚之意　384, 637, 802, 817

請以秦之咸陽爲趙王壽　382, 623, 798

天地者萬物之逆旅　382, 626, 799

청가종(聽街鍾)　45

請去　387, 655, 815

청구시화(靑邱詩話)　139~141

청구야담(靑邱野談)　13, 24, 297, 306, 507

청구영언(靑邱永言)　223, 673

청구영언선　725

청년(靑年)　691

청루(靑樓)　141, 147

淸城訪答尹友　781

청종(聽鍾)　45

청진왕격부(請秦王擊缶)【=진나라 왕이 부를 칠 것을 청한다[請秦王擊缶]】 368, 378, 602, 762, 791

청효종(聽曉鍾)　44, 699, 710, 757, 780

초설(初雪)　720

草偶代紀信　381, 622, 798, 820

楚以屈原鳴　378, 605, 764, 792, 840

촉석루(矗石樓)　10~11, 54~56, 58, 138

蜀亦關中地【=巴蜀亦關中地】　385, 630, 646, 824, 841

蜀中歸路見眠花僧歎吾不知汝　387, 655, 815

촌담해이(村談解頤)　157

추강냉화　587

追信詐也　383, 634, 801

추야우음(秋夜偶吟)　51~52, 704, 758, 780

추야우음(秋野偶吟)　709

秋吟　760, 782

추천(鞦韆)　586

秋七月旣望　388, 659, 834

秋颸訪美人不見【=가을바람에 미인을 찾아왔다 만나지 못하다[秋颸訪美人不見]】560, 746, 786

秋風勝直臣　384, 639, 819

춘소(春宵), 춘소일각치천금(春宵一刻値千金)　706~707

춘향전　512, 714

춘화의진대(春和議賑貸)　668

出匣中筑與善衣更客貌而前　356, 382, 625, 798

出塞　759, 782

충청감영계록(忠淸監營啓錄)　104

취명(吹明)　28

醉翁之意不在酒　378, 605, 766, 792

취자번간귀교기처첩(醉自墦間歸驕其妻妾)　357, 388, 519, 661, 840

취중 시　590

측상음(厠上吟)　525

馳入超壇奪灰趙幟立漢赤幟　380, 615, 796, 823

置酒洛陽南宮　376, 386, 596, 647, 816, 824

置酒洛陽南宮賦　597

ㅋ

컴컴한 南쪽 거리로　706

콩[太]【=태(太)】　170, 809

ㅌ

惰婦【=초015人03 懶婦(其二)/평양3-02 게으른 아낙네 2】　297, 703, 745, 770, 807
惰婦(其一)【=중026人02 懶婦/평양3-01 게으른 아낙네 1】　703, 745, 770, 807
惰婦(其二)【=중029人05 惰婦/평양3-02 게으른 아낙네 2】　703, 745, 770, 807
탁주내기(濁酒來期)　208, 785
탐라직방설(眈羅職方說)　492
탐진어가(耽津漁歌)　223
탕유관서록(宕遊關西錄)　448
태(太)【=콩[太]】　752, 774
答遣買菜者　380, 612, 766, 795
태교신기　14
給曰左【=給曰左田父】　381, 621, 797, 818, 822, 841
土偶人與木偶人語【=臣來時見土偶人與木偶人語】　383, 630, 802, 814, 840
퇴휴오로재(退休吾老齋)　20

ㅍ

破格詩　205, 695, 790
파뢰소제(破耒訴題)　195, 788
파운시(破韻詩)　168~170, 788
파자시(破字詩)【=대동난(大同難)】　172, 175~176, 202~203, 759, 768, 784, 803
巴蜀亦關中地【=蜀亦關中地】　385, 646, 800, 824, 841
八大詩家　710, 749, 772
八竹詩　124, 173~174, 209, 237, 269, 270, 722, 767

896　김삿갓 한시 金笠 漢詩

팔정시(八情詩)　223~224

팔죽(八竹)→八竹詩

八千愧五百　377, 601, 762, 791, 823, 827, 839, 841

八千人愧五百人　377, 601, 762, 764, 823, 827, 869, 841

패관잡기　586, 591

Palatalization에 대하여　693

평양(平壤)　183~184, 788

포도감고묘동년일만(捕盜監考苗同年一萬)　197

漂泊詩人金笠と彼の作品　720

표박시인 김립에 대하여(漂泊詩人金笠に就て)　721

표연정(飄然亭)【=安邊飄然亭(一)/安邊飄然亭(其一)】　161, 702, 755, 778, 811

푸른 산이 물속에 거꾸로 와 누웠다[靑山倒水來]【=무제(無題)】　810

풀잎　73

風蕭蕭　388, 661, 838

풍속박(風俗薄)【=인심도 박절하다[風俗薄]】　214~215, 768

風月　788

평양본→풍자시인 김삿갓

평양본『김립시집』→풍자시인 김삿갓

평양 국립출판사본→풍자시인 김삿갓

풍자시인 김삿갓　6, 15, 17, 19~21, 27, 35, 38~40, 51, 58~59, 93, 95, 114, 144, 147, 162~163, 187~188, 191, 194, 310, 313, 329, 333, 338, 340, 358, 375~376, 400, 428~429, 475, 482, 524, 537, 672, 689, 725~727

彼來者爲誰　382, 627, 799, 824

피하기 어려운 꽃→난피화

筆　751, 773

필영장사(必英狀辭)　197

ㅎ

下令國中日漢皇帝賢天子　387, 653, 815, 841

하루 종일 아첨하는 손님→盡日垂頭客

荷鋪道後　357, 387, 656, 815

하운다기봉(夏雲多奇峯)【=여름 구름[夏雲]】　174, 790

下汀洲　759, 782

하제귀로곡항왕묘(下第歸路哭項王廟)　389, 565, 569, 664, 842

학성에 미인을 찾아왔다 만나지 못하다→학성방미인불견(鶴城訪美人不見)

鶴城訪美人不見【=안변에 미인을 찾아왔다 만나지 못하다[鶴城訪美人不見]】　561, 746, 786

鶴城風景二十韻【=安邊鶴城風景二十韻】　328, 701, 763

한거　245

한고조가 항우를 곡성산 하에 장(葬)하고 한번 곡했다→葬項羽於穀城山下爲臨一哭

한나라 고조가 낙양의 남궁에서 주연을 베푼 것에 대해 의작하다[擬黃置酒洛陽南宮]　597

한묵전서(翰墨全書)　196

한선대역문 부인언행록(漢鮮對譯文 婦人言行錄)　691

한식날 북루에 올라 읊다→寒食日登北樓吟

한식날 북루에 올라 읊은 노래[寒食日登北樓吟]【=寒食日登北樓吟】　727, 813

寒食日登北樓吟【=한식날 북루에 올라 읊은 노래[寒食日登北樓吟]】　432, 727, 757, 779. 813

韓信死一喜一悲【=聞韓信死一喜一悲】　149, 150, 357, 384, 639, 819

한정록(閑情錄)　575

割鴻溝　382, 628, 799

함관령[咸關嶺]　785, 806

함양군지(咸陽郡誌)　47

咸陽衙에臥念明日奉圖事【=臥念明日奉圖事】　383, 632, 801, 824

함흥 구천각에 올라→등함흥구천각

合符疑　388, 662, 831

項梁怒　357, 388, 660, 835

항우가 오강을 건너지 않은 설[項羽不渡烏江說]　650
項羽不渡烏江疑其見欺　386, 650, 826
項羽死高帝亦老　378, 603, 763, 791
해동가요　673
해동서(海東書)　346
해동시선(海東詩選)　11, 55
해동잡록(海東雜錄)　239~240, 590, 591
해동화식전(海東貨殖傳)　488
垓城帳中問置妾何地　378, 603, 763, 791
해이순필순정형제지송(解李順砒順貞兄弟之訟)　197
해주기적비(海州紀蹟碑)　98
해촌즉사(海村卽事)　703, 709
幸賴石學士(石蔓卿)　379, 609, 765, 794, 819
행시격(行詩格)　349
行年九十有五猶使人誦抑詩　382, 624, 798
行化一年去珠復還　383, 629, 800
허언시(虛言詩)　167, 312~313, 672, 785
호곡만필(壺谷漫筆)　277
湖南詩　827
胡地花草　182, 435
호피(虎皮)　709
혼란(混亂)　706
홍겸사성(洪兼司成)의 옹 자 시운을 받들어 차하다 5수(奉次洪兼司成翁字詩韻 五首)　179
和金笠　756, 786
화로(火爐)　178, 785
화삼월불멸(火三月不滅)→불이 석 달 동안 꺼지지 않았다[火三月不滅]
화상찬(畵像贊)　557
화석정(花石亭)　20, 43

花松戒諸子　379, 607, 765, 793, 826

화전(花煎)【=중152雜31 花煎(1)】　20, 138, 141~143, 711, 761

花煎(1)【=초127雜24 花煎】　783

花煎(2)　790

환갑 잔치[還甲宴詩]【=還甲宴】　806

환갑연(還甲宴)【=환갑 잔치[還甲宴詩]】　20, 147, 711, 744~745, 783, 806

황녹차집(黃綠此集)→녹차집

회양과차(淮陽過次)【=회양을 지나면서[淮陽過次]】　431, 778, 812

회양을 지나다가→淮陽過次

회양을 지나면서[淮陽過次]【=회양과차(淮陽過次)】　812

회해풍자(詼諧諷刺)로 일생 방랑 불우시인 김삿갓　11, 67

懷鄕自嘆(東選38: 28구14연)　114, 122, 340, 377, 599~600, 763, 767, 805, 822

懷鄕自嘆/蘭皐平生詩(매일신보)→蘭皐平生詩(매일신보)

懷鄕自嘆詩→蘭皐平生詩(매일신보)

曉は敵である　690

後五日鷄鳴往之老父又先在/ 後五日鷄鳴往焉父又先在　380, 613, 766, 795, 821

후인탄(堠人歎)　563, 564

訓戒訓長　748, 772

訓長　772

훌훌　703

희곡을 구성할 때　685

姬乃爲之言於王【=代孟嘗夫人謝秦王幸姬】　382, 628, 799, 825

喜雨亭　378, 603, 763, 792, 821, 833

희증처첩(戱贈妻妾)　157~158, 294, 703, 709, 724, 747

흰 갈매기[白鷗]【=白鷗詩】　810